中共党史
若干重大事件探微

党史博览杂志社 编

（上册）

人民出版社

目　录

上　册

引　言 1

星 火 燎 原

1　1921：中国共产党上海创建记 7

2　中共一大诸多谜团背后的真相 21

3　毛泽东《中国社会各阶级的分析》发表始末 32

4　八位元帅与南昌起义 45

5　毛泽东与秋收起义 54

6　"支部建在连上" 67

7　"三大纪律八项注意" 76

8　"敌进我退，敌驻我扰，敌疲我打，敌退我追" 87

9　"红军是一个执行革命的政治任务的武装集团" 96

10　长征：十个值得关注的细节 105

11　湘江战役的历史回顾与思考 114

12　遵义会议前后的三个"三人团" 125

13　陈云与遵义会议 129

14　参加长征的女红军 139

15　三年游击战争时期的项英和陈毅 155

中 流 砥 柱

1 中国工农红军改编八路军始末 183

2 细说八路军番号的几个问题 195

3 毛泽东纵横论说持久战 204

4 记忆中的中国人民抗日红军大学 221

5 中共领导下的七大抗日根据地 228

6 细说平型关战役 241

7 细说百团大战 261

8 抗战初期八路军和国民党军共同作战纪实 278

9 被八路军击毙的四名日军将领 288

10 黄崖洞保卫战 299

11 沁源围困战 312

12 延安整风亲历记 328

13 宝塔山下的盛会——中共七大纪实 333

14 诞生在苏联的东北抗日联军教导旅 353

15 东北抗联中的女战士 366

决 战 决 胜

1 "一切反动派都是纸老虎" 377

2 解放战争中的东北剿匪 389

3 剿匪英雄杨子荣背后的故事 401

4 "铁流千里"——中原突围死亡之路生还的第一旅 410

5 解放战争中被授予光荣称号的那些雄师劲旅 423

6 "让开大路,占领两厢"的决策过程 433

7 细说四平保卫战 443

8 粟裕大将与苏中七战七捷 459

9 莱芜决战的台前幕后 473

10 1947 年：刘邓大军千里跃进大别山 486

11 新式整军运动提升了解放军的战斗力 514

12 从"小淮海"到"大淮海"——淮海战役中的粟裕大将 527

13 北平和平解放过程中的中共地下党员 540

14 毛泽东在西柏坡：197 封电报指挥 24 场战役 547

下　册

奠 基 探 索

1 解密档案和亲历者记录下的开国大典 559

2 毛泽东与新中国"突围战" 576

3 "抗美援朝战争是个大学校" 585

4 朝鲜战争中的苏联航空兵 598

5 抗美援朝战场上的八大传奇 607

6 共和国拒绝腐败——"三反""五反"决策内幕 624

7 毛泽东关注西藏解放 650

8 毛泽东与中印边界之战 661

9 我所经历中印边境自卫反击战 673

10 我所经历的金门炮战 683

11 中共八大——历史性盛会 691

12 "大跃进"与 20 世纪 60 年代中国的政治走向 716

13 1961 年毛泽东调查研究农村公共食堂问题 726

14 邓小平与 1961 年的农村政策调整 735

15 三年困难时期的中南海 747

16 20世纪60年代的中苏两党论战...............................765

17 "备战、备荒、为人民"——20世纪60年代"三线"建设决策
始末...............................781

18 "搞一点原子弹、氢弹、洲际导弹"...............................791

19 见证新中国第一颗原子弹爆炸...............................801

20 聂荣臻与中国"两弹一星"的诞生...............................811

21 周恩来续写"乒乓外交"华章...............................836

22 农村广播网：建立在新中国大地上的一道美丽风景线...............847

23 历史风云中的新疆生产建设兵团...............................855

走 向 辉 煌

1 细说粉碎"四人帮"...............................869

2 我在参与逮捕"四人帮"前后的经历...............................894

3 "两个凡是"的禁锢是如何打破的...............................906

4 邓小平推动冤假错案的平反...............................921

5 《解放思想，实事求是，团结一致向前看》诞生记...............940

6 邓小平、陈云与《关于建国以来党的若干历史问题的决议》的
出台...............................949

7 《科学的春天》诞生记...............................961

8 邓小平、陈云与改革开放的成功起步...............................970

9 划时代的红手印——小岗村"大包干"契约的产生经过...............980

10 家庭联产承包责任制在争论中艰难推进——中央五个农村
"一号文件"出台前后...............................992

11 试办经济特区的决策内情...............................1008

12 习仲勋与广东的改革开放...............................1026

13 重大历史关头的抉择——邓小平坚定改革开放政策不动摇.......1037

14 20世纪80年代的百万大裁军...............................1048

15 中共中央顾问委员会的十年途程 1061

16 从"军民结合"到"军民融合"——改革开放以来中国国防科技

　　工业领导管理体制的调整与完善 1075

17 中国空中力量70年跨越腾飞 1088

18 亲历中国在联合国影响力的不断提升 1102

19 "枫桥经验"：毛泽东、习近平跨世纪的共同关注 1114

引　言

"建立中国共产党、成立中华人民共和国、推进改革开放和中国特色社会主义事业，是五四运动以来我国发生的三大历史性事件，是近代以来实现中华民族伟大复兴的三大里程碑。"在庆祝改革开放40周年大会上，习近平总书记如是概述党史、国史。

回望党的百年历史，可以说它是由一个个共产党人用鲜血和生命书写的，是由一个个先锋战士用青春和汗水绘就的。党的历史，是一部艰苦卓绝的斗争史、可歌可泣的英雄史，也是一部热火朝天的建设史、日新月异的发展史。新民主主义革命时期，党领导人民经过28年浴血奋战，取得了革命斗争的伟大胜利，建立了新中国。无数革命先烈为谋求国家独立、民族解放而冲锋陷阵、前赴后继、英勇牺牲，用鲜血与生命铸就巍峨丰碑。社会主义革命和建设时期，党带领人民迅速医治战争创伤，恢复国民经济，进行各项社会改革，创造性地完成了从新民主主义到社会主义的伟大转变，确立了社会主义基本制度，开启并全面推进社会主义建设。改革开放和社会主义现代化建设时期，党和国家把工作中心转移到经济建设上来，实行改革开放，实现了伟大的历史性转折。中国共产党团结带领全国各族人民，大胆探索，勇于实践，走出一条符合我国国情的中国特色社会主义道路，极大地推动了社会生产力的发展，综合国力显著增强，人民生活显著改善。党的十八大以来，中国特色社会主义进入新时代。以习近平同志为核心的党中央以巨大的政治勇气和强烈的责任担当，提出一系列新理念新思想新战略，出台一系列重大方针政策，推出一系列重大举措，推进一系列重大工程，推动党和国家事业取得历史性成就、发生历史性变革，中华民族实现了从富起来到强起来的伟大飞跃，迎来了实现伟大复兴的光明前景。全党全军全国各族人民正紧密团结在以习近平同志为核心的党中央周围，全面贯彻习近平新时代中国特色社会主义思想，为全面建成社会主义现代化强国、实现第二个百年奋斗目标，以中国式现代化全面推进中华民族伟大复兴而努力奋斗。"一寸山河一寸血，一抔热土一抔魂"，正是中国共产党团结带领全国各族人民进行革命、建设和改革的真实写照。

作为一家以宣传党的光辉历史为己任、全国知名的党史纪实性刊物，《党史博览》自1992年创刊以来，围绕"回顾中共历程，披露决策内情，追寻历史真相，展现名流风采"的办刊思路，以"高层次、大题材、深揭秘、全纪实"为刊物特色，多层次、多侧面、全方位地宣传党的光辉历程、弘扬党的优良传统、讴歌党的伟大成就，发表了一大批读者喜闻乐见的优秀作品。这些作品语言生动，内容鲜活，观点鲜明，可读性强，表现了毛泽东、周恩来、刘少奇、朱德、邓小平、陈云等一大批党的领袖人物运筹帷幄、决胜千里，彭德怀、林彪、刘伯承、陈毅、粟裕、陈赓等一大批传奇将帅沙场点兵、攻伐谋断；再现了上海创党、南昌起义、遵义会议、红军改编、三大战役、"两弹一星"等一系列重大事件、重大决策的台前幕后、来龙去脉；讲述了许多读者既熟悉又陌生、渴望了解的基层党员、人物和事件，其背后的故事甚至更精彩、更感人。文章的作者，绝大部分是国内研究党史、军史、国史的一流专家、学者，有些是事件的当事人，有些是当事人的亲人、下级、战友、同事……每一位当事人、每一段故事，都是一部活的历史，充满了鲜活的时代气息。正是这些有血有肉的人，大大小小的事，组成了生动多姿、丰富多彩的"党史百花园"。

为回顾中国共产党百年奋斗历程，我们从《党史博览》2000年以来发表的文章中，按照时间顺序，依据党在各个历史时期的中心任务和使命担当，精心挑选了86篇，分为"星火燎原""中流砥柱""决战决胜""奠基探索""走向辉煌"五部分，精编细校，汇集为《中共党史若干重大事件探微》出版发行。通过这些精品力作,通过这些决定历史走向的关键细节,展现老一辈革命家和无产阶级先锋战士的初心使命、献身牺牲、拼搏奋斗,鼓舞新时代每一位共产党人"为中国人民谋幸福,为中华民族谋复兴"的信心和斗志,增强使命与担当。

　　不忘初心,方得始终。中国特色社会主义伟大事业步入新时代,需要我们每一个中国人勠力同心、接续奋斗。正如习近平总书记所讲:"中国革命历史是最好的营养剂。多重温我们党领导人民进行革命的伟大历史,心中就会增加很多正能量。""唯有不忘初心,方可告慰历史、告慰先辈,方可赢得民心、赢得时代,方可善作善成、一往无前。"2022年3月,中共中央办公厅印发了《关于推动党史学习教育常态化长效化的意见》,这是推动党史学习教育常态化长效化的重大举措,为新时代深入开展党史学习教育提供了基本遵循。我们希望这部党史文集,能够为推动党史学习教育工作尽一份绵薄之力,帮您带着感情和敬意走进党史、国史的殿堂,从中汲取丰富的精神营养,增强前进的精神力量,在党的二十大精神和二十届三中全会精神指引下,在以中国式现代化全面推进强国建设、民族复兴伟业的新征程中奋勇当先,为历史抒新篇,为人民立新功。

党史博览杂志社

2025年2月

星火燎原

1 1921：中国共产党上海创建记

中国人民选择马克思主义，选择中国共产党的领导，是近代中国历史发展的必然结果。1921年7月，全国各地共产党早期组织的代表汇集上海，举行第一次全国代表大会，宣告中国共产党的正式成立。从此，中国历史揭开了新的篇章。

中国先进分子接受马克思主义的三个渠道

"十月革命一声炮响，给我们送来了马克思列宁主义"，这是后来人们对马克思主义传入中国情况的一种通俗说法。

中国先进分子接受马克思主义的最早渠道是日本。中国共产党的早期成员中，李大钊、陈独秀、李达、董必武、李汉俊、陈望道等，都曾去日本留过学，不少人在那里接触了马克思主义的著作，接受了马克思主义的启蒙。

法国是马克思主义传入中国的第二条渠道。赴法勤工俭学是当时的一股潮流，1919年至1920年两年内，赴法勤工俭学的中国学生达到1600人。他们中包括周恩来、赵世炎、蔡和森、蔡畅、向警予、陈毅、邓小平、李立三、王若飞、李维汉等。他们在法国不但自己接受了马克思主义，而且通过各种途径把马克思主义介绍到国内来。

1920年，中俄交通打通后，中国的先进分子对这个马克思主义最早试验成功的国度充满了向往，决定亲眼看看已建立社会主义制度的苏俄的一切。时为《晨报》记者的瞿秋白受报社派遣，于1921年1月到达莫斯科，在苏俄接受了马克思主义。

当时马克思主义是与其他的社会主义思潮一并传入中国的，因此，中国的先进分子选择马克思主义作为自己的信仰，有一个比较和选择的过程。中国先进分子在经过反复比较之后，最终选择了马克思主义即科学社会主义作为自己的信仰。

那么，在众多的社会主义思潮中，中国先进分子为什么最终选择了马克思主义？

首先，十月革命为中国先进分子树立了成功的榜样。十月革命胜利后，中国先进分子将中俄两国革命作了对比，看到俄国先进行了两次资产阶级民主革命——1905 年革命和 1917 年的二月革命，推翻了沙皇统治。又举行十月社会主义革命，一举推翻了资产阶级统治，取得了胜利，建立了工农政权。人们从十月革命后苏俄出现的新气象中，增加了对指导十月革命胜利的马克思主义的认同。

十月革命爆发的时候，第一次世界大战还在继续。战争造成的民生困窘，使人们开始质疑资本主义制度。中国先进分子由此反省：难道中国还要步人后尘，沿着这条老路再走一遍吗？为什么不能改弦易辙，采纳世界上更新的学说，创立一种更加合理的社会制度？

如果说，第一次世界大战使人们对西方世界产生怀疑，那么，战争之后在巴黎和会上中国外交的失败，则直接打消了人们对西方列强抱有的最后一丝幻想。

就在这时，苏俄向中国直接表示出友好的姿态。1919 年 7 月和 1920 年 9 月，苏俄政府两次发表对华宣言，宣布无条件废除沙皇政府同中国签订的不平等条约，放弃在中国的特权，归还中东铁路。消息传到中国，人们感到，只有社会主义苏俄才是平等对待中国的真正朋友，这也是中国的先进分子开始倾向于社会主义的一个重要的原因。

其次，马克思主义的真理性是征服中国先进分子的关键因素。从当时马克思主义传播的主要内容看，有三个重点：在哲学方面，着重传播了唯物史观；在政治经济学方面，主要宣传了剩余价值论；在科学社会主义方面，主要是宣传阶级斗争学说。中国先进分子通过传播唯物史观，认识到实行社会革命、变革阻碍生产力发展的生产关系的必要性；通过剩余价值论，认识到剩余价值的来源和它必然导致资本主义崩溃；通过阶级斗争学说，认识到暴力革命和无产阶级专政学说的重大意义。就这样，中国先进分子通过学习马克思主义，最终明白：只有通过暴力革命和阶级斗争，才能彻底改造社会。

从激进民主主义者向初步共产主义者转变的四种类型

中国先进分子在选择马克思主义、传播马克思主义的过程中，一些人实现了从激进民主主义者向具有初步共产主义思想者的转变。具体说来，他们实现这种转变分为四种类型。

第一种类型，从新文化运动的精神领袖转变为马克思主义者，代表人物是李大钊和陈独秀。1914年李大钊到日本早稻田大学留学后，如饥似渴地阅读马克思主义著作。由于他长期在图书馆看书，不去听课，结果被学校除名。李大钊回国后参加了新文化运动，率先信仰马克思主义，是中国第一个接受并真正开始传播马克思主义的先进分子。

第二种类型，是在比较中选择马克思主义的五四时期的左翼骨干和青年学生。这些人没留过学，他们大多来自农村，贴近社会现实，通过大量阅读革命书籍，在李大钊、陈独秀的影响和指导下，实现了向共产主义者的转变。毛泽东是其中的一个突出代表。

第三种类型，五四运动前后出国勤工俭学而选择马克思主义的青年知识分子。这种类型的人有留法的赵世炎、周恩来、蔡和森等人，有留日的李达、李汉俊、陈望道、杨匏安等人，有留苏的瞿秋白、张闻天等人。

第四种类型，参加过辛亥革命的老同盟会员。他们通过学习马克思主义，结合自己的亲身经历和实践，最终抛弃旧的主张，实现了思想上的转变，成为马克思主义者，如董必武、林伯渠、吴玉章等人。

中国共产党是马克思主义同工人运动相结合的产物。鸦片战争后，外国人开始在中国办企业，就是在这些外国工厂里产生了第一批中国产业工人。后来，随着清政府开展洋务运动和一些中国商人在上海等地开办新式工厂,产业工人的人数不断增长,1919年达到200万人,手工工场工人和店员已增至1200万人。

五四运动后,学习和研究社会主义,成为当时思想界的主流,马克思主义得到了更大范围的传播,并且成立了一些马克思主义研究团体,如北京大学成立的马克思学说研究会,上海成立的马克思主义研究会。这两个学会的不少成员后来都加入了中国共产党,从某种意义上讲,这些研究会其实是中国共产党的胚胎。

组建一个全国性的无产阶级政党,成了中国共产主义者的共同愿望

中国的马克思主义者看到,俄国十月革命的成功,在于有一个坚强的革命政党和领导核心,所以也准备在中国建立一个类似的无产阶级政党。1920年,他们开始了组建中国共产党的筹备工作。

中国共产党的第一个早期组织是在上海产生的。她的产生,又与共产国际派出代表的直接指导有一定的关系。

共产国际派往中国的第一位正式代表是维经斯基。1920年4月,维经斯基到北京后,经北京大学一位俄籍教员柏烈伟(又译为鲍立威)的介绍,见到了李大钊,随后李大钊又推荐他去上海见陈独秀。

维经斯基到上海后,向陈独秀介绍了共产国际、俄共(布)以及十月革命后的苏俄情况,与陈独秀一起起草了党纲草案。在维经斯基的推动下,陈独秀开始筹划建立党的早期组织。

1920年6月,陈独秀同李汉俊、俞秀松、施存统和陈公培等人开会,决定成立共产党组织。在陈独秀看来,"研究马克思主义现在已经不是最主要的工作,现在需要立即组织一个共产党"。至于这个组织是叫"社会党"好,还是叫"共产党"好,他一时拿不定主意,就写信给北京的李大钊、张申府,征求他们的意见。李、张一致认为,新组织叫"共产党"好,陈独秀对此表示完全同意。

8月底,在陈独秀家里正式成立上海共产党早期组织,在场的李汉

俊、沈玄庐、陈望道、俞秀松、施存统、杨明斋和李达等人,明确表示正式参加中国共产党。当时只有一个人表示不加入共产党,此人叫戴季陶,后来成为国民党内有名的右派。会议推举陈独秀为书记,并写信推动各地成立党组织。在建党过程中,上海共产党早期组织实际上成为中国共产党的发起组,成为各地共产主义者进行建党活动的联络中心。

1920年10月,李大钊、张申府、张国焘在北京成立共产党小组,后成立支部,李大钊任书记。11月,张申府去法国留学,他先后介绍刘清扬、周恩来加入共产党,并与后来到法国的党员赵世炎、陈公培在巴黎成立了欧洲第一个中国共产党小组——巴黎共产主义小组。此后,各地共产党早期组织先后建立起来。

各地共产党早期组织成立后,迅速组建一个全国性的无产阶级政党,成了中国共产主义者的共同愿望。

从1920年下半年起,陈独秀、李汉俊便通过各种关系,与各地共产主义小组建立联系。1920年,当时担任广东省长兼粤军总司令的陈炯明,标榜进步,邀请陈独秀任广东教育委员会委员长。陈独秀接受了邀请,于12月中旬从上海到广州。他的上海小组书记的职务,交由李汉俊担任。

陈独秀到广州后,一面处理广东政府的教育工作,并帮助广州的共产主义小组整顿组织;一面把较多的精力用于筹备召开中国共产党的第一次全国代表大会。

1921年2月,陈独秀起草了党章,寄给上海的李汉俊。李汉俊看到党章草案上主张党的组织采取中央集权制,对此极为不满,说陈独秀要党员拥护他个人独裁。于是李汉俊也写了一个党章,主张地方分权,中央只不过是一个有职无权的机关,主张参加议会去宣传无产阶级的政见。

李汉俊起草的党章寄到了广州,陈独秀看后大发雷霆,写信责备李达,说上海的党员反对他,其实李达根本不知道这回事。不过陈独秀在党内也确有些家长制作风,他原本与李汉俊就有一些分歧,这件事更加深了他们俩的矛盾。李达夹在中间,担心由此造成组织的分裂,只得调停于两者之间。但是,李汉俊的脾气倔强,不肯接受调停,甚至放下书记不做,由他负责的《新青年》也不编了,还把党组织的名册和一些文件交给了李达,要李达担任书记。李达出于党组织内部团结的需要,只好接受了。就这样,李达负责起上海小组的工作,并筹备召开党的一大。

1921年6月初,为了帮助中国共产党成立,共产国际派荷兰人马林作为驻中国的代表来到中国。几乎与此同时,共产国际远东书记处和赤色职工国际派到中国的代表俄国人尼克尔斯基也到了上海。

马林和尼克尔斯基到上海后,在与李达、李汉俊的接触中了解到,维经斯基来华后一年多的时间里,上海、北京、武汉、长沙、济南、广州等地已建立了党的组织,并开展了马克思主义的宣传和工人运动。两人据此认为,中国建立统一的无产阶级政党的条件已经成熟,建议及早召开党的全国代表大会,宣告党的正式成立。

各地代表陆续抵达上海,"南陈北李"因故缺席

根据共产国际代表的建议,李达分别与广州的陈独秀和北京的李大钊进行联系,并确定在上海召开党的第一次全国代表大会。

接着,李达和李汉俊分别写信给北京、武汉、长沙、广州、济南及日本留学生中的党组织或党员,通知各地派代表到上海开会。同时,从马林带来的共产国际给中国革命的经费中抽出一部分,给每位代表寄了100元作路费。

北京小组接到上海小组的通知后,张国焘、刘仁静、罗章龙、李梅羹、邓中夏等几个党员开会,研究推选出席一大的代表。李大钊没有参加会议。

李大钊作为中国最早的马克思主义者和北京小组的创始人,各地党员自然都希望他能出席一大。但是,李大钊这时担任北京大学的图书馆主任兼北大教授,同时还兼任北京八校教职员代表联席会主席,此时正值两个学年交替时间,公务繁忙,抽不开身。李大钊又是全国名人,行踪为各方所关注,南下上海也有诸多不便。根据这种情况,会议没有推举李大钊作为一大代表。

在这几个人中,张国焘颇为活跃,他既参与了北京小组的创建,又到长辛店开展过工人运动,所以被一致推举为一大代表。在推举另一位代表时,有人叫邓中夏去,邓中夏说有事不能去,罗章龙也说不能去,于是便决定由刘仁静去。

张国焘作为北京小组的代表,需要参加大会的筹备工作,在这次会后不久,即动身前往上海,成为代表中最先到达上海的代表。

刘仁静在6月底才从北京动身,先到南京参加少年中国学会的年会,然后于7月上旬到达上海。

长沙小组的代表是毛泽东和何叔衡,7月4日抵达上海。

武汉小组的代表是董必武和陈潭秋,于7月15日左右动身,到上海时为20日左右。

济南小组的代表为王尽美、邓恩铭。张国焘赴上海途中,曾在济南逗留了一天,在大明湖的游船上同王尽美和邓恩铭谈了即将召开一大的情况。在张国焘离开济南不久,他们俩也乘车南下,于6月底到了上海。

陈独秀既是上海小组的发起人,也是广州小组的实际负责人,加上他在新文化运动中的巨大影响,各地代表都希望他能出席党的成立大会。可是,在接到上海方面的来信时,正值他为兼任校长的预科大学争取到了一笔款子,一旦他离开广州,这笔款项就可能泡汤,便表示此时不便赴上海开会。陈独秀提议,派陈公博作为广州小组的代表,又委派包惠僧代表自己前往上海出席一大。

包惠僧和陈公博于7月15日动身,乘海船于7月20日到了上海。陈公博还把新婚的妻子也带来了。

上海小组还向日本的留学生党员发了通知。当时,留日学生中只有在鹿儿岛的周佛海和在东京的施存统是党员。施存统到日本的时间不长,功课又紧,便推周佛海作为代表。周佛海等课程结束放暑假后才动身,加之途中耗费了一些时日,到上海时已是7月下旬了。

上海小组的代表是李达和李汉俊。一大召开的地点在上海,李达和李汉俊也就义不容辞地承担起了会议的筹备和会务工作。

　　各地的代表大多是教师或学生，收入有限，李达便让夫人王会悟出面，以接待北京大学师生暑假旅行团的名义，租了法租界的博文女子学校作为外地代表的住所。除了陈公博外，其余的外地代表都住在这里。陈公博是广东法政专门学校的教授、广东宣传员养成所的所长、《广州日报》总编辑，加之又是新婚宴尔，便下榻在大东旅社。

　　大会正式召开之前，各地代表曾在博文女校举行了一次简短的预备会议，相互交换意见，确定大会马上召开。

两个重大分歧：党员是否可以到现政府做官和做国会议员， 共产党对于其他政党的态度

　　中共一大的会址是上海法租界望志路106号（今兴业路76号），这是一栋两层的楼房，为李汉俊的胞兄李书城所有。

　　1921年7月23日晚8时，各地共产党早期组织的代表毛泽东、何叔

中共一大会址

衡、董必武、陈潭秋、王尽美、邓恩铭、李达、李汉俊、陈公博、张国焘、刘仁静、周佛海、包惠僧，以及共产国际代表马林和尼克尔斯基来到会场。会场的陈设十分简单，一张长方形的餐桌旁放着十几把椅子，代表们围坐在四周，大会就这样正式开始了。

会议原定由陈独秀主持，因陈独秀未能到会，临时改由张国焘主持。

大会开始后，先由张国焘报告会议的筹备情况，介绍这次会议的意义，提出要讨论和解决的问题，主要是制订党的纲领和工作计划。

会前，李达、李汉俊、张国焘、刘仁静等曾就党纲和政纲进行过几次商讨。李汉俊指出，世界上有俄国的十月革命，还有德国的社会党革命，中国共产党采取何种党纲和政纲，应先派人到俄、德两国去考察，在国内成立一个机构如马克思主义大学等，在从事精深的研究后，才能作出决定。

李汉俊的观点遭到了刘仁静的反对。刘仁静主张中国共产党应信仰革命的马克思主义，以武装暴动夺取政权，实现共产主义为最高原则，因此，反对西欧社会民主党的议会政策及一切改良派的思想，中国共产党不应该只是一个马克思主义的研究团体，也不应对国民党和议会活动存在幻想，应积极从事工人运动，为共产革命做准备。

由于起草人之间的意见分歧，党纲和政纲的草案实际上并没有起草好。

张国焘讲完话后，由共产国际代表马林致辞，李汉俊和刘仁静翻译。尼克尔斯基也讲了话。尽管尼克尔斯基讲话很短，但由于马林先前讲话时间长，此时时间已不早了，当天的会议便告结束。

7月24日，大会举行第二次会议，主要是由代表们汇报各小组成立的经过，开展的主要活动，进行工作的方法和经验。由于各地小组成立的时间不长，党员人数不多，开展的活动也有限，所以各小组的报告都不很长。这天的会议马林和尼克尔斯基都没有出席。

7月25日、26日，大会休会两天。由于李汉俊和刘仁静之间的分歧，会前没有起草好党的纲领和工作计划，马林建议由董必武、张国焘、李达组成一个起草委员会,起草这些文件。

7月27日至29日,大会继续进行,讨论起草委员会拟就的《中国共产党第一个纲领》和《中国共产党第一个决议》。与会代表对党纲和决议进行了认真的讨论。会议确定以中国共产党作为党名,中国共产党是工人阶级的政党,是无产阶级革命的神经中枢。

大会在讨论党员是否可以到现政府做官和做国会议员的问题时,发生了激烈的辩论。一种意见认为,"采纳国会制会把我们的党变成黄色的党",党员不应当参加国会,而应当在国会外进行斗争。另一种意见主张,"必须把公开的和秘密的工作结合起来。如果我们不相信在二十四小时内可以把国家消灭掉……那么政治活动就是必要的。起义的机会不会常有,它很少到来,可是我们在平时要做准备。我们应该改善工作的状况,扩大他们的眼界,引导他们参加革命斗争和争取出版自由、集会自由的斗争"。

陈公博和李汉俊认为可以到资产阶级政府做官或做国会议员。这与他们俩当时所处的环境有关。陈公博从北京大学毕业后,凭借陈独秀的关系,年纪轻轻就当上了广东法政专门学校教授、广东宣传员养成所的所长,可谓少年得志,官场前景看好。李汉俊是日本东京帝国大学的毕业生,哥哥李书城又是当时军界和政界有影响的人物。凭借这个关系,要在官场中求得个一官半职也不是难事。所以,他们对党章中规定不得做官或议员这一条不但很敏感,而且反对态度也很坚决。

另一个争议的问题是共产党对于其他政党的态度。一种意见认为,"不论在理论上和实践上,无产阶级应当永远与其他党派进行斗争"。另一种意见主张,党"在行动上要与其他党派合作反对共同的敌人,同时,我们不能失掉原则,在我们的报纸上要批评他们"。应当说,第二种观点是有可取之处的,但由于党刚刚成立,不懂得建立革命统一战线的重要性,结果大会采纳了第一种建议。

大会决定,党在当前的基本任务是成立产业工会,在工会里灌输阶级斗争精神,派党员去工会工作。作为无产阶级政党,一成立就注意到要进行马克思主义的宣传,还应注意密切同本阶级的联系,这是中国共产党的一大优点。

7月30日晚,大会继续举行第六次会议,欲通过《中国共产党第一个纲领》和《中国共产党第一个决议》。

晚饭后,代表们陆续来到会场。晚8点多,代表到齐了,正要宣布开会的时候,突然闯进一个陌生人,打断了会议进程。马林十分机警,说:"我建议会议立即停止,所有的人分途走开。"李汉俊声言他是房主,不能离开,陈公博表示自愿留下来陪李汉俊。

代表们离开会场后不久,一个法国巡捕带了一批便衣密探围住了李家,先将李汉俊和陈公博监视,并问房子的主人是谁,李汉俊很镇定地承认自己是房主。然后,密探们在房间搜查,搜了一个钟头,也没有找到什么可疑之物。其实桌子的抽屉里有一份党章草案,可能是因为党纲写在一张薄纸上,又被改得一塌糊涂,密探们便认为只不过是一张无关紧要的废纸,没引起注意。

搜查过后,这些人便问李汉俊家里藏有什么书,李略懂法语,便回答说,自己是学校的教员,藏书是供教学和研究参考的。又问为什么有许多社会主义书籍,李汉俊说他兼任商务印书馆的编辑,什么书都看。又问两个外国人是什么人,李说,是英国人,北京大学的教授,这次暑假来沪常常来叙谈。

接着便讯问陈公博。可能是陈公博一口广东话,巡捕便以为他是日本人。陈公博说,自己是百分之百的中国人。又问从哪里来,到上海干什么。陈公博答称,从广东来,是广东法专的教授,暑假来上海玩的。

巡捕见此,就用法语叽里咕噜地向李汉俊说了一番,说毕,一干人悻悻地走了。

会议最后一天移师浙江嘉兴南湖,一大代表的不同结局

代表们意识到会议已引起了租界当局的注意,不宜再在上海继续举行了。当李达、张国焘等人商量另找会址时,李达的夫人王会悟提出,如

南湖"红船"

果上海找不到合适的地点，可到她的家乡去，利用游湖的名义继续开会。于是，代表们决定大会在嘉兴继续举行。

当天晚上，李达就让王会悟到上海北站了解去嘉兴的火车班次。第二天一早，代表们便分两批出发，到嘉兴已是上午8点多钟。先在张家弄的鸳鸯旅馆落脚，开了两个房间休息，洗脸吃早饭，并叫旅馆账房雇船。

共产国际的代表没有去嘉兴，广州代表陈公博也没有去。所以南湖上的会议只有12人参加。

代表们到嘉兴后，原本打算租一艘大船，但旅馆账房说，要雇大船须提前一天预订，现在只有中号船了。于是，王会悟便雇了一艘中号船，船费4元5角，中午饭一桌3元，连小费总共8元。

到了南湖，王会悟陪部分代表先到烟雨楼看了看，主要目的是观察哪里停船比较合适。代表们上船开会时，已是11点多钟了。据王会悟回忆：

> 开会那天游客并不多，据记忆开会时，停放湖中的船连我们的

一条一共五条船。内中一只据船大娘说是城内某商户为儿子办满月酒雇的，另一只是乡下土财携眷进城游玩的，到下午三点钟以后，小游艇逐渐增多，有些小游艇漆得很漂亮，据说是城内士绅自备的。五点钟左右，湖中游船已有五只了，并有一只小汽艇（是城内葛姓士绅私有的），当时看到疑为政府巡逻，曾引起警惕，临时休会，后来知道是私艇才放心。到这时候，到处留声机唱京戏，湖中已热闹非常，到六点多钟，我们就离开南湖准备回上海了。

代表们在船上讨论了些什么呢？据包惠僧回忆，午饭之前，通过了党纲和劳动运动计划，一致通过了《中国共产党第一个纲领》和《中国共产党第一个决议》。饭后讨论大会的宣言。讨论过程中，围绕对孙中山的评价，代表们的意见不一致。经过讨论，多数代表认为孙中山的政府与北洋政府相比是进步的。会议决定暂不成立中央执行委员会，只设立中央局作为中央的临时领导机关。

红日西沉的时候，会议进行最后一项议程，选举党的中央机构。会议决议成立中央执行委员会，选举陈独秀、张国焘、李达为委员，由三人组成中央局。由于陈独秀在新文化运动中的巨大影响和在党的创立过程中起的重要作用，被代表们一致推举为中央局书记，在陈独秀返回上海前，由周佛海暂代。同时推选李达负责宣传工作，张国焘负责组织工作。

出席党的一大的代表们，后来的结局各不相同。毛泽东成为党和人民的伟大领袖，为党和人民军队的发展壮大、为中华人民共和国的建立立下了不朽功勋。董必武一直是党的重要领导人，去世前担任中华人民共和国代主席。王尽美因积极为党工作，积劳成疾，1925年英年早逝。邓恩铭、何叔衡、陈潭秋在不同时期为革命事业遭反动派杀害。李汉俊、李达在党成立后不久，因与陈独秀意见不合退党。他们离开党后，仍为党和革命做了不少有益的工作。李汉俊1927年在武汉被桂系军阀杀害。李达长期担任大学教师并积极译介马克思主义著作，解放后曾任湖南大学、武汉大学校长等职，1949年重新入党。包惠僧在1927年大革命失败后退党。刘仁静在大革命失败后脱党，后参加过托派组织的活动。陈公博、周佛海本来就不是真正的共产主义者,党成立后不久就被清除出党,后来追随汪精卫成了可耻的汉奸。张国焘在相当长的时间里一直在党内担任要职,为革命也做过一些工作,但在 1935 年红军长征途中个人野心膨胀,企图分裂党和红军,1938 年春逃到国民党统治区,成为国民党特务。一大代表的分化,是不足为奇的。党刚成立之时,难免鱼龙混杂,但随着党的发展,无数坚定的革命分子加入到党的队伍,并成为党的主体。千淘万漉虽辛苦,吹尽狂沙始到金。

中国共产党的成立,是中国历史上开天辟地的大事件,给灾难深重的中国人民带来了光明和希望。自此,中国人民的革命斗争有了光芒四射的指路明灯,中国革命的面貌也由此焕然一新。

（高中华、胡益安 / 撰稿）

2 中共一大诸多谜团背后的真相

1921 年，中国共产党宣告正式成立。但是，这一事件的亲身参与者在当时似乎都没有意识到它的重大意义，以至这一事件发生的时间、地点，包括参与其中的人物等，在这个组织夺取全国政权、建立新中国以后的相当长时间内都难以得出一个一致的说法。就连亲历者的回忆也时有矛盾，甚至同一个人的回忆会随着历史条件的变化而出现变化，结果就形成中共一大的诸多谜团。

新中国成立以来，尤其是改革开放之后，相关研究者爬梳考证，新说丛出，争论不断，但在某些方面至今仍难有一致的结论。

笔者试图从时间、地点、人物等方面，利用多年来的研究成果，解开中共一大的诸多谜团。

中共一大开幕日期谜团

"七一"作为中国共产党成立的纪念日，早已成为惯例。因此"七一"就被理所当然地视作中共一大开幕的日子，而事实并非如此。

实际上，对于中共一大开幕的日期，存在着 6 月、7 月 1 日、7 月 23 日、7 月底等多种说法。直到 20 世纪 70 年代末，党史专家依据国内外大量史料，并根据尚健在的亲历者的回忆，再参照代表行踪、会场被法租界警探搜查记录等，最终考证出中共一大开幕的日期是 7 月 23 日。其中，陈公博于大会闭幕后不久所撰《十日旅行中的春申浦》一文，成为推断出中共一大开幕日期的重要一环。因为此文写于会议结束后不久，其回忆的准确性就比较高。据陈公博记述，他与共产国际代表马林、尼克尔斯基见面的时间是在"到上海的翌日",即中共一大的第一次会议上——会议开幕当天,而陈公博抵达上海的日期则为 7 月 22 日。由此即可推断出中共一大的开幕日期为 7 月 23 日。

对于建党日期,中共一大代表毛泽东曾提出过"6 月说"。只不过他后来又改变了,这也从另一个侧面反映出人的记忆并不完全可靠。邓中夏与李维汉等也曾持"6 月说"。这一说法的来源是上海临时中央发出的通知,通知上确定的开会时间是 6 月 30 日。但到了 6 月底,只有少数代表抵达上海,会议不得不改期举行。可以判断,将通知开会的时间当成实际开会的时间,才出现了 6 月的说法。1939 年 10 月,《共产党人》创刊,毛泽东写了发刊词,原有"一九二一年六月第一次全国代表大会"的字样。该文编入《毛泽东选集》时,"六月"二字被删去了。后来,毛泽东也察觉到"六月"建党说存在偏差,又改为 7 月建党。当时在延安,只有毛泽东、董必武两人出席了中共一大,但他们只记得是在 7 月份,仍不能定下确切的日期,于是就象征性地选择了 7 月的第一天作为建党纪念日。

实际上,建党纪念日和党的生日之间并不能完全画等号。1940 年,毛泽东在延安的一个讲话中说,"七月一日是中国共产党的生日,明年是党的二十周岁,我们党从七月一日起庆祝一个月"。随后,延安的《新华日报》发表社论,号召全党准备于 1941 年 7 月 1 日,庆祝建党 20 周年。这个日期在 1941 年 6 月被载入中央文件,"七一"作为党的生日就这样正式确定下来。

将中共成立日期定在 7 月 1 日,一方面是当事人记忆上出现了偏差;另一方面是因为建党活动处于秘密状态,不可能有可靠的公开记录,尤其是会议中间有巡捕闯入打乱了原定议程,导致会议转移地点并提前结束,从而为记忆的偏差留下了方便之门。即使当时有记录,也可能因为当时的中共中央并没有形成一个可靠的文件档案保存制度以致损失,也可能因为保密的需要而主动损毁了,或者因为环境的严酷而不能保留下来。此外,还有一个极其重要的原因,那就是中共一大的参加者本身并没有意识到,他们的活动最终将创造一个伟大的组织,并导致一个新政权的诞生,以至他们没有留下个人对于这段历史的记录。

1980年,《人民日报》载文给出了1921年7月23日的说法,算是对党史专家多年努力的肯定。在1981年纪念建党60周年时,由中共中央党史研究室编写的《中共党史大事年表》,正式将党的诞生日确定为7月23日。

因此,中共一大的日程表大致如下:

7月23日开幕,召开第一次会议,制定议事日程并听取汇报。

7月24日举行第二次会议,继续听取代表的汇报。

7月25日至26日休会,起草委员会制定章程和实际工作计划草案。

7月27日至29日,连续召开第三、四、五次会议讨论章程草案。

7月30日夜,第六次会议因侦探闯入和其后的租界警察搜查而中断。

最后一天的会议转移到浙江嘉兴南湖举行。

中共一大闭幕日期谜团

关于在嘉兴南湖这最后一天,也即中共一大闭幕日是哪一天,又出现了分歧。很显然,7月30日是不可能的,因为在上海的最后一次会议就是在这一天的夜间,转移到嘉兴南湖需要时间来操作。至于是哪一天,有7月31日、8月1日、8月2日、8月5日等说法。

对于7月31日,有多位代表的回忆作支撑。之所以记忆这么清晰,就是因为侦探闯入这一突发事件给代表们留下了深刻印象。其中,包惠僧在1953年回忆说:"大家商量了一下,就决定明天到嘉兴南湖尽一日之长来结束这个会。次日黎明,我到了火车站,10点左右我们到了南湖,把船开到湖心,就开始开会。"董必武在1971年回忆说:"第二天会议就改在嘉兴南湖继续召开,是由李达的老婆王会悟租了两只船开的。"

质疑者认为,在当时的混乱状况下,安排好第二天的行程,时间太仓促,恐怕来不及。支持者认为,当时大多数代表住在博文女校,个别代表虽分散他处,但相距并不远。即使不是分头通知,仅由一人传递信息也来得及。据查1921年7月沪杭铁路行车时刻表,早上7时35分上海有快车至嘉兴,到达时间是 10 时 25 分。这一点,与包惠僧的回忆也相吻合。这就是说,第二天在嘉兴南湖开会,无论是时间的充裕,还是乘车的条件都是完全具备的。尤其是在那种特别紧急的情况下,越是迅速地转移到别处就越安全,第二天一早当是最好的选择。

陈公博虽然没有去嘉兴南湖,但他的《十日旅行中的春申浦》却给出了去南湖的确切日期。他写道:"七月三十一日那天早上五点多钟,我在睡梦中忽然听到一声很尖厉的枪声,继而便闻有一女子锐厉悲惨的呼叫。"这样的夜半插曲,足以令陈公博印象深刻。

周佛海在《往矣集》里提到同一件事时说:"公博当时正带着新婚夫人度蜜月,住在大东旅社……哪知他隔壁的房中,当夜发生了一件奸杀案,开了两枪,打死了一个女人,公博夫妇真是吓得魂不附体。"正因为受到此事的惊吓,陈公博夫妇没有去嘉兴,而是去了杭州。

将陈公博、周佛海的回忆与上海《申报》《新闻报》当时的相关报道相对照,就发现这一天正是 7 月 31 日。

但张国焘等人回忆说,"在上海第六次会议受到搜查后,第二天即停会,隔了一日再到南湖将会开完"。张的说法如果属实,那么大会闭幕的日期就应该是 8 月 1 日。但据 1921 年 8 月 3 日《申报》的《地方通讯》报道,8 月 1 日下午 5 时许,嘉兴南湖阴云密布,狂风大作,房舍多有损坏,"最惨者,南湖中之避暑游船……被风吹覆者四五艘……而溺毙者竟有三人"。这样的气候条件显然不适合在游船上开会。如果遇到了这种天气,就像在上海遇侦探闯入一样,代表们不可能不留下印象。可没有任何一位代表在回忆中提到遭遇了风暴。当然,也有另一种可能,即在这场风暴到来之前,最后一天的会议早已结束,代表们也早已离开了南湖。

8 月 2 日的说法,来自布置开会游船的王会悟的回忆,但并没有令人信服的材料来印证。

8 月 5 日的说法,源自苏联公布的《驻赤塔赤色职工国际代表斯穆尔基斯的信件》。信件明确提到会议在 8 月 5 日闭幕,并解释说"根据尼克尔斯基同志的建议,我们决定打电报给伊尔库茨克,向他们报告(中国共产党）代表大会的进程"。在这里，斯穆尔基斯并不是大会的参加者，他只是中共一大参加者尼克尔斯基与共产国际远东局的传话人。有关 8 月 5 日的说法极有可能是尼克尔斯基在中共一大召开前的报告，预定的闭幕日期在 8 月 5 日。此后事情发生了意想不到的变化，不得不匆忙结束。尼克尔斯基和马林没有参加在嘉兴南湖的会议也可以作为一个反证，证明这是事前的报告。

即使开幕日和闭幕日的日期都有了合理的解释，但仍有人提出，在中共一大与党的成立之间并不能画上等号。之所以将中共一大与党的正式成立之间画上等号，是源自毛泽东后来的政治影响，并明确说党的成立在前，中共一大召开在后。其根据就是，早在 1920 年 8 月，陈独秀即在上海开始了建党活动，这个组织名称就是"中国共产党"。同年 10 月，李大钊在北京也开始了建党活动。这也是"南陈北李，相约建党"说的来源。另有"南谭北李中间陈"的说法，这里的"谭"指谭平山。谭平山几乎同时在广州开始创党活动，其标志就是 1920 年 11 月《中国共产党章程》的制定，以及《共产党》月刊的创刊。

围绕中共一大会址的谜团

中共一大开会的地点，当年是明确的，就在李书城、李汉俊兄弟租住的房子里。可具体在哪条路多少号，没有人能给出明确的说法，结果导致会址谜团的产生。

1949 年 10 月 1 日新中国成立，中国共产党夺取政权，大局已定，终于有条件确认自己组织的诞生之地。1950 年夏末秋初，上海市市长陈毅交代市委宣传部副部长姚溱，去寻访中共一大会址。这个时候，离中共一大召开已过去了近 30 年。其间，屡经战乱，当年的建筑是否安然无恙，实在是一个未知数。为了完成这项特殊的任务，成立了一个以姚溱、沈子瑜和杨重光为主要成员的寻访小组。

不久，寻访小组通过上海市公安局找到了周佛海的妻子杨淑慧。时任上海市公安局局长的扬帆特批杨淑慧出狱协助寻找。杨淑慧提供了一条重要线索，她说周佛海在回忆录《往矣集》里，记载了中共一大召开的情况。沈子瑜在图书馆中查到了 1942 年出版的《往矣集》。书中说："在贝勒路李汉俊家，(中共一大) 每晚开会。"

正是在中共一大召开前后，杨淑慧与周佛海开始恋爱。那时，周佛海常带着杨淑慧去李汉俊、李达的家里，再加上杨淑慧本人就住在上海，对那一带的情况自然熟悉。抗战期间，周佛海附逆，他们仍生活在上海。因此，杨淑慧是最合适的寻访人。可杨淑慧已记不清门牌号码，而且当年的贝勒路连名称都变了。几十年来，街道格局的变化虽称不上翻天覆地，但在杨淑慧这个老上海眼里也堪称巨大。当年李家门前还是一片菜地，现在却是成片的房屋。因此，在几天时间里，来来回回走了多少趟，杨淑慧仍不能确定到底哪所房屋是李汉俊当年租住的居所。直到有一天，杨淑慧站到贝勒路与望志路 (今兴业路) 的交叉口，看到"恒昌福面坊"的大字招牌，才终于认定今天的兴业路 76 号就是李汉俊曾经住过的地方，也就是当年中共一大开会的地方。

为了确定这个地址的真实性，中共一大的参加者董必武、李达、包惠僧后来又受邀前往核实。在毛泽东、董必武看了上海市委上报的审定材料后，中共一大会址最后得以确认。

与地址相关联的谜团则是会场为什么会有法租界侦探突然闯入，后又遭到搜查。简单地说，是因为当年即使在东方大都会的上海，外国人数量也并不多，其行动颇为引人注目。如果是偶尔出现，过去也就过去了。可开会时，一连几天有外国人进进出出，自然引起了法租界警局的注意，尤其是马林的一蓬很显眼的大胡子。另外，有资料显示，日本警视厅在 6 月就得到了会议要在上海召开的情报。尽管这份情报没有标示来源，但其最可能的来源应是上海的机构或个人，其间又掺杂着日本与西方主要国家的情报交流。再联系到 1921 年 7 月 31 日《民国日报》报道，法租界宣布的取缔集会条例。这个条例制定的背景是不是和中共一大有关，虽然不能妄下结论，但它发布的时机无疑是耐人寻味的。

侦探搜查迫使会议转移会场，并在没有完成预定议程的情况下于嘉兴南湖匆忙结束。突发事件是造成中共一大诸多谜团的直接原因。

中共一大代表人数谜团

如果说对于开会的时间因为记忆有误等诸多因素，开会地点因为时代变迁等一系列原因，一时无法确定，其中更多的是客观因素；那么，代表人数的种种说法，其间的主观因素就明显要多一些。

客观地说，当时参加中共一大的代表，对于这个第一次的重要性几乎没有什么概念。起码在当年没有人能预测到这个党会给中国带来翻天覆地的变化。这个第一次的重要性随着党的地位的提高，才愈益被加重了其砝码。那么，这个第一次的代表也因此有了不同寻常的历史位置。正因为如此，代表人数是 13 人，还是 12 人、11 人、10 人，这个问题才在多年后随之出现并成为问题谜团。

几十年以后，经过党史专家的考证，当时参加会议的代表为 13 人，他们是张国焘、刘仁静（代表北京），王尽美、邓恩铭（代表济南），董必武、陈潭秋（代表武汉），李达、李汉俊（代表上海），毛泽东、何叔衡（代表长沙），陈公博（代表广州），周佛海（代表旅日党组织）以及由陈独秀指定的代表包惠僧。再加上两位共产国际的代表马林、尼克尔斯基，参加会议者共 15 人。

当然，这一人数的确定过程并不像说起来这么简单，其中尤以"12人说"的影响最大也最广泛。

"12 人说"的来源有多个，一个是毛泽东，一个是张国焘，另一个是共产国际的报告。毛泽东在 1936 年秋同美国记者斯诺谈话时，说参加中共一大的代表是 12 人，但没有列出清晰的代表名单。到 1945 年中共七大召开前夕，毛泽东仍说是 12 人。这个时候，毛泽东在党内已确立了真正的领导地位，他的说法也就带有了权威的意味。

在此之前，周佛海于 1927 年发表的《逃出了赤都武汉》中说，参加会议的代表是 13 人，并给出了除两位济南代表之外的名单。1936 年，陈潭秋在莫斯科写的《第一次代表大会的回忆》中，也说是13人，并给出了济南代表王尽美、邓恩铭的名字。这两份回忆加起来就构成了一个完整的中共一大代表名单，可惜在毛泽东谈话之后，13人的说法就靠后了，或者说被人为地回避，甚至有意识地忽略掉了。

张国焘在《我的回忆》里也说是12人，且在列出的名单里去掉了何叔衡。他为什么要选择性地去掉何叔衡？张国焘给出的理由有些让人啼笑皆非，他认为何叔衡是位"冬烘先生"，对共产主义完全无知。并说，何叔衡因为听不懂大家讨论的内容，提前离开了，所以不能算作正式代表。

这其中，董必武的看法在13人和12人之间是有变化的。在1959年之前，他一直坚持13位代表的说法。他在1937年接受尼姆·威尔斯的访谈时，还给出了13位代表的名字。此后，他多次的相关谈话都说是13人。1956年，他仍然坚持说："关于代表名额，过去发表的都是十二人，在我的记忆里，却好像是十三个。"1959年，董必武看到了中央档案馆送给他的苏共移交的有关中共一大的材料，也就是共产国际的报告，里面说代表人数是12人。他认为，"在未发现中文文字记载以前，我认为是比较可靠的材料"。并说，"我过去对中共一大代表人数，是同意陈潭秋同志回忆的说法'十三人说'，今后我愿意放弃这个意见"。可据后来的考证，共产国际的报告，是将陈公博排除在外了。原因是陈公博没有参加在南湖举行的闭幕会议，上报共产国际的闭幕会议决议里自然没有他的名字。

在1949年新中国成立后，"12人说"就成了定论。李达在1949年前后写的自传里，给出的代表名单里则排除了包惠僧。他排除包惠僧的原因，又是什么呢？李达写道："包惠僧并不是由地方党组织推选到上海出席的代表……7月1日晚上开会的时候，包也随代表们开会去了，代表们也没去拒绝他，这是事实。因为当时并不知道组织代表资格审查委员会，但代表们并不承认他是代表。事后，包惠僧自称是广州党组织的代表，这不是事实。广州代表只有陈公博一人。"

按照李达的解释,包惠僧确实参加了会议,但又不是代表。董必武同意"12 人说"之后,也说道:"广州市一个人,实际到了两个,有一个包惠僧,他是一个新闻记者,是列席的,不是代表。"另有人解释说,包惠僧是作为陈独秀的私人代表参加中共一大的,算不上正式代表。在 1969年的中共九大上,毛泽东在讲话中也明确排除了包惠僧。这么一来,"12人说"几乎成了不可移易的真理。

"11 人说"则是将王尽美、邓恩铭排除在外。原因是他们当时都是中学生,没有给人留下深刻印象。

"10 人说"的理由是,何叔衡提前走了。在遭到法租界警探的搜查之后,会议转到嘉兴南湖继续进行,李汉俊、陈公博又未能赴会,最后的代表是 10 人。

"南陈北李"为何未参加

说到中共一大代表问题,"南陈北李"是绕不过去的。他们两人是中共的最早创始人,具有无可替代的特殊位置。但他们为何没有参加中共一大,这又是一个谜团。

据说,召开中共一大的通知发出时,陈独秀正在广州担任广东政府教育委员会委员长,又兼任着大学预科校长。广州小组开会决定代表时,陈独秀说,自己正在争取一笔款子修建校舍,无法脱身,并当场委派正在广州向其请示工作的武汉小组成员包惠僧参加大会,另一人则指定了陈公博。鉴于当时陈独秀的威望,没有人提出不同意见。包惠僧回忆说:"陈独秀年长,我们又都是他的学生,他说了以后大家就没有什么好讲的了,同意他的意见。"

如果说脱不开身是托词,不如说是借口更合适。要知道除非你是职业革命家,哪个人没有工作在身?工作和代表大会两相比较,哪个更重要?在陈独秀这个党的主要创始人心里不可能没有想法。不过他的想法并没有在年轻的同志们面前表现出来,那就是对共产国际代表来到中国还不到一个月的时间,就召集代表大会,要控制中国党的活动,心有不满。这一点从他与共产国际代表合作中的诸多不愉快中很容易看出来。但也有人说，陈独秀觉得没有事先和他沟通就通知开会，是突然袭击，是对自己的轻视，因而以不出席或明或暗地表示一种有限度的抵制。

李大钊又为什么没有出席呢？他当时连北京小组推选赴会代表的会议都未参加，更别说出席在上海的会议了。同样是在这次北京的小组会上，邓中夏、罗章龙虽然出席了会议，但他们都声称自己不能去上海开会。起码，在这个时候，他们并没有认为将要召开的会议有多么重要，当不当这个代表也没有什么了不得。最后，张国焘和刘仁静被推举为北京小组的代表。

对于李大钊没有被推举为代表，张国焘解释说："北京支部应派两个代表出席大会。各地同志都盼望李大钊先生能亲自出席，但他因为正值北大学年终结期间，校务纷繁，不能抽身前往。结果便由我和刘仁静代表北京支部出席大会。"刘仁静则回忆说："会前是否征求李大钊先生的意见我不知道，李先生很和气，就是征求他的意见，他也不会反对。"

当时，李大钊是北京小组的领导人，且人在北京，怎么会不参加小组的会议呢？按照张国焘的说法，时值假期将临，李大钊在北京大学的工作过于繁忙，一时难以脱身。原因似与陈独秀相同。但也有研究者称，李大钊未能出席中共一大是由于他受伤住院。

事情起因于1921年3月，北京教育界因校方拖欠薪水而发起了索薪运动。当时，以北京大学为首的8所公立学校成立了北京国立专门大学校教职员代表联席会议，北大教授马叙伦是联席会议主席，李大钊是联席会议新闻总办，在马叙伦有事或生病时代理主席职务。

在6月3日的请愿中，马叙伦被军警打成重伤，李大钊被打至昏迷，均被送入医院。巧合的是，就在同一天，共产国际代表马林抵达上海。李达、李汉俊发出会议通知时，李大钊仍躺在医院的病床上，因此无法参加北京小组的代表推选会议，同时也就失去了参加中共一大的机会。

但是，稽考李大钊长子李葆华的回忆录和李大钊的好友胡适写于那个时期的日记，都没有李大钊住院的记录。那么，李大钊究竟是为什么没有出席中共一大，至今难有令人信服的答案。

（孟醒／撰稿）

3 毛泽东《中国社会各阶级的分析》发表始末

"谁是我们的敌人,谁是我们的朋友?这个问题是革命的首要问题。"这句话一针见血,指出了中国革命的关键所在。这一著名论断出自1925年12月毛泽东发表的《中国社会各阶级的分析》(简称《分析》)。该文系《毛泽东选集》的首篇,毛泽东在此文中论述了中国革命的对象、动力、性质和前途等一系列问题,初步提出了关于新民主主义革命的基本思想,堪称毛泽东思想萌芽的一篇光辉文献。它的问世,是毛泽东深刻洞察党内外思想动态,反对党内错误倾向,总结革命经验教训的结果。

党内对"孰敌孰友"问题没有弄清楚

《毛泽东选集》在收录《分析》一文时,对这篇文章的写作背景作了说明:"是为反对当时党内存在着的两种倾向而写的。"当时党内的第一种倾向,以陈独秀为代表,只注意同国民党合作,忘记了农民,这是右倾机会主义。第二种倾向,以张国焘为代表,只注意工人运动,不注意团结国民党内的革命力量,同样忘记了农民,这是"左"倾机会主义。这两种机会主义都感觉自己力量不足,而不知道到何处去寻找力量,到何处去取得广大的同盟军,同时也没有真正弄清革命的"敌人"是谁。

1923年,毛泽东参加中央领导工作后,更深入、更直接地了解到党内这两种错误思想倾向及其危害,并同这些错误倾向进行了斗争。

6月,毛泽东在中共三大上被选入中央执行委员会。这是毛泽东第一次进入中央领导核心,这一年他刚好三十岁,三十而立!在这次会议上,毛泽东注意到当时党内的重要领导人张国焘只重视工人运动,不注意团结国民党内的革命力量的错误。

中共三大的中心议题是讨论国共两党的合作。还在 1922 年 8 月，中共中央根据共产国际的意见，在杭州西湖召开特别会议，决定同国民党实行合作。1923 年"二七"惨案留下的血的教训，使中国共产党进一步认识到中国的民族民主革命只靠工人阶级孤军奋斗是不够的，应该争取一切可能的同盟者。由于孙中山领导辛亥革命取得了成功，国民党在社会上有威信，又在南方建立了根据地。孙中山在民国成立

毛泽东所著《中国社会各阶级的分析》版本之一

后几经挫折，深感中国革命要改弦易辙，对共产党员同他合作抱着积极欢迎的态度。西湖会议后，李大钊、陈独秀等一批共产党的重要领导人就陆续以个人名义加入了国民党。

对这样做，毛泽东是有思想准备的。4月离开长沙时，他在湖南自修大学主办的《新时代》创刊号上发表了《外力、军阀与革命》一文，提出：中国的反动势力太大了，外力和军阀勾结为恶，共产党和一些"非革命的民主派"都将同"革命的民主派"国民党合作，以"成功一个大的民主派"。到广州后，他在《向导》上发表的文章中提出对中国革命的基本看法：国民革命的历史使命是"打倒军阀并打倒和军阀狼狈为奸的外国帝国主义"，只有"建立严密的联合阵线，这个革命才可以成功"。从五四时期倡导民众大联合，到这时主张建立联合阵线，毛泽东的思路是连贯的。

但是，张国焘认为，工人阶级只能在自己政党的旗帜下进行革命，不同意全体共产党员特别是产业工人加入国民党，去搞党内合作，否则会取消共产党的独立性，也不同意在劳动群众中发展国民党组织。

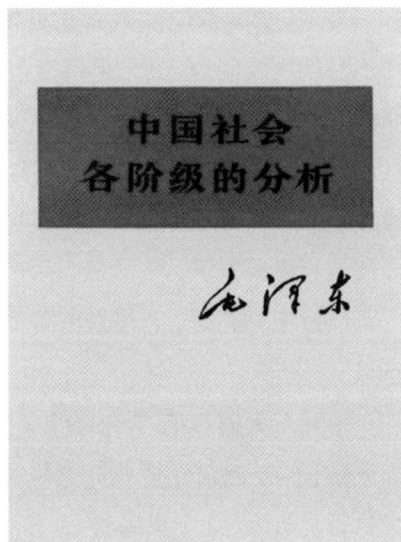

会上，张国焘说："我党党员如若加入国民党，势必会引起许多复杂而不易解决的问题，其结果将有害于革命势力的团结。"毛泽东的发言与张国焘针锋相对。他根据湖南工人运动的经验，说明搞联合阵线的必要性，反驳说："大批工农加入国民党，正可以改造它的阶级成分，和资产阶级建立联合阵线，共同完成民族民主革命的需要。"两种观点激烈交锋，会议气氛显得紧张。

经过激烈讨论，会议最终赞同了毛泽东的主张，张国焘的观点暂居下风。

中共三大通过了"党内合作"的决定，要求全体共产党员以个人名义加入国民党，但仍保持共产党组织的独立性。会上，毛泽东被选进了中央执行委员会，任中央局秘书，接替张国焘的位置，张国焘落选。

尽管如此，中共党内反对国共合作的思想仍大有人在！他们对国民党到底是敌是友的问题，国民党内存在分化的问题，始终搞不清楚。这是毛泽东写作《分析》的一大动因。

毛泽东写作《分析》一文的另一大动因，则是和陈独秀有关。

担任中央局秘书、直接协助陈独秀工作的毛泽东，发现陈独秀漠视农民和农民运动。毛泽东是农民的儿子，他认为，占中国人口大多数的农民中蕴藏着巨大的力量。中共三大上，他郑重地提出了农民的问题，并负责起草《农民问题决议案》。毛泽东在《农民问题决议案》中指出："由于种种压迫，农民自然发生一种反抗的精神，各地农民之抗租、抗税的暴动，即其明证。故我党第三次大会决议，认为有结合小农佃户及雇工，以反抗牵制中国的帝国主义者，打倒军阀及贪官污吏，反抗地痞劣绅，以保护农民之利益，而促进国民革命运动之必要。"

张国焘回忆说，毛泽东在会上提出了一个新问题——农民运动，是"这个农家子弟对于中共极大的贡献"。

但是，这时的陈独秀如《分析》选入《毛泽东选集》时添加的题注中所说："只注意同国民党合作，忘记了农民。"

大革命时期，眼看着农民运动轰轰烈烈地搞起来了，陈独秀却痛恨地说："农民运动'糟得很''过火了'"。农民运动是痞子运动,应该予以制止。这是没有把农民当作真正的同盟军来看待的表现。

陈独秀对农民运动的抵制,导致中共对农民运动的领导不力,严重影响了农民运动的发展。时隔十余年后,毛泽东对此事依旧耿耿于怀:"我今天认为,如果当时比较彻底地把农民运动组织起来,把农民武装起来,开展反对地主的阶级斗争,那么,苏维埃就会在全国范围早一些并且有力得多地发展起来。"

陈独秀不仅忘记了农民,在无产阶级革命领导权问题上也同样犯了错误。如果说张国焘是不支持共产党加入国民党,那么,陈独秀则为了团结国民党,处处让步,处处妥协,主动放弃无产阶级革命领导权,把领导权交给资产阶级。

无产阶级革命,既没有找到领导力量,又没有找到可靠的革命队伍,成了一句空话。

为了让党内早一些认识到"中国无产阶级的最广大和最忠实的同盟军是农民",认识到无产阶级是革命的领导力量,同时,也认识到国民党的"革命"性,解决中国革命的领导、动力、对象等一系列根本问题,毛泽东要写一篇文章,弄清这一系列问题的想法在心里酝酿了很久!

国民党内部在"是否革命"的问题上出现分化

1924 年 1 月至 12 月,毛泽东在国民党内工作了近一年时间。进入国民党内工作,使他更全面地了解到国民党内的基本情况,更真切地把握到国民党内部的思想动向。

1924 年 1 月,毛泽东作为湖南代表参加了在广州召开的中国国民党第一次全国代表大会。同月 31 日,国民党第一届中央执行委员、监察委员全体会议召开,决定在上海、北京、汉口等地成立执行部,以加强这几个地区的工作,毛泽东被派到上海执行部。

起初,毛泽东在国民党内的工作是比较顺利的,很受国民党左派元老们的器重。

当时,实际负责上海执行部的是组织部部长胡汉民。毛泽东任胡汉民的秘书,职责是"协助部长,办理本部事务"。同时,毛泽东还兼任文书科秘书,在文书科主任邵元冲到任前,代理文书科主任一职。

胡汉民是国民党元老,孙中山对他格外倚重,国民党改组后的许多重大事情,都离不开胡汉民的参与。因此,组织部的实际工作也就落到了毛泽东的肩上,这从胡汉民给毛泽东的一封信中可见一斑。

> 顷得觉生先生来书,要取《宣言》十份,《党章》十份及《民国日报特刊》一份,入党表、登记表各四十份,志愿书二十份,请即交其来人为幸!此上润之我兄。

> 弟汉民

在胡汉民的支持下,毛泽东的初期工作取得了较好的成绩。毛泽东对国民党也是信任的,工作是热情而积极的,以至于引起当时共产党内

1924年5月5日,国民党上海执行部举行庆祝孙中山就任非常大总统三周年纪念活动时合影。三排左二为毛泽东

部分高级领导人的不满，李立三曾嘲讽他是"胡汉民的秘书"。

随着胡汉民的调离，毛泽东开始被一些分共、反共势力所排挤。在与他们的激烈斗争中，毛泽东越发感觉国民党内存在分化的两派——国民党左派，支持革命，主张"联共""容共"；国民党右派分子则反对革命，暗地策划反共、分共的卑鄙行径。两派严重对立，内部"暗流涌动"。

毛泽东在《中国社会各阶级的分析》中把国民党右派分子的"两面性"刻画得入木三分："有一个自称为戴季陶'真实信徒'的，在北京《晨报》上发表议论说：'举起你的左手打倒帝国主义，举起你的右手打倒共产党。'"这些分共、反共的事件时常发生在毛泽东身边，使他心力交瘁，直至累倒。

上海执行部成立不久，胡汉民返粤，叶楚伧接替胡汉民负责执行部的工作。叶楚伧对毛泽东的工作一直持异议，对共产党员一直持戒备心理。在这样的状态下，毛泽东的工作极为艰难。7月，毛泽东不得不辞去组织部秘书职务，只负责文书科工作，并推荐共产党员张廷灏继任。

8月1日，周颂西、喻育之等人在南方大学召集各区党部代表会议，讨论处置"共产分子"问题。会上，主张"容共"和反对"容共"的两派发生分歧。次日，喻育之等到上海执行部，要求致电广州国民党中央分共，并殴打"跨党党员"邵力子。当时，主持执行部工作的叶楚伧采取骑墙态度，未按右派要求致电国民党中央，也未对喻育之等人进行处理。

对此，毛泽东极为不满，联合恽代英、施存统、邓中夏、刘伯伦等跨党党员致函孙中山，控告叶楚伧"主持不力，迹近纵容"。

之后，毛泽东与叶楚伧的矛盾在执行部几乎人人皆知。加上国民党内部左右两派矛盾加剧后，经费即不能照发，负责无人，工作几乎停滞。毛泽东的工作困难重重，吃力不讨好，兼之劳累成疾，便于12月请假回到湖南老家韶山了。毛泽东离开上海后，叶楚伧摆宴相庆。

回到韶山后，毛泽东一边安心养病，一边总结革命的经验教训。他急切地感到国民党内部的分化实在是一个十分严重的问题，反革命分子随时都可能打起"白色的反革命的大旗"，如果不做好反击的准备，革命将遭受重创。

国共矛盾发展至此,这时党的主要领导人陈独秀对国民党却抱有不切实际的幻想。他对他们的反共、分共行径无条件地包容,为了统一战线,处处迁就,处处躲避,这就更加剧了国民党反革命分子的嚣张气焰。革命实质上已经危机四伏。

毛泽东感到忧心忡忡,为了让党内认识到国民党内对革命的"矛盾惶遽状态"以及可能对革命带来的危害性,毛泽东着手写作《分析》的动力又强了几分。

韶山"养病",毛泽东重新发现农村广阔天地,
呕心沥血著成经典

在韶山养病期间发动农民运动的经历,又为毛泽东撰写《分析》奠定了实践基础。

这一次,毛泽东在韶山住了203天,是毛泽东1921年离开韶山后回故乡时间最长的一次。虽说是养病,但是毛泽东并未闲着,一向有发动农民运动想法的他,利用这段宝贵的时间和家乡的人缘之便,搞起了农民运动。毛泽东曾回忆说:"那年冬天我回到湖南休养——我在上海生病,但在湖南期间,我组织了该省伟大的农民运动的核心。"

毛泽东回韶山时,正值春节后不久,前来探望的人和本门的亲友川流不息。毛泽东利用这个机会广泛接触群众,有时与农民谈家常、打骨牌、玩麻将,和大家搞得火热。他还和夫人杨开慧一道在乡下四处走走看看,做了广泛的社会调查。在此基础上,毛泽东依靠夫人杨开慧以及庞叔侃、柳军刚、李耿侯等进步知识分子,先后在毛氏宗祠、毛震公祠、李氏祠堂等处,利用原有族校,创办了20多所农民夜校。夜校教农民识字、学珠算,并对农民进行三民主义和马克思主义的启蒙教育,启发农民的阶级觉悟。

农民提高阶级觉悟后,开始在毛泽东的领导下为争取自己的利益而斗争,最著名的要算被誉为"韶山神话"的"平粜阻运"。"平粜阻运"胜利后,毛泽东认为成立农民协会的条件基本成熟,于是一夜之间,韶山挂

起了 20 多个乡农民协会的木牌。由此，毛泽东更加清晰地看到了蕴藏在农民中的伟大力量。

1925 年秋，毛泽东呕心沥血，终于写成《中国社会各阶级的分析》这部光辉著作。《分析》开宗明义："谁是我们的敌人？谁是我们的朋友？这个问题是革命的首要问题。"毛泽东深刻地认识到，"中国过去一切革命斗争成效甚少，其基本原因就是因为不能团结真正的朋友，以攻击真正的敌人"，也就是没有找到革命的对象和盟友的问题，而"我们要分辨真正的敌友，不可不将中国社会各阶级的经济地位及其对于革命的态度，作一个大概的分析"。

毛泽东把中国社会的阶级情况做了如下分析：

第一，地主阶级和买办阶级。这个阶级是极端反革命的，他们完全是国际资产阶级的附庸，其生存和发展，是附属于帝国主义的。这些阶级代表中国最落后的和最反动的生产关系，阻碍中国生产力的发展。他们和中国革命的目的完全不相容。特别是大地主阶级和大买办阶级，他们始终站在帝国主义一边，是极端的反革命派。

第二，中产阶级。中产阶级主要是指民族资产阶级。他们对于中国革命具有矛盾的态度：他们在受外资打击、军阀压迫感觉痛苦时，需要革命，赞成反帝国主义反军阀的革命运动；但是当革命在国内有本国无产阶级的勇猛参加，在国外有国际无产阶级的积极援助，对其欲达到大资产阶级地位的阶级的发展造成威胁时，他们又怀疑革命。

中产阶级的政治主张是实现民族资产阶级统治的国家。但是由于中国工业发展得并不充分，中产阶级具有软弱性，根本没有力量独立领导革命，取得资产阶级革命的胜利。因此，"这个阶级的企图——实现民族资产阶级统治的国家，是完全行不通的"，在当时的"革命和反革命两大势力作最后斗争的局面"下，"这两大势力竖起了两面大旗：一面是红色的革命的大旗，第三国际高举着，号召全世界一切被压迫阶级集合于其旗帜之下；一面是白色的反革命的大旗，国际联盟高举着，号召全世界一切反革命分子集合于其旗帜之下。那些中间阶级，必定很快地分化，或者向左跑入革命派，或者向右跑入反革命派，没有他们'独立'的余地。所以，中国的中产阶级，以其本阶级为主体的'独立'革命思想，仅仅是一个幻想"。共产党可以尽量多地争取中产阶级的支持，防止他们"跑入反革命派"，但是也要警惕他们的反革命行径。

第三，小资产阶级。这部分人主要包括"自耕农，手工业主，小知识阶层——学生界、中小学教员、小员司、小事务员、小律师、小商人等"。小资产阶级有三个不同的部分：

一是有余钱剩米的，即用其体力或脑力劳动所得，除自给外，每年有剩余。这种人胆子小，他们怕官，也有点怕革命。因为他们的经济地位和中产阶级颇接近，因此对于中产阶级的宣传颇相信，对于革命取怀疑的态度。这一部分人在小资产阶级中占少数，是小资产阶级的右翼。

二是在经济上大体上可以自给的。这种人，因为受帝国主义、军阀、封建地主、买办大资产阶级的压迫和剥削，必须每天起早散晚，对于职业加倍注意，方能维持生活。他们有些骂人，有些怨天尤人，对于反帝国主义反军阀的运动，仅怀疑其未必成功，不肯贸然参加，取了中立的态度，但是绝不反对革命。这一部分人数甚多，大概占小资产阶级的一半。

三是生活下降的。这一部分人好些大概原先是所谓殷实人家，渐渐变得仅仅可以保住，渐渐变得生活下降了。他们每逢年终结账一次，就吃惊一次，说："咳，又亏了！"这种人因为他们过去过着好日子，后来逐年下降，负债渐多，渐次过着凄凉的日子，"瞻念前途，不寒而栗"。这种人在精神上感觉的痛苦很大。因此，是较倾向于革命的，是小资产阶级的左翼。到革命潮流高涨、可以看得见胜利的曙光时，不但小资产阶级的左派参加革命，中派亦可参加革命，即右派分子受了无产阶级和小资产阶级左派的革命大潮裹挟，也只得附和着革命。

第四，半无产阶级。包含：绝大部分半自耕农、贫农、小手工业者、店员、小贩等五种。绝大部分半自耕农和贫农是农村中一个数量极大的群体。所谓农民问题，主要就是他们的问题。他们一般都受地主、资产阶级的剥削，生活困苦，叫苦不迭，因此，对于革命宣传极易接受。

第五，无产阶级。这部分人在当时约 200 万人，主要为铁路、矿山、海运、纺织、造船五种产业的工人，而其中很大一个数量是在外资产业的奴役下。这个阶级人数虽不多，"却是中国新的生产力的代表者，是近代中国最进步的阶级，做了革命运动的领导力量"。

第六，游民无产者。主要是失了土地的农民和失了工作机会的手工业工人。他们是人类生活中最不安定者，在各地都有秘密组织。这一批人很能勇敢奋斗，但有破坏性，如引导得法，可以变成一种革命力量。

在一一分析各个阶级及其对革命的态度后，毛泽东做了一个总体的概括："可知一切勾结帝国主义的军阀、官僚、买办阶级、大地主阶级以及附属于他们的一部分反动知识界，是我们的敌人。工业无产阶级是我们革命的领导力量。一切半无产阶级、小资产阶级，是我们最接近的朋友。那动摇不定的中产阶级，其右翼可能是我们的敌人，其左翼可能是我们的朋友——但我们要时常提防他们，不要让他们扰乱了我们的阵线。"这一概括深刻、全面、精到，为革命如何寻找力量，如何取得同盟军指明了路径。

"陈独秀拒绝在党中央机关报刊上发表它"

《中国社会各阶级的分析》是毛泽东总结党内、党外及农村革命经验的结晶，是呕心沥血的经典之作。但是这个经典，在刚问世的时候是不被党内高层看好的。

1925 年秋，毛泽东在昏暗的油灯下，把经过再三斟酌、多次修改的《分析》，装进一个信封，并在信封上写上"陈独秀收"几个字样。原来，他准备把刚刚完成的《分析》寄给党的最高领导人陈独秀，让他推荐在党的机关报上发表。毛泽东对陈独秀一向是尊敬的。"陈独秀是五四运动的总司令，是我们这一代人的老师。"这种想法一直贯穿毛泽东的一生。毛泽东认为："如果能够得到陈独秀的认同，并在党的机关报上发表，将会对党内认清'敌友问题'，明确革命的方向有帮助。"毛泽东的心满怀着希望，但是他又有点紧张。因为，在与陈独秀共事的一段时间里，他了解陈独秀。

　　陈独秀出身于书香门第,18 岁中秀才。受维新运动的影响,他受过一段新式教育,一度拥护维新主张。之后,他曾五次赴日,特别研究过使西方国家富强的政治学说——资产阶级民主主义,这是他 1920 年前接受马克思主义前的人生指南。因为陈独秀崇尚欧美资产阶级革命模式,受到其刻骨铭心的影响,所以他向共产主义者转变不彻底。在陈独秀心里,最看重资产阶级,工人阶级和农民排在后面。陈独秀说:"殖民地半殖民地的各社会阶级固然一体幼稚,然而资产阶级的力量究竟比农民集中,比工人雄厚,因此国民运动若轻视了资产阶级,是一个很大的错误。"他认为,在民主革命阶段,无产阶级应帮助资产阶级联合农民,实现资产阶级革命。陈独秀的出身,使他并不了解农民。虽然他在理论上认识到了农民的重要性,但实际工作中很难找到推动农民运动的方法和途径,当农民运动高涨的时候,他又感到不知所措,甚至害怕,以至于规定了一系列限制农民革命的办法。

　　毛泽东出生在一个农民家庭,了解农民,知道农民的力量,也懂得发动农民的办法。他和陈独秀在农民问题上的认识深刻程度是有差别的,在坚持的对农民的政策上也是有分歧的。在对待资产阶级的态度上,毛泽东也以资产阶级具有"两面性"的思想区别于陈独秀。

　　信寄出去后,毛泽东在韶山忐忑地等了几个月。几个月后,等来的是令毛泽东大失所望的消息——陈独秀拒绝《分析》在党的机关刊物上发表。对于这段经历,毛泽东一直记忆深刻。1939 年,毛泽东在与美国记者斯诺谈话时,回忆了这段经历,说:"我那时文章写得越来越多,在共产党内,我特别负责农民工作。根据我的研究和我组织湖南农民的经验,我写了两本小册子,一本是《中国社会各阶级的分析》,另一本是《赵恒惕的阶级基础和我们当前的任务》。陈独秀反对第一本小册子里表示的意见,这本小册子主张在共产党领导下实行激进的土地政策和大力组织农民。陈独秀拒绝在党中央机关报刊上发表它。"

　　毛泽东进一步认清了陈独秀,从此开始不再对陈抱有幻想。"大致在这个时候,我开始不同意陈独秀的右倾机会主义政策。我们逐渐地分道扬镳了。"

《分析》的公开发表与三次修改

1925 年冬，在被陈独秀拒绝后，毛泽东又把稿子寄往其他杂志。这一次，毛泽东充满信心，神情笃定，因为他知道，《分析》可能不被陈独秀认可，但是真理就一定会被绝大多数人所接受。

12 月，国民革命军第二军司令部政治部编辑的半月刊《革命》第四期刊登了《分析》一文，《分析》正式问世。该文开宗明义写道："谁是我们的敌人？谁是我们的朋友？分不清敌人与朋友，必不是个革命分子。""革命党要有不领错路和一定成功的把握"，"不可不将中国社会各阶级的经济地位，阶级性，人数及其对于革命的态度，作一个大概的分析"。这就一目了然地提出了无产阶级要领导革命，必须明确依靠谁、团结谁和打击谁这个首要问题。这一论述极为重要，随即引起人们的普遍注意。

1926 年 2 月，《中国农民》第二期全文转载了《分析》。《中国农民》是国民党农民部主办的全国性刊物，被这样一个刊物转载，进一步证明了《分析》一文的重要性。转载后，该文的影响就更大了，许多中共党内同志，特别是青年同志成为《分析》的忠实读者。

鉴于《分析》的影响较大，同年 3 月，中国社会主义青年团的机关刊物《中国青年》致信毛泽东，对该文提出修改意见，并决定把修改后的《分析》在当月再一次发表。毛泽东得到消息后，慎重地对《分析》进行了第一次修改。主要是对文章的结构和文字进行了加工，如第一段由原来的 440 多字缩减为不足 200 字。将大资产阶级"乃民族革命运动之死敌"改为"其政治主张之代表为国家主义"，等等。这次修改后，《分析》基本定型，成为现今我们所看到的版本。

在青年团的机关刊物上的发表，让《分析》声名远播，也正式奠定了毛泽东在农民运动中的领袖地位。1926 年 5 月，毛泽东在广州主办农民运动讲习所，为了更好地培训农运骨干，农讲所又重印了 1926 年 2 月出版的《分析》，发给学员作为课本使用。"毛泽东同志在这里主讲了这一专题"，《分析》中的思想得到广泛的传播。之后，中国革命在《分析》的指导下，拨开迷雾，少走了许多弯路，增添了许多理智。

新中国成立后，毛泽东仍然十分重视这篇文章，对《分析》又进行了两次修改。第一次是1951年8月，中央编辑的《毛泽东选集》要收入这篇文章，毛泽东逐字推敲，再三斟酌，对各阶级的分析，取消了原来的"第一""第二"等冠称。结论部分做了提炼与概括。其次，把"生产工具"改为"生产手段"，把"流动资金"改为"资金"，把"主力"改为"领导力量"，并使其在段落上更加明细等等。第二次是1952年7月，中央第二次印刷《毛泽东选集》第一卷，毛泽东精益求精，对《分析》再次修改。正如《党的文献》在1989年刊文指出的，《毛泽东选集》对《分析》"作了多次精心的修改和补充，印过几次修改稿"。这次修改稿与第二次修改稿相比，语言更加流畅精练，思想更为准确深刻，文字修改可谓精雕细琢，其思想内容则体现了毛泽东思想的成熟形态。

《分析》是毛泽东新民主主义基本思想萌芽的重要标志，是指导中国革命的纲领性文献之一，它在中国革命历史上光彩夺目，熠熠生辉。

如今，时代在变，实践在变，新的建设历程呼唤新的理论。然而，《分析》中所告诉我们的：要正确认识我国社会阶层结构的新变化，解决"依靠谁，团结谁，打击谁"这一首要问题的思想对我们今天仍具有现实意义。只有这样，我们才能处理好社会主义现代化建设过程中各阶级、各阶层间的关系，推进社会主义现代化建设宏伟事业。

《分析》将在社会主义现代化建设中继续闪烁着伟大的光芒。

（王连花／撰稿）

4 八位元帅与南昌起义

1927 年 8 月 1 日凌晨,由周恩来、贺龙、叶挺、朱德、刘伯承等领导的南昌起义爆发了! 中国共产党人举行武装起义,打响了武装反抗国民党反动派的第一枪,开创了中共独立领导革命战争和创建革命军队的新时期,揭开了土地革命战争的序幕。在中国人民解放军 1955 年授衔的十大元帅中,朱德、贺龙、刘伯承、聂荣臻、林彪、陈毅、叶剑英、徐向前 8 位元帅,与南昌起义紧密相连。他们在这次起义中,有的参与了策划,有的参与了指挥,有的参加了起义的全过程,有的赶上了起义的尾声。

贺龙的部队是起义的主力

南昌起义部队来自多方面,但贺龙任军长的第二十军和叶挺率领的第十一军第二十四师及叶挺独立团扩编后的第四军第二十五师是起义的主力。

1927 年 7 月中旬,贺龙领导的第二十军和叶挺领导的第十一军第二十四师进驻九江及其附近地区。当武汉汪精卫政府叛变革命的消息传来时,部队群情激愤。在素有"铁军"(指第四军)之称的第二十四师,部队化愤怒为力量,更加严格地进行军政训练,战士们斗志昂扬,决心向蒋、汪讨还血债。在第二十军,贺龙在黄石港召开军官大会,他激动地说:"革命到了危急关头,摆在我们面前的有三条路:第一条是把队伍解散,大家都回老家去;第二条是跟蒋介石、汪精卫去屠杀工农子弟,行不行?"

"不行!"军官们异口同声地回答。

贺龙环顾了会场,坚定地说:"我贺龙就是刀架在脖子上,也绝不走

南昌起义（油画）

这两条路。愿意跟我干革命的，我欢迎。不愿意的，可以离开，但不许拉走队伍！"

下面的军官纷纷说："军长决定怎么办，我们就怎么办，一定跟着军长走！"

7月28日，贺龙见到了前来领导南昌起义的中共前敌委员会书记周恩来。听了周恩来关于起义的基本计划后，贺龙说："我完全听共产党的命令，党要我怎么干就怎么干！"

周恩来满意地点头说："共产党对你下达的第一个命令，就是党的前委委任你为起义军总指挥。"在天空最为黑暗，共产党人最为困难的时候，共产党找到了贺龙，贺龙也找到了共产党。起义部队南下途中，由周逸群、谭平山介绍，贺龙在江西瑞金加入了共产党。

叶剑英在关键时刻召开"小船会议"

贺龙的第二十军和叶挺的第十一军第二十四师高涨的革命情绪，引起了反动派的关注。因为贺龙与叶挺部当时属于张发奎领导的第二方面军，汪精卫便与张发奎商量怎么办。张发奎一挥手，决定立即解除贺龙与叶挺的兵权。他说："这两支部队没有了贺龙与叶挺，便群龙无首，彻底瓦解了。"

汪精卫同意张发奎的做法。他俩便计划召开庐山反共会议，通知叶挺、贺龙参加，并电令叶挺、贺龙所部集中在德安，妄图趁机解除叶挺、贺龙的兵权。汪精卫、张发奎的阴谋被时为张发奎的部下、在黄琪翔的第四军任参谋长的叶剑英所了解。叶剑英得知这一紧急情况后，立即设法找到叶挺和贺龙，将情况告诉了他们。1927年7月25日，在九江市区南部的甘棠湖，叶剑英、叶挺、贺龙坐在一条小木船上，以在一起游玩为名，开了一个小会。他们分析了情况，最后决定：贺龙、叶挺不去庐山开会；不执行张发奎要求叶挺、贺龙部队集中德安的命令；部队立即向南昌开进。这就是著名的"小船会议"。此次会议后，叶挺、贺龙率部队立即向南昌进发。第十一军第二十四师在前，第二十军随后，大队人马浩浩荡荡沿南浔铁路线疾进。

朱德"宴请"敌团长

1927年7月27日，周恩来在陈赓陪同下经九江来到南昌，住在朱德的寓所里。朱德与周恩来早就是亲密战友。在德国留学期间，朱德在周恩来介绍下加入了中国共产党。1926年夏，朱德回国后，奉党的指示，到南昌任名义上隶属于国民革命军第三军实际上是共产党领导的军官教导团团长，并兼任南昌市公安局局长。

1927年6月，国民党江西省政府主席、第五方面军总指挥朱培德实行"清共"，教导团的党员大部分被遣散，朱德也被"礼送出南昌城"，出走武汉。由于朱德对南昌比较熟悉，7月21日，朱德接受党的派遣，又秘密回到南昌,为起义提供情报,并利用他在滇军中的老关系作掩护,策划整个起义安排,领导军官教导团留下来的部分干部和学员准备参加起义。朱德回到南昌后,作了大量的准备工作,争取了很大一批力量参加起义。尤其是他对敌人了如指掌,从而提出了一举歼灭敌人的起义部署,保证了起义的胜利。

本来起义时间定在 8 月 1 日凌晨 4 时,但第二十军一师一团出了叛徒。7 月 31 日晚,叛徒把起义的行动泄露给了敌人。于是,前委立即决定,将起义时间提前到凌晨 2 时。

叛徒告密,敌人察觉,这一情况是怎么被我方及时发觉的呢?无巧不成书,这件事巧就巧在朱德"宴请"敌团长上。

7 月 31 日晚上,根据前委指示,朱德执行一项特殊使命——"请客"。他利用和滇军军官的旧谊,以请客的名义,将敌第三军第二十三团团长卢泽明、第二十四团团长肖胡子和一个副团长请到离他们的驻地较远的大戏院街口的一家饭馆里吃饭。宾主落座后,朱德兴致勃勃地举起酒杯说:"咱们兄弟十几年来东征西战,南北漂泊,难得在一起聚会。今日良辰,邀请诸位大驾光临,只是为了开怀畅饮,畅叙旧情。我朱某感谢各位赏光,来,干了这一杯!"

宴席上,觥筹交错,谈笑风生,宾主间猜拳行令,越喝越有兴致。宴会从晚 6 点一直进行到晚 9 点,已经是酒足饭饱了。朱德又请客人们在院子里打麻将。卢泽明高兴地说:"我的手早痒痒了。"于是,一场"竹战"开始了。然而,此时此刻,在院子外面一场真枪实弹的战斗正在加紧准备。

晚上 10 点半左右,突然有个年轻的滇军军官风风火火地跑进院子,上气不接下气地报告说,他已经接到命令,要他立即解除自己所辖地区里的滇军武装,他不知道这件事该怎么办。这突如其来的消息使院子里的空气骤然紧张起来。"竹战"停了下来,朱德的心里也突然一紧,但他旋即从容地一笑说:"在这混乱时期,什么谣言都有,我们不必管它,来来来,接着玩麻将。"

但是,客人们再也无心坐下来玩麻将了。肖胡子团长坚持要回去看看,卢泽明也像热锅上的蚂蚁来回踱步。朱德思考了一下,看再也不能留他们了,便以惋惜的口吻说:"那只好悉听尊便了,改日再会吧。"

肖胡子临走时还神秘地告诉朱德说,今晚恐怕有暴动,要小心。

客人们走后,朱德立即换上军服,火速向起义总指挥部奔去。他向总指挥部报告说:"起义的消息已经泄露,敌人已有察觉,不能再等了,要赶快动手!"

前委根据这一紧急情况,立即决定把起义发起时间提前到 8 月 1 日凌晨 2 时。由于朱德拖住了这几个军官,敌军在一段时间内失去指挥,为起义军解除这两个团的武装创造了有利条件。

刘伯承出任起义军参谋团参谋长

南昌起义的前 10 天,担任国民革命军暂编第十五军军长的刘伯承,接到赴南昌起义的通知后,为了能安全顺利地离开部队,向上级请了假,还在汉口《民国日报》上刊登了《刘伯承因病请假》的消息。消息刊登当日,他已秘密离开武汉前往南昌。

南昌起义前,中国共产党人没有独立地领导过武装斗争。所以对起义的组织领导者、中共前敌委员会书记周恩来来说,当时迫切需要一个军事上的得力助手。刘伯承曾领导过泸州起义,是川军名将。他有秘密组织大规模兵暴的经验,又有丰富的作战指挥经验,所以,周恩来选中了他。刘伯承不负重望。他首先根据周恩来的指示,到第二十军军部协助贺龙拟制起义计划,并协助指挥第二十军攻占朱培德的第五方面军总指挥部。起义成功后,他又出任参谋团参谋长,直接指挥、策划起义部队随后的作战行动。

起义成功后成立的参谋团,成员有周恩来、贺龙、叶挺、朱德、刘伯承等人。在确定参谋团领导的问题上,周恩来回忆说:"参谋团当时没有人任主任,我就指定刘伯承同志来做参谋长。他起初谦虚,不肯答应,后来我说一定要你来做,他才担任参谋长职务。"

在起义部队南下、连日行军作战的情况下,参谋团实际上成为起义军的指挥核心和领导中枢。刘伯承在其中发挥了重要作用。

聂荣臻将二十五师大部拉到南昌

7月26日，周恩来先到九江，向九江的共产党员传达中央的起义部署：起义成功后立即南下占领广东，夺取海口，以等国际支援，再举行北伐。

会后，周恩来把聂荣臻留下，向他交代任务："你亲自去办，把驻防马回岭的二十五师拉到南昌参加起义。"

"什么时候行动？"聂荣臻问。

"预定为7月底8月初，要等南昌开会后定，到时候我通知你！"

"可眼下没有电报，等我接到通知再行动，可能来不及，误了大事怎么办？"

"明天你就可以开始行动，把二十五师拉出来开向南昌。我们在南昌发难后，就给你开一列空车皮来，这是个信号。你们乘这列车去南昌，行动也会快得多。"

二十五师是在叶挺独立团的基础上扩展而成的，具有较强的战斗力，在北伐军中影响很大。该师若能参加起义，其意义远远超过一个师。

聂荣臻果断地向周恩来表示："我一定完成这项重要任务！"

周恩来严肃地问："你有什么打算？"

聂荣臻说出了自己的初步设想，得到了周恩来的首肯。周恩来又补充说："部队的行动，一定不能离开南浔铁路。"

此时的二十五师，内部情况十分微妙。师长李汉魂是张发奎的亲信，听命于张发奎，不会参加起义。参谋长张云逸是共产党员，可以得到他的大力配合。下面的官兵中，有的了解共产党，有的相信国民党，更多的则对两党都缺乏认识，处在犹豫彷徨之中。

聂荣臻赶到二十五师以后，时间紧迫，需要争分夺秒地做工作，但又不能公开行动，以免暴露，被敌人先下手。他分析了该师3个团的情况：七十三团的前身是叶挺独立团，团长周士第是共产党员，有勇有谋，能够把握住全团，把这个团拉出来是完全没有问题的；七十四团团长是张发奎的人,他会死心塌地地跟着张发奎走,把这个团拉出来没有可能,其中有的党员干部已经通知过,能拉出多少算多少;七十五团团长不是共产党员,但一营副营长孙一中是黄埔军校一期的学生,也是这个团的中共支部书记,七十五团的营、连、排级军官中许多是共产党员,所以,孙一中实际上掌握着这个团的领导权。聂荣臻反复分析后,认为无法把全师一下子拉走,决定以拉走七十三、七十五团为重点,进行工作。

聂荣臻找到周士第,说明了南昌起义的意图。

"特派员,你说怎么办就怎么办!"周士第十分干脆。攻打武昌时,周士第是叶挺独立团的参谋长,认识聂荣臻。所以,他这样称呼聂荣臻。

"等南昌的列车一到,你就率全团离开营房,辎重装上列车先走,部队步行,以接应七十五团一起行动。"

聂荣臻找到孙一中,孙一中与周士第一样,表示完全听聂荣臻的。

8月1日上午,一列火车开到了马回岭。聂荣臻立即明白南昌起义已经成功,便按事前与周恩来的约定,迅速组织部队行动,七十三团、七十四团、七十五团大部分官兵上了火车。8月2日拂晓,部队赶到南昌。聂荣臻把部队安顿好,自己赶到起义指挥部,找到周恩来,汇报了部队的情况。

周恩来看着面带倦意的聂荣臻,拉着他的手高兴地说:"很好,真没想到你把二十五师大部分都拉出来了。你们辛苦了!"

二十五师3000多人被编为起义军第十一军第二十五师,这支部队在随后的南征途中,成为主力部队之一。

林彪率部和兄弟部队一起打跑了卫队营

南昌起义时,林彪是第二方面军第四军第二十五师七十三团三营七连的连长。起义前,他所在的团驻马回岭,起义第二天,第二十五师由聂荣臻指挥开赴南昌会师。林彪指挥第七连在开往南昌途中,在德安和兄弟部队一起,与前来阻挠的张发奎的卫队营激战两小时,打跑了卫队营。

陈毅赶上了起义军

南昌起义那天,陈毅在武汉,公开职务是第二方面军教导团准尉文书,实际上是该团中共党团的负责人。几天后,他随教导团东征。在九江,教导团被张发奎派部队包围,说要"清理"共产党人。陈毅这才得知共产党在南昌举行了起义。他毅然决然脱离教导团星夜向南昌赶。路上,听老百姓说起义军南下了,他便沿路追赶,于 8 月 21 日在抚州终于追上了起义队伍。陈毅与周恩来以前就十分熟悉。二人相见,陈毅还没来得及开口,周恩来便惊奇地问:"你在武汉怎么跑到这里来了?"

陈毅擦擦额头上的汗珠说:"我是赶来参加起义的。结果还没到南昌,就听说你们已南下了,我就急忙赶来了。还好,总算追上了。周主任,你打算用什么来招待我啊?"

周恩来无奈地说:"老同学,太遗憾了,现在部队筹饷困难,连吃饭都成了问题。我答应你,等革命成功了,我请你吃法国大菜,现在只好请你先记上账。"

陈毅大笑说:"恩来,我跟你说着玩呢。说真的,你打算让我干什么呢?"

周恩来认真地说:"二十五师七十三团没有指导员,你如果不嫌这个职务太小,你就去干,怎么样?"

陈毅爽快地说:"什么小不小?给我个连指导员我也干。只要拿起武器就行。"

周恩来笑了,指指陈毅说:"你啊,还是在欧洲时的老样子,痛快爽朗。不过,七十三团指导员虽然职务低了些,但却可以直接抓住一支部队,这样进而可以抓住更大的部队。以前的教训就是我们对上层的工作比较重视,而忽视了抓部队的基本团队。事情来了,我们就掌握不了部队。"

陈毅严肃起来,点点头说:"你说得很对,我一定把这个团队紧紧抓住。"

徐向前从南昌起义中看到了希望和光明

南昌起义时，徐向前入党才3个月，在第二方面军总部担任上尉参谋。第二方面军中许多部队参加了起义，但总部没有参加起义，徐向前也未接到上级要他参加起义的通知。当时，总部党员之间互不联系。起义的第二天下午，张发奎突然召开紧急会议。他带着4名卫士来到会议室，人没落座，目光便扫向会场的每一个人，声音不高不低，冷冷地说："南昌发生的事变，大家都知道了。本人今晚只宣布'CP'分子，3天以内保护，3天以后不再负责！"说罢，走出了会议厅。

军官们表面上很安静，陆续走出会议厅，实际上许多人心中无法平静。二方面军中有不少共产党员、共青团员，倾向革命的左派分子也很多。此时，一些没暴露政治面目的人都在暗中盘算。徐向前回到宿舍，一声不吭，只是一支烟接一支烟地抽。现在他完全明白了张发奎的态度，张发奎是在向共产党人下"逐客令"。第二天一早，徐向前离开九江第二方面军，来到武汉，找到了党组织。后来，徐向前在回忆录中写道：虽未能参加南昌起义，但正是南昌起义爆发的消息，使他在茫茫黑夜中看到了希望和光明，下决心离开旧军队，搞共产党人自己的武装。

（胡兆才／撰稿）

5 毛泽东与秋收起义

大革命失败后，中国共产党为了反抗国民党的屠杀政策，发动了一系列武装起义。由于国民党力量强大，共产党力量弱小，大多数武装起义都失败了。毛泽东领导的湘赣边界秋收起义，首次公开打出中国共产党的旗帜，进一步在全国人民面前表明了中国共产党独立领导革命斗争的决心。秋收起义受挫时，毛泽东依据实际情况，毅然改变了中共中央和中共湖南省委原定进攻中心城市的方针。他率领起义队伍向敌人统治力量薄弱的农村进军，实行打土豪、分粮分资财，开展游击战争，发展革命军队，在农村建立革命根据地，寻求适合中国特点的革命道路，终于获得成功。湘赣边界秋收起义是全国各地武装起义的光辉典范，毛泽东则首次展现了领导武装斗争的杰出才能。

提出"枪杆子里面出政权"

大革命时期的中国共产党，正如毛泽东所说，"还是幼年的党，是在统一战线、武装斗争和党的建设三个基本问题上都没有经验的党，是对于中国的历史状况和社会状况、中国革命的特点、中国革命的规律都懂得不多的党，是对于马克思列宁主义的理论和中国革命的实践还没有完整的、统一的了解的党"。在大革命后期，以总书记陈独秀为代表的右倾机会主义者，不懂得掌握政权和武装的重要性，不善于处理同国民党的关系，企图以妥协让步和束缚工农运动等消极措施拉住即将叛变的同盟者。结果，中国共产党"自愿地放弃对于农民群众、城市小资产阶级和中等资产阶级的领导权，尤其是放弃对于武装力量的领导权"，使自己在大革命的危急时刻完全处于被动地位。

在苏联政治总顾问鲍罗廷等人的错误指导下，陈独秀等中共领导人对国民党右派采取妥协退让政策，把中国大革命推向极为危险的境地，引起全党的强烈不满。1927年7月12日，中共中央根据共产国际指示进行改组，停止陈独秀的领导职务，由张国焘、李维汉、周恩来、李立三、张太雷组成中共中央临时政治局常务委员会。7月13日，中共中央发表《对政局宣言》，揭露国民党右派投降帝国主义和封建主义、迫害共产党、摧残工农运动的罪行，宣布一定要把革命进行下去。

在革命力量与反革命力量的较量中，中共逐渐认识到没有自己的武装是最大的被动。7月20日，李立三等人向中共中央建议，集中党所掌握和影响的国民革命军在南昌举行起义，通过武装起义建立革命队伍和革命根据地。7月24日，中共中央批准了这一建议。8月1日，南昌起义爆发。但是，起义队伍仓促南下后不断遭到失败，起义并没有达到预期目的。南昌起义失败后，党内对于武装斗争出现严重的意见分歧，张国焘、周恩来、李立三等人受到批评和处分。

8月7日，中共中央在湖北汉口秘密举行紧急会议，史称八七会议。会议在共产国际代表帮助下，总结中国大革命失败的教训，坚决批判以陈独秀为代表的右倾机会主义错误，正式确定了实行土地革命和武装反抗国民党反动派的总方针。尽管会议只开了一天，但在中国共产党历史上具有重大的转折意义。这次会议选举苏兆征、向忠发、瞿秋白、罗亦农、顾顺章、王荷波、李维汉、彭湃、任弼时为中共中央临时政治局委员，选举邓中夏、周恩来、毛泽东、彭公达、张太雷、张国焘、李立三为中共中央临时政治局候补委员。8月9日，中共中央临时政治局召开第一次会议，选举瞿秋白、李维汉、苏兆征为中共中央临时政治局常务委员会委员。

在八七会议上，毛泽东以亲身经历，从国共合作时不坚持政治上的独立性、不倾听下级和群众意见、抑制农民革命、放弃军事领导权4个方面，批评了陈独秀的右倾错误。他根据会议确定的总方针，提出了"枪杆子里面出政权"的著名论断。他说："从前我们骂孙中山专做军事运动，我们则恰恰相反,不做军事运动专做民众运动。蒋唐(蒋介石、唐生智)都是拿枪杆子起家的,我们独不管。"这实际上提出要把军事运动和民众运动相结合的思想,反对专做军事运动或专做民众运动这两种各走极端的做法。他着重强调:以后要非常注意军事,"须知政权是由枪杆子中取得的"。

大革命失败时,毛泽东仍隐蔽在环境极其险恶的武汉。中共中央实行紧急疏散时曾准备派他去四川,他要求仍回自己更熟悉并且武装起义条件正趋成熟的湖南。中共中央同意了他的请求,把他暂时留在武汉,指导湖南省委的工作,并受中央委托研究湖南军事形势和农民运动状况,筹划湖南的秋收起义。中共湖南省委也写信给中央,要求毛泽东回湖南领导武装斗争。八七会议闭幕后,瞿秋白代表中共中央再次征求毛泽东的意见,希望他到上海中央机关去工作。毛泽东表示,他还是愿意回湖南进行武装斗争。他说,不愿意去住高楼大厦,要上山结交绿林朋友。8月9日,中共中央临时政治局尊重毛泽东的意见,决定让他以中央特派员的身份回湖南传达八七会议精神,改组省委,领导秋收起义。

发动工农兵一起参加武装起义

为挽救中国革命,苏联、共产国际、中共中央最初的基本设想是,通过武装起义壮大革命力量,重新建设广东革命根据地。南昌起义后急于向广东开进,就是基于这种设想。中共中央决定发动秋收起义的初衷,也是要把革命力量汇集在广东。中共湖南省委和共产国际巡视员提出的具体计划是,"由湘南组织一师与南昌军力共同取粤"。毛泽东指出:"组织一师往广东是很错误的,大家不应只看到一个广东,湖南也是很重要的。湖南民众组织比广东还要广大,所缺的是武装,现已适值暴动时期,更需要武装。"

然而,领导武装起义需要丰富的军事工作经验,这对于毛泽东是前所未有的挑战。毛泽东过去领导过工人运动、农民运动、学生运动和统一战线工作,却从来没有做过军事工作。面对蒋介石发动四一二反革命政变后的严重形势,他勇敢地挑起了这副全新的担子。8月12日,毛泽东秘密回到湖南长沙。投入实际工作前,他首先对正在剧变中的湖南社会情况和群众心理状态进行了认真的调查。8月19日,中共湖南省委将湖南秋收暴动以长沙为起点的计划报告中共中央。第二天,毛泽东又写信给中共中央,报告了他对一些重大政策问题的不同意见。

8月22日,中共中央临时政治局常委会召开会议,研究湖南省委的秋收暴动计划和毛泽东的信。有人在讨论中指出,"政权是由枪杆子中取得的"的提法只是毛泽东的个人观点,与中共中央关于武装起义的决议不一致。8月23日,中共中央在给湖南省委的复信中,虽然原则上表示以长沙为暴动起点的计划是对的,但又批评暴动计划"偏重于军力,其结果只是一种军事冒险"。中共中央指示信实际上是批评了毛泽东的正确意见。毛泽东对中共中央复信采取分析的态度,对其中符合实际情况的部分贯彻执行,对不切实际的批评给予答复。同时,毛泽东和湖南省委坚持从实际情况出发,制定了明确的暴动纲领。

秋收起义犹如箭在弦上,一触即发。紧迫的形势,容不得再争论下去,必须扎实做好起义的准备工作了。对于这一点,大家逐渐达成共识。剩下的工作是如何组织这次起义了。当时,无论中共中央,还是一般党员,普遍认为暴动应该依靠工农武装,军队只能起次要作用,否则便是"军事冒险"。毛泽东明确地提出:"要发动暴动,单靠农民的力量是不行的,必须有一个军事的帮助。有一两团兵力,这个就可以起来,否则终归于失败。"这是中国革命中一个至关重要的问题。如果单靠地方性的农民暴动,没有一定数量的经过严格训练和有严密组织的革命军队参加,作为骨干,那些分散的农民暴动在同国民党正规部队作战时通常终归于失败。尽管这已经有不少惨痛的事实可以证明,但对这个问题持反对态度或怀疑态度的人不少。因此,毛泽东强调说:"暴动的发展是要夺取政权。要夺取政权,没有兵力的拥卫或去夺取,这是自欺的话。我们党从前的错误,就是忽略了军事,现在应以百分之六十的精力注意军事运动。实行在枪杆上夺取政权,建设政权。"

8月30日，中共湖南省委决定，集中力量，首先在以长沙为中心，包括湖南省湘潭县、宁乡县、醴陵县、岳阳县、浏阳县、平江县和江西省萍乡县安源煤矿在内的地区发动起义。同时决定，成立中共湖南省委前敌委员会和行动委员会，毛泽东任前委书记，易礼容任行委书记，以中国共产党名义领导起义。经过中共湖南省委的艰苦工作，当时能够参加秋收起义的革命武装还是可观的，主要集中在三个地区：

在江西省修水县，驻扎有国民革命军第二方面军总指挥部警卫团。因为没有赶上参加南昌起义，该团停留在这一带。这支部队以北伐时期叶挺独立团的一部分为基础组建，由黄埔军校毕业的中共早期著名军事骨干卢德铭担任团长。此外，还有一部分工人纠察队、农民自卫军，以及两湖地区的农民运动骨干。以上部队和工农武装是起义的主力。

在江西省铜鼓县，有一支未能赶上南昌起义的湖南省浏阳县农民起义部队。

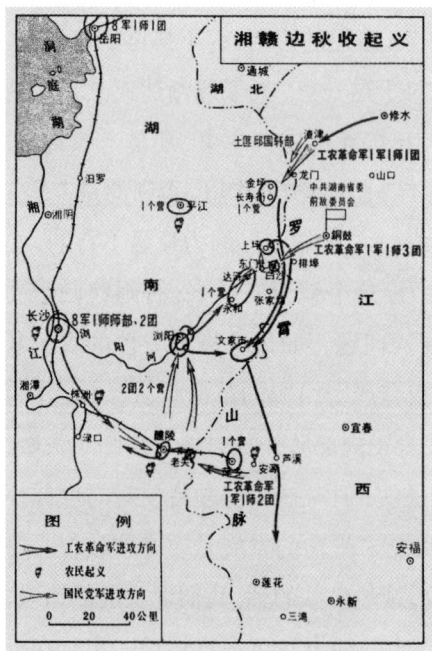

秋收起义

在江西省萍乡县安源煤矿，有一支拥有600多人的工人纠察队。此外，这里还聚集有来自湖南省醴陵县、衡山县的农民自卫军和江西省萍乡县、安福县、莲花县的农民自卫军。

八一南昌起义打的是国民革命军旗帜，八七会议规定今后武装起义仍然打国民革命军旗帜。那时国共关系刚刚破裂，打这面旗帜对于争取国民党左派是有益的。毛泽东却认为，此时国民党已经成为反革命的代名词，而国民革命军则成为军阀的招牌。秋收起义必须打中国共产党自己的旗帜，只有这样才能表明武装反抗国民党的决心，才能便于人民群众将革命军队与反革命军队区别开来。毛泽东主张，秋收起义军应该毫不犹豫地打出工农革命军的旗帜。

9月上旬，毛泽东先后前往江西省萍乡县安源煤矿和铜鼓县，主持召开秋收起义军事准备会议。会议传达八七会议精神和中共中央对湖南秋收起义的指示，以及中共湖南省委关于秋收起义的计划。会议决定，将湘赣边界武装力量统一编成工农革命军第一军第一师，下辖三个团。师长余洒度，党代表毛泽东，总指挥卢德铭。第一团由国民革命军第二方面军总指挥部警卫团大部、平江工农义勇军、罗荣桓率领的鄂南农军编成，团长钟文璋。第二团由安源煤矿工人纠察队、矿警队和赣西部分农军、醴陵部分农军编成，团长王新亚（王兴亚）。第三团由国民革命军第二方面军总指挥部警卫团一个营、浏阳工农义勇队编成，团长苏先骏。参加秋收起义的武装力量，共计5000人。

起义前的准备

大革命失败后，中共党内大多数人已经从血的教训中开始懂得掌握枪杆子的重要性和迫切性了。这是一个重要的转折，是一个重大的进步。但是，在如何运用枪杆子的问题上，党内还存在着严重的分歧。在当时和以后相当长的一段时间里，中共中央决策层一再强调：中国革命必须按照俄国十月革命的经验，先夺取城市，然后实现全国胜利。

8月30日，中共湖南省委在长沙接到安源党组织有关湘赣边界地区工农武装情况的报告后，召开省委常委会议，讨论确定湖南秋收暴动的计划，并成立以毛泽东为书记的中共湖南省委前敌委员会作为秋收暴动的领导机关。这是毛泽东在党内担任的第一个军事领导职务。

根据会议决定，毛泽东要在第二天清晨乘火车从长沙前往江西省萍乡县安源煤矿。走之前，他先送杨开慧回到长沙市郊区板仓，要她照顾好自己的母亲，管好三个孩子，参加一些农民运动。谁也没有料到，这次分手竟成了他们的最后离别。后来，杨开慧未能逃过国民党当局的搜捕，遭到杀害。

9月初，毛泽东赶到安源张家湾召开会议，传达中共中央八七会议精神和湖南省委的秋收暴动计划。会议讨论了军事和农民暴动的布置。会议确定分为三路，从赣西修水县、铜鼓县、安源煤矿三地起义，进击湘东，会攻长沙。同时，会议布置湘赣边界各县的农民暴动，以配合军事行动。在这三路大军中，以中路为主力军。那就是驻在江西省铜鼓县的湖南省浏阳县工农义勇队，准备会合驻在江西省修水县的警卫团，一起向湖南省浏阳县进攻。因为这路军的军事力量较强，所据地势较险，浏阳县又逼近长沙市，进可战退可守。所以，会议决定毛泽东和浏阳县委书记潘心源在会后赶到江西省铜鼓县，直接指挥这一路的行动。会议对安源工作也做了布置：以安源工人和矿警队为主力，暴动后进攻江西省萍乡县和湖南省醴陵县，对长沙市取包围之势，但决不能放弃萍乡县、安源煤矿，使国民党军断绝工农革命军的退路。

9月6日，毛泽东在安源得知留在长沙的湖南省委常委决定的暴动日程：9日开始破坏铁路，11日各县暴动，15日长沙暴动。他立即以中共湖南省委前敌委员会的名义，向在铜鼓的第三团下达起义计划和部署，通知他们将参加起义的部队名称统一定为工农革命军第一军第一师，并要他们立即将这个决定和行动计划向在修水的师部和第一团转达。

这时，国民党内两派间的宁汉对立还没有结束。唐生智的主力还在东征前线，湖南的兵力比较薄弱，但他们仍在加紧镇压活动。唐生智曾指令国民党湖南省政府代主席周斓，致电驻防江西省萍乡县的师长胡文斗，注意防范，并调集其他军队准备呼应。9月6日，国民党长沙卫戍司令部截获长沙市共产党组织给各支部关于中秋节举行武装起义的密令，于是宣布：从9月8日起，特别戒严5日；每日晚10时，即断绝交通，并于中秋日加紧戒严；军警停止放假，日夜满街，均放步哨，以防暴动。

毛泽东在安源煤矿做好准备后，身穿白色的褂子和长裤，装作安源煤矿的采购员，由潘心源陪同赶往铜鼓县。不料，他赶到浏阳县张家坊村时，被民团清乡队抓住。在押送途中，毛泽东乘隙跳下一个水塘躲藏起来。水塘周围长满很高的草,敌人始终没找着他。天黑后,毛泽东走出水塘,终于脱险。

力主在湘赣边界地区建立根据地

9月9日,湘赣边界秋收起义按原定日期爆发。但是,当时中国革命处于低潮,反动军事力量在各处都大大超过革命力量。从湘赣边界来说,群众没有充分发动起来,本来很薄弱的兵力又分散使用,各自为战,行动不统一,进攻目标却是湖南的中心城市长沙。从实际情况来说,这个起义计划是难以实现的。

9月11日,工农革命军第一师师部和第一团到达湖南省平江县东郊金坪。起义前夕收编的贵州省国民党军邱国轩团突然叛变并从背后袭击起义军,部队受到巨大损失。9月14日,第三团在进攻湖南省浏阳县东门时,因力量弱小而失利。9月16日,第二团在攻克醴陵县、浏阳县后,因国民党正规军集中优势兵力反攻,几乎全部溃散。这时,工农革命军第一师已由原来的5000人锐减到1500余人,遭受了严重挫折。

在湘赣边界起义的原定计划严重受挫的情况下,工农革命军需要立刻做出抉择:是继续进攻还是实行退却?继续进攻长沙,是中共中央原来的决定,不这样做会被加上"逃跑"的罪名。但是,继续进攻长沙,会导致全军覆没。看到这种情况,毛泽东当机立断改变原有部署,下令工农革命军各部队停止进攻,先退到湖南省浏阳县文家市集中。9月15日晚,中共湖南省委鉴于暴动受挫,决定停止原来准备在第二天发动的长沙暴动。

9月19日晚,毛泽东在浏阳县文家市里仁学校主持召开师、团主要负责人参加的工农革命军前敌委员会会议,讨论部队下一步行动方向。毛泽东清醒地对客观形势做出判断,认定当地农民起义并没有形成巨大声势,单靠工农革命军的现有力量不可能攻占国民党军队固守的长沙,湖南省委原来的计划已无法实现。他断然主张放弃进攻长沙市,把工农革命军向南转移到国民党统治力量薄弱的农村山区,寻找落脚点,以保存革命力量，再图发展。会议经过激烈争论，在总指挥卢德铭等支持下，通过毛泽东的主张，议定工农革命军向湘南撤退。

对初创时期的弱小革命军队来说，为了避免在自己力量不够强大的时候同强大的国民党军决战，为了求得自身的生存和发展，唯一的选择就是把进军方向转向农村，特别是转向两省或数省交界的山区。从进攻大城市转向农村进军，这是中国人民革命历史上具有决定性意义的新起点。因此，上述决定从形式上看似乎是倒退，其实是一个跳跃性的进步。它既符合当时中国的具体情况，也符合马克思列宁主义的基本原则。

就在工农革命军前敌委员会做出这个决议的同一天，中共中央根据共产国际驻长沙代表马也尔的报告，又做出要求湖南省委再攻长沙的决议。决议指责中央特派员和湖南省委停止长沙暴动，放任株洲、醴陵、平江、浏阳工农革命军退走是"临阵脱逃"。决议责令湖南省委"应一面命令萍、浏、江一带工农军进攻长沙，一面立即爆发长沙的暴动"。决议送到湖南时，秋收起义的工农革命军早已开拔南下，无法执行了。

工农革命军前敌委员会召开会议后的第二天早晨，毛泽东在文家市里仁学校操场上向全体指战员宣布改变行动方向的决定。他满怀信心地说：现代中国革命没有枪杆子不行，有枪杆子才能打倒反动派。这次武装起义受了挫折，算不了什么，胜败乃兵家常事。我们当前力量还小，还不能去攻打重兵把守的大城市，应当先到国民党统治力量薄弱的农村，去保存力量，发动农民革命。毛泽东的讲话，极大地鼓舞了士气。

工农革命军在浏阳县文家市住了两夜之后，便沿着湘赣边界南下。湖南省国民党军战斗力较强，而江西省国民党军战斗力较弱，工农革命军便沿江西一侧前进。这一带是山区，道路难行，还有国民党军队不时的围追堵截。毛泽东走在战士中间，同他们交谈，鼓励他们勇往直前。行军途中，毛泽东接到宋任穷从中共江西省委带来的信，得知罗霄山脉中段的江西省宁冈县（今井冈山市）境内有一支共产党领导的武装，有几十支枪。这以前，毛泽东在安源张家湾会议上曾听王新亚讲过，现在又得到证实，心里十分高兴。

一开始，工农革命军向南行进是顺利的。但是，到江西省萍乡县上栗村时，遇到了国民党军重兵。9月25日，在改道向江西省莲花县方向前进时，后卫遭到国民党军的袭击，伤亡约300人，枪也损失约300支。总指挥卢德铭为掩护部队撤退英勇牺牲，毛泽东十分悲痛。

这一天，中共江西省莲花县党组织在得知秋收起义的工农革命军到达此地后，立即派人前来联络。毛泽东得知莲花县农民自卫军前几天攻城失败，有90多人被关押，而国民党守兵只有一些保安队的情况后，立即主持召开前委会，决定攻打莲花。

9月26日，工农革命军在当地工农群众的配合下，一举攻克莲花县城，救出被关押的共产党员和革命群众。接着，打开粮仓分粮，接济贫苦群众。这是工农革命军自文家市南下以来取得的第一个胜利，一度低落的士气又高涨起来。

三湾改编

工农革命军转兵南下以来，一路艰苦战斗，时有指战员伤亡。有些贪生怕死的人开始退缩，随时准备逃跑。连续行军，部队给养得不到保障，有人受不了苦，不辞而别。经常风餐露宿、冒雨行军，疾病流行，一些人掉队，少数人死在路旁。此外，工农革命军中既有原国民革命军官兵，也有原国民党地方武装的官兵，还有工人、农民赤卫队员，成分复杂，思想作风不统一。因此，工农革命军在同国民党军作战的同时，还要同自己内部的各种危害做斗争。

9月29日，工农革命军到达江西省永新县三湾村。这里群山环抱，国民党军已被摆脱，又没有地方反动武装，比较安全。部队在村里住了5天，进行了著名的"三湾改编"。这是自秋收起义以来，工农革命军第一次得到从容休整的机会。

根据毛泽东的建议，工农革命军决定将已经不足1000人、仅700多支枪的队伍缩编为一个团，称工农革命军第一军第一师第一团。师长余洒度宣布了整编命令和新编制军官名单：团长陈浩；第一营营长黄子吉，党代表宛希先；第三营营长张子清，副营长伍中豪，党代表何挺颖；特务连连长曾士峨，党代表罗荣桓。另外，成立一个军官队和一个卫生队。

余洒度宣布整编命令后，毛泽东发表了讲话。他说，一路上有些人不辞而别了。要走，最好打个招呼。现在宣布，愿留则留，不愿留下的可以请假回去。凡回去的，根据路途远近发给路费。希望走的同志回到家乡要坚持革命。将来如果愿意，还可以再回来。在中国旧军队，枪毙逃兵是通常的做法。但是，毛泽东通过细致的思想工作，化解了起义队伍中的逃兵问题。在以后的艰苦斗争中，秋收起义官兵每当回想起毛泽东的讲话，仍感到热血沸腾、信心百倍。

接着，毛泽东宣布，为了加强中国共产党对起义队伍的领导，要把支部建在连上。连以上设党代表，营、团建立党委，整个部队由前敌委员会领导。他还提出，在部队内部要实行民主制度，官长不准打骂士兵，废除烦琐的礼节，士兵有开会说话的自由。连队经济公开，官兵待遇平等，吃一样的饭，穿一样的衣。为了保障士兵的民主权利，建立各级士兵委员会。士兵委员会对军官有监督权，军官做错了事，士兵委员会可以提出批评以至予以制裁。

罗荣桓清楚地记得，毛泽东最后说："同志们，现在敌人只是在我们后面放冷枪，没有什么了不起！……大家都是娘生的，敌人他有两只脚，我们也有两只脚……贺龙同志两把菜刀起家，现在当了军长，带了一军人。我们不止是两把菜刀，我们有两个营，还怕干不起来吗？……你们都是起义出来的，一个可以当敌人十个，十个可以当他一百。我们现在有这样几百人的队伍，还怕什么，失败是成功之母，没有挫折和失败，就不会有成功和胜利。"

三湾改编使起义队伍战斗力集中，指挥灵便。特别是毛泽东的讲话似一阵春风，使起义官兵感到特别温暖，看到了革命的光明前景。三湾改编的原则和精神，成为后来中国人民解放军建设的基础。因此，三湾改编是建设新型人民军队的重要开端，在中国人民解放军历史上占有重要地位。

朱毛会师井冈山

在三湾休整期间，毛泽东按照中共江西省委的介绍，派人同中共江西省宁冈县党组织取得联系，还和驻扎在宁冈县茅坪的袁文才农民自卫军取得了联系。10月3日，工农革命军到达宁冈县古城，受到宁冈县委（当时称区委）书记龙超清和袁文才部文书陈慕平的迎接。工农革命军进入江西省井冈山地区，到达了进军的目的地。

井冈山地区位于罗霄山脉中段，包括江西省莲花县、永新县、宁冈县、遂川县和湖南省酃县（今炎陵县）、茶陵县等。这个地区处于湘赣两省边界地区，反动统治力量较薄弱，又有两省军阀之间的矛盾可供利用。工农革命军在这里开展游击战争，可以影响湖南、江西，乃至湖北。在革命者的宣传鼓动下，这里建立了一些中国共产党基层组织。在大革命时期农民运动的影响下，这里的工人、农民具有较高的革命觉悟。袁文才、王佐领导的农民自卫军各有60人枪。这里地势险要，进可以发展革命战争，

1937年5月，毛泽东（后排左三）与参加秋收起义的部分同志在延安合影

退可以保存力量。

10月下旬，毛泽东率领秋收起义部队到达井冈山茨坪。秋收起义部队在井冈山及其周围地区发动群众，开展游击战争，创建革命根据地。截至1928年2月底，随着工农革命军作战胜利和根据地建设的开展，井冈山革命根据地初步建立起来。这是中国第一个农村革命根据地，所辖地区包括宁冈县全部，遂川县西北部，永新县、酃县、茶陵县各一部。4月，南昌起义余部在朱德、陈毅率领下与秋收起义部队会师，井冈山革命根据地进一步发展壮大。

毛泽东带领秋收起义部队转兵井冈山，找到了中国革命的正确道路。参加秋收起义的官兵成为中国革命武装斗争的重要先驱。新中国成立后，参加秋收起义的官兵中，罗荣桓被授予元帅军衔，谭政被授予大将军衔。宋任穷、张宗逊、陈士榘、陈伯钧、黄永胜，以及后来上井冈山的赖传珠、钟期光7人被授予上将军衔。刘先胜、杨梅生、张令彬、郭鹏、韩伟、赖毅、谭希林、谭冠三8人被授予中将军衔。王耀南、龙开富、杨世明、余光文，以及后来上井冈山的李贞、曾敬凡、潘振武7人被授予少将军衔。

（刘志青／撰稿）

6 "支部建在连上"

"支部建在连上"与"小组建在班上",是毛泽东在人民军队加强党的基层组织建设方面的一大发明。"支部建在连上"这种组织制度,保证了党对军队的绝对领导。这项制度,起源于井冈山斗争时期。

1927年10月,在湘赣边界秋收起义失利后,毛泽东率领部队来到了井冈山。经过一年的努力,无论是军队工作、党的工作,还是地方工作,都取得了大的发展。井冈山的星星之火,已初具燎原之势。

1928年11月25日,毛泽东向中共中央写报告,报告一年多来井冈山斗争的情况。在谈到军队中党的组织时,他说:"党的组织,现分连支部、营委、团委、军委四级。连有支部,班有小组。红军所以艰难奋战而不溃散,'支部建在连上'是一个重要原因。两年前,我们在国民党军中的组织,完全没有抓住士兵,即在叶挺部也还是每团只有一个支部,故经不起严重的考验。现在红军中党员和非党员约为一与三之比,即平均四个人中有一个党员。"

"连有支部,班有小组"的组织制度和"支部建在连上"的建军原则,是毛泽东在长期的实践中摸索出来的。

"每团只有一个支部,故经不起严重的考验"

我们这支军队,从成立之初就重视党对军队的绝对领导。但是,如何在军队中建立行之有效的党组织,并不是一开始就清楚的。毛泽东提到的由我们党掌握的叶挺部队,尽管成立了党的组织,但实行的是"每团只有一个支部"。

叶挺独立团的前身是 1924 年 11 月成立的建国陆海军大元帅府铁甲车队。在铁甲车队，两任队长徐成章和周士第，党代表廖乾吾，军事教官赵自选，政治教官曹汝谦都是共产党员，三个排的排长也都在铁甲车队里加入共产党。不久，廖乾吾调走，周恩来又从黄埔军校调来许继慎、杨宁等一批军事干部到独立团。1925 年 11 月 21 日，国民革命军第四军独立旅扩编为第十二师，叶挺独立团在广东肇庆正式成立。始建时，番号为国民革命军第四军第十二师第三十四团，次年 1 月改番号为国民革命军第四军独立团，全团官兵 2100 多人。

在叶挺独立团建立的同时，中共广东区委决定成立叶挺独立团支部，以陈独秀的外甥吴季严为支部书记。当时，支部领导不叫支委会而称支部干事会，干事有叶挺、吴济民、董朗和周士第。建团之初，有中共党员 20 多人，后来发展至 100 多人。独立团支部下设 6 个党小组。周士第、曹渊、贺声洋、许继慎、杨宁、张伯黄等都曾任过党小组长。

军队中设立党组织，这在其他军队中是从来没有过的，对共产党而言，也是第一次。但这种做法也有不足，连一级没有党的组织，难以直接掌握士兵，团一级虽然设了党的组织，却不易掌握部队，因此也没有实现党的统一领导。正如毛泽东所言："每团只有一个支部，故经不起严重的考验。"

严重的考验在大革命失败后接连而至。国民党反动派撕下伪装，举起屠刀，对共产党和革命群众下手了。我们党只能拿起武器，在各地发动了武装起义。湘赣边界秋收起义是其中比较大的一次。但这次起义最终并没有达到预期目的。在这样的紧急关头，毛泽东当机立断，改变原有部署，让所有起义部队退往文家市集中，继而向罗霄山脉进发。

九陂谈话："应该扩大党在军队中的基层组织"

1927 年 9 月 21 日，毛泽东等人率起义部队从文家市出发后，一路上都在思考起义失败的原因。在独自思考的基础上，他同时也需要和别人交流，恰在此时，有一个人引起了他的注意，此人就是当时担任连指导员的何挺颖。何挺颖毕业于上海大学社会学系，知识广博，思维活跃，看问题也很有见地。他所在的连队政治气氛较浓，无论是军事干部还是士兵，平时对连指导员都很尊重，连队没有一个逃兵。

当部队行进到九陂的时候，毛泽东与何挺颖进行了一次长谈。据说，他们当时的谈话是这样的：

"工农革命军走到今天，也算是历经磨难吧！俗话说一个人要赢得起，也输得起，这样方为好汉。一支队伍也要胜得起，败得起。我们现在还有八九百人，可是部队怎样才能不垮掉、散掉呢？这是最大的问题啊！"毛泽东声音低沉地道出了心中的忧虑。

何挺颖略略沉默了一会儿，然后有针对性地回道："部队接连打了一些败仗，军力上只剩下这么一些人枪。我看这并不是可怕的，可怕的是这支队伍失去党的领导，我看目前最重要的问题是党对队伍的领导权问题。"

"挺颖，你说得是呀！"毛泽东亲切地叫着对方的名字，继续说，"你说的正对我的思路！我也在考虑党如何抓住这支队伍的问题。"毛泽东接着一抒这些天来的思考："这次暴动中的诸多失利，就暴露出了党的领导问题。比如兵力分散、收编不当、麻痹轻敌等等，就是军事主官自行其是的结果。今后必须树立前委的领导，不允许自行其是，不允许阳奉阴违，一切行动得听从前委的指挥。"

对于毛泽东的想法，何挺颖坦率地说出自己的见地："你说的问题对头，是这样的。问题是怎样才能树立前委的领导，这不是一下命令就可以解决的呀。"

毛泽东对这个问题显然作过深入的思考，但还是想听听别人的看法。何挺颖继续说："恐怕要从部队中的党组织去考虑。现在，部队里的党支部太少，这样不行，等于抓不住部队。"

何挺颖的想法和毛泽东正好契合。毛泽东继续追问："挺颖，你在部队中搞过团指导员，又当过连指导员，你说，党怎样才能抓住部队、抓住士兵？"

　　显而易见,何挺颖也在思虑这个问题,并形成了自己的意见。他自信地说:"党的组织,也就是党的支部,在我们的队伍里不是没有,而是太少了,一个团才有一个支部,连队一级都没有党的组织,这就不能抓住士兵,等于抓不住部队。我看要把党的支部建立到每个连队,就是班、排也要有党的小组,营以上建立党的委员会,举凡军中的重大事情,都要经过党支部、党委来决定,这样方能保证党对部队的领导。"

　　何挺颖的想法和毛泽东不谋而合。毛泽东兴奋地说:"对! 你讲得太好了! 是应该扩大党在军队中的基层组织,把党支部建到连队一级。"毛泽东显然还有更深一步的考虑,他继续说:"另外,把各级指导员的名称改掉,设立党代表制度,都由党代表担任支部书记,党代表在政治上负有全部的责任。"毛泽东最后打了一个形象的比喻:"一个人活着要有灵魂,一支队伍也要有军魂! 我们的魂魄就是各个党的支部,一定要把支部建立到连队一级!"

　　谈话的细节已不太容易考证,但是,可以肯定的是,毛泽东在这段时间内一定对这个问题作了深入的思考,在自己的心中有了较为成熟的想法,也在一定范围内征求了其他人的意见,并逐渐形成一套完整的方案,核心问题是改变支部建在团上的制度,变为支部建在连上。同时包括在班、排建立党小组,营以上建立党的委员会,重大问题要经过党支部、党委讨论决定,等等。这个方案,只等合适的时机来付诸讨论并实施了。这个合适的时机,在部队到达三湾后产生了。

三湾改编:确立"支部建在连上"的制度

　　1927 年 9 月 29 日,毛泽东率领秋收起义部队到达江西永新县三湾村。三湾村地处湘赣边区的山区,是茶陵、莲花、永新、宁冈 4 县的交界地。这里群山环抱,追敌已被摆脱,又没有地方反动武装,比较安全。部队在村里住了 5 天。这是自秋收起义后第一次得到从容休整的机会。毛泽东抓住这个机会,将心中的想法提了出来。

　　部队到达三湾的时候,人员不足 1000 人,党不能切实掌握部队,由于雇佣军队的影响还存在，再加上作战失利，一些人开始动摇。面对军队组织上和思想上存在的混乱情况，在到达三湾的当天晚上，毛泽东就主持召开了前敌委员会扩大会议，决定对起义部队进行整顿和改编。

毛泽东首先分析了革命失败的原因，认为主要原因在于共产党没有掌握自己的军队，并正式提出了"支部建在连上"的主张。以师长余洒度为代表的一些人不太同意这个看法，对此提出了各种异议。毛泽东则耐心解释，说"支部建在连上"，才能发挥堡垒作用，在艰苦的战争岁月拖不垮，打不烂，是革命胜利的重要保证。经过毛泽东的耐心说服，最后会议通过了这项提议。

第二天，部队在三湾枫树坪集合。毛泽东站出来鼓舞大家：同志们！敌人只是在我们后面放冷枪，没什么了不起，大家都是娘生的，敌人有两只脚，我们也有两只脚。贺龙在家乡两把菜刀起家，现在当军长了，我们有几百人还怕什么？大家都是起义暴动出来了，一个人可以当敌人10个，10个战士可以当敌人100个，有什么可怕的，没有挫折和失败，革命是不会成功的！

部队中的党的组织结构也按照前敌委员会扩大会议的决定，相应地进行了调整：在部队各级都设立了党的组织，班设小组，连有支部，营、团有党委。改编后，军队在连以上设立党代表，担任党组织的书记，专做思想政治工作。

"支部建在连上"的制度从此确立了起来。这个制度到底有哪些优势呢？毛泽东在向中央的报告中是这样说的："党代表制度，经验证明不能废除。特别是在连一级，因党的支部建设在连上，党代表更为重要。他要督促士兵委员会进行政治训练，指导民运工作，同时要担任党的支部书记。事实证明，哪一个连的党代表较好，哪一个连就较健全，而连长在政治上却不易有这样大的作用。"

在军队中实行党代表制度，实质上就是为了加强党对军队的整合，有效实现党对军队的领导。同时，特别注意了在班长、战士中发展党员，这样党和士兵群众的联系便更加紧密了，大大加强了政治思想工作。

要发展出身工农家庭、作战英勇的士兵入党

三湾改编后出现了一个问题，就是党员没有那么多。有的连队只有一两名党员，成立党支部有困难，班、排设立党小组更是难以实现。毛泽东此时提倡，要发展出身工农家庭、作战英勇的士兵入党，并解释说：我观察过，凡是拥有一定数量党员的连队，士气就高，作战英勇，长官也能得到有效的民主监督。按照毛泽东的指示，各连队都开始发展工农骨干入党。

1955年被授予中将军衔的赖毅就是在这个时候入党的。赖毅原来是造纸工人，在搞工会工作时加入了共青团和农民自卫队，后来由于国民党通缉，逃了出来，找到了工农革命军。

三湾改编后，赖毅悄悄找到副班长刘炎，将自己的家庭情况和个人经历告诉刘炎，并要求："我要加入中国共产党，跟着毛委员革命到底。"刘炎说："你想入党，是件好事，你可以去找连党代表谈。"后来，赖毅找到了连党代表，谈了自己的想法，党代表说："毛委员指示，要发展一批工农骨干入党，希望你好好工作，努力创造条件，争取早日实现自己的愿望。"

10月13日，部队到达酃县（今炎陵县）水口休整。到水口后，党代表何成匈把赖毅叫去，递给他一份油印的入党志愿书，要他马上填好，同时通知他，晚上跟自己一起去团部开会。

15日晚上，在水口叶家祠的阁楼上，毛泽东主持了赖毅等6人的入党仪式。傍晚时分，赖毅上了阁楼，阁楼里几条长凳上已经坐了十几个人，各连的党代表都来了，还有几个班的班长，毛泽东也来到了会场，正和一营党代表宛希先谈话。会场前头放着一张小长桌，桌上放着一盏煤油灯，桌面上压着两张下垂的红纸，一张写着入党誓词，一张写着"CCP"三个英文字母。赖毅心中很高兴，他知道，今晚就要在这里举行入党宣誓，自己就要成为一名中国共产党党员了。

与会人员到齐后，毛泽东便站起来宣布开会。他讲完会议议程后，

就让各个入党介绍人分别介绍入党对象的简历和表现。接着,毛泽东走到 6 名宣誓人的面前,依次询问了许多问题。毛泽东走到赖毅面前,问他为什么要加入共产党,赖毅回答:"要革命,要翻身,要打倒国民党,打倒土豪劣绅,入了党就更有力量。"毛泽东笑着说,讲得好。紧接着,毛泽东叫 6 名新党员来到方桌前,带领大家宣誓,他读一句,新党员跟着读一句:"牺牲个人,服从组织,严守秘密,永不叛党……"洪亮、庄严的声音在阁楼中回荡。

宣誓结束后,毛泽东亲切地握着 6 名新党员的手说:"从现在起,你们就是中国共产党党员了!"

赖毅等人是秋收起义失败后,起义军向井冈山进军途中发展的第一批党员。随后,连队的党员人数逐步增加,毛泽东提出的"支部建在连上"真正得到了落实。

邓小平、江泽民对"支部建在连上"的肯定

"支部建在连上"的这套制度,保证了连有支部、班有小组,使我们党牢牢地掌握了这支军队。这项制度,确定了军队基层党建的根本原则,对人民军队的成长壮大,影响极为深远,也使人民军队在团结统一方面,威力极为强大。

1972 年邓小平在重游三湾时,也颇有感叹地说:三湾改编,与古田会议一样重要,特别是"支部建在连上",是毛泽东同志的一个创举。南昌暴动、秋收起义以前我党的军队,都是团以上才有党代表,营、连、排都没有支部,军中的士兵党员也很少,这样就不能抓住部队。毛主席在这一重大问题上,创立了"支部建在连上"的原则,这就确立了党对军队的绝对领导。

亲历三湾改编的罗荣桓元帅对改编前后部队的变化印象深刻:这支部队中,虽然有不少是党员,但没有形成坚强的组织核心,也没有明确的行动纲领。军事指挥员大部分是黄埔军校的学生,他们都是知识分子,没有经过更多实际战争的锻炼,指挥能力弱,旧的一套带兵方法妨碍着

上下一致、官兵一致。三湾改编，实际上是我军的新生，正是从这时开始，确立了党对军队的领导。如果不是这样，红军即使不被强大的敌人消灭，也只能变成流寇。

1995 年 12 月 17 日，江泽民在中央军委扩大会议上讲到"坚持党对军队的绝对领导"问题时，特别回顾了毛泽东在三湾改编时的这一历史功绩："毛泽东同志作为我军的主要缔造者，为确立党对军队的绝对领导作出了巨大的历史性贡献。他在三湾改编时提出'支部建在连上'这一建军原则，把党的组织建立在基层，从而使党得以切实掌握部队。"

"支部建在连上"这个光荣传统，早已成为解放军的一个基因，代代传承了下来。

党的十八大以后，习近平也在多个场合重提"支部建在连上"这条组织原则

2013 年 7 月，习近平总书记在讲到军队思想政治建设工作时，不无感慨地说："在我军初创时期，就确立了党指挥枪的原则，三湾改编的最大成果就是在工农革命军中健全党的组织，把支部建在连上。罗荣桓同志后来指出，如果不是毛泽东同志英明解决了这个根本性问题，那么，这支部队便不会有政治灵魂，不会有明确的行动纲领。"

2014 年 10 月，习近平总书记又对"支部建在连上"以及与此相关的一整套制度给予了极高的评价：

"我们党在军队各级建立了党的组织，班排有小组，连队有支部，营级以上单位建立党委，党的领导直达基层、直达士兵。"

"几年前，我去委内瑞拉访问，查韦斯总统问我中国共产党这么有力量靠的是什么，我就给他讲了'支部建在连上'这个例子。他非常赞赏这一点，这是他们想做而做不到的事情。"

"我们党领导军队的一整套制度，越是在重大考验面前越能显现作用。从中外历史和现实看，在有些国家，军队指挥官甚至一个中下级军官就可以把队伍拉起来造反。然而，在我军历史上，从来没有一支成建

制的队伍被敌人拉过去，也没有任何人能利用军队来达到其个人目的。当年，张国焘自恃枪多人多，想带着人马另立山头，最后变成孤家寡人，出逃时连个警卫员都带不走。林彪当了'副统帅'，权力够大的，但当他走向反面时，只能落得个折戟沉沙的下场。'文革'期间，'四人帮'总想抓军队，但军队不听他们的，他们在垮台时也哀叹没有抓住军队。"

这就是毛泽东的首创。这一根本性的组织制度，为一代一代共产党人和革命军人继承和发扬，凝聚了人民军队的巨大力量！"支部建在连上"这套制度，保证了党的领导"直达基层、直达士兵"，保证了党对军队的绝对领导，也保证了人民军队有力量。

（邵建斌/撰稿）

⑦ "三大纪律八项注意"

1947 年 10 月 10 日，毛泽东为中国人民解放军总部起草了《关于重行颁布三大纪律八项注意的训令》。新中国成立后，该《训令》被编入《毛泽东选集》，其中清楚地告诉人们：

本军三大纪律八项注意，实行多年，其内容各地各军略有出入。

实行了多年的"三大纪律八项注意"，尽管具体内容在不同时候和不同部队略有出入，但是，"三大纪律八项注意"早已有之，而且这句名言，从名称到内容，都那么简简单单，朗朗上口。自其诞生演变并确定以来，不仅人民军队的官兵"个个要牢记"，就连普通老百姓都知道，这是毛泽东为共产党领导的人民军队制定的纪律建设的基本原则，是不能违背的铁的准则。

"三大纪律八项注意"的由来及流传

在中国人民革命军事博物馆第二次国内革命战争展厅里，陈列着一幅写着红军"三大纪律六项注意"的包袱皮。由于年月已久，白布已经泛黄，但上面的字迹依然清晰可辨。这是一件很有纪念价值的文物，因为"三大纪律六项注意"，正是有着中国人民解放军第一军规之称的"三大纪律八项注意"的前身。

解放军自建军之始，就极其重视加强革命纪律，这是人民军队区别于一切旧式军队的显著标志。

1927 年，毛泽东领导湘赣边界秋收起义时，就要求部队官兵对待人民群众说话和气，买卖公平，不拉夫，不打人，不骂人。据《井冈山革命根据地和中央苏区大事纪实》一书中记载：

> 1927 年 10 月，工农革命军在毛泽东的率领下抵达荆竹山，王佐派侦探队长朱持柳前往迎接。由于战士们长途跋涉，饥饿难忍，刨了老百姓的红薯吃，违反了群众纪律。毛泽东得知情况后，于次日在荆竹山雷打石上召开大会。要求部队官兵严格遵守群众纪律，和山上的王佐部队搞好关系，做好群众工作，同时提出了人民军队最早的三项纪律。

这里提到的"三项纪律"分别是：

第一，行动听指挥；

第二，不拿群众一个红薯；

第三，打土豪要归公。

1928 年 4 月，又完善了"六项注意"，分别是：

一、上门板；

二、捆铺草；

三、说话和气；

四、买卖公平；

五、借东西要还；

六、损坏东西要赔。

同时，"不拿群众一个红薯"，改为"不拿工人农民一点东西"。

1929 年以后，毛泽东将"三项纪律"中的"不拿工人农民一点东西"，改为"不拿群众一针一线"；将"打土豪要归公"改为"筹款要归公"，后来又改为"一切缴获要归公"。

对于"六项注意"，有人提议要增加"洗澡避女人"和"不搜俘虏腰包"两项内容。毛泽东完全同意。这就变成了八项注意。

这就是井冈山和中央苏区时期形成的"三大纪律八项注意"的最初版本。

特别强调纪律问题，一是由这支人民军队的性质决定，二是因为当时军队里存在着一些错误思想和纪律松懈现象。1929 年 12 月，毛泽东在红四军党的第九次代表大会上，专门指出："红军纪律是一种对群众的实际宣传，现在的纪律比前松懈了，因此给了群众以不好的影响。"

加强纪律宣传和纪律教育，成为红军的要务。推动"三大纪律八项注意"的宣传教育，就是其中的一个重要措施。

不仅在中央苏区，而且在当时的各苏区，"三大纪律八项注意"作为红军的纪律原则都广为传播。鄂豫皖苏区传唱的《红军纪律歌》，歌词写道：

> 红军纪律最严明：行动听命令，不得胡乱行；打土豪要归公，买卖要公平；工农的东西，不可拿分文；说话要和气，开口不骂人；无产阶级劳苦群众，个个尽相亲。出发与宿营，样样要记清：上门板，捆铺草，房子扫干净；借物要送还，损失要赔银；便溺找厕所，不搜俘虏身。三大纪律八项注意，大家照此行。

从这首《红军纪律歌》中可以看出，毛泽东在井冈山革命时期为中国工农红军制订的"三大纪律八项注意"，很早的时候就已经传到了鄂豫皖等其他苏区，并且被编成歌谣，在红军指战员中间流传开来。

1931年9月，中共苏区中央局秘书长欧阳钦到上海汇报工作时，还特意详细列举了"三大纪律八项注意"的条文内容，得到中央的肯定。

"三大纪律八项注意"于是成为人民军队纪律建设的基本原则和明确遵循。后来在《毛泽东选集》的注释当中，对其作了这样的评价：

> 三大纪律八项注意，是红军以及后来的八路军、新四军、人民解放军政治工作的重要内容，对于人民军队的建设，对于正确处理军队内部关系、团结人民群众和确立人民军队对待俘虏的正确政策，都起了伟大的作用。

解放战争时期，由于"三大纪律八项注意，实行多年，其内容各地各军略有出入"，1947年10月10日毛泽东为此起草发出了《关于重行颁布三大纪律八项注意的训令》，对其内容作了统一规定，要求各地各军"即以此为准，深入教育，严格执行"，同时也指出"至于其他应当注意事项，各地各军最高首长，可根据具体情况，规定若干项，以命令施行之"。

这份重新颁布的"三大纪律八项注意"条文内容为：

三大纪律：

（一）一切行动听指挥；

（二）不拿群众一针一线；

（三）一切缴获要归公。

八项注意：

（一）说话和气；

（二）买卖公平；

（三）借东西要还；

（四）损坏东西要赔；

（五）不打人骂人；

（六）不损坏庄稼；

（七）不调戏妇女；

（八）不虐待俘虏。

自此，"三大纪律八项注意"内容正式确定下来。1960年9月，在整理出版《毛泽东选集》第四卷时，这份《训令》被收录其中，成为全党全社会普遍学习的纪律教材，教育了一批又一批的党员群众。

"三大纪律八项注意"教育熏陶下的人民军队

"三大纪律八项注意"长期教育熏陶下的人民军队，对敌斗争英勇坚决，无往而不胜，对群众则始终展现出作为人民子弟兵的立场本色、精神风范和严明纪律，在不同历史时期都涌现出许许多多感人至深的人物与事迹。

早在红军时期，古田会议就提出要严格遵守"三大纪律八项注意"，树立人民军队纪律严明的威武之师形象。在革命初期，靠着坚定的理想和铁的纪律，红军和人民群众形成了血肉相连的鱼水之情，坚持了下来，不断发展壮大。

在长征途中，红军纪律极为严明。广大红军指战员斗争环境恶劣，生活艰苦异常，但他们始终对群众秋毫无犯，严格执行"三大纪律八项注意"。群众称赞"从来没有见过这样好的军队"。

红军领导机关反复强调严明纪律的重要性，强调在加强红军纪律检查时，还要加强对红军纪律的教育，提高红军遵守纪律的自觉性和主动性。长征初始，红军总政治部就发出《对目前行动的政治工作训令》，强调：

> 要耐心教育每个战士，绝对服从命令，严守纪律，不强买，不乱打土豪，不侵犯群众利益，与群众发生亲密关系。严厉处罚破坏纪律、违犯阶级路线的分子，每连队宣传队布置时，应实行进出宣传与检查纪律。

由于有了正确的政治方向、坚持不懈的纪律教育检查以及"三大纪律八项注意"等切实可行的纪律原则，红军在长征途中显现出革命军队的优良作风和杰出风范。

1935年2月，红军长征途经四川古蔺县境时，朱德向毛泽东讲起两个红军遵守纪律的事例：一个是红军路过该地橘林时秋毫无犯，另一个是红军战士挖了群众萝卜后塞进铜元作为酬金。毛泽东听后很高兴，说："《宋史》言，岳飞军'饿死不掳掠，冻死不拆屋'。我们朱毛红军在井冈山是这样，到了总司令的四川家乡也是这样。"

毛泽东看得非常清楚：这样的军队才是真正有希望的军队。对于这一点，人民群众看得也非常清楚。

红军长征途经少数民族地区时，也正是靠着正确的民族政策以及严明的纪律，处理好了和少数民族的关系，顺利实现了战略转移。为尊重少数民族人民及其宗教信仰，红军总政治部作出军队不得进入喇嘛寺、清真寺，禁止索取寺庙僧侣、群众的财物等规定。

当时还有不少穷苦的少数民族青年积极参加红军，一个很重要的原因，就是他们目睹了红军和旧军队纪律的截然不同，并且由此认定红军是穷苦人自己的队伍。世袭羌族土司安登榜的故事就是这样的。当时红四方面军在西渡嘉陵江后，执行了"各民族一律平等"的民族政策。而当安登榜在遭到国民党军追捕走投无路时,恰遇刚刚进入羌族地区的红军。安登榜看见红军纪律严明,尊重少数民族,提倡"回番汉各民族平等",便率领随从毅然参加红军,并利用他的身份和影响在羌族地区为红军做了大量工作。后来,红军战士安登榜在长征路上英勇捐躯。

这样的事例在长征时还有很多。正如古田会议决议案中所说,"红军纪律是一种对群众的实际宣传"。严明的纪律比讲千言万语都更能打动群众、说服群众。毛泽东指出:必须看清楚这个问题,"我们能否胜利,就看我们能否团结中国的三万万六千万农民,实质就是这样一个问题";"我们就要坚持这个原则,经常说服我们的同志,一次说服不了,二次再说,要经常讲。要告诉大家应当怎样去做,多讲三大纪律八项注意"。朱德也曾指出:"我们创造了新的革命军队,还创造了新的革命纪律。这就是著名的'三大纪律'和'八项注意'","这些制度起了很大作用,使我们的军队能够自己管理自己,并受到老百姓的敬重"。当初,我们党和红军就是靠着坚定的理想和铁的纪律,深入贯彻全心全意为人民服务的根本宗旨,号召起千千万万的穷苦百姓,投身到革命的滚滚洪流中。

解放战争时期广为流传的"锦州苹果"和"解放军露宿上海街头"的故事也很能说明问题。

1948 年 11 月 8 日,东北野战军林彪、罗荣桓、刘亚楼、谭政等负责人在给毛泽东和中共中央的报告里,详细汇报了所属部队的纪律执行情况,其中特别提到了部队在某地发现大批苹果,"战士一个未动"的情况。此后,"锦州苹果"的故事广为流传。1956 年 11 月,毛泽东在中共八届二中全会上回忆到听说这件事后的心情时说:

> 艰苦奋斗是我们的政治本色。锦州那个地方出苹果,辽西战役的时候,正是秋天,老百姓家里很多苹果,我们战士一个都不去拿。我看了那个消息很感动。在这个问题上,战士们自觉地认为:不吃是很高尚的,而吃了是很卑鄙的,因为这是人民的苹果。我们的纪律就建筑在这个自觉性上边。这是我们党的领导和教育的结果。人是要有一点精神的,无产阶级的革命精神就是由这里头出来的。

不仅是在锦州,攻入天津时,解放军战士不起火,只吃自备干粮,多数人连咸菜也吃不上,对群众所送饭菜一概谢绝!广大群众深受感动,有的热泪盈眶,连声说:解放军好!共产党好!毛主席好!这些都显示出人民军队的纪律风范。

还有一个感人的故事发生在刚刚解放的上海。解放军打进上海后,模范执行党的城市政策,严格遵守"三大纪律八项注意"。为了不惊扰市民,在蒙蒙细雨中,部队和衣抱枪,悄然无声地睡在潮湿的路边。早上市民醒来,开门看到这一感人的场景,油然而生的便是对我们党和人民军队的由衷赞佩。解放军严明的纪律令无数上海市民为之动容,并深深震撼着这座旧中国最大的城市。

时居上海的竺可桢,在当天的日记里记下了这感人的一幕,他写道:

> 五月廿六日星期四。下午三点起微雨,子夜大雨。上海全部解放。……解放军在路站岗,秩序极佳,绝不见欺侮老百姓之事。在研究院门前亦有岗位,院中同人予以食物均不受。守门之站岗者倦则卧地,亦绝不扰人,纪律之佳诚难得也。

1993年,荣毅仁仍然难以忘记这件事带给他内心的冲击。他回忆说:

> 解放上海的炮声初停,无数解放军战士日日夜夜风餐露宿、不入民宅的情景,深深打动了我的心。与几天前还在城里横行霸道的国民党兵痞相比,这才是秋毫无犯的人民子弟兵。由此,我对新生的政权有了好感,又通过与党政领导人的接触,觉得他们有朝气、守信誉、尚实干。特别是党和政府保护工商业,促进经济发展,保障社会安定,并在抗美援朝中敢于碰硬,使我直感地相信这个政府靠得住。新中国不断繁荣昌盛,从此有了希望,自己也可以在事业上大干一番。

就连当时在上海的国外报纸也报道说:

> 中共军队军纪优良,行止有节,虽然有许多大厦是打开着,可以用来做军营,而中共军队仍睡在人行道上。

这些只是体现人民军队性质和宗旨,代表人民军队形象的众多事例中的几个。这是一支真正的人民军队，这就是受"三大纪律八项注意"长期教育熏陶的人民军队，这样的军队无敌于天下。

一首广为传唱的《三大纪律八项注意》歌

"三大纪律八项注意"宣传教育的形式多种多样，其中最为深入人心的一种形式，是以它的内容为基础谱写而成的《三大纪律八项注意》歌。

歌词全文是：

革命军人个个要牢记，三大纪律八项注意：

第一一切行动听指挥，步调一致才能得胜利。

第二不拿群众一针线，群众对我拥护又喜欢。

第三一切缴获要归公，努力减轻人民的负担。

三大纪律我们要做到，八项注意切莫忘记了。

第一说话态度要和好，尊重群众不要耍骄傲。

第二买卖价钱要公平，公买公卖不许逞霸道。

第三借人东西用过了，当面归还切莫遗失掉。

第四若把东西损坏了，照价赔偿不差半分毫。

第五不许打人和骂人，军阀作风坚决克服掉。

第六爱护群众的庄稼，行军作战处处注意到。

第七不许调戏妇女们，流氓习气坚决要除掉。

第八不许虐待俘虏兵，不许打骂不许搜腰包。

遵守纪律人人要自觉，互相监督切莫违犯了。

革命纪律条条要记清，人民战士处处爱人民。

保卫祖国永远向前进，全国人民拥护又欢迎。

这首为人们熟悉、广为传唱的经典革命歌曲，最早是由红军老战士程坦创作的。程坦曾参加黄麻起义，后来参加红军，担任红二十五军政治部秘书长。1935 年 9 月，红二十五军到达陕北，与陕北红军合编为红十五军团。由于当时纪律教育的需要，程坦根据中央红军先期带到陕北的有关"三大纪律八项注意"的文件内容，使用曾在鄂豫皖苏区流传的

《土地革命已经成功了》的音调，填写成了《三大纪律八项注意》歌，在《红旗报》上刊登。这首歌曲从此在人民军队中广泛传唱。此后，歌词的内容又几经调整补充。1957年，解放军总政治部再次组织人修改《三大纪律八项注意》歌的歌词。此稿经批准后作为定稿一直沿用至今。

1957年10月9日，毛泽东在中国共产党第八届中央委员会扩大的第三次全体会议上，还专门就纪律问题提出了这样一条要求：

军队里头要经常进行三大纪律、八项注意的教育。

演唱《三大纪律八项注意》歌，就是在党和军队里面进行这方面教育的一个有效形式。

1959年9月30日，李志民上将曾指挥由230名将军组成的"将军合唱团"在国庆10周年庆典上演唱《三大纪律八项注意》歌，收获全场热烈掌声。

《三大纪律八项注意》歌凝结着解放军多年锤炼而成的优良传统和革命风范，不仅有力地保障了人民军队自身的纪律建设，在关键历史时刻还屡屡发挥出深远而重大的政治作用。

20世纪70年代，面对国际复杂局势和国内政治局势的变化，毛泽东在与林彪反革命集团的斗争中，通过领唱《三大纪律八项注意》歌，向党内军内传递明确的政治信号。"三大纪律八项注意"成为关键时刻我们党战胜艰难险阻、维护团结统一的精神法宝。

1971年8月15日至9月12日，毛泽东在南方视察期间，多次与随行人员和有关座谈同志一起唱《国际歌》和《三大纪律八项注意》歌，表达出反对和防止党内分裂、维护团结的鲜明立场。8月27日、28日，毛泽东在长沙分别同华国锋、卜占亚以及刘兴元、丁盛、韦国清等谈过党内路线斗争情况后，又带领全体在场同志唱《三大纪律八项注意》歌。包括在武昌会见刘丰时，在杭州会见南萍、熊应堂、陈励耘等时，毛泽东也都同他们合唱了《三大纪律八项注意》歌。

毛泽东强调部队在整风中要防止和克服骄傲自满和军阀作风。他还谈道："你们不光要唱《三大纪律八项注意》，你们还要讲解，还要按照它去做。""'一切行动听指挥,步调一致才能得胜利。'这一条非常重要。步调不一致,分成两派,怎么样能得胜利呢?"所有这些举措,对于挫败林彪反革命集团的阴谋,发挥了不可低估的作用。

1973年,毛泽东和中共中央决定八大军区司令员对调。为了顺利达成这一目标,12月12日晚,毛泽东在中南海游泳池住处主持召开了一次中央政治局会议。他说:"我提议,议一个军事问题,全国各个大军区司令员互相调动。""一个人在一个地方搞久了,不行呢,搞久了油了呢。有几个大军区,政治委员不起作用,司令员拍板就算。我想了好几年了。主要问题是军区司令员互相调动,政治委员不走。"为执行好这一决定,毛泽东特别强调:"第一条三大纪律八项注意,步调要一致,不一致就不行。"此时,他提议在座的政治局委员唱《三大纪律八项注意》歌。

15日晚,毛泽东在中南海游泳池住处主持召开中共中央政治局扩大会议,部分政治局成员和北京、沈阳、济南、武汉军区负责人参加。在谈到大军区司令员对调问题时,他说:"在一个地方搞久了,也不大好。要革命,哪个地方都可以革命嘛。"会上,毛泽东再次指挥大家唱《三大纪律八项注意》歌。

21日下午,毛泽东在中南海游泳池住处接见了参加中共中央军委会议的全体成员。会见开始时,毛泽东亲切接见了一大批军队领导同志,共同回忆了革命斗争的艰苦历程,回忆了和朱德的深厚情谊。他还饶有兴致地同许世友讨论了读《红楼梦》的有关情况。会议最后,周恩来提议大家唱《三大纪律八项注意》歌第一段。毛泽东说:"不错,就是这一条要紧。还有八项注意,第一项注意,第五项注意。第一项注意,说话要和气。第五项注意是,军阀作风不要呢。"

22日,毛泽东圈阅了《中国共产党中央军事委员会命令(草稿)》。《命令》说:

> 为了加强军队建设和反侵略战争的准备,为了使军区主要领导干部交流经验,熟习更多地区的情况,经毛主席、党中央决定,北京与沈阳、南京与广州、济南与武汉、福州与兰州八个军区司令员相互

对调。命令于本日发出。

命令下达后，八大军区司令员不带随员，迅即奔赴新的工作岗位，体现了一切行动听指挥的革命精神。

这样重大的政治决定，毛泽东谈笑间便做通了大家的工作，十天不到调整到位。他没有过多着墨于对调问题，而是通过在不同场合和军队将领亲切交谈，共同回忆革命峥嵘岁月、革命友情及革命事业的来之不易，并且通过三次同大家合唱《三大纪律八项注意》歌，强调"一切行动听指挥"，提倡发扬人民军队光荣传统。其中的智慧、气魄和无产阶级革命家的风度，让人心里久久不能平静。邓小平后来特别回顾到这段经历，说："军队非讲纪律不可，纪律松弛是不行的。毛泽东同志在世的最后几年，特别强调这个问题，亲自领唱《三大纪律八项注意》歌，这是好多同志都知道的。三大纪律第一条就是一切行动听指挥。八大军区司令调动时，十天都到了职。"

"三大纪律八项注意"，作为人民军队精神风范的伟大象征，深深扎根于历史，深深扎根于人民，其必将带着既往的辉煌和荣誉，不断在新时期绽放出更加耀眼的思想光芒。

（吕臻／撰稿）

8 "敌进我退，敌驻我扰，敌疲我打，敌退我追"

"敌进我退，敌驻我扰，敌疲我打，敌退我追"这四句著名的话，被称为游击战术十六字诀。它是中国革命战争战略形成和发展的源头，是人民军队发展史上第一个独特的战略战术原则，也是中国人民解放军军事战略体系的第一块基石。

十六字诀是毛泽东最先提出来的，还是朱德最先提出来的，目前仍无从查考。但自井冈山时期起，"朱毛，朱毛""朱毛不可分"的关系就已经成立。十六字诀应该是两人共同的军事谋略和军事智慧的一部分。2016年6月出版的《中国共产党的九十年》是这样表述的："毛泽东、朱德在总结经验基础上概括出'敌进我退，敌驻我扰，敌疲我打，敌退我追'的十六字诀。"这一表述是比较符合历史事实的。

毛泽东：从朱聋子的故事中悟出十二字诀

1927年秋，毛泽东率领湘赣边界秋收起义部队上了井冈山，开创出中国第一块革命根据地。

要巩固和发展井冈山这块革命根据地，首先必须解决如何发展武装斗争的问题。就当时的革命力量而言，不过千余人。朱毛会师后成立红四军，也不过万余人。而江西和湖南两省的敌人很强大，常常联合起来"进剿"红军。在农村开展工农武装割据的斗争，在中外历史上是没有先例的。从中国的孙子到德国的克劳塞维茨，无论是马克思、恩格斯，还是列宁、斯大林，都没有也不可能给红军准备一个现成的答案。

从毛泽东个人来讲，没有上过军事院校，秋收起义前没有带兵打仗的经历,上井冈山之初,仍是满身文人气息,曾表示"军旅之事,未知学也,我不是个武人,文人只能运笔杆子,不能动枪"。可是武装斗争的需要却把他推上了"革命山大王"的位置,他不得不"从战争中学习战争"。毛泽东的过人之处,就在于善于学习,不仅能从胜利的斗争中积累作战经验,而且更善于从挫折中寻找失败的教训。胜与败,都能让他在实践中获得军事才能。

1927年11月,工农革命军第一团第一营由宁冈西进,击溃茶陵靖卫团,占领了茶陵城。红军一举拿下小城镇,欢欣鼓舞,准备在此建立根据地。12月,敌人一个团来攻茶陵,第一营与后来增援的第三营拼力扼守,抗击一天多时间,终因寡不敌众,被迫撤出战斗。这次战斗虽给敌人一定杀伤,但红军自己损失也很大,付出了惨重的代价。

攻打茶陵的战役,毛泽东因为脚伤没有参加,但部队撤出茶陵时他赶过去,阻止了团长陈浩等人的投敌企图,把士气低落的部队带回了井冈山。毛泽东深刻总结这次失败的教训,他感到,红军以弱小的兵力打守城的消耗战是不明智的,结果得不偿失。

之前,毛泽东在井冈山听到过山大王朱聋子的故事。朱聋子叫朱孔阳,他在井冈山当了几十年山大王。官府千方百计要捉拿他,可是捉了几十年也捉不住。原来这位山大王会兜圈子。井冈山地势险要,到处是悬崖绝壁,只有几条狭窄的小路通进山里,有的地方甚至连羊肠小道也没有,要靠攀登才能上去,而且山里树密林深,天气多变,经常是云雾弥漫。朱聋子就充分利用这些条件来对付官兵。只要官兵一进山,他就跟官兵满山兜圈子,官兵拿他毫无办法。因此朱聋子常说:不要会打仗,只要会打圈。

联系眼前的失败,毛泽东从这个故事中得到很大启发:在敌强我弱的情况下,用硬拼的战法难免会吃亏,只能跟敌人打圈。而对于红军来说,光打圈还不行,要把打圈和打仗结合起来,才能达到消灭敌人、扩大根据地的目的。这样,毛泽东便从朱聋子的故事中引出了新思路。

毛泽东把红军干部和战士们集中起来,对大家说:打圈是个好经验,不过朱聋子打圈只为保存自己，不是为了消灭敌人，扩大根据地。我们改他一句：既要会打圈，又要会打仗。打圈是为避实击虚，强敌来了，先领他转几个圈子，等他晕头转向暴露弱点以后，就抓准狠打，打得干净利落，打得要有收获，既消灭敌人，又缴获武器。总之，赚钱就来，蚀本不干，这就是我们的战术。

干部战士听了，反复琢磨，越想越觉得有味道，都感到毛泽东的这个战法好，十分佩服。

没过多久，1928年1月，国民党赣军二十七师杨如轩部以一个团和一个营进攻万安，又以一个营进占井冈山的北大门——宁冈新城，对井冈山革命根据地构成严重威胁。为了对付敌人的进攻，毛泽东在遂川主持召开前委和万安、遂川县委联席会议。

参加会议的人回忆，毛泽东在会上"教导我们对付敌人的办法，要看敌人的多少，了解敌人的情况，打得赢就打，打不赢就走，敌人来了我们就退，敌人去了我们就追"。另有回忆，毛泽东"最后对万安工作作了指示，希望万安同志很好运用'敌来我走，敌驻我扰，敌退我追'十二字诀"。这个时候，红军的战术和打法，在毛泽东那里已经有了比较清晰的眉目。

2月初，敌人以优势兵力进攻遂川。毛泽东率领工农革命军迅速收兵，主动转移到黄坳和井冈山。虽然撤出遂川，但毛泽东又派出小股部队时不时地对遂川突袭搅扰，令敌人惶恐不安。当年遂川百姓中流传的一段歌谣，传颂着游击战术的威力："黄坳屯兵，遂川做客，一个月来三次，看你土劣怕不怕。"

敌人一直以为工农革命军主力仍在遂川附近，而对新城疏于戒备。2月18日清晨，工农革命军抓住机会，对新城发动突然袭击，以两个团兵力，集中攻歼占领新城的敌一个营。在赤卫队的配合下，工农革命军由南、北、东三面攻城，故意留出西门的空子。实际上，毛泽东早已安排袁文才的部队在西门外埋伏，结果敌人受到攻击向西逃窜，正好进入袁的埋伏圈，全部被击溃。这一仗打得十分精彩，工农革命军占领新城，俘敌近300人，打破了敌人对井冈山的第一次"进剿"。

从这时起，工农革命军指战员开始感受到游击战"敌来我走，敌驻我扰，敌退我追"的威力，士气振奋起来。

朱德：积十四年征战经验摸索出游击战法

与毛泽东"文人"出身的情况不同，朱德在上井冈山之前已经是在战场上磨砺多年的军事将领了。他早年毕业于云南陆军讲武堂，曾在苏联学习军事，有云南戍边的经历，参加过护国战争、护法战争，在赣东剿过匪，南昌起义后又率部转战湘粤边。在十多年的征战中，朱德积累了不少游击战的经验，对游击战战法有了一些自己的认识。

1913年秋，时任滇军营长的朱德率部驻防中越边境的滇南开远、蒙自、个旧一带。该地区属于典型的亚热带山岳丛林地形，山高坡陡，草深林密，自然条件复杂。法帝国主义收买土匪在边境骚扰抢掠百姓，并不断制造事端，以便寻找借口侵占云南。为了防范土匪来袭，朱德令部队在营房四周垒起高高的围墙，可是哨兵不敢放在门外头，出去就会被杀掉。朱德率大部队进剿，由于受地形限制，很难对土匪实施包围。抓不到土匪，还时不时被偷袭，这让朱德非常着急。他亲临前线仔细观察敌情，勘察地形，潜心研究土匪出没的规律，精心研究对策。经过艰难摸索，朱德终于找到了一种适合当地情况的游击战战术：部队有时化整为零，有时聚零为整，采取秘密迅速或夜间行动，声东击西，忽进忽退，机动灵活，一抓住敌人就予以全歼。经过两年多大大小小的战斗磨炼，运用这种方法，朱德基本平息了滇南的匪患。

1918年，时任护法靖国军第十三旅旅长的朱德率部移防泸州。当地匪患猖獗，他们打家劫舍，敲诈勒索，无恶不作，到处滋扰乡民。朱德决心为民除害，便担负起清剿土匪的任务。在剿匪的过程中，他善于审时度势，随机应变，充分运用和发挥在滇南剿匪的经验，荡平了泸州一带的土匪。

后来，朱德到欧洲寻找革命真理，加入了中共旅欧党组织。1925年7月，朱德离开德国进入苏联莫斯科东方劳动者共产主义大学学习。几个月后，又到莫斯科郊外的莫洛霍夫卡接受军事训练，学习城市巷战、游击战战术等。一次，教官问朱德回国后将怎样指挥作战，朱德根据过去与土匪作战时采用过的流动游击战术回答，"打得赢就打，打不赢就走"，"必要时拖队伍上山"。

回国后的朱德，参加了1927年的南昌起义。起义失败后，朱德率部转战湘粤边，又投入了游击战的实践。这时候的朱德，不仅革命意志坚如钢，而且在军事理论和军事实践上，都有了更高的升华和更丰富的经验。

在湘南智取宜章后，面临着国民党军许克祥部6个团的进攻。朱德沉着地对情况做出分析："的确，敌人有不少优势，我们不能低估。他兵力数倍于我，武器装备精良，后方实力雄厚。在这种敌强我弱的情况下，决不可采取南昌起义后那种死打硬拼的方法。应该有勇有谋，灵活机动，扬长避短。用游击战和正规战结合的打法，去战胜敌人。"在朱德、陈毅等的指挥下，工农革命军避实就虚，诱敌深入，主动撤退，寻找有利战机，终于取得坪石大捷，打退了许克祥部的进攻。

后来，朱德在回忆和自述中，多次忆及自己在加入红军前的战争实践中，已经摸索出一些游击战术并加以实际运用。1944年，在延安编写中国工农红军红一军团史座谈会上，朱德说："关于游击战争，我还有点旧的经验。过去从1911年辛亥革命开始，在川、滇同北洋军阀等打仗，打了10年，总是以少胜多。在军事上的主要经验，就是采取了游击战争的战法……"

朱毛会师后：十六字诀应运而生

1928年4月，朱德、陈毅率领南昌起义余部和一部分湘南农军到达宁冈砻市，与毛泽东领导的工农革命军胜利会师，成立了工农革命军第四军。两支武装力量的会合，不仅仅是人数增多、装备改善，还有经验的叠加、战略战术的提高。

得知朱毛会师的消息，国民党赣军二十七师两个团分别由永新、遂川向井冈山根据地发动第二次"进剿"。毛泽东、朱德、陈毅等召开军委会议,根据敌情,决定采取避敌主力,攻击侧翼,声东击西,集中兵力歼敌一路的作战方针。

根据会议部署,朱德、陈毅率领工农革命军第二十八团、二十九团作为主力,在遂川方向迎敌八十一团;毛泽东率第三十一团到宁冈与永新交界的七溪岭,阻击向宁冈进攻的敌七十九团。朱德、陈毅率主力部队迅速向南挺进,佯攻遂川,在黄坳击败敌军一个营。随后,朱德带领部队又展开了追击战。关于这场战斗的过程,当时正在工农革命军第二十八团的粟裕,有过这样一段回忆:"当时我们从黄坳出发,向遂川运动,刚一接触,敌人就逃跑了。这时朱德同志和我们在一起,他一面领着我们跑,一面不停地督促:'快追! 快追!'我们一口气追了35公里。""这种追击已不是一般意义上的追击,而是为了达到歼灭敌人的一种战术。"

之后,工农革命军第二十八团直奔五斗江,在那里利用地形设下埋伏,待敌八十一团进入埋伏圈,全团炮火齐发,将敌人打得溃不成军,夺路而逃。工农革命军第二十八团、二十九团追赶逃敌,乘胜占领了永新城,粉碎了敌人第二次"进剿"。

这是朱毛会师后运用游击战术取得的首次大捷。

5月中旬,赣军五个团在第二十七师师长杨如轩率领下,发起对井冈山根据地的第三次"进剿"。毛泽东和朱德经过认真研究,决定采取敌进我退、声东击西的战术,待敌深入根据地后再行消灭,并制定了具体的作战部署。工农革命军第二十八团奉命主动撤出永新县城,退回宁冈,积极备战,待机出击;第二十九团在永新东面的高桥、天河一线,不断骚扰敌军,使他们处于疲惫不安之中。

已撤到砻市的毛泽东和朱德等研究具体的歼敌之策。毛泽东提出"应趁敌人立足未稳,引出来打",朱德赞成毛泽东的主张,具体提出由一部突击高陇重镇,使杨如轩产生宁冈空虚的错觉,乘机攻我宁冈,而我则设伏歼之。毛泽东等一致同意。

杨如轩果然中计,他误以为工农革命军主力已到高陇,宁冈必空虚,便放心大胆地向根据地腹地进犯。毛泽东立即命令工农革命军二十九团、三十二团及地方武装速往新老七溪岭，占据有利地形，伏击敌人。同时，朱德、陈毅率领主力部队冒雨急行军一百多里，奔袭永新，在草市坳设伏全歼敌第七十九团。正在永新城里的杨如轩突然得知工农革命军打来，慌忙换上便装，从城墙上吊下来，又被流弹击伤，狼狈逃回吉安。朱德率领部队乘胜开进永新城，缴获大批武器、弹药和军需物资。其余敌军各自散去，国民党军的第三次"进剿"宣告失败。

经过井冈山斗争中反反复复的游击战实践，如何开展游击战的十六字诀，呼之欲出。毛泽东后来在《中国革命战争的战略问题》中说："从一九二八年五月开始，适应当时情况的带着朴素性质的游击战争基本原则，已经产生出来了，那就是所谓'敌进我退，敌驻我扰，敌疲我打，敌退我追'的十六字诀。"

至于这十六个字，到底是毛泽东先概括的，还是朱德先概括的，确实很难说清楚。当时两人天天一同战斗，遇事共同商讨，只有他们都同意认可的战术，才能在战场上付诸实践。即使在某次会上由某人先提出十六字诀，其背后也必定包含着另外一人的创造。因此，说十六字诀是思想碰撞的火花，是集体智慧的结晶，更为合理！

1928 年 5 月以后，井冈山军民以十六字诀为战术指导原则，又取得龙源口大捷、永新困敌等一系列军事胜利。

十六字诀产生后，得到了中央的认可和推广

经过近三年频繁的游击战斗，毛泽东进一步阐发了以十六字诀为核心的游击战理论。1929 年 4 月 5 日，毛泽东在《红军第四军前委给中央的信》中写道：我们用的战术，就是游击的战术，大要说来是："分兵以发动群众，集中以应付敌人。""敌进我退，敌驻我扰，敌疲我打，敌退我追。""固定区域的割据，用波浪式的推进政策。""强敌跟追，用盘旋式的打圈子政策。""很短的时间，很好的方法，发动群众。"这种战术正如打网，要随时打开，又要随时收拢，打开以争取群众，收拢以应付敌人。

十六字诀产生后，得到了中央的认可和推广。1929 年六七月间，中共中央把红四军前委给中央的信转发给贺龙、湘鄂西前委和四川省委，指出"这些经验很可以作你们的参考"。随后，鄂豫皖、湘鄂西、鄂西南、赣东北苏区的红军，也相继提出了反映本地区特点的游击战争原则。比如洪湖地区提出"你来我飞，你去我归，人多则跑，人少则搞"，湘鄂赣边区提出"彼集我散，彼散我集，昼伏夜出，化整为零"等。

红军运用这种独特的战略战术，使数量、装备占绝对优势的强敌无可奈何。蒋介石曾哀叹道："剿匪之难，甚于大战。盖彼利用地形之熟识、民众之协从，避实就虚，随所欲为；而官兵则往来追逐，疲于奔命矣。"

十六字诀言简意赅，有十分丰富的理论内涵。它把防御与进攻、退却与反攻、保存自己与消灭敌人有机地结合起来，其总体精神是：从敌大我小、敌强我弱的客观实际出发，利用民众和地形等方面的有利条件，趋利避害、灵活机动地作战，达到以小敌大、以弱胜强的目的。

毛泽东被誉为"现代游击战争之父"

1936 年 10 月，毛泽东与美国记者斯诺谈话，提到采取十六字诀的原因：最初为许多人所反对，他们不主张采用这种战术，可是许多经验证明了它们的正确。凡是红军脱离了这种战术的时候，一般总是失败的。红军的人数很少，较敌人少一二十倍；它的资源和军需是有限的，所以只有巧妙地把计策和游击战术联合起来，才有希望战胜有着广大富庶根据地的敌人。

随着红军的发展壮大，游击战争的规模不断扩大，新的作战形式也在战争实践中不断产生，但战略指导思想的基础仍然是十六字诀。正如毛泽东指出的那样：等到战胜敌人的第三次"围剿"，于是全部红军作战的原则就形成了。这时是军事原则的新发展阶段，内容大大丰富起来，形式也有了许多改变，主要是超越了从前的朴素性，然而基本的原则，仍然是那个十六字诀。十六字诀包举了反"围剿"的基本原则，包举了战略防御和战略进攻的两个阶段，在防御时又包举了战略退却和战略反攻的两个阶段。后来的东西只是它的发展罢了。

十六字诀虽然产生于井冈山时期，却对后来每个战争阶段都有战略指导意义。彭德怀在抗日战争初期曾说过："毛泽东同志曾经发明了一个有名的十六字诀的游击战术原则，即'敌进我退，敌驻我扰，敌疲我打，敌退我追'。这一原则虽是十年前的发明，在今天的民族革命战争中，仍然是用得着的。"

无论是在国内革命战争时期，还是在抗日战争时期，人民军队依靠中国共产

1936年冬，毛泽东、朱德在陕北保安

党的领导和人民群众的支持，运用十六字诀的基本精神，实行灵活机动的战略战术，创造了一个个以弱胜强、以劣势装备战胜优势装备之敌的奇迹。

以十六字诀为基础的毛泽东游击战思想，汲取了古今中外游击战的精华，凝聚了朱德等中共领导人的集体智慧，不仅在国内，而且在国际上都产生了深远的影响。曾有日本军事评论家说："把游击战加以系统化、战略化、普遍化的始祖，无论怎么说也是中国的毛泽东。他是现代游击战争之父，典型的实践指导者。"

（王颖／撰稿）

9 "红军是一个执行革命的政治任务的武装集团"

1929 年 12 月，毛泽东为中国共产党红军第四军第九次代表大会（即古田会议）所写的决议案中，有这样两句名言：

"红军是一个执行革命的政治任务的武装集团。"

"红军决不是单纯地打仗的，它除了打仗消灭敌人军事力量之外，还要负担宣传群众、组织群众、武装群众、帮助群众建立革命政权以至于建立共产党的组织等项重大的任务。"

这两段话，深刻揭示了新型人民军队的根本性质和基本任务，实际上回答了要建设一支什么样的军队的问题。

自古以来，军队就是要打仗的。可毛泽东提出军队不仅要打仗，而且"要负担宣传群众、组织群众、武装群众、帮助群众建立革命政权以至于建立共产党的组织等项重大的任务"，这确实令人耳目一新。其实，毛泽东的这个思想早在 1927 年底井冈山斗争初期就已提出，只不过到1929 年底，这一思想更加完善罢了。之所以这样提，事出有因。

如果只知道单纯打仗，与旧式军阀就没有任何区别

我们党是靠做群众运动和群众工作起家的，一开始并没有完全和充分认识到军事工作的重要性。大革命失败后，"枪杆子"的极端重要性凸显。但这时在党内和革命队伍中又产生新的偏向，一些人片面强调军事工作和打仗，而忽视了做群众工作。

1927 年 9 月，工农革命军（后改称工农红军）进驻江西永新县三湾村时，当地群众由于不了解工农革命军，大都躲进山里。毛泽东要求各

单位立即分头上山喊话,向群众做宣传,群众才陆续回村。这从反面说明了军事工作与群众工作相结合的重要性。因此,1927年10月初上井冈山时,毛泽东就经常提醒大家,红军要想在井冈山站住脚,就不能单纯地打仗,而要同时做好群众工作和建立政权等工作。但在新组建的人民军队中,这个思想弯子不是每个人都能很快转过来的。

11月中旬,毛泽东在宁冈茅坪主持召开前敌委员会会议,决定乘国民党新军阀李宗仁对唐生智发动战争、江西敌军大部卷入和茶陵敌军调离之机,攻打茶陵县城。由于脚背被草鞋磨破而溃烂,加之需要继续做袁文才、王佐的工作,毛泽东就委托团长陈浩、一营党代表宛希先率领一营攻打茶陵。部队出发前,毛泽东做动员讲话,特地要求部队沿途发动群众,打土豪,筹款子;攻克茶陵后帮助群众建立革命政权。

11月18日,工农革命军攻克茶陵县城。然而,进驻茶陵的工农革命军在茶陵一个多月,却没有按照毛泽东的要求做群众工作,每天的活动还只是三操两讲和两点名;在政权方面,虽然成立了人民委员会,县长谭梓生是部队派的,但其他人员仍是旧的,依然坐堂审案,派款派捐靠商会,群众很不满。于是,宛希先写信向毛泽东报告。

11月下旬,正在宁冈的毛泽东立即给茶陵去信,批评陈浩等人的错误,主张打碎旧的县政权机构,充分发动群众,建立真正代表人民群众利益的工农兵政权。之后,进驻茶陵的工农革命军按照毛泽东的意见,成立了湘赣边界第一个红色政权——茶陵县工农兵政府,工人出身的谭震林当选为政府主席。同时,还建立了县赤卫大队、县工会、县农会等组织。

毛泽东为什么特别重视这件事,特地写信去批评陈浩的错误?这一方面是因为在当时敌强我弱的艰苦条件下,红军如果只是打仗而不依靠群众,不做发动群众的工作,那么红军就不可能生存,更谈不上发展。另一方面更深层次的原因在于,陈浩的做法实际上是一种单纯军事观点和作风。毛泽东认为,如果按照这种做法,那么共产党领导的红军与旧式军阀就没有任何区别。如果这种思想作风继续发展,就可能导致军阀主义,甚至背叛革命。

果不其然,12月下旬,当李、唐战争告一段落,湘军第八军的独立团和当地地主武装向茶陵反扑时,陈浩因遭到挫败而严重动摇,公开声称工农革命军没有前途,把部队往南带,企图到湘南投靠国民党第十三军军长方鼎英。

这时,毛泽东的脚背溃烂稍有好转,得知湘军反扑的消息后赶到茶陵,在茶陵湖口赶上队伍。宛希先、张子清等向他报告了陈浩等人的叛变投敌行为。毛泽东当晚召开团营干部紧急会议,果断扣押陈浩等人,解除了陈浩的团长职务,将工农革命军全部带回宁冈砻市。到砻市后,毛泽东主持召开前敌委员会会议,揭露和批判陈浩等人的投敌叛变行为,决定枪毙他们;任命张子清为团长,朱云卿为参谋长。

会后,毛泽东又召集工农革命军全体指战员大会,总结攻打茶陵的经验教训。正是在这次全体指战员大会上,毛泽东明确规定和宣布了工农革命军的三项任务:

第一,打仗消灭敌人;

第二,打土豪筹款子;

第三,做群众工作。

三项任务一起抓,就会有"很好的群众"和"很好的党"

在随后的革命斗争中,毛泽东一直强调工农革命军要同时执行打仗、筹款、做群众工作三项任务。

1928年1月初,为策应万安农军暴动和开辟遂川县工作,毛泽东在宁冈砻市向工农革命军发布攻打遂川的命令,要求指战员一体执行打仗消灭敌人、打土豪筹款子和做群众工作三项任务。

1月5日,率领工农革命军进占遂川县城后,毛泽东立即组织以班排为单位的分散活动,向广大群众宣传党的主张,发动群众起来革命,打土豪筹款子。

在遂川县城的工作局面打开后,毛泽东又要求将工农革命军的团部和特务连留在城里做群众工作,其余部队组成宣传队分三路下农村,一路到城东于田,一路到城西草林,一路到城西北大坑,向群众进行宣传,做社会调查,并发动和组织群众,打土豪筹款子。

毛泽东不仅大力倡导做群众工作,还身体力行,以身示范。1月14日,他带领一支武装到遂川县城西面的草林圩,以班排为小队开展宣传,发动群众。他深入圩上中小商人之中,一面做调查研究,一面进行宣传教育,提出保护中小商人的政策,明确规定要保护他们的财产和买卖,不能随意侵犯他们的利益。对于压迫农民群众和中小商人的豪绅,发动群众没收他们的浮财。1月16日,他还利用草林圩逢圩(集市,三天一次)的机会,召开群众大会,宣讲保护中小商人政策的具体内容,说连商人的一颗红枣都不能动,鼓励中小商人放心做生意。号召广大人民群众,包括中小商人,团结一致,打土豪,分田地。会后,指导工农革命军将打土豪得来的衣服、铜板、猪肉等物品分发给劳苦群众。

毛泽东还高度重视党组织的重新建立和发展工作、政权建设工作等。他初步总结茶陵、遂川建设工农兵政权的经验,主持起草《遂川工农兵政府临时政纲》,指导成立遂川县工农兵政府、县农民协会、县总工会和县赤卫大队等。

在遂川局面基本稳固后,1928年2月下旬,毛泽东又率领工农革命军一部到永新县秋溪乡,开展群众工作,打土豪筹款子;培养和发展一批工农分子入党,建立了秋溪乡党支部;对永新进行社会调查。

从1927年10月到1928年2月,毛泽东领导工农革命军在罗霄山脉中段开展游击战争,革命形势发展很快。宁冈、永新、茶陵、遂川都有了中共县委,酃县(今炎陵县)有了特别区委,莲花也有了党组织。宁冈、遂川、茶陵建立了县工农兵政府。宁冈、茶陵、遂川、永新等县都有了地方武装。土地革命已经开始(还没有深入)。中国第一个农村革命根据地——井冈山革命根据地已初具规模,湘赣边界的工农武装割据局面已经形成。这种革命局面的形成,显然是与毛泽东规定的工农革命军的三项任务密不可分的。

反之,如果工农革命军只是单纯打仗,而不做发动群众的工作,不做帮助地方发展党组织的工作，不做帮助建设政权的工作，那么就不可能建成革命根据地，建成了也不能巩固。如果那样的话，工农革命军就会因丧失群众基础和根据地而成为流寇，最终在强大的敌人面前宣告失败。

正因为如此，毛泽东在 1928 年 11 月 25 日写给中共中央的报告《井冈山的斗争》中，做了这样的概括：工农武装割据的存在和发展，除要有相当力量的红军、有便利于作战的地势、有足够给养的经济力等军事方面的条件外，首先还要具备两个重要条件：一是"有很好的群众"，二是"有很好的党"。

毛泽东清楚地说明：红军不能只是单纯地打仗，还要执行其他政治任务，否则便不能生存发展。这是被井冈山斗争的经验所充分证明了的。

既要发展军事影响，又要发展政治影响

红军不能单纯打仗，这表面上只是一个工作任务的问题，其实涉及人民军队的宗旨、性质问题。在这一点上，红军内部要形成一个统一清晰的认识，也不是那么容易的事。在转战赣南、闽西期间，红四军内部就发生了很大的争论。

1929 年初，毛泽东、朱德等率领红四军主力离开井冈山根据地，开始转战赣南、闽西。5 月底，毛泽东在闽西永定县湖雷主持召开中共红四军前委会议。会上，发生了有关前委和军委分权问题的争论。一些人强烈要求成立军委，认为"既名四军，就要有军委"，指责前委"管的太多"，"权力太集中"。

这表面上是围绕要不要设立军委问题的争论，实质上反映了军内存在的单纯军事观点和军阀主义残余等思想有所发展，涉及红军的根本性质问题。

6 月 8 日，中共红四军前委再次召开扩大会议。会议虽然以压倒多数票通过了取消临时军委的决定，但是争论的根本问题仍未解决。主张设立军委的人"对于决议案没有服从的诚意，讨论时不切实争论，决议后又要反对且归咎于个人"；少数人甚至还把党内分歧意见散布到一般指

战员中去,情况日趋严重。在这种情况下,作为前委书记的毛泽东,事实上难以继续工作。

14日,毛泽东在给红四军第一纵队司令林彪的信中明确指出,这次争论的实质是两条路线的斗争,是单纯军事观点和军阀主义思想在作怪。他说:

"四军中向来就有一些同志是偏于军事观点的,与站在政治观点即群众观点上的人的意见不合,这是一个很严重的政治路线问题。因长期斗争经验和工农群众的影响,这种单纯观点的头脑,渐渐洗刷了一些,单纯的'打大仗'和'拿几十个州县'的观念比较地减少了,但没有完全消灭,遇有机缘就会发作,特别是在军事失败时候,差不多什么都可以取消,只要枪杆子保存就够了。这些同志在会议时候最厌烦的是讨论宣传和组织问题,在游击工作中发展单纯的军事影响而不去发展政治影响。"

22日,中共红四军第七次代表大会在福建龙岩城公民小学召开。会前,毛泽东曾建议:通过总结过去斗争经验的办法达到统一认识,解决红军建设中存在的主要问题。但这一意见并没有被前委所采纳,大会也没有解决思想统一的问题。会后,毛泽东被迫离开红四军主要领导岗位,到闽西休养并指导地方工作。

8月21日,中共中央给红四军前委发来指示信,对中共红四军七大提出批评,强调"红军不仅是战斗的组织,而且更具有宣传和政治的作用","红军的游击,更充分负有发动群众实行土地革命建设苏维埃政权的使命"。

9月28日,中共中央再次给红四军前委发来指示信(即"九月来信")。信中提出,红军的根本任务主要有三条:一是发动群众斗争,实行土地革命,建立苏维埃政权;二是实行游击战争,武装农民,并扩大本身组织;三是扩大游击区域及政治影响于全国。并明确指出:"红军不能实现上面三个任务,则与普通军队无异。"中央在信中要求红四军前委,要恢复朱德、毛泽东两同志在群众中的信仰。"九月来信"为红四军党内统一认识、纠正各种错误思想提供了根据。

古田会议旧址

11 月，毛泽东遵照中央指示，回到红四军前委主持工作。12 月 28 日、29 日，中共红四军第九次代表大会在上杭古田召开。会议一致通过了毛泽东起草的八个决议案，其中第一部分即为《关于纠正党内的错误思想》。

决议列举和批判了单纯军事观点的各种表现：不承认军事只是完成政治任务的工具之一；不知道武装地方群众是红军的重要任务之一；不愿意艰苦地做细小严密的群众工作；等等。决议分析了单纯军事观点的思想根源：不认识红军和白军是根本不同的；雇佣军队的思想；过分相信军事力量，而不相信人民群众的力量；等等。

决议规定了红军的性质和任务，明确指出：

"红军是一个执行革命的政治任务的武装集团。"

"除了打仗消灭敌人军事力量之外，还要负担宣传群众、组织群众、武装群众、帮助群众建立革命政权以至于建立共产党的组织等项重大的任务。"

毛泽东这里所提的红军任务,与此前所提打仗、做群众工作、筹款(后来延伸为"生产")三位一体的任务,虽然表述有所不同,但精神实质是一致的。其要义在于,强调红军是执行革命政治任务的武装集团,要讲政治、以党和人民事业的要求为使命,要宣传群众、组织群众、武装群众并帮助群众建立革命政权,还要注重党组织建设,等等。总之,不能只顾军事,只是单纯打仗。

古田会议上所规定的红军的性质和任务,不仅在当时对建立一支新型人民军队具有重要奠基意义,而且对以后人民军队的建设发展也有深刻影响。在人民军队的发展历程中,除担负其核心的战斗任务外,它始终担负着工作队、生产队的任务。

古田会议决议中关于人民军队任务和使命的思想,在新的历史起点上对推进国防和军队建设仍然具有重要指导意义。今天,我们的人民军队除要围绕战斗力标准深化军事斗争准备外,还要担负一些非战争军事行动任务。比如:支援国家经济社会建设;积极为维护社会和谐稳定贡献力量;应对各种突发事件;维护新型领域安全和利益;维护海外利益安全;参加地区和国际安全合作;加强反渗透、反分裂、反恐怖斗争,维护国家政治安全和社会稳定;担负抢险救灾、维护权益、安保警戒任务;等等。这是人民军队的一个良好传统和重要使命。

正如习近平所指出的那样:

"随着时代发展和国家安全环境变化,我军职能使命不断拓展。"

"打仗能力是军队的核心军事能力,也是完成其他任务的基础和支撑。"

同时,习近平也强调:

"我们要正确把握核心军事能力和非战争军事行动能力的关系,始终扭住核心军事能力建设不放松。"

"遂行非战争军事行动任务,是新时期军队履行职责使命很重要的一个方面,是践行我军根本宗旨、维护人民利益的必然要求。"

不管时代怎样变化,人民军队的性质不能变,任务不能偏。我们一定要牢记:人民军队的核心任务是打仗,但不是单纯打仗,它还是执行党的政治任务的武装集团,党和人民所需就是军队使命任务所系,人民军队既要发展军事影响,也要发展政治影响。这,就是这支军队的特殊之处。

(戚义明 / 撰稿)

10 长征：十个值得关注的细节

《长征：前所未闻的故事》的作者索尔兹伯里曾经感慨："人类有四大史诗，以色列人从埃及出走、汉尼拔翻越阿尔卑斯山、拿破仑进军莫斯科、美国人拓荒西部，但是他们与长征相比都黯然失色。"美国作家斯诺在《红星照耀中国》中这样评价长征："长征是当今时代无与伦比的一次史诗般的远征。"红军长征作为人类历史上的一次伟大壮举，书写的是英雄主义的壮美诗篇，矗立的是民族精神的不朽丰碑，已经超越了国界、党派和政治信仰。长征史料浩瀚，其中战斗、故事和细节不胜枚举，笔者从中撷取些许细节，也从一个侧面感悟中国共产党人忠诚坚贞的理想信仰、百折不挠的革命意志、敢打必胜的战斗精神、牺牲奉献的作风品质和血脉相连的军民情谊。

没有理想，红军连一千里都走不了

长征之所以举世瞩目、影响深远，因为长征是理想信念的长征。对理想信念的真伪虚实，它用枪林弹雨来印证，用雪山草地来检验，用饥寒交迫来拷问！红军将士用"革命理想高于天""取义成仁今日事"的豪迈誓言做了有力的回答。

1938年4月，张闻天在陕北公学做演讲时，学员曾问红军面对随时可能被围歼的险恶处境，面对一次又一次的失败、挫折和内部斗争，能克服重重困难和艰难险阻，创造历史奇迹，靠的是什么？他回答说：原因就在于有坚定不移、百折不挠的革命理想信念。那时候我们只有一个思想，就是无论如何要克服困难，为自己的理想奋斗到底。没有理想，不用说

长征前夕周恩来 (右三) 与部分红军将领合影

万里长征,红军连一千里都走不了。

被迫参加长征的瑞士传教士阿·勃沙特,在贵州被红军当间谍扣留,随红六军团一起参加了长征。他被释放后回国,写了第一部向西方世界介绍长征的著作《神灵之手》。他讲道:"许多报道因红军抓了我们这些人的举动,而将他们称为匪徒和强盗,实际上红军领导人是坚信共产主义和马克思列宁主义的信徒,并在实践着其原理。"

长征是一群年轻人走出来的

长征途中,红军师以上干部的年龄绝大部分都在二三十岁,红军将领的平均年龄仅 25 岁,战士年龄平均不足 20 岁,14 岁至 18 岁的战士至少占 40%。曾有人说"长征,实际是由一群孩子来完成的"。美国传记作家 R. 特里尔这样记述:"大约 54%的长征者都是 24 岁以下的年轻人,甚至还有 9 岁至 12 岁的少年。"1955 年中国人民解放军首次授衔时,在中将以上的 254 名将帅中,有 222 人参加过长征。以长征开始时计算他们的平均年龄,9 位元帅为 36.5 岁,8 位大将为 31.7 岁,48 位上将为 25.9 岁,157 位中将为 23.8 岁。

这群胸怀理想的年轻人,在长征途中转战 14 个省份,走遍了大半个中国。其中,跟随中央红军的他们经过了 10 多个少数民族聚居和杂居区,渡过的主要江河有 22 条,翻越的主要大山有 20 座,其中有 5 条山脉终年积雪、平均海拔 5000 米左右,攻占县城 100 余座。这群 20 岁上下的年轻人,平均每天行军约 37 公里,每行进 300 米就有 1 人献出生命。在中央红军 368 天的行军途中,15 个整天在打大决战,平均每天都有一次遭遇战,在极其艰苦恶劣的生存环境下抗击着国民党军和各路反动军阀 10 多支部队数十万大军的围追堵截,一直到走出困境,走向胜利。

"打出一个生孩子的时间!"

在茫茫的草地上,一支红军队伍被后面的敌人追赶着。偏偏一位怀孕的女同志即将临产,部队只好停下来,焦急万分地等候一个小生命的诞生。敌人的飞机在天上转,追兵越逼越近。这时,作为临时中央政府执行委员、最高法院院长的董必武,对红五军团的军团长董振堂说:"一定要顶住敌人,打出一个生孩子的时间!"整整两个多钟头,小生命姗姗来到人间。打阻击战的部队已经牺牲了好几名战士,有人轻声叹息,董振堂却板起脸吼道:"我们干革命打仗,为了什么? 不就是为了孩子们吗?!"

马、鼓皮、马粪……

1932 年参加红军的江文生老人满含泪水地讲述了这样一个故事,他说:"有一匹马,掉在泥沼里,眼睁着一点点往下陷。有几个饿急眼的战士要上去割马的肉。已经好几天没吃东西,人都饿昏了,革命还没完,吃了马肉就有力量走出去。可有更多的战士上来阻拦,不让割……"他们冲上去制止、拦阻,有的竟动手打了对方的嘴巴,嘴里还不停地骂:"娘的皮! 没种的! 饿疯啦?"一边骂一边抚摸无助的马又一边流泪:"它跟我们走了那么远……"

进入草地之后，红军的后勤给养非常困难，所到之处草根、树皮、植物茎块，所有能吃的东西都被一扫而光。后来，部队开始吃一种长着短刺的野草，那草的刺有毒，用手一碰，像被蝎子蜇了一样疼，吃多了，大小便还会出血。战士们有的把机枪带、皮带煮着吃了，甚至连宣传员背上的鼓，也引起了大家的"食欲"。干部们说："宣传鼓动的目的是让大家走出草地，现在填点东西才能走出去，只要人在。"几个战士默默地把鼓拆了。两张薄薄的鼓皮，撕成若干小块，饥饿至极的战士每人分一块。

在长征路上面临最大的困境不仅仅是敌人的围追堵截，更艰难的是饥饿。牛、马排泄的粪便一下雨就会被冲稀释，有时候里面会残存一些没有消化的粮食，但就这最肮脏的粪便也是不能浪费的。饿极了，红军将士把这些粪便中的粮食用水洗干净照样还能再吃；如果牛、马的粪便是干的，就用力敲一敲，同样把里面未消化的粮食分离出来，用水洗洗煮了再吃……其实，这样的"粮食"人吃进肚里也不怎么消化，但是总能抵挡一点饥饿……

红军为让官兵活着走出去，曾限定每人每天只能吃一小把粮食，发现多吃粮食分量的，轻则批评，重则挨罚，罚站罚打或"关禁闭"。

大渡桥横铁索寒

1935年5月29日，由王开湘（后被更正为黄开湘）、杨成武率领的红四团，经过两昼夜120多公里急行军直指泸定桥。22名红军勇士手持驳壳枪，背插马刀，腰缠手榴弹，冒着雨点般的子弹，在铁链上匍匐战斗，仅用两个多小时就攻占了东桥头。有的回忆文章说："敌人已经把桥板全部抽掉，只剩下寒光闪闪的十三根铁链子了。"实际情况不是这样。提前一天赶到的川军第三十八团已把桥上的木板抽掉了三分之二，红军就赶到了，且守桥的川军是所谓"两枪兵"，就是一支步枪，一支大烟枪。聂荣臻在他的《红一方面军的长征》一文中，和他题写的《强渡大渡河泸定桥的经过》纪念碑碑文中这样记述：突击队"冒着东岸敌人的火力封锁，在铁索桥上边铺门板边匍匐射击前进"，纠正了"攀着桥栏，踏着铁索向对岸冲去"的描述。由二连连长廖大珠等22人组织成突击梯队，踏索夺桥；三连跟在后面，边冲锋边铺木板；一连打掩护；四连负责递木板。在突击队发起攻击后，敌人在桥头纵火，妄图阻止我军前进，这时东岸我军也赶到了泸定桥，很快将火扑灭，守桥敌人有的仓皇逃跑，有的被我军消灭，两岸红军在泸定城胜利会师。

站在这座有着三百年历史的铁索桥上，刘伯承当时感慨万千地说："泸定桥呀，泸定桥！我们为你花了多少精力，费了多少心血！现在我们胜利了，我们胜利了！"数十年后，曾担任过美国国家安全事务助理的布热津斯基写道："泸定桥战役是长征途中最具有决定意义的一仗……要是渡河失败，要是红军在炮火下动摇了，或是国民党炸坏了大桥，那中国后来的历史可能就要改写了。"

每一公里的长征路上都有一名兴国烈士

江西兴国县是名副其实的长征烈士第一县。据统计，兴国共有23179名烈士，光牺牲在长征路上的兴国籍烈士就有12038名，相当于每一公里的长征路上，都有一名兴国儿女化作的生命路标。当时仅有23万人口的兴国，就有8万人参加红军，红军队伍中有一个师就叫"兴国模范师"。在共和国第一代将军中，仅来自兴国的就有2位上将、5位中将和47位少将。毛泽东曾赞扬"兴国的同志创造了第一等的工作"，他亲笔题写的"模范兴国"巨匾，在兴国县城的四个城门上，一直高悬到长征前夕。

"为有牺牲多壮志，敢教日月换新天。"长征路上，牺牲营以上干部432名，包括军以上干部8名，师以上干部80多名。单是湘江一役，就有13位团以上干部战死，中央红军从出发时的8.6万人锐减到3万多人。时至今日，当地还流传一句民谣："三年不饮湘江水，十年莫吃湘江鱼。"红五军团第三十四师师长陈树湘身受重伤被俘，在担架上从伤口掏出肠子扯断壮烈牺牲，他的头颅被挂在长沙家乡的城墙上。长征，是用鲜血染红的英雄史诗。

30万人共守一个天大的秘密

从1934年10月7日起，中华苏维埃共和国中央革命军事委员会先后下达命令，要中央红军主力一、三、五、八、九军团陆续移交防务，秘密、隐蔽撤离战场，与中央第一野战纵队（又称"红星"纵队）、第二野战纵队（又称"红章"纵队）一起到于都县集结。8万多红军主力在一个县城内外集结、休整了长达10天时间，然后安全顺利地跨过"长征第一渡"。30万于都人民实行赤色戒严，严密封锁消息，并制造假象迷惑敌人，使国民党的探子成了一无所获的"聋子""瞎子"。国民党谍报部门对此一无所知，蒋介石连一点音讯都没有得到，以至1个月后才发现红军转移了。

红军走后，于都百姓还冒着生命危险，帮助安置留在于都的6000多名红军伤病员，解除了前方将士的后顾之忧。在那个血雨腥风的年代，红军和苏区人民、于都人民是命运共同体，可以说是钢板一块！在信息发达的今天，很难想象30万人可以守住一个共同的秘密，可谓战争史上的一个奇迹。

75年的等待——最忠贞悲壮的红色爱情

当年一位红军的妻子，在丈夫参加长征北上后，在家一直守望着丈夫平安归来，谁料这一等就是75个年头。红军离开后，国民党军队攻占了瑞金，并对革命群众进行疯狂迫害。她不幸被捕，由于她既是干部，又是红军家属，敌人对她严刑拷打，施以酷刑，逼她声明脱离革命队伍，与丈夫离婚，但她从不屈服。

"哇哩（说了）等你就等你，唔（不）怕铁树开花水倒流。水打石子翻转身，唔（不）知我郎几时归？……"自从丈夫走后，她每天唱着送别的歌曲，希望能用歌声把远去的丈夫唤回。从青丝等到白发，等到眼睛失明，等到 2008 年生命终结。她就是历经风雨沧桑、跨越三个世纪，被网民誉为"史上最牛军嫂""共和国第一军嫂"的陈发姑。

一听到"上面来人了"，陈发姑就会拄着拐杖，向来人打听："同那天去的我家吉薰有没有什么消息？"再铁石心肠的人听了这句话也会动容，谁也不愿去破灭老人心中美好的愿望……她的故事，被网民称为"最悲壮的红色爱情经典"。

三千娘子军顶着半边天

在红一方面军的队伍中，共有 32 位女红军历经艰难险阻，胜利完成了长征，途中没有一人掉队，没有一人牺牲，可谓中国妇女运动史上的一个奇迹。1935 年 11 月 19 日，任弼时、贺龙率领红二、红六军团（后合编成红二方面军）离开湘西开始长征，其中有 21 名女红军。红二十五军长征中有 7 名女性，都是随军医院的护士，被称为"七仙女"。而红四方面军有 2000 多名妇女，还组成了一个妇女独立师（团），在长征中经历了一些殊死的战斗，平安到达陕北的只有 300 多人（不含后来加入的女性）。可以说，参加过长征的女性约 3000 名。其中，有的是"三寸金莲"的缠足女子，有的身怀六甲并途中生子，有的有伤多病，但她们用鲜血和生命创造了中国乃至世界妇女运动史上的奇迹。

参加过长征的外国人

长征中不仅有著名的外籍共产党员，还有很多没有留下姓名的无名英雄，也有在长征途中为红军做过有益工作的外国传教士。本文着重介绍以下几位：

军委干部团参谋长毕士悌，原名金勋，又名杨宁、杨林，1898 年生于朝鲜平安北道。1932 年 7 月奉命进入中央苏区，曾任红一军团参谋长、红二十三军军长、粤赣军区司令员等职。在湘江战役中，毕士悌随军委干部团在陈赓团长、宋任穷政委的指挥下完成了担负的战役任务。1935 年 2 月，毕士悌任军委干部团参谋长，与陈赓、宋任穷一道率干部团在"开展战局的关键"时节抢占娄山关。1935 年 4 月，毕士悌参与指挥干部团化装成国民党部队，徒步急行军 140 公里，按时抢占皎平渡，随后又拿下了地势险要的通安州。1936 年 2 月 22 日，时任红十五军团第七十五师参谋长的毕士悌在东渡黄河的战斗中，牺牲在黄河岸边。

"红军炮兵的鼻祖"武亭，原名金武亭，1905 年出生于朝鲜咸镜北道。1923 年初，秘密来到中国。曾历任红军连长、营长和团长等职，并参加了中央苏区的五次反"围剿"。长征开始时，任军委第一纵队第三梯队队长兼政委，1934 年 12 月调任红三军团炮兵营营长。在突破敌人四道封锁线、广西龙胜阻击战、攻打娄山关等战斗中，武亭率炮兵营胜利地完成了担负的作战任务。1935 年 6 月，张国焘妄图夺取党和红军的最高领导权，收回各军间以及各军与中革军委、毛泽东通信联络的密码本。毛泽东指示红三军团另编密码本，并设法与林彪率领的红一军团恢复联络。武亭根据彭德怀的指示，带着电台、密码本，凭指北针前往甘肃俄界送交红一军团。因长期从事炮兵的组织指挥工作，武亭被誉为"红军炮兵的鼻祖"，1952 年 10 月在朝鲜病逝。

"中越两军的双料少将"洪水，原名武元博，曾用名阮山，1908 年 10 月出生于越南河内。1932 年 1 月，洪水任红军中央军事政治学校宣传科科长兼政治文化教员。1935 年，博古对洪水起草的《工农剧社章程》提出批判，洪水被打成"高级特务"并被开除党籍。随后，洪水背着"高级特务""国际间谍"两大罪名踏上了长征路。遵义会议期间，中央纵队党委根据洪水在宣传动员工作中的突出表现，决定撤销对他的处分、恢复他的党籍。红一、红四方面军会师之后，洪水奉命跟随朱德、刘伯承到左路军工作。所在部队遭受重大挫折被打散后，洪水扮成当地老百姓，第三次爬雪山、过草地，历尽千辛万苦，在 1936 年初走到延安。洪水 1945 年 8 月应邀回到越南参加抗法斗争，1948 年晋升为少将军衔。1950 年 10 月再次来到中国工作，1955 年被授予中国人民解放军少将军衔。1956 年 10 月 21 日，洪水在越南逝世。

另外，前面提到的外国传教士，即勃沙特，他因间谍嫌疑被西征入黔的红六军团扣留，并随红二、红六军团行动，曾为红军翻译了一张法文版贵州省地图。1936年，他在云南境内被释放。1990年逝于英国曼彻斯特。

（王厚明／撰稿）

⑪ 湘江战役的历史回顾与思考

湘江战役作为红军成立以来遭受最大损失的一场战役，既是一场本可以避免重大伤亡的战役，又是一场因为重大伤亡而惊醒梦中人的红军涅槃重生之战；既是 1931 年 1 月中共六届四中全会以来第三次"左"倾错误危害的顶点，也是全军上下决心结束这一错误的爆点；它既标志着形式上的"三人团"最高权威的盛极而衰，也标志着实质上的两人决策核心名存实亡，更为关键的是，它为广义的遵义会议开启了大门，从而为中国共产党历史上的一次伟大转折提供了契机。长期以来，湘江战役在学术界受重视的程度却远远不能与其历史地位相匹配，不能不说是一大遗憾，以至对湘江战役红军究竟是胜了还是败了、到底伤亡多少人这些基本问题都难以达成共识。然而，这段历史纵有迷雾，依稀可见的部分也已经足以让我们管中窥豹、殷鉴未来。

湘江战役之前的战场形势

"铁三角"与"抬棺材"

红军长征初期，国民党军由于仓促布防、各怀鬼胎，在前三道封锁线未能给红军以重创。蒋介石为把中央红军歼灭在湘江以东地区，先后调集中央军 8 个师、湘军 7 个师、粤军 6 个师、桂军 5 个师共 26 个师 30 余万兵力，由何键的"追剿军"（含薛岳的中央军）与粤军、桂军相配合，凭借湘江天险，设置第四道封锁线，组织五路军队，从四面对中央红军进行围追堵截。蒋介石在全州、灌阳、兴安组成的"铁三角"地带"扎好了口

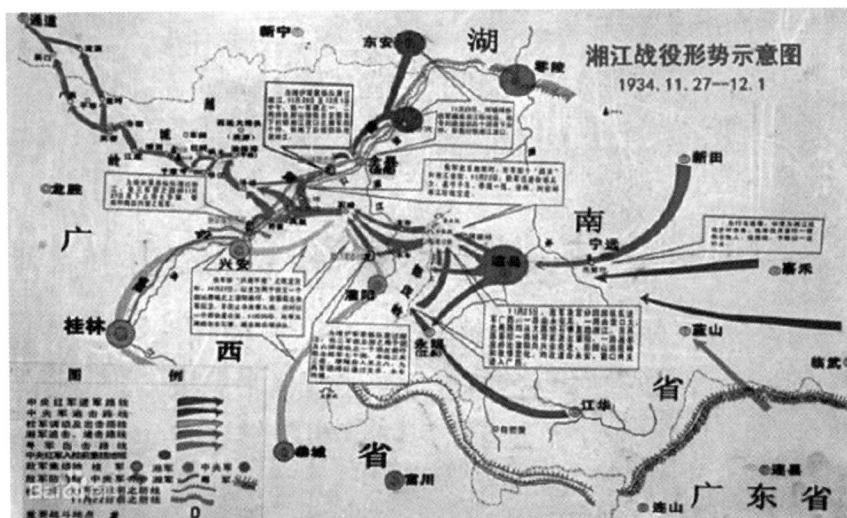

湘江战役形势示意图

"袋"，"前堵后追、左右侧击"，等着红军向西硬闯，形势对中央红军极为不利。

1934年11月25日，中共中央和红军总政治部发出"突破敌人之第四道封锁线，并渡过湘江"的作战命令。当天17时，朱德急电红一、三、五、八、九军团及军委纵队首长，发布抢渡湘江，向全州、兴安西北之黄山地域进军的命令。当时，中央红军分4个纵队向湘江前进。第一纵队由红一军团主力组成（为右翼）；第二纵队由红一、红五军团各一部和军委第一纵队组成；第三纵队由红三军团和军委第二纵队、红五军团一部组成（为左翼）；第四纵队由红八、红九军团组成（两个新建军团，布在左右掩护两翼）。红五军团担任后卫，保护着居中的中央两个纵队。毛泽东把这种带着坛坛罐罐的突围称为"叫花子搬家"，刘伯承形容这样的行军阵形像是"抬轿子"，彭德怀则直言不讳地说这是"抬棺材送死"。

11月27日，中央红军主力进至广西全州、灌阳。红一军团先头部队第二师顺利渡过湘江，控制了兴安界首到全州脚山铺的渡河点并架设浮桥。红三军团第四师也于28日渡过湘江进至界首。此时的局势对中央红军较为有利，但因为后续部队行进迟缓，错过了转瞬即逝的渡江机会。

随后，敌第一路"追剿军"4 个师向红二师发起进攻。11 月 29 日，其他几路"追剿军"也向道县、文市等地的中央红军后卫部队发起进攻。此时，桂军主力也分两路北进，向湘江东岸和西岸的中央红军发起进攻，企图将中央红军围歼于湘江两岸。

"送客式追击，敲梆式防堵"

如果各路"追缴军"能够按照蒋介石的战役布局展开，那么红军强行渡过湘江的大门将被彻底关闭。幸运的是，蒋介石一生最精密的一次战役筹划却少算了一样：人心。蒋介石此役要实现的目标太过复杂：既彻底消灭红军，又坐收渔翁之利顺带消灭地方派系特别是新桂系，即便是薛岳的部队也并非嫡系，只是中央军中的杂牌军。然而，此一石三鸟之计一开始就被识破了。"小诸葛"白崇禧意识到自己的部队就是一块门板，如果关上了红军前进的大门，广西就会对中央军门户洞开。在"有匪有我，无匪无我"的考虑下，白崇禧制定了对红军"不烂头、不斩腰、只击尾"的策略，把原来沿湘江部署的南北阵形变为以湘江为立轴的东西阵形，原本铁板一块的湘江防线一下子闪出了近 100 公里的口子。他"击小尾"的策略，便是为了尽快让红军通过自己的地盘，而把主要精力用在防止薛岳入桂上。

白崇禧一面以红军进攻贺县、富川为借口，将全州、兴安主力悉数撤回，一面电告何键"请湘军填接"。何键也不是傻子，一旦让湘军主力去填接那近 100 公里的防线，湖南同样会对中央军不设防，于是他耍了个滑头，只接防到全州，而不是兴安，并没有完全堵死红军西渡湘江的缺口。此时，即便是薛岳的中央军，也并没有在追击过程中对红军穷追猛打，只是走走停停，逼着红军去和湘军、桂军决战后，自己坐收渔利。东南方的粤系陈济棠更是早就与何长工、潘汉年达成了秘密协定，红军过广东时几乎就是"目送通过"，现在战火不在他的地盘，更是出工不出力。于是，各怀鬼胎之下，出现了"送客式追击，敲梆式防堵"的局面。

然而，此等天赐良机就在眼前，中共中央和中革军委走到道县却停了 3 天，等到红军抬着坛坛罐罐作"甬道式"前进慢吞吞地抵达湘江渡口时，南北两路敌军已经抵不住蒋介石的压力严阵以待，一场本可以避免的血战在所难免。

> 湘江战役后，当地流传："三年
> 不喝湘江水，十年莫吃湘江鱼"

湘江战场主要由"四大阻击场"——脚山铺、光华铺、新圩、后卫阻击场以及湘江渡场构成。

脚山铺阻击战

脚山铺距离中央纵队渡河的界首渡口 25 公里，是中央红军能否渡过湘江的生命线，也是敌我双方投入兵力最多、中央红军牺牲最大的一战。敌军投入湘军 4 个师约六七万人，而红一军团第一、第二师人数不足 1 万，双方在此鏖战了三天两晚。

11 月 29 日，湘军两个师在数十门大炮和 9 架飞机的掩护下发起强攻。红一军团先头部队第二师在尖峰岭一次次打退数倍于己的敌人，并

湘江战役影视图

抓住时机反冲锋。后在敌人的猛烈攻击下,尖峰岭失守,第二师退守黄帝岭。第二师第四团团长耿飚率部在阵地上坚强阻击,打得敌人尸横遍野。

11月30日清晨,第一师两个团从湖南潇水赶到脚山铺投入战斗。12月1日上午,红一军团第十五师等8个师还在江东。战斗已到最后时刻,坚守脚山铺一线的红一军团将士死守全州凤凰嘴、麻市渡口,为了确保江东部队赢得抢渡时间,在10多公里长的战场上逐个山头与敌争夺。战斗最危险的时候,一股湘军竟摸到了距离红一军团指挥所仅有40米的地方,军团长林彪、政委聂荣臻等都拔出了手枪,指挥身边的警卫员、炊事员投入战斗,最后才杀出重围。据不完全统计,红军在脚山铺伤亡约2000人。

光华铺阻击战

光华铺阻击战主要是阻止桂军北上,以保证相距仅仅5公里的界首镇三官堂渡口安全。光华铺主要由红三军团第四师负责,任务是阻击由兴安北进之敌。红三军团第四师前卫第十团过江后,团长沈述清率先头第三营到光华铺南面勘察地形,两个连在正面向兴安县城方向构筑工事。不久,敌军迂回至第三营身后直插渠口渡,与第十团主力交火。营长张震急忙带着队伍往回打,与桂军展开夜战直至11月30日拂晓。

朱德、彭德怀等人在湘江边的三官堂设立指挥所。11月30日,中央纵队由三官堂渡口过江,中革军委第二纵队黄昏时由此过江。此时敌军已经占领光华铺,为保证中央纵队安全过江,仅第十团就挡住了敌一个师又一个团的兵力。在此阻击战中,红军团长沈述清牺牲,年仅26岁;几小时后,继任团长杜中美也被子弹击中牺牲,时年35岁。全团伤亡400余人。

11月30日中午,在桂军两个团反复攻击第十团阵地、界首渡口十分危急的情况下,红三军团第四师两个团接应第十团,第五师第十三团则迅猛打击东岸立足未稳之敌。第二天天亮时,第五师主力(两个团)从新圩赶来,与第四师一起打退了桂军主力数十次的连续进攻,以超人的毅力坚守到 12 月 1 日中午才奉命撤离。

新圩阻击战

灌阳县新圩距离湘江渡口七八十里。担任此地阻击任务的先后有红三军团第五师、第六师第十八团和红五军团第三十四师,他们主要负责阻击由灌阳北进的桂军主力两个师。

11 月 28 日至 30 日下午,李天佑率红三军团前卫第五师进行阻击。指战员们浴血奋战,师参谋长胡震与几名战士被 50 多个敌人包围,最后与敌人同归于尽。第五师第十四团团长黄冕昌腿部中弹,仍然指挥战斗直到牺牲。第十五团团长白志文和政委罗元发负伤。3 名营长中两名牺牲。第五师两个团的营连干部非伤即亡。11 月 30 日下午,第五师撤出新圩阵地。在湘江之战中,第五师全师 3000 多人损失达 2000 多人。接防的第六师第十八团在楠木村背靠的楠木山山谷里,阻击了 3 个师的敌人,最后弹尽粮绝几乎全部阵亡,团长姓名至今未查清。在此参加阻击战的还有红五军团第三十四师,师长陈树湘身负重伤,后断肠自尽,壮烈牺牲。

后卫阻击战

长征开始后,红五军团第三十四师一直是总后卫队。湘江战役中,该师在湘桂边界的蒋家岭、永安关、雷口关一带坚守,阻止国民党军 7 个师的追击,掩护红八、红九军团从永明进入广西,红十三师和红三军团第六师一部在水车一带负责接应。

11 月 30 日下午,红九军团经水车向湘江进发,红八军团 30 日下午才到水车,此时红六师主力已撤往湘江,红五军团第三十四师仍在永安关、雷口关抵御追兵,边打边退到水车一带。12 月 1 日,在灌阳的优势桂军将红八军团截成几段冲杀,整个红八军团过江后剩下不足 2000 人。

强渡湘江

到 11 月 30 日深夜，中央纵队还在过江，只有四个师抵达湘江西岸，未过江的还有红一军团第十五师、红三军团第六师以及红五、红八、红九军团。

12 月 1 日，国民党军发动全线攻击，企图夺回渡口，封锁湘江。脚山铺的战斗进入白热化阶段，新圩、光华铺与桂军的战斗也进入殊死阶段。中午，军委纵队从界首渡口过了湘江。下午 3 时，眼看桂军蜂拥而来，工兵炸毁了浮桥。东岸剩下的红九军团大部、红八军团、红五军团第十二师只能改从下游 12 公里处的凤凰嘴渡江。红三军团第六师第十八团和红五军团第三十四师被国民党军队前后夹击，无法过江，第三十四师政委程翠林在激战中英勇牺牲，其余 6 个师在付出了巨大牺牲后渡过湘江。后续部队伤亡惨重，未能过江的部队后来在游击战中基本全军覆没。湘江战役后，整个江面密密麻麻漂浮的都是红军的遗体，以至于当地流传着这样的民谣："三年不喝湘江水，十年莫吃湘江鱼。"

红军兵力损失问题

红军虽然渡过了湘江，但也遭受了有史以来最惨痛的一次减员，中央红军和中央机关人员已从出发时的 8.6 万人锐减至 3 万余人。然而，关于湘江一战红军兵力损失到底有多少，至今无法达成共识，主要有折损过半说、5 万说、4 万说、3 万说、2 万说等观点。

刘伯承在《回顾长征》一文中说："虽然突破了敌人第四道封锁线，渡过湘江，却付出了惨重的代价，人员折损过半。"近年来有研究者指出，中央红军第一次突围减员 3700 余人，第二次突围减员 9700 余人，第三次突围减员 8600 余人，共减员 2.2 万余人。所以，中央红军突破第四道封锁线之前的兵力，不再是出发时的 8 万多人，而是不足 6.4 万人。笔者认为，不论是 8 万人折损过半，还是 6 万人折损过半，一个不争的事实是，对于只走了不到 2000 公里的红军长征来说，这样的损失都是灾难性的。

我们或许永远不能确知湘江一战中红军损失的兵力总数，但我们能够确知的数字如下：战斗力最强的红一军团损失 6000 余人，长征出发前统计共 10922 人的红八军团由于所剩无几被整建制撤销，红三军团第六师第十八团和红五军团第三十四师全军覆没，其余各部编制均不足半数。在指挥员方面，师级阵亡 7 人，团级牺牲 16 人，营连指挥员基本换了个遍。如此巨大的代价，即便是胜了也是"惨胜"，如果说是败了就只能是"惨败"。

湘江战役胜败之论

谈到红军的湘江战役，有人认为这是一场败仗，其理由大致有这几种：一是从红军长征开始时的 8.6 万多人到经过湘江战役后只剩下 3 万多人，损失太大了，所以是败仗；二是引用刘伯承的回顾，"由于'左'倾路线在军事行动中的逃跑主义错误，继续使红军受到重大损失"来说明湘江战役损失惨重，故不能说打胜了，所以只能是败仗；三是依据当年参加长征的红军将士的回忆说是败仗。这些说法固然都有一定道理，但并没有抓住问题的核心。

也有很多人认为湘江战役红军胜利了，给出的理由却是基于一些并不十分可靠的计算，诸如相对于国民党军的损失红军是以少胜多，回忆录中认为红军取胜的人多于认为失败的人云云。这样的理由无疑也是站不住脚的。在不能明确判定一方打败另一方的情况下，唯一可以参照的标准就是双方预期目的是否达成。

从红军一方来看，主要的作战目标就是渡过湘江。为突破敌人的第四道封锁线，中革军委制定了《我野战军前出至全州、兴安西北之黄山地带的作战部署》，并于 11 月 25 日 17 时正式下达。同时，中共中央、红军总政治部还下达了进行湘江战役突破敌人第四道封锁线的政治动员令："我野战军即将进行新的、最复杂的战役，要在敌人优势兵力及部分的完成其阻我西渡的部署条件下，来突破敌人第四道封锁，并渡过湘江……协同其他红军部队（二、六军团，四方面军），一致进行全线的总反攻与彻底粉碎敌人五次'围剿'。"到 12 月 1 日,中央和军委机关安全地渡过了湘江,红军主力也渡过了湘江,已经"突破敌人第四道封锁线,并渡过湘江",基本达到了政治动员令中所提到的主要目的,因此湘江战役应该说是胜利了。但也应看到,红军制定的作战目标并没有完全实现,因为湘江一役过后,到湘西与红二、六军团会合的希望基本破灭。然而,恰恰是因为无法实现湘西合兵,遵义会议的拨乱反正才有了可能,因此,不能以此为理由否定胜利的结果。

从国民党军方面来看,蒋介石本来准备"一石三鸟",结果不仅红军没被歼灭在湘、漓二水以东,地方派系也保住了自己的地盘,除造成战斗各方大量人员伤亡以外,蒋介石的主要作战目的无一达成。因此,国民党军的失败是可以盖棺论定的。然而,我们界定这场战役胜利归属于红军一方,并不能掩盖红军遭受的重大损失,更不能掩盖"三人团"特别是决策核心的两人的诸多错误。这样一场惨胜,有太多教训值得总结。

湘江惨胜的历史反思

湘江一役,给予中央红军造成了几乎毁灭性的打击。对于本可避免而没能避免的这场劫难,博古、李德脱离红军实际的指挥作风负有不可推卸的主要责任。在转移中,其"左"倾指挥错误具体表现为:

无视敌强我弱,不容他人意见,前进目标死板僵化

李德自恃是共产国际派来的,利用博古的支持和中国同志对共产国际的尊重,迅速取得军队的绝对指挥权,独断专行,不仅剥夺了毛泽东对红军的指挥权,而且把毛泽东正确的军事路线,当作所谓"游击主义""逃跑主义"加以反对和攻击。李德还把坚持原则的刘伯承从红军总参谋长位置贬到红五军团当参谋长。

长征开始时,临时中央确定的第一个落脚点是到湘西与红二、红六军团会合。突破第二道封锁线后,蒋介石已知红军主力在实施突围但具体方向还不清楚。在红军通过第三道封锁线进入湘南的嘉禾、蓝山、临

武地区后,蒋介石才搞清了红军战略转移的目的是进入湘西与贺龙、萧克的部队会合。面对敌人30万大军,毛泽东、周恩来曾提出,红军队伍要向西走,不能进湖南。彭德怀也向最高三人团提出了自己的建议。这些建议都是中肯的,能在最大限度上保存自己,消灭敌人。但博古、李德无视变化了的敌情,不做调整地急于赶到湘西会合红二、红六军团,拒绝了毛、周、彭等人的合理建议,并于11月25日下达了强渡湘江,突破敌人第四道封锁线,前往湘桂边境的西延山区的命令,这就造成了不可挽回的损失!

建制不当、阵式呆板、行军缓慢

"左"倾中央长征前在根据地扩大了红军,但没有补充好主力部队,使得新部队缺乏战斗力,老部队缺少兵员,在过湘江时吃了大亏。时任红一军团政委的聂荣臻回忆说:"这次过湘江,我们不仅要掩护中央机关,而且还要掩护几个新成立的部队。那时候,教条宗派集团,不注意主力兵团的充实建设,却成立了一些缺乏基础的新部队。我们主力兵团又缺乏兵员补充,是打掉一个少一个,而新部队的战斗力不强,我们既要完成主要任务,有时还要掩护他们。"

1934年10月10日,中央红军从中央苏区撤出,蒋介石在红军西进途中精心部署了四道封锁线。对于中央红军来讲,要突破敌人的封锁线,最为要紧的就是要和敌人争速度,抢时间。可是临时中央的领导人却忽视了这一点,在出发时"不但不把主力部队扩大,反而把直属队扩大,每一个军团都成立后方部,有的有一千副担子,有的八百副担子……供给部、卫生部人很多,连一个石印机都要带上。野战医院还以为就在苏区附近打仗,所以连屎盆、尿盆都带上了"。

临时中央命令部队以"甬道式"队形前进,以红一、红三军团为左右开路先锋,红九、红八军团为左右两翼,中央纵队居中,大批辎重物资随军行动,红五军团殿后。这样就造成拥挤不堪,行动迟缓,被敌人追着打。11月27日,红一军团前锋部队挺进到湘江东岸,并占领了浮桥以及湘江西岸界首和脚山铺之间地域,此时敌人还不是很多,这时中革军委也到达了离渡口不到 80 公里的灌阳以北的桂岩地区。如果博古、李德在 25 日发布强渡湘江命令后,能采取果断措施,轻装疾进,中共中央和其他中央红军至少可提前一天半过江。然而,博古、李德等人没有这个智慧和本领,不知兵贵神速,错失了一次绝好的渡江机会。11 月 26 日,部队走了 8 公里;27 日,只走了 6 公里;28 日,走了 28 公里;29 日,走了 32 公里。短短不到 80 公里,带着从中央苏区搬出来的"坛坛罐罐"的队伍,竟整整走了 4 天,全然没有意识到每拖延一分钟就要增加前方红军将士多一分的伤亡。同样的路,红六军团此前用了 4 天,而中央红军用了 11 天,致使红军掩护部队成建制地被敌击散,蒙受惨重损失,使湘江几成红军绝地。

缺乏统战远见,再次错失良机

李德等人不仅在军事上瞎指挥,而且根本不懂得利用敌人的内部矛盾,扩大敌人的内部分裂,孤立和打击主要的敌人,创造对我有利的环境。国民党军阀间的貌合神离,曾给红军留下过顺利渡江的机会。可惜李德等人对敌情的这一重大变化并不了解,继第五次反"围剿"时没利用好"福建事变"那一转机打败敌人"围剿"的极好机会之后,红军又丧失了一次突围的机会。

不幸却又万幸的是,湘江惨胜引起了全党全军的极大震撼、悲愤。接连的失地、丧师迫使他们思考红军的出路在哪里,革命向何处去。更重要的是,红军战士的英勇奋斗为革命保存了珍贵的火种,并促成遵义会议的召开,从而在组织上为毛泽东的复出和"左"倾路线的灭亡做好了实践和思想上的准备,使得中国革命转危为安。没有苦难,何来辉煌,无论是教训还是功绩,80 多年前湘江边的这场生死决战都值得我们永远铭记!

(曹宽、李守超/撰稿)

12 遵义会议前后的三个"三人团"

　　1935年1月，红军长征途中的遵义会议及其会后中央领导的重新分工，基本解决了当时最为迫切的军事问题和组织问题。而这一情况的出现，与其前后的三个"三人团"有着密切的联系。

　　第一个"三人团"，习惯上称中央最高"三人团"。1934年下半年，红六军团、中央红军主力、红二十五军开始实行战略转移，进行长征。随后，红四方面军和红二军团也开始长征。为了准备主力红军进行战略转移，中共中央书记处决定由党内负总责的博古、共产国际驻中国军事顾问李德和中央政治局常委、中革军委副主席、红军总政治委员周恩来组成一个最高"三人团"。实际工作分工是：政治上博古做主，军事上李德做主，周恩来督促军事计划的实施。这个最高"三人团"，是红军战略转移、长征准备阶段和长征初期，拥有中共中央和中革军委最高权力的领导核心。

　　中央红军主力长征是因第五次反"围剿"失利被迫进行的。长征初期，由于李德和博古在军事指挥上的错误，中央红军虽然发扬了不怕牺牲和勇敢作战的精神，突破了国民党军的重重封锁，但在湘江战役中付出了极为沉重的代价，由长征开始时的8.6万余人锐减至3万余人。从而，陷入了更加被动的地位。这时，中央最高"三人团"中的李德，掩过饰非，推诿他人；博古则垂头丧气，一筹莫展；只有周恩来坚持工作，担起指挥红军作战的重担。在这种情况下，由毛泽东、张闻天和王稼祥形成的新的"三人团"，发挥了不可磨灭的历史作用。

　　第二个"三人团"，被称为中央队"三人团"。这个"三人团"的形成，首先是从张闻天与毛泽东的合作开始的。1931年九一八事变后，在中国国内阶级关系急剧变动的情况下，共产党党内负总责的博古继续推行王明的"左"倾教条主义路线，来指导中国革命和革命战争。时任中共中央政治局常委、宣传部部长的张闻天，由于主客观原因，在犯有"左"倾错误的同时，也不乏在中国革命道路、工人运动和克服群众运动中的关门主义等问题上，提出了与"左"倾思想相左的一些正确意见。尤其是于1932年10月的中共临时中央政治局会议上，将"左"倾错误作为一个带倾向性的问题提到议事日程上来批评，这是对"左"倾教条主义的一次有力冲击，在政治思想上具有突破的意义，标志着张闻天在"左"倾教条主义统治下的觉醒。1933年1月，张闻天进入中央革命根据地。11月，"福建事变"前后，张闻天和博古在对于第十九路军和福建人民政府的分歧逐步加深。1934年4月，广昌战役前后，两人之间在总结这次战役的教训时，由暗的分歧发展到明的冲突。这时，毛泽东与张闻天合作的条件逐步形成。1934年1月，中共六届五中全会后，张闻天被选为中华苏维埃共和国人民委员会主席，实际担负的工作发生了较大的变动，由主要参加中共中央领导转到政府工作上面。这样，张闻天与时任中华苏维埃共和国中央执行委员会主席的毛泽东合住在一处工作，互相关心，增进了友谊。同时，两人合著了《区乡苏维埃工作》一书，成为合作开始的标志。

被实际排挤出中共中央领导层的张闻天，在深入思考的基础上于6月24日写了《反对小资产阶级的极左主义》的论文，实现了摆脱"左"倾冒险主义由量变到质变的思想飞跃。随后，被派到闽赣省巡视工作，实际上又被博古剥夺了在中央政府工作的领导权。这段时间，张闻天通过调查研究，为《红色中华》写了《一切为了保卫苏维埃》的社论，从总结中央红军第五次反"围剿"的经验教训出发，深刻阐明了红军实行战略转移和中国革命的基本问题，进一步批判了"左"倾冒险主义。这就为与毛泽东在政治上的合作奠定了基础。应该指出，这不仅是两个人的私人合作，而是呈现出一种新的领导格局。中央红军长征开始后，按照中央最高"三人团"的设想，毛泽东和张闻天，被分派到各个军团去。由于他们持有异议，因而被留到总指挥部，与负伤的王稼祥一起行军。这种特定的环境，形成了一个被人称为中央队的"三人团"。他们与周恩来在通道会议、黎平会议和猴场会议上，坚持正确意见，为端正红军的战略方针和方向问题，作出了贡献，成为遵义会议的前奏。

1935年1月，中共中央政治局扩大会议在遵义召开。会上，张闻天围绕博古的主报告，

长征到达陕北后的毛泽东、朱德、周恩来

作了"反报告"，旗帜鲜明地批评了中央红军第五次反"围剿"和长征初期的错误军事领导。根据遵义会议决定和会后的重新分工，张闻天代替博古在党内负总责；毛泽东为中央政治局常委，协助周恩来负责军事指挥；取消中央最高"三人团"，周恩来为党内委托的对于指挥军事下最后决心的负责者。显而易见，遵义会议的胜利召开，中央队"三人团"是功不可没的。

第三个"三人团"，称为中央新"三人团"。根据遵义会议的精神，1935年3月在云南省扎西（今威信）地区成立了由周恩来、毛泽东和王稼祥组成的军事指挥小组，习惯上称为中央新的"三人团"，全权指挥军事行动。从遵义会议开始，毛泽东实际上在党内、军内开始起着主要的决定性作用。当时，军事工作是党的中心工作。这个中央新"三人团"，指挥红军粉碎了国民党几十万重兵的围追堵截，战胜了张国焘的分裂主义，克服了无数的艰难险阻，正确地执行少数民族政策，胜利到达陕北，完成了举世闻名的万里长征。11月3日，中共中央政治局会议决定，成

127

立以毛泽东为主席、周恩来和彭德怀为副主席的由 9 人组成的西北革命军事委员会，也就是中央革命军事委员会。至此，中央新"三人团"完成了自己的历史使命。

(仇宝山 / 撰稿)

13 陈云与遵义会议

1935 年 1 月 15 日至 17 日,中共中央政治局在红军长征途经遵义时举行了扩大会议,史称遵义会议。这次会议是中国革命历史上生死攸关的伟大转折,它挽救了党,挽救了红军,挽救了中国革命。陈云作为与会的政治局委员,坚决支持毛泽东等人的正确主张,为实现党的历史转折作出了重要贡献。

任红五军团中央代表,在实践中逐渐认识到毛泽东军事路线的正确性

1930 年 9 月,陈云在中共扩大的六届三中全会上,被补选为候补中央委员。六届五中全会上又被增补为中央委员。1931 年 9 月中旬,王明赴共产国际任职,周恩来将前往中央革命根据地,经中央负责人商议,决定成立由 6 人组成的临时中央政治局,陈云是 6 人成员之一。1932 年 3 月,陈云被任命为中华全国总工会党团书记,参加临时中央政治局常委会。

1933 年 1 月,陈云与博古等从上海出发,前往中央革命根据地。下旬抵达瑞金后,陈云担任苏区中央局成员、常委,全总苏区中央执行局党团书记、副委员长兼福利部部长。

中央苏区在 1933 年春的第四次反"围剿"战争胜利后,赣南和闽西的根据地连成一片。中央苏区进入一个新的发展阶段。但是,以博古为首的临时中央进入苏区后,大力推行王明"左"倾教条主义,积极鼓吹共产国际提出的所谓"进攻路线"。为了在中央苏区强行贯彻这一脱离实际的路线,他们先在福建省委,继而在江西省委开展了针对毛泽东的反

对"罗明路线"的斗争。

在当时,军事是主要问题,陈云对军事问题不大熟悉,博古在前往苏区的路上曾对他讲,共产国际认为毛泽东的路线是右倾机会主义。陈云起初对毛泽东还不很了解。

在第五次反"围剿"中,李德等人没有从实际出发,根据地图瞎指挥,先是在进攻时搞冒险主义,后又在防御时搞保守主义,导致革命根据地遭受重大损失。毛泽东在一些会议上指出,打不赢就插到敌人后面去打运动战,不能拿主力去拼。这对陈云的启发很大。后来经过多方的观察、了解,他对"左"倾错误和毛泽东的战略战术思想才逐渐有了明确的认识。于是,遇到不大懂的问题,陈云就开始直接去向毛泽东询问,或向了解情况的人员打听。

1977年,陈云在毛泽东逝世一周年的纪念文章中写道:"我是1933年初才到江西革命根据地的,所以对于红军初创时期的许多艰难困苦,并没有直接的了解。但是从许多参加过这段时期工作的同志们的谈话中知道,当时的每一项正确的政策,哪一条不是毛主席在亲身实践中反复调查研究,费尽心血创造的啊!"

长征初期,陈云对王明"左"倾教条主义的错误和毛泽东的正确的战略战术有了更彻底的认识。陈云被派往董振堂和李卓然率领的红五军团任中央代表,他们的任务是担任全军的后卫。由于部队中的干部战士对战略转移的意图不明确,又受一些流言的影响,加上白天黑夜行军打仗,吃不好,睡不好,得不到任何补充,所以,战士思想比较混乱,开小差逃跑的情况时有发生。为了消除这些消极现象,保证后卫任务的完成,陈云下到陈伯钧任师长的十三师进行艰苦细致的政治思想工作,使开小差的现象逐渐减少。

中央红军长征开始后,行军极为缓慢。国民党当局构筑四道封锁线,安排重兵进行堵截和尾追。当红军突破敌人第三道封锁线后,蒋介石急令40万大军分成三路前堵后追,企图消灭红军于湘江之侧。博古、李德等领导人却命令部队硬攻硬打,在广西全县以南湘江东岸激战达一星期,虽最终突破了敌人第四道封锁线,渡过湘江,却付出了惨重代价。面对险恶的处境,博古一筹莫展。李德几次举枪对着自己比画,好像要自杀,已经无法全面指挥红军的行动了。

湘江的惨败,以及第五次反"围剿"以来的被动挨打,同以前几次反"围剿"战役形成鲜明对比,使红军干部和战士心中产生许多疑问和不满。这种情绪在湘江战役后开始表面化,引起部队不同程度的思想波动。对下一步前进的方向和怎样挽救目前的危局,高层领导人中间也产生了激烈的意见分歧。而惨痛的失利,使陈云越来越深刻地感受到"左"倾教条主义军事指挥的危害,他和大多数红军将士一样,急切地盼望着红军能够尽快扭转这种局面,走出困境。

在紧急关头,毛泽东根据实际情况,建议中央红军放弃同红二、六军团会合,改向敌人统治薄弱的贵州挺进。这一建议,得到了很多人的赞同,同样得到了陈云的赞同。

此时,红五军团仍担负全军行动的后卫任务,陈云因随红五军团行动,距离中央和军委有几天的路程,未能参加通道会议和黎平会议。会后,陈云、刘伯承在洪州司与博古会面。博古向他们传达了黎平会议的决定,告诉他们中央红军放弃去湘西的计划而向黔北进军。陈云得知红军这一战略方向转变的消息,心中甚是欣慰。他对毛泽东的建议表示完全赞同,因为这一转变将使中央红军避免全军覆没的危险。

1934年底,军委纵队经过瓮安县的老坟嘴到达猴场(今草塘)时,"左"倾领导人又提出两个主张:一是主张不过乌江,二是回过头来与红二、六军团会合。为了确定红军进入黔北地区以后的行动方针,中央又于1935年1月1日在猴场召开政治局会议。陈云出席了这次会议。会议重申由毛泽东提出并经中央政治局黎平会议同意的在川黔边地区建立新根据地的主张,作出《关于渡江后新的行动方针的决定》,指出:首先向以遵义为中心的黔北地区,然后向川南发展,是目前最中心的任务。

猴场政治局会议还根据实际状况,决定对部队进行整编。刘英后来说:陈云"是一个实干家,有组织能力,有魄力,有威望,对工作要求很严"。"在整编时,他坚决执行毛主席和中央的方针,有问题就向中央汇报,得到中央同意后,就大刀阔斧地干,彻底打掉了'红章'纵队的坛坛罐罐,该扔的扔,该埋的埋,使部队得以轻装。他还把强壮的人员充实到前梯队的战斗部队中去,大大缩减了后梯队的负担。"

中央红军渡过乌江后,中共中央正酝酿在遵义召开政治局扩大会议,总结第五次反"围剿"失败的原因。为了开好这次会议,张闻天在团溪同陈云作了较长时间的谈话,谈了第五次反"围剿"以来"左"倾错误所造成的危害。后来,陈云回忆说:"我在五军团时总觉得在困难中以团结为是;到黎平会议知道毛、张、王与'独立房子'的争论内容;团溪时洛甫找我谈过一次,告诉我五次'围剿'时错误中的损失。所以,遵义会议上我已经很了解了当时军事指挥之错误,赞成改变军事和党的领导的一个人。"

作为中央政治局委员,遵义会议上投下重要一票

1935年1月15日至17日,中共中央政治局在遵义举行了扩大会议。陈云出席了会议。

会议的主要内容是讨论"在反对五次'围剿'中与西征中军事指挥上的经验与教训"。按照会前的准备,博古作了关于反对第五次"围剿"的总结报告。他在报告中着重强调没有能粉碎国民党军第五次"围剿"的客观原因。周恩来作了补充报告,认为第五次反"围剿"失败的主要原因是军事领导者犯了战略战术方面的严重错误,并主动承担了一定的领导责任。

张闻天按照提纲,针对博古的报告作了一个"反报告",系统地批判博古和李德在军事指挥上的错误。毛泽东在会上也作了长篇发言,对导致第五次反"围剿"失败和西征初期严重损失的单纯防御战略的错误,进行了深入的分析。他指出:导致第五次反"围剿"失败和大转移严重损失的原因,主要是军事上的单纯防御路线,表现为进攻时的冒险主义,防御时的保守主义,突围时的逃跑主义。

陈云回忆说：毛主席讲话的内容"主要是军事问题"。"毛主席讲，人是要吃饭的，路是人走出来的，子弹是要打死人的，李德他们不懂。"陈云还说："毛主席在会上讲得很有道理，内容就是《中国革命战争的战略问题》那篇文章里讲的那些。"

陈云在发言中坚决支持毛泽东的正确主张，再次指出博古、李德等人讲的是洋道理，他们在第五次反"围剿"中"以赤色堡垒来对抗敌人的堡垒主义"，给红军带来极端不利的后果。他和大家都认为李德和博古在军事领导错误上要负主要责任，并坚决拥护毛泽东重新出来领导。

如实传达遵义会议精神

遵义会议后，陈云和一些中央领导分头下到部队传达遵义会议精神，以便让部队的人员尽快了解会议精神。为此，陈云还专门撰写了一份《遵义政治局扩大会议传达提纲》。根据这份提纲的记载，遵义会议后，陈云和毛泽东、张闻天三人被指定为会议内容的主要传达者。

遵义会议是在特殊情况下举行的。当时并没有留下原始记录。陈云的这份《传达提纲》在中共党史上有着重要地位，它有着传奇的经历，并揭开了遵义会议的重要谜团。

那是1956年中共八大之后，中共中央办公厅主任杨尚昆从苏联运回一批中共档案。其中，有一件手稿是用蓝墨水直行书写的，标题上清楚地写着《遵义政治局扩大会议》，共8页4000余字。内容是当年传达遵义会议情况的提纲，是一份不可多得的历史文献，其中透露许多关于遵义会议的重要而前所未闻的史实。这份手稿是谁写的，没有署名，作者也不得而知。于是，这份重要的手稿在中央档案馆静静地等待近三十年。

1985年1月，为了使遵义会议研究深入一步，确定这份手稿的"身份"之事被提到了议事日程上，中央档案馆派人把手稿送到遵义会议出席者手中辨认。手稿先后被送到了邓小平、聂荣臻、杨尚昆那里，他们都认不出是谁的笔迹。

陈云也是遵义会议参加者，他当时正在杭州。当这份手稿送到陈云手中时,陈云说:"这是我写的!"据陈云说,这是遵义会议结束不久,他向部队传达遵义会议精神时写的传达提纲,时间大约是在威信到泸定桥的路上。

陈云手稿的发现,一下子澄清了许多关于遵义会议争论不休的疑案。

这份手稿指出:遵义会议"经过三天,完成了自己的决议"。由于从周恩来的一份电报中已查明遵义会议是 1935 年 1 月 15 日开始的,"经过三天",也就是 1 月 17 日结束。这样,遵义会议的日期查明了。

这份手稿指出:"参加这个会议的同志除政治局正式及候补委员外,一、三军团的军团长与政治委员林、聂、彭、杨及五军团的政治委员李卓然、李总政主任及刘参谋长都参加了。"

于是,一些党史专家把那些当时不在遵义的政治局委员和候补委员排除在外,一下子就确定了遵义会议出席者名单:中共中央政治局委员 6 人,即毛泽东、朱德、周恩来、张闻天、博古、陈云。中共中央政治局候补委员 4 人,即王稼祥、邓发、刘少奇、凯丰。陈云提及的"林、聂、彭、杨",即林彪、聂荣臻、彭德怀、杨尚昆。再加上陈云提及的李卓然,"李总政主任"——李富春,"刘参谋长"——刘伯承。此外,再加上李德和翻译伍修权,还有中共中央秘书长邓小平,总共 20 位出席者。

在这份《传达提纲》中,陈云除记载了会议的时间、与会人员、与会人员身份,会上主要人员的态度、会议作组织调整的具体内容外,还用大量篇幅记叙了会议关于第五次反"围剿"与西征中经验与教训的总结,严厉批评了"左"倾教条主义军事上的错误。

《传达提纲》明确回答了中央政治局为什么要召开遵义会议,遵义会议除解决军事问题外,还有什么重要议题等问题。

陈云在《传达提纲》中说:"遵义政治局扩大会议的召集,是基于在湘南及通道的各种争论而由黎平政治局会议所决定的。这个会议的目的是在:(一)决定和审查黎平会议所决定的暂时以黔北为中心,建立苏区根据地的问题。(二)检阅在反对五次'围剿'中与西征中军事指挥上的经验与教训。"这就将湘南、通道,中经黎平,一直到遵义,中央红军在围绕是北上与红二、六军团会师还是另辟根据地问题,以及如何清算"左"倾军事路线问题的争议,用简洁而含蓄的语言表达出来了。

陈云指出遵义会议的召开是黎平会议所决定的。他写道:"当着红军占领遵义以后政治局扩大会议即行开幕。"可见遵义会议的召开绝非偶然。

陈云还将红军长征过程中,以毛泽东为代表的正确路线与错误路线的斗争过程在《传达提纲》中作了揭示。他写道:"这种错误的军事上的指挥,是经过了一个很长时期的。在这一时期中,党内军委内不是没有争论的,毛、张、王曾经提出过许多意见,就是恩来同志也曾有个别战役上的不同意见,但是没有胜利地克服这种错误。"为什么没有及时"克服这种错误"?因为博古、李德还占据着中央和红军的领导和决策地位。《传达提纲》明确无误地告诉人们,遵义会议的决议已认定:"军事上领导错误的是 A、博、周三同志,而 A、博两同志是要负主要责任的。"其中的 A 就是华夫,即李德。

陈云的《传达提纲》还将会议在组织上终止了博古、李德对中央和红军的领导,重新确立了以毛泽东为代表的正确路线在中央和红军中的领导地位这一重要事实向广大红军指战员作了发布。

《传达提纲》明确告诉人们遵义会议有关组织方面的决定:增选毛泽东为中央政治局常委,取消博古、李德的最高军事指挥权,决定仍由最高军事首长朱德、周恩来为军事指挥者,周恩来是"党内委托的对于指挥军事下最后决心的负责者"。《传达提纲》还对遵义会议后常委中的分工情况也作了介绍,毛泽东成为周恩来军事指挥上的帮助者(实际上是重要决策人);还介绍了遵义会议后,红军由遵义向威信的行军中政治局常委一次最新的决定:"由洛甫同志代表博古同志负总的责任。"这些内容详细具体地记载了遵义会议结束了博古在党内的最高领导权和博古、李德对军事的指挥权,开始了以毛泽东为代表的新的中央集体的正确领导。

以毛泽东为代表的正确路线的胜利和毛泽东重新回到指挥红军的岗位上,这个消息传达到广大红军战士的耳中,所引起的欢欣鼓舞,正如刘伯承回忆的那样："遵义会议的精神传达到部队中，全军振奋，好像拨开云雾，看见了阳光，一切疑虑不满的情绪一扫而光。"

向共产国际汇报红军长征与遵义会议的情况

随后，红军渡过金沙江进入四川，又从泸定桥越过了大渡河天险。

5月31日，陈云随军委纵队进入泸定县城。此后不久，陈云就从长征队伍中失踪了，甚至许多人都以为他牺牲了。其实，陈云接受了中央交给他的一项特殊使命——去上海恢复白区党的组织。

红军长征开始后，蒋介石一方面调集部队对红军主力进行围追堵截，另一方面疯狂破坏我党在白区的组织。当时，中国共产党与共产国际的联系，大都是通过上海地下党进行的。党中央撤离上海后，地下党组织受到严重破坏，特别是中央红军开始长征后，红军唯——台大功率电台在湘江战役中被毁，因此失去了与共产国际的联系。

中央红军进入泸定县城的当天晚上，陈云出席了有张闻天、周恩来、毛泽东、朱德、王稼祥、刘少奇等人参加的中共中央负责人会议。会议主要作出两项决定：一是红军向北走雪山草地一线，避开人烟稠密地区；二是派陈云去上海恢复白区党的组织。

这次党组织经过慎重考虑，把到上海恢复白区的党组织，寻求恢复长征后中断的与共产国际的联系，并向共产国际报告遵义会议和红军长征的情况，这一极为艰巨的任务，交给了来自上海的及有着丰富地下工作经验的陈云。

7月的一天，陈云到达上海。此时的上海比以往更是大不相同了，白色恐怖更加严重。就在陈云着手恢复受到严重破坏的白区地下工作，并通过共产国际驻上海的联络员与共产国际建立联系时，7月22日、24日，上海临时中央局、中共江苏省委、共青团中央局再次遭到大破坏，大批负责干部被捕。面对如此严峻的形势，陈云感到非常担忧。

正在陈云为下一步行动焦虑的时候，中共驻共产国际代表团指示陈云及在上海的其他一些重要领导人立即离开上海，前往苏联。

1935 年 9 月上旬，陈云同陈潭秋、杨之华、曾山等一行七八人到达莫斯科。这时，共产国际第七次代表大会刚闭幕不久。陈云同中共出席共产国际七大的代表团成员王明、滕代远等一起，受到斯大林等苏联领导人接见。此时的共产国际迫切地想了解中国革命特别是红军的情况，陈云的到来使他们感到喜出望外。

10 月 22 日，陈云向共产国际执委会书记处详细报告了中央红军长征经过和遵义会议情况。陈云在报告中说：长

1937 年陈云在延安

征取得的第四个胜利是在遵义举行了扩大的政治局会议。……我们在这次会上纠正了第五次反"围剿"最后阶段与西征第一阶段中军事领导人的错误……建立了坚强的领导班子来取代了过去的领导人。我们撤换了"靠铅笔指挥的战略家"，推选毛泽东同志担任领导。

通过陈云的汇报，共产国际了解了中国共产党和中国革命的实际情况，增加了对中国共产党的领导人毛泽东、朱德、周恩来等的了解，尤其是对毛泽东的了解。

长征亲历者中第一个向全世界宣传长征的人

在莫斯科，陈云除了向共产国际通报中国国内的情况外，还为宣传中国革命和中国共产党领导的工农红军做了大量的工作。1936 年 3 月，在巴黎的《全民月刊》上，连载了一篇名为《随军西行见闻录》的纪实报告。文章作者署名"廉臣"，自称是被红军俘虏的"南京兵（即国民党军）"军医，被红军收用后随军长征，在四川西部寻机离队返乡。这位"廉臣"以一个亲历者的身份，讲述了当时鲜为人知的红军长征的情况，引起了人们极大的兴趣。

《随军西行见闻录》的真正作者就是陈云。当时，由于国民党的新闻

陈云（廉臣）所著《随军西行见闻录》

封锁，人们对于中国共产党领导下的红军知之甚少，国民党的宣传工具把红军叫作"赤匪"，比作洪水猛兽，把共产党的领袖描写成三头六臂的怪物。红军长征开始后，蒋介石更是得意地向全世界宣称，他的"剿匪"已获得成功，红军已经被"击溃"。为了揭穿国民党的谎言，向全世界人民宣传中国革命和中国工农红军的真实情况，陈云假借一个虚构的被俘国民党军医之口，以生动、具体的事实，客观公正地描写了领导人与人民群众之间的鱼水深情。

《随军西行见闻录》除对红军领袖人物进行了描写外，还对红军广泛的群众基础和深得民心的情况进行了描写。由于《随军西行见闻录》写得真实、感人，因此其一问世便在国内外广泛流传，对于宣传红军、宣传中国共产党起了很好的作用。

陈云是长征亲历者中第一个向全世界宣传长征的人。《随军西行见闻录》比埃德加·斯诺的《西行漫记》早问世一年多。但是，直到1985年1月《红旗》公开发表此文时，才揭开此文的作者之谜。

陈云此文，对广泛宣传当时鲜为人知的中国共产党领导的工农红军及其英勇的长征，起了不可替代的作用。不少国民党统治区的青年读过此文，它成为他们奔赴延安、走上革命道路的一种动力。

（王敏玉／撰稿）

14 参加长征的女红军

1934 年 10 月至 1936 年 10 月的中国工农红军长征,纵横十几个省,天上每天几十架飞机侦察轰炸,地上几十万大军围追堵截,路上遭遇无数的艰难险阻,女红军面临着比男红军更加艰难的考验。

红军三个方面军及红二十五军中参加长征的女红军有近 2600 名,其中红一方面军(即中央红军)有 32 名,红二方面军有 20 多名,红四方面军有 2500 多名,红二十五军有 7 名,长征胜利到达陕北的幸存者仅有 350 余人。

女红军用女性特有的柔韧与苦难进行着殊死抗争,描绘了一幅幅悲壮的中国革命画卷。

红一方面军:参加长征的 32 名女红军大都成为
共和国妇女战线上的女杰

1934 年中央红军在第五次反"围剿"失败后,被迫进行战略大转移——长征。红军中的女战士,面临艰难的选择:是随主力红军一起走,还是留下来继续开展游击斗争?

中央红军离开瑞金的时候,共有 8.6 万多人,最终随队而行的女红军只有 32 人。

这 32 位女红军是:蔡畅、邓颖超、康克清、贺子珍、刘英、刘群先、李坚真、李伯钊、钱希均、陈慧清、廖似光、谢飞、周月华、邓六金、金维映、危拱之、王泉媛、李桂英、阚思颖、危秀英、谢小梅、钟月林、吴富莲、杨厚珍、萧月华、李建华、曾玉、刘彩香、邱一涵、吴仲廉、彭儒、黄长娇。

陈琼英、蔡畅、夏明、刘英（左起）四位参加长征的女战士合影

实际上经过组织批准的名单只有 30 人，为什么会有 32 名女红军参加长征呢？原来有两名没有经过组织批准而是自己偷偷去的，一名是曾玉，另一名已无从考证了。

当时中央红军不止 32 名女红军，参加长征的女红军需要符合中央内部规定的三个条件：第一，必须是中共党员，思想政治上绝对可靠；第二，必须有独立工作的能力，会做群众工作；第三，身体强壮，能适应艰苦的环境。符合前两个条件的女性，就会接到去苏区医院体检的通知。当时共有 100 多名女红军拿到体检通知，但经过严格的检查，身体条件最终合格的只有 20 人。另外，没有经过体检就直接列入名单的 10 人是中央苏区党政军领导的妻子。

1934 年 9 月中旬，中央妇女部部长李坚真接到中央组织部部长李维汉的命令：草拟一份随红军主力一起行动的女红军名单。李维汉告诉她："组织上决定要挑选一批身体好、会做群众工作的妇女干部随部队转移，到湘西去开展工作。你们妇女部先出个名单给我，总数不要超过 30 人。"他还明确告诉李坚真，中央领导同志的夫人和中央直属机关担任领导职务的女同志的去留可以不考虑，由中央组织部决定；在军队工作的女同志，由总政治部决定。

最后，李坚真拿出了一份名单。她们是：邓六金、吴富莲、吴仲廉、钱希均、贺怡、李桂英、阚思颖、钟月林、刘彩香、王泉媛、危秀英、谢飞、蔡纫湘、谢小梅、危拱之、陈碧英、黄长姣……

贺子珍的妹妹贺怡,本来是要随红一方面军一起转移的,但她的丈夫毛泽覃临危受命,担任中央苏区分局委员、红军独立师师长,她便留在瑞金坚持打游击。

那时,李德、博古和周恩来组成"三人团",统一指挥红军的行动。邓颖超也面临着去留的选择。由于长期超负荷工作,加上营养严重不足,她患上了严重的肺结核。邓颖超很清楚组织上的安排,但大病未愈的她顾全大局,不愿意给组织上添麻烦。周恩来内心也充满了矛盾,他知道这次转移不是简单地与敌人周旋,但部队真正要走多远,一直还是个谜。他只是对妻子说:"谁走谁留是经过中央小组认真讨论的,不是我一个人说了算。"最后,经组织确定,邓颖超出现在长征的队伍中。

中央红军经过批准参加长征的30名女红军中,10位领导人的妻子是直接进入名单的。她们分别是李德、博古、周恩来的妻子萧月华、刘群先和邓颖超;中央苏区创始人毛泽东、朱德的妻子贺子珍、康克清;中央各部门的负责人李富春、凯丰、李维汉、邓发、毛泽民的妻子蔡畅、廖似光、金维映、陈慧清、钱希均。

其实,这10个人也有她们必走的原因。她们担任着比较重要的职务:邓颖超时任中共苏区中央局秘书长,蔡畅是江西省苏维埃政府工农监察委员会主席,刘群先是中华全国总工会女工部部长,金维映是中革军委武装总动员部副部长,陈慧清是中共闽粤省委书记,贺子珍是中革军委机要秘书。

参加长征的女红军每人只许带15斤重的东西,包括换洗的衣服和一些日用品。粮食由部队发放,同时每人配发了一只大搪瓷缸,里面塞着毛巾和牙刷。行军时,女红军便把搪瓷缸挂在腰间。

这些女红军绝大部分是第一次参加这种长途跋涉的行军,其中身体健壮的女红军,一人在护理三四个伤病员的同时,还要帮助其他人背行李、干粮和药箱。每到宿营地,这些女红军要先安顿好伤病员,才能休息。

最令人感慨的是,参加长征的女红军中,还有一个"小脚女人"。她就是红九军团军团长罗炳辉的夫人杨厚珍。她克服了一切困难,最终到达了陕北,这不能不说是长征史上的一个奇迹。

在这 32 名女红军中,危秀英是出了名的小个子。然而,在长征路上,她却是抬担架最多、救人最多的一位。

长征伊始,面对日益严峻和恶劣的局势,这些女红军提出了一句口号:不掉队,不带花,不当俘虏,不得 8 块钱。当时部队有条纪律,如果有红军在途中跟不上队伍,就会被寄放在老百姓家里,组织上留下 8 块钱作为生活费。

为了便于统一行动,中央红军一出江西,便将女红军集中起来,成立了一支由刘群先任队长、金维映任政治委员和党支部书记的妇女队,她们自己照料自己。由于条件的限制,组织上没有给她们太多的照顾。她们的待遇和男红军毫无二致,只是有的人偶尔可能会骑几天马。

部队进入云贵高原后,邓六金发高烧,拉起了肚子,连路都不能走了。连长征求邓六金的意见,是否把她寄放在老乡家里。邓六金连话都说不出了,但就是不肯拿 8 块钱。危秀英见状,主动向连长请求,让她来照顾邓六金随部队一起行动。

一路上,危秀英将自己和邓六金的背包都背在身上,搀着极度虚弱的邓六金,还削了根棍子让她拄着。到了晚上,则打开仅有的半条毛毯,两个人紧靠着彼此取暖。有几次,邓六金看到矮小的危秀英累得气喘吁吁,实在过意不去,含着眼泪说:"秀英,你走吧,把我留下,要死就死我一个……"危秀英毫不犹豫地回答:"不!我们都不能死!革命还没有成功,只要我在,我就不能把你一个人留下!"她们相互扶持,最终走完了长征路。

曾玉本来不在长征名单中,但当她听说自己的丈夫、红五军团参谋长周子昆在出征的行列中时,竟挺着七个月的大肚子悄悄跟在队伍后面,成为"编外"成员。因为是"编外",她没有口粮,没有装备,更没有马匹可以代步,只是凭着坚强的毅力和对丈夫发自内心的爱,紧紧跟随着大部队。曾玉的坚强和执着,深深打动了同路的女红军。蔡畅、邓颖超、贺子珍、李坚真、萧月华等人对她一路上照顾有加,匀一口饭给她吃,腾一个角落让她休息,更重要的是,既然已经走在一起了,就决不让她掉队。

在参加中央红军长征的 32 名女红军中,只有李桂英和阚思颖在中途因故留了下来。

红军长征到达云南扎西(今威信)时,中央决定组建中国工农红军川南游击纵队——红军纵队,留在川滇黔边区活动,掩护中央红军主力转移。恰在此时,已有数月身孕的纵队司令部政治指导员李桂英行走困难,不能再随部队作战,红军纵队领导决定由司令部总支书记阚思颖陪其隐藏在长宁梅硐山区,交中共梅硐区委保护。

在川南艰苦的游击斗争中,李桂英与红军纵队政委余泽鸿结为夫妻。阚思颖是四川南溪县一个富裕家庭的小姐,参加革命后长期从事秘密工作。1928 年,她任上海中央特科交通员,转移到中央苏区后任党的交通总站秘书,在邓颖超的直接领导下工作。

1936 年 12 月底,由于叛徒告密,游击队被敌包围。李桂英与阚思颖被敌人冲散,先后身负重伤,在弹尽粮绝的情况下不幸被捕。

李桂英被俘后,始终坚贞不屈,任凭敌人逼供引诱,就是闭口不言,以至敌人误以为她是哑婆,最后被辗转关押,送至国民党重庆"反省院"。1937 年 9 月,在中共中央的竭力营救下,李桂英才得以脱离虎口。

后来,25 位到达延安的女红军思念着这两个失去联系的姐妹,多次电告四川地下党的同志要设法找到两人。中共四川省委书记罗世文经过努力,找到了李桂英,并对她说:"蔡畅同志从延安来了电报,她说你在长征中表现得很好,要我们立刻介绍你到延安去。"随后,董必武将李桂英接到了武汉中共中央长江局招待所,她由邓颖超陪同来到了周恩来的办公室。在周恩来、董必武和邓颖超面前,李桂英流泪倾诉了中国工农红军川南游击纵队悲壮的战斗历程。

阚思颖被俘后,始终没有向敌人屈服。1937 年 9 月经党组织营救出狱,1940 年 3 月转移去延安。新中国成立后,任四川省高级人民法院副院长、党组副书记。1971 年 11 月 28 日,阚思颖因病去世,享年 61 岁。

中央红军参加长征的 32 名女红军中,彭儒、黄长娇因病留在苏区,实际上只有 30 人走上了长征路。1935 年 3 月红军到达云贵川边时，李桂英、阚思颖奉命参加川南游击纵队；谢小梅与丈夫罗明被留在贵阳郊区开展农民运动而脱离长征队伍，没有去陕北；中央红军和红四方面军在四川懋功地区会师后，王泉媛、李伯钊、李建华、周月华、吴仲廉、吴富莲、康克清 7 人或被调动，或被留在红四方面军；1936 年 10 月，红军三大主力胜利会师后，李伯钊、李建华、周月华、康克清 4 人到达陕北；王泉媛、吴仲廉、吴富莲 3 人西渡黄河，参加西路军艰苦征战。王泉媛曾任西路军妇女抗日先锋团团长，在河西作战被俘后死里逃生，后来辗转流离而沦落为民；吴富莲曾任西路军妇女抗日先锋团政治委员，在河西作战被俘后坚贞不屈，吞针就义；吴仲廉曾在西路军第九军政治部敌工部当干部，在河西作战被俘后被押至青海西宁，后与张琴秋、陶万荣等人一起被押到南京，入"反省院"。1937 年 8 月，由周恩来营救出狱，于 10 月初回到延安。

红二方面军：参加长征的 20 多位女红军中诞生了共和国第一位女将军

1935 年 11 月 19 日，任弼时、贺龙率领红二、红六军团，离开湘西开始长征。

在这支队伍中有 20 多位女红军，她们是：李贞、陈琮英、戚元德、陈罗英、马忆湘、周雪林、蹇先任、蹇先佛、曾林红、胡越强、张四妹、张吉兰、伍秋姑、范庆芳、杜玉珍、秦金美、朱国英、张秀梅，以及殷成福和她的女儿侯幺妹、儿媳刘大妹等。其中，红六军团的女红军有李贞、张吉兰、陈罗英、陈琮英、周雪林、戚元德等，其余为红二军团的女红军。

1934 年 8 月，红六军团作为中央红军长征先遣队，由中共中央代表任弼时、军团长萧克、政治委员王震率领，从江西遂川突围西征。经过两个多月的艰苦转战，冲破敌军重重封锁线，行程 2500 公里，于 10 月 24 日在黔东地区与贺龙部红二军团胜利会师。

1935 年 10 月，红一方面军长征到达陕北后，红二、红六军团突破敌军的包围开始长征,于1936年7月到达四川甘孜同红四方面军会合。两军会师后,在中共中央领导下,7月初,红二、红六军团及红三十二军(原为红一方面军第九军团)组成红二方面军,与张国焘的分裂主义进行斗争。接着,与红四方面军一起北上抗日。10月,在甘肃会宁地区与红一方面军会师。抗战开始后,红二方面军被改编为八路军一二〇师一部。

红二方面军中的女红军没有单独编队,也没有统一建制,大都分散在政治机关、宣传队、电台机要部门、医疗卫生单位、随军被服队等,其中有政工干部、机要人员、宣传队员、医务护理人员、炊事员和被服人员等。她们当中既有姐妹,也有母女、婆媳,每个人都有一段不平凡的经历。

李贞,长征中走来的女将军。她是1955年解放军首次授衔时的唯一女将军,也是长征女红军中的唯一女将军。

李贞生于1908年2月,湖南浏阳县永和区小板桥乡李家屋场人。1926年春,李贞为了追求革命真理,报名参加了妇女解放协会。填表登记时,她把乳名旦娃子改成"李贞",表示对革命坚贞不屈。1927年3月,李贞由中共永和区委书记张启龙介绍,加入了中国共产党。9月,她参加了湘赣边界秋收起义。

1934年8月,李贞随同红六军团参加西征,任红六军团政治部组织部部长。同年10月,与贺龙率领的红二军团会师后,她参加了创建湘鄂川黔革命根据地的艰苦斗争,任湘鄂川黔军区政治部组织部部长。后经任弼时夫人陈琮英介绍,与红六军团政治部主任甘泗淇结婚。1990年3月11日,李贞在北京逝世。

殷成福,一家八口参加长征。殷成福,1934年12月参加红军,湘西大庸土家族人,时年已近50岁,在家属连被服队当缝纫工。她的丈夫侯昌千、小叔子侯昌贵、大儿子侯清芝、儿媳刘大妹、二儿子侯清平、女儿侯幺妹、小儿子侯宗久等人,当时都参加了红军。1936年10月红军三大主力会师时,一家八口人,只有她和大儿子、红军排长侯清芝,二儿子、红军班长侯清平是幸存者。

在北过渭河时,殷成福因躲避敌人跌进一个坑里,幸未摔死,第二天被一个农民救起。为了追赶红军队伍，她独自沿途乞讨，北上寻找。经过两个多月的艰难跋涉，直到当年隆冬时节，她才在陕西富平县庄里镇找到部队，仍归于红二方面军战斗队列，成为红二方面军女红军的幸存者之一。

蹇先任，1909 年 2 月 15 日出生于湘西慈利县一户富裕家庭。1926 年加入中国共产主义青年团，1927 年转为中共党员。1928 年春节前后，蹇先任和她的大弟蹇先为一起走出家门，参加了石门南乡的年关暴动。暴动失败后，蹇先任姐弟不得不分手，转入地下，继续从事秘密斗争。

1929 年 8 月，贺龙等人率领的红四军主力由桑植出发，占领江垭，进驻杉木桥。此时，蹇先任与蹇先为不期而遇。就这样，蹇先任从地方转入部队，在湘鄂边红军前敌委员会担任秘书。随后，蹇先任与湘鄂边红军前敌委员会书记贺龙结为伴侣。

1934 年夏，蹇先任动员妹妹蹇先佛、弟弟蹇先超参加了红军。蹇先佛留在红军宣传队当宣传员，蹇先超被分配到红军医院当看护员。蹇先超当时只有 14 岁。一年后，他由红军医院调到红二军团第四师卫生队当护士，前往火线抢救和护理伤员。

1934 年 10 月，红二、红六军团会师后，经由贺龙和任弼时穿针引线，蹇先佛与红六军团军团长萧克结为终身伴侣。

1935 年 11 月 1 日，蹇先任生下一个女婴，取名贺捷生。11 月 19 日，她跟随红军长征。

蹇先任背着孩子随同红二军团卫生部行动。卫生部部长贺彪见她身体虚弱，又带着个吃奶的孩子，就将她和伤病员编在一起，沿途的饮食、生活、宿营等事，均可由医护人员帮助照应。

过中甸雪山时，为了不使孩子着凉受冻，蹇先任把两件毛衣全都裹在女儿身上，还给她盖了条小棉被，借以保暖御寒。她用背篓背着女儿，拉着一匹骡子的尾巴，沿着先头部队踏出的雪路，翻过雪山，母女俩历尽艰辛终于到达陕北。

年仅 13 岁的女红军马忆湘，湖南永顺人，是个土家族姑娘。出身贫苦的她不堪忍受生活的重负,三番五次要求参加红军,可是扩红队看到她这么小,又是女的,不愿意收。无奈之下,她虚报了两岁,先找到了在乡政府工作的表叔、表婶,再求红军医院的护士长说情,这才当上了红军。马忆湘参军后担任洗绷带、洗衣服的工作。她后来成为军旅作家,著有长篇小说《朝阳花》。

红二方面军还有一位抱着孩子、背着大铁锅长征的女红军张秀梅。有一天,红二军团六师侦察连的萧新书和宋廷魁带着十来个战士走在队伍的最后,担任收容工作,突然听到了整齐的歌声。他们一看,原来是二十来个女红军,正抬着伤员慢慢地行进,其中一位叫张秀梅的女红军,还背着一口铁锅,抱着孩子。

"你看你前面抱着,后面背着,真够累呀。"萧新书说。"不累,熬过草地就好了。"张秀梅说。

萧新书背过张秀梅的15公斤重的大铁锅,累得直喘气。宋廷魁逗着张秀梅的小孩,把他裹在了自己的军衣里。侦察连的战士还将自己的口粮匀给了张秀梅。

红四方面军:参加长征的妇女独立师 2500 多人,幸存者不足 300 人

参加长征女红军最多的当数红四方面军,2500 多人;女红军参加长征最艰难的当数红四方面军的女红军,由于张国焘的错误路线,她们两次爬雪山、三次过草地;女红军参加长征最悲壮的也是红四方面军的女红军,长征伊始 2500 多名女红军,后来随西路军西征,只有不到 300 人返回陕北。

1933 年 3 月,红四方面军入川开辟川陕革命根据地,大批妇女投入革命大潮。红四方面军总指挥徐向前,从川陕省委机关和众多报名的优秀妇女中挑选 400 多人,在四川省通江县组建了红四方面军妇女独立营,下辖四个连。第一任营长陶万荣,政治委员曾广澜。从此,红军第一支正规妇女武装诞生了。

1949年3月，第一届全国妇代会期间，参加过长征的妇女代表合影

妇女独立营成立不久，便在通江县鹰龙山打了一个大胜仗，消灭川军田颂尧部一个团，受到了总部首长的嘉奖。同时，邻近的苍溪县建立了妇女独立连，长赤县建立了妇女独立营。1934年2月，广元县妇女独立营也在旺苍坝成立。1934年11月，红四方面军总部将广元县妇女独立营与长赤县妇女独立营合编为红四方面军妇女独立二团。

1935年2月，红四方面军总指挥部为迎接中央红军入川共同北上抗日，把从苏区各地撤到旺苍来的妇女工作人员集中起来，连同妇女独立团在旺苍县王庙街整编为妇女独立师，全师2500多人。妇女独立师由总指挥部直接领导，师长张琴秋，政委曾广澜，下辖两个团。第一团由张琴秋任团长兼政委，该团战斗力较强，为总指挥部机动团；第二团由曾广澜任团长，刘伯新任副团长，吴朝祥任政委兼政治部主任，该团主要任务是保卫后方机关、红军医院、仓库，运送弹药，转送伤员等。

妇女独立师师长张琴秋率部一战成名。1933年4月，川军进攻红四方面军总医院，张琴秋带领500名女兵奉命转运伤员和运输物资，与军阀刘汉雄独立师一个团遭遇。张琴秋考虑后决定采取心理攻势对付敌人。

她指挥干部战士迅速占领制高点，并要求没有命令一律不许开枪。敌人越来越近，女红军悄然不动，直至敌人进入最佳射程内，张琴秋才果断命令开火。女红军举枪齐射，敌人被打得晕头转向，以为遇上了红军主力，顿时乱了阵脚。张琴秋率领女红军冲进了敌群，处决了敌指挥官，缴获了敌人一个团的枪支弹药，全川为之震动。

长征中，妇女独立师肩负着运输、筹粮及警卫后方机关等艰巨任务。她们不仅是一支出色的后勤部队，还是一支善战的战斗队。红四方面军的女红军因为参加战斗，减员幅度较大。1936 年 2 月，在翻越党岭雪山的时候减员最多，妇女独立师仅剩下 1000 多人，不得不恢复独立团的建制。随后，部队沿途又吸收了一些妇女加入，到达陕北时，女红军恢复到将近 2000 人。其中 1300 多人被编成妇女抗日先锋团，团长王泉媛，政委吴富莲，特派员曾广澜，全团辖 3 个营 9 个连，平均年龄还不到 20 岁，随西路军西征。

1936 年 10 月到 1937 年春，红四方面军渡过黄河的三个军，以及总部机关和直属部队，总兵力为 2.18 万人。当时参加西路军征战的女红军总数将近 2000 人。其中，妇女抗日先锋团有 1300 多人，政治部前进剧团、供给部被服工厂编有两个连，卫生部总医院以及各军、师、团的部分宣传队员和医护人员，共四五百人。西路军在甘肃境内的河西走廊中间穿行，短短五个月之内，这支部队几乎全军覆没。

西路军西渡黄河后，妇女抗日先锋团首战吴家山，奏捷一条山，坚守永昌城，攻克高台、山丹城。1937 年 1 月 20 日，马家军向高台县城发动进攻，妇女团第三营与坚守高台的红五军的将士们并肩战斗。当敌人攻上城头时，男女战士都投入肉搏战，三营的女战士大部分在血战中牺牲。在临泽一战中，妇女团损失近 400 人。在梨园口战斗中，她们又有 40 多人牺牲。在掩护总部向石窝山转移时，妇女抗日先锋团勇敢地完成了阻击任务。在祁连山打游击时，与敌相遇，女战士经过生死拼杀，只突围出来 200 多人。饥寒交迫的女战士在牛毛山附近烤火取暖时，被敌人发现，不幸全部被俘。在多次战斗中，妇女团团长王泉媛、政委吴富莲、特派员曾广澜、政治部主任华全双等相继被捕。

1937 年 3 月，妇女独立师师长张琴秋在西路军分散突围中被俘，后被押送至南京。抗战爆发后，经周恩来向国民党点名交涉，张琴秋才获释回到延安，担任抗大女生大队队长、女子大学教育长。解放战争期间，张琴秋在中央妇委长期担任秘书长。新中国成立后，担任纺织工业部副部长。"文化大革命"中，张琴秋受到诬陷和迫害，于 1968 年 4 月愤然以死抗争。1979 年 4 月，中共中央正式为张琴秋平反。

妇女抗日先锋团政委吴富莲，福建上杭人。1928 年参加少年先锋队，1929 年加入中国共产主义青年团，1930 年转为中共党员，曾担任中共闽粤赣省委妇女部部长。1934 年 10 月，随中央红军长征，被编在总卫生部工作团，后并入干部休养连。1935 年 6 月红一、红四方面军会师后，调任红四方面军妇女独立第一团政委，随军南下川康边，后任红四方面军妇女抗日先锋团政委。1937 年 3 月，在祁连山中作战负伤不幸被俘，在狱中坚贞不屈，吞针而死，时年 25 岁。

王泉媛，江西吉安人，1913 年 7 月 12 日生。1930 年 4 月加入中国共产主义青年团，曾担任少共吉安县指阳区委妇女部部长。1934 年 3 月加入中国共产党，后被分配到中央妇女部当干事。1934 年 10 月，随中央红军参加长征。1936 年 10 月红军三大主力会师后，奉命西渡黄河，参加了西路军的艰苦征战。1937 年 3 月，在祁连山中被敌打散后不幸被俘。

王泉媛被俘后，马步青听说抓到了红军女团长兴奋不已，决定亲自审问。连续三天三夜的严刑拷打和威逼利诱，王泉媛始终没有屈服。马步青怒火中烧，又心生一计，决定将她许配给手下的工兵团长马进昌为妾。马进昌不断地变换手法逼其就范，她只能不断地与其巧妙周旋，并提出把一名叫王秀英的女兵要来做丫头。

1939 年的一天，王泉媛和女战士王秀英趁马进昌外出修路，女扮男装，翻窗逃走，一口气跑了 90 多里路，直奔兰州。当她们找到兰州八路军办事处时，八路军办事处按当时的规定给了王泉媛 5 块银圆，把她送出了门外。后来，她又沿着当年长征走过的路线，靠沿途乞讨回到了家乡江西,从此隐姓埋名。

1962年春节后,朱德、康克清重上井冈山。康克清千方百计寻找到了王泉媛的下落。她对吉安地委的负责同志讲:"王泉媛同志我了解,这么好的同志该让她出来工作。"后来,王泉媛担任禾市敬老院院长。她先后收养过7名孤儿并把他们培养成人。1989年,王泉媛最终得以落实政策:军龄从1930年算起,党龄从1949年11月算起,享受副地级待遇,行政十四级。

2009年4月5日,王泉媛在江西省泰和县人民医院病逝,享年96岁。

据甘肃省妇联1984年的调查统计,甘肃省流落民间的女红军还有231人,其中多数为原西路军女战士;青海各地流落民间的女红军有136人,全部是原西路军女战士。

红二十五军:参加长征的"七仙女"到达陕北幸存五人

1934年11月16日,中共鄂豫皖省委和红二十五军告别了大别山区。从罗山县何家冲出发的近3000名红军中,只有周东屏、戴觉敏、余国清、田喜兰、曾纪兰、张桂香、曹宗楷7名女性。她们都是随军医院的护士,人们称其为"七仙女"。

"七仙女"来自湖北、河南、安徽三省。其中,女护士戴觉敏出身书香门第,她的父亲戴雪航是位教书先生,受五四运动新文化思想的影响,积极从事新文化运动,与董必武交情笃深。戴觉敏在父亲的影响下,12岁就参加了儿童团。1932年春,红军总医院来招收护士,她来不及征询父亲的意见,就跟堂妹一起报名参加了护士班。在红军总医院驻地箭场河,她经过半年护理业务训练,成为红军中的一名护士。在坚持鄂豫皖根据地斗争期间,戴觉敏随红二十五军总医院,先后与伤病员一起转移到天台山、老君山的密林里,进行医疗护理工作,参与抢救了大量红军战士的生命。

周东屏1917年生于安徽六安,不满13岁就被人贩子拐走,是红军把她解救出来的。她参军后,被分到红军总医院工作。

1934 年 11 月，红二十五军总医院分院在安置好最后一批伤员后，有 12 名担负看护任务的女红军突然接到命令，临时组成看护班，翻山越岭赶往军部报到。戴觉敏也被选中了，她收拾好简单的行装，就同姐妹们一起匆匆上路了。到达军部后，她们中只有七人被批准跟随红军转移。

"七仙女"当时并不知道长征的去向，只知道是创建新的根据地。她们同其他战士一样，背着三天的干粮和两双草鞋出发了。

对于红二十五军的出征方向，中央并没有指出明确目的地。中央的指示有三条原则：一是敌人比较薄弱的地区；二是群众条件比较好的地区；三是有利于作战，粮食和物资比较丰富的地区。徐海东、程子华等人根据中央的这三条原则，决定向豫陕方向转移。这次大转移，从上到下采取了许多保密措施，基层官兵只知道部队要去"创造新苏区"。

国民党军很快发现了红二十五军的动向。蒋介石急令"豫鄂皖三省追剿队"5 个支队共 40 多个团和东北军第一一五师，跟踪追击；命令驻河南南阳、泌阳、方城、叶县一带的第四十军和驻湖北老河口一带的第四十四师，迎头堵截；又命令驻开封的第六十师开往卢氏朱阳关，控制入陕的要道。前有阻敌，后有追兵，红二十五军的处境十分危险。

出发不久，红军总医院政委苏焕清为随军的 7 位女兵担心，商量后决定，发给她们每人 8 块银圆作为生活费，让她们留在根据地，自寻出路。但她们都表示不愿离开红军队伍。

苏焕清看到这种情景也为难了。当她们听苏焕清说，这是戴季英的决定时，便找到戴季英，请求他收回命令，同意她们跟随部队一起行动。

"事情已经决定了，再说我也是对你们的安全负责。"戴季英解释说。但女兵们并不领情，死缠住他，不同意她们的请求就不让他走。

大胆泼辣的周东屏嚷起来了："主任，你没有排斥女同志革命的权力。"其他的女兵也跟着说："红军就是我们的家，离开这里，我们就没有家了。""我们死也不离开红军！"但戴季英始终不同意她们的想法。

就在此时，徐海东副军长（在出征前的整编中，徐海东主动向鄂豫皖省委提出自己任副军长，由程子华任军长）骑着一匹战马由远处飞奔而来。此时，他看到几名女战士在"围攻"戴季英，以为出什么事了，急忙赶过来问明情况。

她们深知徐海东对部下平易近人，不约而同地围上去，七嘴八舌地诉说事情的经过，表述自己的决心，千言万语，一个主题：当红军，走革命路，就是死在路上也决不离开红军。

徐海东笑着对戴季英说："七个女孩子，不多嘛。她们既然有决心，给她们一个锻炼的机会有什么不可以呢？"戴季英见徐海东这样说，也不好再说什么了。

"七仙女"一路出生入死，历经磨难。打仗时，奋战在第一线，一见战士受伤，立即背着伤员转移到安全地带，进行包扎、护理，精心照料，丝毫不顾个人安危。她们把饭让给伤病员吃，缺少粮食，就到山上寻找野果、树皮，掺上米糠，给战士们充饥；缺少药品，她们就千方百计搜集、购买，或者采集中草药，为战士们疗伤。由于她们英勇无畏地抢救伤员，红二十五军指战员们把"七仙女"当成了救命女神。

1934年12月10日上午，长征途中，鄂豫皖省委领导正在庾家河开会，突然枪声大作。警卫人员进来报告：敌人占领了东北坳口。由于红二十五军的战士们近一个月来长途行军，转战千余里，已疲惫不堪。设在庾家河东面的排哨，大部分人都睡着了，直到敌人打到眼前才发现。于是，全军从炊事员到军长全都投入战斗，从中午打到黄昏，经过殊死奋战，反复冲杀20多次，终于化险为夷。这次战斗虽然毙敌300多人，但红二十五军也付出了沉重的代价，伤亡190余人，营以上干部大部分负了伤，军长程子华、副军长徐海东也都负了重伤。

7名女护士日夜守护在伤员们身边，精心照料，细心观察伤病员的病情，耐心帮助伤员解除伤痛。重伤员吞咽困难，她们就一口一口地喂。她们用盐水和自制的高锰酸钾溶液天天给伤员消毒，有时边行军，边把采来的药用树枝、树根熬成水，给伤员清洗伤口。通过这些办法，弥补了药品的不足，挽救了不少红军的生命。

1935年9月15日，"七仙女"中的五人坚持到了红二十五军长征的终点——陕北延川永坪镇，同刘志丹率领的红二十六、红二十七军胜利会师。遗憾的是，班长曾纪兰于 1935 年 7 月牺牲在宁陕县境，女护士曹宗楷在北过渭河以后不幸牺牲。

"古有花木兰替父去从军，今有娘子军扛枪为人民。"这首《红色娘子军》主题歌，是参加长征女红军的生动写照。四支红军队伍参加长征的将近 2600 名女红军，是中国革命巾帼英雄的代表。到达陕北幸存的 350 余名女红军是中国革命的火种，播撒在中国革命取得胜利的道路上。

（赵雅/撰稿）

15 三年游击战争时期的项英和陈毅

博古任中共中央总负责人后犯过许多错误,但在留项英、
陈毅在中央苏区领导坚持斗争这件事上,
算是作出了一个正确的决定

1934 年 10 月,中央红军主力 8 万余人在瑟瑟秋风之中,迈着沉重的步履撤离中央苏区,开始了漫漫战略转移的征程。

中央红军主力长征时,项英、陈毅奉中共中央之命留了下来,分别担任中共中央分局书记和中华苏维埃共和国中央政府南方办事处主任,率领留在根据地内的红军地方部队和游击队坚持斗争。

项英,原名项德隆,1898 年 5 月生于湖北省武昌县一个职员家庭。18 岁开始当工人。1922 年加入中国共产党,曾任江岸铁路工会书记。因在报刊上以"夏英"的笔名发表文章,入党后遂将自己的姓和化名中的英字结合起来改为"项英"。大革命时期,他一直做工运工作,是著名的工人领袖。

中华苏维埃共和国中央政府办事处主任陈毅

中共中央分局书记、中央军区司令员兼政治委员项英

大革命失败后，项英短期做过中共江苏省委书记。1928年参加中共六大。因共产国际强调中共领导机构的工人成分，项英是工人出身，且一直做工运工作，在群众中有一定威信，被选为中央政治局委员、政治局常委，成为中共中央的核心成员。中共六大期间，斯大林亲自将一把手枪赠送项英，足见对项英的厚望。这把手枪成为项英的宝贝，一直佩带在身边。

1930年底，项英到中央苏区后，先后担任过中共苏区中央局代理书记、中华苏维埃中央革命军事委员会主席，中华苏维埃共和国第一、第二届中央执行委员会第一副主席，中华苏维埃共和国临时中央政府劳动部部长、财政委员会代主席，中华苏维埃共和国中央革命军事委员会委员、代主席、代副主席。在中共六届五中全会上当选为中央政治局委员、中央书记处书记。项英的这些任职说明，无论是在临时中央进入中央苏区之前还是之后，他一直处于领导核心层。因此，留项英在根据地内支撑局面，决非偶然。

与此同时，陈毅在红军队伍里也有非凡表现。1930年春，29岁的陈毅任红六军政治委员。7月，任新成立的红二十二军军长兼政治委员。1931年1月，任中共赣西南特区委书记。由于陈毅在创建人民军队、领导武装斗争中的贡献，1931年11月召开的中华苏维埃第一次全国代表大会，选举他为中央执行委员会委员，并授予他代表红军最高荣誉的"红星奖章"。1932年1月，为集中统一指挥江西红军地方武装，中革军委决定将江西省苏维埃政府之下的军事部取消，改设江西军区总指挥部，任命陈毅为总指挥兼政治委员，负责指挥独立第二、第三、第四、第五、第六师及江西所有地方武装。江西军区的设立，是人民军队有军区建制的开始。陈毅可以说是担任军区军事、政治首长的第一人。

陈毅既从事过军队政治工作，又当过军事领导，还负责过军队党的工作，有着丰富的军事经验和指挥艺术，属文武兼备型人才。

以项英、陈毅二人相比，项在1928年就进入党中央的核心层，论党内地位、威望，陈毅无法比。但项英多年做工人运动和白区秘密工作，军事方面是弱项。进入中央苏区后，项英处在高层，军事工作虽然参与了一些，但多属部队建设和后勤方面，军事指挥可以说是微乎其微。因此，项英、陈毅二人搭配，项主党，陈主军，可以说是优势互补。博古自从担任中共中央总负责人后犯了许多错误，但在留项英、陈毅在中央苏区领导坚持斗争这件事上，算是作出了一个正确的决定。

对于被留下来坚持斗争，项英没讲二话，表示服从中央决定，勇敢地挑起了重担。10月7日，项英遵照中共中央、中革军委命令，在筹建中央分局机构的同时，命令留下来的红二十四师和各军区独立团、营等地方部队接替主力红军的防务，让红军第一、第三、第五、第八、第九军团脱离原先阵地，开赴指定地域集结，准备实行战略转移。在接防过程中，红二十四师和各地方独立团、营，积极开展游击战争，迟滞敌人的行动，严密封锁消息，为红军主力集结，进行出征前的准备工作，赢得了宝贵的时间。

中央红军主力加紧准备战略转移时，陈毅正躺在瑞金中华苏维埃国家医院里治疗腿伤。

1934年8月下旬，身为中央苏区第五次反"围剿"西线总指挥的陈毅，在兴国县西北老营盘指挥作战时大腿受了伤。由于当时江西军区医院的条件很差，陈毅在这里住了一阵子，不但未见好转，反而出现了化脓、发高烧等恶化症状。于是，他被送到了瑞金国家医院。经瑞金国家医院医生的治疗，陈毅的伤情有所好转，高烧退了，但仍不消肿。医生推断，造成伤口红肿不退的原因可能是大腿骨头被炸弹片打碎了。后来，还是在周恩来的亲自关照下,将已经装箱了的 X 光机重新打开,为陈毅拍了片子,找到弹片的位置,做手术取出了弹片,伤口才逐渐好起来。

10 月 10 日下午,陈毅被人用担架抬着来到中共中央驻地。由于中共中央准备于当晚离开瑞金,陈毅到时,看到这里放着很多箱子、包裹,显得很凌乱。见到陈毅,博古说:这次红军主力转移,中央本想把你用担架抬走,但考虑到你在江西已经搞了好几年了,有威信和号召力,党内军内都听你的。我们走后,留下来的同志要打游击战,项英同志到这里后,没有打过游击,所以留下你来帮助他。

陈毅表示,对于中央将自己留下来坚持斗争,自己绝对服从。

10 月 10 日至 12 日,驻瑞金的中共中央、中华苏维埃中央政府、中革军委机关编为两个野战纵队,相继撤离。项英送走最后一支队伍后,于次日上午赶到医院,同陈毅会面,商谈以后的工作。自此,项英、陈毅携手,带领留在根据地内的红军和游击队,在人民群众的支持下,开始书写人民军队历史上的光辉篇章——南方三年游击战争。

是集中兵力死打硬拼,还是分散开展游击战争,陈毅与项英刚开始共事,便发生了激烈的争论

中央红军主力长征后,留在中央苏区的红军部队有红二十四师及地方部队共 1.6 万人,此外,还有伤病员 1 万多人(另一说为 3 万多人)。项英根据中共中央、中革军委划定瑞金、会昌、于都、宁都 4 个县城之间的"三角地区"为基本游击区和最后坚守阵地的指示,决定依靠上述有限的部队在这里同敌人死打硬拼。

陈毅则认为,中央红军主力转移后,根据地的形势会更加严峻。他指出,蒋介石召开了南北将领会议,一方面调动几十万大军围追堵截主力红军,一方面又以十几万大军包围中央革命根据地,叫嚷要"掘地三尺""斩草除根",决不让苏维埃政权"死灰复燃"。要不了多久,国民党军就会大兵压境,大风暴随时可能袭来。

项英对形势的估计比较乐观,认为第五次反"围剿"没有失败,要坚

决保卫中央革命根据地。陈毅提醒项英："我们要老老实实承认失败，赶快走，赶快收容，赶快退却，撤出来。承认失败还可以不失败或少失败。要经得起这个失败，以游击战争的形式，积蓄和保存力量，主要是保存力量和保存干部，适当地利用机会发展，改善装备，扩大游击队，扩大根据地。"

项英认为陈毅"情绪不好，悲观失望"。陈毅反驳说："我对革命从不悲观失望，但是对那种不清醒地估计当前形势，不承认反革命力量暂时强大，看不到革命低潮到来的错误认识，才大失所望呢！承认失败并不是悲观失望，而是政治上坚强的表现。"

项英把希望寄托在红军主力在转移后取得作战的胜利上。他说："红军主力会在湘西或湘黔连续打几个大胜仗，建立新的大块革命根据地。大部分国民党军的兵力会被吸引到那里去。待红军主力回师，我们就能粉碎敌人的进攻，恢复已失去的革命根据地。"

陈毅给项英耐心地分析道："红军主力转移，虽能吸引敌人的大多数兵力，但蒋介石的兵力大大超过我们。留在这里对付我们的兵力远远超过我们留下来的力量。我们不能依赖主力打胜仗，他们在转移中人生地不熟的，又是无根据地为依托的作战，困难很大。我们应当独立自主，作长期斗争的打算。因此，要迅速把干部和部队分散，开展广泛灵活的游击战争。"

陈毅具体建议道："红二十四师和游击队应立即分散到中央苏区各个县去，作为游击战争的骨干，这样可以保存一批相当可观的力量。高级干部如瞿秋白、陈正人、周以栗等都有病，身体很虚弱，不能适应游击战争的艰苦环境。还有一些不能走的知名人士，在苏区内目标很大，最好让他们穿上便衣。到白区隐蔽起来。"

王明"左"倾教条主义错误在中央占统治地位后，项英是执行这个错误路线的。在第五次反"围剿"失利、留在根据地的红军部队需要改变战略的情况下，项英的思维方式仍然停留在过去。因此，他没有接受陈毅的正确主张，而是热衷于大兵团作战，提出要"创造新的师、新的军团"，并把"准备配合红军主力，进行反攻"作为部队的宣传口号。他有一个不切合实际的想法，即再搞起一个像原来中央苏区那样大版图的根据地。为此，他打算办军事学校，建兵工厂，不愿意把得力干部分配给地方，不愿把好一点儿的武器分配给地方部队和游击队。相反，他却把地方的许多游击队升级为独立团，将勉强出院的伤病员都用来补充他直接指挥的红二十四师，以便同敌人打硬仗。他对陈毅说："我们有主力第二十四师3个团，再加上7个独立团，这10个团形成一个拳头，能一次消灭敌人1个师。"

陈毅摇了摇头说："我们要牢记教训啊，正是这种死打硬拼的战术，才造成中央苏区今天这种局面的。"

项英不以为然。由于项英是中央分局书记，重大问题还是由他来决定，陈毅只好保留自己的意见。

陈毅未雨绸缪，才使后来突围时的损失得以减少。对由于自己没有及时转变战略方针而造成的失误，项英深感痛心

虽然项英未同意转变战略方针，但陈毅未雨绸缪，积极做开展游击战争的准备工作。中央苏区盛产钨砂。钨的硬度高，延性强，是最难熔的稀有金属。可用于特种钢，属于战略物资。苏维埃政府对外贸易局将钨砂出口到白区，换回了大量的现洋和苏区急需的物资。为了不使珍贵的钨砂落入敌手，陈毅带领群众把收割后的稻田的稻根拔掉，将钨砂包好埋进去。

他告诉群众，无论如何不要让敌人知道，这是革命的财产。

当时，中央苏区还有兵工厂、被服厂、印刷厂、材料厂等，这些家当也是好不容易积攒起来的。为了保护这些家当，陈毅布置厂里的干部、职工，将机器拆开装箱，埋到山里。同时，对留下来的一些档案材料也进行了处理。

红军主力长征后，留在根据地的还有一些领导人和一些干部的家属，其中有毛泽东与贺子珍的3岁的儿子小毛，贺子珍的父母贺炳文、温吐秀，毛泽覃的妻子贺怡，陆定一的妻子唐义贞，傅连暲的妻子刘锡福。项英、陈毅、梁柏台等中央分局和苏维埃共和国中央政府办事处负责人的家属，当然也都留了下来。

部队要转入游击战争，家属随部队行动是不方便的，陈毅决定带头动员妻子赖月明回兴国从事地下工作。赖月明起初不愿离开陈毅，表示"死也要死在一块"。陈毅从心眼里讲也是不愿意和妻子分离的，但为了党的事业，强硬下心来，苦口婆心地劝说赖月明离开自己，并安排女干部万香同她一起回去。在送走了赖月明之后，陈毅又布置可靠关系，将毛泽覃的妻子贺怡、毛泽东与贺子珍的儿子小毛和贺子珍的父母送到赣州郊区隐蔽起来。

在陈毅的布置下，这些工作做在了前头，才使此后的突围减少了损失。

敌人在一步一步地向中央苏区追近，项英仍旧无视敌人的强大，热衷于集中兵力，同敌人死打硬拼。11 月 21 日，占领瑞金城的国民党军向会昌发起进攻。项英为了"兴奋中央革命根据地群众，提高他们的信心"，调集红二十四师和瑞金、会昌县的两个独立营，集结在谢坊的湾塘岗一带，伏击了国民党军东路的第三师。这一仗虽取得了歼灭敌人半个旅的战果，但自己的部队也受到了损失，尤其是暴露了红二十四师的目标。国民党军发觉仍有战斗力较强的红军部队后，立即集中 4 个师的兵力，对红二十四师进行合围。红二十四师的处境非常困难。11 月 23 日，国民党军攻占会昌。至此，中央苏区的县城全部落入国民党军之手。

接着，国民党军从北、东、西三面向内紧缩，以集团的兵力据守各个县城和交通要道，用堡垒封锁的方法，将广大地区分割成许多小块，企图将各部红军围困在越来越小的地区里，然后分区"清剿"，进而把红军和游击队彻底消灭。

1934 年 11 月底，形势越来越紧张。国民党南路军由广东边境回防赣南，从东、南两面向中央苏区"最后坚持的阵地"进攻，与国民党北路军配合，南北合围，企图将留守根据地的红军一网打尽。在敌人优势兵力围攻之下，红二十四师、独立第三团、第十一团在宁都、瑞金交界处进攻敌军一个团，激战两天一夜失利，红二十四师伤亡400人。在接着的牛岭战斗中，红军以5个团的兵力去攻打1个团左右的敌军，因战术失误，被敌人各个击破，遭到严重损失，"最后坚持的阵地"也失守了。

12月中旬，项英在宽田主持中央分局会议，讨论目前的形势。陈毅在会上提出了要迅速地全面地转入游击战争的意见，得到与会绝大多数同志的赞同。会议决定派张鼎丞到福建龙岩、永定、上杭地区，领导闽西南游击战争；中共赣南省委书记钟循仁调任闽赣省委书记，阮啸仙调任中共赣南省委书记；成立中共瑞西特委，将闽赣省委书记赖昌祚调任特委书记，领导瑞金、瑞西、西江三县的游击战争；并抽调部分武装组成特委独立营，由赖绍尧任独立营营长；派胡海到吉安东固地区，担任中共公(略) 万(安) 兴(国) 特委书记；派中共赣南省委组织部部长罗孟文到杨殷县、赣县一带，任杨赣特委书记兼杨赣军分区政治委员；派李乐天、杨尚奎等率一个独立营，挺进赣粤边的油山地区，开展游击战争。但是，这种转变只是局部调整，还没有完全转变战略方针。

12月底，项英、陈毅率领党政军机关转移到黄龙的井塘村。这时，项英才下最后决心，让陈毅起草一个全面转入游击战争的指示，通过电台发给各地。然而为时已晚，由于敌人的分割包围，交通断绝，中央分局同湘赣、赣东北、闽北、闽赣、赣南等地的电台联系不上，分局的指示无法传达下去。

对于自己没有及时转变战略方针造成的失误，项英深感痛心。1937年12月，项英在延安向中共中央汇报工作，在书面汇报《三年来坚持的游击战争》中曾这样写道：

"当着野战军(注：指进行战略转移的中央红军主力) 由南方突破敌人封锁线后，广东军队全部向广东边境撤退，南方大块地区都空出来了，最有利于我们的发展，特别是开展以后游击战争新的基础。……可是我们的主力和基干部队仍然集结在'三角地区'周围作消极的防御，没有转向这一带实行进攻，消灭这一带地主武装，争取群众造成将来开展游击战争的一个重要根据地,这是我们一个很大的失策。……由于在战略上及整个军事方针上不能及时彻底转变,等到敌人新的进攻到来,在遭受不断打击中感觉自己的错误而力求转变的时候,在空间、时间上都来不及了。表现手慌脚乱而遭受了最大的损失,这种损失是我们最悲痛的损失!是我们不能忘掉的血的教训!"

在向中共中央汇报三年游击战争的光辉历史时,敢于承认自己的错误,这是项英的可贵之处。

突围在即。项英连电中共中央、中革军委而不得回音,心情不免焦虑。终于收到复电,陈毅说:"中央这个来电好哦!"

1935 年 1 月下旬,国民党军沿着贡江于都、会昌段两头推进,企图将红军留守部队压缩在贡江东北狭小地区一举歼灭。

突围在即,项英于 1 月连电中共中央、中革军委负责人,请求指示行动方针,然而一直到 2 月初仍未得到回音。这时,形势更加紧张了,项英着急起来。2 月 4 日这天是农历大年初一,心情焦急的项英哪有过年的心思,又向中共中央和中革军委发去电报,报告"粤敌有企图以三个团配合瑞会之右路向我围攻提议",提出"目前行动方针必须确定,是坚持现地,还是转移方向,分散游击及整个部署如何,均应早定,以便准备"。项英在电报中抱怨道:"中央与军委自出动以来无指示,无回电,也不对全国布置总方针……极不妥当。"要求"请中央及军委立即讨论,并盼于即日答复"。

远隔数千里之外的项英哪里知道,这时中共中央领导人已发生变化,没有回电也是有原因的。1935 年 1 月 15 日至 17 日,中共中央在遵义召开政治局扩大会议,纠正了博古、李德的军事指挥错误,结束了"左"倾教条主义错误在中央的统治,实现了中国共产党历史上伟大的转折。但是,在紧急的战争形势下举行的遵义会议,没有全面地讨论政治路线方面的问题。而要就多年来党的工作中所有重大问题的是非展开讨论,在这时候从各方面讲都是不可能的。同时,遵义会议后,蒋介石为阻止中央红军北进四川同红四方面军汇合，或东出湖南同红二、红六军团汇合，部署其嫡系部队和川、黔、湘、滇、桂 5 省地方部队数十万兵力，从四面八方向遵义地区进逼，企图在遵义一带围歼中央红军。军情紧急，遵义会议后新的中央领导人的精力，主要是放在摆脱国民党军新的围攻上，因此，对于项英屡电请示也就无暇顾及了。

2 月 4 日，中共中央仍然没有按照项英的请求回电。于是，项英又以中央分局的名义，于 2 月 5 日再次致电中共中央："（一）根据目前形势确定我们的行动方针，我们两个意见：（1）为保持有生力量，留少数部队及人员继续在中区活动，大部集中过东河。但目前情况能否过了，尚成问题。（2）部队以团为单位分散，主要方向如湘赣、饶和浦、闽赣。分局随部队行动，继续在中区领导斗争。（二）对各苏区的领导，以后成大问题，如何解决？"电报最后要求："以上请立复。迟则情况太紧张，则愈难。"

2 月 5 日这天，中共中央转战到川滇黔交界的一个叫作"鸡鸣三省"的地方，中共中央政治局常委进行分工，根据毛泽东的提议，决定由张闻天代替博古负中央总的责任（习惯上也称之为总书记）；决定以毛泽东为周恩来在军事指挥上的帮助者，博古任红军总政治部代理主任。也就是在这次会议上，毛泽东、张闻天、周恩来等对项英屡次来电要求决定行动方针问题进行了讨论。当日，中央书记处以"万万火急"复电项英并转中央分局，指示："（甲）分局应在中央苏区及其邻近苏区坚持游击战争，目前的困难是能够克服的，斗争的前途是有利的。对这一基本原则不许可任何动摇。（乙）要立即改变你们的组织方式与斗争方式，使与游击战争的环境相适合，而目前许多庞大的后方机关部队组织及许多老斗争方式是不适合的。（丙）成立革命军事委员会中区分会，以项英、陈毅、贺昌及其他二人组织之，项为主席。一切重要的军事问题可经过军委讨论，分局则讨论战略战术的基本方针。先此电达。决议详情续告。"

盼望已久的中央指示终于来了，项英兴奋地把陈毅等人叫过来，高声喊道："中央来电了！中央来电了！"

陈毅也十分高兴，从项英手里接过电报，迫不及待地看下去。看着电报，陈毅的浓眉舒展了，这份电报明白地告诉他，他又有参与军事决策和指挥权了。

看罢电报，陈毅长长地出了一口气，说："中央这个来电好哦！"

不过，陈毅也有些纳闷，从电报的内容来看，不像博古的僵硬教条的语言风格。他在内心里问自己，是不是毛泽东同志又指挥部队了？如果是这样就好了，这是红军之福哇！

项英面带惭愧地对陈毅检讨说："老陈，中央的指示精神和你过去几次提出的分散打游击的意见是不谋而合。我过去没有接受你的意见，搞大兵团作战，造成部队遭受严重损失，这是血的教训呀！"

陈毅爽朗地笑道："老项，过去的就让它过去吧，咱们要向前看。眼前，咱们要开个会，落实中央的指示精神。"

项英表示赞同，立即在他住的小屋里召开了中央分局会议。会议决定中央分局只留项英、陈毅、贺昌三人，实行集体领导，其他领导干部立即分散到各地领导斗争。鉴于分局成员瞿秋白身体虚弱，原苏维埃中央政府内务部代理部长何叔衡年近六旬，难以在游击战争的环境中坚持，中央分局决定他们随邓子恢一起突围，向福建转移，准备经广东、香港赴上海就医。由于项英的妻子张亮此时有孕在身，行动不便，项英安排她随邓子恢、瞿秋白、何叔衡一起去福建。

1935年2月13日，中共中央给中央分局发来一份详细的指示电，指出："放在你们及中央区全党面前的任务是坚持游击战争，是动员广大群众用游击战争坚忍顽强地反对敌人的堡垒主义与清剿政策。"电报要求：一连人左右的游击队，应是基干队的普遍方式。较大的地区设置精干的独立营，仅在几个更好的地区设置更精干的独立团。将多余的独立团、营，都以小游击队的形式有计划地分散行动。环境有利时集中起来，不利时分散下去。同时普遍发展群众的游击组，把多余的弹药分给群众，最好的干部到游击队去。电报还提出要彻底改变斗争方式，一般都应由

1935年冬,陈毅穿越敌重兵把守的粤赣古道梅关险隘,返回油山。图为梅关隘道

苏区方式转变为游击区的方式。将秘密工作与游击战争联系起来,占领山地,灵活机动,伏击袭击,出奇制胜是游击战争的基本原则。蛮打硬干,过分损伤自己是错误的。分兵抵御是没有结果的。电报还指示:"庞大的机关立即缩小或取消,负责人随游击队行动,得力干部分配到地方去。分局手里应有一独立团,利用蒋粤接邻,在赣南、闽西一带活动,最忌胶着一地。地方领导机关亦然。"

陈毅在拿到这份电报后,反复阅读、体会,心情十分振奋,认为它为中央苏区以后的斗争指明了方向,提出了正确的方法。这份电报使陈毅更进一步相信自己在看到中共中央2月5日电报时的猜想。以博古、李德的思维方式和水平,不可能发来这样的电报,毛泽东可能已回到了中央领导岗位上了,因为只有他才能作出这样的决断,发来这样的指示。

接到中共中央指示电后,项英立即主持召开有陈毅、贺昌等人参加的紧急会议,反复讨论中央的指示,领会其精神。

陈毅在会上表示:"事到如今,只有突围,冲杀出去,才有希望。留得青山在,不怕没柴烧!"

项英点头说:"陈毅同志的意见和中央的指示精神是完全符合的,我同意。我们研究一下如何突围。"

经过大家讨论,会议决定将被围困在于都地区的红军部队分成九路突围。

中共中央接连致电中央分局，就下一步的行动作出指示。项英最终采纳了陈毅的建议，决定到赣粤边的油山打游击

就在突围行动马上实施时，2月23日，中共中央致电中央分局，就突围问题作出明确指示，要求："所有出发游击的部队，必须绝对轻装，任何笨重的东西、行李都不应拿，以便利于迅速地运动。一切供给均应取之于活动地区。""每一部队不要拥挤很多的干部。即分局的一个团，也不应把分局的人都集中在一起。除项英、潭秋、贺昌三人外，其他同志可在其他部队内负责工作。陈毅可独立领导一个独立团。分局带的工作人员全部不应超过十人。""苏区干部除分散到游击队去的外，应有一部分派回到被占领区域去，可能时最好是自己的家乡，隐蔽在群众中，进行与建立秘密工作。""白区干部应尽量分散到白区，特别是邻近白区去。游击队携带的多余的干部，应留给地方党加强他们的领导。""在游击活动中，必须特别反对关门主义，反对机械地使用老苏区的一切办法的倾向，广泛进行发动群众的工作。知道利用一切开始时参加革命的小资产阶级分子。"

可以明显地看出，中共中央的这份指示电吸取了中央红军主力长征初期的教训。中央红军主力长征初期，由于博古、李德没有在广大干部和战士中对战略转移的目的和当时的形势进行充分的解释，所以战略转移变成了大搬家式的行动。红军带着许多笨重的印刷机器、军工机器等物资，形成一支庞大、累赘的队伍，造成部队行动迟缓，对于行军打仗极为不利。这种状况使红军付出了极为惨重的代价，从长征开始，特别是经过湘江战役，中央红军和中央机关人员已从出发时的8.6万人锐减至3万余人。但这些情况，项英、陈毅等人是不知道的。中共中央指示中央分局在突围时注意这些问题，并特别要求反对"左"倾关门主义，可以说是"及时雨"，为中央分局布置突围指明了方向。

根据中共中央的指示，项英在离禾丰圩不远的一个大屋里，召开了各部队负责人参加的动员大会。项英在会上传达了中共中央指示电的精神，并告诉大家："我们要分散突围，以后要单独作战，不能靠上面指挥，因为条件困难了。要保存有生力量，不能硬打硬拼。中央分局还在这里，不过作战要靠你们。"

2月28日，中央分局又收到中共中央发来的电报。电报分为11个部分，简要传达了遵义会议的精神。项英、陈毅、贺昌等对中央的决定表示一致拥护。这份电报对项英本人的触动是很大的。项英是"左"倾教条主义错误的执行者，博古、李德等在第五次反"围剿"中推行的错误军事指挥方针，他是赞成的。在中央红军战略转移后，他仍然坚持"左"的一套，采取大兵团作战的方针，节节抵抗，没有及时将留下来的红军部队分散行动，使部队有生力量遭受严重损失。看着这份电报，项英深为自己的错误而感到痛心。

3月9日，项英、陈毅、贺昌等率领由中央分局机关及红七十团编成的4个大队，准备从于都南部的上坪突围。在突围前，项英坚持要给中共中央发电报，报告突围情况后再走。这时，由于中共中央和中央红军主力天天行军作战，电台联系十分困难，从下午1点开始直到下午3点，仍然没有联系上。这时，国民党军已越来越近，到处都是枪声，情况十分危急。这时，部队已经集合完毕，都等得十分焦急。不能再等下去了，再等下去就会贻误突围时机，贺昌决定带第三、第四大队先行出发，抢在天黑前渡过濂江，冲出敌人的包围圈。项英、陈毅则继续等中央的电报。到了下午5点多，终于和中央联系上了，项英指示立即给中央发电报，报告突围的消息。

报务员以最快的速度，将突围的部署发给了中共中央，并很快收到了回电。然而，回电译不出来。显然，中央的电报密码换了。项英当然这时也想不到，毛泽东、周恩来、朱德等率领中央红军主力正在大踏步地和国民党军兜圈子，中革军委二局频频侦破国民党军的电报，为了不使自己的电报密码被敌人破译，自己也频频更换密码。负责发电报的机要部门大概疏忽了中央分局没有新的密码，结果使项英等电报白等了一下午。

时间已不允许再发电报给中共中央说明译不出电报内容，项英只好忍痛命令埋掉电台,烧毁密码。从此,项英、陈毅同中共中央失去了联系。

项英、陈毅率领着 300 余人的部队刚一下山,就遭到了国民党军猛烈的火力封锁。不久,前面探路的战士回来报告:由于山洪暴发,濂江水猛涨,无法过河。陈毅和项英商量后,决定将部队转向安远田心圩。不料,敌人在田心圩一带埋伏了重兵,部队一下子被打散了。直到第二天早晨,才又汇合,部队还剩下 200 多人。由于渡河受阻,部队转来转去,只好退回上坪。

在上坪地区,项英、陈毅率领剩下的几十个人,又试着进行突围,但敌人包围得很严密,都未成功。

鉴于到福建长汀这条路已几经失利,陈毅建议到赣粤边去。陈毅对赣粤边的油山十分熟悉,早在 1928 年前后,他就在这里战斗过。提起陈毅,当地群众几乎都知道。

项英听了陈毅的建议,没有马上表态,拧着眉毛,背着手,在树林里转着圈思考起来。

陈毅见项英犹豫不决,又耐心地说服道:"分局在 1934 年 11 月就指示成立中共赣粤边特委和军分区,由李乐天、杨尚奎在那里领导开展游击战争;几天前,又派蔡会文、阮啸仙、刘伯坚率独立第六团前往。从目前敌情,从地理环境,从群众基础以及部队力量等几个方面综合起来看,突围到那里去是上上策。"

项英停下来,把手握成拳头,下定了决心,说:"老陈,行,看来现在也只有到油山了。"

于是,项英、陈毅决定到油山去,与李乐天、杨尚奎领导的中共信康赣雄特委,以及刚突围准备到油山的蔡会文率领的赣南省党政军机关及独立第六团汇合,重新开展斗争新局面。

长岭会议,项英、陈毅着手解决红军游击队中存在的思想混乱,确定了在赣粤边开展游击战争的方针

1935 年 3 月下旬,经过十分艰苦的突围行动,项英、陈毅等率领突

围人员，在油山游击队交通员的带领下进入油山腹地，同中共信康赣雄特委书记李乐天、副书记杨尚奎等汇合。

过了几日，蔡会文、陈丕显也率赣南省党政军机关和独立第六团突围到达油山。

油山，地处江西的信丰、大庾和广东的南雄三县交界处，主峰海拔1073米，四周峰峦起伏，山上高大的古松挺立，翠竹茂密，油茶树郁郁葱葱，并有齐腰深的茅草。进到山里，只见山山相套，山湾相环，好像进入了迷宫。熟悉这里的红军游击队，像是鱼在水中；不熟悉这里的国民党军，像是熊瞎子掉到深坑里，有多少劲都使不出。这里是开展游击战争的理想地方。

项英、陈毅、蔡会文、陈丕显先后突围到达油山后，国民党军即以超过红军游击队数倍的兵力，对这里进行严密包围和封锁。

敌情紧张，突围又付出了沉重的代价，在油山地区的红军游击队，情绪出现了混乱：一种是盲目乐观。这主要表现在赣粤边原有人员中。他们原有八九百人，项英、陈毅和蔡会文、陈丕显等率领部分红军突围到这里后，使这里的部队人数增加到1400多人。特别是项英、陈毅等中央分局、中央政府办事处、中央军区主要领导到了油山，他们认为可以在项英、陈毅领导下大干一番，把赣粤边搞成第二个革命根据地。另一种是死打硬拼的盲动主义。这主要表现在受王明"左"的错误路线影响较深的人员中。信康赣雄军分区参谋长向湘林（后叛变）对指战员们说："中央苏区失败了，我们在山里打埋伏是可耻的。不如出去拼个痛快，拼掉几个算几个。"早在项英、陈毅及蔡会文、陈丕显率领突围部队到油山前，向湘林就曾经不顾实际，坚持采用正规红军大部队活动的方式，把军分区的部队拉出来，吹集合号，点名出发，要和敌人硬拼。结果，大队人马一行动，很快就引起了敌人的注意，马上派兵前来"清剿"，搞得部队天天转移，十分被动。还有一种是悲观失望。这些同志经受不住失败的考验，认为中央苏区这次失败，比1927年大革命失败更严重，把好端端的中华苏维埃共和国葬送了。他们主张打埋伏，找个山深林密的地方蹲起来,不露面,不做工作,不进行战斗,等待长征的主力红军回师和新形势的到来。

项英、陈毅一致认为,不克服这三种情绪,不把大家的思想引导到正确的方针上来,要在赣粤边坚持长期游击战争是不可能的。

1935年4月初,在广东南雄县境的大岭下村,项英、陈毅召集中共信康赣雄特委、军分区和部队领导干部会议。会议先由李乐天汇报了部队突围经过和当时的敌我情况,杨尚奎汇报了当地党组织的情况、群众情绪和特委的打算。项英、陈毅在听取汇报后,对赣粤边局面的开展和保存革命力量等方面给予了表扬,同时指出国民党即将对赣粤边地区进行"清剿",机关要精简,部队必须立即进行分散。

大岭下村会议还决定将中共信康赣雄特委改为赣粤边特委,仍由李乐天为书记,杨尚奎为副书记,陈丕显参加特委领导。

大岭下村会议后,针对国民党军即将对油山地区全面进攻的形势,项英、陈毅、李乐天、杨尚奎、陈丕显和刘新潮等人,带着侦察排,从油山转移到北山。

4月上旬,项英和陈毅在大庾县河洞乡的长岭村主持召开会议。李乐天、杨尚奎、蔡会文、陈丕显、刘新潮和赣粤边军分区政治部主任李国兴及机关、部队的连以上干部约70人参加了会议。

项英在会议上首先作形势报告,传达了中央有关决议的精神。项英强调要正确认识革命形势,反对失败主义情绪,指出:红军主力退出中央革命根据地,革命受到了挫折,但红军主力的存在和游击战争的进行,必将推动新的形势的到来;中国革命正在新的条件下向前发展,那种认为中国革命失败了的悲观情绪是错误的。他还针对指战员中存在的游击主义倾向,指出游击战争应以发动和领导群众斗争为主体,反对单纯打土豪。打土豪要严格执行阶级路线和政策。

接着,陈毅讲话。陈毅针对那种悲观失望的情绪指出:"红军主力转移,我们突围到油山,这是革命的低潮,是暂时的退却。但是,革命高潮必然要到来,革命前途是光明的。因为形势的发展已经出现了新的矛盾,这便是日益增长的民族矛盾。日本帝国主义占领了东北,一定要进攻华北。他们占领了华北,一定要进攻全中国。一个全面的民族战斗,或早或迟,是一定要到来的。"

针对盲动主义情绪,陈毅深入浅出地做大家的思想工作:"如果我们跟敌人硬拼,拼掉一个少一个,正符合敌人消灭我们的意图。目前主要是保存力量,现在留下的同志虽然数量不多,但这是革命的'血本',是经过大风暴锻炼过的革命种子。保存下一个战士,将来局面开展了,可以当连长、营长;保存下一个县委书记,将来可以当省委书记,怎么能把他们放在炮筒子里轰呢? 我们要十分珍惜党的这些财富。革命红旗不会倒,斗争一定要开展! 在斗争中求生存! 在斗争中求发展! 在斗争中求胜利!"

为了适应游击战争的需要,陈毅还提出了迅速转变斗争方式和工作作风问题,并且针对一些从中央苏区来的同志习惯于正规战的一套做法,缺乏游击战争的经验,人地生疏,语言不通等情况,陈毅提出了虚心向本地同志学习的重要性。同时也要求本地同志向外来同志学习。他说:"两方面的同志各有长短,要加强团结,交流经验,互相取长补短。在今后长期的斗争中,一方面要防止脱离政治的倾向,加强政策学习,执行'三大纪律八项注意',做好政治思想工作;一方面要转变老一套的作风,采取新的斗争方式,迅速适应游击战争。我们这样做,就一定能胜利。"

项英、陈毅的讲话,像春风一样,吹散了油山的云雾,使与会的同志在迷惘中看到了光明的未来,看清了全国革命斗争的风云,顿感心胸开阔,极大地增强了坚持开展游击战争的勇气和信心。

在思想统一的基础上,长岭会议确定的斗争的方针是:"依靠群众,坚持斗争,积蓄力量,创造条件,迎接新的革命高潮!"

长岭会议和会议精神的贯彻,实现了由苏区工作作风到游击区工作作风的转变,从思想上、组织上为坚持赣粤边游击战争奠定了坚实的基础,成为赣粤边三年游击战争的新起点。

在艰苦的斗争环境中，项英和陈毅结下了生死友谊

项英、陈毅带领部分红军初到油山时，还可以在一些偏僻的地方找到小房子住。后来，敌人搜山，为了不让红军游击队有地方栖身，就把这些房子给烧了。有一段时间里，项英、陈毅和游击队只好风餐露宿。雨天，大家撑把伞在大树底下，背靠背互相以体温取暖坐着睡；晴天，就往古墓前的石板供桌上一躺，仰卧着看天上的星星、月亮。

赣粤边的春天，几乎天天下雨，靠一把伞遮雨，人整天泡在雨里，夜里很难入睡。特别是深山密林里，温度自然比平原低得多，春寒长，秋凉早。即使在夏天，夜里也是很凉的。游击队员穿得很单薄，晚上经常被露水打醒。

靠在大树下撑把雨伞过夜毕竟不是办法，日子久了身体是吃不消的。项英、陈毅就带领大家搭棚子住。棚子有竹棚、杉树皮棚和布棚。搭竹棚子费工比较大，同时破竹子时声音很大，容易被敌人听见，后来就改竹棚子为杉树皮棚。但是，杉树被剥皮后，白花花的一大片，也容易引起敌人的注意。于是，大家就开动脑筋，"创造"出布棚。搭布棚比较省工，成本也低。发给每人一块蓝布，蓝布的四角缝上一个襻，往四周树枝上一挂，便可以遮露挡雨。搬家时也很方便，只要把布的襻子一解，把地打扫干净就是了。游击队每个班都有一把勺子，搬家时只要用勺子往地上泼些水，就可以把地上的痕迹冲掉。有时，游击队在转移途中遇到山洞，就在山洞里过夜。相比较而言，住山洞还是暖和点。但不是哪里都有山洞住。

在艰苦的日子里，项英、陈毅和大家同甘共苦，患难与共，上下亲密无间。

一次，项英、陈毅和警卫员被敌人冲散，天亮后又在一个毛竹山窝里聚集到一块。他们7个人，除项英的一名警卫员曾忠山外，其他人都一天一夜没有吃到东西了，个个又困又饿。曾忠山被冲散后向群众买了一斤米，煮了吃一顿。他把剩下的几两米带了回来，这几两米就成为大家的"宝贝"。

住下之后，大家轮流值班放哨，项英、陈毅争着值班放哨。警卫员不让他俩参加，他俩坚持要值班。无奈之下，大家只好让他俩值头一班，其余的人睡觉。大家决定，凡值班者可以抓一把米放在茶缸里煮点稀饭吃。由于谁都怕后面值班的同志吃不着米，都只抓一点点。7个人都轮了一遍后，米竟然没有吃完。于是，大家又用剩下的米煮了一茶缸稀饭，可是谁也不肯吃。最后，大家到水沟边采一点野菜放进去和着煮。煮熟后，大家一起用树枝当筷子，你一口，我一口，才把这一茶缸稀饭吃完。

项英和陈毅的感情十分深厚，特别是他们分开行动或遇到大事无人商量时更为突出。1936年初，他俩分开行动，项英负责以油山为中心的信康赣地区的领导工作，陈毅负责以北山为中心的南雄、大庾地区的领导工作。项英有一段时间没有得到陈毅的消息，便念叨起来："大老刘（陈毅突围到油山时称'老刘'，由于有好几个同志姓刘，都称'老刘'，所以大家称陈毅为'大老刘'，以示区别）最近也不知怎样了，有些日子没见面了，不能和他聊工作、下围棋，心真是想得慌！"

其实，他俩没有见面的时间并不长，最多也不过三个来月，但相互之间总是惦念着。一次，项英接到交通员送来的陈毅的一封信，知道陈毅这一段工作特别忙，也很想念他。于是，项英决定到北山一趟，并建议陈毅召开一次干部会议，谈谈工作，交流交流情况，顺便也和陈毅聊聊。

在艰苦的斗争环境中，项英和陈毅结下了生死友谊。

项英、陈毅决定将赣粤边红军游击队改名为
赣南人民抗日义勇军

1937年7月7日，日本帝国主义制造了卢沟桥事变，发动了全面侵华战争。卢沟桥事变不久，项英从报纸上得知了这个消息，立即给陈毅写信，派交通员火速送到南雄。陈毅接信后，立即赶到项英这里。两人商议之后，迅速召开了中共赣粤边特委会议，确定了同国民党当局进行谈判、联合抗日的方针。

根据特委会议的决定，项英撰写了《卢沟桥事变与抗日斗争的高潮》

一文,号召:"保卫平津""保卫华北""保卫中国""反对一切和平妥协"!
表示:"我们愿意联合抗日,为保卫祖国而奋斗!"

项英和陈毅还决定,将赣粤边游击队改名为江西抗日义勇军,广泛
开展抗日宣传。

7月下旬,中共赣粤边特委通过同情者,得到了一些香港出版的进步
书刊。项英、陈毅仔细地阅读这些书刊,希望从密密麻麻的字里行间,找
到中共中央的消息。果然,他们从一本叫《新学识》的杂志里找到一篇介
绍中国各党派的文章。文中引用了1937年5月上旬毛泽东在延安召开
的党的全国代表会议上的报告摘要。

项英、陈毅同党中央失去联系快三年了,通过《新学识》这本杂志间
接地得到党中央、毛泽东的重要指示,如获至宝,高兴的心情真是难以
形容。

7月底,项英、陈毅、杨尚奎、陈丕显和刘新潮等开会,学习毛泽东的
讲话,领会党中央关于建立抗日民族统一战线的政策,认真研究形势的
发展。这次会议之后,项英以个人名义写了一篇题为《中国新的革命阶
段与党的路线》的文章。文章指出:中国革命已发展到抗日民族统一战
线与国共两党重新合作的新阶段。现阶段的主要敌人是日本帝国主义,
现阶段的中心任务是打倒日本帝国主义。国共合作必须坚持党中央和毛
泽东同志所指出的原则,即在特区和红军中党的领导权的保持;在国共
两党关系上党的独立性和批评的自由的保持;抗日战争领导权的争取。
游击队必须遵照党中央路线争取合作抗日,在上面三个条件下与国民党
谈判;必须彻底转变工作方式,力求公开半公开地开展群众工作;促成抗
日民族统一战线的实现并争取其中的领导权。

为了使赣粤边游击区各党政机关和红军游击队了解党中央的指示精
神,项英和陈毅立即派人赴各地传达党中央的指示精神和中共赣粤边特
委的贯彻意见。他们还确定,将赣粤边红军游击队正式改名为赣南人民
抗日义勇军。

当时,赣粤边的干部和红军游击队的思想一时难以扭转过来,接到

特委的指示时，大家议论纷纷，有的说："国民党和我们打了十年内战，还能跟他们合作抗日？"有的说："同国民党合作，可不能上他们的当。"有的则说："这下可好了，不用打仗了。"

这些议论说明，在历史转折关头，提高干部的思想觉悟，统一认识是十分必要的。为此，项英、陈毅、杨尚奎、陈丕显等于8月初召开了赣粤边游击区干部大会。项英在会上作了动员报告，指出：卢沟桥事变的爆发，使形势发生了重大变化，民族矛盾上升为主要矛盾，阶级矛盾下降为次要矛盾，停止内战、一致抗日已成为党的中心任务。在这样的情况下，各级干部必须尽快实行由反蒋到"联蒋"、由内战到抗日的思想转变。

陈毅在这次会议上指出：现在中国革命形势已经发展到一个新阶段，抗日高潮已经形成，大家要鼓起干劲去迎接新任务。

在项英、陈毅等的领导下，经过学习和讨论，赣粤边游击区的广大干部逐步弄通了思想，提高了与国民党地方当局进行谈判、停止敌对行动和联合抗日的信心。

8月8日，项英、陈毅和特委的其他领导研究后，决定以中共赣粤边特委和赣粤边红军游击队的名义，正式发表《赣粤边共产党游击队联合宣言》（以下简称《宣言》）。

《宣言》指出："最近卢沟桥事件爆发，使整个民族的危亡，达到最后的生死关头。"强烈呼吁："全国民众应在争取共同的民族利益下，团结一致，整齐步调，集中一切力量，予敌人以沉痛的打击！"并认为"这是挽救民族危亡，争取民族解放的胜利前提"。表示：我们赣粤边共产党和游击队"为争取民族的解放，挽救中国的危亡，放弃一切敌对政府的活动，停止游击战争"。同时要求国民政府"立即停止对游击区'清剿'"。"更望政府当局为动员一切力量，保证抗日胜利须尽量允许民众抗日运动的自由，采取最低限度安定民生的必要处置。"

为使广大人民了解和接受中国共产党的主张，赣粤边各级党组织和红军游击队广泛深入群众，开展抗日宣传。他们把抗日的口号写到竹片上、木板上，插到交通要道处。投入江河中，漂流到大庾、信丰、南康、赣州等地。随后，中共赣粤边特委分别给国民党大庾、信丰、南康、南雄县政府和第四十六师写信，并把《赣粤边共产党游击队联合宣言》和告民众书寄给他们，呼吁团结合作，共同抗日。

但是，顽固坚持反共的国民党当局和国民党军队却借机大肆造谣，说什么"油山共匪要求投诚"，游击队应迅速下山让他们"收编"。并发出书信，要游击队负责人下山"自新""归顺"，如不接受"改编"，可以回家种地，等等。一些反动豪绅地主也乘机诬蔑红军游击队，挑拨红军游击队同群众的关系。

针对国民党当局这些卑鄙的伎俩，项英、陈毅主持召开了党组织和游击队干部会议。会议决定，对国民党当局造谣中伤和破坏合作抗日的行径，给予坚决的回击，为双方谈判创造条件。于是，赣粤边红军游击队继续进行武装活动，严厉打击国民党保安团。

项英任新四军副军长，陈毅任新四军一支队司令员，赣粤边游击队编入一支队

在项英、陈毅领导下，赣粤边党组织和红军游击队的政治斗争和军事斗争，再加上"八一三"日军进攻上海，直接威胁蒋介石集团在东南的利益，迫使赣粤边国民党当局不得不停止反共，承认共产党组织和红军游击队的合法地位。之后，国民党军开始陆续从游击区撤走。

国民党军第四十六师和大庾、南康、信丰、南雄等县的县长，联合署名发表《告中共同志书》的快邮代电，欢迎红军游击队下山谈判，共商北上抗日事宜。

1937 年 9 月，陈毅、项英先后到大庾、赣州、南昌，同国民党当局进行谈判，达成了红军游击队改为抗日义勇军等协议。

11 月上旬，项英到延安向党中央汇报工作。项英到达延安后，毛泽东、张闻天等中央领导人当天就前往项英住处看望，对在南方坚持三年游击战争的红军和游击队指战员表示亲切的慰问。

到延安后的一个来月时间里，项英根据党中央的指示，在学习党的

方针政策的基础上，对坚持南方三年游击战争的情况和经验教训进行了认真的回顾和总结，向党中央写出了长达 6 万字的《三年来坚持的游击战争》的报告。

12 月 9 日至 14 日，中共中央政治局举行会议，项英参加了这次会议，并就《三年来坚持的游击战争》报告作了补充说明。

12 月 13 日，中共中央政治局根据项英的报告，作出《对于南方游击区工作的决议》，高度评价："项英同志及南方各游击区的同志在主力红军离开南方后，在极艰苦的条件下，长期坚持了英勇的游击战争，基本上正确地执行了党的路线，完成了党所给予他们的任务，以致能够保存各游击区在今天成为中国人民反日抗战的主要支点，使各游击队成为今天最好的抗日军队之一部。这是中国人民一个极可宝贵的胜利。"

12 月 14 日下午，中共中央政治局召开会议，专门讨论了南方红军和游击队的改编问题。

项英在会上作了报告，其要点是：南方各游击区的主要情况，红军和游击队当时的分布，改编的原则，改编为新四军的初步意见等。

项英作完报告后，毛泽东首先发言，称赞项英的报告很好，提议中共

1938 年 1 月，项英（右二）、陈毅（右一）、张云逸（右三）等在南昌

中央东南分局主要负责人和中央军委新四军分会主席均由项英担任。

这次政治局会议,决定成立中共中央东南分局,主要做地方工作,以项英、曾山、陈毅、方方、涂振农为委员,项英为书记,曾山为副书记;成立中央军委新四军分会,以项英、陈毅、张鼎丞、曾山、黄道为委员,项英为主席(后称书记),陈毅为副主席(后称副书记)。

12月下旬,项英到达武汉,同已被任命为新四军军长的叶挺一起组建新四军。新四军组建后,项英任副军长,陈毅任第一支队司令员,赣粤边红军游击队编入第一支队。从1938年2月至5月,新四军第一、第二、第三支队相继集结于皖南岩寺。与此同时,新四军第四支队东进到安徽立煌县(今金寨县)流波疃地区集中。至此,新四军全军1.03万余人集中完毕。5月中旬,陈毅率领新四军第一支队主力,高唱着嘹亮的战歌,从岩寺出发挺进苏南抗日前线。

在携手胜利坚持了南方三年游击战争后,项英、陈毅又率领新四军驰骋在抗日战争的疆场上,去完成历史赋予的新任务。

(王新生/撰稿)

中流砥柱

1 中国工农红军改编八路军始末

1937 年 8 月下旬，在全民族抗日战争爆发后一个半月，平津沦陷，淞沪危急，中华民族面临生死存亡之际，传出一个振奋人心的消息：集结在陕北地区的数万红军精兵改编为国民革命军第八路军，并迅即出师迎敌，开赴华北抗日战场。不久，又传来一个令全国人民欢欣鼓舞的消息：八路军——五师林彪部在晋东北平型关地区伏击板垣师团二十一旅团一部，取得了中国全民族抗战以来中国军队主动对日作战的第一个重大胜利，打破了"皇军不可战胜"的神话。平型关战斗极大地鼓舞了全国军民的士气。

其实，红军改编国民革命军一事，早在 1937 年春国共谈判时就已正式提出。如果不是蒋介石有意刁难，八路军可能在几个月前就改编成了。

中共方面最初提出红军改编方案为四个军、十二个师、三十六个旅、一百多个团，四个军的军长分别为林彪、贺龙、刘伯承、徐向前，而国民党只给两个师、八个团；后中共让步为四个师，师长仍为林、贺、刘、徐

西安事变后的 1937 年 2 月中旬，中共中央派周恩来、博古、叶剑英为代表同国民党代表顾祝同、张冲等在西安谈判。周恩来等首先提出了中共关于举国联合抗日的五项要求和四点保证。其中，四点保证的第二点便是"工农政府改名为中华民国特区政府，红军改名为国民革命军，直接接受南京中央政府与军事委员会指导"。

谈判中，双方首次对红军改编问题进行了接触。中共代表提出：红

1937 年 2 月，周恩来（中）、叶剑英（左）与国民党谈判代表张冲在西安南郊合影

军组成一路军，设总指挥部，配正副总指挥，朱德为总指挥，彭德怀为副总指挥，下辖军、师、旅、团。具体计划编四个军、十二个师、三十六个旅、一百多个团。四个军的军长分别是林彪、贺龙、刘伯承、徐向前。林、贺、刘、徐都是赫赫有名的红军将领，林彪曾任红一军团军团长，贺龙为红二方面军总指挥，刘伯承为中革军委总参谋长，徐向前为红四方面军总指挥。

国民党代表、西安行营主任顾祝同说，委员长根据抗战需要，再三考虑决定，红军只能编两个师、八个团，师上面不设军，更不设总指挥部，八个团共编一万五千人。两个师直属军委会领导或归西安行营领导。军官配备，除师长由你们派，副师长以下至副排长军官，统统由南京配备。由于双方的编制数额相差太大，根本无法谈拢，双方都表示回去商量商量再说。

第二天，周恩来一开始就说："昨天，顾主任提出的两个师八个团编制数太少，而且军官的配备也不合情理。我们已向延安毛泽东、朱德、彭德怀等领导作了汇报，为顾全大局，我方同意作出适当让步，由原来的四个军十二个师改为四个师十二个旅二十四个团，共计七万人。四个师的师长仍是林彪、贺龙、刘伯承、徐向前。师上面设总指挥部，军官人选由延安选派。"但国民党方面仍然坚持只给两个师的编制，也不同意设总指挥部。双方僵持不下，谈判又陷入僵局。此时，中共代表团再次接到毛泽东指示：谈判不能操之过急，对蒋不能抱有太大的希望，希望越大则失望越多。在谈判中要采取灵活机动的战略战术，只要蒋介石同意改编红军，就是我们的一大胜利。

周恩来等人也认为，客观形势的发展不允许再回到西安事变前的态度。只要他们同意改编，我们就胜利了。具体编制及兵力问题，今后我们会想办法发展。老是纠缠在编制及兵力数量上也不是办法。拖长了时间，错过了发展时机更不好。

经过中共方面的一再让步，1937 年 3 月 8 日，谈判终于达成一致意见：红军编三个师。史称"三八协议"。并决定由周恩来把近一个月的谈判情况与结果写成总结性条文，报送蒋介石审批。共五条，其中第三条内容为：

红军改编为国民革命军，取消红军名义，服从国民政府军事委员会及蒋介石统一指挥。其编制人员的给养及补充，按国军同等待遇。红军中最精壮者改编为三个国防师，计六个旅十二个团及其直属工、炮、通信、辎重等四万五千人。在三个国防师上设总指挥部。各级人员由自己推选，报南京批准，政训工作人员可由中央派人联络。

就在"三八协议"草签之际，蒋介石节外生枝，派心腹、"十三太保"之一的贺衷寒前来"指导谈判"。根据蒋介石的最新指示，"三八协议"根本通不过，因为蒋仍坚持只给红军两个师的编制，而且师上面不设总指挥部，两个师的军官全部由南京方面重新安排。这样，谈判再次陷入僵局。周恩来提出要去南京直接与蒋介石面谈。3 月 20 日，周恩来应蒋介石之邀前往杭州与蒋谈判。这次谈判，蒋介石总算作了点妥协，同意红军改编为三个师共四万五千人，师以上设总指挥部，各级指挥军官由延安委派，但总司令由蒋委派。

1937 年 6 月，周恩来等再次应邀赴庐山谈判，国民党方面出席会议的有蒋介石、张冲、宋子文、宋美龄等。在谈到红军改编一事时，蒋介石终于给了三个师的番号，即一一五师、一二〇师、一二九师。这三个师的番号原是东北军的，1937 年春东北军整编时被蒋介石撤销。

一波三折，出尔反尔的蒋介石随后又提出不设总指挥部；各师副职由国民政府委派;可以在团以上部队设政训处,负责政治工作,师上面的政训处,由蒋介石的"十三太保"之一、特务头子康泽任主任;朱德、毛泽东必须离开部队。这实质就是要控制共产党、红军和陕甘宁边区,取消中国共产党及其所领导的人民武装在统一战线中的独立性。蒋介石提出的这些无理要求自然遭到了中共代表的坚决反对,周恩来对蒋介石这一方案予以严正驳斥,坚决不同意领袖离开军队,坚持红军改编后由朱德任总指挥,保持共产党的独立性,反对国民党派人到红军部队中任职。但蒋介石予以拒绝。红军改编之事再次搁浅。

就在周恩来等人在庐山谈判之际,中共中央书记处于1937年6月25日给彭德怀、任弼时、叶剑英的电报中说:"在宣言发表后,如蒋同意设立总的指挥部,红军即待其名义发表后改编,否则即于'八一'自行宣布改编,采用国民革命军暂编军、师名义,编三个正规师,共45000人。每师以编至14000人上下为标准。每师仍两旅四团,每团等于过去红军的师,约2700人。其他编师的直属队,总部编3000人,另外地方部队编10000人,保卫队在内。工厂、医院另编。抗日军政大学另行解决,本期毕业后力求继续办一学校。在此编制下编余之老弱、残废、妇女及机关工作人员约三四千,另设法安置。"在多次遭到国民党方面无理刁难之后,中共领导人这回真是忍无可忍了。红军改编是大势所趋,而且宜早不宜迟,如果蒋介石仍无诚意,中共中央准备最迟在1937年8月1日自行宣布红军改编。但不久,形势发生了骤变。

卢沟桥事变和"八一三"事变爆发后,国共两党就红军改编一事迅速达成协议。8月22日,中共洛川会议召开的当天,国民政府军事委员会正式宣布红军主力改编为国民革命军第八路军

1937年7月7日,卢沟桥事变爆发。7月8日,毛泽东和朱德、彭德怀、贺龙、林彪、刘伯承、徐向前等红军将领致电蒋介石,要求"实行全国总动员,保卫平津,保卫华北,收复失地",并表示"红军将士,咸愿在委

整装待发的八路军骑兵部队

员长领导下，为国效命，与敌周旋，以达保土卫国之目的"。7月9日，彭德怀、贺龙、刘伯承、林彪、徐向前、叶剑英、萧克、左权、徐海东等红军高级将领率全体指战员致电国民政府主席林森等，表示"以抗日救国为职志，枕戈待旦，请缨杀敌"，"愿即改名为国民革命军，并请授命为抗日前锋，与日寇决一死战"。

7月14日，中共中央革命军事委员会命令红军以军为单位改组为国民革命军编制，限"十天准备完毕，待命抗日"。令红军将领到陕西省泾阳县云阳镇集中，研究讨论红军改编问题，并对红军参战、部队编制等重大问题作了严密细致的部署。14日，周恩来率领中共代表团去庐山与国民党继续谈判。由于蒋介石不顾国家民族利益，在大敌当前的情况下，仍企图限制与削弱共产党和人民武装的力量，第二次庐山谈判又是不欢而散。

在这次国共两党谈判的同时，中共中央即着手对红军改编进行准备工作。7月21日，中共中央书记处发出《关于目前形势的指示》，提出红军立即改编为国民革命军，准备向华北出动，执行对日直接作战的神圣任务。7月22日，在陕西省泾阳县云阳镇工农红军前敌总指挥部召开的红军高级干部会议上，红军前敌总指挥彭德怀作了《红军改编的意义和今后的工作》的报告，说明红军改编的意义是为了推动国民党进行全面抗战，结成抗日民族统一战线。明确指出改编的中心问题，是保障共产党对红军的单一领导，并保留红军固有的特色。8月1日，中共中央组织部和红军总政治部分别作出决定，强调红军改编后必须坚持共产党在部队中的绝对领导，为改编工作指明了方向。广大红军指战员为了早日出师抗日，认真学习政治、时事，掀起练兵热潮。8月6日，红军前敌总指挥部命令红军集中于陕西省三原、富平、泾阳地区，进行改编和开赴华北抗日前线的准备工作。

在平津沦陷和淞沪方面形势日趋紧张之际，中共中央应国民党邀请，于8月9日派周恩来、朱德和中革军委副总参谋长叶剑英等，飞赴南京参加国民政府军事委员会召开的国防会议，并就红军改编等问题继续同国民党谈判。"八一三"事变爆发后，日军大举进攻上海。8月15日，国民党政府发表《自卫抗战声明书》，表示了"中国决不放弃领土之任何部分"的决心。8月15日，下达总动员令，并调集精锐部队投入上海方向作战。由于形势的急剧变化，国民党对两党合作抗日的态度转向积极。于是，两党最终就红军改编问题达成了协议。

8月22日至25日，中共中央在陕北洛川冯家村召开了政治局扩大会议，这就是著名的洛川会议。洛甫（张闻天）、毛泽东、周恩来、秦邦宪、朱德、彭德怀、刘伯承、贺龙、张浩、林彪、聂荣臻、罗荣桓、张文彬、萧劲光、林伯渠、徐向前、周建屏、傅钟等22人出席了会议。

会议召开的当天，即8月22日，国民政府军事委员会正式宣布红军主力改编为国民革命军第八路军（简称"八路军"），委任了正副总指挥，下辖三个师，每师辖两个旅，每旅辖两个团。每师定员为15000人。自1928年"军事编遣会议"后，国民党军队陆军师有大中小三种编制，即甲种师、乙种师和丙种师。甲种师辖三旅九团，乙种师辖三旅六团，丙种师辖二旅四团。蒋介石的嫡系部队一般都是甲种师，而其他派系的部队则都是乙种师或丙种师。

国民党只给红军三个师的编制，而且是最小的丙种师，千方百计限

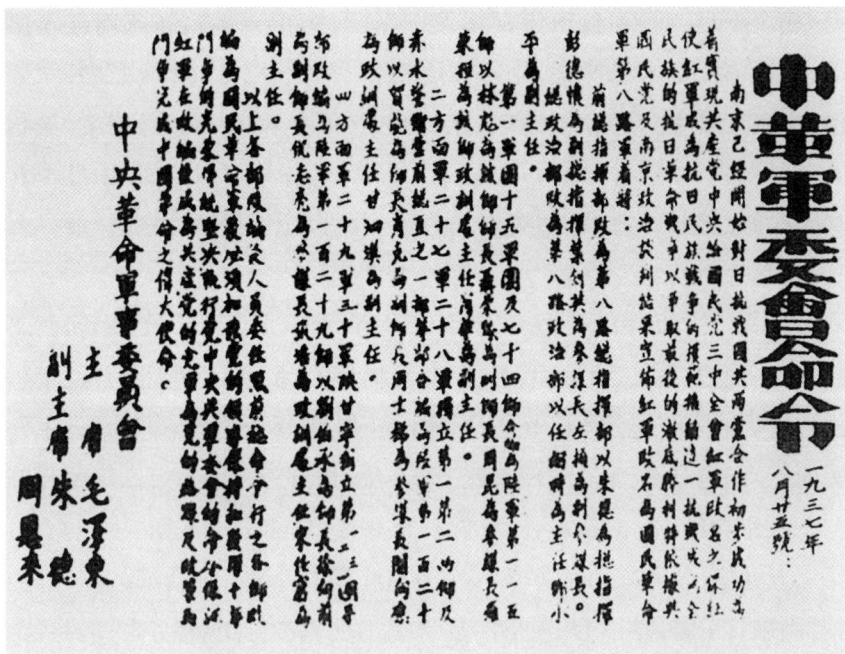

1937 年 8 月 25 日，中革军委发布的红军改编为八路军命令

制红军数量。

8 月 25 日，洛川会议的最后一天，中革军委发布红军改编为国民革命军第八路军的命令，将红军前敌总指挥部改为八路军总指挥部，任命朱德为总指挥、彭德怀为副总指挥，叶剑英为参谋长、左权为副参谋长。中革军委总政治部改为八路军政治部，任弼时为主任、邓小平为副主任。同时任命了各师的领导干部。当日，朱德、彭德怀等高级将领发表通电，宣布就职，并宣告部队已整编完毕，即将东进杀敌。

> 红军改编后，编制级别大大降低，由原来的三个方面军
> 改为三个师，大多数红军干部不得不降级使用，许多
> 高级将领"官降三级"，方面军总指挥当师长，
> 军团长当旅长，军长当团长

八路军所属三个师的编成和主要领导干部配备如下：

第一一五师，由红一方面军第一军团、第十五军团和陕南红军第七十四师编成。师长林彪，副师长聂荣臻，参谋长周昆，政训处主任罗荣桓，副主任萧华。下辖第三四三旅，由红一军团第二、第四师改编，旅长陈光，副旅长周建屏，辖第六八五团、六八六团；第三四四旅，由红十五军团改编，旅长徐海东，辖第六八七团、六八八团；另辖独立团、教导大队、骑兵营、炮兵营、辎重营。全师约 15500 人。

第一二○师，由红二方面军第二军团、第六军团、三十二军和西北红军第二十七军、二十八军，独立第一师、第二师，赤水警卫营及红军总部直属队一部编成。师长贺龙，副师长萧克，参谋长周士第，政训处主任关向应，副主任甘泗淇。下辖第三五八旅，由红二方面军第二军团和红二十八军合编，旅长张宗逊，副旅长李井泉，辖第七一五团、七一六团；第三五九旅，由红二方面军第六军团和红三十二军等部合编，旅长陈伯钧，副旅长王震，辖第七一七团、七一八团；另辖教导团、特务营、骑兵营、炮兵营、工兵营和辎重营。全师约 14000 人。

第一二九师，由红四方面军第四军、三十一军和西北红军第二十九军、三十军，独立第一、二、三、四团及第十五军团骑兵团编成。师长刘伯承，副师长徐向前，参谋长倪志亮，政训处主任张浩，副主任宋任穷。下辖第三八五旅，由红四方面军第四军改编，旅长王宏坤，副旅长王维舟，辖第七六九团、七七○团；第三八六旅，由红四方面军第三十一军改编，旅长陈赓，副旅长陈再道，辖第七七一团、七七二团；另辖教导团、特务营、骑兵营、工兵营和辎重营，约 13000 人。

八路军总指挥部及直属部队 3000 余人。全军约 46000 人。

除了将红军主力改编为八路军外，原本将地方红军 10000 人编为保安队，高岗为司令，萧劲光为副司令，军饷照给。在国共关于改编红军的谈判中，中共中央一直坚持红军地方部队改编为陕甘宁特区的保安队和民团，人数 9000 人至 9500 人。但国民党对陕甘宁特区问题拖而不决，保安队的提议最终被束之高阁。原来打算改编为保安队的陕甘宁地方红军不得不编入八路军编制。

红军改编后，人数未减，编制级别却大大降低，由原来的三个方面军改为三个师，大多数红军干部不得不降级使用，许多高级将领"官降三级"，方面军总指挥当师长，军团长当旅长，军长当团长。如原红军独立第一师和陕北独立团改编为一二〇师特务营，红二十九军改编为一二九师特务营，红三十军改编为一二九师炮兵营，等等。许多方面军领导改任八路军师级干部，如红二方面军总指挥贺龙任一二〇师师长，红二方面军副总指挥萧克任一二〇师副师长，红二方面军参谋长周士第任一二〇师参谋长，红二方面军政治部主任甘泗淇任一二〇师政训处（政治部）副主任；许多红军的军团领导改任八路军旅级干部，如红十五军团军团长徐海东任一一五师三四四旅旅长，红六军团军团长陈伯钧任一二〇师三五九旅旅长，红二军团政治委员王震任三五九旅副旅长；更多的红军军、师领导改任八路军团级干部，如红一军团第二师师长杨得志任一一五师三四三旅六八五团团长，红一军团第二师政治委员邓华任六八五团政训处主任，红一军团第四师师长李天佑任一一五师三四三旅六八六团团长，红一军团第四师政治委员杨勇任六八六团副团长，红十五军团第七十八师师长韩先楚任一一五师三四四旅六八八团副团长，红一军团第一师师长兼政治委员杨成武任一一五师独立团团长，红二十八军军长宋时轮任一二〇师三五八旅七一六团团长，红六军团参谋长彭绍辉任一二〇师教导团团长，红四军第十师师长陈锡联任一二九师三八五旅七六九团团长，等等；许多连、排级干部重新当起了战士。

红军改编为八路军后，国民政府军事委员会委员长蒋介石、军事委员会副委员长兼第二战区司令长官阎锡山、第五战区司令长官李宗仁、军事委员会副参谋总长白崇禧、西安行营代主任蒋鼎文、第七集团军总司令傅作义等国民党高级将领纷纷电贺八路军朱、彭正副总指挥。李宗仁、白崇禧贺电"望东指之旌旗，赋同仇而御侮，歼朔方之倭寇，复失地以奏功"。蒋鼎文贺电"率部抗敌，壁垒新增。行见马肥苜蓿，壮秋塞之军容；酒熟葡萄，励沙场之斗志。扬我国威，挫彼寇焰，河山还我，指顾可期"。

为了加强中国共产党对八路军的绝对领导,中共中央于 8 月 29 日作出决定:在中革军委领导下,成立前方军事委员会分会(简称前方军分会,后改称华北军分会),由八路军总指挥、副总指挥、总政治部主任和三个师的师长、政训处主任共 9 人组成,即朱德、彭德怀、任弼时、林彪、聂荣臻、贺龙、关向应、刘伯承、张浩,朱德、彭德怀为正、副书记。在前方军分会领导下,八路军各师成立军政委员会,负责领导全师的军政工作。一一五师军政委员会由林彪、聂荣臻、罗荣桓、周昆、萧华组成,林彪为书记;一二〇师军政委员会由贺龙、关向应、萧克、甘泗淇、王震组成,贺龙为书记;一二九师军政委员会由刘伯承、张浩、徐向前、陈赓、王宏坤组成,刘伯承为书记。

在红军改编为八路军后,按照国民党军队的编制,一度取消了政治委员制度,并将政治部改为政训处,从而降低了政治工作的地位,一定程度上影响了部队建设。为了加强对部队政治工作的领导,八路军总指挥朱德、副总指挥彭德怀、政治部主任任弼时于 1937 年 10 月 24 日发布命令:中共中央决定,恢复军队中政治委员和政治机关制度。独立营和团以上设立政治委员,各师设政治部,旅、团设政治处。聂荣臻、关向应、张浩分别改任一一五师、一二〇师、一二九师政治委员。旅、团级单位也都任命了政治委员。

红军指战员对"红军改名"和"穿国民党军服""戴国民党帽徽"意见最大,红军高级将领带头做思想工作:一二〇师师长贺龙说我们是"白皮红心",一二九师师长刘伯承带头戴上了缀有国民党帽徽的军帽

红军改编,在部队中引起很大震动。许多干部、战士想不通,对改编不理解,尤其是对"红军改名"和"穿国民党军服""戴国民党帽徽"意见最大。不能容忍红军的红五星换成"白军"的青天白日十二角星。他们说,过去我们戴着红帽徽为穷人闹翻身,国民党军队打了我们多少年,如今却要摘下红五星,换上他们的帽徽,想不通!有人甚至留条"干地方"去了。在新中国成立后出版的许多将帅回忆录中,都提到了那次"换帽子",足见此事对红军将士的影响之大。

面对这些问题,朱德、贺龙、刘伯承、罗荣桓、左权等高级将领带头做干部、战士的思想工作。9月2日,贺龙在一二〇师誓师大会上说:"现在国难当头,为了国家与民族的生存,共同对付日本帝国主义,我愿带头穿国民政府发的衣服,戴青天白日帽徽,和国民党部队统一番号。这样,看起来我们的外表是白的,但是我们的心却是红的,永远是红的!"

八路军副参谋长左权到八路军随营学校的各个部队,给官兵们讲换红星的道理:我们取下红星,不是要丢掉它,这里有烈士的鲜血和我们的理想;要往远处看,为了抗日救国,可以把红星保存起来,把它放在心坎里;红星在我们心里,就不会迷失方向。

9月4日,刘伯承在一二九师师部主持召开了全师连以上干部会议,宣布改编后的部队编制序列及各级干部名单。一名干部忍不住站起来问道:"改编后我们不是成了蒋介石的队伍?"另一个干部也说:"战士们想不通怎么办?"

刘伯承耐心地做着大家的思想工作:"现在大敌当前,日本帝国主义是我们的主要敌人。大敌当前之时,我们同意改编为国民革命军,表明了我们党实行国共合作,坚持进行抗日的诚意,这对促成全国的抗日统一战线,推动全面抗战,有很重要的意义。大家都要从这个大局出发。部队改编了,只是改了个番号,改了个形式,我们人民军队的本质没有变,我们的红心没有变。我们名义上叫八路军,但仍是共产党的队伍,蒋介石是指挥不动我们的,这一点没有半点妥协,毛主席和蒋介石已经达成了协议。""对于现在还没有想通的战士和干部,就要靠在座的同志们去做思想政治工作,但是,在6日前必须把弯子转过来,这一点也毫不含糊,9月6日全师召开誓师大会。"

1937年9月6日,一二九师在陕西省泾阳县石桥镇冒雨举行抗日誓师大会。师长刘伯承宣读了对一二九师各旅干部的任命书。

宣布完任命书后,刘伯承将头上的红军帽摘了下来。他缓缓地抚摸了一下红五星，说道："不管戴什么帽子，不管穿什么衣服，我们的心永远是鲜红的。同志们，我们永远是共产党领导的人民军队。我们现在穿的是当年大革命时期北伐军穿的衣服，戴的是当年北伐军的帽徽。我们要保持红军的本质，也要发扬北伐军的革命精神，而且要比北伐军更好。同志们，为了救中国，暂时和红军帽告别吧！"说罢，他将缀有国民党党徽的军帽迅速戴在头上，然后发出命令："下面，我宣布：换帽子！"随着刘伯承一声令下，全师指战员一起戴上了准备好的灰色军帽。换完军帽，刘伯承带领全师13000名官兵宣誓："我宣誓：为了民族解放，为了国家富强，为了同胞幸福，为了子孙后代，我们一定要抗战到底，把侵略者赶出去！"

誓师大会总指挥、三八六旅旅长陈赓在当天的日记中激动地写道："……此时大雨如倾，人人精神焕发，口号震天，没有畏雨者。我们红军永远是红军，是中国共产党领导的队伍，任凭换个什么名义，戴上什么帽子，我们始终为了共产党的光荣而奋斗！"

9月11日，国民政府军事委员会按全国陆海空军战斗序列，将八路军改称第十八集团军，八路军总部改称第十八集团军总司令部。朱德改任总司令，彭德怀改任副总司令。9月14日，朱德、彭德怀发布八路军改为第十八集团军的通令。但此后仍沿用八路军的番号。

红军改编后，一一五师、一二〇师、一二九师分别在泾阳县云阳镇、富平县庄里镇、泾阳县石桥镇举行抗日誓师大会，之后即开赴山西抗日前线。

（徐平／撰稿）

② 细说八路军番号的几个问题

关于抗战初期红军改编为八路军的过程，很多文章和专著进行了颇为详细的介绍。但是，仍有一些问题不断被人们所讨论和关注，如八路军番号的由来，下辖三个师的番号为何没连在一起？改编不到一个月，为何又将八路军改称第十八集团军？既然名称变了，中共为何要坚持叫八路军？国共围绕八路军番号进行了怎样的斗争？中共又是在哪些情况下使用"第十八集团军"番号的？弄清这些问题的由来，可以加深对这段历史的了解。

> "八路军"原是粤军部队番号，被撤销建制后授给了
> 红军；第一一五、一二〇、一二九师原属东北军部队，
> 被整编后建制消失，番号后授给了八路军三个师

1937 年全民族抗战爆发后，根据国共两党达成的协议，中革军委于 1937 年 8 月 25 日发布命令，将红军主力改编为国民革命军第八路军，简称八路军。那么，什么是"路军"？八路军番号是怎么来的呢？

"路军"，又称"路"，本是作战中临时编组的战役、战术指挥层次，一般在战后即取消。但是，国民党军在十年内战中把它作为一级作战指挥层次一直保留了下来，级别相当于军或略大于军，拟替代军的指挥功能。由于国民党军派系甚多，不能同时完成军队的整编任务，加上编制方案十分杂乱，使用过程中"路军"替代军又造成了许多不便，使得大多数军的番号仍然得以保留。1930 年中原大战中又调整、恢复和增编了一些军的番号，"路军"和军同时并存，使本来就很杂乱的国民党军的编制更加

复杂和混乱。

第八路军，由北伐战争中留守广东的粤军部队编成，李济深、陈济棠先后任总指挥。新军阀混战期间，第八路军的番号一直归属粤军。1936年6月，为抵制蒋介石中央军势力进入两广，陈济棠联合桂系李宗仁、白崇禧发动反蒋的"两广事变"。7月，"两广事变"解决后，国民党军事委员会撤销了第八路军。改编红军时，国民政府军政部部长何应钦把此番号给了共产党。

那么，八路军下辖三个师的番号又是从哪里来的呢？而且三个师的番号并没有连在一起（一般来说，一个作战单元，不管是路军、军，还是师、旅，其下属部队番号是连在一起的，以便于识别和管理），原因何在？

八路军下辖的第一一五、一二〇、一二九师，原属东北军番号。九一八事变后，东北沦陷，东北军被调到豫鄂皖三省，这三个师协同其他东北军部队奉蒋介石之令，参加了对鄂豫皖苏区红军的"围剿"、对鄂豫皖地区红军游击队的持续"清剿"及对退出鄂豫皖苏区转入长征的红二十五军的追击和堵截。调到西北后，又参加了对陕甘苏区和红十五军团的第三次"围剿"、直罗镇战役、阻止三大红军会师的作战以及山城堡战役、宁夏陇东战役（即红一方面军西征）等作战。可以说，这三个师一直是红军的死对头。

第一一五师，此番号原属东北军第六十七军（辖第一〇七、一〇八、一一五、一一七师）。西安事变后，蒋介石为避免东北军再度与红军、杨虎城的十七路军连成一片，对抗南京政府，于1937年3月将一一五师调到安徽涡阳一带。6月，由刘峙主持在河南开封召开豫皖苏三省整军会议，对东北军进行整训、缩编，由每军四师的甲种军编制缩编成每军二师、每师二旅的乙种军编制（仅骑兵军保留三个师），总兵力削减三分之一。六十七军缩编为第一〇七、一〇八两个师，每师辖两旅四团，第一一五、一一七师番号被取消。国共谈判改编红军时，何应钦把一一五师番号给了共产党领导的八路军。

第一二〇师，此番号原属东北军第五十七军（辖第一〇九、一一一、

一一二、一二〇师）。1937 年 6 月，东北军第五十七军被缩编为第
一一一、一一二两个师，每师辖两旅四团，第一〇九、一二〇师番号被取
消。国共谈判改编红军时，一二〇师番号给了共产党领导的八路军。

第一二九师，此番号原属东北军第五十三军（辖第一一六、一一九、
一二九、一三〇师）。1937 年 6 月，第五十三军在河北保定被缩编为第
一一六、一三〇两个师，每师辖两旅四团，第一一九、一二九师番号被取
消。国共谈判改编红军时，一二九师番号给了共产党领导的八路军。

国民政府军事委员会因应抗日战争的需要，按全国陆海空军战斗序列，把八路军改称第十八集团军

就在红军主力改编为八路军后不久，1937 年 9 月 11 日，国民政府军
事委员会又下达命令：将八路军改称第十八集团军，八路军总部改称第
十八集团军总司令部；朱德任第十八集团军总司令，彭德怀任副总司令。
9 月 14 日，朱德、彭德怀发布了八路军改称第十八集团军的通令。这又
是为什么呢？

这需要了解一下集团军的沿革及编成。北伐战争后期，国民党军共
编了四个集团军，分别是第一（中央军）、第二（西北军）、第三（晋阎系）、
第四（桂系）集团军。此时的集团军，在编制上没有统一的规定，一个集
团军就是一个大的派系及支持这个大派系的数个小派别，可辖几十个军或师。抗日战争时期的集团军则与之不同，它是介于战区和军之间的战役兵团指挥机构，是按作战需要设置的，一般辖 2 至 3 个军，甚

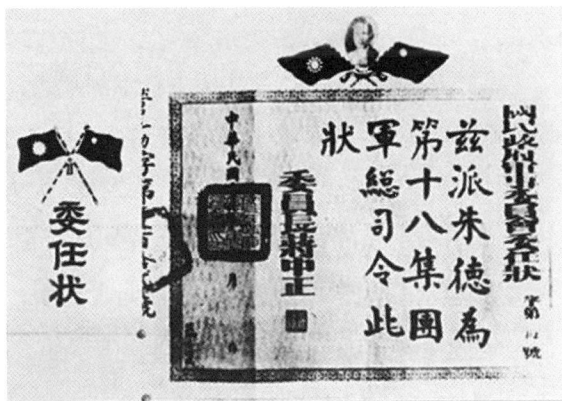

国民革命军第八路军朱德委任状

至有辖4个军以上的,也有辖1个军的,还有辖数个师的特殊编成形式(如第十八集团军),是战役作战的基本单位。

也就是说,国民政府军事委员会是因应抗日战争的需要,按全国陆海空军战斗序列,把各"路军"统一改称为"集团军"的,国民革命军第八路军因此被改称为第十八集团军。

八路军在抗日战场上英勇作战、大放异彩,使"八路军"名称深入人心;中国共产党为坚持用"八路军"名称进行了坚决的斗争

虽然八路军改称第十八集团军了,但有个奇特的现象,中国共产党方面除了在对外交往和发布战时命令文书时自称第十八集团军之外,绝大多数场合仍以八路军自称,包括内部行文和领导讲话,莫不如此。全国民众,甚至日军,也很少提第十八集团军这个番号,仍然称华北中共武装为八路军。这是什么原因呢?

第一,八路军是中共武装得到南京国民政府正式承认的最初名称。此前,中共武装被国民党当局冠以"赤匪"等称呼,没有正式名分。为了教育说服红军将士接受国民党政府改编,中国共产党做了大量工作,前期思想政治教育搞得很扎实,"八路军"名称在开赴山西抗日前线前,已被中国共产党方面广泛接受。随后取得的一系列胜利更使八路军官兵珍爱这一光荣称号。

第二,八路军各师刚奔赴抗击日军的战场,就接连取得平型关战役、夜袭阳明堡机场、雁门关伏击战等胜利,打破了日军不可战胜的神话。这与国民党军的连战连败形成了鲜明对比,大大振奋了海内外华人的信心,坚定了大家抗战到底的决心,八路军名称随着这些胜利名扬海内外,为百姓所熟知,并口口相传,自然就叫习惯了。这也是人民群众一直喜欢"八路军"名称的根本原因,因为它代表着胜利,代表着希望。日军则因为遭遇到了真正的对手,同样对"八路军"印象深刻。在日军眼里,"八路"几乎就是共产党的代名词。

第三，中国共产党很珍惜"八路军"这个名称，与国民党进行了坚决的斗争。抗战前夕，蒋介石在庐山训练班提出了要"在抗日战争中削弱共产党力量五分之二"。抗战爆发后，国民党对共产党及其领导的武装力量尤其是八路军，采取了种种限制措施。在八路军的战场部署上，"只指定五台山东北边的小块地方（如涞源、蔚县）为我们的防区，企图在那个山圪里叫日本人把我们包围消灭"。为限制八路军，国民党在《共党问题处置办法》中提出："第十八集团军既经改编为国军，其军令、军政，应统一于中央"；"为统一指挥机关之名称，所有以前各路名称不属于战斗序列者，均经通令取消，第八路军名义亦经同时取消，不得再行沿用"。并造谣说"八路军游而不击""八路军不听命令""八路军发展实力"，甚至公开宣称"我们的敌人并不是日本，而是八路军"，为取消八路军名称制造舆论。

中国共产党为了坚持用"八路军"的名称，同国民党进行了针锋相对的斗争。1939年1月2日，毛泽东在为八路军总政治部主办的《八路军军政杂志》写的发刊词中指出：八路军在一年半抗战中，执行了"基本的游击战术，但不放松有利条件下的运动战"的正确的战略方针，坚持了与发展了华北的游击战争，创立了许多敌后抗日根据地，缩小了敌人的占领地，钳制了大量的敌军，配合了正面主力军的抗战，延缓了敌人进攻西北的行动，振奋了全国的人心，打破了认为"在敌后坚持抗战不可能"的那些民族失败主义者与悲观主义者的错误观点。还指出，"八路军为保卫祖国而牺牲奋斗的忠诚与不可战胜的事实，是明显地摆在全国全世界的面前，除了反动派、亲日派及某些顽固分子之外，是无法否认的"。以事实驳斥了国民党反共反八路军的反动谬论。1939年2月，《中央关于华北等地摩擦问题的指示》指出："八路军名称为敌人所畏，为国人所爱，绝不应轻易更改。"此后，中共和八路军将领曾公开致电国民党与蒋介石等，反对和驳斥国民党顽固派对八路军的诬蔑。

1941年1月皖南事变后，毛泽东在对新华社记者发表的谈话中指出:国民党不仅"消灭皖南的新四军","宣布新四军'叛变',取消该军番号",还企图"寻找借口,宣布八路军'叛变',取消八路军番号,通缉朱彭"。在中共七大上,周恩来更是一针见血地揭露了蒋介石的阴谋,指出:"不许再叫八路军,只能叫十八集团军。什么意思呢?八路军是平时的军队编制,就是说平常的时候也是有的,而十八集团军是抗战时期的军队编制,既然是战时编制,那么战后就可以取消了!文章在此。但是华北的老百姓回答了他:还是八路军这个名字便当,十八集团军字多不好念。蒋介石订这一条就是他准备取消八路军的一个步骤。"因此,中共有理、有利、有节地坚持使用八路军的名称。这说明,中国共产党在坚持用"八路军"名称问题上与国民党进行的斗争,不只是一个番号问题之争,而是关系到中国共产党领导的人民军队和中国革命前途命运的原则问题。

在正式场合尤其是和国民党交往交涉中,中国共产党 多使用"第十八集团军"的番号;新闻媒体也用 "第十八集团军"指称八路军

抗战期间,中国共产党在对内对外交往中,尤其是和国民党打交道、发布作战文书命令时,多使用"第十八集团军"的番号。1938年1月25日,朱德、彭德怀发布了《第十八集团军总司令部关于战术原则的训令》;1938年2月1日,朱德、彭德怀与任弼时、傅钟联合发布了《第十八集团军总司令部与野战政治部关于整军的训令》。1939年2月15日、3月2日,又以"第十八集团军政治部"的名义先后发布了《关于加强干部教育的训令》和《关于日军工作和青年工作的指示》等。有时,也使用"第十八集团军总部"的名义发布命令。1939年3月15日,发布了《关于开展生产运动的训令》;1940年3月2日,发布了《关于扩兵工作的指示》等。在涉及日军方面,有1941年9月15日发布的《第十八集团军政治部关于日军俘虏优待办法的规定》,1942年3月29日发布的《第十八集团军关于揭发和打击敌寇毒化政策的指示》等。

从 1939 年底开始,国民党顽固派掀起第一次反共高潮。为巩固抗日民族统一战线的大局,1939 年 12 月 25 日,朱德、彭德怀以国民革命军第十八集团军正、副总司令的名义,联合第一一五师师长林彪、第一二〇师师长贺龙、第一二九师师长刘伯承及陕甘宁边区政府主席林伯渠、陕甘宁边区参议会议长高岗、第十八集团军后方留守处主任萧劲光,通电全国,反对枪口对内,进攻边区。1940 年 1 月 15 日,朱德、彭德怀又一次以第十八集团军正、副总司令的名义,联合第十八集团军所有下属正、副军政主官,致电国民党林森、蒋介石,驳斥了"八路军游而不击"的谬论,宣扬了八路军、新四军在艰难困苦的条件下"历千辛,冒万苦,忍辱负重……抗日第一,为国家民族负责"的光辉形象。

皖南事变后,中国共产党对国民党展开了全面的政治反击,在 1941 年 1 月 18 日《中共中央发言人对皖南事变发表的谈话》、1941 年 3 月 2 日《共产党参政员董必武、邓颖超致国民参政会公函》中,均使用了比较正式的"第十八集团军"名称。印度援华医生柯棣华病逝后,周恩来于 1943 年 3 月 22 日给柯棣华家属发去的慰问信里也用了"第十八集团军"的名称:"亲爱的朋友,我谨代表第十八集团军和中国共产党,为柯棣华大夫的逝世,向你们致最深挚的悲悼。"1943 年夏,国民党发动第三次反共高潮,7 月 6 日,朱德再次以第十八集团军总司令名义致电蒋介石,呼吁团结,避免内战。

1944 年,国共之间围绕国际援华物资的分配、敌后抗日根据地的地位等问题进行了多次谈判,双方往来电报中,也多次使用了"第十八集团军"的正式名称。5 月 15 日,毛泽东关于向国民党提出的 20 条谈判意见给林伯渠的电报,要求"政府在物质上充分援助十八集团军及新四军"。6 月 3 日,毛泽东关于同意林伯渠等对时局的估计和谈判意见的复电,起头就是"重庆十八集团军办事处林伯渠同志"。6 月 5 日,国民党以林伯渠的意见为基础,对中共问题政治解决做出提示案,关于军事问题有如下表述:"第十八集团军及其在各地之一切部队,合共编为四个军,十个师,其番号以命令定之。"9 月 15 日,林伯渠在三届三次国民参政会上关于国共谈判作报告,要求国民政府"停止特务人员对于共产党、十八集团军、新四军及抗日民主地区的破坏活动"。

在新闻媒体报道中,也多用"第十八集团军"的名称。1944年7月22日,《解放日报》一则新闻开头如下:"新华社延安廿一日电:本月十五日日寇'中国派遣军'当局否认曾在华使用毒气。本日,十八集团军参谋长叶剑英同志发表声明驳斥之,并向全世界人士控诉日寇几年来在我敌后根据地滥放毒气,毒害我抗日军民之罪行。"

1944年8月12日,周恩来关于国共谈判问题答新华社记者问,用"十八集团军"指称八路军,如"关于盟国援助问题,请政府对同盟国援助中国之武器、弹药、药品、金钱,应按正当比例分配于十八集团军及新四军。此外,尚有请政府通令取消'奸党''奸军''奸区'等诬蔑与侮辱中共、十八集团军、新四军与各抗日根据地的称号,停止特务人员对中共、十八集团军、新四军与各抗日根据地的破坏活动"。国统区媒体也用"十八集团军"指称八路军。皖南事变后,国共关系紧张,1941年5月21日《大公报》发表社评《为晋南战事作一种呼吁》:"在国家民族的大义名分之下,十八集团军应该立即参加晋南战役……十八集团军若这样做,不但敌谣全消,忠勇大彰,而坚持团结的信条也完全做到而实践了。"

中共对"第十八集团军"的名称一直用到了抗战胜利。1945年8月13日至16日,毛泽东亲自起草了《第十八集团军总司令给蒋介石的两个电报》,就蒋介石命令共产党军队在日军投降时"原地驻防待命"及准备打内战,针锋相对地提出解放区所有武装部队均有权接受日军投降,还提出了中国共产党的六项主张,教育全国人民警惕蒋介石的内战阴谋。8月15日,朱德还以中国解放区抗日军总司令的名义发布了《关于责令冈村宁次投降的命令》。

总之,中国共产党在内部行文中,多使用"八路军"的名称,在正式场合尤其是对外交往中使用"第十八集团军"的名称较为多一些,以利用合法番号充分捍卫自己的利益,体现了斗争的坚决性、灵活性。不过,"八路军"这个名称在整个抗日战争中一直坚持使用,从未停止过。至今,"八路军"仍是一个响亮的名称,妇孺皆知,声震中外,不能不说是世界军事史上的奇迹。

(孟俭红 / 撰稿)

3 毛泽东纵横论说持久战

抗日战争之所以能取得胜利，自然由多种因素促成，但抗日战争有正确的战略指导，是其取得最终胜利的重要因素。1938年毛泽东写的《论持久战》，就是对抗日战争进行正确战略指导的著作。这部著作是毛泽东在经过一段时间的摸索之后逐步总结、撰写出来的。

太原失守后，共产党认识到必须深入敌后，领导这场持久战。
从"做眼"到反"围攻"，毛泽东验证了持久抗战的可能性

早在1936年7月，抗日战争还没有开始时，毛泽东就在延安同美国记者斯诺的谈话中说过：中日早晚要打一仗；中日这一战，是持久的。他还向斯诺谈到了打持久战的各项方针。抗日战争刚开始时，毛泽东又说过，中日之间的最后胜负，要在持久战中去解决。但是，对于持久战的系统理论观点，毛泽东此时还没有形成。毛泽东对于这一观点说过这样的话：大多数人不了解抗日战争的性质，一半是因为我们的宣传解释工作不够，一半也是因为客观事变的发展还没有完全暴露其固有的性质，还没有将其面貌鲜明地摆在人们面前，使人们无从看出其整个的趋势和前途。

从1937年七七事变开始到11月太原失守，这4个月，对于蒋介石、毛泽东震动都很大。蒋介石在受震动之余，是情绪消沉；而毛泽东在受震动之余，形成了一个基本认识：国民党的正面战场是靠不住的，共产党要依靠自己的力量打持久战。中日战争是持久战，但不是仅仅依靠国民党正面战场的作战造成持久，而是依靠共产党领导敌后人民实行全面抗战造成的持久。共产党必须深入到敌后去，领导这场持久战。这是共产党领导持久战的开始，也是认识持久战规律的开始。

就在 1937 年 11 月 8 日太原失守的当天，毛泽东就在致周恩来等人的电报中说："八路军将成为全山西游击战争之主体。应该在统一战线之原则下，放手发动群众，扩大自己，征集给养，收编散兵，应照每师扩大三个团之方针，不靠国民党发饷，而自己筹集供给之。"毛泽东的方针是：把山西全省的大多数乡村化为游击根据地。

那么，八路军怎样到山西开展游击战争呢？当时，共产党内部还是不很明白。说起来，是应该到山西全省搞游击战的，但做起来，包括许多高级领导干部在内都是一片茫然。正如徐向前所说的：当时大家对"独立自主的游击战方针，不甚了了"。还是毛泽东高瞻远瞩，他通盘部署是：我党领导的军事力量分为四大部分，深入到敌后去，发动民众，收编溃军，扩大自己，自给自足，开辟根据地。

这四大部分是：当时编制最多、战斗力最强的一一五师分成两部分，一部分由聂荣臻率领，留在晋东北，继续以五台山为中心，开辟晋察冀抗日根据地；一部分（即一一五师主力）则从晋东北开赴晋西南地区，创建以吕梁山为依托的晋西南抗日根据地；一二〇师以管涔山脉为中心，开创晋西北抗日根据地；一二九师沿正太铁路南下，依托太行、太岳山脉，开辟晋冀豫抗日根据地。这四个区域，都依托山地，地理条件优越，同时还可以直接威胁日军占领的铁路线和大城市。这四个区域又可相互呼应，存在于日军控制下的山西全省，既可以相互支援，又是将来反攻、收复失地的有力基础。

毛泽东把我军主力在山西全省铺开，发展游击战争，建立抗日根据地，形象地比喻为下围棋的"做眼"。他说：只要我们在敌后建立了抗日根据地，就站稳了脚，就是做了"眼"，我们就活了，敌人就打不破我们了。他反复叮嘱我军将领：到敌后，要像"做眼"一样，建立根据地。这是一个战略任务，必须执行。毛泽东提到的"做眼"，实际上就是认识到共产党领导敌后抗战的艰巨性和持久性。如果我们没有"做眼"，即没有创建抗日根据地,就在四个战略区站不住脚,结果,不是被日本人打回来,就是被日本人吃掉,我们就失败了,而创建了抗日根据地,做好了"眼",我们就在四个战略区站住脚了,就活了。抗日战争就能够持久地打下去,直到战胜日本侵略军。

毛泽东部署的我军主力,很快就深入山西敌后,在那里创建抗日根据地。日军见八路军在他们的"后方"建立了抗日根据地,便在占领太原后,集中兵力"清剿",以扫除其"南进"之忧。从 1937 年 11 月下旬开始,日军出动 2 万兵力,配合骑兵、大炮、坦克、飞机,向刚刚创建的晋察冀根据地发动大规模的"围攻"。晋察冀根据地是我军创建的第一块抗日根据地。对此,毛泽东十分重视。他清楚:我晋察冀抗日根据地能不能保住,是对共产党能不能独立领导敌后抗战的检验,也是我们能否在敌后进行持久战的关键。因此,毛泽东对日军的进攻很是关心。

每天晚上,毛泽东的窑洞里总是点着油灯,他不停地阅读各方面发来的电报,不停地思索。他白天不停地听汇报、看材料、看地图,和其他领导人一起研究情况。其他领导人走后,毛泽东仍然站在地图前思索。夜间,他仍然彻夜工作、思考。毛泽东的决心是:我晋察冀根据地不能被动地防守,必须反"围攻",而反"围攻"的方针是:避免正面抵抗,袭击敌之后尾部队,在敌之远近后方活动,使敌进一步仍在我包围之中;在确有胜利把握的条件下,集中适当的力量给敌人以部分的歼击和有力打击。同时,要求一二〇师和一二九师分别在同蒲路、正太路积极活动,配合晋察冀根据地反"围攻"。在毛泽东的指导下,晋察冀根据地在不到一个月的时间里,接连打了几个胜仗,打破了日军的"清剿",取得了反"围攻"的胜利。

晋察冀根据地反"围攻"的胜利,实现了我军在敌后独立自主发展抗日根据地的战略意图。战争实践,也证明了毛泽东持久抗战的可行性,使毛泽东初步摸索到了持久抗战的规律。

敌进我进,在敌后建立战略支点,创建游击兵团,开展平原
游击战争,毛泽东进一步摸索到了持久抗战的规律

抗日战争开始后,日军原打算速战速决,三个月灭亡中国,但他们没有料到,八路军会深入到敌后去牵制他们。他们也没有料到,国民党在正面战场上也对他们进行了顽强的抵抗。国民党前线官兵英勇作战,付出了巨大牺牲。国民党军的顽强抵抗,阻止了日军的进攻,使抗日战争客观上形成了长期的持久战。但是,国民党在正面战场上采取硬打硬拼的单纯防御战,对作战十分不利,结果一败再败,日军先后占领了上海、南京。

此时,在正面战场上,日军在进攻中已经在许多地方与国民党军队呈相互攻防状态。由此,毛泽东得出了一个基本结论:正面战场的抗战,也肯定是长期的、持久的。基于这一认识,他向国民党当局提出了一个全面战略部署的完整方案。毛泽东向蒋介石提出:国民党对日作战,不应单纯防御,而应采取"攻势防御"的方针,把内线防御和外线进攻结合起来。如果国民党把近百万军队都退到黄河以南、平汉铁路以西之内线,而陇海、平汉尽为敌军占领,则将形成极大的困难。因此,总的方针应该是:在敌深入进攻时,必须部署足够力量于外线,方能配合内线主力作战,增加敌人的困难,减少自己的困难,造成有利于持久抗战之军事政治形势。

然而,蒋介石没有采纳毛泽东的建议。这使蒋介石失去了在黄河以北地区展开兵力,与敌互有攻防,进行持久抗战的机会。

毛泽东见蒋介石不采纳自己的意见,便不再对蒋抱多大的希望,更坚定了以我为主、以共产党领导的武装力量为主,进一步深入敌后,建立战略支点,创造全面抗战、持久抗战的局面。

1938 年 2 月下旬,中共中央政治局召开会议,研究新形势下八路军的战略方针。会前,毛泽东已经有了比较成熟的想法。这就是:在武汉、徐州等地一旦失守的情况下,为了坚持持久抗战,八路军应该有足以影

响全国抗日全局的动作。这个动作实质上就是：敌进我进，即在日军向我南部大举进攻的时候，八路军也向敌后开进，在敌后建立更多的能够独立作战的抗日根据地，形成长期抗战的重要战略支点。具体方案是：在山西、鄂豫皖、苏浙皖赣、陕甘、鄂豫陕、湘鄂赣建立根据地，作为战略支点，而以苏鲁边区、冀南区、热冀区、大青山脉区辅助之。八路军的三个主力师，一个放在鄂豫皖区，一个放在鄂豫陕区，一个放在陕甘区。中央政治局会议同意了毛泽东的这一方案。

后来，毛泽东的这一方案虽有一些调整，但基本思路没有变。敌进我进，使我军在日军向南大举进攻的时候，深入敌后，在敌后展开，发动群众，创建根据地，不仅立住了脚，牵制了日军，支持了全国的持久抗战，而且为我军在抗日战争中很快发展壮大起来奠定了基础。

八路军在敌后创建的抗日根据地，要长期坚持下去，依靠的是自己的武装力量。可是，在如何使用我们的武装力量方面，当时共产党内的认识并不一致。很多人认为，根据以往的经验，我们只有分成小股力量，才能机动灵活地打击日军。毛泽东却不这样看。他认为，八路军开进到敌后，要建立游击兵团。所谓游击兵团，按毛泽东当时的具体说法，就是1000人左右，由八路军有作战经验的一两个连作为中坚，再把地方游击队和收编的新兵编入，这种游击兵团，可以独立地进行稍大一些的战斗，也可以保护一个地方不被日军全部占领，可以独自发展扩大。各游击兵团配合起来，又可以打大一些的战役，这才能真正做到机动灵活。1938年3月23日，毛泽东在中央政治局常委会上提出了自己的这一想法，会议同意了毛泽东的意见。3月24日，中央致电八路军各部，提出了组建游击兵团的具体任务。这样，八路军展开的速度就更快了，中国持久抗战的条件也更充分了。

抗战初期，我军的将领习惯于依托山地打游击战，对进入平原地区打游击战有顾虑。徐向前在回忆那段日子时就说过：我们从红军时代起，就是靠山起家，靠山吃饭的，对在平原地区搞游击战争，缺乏经验，信心不足。徐向前这些话，表达的正是当时我军高级指挥员的想法。毛泽东却从全面的持久战的角度认定：八路军要在持久抗击日军的过程中发展自己，就不能只局限于山区，而必须走向平原，发动饱受日军蹂躏的沦陷区同胞共同抗日，共产党的军队才能更迅速地壮大起来。山区打游击条件虽好，但人力、资源都有限，只有走向平原，才能获得更广大的民众支持，获得更多的资源，壮大自己。同时，在平原，只要依靠人民群众，会创造出更多的打游击的办法来的。按毛泽东这一思路，我游击兵团如雨后春笋般地发展起来，平原游击战打得非常好。此后，毛泽东又进一步把目光投向我国东部和南部。他派罗炳辉到山东，和黎玉一起开创山东抗日根据地；他还指导新四军在南方开创抗日根据地。

敌进我进，在敌后建立战略支点，创建游击兵团，开展平原游击战争，毛泽东进一步摸索到了持久抗战的规律。

1938年5月19日，日军占领徐州。徐州失守，意味着中日战局发生了重大变化。日军的下一步行动有两种可能：一是主力转向华北，专门消灭共产党领导的武装力量；一是继续向南进攻，打武汉、广州。对日军动向能否作出准确判断，是确定我党战略方针的基础。同时，到徐州失守时，抗日战争已经进行了10个多月，各种矛盾已经充分暴露，可以认识到其规律性的东西了。毛泽东开始集中一段时间，静下心来分析时局的变化。那段时间，毛泽东会客少了。他集中精力研究来自各方面的情报，又一次到了废寝忘食的地步。据毛泽东身边的卫士回忆：那段时间，毛泽东白天在院子里踱步，常常因深入思考某个问题而忘记了其他。夜晚，毛泽东阅读各方面的来电，研究全国的军事局势，彻夜不眠。经过一番研究，毛泽东对战争全局作出了准确判断：日军不会马上把主力用于华北，日军进攻的目标是武汉、广州。

基于这一判断，毛泽东确定：共产党在华北开展游击战，派李井泉率骑兵开创大青山根据地。这样，就把触角更加深入到了敌后，在敌人后方纵深处牵制敌人，同时，冀中、冀热察等抗日根据地要巩固现有武装，做坚持长期游击战争的准备。

对于国民党支撑的正面战场，毛泽东也看到：迟滞敌人，争取时间，避免不利决战，已经成为国共两党的共识。国民党在抗日战争中保存自己的主力，这是持久抗战的必要条件。

通过对我党领导的敌后战场情况的分析，通过对国民党正面战场情况的分析，毛泽东开始形成了一个初步的全国持久抗战的思路，这就是：八路军、新四军在敌后要广泛发展；国民党军在正面战场要保存主力。中国能够保存和发展军事力量，是持久抗战的根本。

在保存和发展军事力量的过程中，共产党领导的军队的发展至关重要。因此，毛泽东决定，当日军向南方大举进攻时，八路军各部主力要向河北、山东的平原地区大规模进军：一二九师主力进入冀南，一二〇师主力进入冀中，一一五师师部率三四三旅进入冀鲁豫地区和山东，开辟新的根据地。按此战略方针，仅仅用两个月的时间，八路军、新四军就发展到 18 万人，一大批抗日根据地创建起来了。

面对"亡国论"和"速胜论"两种论调，毛泽东组织了两个研究组织。有了充分的理论准备后，他决心写作《论持久战》

日军占领了一些大城市和北方大片国土后，国内对抗日战争的不同看法就出现了。这些论调大致有两种：一种是"亡国论"。这种论调认为，中国武器不如人，和日本人打仗必然失败。还有一种是"速胜论"。持这种论调者幻想依靠国际援助来打败日本。他们认为，国际形势一定会发生变化，外国会援助中国的，中国可以在三个月内打败日本。共产党内也有人认为，日本人不值得一打，我们很快就会打败日本。上述两种论调，在国内流传很广，影响着抗日大局和人们的情绪。

毛泽东明白，这些论调是错误的，危害是巨大的，他决心要驳斥这些论调。但是，马上驳斥这些论调还有困难：一是毛泽东太忙了，抽不出时间认真地研究这些问题，而要有理有据地批驳这些不利于抗战的论调，是要下一番功夫的。二是他此刻的理论准备还不充足，特别是对于现代军事理论，他要认真地钻研一番才能把道理讲透。三是目前光批判"亡国论"和"速胜论"还不行，现在需要的是正面地、系统地阐述正确的道理,同时批判上述错误论调,对此,他还没有充分的准备。

怎样克服这些困难,认真地回答抗战以来的重大问题呢？毛泽东决定,成立一个延安抗日战争研究会,吸收中央一些领导人、一些重要的理论干部和军事干部参加,大家共同读书,共同研究问题,以便互相启发,集思广益,最终形成系统的、正确的理论。在毛泽东提议下,延安抗日战争研究会很快就成立了。研究会以研究全局、讨论战争的战略为主要内容,先是大家共同对国内外各方面的情况进行了解,然后集中讨论局势的变化和当前的战争战略问题。有不同的认识,可以展开争论。这个研究会不同于中央日常的军事参谋部。军事参谋部是针对当时中国的具体军事斗争,提出具体应对方案的机构,而延安抗日战争研究会却是专门研究当时国内外大事、抗日战争的重大战略问题,以期形成正确的战略认识。这个研究会在毛泽东的亲自指导下,很是活跃了一个时期。参加者学习、讨论都十分认真,不同看法都可以提出来讨论。有时对某种认识一直讨论到深夜。大家肚子饿了,就在毛泽东的住处弄点吃的,吃完了继续讨论。

延安抗日战争研究会成立后,毛泽东感到我军的军事干部实战经验是很丰富的,但在军事理论方面有欠缺,特别是对外国的军事理论,知道的人还是很少的。毛泽东自己就承认,自己对中国古代战争有一点研究,在过去的实战中积累了一定的经验,但对于外国军事理论知道得不多。他后来说过:我一开始打仗时,并没有读多少兵法书,更不像有些人说的那样,是靠《孙子兵法》《三国演义》来指挥的,主要是靠长期革命战争实践中积累的经验。我写《中国革命战争的战略问题》一书时,才逼着自己研究了一些资产阶级的军事学,也包括《孙子兵法》。对外国最系统的军事理论著作——克劳塞维茨的《战争论》自己知道得很少。而要回答抗日战争中的重大问题,光是有军事斗争经验还不行,还必须有丰富的军事理论知识,特别是对《战争论》要研究透。通过读这本书,系统地掌握外国的军事理论。

为了尽快补足军事理论知识,毛泽东又发起组织了一个《战争论》研究小组,请在中央工作的军事干部和读过这本书的人、中央一些理论工作者,和自己一起来研读这部书。对这个研究小组的活动,当时的参加者莫文骅有一段回忆。莫文骅说,《战争论》研究小组采取的方式是"每周讨论一次,晚上七八点钟开始,讨论到深夜十一二点钟"。参加《战争论》研究小组的人,采用边读边议的方法。"当时只有一本书,是国民党陆军大学出版的文言本,译文又很粗劣,读起来很不好懂。后来由何思敬同志直接从德文原版译出来,译一章,介绍、研究一章,并发了讲义。记得当时讨论得最多的、最热烈的是集中兵力问题。毛泽东同志说:'克劳塞维茨的作战指挥实践不多,但集中兵力问题讲得好。拿破仑用兵重要的一条也是集中兵力。我们以少胜多也是在战术上集中比敌人多5倍到10倍的兵力。当然,这里也有个政治问题。我们是正义战争,得到人民群众的拥护和支援。凡是非正义战争就不得不分兵把口。'"

毛泽东感到,光是组织上述两个学习研究组织还不够,最关键的,还是自己独立地进一步研究理论。因此,毛泽东在繁忙的工作之余,开始挤时间拼命地读书,研究理论,而当时毛泽东把研究理论的重点放在了哲学上。他在抗日战争开始后的10个月时间内,读了大量马克思主义著作,除了读马克思主义的原著外,还读了国内研究、介绍马克思主义哲学的著作。艾思奇的《哲学与生活》,毛泽东读了不止一遍,还写下了约3000字的摘录。李达的《社会学大纲》,毛泽东用2个月的时间读完了,读后感到"颇为新鲜"。毛泽东当时在写给自己亲戚的信中,简要地介绍了他那段时间紧张读书的情况:我每天总得先读一大堆来自各方面的情报,对工作作出部署,然后,在昏暗的油灯下开始读书、写作。毛泽东就是用这种方法,积累军事上的学问。他后来对别人说:"有了学问,好比站在山上,可以看到很远很多东西。"

毛泽东不光是读书,还特别关注新闻时事。送给他的报纸、杂志,他都认真地阅读。毛泽东的阅读速度很快,但目光敏锐,善于捕捉重要信息,并且善于用战略眼光结合国内外形势来分析问题。他还把这一方法教给身边的工作人员。毛泽东身边的工作人员史敬棠后来回忆说:"送到毛主席处的报纸、杂志,毛主席阅后将重要内容加圈,示意大家要用战略眼光结合国内外形势来看报纸。选择内容应当有助于分析社会各阶级的动态和观察社会经济、政治向何处发展的材料,这使我得到很重要的启示,终身受益不浅。"

经过组织两个组织共同学习研究,并经过自己的刻苦学习思考,毛泽东有了充分的理论准备。在此基础上,毛泽东决心动笔写一篇文章,对抗日战争全局进行深入分析论证,同时批驳"亡国论"和"速胜论"。

《论持久战》不是一次写成的,一开始也没这个书名。
写成后,毛泽东也并未考虑出版或者发表,只是
想在中央高层搞清楚问题,统一认识

《论持久战》不是一次写成的,一开始也没这个书名。针对延安抗日战争研究会上大家提出的问题,毛泽东感到有必要系统地回答,因此便动笔写作了。他在写作过程中,一个问题接一个问题地分析,一层层地剖析,逐步深入,最后竟积累起数万字的一部著作,这就是《论持久战》。

据当年毛泽东的卫士回忆,毛泽东写作《论持久战》时,十分投入,一坐就是几个小时,在那里思考、写作。有时实在累了,就站起来在屋子里走几步,然后又很快坐下来写作。夜深了,毛泽东饿了,就叫卫士送来一块烤红薯,吃完了继续写作。有一次,毛泽东写作入了神,脚挨上了炭火盆,但毛泽东丝毫没有察觉到。直到炭火把鞋子烤焦了,满屋子弥漫着焦煳的气味,警卫人员才发现,赶紧提醒毛泽东。待警卫人员给毛泽东换了一双鞋子后,毛泽东又继续写下去。

经过一段时间的集中写作,《论持久战》终于完稿了。

毛泽东写完《论持久战》后,一开始并未考虑出版或者发表的问题,他写作的目的,是在中共高层搞清楚问题,统一认识,因此,他决定先在延安抗日战争研究会上讲一讲。

1938年5月26日至6月3日,毛泽东在延安抗日战争研究会用了近10天的时间,讲演了自己写好的《论持久战》的基本内容。

1938 年春，毛泽东在延安撰写《论持久战》

毛泽东在讲演中开宗明义地说："我的讲演就来研究持久战。和持久战这个题目有关的问题，我都准备说到"。

毛泽东首先驳斥了"亡国论"和"速胜论"，认为持这两种论调的人"看问题的方法是主观的和片面的，一句话，非科学的"。毛泽东的结论是：抗日战争最后胜利是中国的，但抗日战争不能速胜，而是持久战。毛泽东提出这个论断的根据来自对中国和日本两方面情况的科学分析：日本方面的长处是其战争力量强；其短处则在其战争本质的退步性、野蛮性，在其人力、物力之不足，在其国际形势的寡助。中国方面的军力、经济力、政治组织力比较弱，然而正处于进步的时代，其战争是进步的和正义的，又有大国这个条件足以支持持久战，世界的多数国家是会支援中国的。中日双方这些特点"规定了和规定着战争的持久性和最后胜利属于中国而不属于日本"。

接着，毛泽东又引用中外的大量材料，有理有据地驳斥了"亡国论"和"速胜论"，论述了抗日战争为什么是持久战的道理：敌强我弱这种情况没有产生基本变化，在战争一定阶段上，敌人还能得到一定程度的胜利，但我坚持抗战、坚持统一战线的努力，在中国方面，使敌我只限于一定阶段内的一定程度上的胜或败，造成了持久战的局面。在中国方面，弱的因素虽有了某种程度的进步，但距离足以阻止敌

1938年，毛泽东在抗大作《论持久战》报告

之进攻及准备我之反攻的必要的程度，还远得很，这也规定了战争不能速胜，只能是持久战。

毛泽东论述了持久战的三个阶段。他说："这种持久战，将具体地表现于三个阶段之中。第一个阶段，是敌之战略进攻、我之战略防御的时期。第二个阶段，是敌之战略保守、我之准备反攻的时期。第三个阶段，是我之战略反攻、敌之战略退却的时期。三个阶段的具体情况不能预断，但依目前条件来看，战争趋势中的某些大端是可以指出的。客观现实的行程将是异常丰富和曲折变化的，谁也不能造出一本中日战争的'流年'来；然而给战争趋势描画出一个轮廓，却为战略指导所必需。"

毛泽东在《论持久战》中论述了实现持久战的总方针。这个总方针把重点放在第一阶段和第二阶段上。毛泽东指出：在第一阶段和第二阶段中主动地、灵活地、有计划地执行防御战中的进攻战，持久战中的速决战，内线作战中的外线作战；而第三阶段中，则是战略反攻战，主要任务

是收复失地。收复失地,主要靠中国自己的力量,但也须依靠国际力量和敌国内部变化的援助。

毛泽东在《论持久战》中还论述了游击战对抗日战争的重大意义,强调了"兵民是胜利之本"、"战争的伟力之最深厚的根源,存在于民众之中"的道理。

毛泽东的《论持久战》正确地回答了人们最关心的问题,对抗日战争的发展规律有了一个清楚的描述,因此,毛泽东首次发表《论持久战》的演讲时,就使听者由衷地信服。据邓力群回忆,毛泽东发表《论持久战》,使人有豁然开朗之感,大家都感到,毛泽东英明、高明。

《论持久战》之所以能成书,陈云起了一定作用。
白崇禧将《论持久战》的精神归纳成两句话:
"积小胜为大胜,以空间换时间。"

毛泽东发表《论持久战》的讲演后,并没有打算发表,甚至他都没有考虑到要在更大的范围去讲。《论持久战》之所以能够成书,应该说,陈云是起了一定作用的。

毛泽东在延安抗日战争研究会作《论持久战》讲演时,作为中央领导人之一的陈云也听了。陈云感到毛泽东讲得非常深刻,非常有说服力。他非常钦佩毛泽东,同时也感到,毛泽东的这一理论,对全党、对全国抗战都有重要的指导意义。于是,他在听了毛泽东的讲演之后的第二天就对毛泽东说:是不是可以在更大一点的范围给干部们讲一讲。毛泽东考虑后,接受了陈云的建议。

但是,毛泽东考虑到,在更大范围去讲,只能是到抗大等学校去讲,到延安各党政机关去讲,可是这样做,一是自己时间有限,抽不出来那么多的时间,二是只由自己去讲,听者仍然有限,于是便决定把讲稿整理出来,先在党内印发。这样,《论持久战》便在延安油印出来,在党内传阅。

可是,延安油印的《论持久战》仍然数量有限,尽管大家争相传阅,仍然有许多干部看不到,特别是在前线的干部,得到油印的《论持久战》

更难。于是，毛泽东又决定，印成书，公开发表，不光在根据地发行，也可以在国民党统治区发行。

公开出版《论持久战》的决定作出后，中共中央把这当作一件大事来办，采取了特别措施。延安当时缺纸，就设法从国民党统治区搞来一些纸，负责排字的同志日夜加班编校，印刷工人日夜加班印刷，很快就把《论持久战》印成了书。由于当时条件太差，印书的纸不太好，印出来的书并不太结实。刚刚印出的《论持久战》封面上，是毛泽东亲笔题写的书名，同时还印有毛泽东亲笔写的一句话："坚持抗战，坚持统一战线，坚持持久战，最后胜利必然是中国的。"

《论持久战》一面世，就在国内外产生了重大影响。不光在共产党内，在国民党上层也产生了重要影响。程思远在回忆中就谈到了《论持久战》在国民党上层的影响。他说："毛泽东的《论持久战》刚发表，周恩来就把它的基本精神向白崇禧作了介绍。白崇禧深为赞赏，认为这是克敌制胜的最高战略方针。后来白崇禧又把它向蒋介石转述，蒋也十分赞成。在蒋介石的支持下，白崇禧把《论持久战》的精神归纳成两句话：'积小胜为大胜，以空间换时间。'并取得了周公的同意，由军事委员会通令全国，作为抗日战争中的战略指导思想。"

《论持久战》印刷出来不久，周恩来就从武汉把书寄到香港，委托宋庆龄找人翻译成英文，以便在海外发行。宋庆龄收到这部书后，认真地读了两遍，她深为毛泽东的深刻分析和高远眼光所折服。她立即找来自己亲近的朋友爱泼斯坦等人进行翻译。经过一番努力，《论持久战》翻译成了英文，并准备在海外出版。毛泽东得知这件事后，特意为英文版《论持久战》写了序言。他在序言中写道："希望此书能在英语各国间唤起若干的同情，为了中国的利益，也为了世界的利益。"

一位外国记者读了《论持久战》后评论说："《论持久战》发表后，不管是中国国内对共产主义的看法怎样，不管他们所代表的是谁，大部分中国人现在都承认毛泽东正确地分析了国内和国际的因素，并且无误地描述了未来的一般轮廓。"

日本最高军事当局把《论持久战》翻译成日文，作为
绝密文件，只印出十本。《论持久战》在日本的
影响不是一时的，而是长久的

1938 年毛泽东在延安抗日战争研究会上作《论持久战》的报告后，不到 3 个月的时间，其基本内容就传到了日本。

过去有人认为，这是日本特工人员搞到《论持久战》的内容后传过去的，其实不然。实际上，最早是日本共产党通过共产国际了解到《论持久战》的基本内容的。而日本共产党内最早读到《论持久战》的，是日共中央领导人和日本的马克思主义理论工作者。当时的日共领导人、社会主义先驱河上肇在 1938 年 9 月 24 日的日记中写道："读到《论持久战》，对前途作出这样透彻分析的文章在日本就没有写出来，这是什么缘故呢？"他对此作了反思，并在日记中对《论持久战》进行了很高的评价。日本共产党领导人野坂参三读了《论持久战》后说："我要向伟大的中国共产党及其领袖毛泽东同志学习。"他还说，毛泽东是最杰出的战略家。日本共产党还秘密组织日本共产党员学习《论持久战》。日共特别注意到毛泽东在这部著作中提到的要争取日本人民共同反对日本军国主义的观点。

日本军国主义者也十分注意学习《论持久战》。他们搞到了《论持久战》一书后，便仔细研究起来。他们研究后，对毛泽东关于抗日战争情况的分析和战争结局的预见十分震惊，也认为毛泽东看得准，分析得透彻，在内部称毛泽东是"难以找到的杰出的组织家和战略家"。他们更主要的任务是：要集中精力研究对付持久战的办法。但他们研究来研究去，也没有拿出一套真正有效的办法来。最后，日本最高军事当局作出决定：成立专门研究毛泽东军事思想的班子，第一步是搜集毛泽东主要言论，编成"毛泽东主要言论集"。这个"言论集"以《论持久战》为主，同时编入一些他们通过特工人员搜集到的毛泽东关于军事问题的讲话。编好后，发给日本高级军官研究。这个"言论集"一直编到日本投降的

1945 年。到 1945 年，已经收集了毛泽东关于军事问题的讲话和文章共计 27 篇。

日本最高军事当局把《论持久战》翻译成日文，只印出 10 本，作为绝密文件，只能由日本首相、驻华最高军事长官、关东军最高指挥官和日本陆、海、空军最高司令官等人阅读。他们阅读《论持久战》的目的，是要找出对付中国打持久战的办法。他们在中国也试验了一些办法，例如在他们占领的地方修建炮楼，大量组织伪军，搞合村并庄，实行"经济统治"政策等。但是，日本军国主义的侵华战争是非正义的，这就决定了他们无论怎样研究，不论搞出什么名堂来，也不可能找到对付人民战争的有效办法。

《论持久战》在日本的影响不是一时的，而是长久的。直到日本投降后，其影响仍然很大。这时研究《论持久战》的人，主要是学术界了，而研究的高潮则集中在 20 世纪 60 年代初期。从那以后，在日本涌现出一大批专门研究毛泽东军事思想的学者。其中比较有名的是池田诚、竹内实、河上伍郎、今春幸雄、持田真一、久住忠男等。池田诚的《毛泽东的〈论持久战〉——政治上的能动性问题》一书，从政治的能动性角度论述了《论持久战》的理论内涵。竹内实在《毛泽东笔记》和《毛泽东思想——"关于自觉能动性问题"》中特别研究了毛泽东在《论持久战》中所阐述的能动性。持田真一在《毛泽东的军事战略的一点研究》中对《论持久战》中的军事战略思想进行了深入研究，认为《论持久战》这部书是毛泽东军事战略理论的集大成之作。这些学者的研究成果，不光在日本有重大影响，在国际军事界也有重要影响，美国西点军校在把毛泽东军事思想当作必修课的同时，也把这几位日本学者研究毛泽东《论持久战》的著作和文章当作选学的教材。

日本的军事院校集中了一大批学者研究毛泽东军事思想，特别是研究《论持久战》。这些研究者至今仍然在从事这方面的研究，而且还培养出了一大批研究人员，研究队伍在不断地扩大。日本有好几位专门研究《论持久战》的学者，通过研究毛泽东的这部著作而成为国际上有影响力的军事理论家和军事评论家。久住忠男、持田真一、伊藤皓文、新岛淳良等就是通过研究《论持久战》而成为世界军事理论界的权威学者的。

(霞飞 / 撰稿)

④ 记忆中的中国人民抗日红军大学

红军大学的老师是世界级的

1935 年 10 月，中央红军到达陕北吴起镇，实现了大转移，胜利地完成了震惊中外的长征。我被任命为红一军团第四师参谋长。又回到战斗部队，我心里特别高兴，和第四师一起参加了著名的直罗镇战役，还有翌年 3 月渡过黄河参加的东征战役。

东征战役以后，部队没有什么仗可以打了。1936 年 5 月 14 日，党中央决定创办一所全日制的中国人民抗日红军大学（简称"红大"），利用全民族抗战开始之前的有利时机分期分批抽调干部到校学习，为即将到来的抗日民族战争培养一批优秀军政人才。红军大学选址在保安城附近，那时也没有什么校舍，就决定用陕北到处可见的窑洞作为教室和学生宿舍。没有木头桌椅，就用石头、砖块搭成桌椅的形状。黑板自然也没有，就利用窑洞内的石灰黄土墙作为黑板。

后来，美国记者埃德加·斯诺来红军大学采访，生动地称之为"不怕轰炸的高等学府"。

我这时也被选调到红军大学学习，分配在红军大学的一科。当时一科里的 38 名学员都是师以上的干部，平均年龄 27 岁，人均负伤 3 处，均具有丰富的作战经验，像罗荣桓、罗瑞卿、彭雪枫、谭政、刘亚楼、杨成武等都是一科学员。记得有些学员来时还带有情绪，因为当时红一军团和红三军团进行了改编，红三军团并入了红一军团。由于指挥关系发生了变化，大批干部不得不降职使用。这样原红一、红三军团的干部之间出

221

现了一些矛盾。正是为了解决这些矛盾，中央才决定在红军大学里开设一科，集中师以上干部住校学习，以便在部队扩充时发挥这些人的作用。毛泽东对红大的创办极为重视，他任命林彪为校长，自己担任校务委员会主席。毛泽东在开学典礼上说："第一次大革命时有一个黄埔，它的学生成为当时革命的主导力量，领导了北伐成功，但到现在它的革命任务还未完成。我们的红大就要继承黄埔军校的精神，要完成黄埔未完成的任务，要在第二次大革命中成为主导的力量，即要争取中华民族的独立解放。"红大一科的这批学员后来在抗日战争、解放战争中均成为我军各个方面赫赫有名的重要指挥员，新中国成立后更成为共和国的高级将帅（从中将到元帅），验证了主席的预言。

红军大学初期没有专职的教师，都是军团首长和党中央的一些高级干部授课。

按当代人的标准看，也许会认为红军大学设备简陋、师资匮乏，称不上是一所大学。可是我却很骄傲：红军大学了不起，像毛主席给我们讲

1937年，陈士榘（左三）在延安红军大学与战友合影。右一为罗荣桓，右四为刘亚楼

战略学，那是世界级的大师；林彪讲战役学，要是卖门票，全世界的军事专家都会来买。

的确，要看看当时的授课人，实在令人惊诧！比如军事课，战略学由毛泽东讲授，战役学由黄埔军校毕业的林彪讲授，战术课由共产国际派来的军事顾问李德讲授。政治课，政治经济学由凯丰、吴亮平讲授；哲学由王稼祥、博古讲授；中国革命由洛甫（张闻天）讲授。文化课由革命老人、毛泽东的老师——著名教育家徐特立讲授。

就是用现在的标准评估也绝对是一流的师资力量。当然，对红军大学的老师，我们也有自己直观的评价：毛主席高屋建瓴，大气磅礴。毛泽东的战略学紧密结合红军反"围剿"的事例，是最有吸引力的。他说敌人发动第五次"围剿"时，向中央苏区发动了大规模的立体攻势。敌人的目的就是寻求红军主力进行战略决战，红军的指挥员此时应该避免进行战略决战，跳出敌人的包围圈，运动到敌人兵力空虚的后方去，方能图生存。但是当时共产国际的顾问李德认为这种主张是逃跑主义、游击主义，会断送革命，必须"御敌于国门之外"。这就在战略上犯了错误，导致红军在作战上一再失利，数万红军被优势敌人打得一退再退，连根据地都丢掉，最后被迫长征。

林彪讲课则深入浅出，一场战役如何布阵，攻击何时展开，首尾如何呼应，没有一点废话。

吴亮平讲述的政治经济学通俗易懂，本来这门课大家都不想听，因为觉得听不懂，但没想到听了以后还是挺有意思的。他用生活中通俗的事例去比喻政治经济学中的深奥道理，我们居然听得津津有味。

在红军大学里，徐特立是学员们最尊重的一位教员。他年过六旬仍跟着红军爬雪山、过草地已经是一个奇迹了。他本来是可以好好享享清福的，但他仍然为了红军的事业兢兢业业。在红军大学里，他讲的新文化课程大家都特别爱听。徐老特别注重因人施教。因为一科的不少学员文化水平低，有许多人连拼音都不认识，徐老就手把手地教学员们学拼音、写字母。他从来没有急躁的时候，总是那样和蔼可亲，诲人不倦。

曾反对过毛泽东的凯丰老师

凯丰的课讲得不活泼，尽套大概念，没有多少人爱听。凯丰当时担任中共中央宣传部部长，他的官腔很重，我们这些常年在战场上摸爬滚打的军事干部不太适应。对反对过毛泽东的人也很有看法，这多少影响了我们对凯丰的客观评价。

我们都知道遵义会议上，毛泽东舌战凯丰的往事。

1935年1月15日，中国共产党和中国工农红军的首脑们走进了遵义柏公馆二楼。凯丰是莫斯科中山大学学生，同王明、博古同属"米夫派"，他过去就贬低毛泽东是"山沟里的马克思主义"。他在遵义会议上是反对毛泽东的干将之一。

遵义会议上，凯丰是中共六届五中全会政治局候补委员、共青团中央书记。这次会议开始之前，他就四处游说，要大家在会上支持博古。他直言不讳地说："让毛泽东出来领导，他懂得什么马列主义？"

凯丰还公开地散布尖刻的言论："毛泽东是山沟里出来的，顶多是看了些《孙子兵法》。"

毛泽东还是很有胸怀的，他笑着问："请问凯丰同志，你读过《孙子兵法》吗？《孙子兵法》有几章几篇？"

凯丰说不出来。

毛泽东说话软中带硬："马列主义是革命经典，《孙子兵法》是军事经典，都是财富，都是宝贝。军事规律，中外皆然，我们能学外国的，为什么不能学老祖宗的呢？"

李德看到他们的辩论不知其意，他用俄语问伍修权："他们在说什么？"

伍修权说："在说古代中国的一个大军事家。"

毛泽东显然占了上风，但是他没有挖苦已经理输的凯丰："如果凯丰同志没有读过《孙子兵法》，我劝你还是读一读。当然，如果你有兴趣的话，我想你一定会收益不小。"

这次交锋给遵义会议最后的结果奠定了基础。会议第一天，本来不明朗的形势，以毛泽东的雄辩而渐渐明朗起来。

对李德老师的历史评价

我们在红军大学的时候，大家是这样评价李德老师的：李德尽管指挥红军反"围剿"时让红军吃了大亏，长征初期他的指挥也很失败，但他的课讲得不错，有许多新的知识性很强的军事术语。他用一个德国人的视角让红军的将领们领略了现代军事技术的魅力。应该说，他还是有一套军事理论的，做教官完全称职。遗憾的是，他没有意识到好的军事理论必须与当地军事实践结合起来才有生命力。

尽管在中国后来的历史教科书上，李德都被定位为刚愎自用、指挥低能、阻碍革命的反面教员，但总体来说我对李德的印象并不坏。

李德其实不是一个草包。他参加过第一次世界大战，军事资历并不浅。他应征加入奥匈帝国军队时年仅14岁。后来，他被俄国军队俘获，十月革命后，加入苏联红军。他从士兵做起，由于作战勇敢，一直升到骑兵团、旅参谋长（或团长）的职务。后来，又返回德国搞革命。之后，又前往伏龙芝军事学院深造。1932年春毕业后，受共产国际的委派前往中国，任务是在反对日本帝国主义与反对蒋介石的双重斗争中担任军事顾问。他经满洲里到哈尔滨，再由大连坐船，（当年秋天）到达上海，同共产国际驻中共中央的代表阿瑟·尤尔特（德国人）接上了关系。1933年10月初，李德以共产国际派来的军事顾问的身份，通过种种险阻，几经辗转，踏上苏区这片土地，满怀抱负和理想。李德在德国的革命和斗争以坐牢而告终，他想在中国这片广袤的土地上实现自己的革命理想。

李德到达瑞金后，屡经失败的中国革命的确企盼一个经验丰富的外国军事指挥官。尽管苏区条件艰苦，人们仍千方百计满足他的生活需要。在中共中央、临时革命政府、革命军事委员会和红军总参谋部等中央机关驻地的禁区内，专门为他盖了一所三间房的住宅，房子四周是稻田，还养了几只水鸭。博古叮嘱他，为了安全，应尽可能地躲在自己的屋子里。

因此，大家都称他为"独立房子"。其实，共产国际并没有给李德一锤定音的权力，给李德的权限是"作为没有指示权力的顾问去中央苏区，受中国共产党中央委员会的支配"。但是由于王明、博古过于信任他，毛泽东的游击战思想被排斥，阵地战变成红军的主要战斗手段。李德没有结合中国的国情而硬要套用欧洲革命的经验，造成了革命的重大损失。

蒋介石发动的第五次"围剿"纠集了 100 万军队，声势浩大，形势十分紧张，我们都做好了各种心理准备，包括牺牲自己的生命。情况明摆着，敌强我弱，无论人数、装备还是后勤供应，我们都无法与敌人正面死拼。我们那时候已经非常信服毛泽东了，因为他一贯主张的运动战，避实就虚、打到敌人后方去的战略是行之有效的。可是当时还没有确立毛泽东在党和军队中的领导地位，李德也受到了王明、博古的影响，对毛泽东很有成见。他们给毛泽东扣上了"逃跑主义""断送革命"等大帽子，还提出了很激进的"御敌于国门之外"口号。主张以阵地战对阵地战，不放弃苏区一寸土地，坚决保住红军和苏维埃政权。

李德等人的口号虽然激荡人心，但是战役异常惨烈。李德的正面抗击与"短促出击"，让来势汹汹的敌人长驱直入。看着红军节节败退，军委领导也感到异常焦虑。周恩来、朱德等领导找到李德，向他讲明中国尤其是苏区的特殊情况，希望能够改变战略。但是，李德在博古的支持下，还是一意孤行，甚至完全抛开了周恩来、朱德，指挥了一场十分拙劣的广昌战役，结果打了一场完败之仗。李德的错误是不了解情况作了错误的决策。

在红军大学的李德已经没有当年的狂妄，他已经意识到了自己的问题所在。讲课中，他举了好多红军作战的成功例子，以这些战例作为教学的参考。比如，他举了我指挥的长征中的垭口战役。这个战役是由教导营独立完成的，当时李德正好就在教导营里。垭口是一个"一夫当关、万夫莫开"的路口。两面山上都有敌兵守卫，正前方更是布置了强大的火力。我决定派一个连正面佯攻，两个连迂回包抄，断敌后路。战斗打响后，我正面部队佯攻积极，敌人集中火力拼力抵抗，没想到后面突然响起枪声，原来是我迂回部队已经占领了后面的制高点。敌人立刻乱了阵脚，我军两面夹击，迅速清掉了这块横在路上的绊脚石。

李德当时就赞叹不已。打完仗他到了红一军团指挥部，向翻译伍修权绘声绘色描绘了打垭口的经过，让伍修权告诉军团首长：红一军团是模范，教导营是模范中的模范。

后来，李德见了周恩来，再次重复了这样的话。一个曾经指挥红军千军万马，职位比周恩来、毛泽东还高的共产国际军事顾问，在被削掉了兵权，并受到严厉批评后还能保持如此平和的心态，却也是难能可贵。当时相当多的红军学员对李德都产生了新的看法，觉得他是一个可敬的德国布尔什维克。

李德指挥第五次反"围剿"有个惊人的巧合。李德为了中国人民的解放事业来中国，另一个德国人冯·赛克特也同期来到中国担任蒋介石的军事顾问。这个赛克特也是个军事家，为蒋介石制定战术可谓"用心良苦"。而李德对这个德国人的伎俩了如指掌，他的预测是非常准确的。无论红军还是国民党军将领都感到佩服，只是他虽然知彼，却未能知己。

后来，在红大他坦荡地说："我听了毛泽东的讲课，他很伟大，中国红军也很伟大！"讲到这里，李德由衷地竖起了大拇指。

李德不像王明，王明是明明错了也死不认账。李德在授课总结自己指挥的第五次反"围剿"战役时坦荡地说：我终于明白了，中国同志比我更了解他们在本国进行革命战争的正确的战略战术，我没有根据中国的地理形势、中国人特有的作战传统进行指挥。

李德是唯一跟随红军走完二万五千里长征的外国人，对其历史评价应客观公正。

1937年4月，红大从保安迁到延安，校名改为中国人民抗日军事政治大学（简称"抗大"）。

（陈士榘／撰稿）

227

⑤ 中共领导下的七大抗日根据地

抗日战争时期，相对于国民党军作战的正面战场、国民政府统治的大后方，还有中共领导的敌后抗日根据地。敌后抗日根据地因为广泛容纳各阶层共同抗日，故被称为抗日民主根据地。中共是中国人民抗日战争的中流砥柱，抗日民主根据地则是中共坚持敌后抗战的战略基地。各抗日根据地发展曲折反复，经历了发展、缩小、再发展过程，故统计数据也有极大的变化。至抗战胜利时，中共领导根据地军民对敌作战 12.5 万次，消灭日军 52.7 万人，消灭伪军 118.7 万人，缴获各种枪支 69.4 万余支，各种炮 1800 余门。抗日根据地面积发展到近 100 万平方公里，人口近 1 亿。中共党员人数发展到 120 多万，人民军队 120 余万，民兵 260 万。需要说明的是：第一，各根据地的发展壮大的历程曲折反复，统计数据以发展高潮为准，因此各根据地统计数据之和大于全国总数据。第二，抗日根据地主要分布在西北、华北、华中、华南四大区域，其中著名的有以下七大抗日根据地。

陕甘宁边区

陕甘宁边区位于陕西、甘肃、宁夏边界地区，是中共中央和中央军委机关所在地。

1935 年 10 月，中共中央率领红一方面军长征到达陕北后，陕甘苏区得到巩固与发展。1937 年 2 月，中共为团结抗日，经与国民政府多次谈判，将陕甘苏区改为陕甘宁特区。5 月，改称陕甘宁边区。9 月 6 日，成立边区政府，任命林伯渠为主席，张国焘、高自立、李鼎铭、刘景范先后为副

陕甘宁边区政府主席林伯渠（左）与贺龙（中）、王维舟一起合影

主席。首府设在延安,辖陕西延安（今属延安市）、延川、延长、清涧、绥德、米脂、葭县（今佳县）、吴堡、安定（今子长）、安塞、靖边、定边、保安（今志丹）、甘泉、富县、淳化、旬邑,甘肃宁县、正宁、庆阳（今属庆阳市）、合水、镇原、环县、宁夏盐池、豫旺（今同心）等25个县,以及陕西神木、府谷部分地区,面积12.9万余平方公里,人口200万。

红军主力部队改编为八路军后,中央军委留下第一二九师第三八五旅旅直及第七七〇团等部队,组成留守部队,保卫陕甘宁边区。1937年9月,成立八路军后方总留守处,萧劲光任主任。10月,八路军留守部队经过整编,除第七七〇团保留外,其他部队统一编为警备第一至八团,另有两个独立营。12月,总留守处改称留守兵团,萧劲光任司令员（后兼任政治委员）,曹里怀任参谋长,莫文骅任政治部主任。1939年1月15日,陕甘宁边区参议会宣告成立,并举行第一届会议。大会选举高岗为参议会议长,谢觉哉为参议会副议长,林伯渠为边区政府主席。11月13日,中共陕甘宁边区委员会召开第二次代表大会,高岗当选为边区党委书记。

1941 年 5 月，成立中共陕甘宁边区中央局 (不久改称西北局)，高岗仍为书记。1942 年 5 月 13 日，中央军委决定在延安建立陕甘宁晋绥联防军，贺龙任司令员，关向应任政治委员，徐向前任副司令员兼参谋长，林枫任副政治委员。中央军委决定，由陕甘宁晋绥联防军统一指挥第一二〇师、留守兵团、晋西北新军、陕甘宁边区保安部队和炮兵团。6 月 10 日，联防军司令部成立。9 月，联防军司令部与留守兵团司令部合并，但仍保留留守兵团的名义。对外不用联防军司令部名义，而仍用留守兵团名义。萧劲光任联防军副司令员。截至 1945 年 9 月，陕甘宁边区部队共 3.2 万余人。

陕甘宁边区政府在东有日军进攻，南、西、北三面有国民党军包围封锁，内有土匪、特务大肆破坏的形势下，执行抗日民主统一战线政策，建立"三三制"政权，实行减租减息、精兵简政、拥军优属、拥政爱民，开展大生产运动和经济、文化建设。在边区人民和人民自卫军的配合下，边区驻军八路军留守兵团、陕甘宁晋绥联防军消灭土匪，打退日军对边区黄河防线的进攻，战胜国民党的军事摩擦和经济封锁，巩固边区政权，安定社会秩序，保卫了中共中央和中央军委领导机关的安全。

抗日战争胜利后，毛泽东率领中共中央机关继续在陕甘宁边区指挥全国解放战争，并领导边区军民粉碎国民党军对边区的重点进攻，推动了解放战争的胜利发展。1949 年 6 月，陕甘宁边区政府由延安迁至西安。1950 年 1 月 19 日，陕甘宁边区政府撤销。

晋察冀抗日根据地

晋察冀抗日根据地位于山西、察哈尔、河北、热河、辽宁五省边界地区，主要由八路军第一一五师一部创建。

1937 年 9 月，平型关战斗后，八路军第一一五师根据中共中央指示南下晋西南。该师副师长聂荣臻率独立团、骑兵营、教导队、八路军总部特务团一部，以及地方工作团，约 3000 人，留在五台山地区创建晋察冀抗日根据地。11 月 7 日，成立晋察冀军区，聂荣臻任司令员兼政治委员，

1940 年初，刘伯承（右三）、邓小平（右四）、聂荣臻（右五）等一二九师和晋察冀军区主要领导人合影

唐延杰任参谋长，舒同任政治部主任，下辖四个军分区。11 月底，中共晋察冀省委在河北省阜平县成立，黄敬任书记。

1938 年 1 月 11 日，在阜平县召开的晋察冀边区军政民代表大会，选举产生由共产党、国民党左派、无党派人士参加的晋察冀边区行政委员会，宋劭文任主任委员。这是中共在敌后领导建立的第一个统一战线性质的抗日民主政权。4 月，中共晋察冀边区第一次代表大会召开，传达洛川会议精神，确定建党、建军、建设根据地的任务和斗争方针。根据中共中央指示，中共晋察冀省委改为区委，刘澜涛任书记。5 月，中共冀中区委成立，黄敬任书记。同时，成立冀中区行政主任公署。11 月，成立中共中央晋察冀分局。1939 年 1 月，中共中央决定撤销晋察冀分局，成立中共中央北方分局，彭真任书记，下辖晋察冀（后改称"北岳"）、冀中、冀热察区委。中共六届六中全会期间，大会主席团曾致电称赞晋察冀边区是"敌后模范的抗日根据地"。

1941年，中共中央北方分局改为中共中央晋察冀分局，聂荣臻任书记。针对日军"总力战""强化治安运动"，根据地军民在军事上采取敌进我进的方针，组织武装工作队，分兵到敌占区和敌人后方，把武装斗争与各种斗争形式结合起来，开展群众性的游击战争，镇压汉奸特务，争取和瓦解伪军和伪组织。依据平原根据地和山地根据地的特点，地方武装和主力军相配合，创造和发展了地道战、地雷战、交通战、麻雀战、水上游击、化装奇袭等群众性的新战法。至1943年5月，晋察冀边区逐步扭转被动局面，进入恢复和再发展时期。

1944年春，晋察冀边区军民对日伪军展开主动进攻，并提出战斗与生产相结合，夺取战斗、生产双丰收。9月，建立冀晋、冀察、冀中和冀热辽区委、行政公署、军区，下辖18个专员公署、110多个县、18个军分区。1945年8月18日，中共中央晋察冀分局改为中共晋察冀中央局。

抗日战争期间，晋察冀抗日根据地军民同日伪军作战6.5万多次，歼灭日伪军33万人。部队发展到32万余人，民兵90余万人，拥有164个县、4个自治区（县）和27个镇的近4000万人口的广大地区。部队和民兵伤亡11.6万余人，干部、群众被日伪军杀害70余万人。

晋冀鲁豫抗日根据地

晋冀鲁豫抗日根据地位于山西、河北、山东、河南四省边界地区，主要由八路军第一二九师创建。

1937年11月中旬，八路军第一二九师抽调大批干部，配备相当数量的连队，组成若干游击支队、教导团、工作团，分赴晋东南及平汉铁路（北平至汉口）以西的晋冀、冀豫边界地区，配合当地中共地方组织建立抗日武装，组织抗日政权，开展游击战争，先后创建晋中、太南、冀西三个抗日根据地。12月，先后派出先遣支队、东进支队、骑兵团进入冀南平原，协同中共冀南特委领导的抗日武装，开展抗日游击战争，创建冀南抗日根据地。1938 年 4 月,晋东南地区抗日军民粉碎日军的"九路围攻",收复 18 座县城,奠定了晋冀豫边抗日根据地的基础。同时,成立晋冀豫军区,第一二九师参谋长倪志亮兼任军区司令员,黄镇任政治委员;成立冀南军区,宋任穷任司令员。

8 月,中共晋冀豫省委改称区委,李雪峰任书记。北起正太铁路(正定至太原)、南至道清铁路(道口至清化)、东起平汉铁路、西至同蒲铁路(大同至风陵渡)的晋冀豫边抗日根据地完全形成。同时,成立冀南区委,李菁玉任书记。成立冀南行政公署,杨秀峰任主任,宋任穷任副主任。以河北省南宫县(今南宫市)为中心的北起沧石铁路(沧州至石家庄)、南跨漳河和卫河、东至津浦铁路(天津至南京浦口)、西至平汉铁路的冀南抗日根据地也基本形成。

1940 年 6 月,八路军第一二九师进行整编,撤销晋冀豫军区,成立太行军区。第一二九师兼太行军区,师长刘伯承兼任军区司令员,师政治委员邓小平兼任军区政治委员。同时,成立太岳军区,第三八六旅兼太岳军区,旅长陈赓兼军区司令员,王新亭任政治委员。从此,晋冀豫边抗日根据地也分成太行、太岳两部分。8 月,成立冀南、太行、太岳行政联合办事处,使三个抗日根据地的民主政权建设进一步加强。1941 年 7 月,成立晋冀鲁豫边区临时参议会,选举产生边区政府,杨秀峰任主席,薄一波、戎子和任副主席,下辖太行、太岳、冀南、冀鲁豫边四个抗日根据地。

1942 年 9 月,成立中共中央太行分局,邓小平任书记,李大章任副书记,统一领导太行、太岳、冀南、晋豫四个区委。10 月,晋豫区委并入太岳区委。冀鲁豫区委由北方局直接领导。1943 年春,华北各抗日根据地的形势开始好转,进入恢复和再发展阶段。太行、太岳、冀南、冀鲁豫边抗日根据地军民继续贯彻"敌进我进"的方针,粉碎日伪军的"扫荡",恢复和扩大抗日根据地。同时,深入开展整风运动和大生产运动,进一步实行精兵简政。10 月,太行分局与北方局合并,撤销太行分局。第一二九师与八路军总部合并,保留第一二九师番号。太行、太岳、冀南区委直属北方局。为加强冀南和冀鲁豫边的统一领导,北方局决定成立冀鲁豫分局,通称平原分局,黄敬任书记,李菁玉任副书记。

1944年,太行、太岳、冀南、冀鲁豫边抗日根据地军民对日伪军开展攻势作战,进一步扩大根据地。5月,平原分局所属冀南、冀鲁豫边区委撤销,各地委直属平原分局。冀南军区与冀鲁豫军区合并,组成新的冀鲁豫军区,宋任穷任司令员,黄敬兼政治委员。冀南行署与冀鲁豫边行署合署办公。1945年5月,冀南行署与冀鲁豫边行署合并为冀鲁豫行署。8月20日,撤销北方局和平原分局,成立中共晋冀鲁豫中央局,邓小平任书记,薄一波任副书记。同时,成立晋冀鲁豫军区,刘伯承任司令员,邓小平任政治委员。晋冀鲁豫边区下辖太行、太岳、冀南、冀鲁豫边四块抗日根据地。

至抗日战争胜利时,晋冀鲁豫抗日根据地拥有县城80余座,面积18万余平方公里,人口2400余万,军队近30万人,民兵近40万人。根据地军民共歼灭日伪军42万余人。

晋绥抗日根据地

晋绥抗日根据地位于山西省西北部、绥远省南部边界地区,由八路军第一二○师创建。

1937年9月,八路军第一二○师师长贺龙率部开赴晋西北地区,开展游击战争,创建抗日根据地。为配合国民党军在忻口、太原作战,该师在雁北的井坪、平鲁、雁门关等地连续打击日军,并组织地方工作团深入各县,协同中共山西地方组织及其领导的抗日武装,发动群众,改造旧政权。10月,中共中央北方局组成中共晋西北临时省委(不久改称晋西北区委),赵林任书记,罗贵波任副书记。11月,组成绥远省委(不久改称绥远区委),白如冰任书记,领导晋西北和绥远南部地区的工作。至1937年底,第一二○师在以国民党著名抗日将领、暂编第一师师长续范亭为主任的第二战区总动员委员会的配合下,开辟了以管涔山为中心的晋西北抗日根据地。1938年8月,第一二○师第三五八旅政治委员李井泉率

第七一五团等部 2000 余人挺进绥远,于当年冬开辟了大青山抗日游击根据地。

晋西北抗日根据地既是陕甘宁边区的屏障,又是中共中央与敌后战场联系的通道,与晋察冀、晋冀豫抗日根据地鼎足而立。1938 年 12 月,第一二〇师主力开赴冀中地区作战。1940 年 1 月,中共中央指示第一二〇师和中共晋西北区委,成立以贺龙为书记的晋西北军政委员会,组成以林枫为书记、赵林为副书记的中共晋西北区委,统一领导晋西北、晋西南、绥远南部地区的工作。2 月初,第一二〇师主力回到晋西北。与此同时,晋西北成立行政主任公署(后改为晋绥边区行政公署)。4 月,中共绥远和雁北地区的组织合并组成中共晋绥区委,白如冰(后为高克林)任书记。8 月,大青山地区的抗日政权晋绥边区办事处(后改为绥察行政公署)成立,辖绥西、绥中、绥东三个专员公署和绥东游击区。11 月,成立晋西北军区,师长贺龙兼任军区司令员,师政治委员关向应兼任军区政治委员,续范亭任军区副司令员。

1941 年至 1942 年,晋西北抗日根据地处于极端困难时期。日伪军的破坏和连年自然灾害,使根据地面积缩小 1/3,人口减少 2/3。1942 年,中共中央晋绥分局成立,关向应任书记(由副书记林枫代理)。晋西北军区改称晋绥军区,贺龙(后为吕正操)任司令员,续范亭任副司令员。根据地实行党的一元化领导,精兵简政,减租减息,自上而下地实行"三三制"政权。自 1943 年起,根据地的困难局面开始好转。主力军、地方军、民兵三结合武装力量体制得到加强,反"扫荡"、反"蚕食"斗争不断取得胜利。

1945 年,晋绥抗日根据地军民发起春、夏季攻势作战,打通日伪军控制的离岚公路(离石至岚县)、忻静公路(忻县至静乐)、神五公路(神池至五寨)3 条公路,收复沿线据点,把日伪军压缩到同蒲铁路、太汾公路(太原至汾阳)附近的据点内。从 8 月起,晋绥根据地军民进行大反攻。同时,开展群众性参军参战活动,万余名民兵组成参战队开赴前线。

抗战期间,晋绥抗日根据地军民作战 2.8 万余次,毙伤日伪军 10.7

万余人，俘虏 2 万余人。主力部队由 8200 余人发展到 4.5 万余人，地方部队发展到 4 万余人，民兵、自卫队发展到 66 万余人。根据地东起同蒲铁路、平绥铁路，西至黄河，南迄汾离公路（汾阳至离石），北到包头、百灵庙、武川、陶林之线，共 46 个县，面积 33.1 万平方公里，人口 322 万。

山东抗日根据地

山东抗日根据地包括山东省大部及山东、河北、江苏、河南、安徽五省边界地区，由八路军第一一五师一部及中共领导的山东抗日起义武装创建。

1937 年 10 月，日军侵入山东。为开展山东抗日斗争，中共山东省委根据中共中央指示，迅速发动群众，开展游击战争，建立抗日根据地。先后在徂徕山等 10 多个地区领导举行武装抗日起义，建立抗日武装。1938 年 5 月，中共山东省委扩大为苏鲁豫皖边区省委（后改称中共中央山东分局），郭洪涛任书记。6 月，山东各地起义武装使用八路军抗日游击支队番号，分别在鲁中、鲁西、鲁南、胶东、清河等地区开辟抗日根据地。12 月，统一编成八路军山东纵队，张经武任指挥，黎玉任政治委员。在此期间，八路军第一一五师第三四三旅政治委员萧华率军政干部 100 余人由山西到达冀鲁边区，同当地抗日武装会合，统一整编为八路军东进抗日挺进纵队，创建冀鲁边抗日根据地。由该旅第六八五团改编的苏鲁豫支队到达微山湖西（简称湖西），与山东纵队挺进支队合编，创建了以江苏省丰县、沛县为中心的湖西抗日根据地。

1939 年 3 月，第一一五师代理师长陈光、政治委员罗荣桓率师部和第三四三旅第六八六团进入山东，先后与山东纵队第六支队、苏鲁支队等部会合，开辟、扩大、巩固了鲁西、泰西、鲁南抗日根据地。5 月，八路军第一纵队成立，徐向前任司令员，朱瑞任政治委员，统一指挥山东省、冀鲁边、苏北等地区的八路军部队。8 月 9 日，成立山东军政委员会，朱瑞任书记，统一领导山东党政军民工作。10 月，朱瑞接任中共中央山东分局书记。1940 年 6 月，苏鲁豫皖边区和苏皖地区划归中原局领导。7

月，山东省召开各界联合大会，选举产生山东省临时参议会，范明枢任参议长。选举产生行使政府职权的山东省战时工作推行委员会，黎玉任首席组长（后改称主任委员）。

1941年至1942年，是山东抗日根据地极端困难的时期。1942年4月，中共中央代表刘少奇来到山东，召集中共中央山东分局会议，总结山东4年来的抗战工作，推动整风运动，明确了之后的斗争方针。8月1日，山东纵队改称山东军区，归八路军第一一五师指挥。8月3日，东北军第一一一师师长常恩多率部脱离国民党军，进入滨海根据地。

1943年3月，山东抗日根据地实行党的一元化领导，各级党委成为各地区党政军民的最高统一领导机关。山东军区与第一一五师合并，成立新的山东军区。罗荣桓任司令员兼政治委员，黎玉任副政治委员，萧华任政治部主任。下辖鲁中、鲁南、滨海、胶东、清河、冀鲁边6个军区，所属部队编为13个主力团。9月，罗荣桓任中共中央山东分局书记。山东战时工作推行委员会更名为战时行政委员会，黎玉任主任委员。山东抗日根据地划分为鲁中、鲁南、滨海、胶东、清河、冀鲁边6个区，建立行政公署。1944年1月，清河区与冀鲁边区合并为渤海区，清河军区与冀鲁边军区合并为渤海军区。此后，山东军区连续发起攻势作战，使几块根据地连成一片。1945年8月13日，山东省战时行政委员会改为山东省政府，黎玉任主席。

至抗战胜利时，山东八路军部队发展到27万人，民兵50万人，自卫团150万人。山东抗日根据地下辖5个行政主任公署、22个专员公署、127个民主县政府，面积12.5万平方公里，人口2400万。

华中抗日根据地

华中抗日根据地位于江苏、安徽、湖北、河南、浙江、湖南、江西7省境内，由新四军和八路军一部共同创建。

1937年冬，上海、南京等地相继沦陷。中共华中各地方组织发动群众，宣传抗日，组织武装。1938年春，新四军挺进敌后，开展游击战争，创建抗日根据地。4月初,新四军军部由南昌到达皖南歙县岩寺(后移至泾县云岭)。4月下旬,新四军先遣支队开赴江南敌后。新四军第四支队由皖西霍山县进抵皖中舒城县、无为县。6月至7月,第一支队、第二支队由岩寺进入江南,开创以茅山为中心的苏南抗日根据地。第三支队由岩寺进至皖南长江沿线。10月,新四军游击支队(后改称第六支队)挺进豫东。

1939年1月,新四军豫鄂独立游击支队(后整编为豫鄂挺进纵队)向武汉外围挺进,深入豫南、鄂东、鄂中敌后,开辟豫鄂边根据地。2月,中央军委副主席周恩来到皖南,商定新四军向南巩固、向东作战、向北发展的战略方针。5月,新四军江北指挥部成立,整编第四支队,组建第五支队,在津浦铁路两侧地区开展游击战争。新四军游击支队会同八路军苏鲁豫支队、陇海南进支队,开辟了豫皖苏边、苏皖边等抗日根据地。11月,新四军江南指挥部成立,统一领导江南部队。与此同时,中共中央中原局书记刘少奇抵达华中敌后,沿途指导各地党的工作,传达中共中央的战略意图。1940年2月,中共中央中原局决定:新四军向西防御、向东发展、开辟苏北,领导淮南军民迅速巩固、发展皖东根据地。5月,八路军第二纵队主力南下华中,与新四军第六支队合编为八路军第四纵队、第五纵队。7月,新四军江南指挥部率主力北渡长江,组建苏北指挥部。10月,在江苏省大丰县(今大丰市)白驹镇与八路军第五纵队一部会师,合力开辟苏北、苏中根据地。11月,成立华中新四军八路军总指挥部,统一领导华中新四军和八路军。叶挺任总指挥,陈毅任副总指挥,刘少奇任政治委员。

1941年1月皖南事变发生后,新四军在江苏盐城县(今属盐城市)重建军部,陈毅任代理军长,刘少奇任政治委员,所属部队统一整编为七个师和一个独立旅。5月,中原局与东南局合并,组成中共中央华中局。同时,成立中共中央军委华中分会(简称华中军分会),刘少奇任书记。华中根据地逐步形成苏北、苏中、苏南、淮北、淮南、皖江、浙东、鄂豫皖8个战略区,并组成相应的区委、行政公署。除浙东、苏南区外,其他区相继建立了军区。1942年3月，刘少奇赴延安，饶漱石代理华中局书记、新四军政治委员，陈毅代理华中军分会书记。

1943年春，华中抗日根据地军民挫败日伪军频繁的"扫荡""清乡""蚕食"，打退了国民党顽军的猖狂进攻。1944年，华中抗日根据地军民继续深入开展整风运动和大生产运动，部队进行整训，不断提高战斗力。1945年春，华中抗日根据地军民向日伪军开展新的攻势作战。第一师主力从苏中南渡长江后，会同苏南、浙东部队，成立苏浙军区，发展苏浙皖边根据地。8月，华中抗日根据地军民在大江南北、淮河两岸、津浦铁路沿线展开猛烈反攻，迅速夺取中小城市及广大乡村，使山东、华中两大战略区连成一片。8月26日，中共中央任命陈毅为新四军军长，饶漱石为中共中央华中局书记兼新四军政治委员。10月29日，在江苏省淮阴县（今淮安市淮阴区）成立苏皖边区政府，李一氓任主席，统一领导苏皖边区各级人民政府工作。

在抗战期间，华中抗日根据地军民同日伪军作战1.9万余次，歼灭日伪军31.7万余人。截至1945年9月，华中抗日根据地建立了164个县级政权，面积26.8万平方公里，人口4346万。新四军从1.03万人发展到主力部队21万余人，地方武装9.7万余人，民兵自卫队96万余人。

华南抗日根据地

华南抗日根据地位于广东省（含今海南省）境内，包括东江、珠江三角洲、雷州半岛、粤北、潮（州）汕（头）、海南岛各一部分地区，由中共领导下的红军游击队及抗日武装创建。

1938年10月，日军侵入华南，占领广州。中共广东省委根据中共中央指示，开展救亡运动，建立抗日武装。至1939年1月，在东江地区的东莞县（今属东莞市）、惠阳县（今属惠州市）、宝安县（今属深圳市）等地发动群众，建立惠宝人民抗日游击总队和东宝惠边人民抗日游击大队，后合并改编为广东人民抗日游击队（后改称"广东人民抗日游击总队"）。至1940年底，创建了东莞县大岭山和宝安县阳台山抗日根据地。1943

年秋，根据地扩大到惠阳县、东莞县、宝安县的大部分地区。12月，广东人民抗日游击总队扩编成广东人民抗日游击队东江纵队后，又开辟以博罗县罗浮山为中心的江北抗日根据地，使东江两岸根据地连成一片。先后成立博罗县、海丰县民主政府，东宝、惠东行政督导处，路东行政委员会等五个县级民主政权，面积1.5万多平方公里，人口450万。

1939年2月，日军侵入海南岛，由琼崖红军游击队改编的广东省民众抗日自卫团第十四区独立队（后扩编为广东省琼崖抗日游击队独立总队）奋起反抗。至1943年初，先后创建琼文、美合、六芹山等抗日根据地，成立以冯白驹为主席的琼崖东北区抗日民主政府。1944年秋，广东省琼崖抗日游击队独立总队改编为广东省琼崖抗日游击队独立纵队后，组成挺进支队，进入五指山。1945年7月，建立了白沙抗日根据地。这时，琼文、美合、六芹山、白沙等抗日根据地基本上连成一片，建立了文昌县（今文昌市）、琼山县（今属海口市）、澄迈县、临高县、儋县（今儋州市）、白沙县6个县民主政权，以及昌（江）感（恩）、琼（东）定（安）、乐（会）万（宁）、陵（水）保（亭）、崖（县）乐（东）5个连县民主政权。海南抗日根据地占全岛面积1/2以上，人口100万以上。

珠江纵队、韩江纵队、粤中人民抗日解放军、广东南路人民抗日解放军，以及挺进粤北的东江纵队一部，分别在珠江三角洲的五指山，潮汕的大南山，粤中的皂幕山，雷州半岛的遂（溪）廉（江）边区，粤北的英（德）、佛（冈）、新（丰）、翁（源）、始（兴）地区开辟抗日根据地，建立了抗日民主政权。

至抗日战争胜利时，华南抗日根据地和游击区总面积达4万平方公里，人口600万，武装部队发展到2.7万余人，民兵发展到5万余人。

（刘志青/撰稿）

6　细说平型关战役

1937 年 9 月 25 日,在国民党军队一败涂地望风而逃的混乱战局下,八路军一一五师在平型关重创日军精锐第二十一旅团,歼敌 1000 余人,取得了全国抗战以来的第一个大胜利。平型关战斗,打破了"日军不可战胜"的神话,提高了共产党和八路军的声威,极大地振奋了全国人民抗战的信心。那么,历史是怎样选择了平型关的呢? 平型关战斗又是怎样造就了一一五师师长林彪抗日名将地位的呢?

改编尚未完毕,一一五师和一二〇师先赴山西抗战。
毛泽东说,不能把希望寄托在蒋介石身上。解决这个
问题,还要靠我们自己,一切靠我们自己

1937 年 7 月 7 日,日本侵略者在继侵占我国东北三省和热河、冀东后,突然向位于北平城西南的卢沟桥附近的中国军队发动进攻,挑起全面的侵华战争。

七七事变第二天,中共中央向全国发出了《中国共产党中央委员会为日军进攻卢沟桥通电》,提出全国总动员,全民抗战。陕北的全体红军将领共同署名,代表全体红军致电蒋介石等,强烈要求抗战,保卫平津,保卫华北;我红军将士愿为国效命,誓死保卫祖国神圣的领土。中共中央派周恩来、秦邦宪、林伯渠专门飞赴庐山,同蒋介石谈判,商讨共同抗日的问题,并一再向国民党当局表示,红军愿意深入敌后与日军作战,并同意担任平绥线的作战任务。

但是,直到 7 月中旬,国共谈判仍没有结果。拖到 8 月 13 日,日本

侵略者进攻上海，马上就要打到蒋介石的老窝南京了，国民党政府才不得不勉强与中国共产党达成协议。毛泽东等指示即将到南京参加国防会议的中共代表周恩来、朱德、叶剑英等，同国民党进行谈判：红军以冀察晋绥四省交界地区为中心，向着沿平绥铁路西进和由平汉铁路南进的日军进行侧面的游击战，另以一部兵力向热冀察边区活动，威胁日军后方。国民党当局希望红军进至晋察冀边陲地带的阳原、蔚县、涞源、灵丘地区准备作战，中共中央立即表示同意。在红军改编成八路军东进时，毛泽东等人明确指示：在冀察晋绥四省交界地区创造游击根据地，配合友军在平绥线、平汉线作战。

关于红军改编的问题，周恩来代表中共中央同国民党反复谈判。

最后，蒋介石一压再压，只给了红军三个师的番号。这三个番号原属张学良东北军的建制，8月20日，中央军委根据两党达成的协议，将陕甘宁地区的红军改编成国民革命军第八路军。

8月22日，中共中央召开了研究八路军出征后究竟怎样打仗的洛川会议。会议期间，叶剑英从南京来电，说国民党政府已经同意将红军改编成国民革命军第八路军。闭会那天，8月25日，中央军委正式宣布了改编命令，八路军开赴阎锡山负责的第二战区作战。9月11日，按战斗序列，又改称第十八集团军，朱德为总司令，彭德怀为副总司令，叶剑英为参谋长，下辖一一五师、一二〇师、一二九师。

因战事紧急，八路军还没有改编完毕，就由八路军总指挥部率领一一五师和一二〇师先赴山西抗战。一一五师主力从陕西三原地区誓师出征，它由原来的红一军团、红十五军团和七十四师组成，林彪任师长，聂荣臻任副师长，周昆为参谋长，罗荣桓任政治部主任，肖华为副主任。下辖三四三旅和三四四旅。三四三旅旅长陈光，政委周建屏；三四四旅旅长徐海东，政委黄克诚。另编有独立团和骑兵营，全师总人数1.55万人。

改编后，国民党政府只发给八路军每人一套军装，一条线毯，一块"袁大头"（银元），连双鞋子都没有。在洛川会议上，聂荣臻提出，官兵们抗日情绪高涨，但秋季来临，出征的部队还穿着单衣、草鞋，棉衣尚无着落,经费和武器等供应方面也有很大的问题,这是面临的最大的困难,要尽量多筹一些款。毛泽东说,我们正在同国民党谈判,但他们一味拖延。

鉴于当前的条件和出征的急迫,不能把希望寄托在蒋介石身上。解决这个问题的办法,还是靠我们自己,一切靠我们自己。

被任命为一一五师师长的林彪,从延安到洛川开会时任抗大校长,洛川会议上才宣布了新任命。因为部队已经出发,林彪和聂荣臻冒着大雨骑马到了西安,满身泥水来到八路军办事处。周恩来叫聂荣臻和他一起先去太原,林彪带着警卫员坐火车到潼关,然后再坐木船渡黄河北上。过了黄河,是山西的风陵渡,阎锡山方面派了小火车等着。因为阎锡山想把山西搞成独立王国,所以火车轨特意修成窄轨,与外界不通。

红军东征时,山西"土皇帝"阎锡山心中很矛盾。他对部属伸出三根手指,说我们是站在三个鸡蛋上跳舞,一个是联共抗日,一个是联蒋剿共,一个是联日反共。这三个鸡蛋,哪一个都不能踩破。到最后,阎锡山从保卫自己"土围子"考虑,还是选择了联共抗日,虽然他对共产党没有一点好感,甚至可以说恨之入骨,但老蒋的军队太不争气,驻扎在华北的80万国民党军逃得比兔子还快,看来老蒋是指望不上了。

阎锡山和周恩来、彭德怀等人协商了八路军东渡黄河进入山西的路线。决定八路军进入山西后,以太行山脉及太行山北端为根据地,进行独立自主的游击运动战。阎锡山虽然慷慨答应为八路军补充物品,帮助运输,但他同时提出,八路军在山西境内只动员群众,不干涉内政,并且要在第二战区行营直接指挥下。阎锡山说,今后指挥八路军拟用两个"原则":一、事先互相商议;二、临时改变计划,要通知八路军,由八路军自行酌量行动。

> 一一五师渡过国民党重兵把守的黄河,顶风冒雨
> 向平型关挺进。与此同时,日军也将目光盯在那里,
> 妄图夺得先机,达到不战而拿下华北五省的目的

一一五师分成两个梯队,连夜从陕西的三原桥底镇出发,经富平、蒲

城、合阳，到达韩城芝川镇，由此东渡黄河。国民党军在渡口设立了严密的检查站，河岸还有不少掩体，大堤上有荷枪的国民党兵巡逻，泊船处还拉起一条条铁索，如临大敌。事先，一一五师政治部主任罗荣桓给六八六团团长李天佑和独立团团长杨成武交代，你们是第一批过黄河的八路军，渡口两岸都驻有国民党重兵，如果敌人只是一般刁难就忍着，争取安全渡过河去；如果国民党军有意制造事端，发生意外，要立刻向师部报告。你们两个团合起来，李天佑负责军事，杨成武负责政治，共同应付意外情况，要尽量减少损失。在渡口，杨成武看见一个国民党军官，手里拿着一个大夹子在检查。一打听，大夹子里登记了番号的部队才能过黄河。按照国民党政府规定的编制序列，一一五师不设独立团。如果直接交涉，肯定不行。这时，李天佑的部队也来了。杨成武和他商量，把两个团混编，因为六八六团在国民党军的序列里。虽然多出近一倍的兵，检查官却睁一只眼闭一只眼，佯装不知。此时正值雨季，水急浪高，部队分批乘坐大船，渡过了黄河。冒雨行军几十里，到了晋南的万荣县，略加休息，又连夜沿同蒲路北上，第二天中午到了曲沃南面的重镇侯马。

进入9月，第二战区的军事局势急剧恶化。日本关东军兵分三路，在华北展开全面进攻。一路以一个半师团沿津浦路向南，一路以一个师团沿平汉路向南，第三路是日军的主攻方向，分左右两翼。右翼一个派遣兵团和两个独立混成旅团占领晋北重镇大同后，准备出山阴进至雁门关；左翼第五师团集结在怀来、宣化，分两路西进，一路经蔚县、广灵，一路经怀安、阳原，企图突破平型关，与大同日军会合。日军总的企图是由晋北打开通路，攻占太原，以大迂回的动作迫使国民党军撤退，达到不战而拿下华北五省的目的。

八路军总部命令一一五师进至平型关以西的大营镇待机。侯马在晋西南，而平型关在晋西北，从侯马到平型关要穿过整个山西。9月上旬，一一五师由晋西南的侯马陆续乘火车北上。因为路被洪水冲断，火车时停时走，行驶缓慢。9月14日，第一批部队六八六团和独立团才到达原平。

六八五团团长杨得志在介休车站接到通知，让他路过太原时到林彪那里去一下。半夜,杨得志带着两个警卫员冒雨进了太原城。林彪住在阎锡山的一个招待所里,还未休息。因为前一天日军炸坏了太原发电厂,没电,他点上蜡烛,把地图铺在地上,细看山西地区的敌我态势图。他的目光集中在五台山、灵丘、平型关一线。看见杨得志进来,便问了一下部队的情况,交代要加快北上的速度,把部队开到平型关一线去。

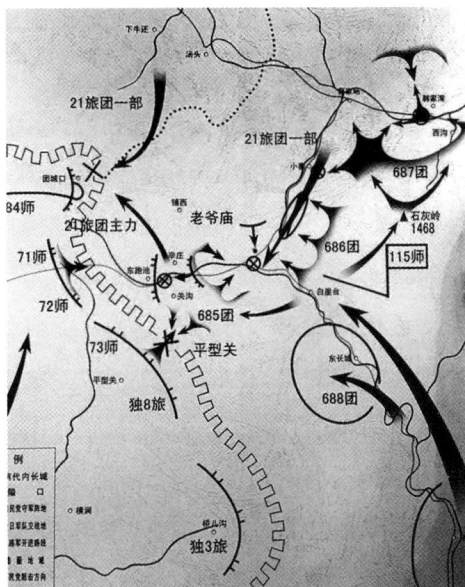

平型关战役全图

杨得志赶回太原车站,命令火车加速前进。刚走了三四十里,又遇上日军轰炸,把车厢击穿了不少洞,有 20 多位同志负了重伤。傍晚到达原平,前面的铁路已经被炸毁,无法通行。这里距平型关还有 100 多公里,好在有阎锡山的汽车团,全部美式的卡车,装着帆布篷子。这样,六八五团很快在到达原平的当天就到了平型关西南的大营,再由大营转赴平型关外的东南边。

然而,一一五师直属队和三四四旅因大雨断了路,仍延误在同蒲铁路南段。

一一五师参谋处长王秉璋正在侯马车站当"运输司令",他是东征时调到林彪手下的。由他与阎锡山部队交涉车皮等,直到把部队全部运走才离开,所以比部队晚一天到达平型关。

一一五师向晋西北挺进时,日军中将师团长板垣征四郎率领的第五师团已侵占了阳原、蔚县、广灵,并开始向浑源、灵丘进攻。板垣征四郎在任日本关东军参谋长时曾具体参与策划了 1931 年的九一八事变,又受命代表关东军与溥仪谈判。他和阎锡山曾是同学。1936 年夏天板垣征四朗访问太原时，不乘火车，乘汽车从察哈尔沿蔚县、代县公路进入山西，还不时徒步，那时他就已经在有意识地进行战略侦察。此时，他不从大同走平路直下雁门关，而是避开了蒋介石的重兵，在同蒲路东的太行山和平汉路西的恒山中间的"战役走廊"蔚代公路撕开一条口子，挥兵南下。不费一兵一卒，出现在大同、汤州侧后，向西直逼大同，向东威胁汤州、保定。

板垣征四郎考虑到平型关是山西和河北的交界地，兵力薄弱，而战略地位十分重要，扼守着灵丘至大营的公路，是进攻雁门关的必经之路，走这里可以尽快实现"三个月灭亡中国"的计划。9月16日，第五师团的九旅团主力由蔚县南下，占领涞源。9月20日，日军二十一旅团以两个大队的兵力南下，占领灵丘县城，逼近平型关。

形势已经到了不打一仗就不能建立根据地的地步。

阎锡山也看明白了这阵势，不打不行了。他制定了将日军放进平型关内加以围歼的决战计划，诱敌至沙河以西，从恒山、五台山两面钳击，企图把日军歼灭在滹沱河上游的盆地里。国民党第二战区主力分别部署在平型关、茹越口、雁门关一线，企图凭借长城的山地阻止敌人进攻，保卫山西腹地。但阎锡山深知他的军队没有战斗力，恐怕很快会不战而退，所以阎锡山要求八路军先头部队迅速挺进晋东北，协同其坚守长城防线。

**聂荣臻说，现在不是打不打的问题，而是要考虑怎样
打得好。全国人民都在看着我们，这个仗必须打好，
打出八路军的威风来**

9月中旬，一一五师到达五台山、繁峙、灵丘等晋东北地区及冀西阜平地区。

战事紧急，已经到了大营的林彪没顾上休息，马上拟发了给中央军委和八路军总部的作战电报，报告了当前形势下一一五师的行动计划。说在广灵失守、灵丘附近有敌人的情况下，原定一一五师经灵丘到涞源的计划已不能执行。现拟将三四三旅及师直集中大营，准备待敌侧攻大

营东的平型关友军阵地时，我相机袭击敌人的左侧后，歼敌一部，以扩大战果。三四四旅应经忻县、定襄在河边村下车，经五台、恒山以南向涞源前进，到涞源后再依当时情况向敌人侧后活动。

毛泽东收到林彪电报后，于9月16日回电，指出日军某军自天镇向广灵，关东军自蔚县急进。晋阎（锡山）拟集中14个团与敌决战，希望我一一五师参加作战。我军应坚持既定方针，用游击战斗配合友军作战。此方针在京与蒋（介石）、何（应钦）决定。周（恩来）、彭（德怀）又在晋与阎（锡山）当面决定。基本不要动摇此方针。按照毛泽东的意见，不主张硬拼，应在游击战中积蓄力量。他明确指示一一五师，说我一方面应以自觉的被动姿态，现时进入恒山山脉南段活动，如敌南进，而友军又未能将其击退，则准备依情况逐渐南移，展开在晋东南之太行、太岳两山脉中。

林彪根据自己了解到的敌情和地形，于9月17日致电毛泽东，提出一一五师当前应以全师兵力打运动战的行动原则。林彪说，我目前采取的行动原则是在敌人目前进攻的情况下，我先头旅以作战灭敌为主要任务。关于一一五师目前的行动方针，不只三四三旅应在现地域协同友军作战，师直及三四四旅亦应以同样任务而靠近三四三旅，暂不应以做群众工作为中心任务而进驻阜平。

毛泽东认为林彪的主张也有道理，就根据华北战局的发展，在9月17日接到林彪电报的当天，发出改变八路军战略部署的长电，征求前方各将领的意见。

9月19日，彭德怀和彭雪枫面见阎锡山。阎锡山要求八路军和他的高桂滋军共同防守平型关。在日军未到沙河前，即在灵丘、平型关、大营镇之线对日军进行抵抗；在日军进至沙河后，集中24个团的兵力与敌决战。在决战时要求八路军抄击日军进攻的左侧背。彭德怀同意，说八路军将运用运动战和游击战的结合，配合友军围歼日军。他更进一步说，友军坚守平型关正面，八路军一一五师隐蔽集结在日军前进道路的侧面，从侧后夹击进攻平型关的敌人。一二〇师改变原计划到晋西北，待机侧击进攻雁门关的敌人。经过一番争论,最后达成一个折中方案:一二○师率一个旅在晋西北活动,三五九旅副旅长率一部进至五台山东北、阜平南北地区。林彪率一一五师三四三旅去灵丘、上寨地区,相机协助友军袭击日军侧翼。聂荣臻率三四四旅及直属队进至阜平。

毛泽东接到彭德怀电报后,表示同意他的看法,说阎锡山现在处于不打一仗则不能答复山西民众、要打一仗则毫无把握的矛盾中,他的这种矛盾是不能解决的。你估计他放弃平型关,企图在沙河决战的决心是动摇的,这种估计完全是对的。他的部下全无决心,他的军队已失战斗力,也许在雁门关、平型关、沙河一带会被迫地举行决战。然而大势所趋,必难持久,不管决战胜败如何,太原和整个华北都是危如累卵。今日红军在决战问题上不起任何决定作用,而有一种自己的拿手好戏,这种拿手戏一定能起决定作用,这就是真正独立自主的山地游击战(不是运动战)。要实行这样的方针,就要战略上有有力部队处于敌之翼侧、就要以创造根据地发动群众为主,就要分散兵力,而不是以集中打仗为主。林彪同志来电完全同意我 17 日的判断与部署,他只想以陈旅集中相机给敌以打击,暂时不分散。这种一个旅的暂时集中当然是可以的,但如许久还无机可乘时,仍以适时把中心转向群众工作为宜。

9 月 21 日,八路军总部对各师发出《关于作战方针和军队部署的训令》,指出八路军的作战原则应以机动灵活的袭击,求得消灭敌人小部,兴奋友军,转变呆板死守的战术,造成持久胜利的发展。一一五师三四三旅控制于上寨镇附近,小部经常袭击扰乱灵丘、涞源之敌。三四四旅最好位于阜平东北,随时协同三四三旅相机袭击由灵丘向平型关西进、或由涞源向平汉路南进之敌,在可能条件下组织有力挺进的游击队,深入紫荆关、蔚县、涿鹿之间活动,收编散兵,发动群众进行游击战争。

9 月 23 日,聂荣臻率三四四旅和师司令部从五台山绕小路穿过龙泉关,经阜平北面的丁家庄插到平型关东南的上寨镇。先到的林彪早已等不及,再次乘汽车出平型关到灵丘侦察地形和敌情去了。从地图上看,

林彪、聂荣臻率部开赴平型关

晋察冀绥四省交界的地区山岭起伏,平型关群山叠嶂,关前有一条公路,从乔沟的狭窄谷道通向灵丘、涞源,是敌人攻占平型关的必经之地。地势最险要的乔沟中段长约十余里,两边都是峭壁,只有老爷庙前有一个缺口通往山上,是设伏的好地方。

平型关的地形太理想了。看完地形后,林彪决定在这里打一仗。他对聂荣臻说,敌人大队人马正向平型关方向运动,这里地形不错,可以打一仗。聂荣臻表示同意,居高临下伏击敌人,这是很便宜的事情。聂荣臻说,现在不是打不打的问题,而是要考虑怎样打得好;这是我们同日本侵略军的第一次交锋,全国人民都在看着我们,这个仗必须打好,打出八路军的威风来。

林彪摊开地图,同几位参谋一起介绍了平型关周围的地形和初步的作战设想,并当即制定了日军攻击平型关正面友军阵地时,由平型关东北山地侧击的计划。聂荣臻在回忆录中说,在平型关打一个大仗的计划,就这样定下来了。当时的作战计划,前线的指挥员有权根据情况决定,好打就打,只要事后报告一下就行了。事实上,事先请示也不可能,军委和总部也不十分清楚前线的具体情况,敌军怎么样？地形怎么样？特别是游击战争,上午打了,下午就可能离开,事事请示,就会贻误战机。

9月24日,周恩来致电毛泽东、张闻天:日军正以主力猛攻保定,以一部袭击平型关,另一部占左云。八路军一一五师在广灵、灵丘以南平型关一带待机。

毛泽东回电,同意林师及王震部均使用于作战。

这样,集中主力一部侧击进攻平型关的日军,配合友军作战的部署,就取得了上下一致的意见。

> 林彪穿着一件老百姓的破褂子,扎根布腰带,戴一顶
> 山西当地的毡帽,到伏击地点察看地形。在全师连
> 以上干部动员会上,他挥舞着拳头:"从侧后猛击
> 一拳,打一个大胜仗!"

大战前,林彪三次到伏击地点观察地形。林彪说,如果阻住正面路口,截断敌人的增援,将部队埋伏在公路两侧的山地里,在缺口处的高地设置重兵,公路上的敌人就成瓮中之鳖了。林彪第二次察看地形,是带着团干部和侦察员一起去的,全都化了装。林彪穿着一件老百姓的破褂子,随便扎根布腰带,头上戴了一顶山西当地的毡帽,活像当地的农民。他和大家一样徒步,没有骑马,路上也没有饭吃,一样吃生地瓜,吃得很香。偶尔搞到几块烙油饼,大家分着吃。林彪的警卫员杨兴桂也分到了一块。看地形回来,都很累,杨兴桂倒头就睡了,半夜醒来,看见林彪还没睡,紧盯着地图,锁着眉头。

杨成武带着独立团到了大营镇,马上直奔师部领受任务。这里原来是国民党的镇党部,但现在已经是一片仍在冒烟的断壁残垣。林彪指着桌上的材料说,你们先看通报。通报是八路军总部发来的,说国民党军在平汉、平绥线作战,较强者力守挨打,较弱者稍触即溃,老朽者望风而逃,动摇者则引狼入室。日军得以少数兵力纵横驰骋,致使我华北屏障尽失,黄河北面的重镇,有全部陷落的危险。林彪说,一一五师原准备抢

占飞虎口、九宫口和蔚县、广灵以南一带，可是，日军板垣征四郎率领的第五师团已经逼近，我们来不及了。大营镇东面几十里处的平型关，是日军南下忻口的咽喉要道，那里群山绵亘，沟谷密集，便于伏击敌人。现在决定利用这一带的有利地形打一仗，独立团须马上赶到平型关东南方的上寨、下关集结，随时准备出击。

独立团连夜出发，跑了100多里路，凌晨到达上寨镇。刚刚与师部接通电线，就接到林彪的电话，命令他们派一个精干的侦察参谋，率人到灵丘以南的太白山侦察敌情。

9月18日，日军华北方面军司令部决定将处于平汉路主攻右翼的第五师团除留一部在山西北部外，主力参加保定作战。因为日军发现中国军队在山西境内的长城线上布防，决定以一部兵力进至大营镇附近，以保证主力转移。9月21日，日军第五师团第二十一旅团三浦敏事率两个大队从灵丘出发，以大营为目标，沿灵丘到平型关的公路追击后撤的晋绥军第七十三师。22日晨将其一部击溃，进到平型关守军的阵地前，另一部日军也加入了平型关方面的战斗。

9月23日中午，侦察参谋从松鼠岭发来电报说，日军第五师团的先头部队已经进占灵丘城，正在大抓民夫和牲口。种种迹象表明，平型关危在旦夕。同时，从逃难的老乡口中得知，涞源也被日军占领了。敌人距离八路军近在咫尺，灵丘和涞源两路敌人可以互相支援，无论打哪一路，另一路敌人都必来解围。杨成武将敌情送到师部，林彪果断决定还是在平型关打一仗，消灭灵丘这一路敌人。

根据日军进攻的情况，阎锡山在23日也制定了作战计划，任命傅作义为总指挥，以1个师加2个旅作为总预备队，用8个团的兵力，由内长城外侧公路以北地区向东、西跑池、小寨间迂回，侧击日军右侧背。八路军一一五师由平型关东边的山地夹击日军，断敌后路。阎锡山电示八路军总司令朱德：我决歼平型关之敌，增加8个团兵力，明拂晓可到，希电林师夹击敌之侧背。

八路军总部接到阎锡山的电报后，立即命令一一五师进行战斗动员，并于 24 日拂晓进入阵地，并分别上报毛泽东和阎锡山、蒋介石，说一一五师以三个团集结于冉庄，准备配合平型关部队侧击该敌。另以师直属队之一部及独立团出动于灵丘以北活动。

9 月 23 日，林彪和聂荣臻在上寨的小学校里召开全师连以上干部会议，进行战斗动员。时任六八六团团长的李天佑回忆说，我们很快来到了上寨村小学校的土坪上，林彪早在这里等候了。动员会上，林彪简要介绍了敌情，分析了首次与日军作战可能出现的各种情况。

正在这时，驻平型关的国民党第二战区发来电报，说日寇先头部队已接近平型关。此时已经是 9 月 23 日下午，距离 24 日发起攻击的时间只有十多个小时了。林彪看过电报，派出侦察部队后，详细交代了兵力部署情况：独立团和骑兵营插到灵丘、涞源之间和灵丘、广灵之间，截断敌人交通线，阻止敌人增援；以三四三旅两个团主攻，三四四旅一个团到平型关北面断敌退路，一个团作师预备队。攻击部队在平型关东侧的山地设伏。

李天佑回忆，动员会的最后，林彪激动而有力地说，同志们，中华民族正在经历着巨大的考验！我们共产党人，应该担当起、也一定能够担当起这救国救民的重任！接着，他挥着拳头下达任务说："我们要在日寇进攻平型关时，利用这一带的有利地形，从侧后猛击一拳，打一个大胜仗。给敌人一个打击！给友军一个配合！给人民一个振奋！"

9 月 23 日傍晚，师部收到第二战区第六集团军阎锡山部队送来的一份《平型关出击计划》，说他们担任正面防御和堵截。林彪和聂荣臻在破旧的马灯下摊开军用地图，把各方面搜集的情况又作了一番比较详细的分析和研究。根据多方情报，尤其是灵丘下午传回的情报，日军明天凌晨要出发，赶到团城与另一队日军会合，因此我们必须在天亮前进入阵地并隐蔽好。这时已经是晚上 7 时了。

据林彪的警卫员杨兴桂回忆，从阵地回来，大雨倾盆，林彪浑身上下淋得透湿。但他不管这些，立即用电话下达了出击命令，三四三旅于当晚 24 时出发，在天亮以前进入白崖台一线的设伏阵地；三四四旅随后开进,24日拂晓完成各种战斗准备。林彪再三嘱咐,暴露与否,是胜败关键!然后,他又亲自到六八五团的阵地检查。

白崖台一线距离日军预计经过的汽车路仅两三里地远。为了隐蔽进入阵地,一一五师选择了最难走的小道。老天爷也来凑"热闹",夜里下起了大雨,电闪雷鸣,又暴发了山洪。虽然有工兵营,却很难在短期内架起桥来,徒涉中有战士被洪水卷走。到后来,水势越来越大,走在后面的三四四旅才过去一个多团,就过不去了。聂荣臻和林彪商量,没有过来的不要硬过了,以减少不必要的牺牲,过来的三四四旅一部分作为预备队。林彪同意了。

一一五师的电台正要关机出发,忽然收到八路军总部的特急电报:据第二战区电报称,他们准备出击的部队,今日未能按时抵达平型关地区,因此将出击时间顺延到25日晨。原来,担任出击任务的晋绥军嫌行军疲劳,不能按计划在24日出击,傅作义决定推迟一天。而此时,一一五师部队正在开进中,林彪只好派出骑兵通信员传达命令。当夜,一一五师主力进至离平型关三十余里的再庄待命。

9月24日,在断断续续的炮声中,前沿部队报告,敌人有可能翌日大举进攻。林彪带军事干部第三次察看了平型关的地形。乔沟路北山高坡陡,极难攀登,路南山低坡缓,易于出击。正面的路口有国民党一个军防守,一一五师的伏击部队布置在由平型关到东河南镇约十多里的东南山地上。缺口处的高地上,正面架4挺重机枪,两翼各架3挺轻机枪,封锁唯一的出口。林彪在现场摊开地图,确定了各部队的阵地:左面"蛇头"位置是杨得志、陈正湘率领的六八五团,右面"蛇腰"位置是李天佑、杨勇率领的六八六团。位于"蛇尾"位置的是徐海东率领的三四四旅六八七团,他们奉命穿过乔沟,占领了东河南镇以北的高地,以便切断敌人的后路。六八八团作为预备队,杨成武的独立团和刘云彪的骑兵营分别向平型关东北和平型关东边开进,执行打援任务,配合主力作战。

平型关战役中八路军——五师指挥所

大战在即，久经沙场的战将激动得睡不着觉。一一五师
一口"咬"住了日军。平型关一带至今还传颂着
杨勇和鬼子拼刺刀的故事

也叫歪打正着吧，幸亏国民党军推迟了一天，如果一一五师在 24 日进入平型关伏击区，白白等一天不说，很可能在上阵地的路上与占领涞源又经小道沟、西河村到平型关的日军三浦部不期而遇。这样，日军发现平型关有八路军，可能会改变行军的时间和计划，伏击平型关的完美设想将彻底作废。

李天佑回忆，我们原想在出发之前抓紧时间睡一觉，但是，激动使人无法平静下来。副团长杨勇开玩笑说，嗬，老战将了，怎么还这么紧张！李天佑说，不是紧张，头一回和日本鬼子交手，生怕哪里想不到，误了事！杨勇说，是啊，全国人民都在等着我们胜利的消息呢。也难怪他们这么激动，要知道，李天佑和杨勇当时都才 20 多岁。

大约是晚上9点了，李天佑仍合不上眼，决意到师长那里走走，问一问有无新的情况。他走进林彪的房子，戴着健脑器的林彪已经躺下休息了。在李天佑眼中，林彪身子很弱，又用脑过度，睡眠是他最困难的事情。他常常在地图前一坐就是几个小时，想了又想，把战斗的每个细节都想周到了，然后才肯休息。现在他睡了，也就是说他已经把一切都想好了。军用地图挂在墙上，那些红、蓝笔迹已经决定了敌人失败的命运。李天佑回忆说，我笨重的脚步声惊醒了师长。他坐起来听我说明来意，默默考虑了一下，对我说，按原计划执行，有情况一定会通知你们。

据林彪的警卫员杨兴桂回忆，天色微亮的时候，林彪趴在指挥所前，旁边是一架电话机，胸前放着摊开的地图，两手举着望远镜在观察。师指挥所设在沟东南的一个小山头上，用望远镜可以观察到全沟的情况。我们警卫员、通信员、司号长等，离林彪只有几步远。时间一分一秒地过去，战斗前的沉寂极为难耐。近8点钟，鬼子来了！我们顺着林彪的视线看去，只见右前方黑压压一片，慢慢地向前移动，后来还听见轰隆隆的马达声响。林彪拿起电话机，要部队等待命令出击。渐渐地，我们的肉眼也能看得真切了。为首的高举着一面太阳旗，与太阳旗几乎并排走着的有20多个尖兵。距离他们20米远，是三路纵队的日本鬼子，刺刀映着阳光闪闪发亮。后面是好多辆汽车，也有拉山炮的大车。还有骑马的，晃晃荡荡，蛮不在意地朝前走。林彪一动不动地看着鬼子的先头部队走过去。我们的心绷得紧紧的，心想，怎么还不打呢？时间过了10分钟，却比一年还要长似的。当敌人接近老爷庙时，林彪喊，发信号弹！叭叭两颗红绿信号弹划过长空，六八五团打响了第一枪，接着枪声像炒豆子似地响起来了，所有的兵器一起开火，一辆汽车中弹起了火。大摇大摆的日军懵了。

战斗一打响，林彪就举着望远镜盯着六八五团和六八六团，尤其是六八六团在老爷庙的厮杀。我们的武器差，射程短，战士们扑向敌人，展开肉搏。大刀向鬼子们的头上砍去。战斗的激烈程度连许多身经百战的老战士也是第一次经历。板垣二十一旅团是支很有战斗力的部队，它单兵作战的顽强大大超出林彪的估计。在与敌人白刃格斗反复争夺制高点时，日军来了两架飞机，一看双方绞在一起，没法扔炸弹，转了两圈悻悻飞走了。国民党的飞机也来过，阎锡山事先给了对空联络信号，是个布板。林彪怕国民党飞机"高兴"起来扔炸弹，马上让人把布板摆开。

进入伏击区的敌人很快被"砍"成三段，最前面是百余辆坐满日军的汽车，后面是 200 多辆骡马大车，车上满载棉衣、行李和弹药，只有一小队骑兵押车。因为敌人还未完全进入包围圈战斗就开始了，这对六八七团来说，任务就重了，除了打辎重部队，还要对付那一小队骑兵。不过，他们毕竟是对付后勤部队，怎么也好说，打得最艰苦的是六八六团。

李天佑回忆说，我正在紧张地观察战斗的发展，林彪派人叫我去一下。师指挥所就在我们右后侧的山坡上，有里把路，我从谷地里一气跑了过去。林彪正在观察前面的战斗。他看见我跑得气喘喘的，便说，沉着些，敌人比较多，比较强，战斗不会马上结束的。然后，他指着战场对我说，看到了吗？敌人很顽强，不好一口吃掉。你们一定要冲下公路，把敌人切成几段，并以一个营抢占老爷庙。拿下这个制高点，我们就可以居高临下，把敌人消灭在沟里。狠狠打！一定要狠狠打！我跑回团指挥所时，山沟里的枪声响得更加激烈了。左侧六八五团也开始突击。师指挥所与打援的独立团也联系上了，那边没问题，徐海东的三四四旅也把口袋扎住了。

六八六团副团长杨勇主动要求带三营争夺老爷庙。冲上公路后，三营伤亡很大。九连干部全部牺牲了，杨勇和三营长也不幸负伤。至今，平型关一带的老乡还传颂着杨勇和鬼子拼刺刀的故事。敌人不懂山地作战的特点，大多数挤在山沟里挨打。战斗打响了半天，敌指挥官才想起要争夺老爷庙这个制高点。指挥官举起马刀，把钻到汽车底下的士兵吼出来，一小队日本兵慢悠悠地往山上爬。刚下过雨，他们又穿着高筒皮靴，半天爬不上来。我们的战士们抢先一步占领了老爷庙。敌人冲上来，我们的战士早准备好了，上来一个，就往下推一个。日军反复向老爷庙攻击，最终也没有达到目的。六八六团稳稳地占领老爷庙以后，一一五师从两面打得日军无处躲藏，胜利在望了！

> 战斗打响，八路军由配角变成了战场上的主角。
> 国民党军成了惊弓之鸟。"我们的兵都找不到了，
> 也不知他们都跑哪里去了。"

六八五团团长杨得志、副团长陈正湘战后写了一份《平型关战斗详报》：我军参加作战的部队……均归林师长指挥。可惜林彪只能指挥八路军，指挥不动阎锡山的部队。在毫无遮挡的师指挥所里，穿着蓝衣没有扎绑腿的林彪站起来，无可奈何地用望远镜向东望去。林彪知道，单靠他的一一五师，要想吃掉4000多日军不大可能，只盼着友军能迅速出击。可是眼看战斗快结束了，他们那边怎么还是一点动静都没有？

战斗打响后，时任一一五师三四四旅作战参谋的张竭诚，受旅长徐海东之命去和友军联络，请他们按计划出击。张竭诚跑到友军阵地，见几个散兵正在吸烟，一个个比惊弓之鸟还要惊慌失措，谁都不知道团长在什么地方。张竭诚只好自己瞎找。他发现不远处有几匹马，一般讲，有马就有官。果然，拐了个弯，在山后看见一个国民党部队的中校。张竭诚就上前讲了自己的身份，说我部已经按计划与敌人展开了战斗。其实还用说吗？枪炮声早就震天动地了。张竭诚强压着一肚子火，说我奉徐海东旅长的命令前来你部，请你们迅速配合战斗，按原定出击地域进攻敌人。那位中校团长眉头一皱，双手一摊，显出很为难的样子：哎呀呀，我们的兵都找不到了呀，也不知他们都跑到哪里去了。找不到兵，让我怎么办呀！张竭诚没好气地瞪了他一眼。这位中校团长也觉得窘迫，嘟嘟囔囔地说，到这种时候，就是师长也掌握不了部队了，叫我怎么办呢？……

这期间，林彪派侦察科科长苏静以特派员的身份也去了友军那里两次，但毫无结果。看来，只能靠我们自己了。林彪又把眼光"埋"进地图里，

在东跑池一带用红笔画了3个重重的红圈。

到下午,乔沟的战斗已近结束,对面的阎锡山部队却还在坐山观虎斗,始终没按原定计划行动。林彪命令部分部队开始打扫战场,其余部队向东跑池的日军发动攻击。

李天佑回忆说,当我们完全控制了乔沟以后,马上按照林彪战前的指示,向西面的东跑池方向发起进攻。那里大约有2000个敌人,控制着东跑池高地。我们西进到东跑池一带,不用望远镜,便可清楚地看到内长城和雄距关岭山头的平型关。那是属于国民党晋绥军的出击目标。令人气愤的是,国民党晋绥军不按预定的协同计划配合我军作战,致使东跑池之敌敢于集中力量向我侧翼攻击,企图为被围之敌解围;而在我军消灭了被围之敌,主动西进,攻击他们阵前的这股敌人,经反复冲杀终使敌人面临被歼的局面时,国民党晋绥军却又放弃了团城口阵地,使敌人夺路逃窜。

杨得志回忆说,当日黄昏,三四三旅又乘胜向东跑池敌人展开攻击,部队忍着饥渴,精神百倍地向东跑池方向涌去。东跑池一带的敌人原是国民党军的出击目标。按照预定计划,国民党军应和我们同时出击,在我们消灭公路上的敌人以后,转向东跑池,配合他们全歼板垣师团。不料想,我们和兄弟团队跑到东跑池包围了敌人,却不见一个国民党兵的影子,原来他们根本就没有出击。狡猾的日军也发现东跑池那里没有枪声,是个空当,要从那里突围了,阎锡山的部队却还没有动静。黄昏时,东跑池的敌人突破阎军防守的团城口,向北逃窜。

据参谋处长王秉璋回忆,按照林彪的作战计划,平型关战役本来不算结束的,第二天还准备接着打个大仗。可阎锡山的部队放弃了平型关正面的制高点团城口大山,让日军逃窜了。幸好一一五师是一翼侧击,没有四面包围。如果四面围攻,日军突围,那我们的伤亡就大了。林彪的"胃口"再好,此时也已经不可能,只好眼睁睁地放跑大部敌人。

战后统计,毙伤日军1000余人。

对于被包围的日军板垣第五师团的情况,林彪并不清楚。日军的番号和进攻意图，是在平型关战后从缴获的战利品和作战地图上才了解到的。林彪对友军也很不清楚，明明八路军是配角，在平型关配合国民党军作战，但是，真正打起来，友军"熊"了，一枪不发，作为配角的八路军不得不成了平型关战役的主角。事后看来，如果国民党军队也同时发动攻击，那消灭的日军恐怕就不会是1000余人，战果肯定会更大、更辉煌。

下午2时许，林彪对孙毅说，你辛苦一趟，到山下电台去，给八路军总部并延安的毛主席发个电报，除报告目前战果外，告知我部队仍在积极围歼中。本来孙毅是三四三旅的参谋长，但一一五师的参谋长周昆未到职，他就留在师指挥所代理。孙毅就随手拿起一根棍子准备出门。林彪说，你同聂荣臻一样，怎么也爱拿根棍子？孙毅说，我从长征开始就拿了。林彪好奇地问，长征到现在拿到第几根了？孙毅说，至少七八根吧。有根棍，上山下山，等于增加了一条腿。

顺着羊肠小路，"三条腿"的孙毅一路小跑，到了山下的土地庙，一一五师的电台就设在这里。他将心中拟好的电稿写在纸上，交给译电员，叫他立即发报。孙毅就坐在那里等着，对方回电说收到了，他才上山。这时已经是下午5时多了，沟里的战斗早就结束，只有远处还有一些枪声。孙毅也顾不上休息，又带两个参谋下到沟底，了解战场的情况。汽车还在燃烧。在飘扬的烟尘中，只见日军的尸体遍地，到处散落着地图、文件、罐头、武器以及日本的太阳旗。

黄昏时，东跑池那里的枪炮声虽还在响，但越来越稀。那一带地势低洼，歼灭敌人已不可能，一一五师只好撤出了战斗。林彪来到六八七团三营指挥所前面的一个山头，拿着望远镜向山下望着，叫人喊来三营的营长，交代说，现在我们的任务完成了，你们营掩护部队撤退，战斗要打得激烈一些，不要让敌人发现我们要撤走。

往下撤时，王秉璋发现了阎锡山部队的两窑炮弹。这是阎锡山部队往晋东南退却时慌乱中留下的，满满两窑，而且全是迫击炮弹，是我们的迫击炮能用的炮弹。王秉璋从参加红军起打过无数次仗了，还从来没见过这么多的炮弹,高兴得嘴都合不拢了。可惜这么多炮弹带不走,他下令12门炮冲着敌人的山头,3门一组,打15分钟,再轮换。整整打了两个钟头,打了几百发甚至更多,过足了瘾,剩下的炮弹就全带走了。

(舒云 / 撰稿)

7 细说百团大战

在八路军总部，破袭日军交通线，成为众多
八路军将领的一致意见

1940 年 5 月，日军发动枣 (阳) 宜 (昌) 战役，6 月 12 日攻占宜昌，扼住入川的咽喉。同时派几百架飞机轰炸重庆，投下 2000 多吨炸弹，并扬言进攻重庆、昆明、西安。日军除了用武力逼蒋介石就范外，还对蒋进行诱降。蒋介石呢，也准备同板垣征四郎在长沙进行会谈。而对八路军，蒋介石不但停发了军费，还频频制造摩擦。第一次反共高潮被粉碎后，反而倒打一耙，造谣说八路军游而不击，不打日军，专打友军，把搞摩擦的罪名扣到八路军头上。一些不明真相的人也对八路军产生了怀疑。

这时，日军将重点转到华北，推行"治安强化"。新任驻华北日军司令官多田骏是个"中国通"。他认为华北是解决"中国事变"的关键所在，但这个前提是要"剿灭"共军，于是发明了"分区扫荡，分散布置，灵活进剿"的"牛刀子"战术。到百团大战前，华北的分割之势已经形成，随处可见的堡垒把山东、河北、山西的铁路、公路和运河连成一片。在多田骏眼中，八路军"游"不动了。

1937 年卢沟桥事变后，国共第二次合作，中国工农红军主力改编成八路军，朱德任总指挥，彭德怀任副总指挥，下辖一一五、一二〇、一二九 3 个师，随即开赴山西抗日前线。1939 年 10 月，八路军总部搬到山西武乡县东部山区王家峪。年末，冀中军区政委程子华和政治部主任孙志远来电，认为敌人最近修路的目的与过去不同，建议不能让敌人修成,否则将造成游击战争的极端困难。

1940 年 4 月,朱德和彭德怀讨论近期的作战形势:华北的形势虽然险恶,但日军步步为营,反而造成主要交通线兵力空虚,形成敌后的敌后。而且守备山西的一部日军被调到华中参加宜昌作战,更形成一个有利的战机。

时任晋察冀军区司令员兼政委聂荣臻回忆,1940 年春,他率晋察冀军区南下支队来到晋东南。彭德怀、左权和他,以及刘伯承、邓小平、陈赓、陈锡联、李达等多次议论华北战局及我军的作战行动。一致认为,在这种形势下,不打几个大胜仗,很难打开局面。华北根据地大规模地破袭交通线更是势在必行。

近代战争中,交通战占据着重要地位。据不完全统计,1937 年 9 月至 1940 年 5 月,华北地区共破路 1230 次,3313 公里。1940 年 4 月至 8 月,百团大战前,晋冀豫根据地的刘伯承、邓小平部就在积极开展交通战,迫使临邯铁路停修,计划修筑的邯济铁路也迟迟不能开工,白晋铁路耗时一年多才修到夏店镇,德石铁路也被迟滞。聂荣臻部和贺龙部也都在积极破路。但是,要想全面打击日军的"囚笼政策",最好是整个华北联合行动,来一次彻底的破坏。

聂荣臻北返前,彭德怀、左权在八路军总部设便宴送行。刘伯承、邓小平、李达、陈赓、陈锡联等作陪。席间,大家又谈起两区配合作战。邓小平说,交通斗争已经成为我军同日军进行军事斗争的主要形式之一,我区全部斗争的 60% 是交通战。聂荣臻说,今年以来,日军依托平汉路向东扩张,相继修成石家庄到南宫、内丘到巨鹿、邢台到威县、邯郸到大名等公路干线和许多支线,把我冀南根据地分割成很多小块,同时日军还在平汉路两侧积极修筑据点和公路,严密封锁我太行、冀南的交通,妄想缩小我军的活动范围。刘伯承说,日军现在加紧抢修道路,在平汉路、津浦路两侧挖沟,这些不单纯含有军事意义,还包括政治的、经济的、文化的重要意义,敌人是以战略眼光来组织他们的交通。彭德怀说,不破坏敌人的道路,我们自己就无法活动,就难以在被动中争取主动。

有人提出,应该把横在两区间的正太路搞掉,使晋冀豫和晋察冀两块根据地连成一片。正太铁路,从河北石家庄到山西太原,全长200多公里,东西横贯,把太行山脉劈成南北两半。一路上,有天险娘子关,有日军在华北的重要燃料基地阳泉、井陉煤矿。沿线的大小城镇都驻有重兵,路两侧修有外围据点,还有装甲车巡逻,日军吹嘘这是一条"钢铁封锁线"。如果切断它,就像打蛇打到了七寸,既可中断日军在山西的运输补给,又有利于我们两个战略区军事、经济的沟通。聂荣臻完全赞成对正太路进行破袭。他说,这是我们在游击战争中经常进行的,几乎天天都在破袭嘛,这没有什么不可以。这个计划如果实现,那当然好。不过,我们想要完全控制正太路,或者把它彻底摧毁掉不够现实。从日军的技术力量来看,很快就能修复它。

彭德怀与左权商定,为了争取华北战局更有利的发展,并影响全国的抗战形势,首先拿正太路开刀。

随后,朱德、彭德怀签发命令,对日军主要交通线进行总破袭,破袭时间定在4月10日。具体部署:聂荣臻部负责破袭沧石路以北的津浦、平汉及正太路,刘伯承、邓小平部负责破袭平汉路石家庄至磁县段和白晋路北段,贺龙部负责破袭同蒲路北段,徐向前部负责破袭胶济路及津浦路。

八路军副参谋长左权传达彭德怀的战役设想: ### 主要目标定在正太路

作战命令刚刚发出,毛泽东急电,目前形势相当严峻,蒋介石已经下了决心,挂抗战的招牌做"剿共"的事,目前对我威胁最大的是绥德和皖东两点。毛泽东要贺龙的一二〇师速回延安,再抽三四万人南下,打通与新四军陈毅部的联系。在这种情况下,大破袭计划只好暂时放下。不久,朱德奉命去洛阳与卫立煌谈停止摩擦事宜,然后去延安,华北地区的八路军实际上由彭德怀指挥。彭德怀请朱德到延安后向毛泽东详细汇报准备打大仗的想法。朱德嘱咐彭德怀再深入研究,并征求聂、刘、邓、贺等人的意见,进一步完善大破袭的计划。

此后,日军在开封、豫北及晋南集结重兵,扬言要进攻西安、兰州,蒋介石的立场更加动摇,这使彭德怀更坚定了大破袭的决心。他后来说,为了配合晋南及华中各友军作战,保卫大西北,打破日寇妄图消灭我华北抗日根据地的阴谋,坚定全国人民抗战胜利的信心,实现中央提出的"克服困难、克服投降、争取时局好转"的任务,我们必须在华北敌后组织一次大规模的破袭战役,使华北的三个根据地(晋西北、晋察冀、晋东南)连成一片。

6月27日,八路军总部迁到武乡县砖壁村,彭德怀每天都要在地图前思考很长时间。

7月中旬,八路军副参谋长左权受彭德怀的委托,到一二九师师部所在地谭村,传达彭德怀的战役设想,准备发动一次破袭日军交通线和据点的进攻战役,主要目标定在正太路。由晋察冀根据地和一二九师共同实施,平汉、同蒲、白晋、平绥、津浦、北宁各线配合行动。一二〇师和各铁路沿线部队都参战。

八路军总部决定7月上旬开始准备,8月上旬乘青纱帐旺盛,敌人对晋察冀、晋西北及晋东南"扫荡"较为缓和,正太路沿线较为空虚的有利战机,大举破袭正太路。原定兵力22个团,重点破袭正太路,其次破袭平汉路、同蒲路和白晋路;并拟于8月13日前后开始向敌各交通线进攻。估计到大破袭开始时,日伪军会有相当部分的撤退,故部署我各军区和军分区应预做准备,尽量消灭敌人,平毁碉堡及封锁沟(墙)。

7月22日凌晨,彭德怀、左权签署加急电报《战役预备命令》,同时抄送中央军委。命令以截断正太路交通为目的,准备1个月的粮食和破袭器材,8月10日前完成。7月23日,八路军总部下达《关于进行正太路战役中之侦察重点》,以正太路沿线特别是井陉、寿阳段为最中心,对石家庄南北之平汉线、阳曲南北之同蒲线、白晋线、平昔和辽线(指连接山西平定、昔阳、和顺至辽县的公路线)亦应同时进行侦察。

8月8日,八路军总部下达《战役行动命令》,战役发起时间改为8

月 20 日,并发布具体战术要求,战役成果大小主要看破坏正太路的程度而定,因此破路是此次战役最中心的环节。除破袭正太路外,还要广泛破袭平汉路、北宁路、津浦路、石德路、沧石路等铁路、公路,以阻止敌人向正太路增援。

聂荣臻、刘伯承他们问题都不大,但一二〇师师长贺龙却感觉有些力不从心。总部要求一二〇师将主要兵力置于阳曲南北,破击平遥以北的同蒲路。贺龙认为,晋绥根据地虽然比太行等根据地面积大,但兵力却只有太行根据地的一半,抽四至六个团参加正太线作战确实有困难。彭德怀收到贺龙的电报后,决定调整一二〇师的战役部署,将主力放在榆次以南,集中兵力破坏榆次至平遥的同蒲路,配合兄弟部队向正太路进攻。

贺龙和关向应认为,直接在阳曲南北阻止日军对正太路的增援当然很好,但部队太疲劳。2 月才从冀中回到晋西北,还没站稳脚,就赶上了日军的春季大"扫荡",激战 38 天。紧接着,到了 6 月,日军发动兵力更多的夏季大"扫荡",又持续 58 天,一二〇师连续对敌作战 251 次,始终没有得到很好休整,就此长途南进,困难不少。而且日军主力驻扎在阳曲,视正太路为生命线,肯定要全力增援,一二〇师能否完全阻击住日军,没有十分的把握。一旦阻击不住,将对破袭正太路十分不利。如果在同蒲路北段开刀,在榆次以北用兵,将攻击重点放在忻县至朔县的同蒲路和忻县至静乐的公路,采取围魏救赵的办法,拽住牛尾巴,朝敌人的屁股上捅刀子,可能会更好。上报总部后,得到肯定。

一二九师师长刘伯承、政委邓小平决定,战役由陈赓、陈锡联、谢富治统一指挥。刘伯承向司令部交代,应把困难想得更多一些,把准备工作做得周到一些,要突出侦察、防谍和技术战术三个方面。正式命令下达前,一切战役准备都可以提前搞。因为这次战役与以往不同,有很多技术战术,像爆破、剪电网,都必须有针对性地进行训练。8 月 18 日,刘、邓在和顺县石拐镇前方指挥所召开作战会议,向参战部队布置任务。8 月 20 日,刘、邓率前方指挥所进到广阳以南的明水头。

战役开始前几天,聂荣臻带着精干的指挥班子赶到井陉附近的小山村洪河漕。因为保密工作做得好,这么大的动作,敌人却始终蒙在鼓里。

参战兵力由 22 个团变为 105 个团。彭德怀说, 不管有多少个团,干脆就叫百团大战好了

8 月 20 日,天气异常闷热,午后开始下雨。各部队冒雨穿过山间小路,黄昏前到达指定位置。20 时,向正太路全线发起总攻击。聂荣臻回忆,真是壮观得很啊!一颗颗红色信号弹腾空而起,划破了夜空,各路突击部队简直像猛虎下山,扑向敌人的车站和据点。雷鸣般的爆炸声一处接着一处,响彻正太路全线。

同蒲、白晋、平汉、津浦、北宁等铁路和许多公路干线也同时燃起

彭德怀在百团大战前线指挥战斗

战火。

整整一夜,彭德怀和左权没有离开作战室一步。天亮,战报传来,首先是刘伯承的,接着聂荣臻、贺龙的战报也来了。

刘伯承首先报捷:陈赓旅攻击寿阳西南之芦家庄,连克碉堡4座,全歼守敌,完全占领车站,并将车站以西10里内的铁道、桥梁全部破坏。

21日天近黎明,晋察冀军区拿下正太路上的咽喉娘子关。娘子关位于冀晋两省的交界处,地势险要,抗战前国民党军就构筑了不少工事,日军在此基础上又加修了四个大堡垒,但架不住奇袭。晋察冀军区另一只重拳中央纵队负责攻打井陉煤矿。一夜激战,到21日黎明终于攻进去了。有人舍不得撤出,聂荣臻立即打电话,强调占领井陉没有意义,现在不是占领一两个矿区的问题,主要任务是消灭敌人,扩充我们的力量。该撤就要撤,破袭任务完成了,就要立即转移。就是在这次战斗中,我们的战士从火海里背出两个日本小女孩。聂荣臻给日军写信,把孩子送交日军。

阳泉西南的狮脑山是正太路进入山区的咽喉,控制住这里,就等于卡住了正太路的咽喉。刘伯承、邓小平将3个主力旅中的2个放在这里,由陈锡联指挥。刘、邓反复交代,战役成果看破坏多少铁路而定,而破路取决于狮脑山一线能有效阻击日军多少天,最少要坚持5至7天。

同蒲路东,贺龙、关向应手下的三五八旅当晚攻克了忻县至静乐间的最大据点康家会。因为有的部队行动缓慢,贺龙火了,在表扬三五八旅的同时,指出全师应克服一切困难,英勇参战。如有彷徨观望,畏缩不前,借口种种困难不坚决执行任务,须给以严重处罚。一二〇师在很短时间切断了同蒲路,并破坏大同以南至太原以北,以及邻近的铁路、公路。在大破袭的第一阶段,一二〇师发起大小战斗163次,破坏铁路50公里,公路470公里,桥梁40座,有力地配合了正太路的大破袭。

22日午饭后,作战科长王政柱报告,实际参战兵力共计105个团。彭德怀说,不管有多少个团,干脆就叫百团大战好了。当即与左权拟电报,上报下达,将此次破袭战定为百团大战。

正太路这条长蛇被截成数段,大部分桥梁、隧道、水塔、车站等建筑被摧毁，中断一个月之久。八路军挺进敌后 3 年来，进行如此大规模的破袭战，持续时间又这样长，还是第一次。8 月 23 日，八路军总部发出嘉奖电，聂、贺、关、刘、邓：百团大战，由于我全体指战员，忠贞于中华民族与中国人民，英勇无双，果敢进击，在各交通线上，特别在正太线上已取得序战之伟大胜利，捷报传来，无限欢慰！特传令嘉奖。

百团大战如当头一棒，使华北日军顿时陷入混乱之中。本来多田骏的"牛刀子"战术已大见成效，但他做梦也没想到，以前打一枪就跑的八路军怎么突然来了个刀对刀、枪对枪的大兵团作战？而他因"牛刀子"战术面铺得太宽，手里已无兵可调。一直到百团大战第七天，才拆东墙补西墙，好不容易搜集到 2000 多兵员杀到石家庄。不久，多田骏被撤职，日本想迅速解决"中国事变"的美梦也因此破产。

8 月 26 日，彭德怀、左权签署《开展正太线两侧作战之战役部署》，在正太路不能继续坚持作战或已彻底完成正太战役任务的情况下，我行动方针，应乘胜开展正太线两侧之战果，去收复敌深入各根据地内的某些据点，继续坚持正太线的游击战，缩小敌占区，扩大战果，同时以一部兵力进行休整。为了达到最大限度的破袭，战役第一步先在内线，等到日军增援，小部队就集中优势兵力消灭它，迫使日军放弃正太线南北的某些据点，来救正太线。如果大部队来援，主力则跳出正太线，转向铁路南北两侧，寻找敌人的弱点再战。

8 月 27 日，聂荣臻部署了晋察冀军区第一阶段第二期的作战计划。之后，除继续破路外，正太线没有重大战斗。

但是，日军决不会放弃正太路，只不过刚开始被打昏了头而已。8 月底，日军数千人由榆次、石家庄、阳泉东西夹击，不惜一切代价要夺回正太路。而八路军经过十多天的破袭，已经十分疲劳，急需休整和补充，也很难组织更大规模的战斗了。

9 月 2 日，彭德怀、左权下达《敌援正太兵力已到，我执行第二步方针》的电报，决定从 9 月 3 日起基本结束交通破袭战。9 月 10 日接到中央指示，彭、左决定百团大战转入第二阶段，消灭交通线两侧据点的攻坚战。9月16日,《百团大战第二阶段作战命令》正式下发。9月20日开始战役的第二阶段,包括晋察冀的涞(源)灵(丘)战役,晋东南的辽(县)榆(社)战役,晋西北的同蒲路宁武南北段破袭战役,冀中的任(丘)河(间)大(城)肃(宁)战役,冀中的德石路破袭战等。

接到总部电报,贺龙考虑,现在应当抓住日军晕头转向之机,继续攻击,最好不要等到一齐行动,建议一二〇师15日提前破袭同蒲路忻宁段。彭德怀同意,说刘伯承、邓小平正与增援正太路的敌人作战,你们乘此机会破袭极好(如能提早几天更好)。

本来彭德怀还要扩大战果,一鼓作气把晋察冀、晋西北和晋东南三块根据地连成一片,但敌人援军已经到达正太路东西两侧,彭德怀随即命令部队转入攻占敌人据点。10月2日,八路军总部下达《百团大战第二阶段结束后部队中应有的解释与准备》,宣布第二阶段基本结束,要求各部队休整,准备随时再作大规模的进攻。

为报复百团大战,日军出动大批兵力,对华北根据地疯狂报复,实现"三光"政策。10月6日,日军首先对太岳、太行根据地进行"扫荡",随后对华北敌后全面"扫荡",持续两个月,想借八路军来不及休整之机,毁灭整个华北抗日根据地。

百团大战第三阶段从10月6日至12月5日,主要是粉碎日军报复性"扫荡"。

1940年12月10日,八路军总部政治部在《八路军军政杂志》上公布了《百团大战总结战绩》。12月21日,朱德、彭德怀通过八路军驻重庆办事处的周恩来、叶剑英向国民党最高当局呈报百团大战的战果。我军除一一五师及山东纵队外全部参加,105个团,其中晋察冀军区39个团,一二〇师20个团,一二九师46个团,共约20万人。此外,还有数十万民兵和群众参加。日军加上伪军,投入兵力20余万。百团大战总计大小战斗1824次,毙伤日军20645人,伪军5155人,破坏铁路470余公里、公路1500余公里,攻克据点2993个,车站、桥梁、隧道等260余处。

12月22日,毛泽东、朱德、王稼祥致电彭德怀,百团大战对外不要宣传结束，蒋介石正发动反共新高潮，我们须利用百团大战的声势去反对。

日军华北方面军司令部把百团大战称为"挖心战"，此后将每年的 8 月 20 日作为"挖心战"雪耻日

1940 年 10 月 15 日，日军华北方面军给陆军省的报告中说：正太路破坏极为严重，规模之大无法形容。敌人采用爆炸、焚烧、破坏等方法，企图对桥梁、轨道、通信网、火车站设施等重要技术性设备予以彻底摧毁。在进行破坏时，隐密伪装得极为巧妙。破坏的详细情况：一、各处破坏铁路，自 8 月 20 日半夜，与袭击同时进行。阳泉、寿阳之间直至 9 月 4 日仍不断遭共军袭击，使抢修工作受到妨碍。二、破坏最严重的是芦家庄西 185 公里处及 61 公里处的两座桥。前者被炸坠落，后者虽未坠落，但修复也同样困难。三、对铁轨的破坏与各地袭击的同时，进行长距离的破坏。主要是将枕木与铁轨集中一起予以烧毁，大部铁轨已不能再用，一部分铁轨则由很多村民运往内地。四、对车间设施，则焚毁其房屋，破坏水塔及水泵。五、通信方面的破坏，是将电杆从根部锯断，切断电线，砸碎瓷瓶，并将铁路电杆烧弯。六、从爆炸结果来看，估计事前对其干部进行过相当训练。另外，敌人使用的炸药总量约有 5460 公斤。

日军华北方面军的作战记录中说：井陉煤矿等设备受到彻底破坏。此次奇袭完全出于我军预料之外，损失惨重，需要相当时间和大量资金才能恢复。

日军战史公开承认：这是日中战争爆发以来最大的激战，使我军受到重大打击。此次袭击完全出乎我军意料，损失甚大，需要长时期和巨款方能恢复。

东条英机在其军事总结报告中说，昭和十五年（1940 年），敌人（国民党军）迄未进行主力的反攻，只有共产军在华北举行大规模的出击。日军华北方面军司令部把此役称为"挖心战"，此后将每年的 8 月 20 日作为"挖心战"雪耻日。

日军作战日志中说：面对中共奇袭，华北方面军随着时间的推移，加深了对中国共产党军队的认识。昭和十五年七月前后，方面军即已看到，在华北"治安肃正"中，作为最大癌患存在的是共军，讨伐作战也多以共军为对象，企图将其消灭。但是方面军认为，共产党的军事力量还未强大到如此程度，其作战方法也以游击战为主体；如遇我军进攻，除四散逃避外，尚不能集中部队对我军进行攻击。因此，中共百团大战之奇袭作战，全然出于我军以上观察、意料之外，完全是乘虚而进。共军的这次奇袭使华北方面军受到了巨大的冲击，根据这个痛苦的经验，我军对共军作了重新认识。

日本的《中国事变陆军作战史》透露，那时华北的日军兵力密度，平均 1 平方公里为 0.37 人，每个师团分散在约 200 个地点。方面军以此次百团大战为契机，强烈要求总司令部增加兵力。很快，日军从华中、华东调回两个师团，投入华北战场。

在重庆，各报争相刊载百团大战的消息，前往八路军驻重庆办事处慰问的人络绎不绝。各界普遍认为在全国各战场相当沉闷的时候，华北出击的胜利有着重要意义。

在重庆的蒋介石十分震惊，他没想到八路军实现了他曾经的战略意图。1939 年冬，蒋介石拟组织一场全国性的冬季攻势，要求 10 个战区都参加。他给第二战区的任务就是首先截断正太、同蒲两铁路的交通，并肃清晋南三角地带的敌人。但第二战区司令长官阎锡山根本就没敢与日军作战，离正太、同蒲路还远着呢。

说实话，百团大战帮了蒋介石的大忙。日军把注意力转移到了华北，推迟了对重庆的进攻计划，减轻了国民党军正面战场的压力。按说蒋介石应该对百团大战拍手称快，但他非常矛盾。他一向高举"攘外必先安内"的旗帜，认为八路军比日本人更可怕，怎么能容忍八路军神不知鬼不觉地私自发展到 100 多个团呢？他如果祝贺，等于承认八路军这 100 多个团，可作为中国战区的最高指挥官，他又不能不有所表示。9 月 4 日，蒋介石签署嘉奖八路军百团大战的电报。称"贵部窥此良机，断然出击，予敌甚大打击,特电嘉奖"。但在 10 月 20 日,蒋介石又下了一道密电,绝对查禁有关"百团大战"的文字。

百团大战的功过是非

1940 年 8 月 30 日,中共中央机关报《新中华报》头版发表了《八路军展开百团精兵大战》的消息。《新华日报》华北版和新华社华北分社发布了关于百团大战的第一号战报,以后逐日发布,一共编发了近 400 号。百团大战的每日战况都成了全国关注的焦点。毛泽东致电彭德怀:百团大战真是令人兴奋,像这样的战斗是否还可以组织一两次? 9 月 10 日,中共中央书记处发表《关于时局趋向的指示》,其中提到我党 50 万大军积极行动于敌后(尤其是此次华北百团战役),则给日寇以深重的打击,给了全国人民无穷的希望。并要八路军、新四军依照华北百团战役的先例,在山东及华中组织一次至几次有计划的大规模的对敌进攻行动。在华北则应扩大百团战役的行动。

延安的大街小巷贴满了庆祝百团大战胜利的标语。9 月 20 日,延安各界举行万人大会,庆祝百团大战的胜利,毛泽东、朱德等领导人出席。总政治部主任王稼祥代表中央讲话,高度评价百团大战:在抗战进入空前困难的第四个年头,八路军以百团雄兵向日军进行主动的积极的战役反攻,破坏交通,拔除据点,消灭敌人有生力量,获得很大的胜利。打击了日军的侵略企图,打击了我国某些人士的悲观失望情绪,大大振奋了全国人民,使大家知道抗战胜利是有把握的。大会一致通过《致朱彭总副司令电》,向百团大战的领导者致以崇高的敬礼! 并对百团大战的将士表示亲切的慰问。

不管怎么说,在当时,无论延安还是重庆,大家众口一词,对百团大战都大加称赞。但随着时间的推移,百团大战却和它的指挥者彭德怀一样,命途多舛。

在 1945 年党的七大上,在充分肯定百团大战的基础上,提出一些善意的批评。

聂荣臻认为,(百团大战)战果巨大,总的来说是应该肯定的。但胜利中也有较大的欠缺和问题。首先是宣传上出了毛病,这次战役本来是对正太路和其他主要交通线的破袭战,后来头脑热了,调动的部队越来越多,作战规模越来越大,作战时间越来越长,对外宣传就成了百团大战。聂荣臻回忆:毛主席曾对百团大战的宣传很不满意。我们到延安参加整风时,毛主席批评了这件事。有种传说,这个战役事先没有向中央军委报告,经过查对,在进行战役前,八路军总部向中央报告过一个作战计划,讲要两面破袭正太路。破袭正太路,或者破袭平汉路,这是游击战争中经常搞的事情。可以说,这是我们的一种日常工作,不涉及什么战略问题。这样的作战计划,军委是不会反对的。说成是百团大战,这就是战略问题了。毛主席批评说,这样宣传,暴露了我们的力量,引起了日本侵略军对我们力量的重新估计,使敌人集中力量搞我们。同时,使得蒋介石增加了对我们的警惕。你宣传100个团参战,蒋介石很惊慌。他一直有这样一个心理,害怕我们在敌后扩大力量。在他看来,我们的发展就是对他的威胁。所以,这样宣传百团大战,就引起了比较严重的后果。还有,在战役的第二个阶段,讲扩大战果,有时就忘记了在敌后作战的方针,只顾去死啃敌人的坚固据点,我们因此不得不付出了比较大的代价。这是违背游击战争方针的。

日军迅速抽调大量兵力回师华北,实行更为残酷和恶毒的"治安强化"运动和"三光"政策。一方面,敌人发动太平洋战争,要"肃清"后方的抗日力量。另一方面,百团大战的宣传引起敌人警觉,把主要的进攻矛头指向了八路军。1940年对晋东南,1941年对北岳区,1942年对冀中区和太行区,一个地区一个地区轮番"扫荡",使敌后各抗日根据地遭受到极其严重的破坏。在敌强我弱的情况下,我军损失不小,左权就是在1942年太行区反"扫荡"中牺牲的,他是抗战期间我军牺牲的最高将领。一二九师担负任务过重,打硬仗太多,部队伤亡较大,毙伤日伪军8000多人,自己伤亡7000多人。

据徐向前回忆,去延安时路过太行山区,在八路军总部见到彭德怀。

这时，百团大战正在进行中，彭总介绍了战役进行的情况，虽然取得了不少胜利，但我们的武器不行，破坏铁路缺乏工具，战役过程中遇到了很大的困难。

彭德怀陪徐向前到一二九师师部，见到了刘伯承、邓小平、陈赓等。陈赓正指挥部队攻打关家垴。关家垴位于太行山中心，距八路军总部砖壁村仅 6.5 公里，易守难攻。彭德怀下了死命令，非攻下不可。日军的机枪吐着无数的火舌，八路军战士一片片倒下。刘伯承打电话说，部队损失太大，建议暂时撤围，另寻战机。彭德怀火了，拿不下关家垴，就撤掉一二九师的番号，杀头不论大小！又打了一天，总算基本歼灭了敌人。但日军大部队来援，一二九师又不得不撤下。日军受此重创，"扫荡"也草草结束。

后来，刘伯承在七大上发言，中肯地指出当时八路军方面对华北战场敌强我弱的形势和敌我斗争的长期性认识不足，指挥上带有某种盲目性，尤其是百团大战的第二、三阶段更多地采用了阵地战的形式，增大了

关家垴战斗后，八路军野战政治部主任罗瑞卿（右二）、三八六旅旅长陈赓（右三）在战场视察情况

部队的伤亡，伤了自己的元气。

多少年后，彭德怀在自述中承认，当时对华北战场敌强我弱的形势和敌我斗争的长期性认识不足，过早暴露了我军力量，战役规模过大，参战兵力过多，在一定程度上超出了当时我华北部队和根据地的作战、补给能力所允许的限度。敌我作战技术力量对比悬殊，作战时本应避敌锐气，击其弱处。但我们在第二阶段的某些作战中，轻视敌军先进装备，不顾飞机大炮，死啃敌人据点，攻击时间过长，造成我军一些不应有的伤亡。

彭德怀讲，我对敌人进攻动向上的错误估计，也是发起这次战役的重要原因之一。本来敌人准备进攻中原及打通粤汉路和湘桂路，而我以为（据我们情报）是要进攻西安，怕敌人进占西安后，截断中央同西南地区的联系（实际上这种顾虑是不必要的）；更没有估计到日军打通粤汉路，是为了便利进行太平洋战争。如果当时看破了敌人这样的战略企图，那就再熬上半年时间，或者等敌人进攻长沙、衡阳、桂林以后，兵力更加分散时，我军再举行这次大规模的破袭战役，其战果可能要大得多，其意义也要大得多。然而过早举行了那次战役，虽然在战役上取得了胜利，但是推迟了日军打通粤汉路和湘桂路的时间（约 1 个月）。

大概比预定时间提早了 10 天，故未等到军委批准，就提早发起了战斗。在战斗开始并取得一些胜利后，各根据地有不少武装力量乘敌伪仓皇撤退时自动参加了战斗，自发地奋起追歼敌伪，加上原布置的 22 个团，共有 105 个团。故在发表战报时，名为百团大战。

由于进行了这次破袭战役，日军加强了对我华北根据地的进攻。特别是太行山区，在敌人的"三光"政策下，人民遭受了一些本可以避免的损失。再则，破袭战役后期，我也有些蛮干指挥。在太行山区搞得太长了一些，连续搞了 1 个月，没有争取时间休整，敌伪即进行"扫荡"。我总想寻机歼灭敌军一路，使敌人下次"扫荡"不敢以营为一路，以使其"扫荡"的间隔扩大，有利于我军民机动。我这一想法是不符合当时实际情况的。因部队太疲劳，战斗力减弱了，一二九师伤亡多了一些。

彭德怀说，上面这些后果的责任，是应当由我来负的。但是我认为，对于这次战役的估价,不能离开当时我们所处的环境和当时担负的任务。有人恶意攻击百团大战,我认为百团大战在军事上是打得好的,特别是在打了反摩擦战役之后,必须打反日的百团大战,表示我们是为了抗日才反摩擦的,这才能争取广大的中间势力。在当时,只有抓住敌后空虚,给以突然猛袭,才能有力地调动敌人,给予打击,恢复大片抗日根据地。在敌后碉堡密布的情况下,组织这样统一有计划的破袭,是不容易的。百团大战的胜利,对于揭露日蒋各项欺骗宣传是有利的和有力的,对于积蓄力量是非常必要的。如果当时还不给敌伪以必需和可能的打击,根据地就会变为游击区,我们就不会有近百万正规军、200万基干民兵和广阔的解放区作为解放战争的战场,给进犯的蒋军以适时的打击。

1959年庐山会议上,随着彭德怀遭到错误批判,百团大战的旧账也被翻了出来,被批得一无是处。1978年党的十一届三中全会后,重新肯定了百团大战,认为这是抗战最艰苦的时候,我军独立发动的规模最大、

百团大战后,民兵在太行山拆除日军碉堡

持续时间最长、战果最辉煌的一次进攻性战役。在全民族日益高涨的抗日声浪中，加上国际形势的变化，狠狠戳穿了日蒋的"美梦"。对于坚持华北敌后根据地，推动全民抗战，起到了不可估量的作用。不仅在中国抗战史上，就是在国际反法西斯史上也是光辉的一页。当然，教训也应该吸取。

（舒云／撰稿）

8 抗战初期八路军和国民党军共同作战纪实

国共两党的两次合作，成功开辟了中国革命史上的新纪元，对中国革命产生了广泛而深远的影响。正如《廖承志致蒋经国信》中所说："国共两度合作，均对国家民族作出巨大贡献。事虽经纬万端，但纵观全局，合则对国家有利，分则伤民族元气。"而今，在海峡两岸同胞还遥相对望的今天，让我们再来追思与回顾抗战初期，八路军与国民党军并肩战斗、屡挫顽敌的几则著名战例。

平型关大捷——戳穿了日军"不可战胜"的神话

1937年7月底，日军占领北平、天津后，即沿平绥、平汉、津浦铁路大举进攻华北。8月下旬，沿平绥路西进之敌突破南口后，继续西犯。进至张家口后，又兵分两路：一路直取天镇，指向大同；一路由日军第五师团一部南下蔚县、涞源，经广灵、灵丘，向平型关奔来。面对晋北形势危急的状况，中国第二战区司令长官部决定，在平型关—雁门关—神池内长城一线组织防御，凭借长城阻止日军进入山西腹地。于是，国民党军一方面集中所属兵力以歼灭平型关之敌；另一方面，致电第二战区副司令长官、八路军总指挥朱德："我决歼灭平型关之敌，增加8个团的兵力，明拂晓可到，希电林师夹击敌之侧背。"9月23日，八路军总部向一一五师下达了为配合国民党军作战而侧击平型关的命令："据阎电，敌于昨夜以来忽奇袭我平型关阵地，现在激战中。一一五师即向平型关、灵丘间出动，机动侧击向平型关进攻之敌，但须控制一部于灵丘以南，保障自己之左侧。"

一一五师接到伏击平型关的命令后，师长林彪、副师长聂荣臻等迅速召开了连以上干部动员大会。会议由政治部主任罗荣桓主持，林彪首先发表讲话说："同志们，我们八路军第一一五师从改编以来，渡过了黄河，来到了这里。这里是山西省的东北部。西北面就是长城线上的平型关，北面是灵丘城。现在，敌人已经占领了平绥铁路上的大同。日寇的前锋部队已占领了北面的广灵、灵丘、涞源等地。现在，敌人正在向内长城线上的友军阵地进攻，我们这里已经能够听到炮声，就是敌人进攻平型关的炮声。"紧接着，林彪分析了战局，介绍了敌情，激动而有力地号召道："中华民族正在经历着巨大的考验！我们共产党人，应该担当起，也一定能够担当起这救国救民的重任！"最后，他斩钉截铁地说："我们要在日寇进攻平型关时，利用这一带的有利地形，从侧后猛击一拳，打一个大胜仗。给敌人一个打击！给友军一个配合！给人民一个振奋！"

会议结束后，师司令部随即下达了向战地行军的命令：第三四三旅于本日下午由现驻地上寨、大兴庄等地出发，沿独峪、站上、长沟、王巨铺，于晚12时前到达冉庄待机；第三四四旅六八七团于本日下午由下关驻地出发，经河铺到站上，待三四三旅和师直属队通过之后跟进，于晚12时前到达冉庄南面斗方石待机；第三四四旅六八八团于本日下午由驻地下关出发，于晚12时前到独峪待机，师独立团和骑兵营于本日下午由下寨驻地出发，沿上北泉、徐家台、白羊铺、抢头岭等地进入广灵、涞源地区；师直属队在三四三旅之后跟进；师主攻部队由冉庄向伏击地区的开进时间另行通知。

平型关位于山西北部古长城上，自古以来是晋、冀两省的重要关隘，关内关外，层峦叠嶂，沟谷深邃，阴森幽暗。关前是一条公路，蜿蜒其间，一直通向灵丘，地势十分险要。这条路是日军精锐部队第五师团第二十一旅团侵占平型关的必经之路。从关前至东河南镇，有一条长10余里的公路，路北侧山高坡陡，极难攀登，路南侧山坡低缓，易于出击。路的两旁依次是蔡家峪、小寨村、老爷庙、关沟，关沟的背面就是平型关古城墙。

师部在仔细勘察地形后,几经研究讨论,最后下达作战部署:六八五团和六八六团于 24 日晚进入白崖台一线埋伏,伏击老爷庙至关沟一带之敌;六八七团埋伏于小寨村东面山地,专打敌人的后续部队;独立团深入敌后,插到腰站地区,切断敌人从涞源至灵丘的公路运输线,阻击涞源、广灵两个方向的日军援军,保证主攻部队歼灭平型关正面之敌。25 日凌晨 5 时,除六八七团还在向伏击区开进外,其余部队均已进入了伏击地区,并按照所分任务在各自的位置上潜伏起来,静静地等待着日军的到来。

一直做着"不可战胜"美梦的日军板垣第五师团通过侦察,知道国民党军在平型关一带集结兵力,以阻止其前进。但他们怎么也没料到八路军和国民党军会合作起来组成前后两个战场,更没有料到配合国民党军作战的后方战场上的八路军此时已在平型关外严阵以待。日军一切仍照计划进行。25 日拂晓,日军第五师团第二十一旅团一部和大批辎重车辆,沿灵丘至平型关公路西进,7 时许全部进入一一五师伏击区。一一五师居高临下,向敌迅速而猛烈地发起攻击。刹那间,犹如神兵从天而降,公路两旁的伏军冲向公路,把敌人截成数段。

日军得知我军设伏后,迅速派兵前去救援。此时,一一五师指挥部命令独立团阻挡这股敌军。临行时,林彪对独立团团长杨成武说:"你们如不能把敌人的援兵挡住,平型关之战就胜负难料。所以,你们必须全力以赴,死死顶住敌人。"

25 日下午 4 时,经过激战,一一五师全歼被围之敌,取得战斗的胜利。后来,日军第五师团的野战仓库主计岛尾又治郎关于战场的记述是:无论在烧焦的卡车四周,还是在背后丘陵的斜坡上,都横七竖八地躺着无数十分可怜的日军士兵的尸体。战役进行的同时,八路军还组织游击支队,挺进晋北敌后,发动群众,开展游击战争,截击运输,破坏交通,寻机歼敌。首战告捷,为中国守军夺得了在忻口从容布防的宝贵时间。

八路军在平型关抓住战机,侧击日军,旗开得胜,戳穿了日军"不可战胜"的神话。一时间,全国各界给共产党和八路军发出的贺信、贺电达百余件之多。蒋介石于 26 日致八路军电中说："25 日一战，歼寇如麻，足证官兵用命，深堪嘉慰。尚希益励所部，继续努力。"上海市职业界救亡协会 28 日致电八路军称："贵军受命抗敌，立奏奇功，挽西线垂危之局，破日寇方长之焰。捷报传来，万众欢腾。谨电驰贺。"第二战区战地动员会主任续范亭著文称赞道："谨按平型关战役，八路军的大捷，其估量不仅在于双方死亡的惨重，而在于打破了'皇军'不可战胜的神话，使日军锐气挫折，不敢如以前那样长驱直进，提高我们的士气。"

忻口会战——八路军断敌后方运输线，削弱了日军的进攻力量

1937 年 10 月中旬，在日军的猛烈进攻下，山西的国民党军一退再退，先后放弃了雁门关到平型关的长城防线，退守到忻口一带布防，战线南移。忻口地势险要，右倚五台山，左倚云中山，为战略要地，是晋北通向太原的门户，也是保卫太原的最后一道防线，忻口会战成为决定山西战局的关键。大敌当前，配合国民党军作战的八路军担当右翼，在滹沱河南岸依托五台山组织防御，制止日军前进并相机以主力挺进雁门关，威胁敌之左翼，形成包围日军之态势。

国共两党配合作战，近 10 万中国军队同侵华日军进行了气壮山河的浴血奋战，给日军以重大打击。其中，八路军英勇顽强，阻击日军交通线，迫使日军不得不从前线和后方抽调相当数量的部队，维护其交通线，有效地分散了敌人正面作战的攻击力量。

对保卫山西的作战，中共中央极为关注。周恩来一直同第二战区司令长官阎锡山保持着频繁的接触，多次参与一些重要作战计划的研究，以协调共同作战。针对阎锡山把作战地区划分为左、中、右三个战区，将主力用在正面防御的作战计划，周恩来指出："在中地区，应以小部队牵制当面之敌，而以主力把敌诱到代县、忻口一线，求得侧面出击，加以消灭；右地区的部队要进行广泛的游击，以牵制敌军；左地区兵力较弱，可向宁武南北游击，破坏和阻止敌军的前进计划。"为达到上述目的，中共

中央军委命令八路军一一五师、一二○师主力从东西两方破坏敌之侧后纵深地区，袭击忻口至大同、大同至张家口的铁路及代县、广灵至张家口的公路交通线。

朱德、彭德怀根据中共中央的指示，于10月6日、7日令一一五师协同友军向平型关、大营镇之敌进攻，相机袭取浑源、应县，断绝茹越口、繁峙之间的交通；令一二○师以主力向岱岳镇以西山地出动，断绝大同与雁门关之间交通，以三五八旅主力配合友军夹击宁武以南之敌。并于10月12日致电中央军委："我们目前应以一切努力，争取以山西为主的来支撑华北战局的持久……消耗日寇力量，逐渐提高友军作战胜利的信心……"忻口会战发起后，八路军总部按照军委指示，立即指挥所属各部，首先"在敌人的后方，特别是在其主要联络线上积极行动起来，断其交通，绝其供给……减少对正面战斗的威力"。

为配合国民党军正面对敌斗争，八路军向进攻忻口的日军两翼及后方广泛展开了游击战。10月中旬，八路军一二○师三五八旅一部，从崞县长途奔袭至轩岗一带秘密设伏，一举攻克日军占领的大牛镇，然后不断向进攻忻口的日军侧翼发动攻击，使日军防不胜防。接着，宋时轮部又挺进雁门关以北地区，对距大同仅数十里的井坪镇发动夜间袭击，严重威胁大同和北同蒲线的畅通，使大同之敌连连致电忻口前线，请求给予救援。

10月13日，一二○师主力从宁武、神池、朔县等地出发，经过三昼夜急行军，秘密集结到雁门关西南的老窝村一带，准备对晋北要塞雁门关发动袭击。16日，当得知敌军一个满载武器弹药的车队，由大同出发，经雁门关开赴忻口时，师首长当即决定，18日在黑石头沟两侧设伏，袭击敌军车队，并趁机攻取雁门关。是日，一二○师官兵英勇奋战，用步枪、手榴弹击毁日军数十辆汽车，击毙日军数百人，取得了平型关大捷以来又一次比较大的胜利，并一度收复了雁门关，截断了日军由大同向忻口运送人员、物资的通道，使"前线日军只能主要靠空运来维护需要，战斗力大大削弱"。

1937 年 10 月，八路军一二〇师在雁门关以南伏击日军，击毁汽车数十辆。图为贺龙、周士第、关向应、甘泗淇（从右至左）在雁门关前观察地形

　　与此同时，八路军总部还指挥一一五师三四四旅与师独立团分别向平型关、灵（丘）广（灵）一带活动，主要任务是袭击敌人车队，破坏道路。三四四旅接受任务后，在旅长徐海东率领下，再次攻克平型关以及团城口、沙河、大营等地，然后组成东进纵队深入冀西，威胁平汉线，牵制山西日军。杨成武独立团及师骑兵营则组成东北挺进支队，向察（哈尔）南、冀西北地区出击，先后收复涞源、广灵、灵丘、蔚县、曲阳、唐县、定县 7 座县城，与三四四旅形成两面夹击之势，完全切断了从张家口经平型关至忻口的交通线，使日军难以迅速调动二线部队增援忻口，弹药物资供应也产生极大困难。正如第二战区前敌总司令卫立煌 10 月 24 日在给蒋介石的密电中称："敌自雁门被截断，粮秣极感困难，现向地方征发杂粮中。"

八路军一一五师和一二〇师的积极作战，使进攻忻口的日军与大同、张家口的交通中断，粮、弹、油料等供给断绝，迫使敌人不得不借助飞机来输送给养。一二九师奇袭阳明堡机场的胜利又一次重重削弱了日军的进攻力量，大大缓解了忻口前线对中国军队的空中威胁。下面是《全面抗战纪实》一书对此事的记载：

> 10月19日夜，第一二九师七六九团各部分别向预定地区开进。第三营在当地群众的协助下偷渡滹沱河之后，以1个步兵连警戒阳明堡方向可能来援之敌，以2个步兵连和机枪连组成突击队，以1个步兵连做营预备队。突击队避开敌警卫分队驻守的机场北端，从机场东西两侧秘密进入机场，当接近到距敌约30米时，敌哨兵才发觉，突击队当即按预定计划发起进攻，一部将敌警卫队压制于掩蔽部内，并打退其连续反扑；一部迅速扑向停机坪，先以猛烈火力打击，而后将集束手榴弹塞进机舱，敌机顿时爆炸起火。此时，敌警卫队疯狂实施反扑，突击队与敌展开白刃格斗。经一小时激战，歼敌100余人，毁伤敌机24架。

整个忻口会战中，八路军三大主力部队共计歼敌400余人，缴获满载大汽车120余辆，击毁汽车27辆，毁伤飞机24架。为此，国民政府军事委员会连电嘉奖，蒋介石于10月17日致电朱德、彭德怀："贵部林师及张旅（'张旅'指张宗逊任旅长的第一二〇师三五八旅），屡建奇功，强寇迭遭重创，深堪嘉慰。"卫立煌在太原见到周恩来时说："八路军把敌人几条补给线都截断了，并摧毁阳明堡机场，对我们忻口正面作战部队帮了大忙，我代表在山西的全体将士向八路军表示衷心的敬意和亲切的慰问。"

正太线防御战——打破了日军速战速决的企图

1937年10月，大举进犯山西的日军，原本将主攻方向定在晋北一线。但在忻口攻击严重受挫后，就转而集中七八万兵力，沿正太路向晋东发动猛烈进攻，企图同晋北之日军形成两面夹击之势，围歼国民党军主力于晋中地区,扭转晋北的不利战局。为协助友军攻击敌军,中共中央命令八路军一二九师主力进到正太路之寿阳、平定地区,积极钳制与打击西进之敌,以巩固后路。

10月28日,要塞娘子关陷入敌手,晋东门户大开,数万日军得以迅速沿正太路西进。当晋东前线告急时,正在忻口前线指挥作战的八路军总指挥朱德,为顾全大局,急令刚到山西前线的八路军一二九师主力和一一五师一部星夜东进,驰援正太线上的友军。但是,还没等八路军赶到,娘子关第一道天险就已经失守,数千国民党军陷入日军包围之中。八路军得知这一情况后迅速前进,不顾长途奔波的劳苦和武器装备的低劣,为援救被围友军,向日军发起勇猛的突然袭击。在八路军的英勇援助下,国民党军曾万钟部1000余人被八路军一二九师从包围圈中解救出来,同时还救出其他友军近千人。一二九师将这些部队和大批失去联络的溃兵收容起来,在生活上尽量给以照顾,对伤病员进行必要的治疗。然后,"把他们集中送还给友军部队"。

娘子关失守后,日军沿正太路蜂拥西进,忻口至太原的退路很快面临着被切断的危险。无奈之下,10月31日,阎锡山下令放弃忻口,部队退守太原。11月2日,忻口一线数万国民党守军撤离阵地,向太原方向转移。然而,这时气势汹汹的东线日军,也正全力插向太原,妄图截断忻口中国军队的退路。在这危急时刻,八路军又一次伸出援助之手,在自身十分艰难的情况下,死死咬住敌人,发挥近战、夜战、游击战的特长,昼夜对日军发动突然袭击,使敌人西进步履艰难,进展十分缓慢。朱德对八路军的这次行动曾说过这样一段话:"我们军队有若干团,就从敌人后面去抓,要把敌人抓住,也就等于进攻。用进攻抓住敌人,使他们不能继续前进……"

八路军的这些举措,深深感动了国民党广大官兵。他们拉着八路军官兵的手,有的激动得泣不成声,有的连连表示感谢,有的甚至暗中表示要求参加八路军。这些救援工作,不仅及时挽回了数千名国民党军将士的生命,而且充分显示了八路军无私无畏、不怕流血牺牲、重友情、讲信用的豪迈气概，有力地促进了八路军和友军的团结合作。

在此期间，八路军先后发动了几次比较重要的战斗，给日军以重大杀伤：七亘村伏击战，歼灭日军 400 多人，缴获骡马 300 多匹；黄崖底伏击战，歼灭日军 300 多人，缴获骡马 300 多匹；第一次广阳伏击战，毙伤日军近千人，俘 3 人，缴获骡马 700 余匹，步枪 300 多支和大批军需物资；第二次广阳伏击战，歼灭日军 250 多人。在七亘村伏击战中，刘伯承巧用"兵无常势"的谋略，在日军的必经之地，出奇用计。

10 月 25 日，一二九师师长刘伯承决定以三八六旅伏击日军二十师团约 1000 人的辎重队。26 日拂晓前，旅长陈赓令七七二团第三营在七亘村至甲南峪间地区设伏。9 时许，敌进入伏击区，第三营向其本队发起猛烈进攻，经 2 小时激战，毙日军 300 余人，缴获骡马 300 余匹和大批军用物资，余敌退回测鱼镇。刘伯承判断日军辎重队必将沿原定路线继续西进，决定三八六旅在七亘村再次伏击敌人。28 日，日军果然以步骑兵 400 余人掩护辎重队经原道西进，11 时许进入伏击区。七七二团第三营突然发起猛烈冲击，战至黄昏，歼敌 100 余人，缴骡马数十匹，再次打击了进犯之敌。

八路军在黄崖底、广阳、户封村等地连续伏击日军，予敌以沉重打击，

1937 年 11 月，徐向前（穿大衣者）指挥广阳战斗，歼敌 250 余人

从而迟滞其行动达一星期之久,掩护了沿正太路撤退的国民党军,同时,也彻底打破了日军速战速决的企图,得到了山西广大军民的齐声称赞。一些国民党军将领说:"若没有八路军有效地拦阻,北线部队的命运很难设想,省城太原也会提早失陷。"

抗战初期的这一系列战绩与国共两党互相协助和配合是分不开的。正是由于国民党的阵地阻击和八路军的敌后猛袭的配合打击,才使日军伤亡惨重,兵锋大挫,前进缓慢;才得以激发全国人民抗日的热情,鼓舞了国人抗战必胜的信心。正如1939年1月《八路军军政杂志》发刊词中所说:

八路军的这些成绩从何而来?由于上级领导的正确,由于指战员的英勇,由于人民的拥护,由于友军的协助,这四者是八路军所以获得成绩的原因。其中友军的协助是明显的,没有正面主力军的英勇抗战,便无从顺利地开展敌人后方的游击战争;没有同处于敌后的友军之配合,也不能得到这样大的成绩。八路军的将士应该感谢直接间接配合作战的友军,尤其应该感谢给予自己各种善意援助与忠忱鼓励的友军将士。中国军队在民族公敌面前,互相忘记了旧怨,而变为互相援助的亲密的朋友,这是中国决不会亡的基础。从前人说:读诸葛《出师表》而不流泪者,其人必不忠;读李密《陈情表》而不流泪者,其人必不孝。今天我们应该说:凡看见或听见中国军队不记旧怨而互相援助、亲密团结而不感动者,其人必不爱国。

(赵丽、吴志高/撰稿)

287

⑨ 被八路军击毙的四名日军将领

在中国人民抗日战争胜利 60 周年之际，笔者在北京西山风景区八大处采访了研究日军侵华历史的专家、北京军区原研究员张子申先生。

《击毙侵华日军将领纪实》一书是张子申先生和薛春德先生的最新研究成果。应笔者的邀请，张子申先生介绍了抗日战争期间八路军击毙的四名日军将领。

在黄土岭被炮击的日军中将——独立混成第二旅团旅团长阿部规秀

1992 年 8 月的一天，一位步履蹒跚的老人在黄土岭战斗的第一战场——雁宿崖，面对高高耸立的"雁宿崖、黄土岭战斗胜利纪念碑"感慨万千。这位老人就是当年黄土岭战斗的直接指挥者杨成武将军，53 年前的往事历历在目：

"打哪一路？"

"打东路！这一条路从涞源到银坊全是深山大谷，再往南到雁宿崖，其间只有一条山路可走，两面都是大山，便于找到伏击地域。"

这是 1939 年 10 月 31 日，晋察冀军区司令员聂荣臻与第一军分区（以下简称"一分区"）司令员杨成武在黄土岭战斗前的对话。

当时，杨成武正在河北省阜平县青山村参加中共中央北方局会议。突然，涞源情报站送来一份情报，坐镇张家口的日军独立混成第二旅团旅团长阿部规秀中将，派辻村宪吉大佐率领部队进驻涞源城，拟分西路、南路和东路向一分区根据地"扫荡"。

独立混成第二旅团是日军的"精锐",其旅团长阿部规秀更是日本有名的将领,享有"武将之模范""山地战专家"的美称。

聂荣臻同意杨成武"打东路"的建议,并让他不要参加会议了,立即返回一分区,组织战斗。

情报证实,东路由辻村宪吉大佐率 1 个大队和 1 个炮兵中队、1 个机枪中队共 600 多名日军,向雁宿崖扑来。

11 月 3 日,杨成武部署一分区的第一、第二、第三团分别在雁宿崖峡谷两侧的山梁上隐蔽展开。

上午 7 时许,在我军的诱击下,辻村宪吉率部大踏步地向雁宿崖峡谷来了。一团团长陈正湘和政委王道邦从望远镜里看到,日军先头分队约 100 人,正在雁宿崖村东河滩上休息,其主力正从三岔口沿河沟缓慢地行进。于是,立即命令三营沿小山沟向北疾进,占领三岔口,断敌退路。

骄横狂妄的敌人,行军和休息时都不派警戒,对两侧也不搜索,根本不把小股游击队放在眼里,大摇大摆地进至张家坟以北地区,全部钻进"口袋阵"。

这时,三团突然以猛烈的火力给日军以迎头痛击。

经过激战,日军大部被歼,剩下的敌人被压缩在雁宿崖村和西北小高地上,仍然在疯狂地抵抗,企图坚守到天黑,等待增援部队的到来。

下午 4 时许,杨成武命令发起总攻。

这一仗,除辻村宪吉乘乱逃脱和 13 名日军被俘外,600 余人全部被击毙,死尸散布在河套、山谷和村庄里。

辻村大队被歼,杨成武意识到阿部规秀会恼羞成怒,很可能会寻找一分区主力军报仇。

果不出杨成武所料,11 月 4 日,阿部规秀亲率独立混成第二旅团的第四大队和第二大队 1500 余人,沿着辻村大队被歼的路线南犯。

杨成武立即用电话向聂荣臻报告,并建议说:"银坊以东直到黄土岭周围,地形仍然利于伏击,只要敌人敢于由银坊东进,我们一定能再打一个漂亮的伏击战。"

1939 年 11 月，杨成武（右一）在前线指挥黄土岭战斗

聂荣臻在与彭真、贺龙、关向应商量后，电告杨成武："贺龙同志怕你们兵力不足，决定让一二〇师特务团天黑前赶到黄土岭地区，归你们指挥。此外，我们让二十、二十六、三十四团牵制易县、满城、徐水等地的敌人。"

杨成武分析了阿部规秀既狡猾又急于报仇的心理，制定了以小股部队吸引日军，把敌人诱入黄土岭伏击圈并一举歼灭的战术。

11 月 5 日，日军继续搜索前进。阿部规秀判断八路军"主力已向司各庄方向退走"，决定"迅速追击八路军主力，并将其捕获"。

一分区的第一、第二十五团各一部按预定部署进行诱击。接火后，时而堵击，时而撤退，紧紧地缠住敌人，若即若离，使日军欲战不能，欲罢不得，气得阿部规秀暴跳如雷。

当晚，日军进入银坊、司各庄等地，仍未发现八路军主力，便气急败坏地点燃老百姓的房屋，一座座院落、一片片村庄瞬间变为火海。

日军扑空后，急不可耐。突然得到情报，说黄土岭附近有八路军主力活动,便于 6 日晨,倾师奔向黄土岭。

6 日夜间,杨成武命令各部队进入预伏阵地,在日军毫无察觉的情况下,八路军在黄土岭以东的峡谷周围,准备好一个日军非钻不可的"大口袋"。

在八路军完成伏击准备的同时,阿部规秀又得到黄土岭西北部有八路军主力的情报。狡猾的"山地战专家"立即作出判断:八路军"以一部兵力引诱我方的主力向黄土岭附近集结,企图从我旅团背后进行攻击"。他预感到寻歼一分区主力的企图难以实现,为避免自己被歼,便于 7 日凌晨作出收兵回营的决定,以摆脱八路军主力从背后进行的攻击。

然而,为时已晚,杨成武不会让到嘴的"肥肉"溜掉。

11 月 7 日上午,天空飘着密密的细雨,山谷中弥漫着浓浓的雾气,潜伏的八路军与群峰都消逝在细雨迷雾之中。日军开始东进,其先头部队边侦察边前进,先行占领两侧小高地,掩护主力缓慢通过。然后,再由先头部队前去侦察,又一次占领制高点掩护主力缓慢通过,就这样反复交替前进。虽然日军高度警惕,行进速度很慢,但始终没有发现我军伏兵。

12 时,日军先头部队进至寨头村附近,主力行进在上庄子一线,直到下午 2 时左右,其后卫部队才进入峡谷。

这时,我军第一、第二十五团突然迎头阻击,第二、第三团从西、南、北三面进行合击,迅速把日军压缩在上庄子附近约两公里长、百余米宽的山谷里,数千支步枪、近百挺机枪一齐向日军猛烈射击。顿时,枪声、手榴弹爆炸声连成一片,喊杀声四起,整个山谷弥漫在战火和硝烟之中。

经过一个多小时的激战,日军已伤亡过半。这时,一团团长陈正湘在白脸坡上通过望远镜发现一座独立院落前,有几个挎战刀的日军军官进进出出,院后的山坡上也有几个日军军官正在用望远镜进行观察,他立刻断定这是敌人的指挥所。陈正湘把这一情况用电话报告给杨成武,并请示调用一分区直属炮兵营,将敌人指挥所一举歼灭!

"好啊!祝你成功。"杨成武回答并补充道,"只要消灭了敌人指挥所,全歼这股敌人就更有希望了。"

炮兵营十几发迫击炮弹飞过去,奇迹出现了。

1995年在纪念抗日战争胜利50周年时,我们曾来到离黄土岭不远的一座由三面房屋组成的独立小院——阿部规秀的丧身之地。半个多世纪过去了,这座小院作为历史的见证仍完整地保留了下来,当年的房主陈老汉的孙子陈汉民是阿部规秀丧命的目击者之一。

陈汉民向我们描述了当年的情景:阿部规秀被八路军打败逃进小院后,将他一家18口人赶到南屋。他当时仅6岁,吓得哭了起来。阿部规秀拔出指挥刀,架在他的脖子上,边叫喊边比划:"哭的,死啦、死啦的!"几个孩子吓呆了,不敢再出声。阿部规秀面对门口坐在一把太师椅上。这时我军开炮了,一发炮弹在屋门口爆炸,弹片飞进屋内,将阿部规秀和几名日军官兵炸死、炸伤。陈汉民一家18口人竟无一伤亡。

失去指挥官后,日军残部极度恐慌,像没头的苍蝇到处乱撞。他们先拼命向黄土岭方向突围,遭到第三团、特务团的迎头痛击后,向寨头村方向突围,又被第一团击退。此后,就像泄了气的皮球一样,反扑的势头锐减,开始收缩兵力,固守待援。

11月8日上午,日军空投了指挥官以及弹药、给养,准备组织新的突围。与此同时,日军第二十六、第一一〇师团各一部,独立混成第二旅团的第三、第五大队纷纷出动增援,其先头部队距离黄土岭已不过15公里了。为避免遭受损失,在给突围日军再次打击后,杨成武果断决定立即撤出战斗,日军又枉费了心机。

黄土岭战斗,包括第一阶段的雁宿崖战斗,八路军共歼灭日军1500多人和大量伪军。

11月21日,日本东京广播电台公布了日军中将阿部规秀在黄土岭战斗中阵亡的消息。

第二天,日本《朝日新闻》以《名将之花凋谢在太行山上》为题,详细报道了阿部规秀被击毙的经过,并介绍了他的简历。

阿部规秀,1886年生于日本青森县,毕业于日本陆军士官学校,青年时期曾在关东军服役。1937年8月,升任关东军第一师团步兵第一旅团

黄土岭战斗结束后，晋察冀军区司令员聂荣臻（前左一）慰问参战部队

旅团长，驻屯在黑龙江省孙吴地区。同年 12 月，晋升为陆军少将。1939
年 6 月 1 日，调任华北方面军驻蒙军独立混成第二旅团旅团长，同年 10
月 2 日，晋升为陆军中将。

《朝日新闻》还用大量篇幅刊登了日本各界及其家人悼念的消息、
照片和纪念文章，夸耀阿部规秀是什么"护国之花""武将之范""名
将""山地战专家"，并声称"皇军"自建军以来的战史上，中将级指挥官
阵亡于战场第一线，是少有先例的。

阿部规秀是八路军在抗日战场上击毙的日军级别最高的将领。当时，
在全国引起强烈的反响，各地的友军、抗日团体、爱国人士，纷纷给八路
军总部、晋察冀军区发来贺电，热烈祝贺八路军将士所取得的胜利，全国
各大报刊也都在显著位置报道了黄土岭战斗的经过，并发表祝捷诗文。

在鲁西反"扫荡"中被伏击的日军中将——
第一一四师团师团长沼田德重

沼田德重，日本茨城人。1907 年 5 月毕业于日本陆军士官学校第
19 期。1915 年毕业于日本陆军大学第 27 期，晋升为步兵中尉，此后不

久便随部队换防来到中国东北地区，踏上侵华之路。

1931 年 8 月 1 日，沼田德重调往近卫师团司令部，晋升为步兵大佐。1933 年 12 月，任日本东部军区千叶联区司令官。1936 年 8 月 1 日，晋升为陆军少将，同时调任第二师团司令部部附，师团长为冈村宁次。1937 年 2 月初，日军参谋本部下令将第二师团编入关东军。沼田德重随该师团一起从日本仙台出发，于 4 月初驻扎在中国东北地区。随后，率部参加了进攻上海、南京、徐州、武汉的战斗。

1939 年 3 月，沼田德重晋升为陆军中将，同时被擢任华北方面军第十二军第一一四师团师团长，师团司令部设在济南市。

沼田德重到济南赴任后，率部协同日军第五、第二十一师团等部，发起对国民党鲁苏战区总司令于学忠部和山东八路军的作战。

6 月 4 日，沼田德重发动鲁南作战，进攻于学忠部及八路军山东军区部队，逐步压缩包围圈。

于学忠部为避开日军锋芒，分别向沂水西部山地、日照附近、云蒙山方向转移；八路军山东军区所部以小部兵力牵制日军，主力纷纷跳到外线打击敌人。

6 月 15 日，日军进一步增加兵力，采取分进合围的战术，分别攻击沂水北部山区、云蒙山区及蒙阴北部山区，先后被于学忠部和八路军粉碎。

"扫荡"结束后，日军虽占领部分鲁南根据地，但一直未能捕捉到中国军队的主力。

鲁南作战结束后，沼田德重又以第一一四师团一部兵力协同第十、第十四、第三十二、第三十五师团各一部，对八路军鲁西军区部队，进行"扫荡"，企图消灭该地区的八路军主力，扩大日军的所谓"治安区"。

八路军鲁西军区司令员兼政治委员杨勇指挥所属第一、第二、第三团及第六支队、太西军分区、运西军分区部队，将一部兵力分散，以营连为单位，在内线与日军周旋，主力转移到外线，从侧背袭击敌人，展开全面反"扫荡"作战。

6月30日，日军第十四、第三十二、第三十五师团各一部由南向北开始"扫荡"。7月3日，沼田德重率第一一四师团由北向南进行"扫荡"，南北呼应，企图夹击鲁西军区部队。这次"扫荡"，不但未能取得明显效果，还多次遭到鲁西军区部队的袭击、伏击，伤亡较大。

7月中旬，日军被迫停止"扫荡"，各师团陆续开始撤退。7月16日，当沼田德重率第一一四师团由聊城向东撤退途中，再次遭到鲁西军区主力伏击，伤亡200余人，师团长沼田德重的胸腹部亦中数弹，生命垂危，立即被送往济南市日军陆军中心医院抢救。

7月22日，日军大本营命令第一一四师团结束在中国的作战，返回日本国内休整。

由于天气炎热，沼田德重的伤口及胸腹腔内都已感染，无法医治。8月初，沼田德重的伤势更加恶化，不久即进入昏迷状态。8月12日，终因抢救无效而丧命，成为接到回国命令，但未能踏上归程的日军中将。

在百团大战中被袭击的日军少将——
第三十五步兵旅团旅团长饭田泰次郎

饭田泰次郎，生于日本千叶县，1912年5月毕业于日本陆军士官学校第33期步兵科，1921年又毕业于日本陆军大学第33期，晋升为步兵中尉。1936年3月晋升为步兵大佐，任参谋本部部附。1937年3月，调任陆军省兵务局兵务课长，直接参与了全面侵华战争的阴谋策划活动。

1939年3月，饭田泰次郎调任刚刚在日本国内编成的第三十五师团第三十五步兵旅团旅团长，同时晋升为陆军少将。4月1日，根据大本营命令，第三十五师团编入华北方面军，随即开赴中国山东。不久，又移驻河南新乡。师团所属部队分别驻在新乡附近及其以西和黄河以北的河南省地域内。第三十五步兵旅团下辖步兵第二十九、第二二〇、第二二一联队及搜索、野炮、辎重、工兵联队等特种部队，是第三十五师团的作战主力，先后参与了对鲁西、冀南抗日根据地的"扫荡"。1939年7月，第三十五步兵旅团移驻河南商丘地区。

1940 年 8 月，在八路军副总指挥彭德怀亲自指挥下，八路军对日军发动了著名的百团大战。

在百团大战中，冀南军区的陈再道部动员群众 3 万余人，对日军的铁路、公路、通信设施，连续进行破袭作战，特别是对石德铁路，连路基也多处拆除，使日军很难在短时间内修复。

10 月中旬，饭田泰次郎率第三十五步兵旅团进行报复性"扫荡"，作战地域为冀鲁豫边区，主要作战对象为陈再道部。11 月中旬，饭田泰次郎由黄河北岸地区北进至邯郸至济南公路沿线，企图讨伐破坏公路的八路军部队及民兵，以进行报复。

11 月 18 日夜，天地一片漆黑，八路军冀鲁豫军区派出的一支 20 余人的小分队，沿着已被破坏得支离破碎的济南至邯郸公路，急速地摸索着向西前进。一个多小时后，远处出现了几处星星点点的灯光。这就是他们要袭击的目标——日军第三十五步兵旅团旅团部。

深夜 12 时左右，小分队来到日军第三十五步兵旅团宿营地附近。这时，多数帐篷里的汽灯都已熄灭，只有营地中心的一顶棉帐篷里还亮着灯，这就是饭田泰次郎的指挥所。

八路军小分队果断地向敌人发起了猛烈的袭击，乘乱冲入营地内、帐篷里，事后又很快退了出来，按原路撤回。

在短短的十几分钟里，小分队击毙击伤日军 200 余人，其中旅团长饭田泰次郎也身负重伤，连夜被送往邯郸的日军野战医院抢救，但因伤口严重感染和内脏糜烂，无法医治，于 11 月 28 日毙命。饭田泰次郎死后，被日本天皇裕仁追晋为陆军中将。

在鲁中地区被击毙的日军少将——
第五十三旅团旅团长吉川资

吉川资，日本山口县人，1912 年 5 月毕业于日本陆军士官学校第 24 期步兵科。

1939 年 9 月 13 日，日军第十一军司令官冈村宁次中将率领 10 万大军,在航空兵的配合下,准备发起长沙会战,企图消灭中国第九战区的主力部队。

担任咸宁、大冶、阳新一线及其以南地区防卫警备任务的是日军第三十三师团,吉川资任该师团兵器部长。为了参加长沙会战,吉川资随师团本部,于8月下旬开始向崇阳、通城附近开进,接替了第六师团的作战地域。

经过激战,中日双方伤亡损失都很大,但攻防态势却无多大变化,双方依然处于对峙状态。在这次会战中,吉川资算是机关人员,没有直接领兵作战。但在1940年的枣宜会战和第二次长沙会战中则直接带兵作战。

1943年3月,吉川资奉命返回日本,任留守第五十六师团司令部部附,为常驻九州大学特务机关长。1944年4月,改任第八十六师团司令部部附,仍为常驻九州大学特务机关长,不久晋升为陆军少将。

1945年1月,吉川资再度调入侵华日军,任中国派遣军直辖第五十九师团步兵第五十三旅团旅团长,师团司令部进驻山东泰安。

为了进行抵抗美军由山东沿海登陆的作战准备,根据大本营的命令,4月6日,日军第五十九师团移驻济南,吉川资率步兵第五十三旅团进驻济南市区,并纳入第四十三军战斗序列。

为了扫清抗登陆作战的障碍,4月25日,日军第四十三军在山东半岛进行"清剿""扫荡",第五十九师团主要担负济南以东地区的作战,其中步兵第五十三旅团的作战地域在沂源地区。

日军开始"扫荡"之时,正值八路军山东军区准备发起夏季攻势之际。当日军第四十三军调集了3万余人兵力,采取分进合击、分区"清剿"等战术,以鲁中、滨海为重点,展开全区性大"扫荡"时,山东军区立即调整作战部署,转入反"扫荡"作战。其所属鲁中军区司令员王建安、政治委员罗舜初,指挥第一、第二、第三、第四、第五军分区部队,与日军第五十九师团周旋在鲁中地区,不断以阻击、袭击、伏击、袭扰等战法打击敌人,在石桥伏击战中使日军第五十三旅团旅团长吉川资成为瓮中之鳖。

死到临头的吉川资将步话机拉到一块巨石后，通过喊话命令各部整理队伍，组织反击。他在指挥部队向一高地冲击时，被八路军伏击部队乱枪击中，当场毙命。

八路军在石桥伏击战中共击毙日军 600 余人。山东军区经过一个月的反"扫荡"作战，共歼灭日伪军 5000 余人。

（陈辉／撰稿）

10 黄崖洞保卫战

抗日战争时期，八路军在作战中多以游击战为主，在有利条件下也打一些运动战，但打阵地战特别是阵地防御战的次数比较少见。不过，在 1941 年冬季，八路军总部特务团为了保卫黄崖洞（又称黄烟洞）兵工厂，却打了一次成功的阵地防御战，即黄崖洞保卫战。这也是整个抗战期间八路军打的一次非常著名的阵地防御战。

日军兵锋直指黄崖洞兵工厂，八路军总部特务团严阵以待

黄崖洞兵工厂位于山西黎城县西北部，地处黎城县、辽县、武乡县之间，是八路军在抗战期间于华北敌后建立的最大的一个武器弹药生产基地。该兵工厂是 1939 年至 1941 年间在八路军副参谋长左权的亲自领导下修建和完善起来的。由于它建于镶嵌在海拔 1600 多米高的黄崖峰西面崖壁上一个叫黄崖洞的高 25 米、宽 20 米、深 40 米的天然大石洞中，所以称黄崖洞兵工厂。在左权的亲自领导和朱德、彭德怀的关怀下，兵工厂的生产得到了较快的发展。1940 年，兵工厂先后研制、生产出五五式步枪和八一式步枪及一大批各式各样的地雷。1941 年初，又研制、生产出五〇炮及其炮弹。从 1941 年 1 月到 11 月，黄崖洞兵工厂共生产五〇炮 800 多门，炮弹 2 万多发。1941 年，黄崖洞兵工厂的最高月产量为步枪 400 多支，五〇炮 50 门，炮弹 2000 多发。这批武器运往前线后，有效地增强了八路军的战斗火力。朱德总司令曾将该兵工厂誉为八路军的"掌上明珠"。

日军在与八路军的作战中曾夺得少量的由黄崖洞兵工厂生产的八一

式步枪、五〇炮等武器。他们在研究后发现,这些武器的性能居然丝毫不比他们手中的同类武器差,这就引起了日本侵略者对黄崖洞兵工厂的注意和恐惧。东京的新闻甚至报道说,黄崖洞兵工厂至少有3000名工人,是一个具有先进设备的现代化的兵工厂。日军更是将其视为心腹之患,必欲除之而后快。为此,日军从1940年起即加紧了对黄崖洞地区的"扫荡"。1941年春夏,日军两次对黄崖洞兵工厂进行试探性进攻,但由于当地军民的袭扰和八路军总部特务团的严密防守,其破坏兵工厂的计划未能得逞。

1941年10月30日,日军第三十六师团及独立混成第四旅团奉华北方面军司令官冈村宁次之令,在飞机的掩护下,出动7000多人分南北两路对太行抗日根据地发动了"捕捉奇袭"的"扫荡",妄图捕歼八路军总部和一二九师机关,彻底捣毁黄崖洞兵工厂。11月3日傍晚,从黎城出动的2000多日军进至距辽县下南会村30里处时,被负责侦察的八路军小分队发现。综合各方面的情报,彭德怀、左权判断,日军此次"扫荡"的意图在于合击八路军总部机关,破坏黄崖洞兵工厂。于是两人立即下令,要担任保卫兵工厂任务的总部特务团大部出山迎敌,利用有利地形节节抗击敌人,不让其进攻势头的高峰推到总部机关和兵工厂跟前。彭、左二人同时要一二九师部队在外线配合,待机破敌。

特务团团长欧致富受领任务后,立即率部出发。刚到黄崖洞以西20里左右的上温村时,即与日军先头部队交上了火。随后,特务团又与一二九师部队配合,在五十亩、源泉村一带的山口设伏,袭击日军。11月5日,该敌窜向黄崖洞东南的西井镇。当天夜间,彭德怀直接通过电话向欧致富下达命令。他要特务团所有预备队立即撤进黄崖洞,黄崖洞的守备部队天亮前全部进入阵地,并强调有困难也不许讨价还价。凭着作为指挥员的直觉,欧致富马上感到了敌情的严重性。他赶紧与团政治委员郭林祥、参谋长郭双江等人分头向各营传达命令。不一会儿,彭德怀又亲自来电话追问命令下达完了没有。当听欧致富回答说刚下达完毕后,彭德怀这才缓了口气,说:这次的对手是日军第三十六师团的精锐,他们老想进黄崖洞"捡点破烂"，就让其进去看看吧。随后，彭德怀问道：这一战特务团能在黄崖洞里顶多久？欧致富一时猜不透首长的意图，只好表决心式地回答：首长让顶多久就能顶多久。

左权接过电话向欧致富传达了总部的要求：此次作战是阵地防御战，特务团在黄崖洞里先顶上5天，5天后再另作部署；在5天以内，特务团一定要把兵工厂的机器设备、产品和其他物资掩埋好，把工人安全转移走，并随时和总部保持联系。最后，左权又解释了一下

时任八路军副总参谋长的左权

总部的作战意图：既然日军总想进攻黄崖洞，此次外围部队就让一条路放其进来，然后特务团在黄崖洞防区里狠狠地教训他们一顿，从中也检验一下部队的防御作战能力及兵工厂防御工事的坚固性。由于此次战斗敌众我寡，敌明我暗，所以左权特别强调部队在作战中要拿捏一个"稳"字，要充分利用有利地形，在把敌人咬住拖住以后，猛中求稳，不焦不躁，不惶不恐，不紧不慢，以守为攻，以静制动，以逸待劳。他将这种战法形象地称为"咬牛筋"。在时间安排上，左权要求特务团先在山口处顶上一两天，挫挫敌人的锐气，在第二道防线再顶几天，然后再上山，待我增援部队赶到后再来个反包围，消灭来犯的日军。

对于即将到来的这一战，左权心里还是有底的。一是黄崖洞具备山地阵地防御十分有利的条件。当时黄崖洞有两个主要进出口：一条是东南方的南口，通向黎城；一条是西北方的左会垭口，通向武乡。这两个进

出口的地形对于防御一方来说都比较有利。另外,黄崖洞正面视野开阔,便于观察敌情,且有断桥,不利于敌人通行。二是黄崖洞周围已建起了坚固的防御工事,形成了严密的防御体系。三是黄崖洞中已储存了充足的武器弹药和食物,特务团在里面坚持十天半月毫无问题。四是特务团老兵成分多,战斗经验丰富,战斗力较强,对当地地形较熟。因此,左权认为,只要在指挥上不出现大的失误,打退日军的进攻是有把握的。

天亮后,欧致富等特务团主要领导到各营去检查了阵地。各个连队都按时进入了阵地,并做好了战斗准备。下午,左权打电话通知特务团:窜犯西井之敌因在五十亩、南委泉遭我军民不断打击,已于早晨逃回了黎城,敌人的企图尚难判定,但绝不能麻痹大意,要防止敌人搞"奇袭""逆袭"等新花招。特务团根据左权的指示,继续严阵以待。

9日,退回黎城的日军一下子又集中5000多人,气势汹汹,直奔北面的黄崖洞兵工厂而来。不过日军并没有急着进攻,而是在南口外的赤峪一带部署兵力。欧致富根据得到的情报判断,日军主攻的方向在南口,并且是要"驻剿",不是过去抓一把就走的"飞行扫荡"。

欧致富将有关情况向左权作了报告,请求指示。左权幽默地说:欢迎日军来碰碰这颗"硬钉子"。同时,他也提醒欧致富:要警惕敌人声东击西,防守西北左会垴口的第一营不要轻易使用;根据侦察,敌人配属有11门重炮,又调来了几架飞机;特务团一定要充分做好战斗准备,严密警戒,坚守阵地;在敌人进行炮火准备时,部队要注意隐蔽;暗火力点不要过早暴露,待敌人进到阵地跟前再狠狠地杀伤敌人。最后,左权又特别叮嘱欧致富,要其再检查一遍,把工厂没有转移、埋好的物资,没有撤退的人员,迅速转移到指定位置。欧致富立即把左权的指示通报各营,同时,要求各营一线连队密切注意敌人的新动向。

日军小试"牛刀"遭挫折,特务团沉着应战,稳住阵脚

1941年11月10日下午,日军兵力部署完毕,开始试炮,企图用炮弹扫雷。特务团设雷组的战士则与敌人的炮弹打起了"游击",待敌人全面炮击后,又突击埋雷,专等其步兵的到来。

11日拂晓前,日军几次偷袭南口,均未得逞。天亮后,便对南口发起了强攻。一阵猛烈的炮击后,日军发起了冲锋。在其进攻队形的前面,有百余只羊。日军本欲以羊来"趟雷"开路,岂知特务团的战士们在这一路埋的是大踏雷,人踩马踏才会响。羊蹄小脚轻,除偶尔踩响几个雷外,雷区安然无事。日军似乎放了心,300多名步兵紧跟在羊群后面,企图分头夺取各个目标,一举攻占兵工厂。突然间,一颗颗滚雷从天而降,特务团第三营第七连前沿各机枪阵地也猛烈开火。山口前的羊群顿时四散逃命,日军也乱作一团,撤了回去。日军第一次冲锋被打退,在阵地前横七竖八地丢下了200多具尸体,而特务团无一伤亡。

一小时后,吃尽了滚雷苦头的日军又开始炮击,并将目标锁定在山口边特务团第七连的阵地,妄图削弱我"天女散花"的威力。日军有两门山炮,竟在离垭口2000多米处抵近射击。炮火未停,日军的机枪又响起,压向第七连的阵地。日军步兵凭着强大的火力压制,开始了第二次冲锋,并不顾一切地向山垭口冲来。此时,第七连垭口左侧的地堡已被日军的炮火削去一角,机枪手被碎石压在下面,昏了过去。第七连的阵地被日军的火力压得没有还击的机会。欧致富在观察所里见日军的那两门山炮太欺负人,便通知炮兵排,准备将其干掉。当时,全团只有两门炮、12发炮弹,每打一发都得经总部批准。欧致富打电话请示左权。没想到,左权回答得非常干脆:12发全打完,三四发打敌炮阵地,其余的打敌人集团目标。

随着欧致富的一声令下,两发炮弹准确地落在敌人的山炮阵地,一下子连人带炮都给掀翻了。剩下的炮弹也准确地落在敌群里,炸倒了好几十人。

经过两次激烈反击,第七连前沿阵地上的火力点已基本暴露。日军步兵进攻失利后,就用强大的炮火进行报复。然而,由于左权组织构筑的防御工事结构非常巧妙,不用说平射炮不好打,就是曲射炮对它也基本不起作用。气急败坏的日军施放了毒气。欧致富和三营营长涂玉山在前沿阵地观察敌情时中毒昏了过去。

左权接到日军施放毒气的报告后,指示立即抢救中毒人员。左权深知敌人失败得越惨重,报复得越疯狂。他看了看地图,分析第六连占据着榆树坡方向的有利地形,能以侧射火力支援第七连,第八连依然占据着断桥阵地,敌人一时还不至于突破防线。经过分析,左权果断命令特务团,要第六连以侧射火力支援南口第七连阵地,同时要第七连加紧补充前沿阵地的人员和武器弹药,抢修工事,准备迎接敌人新的进攻。

经过卫生员的紧急抢救,中毒的欧致富醒了过来。此时,前沿部队已打退了敌人的两次进攻。涂营长中毒较轻,一直戴着防毒面具指挥作战。他把战斗的情况简要地向欧致富作了汇报。左权得知欧致富醒过来后,马上把电话打到第三营指挥所。左权关切地询问欧致富的中毒情况,并问其能否继续坚持指挥作战。欧致富坚决不肯下火线。左权最后同意欧致富继续指挥战斗,但他强调说,越在紧急关头,越要沉住气,一定要坚持以静制动的战术原则,坚守勿出,待机歼敌!左权还提醒说,天快黑了,敌人会报复一阵子,好掩护他们的殡仪队收尸,要欧致富掌握好部队的情况。

左权的分析一点也不错。日军施放毒气后,特务团有些干部、战士沉不住气了,嚷着要主动出击,和敌人硬拼厮杀。若是这样,便正中敌人的下怀。欧致富按照左权的指示,耐心地说服了少数有急躁情绪的干部和战士,要其沉着应战。这样,第七连指战员又接连打退了日军的几次进攻。

17时左右,日军的各种火炮、机枪一个劲地往特务团前沿阵地打来,大群的敌人趁着火力掩护向南口山垭冲来。他们每人手上拿着几条绳索,见着尸体就猛甩绳圈来套,套住腿拖腿,套住头拖头。前沿陡崖阵地上的特务团的战士们看清了日军的意图后,冒着敌人炮火的袭击,将滚雷、手榴弹都扔下崖去,把前来拖尸体的敌人又炸倒了几十个。剩下的人连头也不敢回,不管拖的是死的还是活的,拽起绳子就拼命往回跑。

深夜,左权给欧致富打来电话,表扬了前沿阵地的几个连队,说他们打得勇猛顽强,打出了八路军的威风,希望他们在战斗间隙不断总结经验,以利再战。接着,左权又通报了敌情:敌人从山外抓了100多个民夫,100多头骡子,估计一是抢运尸体,二是逼老百姓蹚雷。左权要欧致富通知前沿连队,不要在山口外埋地雷了。

12日早晨,日军既不打炮,也不放枪,战地沉寂了。上午9时,特务团观察所报告说,日军指挥官在上赤峪、赵姑村一带向桃花寨反复观察,其部队正在那里构筑新工事,可能是选择新的攻击方向。特务团派出去的侦察员则回来报告说,日军封锁很严,没有得到具体情报,只知道昨天进攻失利的部队已撤了下去,换上了所谓擅长山地战的部队。他们还捡到了几张写着"皇军是钢,八路军是铁,钢比铁硬"等不伦不类的标语。过了一会儿,前沿连队报告,日军指挥官从几个角度观察南口左侧的跑马站、桃花寨。这些迹象表明,日军要选最险的地方作为突破口了。欧致富马上将情况报告了左权。左权指示:充分准备,待机行动,以变应变。

日军强攻黄崖洞,特务团随机应变,灵活应敌

1941年11月13日拂晓,日军集中十余门火炮,向着桃花寨、跑马站1461高地和高地后边大断崖上第四连的工事开始猛烈炮击。炮火刚停,第四连阵地前沿马上响起枪声。欧致富急忙打电话询问是怎么回事。原来几十个日军在夜间偷偷地爬上了大断崖,第四连第一排阵地被突破,副排长陈启富正率领两个班的战士进行反击。

此时,总部指挥所里的左权正伏在地图前,密切地关注着战斗的进展情况。从战斗一打响,左权就昼夜守在地图边,指挥战斗。早在组织构筑工事时,左权就坚持亲自实地勘察,并逐个给工事编了序号,这会儿都派上用场。敌人到了几号工事前,哪个地方来了多少敌人,他在指挥部的地图上标好,情况掌握得一清二楚。

左权得知日军正向桃花寨组织力量进攻,已攻上了断崖,便立刻命令:特务团在南口右侧留少数守备部队,每个重要工事留两个人,其余的人集中起来作预备队用;要以跑马站为重点防区,注意以变应变;通

黄崖洞战场旧址

知徐长勋厂长,组织工人自卫队准备战斗,让工厂里会说日语的工人向鬼子喊话;最后,通知一二九师第三八五、第三八六旅火速向黄崖洞靠拢,接近敌人后,可派小部队与其接触,将主力隐蔽起来,待机歼敌。

左权随后要话务员接通了特务团的电话。左权在电话里提醒欧致富,要沉着,要待机行动,以变应变,并说详细步骤已由电报下达。

欧致富接到电报后,马上调整部署,令参谋长郭双江带领第四连第二、第三排和第七连进行反击。经过英勇奋战,特务团的指战员又恢复了第四连的前沿阵地。但有少数敌人爬到跑马站高地石崖缝里躲了起来,当时未能发现。过了一段时间后,敌人又组织起新的进攻。

这时,欧致富来到了第二营的指挥所。经过观察,欧致富认为日军从最难最险的地方下手,主要是想争夺跑马站山下的沟,借路进攻兵工厂所在的水窖洞。于是他把情况向左权作了汇报,并建议给敌人让出一条路,守备部队都撤到山上,在"一线天"沟底布雷,然后两边火力夹击,把敌人消灭在沟底。左权对着地图思考了一会儿,最后同意欧致富的建议。

特务团的这一招果然奏效。日军打了一上午,零零星星被消灭好几十人,才推进200多米。即便如此,日军也颇为得意。他们一面催促后面的人迅速跟着攀崖,巩固刚占领的地段,一面从右侧攻下沟来,企图一举攻占水窖洞的洞口。开始,日军急于占领洞口,多路攻击前进,结果踩响了好多地雷。为减少伤亡,他们又改成一路进攻。这样一来,便陷入了特务团左侧高地和水窖洞口右侧崖上两翼火力的夹击之中。日军是躲不开又逃不掉。整整一个下午，突进到沟底的 200 多日军还未接近水窖洞口的核心工事，就悉数被歼。

日军吃了八路军侧射火力的亏，14 日便改攻特务团第二营桃花寨西山及 1568 高地，企图消除侧翼的火力威胁。但战斗一开始，敌人的进攻就被特务团第四连第二排的战士顶住了。整个上午，战斗都处于胶着状态。欧致富担心部队伤亡过大，命令第二排撤到连主要阵地。日军占了特务团第四连第二排阵地后，稍加巩固，便向水窖洞口阵地猛攻。不过，此时敌人已是强弩之末，攻到傍晚便没了后劲，草草收兵。

15 日，日军加强了兵力和火力，分兵两路围攻特务团第八连防守的水窖洞口工厂区。战斗出现了 4 天以来最激烈的场面：弹若飞蝗，炮似连珠，爆炸声不绝于耳，黄崖洞上硝烟迷漫，天昏地暗。特务团第八连指战员以一当十，打退了敌人的数次进攻，守住了南口到断桥的通道和水窖洞口的阵地。

欧致富一边指挥战斗，一边将情况向八路军总部作了报告。彭德怀指示，敌人无非想"参观"一下兵工厂，机器搬完了，就让他们爬进去参观好了。左权在电话里问欧致富，5 天时间已经到了，能否再坚持。欧致富很有信心地回答说还能再坚持 5 天。左权高兴地告诉他，八路军的外援部队即将赶到，特务团把敌人再拴个三四天就足够了。但他要求特务团一定要以静制动，晚上把所有部队撤到第二线，既要诱敌深入，又要顽强防守。天黑后，欧致富按照左权的指示调整了部署。第七、八连除坚守阵地的外，其他人员乘夜幕在通往水窖洞口的路上及敌人的退路上布雷，随后撤到第二线。这样一来，战局又活了，特务团又可以居高临下作战了。

16 日一整天，敌人还是被拦阻在水窖洞口，进不了工厂区。恼羞成怒的日军使用了火焰喷射器，水窖洞口阵地顿时烈焰腾腾。晚上，欧致富向左权报告，兵工厂机器设备已转移完毕，只剩下一个大锅炉无法转移，请求指示。左权要欧致富派人把工厂的所有厂房全部炸毁，特别是那座锅炉房,把石头炸塌后,在其周围埋上地雷,并做好标记。左权交代,这样做是为了给敌人以兵工厂已被其炮弹炸毁的假象,保护锅炉,防止敌人破坏。特务团的战士们执行完此项任务后,主动撤离水窖洞口和断桥南口阵地,并将敌人占领的水窖洞口主阵地全部用地雷封锁起来。

至此,仗已打了6天,可是日军却连兵工厂是什么样子都还不曾见到。一个小小的黄崖洞,让骄横不可一世的日本"皇军"吃尽了苦头,也丢尽了颜面。第三十六师团师团长舞传男坐立不安,一个劲地骂手下蠢笨无能。他还给进攻部队的几个主要指挥官下了死命令,两天内必须攻下黄崖洞,否则要他们以死来谢罪。

日军进入兵工厂后大失所望,仓皇撤退时遭八路军伏击

在受到上级的严厉斥责后,进攻黄崖洞的日军于17日发了疯似的向水窖洞口发起了更为猛烈的攻击。在遭到特务团顽强火力阻击后,又有一部分日军改攻特务团第二营第五连防守的1650高地,企图迂回控制整个黄崖洞,但这一阴谋未能得逞。不过,最终有一小股日军闯进了兵工厂区。但是,他们所见到的却是这样一种场景:十几座厂房倒塌在一片碎石瓦砾之中,这里一个人也没有,不要说机器,就连带有兵工厂标志的一个螺丝钉都看不到。几十个敌人在工厂区折腾了半天,一无所获,反而引爆了埋在里面的各种地雷。轰隆隆的爆炸声,是特务团战士欢迎"皇军"大驾光临的"礼炮"。敌人此时斗志全无,挨了子弹也不敢恋战,更顾不上找什么机器,一个个只好胆战心惊地贴崖站着或蹲着,等待援军的到来。

晚上,左权又打电话询问特务团的伤亡情况。在得知伤亡总数不足200人时,左权非常高兴。他告诉欧致富:特务团已经打垮了日军一个联队,使其丧失了战斗力。从前天开始,敌人已换了一个联队进攻;日军电台现在正大吹大播,说捣毁了八路军的黄崖洞兵工厂,歼灭八路军特务团近千人。根据这个动向,敌人可能要挖几台机器作证据,也可能攻一

下左会垭口的阵地，以显示其"胜利"；目前，我一二九师部队已经进入埋伏地区。最后，左权要特务团再咬咬"牛筋"，进一步扩大战果，让日军的这个联队也抽筋断骨。

欧致富根据左权的指示，命令第二营坚守 1580 高地及其以北地区，阻止敌人的进攻；第三营部署在老板山地区，继续对敌人零敲碎打，阻止其搜找机器，并视情况支援第一营作战；第一营仍坚守左会垭口，一经接敌，要以强大的火力压制敌人。

18 日，日军在飞机的掩护下，分三路向特务团第一营防守的左会垭口、南山、北山阵地发起了攻击。第一营指战员几经恶战，打退了日军数次疯狂的进攻。

当日深夜，左权打电话告诉欧致富，日军已发现山外有我重兵埋伏，可能要连夜逃走。他要特务团抓住战机，不断夜袭，逐步恢复阵地。欧致富依令行事。但大部分残敌在此之前都偷偷从原路溜走了，只有在桃花寨上面担负掩护任务的敌人，由于被特务团第四连第一排指战员给粘住了，还未来得及撤退。最后，这股敌人在特务团其他部队的反击下，一部被消灭，其余也趁机溜了。至 19 日晨，特务团恢复了黄崖洞所有守备区。后又遵照左权命令，一部出山追击。可是追了 10 多里路，连敌人的影子也没见到。此时，沿途逃难的老乡们已纷纷下山回村，一位村干部主动找到欧致富报告喜讯，说前面一二九师部队已干掉敌人 500 多人，大家正在组织抬战利品呢！

原来，日军逃出黄崖洞后，在三十亩、曹庄一带陷入了一二九师部队的埋伏圈。惊慌失措的日军无心恋战，在伤亡 500 多人后，便抱头鼠窜。左权下令乘胜追击，日军被迫于 20 日夜退出黎城。其原定一个月的"扫荡"计划就此被粉碎。

特务团战绩辉煌受表彰

在黄崖洞保卫战中，特务团的指战员历经艰险，浴血奋战 8 昼夜，终于取得了战斗的最后胜利。

11月22日，八路军总部公布了黄崖洞保卫战的战果。此次战斗，在左权的直接指挥下，八路军总部特务团以1300人，抗击了5000多日军的进攻，歼敌近千人，我方伤亡166人（其中牺牲40多人），敌我伤亡比例6∶1，战绩辉煌。

11月底，左权来到特务团驻地洪水镇苏峪沟，热烈祝贺和亲切慰问特务团的全体指战员，并代表总部为特务团召开了庆功总结大会。在会上，左权宣读了朱德、彭德怀给全团指战员的贺电，并宣读了八路军总部授予特务团"执行命令的模范"及"黄崖洞保卫战英雄团"光荣称号的命令，同时授予特务团"保卫水窑立战功"锦旗一面。

表彰仪式结束后，左权对这次战斗进行了总结。他高兴地说：这次黄崖洞保卫战打了8昼夜，打得很好，特务团最终以敌我伤亡6∶1的战绩，创造了以少胜多、以弱胜强的范例，确保了兵工厂的人员和机器设备的安全，圆满完成了总部赋予的光荣任务，立了大功。左权还说，这次战斗的胜利，意义是多方面的：一是保住了兵工厂人员、机器、材料的安全；二是消灭了敌人的有生力量，狠狠打击了日军的嚣张气焰；三是锻炼了部队，提高了战斗力；四是粉碎了敌人的"扫荡"，振奋了根据地军民的抗日斗志，坚定了抗战胜利的信心；五是积累了坚守阵地防御、大量歼灭敌人的作战经验。左权同时也指出了战斗中存在的失误，主要是对敌人进攻方向的判断不够准确，战斗中兵力、火力相互支援不够，夜间反击敌人不够有力。他要求特务团通过总结经验，接受教训，再接再厉，保持和发扬黄崖洞保卫战的优良传统和战斗作风，加速提高部队的战斗力，和全国人民一道去夺取抗日战争的胜利。

1942年，黎城县政府在黄崖洞建立了烈士纪念碑，其正面镌刻着黄崖洞保卫战的经过，背面则刻着在此次战斗中英勇牺牲的40多位烈士的英名。1971年，黎城县政府又对纪念碑进行了整修，并在碑前立了一座两丈多高的纪念塔，上面写着："革命烈士永垂不朽！"1980年，黄崖洞兵工厂及其防御工事开始小规模整修。1985年，黄崖洞正式被辟为旅游区,向游人开放。为了缅怀当年曾在这里战斗过的英雄们,教育后人,当地人民政府又在这里修建了纪念牌楼,邓小平亲自为牌楼题写了三个大字:黄崖洞。

(潘泽庆 / 撰稿)

11 沁源围困战

抗日战争时期,在中国共产党全面全民族的抗战路线的指导和推动下,广大敌后军民积极投身于抗日救国的斗争,创造了地道战、地雷战、麻雀战、围困战、水上游击战等一幕幕精彩的战争活剧,充分显示了中华民族的聪明才智和中国人民伟大的爱国主义精神。其中,沁源围困战就是中国共产党领导的敌后军民在抗日战争中的一个伟大创举。

日军"扫荡"岳北,欲建"山岳剿共实验区"

沁源,位于山西省东南部。抗日战争时期,这里是八路军太岳抗日根据地的腹心地区,战略位置十分重要。它地处太岳山中,东有太行山屏障,西有吕梁山依托,南北向扼同蒲、白(祁县白圭镇,今东观镇附近)晋(城)铁路,东西向扼临(汾)屯(留)公路,可北瞰晋中,南瞰晋南。

1939年夏,侵华日军打通白晋铁路,将晋东南抗日根据地一分为二后,山西新军决死第一纵队和中共太岳地委分别在薄一波、安子文率领下由沁县转移到沁源,开始创建以太岳山为依托的太岳抗日根据地。1939年12月,阎锡山发动反共的"晋西事变"后,八路军第一二九师第三八六旅主力、山西新军一部,以及山西第六专署所属地区的一些党政干部陆续进入沁源。

1940年1月,中共太岳地委改为太岳区党委,并在沁源阎寨村开始正式办公,安子文任党委书记(1941年10月后为薄一波)。同年6月,八路军太岳军区亦在阎寨村成立,由第三八六旅机关兼军区领导机关(1941年1月,改由决死第一纵队机关兼军区领导机关)。1941年8月,八路军总部决定成立太岳纵队并兼太岳军区，司令员陈赓，政治委员薄一波，参谋长毕占云，政治部主任王新亭。同年9月，晋冀鲁豫边区政府太岳行署在沁源赵寨村成立，主任牛佩琮，副主任裴丽生。从此，沁源便成了太岳抗日根据地的政治、军事、经济中心，从而也就成了太岳抗日根据地的腹心地区。在太岳区党政军民的共同努力下，太岳抗日根据地不断发展壮大，日益威胁着日军在山西占领区的安全。

为了彻底摧毁太岳抗日根据地，侵华日军以沁源为重点，进行了多次大规模"扫荡"，并在"扫荡"中实行"三光"政策，以破坏根据地军民的生存条件。但日军的每次"扫荡"均以失败告终。太岳抗日根据地非但没有因为日军不断的"扫荡"而缩小，相反却由太岳山北部地区逐步向南部地区发展。不甘心失败的日军华北方面军司令官冈村宁次于1942年提出了要在沁源建立"山岳剿共实验区"的计划，妄图以占领沁源为突破口，逐渐把太岳抗日根据地北部地区（简称岳北）"蚕食"成敌占区，然后总结有关经验，继而在整个华北地区加以推广，作为日后华北日军实施山岳"剿共"作战的样板。为此，在冈村宁次的策划下，日军华北方面军纠集第三十六、第三十七、第六十九师团各一部7000余人，连同伪军共1万余人，于1942年10月20日开始分数路对岳北区进行冬季"大扫荡"，企图占领并长驻沁源县城，在此建立起"山岳剿共实验区"。

在侦悉日军即将进行"扫荡"的情报后，太岳区党政军民立即行动起来。在中共太岳区党委和八路军太岳纵队兼太岳军区统一指挥下，沁源县各区、镇都建立起了反"扫荡"指挥部，并指挥所属地区的军民实行空室清野，做好各项反"扫荡"的准备工作。太岳纵队兼太岳军区还及时下达了反"扫荡"作战命令，要求所属各部以分散的游击战与敌周旋，以一部坚持内线斗争，牵制日军，主力转至外线，在敌人后方袭击其据点和交通线，配合内线进行反"扫荡"作战。

10月21日，"扫荡"的各路日军先后进入沁源县境。由于太岳区的党政军领导机关均已转移，群众也撤走了，因此进入沁源的日军得到的仅是一座空城。在合击岳北领导机关扑空后，日军随即转入了"清剿"，但仍是一无所获。此时，转到外线的八路军太岳纵队第三八六旅第七七二、第十六团，决死第一旅第二十五、第三十八、第五十九团和洪（洞）赵（城）支队，以及沁源、屯留等地的民兵到处袭击日军后方的交通线和据点。在内线坚持斗争的主力一部和游击队、民兵也寻机歼敌。此时的日军就像是一只无头苍蝇，到处乱撞，结果是损兵折将，处处被动挨打。至10月底，太岳军民即歼灭日伪军数百人，打击了其嚣张气焰。

不甘心就此收手的日军从10月30日开始，相继在沁源的柏子、阎寨、新章、城关和绵上（旧县名，今属沁源）的王陶、郭道等地构筑了15个据点，并加紧抢修临屯公路西段及安泽至亢驿间交通运输线，企图长期"驻剿"。在此情况下，太岳区军民又展开了英勇顽强的反筑路斗争。在太岳区军民的不断打击下，至11月中旬，日军被迫放弃了在沁源构筑的大部分据点，并将大部兵力撤走，只留下第六十九师团伊藤大队驻守着沁源城关、中峪、阎寨、交口4个据点；另外在安泽和绵上的据点分别留下了一部分兵力，以配合伊藤大队建立"山岳剿共实验区"。日军的此次冬季"大扫荡"也就此草草收场。随后，留在安泽、绵上、沁源的日军在同蒲、白晋铁路沿线到处抓民夫，抢修安（泽）沁（源）大道和二沁（沁县至沁源）大道，在城关东北的莲花池附近赶修机场，另外还在据点周围挖壕沟，修碉堡、炮楼等防御工事。此外，城关据点的日军还在城外竖起了一块写有"山岳剿共实验区"的木牌，在城关门楼两侧则刷写了"剿共灭匪""建设华北"等标语。显然，日军此次是铁了心要在沁源干出点"名堂"来。

沁源军民针锋相对，决定开展围困战

太岳区军民经过20多天的反"扫荡"作战，本以为日军还会像以前那样，在结束"扫荡"时即会将兵力全部撤出根据地。但日军此次并没有将全部兵力撤走，而是在根据地留下了一些据点，特别是在腹心地区沁源留下了4个据点，准备以此为依托长期"驻剿"，以建立起"山岳剿共实验区"。敌我斗争形势的这一变化，是太岳区军民事先没有想到的。

为进一步加强对太岳区军民对敌斗争的指导，中共太岳区党委、八路军太岳纵队兼太岳军区主要领导人薄一波、陈赓、安子文等及时分析了沁源敌我双方斗争的实际情况。经过反复考虑、权衡利弊后，针对日军长期"驻剿"的企图，中共太岳区党委和八路军太岳纵队兼太岳军区果断地作出了一项决定：对于盘踞沁源的日军不再使用"两面政权"的斗争策略，而是针锋相对地提出了"长期围困、逼走敌人"的斗争方针。具体来说，就是要把沁源县城

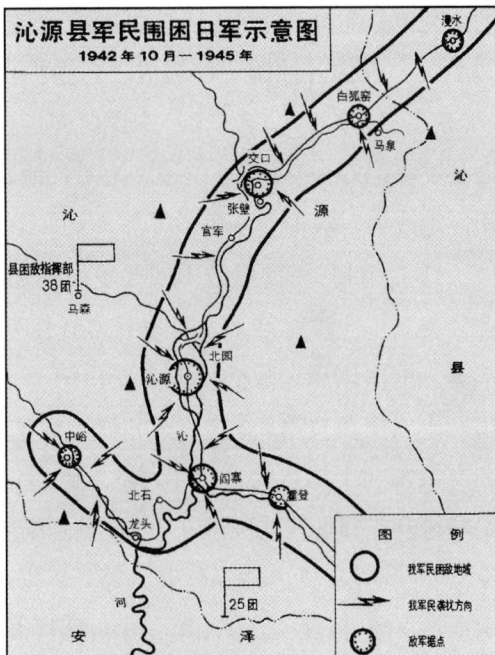

沁源县军民围困日军示意图

及其他各据点周围的群众全部动员转移出来，实行彻底的空室清野，给入侵的日军留下一个"没有人民的世界"，并对其主要补给线实行彻底性破坏，断绝其交通运输，最终迫使敌人退出根据地。这是一个带有创造性的重大决策。

1942 年 11 月 11 日，八路军太岳纵队兼太岳军区发出围困腹地之敌、断其补给线的指示，并把在外线作战的决死第一旅第三十八团调回沁源，准备执行长期围困沁源之敌的任务。同时，中共太岳区党委指示沁源县委：要在党的一元化领导下，依靠广大群众，广泛开展人民游击战争，实行长期围困，战胜敌人。另外，中共太岳区党委、八路军太岳纵队兼太岳军区还决定，撤销原来的反"扫荡"指挥部，成立以中共沁源县委为核心的沁源对敌围困斗争指挥部，以太岳纵队决死第一旅为主参加围困斗争。11 月 18 日，沁源对敌围困斗争指挥部正式成立。该指挥部以驻沁源的决死第一旅第三十八团为骨干军事力量，另外从分驻于安泽、沁县、绵上

的决死第一旅第二十五、第五十九团,洪赵支队及沁源县游击大队、县武装委员会等部各抽调一部组成。总指挥由第三十八团团长蔡爱卿兼任(继蔡之后,李懋之、张学纯、李维时先后任过此职),政治委员由中共沁源县委书记刘开基兼任。不久,沁源各地原来成立的反"扫荡"指挥部也相应地改为对敌围困斗争指挥部。

11月下旬,沁源对敌围困斗争指挥部根据全县的行政区划(当时沁源分为三区一镇)、地形及日军兵力驻扎等情况,作出了围困敌人的军事部署。围困据点之敌的任务主要由第三十八、第二十五团负责。其中,第三十八团负责第二、第三区和城关镇的围困斗争,重点是围困城关镇和交口镇两个据点的日伪军;第二十五团负责沁源县城以南的阎寨村、中峪村及亢驿地区的围困斗争,重点是围困阎寨、中峪据点的日伪军,并设法切断沁源之敌与屯留、安泽等外界据点日伪军之间的联系。除了围困据点之敌外,第三十八、第二十五团还要寻机破坏安沁大道、二沁大道及临屯公路等敌人运输补给线。第五十九团、洪赵支队则奉命在二沁大道南北及沁源与沁县、沁源与绵上交界地区开展游击战,配合第二十五、第三十八团的围困斗争。

为密切协同参加围困斗争的各部队之间的联系,决死第一旅旅长李聚奎、参谋长李成芳等领导又指示沁源对敌围困斗争指挥部:要建立起主力军、地方军、民兵三位一体的武装力量体制,只有如此,才能充分发挥各种武装力量的优势和长处,进行长期围困,并取得围困斗争的最后胜利。据此,沁源对敌围困斗争指挥部于1943年1月将全县划为13个战区。每个战区都建立了一个由主力部队、县游击大队和民兵共同组成的游击集团。每个游击集团由四五十人组成,分为3个轮战队,每个轮战队又分为3个战斗小组。这样,沁源对敌围困斗争指挥部共建立了13个游击集团、39个轮战队、117个战斗小组。沁源对敌围困斗争指挥部还规定:每个轮战队的3个战斗小组每10天轮换一次,一个小组参加围困斗争,一个小组在驻地参加军事训练,一个小组在家从事生产和休息;而每个游击集团的3个轮战队每隔一个月轮换一次,并且只轮换民兵和队

员,不轮换主力部队和干部。这样,既能使各游击集团始终保持充足的
兵源和旺盛的战斗意志,又不耽误广大农民群众的生产,还能使参加轮
战队的民兵在主力部队的带领下迅速提高军政素质,可谓一举多得。

空室清野,抢种抢收,除奸反特

为有效地开展长期围困斗争,根据中共太岳区党委和八路军太岳纵
队兼太岳军区的指示,沁源对敌围困斗争指挥部趁驻沁源各据点日伪军
忙于修路、修工事,无暇外犯的有利时机,于 1942 年 11 月下旬决定将
离二沁大道和安沁大道 5 里、离日伪军据点 10 里范围内的 23 个村镇、
3200 多户人家、1.6 万多人,全部疏散隐蔽到沁河两岸的深山密林中去,
给日军造成一个"没有人民的世界",使其难以在沁源长期立足。在经过
紧张、深入的思想动员和教育后,沁源人民陆续开始行动起来。在决死
第一旅所属各部及沁源县游击大队和民兵的掩护下,3200 多户人家、1.6
万多人仅用了不到一个星期的时间,就全部疏散转移完毕,而且这一转
移始终是在日伪军毫无察觉的秘密状态下进行的。这样,在二沁大道和
安沁大道两旁方圆 40 余平方公里内,除了据点里的日伪军和部分被抓
去修路、修工事的苦力外,真正变成了一个"无人区"。

为了不给日伪军留下任何可以利用的物资,在大转移时,各村镇的
老百姓把能带的粮食、蔬菜、被褥、衣物、灶具、门板等东西全都带走了,
一时没法带走的,就暂时掩埋到地窖或窑洞里。同时,把能填的水井都
用土填上,来不及填上的水井则用头发、粪土、死猫死狗等脏物将其污
染、破坏,使日伪军没有水吃。如此一来,据点里的日伪军就再也没法从
附近老百姓那里抢东西吃了,吃水也只能自己派人到几里之外的沁河去
取,甚至连睡觉用的木板、席子都找不到,只得在地上铺些杂草以地为床。
驻在城关镇里的日军伊藤大队长向驻临汾的师团部写信诉苦说:"来到这
里没有人,没有粮,没有水,天天有病倒的……"

沁源军民的空室清野,沉重打击了驻扎在沁源各据点里的日伪军的
士气。不过沁源军民也面临着因实行空室清野所带来的一些迫切需要解

决的难题。首先是住的问题。沁河两岸的深山密林中，原来只零散地住了些从外地逃荒来的难民，山上的房舍较少，根本容不下这么多人。所以好多老百姓到了山上后只能露宿在山林中。时值隆冬，时间不长，一些年老体弱的人就陆续病倒了。其次是吃的问题。老百姓刚上山时，还有随身带来的粮食可用，但时间一长，粮食就渐渐用完了。更为严重的是，沁源各据点里的日伪军还不时地出来搜山抓人，对老百姓任意劫掠和屠杀。

为此，沁源对敌围困斗争指挥部采取了一系列措施：组织老百姓盖简易茅舍，解决住的问题；动员老百姓互借互济，同时发动大家在山上采集野果野菜，解决吃的问题；组织民间医生开办简易诊所，帮助病人治病；加强警戒，防止日伪军的突然袭击。为了对付日伪军的搜山和奔袭，沁源对敌围困斗争指挥部于1943年又将山上的一些老百姓陆续转移到边远的村庄，并建立起了联村联防制度。

沁源军民开展的对敌围困斗争，得到了太岳区党政军机关的高度重视和大力支持，也得到了岳北其他各县人民的帮助。1942年12月中旬，中共太岳区党委派组织部副部长郭钦安到山上看望老百姓，并与沁源对敌围困斗争指挥部领导一起研究解决困难的办法。不久，中共太岳区党委指示沁源对敌围困斗争指挥部：斗争是长期的，眼前的困难是严重的；战胜困难，不能只靠骨头硬，老百姓的吃住问题必须解决，应想办法发动群众自力更生。同时，中共太岳区党委、太岳行署还发出号召，要求全区干部每人每天节约出一两粮食支援山上的老百姓。岳北各县则掀起了"节约一把米"运动，以支援沁源人民的围困斗争。在短时间内，仅太岳行署、安泽县、沁源县就筹集到了2000多石救济粮。决死第一旅各部也把在战斗中缴获的大米、白面等物资分给群众，并利用战斗间隙帮助大家盖房子、挖窑洞。尽管山上的老百姓生活得非常苦，但为了战胜敌人，他们毫无怨言，坚决服从领导，听从安排和指挥。

1943年春，春耕将至。沁源对敌围困斗争指挥部急百姓所急，经研究后提出了"武装保卫春耕"的口号，并将劳力和武力相结合，组成合耕队。有了武装护卫,沁源老百姓的春耕热情很快就被调动起来。时间不长,沁源军民就在二沁大道两旁和城关、交口等地周围种上了近3万亩的高粱、谷子、山药、豆子等一系列农作物。入夏,眼看着一天天成熟的小麦,沁源各据点里的日伪军本以为这下坐着就能"劫收"到的粮食,却在半个多月内被沁源军民给抢收走了。无可奈何的日军只能"望田"兴叹。入秋后,沁源军民又将其他成熟的农作物陆续抢收了回来,并又抢种了小麦。

1944年,沁源军民又积极响应沁源对敌围困斗争指挥部发出的"一面围困,一面生产"的号召,展开了更大规模的生产运动。另外,两年多来,沁源对敌围困斗争指挥部还不时组织商人到安泽、霍县、洪洞等地贩运棉花、布匹以及其他日常生活必需品,并陆续在沁县、平遥及河北邯郸、邢台等敌占区开辟了地下贸易栈,在根据地内则组织了手工业、商业、运输业等各种合作社,建立了一些新的集市,从而解决了沁源军民的日常生活所需。

日军盘踞沁源期间,为了实现长期"驻剿"和建立"山岳剿共实验区"的目的,千方百计地要在沁源建立起"维持会"。刚开始,由于各据点周围的群众都已转移了,日伪军便将从外地抓来的一些苦力和搜山时抓捕到的一部分群众安置在据点中,妄图让他们组织"维持会"。可时间不长,大部分苦力和被抓的群众便逃走了。后来,日军便将网罗和培植的汉奸、特务派到山里,混入老百姓当中,刺探情报,刺杀我抗日干部。在这些特务、汉奸的帮助下,据点里的日伪军抓捕了不少群众,包括部分干部。但无论日伪军使用什么手段,沁源的大部分老百姓就是不肯参加"维持会",一些人因此献出了生命。也有少数群众因不明党的斗争策略受日伪军欺骗,回到据点参加了"维持会"。为此,沁源对敌围困斗争指挥部专门发出了《告全县人民书》,表明了坚决反对"维持"和打击汉奸、特务的态度。

在反"维持"和除奸反特斗争中,沁源对敌围困斗争指挥部非常注意斗争策略。对于少数危害极大的汉奸、特务坚决镇压;对于虽出面煽动搞"维持",但实际起不到多大作用的人,抓住后教育一番待其醒悟后即予以释放;对于少数地痞、流氓等闲散人员也以教育为主、监督为辅,并严加管理,以免使其转化成汉奸、特务;对于不明真相或执迷不悟的群众则尽最大努力作解释、争取工作。由于策略得当,沁源军民的反"维持"与除奸反特斗争取得了不小的胜利。两年多来,沁源军民共抓获汉奸、特务240多人,并镇压了一小撮罪大恶极分子,少数参加过"维持会"的群众也大都被争取过来了。

主动出击,袭敌据点,断敌运输补给线

武装斗争是沁源军民进行围困斗争的最主要手段。在沁源对敌围困斗争指挥部的指挥下,决死第一旅各部在地方游击队、民兵的配合下,在广大群众的支持和掩护下,运用地雷战、阻击战、麻雀战、伏击战等各种游击战术,打击驻沁源各据点里的日伪军,并以安沁大道和二沁大道为重点作战地段,常常在其沿线附近伏击日军的运输队。

根据地军民切断日军交通运输线

袭敌据点,可谓是深入虎穴作战,稍有不慎,便会遭受重大损失。但沁源军民是"艺高人胆大",常常能出其不意,取得奇袭的成功。仅在1942年12月上旬的一个星期内,沁源军民就进行了两次成功的袭敌据点的作战行动。

12月初,第三十八团侦察员在多次侦察城关镇据点里日军活动情况后发现,日军在早操训练时都不带武器,操后还要列队默诵"天皇圣训"。第三十八团遂抓住这一有利战机,以两个连的兵力潜伏到了城关镇西面的两个高地上,趁日军早晨操毕默诵"天皇圣训"的时候向其发起突然袭击,一举毙伤日军40余人,使日军大为震动。

12月5日夜,第二十五团一部在300多民兵、群众的配合下,趁阎寨据点里日伪军睡觉的时机,悄悄地摸进村子,在村中贴上了抗日的标语。在被敌人哨兵发现后,部队和民兵立即向敌人发起攻击。参加行动的一部分群众在村外虚张声势,给敌人造成是八路军大部队来袭的假象,一部分群众则冲进村子,趁日伪军慌乱、不敢出来的时机,与部队、民兵一起抢物资、救群众。村子里的日伪军也搞不清究竟来了多少八路军主力部队,完全被外面的喊杀声、枪炮声、手榴弹的爆炸声给震住了,躲在房子或窑洞里不敢出来。

伏击日军的运输队,是沁源军民的拿手好戏。这类的作战,既能消灭日军,又能夺得粮食等物资补充自己。1942年12月8日,第二十五团一部在官道沟伏击日军的运输队,毙敌30余人,缴获骡马40余匹。12月11日,第三十八团一部在沁源县游击大队和民兵的配合下,在周西岭伏击由城关镇出来的日军运输队。经过半个多小时激战,毙伤日军60余人,缴获骡马近50匹、各种枪20余支(挺),解救民夫30余人。12月16日,第三十八团一部又伏击了由中峪返回亢驿的日军运输队,毙敌17人,缴获骡马14匹。

沁源县民兵在围困战中发挥了重要作用。除了配合主力部队作战外,他们也时常独自行动,用打冷枪的办法袭扰、消灭敌人。1942年12月21日,阳泉村(今学孟村)的12个民兵,在北石村的东山上伏击日军的运输队，毙伤日军8人。虽然他们的战斗力无法与主力部队相比，但因其人数少，目标小，更加便于机动，常常是打一阵就跑，还未等日军弄清楚打他们的人是谁、有多少，对方即已没了踪影。日军犹如哑巴吃黄连，有苦说不出。日军为了报复，有时在被袭后即纠集几个据点的兵力一齐出动，进行拉网式搜山，非要抓住一些"土八路"来泄愤。可沁源的民兵在山上飘忽不定，神出鬼没，使得搜山的日军常常是绕山跑了一天，仍然两手空空。而当垂头丧气的日军准备回巢时，山上又响起了枪声，于是又有几个日伪军倒下了。

在沁源军民的不断打击下，驻沁源各据点的日伪军损失严重。至1943年1月，安沁大道的补给线完全被切断，各据点的日伪军没有了补给来源，不要说建立"山岳剿共实验区"的计划无法推进，就连其自身的生存也成了问题。在此情况下，冈村宁次只好决定把第六十九师团驻沁源的伊藤大队撤回临汾，改派驻白晋线的日军第三十六师团第二二二联队斋藤大队进驻沁源，以期继续实施建立"山岳剿共实验区"的计划。1943年1月24日，遍体鳞伤的日军伊藤大队被迫撤离了沁源。日军斋藤大队进驻沁源后，放弃了原伊藤大队据守的阎寨、中峪据点，只留下城关和交口镇两个据点及二沁大道一条运输线。为确保二沁大道的运输安全，斋藤大队又在沁源与沁县交界的圣佛岭增设了一个据点。刚到沁源的斋藤大队立足未稳，便接二连三地遭到沁源军民的打击。

"抢粮"运动、"造雷埋雷"运动，搞得日伪军人心惶惶

1943年1月下旬，沁源对敌围困斗争指挥部受城关镇一老汉利用夜间回村抢出了自己埋藏的三斗小麦一事的启发，开始组织第三十八团和城关镇民兵组成12人的抢粮小分队，摸进城关试抢粮食。成功后，沁源对敌围困斗争指挥部便组织了大规模的抢粮队伍，掀起了"抢粮"运动。此行动很快就发展到安沁大道和二沁大道两旁的各个村镇。据粗略统计，先后有5500多人参加了抢粮斗争。在20天左右的时间里，沁源军民将原来埋藏在各地来不及带走的粮食陆续从日伪军控制的据点里抢了出

来，总计 7400 多石。粮食基本抢出来之后，沁源军民又开始想方设法抢回被日伪军搜山时劫掠的各种物资。2 月下旬，第三十八团一部在城关镇民兵、群众的配合下，于北园村断金桥伏击前来抢粮的日军斋藤大队一部，毙敌 17 人，夺回两瓮盐和 150 多石粮食，解救民夫 40 多人，缴获骡马 3 匹和步枪 9 支。沁源军民的抢粮夺物斗争，无异于给了日军斋藤大队当头一棒。

抢粮斗争刚告一段落，沁源军民又在二沁大道上摆起了战场。根据沁源对敌围困斗争指挥部的安排，第五十九团和洪赵支队各带领一部分民兵轮战队负责在圣佛岭至交口间伏击日军的运输队；第三十八团带领一部分民兵轮战队负责在交口至城关间伏击日军的运输队。在天气寒冷时，沁源军民利用二沁大道陡坡的有利地形，在路面上洒水使其结冰，上面盖了一层薄土，日军运输车队一开到陡坡地段，便会往下滑，结果导致数车相撞，车毁人伤，埋伏在此的沁源军民则乘机发起进攻，既消灭了敌人，又抢到了各种物资。

春暖花开以后，沁源军民又开始在二沁大道上埋设地雷，以这种方式来袭击日军的运输车队。1943 年 7 月，太岳纵队兼太岳军区司令员陈赓到沁源围困前线视察时，曾指示沁源对敌围困斗争指挥部，要教会沁源军民造雷埋雷的本领。为此，沁源对敌围困斗争指挥部专门举办了训练班。于是，沁源军民中又兴起了一场"造雷埋雷"运动。他们利用地雷、滚雷、水雷、草雷 (在草丛中埋设)、踏拉雷 (前踏后响)、空炸雷 (在空中爆炸) 等多次炸毁日军的运输车辆，炸得日伪军胆战心惊。在 1943 年至 1944 年中，仅因触雷而伤亡的日伪军就有近千人，以致日伪军谈"雷"色变。日伪军中流传着这样一首悲歌："过了圣佛岭，进了鬼门关，低头雁声响，抬头轰一声，如若死不了，就是活神仙。"日军的二沁大道补给线也因此经常被阻断。补给中断的日伪军有时只好将战马杀掉充饥。为了打通补给线，沁源据点里的日伪军有时不得不离开据点前去接应其运输队。而沁源军民则又抓住这一时机，摸进据点，袭敌巢穴。

1943 年 4 月 19 日深夜，在沁源对敌围困斗争指挥部的指挥下，由第

部队战士和民兵一起埋地雷

三十八团带领县游击大队和 9 个民兵轮战队共 1200 多人, 突袭城关镇日伪军据点; 另有一部同时袭击交口镇日伪军据点。此次作战, 共毙伤日伪军 250 多人, 解救出被抓捕的群众 180 多人, 缴获各种枪 160 余支(挺), 焚毁敌仓库粮台 4 座、草料场 3 处。同年 6 月, 日军占领了霍登村, 并在此建立了据点。负责围困霍登据点的第二十五团一部在民兵轮战队的配合下, 不分昼夜地对日伪军进行围困, 并经常夜袭据点, 或用埋设地雷的方法袭扰敌人。阳泉、北石村的民兵在一个多月内就袭击该据点近 30 次, 救出群众 30 多人。从 7 月下旬到 8 月初, 霍登据点里的日伪军因触雷而死伤的即有 40 多人。无奈之下, 日伪军被迫于 8 月 3 日放弃了此据点, 并挟持了 80 多名群众和部分牲口逃回了城关据点。为解救被挟持的群众, 第三十八团一部在城关镇民兵的配合下, 于 8 月 15 日夜再次袭入城关, 成功救出了被挟持至此的霍登群众和牲口。

经过 8 个月的较量后, 至 1943 年 9 月, 日军斋藤大队也败下阵来,其刚来时信誓旦旦要建立的"山岳剿共实验区"也没有取得更大的进展。为此，冈村宁次又不得不将斋藤大队撤走，另调来第六十二师团上崎大队，继续做建立"山岳剿共实验区"的美梦。上崎大队于9月下旬进驻沁源，其兵力分布在交口、圣佛岭和城关3个据点中。

上崎大队刚进驻沁源不久，冈村宁次便纠集华北日军第三十七、第六十二、第六十九师团等部，加上伪军共2万余人，采用所谓"铁滚式"新战法，对太岳抗日根据地进行毁灭性"扫荡"。日军还专门从各地抽调了120余名军官组成的"战地观战团"，到太岳区来观摩冈村宁次一直吹嘘的"山岳剿共实验区"和此次"铁滚式扫荡"作战。沁源军民除留一部继续监视、围困据点里的日伪军外，大部与太岳区各地军民一起投入了反"扫荡"作战。1943年10月24日，第三八六旅第十六团在洪洞县韩略村设伏，一举全歼了日军"战地观战团"，给日军以沉重打击。至11月下旬，此次反"扫荡"作战结束，太岳区军民共作战720多次，毙伤日伪军3500多人。

发动总围攻，沁源军民获得围困战最后胜利

沁源军民卓有成效的对敌围困斗争，引起了中共中央领导人的重视和关切。毛泽东、周恩来等中央领导人在延安多次接见了太岳区党政军负责人薄一波、陈赓、安子文等，听取沁源军民对敌围困斗争等有关情况的汇报。周恩来还专门安排原中共沁源县委书记、沁源对敌围困斗争指挥部政治委员刘开基给延安各界人士作了关于沁源军民如何对敌开展围困斗争的报告。鲁迅艺术学院以沁源军民的围困斗争事迹为题材，创作、演出了《沁源围困》的话剧。此外，沁源军民的斗争事迹还被一些作家创作成小说、散文，广为流传。中共中央机关报《解放日报》曾陆续发表了十余篇有关沁源军民英勇斗争的通讯，并于1944年1月17日专门发出了《向沁源人民致敬》的社论，以赞扬沁源军民英勇不屈的斗争精神。社论中指出："抗战以来六年半的长时间中，敌后军民以自己的血肉头颅，写出了可歌可泣的英勇史诗。在这无数的史诗中间，晋东南太岳区沁源

八万军民的对敌斗争，也放出万丈光芒的异彩"；"模范的沁源，坚强不屈的沁源，是太岳抗日民主根据地的一面旗帜，是敌后抗战中的模范典型之一"。

1944年，中国共产党领导的敌后战场军民陆续向日伪军发起了局部反攻。在中国抗日战争走向胜利之际，沁源军民再接再厉，以饱满的战斗热情准备夺取围困斗争的最后胜利。

这年3月，上崎大队所在的第六十二师团被抽调参加打通"大陆交通线"作战，新编成的日军独立步兵第十四旅团（隶属第一军）的一个独立步兵大队奉命接替上崎大队，驻守沁源城关、交口、圣佛岭3个据点。然而，在沁源军民的打击下，该大队很快就放弃了圣佛岭据点，并将城关据点的防区收缩至城内草坡下的一片地堡和窑洞中。到1945年初，这部分日军只能龟缩在城西草坡上下的两个碉堡和一排窑洞中。交口镇据点的日伪军也收缩到了召子垴一点上。从此，日军的"山岳剿共实验区"就只剩下那铁丝网内的咫尺之地了。

根据沁源的敌我斗争形势，中共太岳区党委、太岳军区于1945年初发出指示，要求沁源军民实行总动员，在岳北各县军民支援下，向据守沁源城关、交口的日伪军发动总围攻。为便于指挥，3月8日，沁源对敌围困斗争指挥部分别在城关和交口组织了分指挥部。3月11日，总围攻正式开始。除了原先参加围困的决死第一旅各部和沁源县游击大队外，另有4000多民兵参战。沁源对敌围困斗争指挥部从参战的民兵中挑选了300多人组成十余个爆破队，陆续将4000多颗石雷虚实相间地布满在城关、交口周围和二沁大道上，形成了多层的地雷网和地雷阵，专等日军往里钻。其余参战的民兵和自卫队则分别组成石雷组、担架组、机动组等，到前方参加铺地、破路和埋雷等工作。白天，参加总围攻的沁源军民在山头上点狼烟，吹号角，敲锣鼓，叫阵；晚上，他们仍采用夜袭和打冷枪的办法袭扰日伪军。如此一来，日伪军就被搅得日夜惶恐，不得安宁。

也许是城关据点里的日伪军感觉到了末日即将来临，在硬撑了十余天后，从3月24日开始至3月29日，每天都组织向外突围，但均被沁源军民击退。4月1日至8日，城关据点里的日伪军整整8天闭门不出。4月9日，该据点里的日伪军拼死冲出城门向北突围。然而只走了不足10里路，即触响了60多颗地雷，死伤30余人。而同一天，由沁县沿二沁大道南下准备前来接应的1000余日伪军，也因触响了90多颗地雷而损失了一部分兵力。

4月10日夜，城关据点里的日伪军以小股部队分别向西、向南佯攻，以转移围困斗争军民的注意力。次日拂晓，即在沁县派出的日伪军的接应下，沿二沁大道向北逃窜。在得知城关据点的日伪军弃城逃跑的消息后，沁源军民随即展开了追击战。许多老百姓甚至拿着棍棒、铁锹、菜刀等加入到追击队伍中。由外线调回的第三十八团主力和民兵则沿着日伪军逃跑的路线奋力阻击。日伪军在付出了死伤300余人的代价后，逃出了沁源县境。至此，沁源军民的围困斗争以彻底的胜利而宣告结束。

在长达30个月的围困中，英勇的沁源军民共作战2700多次，歼敌4000余人，并最终将日伪军赶出了根据地，使日军建立"山岳剿共实验区"的计划遭到彻底破产。沁源军民在取得围困斗争胜利的同时，也付出了牺牲。两年半中，全县仅牺牲的群众就有3000多人，被日伪军焚毁、破坏的房屋近4.8万间，另有大量的牲畜及其他一些物资被日伪军抢走或遭到破坏。

（潘泽庆/撰稿）

12 延安整风亲历记

　　1942年4月3日，中共中央宣传部作出《关于在延安讨论中央决定及毛泽东同志整顿三风报告的决定》，通常大家叫"四三决定"。5月中旬，中央政治局决定成立中央总学习委员会，领导整风运动，毛泽东兼任总学委主任。此时，我正在延安中央党校教务处工作。在中央党校，无论学员、工作人员，一律参加整风学习，不同的是，学员全力以赴，工作人员在业余学习。虽然是业余学习，但也使我刻骨铭心，难以忘怀。

　　从我们这个支部的学习，可以看到全延安机关、学校的整风学习。

毛泽东在延安给高级干部作整风问题的报告

经过学习、改造，果然使大家"脱胎换骨"。你可以体会到，为什么说整风运动是中国共产党人的一次思想解放，一次伟大的马克思主义的教育运动。

那时候，党校教务处下设两个党支部，一个是组教科支部，大部分是教师、干部；另一个是秘书科、干部科支部，担负秘书、油印室、图书馆、干部、档案等工作，分三个小组，有20多个党员、干部。其中有老红军、归国华侨，也有中学教师、知识青年。年岁最大、资格最老的是党的创始人之一何叔衡的女儿何实嗣大姐。她是大革命时期入党的党员。

按照"四三决定"规定，每人发一册《整风文件》，约20万字。主要文件有毛泽东著的《整顿党的作风》《反对党八股》《改造我们的学习》《反对自由主义》《〈共产党人〉发刊词》等；刘少奇著的《论共产党员的修养》《论党内斗争》；陈云著的《怎样做一个共产党员》；列宁、季米特洛夫著的文章；党中央关于加强党性、调查研究、关于领导方法的三个决定。整风第一阶段是学习文件，大约有10天。大家视这些文件为"经典"，逐篇、逐段地读，反复地读，讨论后还做笔记。当时，《改造我们的学习》中讽刺教条主义者的对子"墙上芦苇，头重脚轻根底浅；山间竹笋，嘴尖皮厚腹中空"；《反对党八股》中党八股的八条罪状；季米特洛夫论干部的四项标准；刘少奇论党员修养五条等内容，我们全能背下来。

整风学习的第二阶段是理论联系实际，对个人的历史、思想进行检查，大约有两个多月。彭真教育长多次作动员报告。他强调整风，反对教条主义，就要"有的放矢"——针对革命工作之"的"、个人历史、思想之"的"，认真地开展批评和自我批评，学习鲁迅勇于解剖自己。全校学员大会开了好几次，我们支部的人都去听了。我记得有一个30岁出头的红军团长，听他的口音是湖南人。他说："我打起仗来，有一种天不怕、地不怕劲头，敢冲敢拼，打了一些胜仗。可是，敌情复杂，敌人诡计多端。我听不进政委的意见，也不理会一些营连长的好主意，光知道'正面佯攻，两面包抄'，中了敌人的埋伏，部队损失很大。师部批评我骄傲自大，把我撤职。我在'红大'学习了一个时期,才知道我犯了不知彼、不知我、盲目作战、主观主义的错误。我现在认识到自己的错误,可是几十个好同志牺牲了,再也回不来了,是我对不起他们呀!"说到这里,他忍不住掩面哭泣起来……全场沉寂,人人都陷入沉思中。战争是残酷的,难免要死一些人。一个好的军事指挥员,更要爱惜战士、干部的生命,不要犯主观主义,不能有一点盲目性,要以少量的牺牲,换取更多的胜利……

几场"典型报告"对我们的自我检查起了非常好的示范作用。

按照党组织的规定,每人先写一份历史自传。怎样划定自己家庭成分,怎样划分自己的历史阶段,对个人历史上的问题怎么写? 当时强调一点:一个党员对党要绝对忠诚,"事无不可对党言",要以竹筒倒豆子的精神,无保留地讲出来。我用一个星期的业余时间,写了份1万多字的历史自传。还花费不少时间,帮几个老红军把自传写了出来。

写好历史自传以后,先在小组里传阅,大家提出意见修改后,再在支部大会上讨论。

我们支部有三四个工农干部,他们出身很苦,属于受剥削、受压迫的阶级,吃过资本家的苦头,挨过地主、土豪的打骂,他们的经历就是参加红军、作战、负伤……历史清清楚楚。我和几个小青年,从小上学、受过国难教育,积极参加抗日救亡斗争,由党组织送到延安学习,历史的轮廓也清清楚楚。感到为难的是几位年长一点的知识分子。一位是我们的科长,当过河南某中学教师,也组织过抗日宣传队,被国民党县党部逮捕过;另一位是图书馆的管理员,挺有学问的……不知为什么,他们整日里愁眉苦脸,食不甘味,夜晚在月光下,总是在窑洞前呆坐或在山坡上走来走去。

彭真同志向全校作了关于增强党性的报告。他没有讲稿,洋洋洒洒地讲了3个多小时。

他讲的都是实际生活中的事例,又能提到理论的高度来阐述。他特别推崇共产国际书记季米特洛夫讲的党的干部的4条标准:一、对党无限忠诚;二、为党独立工作;三、密切联系群众;四、遵守党的纪律。他说,毛主席、少奇、陈云同志讲党员条件，第一条都是对党的事业非常忠诚，不是一般的忠诚，是无限的忠诚。于是，在党员中出现三种人、三种情况：一、和党一条心；二、和党半条心；三、和党两条心，这是隐藏在党内的奸细了。我们要求每个党员务必老老实实，和党一条心，做一个奋发有为的人；不要半条心，脚踏两只船，那样做不好党的工作。只要你把个人历史原原本本地讲出来，党组织都会实事求是地谅解你，让你放下包袱，轻装前进！……

彭真同志的讲话，引起了巨大的反响。有些同志历史比较简单些，在党小组讲一讲，大家再提意见，有两三个晚上就通过了，其余的同志都在支部大会上讲，从提意见到通过，一般都要六七个下午和晚上。我在讲了自传以后，同志们给我提了不少问题：一、你对抗日积极，到底有多少共产主义觉悟？二、你为家乡受苦难的人报仇，有没有想到阶级的解放？三、你是否考虑过人生观、世界观的问题？……

出乎我们的意料，我们的科长在学校教务处领导同志的帮助下向党交了心。他被捕后，没有暴露党员的身份，也没有泄露党的秘密，取保释放，续了"拥护国民政府、拥护蒋委员长"的"保证书"。组织上认为他是"半自首"，有危害党的行为，保留党籍，只作为历史问题存档。那位大学生，原来家庭是"小土地出租者"，属于地主阶级，他入党填志愿书时写成"富裕中农"，自己写个检讨，更正出身成分，也就作罢。他俩交心后，同志们和他们紧紧地握手，欢迎他们回到党的队伍里来。又是出人意料的事，原晋察冀北岳区的一位县农会干部交代，在一次边区反"扫荡"战斗中，他只扔了一个手榴弹，炸死两个日本鬼子，报功时却说扔了三个手榴弹，炸死了两个日本鬼子，他为自己向组织上撒谎感到难过。另一位老红军坦白说，他在家里常打老婆，没有啥道理就打人，打的是受苦的阶级姐妹。

历史自传讨论结束后，又开始讨论每个人的思想自传。说实话，我感到很新鲜。思想自传怎么写，学了思想方法又有什么用？这时，周扬同志主编的《马、恩、列、斯思想方法论》受到毛主席的表扬。渐渐地，我才明白，一个人的思想可以分为几个阶段，人的思想是受自己的家庭、学校、社会的影响，正如少奇同志所说，人的思想无不打上阶级的烙印。经过自己的清理和大家的帮助，大家在思想认识上确有不小的提高。看了《论共产党员的修养》，看到旧社会剥削阶级意识确实存在。我们大多属于小资产阶级、思想意识中不干净的东西——诸如个人主义、个人英雄主义、自由主义乃至平均主义或多或少地存在着，而且顽固地赖着不走。若不下决心清除，它会在一定的气候下滋生错误。学到这时，大家都希望好好学点哲学，尤其是学习历史唯物主义与辩证唯物主义，不用这些基本理论武装起来，走起路来难免要摔跤的。

（陈模／撰稿）

13 宝塔山下的盛会

——中共七大纪实

1945年4月23日至6月11日,在中国西部偏远的小城延安,700多名中华民族的精英聚集一堂,举行了一次决定中国前途和命运的会议。这就是中国共产党第七次全国代表大会。

从六大到七大,时间间隔长达17年

从1928年6月至7月间召开六大,到1945年4月至6月间召开七大,这两次中国共产党全国代表大会的时间相距达17年之久,堪称党的全国代表大会史之最。

延安宝塔山

其实,召开七大的动议很早。在1931年1月召开的中共六届四中全会上,就提出要召开七大。1930年12月,已写好的《中共四中全会决议案》中,把召开七大、总结苏维埃运动经验、通过党纲和其他文件作为"最不可迟延"的任务。此后不久,由于国民党军队连续对中央苏区发动"围剿",战事连绵不断;党的最高领导机构中连续出现顾顺章、向忠发被捕叛变事件,中共中央在上海也站不住脚,被迫转移到中央苏区;第五次反"围剿"失败后,红军被迫撤出中央苏区,进行战略转移等,召开七大之事便被搁置下来。

红军长征到达陕北后,日渐安定。1937年7月7日,全国性抗日战争爆发,在同年12月召开的中共中央政治局会议上,通过了《中共中央政治局关于召集第七次全国代表大会的决议》,要求"在最近期内"召开七大,并初步规定了七大的主要议事日程。会议还决定成立七大筹备委员会,毛泽东为主席,王明为书记。秘书处由毛泽东、王明、张闻天、陈云、康生5人组成。由于种种原因,这个筹备委员会事实上并未开展工作。

1938年3月,中共中央政治局会议讨论了召开七大问题。这次会议提出,中共中央应"立刻进行具体准备",包括发表为召开七大告全党同志书和告全国同胞书,给各地党组织发出关于七大准备工作的指示,成立大会各主要议程的报告草案委员会,责成政治局及中央同志起草报告提纲。会议结束后,任弼时受中共中央派遣前往苏联,向共产国际介绍中国革命的实际情况。4月14日,任弼时向共产国际报告说,中共中央决定于半年之内召开党的第七次全国代表大会,希望共产国际派人指导。

1938年11月,中共六届六中全会通过了《关于召集第七次全国代表大会的决议》,提出"在不久的将来"召开七大,大会的中心任务是讨论坚持抗战,争取和保证抗日战争的最后胜利问题。会议还对代表名额的分配及代表产生办法作出了若干规定。

1939年6月14日、7月21日,中共中央书记处两次向各地党组织发出如何选举七大代表的通知,并要求9月1日前选举出代表。然而,从这时起,国内形势又发生变化,国民党顽固派相继发动了两次反共高潮,中共中央把主要精力放在领导各地打退反共高潮和粉碎日军"扫荡"上,召开七大的筹备工作受到影响。

打退国民党第二次反共高潮后,在1941年3月12日的政治局会议上,中共中央决定,召开七大的一切准备工作要在1941年"五一"劳动节前完成,初步议定"五一"劳动节开会。这次政治局会议还决定,七大议程主要为三大报告,即由毛泽东作政治报告,朱德作军事报告,周恩来作组织报告。会议还审查了代表情况,重新指定个别代表,确定了大会秘书处等会议机构,宣布任弼时为大会秘书长,王若飞、李富春为副秘书长。这次会议后,一部分代表陆续到达延安。但是不久,中共中央又决定七大延期召开。1941年9月政治局会议后,曾打算在1942年上半年召开,后因部署整风运动、大生产运动和其他工作而再次推迟七大召开的日期。

1943年7月17日,中共中央书记处会议向政治局提议,在8个月至9个月内召开七大,并指定各主要抗日根据地的一些负责人赴延安参加七大。8月1日,中共中央政治局发出《关于七大代表赴延安出席大会的指示》,决定七大改在年底举行,但要求代表"须于最近期间启程来延"。不久,由于中共中央政治局重新召开整风会议,要求党的高级干部学习党史,七大再次延期。

1944年5月,整风运动进入总结阶段,全党思想空前统一。5月10日,中共中央书记处会议决定:立即着手召开七大的各方面准备工作,在7个月内开预备会议,8个月内开大会;本月内将大会报告及指定发言的提纲写出,6月上半月写成文字;预备会开1个月,正式大会一部分公开举行,并可邀请党外人士参加。这次书记处会议确定:军事问题报告委员会成员为朱德、彭德怀、刘伯承、陈毅、叶剑英、谭政、徐向前、贺龙、聂荣臻,由朱德负责召集;组织问题报告委员会成员为刘少奇、周恩来、彭真、高岗、谭政、王若飞,由刘少奇负责召集;周恩来准备在七大上作关于统一战线工作报告,以周恩来、邓颖超、陈毅、王若飞、薄一波、贾拓夫、林伯渠、林彪为成员,由周恩来负责召集。会议还决定,在七大前召开六届七中全会。5月19日,中共中央书记处又决定,5月21日召开六届七中全会第一次会议。一再延迟的中共七大,至此终于提上了日程。

迢迢延安路

尽管七大一拖再拖,但自1942年初起,一些抗日根据地的负责人便陆续奔赴延安,准备参加七大。

1942年1月13日,刘少奇正在主持中共华中局会议时,中共中央通知他回延安参加七大。当时,华中局的同志为了挽留刘少奇,曾给中共中央回电说:"倘七大会期仍未最后确定或大会于短期内事实上仍不能举行,则我们仍主张少奇同志不急返延安而留在华中领导工作。倘大会已确定举行,则少奇同志须在华中局扩大会后于2月底或3月初始能动身。"

中共中央没有同意华中局的要求,于1月21日坚持要刘少奇返回延安,并让他顺道解决山东问题。3月19日,刘少奇等人动身,穿越日伪军严密封锁的陇海路,于3月底到达山东抗日根据地。

刘少奇在山东期间,顺利解决了山东抗日根据地领导人之间的团结问题。毛泽东曾在7月初给刘少奇发电报,说:"我们很希望你来延并参加七大,只因路上很不安全,故不可冒险,在敌后要以依靠军队为适宜。你的行止,以安全为第一,工作为第二。"7月下旬,刘少奇离开山东抗日根据地,向陕北进发,于12月30日到达延安。

陈毅是在1943年11月从华中抗日根据地赴延安参加七大的。当时,华中局代书记、新四军代政委饶漱石为了打击和排挤陈毅,发动了"黄花塘事件"。事后,饶漱石给毛泽东、刘少奇发去一份长达1500字的电报。在电报中,饶漱石首先挑拨陈毅与毛泽东、刘少奇的关系,接着又歪曲和捏造一系列的事实,攻击陈毅。饶漱石在电报的结尾要求中共中央:"速决定物色才德兼全的军事政治负责干部来帮助我们。"为了把陈毅拱走,饶漱石还蒙蔽和鼓动一些干部联名给中共中央打电报批评陈毅。

陈毅也向中共中央发电报报告了事情的经过,并着重检讨了自己的错误和缺点,表达了团结工作的愿望。

11月8日，毛泽东复电陈毅并告饶漱石，说："此次是不好的，但是可以讲通，可以改正的。""我们希望陈来延安参加七大。前次你的来电要求以一人来延，那时我们不知你们间不和情形，现既有此种情形，而其基本原因，因为许多党内问题没有讲通。如陈来延安参加七大，并在此留住半年左右，明了党的新作风及应作重新估计的许多党内历史上的重大问题，例如四中全会是错误的、四中全会至遵义会议期间王明宗派的新立三主义、1938年武汉长江中央局时期王明宗派的新陈独秀主义以及其他问题等，如对此问题充分明了，则一切不和均将冰释，并对党有极大利益……陈来延期间，其职务由云逸暂行代理，七大后仍回华中，并传达七大方针。"

11月25日一早，陈毅踏上赴延安的路程，经过3个月的跋涉，于1944年3月7日抵达延安。3月16日，华中局和新四军出席中共七大代表团成立会议，公推陈毅和张鼎丞任正、副主任。

彭德怀和刘伯承是1943年9月一起去延安的。他们去延安是参加整风运动，之后，留在延安参加了中共七大。刘伯承任晋冀鲁豫代表团主任。

其他根据地的领导人贺龙、聂荣臻等也先后来到延安。

南方各省七大代表奔赴延安，可谓历尽艰辛。1939年11月，香港党组织选出的七大代表有钟明等5人，分两批先后进入东江游击区，由东江纵队派人护送到韶关，与广东省委选出的七大代表古大存等会合，组成广东代表团。随后，广东代表团成员分别化装到桂林，在八路军办事处集中，换上八路军战士的军装后，乘坐新四军派来的军车到达黄山附近的太平镇。由于前面没有公路，代表们徒步翻越黄山，先到泾县云岭新四军军部，后又转移到中共中央东南局驻地丁家山。在这里，他们与浙江、广西、湖南、江西、福建、上海、闽粤边、苏南等9个地区参加中共七大的代表共41人会合。根据东南局的指示，七大代表们组成了临时党支部，古大存任书记。这时，中共中央给东南局来电指示，由于局势恶化，国民党顽固派加紧反共，南方各省出席七大的代表不宜走西安等后

337

方大城市，而要走敌后根据地到延安。这样，南方各省代表奔赴延安便更加困难。

1940年1月，新四军反"扫荡"取得胜利，铜陵、繁昌先后被攻克，七大代表北上道路已经打通，东南局让七大代表立即出发，经敌后根据地到延安。为保密起见，东南局规定这支由代表组成的队伍对外称"服务团"，指定古大存为团长。

1月20日，"服务团"在新四军军部一个连的护送下，从芜湖乘坐两只大木船，绕过日军的巡逻艇，渡过长江。之后，他们又随罗炳辉的部队夜间越过津浦路，辗转行军，到新四军江北指挥部半塔集。当时华中局也驻在江北指挥部里。华中局书记刘少奇给"服务团"每人送了一本《论共产党员的修养》，作为他们学习的理论课本。

"服务团"在半塔集停留了半个月后，又向皖东北挺进，两渡古金河，夜行百里越过陇海路，经过台儿庄，抵达鲁南山区八路军——五师师部抱犊崮。经过后，一一五师派老六团团长贺东生率一个加强连护送"服务团"去鲁西地区。在离大汶口不远的一个村子里，"服务团"遭到了伪军的包围袭击。这天一早，钟明起来到外面察看动静，发现敌人的迫击炮弹已打到了隔壁院子里。在行军路上，钟明负责医疗工作，并分配了一个卫生员随他保管药品。这些药品是地下工作者冒着生命危险从敌占城市采购的，钟明把它看成是自己的命根子。发现敌情后，他立即返回驻地找到卫生员，一起收拾好药箱。但是，当他们冲到村口时，贺东生已带着大部分人员冲出村子，村口已被敌人的机枪封锁了。钟明只好和卫生员往回走。路上，他们又碰到一位掉队的同志。和队伍失散，钟明等3人并没有惊慌，他们机智地翻越后墙，躲入玉米地里；后在群众的帮助下，找到游击队。当天晚上，在游击队的护送下，回到了"服务团"。

钟明等人安全归队，使同志们惊喜万分，激动得互相拥抱，热泪直流。原来，大家都以为钟明等在敌人袭击时牺牲了。古大存更是心情沉重，还准备打电报向党中央报告，引咎接受处分。钟明知道这个情况后，立即向党支部汇报了掉队的经过及以后的情况，并作了自我批评。

大汶口遇险后,"服务团"又继续赶路,跑步前进越过津浦铁路上敌人的封锁线,经泰西、东平、湖西、鲁西,进入冀南根据地。8月,冀南军区派一个团护送过平汉路。平汉路是"服务团"赴延安途中最难逾越的一道封锁线。第一次过平汉路时,部队刚接近铁路,就被日军发觉。由于行动暴露,只好暂时撤退。过了10多天后,冀南军区派出一个营,再次护送"服务团"过平汉路。营长带一个突击组,迅速摸到哨所前,解决了敌哨兵。"服务团"立即跑步越过铁路,一口气跑了十几里,进入冀西武安山地区。随后,"服务团"又在部队的护送下,到达八路军总部。当时正是八路军发动百团大战的后期,八路军总部经常转移,"服务团"西去的路线因敌人的严密封锁而无法通过,他们只好等待时机,随同总部转移到太行山区。

9月,徐向前由山东经八路军总部去延安,总部派了两个团护送,准备一旦在通过同蒲路和汾河封锁线发生情况时,就硬打过去。总部让"服务团"和徐向前同行。在从八路军总部到延安的途中,"服务团"连闯5道封锁线,有时一个晚上要行军70多公里。1940年12月26日下午,经过艰苦跋涉的南方各省参加七大的代表,终于到达延安。其中广东的代表从1939年12月底算起,整整历时一年,跨越11个省,行程万余里,可谓一次艰苦的"长征"。他们在新四军、八路军的掩护下,无一伤亡,全部安全到达延安,这也是个奇迹。

离陕北根据地较近的晋察冀代表,赴延安参加七大途中也是几经危险。1940年4月,根据中共中央晋察冀分局的决定,北岳区党委、冀中区党委、冀东区党委选出的七大代表在阜平县集中组成一个行军大队,由赵振声(李葆华)等带队赴延安参加七大。途中,为了避开与敌人遭遇,代表们只能走山路、走小路,行军非常困难,平均一天走六七十里路。但大家想到能赴革命圣地延安参加七大,都不怕苦,不怕累,情绪很高。

按照行军计划,队伍将从太原市西南白水镇通过铁路。那天晚上,他们通过了铁路后,沿着山路继续向前走。不久,日军发现了他们,在山顶上向他们袭击。这是晋察冀代表此行遇到的一个突发情况。当时,他们紧急从山路上撤下来,从山沟里突围。由于敌人不知虚实,没敢追击,否则后果不堪设想。这场战斗使晋察冀七大代表损失较大,有的代表被打死,有的被打伤,有的被俘。天亮后,代表们才陆续突围出来。

经过两个多月的行军,晋察冀边区的七大代表于6月底到达延安。

到1945年4月,出席七大的代表们从四面八方汇集到宝塔山下。一时间,延安群星璀璨,几乎中国现代史上所有革命精英都聚集在这里。当时延安的条件很差,大批的七大代表到延安后,由于没有大的招待所,代表们除一部分住到中共中央党校外,其余的分散住在附近的机关、部队、学校里。尽管到延安后住得很简陋,吃得也很简单,但来自各敌后抗日根据地和沦陷区的代表毫无怨言。他们来到延安,看到了延安的新气象,看到了新中国的曙光。因此,他们怀着兴奋的心情,等待那激动人心的时刻的到来。

盛会开幕

4月下旬的延安,春风习习,延水清清,桃红柳绿,万木峥嵘。

1945年4月21日,七大举行预备会。任弼时首先报告了大会的筹备经过。他说:七大早应举行,但因战争关系,交通分割,迟至今天才开。这固属缺点,但也有其积极的方面。因为在延期当中,首先是充分发展了我们的力量。现在党员有120万,党领导的军队近100万,解放区人口近1亿。经过锻炼,党已成为全国政治的决定因素。七大在这样的基础上召开,其意义和作用是非常伟大的;其次是党的思想更加一致。经过整风、路线学习和审查干部,使党内思想一致,组织上更加纯洁。六届七中全会通过的《关于若干历史问题的决议》正是党空前团结的反映。这是对七大思想上的准备,其意义也是非常伟大的。

任弼时还就七大代表产生的经过、七大的议事日程和报告草案的准备情况作了说明。

毛泽东在会上作了《七大工作方针》的讲话,提出七大的工作方针是:"团结一致,争取胜利。"毛泽东满怀深情地追述了中国共产党成立后

24 年的斗争历史，指出："从古以来，中国没有一个集团，像共产党一样，不惜牺牲一切，牺牲多少人，干这样的大事。"最后，毛泽东号召："我们要继续抓紧马克思主义的武器，要有自我批评的精神，全党团结如兄弟姊妹一样，为全国胜利而奋斗，不达胜利誓不休！"

4 月 23 日，中共七大在延安杨家岭中央大礼堂正式开幕。547 名正式代表、208 名候补代表，迈着庄重的步伐走进会场，按照代表证上的编号，依次坐下。在七大代表中，年龄最大的近 70 岁，最小的才 20 岁出头，大多数代表为 30 岁至 40 岁左右。妇女代表有蔡畅、康克清、邓颖超等；少数民族代表有乌兰夫等。大会还特邀了一些外籍人士参加，其中有：日本共产党代表冈野进，他是绕道美国到达延安的；朝鲜独立同盟代表朴一禹；驻延安苏联情报组负责人兼塔斯社记者孙平等。

大会主席台上，悬挂着毛泽东、朱德的巨幅画像，鲜艳的党旗挂在两边。会场后面的墙上，挂着"同心同德"4 个大字。两侧墙上，张贴着"坚持真理""修正错误"等标语。靠墙边插着 24 面红旗，象征着中国共

中共七大会场

产党 24 年奋斗的历程。插红旗的"V"字形木座是革命胜利的标志。在主席台的正上方,悬挂着一条引人注目的横幅:"在毛泽东的旗帜下胜利前进!"

下午 5 点,当毛泽东、朱德、刘少奇、周恩来、任弼时等主席团的领导同志出现在主席台上的时候,全体代表起立,热烈鼓掌。

庄严的《国际歌》响起来了。代表们唱着《国际歌》,热血沸腾,心潮激荡。

尔后,大会秘书长任弼时宣布中国共产党第七次全国代表大会胜利开幕,并作了简短的讲话。

在暴风雨般的掌声中,毛泽东致开幕词,这就是后来收入《毛泽东选集》第三卷的《两个中国之命运》。毛泽东指出:在中国人民面前摆着两条道路,光明的路和黑暗的路。有两种中国之命运,光明的中国之命运和黑暗的中国之命运。我们的任务不是别的,就是放手发动群众,壮大人民力量,团结全国一切可以团结的力量,在我们党领导之下,为着打败日本侵略者,建设一个光明的新中国,建设一个独立的、自由的、民主的、统一的、富强的新中国而奋斗。我们应当用全力去争取光明的前途和光明的命运,反对另外一种黑暗的前途和命运。

毛泽东讲话后,朱德、刘少奇、周恩来、林伯渠和日本共产党代表冈野进,先后发表了讲话,肯定中国共产党取得的伟大成就和毛泽东的正确领导,预祝七大成功。彭真在会上作了《关于代表资格审查的报告》,全体代表一致通过。

4 月 24 日,毛泽东向大会提交了《论联合政府》的书面政治报告,并就书面报告中的一些问题以及其他问题作了口头报告。

4 月 25 日,朱德向大会作了《论解放区战场》的军事报告。

七大原定会期较短,大会开始后,代表们纷纷要求延长,发言人数也突破了原定人数。从 4 月 30 日开始至 5 月 11 日,在讨论政治报告和军事报告的同时,主要进行大会发言。先后在大会上发言的有周恩来、彭德怀、陈毅、高岗、张闻天、康生、博古、彭真、聂荣臻、杨尚昆、陈云、李

1945年4月，毛主席在中共七大上作报告

质忠、陆定一、刘伯承、朱瑞、古大存、李富春等。

5月14日、15日，刘少奇在大会上作《关于修改党章的报告》。5月21日至23日，继续大会发言，先后发言的有：日本共产党代表冈野进、朝鲜独立同盟代表朴一禹、乌兰夫、林彪、马凤舞、刘澜波、张鼎丞、傅钟、叶剑英等。这些发言都贯穿了"团结一致，争取胜利"的精神，受到大会的普遍欢迎。

浓厚的民主气氛

七大突出的特点，就是充分发扬民主。大会对3个主要报告都进行了认真深入的讨论。尤其是对毛泽东的政治报告，先后讨论修改达9次之多。每次讨论，都有补充修改的地方。大会总是集思广益，积极采纳大家的意见，有时哪怕是一句话、几个字的修改意见，大会也都印发给大家再深入讨论。有的代表提出，《论联合政府》中两段话的意思一样，而用词不同：第一段中是"将中国建设成为一个独立、自由、民主、统一和富强的新中国"；在后面讲到中国两个前途时又变成了"将中国建设成为一个独立、自由、民主、统一和强盛的新中国"。后面这句应和前面统一起来，把"强盛"改为"富强"。这个意见汇报给毛泽东后，毛泽东说：提得好，马上改过来。一个字的改动，使大家感受到领袖的民主作风。大家很受鼓舞，讨论时发言更踊跃。

大会主席团尽一切可能让每个代表发表自己的意见，充分发扬了党的民主作风。八路军一二〇师政委关向应当时在中央医院治病，不能参加会议，毛泽东就委托贺龙经常去看他，将会议进行情况不断通告关向应，并征求他的意见。

为了指导大会顺利进行，在小组讨论期间，毛泽东经常参加各代表团和各小组的会议，并非常注意听取代表们的发言，发现问题还做一些启发诱导，让大家进一步去思考。他讲问题时，总是那样深入浅出，通俗易懂，并夹有一些风趣的比喻。所以，毛泽东无论参加哪里的会议，那里的会场总是十分活跃。一次，在小组会上，毛泽东讲到有的同志过去犯了错误，后来改了，但有的人歧视他，像赵太爷不许阿Q革命……毛泽东说着，眼圈都红了。大家很受感动。

朱德、周恩来等主席团成员也经常参加小组会议，听取大家的意见，解答大家提出的问题。

在中央领导的带动下，七大的小组讨论、大会发言，都很热烈。大家畅所欲言，认真吃透会议文件精神，普遍提高了思想理论水平。

会议始终贯穿着批评与自我批评的精神。许多同志结合自己的经历，畅谈路线斗争的体会，既有自我批评，也批评别人。过去犯了路线错误的同志，大多数对自己的错误作了深刻的检讨。博古对自己过去犯的"左"倾错误给中国革命造成的损失非常内疚和痛心。5月3日，他发自内心、痛哭流涕地检讨了两个多小时，痛切地表示：要实行脱胎换骨，脱小资产阶级之胎，换教条主义之骨，重新做起，在毛泽东领导下，多做对革命有益的事情。他的发言受到了全体代表的欢迎。

轻松愉快的业余生活

七大期间，代表们的业余生活是丰富多彩的。代表们在戎马倥偬的抗日前线难得有片刻的闲暇，他们到了延安就像到了家一样。会议间隙，经常举行体育活动和文艺晚会，每星期六晚上还举办舞会。中央领导同志和一些代表都穿着布鞋或草鞋在王家坪桃林的草地上跳起了交谊舞。叶剑英是热心人，常动员他人参加跳舞。周恩来舞跳得很好，是舞会上的佼佼者。毛泽东的舞跳得比较蹩脚，他自我调侃说，是在"踏着音乐的节奏散步"。

会议期间，鲁迅艺术学院和留守兵团部队艺术学校等文艺剧团为代表们演出了《甲申三百年祭》《李秀成之死》等话剧。

召开七大，也为各根据地的负责人提供了见面的机会。他们差不多同时参加革命，是同学、朋友、同志，为了革命事业，他们各奔一方，领导斗争，难得一聚。他们在一起下象棋，打康乐球，谈过去的事情。当时，邓小平住在大礼堂对面的一座窑洞里，聂荣臻、罗荣桓也住在那里。邓小平很活跃，当时头剃得光光的，罗荣桓、聂荣臻一看到他，就风趣地说："光头来了！"战友深情，溢于言表。

七大召开时，陕甘宁边区的大生产运动已见显著效果。代表们每天可以吃上四五两肉；每桌8个人，8个菜；荤菜主要是猪肉、羊肉，还吃过几次黄河鲤鱼；蔬菜供应也很充足，饭后可以把西红柿、黄瓜当水果吃；主食是小米，每隔两天可以轮换吃上一顿馒头或大米饭。丰盛的伙食使代表们身体健康，精神饱满。

七大期间，国际上喜讯不断。5月2日，苏联红军攻克柏林，法西斯头子希特勒服毒自尽。5月8日，德军无条件投降，协议在柏林郊区签字。斯大林在莫斯科向苏联人民发表讲话，宣布反法西斯战争的胜利。消息传来，整个延安沸腾了，欢乐的人们唱起了"信天游"，扭起了秧歌，敲响了震天的锣鼓。为了庆祝胜利，七大休假一天。代表们和延安各界群众一起，参加欢庆活动。除了开庆祝会外，还给代表们放映了《列宁在十月》

《列宁在 1918》等苏联影片。

德国法西斯的灭亡，使七大代表们受到了极大的鼓舞，充满了抗日胜利的信心。

毛泽东思想被写进党章

七大通过的党章规定：以马克思列宁主义的理论与中国革命的实践相统一的思想——毛泽东思想，作为我们党一切工作的指针。确立毛泽东思想的指导地位，是七大的历史性贡献。

早在一年前的 1944 年 5 月 10 日，中共中央书记处即决定着手进行中共七大的筹备工作，由刘少奇负责召集起草中共七大组织问题报告。此后，刘少奇精心准备新党章草案和《关于修改党章的报告》。他反复组织有关同志研究，广泛听取党内外各方面人士的意见，使新党章鲜明地体现了毛泽东思想指导的特点。

1945 年 3 月 31 日，中共六届七中全会讨论了党章报告，刘少奇在会上对党章报告作了说明。他说：党章照顾了现在和将来。一方面肯定了严肃性，一方面允许了灵活性。总纲是党的基本纲领，作为党章的前提与组成部分，可以更加促进党内一致。党章以毛泽东思想来贯穿，这是一个前所未有的历史特点。

5 月 14 日至 15 日，刘少奇在中共七大上作了《关于修改党章的报告》。报告第一次对毛泽东思想下了准确而科学的定义：“毛泽东思想，就是毛泽东同志关于中国历史、社会与中国革命的理论与政策。”“毛泽东思想，就是马克思列宁主义的理论与中国革命的实践之统一的思想，就是中国的共产主义，中国的马克思主义。”“毛泽东思想，就是马克思主义在目前时代的殖民地、半殖民地、半封建国家民族民主革命中的继续发展，就是马克思主义民族化的优秀典型。”

刘少奇提出：现在的重要任务，就是动员全党来学习毛泽东思想，宣传毛泽东思想，用毛泽东思想来武装我们的党员和革命人民，使毛泽东思想变为实际的不可抵御的力量。他要求一切党校和训练班必须把毛泽东的著作作为基本教材;一切干部必须系统地研究毛泽东的著作;一切党报必须系统地宣传毛泽东思想;为了适应一般党员的水准,党的宣传部门,应将毛泽东的重要著作,编为通俗读物。

为什么七大把毛泽东思想写入党章总纲,胡乔木曾说过这样的话:为什么要提毛泽东思想? 有这个需要。如果中国共产党不提毛泽东思想,很难在全党形成思想上的统一。提毛泽东思想这是针对苏共的。尽管共产国际已解散了,但是它的影子、它对中国党的影响始终没有断。毛泽东思想是中国人民自己的、中国共产党自己的革命道路的象征。通过这个,实现党的统一和团结。党内各方面的关系,党同群众之间的关系,都可在毛泽东思想基础上确定下来。为什么20世纪40年代中国党能够在那么困难的条件下取得那么大的胜利? 根本原因是党正确解决了这个问题。

关于"毛泽东思想"这个概念,毛泽东一开始是不同意使用的。七大期间,毛泽东就党章中的一些提法表示:把好事都挂在我的账上,所以我对此要发表点意见。写成代表,那还可以,如果只有我一个人,那就不成为党了。经过大家的讨论、修改,毛泽东才同意用"毛泽东思想"这个概念来为中国化的马列主义理论体系命名。毛泽东说:"你们一定要用毛泽东思想,我也可以同意,因为党总要找一个代表。毛泽东思想不是我一个人的,都是你们大家来的,我把它综合起来,把它概括起来,你们叫毛泽东思想也可以。"党内也有人建议用"毛泽东主义"的概念,毛泽东始终没有同意。

给王明画一个不圆的圈

七大最后一项重要议程是选举党的中央委员会。大会主席团经过几次会议,决定了选举的基本方针。5月17日,在主席团常委与各代表团主任联席会议上,就中央委员的名额是40人、50人、70人及提名方式进行了讨论,决定由任弼时、刘少奇、周恩来、彭真、李富春等5人组成一个非正式的委员会,与各代表团主任商量提出初步候选名单与选举手续,然后主席团将初步名单提交各代表团讨论。

5月24日，受主席团委托，毛泽东向大会作了关于中央委员会选举方针的报告。毛泽东首先讲了选举的标准。他说："主席团认为应该采取这样的标准，就是要由能够保证实行大会路线的同志来组成中央委员会。采取这样一个原则比较好，比较恰当。"

接着，毛泽东回答了代表们关于选举中央委员会存在的疑问。

第一，犯过路线错误的同志应不应该选？他说：有这样一种意见，凡是犯过错误的我们就不选。主席团认为，这是一种好的理想。但事实上，如果我们不选过去犯过路线错误的人，甚至绝对化一个不选，那就不好，就不恰当。过去我们图简单，爱方便，不愿意和有不同意见的人合作共事，这种情绪在我们党内还在相当严重地存在着。六次大会不选陈独秀到中央，六届四中全会将李立三开除出政治局，结果也没有保证我们不跌筋斗。遵义会议后10年，中央委员会主要的成员，是四中全会和五中全会选举的，六大选举的现在只剩下5位，就是说现在的25位中央委员中，绝大多数是四中全会、五中全会选举的。恰恰在这10年，我们的工作还算有进步。1935年1月的遵义会议，就是积极拥护四中全会的人，也就是在第三次"左"倾路线中犯过错误的人，出来和其他同志一道反对这条"左"倾路线。现在把这个账挂在我身上，我要声明一下，没有这些同志以及其他很多同志——反"左"倾路线的，包括第三次"左"倾路线错误中的很重要的某些同志，没有他们的帮助，遵义会议的成功是不可能的。七次大会应该接受过去的经验，对犯错误的同志不应一掌推开。一个人在世界上，哪有不犯错误的道理呢？我们应采取这样的原则：虽然犯过路线错误，但是他已经承认错误并且决心改正错误，我们还可选他。鉴于历史，为着将来，为着全国人民，为着全党，我们要采取这样的方针，尽可能团结更多的人在我们的纲领下。

第二，要不要照顾到各个方面？毛泽东说：这个问题，就是所谓照顾山头的问题。主席团认为还是要照顾才好。我看那个主张不应该照顾山头、不应该照顾到各方面的意见，也是一个理想，但事实上行不通。中国革命有许多山头,有许多根据地,白区也有很多块,这就是中国革命的实际,没有这些就没有中国革命。山头多不是坏事情,坏的是山头主义、宗派主义。一定要认识山头,认识了以后才能照顾,照顾就能逐步缩小,然后才能消灭。所以,要消灭山头,就要认识山头,照顾山头,缩小山头,这是一个辩证关系。没有全国产业的发展、交通的便利,要彻底消灭山头是不可能的。过去的中央委员会,没有反映各个方面的革命力量,是有缺点的,这次选举要注意这个问题。

第三,每一个中央委员是不是都应当通晓各方面的知识? 毛泽东指出:每一个中央委员都应当通晓各方面的知识,这种意见也是一个很好的理想,是有道理的,如果能做到这样,当然很好。但事实上,任何一个人都不可能通晓各方面的知识。我们的新的中央应该包罗各种人才,尽可能地照顾各个方面、各个部门、各个山头。对知识的要求也是一样,要尽可能地通晓的方面多一点。我们采取这样的方针:不一定要求每个人都通晓各方面的知识,通晓一个方面或者稍微多几个方面的知识就行了,把这些人集中起来,就变成了通晓各方面知识的中央委员会。如果我们有各方面的人,每一个人都通晓一方面或者有比较多的专长,选这样几十个人,我们的中央就会比较完全。我们要从集体求完全,不是从个人求完全。我们要完全或者比较完全一点才好,但是再过几年我们的中央又会是不完全的。鉴于过去的中央不完全,再选一个中央将来也还会不完全,因此,我们就有一个学习的任务。选举中央委员会,就要选举有学习精神的人,他不懂得这不要紧,我们选他,让他去学。

关于中央委员会的人数问题,毛泽东说:主席团考虑了很久,但是没有提出确定的人数。有大、中、小3个方案:大的是100人左右,中的70人左右,小的30人左右。毛泽东提议:这3个方案中,两头不要,取一个中间,就是70人左右。我们要采取一个慎重的方针,不要选得太多,但是也不要选得太少。30个、40个人左右太少了,100个人太多了,70个人左右很好。

中央委员会候选名单酝酿时,七大主席团决定,只提一个名额的控制问题，即正式中央委员 40 人左右，候补中央委员 30 人左右，由代表任意、自由提出，提谁都可以。提了以后，主席团把各代表团提出的人员中得票多的，汇总出一个名单。然后按照正式中央委员 40 个人、候补中央委员 30 个人左右提出一个名单，作为候选人名单，再交大会进行正式选举。正式选举是等额选举。

王明在七大时表现很不好。七大开幕时他称病不出席，小组会议他也不参加。犯路线错误的其他同志都作了诚恳的检讨，而作为第三次"左"倾路线错误首要人物的王明却拒不认账。因此，在选举中央委员的时候，大家都不提王明做候选人。为了团结王明，毛泽东出来做工作，他说：要顾全大局。王明本人怎么样先不提，我们要合情合理地争取他，要给他一个席位，这样才有团结，也叫顾全大局。听到毛泽东代表中央讲话了，代表们从团结大局出发，勉强投王明一票。但有的代表投王明票时，故意把圈画得不圆，而投其他领导的票时，把圈画得很圆。

大会投票选举正式中央委员后，进行检票工作。检票一直进行到深夜还未有结果，关心王明情况的毛泽东亲自到检票处询问情况。刘杰等当时任检票员，毛泽东问他选王明的票有多少。因当时正在检票，难以回答确切数字，刘杰只好笼统地回答说王明的票还不少。毛泽东笑着说：好，好。随即离去。

选举结果出来后，王明在中央委员里面倒数第一。后来，毛泽东曾说，如果王明选不上，大家心里都会不安的。一人向隅，满座为之不欢。

王稼祥由于生病而未能参加大会。他给毛泽东写了两封信，检讨了自己过去所犯的错误，表示坚决拥护大会的各项决议。一些人认为他的检讨写得太简单，对他产生了看法。所以，王稼祥在选举中央委员时只得了 204 票，没有过半数而落选。毛泽东为此很不安。6 月 10 日，在选举候补中央委员前，毛泽东作了《关于第七届候补中央委员选举问题》的讲话。他在讲了选举候补中央委员的重要作用之后，专门讲了王稼祥的问题。他说：王稼祥同志是犯过错误的，在四中全会前后犯过路线错误，此后也犯过若干错误。但是，他是有功劳的。王稼祥同志参加了第二、第三、第四次反"围剿"战争,赞助过正确主张。从长征一开始,王稼祥同志就开始反对"左"倾路线了。在遵义会议和六中全会这两个关键的会议上,王稼祥同志都发挥了重要作用。此后,王稼祥同志一直在中央工作,虽然工作中有缺点,但也做了很多事。我认为他是能够执行大会路线的。昨天选举正式中央委员,他没有当选,所以主席团把他作为中央候补委员的第一名候选人,希望大家选他。

毛泽东报告后,大会进行了选举候补中央委员的投票。投票结果,廖承志、王稼祥等34人当选为候补中央委员。

愚公移山

6月11日,七大举行闭幕式。毛泽东特意指示,把因病未参加大会的王明用担架抬到会场,出席七大闭幕式。王明一到休息室,毛泽东便亲自把他迎入会场,令在场的代表们深为感动。

大会在通过了各项决议后,毛泽东致闭幕词,这就是以后收入《毛泽东选集》第三卷的《愚公移山》。毛泽东在闭幕词中对七大作了高度的评价。他说:"我们开了一个胜利的大会,一个团结的大会。代表们对三个报告发表了很好的意见。许多同志作了自我批评,从团结的目标出发,经过自我批评,达到了团结。这次大会是团结的模范,是自我批评的模范,又是党内民主的模范。"他号召大家要宣传大会的路线,使全党和全国人民树立革命一定胜利的信心。当讲到要"下定决心,不怕牺牲,排除万难,去争取胜利"的时候,引起了全体代表的共鸣,全场顿时爆发出经久不息的掌声。代表们振奋不已,个个焕发出无穷的力量。

毛泽东越讲越兴奋,讲到愚公移山时,情绪异常激动。他挥动着双臂,操着湖南口音大声说:"压在我们头上的两座大山,必须搬掉。我们搬不走,有我们的儿子,儿子死了,还有孙子,子子孙孙搬下去,一定能够搬掉。"话音刚落,大家又是一阵长时间的鼓掌。

毛泽东还风趣地说,文章是逼出来的,牛奶是挤出来的,教育大家不要怕困难,不要怕压力,要把困难和压力当动力。

毛泽东还对中国革命的发展前途作了分析,指出:中国革命的发展可以经过从小半个中国(即目前有 1 亿人口、100 万军队和许多块解放区的状况),到大半个中国(打败日本侵略者,华北、东北等解放区连成一片,打下若干大城市),到整个中国(人民最后挖掉帝国主义、封建主义两座大山)。从民主革命转变到社会主义革命,一是长期的;二是可能和平转变。和平与浴血的两种可能都有,但和平转变的可能性大;三是由人民来决定何时转变。

毛泽东的闭幕词把全体代表的情绪引向了高潮,极大地增强了全党必胜的信心。

七大闭幕后,6 月 19 日,在杨家岭召开了七届一中全会。出席会议的有正式中央委员 27 人,候补中央委员 17 人。会议由任弼时主持,报告了主席团会议的酝酿情况。会议选举毛泽东、朱德、刘少奇、周恩来、任弼时、陈云、康生、高岗、彭真、董必武、林伯渠、张闻天、彭德怀 13 人为中央政治局委员;选举毛泽东、朱德、刘少奇、周恩来、任弼时为中央书记处书记;选举毛泽东为中央委员会主席兼中央政治局、中央书记处主席。同时选举任弼时、李富春为中央委员会正、副秘书长。

在毛泽东的主持下,中国共产党第七次全国代表大会胜利结束。这次大会在历史转变关头,正确地总结了中国共产党领导中国革命曲折发展的历史经验,制定了党的路线,确定了毛泽东思想为全党一切工作的指针,标志着党在政治上、思想上、组织上达到空前的团结与统一。大会后,各地代表意气风发,斗志昂扬,分赴各个战场,向广大人民群众宣传七大的路线,坚决贯彻执行七大路线,从而出现了全党团结、民主的新高潮,为夺取抗日战争的最后胜利和民主革命在全国的胜利,奠定了坚实的基础。

(王新生/撰稿)

14 诞生在苏联的东北抗日联军教导旅

1941 年至 1945 年 8 月，在苏联远东边境的伯力（今哈巴罗夫斯克）附近有一个东北抗日联军教导旅，一直在紧张热烈的气氛中进行着军事和政治整训。1945 年 8 月，这个旅的全体指战员在苏联红军进军中国东北及朝鲜期间，密切配合苏军进行了战斗。

退入苏联境内转入休整

我是东北抗日联军教导旅的成员之一。在旅内担任过连指导员、连长，营司令部参谋，旅司令部参谋等职，上尉军衔。在 1940 年之前，我曾在东北抗日联军第四军和第七军工作过。在 1934 年至 1937 年，参加过由第四军和第三军的联合部队在三江地区开辟新抗日游击区的军事行动。首先在松花江下游的宝清和富锦两县取得成功，打掉了许多区镇的伪警察署、自卫队和地主武装。在 1937 年初，与抗日联军第五军和第六军取得联系之后，声势更加壮大，抗日游击区扩大到松花江下游南北两岸的绥滨、萝北以及乌苏里江岸的虎林、饶河等县。在这 20 多个县境之内，孤立的伪警察署和自卫队纷纷投向抗日联军，地主武装也荡然无存。因此，共有抗日联军 8 个军的所属部队曾聚集于这一地域，人数近两万人。

这一形势引起了日本人的很大惊恐，也促使他们调集了近 5 万人的关东军和伪军到松花江下游三江地区"围剿"抗日联军；同时推行归屯并户政策，将靠近山边的居民点全部焚毁，强迫居民迁至平原地区，从而使抗日联军无法从农民手中取得支援，加上当时抗日部队对此缺少预见和应对措施，导致了 1938 年间的重大挫折。多数非共产党直接控制的部队溃散、投敌，也有少数共产党的领导干部做了逃兵。

到 1938 年底，抗日联军的总人数锐减至 5000 人。我所在的第四军为了突出重围被迫西征，我被指定为下江留守部队负责人。在第二路军总指挥周保中的直接领导下，坚持与敌周旋，避免了重大损失，尔后在 1939 年初被调至饶河地区任第七军第一师政治部主任。在 1939 年和 1940 年两个年头的夏秋季节，我和师长王汝起率领部队以宝清、富锦、同江和抚远 4 个县境中间广大的沼泽地区为依托展开游击活动。在这两年当中，我们曾多次袭击伪警察所、分散孤立的伪军据点和日本人的"开拓团"。但一到冬季，我们就完全处于被动地位，在得不到粮食供应而又长期遭受日军袭击下，伤亡增多，叛逃者也时有发生。1940 年底，我们有组织地撤退至苏联境内，转入休整期。

我们的计划是，利用冬季在苏联境内进行为期三四个月的军事和政治学习，到春季冰雪融化时立即返回东北境内重新投入抗日游击斗争。

这次进入苏联境内，照例被苏联边防军解除了武装，尔后在边防军哨所的院中接受盘查。但所有人员都没有被看管，只被告知不要走出院墙。他们给了面包，还给了牛肉和土豆，要我们自己做饭吃。直到夜晚，才来了几辆大卡车。车辆是用大块帆布严密封闭的，利用夜晚将我们送至伯力市。在那里，苏军内务部人员接待了我们。休息、吃饭、洗澡，换下了早已破烂、长满了虱子的衣服，后又被送至距伯力市 75 公里处、位于黑龙江岸边的一个营地。

当我们下车后，突然发现在那里欢迎我们的都是抗日联军的战友，有的还是老相识。大家高兴地相互握手拥抱，随后被安置在一个个帐篷内。每个帐篷只能住 10 个人，靠大火炉取暖。这里就成为东北抗日联军教导旅的营地。它隐藏在一片森林中，紧靠在黑龙江边。因为附近有一个小村庄叫弗亚斯克，苏联人称之为弗亚斯克野营，我们称之为北野营。在海参崴（今符拉迪沃斯托克）附近的蛤蟆塘还有一个同样性质的野营，那里住着第五军和第一路军的许多战士，我们称之为南野营。

那时,在苏联的东北抗日联军有近 700 人。除此之外,还有一批人在苏军的情报部门。他们经常直接由苏军派回东北境内进行武装侦察工作。多由三五人组成的小分队化装为日本军人,定点对日本人的军事设施进行短期的侦察活动。

东北抗日联军和苏联远东军的关系

在 1938 年之前,无论是东北抗日联军,还是东北的中国共产党各省委,都未能和苏联远东军或远东地区的苏联共产党 (布尔什维克) 建立起联系。当时,很多队伍活动在中苏边境地区,驻莫斯科的中共中央代表团在 1933 年至 1937 年之间还一直领导着东北各省和抗日联军,但这些都未能帮助东北抗日联军从苏联远东军取得任何帮助。

1938 年春,日军开始对东北抗日联军进行大规模的"围剿",抗联遭受了重大挫折。这时,北满省委决定派第三军军长赵尚志去苏联寻求援助。赵尚志曾是黄埔军校的学生,而当时的苏联远东军区司令员布留赫尔元帅曾在黄埔军校授过课,当时称之为加伦将军。赵尚志想借过去的师生关系取得认可,就写了一封信给布留赫尔元帅来推荐自己。不幸的是,在 1938 年的春天,这位元帅正在接受审查。他被怀疑为日本奸细,以后因此而被处死。赵尚志当时不仅未受到朋友式的接待,还因此被关押受审,直到 1939 年才被释放回国。

和赵尚志相似的,还有抗日联军第六军军长戴洪宾和第十一军军长祁致中。戴洪宾是在赵尚志越境几天之后,因与日军作战失利而被迫率 500 名抗联战士进入苏联的。部队被苏军缴械后,绝大部分人被遣送新疆。祁致中想建兵工厂,想从苏联要些军工设备,因此被苏军扣留,与赵尚志关在同一个狱室。

冯仲云是比较幸运的。他在 1939 年 9 月以中共北满省委常委的身份,在下江特委书记高禹民的带领下进入苏联境内。也许是苏联人此时已经从对赵尚志、戴洪宾和祁致中等人的审问中,得知抗日联军的许多情况,确信有个北满省委领导着这支武装,而且冯仲云还是个重要领导人。他们有礼貌地接待了冯仲云。当时，冯仲云还不知道赵尚志已在此前的 6 月间率领戴洪宾、祁致中还有 100 多名战士返回东北。因此，他向苏联人提出三点要求：一是将赵尚志释放回国，二是请苏联人向抗日部队提供武器援助，三是请苏联人帮助打通和延安之间的联系。

对此，苏联人答复说，赵尚志已经率队回国；打通和延安之间的联系问题他们可以报告莫斯科；至于提供援助问题，事实上已在执行，因为赵尚志率队回国时所携带的步兵武器全都是日本的最新武器，今后还会继续这样做。除此之外，苏联人还向冯仲云提出建议，说抗日联军应该有一个统一的领导机构。冯仲云认为这个建议很好，但这样的问题须由东北的吉东省委和北满省委共同商议才能作出决定。目前的情况是，他们和吉东省委的负责人周保中很难联系上。如果苏联人有办法找到周保中，很愿意在苏联境内和他会见，共商大计。

在这一情况下，周保中于 11 月到达伯力。12 月间，赵尚志因部队在战斗中受挫，重新返回伯力。1940 年 1 月 24 日，中共吉东、北满省委代表周保中、冯仲云和赵尚志在伯力举行会议。会议除了讨论如何在极为严峻形势下坚持抗日游击战争的方针外，还在如何争取苏军援助方面取得共识。这些都得到了苏方的认可。同时由苏方指定一名少将王新林和一名校官海洛为固定联系人。从此，开始了东北抗日联军和苏联远东军之间的工作关系。稍有遗憾的是，由于第一路军总司令杨靖宇一直战斗在南满地区，距中苏边境较远，一直未能和苏联人取得联系。

抗联领导权问题

1940 年 10 月，苏联远东军用王新林的名义发出电报，要求抗日联军的军以上领导人到伯力市开会，并说届时将有中共中央代表莅临。因此，在 11 月至 12 月间，周保中、李兆麟、冯仲云、金策、崔石泉（崔庸健）、柴世荣、季青、王效明、金日成、安吉、徐哲等陆续来到了伯力市。这时，在东北境内依然保留了为数不多的游击队伍。

1941 年 1 月，王新林告知周保中、李兆麟准备开会。当时，大家都以焦急的心情等待和中共中央代表见面,但王新林却闭口不谈此事。

在一再追问下,王新林解释说,实际上并没有中共中央代表要来。但我们认为确有必要请大家来共商东北抗日联军今后行动大计,由于无法用远东军的名义召开这样的会议,所以才这样做,请大家谅解。周保中在表示遗憾之后又问,既然是这样,那会议又怎么个开法?王新林回答,由我参加和大家共商大计。周保中说,这不合适,如果有中共中央代表到会,理应由他主持这样的会议。现在是并没有中央代表到会,这样的会只能是抗日联军各部领导人自己共同商讨的会议。在这样的阶段如果王新林参加进来,大家肯定是不会畅所欲言的,应该是在开始阶段先开抗日联军领导人的内部会议,尔后再综合大家的意见,并和苏方共同商讨决定。

为郑重起见,周保中和李兆麟共同签署了一封给王新林的信,以书面形式表达上述意见。王新林原想由他来主持控制会议却遭到了拒绝,因此,产生了极大的不满,会议无法马上召开。

会议未能及时召开,王新林采取了另外的途径,以求实现自己的主张。他分别找了抗联各部领导人交谈,宣传他的主张,争取他们的支持。同时,周保中在和战友们的接触中,得知了王新林讲话内容。他们说王新林想找一位苏联将军担任东北抗日联军总司令;还说东北抗日联军应该和吉东、北满省委脱离关系,也就是说不要受中国共产党的领导。

周保中听到这些情况后,表示了自己的忧虑。他逐个地给抗联的同志分析情况讲清道理。他说,王新林的这两条意见都不能接受。如果照这两条做下去,那就不会再有东北抗日联军的存在。我们这支武装是由中国共产党人创建的,怎么能不要中国共产党的领导呢?再说,由一个苏联人当我们的司令,他能够当得好吗?他会按照我们党中央的指示办事吗?

经过一番谈话之后,东北抗日联军的领导都以明确的否定态度告知王新林。王新林大为不满,直接找到周保中交谈。王新林谈话的语气几乎是在吵架。周保中则冷静地说,如果你一定要坚持自己的意见,那么预定的会议就没有必要开了。我们将会带领抗日游击队立即返回东北战场，即使我们多数人会在与日本侵略军的战斗中死去，也是光荣的。

事情陷入了僵局，谁也说服不了谁。这种状况拖延了一个月之久。转机终于来了，将近一个月之后，苏联校官海洛领来了索尔金少将和周保中等人见面。海洛解释说，王新林同志已有职务上的调动，上级指定由索尔金将军接替他的工作。为了今后称呼上的方便，中国同志依然可称呼他为王新林同志。

周保中这时已经猜测到事情可能发生了变化。果然，这位王新林没有以前那位王新林那样盛气凌人。他在听取周保中陈述意见时，不断地点头称是。周保中说，东北抗日联军虽然遭受了严重的挫折，但事情是会扭转的。从1939年至1940年两年中，我们在夏秋两个季节里，对日军的战斗中曾取得不小的胜利，只是在冬季处于被动局面。现在我们是要总结这几年的战斗经验，并考虑如何应对严冬的恶劣环境。比如说，如何在深山老林里贮备足够的粮食，可以把冬季变成我们的休整期等。我们认为，无论如何困难，我们的战场永远是在东北大地上。在这个战场上保留一支活跃的抗日武装，对苏联远东地区的国防安全也是有利的。再说，这支武装力量一直是由中国共产党创建和领导的。尽管它一直未能和关内的八路军取得联系，但它依然是整个中国抗日战争布局中一个组成部分。这支队伍不能在另一种形式下被取消了。

王新林表示基本同意周保中的意见，并说，至于在冬季所遇到的困难，我们依然会伸出援助之手。到那时因敌情所迫而退入苏联境内的抗日游击队，我们会安置他们临时整训，并在他们认为有利的时机重新返回东北战场。这支队伍依然要保持中国共产党的领导权。王新林希望从抗联中选取一部人从事情报工作，周保中表示了同意。

1941年1月中旬，周保中在和抗联10多位领导人取得共识之后，在王新林的同意下，召开了只有抗联领导人参加的会议，形成了几项决议：一、此次会议的性质是中国共产党东北地区代表会。二、为实现东北地区的集中统一领导，由各省代表选举东北地区中国共产党临时委员会成员。委员暂定为 3 人。委员候选人为：魏拯民（原南满省委书记）、周保中（原吉东省委书记）、金策（原北满省委书记），并从全会直接选举书记一人。临时机关暂设在伯力市，另外请求一位联共（布）同志给予工作上的指导。三、派遣一名代表在苏联人的协助下，去延安寻找党中央。四、建立统一的总司令部，推选周保中为东北抗日联军总司令，李兆麟为副总司令，魏拯民为政治委员。此项有待党中央正式批准。

上述各项议定，因当时实际情况未能全部实现。

对于会议的结果，大家是满意的。周保中所发挥的主导作用得到了大家的认可。事后，不少人回想起在开会的最初阶段，周保中顶住了压力，坚持了独立自主的原则，保证了东北抗日联军的原有性质不被改变，这是其他人很难做到的。在后来的东北抗日联军教导旅的组建过程中，周保中的作用还赢得了许多苏联人的赞赏。

到了 3 月下旬，这支抗日部队已开始分批返回东北战场。第三路军的李兆麟、王明贵，第二路军的王效明、姜信泰，都各自率领着一支分队返回东北境内投入战斗。但是到了 4 月中旬，苏联人却告知立即停止并待命。同时，周保中也从伯力市赶到北野营。向在那里继续整训的几百名抗联战士说清了真相。原来那时苏联政府已经和日本政府共同签署了苏日中立条约，因此，苏联人已不可能协助抗联返回东北境内，以免引起苏日之间的纠纷。

斯大林建议扩大为教导旅，授予苏军正式番号

1941 年 6 月，希特勒发动了突然袭击，大规模地入侵苏联。大家都很震惊。北野营立即召开了声讨希特勒法西斯的大会。

与此同时，苏军的许多部队也被部署在远东的国境线上。抗联中的许多人兴奋地认为，我们会很快地和苏联军队并肩作战了。

到了 7 月，北野营的全体抗联战士，到伯力市郊区一个空降兵训练基地进行了伞兵训练。任务完成之后，重新返回北野营，继续进行正常训练。

1941年12月,日本人偷袭珍珠港,引发了日美之间的太平洋大战。这一形势的突然变化,使苏联暂时解除了远东地区的忧虑。这时,王新林和周保中共同定下决心,要为野营人员制订长期的训练计划。

周保中的想法是,将南野营的抗联人员全部集中到北野营来,组建一个教导团,并聘请苏联人充任教官,行政管理工作则由抗联人员自己负责。周保中还认为,中国共产党的组织系统还应保持在这个教导团之内。王新林完全同意,并说,苏军的教官应该有足够数目,以保证训练质量。

苏联远东军司令部根据这些意见制定了一个组建东北抗日联军教导团的方案,并上报苏军统帅部审批。当这一方案送到斯大林手中时,斯大林说,一个团的机构经费有限,应扩大为教导旅,授予苏军正式番号,按苏军标准保证供应。根据这一决定,王新林和周保中又重新修改了方案。王新林说,授予苏军正式番号的意义是:一、为了保密,不使东北抗日联军教导旅这样的字样出现在苏军的上下公文之中;二、为保证供应,今后这个旅的军需财务、武器供应都将正式列入远东军的预算之中,军官和士兵都享受与苏军同等的待遇,授予军衔,发薪金等。周保中说,我们只有近700人,与一个旅的兵员相距较远。王新林说,我们将会在入伍新兵中把远东地区的东方少数民族战士补充到教导旅中,还会有一些华裔侨民士兵调进。我们将使教导旅的员额达到1500人左右。

到了1942年7月,南野营的抗联人员已转移到北野营了。同时,新来了一大批苏联军官。7月中旬,周保中和王新林一同从伯力市来到北野营,向南、北两野营的人宣布了这个重大决定,并宣布了人事安排。周保中说,教导旅下设四个步兵营、一个通信营、一个迫击炮连。每个步兵营编两个步兵连。一个连为原东北抗联人员,另一个连由新入伍的东方少数民族战士组成。迫击炮连全部由东方少数民族战士组成。因其中绝大多数战士为纳纳依茨族,我们可以简称他们为纳纳依茨连。通信营编两个连,分为有线和无线。无线电连由抗联人员组成,有线连由苏联人组成。人事方面:周保中任旅长(少校军衔,1943年升为中校),李兆麟任旅政治委员（少校军衔），崔石泉为旅副参谋长（大尉军衔），冯仲云为旅政治部新闻情报科长（上尉军衔），副旅长为什林斯基少校（1944年晋升中校）和巴达林少校，参谋长为沙马科钦大尉（后晋升少校）。四个步兵营的营长和政委为原抗日联军的军一级干部。营长分别为金日成、王效明、徐亨植（牺牲后由王明贵接替）、柴世荣，营政委为安吉、姜信泰、金策、季青等人，均授予大尉军衔。连级干部是原抗联的师一级干部，其中有崔贤、朴德山、崔勇进、彭施鲁、金京石、金光侠、隋长清、张广迪、陶玉峰等，都被授予上尉军衔。通信营营长为苏军的一名大尉。在1943年苏军改为一长制之后，各级政委都改称政治副职。

旅设司令部之外，还有旅政治部、后勤部、军械处等，均由苏联少校一级军官任主官。此外，苏军还设有内务部，相当于我们的保卫部，但不属于政治部，在军队系统内受垂直的上级机关领导，部队的军政首长无权过问他们的工作。

步兵营有苏军的副营长、参谋长、翻译和参谋等人。步兵连有苏军副连长、翻译、副政治指导员等人。这样一来，旅内的苏联军官共有70多名。

由于苏籍军官和士兵的数目相当多，故联共（布）党员也相应增多。因此建立了联共（布）以及共青团的组织系统。旅设联共（布）党委书记。中共系统由崔石泉任党委书记。在苏军的制度中，党委书记是在旅长的领导下工作的，只做党务工作。

在7月底之前，一切组织工作就绪，700多名新入伍的纳纳依茨族战士以及华裔战士也都编入了有关连队。原抗联所有官兵都换了新军装并佩戴相应的军衔。8月1日，苏联远东军司令员阿巴纳申科大将在王新林少将的陪同下，来到北野营参加教导旅的成立典礼。阿巴纳申科致贺词，宣读各级军政干部任命名单。授予了部队的正式番号为苏联远东红旗军独立第八十八旅。

1945年5月德国战败，远东的形势有了新的变化。有十几名参加过对德战争的军官被调到八十八旅任职。他们将最新的战斗经验传授过来。

1943 年 10 月，东北抗联教导旅部分人员合影。前排左二为李兆麟、左四为周保中

他们还带来了最新出版的步兵战斗条令。在五六月间，凡是从伯力市返回北野营的苏联军官，都会带来一些最新见闻：有大批的前线部队转移到远东地区了，大批的火炮和坦克经铁路运输呼啸而过了，等等。这些都明显发出一个信号，即对日军的进攻已迫在眉睫，大家对此兴奋不已。同时，八十八旅的伙食标准有了提高，虽未正式说明，但有人解释说这是属于第二线作战部队的标准，黑面包变成了白面包，过去看不见的黄油摆在了早餐桌上，午餐肉食的定量也增加了——在此之前是按后方部队供应的。这就使大家确信，我们会随时奔赴前线。

前线的军事行动出乎意料地顺利，
教导旅的参战计划被多次修改

1945 年 8 月 8 日，苏联政府对日宣战。8 月 10 日，北野营的黑龙江岸边停靠了一艘运输舰。我们事后才知道，苏联远东军司令部早就和周保中、李兆麟共同拟订了八十八旅的参战方案。在苏联的对日作战计划

中，共投入100多万大军——后贝加尔湖的第一方面军、伯力地区的第二方面军及海参崴地区的第三方面军。第八十八旅配置在第二方面军序列之内。在向东北腹地的进攻中，八十八旅将沿松花江一直西进，预定在进攻佳木斯的战役中投入战斗，尔后再向哈尔滨方向攻击前进。除了作战任务外，八十八旅的全体指战员还肩负动员东北人民就地参战扩军任务。预计将以抗日联军现有人员为骨干，在连续的作战行动中扩编为6个步兵军。

前线的军事行动出乎意料地顺利，很多县城不经战斗就进入了，长春、沈阳、哈尔滨3个大城市也在几天内被苏军占领，到处是溃逃的日军。第二方面军司令部认为已没有必要将第八十八旅投入战斗，而是要考虑在占领整个东北地区之后如何发挥其作用的问题。

当时，苏联并不想在中国的东北地区长期占领，并和中国的国民党政府有一个协定，在战争结束3个月后就撤军。对撤军之后的形势，周保中、李兆麟和苏军将领之间也有过分析。可能出现的几种情况是：一、国民党军队全面地接管整个东北地区。那时，以原东北抗日联军为基础所组建起来的新型武装将会与国民党军队相抗衡，但将处于相对劣势。二、中共中央将会派出八路军进入东北地区，与国民党军队展开争夺东北的斗争，但所派出部队的数量无法估计，态势上孰优孰劣也难以估计。三、要做最困难的打算，即原东北抗联的队伍还要依托山林与国民党军队展开游击战，那时将继续需要苏军的援助。

因此，周保中认为尽快地和中共中央取得联系，争取八路军部队尽快地进入东北地区才是当务之急。根据这一设想，抗联教导旅若按原定作战方案向佳木斯、哈尔滨方向进军就没有意义了。必须尽快将这支力量分布到东北全境的大、中城市和重要县城，利用苏军占领期的有利条件，恢复中国共产党的组织系统；寻找有可能依然存在的中国共产党的地下组织，并通过他们取得与党中央的联系；收拢原东北抗日联军的失散人员，重新组建自己的队伍，搜集散落在民间的枪支弹药；争取苏军移交一部分战利品，用以武装队伍。

但是，计划赶不上变化。几天之内，情况又有惊人的进展，在日本宣布投降之后，苏军不仅迅速控制了东北全境，而且已经进入朝鲜境内，和美国达成协议，以北纬38度线为分界线共同占领朝鲜。周保中和苏军将领迅速作出决定，将原东北抗日联军中的近300名朝鲜同志交由金日成率领进入平壤，利用苏军占领之便组建自己的政府和军队。因此，人员分布名单又作了修改，将所有的朝鲜干部和战士从东北各地分布名单中除去。

由于上述原因，八十八旅的全体官兵原地待命达半个多月。直到8月底，周保中、李兆麟才召开了原抗联人员的干部会，宣布了上述决定，并公布了在东北地区各大、中城市以及若干重要县城工作人员派遣名单，共57个工作组。周保中、李兆麟、冯仲云各率二三十人进驻长春、哈尔滨和沈阳3个大城市，并同时领导着10余个县市的工作组。每个县市的组长都被任命为该地区的苏军警备（卫戍）司令部副司令员。之所以这样做，是借用这个名义在公开场合露面。这样一来，就会引来当地的共产党秘密组织和原抗日联军失散人员前来联系。

开完这个会之后，各工作组于9月初进入了东北各目的地。9月3日，我率领40余人乘苏联军用运输机到达佳木斯市。并在第二天内将应到依兰、勃利、汤原、方正、通河、富锦、宝清、鹤岗各县市开展工作的各2至3人用苏军汽车送达目的地。我则率12名干部和战士到佳木斯地区苏军卫戍司令部报到，并立即开展工作。

经过几天在群众面前公开亮相之后，果然陆续有人找到我，并说明了自己的身份。其中有自称是在依兰县委做过书记的，有在抗日联军第六军当团长的，有从河北省委派到鹤岗煤矿开展工作的，有在日军大"扫荡"中从山东根据地逃出来流亡到东北做劳工的，他们都希望能重新开始为共产党工作。我一时无法查清他们的真实历史，唯一的办法就是交给他们工作，从工作中认识他们的政治面目和工作能力。

当时，他们当中有些人已经有了自己的队伍。他们都是在日军溃逃之时，从那些散兵手中夺取了武器之后，自发地组成队伍。他们以某地自卫队的名义,清理当地的汉奸、走狗,没收日伪财产,也有些人借机打、砸、抢,成分相当复杂。

那时,我还不知道,八路军在冀东的部队在曾克林、唐凯的率领下已于9月上旬到达沈阳郊区。这是最先进入东北的一支队伍。但苏军不允许他们入城,理由是此前苏联政府与国民党政府之间曾有过协定,即在为期3个月的苏军占领期内,不允许中国军队进入东北地区,以免造成军事管制上的混乱。当时抗联代表冯仲云还未抵达沈阳。后来,苏军得知曾克林他们是中国共产党的部队,并在他们改称东北人民自治军之后才默许他们的存在。同时,苏军派一名代表在曾克林的陪同下乘飞机去了延安。中共中央这时才得知东北地区的最新情况,并立即决定组成中共中央东北局。

首批人员在彭真的率领下很快乘飞机到达沈阳,并立即开展工作。接着,八路军、新四军的队伍从各个方向进入了东北。从各地抽调的党政干部也都匆匆进入东北的各大城市。佳木斯地区在10月下旬迎来了第一支八路军的队伍。11月中旬,又迎来了李范五、李延禄率领的党政干部40余人。在我和苏军司令部沟通之后,默许了他们在不大事张扬的情况下开始建军、建党和建政的工作。到1945年底,由中共中央派赴东北的10万大军和2万名党政干部都已到达各自的工作和战斗地区。

1945年12月下旬,周保中从长春向各地的原抗日联军干部发出通知:在中共中央东北局的领导下,东北各省、市、县的党组织都已建立起来。因此,原东北抗日联军所建立起来的党的工作系统已没有保留的必要。所有原抗日联军的干部必须在各省、市、县党委组织的领导下进行工作。从此,东北抗日联军教导旅光荣地完成了自己的历史使命。

(彭施鲁/撰稿)

15 东北抗联中的女战士

一

在东北抗联的队伍里,有很多女兵。

除了大家知道的赵一曼和投江的"八女"这个战斗集体之外,那些默默无闻,甚至没有活着看到抗战胜利的女战士就更多了。

1959 年周保中曾说:

> 妇女同志的坚忍奋发,吃苦耐劳,经得起残酷考验的表现,也是很出色的。在那游击战争处于挫折和艰难的岁月里,我们的游击战士,除了作战伤亡外,还有饿死的,冻死的。在基干部队里也有个别人逃亡叛变的,每个战士的身上负荷是很重的,除了携带枪械弹药外,还得背上自己的给养、预备服装、小帐篷、小火炉、锹、镐、斧、锯和炊具等等。妇女同志除上述东西以外,还要携带药包、尺、剪、补衣碎布和针线。如果男同志背包重四十公斤到五十公斤的话,女队员就要多加上五斤到十斤。因此,在穷年累月不断的行军作战中,就是铁汉子也有的不堪苦累而死的。然而妇女却没有一个害怕苦累的,更没有逃亡叛变的。

东北抗联老战士胡真一讲过这样的故事:

> 1936 年 3 月份,我参加了抗联。
>
> 那时候没开伙,吃住在老百姓家里。百姓有好东西就拿出来给我们吃,他们说抗联是穷人的队伍,你们打日本,我们当帮手,一块儿打日本鬼子。房东家很穷,窗户没窗纸,睡南北大炕。游击队里

纪律严格，老百姓睡炕上，我们睡炕沿下，铺一些草就那样睡。

炕上总会比炕下暖和，我就想上炕睡个暖和觉。我愣头愣脑，梳个小子头，脸黑瓷瓷的，房东家都以为我是一个愣头青呢。没想到我把事情闹大了，影响了新媳妇家与抗联部队的关系，事情是这样的：

那是个大冷天，手脚冻得像猫咬似的。听说一家娶亲，新媳妇被接到了刁翎兴龙沟。我可真有福，被分配到娶媳妇这户人家里住。我心里乐开了花。我去洞房看新媳妇，新媳妇见我的样子眼生。我摸了摸炕头，觉得很热闹，把着新媳妇的肩膀上了炕，坐在新媳妇身旁暖身子。新媳妇恼脸子，我就下了炕出去了。新媳妇对新郎说，一个长得瘦了吧唧的黑小子上炕碰她，这是什么抗联？调戏妇女，跟土匪一样！

新郎到部队领导那里去告状：什么抗联？调戏妇女！

领导动怒，抗联部队竟然有这种人，敢在光天化日之下违反纪律调戏妇女，一定要找出这个人。领导派陶副官去处理此事。

最后找到了我的头上。我一出现，人家一下子认出了我，说是"他"。

陶副官听了哈哈大笑，一下子把新郎笑懵懂了。你们手下的兵调戏妇女你还笑？

陶副官说：你仔细瞧瞧，是"他"吗？新郎说不会看花眼的。

陶副官说：她是女的，不是男人。

新郎半信半疑地问：是女的，脑袋上怎么没留头发？

陶副官让我到新媳妇那里当面认错。

我去新媳妇那里认错，新媳妇知道我是女的就呆了。我解释说，站岗站冻脚了，一是看看新媳妇长啥样，再就是想暖和一下。新媳妇解除了误会，她问我：你这么个岁数还是女孩，怎么来当兵？我说：打日本鬼子呀！随后，她还让我上炕焐脚。

这一个笑话传到了军部，很多人见我就笑。领导批评我，女孩子要稳当些,不能像猴子似的蹦来蹦去的。被人告了一状,我开始注意衣着了。后来我又随部队来到这个村子,还是住在这户人家里。我跟她叫嫂子,那个亲热劲儿,我现在都没忘。

二

当战斗打响时,女战士付出的更多,有时是丈夫,甚至是孩子。

东北抗日联军老战士李在德给笔者讲过她生第一个孩子时的情景:

> 1938 年,我生下一个男孩儿。当时的环境恶劣,实在没有什么东西可吃,我又没有奶水,只好眼巴巴地看着小生命自己挣扎,情况一天不如一天。第五天,儿子死了。我因产后受风,全身浮肿,也在死亡线上挣扎着。一对朝鲜族老夫妇急得没有办法,只是看着我流泪。我想起在六军被服厂时,用老鸹眼树皮煮水给伤员洗伤口,可以消毒,就让他们找这种树皮用水煮。我用这水擦洗身子,还真见效,浮肿慢慢消了,身体开始恢复了。

抗联老战士金伯文也讲过她生第一个孩子的经历,那是 1940 年冬天的事情。她说:

> 农历十一月初五的那天,在行军中,我的腹痛渐渐加剧,部队迫不得已停了下来。就这样,我的第一个儿子在冰天雪地里降生了。朴大姐替我接的生……这时一个同志脱下了自己的破棉衣,把孩子包起来,再围上一条破军毯,然后由朴大姐背在背上。我年轻,什么都不懂,只觉得孩子生了下来,就像是一块沉重的石头落了地,身子顿时感到格外轻松,快活极了,马上随部队开始了长途行军。晚上,我们围着火堆取暖。朴大姐把孩子从背上取下来,打开一看,孩子安然地躺在里面。是啊,这个小生命还活着。同志们都高兴地围过来,欣然地看着,笑着,忘记了白天的紧张和疲劳,都各自将自己平时保存的一些补衣服用的旧布拿出来,给孩子当尿布。朴大姐拿着旧布,凑在篝火边,一针一线地给孩子赶制了一件小棉衣。我十几岁就离开了母亲,在这种恶劣的环境生下这第一个孩子,若没有朴大姐胜

似母亲般的照顾，我想这一关我是难过的，真是多亏了这位有经验又能体贴人的好大姐（她于1963年左右病故于长春）。这时张忠福还给孩子取了个名字叫"肇华"，就这样孩子开始随我在深山老林里与敌人周旋了。

1939年，20岁的金玉坤经组织介绍与第十一军大队长隋德胜结了婚。金玉坤怀孕后，仍坚持战斗，1940年4月14日她生下了一个女孩儿。隋德胜没有时间看望金玉坤和孩子，只让警卫员送给金玉坤200个鸡蛋，这些鸡蛋大部分都被金玉坤送给了伤病员。部队首长根据战斗需要，动员金玉坤把孩子送到山外老百姓家抚养。金玉坤给孩子喂了最后一次奶，把孩子送给了一个老乡。望着孩子稚嫩的面庞，金玉坤的眼泪夺眶而出。她从衣襟上撕下一块布，在上面写下一行字："父，隋德胜；母，金玉坤。1940年4月14日生，乳名凤兰。"然后，她把布条系在孩子的内衣上，依依不舍地看着那位老乡把孩子带出了大森林……

多年前抗联老战士李敏曾给笔者讲过，东北抗联的女战士是最能吃苦耐劳的，她们有着惊人的毅力。有一名女战士叫许洪清，是七军的，她有一双解放脚，脚小，鞋大，由于长期行军，脚都磨破了。尽管如此，她还坚持随军行动，而且还背个没满月的孩子。

在一次被敌人追击的紧要关头，她怕孩子哭，引来敌人，就给孩子的嘴里灌上了大烟水，让孩子迷迷糊糊地睡觉……

三

"八女投江"的故事可以说家喻户晓。1938年10月，东北抗联第二路军西征部队一部，于返回宁安途中，在林口县乌斯浑河与日军遭遇。战斗打响后，五军妇女团指导员冷云，班长杨贵珍、胡秀芝，第四军被服厂厂长安顺福，以及战士郭桂琴、黄桂清、李凤善、王惠民8名女同志主动承担掩护大部队突围任务，在弹尽粮绝时跳进乌斯浑河壮烈殉国。这一事迹在1949年以后被改编成多种文艺形式广为流传，但很少有人知道第一个记录"八女投江"故事的是周保中。如果没有周保中在日记中记录下这一段可歌可泣的英雄事迹,可能"八女投江"的故事就会湮没在历史的尘埃之中。1938年11月4日,周保中的日记是这样记载的:

> 我五军关书范师长于西南远征归抵刁翎,半月前拟在三家方向渡过乌斯浑河,拂晓正渡之际,受日贼河东岸之伏兵袭击。高丽民族解放有深久历史之金石峰及妇女冷云、杨贵珍等八人悉行溺江捐躯。宝清有我联军第五军第三师八团一连激战日贼及伪蒙军之烈士山,乌斯浑河畔牡丹江岸将来应有烈女标芳。

1948年秋,女作家颜一烟准备以"八女投江"为题材写一个电影剧本。她找到了冯仲云,冯仲云给她讲了许多气壮山河、光彩照人的英雄故事。当她说准备写"八女投江"时,冯仲云立刻说:"太值得一写了!"冯仲云还给她开了介绍信,为她提供了许多采访的方便条件。剧本初稿写完后,颜一烟又请冯仲云审阅,并就能否虚构等问题征求冯仲云的意见。冯仲云看完剧本后非常肯定地说:"当然可以,艺术不是照相。你这样写,虽然对八位女英雄来说不是真人真事;可是对整个抗联说来,就是真人真事,因为你表现了当时抗联的真实。"

周保中的日记和冯仲云的积极支持,以及广大文艺工作者的艺术创作才使得"八女投江"的故事越来越丰满,越来越光彩照人。

冷云等人牺牲后是留有尸体的。后来,胡真一回忆说:

> 河里有柳树,有的被水冲到下游,有的背包挂在树枝子上。人起不来了,八个人一个都没出来。师里派人去找,没找到人。

> 就要封江了,部队还要远征,柴世荣提出部队直接撤到穆棱。第二年春天开江了,这几个人挂在树上,八个人的尸体被柳树毛子给挂住了。柴世荣决定把八个同志的尸体捞出来,挖坑把八个同志埋葬了,就在河边挖坑把人埋了。柴世荣对我说,冷云也死了,死得挺惨,在柳树毛子里捞出来的。他心情不好。

> 当时八女有坟,后来坟被水冲平了。

四

2007 年 10 月 31 日，笔者随中央新闻电影制片厂《忠诚》剧组到黑龙江鹤岗采访李桂兰老人。

李桂兰在 1938 年 3 月 15 日的一次战斗中被俘，在汤原县监狱被关押了 4 个多月，后来被送到哈尔滨判处 10 年徒刑，直至 1944 年 5 月才出狱。李桂兰在监狱里受尽了折磨。老人讲她曾被日本宪兵在手指上钉过竹签。笔者拿起相机拍下了老人的手。可能由于当时情绪激动，手不稳，照片拍虚了。现在从发虚的照片上还能看出老人的每个手指甲都是变形的、发黑的。

2012 年 7 月，笔者到哈尔滨采访，见到了李桂兰老人的女儿刘颖大姐，她给了笔者一份敌伪档案。档案的前几页赫然写着"三江省警务厅长"桂定治郎、"治安部警队司长"涩谷三郎的名字。

档案上清晰地记录着：

> 嫌犯李桂兰，于当地约学习六个月汉文，二十岁时移居三江省萝北县鸭蛋河宋太梨及依兰县宏克力南沟等地，务农。昭和十年三月前后，经反日会青年高吉良劝诱，加入汤原县太平川反日会，向妇女宣传反日思想。为了进行妇女反日会组织的活动，加入中国共产党，任汤原县洼区委妇女部干事、依兰县委（或区委）妇女部负责人，开展妇女工作。昭和十一年十二月，由于与党员小周的恋爱关系，被撤下来，转至东北抗日联军第六军被服厂，从事抗日军服的制作、缝补、洗涤等工作。昭和十二年五月二十九日与东北抗日联军第六军第四师政治主任吴一光结婚后，屡受共产党教育，抗日意识愈发强烈。审讯中，虽为妇女，却严守党规，顽固拒不交代。性格狡猾阴险，毫无悔改之意，无同情余地。

> 李桂兰判处死刑。

> ……

抗联老战士吴玉清说：

> 说起打仗，和吃饭一样平常，大仗小仗记不清有多少次了，第一次拿起马盖子枪，心里很害怕。我才十几岁的小孩子，一个姑娘，怎么能不怕啊！可是呀，真的打起来，看到鬼子的凶样，看到身边战友倒下了，流血了，你就会勇敢起来，什么也不怕了，什么都敢干了。1940 年，在尖山子一带，我们和鬼子交上了火，这仗打了一天，敌人多，但我们控制有利地形，所以打得难分难解。撤退的时候，我的战友于秘书被子弹击中腿部，倒在地下。我急忙拿个绑腿把他绑在我身上，拼命地背着他跑。跑了一路，他的鲜血洒了一路，再往前走几里就要到密营了，他却死在我的肩上了。我把他放在雪地里，问他：你咋死了呢？你咋就不等一会儿呢？说着说着大哭起来。我的泪水、他的血水流在一起啦，冻成了冰溜子，我就坐在雪地上，守着他的尸体哭。

那时的三八妇女节，各军的女战士在抗联密营中也过，不过是唱唱歌跳跳舞。像抗联七军还专门给妇女写过歌，名字叫《妇女要解放》，后来这首歌在其他部队也传唱过。

这首歌歌词很长，后由三军女战士邢德范忆唱，由文艺工作者记谱整理，我们才知道当年抗联女战士还有自己的歌。

那时的女战士正值青春年少，在部队中也学习文化，恋爱的时候也和现在一样写写情书。那时纸张缺乏，男女之间就用桦树皮代替纸张写情书。反映抗联生活的歌剧《星星之火》中就有一个唱段叫《桦树皮，是我哥哥写来的信》。

2007 年 5 月 20 日，笔者同抗联老战士李敏一同到黑龙江鹤北林区她当年战斗过的地方考察。在那里看到了很多桦树林，她就撕下了一块树皮抄录了《桦树皮，是我哥哥写来的信》的歌词送给了笔者，笔者一直保存到现在。

当时部队是严禁士兵谈恋爱的，由于妇女参加部队的比较多，而且战士们基本上都处在青春期和情窦初开的年龄，难免有心生爱慕，做出

东北抗联一路军的女战士

一些浪漫的事情来，但各部队的处理方式不同。

五军的处理方式是："关于妇女参加军队工作，在目前已成了严重形势，如再不彻底想办法，对队员工作精神上、战斗力上、思想转变上恐都要走上相反的状态。最好从今以后把我五军妇女同志不管结婚与否，完全集中到军部成立被服厂，她们的任务完全担负被服厂及病院看护之责任，不需要在队内。"

三军的处理方式是将男女分开。2012年5月28日，笔者在依兰迎兰镇问过抗联三军女战士刘淑珍。她说：你上那个师他上那个师，你上那个团他上那个团，都那样。也不说你们，要不赵司令这样好呢！不说像别人我怎么处理你们，人家不的。这样给你拨拉开多好啊！处理他干啥呀！

战争环境尽管很艰苦，但也不缺乏浪漫，这就是人性的光芒。

（史义军／撰稿）

决战决胜

① "一切反动派都是纸老虎"

　　1946年夏，抗日战争的硝烟散去不久，解放战争的烽火又已经燃起。美国记者安娜·路易斯·斯特朗第五次来到中国。8月6日，她乘卡车一路颠簸，前往延安杨家岭毛泽东的住处，要完成她上次访华未能实现的愿望——见到毛泽东。在这里，她第一次见到了毛泽东这个"身材魁梧""毫无拘束"的富有传奇色彩的中国革命领袖。

　　斯特朗问毛泽东："你觉得中国的问题，在不久的将来，有政治解决、和平解决的希望没有？"

　　毛泽东回答："这要看美国政府的态度。如果美国人民拖住了帮助蒋介石打内战的美国反动派的手的话，和平是有希望的。"

　　"如果美国人民问到共产党为什么作战，我该怎样回答呢？"

　　"因为蒋介石要屠杀中国人民，人民要生存就必须自卫。这是美国人民所能够理解的。"

　　后来，这位61岁的美国记者提出了一个尖锐的问题："如果美国使用原子炸弹呢？如果美国从冰岛、冲绳岛以及中国的基地轰炸苏联呢？"

　　毛泽东目光如炬，用坚定的口吻回答道：

　　　　原子弹是美国反动派用来吓人的一只纸老虎，看样子可怕，实际上并不可怕。当然，原子弹是一种大规模屠杀的武器，但是决定战争胜败的是人民，而不是一两件新式武器。

　　毛泽东接着说：

　　　　一切反动派都是纸老虎。看起来，反动派的样子是可怕的，但是实际上并没有什么了不起的力量。从长远的观点看问题，真正强大的力量不是属于反动派,而是属于人民。

这一番发生在中国西北黄土高原上的对话很快震动了全世界。毛泽东告诉全世界人民:只有人民的力量是不可战胜的,反动势力看起来强大,但那是暂时的,是纸老虎,它们必将失败。这句话鼓舞了全世界革命者为着民族自由解放事业而不懈斗争。

毛泽东为什么说"一切反动派都是纸老虎"?这还得从毛泽东革命经历中的认识判断说起。

34岁的毛泽东得出结论:真正的力量永远在人民手中

1927年春,北伐战争正轰轰烈烈地进行着,战线已经推进到上海、浙江宁波、富阳和安徽安庆一带。这时党内不少同志都对国共合作前景表示乐观,毛泽东却选择来到湖南农村考察农民运动。数十天的考察,毛泽东得出了一个结论:

很短的时间内,将有几万万农民从中国中部、南部和北部各省起来……他们将冲决一切束缚他们的罗网,朝着解放的路上迅跑。

在毛泽东看来,人类历史一直是在反动势力日趋没落、革命力量逐渐上升并最终取代反动势力的新旧交替中向前发展的,先进阶级取代落后阶级、民主势力战胜剥削压迫,这是不可抗拒的历史潮流。

考察过农民运动后的毛泽东坚信:

孙中山先生40年的努力没有做到的事情,就是他在遗嘱中痛陈的"唤起民众",农民群众在几个月内就做到了。一切反人民的帝国主义、军阀、贪官污吏、土豪劣绅,都将被人民的磅礴力量葬入坟墓。反动的势力必将灭亡,革命的人民必将胜利,因为真正的力量从来不在反动派手里,而永远在人民手中。

这就是34岁的毛泽东得出的结论,它奠定了毛泽东革命生涯的基调。

毛泽东的考察报告发表后不久,"四一二""七一五"反革命政变相继发生,大革命不可逆转地遭到了失败,共产党人被迫开始独立组织武装斗争。8 月 7 日，中共中央在汉口召开会议，确定了土地革命和武装斗争的总方针。

为了贯彻八七会议所定的方针，毛泽东于 9 月 9 日领导湘赣边界秋收起义。起初，湖南省委决定首先破坏粤汉和株萍铁路，随后组织各县和省城长沙起义，然而起义的三路部队均遭受挫折。据当时参加战斗的彭公达回忆，共产党人当时还没能广泛发动群众支援配合，所以"人民没有起来"。

此时，毛泽东当即决定放弃攻打长沙的计划，南下向敌人统治力量薄弱的农村进发。10 月底，疲困交加的起义部队来到湘赣边界罗霄山脉中段的井冈山，开展工农武装割据。

这是共产党领导人民军队第一次在真正意义上和人民结合在一起，共产党人第一次获得了真正的力量。1928 年，毛泽东满怀信心地指出，一国之内，在白色政权的包围中有一小块或若干小块红色政权的区域长期存在，这是世界各国从来没有的事。红色政权存在的外部原因是帝国主义和一切反动派虽貌似强大，但实际上内部早已四分五裂；而红色政权存在的更为根本的原因则在于党领导的武装力量第一次和蕴藏着无穷革命能量的民众紧密结合在一起。革命的武装力量不仅包括相当力量的正式红军，而且还有各县的赤卫队和乡的暴动队，军队不仅负责作战，而且积极做群众工作。

到农村去、到反动势力最薄弱的地方去，也就是到人民群众基础最好的地方去开展武装斗争。通过这样的斗争经历，毛泽东断言："边界的红旗子始终不倒，不但表示了共产党的力量，而且表示了统治阶级的破产"，即将到来的革命高潮则更是"站在海岸遥望海中已经看得见桅杆尖头了的一只航船"，是"立于高山之巅远看东方已见光芒四射喷薄欲出的一轮朝日"，是"躁动于母腹中的快要成熟了的一个婴儿"。

正是人民的无穷力量给了毛泽东无比的自信。

发动非正义战争的帝国主义者必将最终失败

半殖民地半封建的中国,内无民主制度,外无民族独立,人民要谋得自由和民主没有和平道路可走,而只有进行战争。纵观古今中外的历史变迁,反人民的势力永远不会自行退出历史舞台,自由民主的必由之路就是将人民组织起来反抗到底。这一条真理不仅在国内革命中一再得到证明,而且也适用于中华民族反对帝国主义、法西斯主义的正义战争。

1935 年春开始,已经在东北三省横行数年的日本侵略者一面在华北对中国领土鲸吞蚕食,策动"华北五省自治",一面诱骗国民党政府签订了一系列旨在侵吞华北、灭亡中国的秘密协定。民族危机日益深重,蒋介石却电令西北军加紧对红军发起进攻。这年 12 月,中共中央在陕北子长县瓦窑堡召开政治局扩大会议。毛泽东在会议上说:

> 一切帝国主义的侵略战争都是非正义的,而只有被压迫的民族和被压迫的阶级的反抗战争才是正义战争;帝国主义"这个怪物"出现之后,全世界被压迫民族和被压迫阶级的正义的反抗战争已经连成一体,中国人民的反抗斗争不再是孤立的,正义的反抗战争必将取得胜利。

1937 年夏,日军发动卢沟桥事变。7 月底,日军猛攻北平南苑,北平、天津在 3 日内先后沦陷。蒋介石为了防止日军自华北长驱直下徐州、威胁南京,遂在上海组织反击,把日军由北向南的入侵方向改变为由东向西。尽管国民政府投入的兵力多于日本侵略者,但是由于各派系军队缺乏协调、指挥不畅,加之武器装备远逊于敌人,上海和浙江北部的抗战节节失利,大片国土沦陷敌手。与此同时,共产党领导的八路军则先后取得了平型关等战斗的胜利,与华北、淞沪抗战国民党军的一再受挫形成了鲜明对比。

面对日军的强大攻势和国内各界要求抗战的呼声,蒋介石不得不发表声明,要求"地无分南北,年无分老幼,无论何人,皆有守土抗战之责",但始终缺乏发动人民实行全民族抗战的具体行动。

9月29日，毛泽东在谈到国共合作之后的迫切任务时痛切地指出：单纯的政府和军队的抗战，是决然不能战胜日本帝国主义的，华北和江浙地区的失败就是血淋淋的证明！尽管统一战线名义上成立了，但是国民政府迟迟不敢发动群众，广大的工人、农民、兵士、城市小资产阶级以及其他许多爱国同胞还没有被唤起，还没有组织起来和武装起来，这才是目前的最严重的问题！挽救危亡只有一个办法，这就是全民族抗战。中国抗战是反压迫反侵略的正义战争，所以政府不但不应惧怕人民，而且必须唤起人民积极地参加战争才能取得胜利。

正是在这一时期毛泽东点明了这样一条原理："战争的性质决定政府和人民的关系"，发动非正义战争的帝国主义者必将遭到其国内外人民的反对并最终失败，而反压迫、反奴役的正义力量则会受到人民的拥护，是定将取得胜利的。

判断中国将会在抗击侵略的战争中取得胜利，毛泽东不是独此一家，当时有一种论调认为日军的机动力量将被大量牵制，无法再行进攻，短时间内中国军队就能够组织反攻并在短时间内战胜日本。与这种"速胜论"截然相反的则是认为中国必败的"亡国论"。

从1937年秋开始，短短几个月间上海和南京相继沦陷。12月，日军大肆虐杀中国军民，制造了震惊中外、惨绝人寰的"南京大屠杀"，罹难者达30余万。1938年5月，日军攻陷徐州，更直接威胁华中重镇武汉、长沙。当时的国内，一方面恐惧、悲观、失望的情绪弥漫全国，另一方面盲目乐观的"速胜论"也大有市场。

毛泽东考察了敌我双方的形势后敏锐地指出："亡国论"和"速胜论"都不可取，未来的形势是日本必败，中国则将会在艰苦持久的作战后取得胜利。他进而分析道，日本帝国主义虽然暂时强大，但它发动的侵略战争是退步的、野蛮的、反人民的，不仅将受到被压迫的中国军民的奋起反抗，而且会引起其国内的阶级矛盾，国际社会的绝大多数国家也会反对它；中国虽然军力、经济力和政治组织力各方面都不如敌人，但中国是有着极大战略纵深的大国，更重要的是，抗日战争是进步的正义战争，支持战争的人民则有着无穷的力量。

1938 年 5 月，毛泽东为了反驳"亡国论"和"速胜论"撰写了著名的《论持久战》。他形象地说：

> 战争的伟力之最深厚的根源，存在于民众之中。日本敢于欺负我们，主要的原因在于中国民众的无组织状态。克服了这一缺点，就把日本侵略者置于我们数万万站起来了的人民之前，使它像一匹野牛冲入火阵，我们一声唤也要把它吓一大跳，这匹野牛就非烧死不可。

日本帝国主义的反人民、非正义和暂时强大，中国人民反抗侵略压迫的人民性、正义性和暂时弱小，两方面因素共同决定了抗日战争必然是一场日本必败、中国必胜的持久战。毛泽东这部著名的《论持久战》像一座伟大的灯塔一样照亮了中国人民抗战的光明前途！

对共产党人来说，"唤起民众"不是一句空话。毛泽东提出要组织人民自卫军和民兵，解放区所有的男女青年都要组织在抗日人民自卫军、民兵或者主力军队中，部队不仅可以随时担负作战任务，而且有能力深入敌后放手发动群众；要把武装斗争与工人、农民、青年、妇女等的斗争直接或间接地配合起来，与政权的斗争，与经济战线、思想战线的斗争和锄奸斗争等直接或间接地配合起来。

貌似强大的帝国主义国家最终必将失败，这不仅是毛泽东审视中国战场的形势得出的结论，更是他对世界人民反法西斯战争的整体判断。1942 年 10 月的欧洲战场，顽强的苏军在斯大林格勒战役中不仅顶住了纳粹德国的进攻，而且还毙、俘德军数十万人，击毁上千辆坦克、2000 多门火炮和 1400 余架飞机，扭转了不利局面。这时战役还没有取得最后的胜利，但毛泽东已经断言，尚未结束的斯大林格勒战役正是纳粹"灭亡的决定点"。这时，毛泽东撰写了《第二次世界大战的转折点》，文章指明：斯大林格勒战役就是欧洲战场的转折点，从现在开始，纳粹的罪恶势力将"只有死路一条好走了"。在人类历史上，凡属将要灭亡的反动势力，总是要向革命势力进行最后挣扎的，而有些革命的人也往往在一个时期内被这种外强中干的现象所迷惑，看不出敌人快要消灭、自己快要胜利的实质。相应地，在亚洲、太平洋战场上，正在进行反人民战争的日本帝国主义也"将一天一天感到头痛，直至向它的墓门跨进"。

1945年4月末，在具有伟大历史意义的中共七大上，毛泽东向大会作了《论联合政府》的政治报告，他说："法西斯侵略势力是一定要被打倒的，人民民主势力是一定要胜利的。世界将走向进步，决不是走向反动。……人民，只有人民，才是创造世界历史的动力。"

"人民，只有人民，才是创造世界历史的动力。"这句话振聋发聩，石破天惊。

"从战略上说，完全轻视它。从战术上说，重视它"

1945年6月，欧洲反法西斯战争已经结束，日本帝国主义正在做最后的垂死挣扎，毛泽东在中共七大上做了题为《愚公移山》的讲话，他坚定地说：

> 现在也有两座压在中国人民头上的大山，一座叫做帝国主义，一座叫做封建主义。中国共产党早就下了决心，要挖掉这两座山。我们一定要坚持下去，一定要不断地工作，我们也会感动上帝的。这个上帝不是别人，就是全中国的人民大众。全国人民大众一齐起来和我们一道挖这两座山，有什么挖不平呢？……美国政府的扶蒋反共政策，说明了美国反动派的猖狂。但是一切中外反动派的阻止中国人民胜利的企图，都是注定要失败的。

没有人民挖不平的大山，一切看似猖獗的反动派在人民面前都注定失败。可以说，毛泽东对战争结果的判断归根结底仍然是：谁站在人民一边，谁就将取得胜利。

艰苦卓绝的抗战是人民的胜利，但正当人民热切期盼即将到来的胜利之时，蒋介石集团却早已在策划夺取人民战争的胜利果实。在日本投降之际，他一方面电令共产党指挥下的军队就地"驻防待命"，并设下了重庆谈判这场"鸿门宴";另一方面宣判罪大恶极的侵华日军司令官冈村宁次"无罪",并秘密请他充当反共内战的"军事顾问"。蒋介石对内镇压、对外卖国的丑恶嘴脸再次暴露无遗。

日本侵略者宣布无条件投降之时,国民党统治下的土地和人口均超过全国总量的70%,国民党军总兵力约有430万人,正规军规模达86个整编师,其中22个为美械、半美械装备,此外还接收了100万日军的装备,拥有军用飞机、坦克等大量武器。相比之下,人民解放军总兵力仅有127万人,用的是各路缴获的"万国牌"武器装备。人民解放军的力量处于明显的劣势。这些都使得蒋介石集团有恃无恐,幸灾乐祸地扬言在3至6个月之内先消灭关内的人民军队,再着手解决东北问题。

以毛泽东为代表的中国共产党人对蒋介石集团和美国等帝国主义势力的阴谋洞若观火。1947年12月,毛泽东说,蒋介石的方针就是镇压、逮捕和屠杀,他20年的统治是卖国独裁、反人民的统治,他们的一切欺骗都已被他们自己的行为所揭穿,他们已经没有什么群众,已经完全孤立了。与此同时,世界人民的民主力量超过世界反动力量,并且正在向前发展。在中国,共产党不但在解放区得到最广大人民群众的信任,而且在国民党统治区也得到了广大人民群众的拥护,党和人民不仅有身经百战的正规军,而且有广泛发动起来的游击队、民兵等人民武装。蒋介石和支持他打内战的美帝国主义等纵然不甘心自行退出历史舞台,但人民战争的小米加步枪注定将消灭他们的飞机加坦克。

也正是在这些考虑下,毛泽东对美国记者斯特朗说出了本篇开头那番话。

据说当时陪同美国记者斯特朗的,还有时任中宣部部长的陆定一和黎巴嫩裔的美国医生马海德。由于毛泽东第一次使用"纸老虎"这个词,陆定一不知如何翻译,就暂时翻译成"straw-man(稻草人)"。

斯特朗问:"是指 scare-crow(吓鸟的稻草人)吗?"

在华多年的马海德医生领会了二者的区别,"纸老虎"显然不是指立在田里单纯依靠恐吓驱赶鸟儿的稻草人,他说:"不对,不是稻草人,是纸老虎,paper-tiger。"

从此,"纸老虎"这个词,无论中文还是英文,开始传遍大江南北、长城内外,也传遍了全世界。

毛泽东一句"一切反动派都是纸老虎"的论断,来自一位伟大政治家的自信,也源于他对历史大势的准确把握。历史一次又一次地证明,人心向背决定战争胜败。追求自由独立是全民族共同的心愿,一切强加给中华民族的压迫、奴役和战争都将会遭到失败。

在经历了100多年沉沦、屈辱的历史后,中华民族终于在1949年迎来了新中国的成立。

中国人民从此站起来了,但以美国为首的西方敌对势力为了维护其侵略利益,继续不断向中国施加武力威胁,甚至以核战争相威胁。尽管新中国一穷二白,毛泽东还是多次一针见血地指出,帝国主义和一切反动派都是"纸老虎",原因就在于它们是反人民的。

1956年7月14日,毛泽东在会见拉美客人时,进一步表达了面对帝国主义强大势力威胁时的态度。他说:

> 一切会有变化。腐朽的大的力量要让位给新生的小的力量。力量小的要变成大的,因为大多数人要求变。美帝国主义力量大要变小,因为美国人民也不高兴本国的政府。
>
> 我这一辈子就经历了这种变化。

毛泽东再次运用了"纸老虎"的说法:

> 现在美帝国主义很强,不是真的强。它政治上很弱,因为它脱离广大人民,大家都不喜欢它,美国人民也不喜欢它。外表很强,实际上不可怕,纸老虎。外表是个老虎,但是,是纸的,经不起风吹雨打。
>
> 我看美国就是个纸老虎。

怎么对待"纸老虎"?毛泽东分别从战略上和战术上提出了自己的考虑:

> 我们说美帝国主义是纸老虎,是从战略上来说的。从整体上来

说，要轻视它。从每一局部来说，要重视它。它有爪有牙。要解决它，就要一个一个地来。比如它有十个牙齿，第一次敲掉一个，它还有九个，再敲掉一个，它还有八个。牙齿敲完了，它还有爪子。一步一步地认真做，最后总能成功。

从战略上说，完全轻视它。从战术上说，重视它。跟它作斗争，一仗一仗的，一件一件的，要重视。现在美国强大，但从广大范围、从全体、从长远考虑，它不得人心，它的政策人家不喜欢，它压迫剥削人民。由于这一点，老虎一定要死。因此不可怕，可以轻视它。但是，美国现在还有力量，每年产一亿多吨钢，到处打人。因此还要跟它作斗争，要用力斗，一个阵地一个阵地地争夺。这就需要时间。

为什么"纸老虎"会被打破呢？毛泽东认为，当正义的力量、人民的力量一步步强大起来的时候，总有一天，"纸老虎"终究会经不起风雨。

毛泽东说："美洲国家、亚洲非洲国家只有一直同美国吵下去，吵到底，直到风吹雨打把纸老虎打破。"

毛泽东还说："总有一天，纸老虎会被消灭的。但是它不会自己消灭掉，需要风吹雨打。"

这些论断，突出地反映了毛泽东的"纸老虎"理论，再一次论证了最终决定战争胜负的是人心向背：

力量小的，同人民联系的，强；力量大的，反人民的，弱。

1957年11月，毛泽东在出访苏联期间，在莫斯科共产党和工人党代表会议上发言，还饶有兴味地回忆起11年前接受斯特朗采访时的谈话，他说：

1946年蒋介石开始向我们进攻的时候，我们许多同志，全国人民，都很忧虑：战争是不是能够打赢？我本人也忧虑这件事。但是我们有一条信心。那时有一个美国记者到了延安，名字叫安娜·路易斯·斯特朗。我同她谈话的时候谈了许多问题，蒋介石、希特勒、日本、美国、原子弹等等。我说一切所有号称强大的反动派统统不过是纸老虎。原因是他们脱离人民。你看,希特勒是不是纸老虎?
希特勒不是被打倒了吗?我也谈到沙皇是纸老虎,中国皇帝是纸老
虎,日本帝国主义是纸老虎,你看,都倒了。美帝国主义没有倒,还
有原子弹,我看也是要倒的,也是纸老虎。

毛泽东清楚地告诉人们,得道多助,失道寡助,人民只要敢于起来斗
争,敢于拿起武器,掌握自己国家的命运,就一定能够战胜帝国主义和其
他一切反动势力的侵略。

这一时期,毛泽东不断对国内和国际上的人们讲解"纸老虎"的
理论。

1958 年 12 月,毛泽东在武昌出席中共八届六中全会期间,专门写
了一篇文章,题目就叫《关于帝国主义和一切反动派是不是真老虎的问
题》。毛泽东在文章中明确地作出了回答:

> 回答帝国主义及一切反动派是不是真老虎的问题。我的回答是,
> 既是真的,又是纸的,这是一个由真变纸的过程的问题。变即转化,
> 真老虎转化为纸老虎,走向反面。一切事物都是如此,不独社会现
> 象而已。我在几年前已经回答了这个问题,战略上藐视它,战术上
> 重视它。

毛泽东在向人们做解释工作的同时,深刻地阐述了事物的"两重性"
(即对立统一规律)。

1973 年,中美关系正常化的大门已经徐徐开启,美国国务卿兼总统
国家安全事务助理亨利·基辛格博士第五次访华。当年 2 月 17 日晚上,
基辛格在拜访毛泽东的时候,问起毛泽东学英语的事:"主席现在正学英
文吗?"

毛泽东否认道:"我认识几个英文字母,但不懂文法。"

基辛格微笑着说:"主席发明了一个英文单词。"

对此,毛泽东立即爽快地承认了:"是的,我发明了一个'paper-
tiger'。"

宾主相视大笑,在场的人也忍俊不禁,无不为毛泽东的博大胸怀和

机智幽默的谈吐所折服。

毛泽东的"一切反动派都是纸老虎"这个著名论断和"纸老虎"这个极为形象的政治术语,随着他的智慧和幽默传遍了国内国际,早已融入正义的人民力量之中。

(李炼石/撰稿)

② 解放战争中的东北剿匪

　　根据地建设是中国共产党领导武装斗争的一条重要经验。1945 年 12 月 28 日，中共中央明确提出了"建立巩固的东北根据地"的方针。但是，四平保卫战之前，东北人民自治军、东北民主联军的主要任务是打败国民党军的猖狂进攻，配合国共和平谈判。四平保卫战之后，东北战场局势逐渐稳定下来，东北民主联军帮助地方党组织在中小城市和广大农村建立政权，发动农民进行土地改革，建立巩固的根据地。针对东北匪情严重的局面，东北民主联军协助地方政府剿匪，对于建立巩固的后方根据地发挥了重要作用。

东北匪患的严重局面

　　从中国近代起，东北就是有名的土匪猖獗地区。尽管各个时期的政府都曾派兵进剿，但东北土匪却从未绝迹，成为危害社会的极大隐患。日本投降后，东北地区公开的和秘密的政治土匪武装约有 17 万人，大致分布如下：北满地区（今黑龙江省北部、东北部），约有土匪 10 万人。他们开始以齐齐哈尔市、哈尔滨市等城市为活动中心，后来进而迅速扩大到北满各地。因此，北满地区匪患最为严重，2/3 以上的县政权掌握在土匪手中。南满地区（今辽宁省南部、吉林省西南部），约有土匪 5 万人，主要活动在通化市、沈阳市、安东市（今丹东市）三角地区，较大成股活动的土匪 3000—5000 人不等。西满地区（今黑龙江省西部、内蒙古东部、吉林省西北部、辽宁省北部），约有土匪 1 万人，曾一度侵占瞻榆县（今属通榆县）、泰来县。东满地区（今吉林省东部、黑龙江省东南部），约有土匪 1 万人。

抗日战争胜利时，国民党为了抢占东北，在兵力严重不足的情况下，派遣大批特务、党棍、干训团潜入东北，收编土匪、伪满军、伪满警察、日军残余、流氓地痞、投机分子，组织了各种各样的所谓"地下军"。截至 1945 年 9 月，被国民党政府收编加委的土匪有 16 个系统，37 种名目，32 名正副总司令和总指挥，33 名军长，158 名师长。

其实，这些草头王及其所属部队既没国民党军服装、军衔标志，也没有国民党政府的委任状。他们有的穿着老百姓服装，有的穿着日军、伪满军的服装，花里胡哨，甚是滑稽。当官的得到国民党特派员发给的一块白布，上面写着姓名和官衔，很不符合军队规矩。他们的部队番号从未列入国民党军正式编制序列，只冠以东北地名，而且名目繁多，如"东北挺进军第 1 集团军""东北先遣军第 2 军"等。这些由匪伪人员改编的部队，祸害人民群众，与共产党作对。他们被国民党收编后，自我标榜"正统""正牌"，但底色仍是土匪。因此，在老百姓眼里，他们是"中央胡子"。

在东北土匪中，最为臭名昭著的匪首有谢文东、李华堂、张雨新、孙荣久，被称为北满"四大旗杆"。此外，北满张乐山（座山雕）的恶名也广为人知，曲波在小说《林海雪原》中有非常精彩的描写。

东北民主联军进行调查的结果显示，东北土匪主要是政治土匪。截至 1945 年 9 月，在 369 个匪首中，地主出身的匪首 105 人，占总数的 28.46%；与地主关系极深的惯匪、伪满官吏、伪满军官、伪满警察、伪满特务、流氓 159 人，占总数的 43.09%；穷人出身的匪首 105 人，占总数的 28.46%。在这些匪首中，为生活所迫为匪者 38 人，为他人所逼为匪者 18 人，其余均出于反动目的和升官发财动机而自愿为匪。因此，东北土匪占山头，抢地盘，掠夺人民财物，枪杀人民群众，极其凶恶。他们在所谓"自卫""保家"的口号下，纷纷组织"联庄""大排"等地主武装，对抗共产党领导人民群众开展的反奸清算斗争，破坏土地改革。当国民党军向东北大举进攻时，他们在共产党后方根据地进行暴动。他们以暗杀地方干部、摧毁地方政权、切断铁路交通、造谣生事、蛊惑人心等方式，极力制造动乱。

八路军、新四军和中共地方干部进入东北之初，对东北的社会情况不太熟悉，对敌伪残余势力的劣根性不太了解。为了扩大军事力量，在发展队伍时也收编了一些伪满军、伪警察、土匪。有些匪伪人员脚踩两只船，在国民党、共产党之间徘徊，观望谁的势力大就投靠谁，没有政治追求。还有一些更恶劣的匪伪人员，铁心与共产党作对。但是，他们碍于国民党军迟迟没有占据东北，所以采取"先八路，后中央""明八路，暗中央"的策略，伪装革命，骗取信任，大量混入新建部队。他们利用中共部队的背景，骗取枪支弹药，储备给养，发展队伍。在时机成熟之时，他们马上叛变，反戈一击，自成体系，占山为王，给解放区造成很大损失。

重点清剿大股土匪

东北匪患危害人民的生命财产，威胁中共的民主政权。剿匪斗争成为发动群众、创建根据地、巩固政权的重要前提，是中共部队进入东北后的迫切任务。1945年9月至1946年5月，东北人民自治军、东北民主联军先后抽调主力部队投入剿匪作战，重点清剿大股土匪。

东北民主联军在牡丹江一带的林海雪原中剿匪

在东满地区,东北民主联军延边警备旅首先打响剿匪战斗。截至1946年3月,中共部队先后歼灭汪清县罗子沟、庙岭一带土匪,以及延吉县(今延吉市)三道湾一带土匪,共计4000余人。匪首安泽有、刘芳茂、马希山等被俘虏,罪大恶极者经公审后被处决。吉东地区先后进行60多次剿匪作战,毙伤俘土匪1.3万人,缴获步枪5811支、轻重机枪269挺、炮28门。先后肃清吉林省西、北、南三面,以及辽北地区土匪,消除敦化县(今敦化市)周围上百平方公里匪患,打通了图佳(图们—佳木斯)公路,以及土匪盘踞的部分铁路线。该年6月,东北民主联军延边警备旅与牡丹江部队密切配合,肃清东宁县、宁安县新安镇(今属海林市)马希山土匪残余,以及安图县二道河子土匪。

在南满地区,由伪满军、伪满警察、日军残部组成的股匪拦山断路,打家劫舍,掠夺群众的金钱、衣物、粮食,给当地群众造成深重的灾难。1945年11月28日,东北人民自治军南满主力部队在发动群众、建立政权、扩军备战的同时,开始剿匪行动。东北人民自治军先后由辽阳市、鞍山市、海城县(今海城市)等地兵分5路前进,对盘踞在辽阳市以北、鞍山市以东的千山、七岭子一带的土匪、伪满军发起进剿。11月30日,占领七岭子、山印子、大石砬子等地,将土匪和伪满军压缩在千山一带全部歼灭。在此次剿匪中,击毙土匪、伪满军官兵200余人,俘虏3000余人,缴获汽车40余辆、步枪700余支、轻重机枪22挺。此后,经过连续2个月的剿匪作战,有力地打击了土匪的嚣张气焰。

在西满地区,伪满军、日军残余与股匪勾结,趁苏军占领大城市、中共部队还未进入东北之际,占领瞻榆县、泰来县,祸害人民群众。中共部队北进剿匪,首先收复洮南县(今洮南市),并乘胜挺进。1946年3月9日,东北民主联军解放瞻榆县。3月11日,解放泰来县。在解放泰来县的战斗中,除匪首逃跑外,其余土匪全部被歼。

在北满地区,随着苏军出兵东北,抗联部队返回中国,发展了许多新部队。但是,中共关内主力部队到达较晚,新部队骨干力量少,军政素质不高,难以承担维持当地治安的重任,土匪活动十分猖獗。面对土匪的猖狂进攻，北满部队一面整训，一面执行剿匪任务。中共北满分局号召所有老干部直接掌握连队，坚决洗刷混入新部队的坏分子，找成分可靠的农民，一个班、一个排、一个连、一个营、一个团地组成自己能掌握的部队，向土匪发起进攻。1946年1月，东北民主联军第三五九旅、第七师到达北满后，北满地区剿匪作战出现转机，变为主动。北满地区是东北剿匪的重点，所属各地区剿匪情况如下。

嫩江地区剿匪。1932年，伪满洲国成立龙江省（今黑龙江省西部地区）。该省东接合江省，南邻松江省、吉林省、辽北省，西接兴安省，北连黑龙江省。该省面积为77326平方公里，省会齐齐哈尔。抗日战争胜利后，为避免和黑龙江省混淆，龙江省改称嫩江省。1945年9月4日，国民党政府宣布彭济群为嫩江省政府主席，成立嫩江省政府筹备处，策划接收工作。中共在苏联的协助下，率先进入东北，在齐齐哈尔成立嫩江省民主政府。11月，苏联通知中共撤出齐齐哈尔，将该城市移交给国民党政府接管。同月，中共嫩江省民主政府撤至甘南县，东北人民自治军发出剿匪命令，进剿齐齐哈尔市、甘南县、嫩江县、讷河县（今讷河市）、富裕县、林甸县、泰康县（今属杜尔伯特县）、龙江县、布西旗（今莫力达瓦旗）等地土匪。截至1946年4月，收复县城10座，歼灭土匪1.5万余人。

松江地区剿匪。抗日战争胜利后，国民党政府决定成立滨江省（今黑龙江省南部地区）。1945年10月1日，中共在哈尔滨成立滨江省民主政府。至11月，先后成立哈东、哈北、哈南、哈西地区行政专员办事处，均隶属中共滨江地区工作委员会领导。12月，东北人民自治军发出剿匪命令，组成野战军剿匪司令部。野战兵团奉命出动，先后进剿五常县（今五常市）、阿城县（今哈尔滨市阿城区）、巴彦县、木兰县、通河县、哈尔滨西、哈尔滨北、哈尔滨南等地土匪。1946年1月12日，国民党政府接收滨江省政权，将滨江省改为松江省。截至该年4月，东北民主联军进行剿匪战斗102次，击溃土匪1.2万余人。

黑龙江地区剿匪。抗日战争胜利后，国民党政府成立黑龙江省（今黑龙江省大兴安岭地区、黑河市所辖地区）。1945年11月，中共将原北安省和黑河省合并为黑龙江省,省政府驻北安县(今北安市)。12月,东北人民自治军发出剿匪命令,开始向泰来县、北安县、海伦县、庆安县等地土匪发起进攻。截至1946年4月,消灭大股土匪1.2万余人。

合江地区剿匪。抗日战争胜利后,国民党政府成立合江省(今黑龙江省东北部地区)。1945年10月25日,中共三江地区行政专员公署在佳木斯市成立。同年11月21日,成立合江省人民政府,撤销三江专员公署。合江省东、北邻苏联,西接黑龙江省、嫩江省,南接松江省,位于庆安县以东、穆棱县(今穆棱市)及依兰县以北地区,地形以三江平原为主体,地势低平。东部主要是湿地,人口聚集在西部。由于乌苏里江与松花江皆在此与黑龙江汇合,故命名为合江省。1946年1月,东北民主联军发出剿匪命令,开始在同江县、勃利县、依兰县、佳木斯市、富锦县、通河县、萝北县、饶河县等地剿匪。截至该年5月,经过5次战役200余次战斗,共消灭土匪6000余人。

绥宁地区剿匪。1946年1月,东北民主联军发出剿匪命令,绥宁地区部队开始行动。截至该年3月,消灭土匪4000多人,并在勃利县、林口县境内击溃谢文东匪部。4月,中共决定成立绥宁省。9月,撤销绥宁省,改设牡丹江专区。

牡丹江地区剿匪。1945年8月14日,苏军进驻牡丹江,伪东满省公署和牡丹江市公署同时解体。8月18日,在苏军帮助下,中共东北党组织成立牡丹江市地方治安维持会。东北抗联干部20余人进入牡丹江市,建立牡丹江卫戍司令部,维持刚解放的地方治安。10月14日,中共成立民主政府,牡丹江军区司令员李荆璞担任市长。随后,延安干部团团长张闻天等高级干部陆续到达牡丹江市。张闻天以中共中央东北局及驻牡丹江地区代表的身份指挥和领导这里的工作。1946年2月,东北民主联军发出剿匪命令,部队开始进剿宁安县鹿道、汪清县春阳、汪清县天桥岭、勃利县城,以及牡丹江地区镜泊湖、五林河、仙洞、柞木台子、马桥河等地土匪。截至该年5月,共毙伤俘土匪5000余人,打通南与延吉县、吉林市,北与东安市、佳木斯市的交通联系,使东满、北满广大解放区连成一片。

东北人民自治军、东北民主联军以主要力量用于阻止国民党军向东北挺进，对于剿匪采取突出重点的方针，成效显著。截至1946年3月底，共进行较大规模的剿匪战斗212次，毙伤俘土匪近8万人，收复城镇118座。

复剿大股土匪

1946年5月，东北民主联军主力从四平街、长春撤退时，一些政治素质薄弱的东北民主联军地方部队摇摆不定，甚至走上叛变道路。沈吉（沈阳—吉林）铁路，以及沈阳、长春以西地区的地方武装，在国民党军占领后发生多起叛变、溃散事件。在北满地区，双城县骑兵团发生叛变。在国民党军大举进攻下，潜伏的土匪乘机复起，积极配合，叫嚷要与中央军"会师哈尔滨"，再次掀起进攻解放区的浪潮。

为了广泛发动群众、彻底进行土地改革、建设巩固的根据地，中共中央东北局决定坚决剿灭土匪、迅速制止叛乱。1946年6月，中共中央东北局、东北民主联军作出《关于剿匪工作的决定》。《决定》要求："在最短时间内，坚决彻底地肃清土匪，发动广大农民，建立巩固后方，以支持长期战争。"6月至8月，东北民主联军划分剿匪区域，抽调主力部队配合地方部队进行剿匪作战，复剿大股土匪。这一阶段剿匪作战主要在北满地区进行，具体部署如下。

依兰军分区司令员方强，统一指挥6000人的机动部队，对以下4个区域实行进剿：依兰县城，以及该县太平镇、大罗勒密；五林县四道河子、五道河子一带（今均属林口县）；佳木斯以南的千振、倭肯，勃利县东北大石头河子、小石头河子一带；萝北县、绥滨县、富锦县一带。每一个地区配备适当的机动部队，由有剿匪经验的干部负责指挥。同江县、富锦县部队由北向南，千振地区部队由西向东，夹击消灭宝清县土匪。

东北民主联军第三五九旅旅长刘转连、政治委员晏福生，统一指挥第三五九旅第一团、第三团、第六团、骑兵团，以及牡丹江市、虎林县、鸡宁县地方部队剿匪。主要任务是肃清东安市、密山县、鸡宁县、勃利县、五林县的土匪。

牡丹江军区第2支队支队长田松,指挥该支队(通常称田松支队)所属2个团,负责肃清鸡宁县梨树镇以南穆棱县、绥阳县、东宁县的土匪。

牡丹江军区司令员李荆璞,指挥该军区第14团、保安团,负责肃清牡丹江市以北仙洞、五林河、柴河、桦林地区的土匪。

哈东军分区司令员温玉成,指挥机动部队,肃清延寿县、珠河县、苇河县的土匪。

北满军区后勤部部长刘向三,指挥第359旅第5团,肃清通河县、方正县、凤山县(今属通河县)的土匪。

西满军区(辽热军区)派出一批连排军事干部,配备几个老连队,作为黑龙江地区剿匪部队骨干,分别配备在几个战略要点上,配合地方部队进行剿匪。

在合江及牡丹江地区,剿匪部队遵照统一部署,重点剿灭数量多、危害大的大股土匪。截至1946年6月21日,田松支队肃清穆棱县、绥阳县等地土匪,收复东宁县城。将盘踞在东宁县境内的王志林股匪大部消灭,毙伤俘800余人,匪首率30余人逃脱。第359旅2个团配合合江军区部队、牡丹江军区部队,分三路合围东安市、密山县一带势力最大的土匪谢文东部主力,残匪向密山县、富锦县逃窜。追剿部队兵分两路,向东安市以东虎林县、饶河县等地区追击。截至7月1日,共歼灭土匪2800余人。匪首谢文东率残部200余人逃往桦甸县金沙河一带。合江省其他几大股土匪也均被击溃。孙荣久、张雨新等匪首率残部200余人逃窜至五林县三道通(今属林口县)一带,李华堂匪部100余人也逃窜至三道通一带。

在松江地区,国民党委派的汉奸、特务、新编第27军军长姜鹏飞,奉国民党军东北保安司令部司令长官杜聿明之命,秘密潜入北满解放区活动。他们在哈尔滨、阿城县、通河县、延寿县等地组织日伪残余,勾结当地土匪,阴谋破坏解放区,妄图进占哈尔滨、佳木斯等城市。1946年8

月 28 日,姜鹏飞与汉奸李明信在哈尔滨举行暴动,妄图里应外合占领哈尔滨。被国民党收编委任为第 6 路军第 3 军军长的土匪崔大刚,以为时机已到,率部扰乱社会治安。但是,在剿匪部队的打击下,这些土匪很快瓦解,姜鹏飞、李明信、崔大刚等匪首全部被活捉。

在黑龙江地区,中心县负责全面指挥清剿,主力部队与地方部队紧密配合。同时,在周围省剿匪部队的配合下,对本地区大股土匪进行围剿,对流窜到其他省的土匪进行了围剿。截至 1946 年 8 月底,一共歼灭和击溃大股土匪近 1 万人。残余土匪或化整为零,或分散活动,潜入了山林。

清剿小股流窜土匪

截至 1946 年 8 月底,经过反复清剿,东北地区残余土匪已经不足 2 万人。其中,分散在合江地区、牡丹江地区的土匪有 30 余股,约 3400 人;分散在松花江两岸的有 30 余股,2000 余人;分散在西满地区的土匪有近 1 万人,大部分在解放区边沿地区活动;嫩江省等后方土匪为数不多;东满、南满地区尚存残匪数十股,近 1000 人。这些残匪在国民党东北当局指使下,仍然作垂死挣扎。

此时,东北民主联军北满主力部队已开始集结,准备与国民党军作战,仅合江地区留有第 359 旅负责肃清残匪。其他地区的剿匪作战,由新建的地方部队担任,翻身解放农民组织的民兵武装积极配合。1946 年 9 月至 12 月,东北剿匪进入"群众打匪与政治攻势相结合"的阶段,重点剿灭小股流窜土匪。

在合江省及牡丹江地区,东北民主联军第 359 旅和地方部队集中优势兵力,对各路土匪进行清剿。剿匪部队指战员进入深山密林、人迹罕至之处,对各路土匪穷追猛打。在茫茫林海雪原,他们冒着零下三四十摄氏度的严寒,不顾疲劳,不怕牺牲,连续作战,寻找土匪踪迹,一鼓作气追剿到底。在剿匪部队的沉重打击下,大股土匪陆续被歼灭。1946 年 11 月 20 日,东北挺进军第 15 集团军上将总司令、土匪谢文东弹尽粮绝,带着儿子和 3 个土匪,狼狈逃窜到五林县四道河子与五虎嘴子(今均属林口县)之间的一个山头上。当他正烧香求佛时,被剿匪部队活捉。谢文东在依兰县、勃利县作恶多年,民愤极大。因此,在依兰县公审后,将他押解到勃利县公审并枪毙。抓捕谢文东之后,剿匪部队从俘虏的土匪中发现了东北先遣军中将总指挥、土匪张雨新的副官,找到了张雨新的踪迹。11月底,在五林县三道通西(今属林口县)的一个窝棚里,张雨新走投无路,被剿匪部队活捉。半个月后,经五林县刁翎镇(今属林口县)群众大会公审,张雨新被枪毙。这时,东北挺进军第1集团军上将总司令、土匪李华堂衣食无着,不得不靠杀马度日。12月12日,率领残部24人从三道通直奔土城子,在这里胡乱吃了顿饭。饭后,完全丧失信心的李华堂说:"你们有亲的投亲,有友的投友,咱们后会有期。"然后,他带着贴身随从,离开队伍向刁翎方向逃跑。剿匪部队跟踪追击,在五林县大盘道(今属林口县)伏击,活捉了李华堂。押解途中,李华堂因翻车死亡。截至12月,合江及牡丹江地区共歼灭土匪3000余人。

松江地区,在军事打击、政治争取下,以及放下武器、弃恶从善宽大政策的感召下,"空中飞""五省""占东江""九江好""压满洲""十八省""小霸王"等十五六股土匪先后走出深山密林,向剿匪部队投降。对于顽固不化的土匪,剿匪部队坚决打击,决不手软,先后消灭与击溃土匪十余股。截至1946年12月,共毙伤俘及接收投降土匪1700余人,该区股匪基本肃清。

西满地区,东北民主联军为建立巩固的根据地,抽调主力部队参加剿匪,加大剿匪力度,效果显著。1946年9月至10月,黑河地区剿灭100余股土匪。截至12月下旬,西满地区共毙伤俘土匪5000余人。

东满地区,剿匪比较顺利。截至1946年12月,击溃和消灭土匪600余人。另外,有16股土匪投降,争取宽大处理。

1946年9月至12月,东北地区共剿灭土匪1万余人。除黑龙江省黑河以北边远地区的几个县城仍被土匪盘踞外,东北广大乡村和城镇基本被东北民主联军收复。其他一些地区,只有少量残匪、散匪活动,已不成气候。东北地区小股流窜土匪被基本肃清,大规模剿匪作战基本结束。

肃清残匪散匪、捉匪首、挖匪根

由于进行土地改革，东北农民群众分到土地，希望过上安定的生活，剿匪热情高涨。农民群众积极主动配合剿匪部队搜山拉网、清查户口、查验路条，使残匪失去群众基础，无处躲藏。在群众监督下，一些漏网的匪首被抓捕归案，一些散落在民间的枪支弹药被收缴销毁。随着中共政权在广大乡村和中小城市的建立，散落在各地的土匪不得不走出山林，向剿匪部队和当地政府缴械投降。林彪认为："一年来剿匪工作得到很大成绩，大部土匪被消灭。各地应继续努一把力，把残余土匪完全肃清，使解放区人民更得安居乐业，使解放区后方更加巩固。"1947年1月至5月，东北民主联军剿匪部队在人民群众配合下，进入肃清残匪散匪、捉匪首、挖匪根时期。

为了巩固一年多来的剿匪成果、彻底铲除土匪毒根，东北局和东北民主联军决定，继续抽调部分主力部队，配合地方部队，重点清剿黑河以北地区和牡丹江以北地区的残匪，做好剿匪作战收尾工作。与以前剿匪组织指挥形式不同的是，这次打破剿匪界限，省与省、分区与分区主动协同配合，不用请示上级，发现匪情就出击，使土匪无法到处窜扰。在军事上，这实际是联合作战，非常有效。

大股匪徒被歼灭后，小股残匪流窜于深山老林中。牡丹江军区独立第2团以侦察排组建武装侦察小分队，进山消灭残匪。小分队负责人由既熟悉当地情况，又有独立指挥作战能力的侦察排排长杨子荣担任。小分队组建后，首先生擒所谓"许家四虎"（许福、许禄、许祯、许祥），消灭了"九彪"李发林、马希山等惯匪。其后，杨子荣带领4名战士，扮成土匪，深入宁安县蛤蟆塘一带土匪窝，摸清敌情。1947年2月6日晚，他只身打入虎穴，里应外合，活捉东北先遣军第2纵队第2支队司令、土匪张乐山以及所属25名残匪。2月23日，在追剿丁焕章、郑三炮等匪首的战斗中，杨子荣英勇牺牲。后来，为表彰杨子荣的英雄壮举，东北军区司令部授予他"特级侦察英雄""战斗英雄"光荣称号，其生前所在的排被命名为"杨子荣排"。

1947年三四月间，东北民主联军从瑷珲县沿黑龙江北上，先后解放呼玛县、鸥浦县、乌云县、漠河县4个边远县城，消灭残匪700余人。至此，黑龙江地区股匪全部被肃清，东北剿匪作战圆满结束。

东北剿匪（1945年9月至1947年4月）历时20个月，东北人民自治军、东北民主联军作战1300次，消灭土匪10万余人。许多臭名昭著的匪首，以及许多被国民党军委任的所谓军长、师长、旅长、团长等土匪或被击毙，或被活捉。缴获轻机枪1129挺，重机枪301挺，步枪51835支，短枪2807支，掷弹筒414个，迫击炮261门，山炮32门，野炮15门，平射炮34门，小炮18门，汽车134辆，马6009匹。剿匪作战任务圆满完成后，东北民主联军解除了后顾之忧，把全部主力投入正面战场。

（刘志青／撰稿）

3 剿匪英雄杨子荣背后的故事

因有小说、电影、电视剧《林海雪原》，特别是现代京剧《智取威虎山》与广大读者、观众见面，杨子荣的名字可谓家喻户晓。可是有些写杨子荣英雄事迹的文章，却有不少史实错误。有的写得不真实，有的写得笼统，有的虚拟细节，更有甚者随心所欲地歪曲史实，直到目前还有人发出令人不可思议的言论。作为一个读者、一个党史研究者，有义务也有责任为杨子荣说话。

闯关东，漂泊生活 14 年

杨子荣，原名杨宗贵，1917 年 1 月 28 日出生于山东省牟平县（今烟台市牟平区）。父亲杨世恩是泥瓦匠，母亲宋学芝是农家妇女。夫妇育有三男三女，两个早夭。杨宗福是杨世恩的长子，杨子荣是杨世恩的次子。

杨子荣 4 岁那年，家里饥寒交迫，无法度日。这年秋天，全家决定闯关东另谋生路。全家定居辽宁安东（今丹东）郊外的大沙河村。然而安东的生活也不如意，杨世恩夫妇每天从早到晚拼命地干活，仍难以维持全家人的温饱。

无奈之下，杨世恩夫妇决定各领几个孩子分开活命。杨世恩与大女儿留在安东，宋学芝带着几个孩子回山东。尽管生活困难，宋学芝还是省吃俭用供杨子荣读了 4 年书。

1929 年，杨子荣在母亲的安排下，独自去安东投靠父亲。开始，父亲让他上学。两年后，家中日子过得实在艰难，杨子荣到姐姐做工的缫丝厂当童工，挣钱补贴家用。3 年学徒期刚满时，因工厂效益不好，杨子

杨子荣生前留下的唯一一张照片

荣失业了。后来，杨子荣在岫岩一带干了不到3个月的缫丝工人。不久，他又回到安东。

在安东，杨子荣采过石头，伐过树木，有时也被人找去挖石洞。到了1935年，他到鸭绿江上当船工，在码头上扛大包、放木排，在江岸上拉纤，从事着繁重的劳动。也正是在这个时期，杨子荣熟悉了安东的山川地貌、风土人情，也接触到三教九流、行帮黑道各色各样的人，熟悉了他们的种种规则，甚至对土匪、地痞的暗语、黑话都了如指掌。这段经历，为他后来参军当上侦察员起了重要作用。

1939年，杨世恩被日伪当局抓到黑龙江当劳工。大女儿去找他，不仅未找到，连自己也下落不明。杨子荣与父亲、姐姐失去联系。1940年，杨子荣离开安东到鞍山千山当矿工。矿区生活艰苦，劳动强度大，不仅随时有生命危险，还要忍受日本监工的打骂。有一次，日本监工鞭打工友，杨子荣痛打了监工一顿。最后，在工友们的帮助下，杨子荣离开矿山。1943年春，他回到了山东牟平。回到家乡后，杨子荣参加了民兵组织，配合八路军打日军。

参军到东北，剿匪立功

1945年8月15日，日本投降。9月18日，杨子荣向本村农救会会长孙承祺报名参军。报名和体检也是孙承祺领他和另外一个叫韩克利的村民到城南雷神庙去的。10月，杨子荣被编入胶东军区海军支队。10月末，部队在莱西县水沟头村整训后，奉命向东北挺进。11月24日，部队在庄河登陆。

海军支队到庄河后，副政委李伟向驻在安东的辽南军区司令员兼政委萧华汇报工作。根据萧华的命令，海军支队更名为东北人民自治军辽南三纵队二支队。

在五常时，二支队把下属的两个大队扩编为两个团和一个警卫营、一个炮兵连。

1946年1月，杨子荣加入了中国共产党。

1月15日，二支队从五常出发，去海林县剿匪。二支队广大干部战士不畏艰难困苦，经过一面坡、苇河、亚布力、横道河子等地，于2月2日到达牡丹江以西的海林县。

牡丹江军区司令员李荆璞等领导专程前来欢迎和慰问部队，并讲清当前敌情，明确了剿匪任务。

3月22日，攻打杏树底村残匪的战斗打响，杨子荣带着尖刀班冲在最前面。由于敌人火力太猛，组织了多次进攻，都没成功。为了尽早结束战斗，减少部队伤亡，指挥部命令炮火支援。几炮打过去，敌方阵地和村寨里立刻浓烟滚滚，也隐约听到妇女、小孩的哭喊声。如果再打下去，虽然能把土匪消灭，但老百姓也将遭到更大的损失。

在炮击的间隙，杨子荣来不及向上级说明情况，对战友们说："我进村劝土匪投降。"战士们一听急了，连忙说："班长，那哪行，太危险了！"杨子荣说："为了救老百姓的命，再危险我也认了，就是死了，也值。"说着，他跃出掩体，手挥白毛巾，喊着："不要打枪。"土匪打开西门放杨子荣进了村。杨子荣进村后，先叫"同志"，再劝他们赶快投降，并大声说："外面全是民主联军，都给围上了。"

杨子荣向土匪们宣传共产党的政策，宣传剿匪部队的强大，部分土匪开始动摇。敌人分成两拨，外地土匪许大虎、王洪宾色厉内荏，叫嚣着"谁投降就枪毙谁"。家住本村的土匪头子郭福春、康祥斌顾及同村人的死活，有了投降的意思。双方发生争执，最终郭、康占了上风，杨子荣趁势又作了一番宣传，土匪们纷纷把枪扔了出来，围墙上挂起了白旗。

就这样，杨子荣用勇气和智慧化解了一场战斗，劝降400多个土匪。

战斗结束后,杨子荣荣立特等功,并被评为战斗英雄。

5月,杨子荣奉命潜入亚布力、苇河一带侦察匪情,这个地区盘踞着许福、许禄、许祯、许祥兄弟4人,有土匪600余人。部队派两个营的兵力围剿。战斗打响后,由于土匪火力密集,部队受阻。杨子荣化装成土匪,潜入侦察,搞清了匪情。原来"许家四虎"又秘密派500多个土匪增援,充实战斗力。5月20日,二支队也增派兵力,一举歼灭土匪1000余人,并活捉了"许家四虎",苇河、亚布力一带土匪完全被歼灭。

6月,杨子荣孤身一人去绥芬河侦察匪情,路过一处密林小屋,发现有土匪踪迹。他摸进匪窝,大声喊:"不许动,我们是民主联军,你们被包围了!"接着,他又诈喊:"一班堵房后,二班准备手榴弹,三班跟我抓活的。"吓得3个土匪扔枪投降,束手就擒。在审讯土匪过程中,3个土匪供出了号称"左手打枪百发百中"的"姜左撇子"匪部的窝点及兵力。二团发动突然袭击,活捉匪首"姜左撇子"及土匪100余人。二团官兵无一伤亡。

生擒"座山雕",血洒林海

1947年初,剿匪近一年,大股土匪已基本被消灭,只剩少数残余土匪还躲在深山老林,且更加隐蔽、狡猾,"座山雕"就是其中的一个顽匪、惯匪。"座山雕"本名张乐山,1880年生于山东昌潍。他15岁进山为匪,18岁就当上了匪首。清末以及奉系军阀和伪满时期,都对"座山雕"进行过围剿,但最后都让他溜掉了。1945年抗战胜利后,他被国民党委任为"国民党中央先遣军第二纵队第二支队司令"。经过东北民主联军多次围剿,"座山雕"手下只剩下20多个人。

按照以往经验,对这种小股土匪,用大部队围剿是行不通的。团里决定,由杨子荣带领5名侦察员,组成一支剿匪小分队,扮成土匪模样,进山搜寻"座山雕"的匪窝,并伺机剿灭。同时派出大部队跟踪配合。

1947年1月26日,杨子荣一行6人接到命令后,立即向海林北部的密林深处开拔。

他们在深山老林里一连转了好几天，才在一个叫蛤蟆塘的地方找到一座工棚。工棚里住了十几个人，样子像是伐木工人。杨子荣先用土匪手势和黑话试探，意思是自己遭了难，走投无路，想请人帮忙牵线，投奔山头。开始没人搭理，后来一个自称姓孟的工头搭腔。消除疑虑后，对方亮明自己身份，其中一个自称是"座山雕"的副官，一个自称是连长，他们同意带杨子荣等人进山。孟工头答应给杨子荣等人安排住处，并拿出几斤玉米面和一些盐。然后，孟工头领他们走了二三十里路，来到一个空木棚住下就走了。

几天后，孟工头和一个土匪来到杨子荣他们住的工棚。杨子荣让两名战士把土匪给绑了，并假意解释说："现在不知道是否是自己人，只好先委屈一下，到了山上再说。"两个土匪觉得到山上自会见分晓，也没太在意，就领着杨子荣他们直奔威虎山。

"座山雕"很狡猾，一路上设了三道哨卡。杨子荣他们每过一道哨卡，都让两个土匪上前搭话，然后把哨卡上的土匪也一块儿给绑了，一同押上山。过了三道卡不远，就到了"座山雕"的老巢。这是一个被当地人称作马架棚子的木棚。

杨子荣命令两名战士看好土匪后，带领其他战士冲进棚子，占据有利位置，枪口对准土匪。棚子里共有7个土匪，其中一个白头发、黑脸膛、长着鹰钩鼻子、留着山羊胡的瘦老头，这人正是惯匪"座山雕"。至此，杨子荣与战友们一举将作恶多年的"座山雕"及其下属土匪全部活捉。二团团部给杨子荣记了大功。

消灭了"座山雕"，剿匪任务并没有结束。1947年2月20日，杨子荣又领了新任务。这次是清剿土匪刘俊章、丁焕章和郑三炮。23日，杨子荣和几个侦察员向土匪所在的屋内猛扑过去。慌乱中的土匪开始操枪，杨子荣立即扣动扳机，可能是天气太冷枪栓受冻，枪没有打响。这时，从屋内射出一颗子弹正好打中了杨子荣的胸膛，杨子荣晃了几晃，便倒了下去。开枪的土匪见打中人了，吓得扔下枪冲出门逃走了。1966年"文化大革命"中，有人怀疑孟老三（孟同春）一辈子隐居山上，夏天种大烟，冬天打猎，有土匪嫌疑，于是把他揪了出来。没想到，他心中有鬼，自己招供了。交代的时间、地点、情节与杨子荣牺牲时的情景一样，后认定他就是向杨子荣开枪的人。最终，孟老三被法院判刑7年，后病死。

杨子荣倒下后，战友们爬上屋顶，揭开房盖，向屋内扔手榴弹，终于把这股顽匪消灭干净。

2月25日，二团的干部战士为杨子荣举行了隆重的公祭安葬仪式。3月17日，追悼杨子荣大会在海林朝鲜族小学广场举行。东北民主联军总部授予杨子荣"特级侦察英雄"光荣称号，他生前所在排被命名为"杨子荣排"。

杨子荣参军后就随部队去东北剿匪，由于战事紧张，加之他当侦察员有一定的特殊性和隐蔽性，所以杨子荣没有给家中写过信。因为家里不知道他在部队用了杨子荣的名字，这就给家里带来了意想不到的麻烦。

1947年腊月二十三日，村里一个从东北回来的人说，在牡丹江看到过杨宗贵，说他"一身土匪打扮，头戴礼帽，穿黑棉袄，腰间插着两支匣子枪"。这天晚上，宋学芝和儿媳被叫到村公所受到一番盘问。村干部说："人家都看见了，还能有假？"在第二年开春时，村里取消了杨子荣家的代耕，又派人把挂在他家大门口墙上的"光荣军属"牌子摘下来。宋学芝不服，一连上访多年，公社、县里和地区她都去过许多遍，单是去县里上访就有数百回之多。后来，县里认为证据不足，于1957年1月发给宋学芝一纸失踪军人证书。1958年11月，又给宋学芝发了革命牺牲军人家属光荣证。

杨子荣的妻子因为得不到丈夫的消息，又背上了"土匪家属"的黑锅，再加上女儿夭折，自己得肺结核病无钱医治，忧思成疾，在1952年秋离开了人世。1966年，宋学芝去世。老人到死也不知道《智取威虎山》里的杨子荣就是自己的儿子。

寻访杨子荣身世的经过

1947年2月杨子荣牺牲后，墓前只立了一块墓碑。碑上只记载了烈士的生卒时间是1917年至1947年，其个人简历、生平业绩则是一片空白。曲波在《林海雪原》一书中，也只是交代了杨子荣老家在胶东半岛的一个农村，甚至连杨子荣的照片都无从获得。

1966年，海林县委、县政府决定派民政局副局长关会元等一行4人去北京、胶东查寻杨子荣的籍贯、身世和家庭情况。他们先到北京找曲波。第一机械工业部造反派诬蔑曲波写《林海雪原》是为自己树碑立传，曲波正在挨批斗。曲波只说，杨子荣是胶东人。他告诉海林来的人说，杨子荣的战友孙大德也在北京。关会元找到了孙大德，孙大德也只说杨子荣是胶东人。

关会元等人又到胶东，虽然查出一些线索，但都不能认定。第一次北京、胶东之行，无功而返。

尽管初查未果，但关会元并没失去信心，他又拿出新的方案。1968年5月，关会元率调查组第二次到北京，并找到了杨子荣生前所在部队。

部队副政委姜国政是杨子荣的老战友。听到海林县派人查询杨子荣的生平情况，非常激动。他说："杨子荣为了革命事业作出巨大贡献，又献出了生命，我们作为他的战友和同志，连他的身世都说不清楚，就太对不起先烈和后人了。"在当时"文化大革命"的复杂形势下，他以部队回忆军史为由，把杨子荣在北京的老战友曲波、孙大德、刘崇礼、魏成友等人召集到一起，召开了老战友追思杨子荣座谈会。

老战友们百感交集，发言特别热烈。有的说杨子荣家在荣成，有的说在牟平，还有的说在文登，众说不一。但是谈起杨子荣的相貌和特征时，大家的口述形象却是相同的：长脸，颧骨稍高，浓眉大眼，有少许络腮胡子，身高一米七左右，爽朗、健谈。

为了保证调查工作的顺利开展，姜国政从部队抽出两名干部与海林调查组一起前往胶东，开展调查工作。一来到胶东，联合调查组就直奔烟台地委说明来意，请求协助。地委召开电话会议，要求各县区成立寻找杨子荣办公室，各县区公安、民政、武装部通力配合，支持调查组开展调查。各地通过广播、贴寻人启事等形式，查询杨子荣的籍贯、身世。仅

3 天时间，调查组就收到 127 条线索。对于其中有价值的线索，调查组找相关人员面谈、核实，但没有一人与杨子荣姓名相同。

有一天，牟平县城关公社民政干部马春英提供了一条线索：许多年前，嵎峡河村有一位老太太，老来查儿子当兵的事，可她说自己的儿子叫杨宗贵。而且，她儿子参军后一直没给家里写信。后来传说他开小差当了土匪，村里停止他家的代耕和军属待遇。老太太不服，到县里找了几百回。后来，县政府认为证据不足，于 1957 年和 1958 年先后认定杨宗贵为失踪军人、革命牺牲军人。

调查组把情况向在北京的曲波等人作了汇报。1969 年 6 月 29 日，曲波给调查组回了一封信。信的主要内容是："一、年龄，当年（1945 年）29 岁和 30 岁。二、有妻子，小孩有否不详。三、杨子荣当兵时改名参军可能性较大，否则其家属为什么多年不向我联系呢？四、中等身材，一米七至一米八。五、为人活泼、热情，能言善道，人缘好，社会知识丰富，农耕是好把式，能下力吃苦。酒色财气不沾。他曾对我的警卫员刘希茂说过这样四句话：酒是穿肠毒药，色是刮骨钢刀。财是下山猛虎，气是惹祸根苗。"

不久，调查组又根据 1968 年杨子荣老战友的回忆及曲波来信提到的情况，查访当年领杨子荣、韩克利一起到雷神庙报名、体检的孙承祺，又找到了当年村里和邻村当兵的人以及本村一些老人，还专门查访了杨子荣的胞兄杨宗福，他们所谈的情况与曲波等人的回忆是吻合的。初步确认，杨宗贵和杨子荣为同一个人。

1974 年秋天，关会元去北京让杨子荣的战友辨识一张翻拍的、放大的杨子荣照片，大家异口同声地说："这不是杨排长吗？从哪儿得到的？"与此同时，这张照片又送到嵎峡河村让村子里的老人们指认，老人们都说："这不是宗贵吗？"当照片送到杨宗福手中时，他先是泣而无语，过了一会儿，号啕大哭。

20 世纪 70 年代以来，中共海林县委县政府先后 5 次修建烈士墓碑、两次重修杨子荣纪念馆。杨子荣烈士陵园也被黑龙江省政府批准为省级爱国主义教育基地。

1991 年，中共牟平县委县政府为纪念这位智勇双全的战斗英雄，在县城中心位置建起了杨子荣广场，在城南杨子荣参军集合的雷神庙西侧，建起了杨子荣烈士纪念馆。

（李继民／撰稿）

4 "铁流千里"

——中原突围死亡之路生还的第一旅

1955 年全军评定军衔时，总干部部领导向毛泽东呈送授衔报告。当毛泽东看到皮定均按资历拟申报少将衔时，当即表示："皮旅有功，由少晋中。"此后在审阅全军将帅授衔名单时，毛泽东又在皮定均的名下注了 6 个字："皮有功，少晋中。"不久，皮定均被破格授予中将军衔，时年 41 岁。

1976 年 7 月 7 日，福州军区司令员皮定均从漳州乘直升机去东山岛三军演习现场视察。不幸的是，直升机撞毁在漳浦县灶山上，皮定均以身殉职。在其追悼会上，毛泽东送了他一生中最后一个悼亡花圈。

皮定均中将

解放军开国将帅千余人，毛泽东为何对皮定均青睐有加？这是因为在解放战争期间的中原突围中，皮定均任旅长的中原军区第一纵队第一旅立下了奇功，让党中央和毛泽东刮目相看。

一、临危受命，在 30 万敌军的虎穴中扛起了主力的大旗

1946 年 6 月，中原大地战火再起。国民党军挑起内战，蒋介石调集 30 万重兵，向中原解放区发动进攻，企图在 48 小时内全歼中原解放军 6

万官兵。

敌强我弱，军情万分危急！党中央命令中原部队"立即突围，愈快愈好"。大部队突围，谁来掩护？谁来假扮主力迷惑敌人？这个艰巨的任务落在了中原军区第一纵队第一旅（简称"皮旅"）肩上。大家都明白，担任掩护任务意味着牺牲，是不得已的"丢卒保车"之举，皮旅凶多吉少。

那么中原军区具体面临什么样的困境？皮旅面临的又是什么样的险境呢？

抗日战争胜利后，蒋介石蓄谋发动新的内战，具有重要战略地位的中原解放区以及中原军区李先念部，因阻挡在蒋介石向全国部署兵力的咽喉要道，成为首要进攻目标。

中原军区部队6万人，按照党中央和毛泽东的部署，以大无畏的牺牲精神坚守中原前哨，牵制了国民党30万军队，为华东、华北、东北等解放区做好反内战准备，赢得了宝贵时间。

此间，国民党也完成了发动全面内战的部署，在中原解放区周围先后调集了11个军26个师30万兵力，挖通战壕10万余条，构筑碉堡6000余座，将中原解放军6万人重重围困在以宣化店为中心、南北纵横不到200公里的狭小地带，妄图在7月1日发起总攻，48小时之内全歼中原解放军，为发动全面内战扫除障碍。

内战一触即发，中原解放军万分危急！

在完成牵制敌人、延缓内战爆发的战略任务后，中原局、中原军区请示党中央和毛泽东，决定于6月26日主力兵分南北两路向西突围，以第一纵队第一旅向东佯动，伪装主力吸引敌人，掩护大部队跳出包围圈。

远在延安的党中央和毛泽东，时刻关注着深陷虎穴的中原军区。6月23日，毛泽东电复中原局："同意立即突围，愈快愈好，不要有任何顾虑，生存第一，胜利第一。"

第一旅旅长皮定均，安徽省金寨县人，14岁参加红军，在鄂豫皖苏区四次反"围剿"斗争和创建川陕根据地的斗争中，作战勇敢，不怕牺牲，后随红四方面军长征到达陕北。抗日战争时期，皮定均率豫西抗日先遣支队跨过黄河天险，在日、伪、顽的层层包围下，创建了豫西抗日根据地。抗战胜利后，率部南下桐柏山，后编为中原军区第一纵队第一旅。

一旅下辖3个团，6000余人，驻扎在光山县泼陂河地区的白雀园，位于中原部队驻区的最东面，守卫着中原解放区的东大门。

国民党判断中原部队主力会向东突围，故将主力布置在东、南、北三个方向，仅在一旅正面商城潢川一线，就汇集了4个正规军和3个保安团、3个民团，并在一旅阵地的东南面构筑工事，构筑了纵深二三十里的封锁区，又在东北面的潢川平原留一缺口，妄图当解放军突围时诱我进入其设下的陷阱。中原部队主力向西突围，一旅防区就成为保障主力突围侧后方安全的主要屏障，也成为国民党军的重点进攻目标之一。

6月24日下午，一旅旅长皮定均和政委徐子荣接到纵队急电，从旅部驻地白雀园疾驰40多公里，到达泼陂河纵队作战处。纵队司令员王树声向他们传达了党中央和中原局的指示精神，命令一旅从即日起，想尽一切办法拖住敌人，向东行动，迷惑敌人，掩护主力向西突围，使敌人3天之内找不到中原军区部队主力的行动方向，待掩护主力越过平汉铁路后，一旅即可根据具体情况自行选择突围方向。

当晚，皮定均和徐子荣赶回白雀园，迅速召开旅党委会议，制订作战计划。皮定均当夜即布置一团、二团向东、东南、东北方向移动，摆出与敌决战姿态，以吸引敌人的兵力，造成大部队向东集结的气势，把敌人的注意力吸引到东面来，便于主力向西突围。

皮旅的声东击西之计果然奏效。6月26日拂晓，国民党军对中原部队发起围攻。由于被一旅的行动搞得摸不着头脑，不知中原军区部队主要意图是什么，西进的部队是少数还是多数，是主要的突围方向还是佯攻方向，所以东线之敌尚不敢轻举妄动，只是试探性地进攻，大大减轻了向西突围的中原军区主力的压力。

到了下午，国民党军察觉第一纵队主力已向宣化店移动，攻势骤然猛烈起来。敌人兵分三路，从正东、东南和东北方向，向一旅阵地扑来。

面对强敌的多路进攻，一旅各团沉着应战，利用工事、丘陵、山沟、稻田、河道等有利地形,坚决阻击,节节抵抗,敌人每前进一步都要付出重大代价。至傍晚,国民党军在一旅的顽强阻击下,未能越防区一步。

在一旅于东面顽强抗击进攻之敌的同时,6月26日晚,中原军区又命令鄂东军区独立第二旅秘密接防中原军区司令部,伪装成中原军区司令部,为一旅减轻了压力。

二、瞒天过海,6000余人隐藏于敌人夹缝之中

突围方向与主力背道而驰

6月24日下午,皮定均接到王树声命令后,就在思考,为了中原军区的大局,"丢卒保车"全旅上下毫无怨言,但"保车能不能不丢卒"呢?一旅官兵都是他从抗战中出生入死拉出来的战士,这个"卒"可是6000多条生命,6000多名抗日精英啊,他不甘心也不忍心!于是,他和旅党委接受任务后,一面部署部队阻击敌人,一面思考在完成掩护主力任务后的生存问题,研究如何创造"保车不丢卒"的奇迹。

完成阻击任务后呢?主力越过平汉铁路,一旅背后没有了依托,四面全是敌人,又将向哪个方向突围呢?

"西进,去追主力!"有人在旅党委会上提议说。但这个建议被否决了,理由很简单,如果尾随主力西进,势必把敌人全部引向西,这对主力极为不利,而且把自身置于30万敌军的围追堵截之中,有被前后夹击的危险。

向南,有长江天险,一支孤军要突破它是绝对不可能的。

向东北或向北?黄淮平原和纵横交错的河流,眼下正是黄梅雨季,要连续渡河是不可想象的。

那么只有唯一的方向——东面,与主力背道而驰,把追兵引向东,减轻主力的压力,但东面有敌4个军,还有反共老手顾敬之的地方武装。面对十几万敌军,历时半年,打下的几十道铁箍,以区区数千人之旅、疲惫之孤军闯如此雄关,无疑是以卵击石。

然而，"敌人守备最坚固的地方，也有可能是最薄弱的地方"。皮定均思考，主力西进可以瞒住敌人一时，但无法长久隐瞒，敌人一旦得知主力西进，东部兵力会拥向西部，东部就会转变成为敌人守备的薄弱环节。

就这样，一旅突围的方案确定了，皮定均和徐子荣商量后决定向东突围。但是如何突围呢？这确实是个难题，向东突围，这时敌人主力还没有离开，现在向东突围是自投罗网。

旅党委有人提出："集中火力，选择敌人两军的间隙强行突破，劈开一条血路，沿着大别山脊向东插。"这个方案一提出来，马上有人反对："这样一来，就马上暴露了我们的企图，我们很难脱身。"

还有人说："向东南，直奔大别山腹地，这样走还可以避开顾敬之的土顽势力。"这条路，皮定均也考虑过，还派人去实地侦察过，但是那里地形复杂，必须强占高地，而且很难做到避实击虚，只能硬突，敌人十几万人马，怎么也能把你堵住。"可以化整为零分散突围。"还能化零为整吗？这是以逃命为主的无组织行动，是绝对不能采取的。皮定均态度严肃，会议有点僵。

一直没怎么发言的徐子荣说话了："来个回马枪：完成掩护任务后，我们全线出击，然后一收，在哪儿藏起来，等敌人出击，他追过去，我们再往东插。问题是一个旅，防守20多公里宽的正面，怎么收？向前一个佯攻，这好办，可紧跟着收下来，在敌人的眼皮底下藏兵，谈何容易？"徐子荣的话提醒了皮定均。他立即想到了一个可以藏身的地方：刘家冲。

皮定均的儿子皮效农回忆说："父亲对山川地形地貌的把握有着惊人的记忆力。抗战时他在一二九师刘伯承手下当团长，有一次骑马去师部见刘师长。一到师部，刘师长问他一路上经过几座山、几条河、几个村庄，叫什么名字，什么地形，把他问住了。他只顾骑马赶来，没有想到其他的。但从那以后，他就多了一个心眼。凡是走过的山川河貌，他都一一默记在心。部队一到宿营地，他就去看地形地貌。中原突围时，皮旅隐蔽在刘家冲那个小山沟里，就是父亲在白雀园驻地附近的一个地方，他早就看中了这个隐蔽之地，这片黑松林里最终隐藏了皮旅6000人马。"

刘家冲是个小山村，只住有六户人家，小丘陵地带，树木茂密，位于敌军主力的接合部，在敌军运动的两条公路之间。这里没有大山，在敌人看来是不可能隐藏大部队的。别说敌人没想到，就是一旅的官兵也没有想到旅长会下这步险棋。皮定均正是利用敌人的这种麻痹心理，作出了这个大胆的决定。

狂风暴雨夜幕下的转移

6月26日一整天，一旅顽强阻击敌人，炮声隆隆，杀声震天。皮定均采取了支撑点式的防御体系。每个支撑点都是一个山包，每个山包都自成一体，但相互之间又火力交叉，阻击着敌人的推进。皮定均在指挥所里注视着敌人的行动。望远镜里，敌人进攻的队形像潮水一样，一浪退下去，一浪又涌上来，但一次又一次被一旅击退。

"敌人盯得这么紧，怎么才能把部队收回来呢?"皮定均在思索着。到了中午，突然出现了转机。原来忽紧忽慢的阵雨骤然变成了狂风暴雨，电闪雷鸣，一片混沌，几米之外不见人影。

这真是千载难逢的机会。

"出击! 把敌人赶得远一点，撤下来，前面留一个营。"皮定均果断地下了命令。随后，他又对作战科科长许德厚说:"你马上去一团，让他们完成掩护任务后，立即去刘家冲。记住，要在两点钟赶到。"这是他第一次透露隐蔽点。

不久，隐隐响起了冲锋号声、机枪声、步枪声。枪声减弱后，只有风雨在狂虐地呼啸。一个旅防守20多公里，只用了半个钟头就收起来了。皮旅的几千人马悄然无声地撤下阵地，与风雨融成一体。

6月26日晚，皮旅冒着狂风暴雨出发了。除了几个旅、团领导外，没有人知道将要去何方。被踩得稀烂的路面转眼间就被暴雨砸平，没有留下半点痕迹。将近黎明时，皮定均收住了脚。一夜强行军40多公里，终于到了刘家冲。

一轮朝阳，照着近在咫尺的东、南两条公路。国民党军十几万人，几百门大炮，上千辆汽车，向西紧追，藏在树林里的 6000 多名指战员都能感觉到地面在颤动。

倘若敌人的行军队伍有侧方搜索队，倘若敌人对沿途经过的那些大大小小的树林射击试探，倘若有几个战士溜出队伍去抓鸡，倘若有奸细去告密，情况又会怎样？那样一旅将插翅难飞，陷入四面受敌，被彻底围歼的境地。皮定均的胆量是超人的，他的这一招实在是太出人意料了。

当然，皮定均采取了周详的措施，四周布置了严密警戒，骡马全部扎紧嘴巴拴在百姓家里，部队隐蔽在树林里，不准生火不准吸烟，甚至连咳嗽都必须用手捂住。深夜，担负阻击的三营也悄然撤到刘家冲与主力会合。

6 月 27 日晨，雨过天晴，刘家冲两边公路上十几万敌军还在频繁运兵。皮定均在思考着下一步行动方案。

几天了，皮定均没有收到主力部队的消息。他想，主力刚过平汉铁路，紧急西进，无暇架电台，自然也就联系不上。连着几天行军，只要一停下来，他总是叫电台台长顾玉平架起无线电台呼叫，但还是没有消息。

无奈之下，皮定均叫电台直接联系延安总部。开始也是没有回音，后来电波传来了党中央、毛泽东的指示，只有两个字，重复地出现了好几遍："快走！快走！快走！快走！"

消息传开，旅部一片欢腾。

三、险象环生，历经三次突围转向，打了三场恶仗

离开刘家冲，皮定均率领一旅东进突围，险象环生。他们在国民党军壁垒森严的合围中声东击西，出奇制胜，化险为夷，又历经三次突围转向，打了三场恶仗。

三次突围转向

1946 年 6 月 28 日，国民党郑州绥靖公署主任刘峙察明中原军区主力向西转移的行动后，命令整编第四十七师、整编第七十二师新三十一

旅、三十四旅等部队跟进、堵击,"务必在平汉路东予以歼灭"。同时,对不知去向的一旅,继续以新十三旅、一七四旅对白雀园、余家集地区进行"搜剿"。

6月28日清晨,皮定均率一旅从刘家冲出发,出其不意,向西南疾进,避开新十三旅在余家集一线的堵击,揳入周家山以西阵地,在九龙山歼灭国民党军一个连,巧妙地跳到了新十三旅的背后,当夜宿营易家田铺。这是一旅突围中的第一次转向。

6月29日,国民党整编第七十二师发现了一旅的去向,急令新十三旅下辖的三十九团、三十七团和三十四旅一〇一团合击一旅于易家田铺。然而,一旅29日凌晨突然90度大转弯,向东南突围,直穿潢麻公路,以迅雷不及掩耳之势,突破了敌人的封锁线,国民党军的合击计划落空。这是一旅突围中的第二次转向。

国民党整编第七十二师看到一旅向东南突围后,又命令新十三旅尾随追击,十四旅在黄土岗地区堵击。皮定均率领一旅又向东疾进。为了突破黄土岗地区第十四旅的防线,皮定均让旅先遣侦察队化装成整编第七十二师的谍报队,智取了旗杆店,俘虏国民党军24人,缴枪21支。这是一旅突围中的第三次转向。

打了三场恶仗

大牛山之战——突围中的第一场恶仗。

6月30日,一旅抵近商城境内的瓦西坪,准备翻越大牛山。大牛山高耸入云,层峦叠嶂,是进出鄂豫皖三省的天然要道,国民党军在这里部署三十四旅一〇一团一个营抢占了瓦西坪高地进行截击;利用商城顾敬之保安团和立煌保安团占据了瓦西坪西南侧、西北侧高地,对一旅形成夹击之势。同时,一〇一团后续部队也赶往瓦西坪。

一旅刚进入瓦西坪就遭到国民党军的袭击,如不迅速杀开血路,就会被围歼。皮定均命令一团团长王诚汉:"动作要快要猛,像撕布一样撕开一个口子!"政委徐子荣号召指战员:"抢过大牛山,向党的生日献礼!"

　　一团三营七连担任主攻，九连助攻，八连是预备队。七连抽 20 名战士组成突击队，每人 5 枚手榴弹，在全连机枪的掩护下一鼓作气冲上高地，国民党军狼狈溃逃。

　　一旅占领瓦西坪高地后，遭到国民党军的猛烈反扑。敌人连续两次集团冲锋都被一团击溃。在一团的掩护下，二团、三团和旅直强行越过大牛山。此时，大雨滂沱，全山被云雾笼罩，国民党军失去目标无法追击。7 月 1 日晚，一旅全部越过大牛山。

　　大牛山一战，一旅不仅突破了国民党军的包围封锁，还成功地甩掉了追兵。

　　青枫岭之战——突围中的第二场恶仗。

　　告别大牛山，一旅在吴家店进行短暂休整，安置伤员，补充给养。国民党军侦察得知一旅抵近吴家店后，又急令五二七团星夜赶往吴家店地区进行阻击。同时集中 2 个旅 8 个团的兵力进行围堵，企图将一旅围歼在大别山区。

　　7 月 10 日，一旅在青枫岭遭到国民党军挺进纵队第二团的堵击。青枫岭山势陡峭，人马难以通行。国民党军抢先占领了青枫岭主峰，居高临下用机枪封锁了一旅的前进道路。皮定均命令二团坚决拿下青枫岭，保障全旅通过。

　　二团团长钟发生、政委张春森迅速作出部署：二营担任主攻，一营侧攻。二营四连、六连指战员攀上几丈高的哨壁，穿过没有道路的灌木丛林，用绑腿吊上悬岩，用柴刀、刺刀开出了一条通道，登上了青枫岭的一座高峰。同时，一营一连、二连向青枫岭迂回发起冲锋，两股力量冲上山顶与国民党军展开了白刃战，经过两个多小时激战，终于攻占了青枫岭，并追击了 5 公里。此战，毙国民党军 200 余人，俘 19 人，打通了通往淠河的道路。

　　淠河之战——突围中的第三场恶仗。

　　磨子潭是大别山东陲门户，位于淠河西岸，山陡水急，地势险要，三座大山壁立对岸，突破敌人围堵必须渡过淠河。

一旅向磨子潭疾进时,国民党整编第四十八师一部正朝磨子潭赶来截击。为抢在敌人前面渡过淠河,皮定均命令先头营抢先渡河,并命令工兵排搜集材料抢搭浮桥,保障全旅过河。

谁知抢先渡过淠河的先头营发生了意想不到的情况。先头营营长显然没有意识到形势的严重性,过河之后只派一个连占领山头,突围行军已经13天的官兵疲惫到了极点,营长和两个连在山下睡起大觉。占领山头的一连官兵都由大别山子弟组成,因不愿意离开家乡,集体跑回到大别山打游击。在山下睡大觉的两个连差点被摸上山的国民党军包了饺子,险些给全旅造成灭顶之灾。

河对岸山顶上响起了敌人的机枪声,曳光弹在河面频频划过,工兵架起的简易浮桥一再被洪水冲垮。

一旅面临危急时刻,皮定均没有惊慌失措。他冷静地命令一团火速徒步涉河,协助对岸先头营保护渡口。

凌晨,王诚汉率一团在河东三团的掩护下徒步过河。国民党军以轻重机枪的密集火力封锁河面。渡河部队利用夜暗和大雨的掩护,拼死强渡。登上东岸后,与先头营会合占领渡口,掩护大部队过河。

三团在强渡淠河时,三连被敌人切断,与主力失去联系,后被鄂东军区独立第二旅第五团收编。

一团发起渡河攻势后,皮定均继续沿河侦察,终于获知上游几百米的地方水位比较浅,适合部队徒涉。全旅数千人手拉手渡过了淠河,化险为夷。

7月13日,皮旅终于撇开纠缠不休的国民党军,急行军到达大别山最后一个山坡——东山坡。

四、过关斩将,巧用奇兵闯三关,会师皖中平原

在东山坡,皮定均进行了突围中最为艰苦的行军动员:争取在5天内飞越皖中平原,突围到华中根据地。一旅进入皖中平原与新四军会合,又遇到了三大险关。

攻占毛坦厂是第一关。

离开东山坡,一旅向东南方向机动。当得知国民党军正从桐城方向而来时,皮定均决定掉头北进,将敌人甩掉。

7月13日,一旅先遣侦察队攻占了大别山东麓出口处的毛坦厂,歼灭民团局20余人。

在毛坦厂,皮定均和徐子荣组织召开旅党委会,决定咬紧牙关,神速行动,争取在敌人部署完成前,穿越皖中平原,争取突围的最后胜利。

全旅所有炊事担子、公文箱、走肿蹄子的骡马、个人用品全部精减掉,只留下一身单衣和武器弹药,轻装前进。

奇袭吴山庙是第二关。

离开毛坦厂,一旅以每昼夜50多公里的行军速度闯进敌人心脏地区。

7月15日拂晓,一旅抵达官亭镇。这里由伪军改编的民团把守。一旅三团前卫第一营以突袭方式将睡梦中的100多名民团官兵俘虏。接着,继续向东北方向前进,沿途多次击退国民党地方武装的袭扰和阻击。

7月16日,一旅到达吴山庙。这里由国民党寿县保安队驻守。皮定均决定采取奇袭方式夺取吴山庙,一团前卫九连化装成国民党军,三下五除二,没费一枪一弹就俘虏保安队30余人,向津浦线飞奔。

7月19日中午,一旅到达红心铺,离津浦铁路只有20多公里,跨过津浦路就是苏皖解放区了。

突破津浦线是第三关。

7月18日,国民党军12个旅的兵力,自徐州、夹沟、固镇地区分三路进攻淮北津浦路东解放区,将重兵屯集在津浦路沿线。他们利用日军留下的碉堡、工事和护路沟,严防一旅通过津浦线。

为防止一旅闯过最后的防线,国民党第八绥靖区命令整编第七师一七二旅两个团和整编第四十八师一三八旅在明光一线全力进行堵截。

一旅党委在红心铺召开紧急会议,皮定均指出,不惜一切代价在翌日6时从明光与管店之间突破津浦铁路线,并作了战斗部署:全旅编成两个行军纵队，以旅直和第一、第三团为右路纵队，第二团为左路纵队，急速行军向津浦路挺进。

7月20日晨，一旅到达津浦路边。这时，一列满载国民党部队的装甲列车赶来截击；铁路两侧碉堡内的敌军也以轻重机枪疯狂扫射，配合装甲列车将正在过铁路的一团截成两段。与此同时，明光、管店、滁县的国民党军分5路出动，企图从两翼钳击。

危急时刻，皮定均命令三团截住滁县方向之敌；二团堵击明光、管店之敌；工兵排点燃炸药阻止装甲列车；全旅迫击炮集中轰击敌人车站据点，掩护一团冲过津浦路。

一团指战员从铁路两侧奋不顾身跃上路基，攀上装甲列车，将集束手榴弹投进车内。国民党军遭受重大杀伤，向明光方向仓皇逃去。经过3个小时的激战，一旅终于在7月20日10时全部越过津浦线。

越过津浦线后，一旅向嘉山全速前进，与前来接应的淮南军区嘉山支队会师。

当年《新华日报》刊载此胜利突围消息时，以《谨向皮定均将军所部致敬》为题发表社论："我中原军区皮定均将军所部，突破蒋军重围，历尽千辛万苦，于七月二十日胜利到达苏皖解放区某地。证明了共产党军队是消灭不了的，人民的军队是不可战胜的力量。"

北路突围部队1.5万人在中原军区司令员李先念、政委郑位三的率领下，历时36天，行程1000余公里，冲出重围，胜利实现了从宣化店到陕南的转移；南路突围部队1万余人，在王树声的率领下，突出重围，与武当山地区的鄂中军区部队6000余人胜利会师，成立了以王树声为司令员兼政委的鄂西北军区，创建新的根据地。

中原突围历时36天，粉碎了国民党30万人的围追堵截，蒋介石限期全歼中原部队的阴谋彻底破产。

担任掩护中原军区主力突围任务的鄂东军区独立第二旅也付出了巨大牺牲。完成掩护任务后，独立第二旅进入大别山区，全旅建制被打乱，坚持分散打游击，直到1947年9月与千里跃进大别山的刘邓大军会师。

1949 年 4 月，皮定均在渡江战役前夕亲临江边察看地形

中原突围绝路逢生的皮旅成建制抵达苏皖解放区。他们是中原军区突围最早、保存最完整的部队，创造了中国革命战争史乃至世界战争史上的奇迹。事隔 21 年后，周恩来在人民大会堂接见来自各地的党政军主要负责人时，看到了皮定均，笑着说："你过去带领的那个皮旅打仗真行啊！在中原突围时虽然只是一个旅，但中央是把它当作一个方面军使用哩！"

突出重围的皮旅被改编成华中野战军第十三旅，后来又扩充为独立师，转战华中、华北，参加了苏中、莱芜、孟良崮、临汾、太原等战役，在解放战争中屡立战功。

(焦予玲、杨凤霞 / 撰稿)

5 解放战争中被授予光荣称号的那些雄师劲旅

在炮火纷飞的解放战争中，人民解放军能战之师不计其数，但能获得光荣称号的却屈指可数，因此更加显得弥足珍贵。在所有光荣称号中，以如下 9 个被授予团以上部队者最为著名。

力克鲁中堡垒，"潍县团"首获殊荣

"潍县团"：华东野战军第九纵队二十七师七十九团。

潍县位于胶济线中段，是解放战争中国民党军在山东腹地的重点设防城市，号称"鲁中堡垒"。潍县分东西两城，城防极其坚固，拥有以 3 道防线为主的大纵深工事；城墙高达 10 米，从上到下火力点密布；城墙之外，土城寨、护城河、布雷区、子母堡群、鹿寨、拒马、铁丝网等不计其数。由于工事坚固，潍县城防号称"固若金汤"。

1948 年 4 月，在内线反攻的大形势下，华东野战军山东兵团（司令员许世友，政治委员谭震林）把目光投向了潍县。鉴于潍县城防坚固，山东兵团对潍县攻坚战给予了前所未有的重视，总计动员部队多达 54 个团，投入数量空前的 893 门火炮，明确由擅长攻坚的第九纵队担负主攻任务。

4 月 8 日，山东兵团包围了潍县。之后，山东兵团陆续清除潍县外围据点，并大量挖掘隐蔽工事，仅第九纵队就挖掘构筑交通沟 7.2 万米，隐蔽洞 2.3 万个，地堡 400 余个。

一切准备就绪之后，山东兵团于 4 月 23 日黄昏，集中 200 余门火炮对潍县西城展开猛烈炮击。在一阵地动山摇中，第九纵队从北部发起猛

"潍县团"的官兵在奖旗前合影

烈攻击。第九纵队二十七师七十九团用连续爆破的手段,突破北门城墙,七十九团五连首先突入城内。潍县国民党军迅速展开疯狂反扑。为掩护后续部队入城,七十九团组织精锐力量,在城墙突破口与守军连续激战长达20个小时,其间双方使出全部手段,反复争夺每一寸城墙、每一尺阵地。在七十九团的顽强坚持下,解放军攻城部队陆续入城,于24日20时解放了潍县西城,之后又一鼓作气,解放了潍县东城。

潍县攻坚战标志着山东兵团的攻坚能力跃升到了一个全新的层次,在山东战场的反攻史上具有里程碑式的意义。为表彰第九纵队二十七师七十九团的赫赫战功,华东野战军授予该团"潍县团"光荣称号。这是解放战争中首次授予团级单位光荣称号。

强攻"卧牛城","临汾旅"爆破建功

"临汾旅":晋冀鲁豫军区第八纵队二十三旅。

就在华东野战军山东兵团发起反攻的同一时期,执行内线作战的晋冀鲁豫军区部队,把反攻利剑指向了晋南重镇临汾。临汾为晋南第一大城市,且是同蒲铁路南段的重要枢纽。

临汾城建在一个内高外低的大土丘上，状似卧牛，有"卧牛城"之称，地形特殊，工事坚固。据当地人传言，临汾城历史上从来没有被攻破过，连李自成也曾望城却步。临汾守军为阎锡山部2.5万余人，拥有各类火炮590余门，统归阎锡山的第六集团军副总司令兼晋南武装总指挥梁培璜指挥。

1948年2月，晋冀鲁豫军区专门成立了前方指挥所，由军区第一副司令员徐向前担任司令员。在此之前，晋冀鲁豫野战军主力已随刘邓和陈谢两路大军出击中原，因此能够用于进攻临汾的野战部队严重不足，仅有第八纵队、第十三纵队等部共5.3万余人，各种火炮127门。

3月7日，徐向前指挥部队发起进攻，但由于火力不够、攻坚经验不足等原因，攻城作战屡屡受挫。为攻克临汾，徐向前两次调整攻城部署，并大规模采取坑道作业。

4月10日，双方以东关为中心展开激烈交锋。第八纵队二十三旅同时爆破3条坑道，炸开2个大缺口，乘烟雾登上城头，向纵深勇猛突击，11日上午攻占东关，取得了临汾攻坚战的一大突破。

在此之后，临汾守军继续拼死抵抗，并采取挖掘防御坑道，设置听音缸等手段破坏攻城部队的坑道作业。临汾攻坚战被迫进入坑道对坑道的极端艰苦阶段。临汾久攻不下，一些领导干部逐渐产生了放弃的想法。关键时刻，朱德对临汾攻坚战给予大力支持。他明确提出："打临汾决不可自动放弃，更不可由后方下命令叫他放弃。"徐向前回忆说："朱总司令的果决、信任和支持，给我们很大鼓舞。"

双方的较量持续到5月16日时，攻城部队全线构筑的24条坑道中有22条遭到破坏，只有第八纵队二十三旅的2条坑道成功避开深20米的防御外壕，挖到了城墙底部。两条坑道均长110米，分别装有黑色炸药6200公斤和黄色炸药3000公斤。5月17日19时30分，徐向前亲自向二十三旅下达爆破命令。伴随着惊天动地的爆炸声，城墙被炸开了两个宽分别为37米和39米的大口子。爆炸的硝烟尚未散去，二十三旅即登上城垣，沿着城墙向北奋勇突击，迅速占领城池东北角。当日24时，临汾获得解放,梁培璜逃出城后被俘。

临汾攻坚战是解放战争中最艰难的攻坚战之一,前后长达72天,解放军总计投入约7万部队,伤亡1.5万余人,毙伤国民党军0.5万人,俘敌1.8万余人。单就伤亡数据而言,解放军竟然高达国民党军3倍,战役之惨烈可见一斑。坑道推进和炸药爆破是临汾攻坚战的两个重要特点,也是攻坚成功的重要原因,整个攻坚战总计消耗炸药5万余公斤,是辽沈战役消耗炸药量的2.6倍。

此次作战,第八纵队二十三旅多次在关键时刻决定战局走向,经报中央军委批准,由晋冀鲁豫军区前方指挥所授予"临汾旅"光荣称号。第八纵队二十三旅是解放战争中唯一获得光荣称号的旅级部队。

挥师汉水,"襄阳特功团"人梯登城楼

"襄阳特功团":中原野战军第六纵队十七旅四十九团。

襄阳和樊城分立汉水南北两侧,合称襄樊,自古即为兵家要地。罗贯中写的120回《三国演义》中,有多达32回的故事发生在襄樊,李自成、张献忠也都曾攻打过襄樊。襄、樊二城中,襄阳三面环水,一面靠山,尤其易守难攻。东汉末期的名将孙坚曾攻克樊城,但最后却战死在襄阳岘山。国民党军在襄阳设立第十五绥靖区司令部,由蒋介石心腹康泽任司令官。

1948年7月7日,中原军区筹划已久的襄樊战役打响,桐柏军区司令员王宏坤为总指挥,中原野战军第六纵队司令员王近山直接指挥襄阳作战。王近山是中原野战军中的著名悍将,绰号"王疯子",也是电视剧《亮剑》主角李云龙的原型之一。

从7月7日至10日,解放军对襄阳发动猛烈攻击,第六纵队十七旅四十九团连续攻占琵琶山、真武山两处要点,但国民党军依靠坚固工事顽抗,解放军遭受很大伤亡,始终未能拿下虎头山和羊祜山两个主阵地。历史上,攻襄阳者必先攻山,解放军进攻南山失利,标志着襄阳攻坚战遭受重大挫折。在此期间,根据国民党军华中"剿总"总司令白崇禧的命令,

樊城守军弃城向襄阳靠拢，解放军面临的形势因而更加严峻。

7月11日，王宏坤向刘伯承和邓小平报告攻打襄阳的情况，并提议重新考虑进攻作战。后经与王近山等人商议，王宏坤改变主意，决定不惜一切代价拿下襄阳。王近山决心打破历代兵家惯例，改变主攻方向，撇山攻城，直取西门："城南高地与汉水之间，有一条狭长的走廊直通西门，虎头山、羊祜山主峰敌火力不能直接对它造成封锁。由于中隔琵琶山、真武山，敌人也不会倾巢下山反扑。若将攻城重点置于西门，利用已攻占的琵琶、真武二山，切断主峰守敌下山的通路，打通城西走廊，可一举直达襄阳西关。"

根据新的部署，7月13日，第六纵队控制了攻击西门的唯一通道——西关大石桥，继而采用近迫作业办法向前推进。15日20时30分，解放军对襄阳实施30分钟的炮火准备，21时整发起总攻。第六纵队十七旅四十九团突击队在炮火掩护下，采用连续爆破方式将城墙炸开一个缺口，冲至城下架梯登城。

国民党军全力反扑，打断了登城梯，并以密集火力对解放军实施杀伤。排长李发科用肩膀架起人梯，在战友的拼死掩护下，将2名战士送上城楼。后续部队奋勇跟进，控制了突破口，并连续打退国民党军10余次反扑，主力部队趁机入城。双方激战至16日19时，解放军获胜，活捉康泽。

襄阳攻坚战是中原军区获得的一次重大胜利，也是王近山在解放战争中的得意之作，朱德赞其为"小的模范战役"。第六纵队十七旅四十九团是役战功卓著，战后被中原军区授予"襄阳特功团"光荣称号。为了这一荣誉，第六纵队十七旅四十九团付出了十分惨重的代价，团长苟在合在琵琶山战斗中踩响地雷牺牲，年仅34岁。

决战泉城，"兄弟团"攻破城垣

"济南第一团"：华东野战军第九纵队二十五师七十三团；

"济南第二团"：华东野战军第十三纵队三十七师一〇九团。

解放战争进入第三个年头时,解放军已先后解放石家庄、四平、洛阳、潍县、临汾、兖州、襄樊等有影响力的城市,却从来没有攻克一座10万人以上部队坚固设防的大城市。随着战争进程加快,如何攻克国民党军重兵设防的大城市,成为亟待解决的关键问题。1948年9月,中共中央政治局会议明确提出要闯过"两关",其中之一就是攻克国民党军10万人以上部队守备的大城市。济南攻坚战就是在这一背景下发生的。

济南是国民党军长期经营的一个战略支撑点,仅外围防御地带主阵地就拥有160余座永久性、半永久性碉堡,纵深达10余公里。济南国民党守军11万人,由第二绥靖区司令官王耀武统率。王耀武是国民党军中一流的名将,擅长防守作战,抗战时曾坚守上高,令强大的日军铩羽而归。

为攻克济南,解放军周密筹划,以华东野战军14万兵力组成攻城集团。其中以第三、第十纵队等部组成西兵团,以第九纵队等部组成东兵团,以第十三纵队为预备队。华东野战军代理司令员兼代理政治委员粟裕为济南战役总指挥,山东兵团司令员许世友直接指挥攻城作战。

9月16日,济南攻坚战打响,华东野战军从东西两个方向展开猛烈攻击,突破外围阵地,22日黄昏逼近济南外城。其间,预备队第十三纵队投入西兵团作战。王耀武判断,华东野战军经过连续作战,势必要休整三五天才能进攻济南城。但就在当晚6时30分,解放军突然集中炮兵实施抵近射击,继而发动猛烈突击,23日下午占领外城,逼近内城阵地。

内城是济南防御体系核心中的核心,城垣高14米、厚10—12米,前有地堡、鹿寨、梅花桩等障碍,堪称坚不可摧。此时解放军连日突击,各部均十分疲惫,但为了乘胜歼敌,仍然决定立即进攻内城,不惜代价争取胜利。9月23日18时左右,解放军的火炮再一次发出雷鸣般的怒吼,攻击内城的行动正式开始了。

第十三纵队三十七师一〇九团为西面主攻。突击期间,突击队2个营与团指挥部的联系被国民党军炮火切断,但营、连指挥员果断决策,组织连续爆破，经连续 4 次冲击后，艰难登上内城城墙。第九纵队二十五师七十三团担任东面主攻，经连续爆破后突入城中 2 个连，不料护城河浮桥突然被国民党军炮火打断，后续部队无法迅速跟进。王耀武趁机指挥反击，两军在城内展开激烈肉搏，最终王耀武凭借绝对优势兵力，封闭了突破口，解放军第九纵队入城的 2 个连全部牺牲，第十三纵队入城官兵仅有部分幸存人员仍在艰难支撑。

第一次突击失败后，解放军并没有气馁，经过紧张周密的准备后，于 24 日 2 时再次发起强大突击。在一轮又一轮持续激烈的交锋之后，国民党军终于撑不住了。2 时 25 分，东兵团首先突击成功，第九纵队二十五师七十三团三营七连班长李永江第一个登上城墙。拂晓时分，第十三纵队三十七师一〇九团也从西南角再次打开突破口。9 月 24 日黄昏，济南攻坚战以解放军的完胜而宣告结束，10 余万国民党军遭到歼灭，王耀武化装出逃，不久后被俘虏。

"济南第一团"

济南攻坚战的胜利，首创攻克国民党军 10 万人以上部队坚固设防大城市的纪录，以此为标志，解放军实现了胜利之路上一次艰难而伟大的跨越。美国人连连惊呼："共军已变得强大到足可攻击并可能攻克长江以北任何城市。"美联社甚至把攻克济南称作是一个"动摇蒋介石政权根基"的军事胜利。重大胜利的背后是无数勇士的默默献身。此战解放军一共付出了 2.6 万人的重大伤亡，其中第三纵队八师师长王吉文、第十三纵队三十七师政治委员徐海珊等 2930 名官兵永远地离开了。

济南攻坚战中，第九纵队二十五师七十三团和第十三纵队三十七师一〇九团连续作战，勇猛突击，分别从东、西两面打开了入城的突破口，成为关键时刻的关键力量。战役结束后，中央军委分别授予这两个团"济南第一团"和"济南第二团"光荣称号。

浴血塔山，一举打出 4 个英雄团

"塔山英雄团"：东北野战军第四纵队十二师三十四团；

"白台山英雄团"：东北野战军第四纵队十二师三十六团；

"守备英雄团"：东北野战军第四纵队十师二十八团；

"威震敌胆"：东北野战军第四纵队炮兵团。

1948 年 9 月，以东北野战军南下北宁线为标志，辽沈战役正式拉开帷幕。辽沈战役第一阶段以进攻锦州为中心，同时在塔山地区进行了以保障为目的的阻击作战。战场之上，形势往往变幻莫测。辽沈战役之前，谁也不曾想到，本属次要作战的塔山阻击战，会以空前的激烈悲壮在历史上留下永恒的印迹，并催生出一大批英雄团体。

东北野战军进攻锦州的作战，彻底引爆了国共之间的大决战。蒋介石亲自出马，紧急协调"华北王"傅作义，集中共计 11 个师的强大兵力，组成东进兵团，向东增援锦州。与此同时，国民党军还从沈阳抽调精锐组成西进兵团，意在东西对进，联合锦州守军，夹击东北野战军于锦州城下。林彪对华北国民党军的迅速反应，一度产生了很大顾虑："准备的是一桌菜，上来了两桌客，怎么办？"经过慎重考虑，林彪紧急调整部署，以

第四、第十一纵队和热河 3 个独立师,在塔山地区进行阵地防御作战,坚决阻击国民党军东进兵团。

10 月 10 日至 11 日,锦西的国民党军在五十四军军长阙汉骞指挥下,对塔山发起猛烈攻击。国民党军第八师在强大炮火掩护下,猛攻第四纵队十二师三十四团阵地,30 分钟内发射炮弹 3000 余发,组织了四五次整营整团的冲锋,但都被三十四团击退。

10 月 11 日下午,国民党军东进兵团总司令侯镜如抵达葫芦岛,连夜召开会议策划进攻,并决定 10 月 12 日准备一天,13 日拂晓发动全线进攻。利用国民党军准备进攻的机会,解放军紧急调整部署,用第四纵队十师二十八团接替十二师三十四团防御阵地。

10 月 13 日拂晓,国民党军在数十门重炮、"重庆号"巡洋舰和空军炮火的立体支援下,以钳形攻势向塔山发起进攻,担任主攻的是独立九十五师。该师是华北国民党军中的主力部队,战力强悍,有"赵子龙师"之称。独立九十五师组织"敢死队"打头阵,连续发动 9 次波浪式冲锋。极端惨烈的战斗过后,第二十八团一连仅剩下 30 余人,但仍然守住了阵地。第四纵队政治委员莫文骅认为,10 月 13 日"是对塔山存亡有决定意义的惊天动地的一天"。

接下来两天,国民党军强攻和偷袭等诸般手段并用,先后 9 次突进塔山阵地,但都被顽强的解放军击退,始终难越塔山一步。15 日黄昏,国民党锦州守军遭到全歼,东进兵团依旧寸步难进,最后只能绝望地发出"撼泰山易,撼解放军难"的哀叹。

塔山战斗之惨烈,完全超出了交战双方的想象,甚至超出了锦州攻坚战本身,以至于有了后来的"配角变主角"之说。战后,第四纵队同时授予 4 个团级部队光荣称号,这在解放军的历史上是绝无仅有的。这 4 个光荣称号分别是:授予第四纵队十二师三十四团"塔山英雄团"称号;授予第四纵队十二师三十六团"白台山英雄团"称号;授予第四纵队十师二十八团"守备英雄团"称号;授予第四纵队炮兵团"威震敌胆"称号。

历史的印记,现实的动力

1949 年 2 月至 4 月,解放军进行全军大整编。中原野战军第六纵队整编为十二军;华东野战军第九纵队整编为二十七军,第十三纵队整编为三十一军;东北野战军第四纵队整编为四十一军;晋冀鲁豫军区第八纵队整编为六十军,下属各英雄部队亦随之整编,成为新中国国防的中坚力量。

除以上 9 个光荣称号外,还有一些部队获得过殊荣。如洛阳战役中,华东野战军第三纵队八师二十三团一营在突破东门战斗中发挥了重要作用,后被授予"洛阳营"光荣称号;中原野战军第四纵队十旅二十八团二营五连,在弹药耗尽的情况下仍然坚持战斗,被授予"洛阳英雄连"光荣称号;等等。由于篇幅原因,本文在此不予详述。

以上所有光荣称号,都是解放军辉煌成就的凝结,是战争史上永恒的印记。近年来,我军正在进行深度空前的调整和重塑,无论上述各英雄部队如何转隶、重组、缩编甚至裁撤,广大官兵用鲜血和生命博取的荣誉,都将继续成为引领强军征程的动力源泉。"史上最牛军改"初见成效后,新成立的陆军领导机构依托 500 个历史荣誉营连,创建干部见习锻炼基地。2018 年 2 月 8 日,"陆军干部见习锻炼基地"揭牌仪式在某特战旅成功举行,以此为标志,我军的荣誉之旅揭开了崭新的篇章。

(赵延垒、温喜志/撰稿)

6 "让开大路，占领两厢"的决策过程

1945 年冬，是东北人民自治军非常艰难的一段时期。山海关保卫战失利之后，锦州地区作战也未达到既定目的。与此同时，苏联出于自身利益考虑，对国民党和共产党采取两面政策，时而支持国民党，时而支持共产党。因此，中共中央、东北局根据国际国内形势，经过充分酝酿，决定不与国民党争夺东北大城市和主要铁路线，而以主要精力建立巩固的东北根据地。

这一战略方针被通俗地概括为"让开大路，占领两厢"。从此，中共在东北地区的军事战略由被动变为主动，奠定了东北革命战争胜利的坚实基础。

东北人民自治军被迫撤出大城市和交通要道

抗战胜利后，中共在东北迅速占领交通要道和大城市，阻挠了国民政府的接收步伐。国民党政府便以《中苏友好同盟条约》为依据，联合美国政府向苏联采取外交攻势。国民党政府声称，苏联向中共部队提供武器装备、反对中央政府，使中苏关系处于危机之中；鉴于东北接收条件不成熟，国民党政府决定拒绝接收东北，空运部队亦暂缓投送。苏联迫于国民党政府和美国政府的压力，决定暂缓撤兵，为国民党政府接收东北扫清障碍。而这个所谓的"障碍"，主要是指中共在东北所占据的优势。于是，苏联最终同意国民党空运部队接收长春、沈阳、哈尔滨等城市的要求，同时强令东北人民自治军退出各大城市。

1945 年 11 月 19 日，东北人民自治军总司令林彪、第一政治委员彭

真向中共中央报告：接苏军通知，长春铁路沿线及城市全部交给国民党军；有苏军之处，不准东北人民自治军与国民党军作战；东北人民自治军退出铁路线若干里以外，以便于国民党军接收和苏军撤退回国。

1945年11月中旬至12月中旬，毛泽东因疲劳过度，患病住院。在此期间，中共中央日常工作由书记处书记刘少奇主持。11月20日，刘少奇代表中共中央复电林彪和彭真："彼方既如此决定，我们只有服从，长春铁路沿线及大城市让给蒋军，我们应作秘密工作布置。""大城市让出后，应力求控制次要城市，站稳脚跟，准备和蒋军斗争。"同日，中共中央再次致电东北局，提出今后东北工作指导方针：

> 退出大城市后，我们在东北要取得对国民党斗争的胜利，除开竭力巩固一切可能的战略要点外，主要决定于东北人民的支持及我党我军与东北人民的密切联系。因此，你们在一切行动中，必须注意政策，给东北各阶层人民以好的影响。从城市撤退时，应保持良好的纪律，除开我们所需要的物资、机器可以搬走外，其他一切工厂、机器、建筑均不要破坏。这些工厂在若干年后，仍将归于我有，不怕暂时让给别人。对铁路，除开军事上有必要者外，亦不要破坏，可以在人民中公开宣传，我们为了避免内战、和平解决国共争端而退出城市，但我们要求东北人民实行民主自治。

> 你们应迅速在东满、北满、西满建立巩固的基础，并加强热河、冀东的工作。应在洮南、赤峰建立后方，作长久打算。在业已建立秩序的地方，要发动群众控制汉奸及开展减租运动。国民党军是不能满足东北人民的要求的。只要我们能争取广大农村及许多中小城市，紧靠着人民，我们就能争取胜利。

遵照中共中央指示，东北人民自治军和东北局安排了有序的撤离。26日，东北人民自治军总部轻便指挥机关（简称"前总"）撤出锦州。11月底，东北局撤离沈阳，迁往本溪市。但是，长春、吉林、哈尔滨、佳木斯、牡丹江、齐齐哈尔等城市撤退工作仓促，出现慌乱现象。由于在中小城市和广大乡村工作基础薄弱，甚至还没有建立共产党组织和新政权，撤出大城市的省委机关到处流浪,无法正常领导下级机关展开工作和指挥所属部队进行作战。国民党政府接收人员大量起用土匪、伪职人员,乘机哄抢物资,袭击东北人民自治军和中共地方干部。

中共中央、东北局希望控制中小城市和次要铁路

1945年11月28日,中共中央在得知东北的紧张局势后,致电东北局并林彪等前线指挥员,强调退出大城市并不是溃逃,还要尽量控制中小城市和次要铁路,同时立即在农村发动群众宣传群众。这是一个重要的战略方针,后来被概括为"让开大路,占领两厢"的形象提法。该指示说:

> 近两个月来我在东北虽有极大发展,但我主力初到,且甚疲劳,不能进行决战,而国民党已乘虚突入,占领锦州,且将进占沈阳等地。又东北问题已引起中、美、苏严重的外交纠纷,苏联由于条约限制,长春铁路沿线各大城市将交蒋介石接收,我企图独占东北,无此可能,但应力争我在东北之一定地位。长春路沿线及东北各大城市我应力求插足之外,东满、南满、北满、西满之广大乡村及中小城市与次要铁路,我应力求控制。目前你们应以控制长春路以外之中小城市、次要铁路及广大乡村为工作重心。在长春路沿线各大城市以及营口、锦州、吉林、龙江、安东等城市,则需准备被国民党军队占驻,我需作撤退准备,目前尽可能抓一把并布置秘密工作及群众工作基础。但工作重心不要放在这些城市。
>
> 东北局应本上述方针速作部署,将部队和干部速作适当之分配。你们部队如不能进行胜利的战斗,即应避免作战,免被敌人各个击破。应将一部主力分散去控制各中小城市、次要铁路和广大乡村,有重心的建立根据地,作长期打算。但林彪在北宁路附近,罗、肖在东满均各须组织一支野战军,作为机动突击力量。

29日,新四军第三师师长兼政治委员黄克诚致电东北局,提出自己的建议:"已进入及将进入东北之主力及新组成之部队,数目特别巨大,

力量强大。但若无党政民之支持，无粮食经费的充分借给，无兵员的源源补充，将大大减弱强大力量。……这样下去，不仅影响作战，且有陷入不利地位之危险。因此，运用冬季不能进行大规模作战之五个月期间，发动乡村群众，肃清土匪，建立党与政权，应为当前之急务。求得五个月内建立根据地的初步基础，便利明春之大规模作战。"

同一天，彭真为东北局起草了关于目前形势与任务的指示："目前我党已无独占东北之可能，必须改变计划。在过去的情况下，我们把主力干部和工作重心放在南满及长春路沿线各大城市及其附近，是正确的。现在由于情况的变化，必须把工作重心放在南满、北满、东满、西满，即放在沈阳至哈尔滨一线之长春路两侧的广大地区中，以中小城市及次要铁路线为中心，背靠着苏联、外蒙、热河，创造强大的根据地，面向长春路及沈阳附近，长春、哈尔滨等大城市，在长春路沿线创造战场，包围沈阳及哈尔滨等大城市，以便在苏军撤退时与国民党争夺这些大城市。为了完成上述任务，必须继续放手发动群众，放手地继续壮大部队，继续坚决消灭分散在东北各地的国民党武装或与国民党勾结的武装，必须迅速采取有效措施，整饬军队的纪律，建立良好的军民关系，在已经退出及将来可能退出之城市，应准备建立秘密工作。"

东北局希望不放弃对大城市和主要铁路的争夺

在苏联的妥协下和美国的支持下，国民党第五十二军、第十三军占领锦州后向沈阳冒进，东北局改变了原来的计划。1945年12月3日，彭真签发了东北局关于目前东北情况与任务的指示："为了避免处于被动作战，遭受各个击破之不利情况，目前应以孤立进入沿长春路各大城市之顽军与争取我完全能够掌握次要城市及次要交通路为作战目标。我集结于西满之野战军，将背靠热河与顽军反复争夺北宁路（北平—沈阳），歼灭其后续部队，并统筹对喜峰口方向之作战。为加强我东南满之作战，以山东来之三师、六师、万毅部和程（世才）、曾（克林）、唐（凯）部及三五九旅组织一大的野战军（约六万人），控制安奉路（安东—沈阳）及沈阳以南之南满路（哈尔滨至大连的铁路，即长春铁路支线）之两侧与奉吉路之两侧，并以本溪地区为前线作战指挥中心，总的后方设在通化。"

当天，中共中央致电林彪并告黄克诚、李运昌："顽军从山海关打到锦州，气势很盛，必须给以打击，消灭其一二个师才对东北工作和重庆谈判有利。你们是否可以集中力量，进行半个月至二十天的准备，恢复疲劳，提高士气，整编部队，准备战场，到本月底再进行作战，给顽军以打击。"这封由刘少奇起草的电报表明，中共中央也不是单纯地把东北的工作重心完全转向建立根据地，而是希望抓住时机以军事力量打击国民党军的嚣张气焰。

5日，彭真、罗荣桓致电中共中央军委并林彪、程子华、高岗、陈云：据判断，"沈阳以南我可继续放手；蒋军接收沈阳、长春似仍系空运。又据渝电，两处兵额均系一万人。除北宁路作战部队外，我仍可集中三万至四万主力争夺沈阳，并可集中一万主力威胁长春。因此我们应积极准备争夺沈阳，以造成对于和、战均有利之局面"。这封电报，改变了东北

中共中央东北局在哈尔滨召开军事会议。左起：林彪、高岗、陈云、张闻天、吕正操

局关于放弃沈阳、长春的原定方针。

至此，中共中央与东北局在建立根据地、打击国民党军嚣张气焰上，意见是一致的。然而，中共中央要求放弃大城市和对主要铁路交通线的占领，东北局却依然希望争夺这些地方，二者出现了意见分歧。

东北局希望不远离大城市建立根据地

1945 年 12 月 7 日，中共中央发出刘少奇起草的致东北局并林彪、程子华电，不同意东北局的决定，重申了中共中央的战略方针："我们企图独占东北特别是独占东北一切大城市，已经是肯定的不可能。因此，我们目前不应以争夺沈阳、长春为目标来布置一切工作，而应以控制长春路两侧地区，建立根据地，利用冬季整训十五万野战军，建立二十万地方武装，以准备明年春天的大决战为目标来布置一切工作。目前与顽军作战，我们一切条件都不够，但我们必须利用在东北一切对我有利的条件迅速准备，以便明春能够胜利地决战。东北问题或许有和平解决可能，国民党已知他接收东北的困难，表示愿与我谈判东北问题。中央准备在重庆与国民党试谈，但最后还须由你们在东北与国民党行营谈（如能有苏联居间折中就很好）。因此，我们准备公开宣布彭真、陈云、林枫三人到达东北，以便你们能公开出面接洽一切。"

8 日，彭真起草东北局致中共中央电，报告了新老部队合编野战兵团及创建根据地的部署。该电说："我们独占东北目前已不可能。我们同顽军的斗争应有长期的准备。同时，为了解决目前主力没有后方与扩大的阵地作依托之困难，以及加强新编兵团之作战指挥能力起见；为了使军区有有力的基干部队及县区武装，使我们既可迅速创造根据地，又有机动之野战兵团起见，我们必须迅速适当地配制（置）力量，把主力与各新成立的兵团，合并指挥单位，组成野战兵团，并成立军区基干兵团及县的武装，划分地区统一建设施政，创造扩大的阵地，以造成我军与顽军战、和之有利条件。"

11 日，林彪致电东北局和中共中央，通报东北人民自治军作战的困难,对今后工作方针提出意见。林彪反对与国民党军队硬拼,主张东北的斗争须作长期打算。他认为,目前最重要的是坚决肃清土匪与改造旧政权;建立后方基础,包括军工厂、兵站、医院;绝大部分部队皆应严格离开城市,住到乡下去,进行整编训练。林彪的具体建议是,东北人民自治军"以团为单位,一概分散于广大乡村打匪,做群众工作,收集资料,建军与整训,准备度过整个冬天,而在明春再集中打大仗"。

但是,东北局没有充分认识到形势的严重性,在战略方针问题上发生了动摇。其背景是,苏联为了抵制美国帮助国民党政府接收东北,指示苏军在撤离东北前再次向中共示好。东北苏军马上通知东北局:他们离开20公里后,东北人民自治军可以同国民党军交火。苏军还承诺准备提供一部专用电台,以保持经常联络。15日,彭真签发了东北局关于放弃争夺大城市、控制长春铁路两侧建立根据地的工作部署。东北局指出:"目前我党已无独占东北之可能。当前任务力求我在东北之一定地位,力争我在东北之优势。我党我军的主要力量应放在控制沿长春路两侧广大地区(包括中小城市及次要交通联结点),建立根据地,加紧肃清土匪,放手发动群众,组织地方武装,并使主力求得休整,与新军合编,以充实主力,巩固新军,准备于明春争取大规模的作战。"东北局对形势的分析是正确的,对上述工作安排也是正确的。但是,东北局接着提出对其他大城市的争夺,偏离了实际情况。东北局提出:"目前对于沿长春线大城市的争夺,基本上应该放弃。但对个别大城市如哈尔滨或齐齐哈尔,如果国民党兵力不大,兵力不够分配,我军可能夺取的情况下,我们不放过时机,以适当兵力争取控制之。"在《彭真年谱》中,东北局工作部署内容只编入前半部分,后半部分没有收入。但是,恰恰是后半部分表明,东北局与中共中央之间存在意见分歧。

刘少奇看到东北局的工作部署,感到十分不安。21日,他为中共中央起草致东北局指示电:"同意你们的部署。但请你们注意东北长期永久根据地之建立。即在通化、延吉、宁安、东宁、密山、穆棱、佳木斯、嫩江、黑河、洮南、开鲁等地区,必须派必要的老部队和干部去开辟工作,建立后方，建立工业，组织与训练军队，开办学校，以便能够源源借给前线，有如汉高祖之汉中。只有这一计划成功，我在东北的斗争才能立于不败之地，并能迟早争取胜利。望即指定部队和负责干部并规定办法去进行这些地区的工作，作长期打算。"

24 日，刘少奇致电彭真，系统地阐述了关于建立东北根据地的意见：

> 毛主席因疲劳过度，已休息一个多月，现仍在休养中。
>
> 东北情况我不会比你更清楚，但我对你们的部署总有些不放心，觉得是有危险性的。你们主力部署在沈阳、长春、哈尔滨三大城市周围及南满，似乎仍有夺取三大城市的态势，而在东满、北满、西满的许多战略要地（如通化、延吉、密山、佳木斯、嫩江、洮南等），并无坚强部队和有工作能力的党的领导机关去建立可靠的根据地。你们屁股坐在大城市附近，背靠有很多土匪的乡村，如果顽军一旦控制大城市，你们在城市附近不能立足时，主力以至全局就不得不陷于被动。你们今天必须放弃争夺东北大城市的任何企图。在东北今天的情况下，没有大城市即没有优势。但你们不要在自己立足未稳之前，去企图建立在东北的优势。你们今天的中心任务，是建立可靠的根据地，站稳脚跟。然后依情况的允许去逐渐争取在东北的优势，这应作为下一阶段的任务。你们只有这样做才是稳当的，没有危险的，不会陷于被动的，否则恐有一时陷入被动之危险。
>
> 我提议你们把屁股坐在东满、北满、西满等可靠地区，去建立根据地，而不使全局陷入被动。现到东北的主力部队和干部，必须分散部署，应以大半分到东满、北满、西满各战略要地去建立根据地，只留一小半在三大城市附近发展，并准备随时能撤走。你应了解，主力从四周向城市集中是容易的，士气是高涨的，而主力在紧张情况下从城市撤走是困难的，必将引起混乱。你们应趁顽军尚未到达时，将主力从容移至安全地带，在冬季好好进行发动群众建立根据地的工作，这样明春才有办法应付。

显然，在东北的斗争需做长期打算，必须建立巩固的根据地，已经成为东北局多数领导人的共识。但是，怎样建立根据地，在什么地方建立根据地，大家还有不同的意见。有人虽同意退出大城市，但总是不愿意走远，希望不久就可以打回去。

中共中央最终决定"让开大路，占领两厢"

1945年12月24日，林彪致电彭真、罗荣桓：鉴于国民政府接收东北大城市及交通要道的实际情况，建议东北局、东北人民自治军总部移至南满海龙县(今属梅河口市)。整个东北根据地的中心应摆在沈阳、哈尔滨线以东，以延吉、临江、通化为巩固后方。林彪对形势的判断和对任务的分析，不同于彭真等东北局领导人。但是，林彪的意见符合实际，有利于中共在东北站稳脚跟。27日，中共中央电示东北局：同意林彪建议，请东北局考虑执行。1946年1月上旬，东北局机关大部人员由本溪移至海龙。

病中的毛泽东关注着东北局势的变化，认真研究了中共中央与东北局的往来电报。同时，毛泽东还致电东北局、东北人民自治军领导人，倾听他们的意见。其中，林彪关于东北战略方针的建议引起了毛泽东的极大重视。1945年12月，毛泽东在综合中共中央与东北局的意见之后，经过深思熟虑，完整地提出建立东北根据地的方针政策，以中共中央指示发往东北局：

> 我党现时在东北的任务，是建立根据地，是在东满、北满、西满建立巩固的军事政治的根据地。建立这种根据地，不是轻而易举的事，必须经过艰苦奋斗。建立这种根据地的时间，需要三四年。但是在一九四六年一年内，必须完成初步的可靠的创建工作。否则，我们就有可能站不住脚。
>
> 建立这种根据地的地区，现在应当确定不是在国民党已占或将占的大城市和交通干线，这是在现时条件下所作不到的。也不是在国民党占领的大城市和交通干线的附近地区内。这是因为国民党既然得到了大城市和交通干线，就不会容许我们在其靠得很近的地区

内建立巩固的根据地。这种地区，我党应当作充分的工作，在军事上建立第一道防线，决不可轻易放弃。但是，这种地区将是两党的游击区，而不是我们的巩固根据地。因此，建立巩固根据地的地区，是距离国民党占领中心较远的城市和广大乡村。目前，应当确定这种地区，以便部署力量，引导全党向此目标前进。

由毛泽东起草的这份中共中央指示，一共 7 条。以上 2 条是总方针，最为重要。其余 5 条，分别是关于发动群众、培养干部、壮大军队、发展生产、争取工人和知识分子等方面内容。

31 日，东北局为贯彻中共中央上述指示，向所属各分局、各党委、各师旅发出通知："现在我之主要力量（干部、兵力），应使用于创造长春路两侧及北宁路北侧之根据地，北靠朝鲜、苏联、外蒙、热河创造大块巩固的根据地。""目前关于创造根据地工作之中心一环，是首先肃清土匪，发动群众，肃清敌伪残余，进一步减租。"至此，为建立巩固的东北根据地，中共中央与东北局思想达到高度统一。

（刘志青／撰稿）

7 细说四平保卫战

1946 年春，中国共产党领导的东北民主联军在吉林四平与蒋军激战30 余天，伤亡 8000 余人，此战在党史、军史上被称为四平保卫战。多年来，史学界对此战一直争论不休。前些年，笔者曾到吉林四平作过深入的采访，搜集到许多有关资料。现将此战的经过及战后有关的争论作一细述。

蒋介石一手挑起了东北内战，毛泽东电令林彪坚决还击

1946 年 1 月初，国共两党签订了停战协定。然而，墨迹未干，蒋介石就出尔反尔，大举向东北增兵，进攻东北民主联军。蒋介石同时电令原东北军第一〇七师师长刘翰东，要他赶快派兵进入四平，并任命他为辽北省省主席，省府设在四平城。蒋介石还特别告诉刘翰东，东北很重要，国民党的命运在东北；而要控制东北，就必须夺取战略要地四平。

四平位于京哈、平齐、四梅铁路的交叉点，为东北交通枢纽，是东北的工业重镇；其东北郊山峦重叠，西南郊河流纵横，形势险要，是历代兵家必争之地。

刘翰东立即带领大批人马进入四平。这样，国民党在占领四平方面抢先了一步。

1 月 13 日，毛泽东致电东北民主联军总司令林彪、东北局书记兼民主联军第一政委彭真，指出："国民党拒绝与我谈判东北问题。国民党军队进入东北后，要向我们进攻是不可避免的。望东北局立即布置一切，在顽军进入东北向我进攻时，坚决击破其进攻。"

国共两党都将东北看得极为重要，东北内战一触即发。为了避免内战的爆发,国共两党就东北问题举行过数次谈判,但毫无进展。

至 3 月中旬,进入沈阳一带的国民党军队达 20 余万人。他们以沈阳为基地,同时分两路向本溪、四平方向大举进攻,沿途占领了许多城镇。

蒋军的多路进攻,给东北民主联军造成相当大的压力。

3 月 14 日,林彪以东北民主联军总部的名义向中央军委发电,建议夺取四平。中央军委考虑到四平的战略地位特别重要,回电同意了林彪的建议。

林彪接到党中央及毛泽东的指示后,立即下令辽西、辽北军区组织 6000 人的兵力展开攻击。战场指挥由西满第十三师十旅旅长钟伟担任,副指挥由保一旅旅长马仁兴、辽西二分区司令员邓中人、东满七纵十九旅副旅长杨肖儒担任。

3 月 15 日,林彪下令西满第十三师二十八团攻占四平西郊的飞机场。此战费力不大,但缴获甚丰,大大缓解了民主联军的物资困难。

3 月 17 日凌晨 4 时,民主联军保一旅和万毅纵队等部向敌发起攻击,战至下午 2 时结束,生擒辽北省省主席刘翰东和匪首王大化、王耀东;敌保安司令张东凯、副司令王永清化装逃脱;消灭敌人 3000 余人,缴获轻重机枪 69 挺、大小炮 32 门、长短枪 2000 余支、汽车 20 辆、马 300 余匹,其他军用物资一大批,而民主联军只伤亡 100 人。林彪得知四平解放的消息,甚为高兴,通令嘉奖了参战部队。

四平被东北民主联军攻占后,蒋介石甚为愤怒,立即派出大军猛攻,要求尽快将四平夺回来。3 月 21 日,蒋军进占辽阳;3 月 22 日,进占抚顺,随后攻占铁岭。

3 月 22 日,蒋介石致电东北行营主任熊式辉、代理保安司令官郑洞国,命令他们由沈阳派重兵向四平发动进攻,并限令在 4 月 2 日前夺取四平。熊式辉、郑洞国接到蒋介石的电报后,立即召集幕僚进行研究。他们认为,四平的共军不多,很快就会攻下来,遂决定由战斗力甚强的新一军、第七十一军担任攻打任务,并派长官部副司令长官梁华盛到铁岭设立攻打四平的指挥所。

梁华盛到达铁岭时正逢雪化时节,进入四平的道路泥泞,美械装备转运极其困难。孙立人的新一军和陈明仁的第七十一军行动迟缓,误时甚多。因此,即使东北民主联军不进行阻击,两军4月2日也难以攻到四平。

鉴于东北形势的严峻,毛泽东连连给东北局和林彪发电,要求东北民主联军坚决反击蒋军的猖狂进攻,保卫东北的战略要地,以利我党与国民党正在进行的谈判。

3月24日,毛泽东在给东北局并林彪等人的电报中说:"我党方针是用全力控制长(春)、哈(尔滨)两市及中东全线,不惜任何牺牲反对蒋军进占长、哈及中东路,而以南满及北满为辅助方向。……动员全力控制四平地区,于顽军北进时,彻底歼灭之,决不让其向长春前进。"

3月25日,毛泽东再次致电林彪、彭真说:"谈判数日内即可谈妥,派停战小组至东北,望你们准备一切,尤其是不惜牺牲,打一二个好胜仗,以利谈判与将来。同时,速将美方运兵、蒋军进攻消息公布,使苏联好在华盛顿安全理事会上讲话。"

同一天,中共中央也致电林彪、彭真,告知周恩来已到重庆,东北无条件停战的协定可能于日内签订,但执行小组到东北并召集双方代表协议实际停战还需若干时日。因此,东北民主联军至少还需经一两个星期也许更长时间的恶战,才能实际达到停战。在此时间内,顽方会拼命进攻,企图控制更多的战略资源要地,而民主联军应尽一切可能,不惜重大牺牲,保卫战略要地,特别保卫北满。长春、哈尔滨、齐齐哈尔等地,民主联军必须在苏军撤退后一两日内控制之。

林彪接二连三接到党中央、毛泽东的电令,思虑再三,觉得四平大战难免。他当即决定带领民主联军司令部的人员赶往四平,亲自组织、指挥四平保卫战。

4月3日,林彪在四平致电党中央、毛泽东说:"我此刻已到四平街。……集中6个旅拟坚决与敌决一死战。"

4月6日,毛泽东回电指示林彪、彭真:"集中6个旅在四平地区歼灭敌人，非常正确。党内如有动摇情绪，哪怕是微小的，均须坚决克服。希望你们在四平方面能以多日反复肉搏战斗，歼敌北进部队或大部，我军即有数千伤亡，亦所不惜。……如我能在3个月至半年内组织多次得力战斗，歼灭进攻之敌6至9个师，即可锻炼自己，挫折敌人，开辟光明前途。为达此目的，必须准备数万人伤亡。要有此决心付出此项代价，才能打得出新局面。而在当前数日内，争取四平、本溪两个胜仗，则是关键。”

4月8日，毛泽东又给林彪发电，指示他要坚决保卫四平。

蒋军进犯途中突遭重创，四平街初战十分激烈

因道路泥泞，人困马乏，蒋军向四平进攻的几路大军一直不顺。直到4月2日，近5万人的新一军还在辽宁省昌图县境。4月4日好不容易进入昌图县城，硬是到不了四平街。左翼第七十一军费了九牛二虎之力，在4日晚才进入法库县境。

在南京的蒋介石对进攻四平的战斗极其关注。3月30日之后，他

四平保卫战中，我炮兵向敌人阵地轰击

不断地叫侍从人员和秘书给东北行营主任熊式辉打电话,询问各部队展开进攻后的情况。他催问越紧,熊式辉的心里越紧张,前方的仗打得越糟糕。

眼见战事进展不顺,熊式辉几经考虑,决定换将,将遇事沉着、冷静的副司令长官郑洞国派到开源(今开原),将梁华盛调回长官部。郑洞国没有讲价钱,立即带着少数亲信走马上任了。

蒋军第七十一军负责从西路进攻四平。此军人数、战斗力不如新一军。林彪抓其弱点,将打击的重点放在第七十一军。

4 月 13 日,东北民主联军侦察人员得到第七十一军八十七师正由法库县金家屯向八面城北进的情报,立即报告了东北民主联军总部。林彪感到这是消灭蒋军第八十七师的好机会,立即下令原山东梁兴初的第一师、罗华生的第二师、原新四军第三师彭明治旅,加上钟伟的第十旅、吴信泉的独立旅以及张天云的第八旅,火速将蒋军第八十七师包围起来,然后采取不同的方式将其歼灭,把蒋军向四平进攻的嚣张气焰打下去。

各参战部队根据林彪的命令,决定先在蒋军前进的必经之地——大洼附近的一个集市上下手。

蒋军第八十七师未到之前,民主联军参战各部兵分两路,一部分埋伏起来,另一部分化装成赶集的农民,混杂在市民中。蒋军第八十七师师部及一个团到达集市后,向群众打听此地有没有民主联军,群众都说民主联军先前到这里来过,但早就走了。

第八十七师师部一参谋人员又四处询问大洼附近有没有民主联军,群众也说没有。师长黄炎听说附近没有民主联军,放心了,立即下令部队在集市上休息、吃饭。

正在蒋军吃饭时,一些拥护民主联军的群众敲锣打鼓赶来致欢迎词、扭秧歌,以迷惑蒋军。蒋军完全被迷惑,遂放弃了警戒。

饭还没吃完,镇上突然枪声大作。民主联军里应外合,将蒋军第八十七师官兵打得晕头转向。

师长黄炎见势不妙，带着几个警卫夺路而逃。这样，进入大洼的一个团的蒋军除少数被打死外，大部被民主联军俘虏。

4月15日，蒋军第八十七师未进入大洼的另两个团也被民主联军分割成数段，经一昼夜激战，大部被击溃。第九十一师也被歼灭一部。此次战斗共歼灭蒋军4000余人，打下敌机1架，缴获汽车30辆。进犯四平的蒋军第七十一军受此重大打击后，士气低落，一蹶不振。

第八十七师在大洼被歼，国民党东北行营和保安司令长官部不敢向蒋介石报告。进入东北的军统特务却利用他们的秘密渠道将此情况密报了蒋介石。军统特务在密报中还说，第七十一军之所以在进攻四平的途中遭受重挫，是因为该军军长陈明仁躲在沈阳，未随军行动。

蒋介石接到军统特务的这份密报，万分愤怒。他感到，国军要夺取四平，直至控制全东北，非得严明纪律，惩治玩忽职守者不可。他立即口授了一份给东北保安司令长官部并杜聿明的电报："第八十七师受此意外损失，据报陈明仁并未随军前进，着即查办具报。"

东北保安司令长官部参谋长赵家骧接到蒋介石的电报后大吃一惊，立即把电报送给东北保安司令杜聿明。杜聿明觉得，第七十一军正在前进途中，天天要打仗，如突然撤换陈明仁，再调别人来任军长，将很麻烦，而且还会败得更惨。更何况，陈明仁很会带兵打仗。

他对赵家骧说："此事拖一下，如蒋委员长再来电催问，就说在战斗发起前已派车将陈明仁送到前方了。第八十七师作战失利，事出有因。另外，你赶快告诉郑洞国，要他立即通知陈明仁火速赶往前线整顿部队，鼓舞士气，在夺取四平的战斗中立功赎过。"

陈明仁接到赵家骧的电话后立即赶往前线。这位好胜心甚强的军长对杜聿明的保护甚为感激，决心在夺取四平的战斗中与林彪的东北民主联军比个高低。

林彪此时也没闲着。他在指挥东北民主联军在四平外围狠狠打击进犯蒋军的同时，还下令四平城内的各部队抓紧构筑工事，储藏粮食、弹药，作好长期抗击蒋军的准备。

除此之外，林彪还建议成立了东北民主联军野战政治部，并在梨树县召开了全东北部队第一次政治工作会议，要求参加四平保卫战的各部队指挥员做好部队的思想政治工作。会上还决定创办一份《自卫报》，由民主联军总部野战政治部副主任陈沂负责该报的编务工作。

参加四平保卫战初战的官兵，大多系西满部队。其部署是：少数部队担任正面阻击和守城，大部主力放在四平侧后至梨树以及四平至八面城之间，待正面消耗与顿挫蒋军之后，再集中主力，首先打击稍弱的一路蒋军——第七十一军。

对四平的防御工事，林彪甚为重视。他与彭真及民主联军其他负责人一道，数次深入到塔子山、三道林子、孤榆树等重要防御阵地视察、指导，发现问题及时纠正。

为了取得此次保卫战的胜利，林彪决定在四平城内设立一个以保一旅马仁兴旅长为首的城防司令部，负责四平前沿阵地上的作战指挥，而以他为首的民主联军前方总部则撤至四平近郊的梨树县城。

4月17日，郑洞国和梁华盛将昌图指挥所迁移到双庙子，并下令各部马上开始进攻四平城区。当天，四平的东西铁路被切断。

18日，郑洞国、梁华盛指挥陈明仁的第七十一军三十师1个团从四平南郊海丰屯、泊脖子、鸭湖泡向民主联军的阵地作试探性进攻，接连三次均被民主联军打退。郑洞国感到，民主联军的阵地牢固，不能从正面硬攻，只能采取寻其弱点或迂回攻击的办法，才能打开缺口。第二天，他在指挥所召开了作战会议。会上，各军、师的将领结合头天试攻的经验教训提出：改变方向，向民主联军防守的薄弱点发动猛攻，一鼓作气打开突破口。郑洞国同意了下属们提出的作战方案，决定将突破口选在民主联军保一团第三营和万毅纵队第五十六团之间的铁道结合部。随即，蒋军新一军第三十师凭借其强大的火力，向民主联军的两部结合部发动了猛烈进攻，铁道两边炮火连天，浓烟滚滚。由于这处阵地防守较弱，加之敌人炮火甚烈，民主联军的官兵经努力奋战，仍难抵住蒋军的进攻。这样，铁道结合部阵地被蒋军夺去一处。

此处阵地失守,林彪感到四平城内阵地上的防守力量不足,果断决定增加兵力。与此同时,为鼓舞正在激战的部队,林彪以"东北民主联军总部"的名义给城内的两个守备团发去了指示电:"自即日起,须坚强守备,度过危机。近日我南北满主力将陆续向四平前进。我军利用四平街先消耗和顿挫敌人,然后用集中兵力各个击破的手段歼灭第七十一军,造成东北自卫之大捷。"

林彪的电文,给城内的部队鼓舞甚大。官兵们一边与敌人作战,一边高喊:"坚决执行林总的命令,誓死守住阵地!"

当天下午,民主联军西满第三师第七旅第二十一团官兵与铁道结合部的其他两支部队紧密配合,与敌死战,夺回了被蒋军占去的一处阵地,并消灭一大批蒋军。蒋军第三十师的进攻被迫停止。

毛泽东要林彪将四平街化为"马德里"

四平争夺战打响后,蒋介石更为关注战斗的进展。他不断地叫侍从人员催问四平前线攻击的进展。

在延安的毛泽东,对四平保卫战也高度关注。他分析了东北战局后,感到四平保卫战仍应坚持下去,而且应不惜一切代价保住这个战略要地。4月22日午夜,他给林彪发了一封电报:"望死守四平,挫敌锐气,争取战局好转。"

4月18日至26日,第七十一军和新一军的3个师轮番向民主联军的阵地发起猛攻。民主联军凭借有利地形,给进攻之敌以狠狠打击。战至26日晚,第七十一军因伤亡惨重,锐气大减,被迫停止了进攻。

毛泽东得知四平守军打退了蒋军一次又一次的进攻,十分高兴,于4月27日以军委的名义再次致电林彪:"四平守军甚为英勇,望传令奖励;请考虑增加一部分守军(例如一至两个团),化四平为'马德里'。"

马德里是西班牙首都。1936年,德、意法西斯为控制西班牙这一战略要地,打击英国在地中海的势力并从侧后包围法国,决定对西班牙进行武装干涉,支持佛朗哥叛乱势力。佛朗哥叛军在外国反动势力的支持下，于 9 月向马德里发动大规模的军事进攻。西班牙共和国军队在由 54 个国家的共产党人和进步人士组成的"国际纵队"的配合下，进行了马德里保卫战。此战残酷、激烈，长达数年，伤亡巨大，直到 1939 年 3 月底才告结束。

毛泽东要林彪将四平化为"马德里"，并要求增加兵力，林彪更加清楚了四平保卫战的重要性和激烈，而且作了长期战斗的准备。

4 月 28 日，中共中央又给参加四平保卫战的全体官兵发来嘉奖电："为和平民主，你们坚守四平，甚为英勇，特传令嘉奖，望你们再接再厉，坚守到最后胜利，把四平变成'马德里'！"

为了在四平及外围地区更有力、有效地打击进犯的蒋军，就在四平保卫战激烈进行时，林彪下令后方二线部队乘机夺取了东北另外几座较大的城市。4 月 18 日，民主联军攻占长春；4 月 25 日，打下齐齐哈尔；4 月 28 日，拿下哈尔滨。此举使蒋军东奔西跑，顾此失彼。

与此同时，林彪对四平城内的防卫又作了调整：调西满第三师第七旅二十一团、北满第七师炮兵旅第二团和配属的第六十七团进入市内，增加守城力量；市区外围的万毅纵队第十九旅第五十五、第五十八团配置在城东南角正面；山东第一、第二师放在四平街西北；西满第三师第七、第十旅部署在四平以东；第三五九旅作为预备队驻公主岭。另外，他还将南满第三纵队第七、第八旅作为机动部队放在昌图、开源之间，开辟第二战场，切断蒋军的后勤补给线，使前线蒋军饥不裹腹，无力作战。

林彪的上述部署相当精妙。蒋军急想把四平这块硬骨头早点啃下来，但硬是啃不动。

当时，中共中央和毛泽东还希望林彪指挥东北民主联军在 10 天之内打出城外或寻机击溃蒋军新一军。林彪也有此想法。后来，因敌情有变及其他原因，这一设想无法实现。为此，林彪于 4 月 29 日给毛泽东发了一电，大意是：目前在四平，民主联军还不具备歼灭或击溃蒋军王牌部队新一军的能力和条件。对这支国民党精锐中的精锐，肯定要打，但那是以后的事情，现在还不行。时候到了，民主联军肯定要把蒋军这支王牌部队消灭在东北。

蒋军在四平的阵地进攻难有进展,便用大炮对民主联军的阵地进行猛轰。民主联军以牙还牙,也用猛烈的炮火予以还击。颇为有趣的是,蒋军的炮兵每次总是先发炮,目标暴露后,很快被民主联军的炮兵抓住压了下去,不但被打哑,阵地上的炮弹也被炸毁甚多。到后来,蒋军炮兵不敢再乱打了。

这样,敌我在四平的攻防处于对峙状态。

1946年4月30日,蒋介石拒绝马歇尔和民盟及中共提出的在东北停战的方案,决定迅即占领长春。蒋介石的这一态度,使毛泽东对与国民党进行的谈判彻底失望。他分析了东北局势和蒋介石的心态后,感到今后一个时期国共两党在东北的斗争肯定是以军事为主,而且谁有智慧、本领,谁就能夺得东北。鉴于东北军事斗争的复杂及难度,有必要突出林彪在东北的地位,使他放手大干。毛泽东的想法,得到了中央其他领导人的赞同。

1946年5月1日,毛泽东单独给林彪发了一个电报,全文如下:

感电(指林彪4月27日给毛泽东的电报)悉。(一)前线一切军事政治指挥,统属于你,不应分散。如工作繁忙,需人帮助,则可考虑调高岗等同志来助你。如前线机关以精简为便利,则照现状为好。(二)东北战争,中外瞩目。蒋介石已拒绝马歇尔、民盟和我党三方同意之停战方案,坚持要打到长春。因此,我们必须在四平、本溪两处坚持奋战,将两处顽军打得精疲力竭,消耗其兵力,挫其锐气,使其以6个月时间调集的兵力、武器、弹药,受到最大消耗,来不及补充,而我则因取得长、哈,兵力资材可以源源补充,那时,便可能求得有利于我之和平。(三)力戒轻敌,每战必须集结全力,打敌一点,以期必胜。此点你已充分注意,望深入教育,一体遵行。

蒋军在四平及其以外地区连连受到东北民主联军的打击后,认为东北战局处于进退两难局面的症结在于四平未打下,只要四平一攻破,东北局面就会大为改观。为扭转不利战局,蒋介石用美国空军的大型运输机将美械装备的另一精锐之师——廖耀湘的新六军空运到东北，然后由开源、西丰、叶赫镇迂回到四平。

杜聿明、郑洞国有了援军，决定集中大批主力部队尽快打下四平，随后攻占永吉、长春。为实现上述目标，杜聿明将新六军第十四师、第二十二师从辽阳、本溪等地调到开源，作攻击四平的准备。接着，蒋军第九十三军也由北平调到了东北。一时间，蒋军集结在四平的部队多达10个师。

与此同时，蒋介石还派出大批作战飞机，帮助杜聿明作战。

5月15日，杜聿明下达了对四平发动全面攻击的命令，要求所部："这次一定要打下四平！"

根据杜聿明的命令，新六军另加第八十八师担任右翼兵团，向民主联军的左翼攻击，其目标是攻下公主岭、梅河口、长春、其塔木等地；新一军从正面向四平发动攻击，夺取四平街后，再攻打双城子、德惠及松花江北岸诸要点；左翼兵团第七十一军两个师向八面城民主联军右翼包围攻击，然后再向郑家屯、双山等地前进。

15日这一天，蒋军依照杜聿明的布置兵分三路向民主联军展开了大规模的进攻，皆遭到民主联军的顽强抵抗。其中央兵团左翼第五十师以10倍于民主联军的兵力向四平以东、哈福以南民主联军的258高地发动了强大的攻势。由于此处阵地地势平坦，官兵无法隐蔽，加之敌人炮火猛烈，飞机轮番轰炸，阵地上的民主联军官兵伤亡甚多。后因人手不够，阵地难守，民主联军被迫撤出258高地。

为快速夺取四平，5月17日，杜聿明下令总预备队第一九五师投入围攻四平的战斗。第一九五师占领哈福后，立即对民主联军的重要阵地塔子山形成了三面包围，准备一举消灭该阵地上的民主联军官兵。

蒋军的攻势有了一些进展后，杜聿明甚为兴奋，感到打下四平指日可待，便将战斗情况电告了蒋介石。蒋介石怕杜聿明报告的情况不实，又怕进攻再次受挫，立即命副参谋总长白崇禧赶赴东北，了解情况。到沈阳的当天晚上，白崇禧听取了杜聿明进攻四平的情况汇报。白崇禧对杜聿明说："蒋委员长对四平战役极其关心，特派我来了解作战情况。蒋委员长说，四平这一仗打得太长了，不能再往下拖。只要把四平打下，对中共和谈就有面子了。至于进攻长春的问题，暂不攻击为好，一则为缓和舆论的非难，再则可以整训部队，养精蓄锐，待与中共和谈不成再进行大举进攻。"

此时，民主联军的一些阵地十分危险，特别是第三纵队的塔子山被蒋军三面包围后，城内民主联军的处境极其不利。塔子山在四平东南约10公里处，是东部最高的一座山头，又系民主联军全部防线的最东端，如果失去此阵地，民主联军就难以坚守四平。

蒋军也深知此阵地的重要性，故集中大批兵力对此处阵地展开了猛攻。由于民主联军的官兵拼死抵抗，敌终未得逞。

5月18日，蒋军新六军在10余架飞机的配合下，集中全部炮火再次猛轰塔子山阵地。在这块只有百余平方米的小山头上，每分钟落下30余发炮弹。山上树木、杂草全部被炸飞，工事大多被炸塌，民主联军官兵也大部负伤……

与此同时，蒋军新六军在廖耀湘的严令下，从东、南、西3个方向拼命向塔子山发起冲击。民主联军西满第三师第七旅十九团官兵忍着伤痛，连续6次打退敌以营为单位的冲锋。

塔子山阵地上，蒋军尸横遍野，民主联军也遭受了很大的伤亡。

林彪下令悄悄撤军，四平保卫战留下争议

随着时间一分一秒的流逝，民主联军的伤亡不断增加，阵地很难坚持。

为了继续打下去，林彪下令民主联军第十旅火速增援塔子山。遗憾的是，第十旅过辽河时，轻信个别人的意见，未下河试探水的深浅，没有及时徒涉过河，使塔子山阵地没有援兵而难以守住。第十旅未按时赶到塔子山增援，是四平保卫战中一个不小的失着。

林彪得知塔子山阵地即将被蒋军攻克，感到民主联军与蒋军在四平

的力量悬殊太大,没有条件而且也没有必要再在此地大打下去。为了保存民主联军的实力,以利今后再战,5月18日,林彪向中共中央、毛泽东报告了四平保卫战的近况。林彪在电文中说:"四平以东阵地失守数处,此刻敌正猛攻,情况危急。"午夜,东北民主联军根据林彪的命令,突然悄悄撤离了四平。

5月19日,毛泽东以中央的名义给林彪回了电。他在电文中说:"(1)四平我军坚守1个月,抗击敌军10个师,表现了人民军队高度顽强的英勇精神,这一斗争是有历史意义的。(2)如果你觉得继续死守四平已不可能,便应主动地放弃四平,以一部在正面迟滞敌人,主力撤至两翼休整,准备由阵地战转变为运动战。"

19日上午,蒋军占领的四平,是一座什么也没有的空城。

四平保卫战使蒋军的新一军伤亡6000多人,第七十一军第八十师大部被打死,第九十一师损失1个半团,第一九五师死伤过半,总计伤亡1.6万余人;民主联军也付出了伤亡8000人的代价。

蒋介石得知自己的部队占领了四平,甚为高兴。当天,他把他的喜悦之情写进了日记。然而,他不知道,他尽管攻克了四平,却还是输家。因为他即使伤亡了1.6万余人,民主联军主力也未被消灭,林彪指挥民主联军部队悄悄地撤离四平,只不过是暂时的退却。

5月19日,蒋介石给杜聿明打电话,命令他指挥部队继续前进,一举攻下长春。杜聿明深知,四平战役蒋军并未取得胜利,长春也不那么好打。但他又不敢违令,只好答应按蒋介石的指示办,并告知攻克长春还需做些准备工作。

四平保卫战,是解放战争战略过渡阶段全国打得时间最长、规模最大的一个战役。此战表面是以蒋军攻占四平街而取胜,真正的赢家却是林彪统率的东北民主联军。但有趣的是,蒋军在东北却召开了一个大规模的庆功会,还给一些参战部队的将领如陈明仁等人发奖授勋。其宣传工具也乘机大造舆论,说什么"林彪败走麦城","国军在四平街取得大捷","消灭大批共匪",等等。

事过多年，对解放战争期间发生在吉林四平的这场大战，党内、军内一直有争议，有人认为此战时间打得过长，还有人认为根本不应该打。这其中的代表人物就有老一辈革命家黄克诚大将。

据黄克诚说，敌人倾其全部主力再度猛攻四平时，集中了8个军的兵力与东北民主联军作战，其中新一军、新六军和青年军第二〇七师全系美械化装备，其余的5个军也都是半美械化装备，有一定的战斗力。相比之下，东北民主联军在四平一线的兵力要少得多。虽然后期又调来了山东部队的第七师和新四军的第三师、第八旅一部参战，但仍未能根本改变敌我力量悬殊的态势。

鉴于当时双方力量的悬殊，黄克诚感到东北民主联军不能在四平与蒋军硬打下去，如果再往下打，民主联军有被消灭的可能。为了保存东北我军的实力，黄克诚在白城子除向中共西满分局的一些领导同志谈了自己的看法外，还特地给东北民主联军司令员林彪发了几封电报，建议正在进行的四平保卫战要适可而止，不能与敌硬拼，但林彪一直没有回电，也不撤兵。

林彪不回音，黄克诚很着急，于是，又于1946年5月12日给党中央发了电报，就四平保卫战及东北的局势提出了自己的看法和建议。党中央和毛泽东也没有给他任何回音。对此，黄克诚心里一直有想法，但又不知林彪、毛泽东为何都不给他回电。

直到1959年庐山会议期间毛泽东约黄克诚等人到他的住地谈话时，谈到了当年的四平保卫战，他才知道林彪不给他回音是因为四平保卫战要大打系毛泽东决策的，林彪不回他的电有其难处。毛泽东还问黄克诚："难道四平保卫战打错了？"黄克诚毫不隐瞒自己的观点，说："开始敌人向四平推进时，我们打他一下，以阻敌前进，这并不错，但后来敌人集结重兵寻我决战，我们就不应该固守四平街了。因为，此战从4月中旬一直打到5月中旬，双方攻夺异常激烈，蒋军虽然被我大量杀伤，但我军的伤亡也相当严重，最后不得不被迫放弃阵地后撤。"

毛泽东听了黄克诚的叙述后说："当时固守四平是我决定的。"黄克

诚说："是你决定的也是不对的。"毛泽东说："那就让历史和后人去评
说吧。"

不可否认的是，对四平保卫战持肯定意见的居多数。当年参加过四
平保卫战的王玉峰在《解放战争时期辽西地区一些大事的回忆录》一文
中，就对四平保卫战作了较为客观的评价。他说："四平街地处东北三省
中心，是中长铁路并连接东、西满重要的交通枢纽，又是吉、黑两省在南
面的屏障。守住四平街，对巩固长春、哈尔滨等大城市，争取时间，开展
建立北满根据地的工作具有极其重大的意义。还需指出：当时历史前景，
敌我双方都在争夺东北，同时，又正在进行停战谈判，战争与和平需要两
手准备，为争取和平创造一定的条件，也需进行有力的军事斗争。……
此次战役充分表现了我军大无畏英勇顽强的精神，在防御作战中，是一
次出色的、成功的战例，是应该加以肯定的。"

当年在东北战斗过的老一辈革命家耿飚，在他的《回忆四平保卫战》
一文中，也对此次战役作了肯定的评价。他这样写道：

现在，我们回过头来再看一看四平保卫战的成绩和意见，我认
为至少有下列几点值得谈一谈：

首先，我军以寡敌众，以劣势装备对抗国民党军队的美式武器、
先进装备而能消耗大量敌军，给敌人以沉重打击，最后能够从容地
主动转移，取得了四平保卫战的胜利。这是什么原因呢？这原因除
了指挥的正确外，主要的是由于我们的战士懂得为谁而战，高度的
政治觉悟产生了高度的勇气和战斗力，再加上人民的支持，所以才
能打胜仗。

第二，四平保卫战牵制了敌人，把敌军的精锐部队吸引到四平
周围，阻延了敌军的北进，使我军司令部得以从容部署东北战场其
他地区的兵力。

第三，我军完成阻击任务后，主动撤离四平，这体现了我军战略
上和战术上的灵活性。毛主席历来不赞成死守一个城市，不争一城
一地之得失。尤其是在敌众我寡的情况下更应如此。

四平保卫战所体现的这些精神，在以后其他地区的战役和战斗中，也常常得到体现。

耿飚的上述说法，基本为四平保卫战作了定论。

（汪幸福 / 撰稿）

8 粟裕大将与苏中七战七捷

哪里好消灭敌人就在哪里打仗,什么时候好消灭敌人就在什么时候打仗,哪部分敌人好消灭就消灭哪部分敌人,什么战法有效就采取什么战法。

——粟裕

求真务实,提出内线歼敌,夺取战争主动权

苏中位于整个中国解放区的东南前哨,与国民党政府的政治、经济中心南京、上海隔江对峙,对其威慑很大。抗日战争一结束,蒋介石就把夺取苏北、苏中作为重要目标。在恢复和平谈判中,他亲自出马,要共产党让出苏北(指江苏省长江以北地区,含苏中在内)。蒋介石露骨地说:"苏北地方并不大,让出来不算什么,你们还有许多地方可以生存。现在大家看到,你们在苏北,对南京、上海威胁很大。"

时任华中野战军司令员的粟裕,对蒋介石的阴谋早有清醒的认识。1946年5月,经中央军委和新四军军部批准,粟裕将第一、第六师及第七纵队共16个团3万余人集中于苏中地区,完成了战略集结。这之前,华中野战军普遍进行了战斗训练,开展了百日军政大练兵,加强了政治工作,提高了军事技术和战术水平,增强了部队的战斗力。

6月6日,粟裕在给中央军委和新四军军部的电报中说:"对扬州、泰州线之宜陵、白塔加以攻击,吸引顽二十五军、一〇〇军出来作战,在此一地求得打二至三个大仗,达到歼灭顽二至三个师后,相机夺取泰州,以巩固南线。"6月11日,中央军委复电华东局,同意华中军区的作战部署。

苏中七战七捷时期的粟裕

6月24日,针对蒋介石以主要的铁路干线为轴线,主力由南向北展开进攻,首先夺取和控制各解放区的城市和交通线,并消灭解放军主力的战略企图,中共中央和中央军委电示华东局:"太行、山东两军第一步出击豫东及津浦线,第二步渡淮向南。"要求"以苏中地方兵团吸引牵制(南)通、扬(州)线上之敌,粟裕率主力占领蚌(埠)、浦(口)间铁路线,歼灭第三、第四分区(华中军区所属淮南军区第三、第四分区)之敌,策应北面作战"。6月26日,军委又电示华中分局:"华中主力出淮南津浦线。"指出:"你区应以一部在苏中吸引并牵制(南)通、扬(州)线上之敌,粟裕率主力(不少于15个团)位于三、四分区与陈野(陈毅指挥的山东野战军)配合,一举占领蚌(埠)、浦(口)间铁路线,彻底破坏铁路,歼灭该地区之敌,恢复三、四分区失地,并准备打大仗,歼灭浦口北进之敌。"要求华中分局考虑利弊后答复。

陈毅随即电令华中野战军主力西进淮南,执行津浦路蚌浦段作战任务,首先"集中陶(勇)、王(必成)两纵、五旅及谢(祥军)纵在六合、天长之间整训"。

当时粟裕正在苏中海安华中野战军司令部紧张进行苏中地区作战的准备工作,看了中共中央、中央军委和陈毅的电报后,意识到这是一个外线出击的战略机会:蒋军向北,我军向南,敌进我进,迫蒋议和。这场大战,对未来战局的发展关系重大,必须做到初战必胜。他从实际情况出发,对华中主力是出击淮南津浦线还是在苏中先打几仗的问题,进行了认真的分析研究,权衡在苏中作战和在淮南作战的利弊得失。最后,他认为在苏中打一仗再西移更为有利：第一，苏中解放区是新四军较老的根据地之一，该区物产丰富，人口众多（900余万），经济比较发达，粮食收入占华中的2/5，税收占1/2。未来山东主力和华中主力转到淮南作战后，不但粮草需要苏中供给，而且苏中的人力物力对支持今后长期战争也有极大作用，一旦放弃，苏中的人力物力将为敌所用。第二，该地区大部为水网地区，人民群众有坚强的组织，对敌斗争经验较为丰富，战争准备也比较充分，如不战而去，就等于自动放弃地利人和的有利条件，与苏中人民的意愿相违。第三，苏中当面虽有国民党军9个师，但与淮南地区之敌相比，兵力比较弱，而我军主力正集中于苏中地区，如向淮南转移，苏中地区即有迅速被敌人占领的可能。一旦苏中失陷，淮南战局又不能取胜，我军将处于进退两难的境地。如出现这种情况，对华中整个作战部队的供给将有更大的影响。

第二天，粟裕召开各师和纵队首长会议，传达中央和新四军军部关于华野主力去淮南作战的指示。各部队首长一致要求，首先在苏中打一个胜仗再走。粟裕认为，这个行动关系战略全局，应由华中分局作出决定。会议一结束，他就从海安出发，经过长途跋涉，赶到华中分局、华中军区驻地淮安，与华中军区司令员张鼎丞、政治委员邓子恢、副司令员张爱萍、副政治委员谭震林面商如何执行中央军委和新四军军部的指令。4人均赞同粟裕的意见。6月29日，面商的当天，4人联名向中央军委和新四军军部发出了报告。

然而，为了执行中央军委外线的作战计划，陈毅不同意这一建议。

就在这时，蒋军要向胶济、徐州、豫北、豫东、苏北等各解放区进攻的情报纷纷传来。中央军委毅然决定先在内线作战，指出："我先在内线打几个胜仗再转至外线，在政治上更为有利。"

这个决定，实际上批准了华中军区的建议。

7月13日，正在加紧进行苏中战役准备的粟裕接到毛泽东发来的电报："苏北大战即将开始，蒋军将由徐州向南，由津浦向东，由江北向北，三面同时动作，先求解决苏北，然后打通津浦、平汉。在此种情况下，待敌向我苏中、苏北展开进攻后，我苏中、苏北各部先在内线打起来，最好先打几个胜仗，看出敌人的弱点，然后我鲁南、豫北主力加入战斗，最为有利。"

"先打几个胜仗，看出敌人的弱点"，这是中央军委和毛泽东赋于华中军区在苏中作战的任务，说明苏中战役带有战略侦察和战略试点性质。粟裕深感重任在肩。

敌4倍于我，我6比1打敌。首战宣泰，再胜如南

自从中央军委作出在内线打几个胜仗的决策之后，粟裕就严密注视着敌人的动向。

6月中旬，蒋介石完成了对苏北、苏中的进攻部署。第一绥区汤恩伯 (7月中旬改调李默庵接替) 所部5个整编师5个旅计12万兵力集结于南通、靖江、泰州、扬州一线，企图首先攻占如皋、海安一线，扫清沿江地带，然后由海安、扬州北进，与徐州、淮南部队会攻两淮 (淮阴、淮南)，消灭我华中野战军，或逼我华中野战军北撤山东，一举攻占苏皖解放区。

此时，华中野战军集结于海安、如皋一线的有陶勇、王集成第一师，王必成、江渭清第六师，管文蔚、吉洛 (姬鹏飞) 第七纵队共19个团3万余人。在苏中战场上，敌我力量对比是4比1。蒋介石扬言："3个星期足以收复苏北，再3个星期结束苏皖会战。"

7月10日，我"四中队"(华中军区司令部情报处的代号) 从可靠渠道获得了国民党长江北岸第一绥区所属部队的作战计划：以南通、白蒲地区之整编第四十九师北犯如皋；以靖江地区之整编第六十九师第九十九旅、泰兴地区之整编第八十三师分两路先占领黄桥，再协同整编第四十九师会攻如皋；以泰州地区整编第二十五师第一四八旅东犯姜堰，再会同侵犯如皋之第四十九师合击海安。预定于7月15日开始同时发起进攻。

当晚8时，华中野战军作战会议开始，粟裕主持会议。他说："现在敌人是三路而来，拉开架子要和我们拼消耗。我们恕不奉陪，专打他一路。

问题是打两翼还是打中间？打两翼，是南通和泰州，此两地筑城坚固，对我军不利。中路敌人虽然占据泰兴、宣家堡半年有余，但我们条件好，对我军是有利的。"他请大家畅所欲言，对作战方案进行讨论。会议明确了具体部署：除以管文蔚、吉洛第七纵队3个团监视东路之敌第四十九师，谢祥军、刘培善第十纵队3个团牵制邵伯方向之敌第二十五师外，集中陶勇、王集成第一师，王必成、江渭清第六师12个团的兵力歼灭中路敌人第八十三师第十九旅驻宣家堡、泰兴的2个团。粟裕在会议结束时说："敌人12万人马进攻我们3万多人，是4打1。我们这么一来，还他个6打1！"

深夜12时，华中野战军司令部在海安景家庄召开了参战部队营以上干部动员誓师大会。月光下，粟裕走到台上，用洪亮的声音说："同志们，要打仗了！国民党蒋介石已经把刀架在我们的脖子上啦！全面内战迫在眉睫。我们只有一条路，针锋相对，以打对打，坚决、彻底、干净、全部地消灭他们，夺取自卫战争的胜利。""国民党的枪炮比我们好、比我们多，不要紧，那些武器很快就会送到我们手里。我们手里的哪支枪、哪颗子弹是我们自己造的？飞机吗？也不可怕。在800公尺上空朝下看，一个人只有5寸长短，只要不走不动，他哪里看得清是什么东西。"会场里发出阵阵笑声。

宣家堡是泰兴以北的一个小集镇，南、西、北三面环水，街中有大河横贯，四周有土圩和高楼。这里驻着敌第八十三师第十九旅第五十六团及一个山炮营。他们曾作为远征军到缅甸作过战，半美式装备，战斗力较强，相当傲慢，狂妄地吹嘘说："如果共产党打下宣家堡，那么他们可以倒扛着枪，一弹不发进南京。"

7月13日晨，战斗打响。攻打宣家堡的原华野第一师第一旅旅长张震东后来回忆说："敌人的炮火比我们预料的猛烈得多，我三团一营副营长张文明、一连副连长卜如林和二连的一部分连、排干部在带领部队冲锋时都中弹牺牲了。"据说战斗打响后不久，在常州坐镇指挥的李默庵打电话问回到泰州第八十三师指挥部的李天霞："听说宣泰有战斗？"李天霞漫不经心地回答说:"'敌驻我扰'嘛!还不是游击队的老一套。人马不多,请放心。"

张震东回忆说:"李天霞说的不错,粟司令在战斗开始时确实投入的兵力不多,意在麻痹敌人,傍晚才以优势兵力发起总攻。但那时的李天霞仍未予以足够的重视。李默庵呢,由于不知华野虚实,唯恐粟司令声西击东,偷取南通,急令已进至白蒲的整编第四十九师主力于 7 月 13 日缩回平潮。15 日判明华野主力确在宣家堡、泰兴,又急令整编第四十九师师长王铁汉再令主力北进。这一缩一伸,白白送给粟司令 2 天时间。15 日拂晓,我旅攻击宣家堡战斗胜利结束。第六旅攻击泰兴城,15 日 18 时发起总攻,战至 24 时,全歼敌五十七团。"

宣泰战斗在不到 60 个小时内歼灭国民党整编第八十三师 2 个团另 2 个营,生俘敌第五十六团少将团长钟雄飞等 3200 余人,缴获了大批武器弹药和军用物资,首创歼灭美械装备的蒋介石嫡系部队的纪录。

李默庵对宣泰战斗遭到如此重大损失心中十分不甘,听说华野主力仍在泰兴、宣家堡地区,就立即命令第四十九师师长王铁汉率胡琨第二十六旅、野炮营、特务营为右路纵队,增援泰兴,进攻黄桥;文礼第七十九旅为左路纵队,沿通如公路北犯如皋,占领林梓、南马塘等地;又命令第八十三师由泰州东进,企图三路夹击华野主力于如皋、黄桥之间。

时任华野第一师副师长(师长粟裕兼)的陶勇后来回忆说,"四中队"将李默庵的作战部署很快报告了华野。粟司令面对标好的军用地图,目视着蓝色的圆圈、曲线和箭头。他判断:进攻如皋的敌人正处于运动中,毫无工事依托;敌王铁汉第四十九师是杂牌军,算得上是弱敌;兵分两路,便于各个歼灭;加上华野主力远距如皋 100 多里,敌可能会麻痹大意。这正是我可乘之机。于是当即决定转兵东进,长途奔袭,歼灭正在运动中的敌第四十九师。华野第一、第六师和第七纵队发扬"打得、跑得、饿得"和连续作战的作风,立即转兵,日夜兼程火速东进,欲歼灭敌人于如皋城东南地区。

负责消灭左路敌军的第六师主力,经过两天两夜的攻击,将敌整编第四十九师第七十九旅大部歼灭,剩下一个团的敌人固守在有深沟围绕的宋家桥负隅顽抗,部队屡攻不克。深夜10时左右,粟裕悄然来到。这是他的一贯作风。战斗打响后,他就深入参战部队具体指导,哪里的战斗任务最重,哪里遇到了困难,他就出现在哪里。粟裕对副师长王必成、副政委江渭清说:"换一种方式打嘛。"转过脸来对站在一旁的吴强说:"来个政治攻势看看。你写封信,用我的名义,要宋家桥国民党军队的团长放下武器。告诉他,他们的师部和二十六旅已经在鬼头街被我军全部歼灭,师长王铁汉已经当了俘虏,希望他们不要心存幻想,而要当机立断,立即放下武器。放下武器之后,我们将切实保证他们全体官兵的生命财产安全。"

吴强立即拿起纸笔草拟劝降信。时近午夜,阵地上只有零落的枪声和狗吠声,烛光在指挥所的小屋里摇晃着。吴强抬头一看,粟裕已躺在门板搭的床铺上和衣睡着了。

经过四天四夜的激战,华野歼灭国民党军整编第四十九师一个半旅和整编第六十五师、第九十九旅各一部共1万余人,生俘少将旅长胡琨以下6000多人,整编第四十九师师长王铁汉被俘后化装潜逃。

第二次作战结束的当天,毛泽东给粟裕发来电报:

"(一)庆祝你们打了大胜仗;(二)敌情尚严重,望将参战主力集中休整,补充缺额,恢复疲劳,以利再战。"

力排众议,斗胆直陈,集中优势兵力歼敌

宣家堡、泰兴、如南战斗,使国民党军队损失1.6万人和大量的武器弹药,这使蒋介石和他的参谋总长陈诚大为震惊。陈诚奉蒋之命,急忙跑到南通召开党政军联席会议,重新部署进攻苏北的作战计划。他们下令麇集江南的第二梯队整编第六十五师、整编第二十一师等7个旅10万余人渡江北进,集中兵力向海安进攻。同时以第八十三师第六十三旅、整编第二十五师第一四八旅,自姜堰、白米一线向东出动,两路合击海安。为防止被各个击破,采取锥形攻势,正面不足30华里,纵深10余华里,

各旅靠拢前进。

面对以优势兵力分进合击，步步压来的强敌，粟裕坐在翻过来的长凳上，背靠凳腿，面对着绘有长江两岸地形的军用地图，那红、蓝色的圈圈、曲线、箭头都穿梭般地活跃起来。经过长时间的反复思考，粟裕决定撤出海安，并提出了初步的作战方案：第一、第六师集结于海安东北地区三仓河一带休整待击，七纵在海安外围打运动防御战。

然而，许多人对这个作战方案想不通，认为撤出海安太可惜了。

粟裕虽然深信自己的决策是正确的，但不敢独自作出决定。他决定第二次返回远在300里外的华中分局和华中军区驻地淮安，征求其他领导同志的意见。他只带一个警卫员，先是骑摩托车，到了建湖县西边的草荡、水网地带，摩托车不能行驶，就步行；在离淮安还有50多里的时候，为了争取时间，他们到兵工厂借了一辆自行车，两个人互换踏车，搭乘前进。经过一天一夜的长途跋涉，他们终于按计划赶到了淮安。粟裕路过家门，只进去喝了一点水，就匆匆赶到华中分局和华中军区。在华中分局常委会议上，到会的张鼎丞、邓子恢、谭震林、曾山等同志，对粟裕提出的主动撤出海安、在运动中歼灭敌人的作战方案进行了认真讨论，决定在海安先实行运动防御，而后主动撤离，创造新的战机。

粟裕在会议结束的第二天，即8月1日上午，返回海安前线。担任海安运动防御战的第七纵队从7月30日打到8月3日，3000多兵力抗击5万多蒋军的轮番进攻，以伤亡200多人的代价杀伤敌人3000多人，创造了敌我伤亡15比1的新纪录。预定目的达到后，粟裕下令撤离海安。

正如粟裕所预料的那样，华野撤出海安后，进攻海安的蒋军先头部队随即占领该地，并纷纷向上级报捷邀功，第一绥区司令部统计竟"歼灭"华野达两三万人。他们得意忘形，错误地判断："苏北共军已经一败涂地，主力第一、第六师下海北逃。"李默庵认为第一步作战目标已经达到，按预定作战计划，调整部署，分兵广占地盘，在东起海边，西至扬州的300华里地段上，建立一条军事封锁线，切断南通、如皋与东台、兴化解放区的联系，清剿封锁线以内的占领区，然后与徐州南下部队会师，实现第二步作战计划——会攻两淮。

蒋军的这一作战计划，被华野"四中队"于 8 月 6 日从无线电侦察中获知：进占海安之敌分兵东进，整编第六十五师第一〇五旅开始由海安向李堡进犯。

粟裕得知这一情报，兴奋地说："此乃一良机也，不可错过！"

8 月 7 日早晨，粟裕给中央和华中分局发电报，报告"歼敌良机已到"，第四次建议在淮南的第五旅东调苏中参战，以便集中兵力于主要作战方向。粟裕在这次报告中，使用了"斗胆直陈"的措辞。在战争年代，下级向上级提建议，同样的内容只准提出三次。粟裕已于 7 月 25 日、7 月 28 日和 8 月 5 日先后三次向华中军区、陈毅军长和中央报告："我们经十天或半个月之休整与兵源及干部补充，尚可再战。但以当面尚有顽十师（旅）之众，而我们仅能集中 3.5 万人（官兵在内）之野战军于一个突击方向，于短时间内恐难使战局打开更大局面。目前我淮南部队形势，很难保住天长与盱眙。果若如此，则淮南仅以少数坚持即可。故建议在淮北战役尚未大打时，仍将第五旅调至苏中参战，比留淮南更为有效。如何？盼考虑。"

这时，陈毅为执行中央军委外线出击的战略方针，已率山东野战军主力从鲁南到达淮北。接到粟裕电报后，于 7 月 27 日和 28 日连复两电："淮南第五旅不改东调仍留淮南，粟部亦宜逐渐向西转移。""第五旅不宜东调，因津浦线是主战线已苦兵力不足。"

粟裕接陈毅的复示后认为有必要再向中央、陈毅军长和华中军区陈述自己的意见，除就各战略区如何配合打击蒋介石分区蚕食的狡计谈了自己的看法外，仍建议将淮南主力大部东移苏中参战。他说："只要苏中局面打开，则淮南形势亦可能逐渐改善，而后我再以主力西移，则淮南局面亦可能打开。"8 月 5 日，粟裕在答复中央军委 8 月 2 日询问电时，第三次建议第五旅到苏中参战，集中兵力在苏中大量歼灭敌人。粟裕在电报中说："在第五旅增到苏中条件下，于 8 月内再歼敌人两个旅是有把握的。如第五旅不来，而仅以现有兵力作战则感到吃力，对 9 月份战斗亦将有影响，且对苏中局面不能得到较快的好转。"因此，"要求第五旅及其特务团仍东调参战，以期早改变苏中战局，以便主力西移。否则淮南、苏中均成僵局，于整个战局亦不利。斗胆直陈，尚祈明示"。

8月6日和7日，毛泽东先后为中央军委起草两份电报，一份给陈毅，指示"尽可能满足粟之要求，集中最大兵力于主要方向"。一份给粟裕："照你微午（5日午时）电办法，8月内再在苏中打一仗然后西移。"陈毅也于8月8日复电粟裕："同意以一师、六师、七纵及五旅集中东（台）海（安）间待机歼敌，充分准备勿浪战，战后再行西移。"

敌人在8月7日、8日占领李堡、角斜后，李默庵又决定调其整编第六十五师于9日经海安去泰州、黄桥接替第二十五师和第九十九旅的防务，10日又令新七旅从海安东进接替第一〇五旅在李堡一线的防务。

粟裕说："敌军频繁的调动，给了我军以趁其运动或立足未稳加以歼灭的大好时机。"他当机立断，集中兵力首歼运动中的李堡之敌。

8月10日20时战斗打响，我第一师乘敌人交接防务之际一举攻克李堡、角斜；11日晨，敌新七旅旅长带一个团由海安东行，第六师与第七纵队利用高粱、玉米地作伏击，在运动中将该敌也全部歼灭。

李堡、角斜之战前后仅20个小时，歼敌一个半旅共9000余人。当时华野把宣泰、如南之战称为第一战役，把海安、李堡之战称为第二战役。中央军委发来贺电："庆祝你们第二次大胜利。"8月12日，毛泽东为中央军委起草致陈毅、宋时轮电报，指出："粟裕军前日在苏中第二个胜仗，不但使苏中蒋军陷入极大困难，亦将淮南第五军无法北调。粟部在苏中民情熟悉，补给容易，地形便利，苏中敌军装备亦比第五军差，较易取胜。马上调淮南，因敌人硬，地势险，不一定能切断蚌浦路任务。不如令粟部再在苏中作战一时期，再打一两个胜仗，使苏中蒋军完全转入守势，保全苏中解放区，对全局有极大利益。这样配合淮北作战，更为有利。"

8月13日，陈毅电告粟裕、谭震林："宜就地开展局面，而不必忙于西调，军委亦有此指示，望照办。部队宜争取数日休息，再求新的机动，反较西调为更有力配合各方。"

不同意见的争论，就此告一段落。

"毛主席当家家家旺，粟司令打仗仗仗胜"

从 7 月 13 日首战宣泰，到 8 月 12 日奇袭李堡，在 1 个月时间内，华野连打 4 次胜仗，歼灭敌人 3 万余人，打破了蒋介石 "3 个星期足以收复苏北" 的美梦。蒋军在苏中的机动兵力已经不多，难以继续全面进攻，不得不调整部署。

8 月 19 日，正当粟裕 "考虑下一仗怎么打" 的时候，"四中队" 送来了蒋介石 8 月 25 日在庐山召开军事会议的情报。粟裕、谭震林当即决定 "钻到敌人肚子里去打"，南下丁堰、白蒲、南通、海门一线作战，求得歼敌一至两个旅，给敌人一个严重打击。8 月 20 日，中央军委和陈毅复电同意南下行动计划，强调指出："将这些敌后市镇上之敌军，哪怕每处 1 营 1 连予以歼灭，均有极大意义。"

当天晚上，粟裕、谭震林率主力第一师、第六师、第五旅和特务团，万余人向敌后开进。所谓敌后，实为新四军老根据地，虽然暂时沦入敌手，但军民鱼水情深。部队打到哪里，人民群众就支援到哪里。夜间行军，军民都习以为常，连犬吠之声也难以听见。国民党军队更是被蒙在鼓里，成了聋子、瞎子，对华野行动一无所知。

21 日夜间，粟、谭率大军深入到蒋军 300 里一字长蛇阵的腰部，一师攻丁堰，六师攻林梓，五旅攻东陈，犹如三把锋利的钢刀，一齐向敌人的腰部砍去。

丁堰、林梓，是南通至如皋公路上的两个集镇，驻有国民党政府交通警察总队的 6 个大队和国民党军第二十六旅 1 个营，约 3700 人。经过一夜激战，全歼了这股凶残的敌人，生俘少将副总队长以下 2000 多人，解救出了许多被捕的地方干部、民兵和土改积极分子，缴获了美国制造的十轮卡车、机枪、卡宾枪、汤姆式冲锋枪等大批军用物资。

丁堰、林梓战斗的胜利打开了华野西进的门户，直接威胁如皋的敌人。粟裕分析，敌人很可能马上调兵增援如皋。果然不出粟裕所料，李默庵得知丁堰、林梓失守后,判断华野将要进攻如皋城的四十九师,急令黄桥守军第九十九旅等增援。同时命令驻扬州、宜陵一带的黄百韬第二十五师向邵伯进攻,企图配合北线国民党军向中共华中分局、华中军区驻地两淮进犯。他的如意算盘打得很精,华野主力远在如皋东南,如要增援邵伯,就要北绕他的封锁圈东台、兴化,需要不少时日。利用这段时间,他就可以攻下邵伯,配合蒋军进攻两淮。这样,他既救了东头——如皋城,又拣了西头——邵伯,东西呼应,一举两得。

粟裕比李默庵更是棋高一着,李默庵想"一举两得",粟裕却来个攻黄(桥)救邵(伯)打援,"一举三得"。

丁堰、林梓战斗结束的第二天,粟裕就部署刚由地方武装升级组成的第十纵队3个团及第二军分区两个团,在江都县邵伯镇防御敌第二十五师北进。主力部队除以第七纵队在姜堰、海安之间发动钳制性进攻外,第一师、第六师、第五旅、特务团则于8月23日夜间大踏步地向敌人封锁圈的中心挺进,进攻黄桥、泰州。泰州是黄百韬的后方,拿下泰州,黄百韬就陷于腹背受敌,必然会回兵救泰州。用"围魏救赵"的战法来调动敌人,寻歼敌人有生力量于运动之中,并解除邵伯之围。

粟裕说:"这是一着奇兵,也是一着险棋。这个地区,南是长江,东、北、西三面都是敌人许多据点连成的封锁线。封锁圈东西100余里,南北仅数10里,我们竟敢用3万作战部队插进去,这大大出乎敌人的意料。"

8月25日晨,国民党第九十九旅奉李默庵命令东援如皋。上午到达分界地区后不敢轻进,怕在运动中受到打击,要求如皋守敌接应。粟裕听取"四中队"的报告后,计算时间,两路敌军恰好与我军在如黄路上撞个满怀。

8月25日下午,华野第六师在如黄路分界地区与敌第九十九师战斗打响。不久华野第一师也在如黄路加力地区与如皋出来的敌人遭遇,双方展开激战。因分界、加力两地之敌均采取集团固守战法,实有兵力又比我们原先侦察得知的要多,经过一夜激战,两地均未能解决战斗。此时,黄百韬第二十五师进攻邵伯的战斗正在激烈地进行,邵伯两翼的乔墅、

粟裕（前左二）在指挥苏中战役

丁沟阵地有的已被突破。粟裕意识到：华野主力如果在如黄路上拖延时间，邵伯一旦失守，战局将发生不利于我军的变化。可是他手中兵力不多，又没有预备队可调！在紧急情况下，粟裕运用他最拿手的一着：战场上及时转用兵力，调整部署。

如黄路战斗，华野共歼敌两个半旅，1.7万余人，这一仗打得干净利落，创造了解放战争以来一次作战歼敌最多的新纪录。

在如黄路战斗进行的过程中，粟裕密切注视着邵伯保卫战的态势。苏中战役前夕，他曾视察第十纵队的阵地，明确提出了保卫邵伯的作战方针。第十纵队和第二军分区部队按照预定的作战方针，采取各团轮番守备的方式，依靠阵地，作短促的反突击以击退敌人，坚守了4天4夜，阵地岿然不动，毙伤蒋军2000多人。黄百韬得知第九十九旅已在如黄路上被歼灭后，急忙撤回扬州。

苏中战役，从7月13日到8月31日，华中野战军以3万多人对付国民党军 12 万多人,七战七捷,首创一个战役歼敌 5.3 万余人的纪录,歼灭敌人总数为华中野战军参战兵力的 1.76 倍,打出了人民解放军的神威,创造了战争史上的奇迹。这一胜利,对于扭转整个解放区南线战局的形势,实现中央军委的战略计划,并对而后战局的发展,都产生了重大影响,在人民解放战争史上,写下了光辉的一页。

苏中七战七捷名扬中外,作为这一战役的策划者和指挥者粟裕,受到了苏中军民的热烈拥护和颂扬:"毛主席当家家家旺,粟司令打仗仗仗胜。"这首民谣被改编为歌曲、故事,在苏中地区和华东野战军中流传很久,直到今天,苏中地区的老年人和参加过战斗的老战士,仍能熟练地说唱。

(胡居成 / 撰稿)

9 莱芜决战的台前幕后

1947 年 2 月 20 日晚至 23 日下午 5 时，经三昼夜激战，华东野战军共歼灭国民党军 5.5 万余人，生俘第二绥靖区中将副司令官李仙洲、第七十三军中将军长韩浚等将官 19 人，击毙第七十七师少将师长田君健、第十五师少将副师长梁化中。

战后，华东野战军司令员陈毅在接受新华社记者采访时说：这次莱芜战役是中国内战史上的空前创举，意义非常重大。蒋介石南北会师侵占整个山东的狂妄计划变成了一场春梦，我渤海、鲁中、胶东、滨海四个军区完全成了一片，不仅山东我军的胜利基础因此稳如磐石，影响所及，即全国独立民主阵线的斗士也得到了极大的鼓励，在改变中国政治局势及促进反攻时机的迅速到来上，起了决定性的作用。

"二陈决战"

1946 年 12 月至 1947 年 1 月，华东野战军连续取得了宿北大捷和鲁南大捷，前者全歼国民党军整编六十九师，中将师长戴之奇自杀；后者全歼整编二十六师和整编五十一师，活捉中将师长马励武和周毓英。

但是，蒋介石并不甘心失败。他对铩羽暴鳞的徐州绥靖公署主任薛岳极为不满，撤了薛岳的职，特派心腹大将陈诚到徐州坐镇。时任参谋总长的陈诚牛气十足，吹嘘"将于一年内消灭中共"，还给部下打气说："匪鉴于大势已去，不得不作困兽之斗。国军虽略受损失，但就全局而言，实属莫大之成功。"

陈诚到徐州后，经过精心谋划，制订了一个鲁南会战的计划，其要点是：调集 3 万大军，分成南北两线，南线集中 8 个整编师 25 个整编旅，作为主要突击集团，以陇海路为依托，分三路北进，直指山东"匪巢"中心临沂；北线集中 3 个军 9 个师，作为辅助集团，以胶济路为依托，经莱芜、新泰、蒙阴一线南下，两路大军南北对进，钳击临沂，欲置华东"匪军"于死地。陈诚得意地夸口说："这一次我要在临沂和陈毅决战了！这次鲁南会战关系重大，党国前途，剿匪成败，全赖于此，只许成功，不许失败。"

蒋介石不仅批准了陈诚的这个计划，还亲自飞抵徐州作了指示并进行督促。

这时的陈毅在哪里呢？

遵照中央军委的命令，为便于集中统一指挥，以陈毅为司令员的山东野战军和以粟裕为司令员的华中野战军统一整编为华东野战军，下辖 9 个纵队和特种兵纵队，陈毅任司令员兼政委，粟裕任副司令员，谭震林任副政委。时为 1947 年 1 月下旬至 2 月初。

陈毅在临沂附近召开的华东野战军前委扩大会议上，号召全军以决战决胜的信心和决心，争取新的更大的胜利。他还挥毫写了一首《决胜之歌》，并请人谱了曲，教全军传唱。歌词中写道："同志们，战斗吧！自卫战争决胜的时刻到来了，把华东变成蒋军的坟墓！让敌人的进攻，像蒙山的雪，沂河的水，迎风消解，化为尘土。让我们以空前的歼灭战，欢庆胜利的新春……"当陈毅得到陈诚要与自己"决战"的情报后，豪爽地笑道："好哇！承蒙'陈总长'这么看得起我陈毅，盛情难却呀！我只好奉陪了，那就来个'二陈'决战吧！"

"绝密"的高级军事会议不保密

陈诚到徐州坐镇指挥后，即向济南的第二绥靖区司令官兼山东省政府主席王耀武发电报，下达了国防部作战命令。

第二绥靖区的任务是：迅速调集 3 个军之兵力，南下牵制并吸引"匪军"，并限于 2 月 8 日前占领新泰。

军令如山，王耀武岂敢怠慢，于是下令给远在青岛、高密一带的四十六军，令其于 1 月 29 日沿胶济线西进至淄川、博山，并命令附近的七十三军和十二军整装待发。

但是，长期的战争实践使王耀武感到陈诚的方案并不完善。因此，他一边执行命令，一边通过各种渠道向蒋介石和陈诚提出不同意抽兵南下的意见。王耀武的理由很充分：一是山东兵力单薄，无法抽调大军；二是南进部队从新泰、莱芜南下，进入了峡谷，前后不能策应，孤军深入，腹背受敌，补给线长，危险大；三是抽调 3 个军南下后，济南空虚，胶济线及淄川、博山均无法确保。

然而，贪功心切的陈诚哪里听得进不同意见?! 接到王耀武的电报后，陈诚十分恼怒，蒋介石也大发雷霆，致电王耀武："此次鲁南会战，有关国共两党之成败。如鲁南失败，山东亦不能独存。作为一个将领，应具有决心，顾全大局……"

王耀武尽管心里有保留，但表面上也不敢说个"不"字。他一面调动 3 个军迅速向博山一线集中，一面敦请第二绥靖区中将副司令官李仙洲披挂上阵，出任南线 3 个军的前线总指挥。

1 月 31 日，李仙洲率精干的指挥机构到达博山。次日，王耀武和李仙洲召集四十六军军长韩练成、七十三军军长韩浚、十二军军长霍守义，开了一个"绝密"的高级军事会议，部署了向南进军策应由陇海线南下的大军围歼陈毅所部的作战计划。

可是，令李仙洲没想到的是，当天晚上散会后，韩练成即向潜伏在四十六军的中共情报员杨斯德和盘托出这次绝密军事会议的内容。韩说："鲁南正处于决战关头，国共两军正调集部队进行会战。此一会战是整个形势的转折点。在北线，王耀武调集我四十六军、七十三军、十二军共 9 个师，立即南下，于 2 月 6 日前占领新泰城。七十三军与贵军交手，屡遭挫折。霍守义为了保存东北军十二军的实力，常常借故对王耀武的命令大打折扣。而我四十六军有 3 个师共 26000 人马，美械装备，素有'钢军'之称，所以王耀武和李仙洲都很看重我，令我打头阵。请你赶快通知鲁中王司令（鲁中军区司令员王建安），问他有什么要求。亦请通知陈军长（对陈毅的习惯称呼），请贵军即可在胶济线上开始动作，以便我设法将部队拉回。"

军情紧急，杨斯德立即派与自己一起潜入敌营"卧底"的胶东军区联络科副科长解魁连夜出发。解魁的公开身份是四十六军的"高级情报员"，持有特殊的通行证。他找到鲁中军区司令部后，直接向军区副政委李培南作了报告。

韩练成何许人也

韩练成，1908年2月生于甘肃固原县（今属宁夏），8岁起读私塾直至15岁，后在地主家放羊，做店铺的学徒。1925年考入西北陆军第七师军官教导队。因学历不够，借用同学韩圭璋的省立二中毕业文凭，所以他在西北军中一直用的是"韩圭璋"这个名字，直到1933年才改名为韩练成。

韩练成在西北军中，先后任排长、连长、营长、团长。

1929年，蒋介石暗中收买冯玉祥部大将韩复榘、石友三、马鸿逵叛冯投蒋。韩练成也随上司司马鸿逵成了蒋介石的麾下。

在1930年爆发的中原大战中，一天夜间，蒋介石正在归德（今商丘）车站"总司令列车行营"指挥，突然冯玉祥部"五虎上将"之一的郑大章率领骑兵奔驰40余公里，奇袭归德飞机场，烧毁10余架飞机，霎时间机场上火光冲天，枪声大作。此时蒋介石身边只有200余名卫兵，哪里抵挡得住西北军勇猛剽悍的大队骑兵？蒋吓得面无人色，浑身哆嗦。参谋长杨杰立即摇通了归德城守备司令韩练成的电话。韩立即率部急奔车站救援。

蒋介石绝处逢生，紧紧握着韩练成的手，连声说："你很好！你很好！"又问韩是黄埔几期生，韩不知如何回答是好。蒋对这位在紧要关头忠心"救驾"的青年军官非常满意，事后亲笔下了一道手谕：

六十四师团长韩圭璋，见危受命，忠勇可嘉，特许军校三期毕业，列入学籍，内部通令知晓……

从此，不是黄埔军校毕业生的韩圭璋（韩练成），就成了"校长"信得过的"嫡系学生"。

但是，出身贫寒的韩练成，早在1927年春就参加过西北军总政治部代理部长刘伯坚（中共党员）主办的政治训练班，时间虽然只有短短10天，但身为连长兼连队士兵委员会主席的韩练成，却学到了很多进步知识。时任西北军总政治部组织科长的共产党人刘志丹还单独与他谈话，进行考查和教育。共产党播下的革命种子，悄悄地在韩练成心中不断生长……

北伐期间，韩练成所率的西北第四军独立骑兵团一度划归白崇禧指挥。白对韩很器重，将自己的骑兵团和韩的骑兵团合编为骑兵旅，任命韩为旅长。1935年，韩练成到南京入陆军大学，又与白崇禧的秘书石化龙同窗。后来，白崇禧又亲自找韩谈话，于是韩遂投入李宗仁、白崇禧的桂系，一直从副师长升到师长、副军长、军长、集团军参谋长、副总司令。

蒋介石对韩练成的"救驾"之恩一直念念不忘，1943年将韩调为自己的侍从参谋。而李、白又嘱咐韩，在深入要津后，要暗中注意蒋对桂系玩什么把戏，及时报告。

但是，身处政治夹缝中的韩练成，对蒋介石消极抗日的行为极为气愤，也看不惯桂系小集团的腐败，于是通过密友周士观（新中国成立后曾任政务院参事）的暗中联系，于1943年夏在重庆秘密会见了周恩来，后又和王若飞、董必武、李克农见过面，受到很大的教育，从此暗中与共产党建立了联系。

抗战胜利后，韩练成任海南岛防卫司令官，率四十六军渡海受降。他暗中请周士观报告周恩来并请求指示。内战紧要关头，蒋介石下令将四十六军北调山东。1946年冬末，韩练成乘调防之际，特地到上海秘密找周恩来，未遇，遂找到了董必武，与董商妥了今后的行动方针和联络办法。

1946年底，中共华东局收到了党中央发来的一份绝密电报，指示速派人与国民党军四十六军军长取得联系。华东局先派军区联络部科长陈子谷前往"探路",再派秘书长魏文伯前往见韩。韩提出要见华东军政负责人。于是,陈毅派华东局常委、军区政治部主任兼国民党军工作部部长舒同于1947年1月6日秘密潜入四十六军军部。舒同与韩练成会谈后,双方正式建立关系。

舒同回到临沂后,华东局和军区经过反复研究,并报陈毅批准,派胶东军区政治部联络科长杨斯德和副科长解魁秘密打入四十六军。杨化名为"李一明",身份是韩练成的学生;解化名为"刘质彬",是"李一明"的同窗好友。

陈毅、粟裕转兵北上

这时,在南线的陈毅、粟裕手里掌控着9个野战纵队,准备从国民党军中选择孤立突出一部予以歼灭。2月7日,华野发动了白塔埠战役,歼灭国民党军四十二集团军两个师,活捉中将司令郝鹏举。不料敌人坐视不救,陈、粟"讨郝打援"的计划未能实现。此时,整个南线之敌重兵密集,实行所谓"硬核桃夹烂葡萄"的战术,以主力夹非主力,以嫡系夹杂牌,稳扎稳打,齐头并进,避免孤立突出。

然而,北线的情况却与南线大不相同。李仙洲主持开完博山高级军事会议后,即统率3个军沿沂蒙山区向南直扑陈、粟。四十六军于2月8日进占新泰城,七十三军紧随其后,十二军的一个师亦紧紧跟上。

李仙洲虽然严令3个军大举南进,但心里却顾虑重重。他曾对人说:"我们这样打,摆了一字长蛇阵,首尾不能相顾。加之补给线太长,每天要用120辆汽车送200吨军用品到前线。'匪军'一卡,一字长蛇阵也就完了。"他对韩练成也很不放心,私下说:"四十六军老大狡猾,孤军深入匪区,依我看,不是送狼入虎口,就是纵虎离囚笼。"

陈毅、粟裕深感南线战机难寻,而北线之敌却长驱南下。经过反复研究,决定转兵北上,求歼李仙洲集团。中央军委批准了这一作战方案,并指示应装出打南线之敌的模样,以麻痹敌人,使李仙洲集团放手南进,中我圈套。

华东野战军向莱芜挺进

陈毅、粟裕指示华野参谋长陈士榘率两个纵队，伪装成华野大军，在南线进行正面防御，对敌人进行顽强阻击，摆出一副"决战"的架势。

同时，命令鲁中军区兼第八纵队司令员王建安，派出3个团沿泰（安）新（泰）公路昼夜不停地运动，白天行军，保持与华野总部的电讯联系，使敌人误以为我主力正在向兖州方向开进，并派出部队在兖州以西的运河上多架浮桥，造成华野大军即将西渡黄河的假象；命令胶东军区派出部队，对敌第八军进行猛烈攻击，拖住该军，使其不能西进增援李仙洲集团；命令渤海和鲁中军区部队，暂停对胶济线的进攻，让李仙洲消除后顾之忧，放手南进。

部署完毕后，陈毅、粟裕即率指挥机构，统领华野大军沿沂蒙山的崎岖山路昼伏夜行，向北进发。

抓到了一个"高级特务"

在四十六军南进途中，韩练成与杨斯德常在一起。2月8日，韩部占领新泰城。韩对杨说：这次会战关系整个大局。如你们打北线，请及时告我，以便我进行有机的配合。打北线，最好先打七十三军和十二军，我则将部队向后拖，尽力想办法不与七十三军齐头并进，让他们孤立突出，便于你们围歼。建议陈军长派一部电台距我二三十里处，这样如有情况我可及时电告。如你们将七十三军和十二军消灭，仅剩我四十六军时，请陈军长派一负责干部前来，具体研究下一步行动。

杨斯德迅速动身前往寻找华野指挥部。他脱掉国民党军服，换作商人打扮。前行不久，迎面碰上了华野派出的便衣侦察员。侦察员从杨身上搜出了国民党军四十六军的"谍报证"。

华野司令部侦察科副科长严振衡得到报告，抓到了一个国民党军的"高级特务"，欲立即审讯。不料此人底气十足，一进屋就说："我要知道你的身份！"

严振衡大吃一惊，问："为什么？"

"高级特务"说："我是自己人，有重要机密，不能随便讲。"

严振衡挥挥手令左右退下。屋内只剩下两人时，杨斯德说明了自己的身份，并要求面见陈毅司令员。严立即向华野指挥部发报，当晚就接到回电：李一明（杨斯德化名）确有其人，暂留你处，很好接待。已派黄参谋骑摩托车前来接你，速返汇报。

严振衡到华野指挥部后，向陈毅、粟裕作了汇报。听完严振衡转述的情报后，粟裕说：王耀武和李仙洲要四十六军打头阵，把嫡系七十三军放中间，以东北系十二军殿后，我们可以将计就计，乘机对敌军予以各个击破。你让杨斯德回去告诉韩练成，我们有足够的力量和把握粉碎蒋军的南北夹击。为了不致打错，四十六军有什么行动、李仙洲集团的部署有什么变化，请韩随时告诉我们。我们可以切断该军与七十三军的联系，先歼灭七十三军。接着，粟裕还讲了如果四十六军和七十三军搞到了一起，或四十六军负隅顽抗，我军将采取的下一步作战计划。

陈毅同意粟裕的意见，并对严振衡说：你马上赶回去，要杨斯德速返四十六军告诉韩练成，我们将粉碎蒋介石的这次进攻，请他等着我们的胜利捷报。感谢他给我们提供了情报，并告诉他，我们打七十三军时，将不打四十六军。但请一定要把部署和行动事先告诉我们，免得打错。我们在他的正面、侧面都有侦察分队活动，可以随时联系。如果四十六军和七十三军搞到了一起，分割不开，那时，就请韩练成放弃指挥，我们保证他的生命安全。

"兵者，诡道也！"

韩练成见杨斯德顺利返回，喜出望外。听完杨传达的意见后，韩又对杨讲了如下内容：

第一，上峰要我四十六军向蒙阴进攻。是用全军还是一个师的兵力，何时开始，尚未下达最后命令。

第二，假如要我们全军进攻，我一定拖到18日到达蒙阴，以使陈军长有足够的准备时间。如要我用一个师进攻，我令他们进抵常路（在蒙阴县城北边），看情况再决定前进或后退。

第三，请陈军长告知是否决心保卫蒙阴城，以及你们军事机关、重要物资所在地，以免发生误会。

第四，如陈军长决心保卫蒙阴城，请广泛散发宣传品，欢迎你们各个纵队前来保卫蒙阴城，这样我好借此吓唬李仙洲，说共军主力云集蒙阴，四十六军前进困难，迫使他下令撤退。

第五，我军未开进前，先打空炮，目的是通知你们。如你们决心阻止我军开进，则请在高地上放火，以使我下令停止前进或迟缓前进。

杨斯德派解魁速去华野指挥部，将韩练成所述向陈毅报告。

陈毅于2月16日进驻蒙阴城。在此前一天，即2月15日，华东解放区首府临沂已陷于国民党军之手。

"兵者，诡道也！"陈毅深谙兵法，他在临沂周围用两个纵队打出华野各纵队番号，与国民党军周旋了5天5夜。当北上我军抓住李仙洲集团以后，陈毅即下令主动撤出临沂。骄傲自负的陈诚，哪里会想到中了陈毅的计策呢！

但是，王耀武却获得了情报，得知北上大军确系陈毅主力，意图是吃掉他手下的3个军。王大惊失色，未经请示即下令李仙洲全线后撤。韩练成遂接到命令，将四十六军军部撤出新泰，退至莱芜以南的颜庄待命。

在徐州坐镇指挥的陈诚，对王耀武的举措大发雷霆，发电斥责王："为何不得命令擅自撤退？"陈诚仍坚持认为："陈毅所部军心涣散，粮弹缺乏，已无力与我主力作战，放弃临沂向北逃窜。"他严令王耀武："着该司令官派一个军进驻莱芜，一个军进驻新泰，诱敌来攻"，并警告王必须"依令而行，勿得玩忽"。

在南京的蒋介石也给王耀武发来电报，令其南进。

王耀武见电报后，只得令四十六军南进，再占新泰城。

这样来回折腾，使华野大军赢得了几天时间。

解魁于2月16日离开韩练成，很快找到了严振衡的侦察分队。严亲自将他送到陈毅处。

听完解魁的汇报后，陈毅作了五条指示：一、韩军长诚意告诉我们不少情况，表示感谢，希望他永远为中国的和平民主事业和我们团结合作，携手前进。二、党中央和我对他毫不怀疑，请他放心。我野战军决不打他。三、我们有足够的力量守蒙阴城。如果蒙阴不保，会直接影响南面的会战。南北两线，我们都有足够的力量取得胜利。告诉韩军长，他的部队最远到常路。否则，任何部队都要打。四、希望今后不断取得联系，以免发生误会。五、我们的物资，新泰、蒙阴山区都有，主力在常路一带，地方兵团在两侧，以上情况，请韩军长注意掌握。

解魁急匆匆赶回国民党军四十六军驻地，将陈毅的指示传达给杨斯德，杨于当晚向韩练成转达。

韩练成听完陈毅的意见后，连声说："很好！很好！感谢陈军长的关心。"接着，又向杨斯德透露了最新情况。韩说：李仙洲已决心不打蒙阴了，这样，你们可以将力量用于其他方向，南线可以放手大打，北线可以放手打七十三军和十二军了。

军长哪里去了

莱芜战役于1947年2月20日晚10时30分打响。

这天，陈毅、粟裕又在百忙中接见了赶来送情报的解魁。听完汇报后，陈毅又作了如下指示：

第一，我们对莱芜战役的决心和部署是：把李仙洲总部和七十三军、四十六军、十二军的新三十六师全部吃掉（十二军的另两个师已北撤），不让其一个漏网。我们的胃口大得很！先打其他部队，最后把四十六军包围起来，迫其起义或放下武器。

第二，今晚战役的炮声响了以后，估计李仙洲会急令四十六军向北增援七十三军。我们对韩练成的要求是：务必不要增援。向他说明：只要四十六军不增援，绝不打它。如果北开莱芜增援，和七十三军搞到了一起，那就难免玉石俱焚了。

第三，你现在马上返回颜庄四十六军军部。在路上拖延一下时间，尽可能晚点进去。晚上10时30分炮声响了以后，再把我们的决心和部署大体告诉韩练成。不是我不相信他，这次战役实在太重要了，万一泄露了秘密，就会对战役增加很大困难。

第四，为了求得这个战役彻底胜利，你们两位必须始终坚持在敌人内部，决不撤出。你们要积极活动，首先做好韩练成的工作，坚定他的信心。要机动灵活，沉着应战，冷静而恰当地处理各种可能出现的情况。你们打入敌人内部后，任务完成得很好。党对你们是非常信任的，也是非常关心和爱护的。现在为了夺取战役的胜利，党需要你们继续坚持下去，即使牺牲了生命，也是光荣的。

最后，陈毅叮嘱解魁：你回去后，不要对韩练成说见到了我，就说见到了鲁中军区王建安司令员。北线的战役是王司令指挥的。打起仗来，什么样的情况都可能发生。特别是我们与韩练成的关系，只有几个高级领导人知道。我们对部队动员就是要歼灭四十六军。部队打红了眼，打到他韩练成头上，我就可以出来打圆场了。这一次，我们先后变更了七次作战计划,好不容易才把李仙洲抓住,可不能再让他跑了。

这天晚上,韩练成几次派人来请杨斯德和解魁,他俩一再借故拖延。晚 10 时后,杨斯德估计打莱芜的炮声快打响了,才将陈毅所述大体告诉了韩练成。

从 20 日晚战至 21 日,华野一纵、四纵、八纵、九纵等主力在莱芜城东北全歼敌七十三军七十七师,击毙少将师长田君健,扫清了莱芜城外围,使李仙洲总部和七十三军另两个师成了瓮中之鳖。

韩练成率四十六军于 21 日下午 4 时许进抵莱芜城下。一路上,杨斯德和解魁一直紧随在韩的左右,力劝韩千万不要进城和七十三军搞到一起。韩予以采纳,傍晚只率军直和特务营、炮兵营等进了城。

当晚,李仙洲召集韩练成、韩浚及指挥机构成员开会,提出于第二天(22 日)一大早突围。这时,李仙洲手里尚有四十六军 3 个师、七十三军 2 个师及直属部队。李估计有足够的力量可以突围成功。

但韩练成极力主张推迟一天突围,理由是四十六军大部队都在城外,有大河阻隔,再加上弹药、物资等尚需一天时间准备。会议争论很激烈,但鉴于四十六军是突围主力,李仙洲无奈,只得迁就韩练成,勉强同意推迟到 23 日一大早突围。

22 日这一天,对于华野来说是多么重要。粟裕严令六纵务必尽快攻占吐丝口,卡死李仙洲集团北撤的咽喉要道。血战竟日,终于关上了 5 万敌军北逃的大门,造成了我军"关门打

1956 年,韩练成(左二)与陈毅等在一起合影

狗"的态势。

23 日一大早,李仙洲所率各部均按命令集合完毕,准备向北突围。可是,一直等了一个多钟头,仍不见韩练成的身影。李仙洲下令派人四处寻找,韩练成仍下落不明。韩浚见已到 8 时多,着急地催促李仙洲说:"再不走就完啦!"李只得下令突围。

原来,韩练成对杨斯德早就说过,四十六军是桂系的基本部队,各师师长都是李宗仁、白崇禧的亲信,他指挥不动。因此,要率全军战场起义是不可能的。于是商定,在杨斯德、解魁安排下,韩练成率亲信卫士一个排,悄悄脱离指挥位置,隐蔽到莱芜城内的两个地堡内。

蛇无头而不行。军长跑了,四十六军失去了指挥,全军就乱了套。李仙洲率领的 5 万人马慌慌张张,你挤我拥,不成队形,在中午闯进了华野大军布下的"口袋阵"。战至傍晚,全军覆没,李仙洲、韩浚均被活捉。

1955 年,韩练成被授予中将军衔。1984 年 2 月 27 日,韩练成在北京逝世。

(夏继诚 / 撰稿)

⑩ 1947年：刘邓大军千里跃进大别山

1947年6月，在中共中央、中央军委和毛泽东的悉心指导以及友邻部队的有力策应下，刘伯承、邓小平率领晋冀鲁豫野战军主力，以排山倒海之势强渡黄河，鏖战鲁西南，率先挺进中原，义无反顾地千里跃进大别山，从而拉开了人民解放军战略进攻的序幕。

刘伯承、邓小平联名致电中央军委，提出挺进中原的
战略设想，得到毛泽东等中央领导人的赞许。
实施战略进攻的各项准备工作随之展开

关于晋冀鲁豫野战军率先独立挺进中原的问题，刘伯承和邓小平曾进行过为期半年多的思考。

第一次是在1946年12月16日。当时，全国内战爆发还不到半年，两人联名致电中央军委：过去的5个月作战，我们虽然开始获得主动，但除个别地区外，并未真正打开局面，而敌人却在几个战区都有集中兵力进攻一点的力量。为了更好地转变局面，获取真正主动，扩大战果，就"必须集中最大兵力先打开一个战线"。纵观全国各个战区，纵贯中原的平汉铁路东西两侧地区，具备了这种作战条件；就参战兵力来说，如果继由晋察冀南下的第一纵队归建后，再将"陈谢纵队亦调集平汉西侧作战"，这样，晋冀鲁豫野战军在平汉铁路东侧有6万人，西侧有5万人，夹击中原国民党军必然会获取重大战果。两人一致认为，如果打开平汉战局，就会使敌人部署的从山东至陕北的全面进攻战线之"中央发生破绽，东西策应不宜"，就必然会调动徐州的薛岳集团和陕北的胡宗南集团，对华东和陕甘宁都是很好的配合。尽管当时这一战略意图未能付诸实施，但这的确是刘邓两人立足本战略区，放眼全国战局的真知灼见。

第二次是在1947年4月25日。这天，刘伯承、邓小平致电中央军委，进一步提出了挺进中原的设想。这份电报同时发给了华东野战军司令员兼政治委员陈毅、副司令员粟裕，并转告晋冀鲁豫军区第一副司令员滕代远、第一副政治委员薄一波、第二副司令员王宏坤，以及第四纵队司令员陈赓、政治委员谢富治等。在这份电报里，两人简要分析了陕北和山东的战况，针对当面之敌提出了三种方案：一是逐步"啃大核桃"，即逐个攻击敌坚守要点；二是以主力转至冀鲁豫黄河以南地区，打开鲁西南，协同山东作战；三是以我主力及陈赓纵队平行过河，首先指向陇海路潼关至郑州段，平汉路郑州至确山段，"肢解敌人，调动作战"。两人权衡利弊，反复比较，认为方案一把握不大，也不合算；方案二较易实行也很稳当，唯作用不及方案三大。

两人断定：实施方案三，虽然"我们大军脱离后方作战，确很困难"，然而，"此着必然引起大的战略变化"。对于独立进击中原作战的晋冀鲁豫野战军而言，其结果是："或能打到野战，或能站住脚，或于不利时缩回黄河以北。"

毛泽东十分赞成刘伯承和邓小平等率部首先挺进中原作战的设想。1947年1月，毛泽东电示刘邓：3月至4月间在陇海路南北地区灵活作战，创造机动战场，"大约在5月间主力即可向中原出动"，转变为外线作战。华东野战军也按此计划，完成外线作战的一切准备。当时，毛泽东及刘伯承、邓小平等运筹挺进中原的战略决策，主要着眼点是要将战争引向国民党统治的区域，在外线大量歼敌。此外，直接原因是要支援由中原突围进到鄂西北、豫西和陕南，当时处境正十分困难的李先念部。

到了这年的5月间，邓小平敏锐地发现，关内的军事形势发生了重大变化。

首先，被国民党军围追堵截的李先念部已脱离险境，晋冀鲁豫野战军发起的豫北、晋南反攻作战胜利结束，本区战略防御任务已基本完成。

自卫作战以来,共歼灭国民党正规军 30 个旅,连同地方武装近 30 万人。而晋冀鲁豫军区的军队总数由战争初期的 27 万人发展到 42 万人,其中,野战军由 8 万人发展到 28 万人。野战军主动放弃 45 座县城后,不仅换取了敌人大量有生力量被歼灭,而且还收复和新解放了 43 座县城。经过土改,农民群众支援战争的积极性空前高涨。一面是国民党军力量的不断削弱,一面是人民军队力量的迅速壮大,这都为转入战略进攻奠定了基础。

其次,国民党军队从 3 月份开始集中兵力重点进攻山东和陕北,而在联结这两个战场的晋冀鲁豫战区则兵力减少,作战能力减弱。这样,两翼突出的主力和中央薄弱的兵力形成"凹"字形(也称哑铃形)战略态势,战略协同愈加困难。当然,国民党军寄重望于"黄河战略",企图凭借所谓能代替 40 万大军的"黄河天险",防御中央薄弱地区。可见,实施战略进攻的首要之举,是突破国民党军沿黄河南岸设置的中央防御战线。

根据中共中央关于晋冀鲁豫区加强战略进攻各项准备工作的指示,刘伯承、邓小平等开始了全面、细致的指导解放区军民强渡黄河、进击中原的准备工作。

在组织领导方面,充实中共晋冀鲁豫中央局和中共中央中原局,邓小平兼任中原局书记。

1947 年 5 月中旬,刘伯承、邓小平等回到晋冀鲁豫中央局、军区机关所在地河北省武安县(今武市)冶陶镇,和留守在这里主持中央局、军区日常工作的滕代远、薄一波、王宏坤一起,举行中央局高级干部会议,研究南进中原的各项重要问题。会议由邓小平主持。经过讨论,会议认为:"我们此次出动,必须集中力量创造新区。""为了出中原后顺利开展工作起见,拟成立'中国人民解放军晋冀鲁豫区战地行政委员会',统一党、政、民工作。""并拟以小平同志为主任,李雪峰为副主任。"同时,建议原晋冀鲁豫区党的领导以薄一波为书记,军区领导以徐向前为司令员。

中共中央和毛泽东着眼于战局迅速发展的实际需要,考虑到将来前线、后方重大问题的统一协调和长期作战,主张邓小平仍担任晋冀鲁豫

千里跃进大别山时期的刘伯承、邓小平

中央局书记，刘伯承仍担任晋冀鲁豫军区司令员，不要变动；薄一波以副书记、徐向前以第一副司令员的身份，实际上分别领导各项后方事宜和后方各项军务，"如此似更妥善"。待刘邓率部前出中原时，邓小平兼任中原局书记，刘伯承为中原军区司令员，李先念为副书记和副司令员。

5月15日，根据中共中央指示，邓小平又主持召开了晋冀鲁豫中央局会议，讨论转入战略进攻的有关问题，进一步明确挺进中原后的组织领导机构。会议讨论、研究结果为："中原局机构以小平、伯承、先念、际春、位三、雪峰、子久、少敏为常委。分工：小平兼书记，位三、先念、雪峰为第一、二、三副书记，少敏兼组织部长，子久兼民运部长；先念为刘伯承之副司令员，随刘邓一起工作。"当日，这个会议研究结果上报中共中央和中央军委后,第二天,中共中央即批准:"同意你们商谈各点的建议。"

关于准备出动的晋冀鲁豫野战军的组织、装备问题,早在 3 月 10 日召开的野战军首长会议上已进行过讨论,这次会议研究后进一步明确为:第一纵队司令员杨勇、政治委员苏振华,辖 4 个旅共 23805 人;第二纵队司令员陈再道、政治委员王从吾,辖 3 个旅共 27630 人;第三纵队司令员陈锡联、政治委员彭涛,辖 3 个旅共 21195 人;第六纵队司令员王近山、政治委员杜义德,辖 3 个旅共 14230 人。各纵队均有炮兵营、辎重营、侦察通讯连、警卫连、电台中队、教导团、补充团等。以上 4 个纵队(第四纵队除外)共 86860 人。

针对一些指战员的疑虑,邓小平斩钉截铁地指出:
反攻时机已经到来!……不反攻不行,那样就会
产生"右倾机会主义"和"尾巴主义"

6 月 10 日,从武安冶陶赶回前线的刘伯承和邓小平一起,在安阳附近的石林镇主持召开野战军各纵队首长会议,邓小平传达了冶陶会议精神,具体部署了转入战略进攻的各项准备工作。野战军政治部也相继发出了关于形势和任务的报告大纲以及准备战略进攻的指示。战略进攻已经剑拔弩张。

不过,当时少数指战员对目前举行战略进攻仍感到疑惑不解。他们提出:反攻时机究竟到来了没有?党中央和毛主席关于反攻时机已经成熟是不是估计得不准确?不反攻行不行?反攻出去打不打大城市?能不能站住脚?打的过程中美军会不会出兵援蒋?等等。显而易见,这些疑问不解决,就无法使全体指战员更好地完成战略进攻的重大任务。于是,在 6 月 21 日召开的野战军直属部队股长、营级以上干部会议上,邓小平就目前时局和任务作了专门报告,针对少部分同志提出的疑问,简明扼要地一一给予耐心解答。

关于反攻的时机,邓小平认为,反攻时机已经到来,这是有根据的。首先,"蒋介石反动集团面临着严重的军事危机,不能照旧统治下去了"。

国民党军在山东、陕北两个主要战场上不但打不出名堂来，而且还被我逐渐消灭，其他几个战场上也已经完全处于被动挨打的地位。至少在豫北、同蒲、东北3个战场的战线已经支离破碎。蒋介石"线"不能保持住，"点"也不能保持住，所以不能不来一个重点防御。其次，蒋介石还面临着严重的政治危机。蒋管区的伟大的人民运动发展起来了，学生运动、工人运动、民变运动闹得轰轰烈烈，"这与解放区的军事胜利，是打败蒋介石的两大力量，而解放区是领导力量"。

在概括了目前的军事、政治形势之后，邓小平坚决地表示：不反攻不行，那样就会产生"右倾机会主义"和"尾巴主义"！今天我们不是怕什么冒险主义，而是怕对于形势估计不足，怕我们的认识赶不上客观形势发展的需要。新的革命高潮很快到来，我们要领导这一高潮走向彻底胜利。否则，就会成为群众的尾巴，高潮就可能逐渐下降，就会影响革命的胜利。蒋介石已经到处被动，我们是让蒋介石巩固他的统治区，喘口气再来打我们，还是我们先去剥夺他的兵员、财力，扩大解放区来充实我们自己的力量？邓小平还举了一个事例深入浅出地讲解：好像两个人打架，只要再加一拳就能把对方打败，你偏偏要歇一歇，让他喘气，自然是不对的。这用之于革命会使革命失败，要犯严重错误。

那么，反攻的基本着眼点是什么呢？邓小平明确地告诉大家：反攻出去我们不是先打大城市。"对城市好打就打，不好打就不打。"敌人采取重点防御，我就占"面"，有机会就占地方。地方占多了，人口增加了，兵员解决了，财政也解决了。反过来敌人就困难了，敌我力量对比又要起新变化。

针对有的同志提出反攻出去"能不能站住脚"的疑虑，邓小平斩钉截铁地回答："能，一定能够站住脚！但有一条，看我们的三大任务（指野战军主力部队执行的作战、发动群众、筹粮筹款）做得好不好。客观条件是具备了的，我们在思想上下决心不向后看，即回头看着晋冀鲁豫。要讲战法，要讲政策，把三大任务完成好……三大任务完成得好，不要多久就会站住脚，新区很快就会变成解放区。"

邓小平接着说：困难有没有？一定有的。不能设想能像在解放区内线作战那样方便，要设想更多的困难，思想上必须充分准备。反攻确实辛苦，而且是持久性的，争取得好，就快些。厌倦不应该，真正把革命干成功，辛苦是值得的。今天我们需得拿出英雄气概，拼命地干，前仆后继，英勇奋斗，一定可以干成功。

关于美国出兵援蒋问题，邓小平根据各方面分析，得出这样一个结论："美帝国主义不要看他装的那样凶恶，其实他是外强中干，我们一定能战胜他的。"因此，由美国直接大规模出动军队援蒋，以今天形势看来，可能性确实有但是不大。同时，我们不怕美帮助蒋，即令美国出兵，全民族动员起来参加反侵略战争，劲儿就更大了。他认为，中国革命要过两座桥，打败蒋是过第一座桥，打走美是过第二座桥。过了第一座桥再过第二座桥就好办了。总之，敢于鄙视美蒋，把美蒋赶出去，这一思想要明确建立起来。

最后，邓小平有力地挥动着手臂发出号召："我们的反攻是有把握的、光荣的、正确的，我们一定能完成党给我们的任务，争取反攻的胜利！"

刘邓大军强渡黄河一举成功。美驻华大使司徒雷登惊呼：这简直是惊人的事件，不亚于当年法国的"马其诺防线"被攻破

在共同商定军事行动部署，下发作战命令、指示电的同时，刘伯承和邓小平以极大精力领导了强渡黄河前的战勤工作。他们指示：一定要做好侦察、测绘、渡船、水手、民工等各方面的充分准备，保证一举成功。早在4月，邓小平就在范县颜村铺接见了范县县委书记和县长，详细了解地处黄河北岸的范县天气变化规律，地理条件，特别是黄河水势、宽度、堤坝、渡口、船只情况，同时作了一些指示。

邓小平还把熟悉本地情况、担任冀鲁豫行署主任的段君毅找去，当面布置渡河准备工作。他说：刘司令员要我交给你一项任务，为渡河准备船只。根据刘伯承、邓小平的指示，冀鲁豫区党委、行署在3月至6月

间,相继发出《关于封购各村大树用以造船的紧急通知》《对沿河各县征购苎麻以应急需的训令》《为加强河防给沿河各县委的通知》《关于修整军运大路及协助军运的训令》等。这些通知和训令均以加强河防、防险自救、协助军运的名义发布,实际上是为南渡黄河作人力、物力方面的准备。紧接着,沿黄河各县都建起了造船厂。经过 4 个多月奋战,圆满完成了修船、造船任务,仅范县的十几个造船厂就修理旧船 100 多只、造新船 54 只。这些船只,可同时运送 8000 人渡河。冀鲁豫区党委和行署还动员了 2300 多名水性好、会撑船的水兵,组成 5 个大队进行驾船和军事训练。此外,各级党委和政府还组织当地群众为部队腾房子,运送物料、粮柴等,还组织了以民工为主的担架团和以河防民兵为主的轮战团。强渡前夕,又特别严令沿河各县距黄河 8 里以内村庄的人力、物力,均直接受河防指挥部调遣。

根据敌情和豫北战役后部队的休整情况,刘伯承、邓小平于 6 月 22 日向野战军秘密发布了强渡黄河、实施鲁西南战役的基本命令;26 日,又发布了补充命令,规定:"我军以渡过黄河反攻敌人之目的,决定实施鲁西南作战。"战役目标是:以第一、第二、第三、第六纵队强渡黄河后,首先歼灭守敌刘汝明集团两个师,再求歼援敌于运动中,而后跃进大别山。"此次作战关键,首在迅速确实割裂、包围散布之敌。各纵队在渡河后,即应不顾疲劳地大胆实施这种割裂和包围,以便各个歼灭之。"战役部署为:以第一、第二纵队围歼郓城守敌,以第六纵队及第二纵队一部围歼鄄城守敌,以第三纵队为总预备队,尾第二、第六纵队渡河扩张战果。为确保战役取得胜利,遂以太行、冀南、冀鲁豫军区武装伪装成主力,发动豫北攻势;以豫皖苏军区部队对当面之敌进行攻击,造成郑州、开封守敌受到威胁的错觉;以鲁西南地方武装、民兵直接配合主力作战。

为达成战役的突然性,刘伯承和邓小平命令野战军主力驻守在汤阴、安阳地区按兵不动,使敌人摸不清野战军主力动向。只是在渡河作战发起的前几天,野战军主力才秘密、急速地向渡河地点开进。另外,把强渡时间定在 6 月 30 日,即农历五月十二日,此时明月当空,虽然不利于我行动隐蔽，但更出乎敌人之意料。他们估计，部队移动后，敌人发觉后可能重新抽调部队加紧河防和纵深配备，妨阻部队南渡进展，所以提出请中央军委及时帮助侦察敌军动向。随后，他们夜行至山东阳谷县沙河沿村，将渡河指挥部隐蔽地设在村里的几间小农屋中。

这期间，发生了一件有惊无险的事。段君毅后来回忆说：

> 刘邓首长非常重视渡河作战的准备工作，亲自进行检查。渡河前的一天，我陪刘邓首长和李达参谋长检查渡口准备。他们先到野战军司令部机关渡河的寿张县南孙口渡口，听取了一纵队司令员杨勇、政治委员苏振华的汇报。刘司令员还亲自登船检查渡船的质量。然后，我又陪同他们乘吉普车向位山行驶。

> 途中，汽车左轮突然陷进泥里，车子翻了。我和李达参谋长赶快从车里钻出来，将刘邓首长扶起来，幸好都没受伤。刘司令员平静地拍拍身上的泥土，找到掉了的眼镜戴上，忙问小平同志伤着没有。小平同志一面问："刘司令员没事吧？"一面招呼说："大家都来推车。"此间，我又找来汽车，陪同刘邓首长继续前进。事后，一些将领闻讯无不惊叹："好险！大军未过河，两帅就翻车，万一有啥不幸，怎么得了！"

经过几个月的精心准备，强渡黄河已胜券在握。6月30日，刘邓联名报告中央军委并告陈毅等：决定当日晚"实行宽正面渡河，估计不会发生重大困难"。

6月30日夜晚，黄河两岸一片寂静。突然间，枪炮齐鸣，一艘艘木船向黄河南岸飞渡而去。根据刘伯承、邓小平下达的强渡命令，晋冀鲁豫野战军4个纵队共13个旅12.4万余人，在冀鲁豫军区第一旅、第二旅接应下，在山东阳谷以东张秋集至菏泽以北临濮集间长达150公里的黄河正面，从8个地段同时发起强渡。当晚，野战军13个旅就有6个旅安全渡过黄河，一举突破了国民党军自诩"可抵挡40万大军的黄河防线"。美国驻华大使司徒雷登闻讯惊呼：这简直是惊人的事件，不亚于当年法国的"马其诺防线"被攻破！由此他断定：国军力量，日见式微。

1947 年 6 月 30 日夜,刘邓大军主力强渡黄河

正当国民党军惊慌失措之际,7 月 4 日夜晚,刘伯承、邓小平离开了沙河沿渡河指挥部,在孙口村渡口从容地踏上了驶向南岸的木船。航渡中,几架国民党空军飞机由西向东飞来,扔下一串串照明弹,把河面上照得通明。警卫人员准备对空射击,邓小平却笑着对刘伯承说:敌人怕我们渡河寂寞,给点了天灯。刘伯承说:是啊,他们已经来迟了,哪知道我们是明修栈道,暗度陈仓呢!的确,当刘邓大军渡河的消息传到国民党军徐州"剿总"司令部时,他们急忙打电话到郑州,向黄河防线的总指挥刘汝明询问情况,刘汝明竟回答:只知道共军向黄河南岸发射了百余发炮弹,渡不渡河还不了解。

为了打开千里跃进大别山的通道,刘邓精心组织、
发起了鲁西南战役。羊山集战斗的残酷,引起了
双方最高统帅部的异常关注

刘邓大军强渡黄河一举成功,在敌我双方的统帅部里都引起了强烈

反响。7月1日，蒋介石由南京急忙飞往北平，召开军事会议，部署合围刘邓大军。蒋介石看到，随着刘邓大军突入鲁西南及华野5个纵队在津浦线发动强大攻势，他的防御体系在中央处被撕开了一个口子，从而使重点进攻山东的几十万部队的左翼及后方受到严重威胁，直接影响着全国的战局。为了堵塞这一缺口，挽救全线崩溃的败势，蒋介石急忙调兵遣将，组成西、东两个集团，并把战场指挥权交给了第二兵团司令官王敬久。西集团的任务是：整编第五十五师主力死守郓城，余部和整编第六十八师主力坚守菏泽，定陶、曹县分别由一五三旅和地方部队扼守。目的是在郓城、定陶地区采用守势牵制晋冀鲁豫野战军主力。东集团是仓促从豫皖苏、豫北调来的整编第五十八师、第三十二师、第六十六师，加上第七十师共4个师，任务是形成重点，伏击野战军侧背。一时间，战场形势严峻起来。

此时，中共中央、中央军委和毛泽东已转战到陕北靖边县的小河村。他们在一座普通的农家大院里，正在精心运筹着如何在战略进攻的序幕拉开后，正式开演战略进攻这出威武雄壮的活剧。根据中央军委指示，7月1日，彭德怀、习仲勋指挥西北野战军主力在陕甘宁发起三边战役，从战略上配合中原刘邓大军。7月2日，中央军委电令两天前刚刚组建的陈士榘、唐亮北路兵团，必须"以神速动作"，"打开与刘邓会师之道路"，与刘邓协同打开陇海路，出淮河展开新局面。同时，毛泽东也在考虑，鉴于刘邓大军12万人正向陇海路前进，如果派遣陈赓纵队"到鄂豫陕边开辟新战场，对刘邓亦有帮助"。太行、豫北、豫皖苏军区部队等也迅即发起攻势，直接配合刘邓大军。

渡过黄河后，刘伯承、邓小平把指挥部设在了郓城县城南边的郑家庄。他们深知，强渡黄河后的作战至关重要，关系到能否打乱国民党重点进攻山东、陕北的战略部署，为下一步千里跃进大别山打开通路。为此，他们根据当面敌情，采用"攻敌一点、吸敌来援、哨其一边、各个击破"的战法，精心组织了鲁西南战役。

郓城之战是鲁西南战役的首战。根据刘邓部署，第一纵队于7月3

日肃清了黄河南岸的郓城外围之敌,7月7日发起总攻,激战一昼夜,全歼国民党军整编第五十五师师部及两个旅共1.5万人。与此同时,第二、第六纵队先后攻占曹县、定陶。这样,刘邓大军在十余天内就摧毁了敌西集团坚守的要点,掌握了北至黄河,南至陇海路广阔战场上的主动权。而来援的国民党东集团3个师,在巨野东南约40公里处收缩成从南面羊山集到北面六营集的"一字长蛇阵",伺机对刘邓大军展开攻击。

针对国民党军的这个"一字长蛇阵",刘伯承和邓小平迅速定下了歼敌决心。他们指挥主力部队采取穿插、割裂的手段,分别包围了六营集、羊山集的国民党军。对六营集守军,为防止其困兽犹斗,决定采取"围三阙一、虚留生路",从三面强攻,压迫敌人向第一纵队在东面布设的袋形开阔地突围。结果,敌第七十、第三十二师两个师部及两个半旅,被全歼于我军预设阵地内。

羊山集战斗打得异常艰苦。羊山集是个有千余户人家的集镇,位于金乡县西北低洼地带。其北面是一座东西走向长约2.5公里的小山,恰似一只昂首蜷卧的山羊,从东向西依次为羊头、羊背、羊尾。山势起伏不平,山间还有日军当年残留下的工事。

当年担任主攻任务的第二纵队司令员陈再道后来曾感慨地说:"羊山集这一仗,是我打得最艰苦的一仗! 牺牲的战士最多!"这是因为:被包围的虽然只有第六十六师一个半旅,但却是王敬久的精锐;地形易守难攻,而且又遇上连日降雨;加上王敬久亲自率部增援,而我攻击部队又未认真了解地形,结果,连续攻击伤亡很大却未能奏效。于是,这个千余户的集镇,自然引起了国共双方统帅部的异常关注。

7月19日,蒋介石飞到开封坐镇,除严令王敬久率部驰援羊山集守军外,还特地从西安、潼关、洛阳、汉口及山东等地抽调7个师,由王仲廉指挥急赴鲁西南。几天后,蒋介石直接电告羊山集守军:"羊山集苦战,中正闻之,忧心如焚","目前虽处于危事之秋,亦应固守到底","争取最后五分钟之胜利"。

7月23日,小河村会议结束的当天,中共中央、中央军委就向刘邓发出指示电:"对羊山集、济宁两点之敌,判断确有迅速攻歼把握则攻歼之,否则,立即集中全军休整十天左右。"很显然,毛泽东认为,敌固守羊山集是想以此吸引刘邓大军滞留于鲁西南,使其被迫与奉命赶来的兵力占优势的国民党军决战;而我能有把握地尽快歼灭羊山集等敌更好,否则,中止攻击,大军迅速转入休整,以便实施下一步直出大别山的战略行动。

7月24日,在郓城郭屯集一个农家院落里,一个重要的战斗决心逐渐在刘伯承、邓小平心中形成。在仔细研究了中央军委、毛泽东发来的指示电,全面分析了当前羊山集的战况后,刘邓认为:守敌已遭挫伤,援敌虽多,但近处的踌躇不前,远处的尚在途中,如果集中力量,完全有把握在短时间内消灭该敌。这样,对于提高我军士气、扩张南下通道更为有利。当时,邓小平的话明确、坚决、干脆:攻羊山的部队不能后撤。刘伯承的话同样坚决但又不无幽默:蒋介石送上来的肥肉我们不能放下筷子,要决心啃下这块硬骨头。于是,刘邓当即调整攻击部署,决定将参战部队增加到4个纵队,与敌军兵力对比占绝对优势,同时加强了火力配备。

经过周密准备,27日晚,攻击部队冒雨对守敌发起总攻,激战一昼夜,于28日将敌整编第六十六师全歼,俘虏国民党军中将师长宋瑞珂以下9000余人,毙伤5000余人。羊山集战斗我军伤亡近万人,占鲁西南战役我军伤亡总数的三分之二还多。战役结束后,刘伯承和邓小平面对羊山伫立凝视了很久。

鲁西南战役不仅歼敌9个半旅5.6万人,收复了鲁西南解放区,更重要的是,刘邓大军在战略进攻关键的时刻,一方面迫使国民党军从陕北、山东战场抽调7个整编师17个半旅赶赴鲁西南,有力地配合了这两个战场我军粉碎国民党军的重点进攻;另一方面又为挺进中原、跃进大别山打通了道路。为此,中央军委专电刘邓大军:"成绩甚大,特此通令嘉奖。"

鲁西南战役大捷后，正拟"休整 10 天"的刘邓大军接到毛泽东急电，只好中止休整，提前出动，"什么样的困难也不能顾了"

7 月 23 日，中央军委和毛泽东根据在小河村召开的中共中央前委扩大会议精神，电示刘伯承、邓小平等："为确保与扩大已经开始取得的主动权"，刘邓大军在休整 10 天后，"除扫清过路小敌及民团外，不打陇海，不打新黄河以东，亦不打平汉路，下决心不要后方，以半个月行程，直出大别山，占领大别山为中心的数十县，肃清民团，发动群众，建立根据地，吸引敌人向我进攻打运动战"。刘邓阅后致电中央军委，表示："我们完全拥护所示方针。"部队遂在羊山集战斗结束后立即转入休整。

在部队休整的同时，作为身在前线的高级将领，刘伯承、邓小平等一起研究了如何执行党中央战略方针的问题。他们认为，从野战军方面来看，主力南渡黄河后因连续作战，损耗甚大，伤亡约 1.3 万人，新兵没有，俘虏需要 20 天教育方可补充；经费已"不足半月开支，一到南面发生冬衣困难"，故亟须整补，并保持后方接济。从国民党军方面来看，驰援鲁西南的 17 个旅除整编第四十师外，战斗力均不强。加之山东敌人又难西调，所以"仍有内线歼敌机会"，如果"消灭 8 个旅以上，则南下更少困难"。

显然，这是一个休整半个月后依托豫皖苏在内线歼敌的计划，两个月后看情况或有依托地逐步向南发展，或直出大别山。刘邓把他们的想法上报中央军委后，中央军委和毛泽东充分理解久战疲惫的刘邓大军的困境，复电示："计划甚好，此次南下必须于两个战役间争取休息，恢复元气。"

然而，由于出现了以下两个重大情况，促使刘伯承和邓小平毅然决定中止休整、提前出动：一是蒋介石决定暂缓向山东方向进攻，连续抽调重兵，连同原来的 17 个旅共 30 个旅，组成 5 个集团分五路向位于黄河和陇海路之间的刘邓大军扑来。与此同时,国民党军对陕北的进攻有增无减。7月29日,毛泽东来电相告:"现陕北情况甚为困难(已面告陈赓),如陈谢及刘邓不能在两个月内以自己有效行动调动胡军一部,协助陕北打开局面,致陕北不能支持,则两个月后胡军主力可能东调,你们困难亦将增加。"二是黄河水情异常严重,国民党军决堤放水的企图日渐显露。7月末至8月初,连降暴雨,黄河水位陡涨。在刘邓联名致中央军委及徐向前、滕代远、薄一波的电报中,多次出现险象环生的水情报告:"黄河问题已很严重",堤坝"因近日水涨,已生险象,必须派队掩护群众抢险,否则,(野战军主力)必被水淹,且影响大"。

8月2日这一天,黄河滦口水位陡然增高,水深达8米,水宽541米,水流量每秒2034.43立方米。8月3日,刘邓连续急电中央军委及陈毅、粟裕等:"黄河近几天有极大的决口危险","故我们有被迫早日出动可能";黄河此次大水虽然过去,但"敌我均在抢修河堤";"国民党中央社黄河报告是每日笔录,系何地广播请告,并望将上游水位查告"。

当刘伯承和邓小平得知"现陕北情况甚为困难"时,心急如焚。他们知道,党中央、毛泽东遇到了异常严重的困难,因为,这样的文字在毛泽东的笔下难得一见。于是,刘伯承和邓小平当即以"AAAA"火急致电中央军委,并告晋冀鲁豫中央局,陈毅、粟裕、谭震林,以及陈赓、谢富治等:"连日我们再三考虑军委梗(23日)电方针,确好。顷接艳(29日)电,决心于休整半月后出动,以适应全局之需。"考虑到当面之敌19个旅中至少会有10个旅尾追,"固我不宜仍在豫皖苏,而以直趋大别山,先和陈谢集团成犄角势,实行宽大机动"。

40多年后,邓小平回忆起他和刘伯承看到毛泽东急电时的情形:"看完后立即就烧毁了。当时,我们真是困难哪。但是我们二话没说,立即复电中央,说10天后行动。用10天作千里跃进的准备,时间已经很短了,但我们不到10天就开始行动了。"说到这里,邓小平的话音略带哽塞,不由地重复着一句话:"当时,真正的是二话没说,什么样的困难也不能顾了!"

刘伯承强调:"一定要先敌进入大别山,先敌在大别山展开。"邓小平后来回忆说:"听到黄河水要来,我自己都听得到自己的心脏在怦怦地跳。"

对刘邓不要后方直出大别山、以适应全局之需的决心,中央军委和毛泽东于30日晚回电勉慰,并对南进中应注意的问题一一提醒,强调要"开一次团长以上干部会,除告以各种有利条件外,并设想各种困难条件,建立远征意志"。据此,刘伯承和邓小平第二天就把野战军各纵队、冀鲁豫和豫皖苏军区的负责同志召集到郓城县赵家楼村野战军司令部作战室,讨论和部署南进行动问题。

第一天,会议的气氛很活跃,大家还沉浸在欢庆鲁西南战役胜利的喜悦中。关于下一步行动的问题,参谋长李达在军用地图和敌情标图前介绍了情况后,大家就热烈讨论起来。主要意见是:和新到鲁西南的华东野战军5个纵队,依托根据地在内线再歼敌几万人,或者进到豫皖苏寻机歼敌,或者休整到8月15日视情况而定。刘伯承和邓小平坐在椅子上聚精会神地听着大家的议论,不时地互相小声交谈着。刘伯承几次拿着放大镜到地图前仔细查看,并张开手指在地图上丈量。邓小平不时地提出一些问题,将讨论引向深入。

第二天,会议的气氛越来越沉重了。一开始,李达就介绍说:华野5个纵队虽然到达郓城、巨野地区,但由于连续作战,又长途跋涉,部队异常疲惫,短时间内配合我们打大仗困难很大。而近日内黄河水位猛涨,溃堤险情不断发生,形势严峻,需要我们当机立断。于是,大家把话题转移到如何组织千里跃进大别山的问题上来。

当天下午,刘伯承开始讲话。他首先传达了中央军委7月23日"直出大别山"的指示,然后严肃地说:"我和小平同志一致认为,我军跃进大别山,是党中央、中央军委赋予我们的战略任务,是我们考虑一切问题的出发点和立足点。把战争引向蒋管区,彻底粉碎敌人的重点进攻,有利于扭转全国的战略局势,因此,困难再大我们也要克服……机不可失,时不我待。党中央要求我们一定要先敌进入大别山，先敌在大别山展开。"刘伯承把两个"先敌"说得特别重，以引起大家的重视。

邓小平接着发言："毛主席对我军千里跃进大别山估计了三个前途：一是付了代价站不住脚准备回来；二是付了代价站不稳脚，在周围坚持斗争；三是付了代价站稳了脚。并要求我们从最困难方面着想，坚决勇敢地战胜一切困难，争取最好的前途……我军必须勇往直前，不向后看，坚决、勇敢地完成这一光荣艰巨的战略任务。"

会议最后，刘伯承讲了跃进大别山的行动部署，要求各部队从速完成南进的各项准备。关于这两天会议的结果，刘邓在8月2日致电中央军委并陈毅等简略报告："我们召开纵队级（干部）会议，坚决拥护中央梗（23日）电方针，克服困难，完成任务。"因此，一、为防止"黄河决口及敌情变化过大，拟争取提前未删（15日）左右动动，望陈谢亦准备同时出动"。二、为迷惑敌人，出动时第一步到陇海路，第二步进到鹿邑、太康县，第三步以十天行程到达大别山。三、陈赓、谢富治部出动后，先占领豫西后再看形势，张才千部同时进至桐柏山。四、南进动员我们6月在豫北时作过，颇深入，现在干部、战士南下均无问题，"当再深入动员"。后方应组织弹药、药品运送，并按时接收伤员。

随着敌情和黄河水情的变化，野战军主力出动已刻不容缓。

8月6日，为了集思广益，刘伯承、邓小平在召集张际春副政委、李达参谋长、郭天民副参谋长开会的同时，也请司令部的处、科级干部参加。参谋处、作战处参谋分别报告了敌情和水情，大家就此进行了热烈讨论。

6日下午，邓小平来到作战室。当他得知参谋们正在紧张地做着南进行动的准备工作时，高兴地赞许道：好嘛，参谋人员应该这样，要早做准备，要立足早走，立足于克服各种困难。接着，他又嘱咐参谋：告诉"1号"（指刘伯承），请他好好休息，我到三、六纵队找陈锡联、杜义德他们谈谈，顺便看一下黄河水位上涨情况。

邓小平刚走，刘伯承就来到了作战室。当他得知邓小平的去向后，若有所思地点点头。原来,5日深夜,刘伯承曾亲自打电话找段君毅及冀鲁豫军区司令员王秉璋前来。两个人奉命按时赶到后,发现刘邓的住室里已进了水,连鞋子也漂了起来。邓小平担心这是黄河决口漫过来的水,所以一见面就向段君毅询问水情。段君毅捧起屋里的积水观察后说:"不会是黄河决口,如果是黄河水,定是泥汤,水会继续上涨。现在屋子里水是清水,也没有上涨,说明是雨水泛滥。"邓小平心情稍安,认为段君毅是黄河边人,有些经验,说得有理,然后一面指派王秉璋等乘车前往黄河堤坝探明水情,一面要李达和段君毅共同研究一旦黄河决口10多万部队转移的方案。虽然这次积水不是黄河决口,但邓小平后来回忆当时险象环生的情景时说:"我这一生,就这一时刻最紧张。听到黄河水要来,我自己都听得到自己的心脏在怦怦地跳。"

其实,前几天情报处已获悉蒋介石密令第六十八军军长刘汝明准备破坏黄河大堤的消息,在刘汝明部工作的地下党组织特地派两个人来向刘伯承、邓小平汇报。刘邓商量后谈了三点意见,请他们回去转告刘汝明:一、如果刘扒堤,将来不管他逃到什么地方也要抓住他严惩;二、刘怕蒋介石抓,可率部举行起义,起义部队由他指挥;三、起义不了也不要作抵抗。两个人回去后,转达了刘邓的意见,刘汝明答应不扒堤坝。但是,由于连日降雨,邓小平冒雨巡查回来后说,这么大的雨,即使不扒堤,山洪暴发也容易决口。

此刻,刘伯承继续在敌情标图和地图前审视着、思索着,随即让参谋快请邓小平回来。两个小时后,刘伯承和邓小平、李达等一起来到了作战室。刘伯承首先严肃地宣布:大军南进,必须立即行动。今天下达命令,明天晚上开始行动。他随即简明扼要地作了4个纵队分三路开进的部署。

当天,刘伯承、邓小平联名给党中央、中央军委的请示电就发出了。当晚,他们关于部队第二天南进行动的命令也下达了。一个令人难忘之日,在蒋介石得意忘形之时,在毛泽东的殷殷期待之际到来了。

蒋介石飞抵延安视察，趾高气扬。在赵家楼野战军司令部，邓小平发了一通火。8月7日晚，刘邓大军兵分三路，如利剑出鞘直指大别山

8月7日这天，蒋介石乘飞机由南京抵达陕北延安视察战事。他趾高气扬，要亲自到毛泽东生活过10多年的革命圣地上看一看，借以炫耀自己所谓的强大军事实力。而正在陕北转战的毛泽东，却在全神贯注地盯着即将出动的刘邓大军。他告诉刘邓："你们出动，全局变化，敌不可能专心打陈粟。"

也许正因为事涉全局，在大军出动前的紧张之日，邓小平就后方保障工作必须适应前线作战需要的问题，作了一次措辞严厉的讲话。

事情还得从10多天前结束的鲁西南战役说起。战役结束当天，刘伯承、邓小平即报告中央军委：战果不小，但损耗甚大，炮弹消耗殆尽，新兵没有，经费不足半月开支。他们认为，要执行南进大别山的战略任务，目前最大困难是没有炮弹，故恳求中央无论如何请帮助我们三四千发。7月30日，当确定了休整半月后出动的决心后，两人又致电中央军委及晋冀鲁豫中央局、华东局等，提出为适应准备无后方作战，请山东尽量赶运炮弹；请晋冀鲁豫军区后方千方百计派大批干部来，并接收万余名伤员，以便野战医院出动；此外，还应将现存法币、土货全送到前方。以上务请于15日前完成。几天后，他们又催促后方："组织弹药、药品运送，并按时接收伤员。"关于冬衣问题，两人都感到情况极其严重，所以特别强调：请后方"迅将冬衣及五万床夹被"集中前送。出动前一两天，刘伯承和邓小平给中央军委的电报中还说："弹药补充甚不及时"，请陈、粟、谭督促弹药迅速前送，时间已极紧凑，但"我们炮弹到手很少，只好不管"，以至于出动时全军所携山炮、野炮炮弹仅600余发，迫击炮弹三四十发，"只能打半仗"，"故沿途等不敢轻易作战"。当时，连国民党电台也说："共军弹尽粮绝，处于绝境。"

8月7日上午，野战军司令部军政处副处长杨恬带着几大车银圆、药品、土货等军需物品,赶到了赵家楼野战军司令部。下午,邓小平、刘伯承、张际春、李达分别同杨恬谈话。

邓小平神情严峻,打过招呼后开门见山地说:"关于后方工作,谈几点意见。"他站在地上,对坐在土炕上作记录的杨恬说:

(一)此次后方许多东西不能送来,使前方作战受到惩罚,这种惩罚已来到了,回去把这句话告诉中央局、军区、财办、边府。由此所造成后果如何,难以预料,只好我们今后来忍受⋯⋯

(二)建议今后后方更多地从前方着眼,更多将就于前方的需要。现在很多事情不是如此,如后方为什么不可以派人到前方来算账,总要前方到后方算账? 刘清(即刘鹏,时任野战军后勤部军工部部长)一年来大部分时间往返于前后方,前方供给难以保证,无法工作。要更精确地一小时一分钟地去计算时间、工作,足够地了解前方的痛苦,今后对任何一个野战部队都该如此。

(三)前方有许多浪费的地方,我们应向中央局承认错误。但前方对汽油及药品均无浪费⋯⋯这次伤员是痛苦极了,超过任何一个战役的情况。今后的药费预算应予改变,对所有的野战军同样,一切应发给前方的东西及早发给部队,不必做费力不讨好的事情。有些是非用不可,也必须解决。这不是说后方同志没有做工作,我们应感谢后方工作的同志⋯⋯

邓小平还对今后后方工作提出了几点具体要求:一是保证弹药供给,"指定强有力的专人在冀鲁豫和太岳设两个大仓库,储存弹药,随要随到。弹药生产数量还应大大提高,停止一些工作来搞这个都是值得的"。二是药品要想法供给。三是棉衣后方做。四是电料后方仍应设法代为购买。五是新兵秋后即准备去扩,要求能在1月1日见兵。最后,邓小平指出:"财经预算制度都是应该要的,现在主要是工作方式方法问题。"他反复强调:后方工作要改变作风以适应战争。今后有几个必须机动的战役,需要后方保障好供给。

杨恬后来回忆说:第一次见邓政委发这么大的火,低头作记录不用抬头看，就仿佛看到了他严峻的面孔。

邓小平讲完后转身走了出去，刘伯承随后走了进来。他说：邓政委都谈了，我只谈一点，即在战争中学习战争的问题。医药、弹药特别是今后兵员，这都是战争所必需的。李达、张际春也相继来到，他们也作了补充讲话，但都不长，杨恬——在笔记本上作了记录。

关于当时的谈话情景，杨恬在几天后给滕代远的信中这样写道："回忆前方首长和我谈话时，我所感到的情况是很沉重的，刘邓张李首长的焦灼、痛苦是很利（厉）害，部队首长对他们的执（质）问和责备也是很利（厉）害的，都感到无力作战，弹药感到空前的困难。他们忍受着这些责备，极力忍受着。"和邓小平等谈话后，按李达嘱咐，杨恬即刻动身离开赵家楼北返。临行前他得知，野战军主力将要开赴陇海路作战。

8月7日夜晚，刘伯承和邓小平一起率野战军主力11.5万人突然向南出动，千里跃进大别山的战略行动由此开始。按照既定部署，南进大军兵分三路：第一纵队并指挥中原独立旅为西路，沿曹县、宁陵、柘城、项城之线以西南进，直插豫南；第三纵队为东路，沿成武、虞城、鹿邑、界首之线以东南进，直插皖西；中原局、野战军指挥部指挥第二、第六纵队为中路，沿单县、虞城、界首、临泉之线以西南进，直奔大别山中部。准备开辟新区的地方干部也随各纵队前进。

为了造成敌人的错觉和出其不意，以保证野战军主力隐蔽实施跃进，刘伯承和邓小平命令第十一纵队和冀鲁豫军区部队开展积极攻势，并在黄河渡口佯动，造成主力将要渡河北返的假象；以华东野战军外线兵团5个纵队，寻机歼敌实施掩护；豫皖苏军区部队破击平汉路，断敌交通；随第一纵队南进的中原独立旅，参加破路和西越平汉路后直趋信阳以西，作出挺进桐柏山的态势，迷惑武汉、信阳方面的国民党军。同时，部队实行严格保密，各纵队分别以纵队参谋长姓氏为代号，第一、二、三、六纵分别称为潘店、王家园、曾家庄、姚官屯。

刘伯承、邓小平等上述精心安排完全迷惑了敌人。6日，蒋介石判断刘邓大军将向陇海路"南窜"，遂令部队迅速南下追击，后接到"黄河边有共军主力活动"的情况报告,又下令部队北进堵截。8日,在徐州的顾祝同发现刘邓大军南下,改令部队南返,而在南京的蒋介石却判断刘邓主力还是渡河北撤,仍令部队北向。朝令夕改,结果坐失战机。但刘邓却始终密切注视着国民党军的动向。他们在给中央军委及陈毅、粟裕的电报中报告"主力已向南转移"的同时,提出:"我们在行动中,请注意帮助侦察有关敌人的动向,及时电告我们。"

毛泽东致电刘邓:"情况紧急不及请示时,一切由你们机断处理。"强渡汝河,战斗异常激烈

按照中央军委要求,野战军主力出动提前了一个星期,虽然出动前曾电请中央批复,但由于情况万分紧急,还未来得及比较详细地讲述突然南进转到外线的理由部队就出动了。于是,刘伯承和邓小平于8月8日以"AAAA"急电中央军委并告陈毅、粟裕,说明主要原因:一是陈士榘、唐亮兵团甚为疲劳,而敌军主力东西对进相距不过百里,难寻战机。二是黄河水虽然暂时平槽,但秋汛期间涨落不定,加有敌军两岸防守,大兵团无法过河。

中央军委、毛泽东十分赞同刘邓的决定,连电嘉勉。9日:"情况紧急不及请示时,一切由你们机断处理。"10日:"只有南进才利机动,刘邓决心完全正确。"11日,针对刘邓提出越过陇海路准备的两个方案,表示:"刘邓部署很好。前已通知你们,所有山东全军统一归刘邓指挥,一切决策临机处理,不要请示。我们尽可能帮助你们。"同时,中央军委于11日分别电示陈毅、粟裕、陈赓、谢富治,把刘邓大军突然南进行动提高到突出的战略地位,同时鞭策其他部队:"刘邓南下,全局必有变动,鲁西南诸敌必大部南去";陈毅、粟裕应进至聊城,指挥所部开展鲁西南局面;鉴于刘邓"此举必然震动全局,为使刘邓顺利达成任务,陈谢必须提早过河"。

就在8月11日这一天,陈毅、粟裕率华东野战军指挥部北渡黄河,第六纵队和特种兵纵队随即跟进。陈赓、谢富治集团分别由太岳、太行区出发,向黄河北岸开进。当日晚上,刘邓大军主力从河南民权至虞城

间分三路开始跨越陇海铁路，向大别山疾进。两天后，刘邓两人在虞城古王集附近从容地迈过了陇海路，闯过了南进途中的第一道障碍。

8月17日，刘伯承、邓小平率领野战军先后进入被称为"第二个草地"的黄泛区。这块宽达15公里多、遍地积水污泥的地带，是抗日战争初期国民党军溃败时炸开黄河花园口堤坝使黄河水泛滥造成的。泥水浅则及膝，深则及脐，没有道路，没有人烟。如果不是水面上还露着一些民房的屋顶和树梢，人们不会相信这一眼望不到边的汪洋原来曾是沃野和居民区。指战员争先恐后地走向泥水中。邓小平和刘伯承等拄着木棍，夹在浑身沾满泥水的指战员中间，吃力地行进着，不时地还相互搀扶着。他们的身先士卒，鼓舞着疲惫的将士们振作精神，尽快地走出黄泛区。

40多年后，邓小平回忆起这段经历时还认为：那一路真正的险关是过黄泛区，过淮河。"过黄泛区，真困难啊，重装备带不走了，只能丢了，所以打淮海战役的时候，二野的炮兵就很少。"

18日夜，部队通过黄泛区，急行军直奔沙河。由于豫皖苏军区部队预先和人民群众搭好了浮桥，刘伯承和邓小平率中路部队顺利渡过了沙河，天亮时到达河南省沈丘县贾寨。原拟"过河后休息两天"的刘邓大军，

1947年8月18日，刘邓大军艰难通过黄泛区

因情况紧急，仅休息一天就又出动了。

原来，蒋介石此时已如梦方醒，感到刘邓大军不是"溃不成军"地"向南流窜"，而是有目的地跃进大别山，威胁自己的战略后方。于是，他慌忙调兵遣将进行围追堵截。对此，刘伯承和邓小平等研究后，发电报给各纵队首长，作出新的行动部署：一、敌已探明我到大别山，正部署追击中。二、过沙河后，第一纵队占领商水东、西地区休息，之后主力抢占汝南、正阳；第六纵队占领项城后休息，之后主力南进抢占潢川、光山、商城三城待机；第三纵队进占阜阳以西地区休息，之后主力迅速占领六安、霍山、立煌三城。野战军指挥部在第二、第六纵队之间行进。

刘伯承和邓小平利用短短一天休息的时间，向全体指战员再次强调了跃进大别山的重大任务，响亮地提出了"走到大别山就是胜利"的口号，指示部队再次轻装前进，将笨重武器和车辆就地埋藏或炸毁。经过上述政治动员和休整，部队士气更高，行军速度更快了。8月19日，刘邓率指挥部在平舆县杨埠渡过洪河，又经过急行军，于23日到达汝河北岸黄柳营附近。

8月23日晚，刘伯承和邓小平所在的中路第六纵队前卫第十八旅已抢占了柳营、柿树园以及河对岸的大雷岗村，并架起了摇摇晃晃的浮桥。然而，敌机轰炸，大炮轰鸣，一次次集团冲锋抢夺汝河南岸渡口，还在沿河南岸15公里多的地带燃起熊熊烈火，表明恶战的帷幕已经拉开。就在这危急时刻，纵队司令员、政治委员一起来到了第十八旅临时指挥部——当地农民用树枝、杂草搭建的一个小窝棚，距河边只有100多米。随即，刘伯承、邓小平、李达也一起来到这里，小窝棚里顿时沉寂无声。

没等大家在窝棚里站稳，刘伯承首先询问了当面敌情。然后，邓小平对李达说："打开地图，给大家介绍一下情况。"李达在油灯下展开地图介绍说："敌人已发现我军进军大别山的战略企图，正以十几个师的兵力从背后向我追击，有3个整编师距离我们只有50余里，明天上午就会赶到，而河对面有敌人4个旅阻拦，敌人企图想拉住我主力在汝河一带决战，破坏我们的战略计划……"

李达的话还没有讲完，一梭子机枪子弹从小窗户口钻了进来。原来，遮挡小窗口的雨布被炮弹爆炸的气浪震落下来，河对岸敌人发现了窝棚里的油灯光亮。此时，邓小平正在俯身看地图，子弹从头顶上飞了过去。一指挥员向警卫部队高喊："赶快射击，压制敌人火力！"警卫员也眼疾手快，立即用背上的背包封住了窗口。敌人的机枪失去了目标，胡乱地扫射着，但还是把背包打了十几个洞。这样一来，在场的人更加感到当前形势异常严峻。用刘伯承后来的话说："前有阻师，后有追兵，形势真是千钧一发，万分险恶。"40多年后，当时担任第十八旅旅长的肖永银回忆说：

> 刘司令员镇静地说："如果让后面的敌人赶上，把我们夹在中间，不但影响整个行动计划，而且会使我军处于不利地位。我们要采取进攻手段，从这里（他用手在地图上一划）打开一条通路，不管敌人有多少飞机、大炮，我们一定要前进，一定要实现毛主席的战略计划，要懂得狭路相逢勇者胜！要勇，要猛，明白吗？"

> 邓政委斩钉截铁地说："现在除了坚决打过去以外，没有别的出路。今天过不去汝河，后面敌人明天就赶到了。过不去就得分散打游击，或者转回去，这就是说，我们完不成党中央给我们的战略任务。在最紧急的关头，正是考验我们共产党员和革命军人的时候。我们要不惜一切牺牲，不惜一切代价，坚决打过去！"

接着，纵队首长部署任务：十八旅从正中杀出去，向两边拉开，打开通路并顶住敌人，掩护刘邓首长和野战军指挥部、纵队直属队前进。与此同时，纵队、旅指挥员担心刘邓的安全，纷纷提出建议，请他们从东面十七旅那里过河。

邓小平的话坚决、明确："不要管我们，快去打仗，一定要从敌人中间打出一条路。"刘伯承嘱咐大家："要记住，我们的集结地点是彭店！"

接着，两个人跑步从浮桥上到达汝河南岸。同时，立即派人把命令送给张际春，要求："明天不管飞机如何轰炸，大炮、机枪如何封锁，均应坚决强渡！"并且要再次轻装，销毁一些秘密文件。

"刘邓首长在我们身边！"这消息像无声的命令迅即在指战员中间

传开，鼓舞着他们坚决战斗、冲锋向前。终于，在天亮时，指战员们由渡口向南打开了一条长约5公里、宽3公里的通路，然后五十二团在左，五十三团在右，分别筑起牢不可摧的"堤坝"。通路两侧的敌人疯狂反扑，出动飞机配合地面炮火企图再次截断通路。两团指战员坚决抗击，打退敌人一次又一次的进攻，确保了道路的畅通无阻。

当时，国民党军在汝河南岸担任阻击任务指挥的是整编第八十五师师长吴绍周。一年后，他被俘时曾对刘伯承、邓小平坦言："当时双方力量悬殊，又有汝河相隔，空中还有飞机侦察、扫射，我想，阻止你们过河似乎是有十分把握的。我的指挥方案是，准备用两旅之众黏住你们，再调两个旅进行合击。但没等我部署停当，你们呼呼啦啦已经冲到我的眼前了。"

评价汝河之战，无论是当时刘伯承和邓小平的"以战斗强渡突破敌阵过河"的电报，还是刘伯承在回忆文章中所说的"杀开了一条血路"，"胜利地闯过了千里跃进途中的这个险关"，都足以说明这次战斗的激烈程度和极端重要性。

"天老爷帮了一个大忙"，刘邓大军顺利徒涉淮河。先敌挺进大别山，胜利挑起了"整个解放战争最困难的重担"

渡过沙河以后，一直是险象环生。这从中央军委和毛泽东的指示电中可略见一斑。连日来，毛泽东一直电告陈毅、粟裕："务必采取积极行动策应刘邓作战。"特别是得知敌大军向刘邓追击，情况异常紧迫时，中央军委于27日至30日连续紧急电令陈毅、粟裕："望你们率六纵、十纵、炮纵，星夜兼程急进，不惜疲劳、不要休息、不要补充，立即南渡"，歼灭与抓住敌人，直接援助刘邓。特别是要向在汝河拦截刘邓部的敌整编第八十师进行攻击，不能歼灭亦将该师击溃，调动第五军回援。总之，"必须立刻南下追击，绝对不能让五军、八十五师南下危害刘邓，至急至要"。"你们立即渡河，并以全力贯注配合刘邓"，"何日可渡河南进，极以为念"。殷殷关切之情，频频催促之意跃然纸上。

8月25日，刘邓联名致电中央军委报告："我主力已通过汝河，水路线只有淮河一个障碍，三天内主力可能渡河，尽力争取休息。"40多年后，邓小平回忆起抢渡淮河的情景，语气诙谐、轻松："过淮河，天老爷帮了一个大忙，能够徒涉。过去没有人知道淮河是能够徒涉的，那一次刚涨起来的河水又落下去了。伯承亲自去踩踏，恰好就是那个时候能徒涉，这就非常顺利了。不然，我们过淮河还是能过，但会有伤亡，以后的斗争会更困难一些。"他还说："我们刚过完，水就涨了，运气好呀，真是天助我也，好多故事都是神奇得很。"实际上，当刘伯承和邓小平率中路军两个纵队7个旅于8月26日来到淮河北岸时，又面临了与强渡汝河极为相似的"绝地"。

淮河发源于河南省西南部，流经河南、安徽、江苏3省。此时，正值淮河汛期，部队到达时恰逢上游河水突然上涨，不能徒涉；由于敌人破坏，船只仅仅搜寻到十几只，而后边追敌正全力扑来。东、西两路军已渡过淮河，只有中路军滞留在北岸。

在淮河北岸一间闲置的柴草房里，刘伯承和邓小平主持召开了野战军首长会议。李达首先介绍说：敌军19个旅正从我们背后扑来，先头部队距离我们仅有15公里，已经与我后卫部队接触。如果两天内不能渡过淮河，中路军7个旅将与追来的敌19个旅背水作战。

听完敌情介绍，大家都陷入了沉思。邓小平率先打破了沉寂："情况紧急，刻不容缓。我考虑刘司令员先过河指挥部队，张际春副政委也一同过河，李达参谋长组织渡河，我负责组织部队阻击尾追的敌人。"

大家不约而同地把目光投向了刘伯承，刘伯承当即明确表态："政治委员说了就是决定，大家立即遵照行动。"随后，两个人握了一下手就分开了。

8月27日凌晨，刘伯承亲自乘船实地勘测水情，发现由于河水下落，有些地方可以徒涉，便派人分别给邓小平、李达送信，告诉他们马上组织后续部队立即徒涉淮河。这样，中路军7个旅化险为夷，避免了背水一战。至此，刘伯承和邓小平率部闯过了千里南进途中的最后一道险关，先敌胜利进入了大别山。

1947年8月27日，刘邓大军胜利抵达大别山山麓

40多年后，邓小平在北京同当年一起跃进大别山的解放军高级将领共同回顾这段历史时，说了一番寓意深刻的话：

　　我们的任务就是要把两头的敌人吸引到中间来，而我们的战略反攻，实现了中央军委、毛主席的战略意图。首先过黄河，一下消灭敌人四个师部，九个半旅，旗开得胜，那气势是很了不起的。过黄河实际上就是开始反攻。但是，反攻深入到什么程度？歼敌九个半旅，这只是一个声势，更重要的是我们怎么进一步行动。

　　往南一下就走一千里，下这个决心，真了不起，从这一点也可看出毛主席战略思想的光辉。而这个担子落在二野身上，整个解放战争最困难的是挑这个担子，是挑的重担啊。不是说消灭敌人九个半旅是挑了重担，主要的是撇开一些困难，坚决地挺进一千里，挑的就是这样一个重担。

（金雄鹤／撰稿）

11 新式整军运动提升了解放军的战斗力

    1947 年冬至 1948 年夏，解放军普遍开展了以诉苦教育和"三查三整"（查阶级、查工作、查斗志，整顿思想、整顿组织、整顿作风）为主要内容的新式整军运动，以解决思想不纯、组织不纯、作风不纯的问题。其中一个很重要的方面，就是提高觉悟，规范行动，不允许任何破坏纪律的现象存在，从而大大提升了解放军的战斗力。

在政治纪律上不准阻挠土地改革

    新式整军运动是在土地改革的背景下展开并逐步深化的。1947 年 7 月至 9 月，根据中共中央的决定，中央工作委员会在河北省平山县西柏坡村召开了全国土地工作会议，制定了《中国土地法大纲》，总结 1946 年 5 月 4 日中央发出《关于清算减租及土地问题的指示》以来的成绩和不足，提出彻底平分土地。刘少奇在会上指出：土地改革是中国人民最大的最长远的利益，是中国革命最基本的任务。只有发动群众进行彻底的土改，才能夺取全国胜利。朱德在会上强调结合土地改革进行整军，要求军队保持思想上、组织上的纯洁，一致拥护土地改革。面对土地改革的深刻触动和现实考验，部分官兵在思想上和行动上不统一，凸显了部队在政治素质上存在的明显问题。

    在晋绥军区，"凡有觉悟的同志，对农民这一正义的要求莫不衷心地拥护与热烈地赞助，尤其大多数出身贫苦家庭的干部与战士，或正为保卫家里已经分得的土地而英勇斗争，或正为急切地要求分得土地而奋发作战"。但"一小部分人因为自己的家庭被清算，父母或其他亲属被斗争，土地房屋被分配，而心怀不满，或公开抗拒。甚至假借抗属名义，回家威胁贫苦群众、破坏土地改革，如×旅×团×营前营长×××，出身地主，因家里被清算而怀恨在心，在集宁战斗中贪生怕死，放弃卧龙山紧要阵地，最后甘心叛变……""另有少数出身贫苦而斗争历史也相当长的干部，由于觉悟不高，思想不纯，为个人利益而受地主蒙蔽，或因娶地主女儿而失掉立场，发生袒护地主利益、阻挠群众斗争的行为。"

晋绥军区专门下发《关于贯彻土地改革，保持我军思想上组织上纯洁的训令》，把上述问题称为"丧失立场、脱离群众的严重现象"，进而提出："这类事件正在各地发生，土地斗争愈深入，将会发生愈多。如不引起全军警惕，并以明确而坚定的立场处理这些问题，将会给党与人民以不可补偿的严重损失。"

在东北部队，"某些单位的生产人员，甚至为了单纯的经济利益，竟不惜武装押私，包庇地主逃避财物，私放地主逃匿蒋管区，藐视民主政府法令，丧失起码的革命立场"。东北部队有人用大汽车把地主送到四平、长春、沈阳，群众检查，问有没有路条，马鞭子一举："这就是路条。"

在晋察冀野战军，政委罗瑞卿在团级以上党员干部会议上讲："我们××军区政治部某些部门长时期地公开存在反对土改、咒骂农民的反动思想。我们有反对土地改革的团政委，有完全屈服于地主老婆的团长，有因反对土改去冲散农民斗争大会的干部和战士……"

朱德在给毛泽东的一封信中，谈到他到冀中时华东军区副司令员兼山东省军区司令员张云逸特地来看他，向他汇报了所属部队中存在的一些问题：有个分区司令员，竟带部队威吓群众，捆打积极分子，已决定对他进行扣押。

土地改革对解放军官兵的政治素质提出了新的更高的要求。如何对待土地改革，成为新式整军必须首先解决的一个事关部队纯洁、稳定的政治性问题。华东野战军前委提出："对土地改革的态度如何，成为当前考核每一个组织与个人，是否忠实于党忠实于革命事业的主要标志。"

针对这个问题，全军各部队深入进行土地改革教育，从根本上解决官兵思想认识问题、政治立场问题，并注意纠正过分强调家庭成分、盲目扩大对立面的一些不适当的提法和做法。在普遍提高官兵政治思想觉悟的同时，把拥护和支持土地改革作为严肃的政治纪律，相继颁布了严格的纪律规定。

晋冀鲁豫军区发布了要求坚决拥护土地改革的命令：凡我军区一切武装部队、战斗员、指挥员，应无条件地拥护遵守《中国土地法大纲》，不准有任何违犯《中国土地法大纲》的言论和行动；不准有任何包庇袒护一切地主富农、阻挠群众斗争的非法行为；不准侵占、贱买、窃取农民斗争果实。参加土地改革的部队人员，亦不得分领浮财和接受群众的任何赠送；尊重各级民主政府及农会的决议、规定，不得有任何违犯和破坏的行为。如有违犯，即由各级民主政府及农民团体，就地拘捕，送本军依法惩处。

东北民主联军政治部发布了《关于贯彻土地改革教育的指示》，要求各部队随时随地支持和帮助当地群众的土改运动。对虚伪欺骗、包庇地主的人员，经教育不改者，则应开展斗争，直至开除其党籍、军籍；对个别人员发生干涉群众运动，包庇地主的行为，除应即时在部队进行教育外，应分别其情节之轻重，予以严重的处罚直至送交群众公审判处。在解放区内，各级干部不得与地主礼尚往来，不得接受他们的礼物，不得接受他们的宴请。在蒋占区行动时，除政治机关外，不得与地主私人来往。

东北部队还注意区分情况。林彪、罗荣桓、谭政在关于东北部队新式整军运动致毛泽东的电报中讲：家庭成分为地主或富农的人员，"每连都有，有多至 10 个（人）左右的。土改前期来的已多数进步，后期来的则抱成见不满。在土改教育中，与贫雇农战士思想对抗（大都因刺激所引起），但动摇叛变者尚属不多。如果政策恰当，时间较长，是可以引向进步的。除个别成分太坏和表现太坏的随时予以清洗外，现采取争取改造与继续审查的方针，不作无条件清洗。……还有的成分被划错而被斗的中农战士，有的人被杀死，财产弄光，到部队后，愤慨激昂，声言要报仇。现在进行团结善后工作，以平复其不满。实在不成的，只好送回地方。

关于成分纯洁的要求,我们的办法是对干部必须从严,对战士可略从宽,基础弱的部队必须从严,基础强的部队可略从宽"。

在军事纪律上严禁作战消极退缩

新式整军运动开始之际,正值解放军在内线和外线全面进行大规模战略反攻之时。全党的中心任务是加速战争进程,争取彻底胜利。这对解放军官兵的战争观念、战斗意志、战斗作风提出了很高的要求。虽然绝大多数官兵做到了服从命令、英勇顽强,但部队中也存在着一些畏敌怯战、畏难退缩的思想和行为。

东北部队各级干部在新式整军运动中,检讨反省并着力解决的思想倾向,第一就是比较严重的右倾情绪,这在一些营、团干部中存在,同时也在一部分师级干部中存在:"初到东北时,许多干部有浓厚的和平享乐思想,到退出四平及长吉后,又产生严重的悲观失望情绪。这些虽由于后来全面战争的爆发和去年春季、夏季的胜利所打破和克服,但在新的形势下,又产生新的思想负担。或对长期战争表示厌倦,想改行做地方工作,在部队中则表现不安心;或认为革命有前途而个人则无前途,对大规模战争和战争的残酷性表示害怕;或认为当兵的人迟早是死,学习也免不了死,不如活一天算一天,吃点、喝点、乐点为上;或表现为战斗积极性不高,强调困难,不积极想办法。有这种种想法的人,在个别部队的营、团级干部中占有一定比例。"

"由于战争残酷,部分中、下级干部中始终存在一种畏惧悲观心理,害怕大的攻坚作战(对中等设防城市是不在乎的)。此种情绪时起时伏,常为战争情势所左右,在胜利环境下不易抬头;如遇重大挫折,即易引起思想波动。"

中原部队在这个问题上也不容乐观。刘伯承、陈毅、邓子恢、张际春在1948年8月11日的一个报告中讲,部队士气一般尚好,但极个别部队对返回大别山有顾虑,有些害怕过长江。一些北方干部和战士总有些留恋北方,每一重大行动和措施,部队都有一些人猜测,认为是过长江,甚至因此陆续发生逃亡,个别公开表示死也不过长江。这里有家乡观念,也有个人的生死与斗志问题。为此,中原部队在 1948 年 8 月和 9 月上半月的整顿思想中,重点解决了上述思想问题。

徐向前在一份关于部队整训情况的报告中,讲到了新升级部队的情况:在动员西进晋南作战时,各部队存在怕编纵队、怕过黄河、怕打大仗、怕攻坚的情绪。冀鲁豫独二旅进行了公开的教育后,逃亡现象即减少,部队士气得到提高。其他纵队也克服了怕编纵队、怕打大仗的思想。八纵虽有攻坚经验,但也因伤亡较大有所畏忌。同时,干部打骂士兵、打埋伏现象相当普通,造成部队上下脱节,直接影响作战。决心整训一时期,再打临汾。经过整训,"目前各纵士气很高,充满打下临汾信心,并力求减少伤亡,利于连续作战"。

贺龙在一份关于部队工作情况的报告中,则讲到了地方部队的情况:延属(解放前陕甘宁边区的地域名称)、陇东的某些部队,尤其是三边(陕北的定边、靖边、安边)的部队,在对敌斗争方面,由于领导缺乏积极性,部队的战斗意志比较涣散,害怕回马骑兵,害怕深入敌后进行广泛的游击活动。经过反右及整训,扭转了这种畏敌思想,部队的战斗积极性和斗志提高了。三边部队能主动出击敌人。陇东高家滩战斗,是一次往返150 余公里的奔袭战,没有一个掉队的,尤其该地人烟稀少,粮食困难,有 4 顿饭没有正式吃,但部队的斗志依然很旺盛。

缺乏斗志和士气,往往导致战斗作风的松懈、军事纪律的松弛,这是许多部队在整军

1947 年冬,晋绥军区司令员贺龙在作整军报告

期间都注重解决的一个问题。

对此,晋察冀野战军进行了集中整顿,并取得了明显成效。在野战军前委扩大会议上,第二政委杨成武在肯定部队纪律已有进步的同时,查找了所属部队在执行作战命令、行政命令及训练指示和日常管理规定中存在的差距,对执行作战命令不坚决等问题的批评尤为深刻:

"有的部队个别干部不执行或不坚决执行上级命令,私自变更部署,打滑头仗,不完成战斗任务。有的战斗作风不够勇猛顽强,进攻攻不进,坚守守不住;有的怕担负主攻任务,积极求战精神不够;有的互相观望等待,致延缓时间失去战机。由于右倾思想的存在,以致有些人畏缩不前,甚而个别人员、干部可耻地自伤,发生个别的在战场上不坚决死战而向敌屈服的极其可耻的行为。这些问题虽是个别的少数的,但其性质是很严重的,使能打胜的仗不能取胜,不应有的损失会遭受损失,它会直接削弱战斗力,败坏我军传统的优良战斗作风。"

"假报谎报情况,对敌情、地形、战况、伤亡、消耗等等,报告不真实不老实,致影响上级对敌我的估计,甚至使上级发生错觉,影响到整个作战指挥。"

"在今天部队纪律松懈废弛的情况下,如不即加整顿,任其下去,没有严格纪律的约束,将不能使那些动摇分子散漫、松懈、不能坚韧、不能团结、不能整齐动作等等劣根性很好地彻底地去掉,如此必然会使部队削弱战斗力,同时党与领导机关将无法率领我们的部队进行胜利的战斗。"

晋察冀野战军前委扩大会议明确提出:"我军的纪律是建筑在全体人员自觉的基础之上,必须开展大规模的、普遍深入的群众教育来进行整纪,并且以不间断的教育来巩固这种自觉,以达到最广大的群众乐意接受和互相监督执纪的行为,以及共同制裁那些明知故犯、蓄意破坏的少数分子。一切在过去分散游击战争中所遗留下来的游击习气,如松懈散漫、各自为政、无组织状态等等,必须坚决地抛弃。而目前部队中所一再发生过的违抗命令,或执行命令不坚决、不彻底,贪生怕死、临阵不打、打滑头仗、遇急不救、延误时间、谎报情况、欺骗上级、遗失机密、泄露军情等等违反纪律行为，则是绝对不能容许的。"

在政策纪律上纠正"左"的错误偏向

随着解放战争的推进，摆在全军面前的一个非常重要的任务，是如何做好新区工作。就部队而言，新区工作主要是在远离解放区的情况下，在新区基层政权和群众基础薄弱的情况下，在大军云集、必须就地解决保障问题的情况下，进行的筹款筹粮和筹集物资，最紧要的是解决部队的吃饭问题。做好这些工作，必须正确无误地执行相关政策。而在这个问题上，尽管中央和各部队都有比较明确的规定，但一些部队在执行的过程中仍然出现了一些错误，对新区的巩固造成了严重影响，给部队的行动带来了严重困难。

这些错误，有的是在执行没收政策时出现的偏差，有的是在执行征借政策时出现的混乱，有的是在执行财税政策时出现的草率，有的是在执行货币政策时出现的随意，等等。这些失误甚至是失控，有右的表现，但主要是"左"的偏向。尽管新区工作客观上确实存在着一些难以克服的矛盾和困难，但根本的原因，还是部队的政策水平不高，特别是政策纪律观念不强。

1948年3月20日，毛泽东在西北野战军前委指示各纵继续加强政策教育的电报中，提出政策与策略是我党我军的生命，要求各野战军前委及军区对部队执行政策的情况，认真加以检讨，并注意向中央汇报。

在加强请示报告的同时，毛泽东号召全党学习列宁《共产主义运动中的"左派"幼稚病》第二章，并在这本书的封面上写道："请同志们看此书的第二章，使同志们懂得必须消灭存在于我们中的某些严重的无纪律状态，或无政府状态。"

在此之前，中央指示全党必须立即克服五种恶劣作风："自由地、迫不及待地、粗率地、冒险地规定及执行明显违背中央路线和政策的某些政策，即地方主义的和经验主义的恶劣作风；事前不请示事后不报告的

1948 年 3 月，邓小平在晋冀鲁豫野战军干部会议上作整党和整军动员报告

恶劣作风；多报功绩少报（甚至不报）错误缺点的恶劣作风；对于原则性问题粗枝大叶缺乏反复考虑慎重处置态度的恶劣作风；不愿精心研究中央文件以致往往直接违反这些文件中的某些规定的恶劣作风。"中央要求，对所有这些不良现象，一切受中央委托的领导机关（野战军前委包括在内）的负责同志，应严肃地加以改变，并指导所属中级及下级领导机关的负责同志，同样严肃地注意加以改变。

邓小平在为中原局起草的土改与整党工作的指示中讲道：

"我们从领导机关到干部，一般地没有正确政策和策略的思想。经过毛主席和中央历次指示之后，虽然比较好些，有些地区业已开始获得良好反映，但一般体会并不深刻，甚至还有抵触的。由于我们反攻后对中原战局过于乐观，对新区地富力量仍然强大认识不足，以为枪杆加土地改革可以解决一切，所以在政策和策略上普遍犯了严重的'左'的错误。我们在错划阶级、分浮财、杀人等问题上，都曾伤到中农，而尤以在军粮供应上损害中农利益最大，甚至还损害到贫农的利益。此外，我们曾经普遍地采用了粮食折菜金的办法，影响也很大。几个月以来，从分浮财和折菜金两项中所浪费的粮食，其数目之大，实难估计。如不纠正这两件事，就可以弄翻群众，搞垮根据地。"

"全区军队和地方无例外地违背了中央的工商业政策：没收地富的工商业部分，任意假借没收官僚资本反动分子的帽子去没收那些本来不应当没收的工厂和商店，对生产资料的严重破坏，过重的而且是极其混乱的税收办法，社会秩序的不安定和无政府的混乱状态，已经严重地破坏和停滞了社会经济，市场凋敝和工商停业的现象极其普遍。"

"鉴于我们以往在新区所犯的急性病的错误，脱离了群众，孤立了自己，在对敌斗争与确立根据地的事业上，造成了许多困难，必须重新地全盘考虑我们的工作方针和策略步骤。"

华东野战军政治部在下发的《新区政策研究提纲》中指出：转入反攻以来，部队在新区执行了一些过"左"的政策，"到处打土豪，分浮财，开仓济贫，没收'官僚资本'，弄得地主逃跑，商店关门，基本群众也害怕我们，我们几十万大军的活动、打仗、吃饭发生困难，不能再照样继续下去了"。

彭德怀关于西北野战军1947年冬季整军运动及当地社情的综合报告，讲到了部队在新区执行政策纪律的进步和存在的问题："我军所到之处，粮食草料问题，向地主征发并（给）每家留出相当于中农的口粮，向富农征借其多余部分的三分之二，购买多余部分的三分之一。各纵、旅、团，均组织购粮工作队，有计划地和平地直接向地主、富农征发、征借，并给以三联收据。此种筹粮办法比过去西下时打土豪解决给养方式要好得多。但仍有不经过宣传、不调查、不从剥削关系分析阶级、不看对象存粮多少即筹粮多少，更有因为解决军队粮食困难，有意提高阶级成分者，主要的是把富裕中农提高为富农。即使领导机关经常检查纠正，亦时有犯者。个别部队仍有利用旧保甲摊派者。这些现象今后可以逐渐克服之。"

在群众纪律上杜绝兵痞流氓习气

新式整军运动开始后，中央在广泛征求意见的基础上，重新颁布了由毛泽东修改定稿的《三大纪律八项注意》。这是在抗日战争初期洛川会议集体修订红军时期《三大纪律八项注意》的基础上，进行的又一次修订。其中直接关系群众纪律的行为准则，一如既往地得到了强调。

"兵骄将横，纲纪荡然。"这是刘伯承当年对所属部队作风松懈、纪律松散的批评。当时，一些部队官兵作风松懈、纪律松散的问题比较突出，其中也包括违反群众纪律。当时，有些部队违反群众纪律的问题，已经严重损害了解放军的形象和声誉。

华东野战军贯彻"三查三整"的"濮阳集训"，重点解决部队的军阀主义倾向，其中一个很重要的方面，也是消除一些部队中屡禁不止、普遍存在的违反群众纪律的行为。

彭德怀关于西北野战军1947年冬季整军运动及当地社情的第二次综合报告，既讲到了部队违反群众纪律的严重情况，也讲到了解决这个问题的深切体会：

"在青化砭战斗时即发现了严重的破坏群众纪律，打鸡杀猪，买东西少给钱甚至不给钱者。青化砭战斗胜利后大整纪律，蟠龙战斗胜利后又整纪律。到陇东战役时，为烤干粮损坏群众家的锅，踏死青苗、马啃树皮的现象仍然存在。在环县战斗胜利后又整纪律一星期，三边战役后，又有10天休整，严肃纪律仍列为重要课程。榆林战役后，至沙家店歼灭三十六师时，纪律很坏，在柏树墕牵过群众毛驴30余头。经常念着加强教育，提高阶级觉悟，实际上收效甚微，其基本原因是缺乏真正的民主作风与真正的群众路线。经过诉苦与'三查'运动后，上述严重的恶劣现象基本上不存在了，部队中的气象焕然一新，部队战斗力，共产党员在部队中的威信大大提高。这就说明群众路线与民主作风的整军方针是正确的，我们必须坚持继续发扬群众的创造性。"

当年，部队纪律观念淡薄的一个重要原因，就是俘虏兵的比重增大。习仲勋在《新式整军与西北大捷》一文中讲道："在西北野战军转入战略反攻的前后，部队的俘虏兵成分不断增多，多数单位占一半以上，有的连队竟达80％。……相当一部分人染有兵痞流氓习气，部队中发生打骂群众,乘群众逃离村庄之机,挖窖倒柜、捉鸡宰鸭的,不少都是这些(人)干的。当然也有子弟兵违反纪律的。不管是子弟兵还是解放兵,在生活比较艰苦,物质条件极端困难时,在打了胜仗产生骄傲情绪时,在连续作战部队比较疲劳、伤亡较大时,都较多地发生了违反纪律的现象。"

经过新式整军,解放军不仅动员了大约160万名分得了土地的农民子弟入伍,而且成功地转化了大约80万来自国民党军队的俘虏兵,这些战士不仅政治觉悟得到了提高,作战积极勇敢,而且纪律性也大为增强,显示了新式整军的巨大威力。

在财经纪律上治理贪腐浪费问题

战争形势的好转,工作、生活环境和物质条件的改善,需要解放军官兵继续发扬艰苦奋斗、艰苦朴素、廉洁奉公等优良传统。一些党员干部却滋长了安逸享乐、发财致富思想,出现了贪污腐化、挥霍浪费等不良倾向。特别是一些后方机关、野战军后方留守单位以及地方部队,问题尤为严重。

东北军区暨东北野战军政治部主任谭政在东北军区政工会议上讲:"生活特殊化的思想,享乐腐化思想,发财致富思想严重地存在,有些党员、干部,私做生意,投机倒把,总想多搞几个钱,甚至为了做生意与地主合作,包庇地主,走私漏税。在一些共产党员中有了发财致富的思想,这是很危险的,虽然为数不多,但性质是严重的。在生活上铺张浪费,力求奢华……这种现象在后方机关,在新组成的部队中更严重。我们东北的条件比较好,掌握了几个比较大的城市,战争的发展又很顺利,因此享乐腐化的思想容易发展。中央已经提出要我们注意。"

"凡是私财多的人(其私财)来源多半不当,有的是贪污和侵吞群众斗争果实来的,有的是做生意投机倒把来的,有的是火线上发洋财来的。私财积累过多,必然腐化思想,丧失志气,动摇立场,影响作风。领导干部如此,下面的同志也跟着学样,因而也会腐蚀部队,所以在这次整党整军中一定要解决。"

东北军区暨东北野战军副司令员兼后勤部司令员、政治委员黄克诚，在一次后勤工作会议上讲："一个同志到哈尔滨来开会，要拿 90 万元（指解放区发行的一种旧币）花，供给机关也就给他了，这样供给干部自己也就不遵守制度了。天老爷！战士从齐齐哈尔到哈尔滨才发 300 元的路费，而他这个首长来开会有吃有住的却要花 90 万（元）！这样的干部我们确要整他，办他的罪，不管他是纵队的师的首长。"

林彪、罗荣桓、谭政在关于东北部队整军运动致毛泽东的电报中，对这个问题进行了分析总结："享受观念在东北的城市环境容易发展，也是干部生活作风中的一种不良现象，现在情形虽然较过去好了些，但在部分干部中生活特殊化的现象，不按规定超过标准开支的现象仍然不少。此点在各次会议上做了必要的批评。为了克服政治生活中存在的腐蚀现象，鼓励干部斗志，整党中进行了反贪污腐化的斗争，处分了少数品质恶劣极端自私自利的分子，对于来历不正为数较多的私人财产，则发动归公。婚姻问题不合法者，不予承认。实行的结果，影响尚好。"

杨成武在晋察冀野战军前委扩大会议上也指出："在'三查'中发现不少贪污腐化现象，多种多样。如贪污公款、盗卖公物、克扣大家、假造账目、以公款运销、违法走私等等。贪污数目多者竟达 ×× 万元（指解放区发行的一种旧币）以上，并有集体贪污现象。有一个支部通过集体贪污分赃，不告上级。一个组织科长竟盗用烈士遗金、党费做运销，从中取利。有个管理科只个别的人不贪污。有些贪污分子任意挥霍，大吃大喝……"

华东部队后方机关和地方部队的一些单位，也出现了严重的贪污腐化问题。有些干部只顾个人享乐腐化，贪污盗用公款，克扣和剥削战士，或虚报冒领，或私卖枪支子弹，以饱私囊。一名副指导员甚至借参加土改之机，贪污土改斗争果实，把一些银圆、绸缎据为己有。陈毅认为，这种行为已经达到了耸人听闻的程度："我很难相信，我们解放军竟有这样乱来的事，可是毕竟真有此事，难道还不应该加以纠正吗？"

晋察冀野战军重新制定和颁布了供给、民力动员与使用、点名与点验等 10 项制度。华东部队专门清理了后方单位的机构编制,整顿了后方人员的思想作风,在严格审计、预决算等制度,重新修订供给标准的同时,调整配强后勤干部,注重对违规违纪人员的从严处理。基层单位在建立军人委员会,实行三大民主的同时,专门设立经济委员会,实行账目公开,通过经济民主的方法,让战士监督连队伙食。这些制度,对遏制贪腐浪费现象起到了重要的制约作用,一些部队的干部形象、官兵关系、内部风气出现明显好转。

新式整军运动是解放军政治工作史上的光辉篇章,是解放军建军史上极其重要的一页。新式整军运动对解放军的发展和赢得解放战争胜利起到了巨大作用。

(张安山 / 撰稿)

12 从"小淮海"到"大淮海"

——淮海战役中的粟裕大将

> 淮海战役打得好。好比一锅"夹生饭",还没有完全煮熟,硬是被你们一口一口地吃下去了。
>
> 淮海战役,粟裕同志立了第一功。
>
> ——毛泽东

在战争指导和实践上,走在时间前面的人

1948 年 9 月 30 日,时任华东野战军代司令员、代政治委员的粟裕第二次来到了曲阜。第一次到曲阜是召开华野前委扩大会议,部署济南战役。这次是部署即将进行的淮海战役,策划一场决定中国命运的大决战。

早在八九月间,粟裕在筹划和指挥济南战役的过程中,就反复考虑济南战役结束后华野的行动方向问题。一是经徐州以东地区南下,攻占海州、连云港、淮阴、淮安、高邮、宝应地区,削弱、孤立徐州刘峙集团,调敌出援,创造战机,打通苏北和山东的联系,获得华中人力、物力的更大的支援和交通运输的方便,为将来渡江作战创造有利条件。粟裕为这次战役取名为"淮海战役"。二是经徐州以西重返中原地区,配合刘、邓、陈中原野战军寻战歼敌,将敌人打至长江边各点固守,为我军渡江创造条件。当时参与讨论的多数人倾向于出徐州以东地区,打淮海战役。

济南战役结束的前一天早晨,即 9 月 24 日 7 时,粟裕给中央军委发电,建议进行淮海战役。粟裕在电报中提出:"为更好地改善中原战局,孤立津浦线,并迫使敌人退守(至少要加强)江边及津浦沿线,以减少其

机动兵力,以便于我恢复江边工作,为将来渡江创造有利条件,以及便于而后华野全军进入陇海路以南作战时,能得到交通运输的方便和争取华中人力物力对战争的支持,建议立即进行淮海战役。"电报还提出了战役的阶段划分、兵力使用与主要歼击目标:"该战役可分为两阶段:第一阶段以苏北兵团(须另加一个纵队),攻占两淮,并乘胜收复宝应、高邮,而以全军主力位于宿迁至运河车站沿线两岸,以歼灭可能来援之敌。如敌不援或被阻,而改经浦口、长江,自扬州北援,则我于两淮作战结束前后,即进行战役第二步,以三个纵队进占海州、连云港,结束淮海战役,而后全军转入休整。"

这是淮海战役的首次提出与设想。有人说,粟裕是走在时间前面的人,在战争指导上,他常常在认识上居于领先地位,在实践上又走在前列。中央军委和毛泽东第二天就复电,同意举行淮海战役。复电中说:"我们认为举行淮海战役,甚为必要。"并估计黄百韬兵团即将回到新安镇地区,因此淮海战役的第一阶段作战,"应以歼灭黄百韬兵团于新安、运河之线为目标"。

10月11日,毛泽东为中央军委起草了著名的《淮海战役的作战方针》,确定淮海战役的作战任务主要是歼灭徐州刘峙集团主力一部,开辟苏北战场,使山东和苏北打成一片。战役第一阶段的重心,是集中兵力歼灭黄百韬兵团,完成中间突破;第二阶段攻歼海州、连云港等地之敌;第三阶段可设想两淮(淮阴、淮安)方面作战。并要求华野采用济南战役"攻济打援"的兵力部署模式,在战役各个阶段,均以一半兵力担负钳制与打援。这个作战方针与部署,就是史学界常说的"小淮海战役"。

在《淮海战役的作战方针》电报中,毛泽东还指示刘伯承、陈毅、邓小平即率部攻击郑(州)徐(州)线,牵制孙元良兵团,以配合华野在徐州方面作战。于是,刘伯承率中野两个纵队在豫西与张淦、黄维作战,把敌人引向桐柏山区;陈毅、邓小平率中野主力于10月22日攻克郑州,24日收复开封。经中央军委同意,于30日进至萧县地区,对徐州—宿县、徐州—砀山两线相机行动,配合华野作战。

粟裕分析战场态势，战役的规模比原来设想的要大，华野和中野两大野战军将由战略上配合作战发展为战役上协同作战。这样，两大野战军必须建立统一的指挥体制，才能统一作战指导思想，协调作战行动，最大限度地发挥两大野战军的整体威力。按照惯例，在一次战役中，几支部队联合作战，一般是主要方向上的指挥员指挥次要方向上的指挥员，兵员多的指挥员指挥兵员少的指挥员。初期参加淮海战役的部队，粟裕率领华野 16 个纵队（其中有暂归粟裕指挥的中野第十一纵队），陈毅、邓小平率领的中原野战军 4 个纵队，配合华野作战，淮海战役总指挥应由粟裕担任。然而，粟裕在中央军委、毛泽东尚未作出由谁统一指挥的决定以前，即于 10 月 30 日向中央军委发出建议电："……此次战役规模很大，请陈军长、邓政委统一指挥。"此时陈毅、邓小平（刘伯承尚在豫西）已经到达郑州前线，在西柏坡的毛泽东、周恩来、朱德等人也在关注淮海战役中两大野战军协同作战的指挥问题。粟裕的电报来得正是时候，毛、周、朱当即研究同意。11 月 1 日，毛泽东为中央军委起草的复电指示："整个战役统一受陈邓指挥。"粟裕后来说："这就从组织领导上明确了两大野战军在一个战场上进行战役协同。这是淮海战役演变为南线决战的一个重要条件。"对此，史学家予以高度评价，粟裕曾两次让贤，这次又为顺利解决南线决战的指挥问题作出重大贡献，再次表现了他大公无私、光明磊落的高尚品德。

11 月 16 日，中央军委决定由刘伯承、陈毅、邓小平、粟裕、谭震林组成淮海战役总前委，以刘伯承、陈毅、邓小平为常委，邓小平为书记，统一领导和指挥淮海前线作战和支前工作。

11 月 2 日，辽沈战役胜利结束，东北野战军歼敌 47 万，全国敌我力量对比发生了根本性的变化，解放军已在全国范围内，在数量上、质量上、技术上都占优势。

华野当前之敌也发生了重要变化，敌第四十四军已撤离连云港、海州，向驻新安镇的黄百韬兵团靠拢。解放军立即进占海州、连云港。原定攻打海州、连云港计划已无须进行。驻守台儿庄、贾汪地区的国民党

淮海战役总前委成员粟裕、邓小平、刘伯承、陈毅、谭震林（左起）在一起合影

第三绥靖区副司令官何基沣、张克侠即将率部起义，解放军可以顺利通过其防区，威逼徐州，并切断黄百韬兵团向徐州逃跑的退路。

　　张震将军说：战场形势的发展使我们连休息、吃饭的时间都忘记了。11月7日晚上，华野指挥机关转移到临沂以西的码头。粟裕和张震接着白天的话题，又进行了彻夜长谈。粟裕十分兴奋地说："现在东北全境已经解放，解放战争到了一个新的转折点。要从这个角度来考虑仗怎么打，怎样能更快地给蒋介石以决定性的打击。"他们根据当前敌情和全国战争的形势，分析蒋介石可能采取的方针，我未来应采取几步作战方案和利弊得失。他们认为淮海战役发展为南线决战的条件已经成熟，必须当机立断抓住战机。虽然夜已很深，寒气袭人，粟裕奋笔疾书，给中央军委、陈邓、华东局、中原局起草电报，字字斟酌，反复修改，定稿时已是日出三竿了。粟裕和张震郑重签上名，让发报员即刻发出。这就是著名的"齐辰电"。张震后来谈到"齐辰电"说："在起草这份电报的过程中，我深为粟裕同志的深谋远虑所折服。此电中心问题是分析：将敌人主力抑留在江北逐次歼灭有利，还是将其赶过江南留待将来歼灭有利？如果歼灭黄百韬兵团后挥军南下淮阴、淮安、宝应、高邮地区，则可能把敌人赶过江去；如果西攻徐州，不仅抑留了徐蚌间现有敌军，且调动黄维之十二兵团拼命北上，以解徐州之围。粟司令不仅想到了下一仗下两仗该怎么打，而且想到了我大军渡江后在江南的仗该怎么打，而且想到了全国解放后江南各省的恢复问题。"

　　这是粟裕在淮海战役初期向中央军委提出的第三条重要建议。中央军委于 9 日深夜复电肯定了他们的想法，把原来以歼灭徐州右翼集团敌军为主的目标，扩大到求歼徐州国民党军主力，把原来仅限于两淮、海州地区的作战，扩大到了徐州、蚌埠地区，也就是史学界所称的"小淮海"变成了"大淮海"。

军情紧急，果断将中央军委确定的
淮海战役发起时间提前两日

　　10 月 30 日，中央军委和陈毅、邓小平已复电华野，同意 11 月 8 日晚发起淮海战役。可是 11 月 6 日晚，粟裕却果断地将淮海战役发起时间提前两日，决定在 11 月 6 日夜间打响。当天 19 时至 21 时，他将决定上报中央军委和陈毅、邓小平等，同时下令部队执行。有人"为粟司令捏一把汗"，因为就在不久前，中央军委给中共华东局书记、华东军区政委饶漱石打来电报，莫名其妙地严厉批评华野前委代理书记粟裕执行中央请示报告制度以及在军队中开展反对无纪律无政府状态"失去主动性，落在一切兵团之后"。现在粟司令又未经中央军委同意，擅自改动淮海战役的发起时间，很可能被认为是无组织、无纪律行为而再次受到批评指责。饶漱石找粟裕谈话，希望他坐下来马上给中央军委写个检讨报告。粟裕对中央军委的批评既不申辩也不"马上"就写，他说："这个检讨报告迟早是要写的，等打完这一仗再说吧。"

　　当时军情紧急，刻不容缓。蒋介石于 11 月 3 日和 4 日，分别派许朗轩、顾祝同到葫芦岛、徐州具体部署"徐蚌会战",决定放弃海州、连云港,固守徐州,集结兵力于津浦路徐蚌段,作攻势防御,"以阻我南下攻势,掩护其加强江防及江南后方部署"。11月6日,又发现驻守海州的第四十四军有西撤新安镇,并归黄百韬兵团指挥的动向;驻在徐州东北台儿庄、贾汪等地区的第三绥靖区冯治安部的共产党员何基沣、张克侠发动起义的要求也"更趋积极"。粟裕深切地感到,时不我待,淮海战役的发起时间宜早不宜迟。粟裕后来说,提前两天发起淮海战役的"机断专行",为争取战争的胜利所必需,个人得失都顾不得去想了。

11月7日晚,中央军委复电:"完全同意鱼(6日)戌电所述攻击部署,望你们坚决执行。非有特别重大变化,不要改变计划,愈坚决愈能胜利。在此方针下,由你们机断专行,不要事事请示,但将战况及其意见每日或每三日报告一次。"

中央军委的来电肯定了粟裕的做法,字里行间充分体现了毛泽东指挥大规模战役的一贯作风和统帅气度。

将淮海战役提前两天打响,实践证明是非常正确、非常英明的。它打乱了蒋介石苦心经营的"徐蚌会战"部署,创造了分割包围黄百韬兵团的有利战机。在这两天时间里,在敌人毫无觉察的情况下,何基沣、张克侠率1个军部3个半师2.3万余人起义,徐州东北大门洞开,华野右路大军3个纵队迅速通过起义部队防区,切断了黄百韬兵团西撤徐州的通道。在这两天时间里,华野第一、第六、第九和鲁中南4个纵队,从海州、连云港方向转兵西进,对西撤的黄百韬兵团从后面紧追不舍。华野第四、第八纵队沿陇海铁路北侧追击,直插运河东岸,与黄百韬兵团的先头部队展开激烈的拼杀。在这两天时间里,苏中第十一纵队、江淮军区两个旅沿运河西岸北进,挡住了黄百韬兵团左翼掩护部队第六十三军的去路。在这两天时间里,由贾汪、台儿庄地区南下的华野第七、第十、第十三纵3个纵队,同宿迁、睢宁北进的第二、第十二、中野第十一纵3个纵队,南北对进,直接威胁徐州,切断了徐州之敌与黄百韬兵团的联系。在这两天时间里,华野各部队不但歼灭黄百韬兵团1个军、2个师,黄百韬的兵团部和其余的 4 个军 12 万多人,被团团包围在以碾庄为中心的纵横只有 10 余公里的狭小地区。黄百韬兵团已"四面楚歌":"活捉黄百韬,全歼黄兵团!"

粟裕后来谈起提前两天发起淮海战役的决策,着重强调兵贵神速,时间就是生命,时间就是胜利。他说:"如果再晚 4 个小时,让黄百韬窜入徐州,那仗就不好打了。"

进攻黄百韬:"先剥黄兵团的皮,再抽黄兵团的筋,后捣黄兵团的心。"

粟裕指挥华野各部队的迅速进击和何基沣、张克侠的起义,引起了南京国民党统帅部和徐州"剿总"的强烈震动,他们惊呼:"没料到共军行动如此神速!"

为了挽救黄百韬,蒋介石匆忙调兵遣将,集中 7 个兵团共 80 万兵力,企图"迅速击破运河以西之共军",救出黄百韬兵团,在徐蚌段实施"攻势防御",摆开与我军作战的架势。

蒋介石的脉搏,粟裕在两天前就把到了。他在 11 月 8 日 7 时给中央军委、陈邓等的电报《对敌可能采取方针估计与对策》中说:"蒋介石有采取以现在江北之部队再加由葫芦岛退下之部队,继续在江北与我周旋,以争取时间,加强沿江及江南华南防御,使我在江北仍有大量歼敌的机会。如能在江北大量歼敌,则造成今后渡江的更有利条件……"

此电发出的第二天,即 11 月 9 日深夜,中央军委复电:"齐辰电悉。应极力争取在徐州附近歼灭敌人主力,勿使南窜。"

如何争取在徐州附近歼灭敌人主力?粟裕早有考虑,并及时调整了作战部署,他要先吃掉黄百韬兵团,再吃掉其他 6 个兵团,让国民党 80 万军队一个也过不了长江。

为了尽快吃掉黄百韬兵团,粟裕根据战场态势及时调整了作战部署,用 6 个纵队包围黄百韬兵团,用 7 个纵队阻击徐州东援之敌——邱清泉、李弥 2 个兵团,用"攻济打援"的战法,在吃掉黄百韬兵团时,争取消灭一部分援敌。粟裕把指挥重心首先放在围歼黄百韬兵团上。

歼灭黄百韬兵团是淮海战役首战，战斗极为残酷激烈。开始的前3天，进展不太顺利，许多阵地要经过反复争夺，包围圈虽然日见缩小，但华野部队伤亡也不小。

经过冷静的具体分析，粟裕找到了战斗进展不快的原因：(1) 敌人地堡、交通壕结合，不易爆破，再加连续反击；(2) 敌人收缩一团，分割不易；(3) 指挥不一，动作不协同，炮火无统一指挥。11月14日晚9时，他召集担任主攻的6个纵队首长开会，调整部署，改进战法，明确指挥关系。他在讲话中强调指出，围歼黄百韬兵团是一个大仗、硬仗。黄兵团拥有5个军的兵力，战斗力中等偏上。现在黄百韬兵团已由运动之敌变为驻守之敌，我军仍然像打运动之敌那样猛冲猛打，在已有野战工事的敌军火力杀伤下，我军每攻一村，势必要费时费力，伤亡较大，进展不快。所以，我军的战法必须由运动战转为村落阵地攻坚战，改急袭为强攻，利用暗夜挖交通壕迫近接敌，逐村逐堡攻击；要先打弱敌，后打强敌，攻其首脑，乱其部署。要集中炮火，组成数个榴弹炮、野炮、山炮群，对敌炮兵进行压制射击；特纵坦克大队参战。用战士们的话说："先剥黄兵团的皮，再抽黄兵团的筋，后捣黄兵团的心。"在指挥关系上，粟裕决定，由主攻济南城的山东兵团谭震林、王建安(许世友因病休养)统一指挥围歼黄百韬兵团的6个纵队。

随后，粟裕遵照毛泽东的电报指示，把指挥重心转向对徐州东援之敌的阻击作战上，华野指挥所西移到苏北兵团处双沟附近。华野在粟裕的指挥下，抱着与阵地共存亡的决心，以顽强的阻击和反击，死死地顶住了敌军。邱清泉、李弥兵团集中了最精锐的第五、第八、第九、第七十军4个军的部队，动用几百门重炮和数十辆坦克，并以空军支援，强攻了3天，前进不到10公里。15日，粟裕到双沟的当天，顾祝同到徐州督战，刘峙决定使用总预备队第七十四军，抢占位于徐东战场南端的潘塘，然后从潘塘顺双沟公路迂回攻击大许家，在华野阻击部队侧背猛戳一刀，以打开正面攻不动的僵局。

与此同时，粟裕也看中了潘塘，它是徐州机场的门户，陇海铁路、徐淮公路两条交通干线的咽喉，是徐州国民党军的唯一交通命脉。粟裕命令苏北兵团的第二、第十二纵队，在双沟西面的房村，迎头痛击国民党第七十四军，直趋潘塘，形成了对徐州及其援军的侧击之势，迫使邱、李两兵团西顾徐州，不敢放胆东援了。

11 月 16 日，华野 6 个纵队，在谭震林、王建安的统一指挥下，按照粟裕制定的战法，向黄百韬兵团发起总攻击。

战斗到 22 日晚上，就全部彻底干净地消灭黄百韬的兵团部和第二十五、第六十四军残部，黄百韬在逃窜时毙命，第六十四军军长刘镇湘被俘。淮海战役首战告捷。

粟裕后来说："蒋介石有一个怪脾气，你要他一点，他连半点也不给你。如果你拿下了他的大的呢，他连小的也不要了。"是的，蒋介石为了保住第四十四军，在该军从海州、连云港西撤时，他让黄百韬在新安镇等了两天，结果黄百韬兵团陷入重围。为了救黄百韬兵团，他又把邱清泉、李弥、孙元良、黄维等几个兵团集中在徐州地区作战。粟裕早在 11 月 8 日给中央军委的"齐辰电"中就"估计"到了，并做好了"对策"，要拿这个"大的"！

准确判断逃跑方向，全歼杜聿明集团

淮海战役的第二阶段主要是中野围歼黄维兵团，华野不担任主攻，粟裕为什么最紧张？

粟裕后来说，华野第二阶段作战任务的变换并不意味着任务的减轻。那时的淮海战场上，蒋介石的总兵力还有邱清泉、李弥、孙元良、黄维、李延年、刘汝明 6 个兵团，18 个军，加杜聿明的"剿总"，总兵力尚有 50 多万，分别集中在江苏徐州、安徽蒙城和蚌埠 3 个地区。3 个战场一盘棋，怎样处理好主战场与钳制、阻击战场的关系，有计划有步骤地吃掉这三部分敌人，是关系到整个淮海战役能否全胜的关键问题。

黄百韬兵团被歼后，粟裕调整了华野的部署，将中野第十一纵归还

中原野战军建制，调华野第七、第十三纵和特纵一部集结于宿县以南，准备参加对黄维的作战行动。华野指挥所率第十纵队南下至时村以西地区，做预备队。以韦国清、吉洛（姬鹏飞）指挥第二、第六、第十三纵阻击蚌埠地区的李延年、刘汝明两个兵团，保证中野的侧翼安全。在北线，由谭震林、王建安指挥7个纵队监视徐州近郊的邱清泉、李弥、孙元良兵团，坚决阻其南窜，以确保南线战场我军的胜利。粟裕在第二阶段的战斗中，指挥华野一肩挑三担，能不紧张吗？

黄维兵团比黄百韬兵团装备精良，战斗力较强，11月25日被中野部队包围后，刘、陈、邓估计要3天才可以全歼。粟裕根据歼灭黄百韬兵团的经验，认为3天消灭它是不可能的。但时间也不允许再拖长。再拖长了，让杜聿明的30万人马从徐州地区跑出来，与黄维会合，仗就不好打了。粟裕与陈士榘、张震商量后，于12月1日打电话给总前委，并介绍用近迫作业打黄百韬的战法。刘、陈、邓决定，在围歼黄维兵团的战斗中，调整部署，改进战法，"立即使用华野之七纵、十三纵（预备队）加入进攻，其战法仍采用碾庄经验"。

12月10日，陈毅打电话给粟裕，说歼灭黄维兵团可能还要7至10天。粟裕感到，中野、华野在南北相距不到60公里的地区内，分别围住了敌军的两个重兵集团，北援之敌李延年、刘汝明两个兵团相距只有15公里，蒋介石的儿子蒋纬国带领装甲部队已到蚌埠，蒋介石还想从武汉白崇禧兵团调兵增援徐州。如相持日久，可能对我军不利。粟裕接陈毅电话的当日，打电报给刘、陈、邓并中央军委、华东局，"建议再由此间抽出一部分兵力，以求先解决黄维"，然后"再集中华野解决杜、邱、李兵团"。总前委同意并报中央军委，批准了粟裕的建议。华野在已参加围歼黄维兵团的第七、第十三纵和特纵一部的基础上，再由华野参谋长陈士榘率第三、第十一、鲁中南纵队和特纵一部，前往双堆集地区参战。5天以后，12月15日黄维兵团12万人全部被歼。

在围歼黄维兵团的过程中，粟裕度过极度紧张的七天七夜。那是在黄维兵团已被围住，杜聿明兵团未被围死的时候，中央军委指示华野全力歼灭李延年、刘汝明部。只要在宿县以东地区迅速歼灭李延年部,再将刘汝明部驱至蚌埠,黄维兵团就孤立了。而后,中野和华野密切配合,再打一个歼灭黄百韬兵团那样的大仗,取得战役第二阶段的胜利。粟裕看了中央军委的这个指令极度紧张,他对张震说:围歼黄维的战斗不可能迅速结束,北线 7 个纵队又难以围歼杜聿明。杜聿明和黄维相距只有五六十公里。黄维被围攻,情况紧急时,杜聿明可能倾全力南援,如果让他们打通联系,将给全局带来难以预料的后果,势必影响歼灭蒋军主力于长江以北的战略意图。张震说,粟司令日夜守候在指挥所里,密切注视战局的发展,设想临机处置的方案,调整部署,及时转用兵力,度过了极度紧张的 7 天 7 夜。在蒋介石再三督促下,李延年北援到浍河曹老集、周家口时,被华野第六纵队堵住,血战 5 个昼夜,不但未能取得进展,反而遭重创。于是,他对蒋介石耍起了滑头,采取了"宝塔式"的进攻阵势,越往前投入的兵力越少。而且我军一动,他就后缩,结果没打上。12 月15 日,黄维兵团被歼,李延年退回蚌埠。粟裕说:"幸亏没打上,当杜聿明突围时我们才得以从南线抽调 3 个纵队,与北线的 7 个纵队,加上刚刚南下的渤海纵队,共 11 个纵队,一起参加兜围。在使用兵力上已经达到极限了。"

粟裕曾这样说:"我在解放战争的战役指挥中有三个最紧张的战役:宿北、豫东和淮海。而淮海战役中最紧张的是第二阶段。我曾经连续七昼夜没有睡觉,后来发作了美尼尔氏综合征,带病指挥。战役结束后,这个病大发作起来了,连七届二中全会也没有参加。"

在第二阶段作战中,徐州杜聿明集团一直是粟裕最为关注的。黄维被围后,他分析杜聿明集团下一步行动有两种可能:一是固守徐州,一是突围。蒋介石后方已无机动兵力,固守待援可能性不大。突围的方向有三:一是沿陇海铁路向东,经连云港海运南逃。二是直奔东南走两淮,经苏中转向京(南京)沪。三是沿津浦铁路西侧绕过山区南下。粟裕分析,第三种可能性最大。这一带地形开阔,道路平坦,便于大兵团行动,同时可与尚在蚌埠的李延年、刘汝明兵团相呼应,南北对进。粟裕后来说,虽然要遭到我两大野战军的强大打击，但是，敌人总是过高估计自己的力量，走这一条路的可能性最大。因此，在兵力部署上，粟裕把重点放在敌人向西南逃窜这一方向上。

开始，中央军委是同意粟裕的判断和部署的。但不久又来电，指出徐州蒋军"逃跑的方向以两淮或连云港方向为最大"，指令华野"必须马上有所准备"，"务使敌人不能向这两个方向逃跑"。

粟裕说，这个电报使他左右为难。他再次对敌人突围的方向进行分析：走两淮，优点是可以避开我主力，但这一路河川纵横，要经过水网地带，不利于大兵团、重装备行动，而且都是我老根据地，将陷入我地方军和民兵包围之中。向东走连云港，优点是可以迅速摆脱被歼命运，但要迅速解决3个兵团的船只和码头是非常困难的，如遭我尾击则会陷入背海作战的境地，有被全歼危险。粟裕虽然认为敌人不会由这两个方向逃窜，但中央军委明确指示，万一敌人真的从这两个方向逃跑，自己部署失

粟裕、张震、陈士榘（左起）在淮海战役前线指挥所

538

当,个人贻误战机且不说,势必将影响同敌人进行战略决战。相信这个判断吧,如果杜聿明向西南走,与李、刘兵团相呼应,南北对进,既解黄维兵团之围,又可集中兵力防守淮河,一举两得,那就成问题了。经过再三分析比较,粟裕确认徐州之敌走两淮和连云港可能性很小。于是,他下定决心,把华野在北线的7个纵队部署在徐州以南津浦路东西两侧,把注意的重心放在西南方向。

事实证明,粟裕的决心是下对了。11月30日晚上,各条渠道的情报向粟裕飞来:敌人已撤出徐州,向西南方向逃窜。粟裕立即作出歼敌的部署,一面向中央军委和刘、陈、邓报告,一面下令华野11个纵队采取多路多层尾追、平行追击、迂回截击、超越拦击相结合的战法,于12月4日全面兜住杜聿明集团30万人马于陈官庄地区。两天之后,全部歼灭向西南方向突围的孙元良兵团。

1949年1月2日,粟裕在蔡凹签发作战命令:向杜聿明集团发起总攻,至1月10日16时,全歼杜聿明集团。至此,历时66天的淮海战役胜利结束。

(胡居成／撰稿)

13 北平和平解放过程中的中共地下党员

在平津战役纪念馆的战役实施展厅里，陈列着一辆普通的"飞利浦"牌女式自行车和一台老式发报机，它们的主人是中共地下党员。斑驳的文物上依稀可见历史的沧桑，仿佛在向人们诉说着它们的主人在解放战争中那段为北平和平解放而冒险开展工作的难忘岁月。

一

情报工作是党的地下工作的重要组成部分。当时，在北平开展情报工作的主要有晋察冀中央局城市工作部（后改为"华北局城市工作部"，简称"城工部"）系统和中共中央社会部系统，也有其他解放区派出的系统。在这张地下工作网的建立中，有一个人功不可没，他就是刘仁。

1941年6月，刘仁开始主管中共晋察冀分局城市工作委员会的工作，领导华北敌占地区城市的地下工作，代号"老头儿"。其实这位同志们口中的"老头儿"一点儿也不老，时年才32岁。解放战争时期，国民党军驻守平津部队的任何风吹草动，都在共产党人面前展露无遗。当时，为了配合解放军解放平津，中共华北局城工部部长刘仁根据中共中央和华北局指示，周密部署地下党做好两手准备：一方面立足于打，发动和组织群众，开展护厂、护校等各种形式的斗争，尤其注意争取一部分国民党军在解放军发动总攻时，做好内应；另一方面，为了保护北平的文物古迹，减少人民生命财产的损失，特别花大力气去做傅作义的工作，争取和平解决。

于是，中共华北局城工部指示北平地下党接近"能跟傅作义说上话的人"，以影响并促成华北"剿总"总司令傅作义和平起义。早在1948年春，刘仁就指示北平地下党大胆利用能对傅作义开展工作的各种关系，尤其要通过傅作义的亲信和亲属，直接向傅做工作。在解放军迅速完成对平津的分割包围，特别是新保安战役全歼傅部嫡系三十五军之后，北平国民党军陷入进退两难的困境。北平地下党抓住时机，利用一些上层关系做工作。时任北平学生工作委员会秘书长的崔月犁分管上层高级知识分子的统战工作。为策反傅作义，刘仁指派崔月犁尽快联系"能跟傅作义说上话的人"。很快，崔月犁圈定了三个主要人物：傅作义的恩师、高参（中将总参议）刘厚同，傅作义的女儿、地下党员傅冬菊，傅作义的副手、结义兄弟、副总司令邓宝珊。

这一年，崔月犁的工作状态是一大早出去，骑一辆"飞利浦"牌女式自行车四处转，天黑回家。此时，由于崔月犁的共产党员身份已从秘密变为半公开，置身明处的他，危险环伺，国民党便衣早已盯上崔月犁，特务组织交代，一旦捕获即押送南京。

刘仁不断提醒崔月犁"提高警惕""绝对保密""严格遵守组织纪律"。崔月犁做了最坏的打算——随时献身。他清理了马列著作、进步刊物，烧毁了写有电话号码的纸片。幸运的是，机警的崔月犁多次虎口脱险。

二

1948年秋的一天，崔月犁会晤了66岁的刘厚同。崔月犁的公开身份是同仁医院的"李大夫"。学养深厚、见多识广的刘厚同会晤青年才俊"李大夫"后，感觉相见恨晚，尽管两人相差近40岁，但他仍与崔月犁成了忘年交。很快，刘厚同送给崔月犁一张全家福以示对他的欣赏与接受。刘厚同约"李大夫"每周见两次面。鉴于当时国民党特务活动猖獗，每日每时捕杀异己，心思缜密的刘厚同叮咛："如果一星期不见你来，我就认为你被特务逮捕了，我会请傅先生派人到监狱救你。"一次，崔月犁因有急事爽约，刘厚同果然要傅作义派人到各监狱查问有没有同仁医院的

"李大夫"。崔月犁得知此事后,感叹刘厚同"对共产党是友好的,也是讲信义的"。刘厚同不负崔月犁厚望,隔三岔五劝傅早作和谈决断。

11月29日,解放军包围张家口,该役彻底击破了傅作义割据一方的梦想。刘厚同告诉崔月犁,傅作义研读了毛泽东的《论联合政府》后想与共产党组成联合政府。很快,毛泽东就该想法致电平津前线领导人:与傅谈判必须以他们放下武器为基本原则,在这个原则下给傅以宽大待遇。

1949年1月中旬,解放军一举攻克天津,傅的嫡系主力基本丧失殆尽。此时傅作义想战无实力,欲逃无出路,现实明摆着,只有和谈一条路。崔月犁请刘厚同力劝傅作义丢掉幻想,莫失和谈良机。此时傅作义虽心向和谈,但顾虑自己出路不明。崔月犁请刘厚同转告傅作义:"只要共产党和平接管北平,共产党是不会亏待人民功臣的。"

崔月犁与刘厚同一周见面两次,与傅冬菊却是每日上午见面。在平津形势发展的关键时刻,因傅冬菊是地下党员,所以崔月犁直接派任务给她,即了解傅作义的心理活动及观察其情绪的细微变化;研究怎样做傅作义的工作。

《大公报》记者傅冬菊,此番变为深居将军府邸的"大小姐",随侍在四面楚歌的傅作义身边。这使傅作义感到莫大的安慰。此时的傅作义,也只能向自己的女儿倾诉心里话了。于是,傅冬菊伺机向父亲晓之以理、动之以情,并将他思想矛盾的焦点和举棋不定的疑虑,甚至有过自杀的念头,以及华北"剿总"的军事部署、与南京蒋介石的联系和争议等,都密报给崔月犁,通过崔月犁又转送到中共中央华北局城工部和解放军平津前线指挥部,使解放军对敌情了如指掌,运筹帷幄,能在29个小时内,全歼天津守敌13万人,活捉国民党六十二军中将军长林伟俦、八十六军中将军长刘云瀚、警备司令陈长捷和市长杜建时等高级军政大员,胜利解放天津,创造了被毛泽东称为武力解决的"天津方式"。

崔月犁曾撰文描述了他和傅冬菊接头时的情景:"每次见到我,她都满面笑容,不慌不忙地把她父亲头天情况原原本本地告诉我,比如思想斗争激烈时,他唉声叹气、发脾气、咬火柴棍,甚至用枪抵住自己的太阳穴……"

崔月犁收获的是情报,傅冬菊得到的是解放区出版的报刊及宣传册,这些红色印刷品不时出现在傅作义的办公桌上。

1948年11月的一天,傅作义去南京开会,傅冬菊猜想该会与平津战局有关。她怕父亲再继续从蒋打内战,于是谎对父亲说:"今天我见到一位老同学,他希望你接受和谈。"傅作义立即问:"你的同学是毛泽东派来的,还是聂荣臻派来的?"傅冬菊答:"是毛泽东派来的。"傅作义沉默后道:"这是件大事,我要好好思考后才能答复你。"11月7日,傅作义从南京回来。10日,他将蒋介石令他扣留卫立煌的电报给了卫立煌。11日,傅冬菊向崔月犁汇报了此事。

崔月犁请傅冬菊设法让其父亲阅读山东《大众公报》11月8日、9日刊登的解放军俘虏王耀武的《告国民党官兵书》和《告国民党党政军机关书》。11月17日上午,傅作义问傅冬菊:"你的那位同学是真共产党还是假共产党?"傅冬菊回答肯定:"是真共产党,是毛泽东派来的。"傅作义遂让傅冬菊替他致电毛泽东。电报原文大意如下:"我已认识到过去以蒋介石为中心统一国家、复兴民族和随蒋戡乱是完全错误的,决计将所属的约60万军队、200架飞机交毛泽东指挥,以达救国救民之目的,请求派南汉宸来北平商谈和平事宜。"

崔月犁及时把地下党,有时是平津前指、中央军委直至毛泽东的指示,口授给傅冬菊,指示她对傅作义应讲什么话、如何针对性地做思想工作。这种在父女亲情气氛中进行的政治策反,产生了特殊的效果。在战场上,像这样迅速、准确地了解敌军最高指挥官的动态乃至情绪变化,在战争史上是罕见的。这对解放军作出正确的判断,下定正确的决心,进行正确的部署,具有重要的作用。

和谈后期,傅作义指派能为共产党接受的人物、副总司令邓宝珊进行和谈。时年54岁的邓宝珊初见28岁的崔月犁,便说:"我是了解共产党政策的,我有个孩子在延安学习过,我见过毛主席,陕北电台我经常听。"恰巧,崔月犁携带有陕北电台的宣传材料,他顺势送给邓宝珊。交谈中，崔月犁乘机劝说："以你和傅先生的交情，望奉劝他抓紧时间和谈，眼下时间不多了，争取为人民做点好事！"邓宝珊爽快应承："谁都不愿当千古罪人。"

崔月犁二见邓宝珊时，围攻北平的包围圈大幅缩小，炮声隆隆。此次邓宝珊情绪焦躁。他直截了当地对崔月犁说："你能不能通知你们军队先不要打，请再给我一点时间，让我与傅先生深谈一次。"崔月犁坦诚交底："我军已包围北平，傅先生的军队走不了啦，再不下决心就晚了。"匆匆话别时，邓宝珊得知崔月犁欲步行回家，便说："最近特务活动很厉害，你要多加小心，我用汽车带你一段吧。"这个意外的举动，让崔月犁感觉邓宝珊对和谈是有诚意的。

崔月犁第三次见邓宝珊，一见面还未曾开口，邓已笑意在先："傅先生的问题解决了，他决定同共产党合作。"接下来，邓宝珊提出要见共产党更高级别人士。崔月犁于是派人将邓带到解放军平津前线指挥部。至此，地下党的任务告一段落。邓宝珊后来在中共地下党的策动下，率先在内蒙古起义，对促进傅作义率部起义起了重要作用，解放后他曾任甘肃省政府主席等职。

三

虽然有了以上这些地下党员冒险奔走获取情报，但北平的地下工作仍需一样重要的东西支撑，那就是地下电台。城工部部长刘仁从抗日战争后期就准备在北平建立地下电台，经过几年运筹，1947年正式建台。地下电台由地下学委秘书长崔月犁领导，李雪负责技术指导和日常管理，整个北平的地下情报组织也因此连成网。

1948年春，刘仁来电通知，敌人每天出动10辆载有仪器的吉普车在北平城内进行流动侦察，要电台工作人员特别提高警惕，不吃饭、不睡觉也要把电台保护好。保证电台的安全是地下电台第一要务，译电员们采取了一系列的措施来对付敌人：1.建立三处电台，万一一处电台出现故障或被敌人破坏，还有其他电台可以坚持工作。电台在一个地方不能时间过久，容易被发现。工作量不大时，三处电台轮流作业，开机时间互相错开。2. 电台的波长、呼号经常更换。3. 译出的收发报一律密写，用米汤或面汤写在纸上，用碘酒一擦，字迹就显示出来了。4. 所有电台工作人员，尤其是报务员、译电员不参加群众活动，不去公共场所，不上影剧院，不看进步书刊，断绝一切社会关系。三处电台不发生横向关系，报务员、译电员、交通员不知道彼此的住址和姓名。5. 来往电报内容，除了译电员外，其他人都不允许知道，李雪也不例外。1948 年 9 月，刘仁指示地下电台要做好一切准备配合解放军解放北平。11 月 29 日，平津战役打响，形势日趋紧张，地下电台的工作量日增。接着，解放军完成了对北平的包围，切断了平津交通线。在此情况下，电报就成为主要的联系手段。译电员方亭、艾山等人每天两次在不同的胡同内与交通员交换电报。电台几乎每天都发出敌人军队的调动，军用列车的数量、去向等有关情报，与解放区电台的联络增加到每天三次：早 8 点、晚 8 点、夜里 2 点。译电员方亭每天夜间都要工作，工作完毕，就将四角号码字典和乱码表藏进沙发靠背下的缝隙里。为了减轻收发报时的嘀嗒声，译电员艾山把机器放在床上，下面垫上棉被，坐在小板凳上收发报。工作完，她再把收发报机藏起来。刘仁要求电台在关键时刻发挥作用，因此，北平解放前的两三个月是地下电台工作最紧张的时期。

为了配合解放军准备攻城，地下党接受一项任务，对北平各城门及城墙的位置、高度、厚度进行详细调查，再把数据发往解放区。在解放大军的重重包围之下，北平守敌企图留一条逃路。1949 年 1 月，国民党军在东单广场紧急修建了一座临时飞机场，准备逃跑。解放军没有校正炮弹落点的侦察机，几番炮击，炮弹都打偏了方向。地下党员现场观察，记下了每一发炮弹的具体落点，方亭译成电文，报至解放区。炮兵逐步校正弹道，越打越准，终于轰掉了这座短命机场。

北平和谈期间，傅冬菊对傅作义在和谈期间的动态、情绪变化，具体到徘徊观望，怎么睡不好觉，如何在屋内焦虑地踱步，甚至急得把火柴棍放进嘴里咬等细节，都及时作了汇报，这些都由电报传递出去。在北平

1949 年 1 月 31 日，傅作义部队官兵在北平朝阳门迎接解放军部队

和平解放过程中，地下电台完成了党交给的任务，为和平解放北平作出了贡献。

1949 年 1 月 7 日和 16 日，傅作义先后两次派代表与解放军平津前线领导人谈判。1 月 21 日，傅作义宣布接受共产党和平解放北平的条件——放下武器并接受和平解放北平的协议。1 月 31 日，解放军进入北平，北平宣告和平解放。这座驰名中外的文化古城完整无损地回到了人民手里，创造了著名的"北平方式"，成为之后和平解放湖南、四川、云南、新疆的范例。中共地下党员为这一伟大胜利写下了光辉的一页。平津战役天津前线指挥部总指挥刘亚楼在总结平津战役的胜利时，特别提到地下党的作用，赞扬"地下党做了大量工作，没有他们，我们也不会这么快就取得这么大的胜利"。

（王悦／撰稿）

14 毛泽东在西柏坡：197 封电报指挥 24 场战役

西柏坡，地处河北省平山县中部，是滹沱河北岸一个仅有七八十户人家的小山村。它西靠太行山脉，东与华北平原相衔接，距华北重镇石家庄仅 90 公里。全国解放前夜，党中央、毛泽东选址于此，将其作为指挥人民解放战争的"大本营"，在这里组织指挥了包括三大战役在内的 24 场战役，打出了一个新中国。

一

1947 年 3 月，胡宗南大举进攻延安，面对 10 倍于己的强大敌人，党中央、毛泽东于 3 月底做出决定：主动撤离延安。同时决定由毛泽东、周

西柏坡

恩来、任弼时,率中共中央和人民解放军总部机关留在陕北,主持中央和军委日常工作,指挥全国解放战争;由刘少奇、朱德和董必武等组成中央工作委员会,率部分中央机关干部前往华北,从事中央委托的工作。4月11日,中共中央又决定中央和军委大部分机关工作人员暂驻晋西北的临县地区,组成以叶剑英为书记、杨尚昆为后方支队司令员的中央后方委员会,统筹后方工作。

5月,刘少奇、朱德在晋察冀中央局副书记刘澜涛陪同下,来到河北省平山县封城村。经过一段时间的考察、论证,确定将平山县中部的西柏坡村作为中央工作委员会办公地点,并于7月初正式进驻西柏坡。

转战陕北的毛泽东,一直考虑着中央工作委员会到达晋察冀后的工作。当中央工作委员会刚刚抵达西柏坡时,刘少奇等便收到毛泽东于6月14日发出的关于"将晋察冀军事问题解决好""将土地会议开好""将财经办事处建立起来"的指示电……

那时,在全国各个战场,解放军还处于劣势。然而,在党中央、毛泽东领导下,经过仅仅一年的征战,便将进攻陕北之敌歼灭和拖垮近半数。人民解放军在西北战场转入内线反攻,并于1948年4月22日收复延安。与此同时,根据毛泽东和中央前委的指示精神,华北军民在刘、朱的领导下,协同聂荣臻,指挥晋察冀野战部队也开始了局部反攻。从1947年下半年起,他们先后组织了青沧、保北、清风店和石家庄4场战役,使晋察冀与晋冀鲁豫两大解放区连成一片。全国解放战争的战局逐步由战略防御转入战略进攻。1948年3月23日,毛泽东、周恩来、任弼时率中共中央机关和解放军总部,告别了战斗、生活了多年的陕北,东渡黄河,经晋绥解放区,于4月13日到达晋察冀军区司令部所在地——河北省阜平县城南庄,不久又相继来到河北省平山县西柏坡村,与中央工作委员会会合。5月1日,中共中央正式开始在西柏坡办公。

当时,中国革命正处于重大的转折时刻,国民党军在数量和装备上尽管还占优势,但中国革命已胜利在望,国共两军战略总决战的任务已提上党中央、毛泽东的议事日程。到西柏坡后,毛泽东在周恩来等协助下,从当年 5 月至次年 3 月,在西柏坡一间挂满作战地图的土坯房里,用无线电发报机遥控指挥着全国各个战场,先后组织指挥了 24 场战役,基本摧毁了国民党赖以维持其反动统治的主要军事力量,奠定了人民解放战争在全国胜利的牢固基础!

二

毛泽东等指挥的 24 场战役,尤其是辽沈战役、淮海战役、平津战役三大战略决战,其规模之大、歼敌之多,在中国乃至世界战争史上也是极为罕见的。这 24 场战役分别是:

1. 宛西战役

战役时间:1948 年 5 月 2 日至 5 月 17 日;作战地区:河南省西南之内乡、镇平、淅川、邓县;参战部队:中原、华东两大野战军及桐柏军区的部队;歼敌人数:俘虏 12000 余人,毙伤 9700 余人,合计 21700 余人。

2. 冀热察战役

战役时间:1948 年 5 月 13 日至 6 月 25 日;作战地区:冀热察边区及平古线、北宁线、唐山山海关线;参战部队:华北军区第二兵团主力及冀察热辽部队;歼敌人数:俘虏 17350 人,毙伤 7040 人,合计 24390 人。

3. 宛东战役

战役时间:1948 年 5 月 29 日至 6 月 3 日;作战地区:河南省南阳以东地区;参战部队:中原、华东两大野战军各一部;歼敌人数:俘虏 5300余人,毙伤 6000 余人,合计 11300 余人。

4. 兖州战役

战役时间:1948 年 5 月 29 日至 7 月 15 日;作战地区:山东兖州及济南至临城等地;参战部队:华东野战军、山东兵团等部队;歼敌人数:俘虏 44720 人,毙伤 18900 人,合计 63620 人。

5. 开封战役

战役时间:1948 年 6 月 17 日至 6 月 22 日;作战地区:河南开封;

参战部队：华东野战军；歼敌人数：俘虏 23560 人，毙伤 16120 人，合计 39680 人。

6. 晋中战役

战役时间：1948 年 6 月 17 日至 7 月 21 日；作战地区：山西灵石至太原平川地区；参战部队：华北军区第十八兵团及华北军区部队；歼敌人数：合计约 100000 人。

7. 涟水战役

战役时间：1948 年 6 月 20 日至 7 月 15 日；作战地区：江苏北部涟水、泗阳、东海地区；参战部队：华东野战军、苏北兵团及军区部队；歼敌人数：俘虏 7300 人，毙伤 2940 人，合计 10240 人。

8. 睢杞战役

战役时间：1948 年 6 月 27 日至 7 月 6 日；作战地区：河南省睢县和杞县地区；参战部队：华东野战军及中原野战军一部；歼敌人数：俘虏 30050 人，毙伤 24240 人，合计 54290 人。

9. 襄樊战役

战役时间：1948 年 7 月 2 日至 7 月 16 日；作战地区：湖北襄阳、樊城地区；参战部队：中原野战军一部、桐柏和陕南军区部队；歼敌人数：俘虏 17000 余人，毙伤 3500 余人，合计 20500 余人。

10. 保北战役

战役时间：1948 年 7 月 16 日至 20 日；作战地区：河北省保定以北徐水、定州地区；参战部队：华北野战军第一、二、六、七纵队；歼敌人数：俘虏 8480 余人，毙伤 2290 余人，合计 10770 余人。

11. 澄郃战役

战役时间：1948 年 8 月 8 日至 13 日；作战地区：陕西澄城、郃阳地区；参战部队：西北野战军；歼敌人数：俘虏 6080 人，毙伤 3000 人，合计 9080 人。

12. 辽沈战役

战役时间：1948 年 9 月 12 日至 11 月 2 日；作战地区：辽宁西部和沈

阳、长春地区;参战部队:东北野战军及东北军区部队;歼敌人数:俘虏306200人,投诚83000人,毙伤56800人,起义26800人,合计472800人。

13. 察绥战役

战役时间:1948年9月7日至11月15日;作战地区:察东至绥远包头地区;参战部队:华北第二、第三兵团;歼敌人数:俘虏12280人,毙伤8780人,合计21060人。

14. 济南战役

战役时间:1948年9月16日至24日;作战地区:山东济南地区;参战部队:华东野战军、山东军区部队;歼敌人数:合计110000余人。

15. 太原战役

战役时间:第一阶段,1948年10月5日至12月4日;第二阶段,1949年4月20日至24日;作战地区:山西太原地区;参战部队:华北第十八、十九、二十兵团,西北野战军第七纵队及晋中地方武装;歼敌人数:两阶段中,俘虏94960人,投诚1300人,毙伤28530人,合计124790人。

16. 荔北战役

战役时间:1948年10月5日至18日;作战地区:陕西大荔以北澄城以南地区;参战部队:西北野战军;歼敌人数:俘虏11050人,投诚1300人,毙伤13200人,合计25550人。

17. 郑州战役

战役时间:1948年10月21日至22日;作战地区:河南省郑州及以北地区;参战部队:中原野战军一部;歼敌人数:俘虏9850余人,毙伤1420余人,合计11000余人。

18. 应城战役

战役时间:1948年10月24日至25日;作战地区:湖北应城;参战部队:中原野战军一部及江汉军区部队;歼敌人数:俘虏3200余人,毙伤300余人,合计3500余人。

19. 淮海战役

战役时间：1948 年 11 月 6 日至 1949 年 1 月 10 日；作战地区：以徐州为中心，东起海州，西至商丘，北起临城（现名薛城），南达淮河的广大地区；参战部队：华东野战军、中原野战军及华东、中原、华北军区部队各一部；歼敌人数：俘虏 327070 人，毙伤 171400 人，起义 28500 人，投诚 28600 人，合计 555570 人。

20. 西北冬季战役

战役时间：1948 年 11 月 15 日至 28 日；作战地区：陕西郃阳、澄城、铜川、薄城等地区；参战部队：西北野战军；歼敌人数：俘虏 17730 余人，毙伤 6930 余人，合计 24660 余人。

21. 平津战役

战役时间：1948 年 11 月 29 日至 1949 年 1 月 31 日；作战地区：北平、天津、张家口地区；参战部队：东北野战军、华北军区两个野战兵团和地方部队；歼敌人数：俘虏 232510 人，毙伤 29790 人，投诚 8700 人，改编 250000 人，合计 521000 人。

22. 樊城战役

战役时间：1948 年 12 月 20 日至 22 日；作战地区：湖北樊城地区；参战部队：中原江汉军区部队；歼敌人数：俘虏 3900 人，毙伤 300 人，合计 4200 人。

23. 荆门战役

战役时间：1949 年 2 月 2 日至 7 日；作战地区：湖北荆门、当阳地区；参战部队：中原江汉军区部队；歼敌人数：俘虏 7610 人，毙伤 1010 人，合计 8620 人。

24. 西北春季战役

战役时间：1949 年 2 月 20 日至 3 月 24 日；作战地区：陕中渭北及泾河、洛河之间；参战部队：第一野战军；歼敌人数：俘虏 4920 人，毙伤 1600 人，起义 810 人，合计 7330 人。

在上述 24 场战役中，歼敌 10 万到 55 万的大战役有 5 场，共歼敌军

222万余人。加上此前（即1947年5月至1948年5月间）中央工作委员会指挥的4场战役（共歼敌58330余人），在不到两年的时间中，党中央、毛泽东在西柏坡实际组织了28场战役，取得了歼敌228万余人的辉煌战果！

三

在西柏坡的300多个日日夜夜里，毛泽东等运筹帷幄，决胜千里，创造了现代战争史上的奇观，充分显示了他和他的战友们的高瞻远瞩、雄才大略和高超的战争指挥艺术！

这期间，毛泽东总是不知疲劳、通宵达旦地工作。尤其是在指挥三大战役期间，他常将吃饭当成"负担"，总是经多次催促才吃上一顿；他的睡眠时间也很少，曾多次两三天时间不上床休息，平时也是躺下三四个小时就起床办公。他总是亲自拟写电文，从不叫别人代笔，将全部精力都用在了全国各战略区的作战指挥上。如在指挥辽沈战役时，从战役打响到结束，毛泽东曾起草了46封命令电（加上战役打响前起草的电报，共77封）。电文详细具体，就连从哪儿开刀都说到了。这次战役持续52天时间，我军虽付出伤亡6.9万余人的代价，却换取了歼敌47万余人的胜利。这期间，他还同时关注、指挥着其他战略区的5场战役。

辽沈战役结束后第四天，即11月6日，毛泽东等又指挥华东、中原两大野战军打响了淮海战役。在淮海战役中，前线指挥部共接到毛泽东起草的电报64封，其中包括作战方针和各个阶段的作战部署。电文内容同样详细而具体，如："本战役第一阶段的重心是扫除徐州以东之敌，断其海上退路。打法是，先来个中间突破，然后全歼黄百韬。第二阶段……"刘、邓看过电报后心领神会，笑道："这叫吃一个，挟一个，看一个。"该战役历时66天，歼敌55万余人，是国共双方最关键的决定胜负的一次大决战。

淮海战役发起23天后，1948年11月29日又开始了平津战役。淮海战役结束后21天，即次年的1月31日平津战役结束。在这次战役中，

毛泽东、周恩来在西柏坡中央军委作战室

由西柏坡发往前线的电报是 89 封，在历时 64 天的战役中，歼灭和改编国民党军队 52 万余人。

当时，为了能及时处理前方的请示电报，毛泽东总是随来随复，有时一小时就要起草两三份电报，发报台经常是这份尚未发完，下一份又送到了，于是只好先将最急的发出。据统计，在西柏坡期间，毛泽东在一间仅有 16.3 平方米的旧民房里，共为前线起草了 197 封电报。因此，周恩来后来说："毛主席是在世界上最小的司令部里，指挥了最大的人民解放战争。"并将西柏坡称为"毛主席、党中央进入北平，解放全中国的最后一个乡村指挥所"。

有人说"新中国是从西柏坡打出来的"，也有人说"新中国从这里走来"。这些说法都是正确的，且形象而生动。国共两党、两军的战略决战，虽然没有在西柏坡进行，甚至在这里连一点枪炮声也听不到，但毛泽东在此，中共中央在此，解放军总部在此，当时全国几乎所有的重要战役，即整个解放战争中的大部分战役，都是由这里发出命令的，由这里指挥的。在这里决定了中国的命运。因此说，"毛主席是在世界上最小的司令部里，指挥了最大的人民解放战争"，缔造了伟大的新中国，是恰如其分的！

(刘炳峰 / 撰稿)

中共党史
若干重大事件探微

党史博览杂志社 编

（下册）

人民出版社

奠基探索

①　解密档案和亲历者记录下的开国大典

公元 1949 年 10 月 1 日，雄伟壮丽的北京天安门铭记下了这一天：这一天，中华人民共和国正式宣告成立；这一天，开国大阅兵扬军威、壮国魂。这一天的精彩，谱写出共和国壮丽篇章的开端。

那么，这一天的辉煌是如何开创的？开国大典选址是如何选中天安门的？大典方案三项重要内容，为何阅兵是重中之重？阅兵典礼方案拟出后，周恩来因何用了 17 天时间才最终下定决心？走进中国人民解放军档案馆，探寻解密的历史；走近当年的亲历者，品读真实的记录，你会清晰地看到 70 多年前开国大典的精彩场景，了解震惊中外的开国大阅兵的幕后珍闻。

馆藏档案：首次阅兵方案

阅兵总司令：中国人民解放军总司令朱德。

阅兵总指挥：华北军区司令员兼平津卫戍区司令员聂荣臻。

地面方队：海军方队、步兵方队、炮兵方队、战车方队、骑兵方队。

空中梯队：P–51 型歼击机，蚊式轰炸机，PT–19 型、L–5 型教练机。空中梯队因同时担负空中警戒任务，携带有实弹，这在世界阅兵史上也是罕见的。

阅兵部队组成：东北海军学校和华北海军舰队各 1 个排、步兵第一九九师、独立第二〇七师六一九团、炮兵第四师、战车第三师、骑兵第三师，以及华北军区航空处所辖 P–51 型歼击机中队，蚊式轰炸机小队，PT–19 型、L–5 型教练机小队。

受阅人员：16400余人。

档案记录：622人登上天安门城楼

1949年9月30日，中国人民政治协商会议第一届全体会议选举出第一届全国委员会委员180人，选举出中央人民政府主席、副主席及委员63人。

中华人民共和国中央人民政府63位领导人是：

中央人民政府主席1人：毛泽东。

中央人民政府副主席6人：朱德、刘少奇、宋庆龄、李济深、张澜、高岗。

中央人民政府委员56人：陈毅、贺龙、李立三、林伯渠、叶剑英、何香凝、林彪、彭德怀、刘伯承、吴玉章、徐向前、彭真、薄一波、聂荣臻、周恩来、董必武、赛福鼎·艾则孜、饶漱石、陈嘉庚、罗荣桓、邓子恢、乌兰夫、徐特立、蔡畅、刘格平、马寅初、陈云、康生、林枫、马叙伦、郭沫若、张云逸、邓小平、高崇民、沈钧儒、沈雁冰、陈叔通、司徒美堂、李锡九、黄炎培、蔡廷锴、习仲勋、彭泽民、张治中、傅作义、李烛尘、李章达、章伯钧、程潜、张奚若、陈铭枢、谭平山、张难先、柳亚子、张东荪、龙云。

1949年10月1日下午2时58分，以毛泽东为首的新中国领导群体，沿天安门西侧的古砖道，登上了开国大典的主席台、开国阅兵的检阅台——天安门城楼。

这是世界上最大的主席台，是世界上最高的检阅台。这一天的主席台上，容纳了新中国622位杰出代表。在这些代表中，有伟人领袖、泰斗耆宿、大家巨擘、雄杰楷模。在此之前，曾拟定参加全国政协第一届全体会议的662位代表参加开国大典，但最终登上天安门城楼参加开国大典的为622人。此前的方案是：

党派代表142人。其中：

中国共产党、中国国民党革命委员会、中国民主同盟代表各16人；

中国民主建国会、无党派民主人士、中国民主促进会、中国农工民主党、中国人民救国会、三民主义同志联合会、中国国民党民主促进会、中国致公党、九三学社、台湾民主自治同盟、中国新民主主义青年团代表分别为 12 人、10 人、8 人、5 人不等。

二、区域代表 102 人。其中：

西北、华北、华东、东北、华中等解放区代表各 15 人；华南解放区代表 8 人；内蒙古自治区代表 6 人；北平、天津两直属市代表 6 人；解放区民主人士代表 7 人。

军队代表 60 人。其中：

解放军总部及海、空军代表共 12 人；

第一、二、三、四野战军代表各 10 人；

华南人民解放军代表 8 人。

三、团体代表 206 人。其中：

中华全国总工会、解放区农民团体代表各 16 人；中华全国民主妇女联合会、全国工商界、中华全国文学艺术工作者协会、中华全国科学会议筹备委员会、全国教育界、全国社会科学工作者、海外华侨民主人士等单位代表各 15 人；中华全国民主青年联合总会、中华全国新闻工作者协会筹备会代表各 12 人；中华全国学生联合会、上海各界人民团体代表各 9 人；宗教界民主人士代表 7 人。

以上四类共 45 个单位，产生正式代表 510 人。

按规定，凡参加新政治协商会议的各单位，其代表名额满 10 人的，推选候补代表 2 人；不满 10 人的，推选候补代表 1 人。因此，共产生候补代表 77 人。

四、特别邀请代表，共 75 人。其中：

特邀首席代表宋庆龄；著名建筑学家梁思成；清朝翰林张元济；中国近代海军耆宿萨镇冰；同盟会会员张难先；北洋军阀统治时期担任过教育总长、司法总长的章士钊、江庸；曾任国民党南京政府和谈代表的张治中、邵力子等；国民党重要起义将领傅作义、程潜等；解放区民主人士陈瑾昆、安文钦等；文教界知名人士陶孟和、陆志韦等；艺术界知名人士周信芳、梅兰芳、袁雪芬等；工农方面的劳动模范、英雄人物刘英源、阎存林、戎冠秀等。

档案回现：两套阅兵方案在周恩来案头压了 17 天

1949 年 7 月底，中共中央确定新中国成立之日要举行一个盛大的典礼。为此，成立了以周恩来为主任，彭真、聂荣臻、林伯渠、李维汉等人为副主任的开国大典筹备委员会。

筹委会成立后，很快拿出了初步方案。这份方案主要有三项：一是举行中华人民共和国中央人民政府成立典礼，二是举行中国人民解放军阅兵式，三是举行人民群众游行活动。

筹委会认为，新中国的开国大典，这三项内容是必不可少的。在这三项内容里，阅兵式怎样举行、阅兵式在什么地方举行，决定着整个开国大典怎样进行的问题。阅兵是这三项内容的重中之重，是筹备开国大典的中心工作。

在开国大典筹委会成立后不久，阅兵指挥机构也成立了。这个机构的领导力量特别强，阅兵总司令由朱德担任，阅兵总指挥由聂荣臻担任，另有 6 位阅兵副总指挥：杨成武、唐延杰（时任华北军区参谋长）、唐永健（时任华北军区司令部作战处处长）、刘仁（后任中共北京市委副书记）、肖明（后任北京市总工会主席）、肖松（后任中国新民主主义青年团北京市委书记）。

杨成武与唐延杰担任阅兵副总指挥后，首先负责起草阅兵典礼方案。方案拟制出来后，毛泽东、朱德、周恩来等人在中南海怀仁堂接见了筹划阅兵仪式的负责人，并听取了关于阅兵典礼方案的汇报。

在这次汇报中，聂荣臻汇报了阅兵的基本设想，杨成武汇报了阅兵方案的主要内容。如：受阅部队的选调、编组，阅兵程序、阅兵礼乐及受阅前的训练等事宜，还有方案设想、阅兵式的两种方式——检阅式和分列式。

中央领导人听完汇报后先后发了言，对阅兵方案的细节作了一些补充,最后通过了阅兵方案,但阅兵地点放在哪里,当时没有定下来。

毛泽东对搞好开国大阅兵特别重视。他说:"我们历来主张慎重初战,这次阅兵也是初战,开国第一次嘛,一定要搞好!"

时间到了8月17日,经过反复研究、论证后,两套阅兵方案由华北军区的几位领导送到周恩来的办公室。

距开国大典的日子越来越近了,周恩来愈加感到时间紧迫。9月2日,夜已深,但他还是再次打开了华北军区送来的阅兵方案报告,对这份报告提出的两套方案反复权衡。两套方案选了两个不同的地点。

第一套阅兵方案:在天安门广场举行,天安门作为开国大典的主席台和阅兵台。此套方案的优势与弊端考虑如下:

一、阅兵台可以采用现有地形——天安门城楼。那上面可以容纳怀仁堂里的全体政协代表,这是最大的优势。二、天安门地处市中心,军队与群众水乳交融,领袖与万民同堂齐乐,场面壮观,气势恢宏。三、天安门周围的公路四通八达,便于集聚与分散。阅兵结束后,军队可以从容有序地迅速从市区退场。四、天安门阅兵的弊端是,当日的城市交通要阻断4小时以上。五、不能按照正规阅兵先进行分列式。因为长安街的宽度仅能允许横排通过步兵的十二路纵队、骑兵的三路纵队和装甲车的两路纵队。

第二套阅兵方案:在西苑机场阅兵。此套方案的优缺点考虑如下:

一、西苑机场曾举行过一次万人参加的检阅式,欢迎毛泽东等领导人和中共中央机关进入北平。有了一次阅兵经验,这是一个得天独厚的优势。二、西苑机场跑道很宽,没有阻断交通的后顾之忧。三、西苑机场的缺陷也很明显:没有检阅台,在开国大典前赶搭几个坚固高大的看台显然来不及;距市区太远,数十万群众来回困难,不容易参加。四、对扩大人民解放军的影响是个大的损失。五、只有一条跑道可以进退,疏散起来极不方便。

在这两套方案上,分别标画了一张部队位置及行进路线图。

天安门是昔日皇城的旧门,自诞生以来一直代表着封建皇权。中国共产党打天下,是为人民大众谋利益。在天安门前举行阅兵,意义将是深远的,将天安门作为开国大典的主席台和阅兵的检阅台,将赋予它全新的意义。

夜已经很深了,周恩来在反复权衡之后,终于下了决心,提笔蘸墨,写下了这样的意见:

毛主席、总司令、少奇同志阅:

(阅兵)日期在政府成立之日闭幕后。阅兵地点以天安门前为好。时间到时再定。检阅指挥员由聂(荣臻)担任,阅兵总司令请朱德同志担任。

这份意见传到刘少奇手上,他在自己的名字上画了一个松子般大小的圆圈。

毛泽东和朱德没有在这份意见上画圈。他们听取了周恩来的口头介绍和分析后,同意在天安门前举行开国大典。

亲历者:天安门城楼亮丽华夏,惊艳全球

阅兵地点确定后,天安门城楼的布置随即就成了工作的重点。开国大典筹委会很快下达了"作战令":把天安门城楼的布置工作交给华北军区政治部宣传部。宣传部部长张致祥领衔接受了这项紧急任务后,便马上驱车去天安门城楼察看地形了。

张致祥曾在北平做过地下工作,但已离开10年。他没有料到天安门城楼破败得如此不像样子:墙皮、木皮翻卷,砖石、瓦块剥蚀,一堆堆鸽粪组成的墨绿色的"地毯",厚厚的;最扎眼的几个又小又破的六棱形宫灯,很脏,像流浪人的破衣衫,让人不忍看第二眼。张致祥叹了口气,转身调兵遣将去了。

张致祥是宣统元年(1909年)生人。用他自己的话说,沾清朝的边,可算是清朝的"遗幼"。2008年5月,笔者来到张致祥的家中。已是百岁老人的张致祥身板硬朗,幽默健谈。他的老伴、87岁的伊之在一旁不时地对一些事进行补充。

张致祥原本姓管,父母给他起的名字叫管亚强。在天津南开读中

学时，管亚强从事学生运动，因旷课太多而被开除，报上说他是"赤色分子"，所以他索性就把名字改成了管彤。"彤"就是红色的意思。

1939年，张致祥来到聂荣臻、萧克领导的晋察冀军区，这时他的名字便正式由管彤改为了张致祥。

当天安门被确定作为开国大典的主席台后，周恩来、彭真点名张致祥，让他来布置这个世界瞩目的主席台。那么，张致祥是怎样被周恩来相中，并被指定为布置开国大典主席台"总指挥"人选的呢？

说起来也颇有传奇色彩。当笔者问起这个问题时，老人点燃一支烟吸了几口，讲述道：

> 1949年7月，我作为解放军代表团团长，在北平参加第一届文代会，带着大家去见周恩来。周恩来连夜开会，一直等到凌晨才过来。周恩来对大家说："对不起，让大家久等了。"我管不住爱说的嘴，开玩笑回了一句："没事，天还没亮呢。"这句话把周恩来和大家都说笑了。可能就是这次，他记住了我。

由于周恩来提名，时任中共北平市委书记的彭真让张致祥负责这项工作。距大典只有很短的时间了，当时的天安门广场上一片荒芜，到处是比人还高的蒿草，布置起来的难度可想而知。张致祥只能夜以继日地工作，为节省时间就住在了城楼下面。

每天要面对的难题太多了：挂旗、挂领袖像的问题，救火队的梯子不够长的问题，用什么办法升国旗的问题，搭建临时观礼台的问题，就连检阅时骑兵马屁股后面挂什么样的粪袋都要考虑到。还有安全问题。张致祥陪罗瑞卿一起检查，结果在城楼西面的门洞里清出了一枚炮弹。经过仔细清理后，准备将门洞留做一旦发生非常情况时供党和国家领导人藏身之用。

临时观礼台是用双层加厚木板搭建的。为确保万无一失，防止垮塌，张致祥调了一个工兵营的战士上去，使劲蹦、使劲踩。

天安门城楼的布置是重要的工作内容之一。在征集方案时，张致祥所在华北军区抗战剧社两个投诚过来的日籍美工，提出了方案最初的蓝本。最后，张致祥把"八面红旗，两条标语，毛主席像挂正中，楼上8个大红灯笼，金水桥上布满鲜花"这套方案报给了周恩来。周恩来否定了金水桥摆花这一条，认为小家子气，其他意见采纳。这个经典的布置一直沿用至今，也使得天安门城楼成为天下第一的红舞台。

在笔者与张致祥谈及开国大典天安门城楼的布置时，他这样说：

> 我是一个跑腿的，具体工作是由许多人共同完成的。有华北军区政治部文工团舞美队队长苏凡，有1949年担任中南海俱乐部主任、布置科科长的钟灵，有艺专美术老师周令钊和他的夫人陈若菊及他的学生们，还有两个日本人……

天安门城楼上8个大红灯笼的具体设计和布置者是两个日本人——肖野和森茂。这份设计方案使他们荣耀一生。这两位通晓中国文化的日本人，后来还设计了华北军区颁发的华北解放纪念章，设计了北京电影制片厂的工农兵塑像厂徽。然而，当人们向他们提及在中国的生活时，他俩都不约而同地说：我们很留恋在中国的日子，我们留在中国最得意的作品是天安门城楼的节日设计。

1949年10月1日开国大典前，三幅大标语横挂在天安门城楼上。城墙两侧是"中华人民共和国万岁"和"中央人民政府万岁"。这些每个笔画上都能躺下一个人还绰绰有余的大字，就出自钟灵之手。天安门城楼重檐中间，本是悬挂国徽的，但因开国大典时国徽还没有确定，于是暂挂一幅横标语，上写"中华人民共和国中央人民政府成立典礼"。这些字也是钟灵的手迹。

开国大典时高悬在天安门城楼上的毛主席画像，是周令钊精心绘制的。周令钊还先后参加了中华人民共和国国徽图案、中国共产主义青年团团徽、中国少年先锋队队旗、中国人民解放军勋章、国庆游行布局、全运会团体操背景等美术设计，是中国第一套、第二套人民币的设计者之一。

亲历者：永远难忘的开国大典

1949年10月1日下午3时整，中央人民政府秘书长林伯渠宣布新中国成立大典开始。接着，毛泽东操着浓重的湖南口音，庄严宣布："中华人民共和国中央人民政府今天成立了。"

宣布新中国成立的洪亮声音在天安门上空久久回荡。毛泽东的话音刚落，军乐队立即奏响了庄严激越的国歌《义勇军进行曲》。随着响彻云霄的国歌声，礼炮轰鸣，毛泽东庄严地按下升旗电钮。新中国第一面鲜艳的五星红旗，在天安门城楼前冉冉升起。

升国旗、鸣放礼炮之后，毛泽东激昂地宣读《中华人民共和国中央人民政府公告》：决定将北平改为北京，作为中华人民共和国的首都；中华人民共和国中央人民政府接受《中国人民政治协商会议共同纲领》为本政府的施政纲领……

1949年10月1日，毛泽东向世界宣告中华人民共和国中央人民政府成立

下午 4 时，林伯渠宣布阅兵式正式开始。身着崭新呢料军服的朱德总司令，健步走下天安门城楼，乘坐敞篷汽车，在阅兵总指挥聂荣臻的陪同下检阅三军。

当年担任某坦克营教导员的李高升，有幸参加了开国大典的受阅仪式。回忆起当年的情景，李高升老人仍抑制不住激动的心情：

一看那幅《战车隆隆》照片，我就知道右边那个人是我。为什么呢？因为当时我是政治教导员，在受阅的坦克方队中，只有我和营长王怀庆站在坦克炮塔上，是指挥官，并且向领导行礼。

开国大典，这是中国的大喜事！当时我所在的坦克部队，有幸参加了开国大典的受阅仪式。三个月前，我们就在卢沟桥开始演练。由于那里是沙地，太软，后来到五棵松一带训练。在坦克方队中，有一辆坦克特别有纪念意义，那就是董来扶驾驶的"功臣号"，当时我们都叫它"老头"坦克。因为它是我军最早的坦克，并在辽沈战役中立了功，现在还在军事博物馆中陈列着哩。

王怀庆这位原坦克部队某师副师长回忆起往事时说：

应了歌词里的一句话"没有枪，没有炮，敌人给我们造"。1945年 12 月 1 日，我军第一支坦克大队成立了。坦克是从哪里来的？有从日本兵工厂里抢出来的，更多的是从敌人那里缴获来的，还有捡来的。敌人在撤退前，把带不走的大炮、坦克拆掉，扔得遍地都是。我们发动官兵、百姓，将弹药、零件收集回来，又组装成坦克，其中能打仗的就有 20 多辆。1946 年，在打长春的战役中，我们的坦克第一次发挥了威力。1947 年，坦克大队改为坦克团，我担任了一营营长。

田汉之子田申（时任华北战车团代团长）在《行路难》一书的"永生难忘的开国大典"一节中，这样写道：

1949 年 10 月 1 日，中华人民共和国开国大典时，我有幸作为人民解放军装甲兵受阅部队的一员，在天安门广场听到毛主席向全世界庄严地宣布："中华人民共和国中央人民政府已于本日成立了！"

当军乐团奏起雄壮铿锵的新中国国歌《义勇军进行曲》的时候,我禁不住热血沸腾,眼泪顿时簌簌不断地流下来,眼前模糊一片,多少往事涌上心头,百年来中国人民受尽了帝国主义和反动统治者的欺凌压迫,在中国共产党的领导下终于赢得了光明和自由。一个由人民自己当家作主的人民共和国诞生了,但这是由多少烈士的鲜血和牺牲换来的啊!

　　……

　　下午3时,礼炮齐鸣28响,鲜艳的五星红旗在雄壮的国歌声中从天安门广场中心徐徐升起,引起全场群众的一片掌声和欢呼声,人们心花怒放。在林伯渠秘书长宣布阅兵式开始后,朱德总司令走下天安门城楼,乘坐敞篷汽车通过金水桥,接受阅兵总指挥聂荣臻的报告。在《三大纪律八项注意》的音乐声中,朱总司令由聂总指挥陪同乘车,检阅了陆海空三军部队。检阅完,由杨成武指挥举行分列式。战车方队是在炮兵方队之后进入天安门的。车辆约在3时半发动,按预定队形各车前后距离30米,通过了天安门接受毛主席和中央领导的检阅。真是万幸,我们的战车隆隆地通过天安门,恰巧与天上飞过的战鹰编队同步,军威十分雄伟。在方队全部顺利地通过西三座门后,大家悬在心中的一块石头才算落了地。三个月来冒着烈日黄沙的苦练总算结出了硕果……

在开国大典的天安门广场上空,由田汉作词的《义勇军进行曲》激扬回荡,在长安街上、在天安门前,由其子田申率领的战车隆隆前行,这国情、家情、父子情,交织出一幅雄伟绚丽的人生价值的凯歌,激励着中华民族的优秀子孙不畏艰难,勇往直前。

董来扶是"功臣号"坦克的车长兼正驾驶。那天,坦克兵穿着统一的呢制服,头戴冬夏两用坦克帽,一个个威风凛凛地站在坦克旁,等待着检阅。受阅时,坦克队伍始终保持着威武的阵容。中外记者不停地拍照。

接受采访谈起阅兵式,董来扶两眼闪闪光芒。他说:

　　营长王怀庆站在队前将小旗一举,我们就知道这是"注意"的意思。接着,他又将旗画了一个圈,我们就发动车辆。当时,有的战车一时发动不起来,其他车便去牵引帮助发动。坦克一路纵队开到南池子后,分成了三路纵队。分列式本应四路纵队,但是因为当时天安门广场东西两旁牌楼只有三个门,只好变成三路纵队。扩音器传来了阅兵总指挥聂荣臻司令员的声音:"分列式开始。"我驾驶着"功臣号"驶在坦克方队最前面。

董来扶深情地回忆说:"毛主席挥手向我们致意,随后又向天空挥手,因为那时飞机编队也正好通过广场上空。"他不无得意地说:"当时我们车速控制在时速 15 公里,挂的是二挡。这样的速度,最能把坦克方队的威风显示出来。"

时任骑兵第三师第三团保卫股股长的封绩,后来回忆起当时的情景时说:

> 受阅方队排面是 6 匹马并列行进,人与人齐,马与马齐,其中关键是马齐。要做到马齐难度相当大,不知练了多少昼夜,就是齐不了。后来,骑手们摸索出了两条经验:一是要爱护战马,培养与马的感情,使之真正成为无言战友。二是人骑在马上,不要将缰绳、嚼子提得过紧或放得过松。过紧马就会高抬头走碎步,左右摆动,走不齐;过松马无约束,高低不齐,看着不精神。只有松紧适度,人在马上再以余光扫视左右,随时调整马位,才能排面左右标齐一致。按此法训练,终于达到了要求。为让战马有足够营养,官兵们经常是人少吃,省下饭喂马。赶上吃鸡蛋、油条时,一半多给马吃了。为防止战马随地大小便,受阅的前一天晚上和受阅的当天,他们让战马少吃少喝,只喂几个鸡蛋。

《人民日报》记者柏生,是空中记录开国大典的唯一女性。60 年后,她在文中这样写道:

> 接受检阅的所有飞机,都飞到了指定的集合地点——京郊通县上空,在空中安详盘旋,待命进入首都上空。驱逐机在我们的旁边上空飞腾而过。时针指向下午 4 点 20 分,指挥部正式发出前进命令。

机群三架接着三架,整齐地列队飞向天安门上空。我看到两架绿色飞机从我们飞机左上角掠过,我们的飞机紧紧跟着,沿铁路上空西进。机上每个人的神情都紧张兴奋起来,摄影记者仔细地对准了摄像的镜头,等待着伟大的场面。

在这采访的关键时刻,记者都紧盯着舷窗外。开国大典的盛大场面就要出现在我们面前了。4点30分,节日装扮的美丽的十里长街,庄严雄伟的天安门城楼腾地出现在我们的眼前,金色琉璃瓦红色的宫殿,整齐的街道,如海似的飘动的红旗,振臂欢呼的人群队伍。蓝天上,我们的雄鹰在矫健地展翅飞翔;大地上,装甲车部队缓缓行进在检阅台前。真是好一派扬国威、显军威的场景。我的心狂喜而跳跃。祖国啊!请检阅我们的队伍吧!飞机上,每一个人都想飞低一点,飞慢一点,好仔细端详共和国开国大典的盛况。在首都北京沉浸在这欢乐海洋中的时刻,我甚至希望我们的机群能再在祖国的心脏天安门上空飞翔一圈,亲吻一下我们祖国新升起的第一面五星红旗……

档案摘记:开国大典阅兵总指挥聂荣臻和阅兵指挥所主任杨成武

1949年1月,聂荣臻与林彪、罗荣桓组成平津战役总前委,统一指挥东北野战军和华北军区部队作战。2月,聂荣臻兼任平津卫戍区司令员。同月,任人民解放军副总参谋长,主持总参谋部的日常工作。9月,兼任北平市市长、军事管制委员会主任。

聂荣臻不仅有着丰富的作战经验,而且具有良好的军人素质和不同寻常的将帅风范。所以,在确定阅兵总指挥人选时,毛泽东、朱德、周恩来等不约而同地想到了他。

已身兼数职的聂荣臻,接过这一重担后,全身心地投入其中。阅兵训练场上的训练、受阅部队预演、天安门城楼的布置、电动升旗,等等,他都十分细心检查、指导。在最后一次预演时,他面对全体受阅部队下

新中国开国大典（油画）

令："在这里，我要向大家发布一道死命令：正式受阅时，万一遇到敌机空袭，大家要原地不动，下刀子也不能动。天安门广场30万人民群众在看着我们，我们能做到吗？"受阅官兵齐声回答："能做到！"

在开国大典阅兵指挥部的名单中，杨成武是阅兵副总指挥之一兼阅兵指挥所主任。

杨成武具体负责阅兵训练。那些日子，他和另一副总指挥唐延杰几乎整天泡在受阅部队的营地里，召集营连干部研究队列训练问题。这次阅兵训练的时间很紧，徒步方队的基础训练时间不到30天，机械化方队只有屈指可数的20多个小时。在如此短的时间内，完成标准极高的阅兵训练任务，的确不是一件容易的事。

尽管受阅部队士气高涨，每天训练十五六个小时，但阅兵指挥所的同志还是有些不放心，杨成武和唐延杰等领导经常深入各训练场，现场指导训练。

一名战士见杨成武平易近人，便指着脚上的鞋子说："司令员，你看，才穿几天的新鞋，底就磨破了。"

杨成武回答说:"不磨破几双鞋,哪能练出好成绩?"当他了解到受阅部队由于天天走正步、练分解动作,以致有些老兵产生了满不在乎的情绪时,便语重心长地对大家说:"军队、军队,是军都有队,都讲究队列、队形。古代讲阵法,穆桂英大破天门阵,诸葛亮熟知八卦阵。那种阵实际上就是变化的队列,队列的变化。孙子练兵也很重视'阵队'。"杨成武停顿了一下,接着说:"我们的军队即使打游击时,也还是讲究队形的。开国大典搞阅兵,就是要以队列动作,告诉全国和全世界人民,这就是正义之师。"

出于一种责任感,杨成武每到一个训练场,都要给受阅部队讲一些这方面的道理。除了检查陆军各兵种受阅部队的训练情况外,他还到空军和海军的受阅部队训练驻地,检查、督促部队训练。

档案摘记:华北军区特种兵司令部参谋长李健

曾任北京军区炮兵司令员的李健,在开国大典时任华北军区特种兵司令部参谋长,炮兵方队、骑兵方队以及战车方队全由他调度。1949年7月初,李健率礼炮队和炮兵方队在北平黄寺一带集中训练。

开国大典特种兵方队真像是一个国际武器展览会,单是各种口径的大炮,就有日式、美式、德式、法式、苏式好多种,五花八门,各式各样。由华北机动炮兵团、第二十兵团炮兵团、东北军区炮兵第三十团和华北军区高射炮团一营组成的炮兵方队,各式火炮共96门,有榴弹炮、野炮、高炮、山炮和重迫击炮。牵引车两辆一排,车轮和汽车挡板上都刷了一圈白。除了机械牵引外,还有一些骡马牵引。这是特意安排的,并不是因为牵引车不够。炮兵是由骡马炮兵发展来的,检阅时要求对炮兵的历史有一个直观的回顾。

参加阅兵式的部队是从海、陆、空各部队选调组成的。炮兵方队主要由华北军区特种兵部队编成,代表全军4个炮兵师,70个炮兵团,124个炮兵营和3所炮兵学校。它标志着炮兵已经成为中国人民解放军的重要组成部分。年仅31岁的华北军区特种兵司令部参谋长李健任炮兵方队指挥,任务有两项,一是负责组织礼炮队鸣放礼炮,一是组织炮兵方队受阅。

李健回忆说,我军在战争年代长期打游击,打仗没有问题,但搞这么大规模的阅兵还是第一次,压力很大。在训练中,各级对部队要求十分严格。开国大典一个月前的9月1日,李健在《人民日报》一版头条发表了一篇文章《树立正规思想,严格正规训练》,就是根据部队训练中遇到的问题和体会撰写的。

礼炮队的训练标准很高。当时规定,升国旗、奏国歌、鸣放礼炮3项内容同时开始,同时完成。为了达到规定的要求,做到万无一失,官兵们每天都要坐在炮车上,3秒钟完成单炮装填、发射、退弹壳3个动作,反复演练。不少人手套磨烂了好几双。练54门炮在4.5秒内齐放一次的动作,许多官兵胳膊练肿了,但没有一个叫苦的。有的战士带病坚持训练,有的亲人病故也不能回家看上一眼。朱德、聂荣臻等曾多次莅临指导,对礼炮队和炮兵方队的训练给予了充分肯定。

辛勤的汗水换来了成功。10月1日凌晨1时,礼炮队的官兵们头戴钢盔,身穿草绿色军装,腰系武装带,足蹬长筒马靴,乘坐美式卡车,载着54门礼炮从先农坛出发,按预定时间抵达东长安街东单广场礼炮阵地。7时,李健带机关干部进行临战前的最后检查。先是单炮检查每个炮位的3名炮手在3秒钟内完成3个动作,然后检查54门礼炮在4.5秒内齐放一次的情况。炮手们动作娴熟,发射整齐。

10月1日下午阅兵式开始后,朱德身着戎装,神采奕奕,在阅兵总指挥聂荣臻陪同下,乘阅兵车检阅了排列在东长安街的海军方队、步兵方队、炮兵方队、装甲车方队和西长安街的骑兵方队。朱德连连招手,向受阅部队致意。

阅兵式结束后,朱德发布了《中国人民解放军总部命令》。随后,分列式开始,聂荣臻总指挥率海、陆、空三军受阅部队,由东向西依次通过主席台,接受党和国家领导人的检阅。

"炮兵方队过来了!"随着解说员清脆洪亮的声音,炮兵方队在一辆站有一名手举鲜红"八一"军旗的军官和四名护旗兵的卡车引导下齐头并进。李健站在方队前面右边的指挥车上,负责发布口令,后边按90毫米野炮一个方队、105毫米榴弹炮两个方队、155毫米榴弹炮三个方队、37毫米和75毫米高射炮一个方队的顺序,两炮并进。车轮滚滚,炮身高昂,官兵们昂首挺胸,威武雄壮。他们带着解放石家庄、太原、天津、北平的喜悦,雄赳赳气昂昂地通过天安门城楼。

当指挥车通过东三座门到达正步线后,李健声若洪钟地发出口令:"向右看——敬礼!"师长赵大满坐在第一辆车上,向天安门方向行了一个标准的军礼。李健向天安门方向行举手注目礼。这一瞬间,李健看见天安门城楼上红旗招展,宫灯高悬,毛泽东的巨幅画像挂在城楼中央,两侧标语牌上写着"中华人民共和国万岁"、"中央人民政府万岁",气势恢宏,庄严雄伟。他注目凝视,看见了毛泽东,看见了朱德、刘少奇、周恩来、贺龙、陈毅等。他们都兴高采烈,频频向部队招手致意,那场面真是太壮观了!

(闫树军 / 撰稿)

2 毛泽东与新中国"突围战"

1949 年 10 月 1 日,开国大典。在天安门城楼上,毛泽东用浓重的湖南乡音向全世界宣告了中华人民共和国的诞生。同一天,新成立的中央人民政府发出通告:"本政府为代表中华人民共和国全国人民的唯一合法政府。凡愿遵守平等、互利及互相尊重领土主权等项原则的任何外国政府,本政府均愿与之建立外交关系。"

在较短的时间内,新中国迎来了第一次建交高潮,先后有 26 个国家对新中国表示了外交承认。其中,既有苏联等社会主义阵营国家和亚洲民族独立国家,也有老牌的资本主义国家英国、荷兰等,但没有当时世界上最强大的资本主义国家——美国。

在东西方冷战格局下,新中国的成立,遭到戴着意识形态眼镜的美国的敌视。政治孤立,经济封锁,军事威胁,美国试图通过"遏制孤立"政策,编织一张封锁包围网,将新生的人民政权扼杀在摇篮里。

面对封锁包围,百废待兴的新中国没有屈服,中国人民没有逃避。在毛泽东的领导下,新中国军民团结,上下一心,坚决斗争,以"乱云飞渡仍从容"的自信和"敢教日月换新天"的豪迈,上演了一出成功突围的大戏。

"打得一拳开,免得百拳来"

树欲静而风不止。正当中国人民重建家园的时候,1950 年 6 月 25 日,近邻朝鲜,战火重燃。

让新中国大感意外的是,大洋彼岸美国的反应,首先指向中国。6 月

27 日,美国总统杜鲁门下令"第七舰队阻止对台湾的任何进攻"。理由是,台湾"地位未定",现时"共产党部队的占领台湾,将直接威胁太平洋地区的安全,及在该地区执行合法与必要职务的美国部队"。

美国干涉中国内政的举动,打乱了中国大陆派军队渡过台湾海峡,完成国家统一的战略部署和行动计划。在中国人心中,激起的不仅是失望,更是愤怒。从那以后,直到今天,作为中国内政的台湾问题始终是影响中美关系的根本症结。台湾海峡两岸不得统一,成为中国人心中的隐痛。

更危险的是,1950 年 9 月,美军在朝鲜半岛仁川登陆,组织了所谓"联合国军"直接参战。他们很快突破作为南北朝鲜分界的三八线,向中朝边境推进。不断后退的朝鲜政府紧急请求中国政府出兵支援,苏联政府也建议中国派遣部队援助朝鲜。

出兵援朝,事实上是直接对抗美国。当时,新中国政权还没有完全巩固,经济社会百废待兴,人民解放军的装备更是落后。从国力上讲,美国是世界上经济实力最雄厚、军事力量最强大的国家。1950 年,美国的 GDP 是 2800 亿美元,而中国仅有 100 亿美元。中美之间极不对称的力量对比,就像是壮汉与儿童的拳击比赛。

怎么办? 这对新中国的决策者来说,是个艰难的抉择。中国有个成语叫"唇亡齿寒",面对朝鲜燃起的战火,中国领导人首先想到的就是这个成语。

中国政府一再向美国表明:"中国人民决不能容忍外国的侵略,也不能听任帝国主义者对自己的邻人肆行侵略而置之不理。"中国政府还反复警告,美军不要越过三八线,这是中国的底线。

对于中国的警告,美国最高当局作出"自信"的判断:中国没有能力单独与美国对抗,只要苏联不采取军事行动,中国不会出兵。于是,美军无视中国政府的立场,不仅越过三八线,还把战火烧到了中朝边境的鸭绿江边。

经过慎重讨论,反复权衡利弊得失,毛泽东最终拍板:出兵。1950

年 10 月 19 日,中国人民志愿军跨过鸭绿江进入朝鲜战场。

好几天睡不着觉的毛泽东稍微松了口气。他在中南海会见了表兄王季范和老同学周世钊等人。谈到抗美援朝时,毛泽东对他们说了这样一番意味深长的话:

> 如果要我写出和平建设的理由,可以写出百条千条,但这百条千条理由不能抵住六个大字,就是"不能置之不理"。如果置之不理,美国必然得寸进尺,走日本侵略中国的老路,甚至比日本搞得更凶。用三把尖刀插在中国的身上:从朝鲜一把刀插在头上,从台湾一把刀插在腰上,从越南一把刀插在脚下。天下有变,它就从三个方向向我们进攻。那我们就被动了。所以,打得一拳开,免得百拳来!抗美援朝,就是保家卫国!

从 1950 年 10 月到 1951 年 6 月,中国人民志愿军经过 5 次大的战役,将以美军为首的"联合国军"从鸭绿江边重新打回到三八线,并将战线稳定在三八线附近地区。

战场上的僵局,让双方坐到了谈判桌前。又经过两年多在战场上和谈判桌前的反复较量,1953 年 7 月 27 日,双方在板门店签订了《朝鲜停战协定》。"联合国军"总司令、美国陆军上将克拉克说了一句被后人反复引用的话:"我执行政府的指示,获得了一个不值得羡慕的名声:我是美国历史上第一个在没有取得胜利的停战协定上签字的司令官。"

担任中国人民志愿军司令员的彭德怀,在战争总结报告中则写道:"它雄辩地证明:西方侵略者几百年来只要在东方一个海岸上架起几尊大炮就可霸占一个国家的时代是一去不复返了。"

对新中国来说,抗美援朝是一场立国之战、止战之战,打破了美军不可战胜的神话,打出了新中国的尊严,也为中国东北地区进行大规模的经济建设,打出了几十年相对安全的环境。

从"维马号"到"广交会"

美国对中国采取的遏制和孤立政策,除了战争威胁,还有经济上的封锁。西方政客大多不看好新中国的经济发展前景，认为新中国没有能力自给自足。美国国务卿艾奇逊表示："在共产主义理论与中国的具体现实之间的第一个冲突大概会具体地在经济领域中产生"，"正是在对华经济关系领域中，美国具有对付中共政权的最有效的武器"。

这个武器，就是经济上封锁孤立，以促使新中国自内生乱。

说起来真是恍若隔世。今天的美国，是多么希望中国购买自己能够出口的产品，削减贸易逆差，但在20世纪50年代，美国不仅拒绝向中国运销自己的产品，还反对别的国家与中国进行经济贸易。1953年的"维马号"事件，正是那个年代美国对中国进行经济封锁的一个缩影。

1953年2月，中国经波兰租船公司租得芬兰籍油船"维马号"，从罗马尼亚载煤油1.02万吨运至上海。美国知道后，先是要求芬兰政府制止"维马号"油船驶往中国，接着又要求土耳其政府就地扣留该船，但均未得逞。美国政府最后甚至考虑让台湾国民党当局的军舰击沉"维马号"油船。拖了几个月，尽管中国政府想了几种办法，让该油船能够驶向中国内地港口，但最后，"维马号"油船的船东竟然私自把中国进口的这批煤油全部卖掉了。中国不仅失去了这单生意，还蒙受了巨大经济损失。

以美国为首的西方国家的封锁孤立，确实让新中国无法迅速融入世界。为了突破重围，毛泽东等新中国领导人颇有智慧地在有限的空间里开展起对外贸易。除了加强与同属社会主义阵营国家的贸易往来，新中国还倡导以义利相交，积极拓展与不同社会制度国家进行经贸活动的渠道。

朝鲜战争爆发后，为了对中国实行禁运，美国要求产胶国禁止向中国出口橡胶。由于美国自身囤积橡胶过多，减少从产胶国的进口，致使世界橡胶市场供过于求，胶价急剧下跌，一些主要产胶国的工人面临着失业的威胁。印度洋上的锡兰（今斯里兰卡）是传统的产胶大国，曾一再要求美国给以合理价格，但均遭拒绝。与此同时，由于主要输出大米的国家出口量锐减，引起国际市场大米价格猛涨。严重的经济困难特别是大米的短缺，激起锡兰民众的不满。他们在各地集会，要求政府开展与中国的贸易,以橡胶换大米。

1952年9月,中国与锡兰签订了以"大米换橡胶"为主要内容的政府贸易协定。负责此项谈判的锡兰商务贸易部部长表示:"中国对锡兰平等相待,并在贸易条件上如此照顾,这与西方国家以殖民地对待锡兰形成强烈对照。"

中国和锡兰的经济贸易,开创了中国和不同社会制度国家开展贸易的先河,其他亚洲国家也先后同新中国做起了生意。1953年3月14日,巴基斯坦同中国签订相互供应棉花、煤炭的贸易协定。11月,印度尼西亚派出经济贸易代表团访问北京,与中国签订了政府间的贸易协定。

与上述国家"自上而下"做生意不同,中国与日本的经贸往来则始于民间。

1952年4月,3位日本国会议员在参加了苏联举办的国际经济会议后来到中国,这是日本在二战后第一批访问中国的客人。6月1日,中国与他们签订了第一个中日民间贸易协议。回国后,他们在日本各地举行访华报告会,介绍新中国的情况,听众的反响意想不到地积极正面。由此,日本民间出现持续不断的促进日中贸易和呼吁恢复邦交的热潮。民间贸易交往这个突破口一旦打开,很快就见到成效。20世纪50年代前半期就有4个中日民间贸易协定签订。

对于西欧的资本主义国家,新中国领导人想尽一切办法,利用有限的沟通机会,推进对欧贸易。在1954年日内瓦会议期间,中国组织了贸易代表团访问英国,该团成为中国派往西方的第一个贸易代表团。其后,中英贸易额迅速增长,从1952年英国对华出口额的300万英镑上升为1957年的1200万英镑。在中英贸易关系发展的带动下,法国、瑞士、联邦德国、挪威等国的工商界代表纷纷访华,中国同西欧的贸易有了较快增长。到1957年底,中国对西方资本主义国家的贸易额比1952年增长了6倍多。

为了推动对外贸易,从1957年开始,每年春秋两季,中国出口商品交易会在广州定期举行。那时,中国人能拿出来的大多是一些农副产品和简单的工业品。作为对外交流的窗口,广州交易会一直延续到了今天。

在以美国为首的西方国家的经济封锁中,新中国就这样用力撕开了一道道裂口。

"两次国际会议,一个中国方案"

1954年2月,中国政府收到了一份邀请。在亚洲,在印度支那战火有愈演愈烈的迹象,而朝鲜半岛停战后依旧问题不断的情况下,美、苏、英、法4国准备于4月在瑞士日内瓦举行讨论朝鲜问题和印度支那问题的国际会议。由于很难回避中国在解决这两大问题上的作用,自然需要中国参加。长期以来一直试图将新中国与国际社会隔绝的美国,一开始并不同意中国参会,但在其余3国的坚持下企图落空,只能无可奈何地单方宣布:虽然美国参加有"共产党中国"出席的会议,但并不意味着美国对新中国的外交承认。

中国政府接到邀请后,毛泽东决定派周恩来作为全权代表参加日内瓦会议。这是新中国成立以来第一次以大国身份登上极其复杂的多边外交舞台。

会议从4月26日开到7月21日,中间休会一段时间。参会的美国国务卿杜勒斯在讨论日内瓦会议的准备工作时,表示日内瓦会议是一种"拖延性行动",透露出没有诚意解决和平问题的心迹。与此形成鲜明对比的是,新中国则明确本次会议的工作"目标图",即"采取积极参加日内瓦会议的方针,并加强外交和国际活动","力争不使日内瓦会议开得无结果而散"。

中国代表团在日内瓦会议上积极斡旋,协调各方,使这次会议最终在恢复印度支那和平问题上,达成关于在印度支那三国停止敌对行动的协议,还发表了《日内瓦会议最后宣言》(总称《日内瓦协议》),实现了印度支那的停战。持续了近3个月的日内瓦会议,尽管在实质上成果有限,但是由于中国的努力,整体来说,取得了人们完全没有预料到的突破性成果。

回国后,周恩来在会议总结报告中,谈了自己的认识:"日内瓦会议的成就证明,国际争端是可以用和平协商的方法求得解决的。"毛泽东在听取周恩来的汇报后,对新中国的国际战略作出了新的估计:关门关不住,不能关,而且必须走出去。

在日内瓦会议期间,周恩来邀请在场的各国记者,一起欣赏新中国第一部大型彩色电影艺术片《梁山伯与祝英台》。在发给各国记者的请束上,周恩来只写了一句话:"请你欣赏一部彩色歌剧电影——中国的《罗密欧与朱丽叶》。"观影后,一位美国记者悟出一个道理:中国现在不要战争,要工业化。

1954 年 6 月,周恩来利用日内瓦会议休会空隙,访问了印度首都新德里。早在 1953 年 12 月,周恩来在谈判中接见印度代表团时,第一次提出和平共处五项原则。他说:"新中国成立后就确立了处理中印两国关系的原则,那就是互相尊重领土主权、互不侵犯、互不干涉内政、平等互惠和和平共处的原则。"五项原则的措辞后来稍有改变。在 1954 年的中印、中缅联合声明中,"平等互惠"改为"平等互利"。在 1954 年 10 月 12 日的中苏联合宣言中,将"互相尊重领土主权"改为"互相尊重主权和领土完整"。此次访问,和平共处五项原则,写进了两国总理发表的联合声明。中印联合声明指出,这些原则不仅适用于双边外交,也适用于处理一般国际关系。几天后,周恩来访问缅甸。中缅确认,和平共处五项原则也应该是指导中国和缅甸之间关系的原则。

如果说 1954 年的内日瓦会议是新中国在国际政治舞台的"首秀",那么,1955 年 4 月 18 日至 24 日在印度尼西亚山城万隆召开的亚非会议,新中国则因第一次扮演大型国际会议的"主角",而受到世界的瞩目和尊重。

亚非会议是第二次世界大战后第一次没有西方殖民国家参加、由 29 个亚洲和非洲国家联合举行的国际会议。与会国家的人口数超过了世界人口的半数。

毛泽东决定派周恩来率领中国代表团前往出席。中国参加万隆会议的方针是：争取扩大和平统一战线，促进民族独立运动，为建立和加强中国同若干亚非国家的关系创造条件。

不少西方国家对亚非会议并不看好，甚至抱有敌视，说亚非会议"算不得是一件有重大意义的事件"，渲染参加国间的分歧，预测会议不可能达成任何协议。美国媒体甚至发表了所谓"中国要夺取亚非世界领导权"的评论，意在离间中国和亚非国家的关系。

会议召开后，气氛确实有些紧张。当时担任大会主席的印尼总理沙斯特罗阿米佐约担心，因东西方矛盾的爆发，"会议就可能成为冲突的冷战场所"。在这种情况下，周恩来决定把原来准备好的发言稿改作书面发言散发，另外作一个补充发言。

正是在这个补充发言中，周恩来提出了著名的"求同存异"方针。他说：中国代表团是来求团结而不是来吵架的。我们共产党人从不讳言我们相信共产主义和认为社会主义制度是好的。但是，在这个会议上用不着来宣传个人的思想意识和各国的政治制度，虽然这种不同在我们中间显然是存在的。中国代表团是来求同而不是来立异的。

新中国的坦诚和友谊赢得了与会者的理解和尊重。美国记者鲍大可在新闻报道中写道："周恩来是平息争端带来和平的人物"，"他的发言是中国以和解态度与会的绝好说明，发言是前两天公开会议的高潮"。菲律宾外长罗摩洛则说："周恩来是我去的时候的敌人，回来的时候的朋友。"

1955 年亚非会议通过了《关于促进世界和平与合作的宣言》，提出了以和平共处五项原则为蓝本的处理各国关系的十项原则。从此，和平共处五项原则，被明确为新中国为世界冷战格局中的国际社会实现和平提供的中国方案。

据统计，到 1976 年，有 90 多个国家在同中国共同发表的文件中，都确认了和平共处五项原则。这五项原则，后来还被应用于一个又一个的中外条约，事实上已经成为公认的处理国际关系的准则。

会后不久，印度尼西亚总理沙斯特罗阿米佐约访问中国。毛泽东在会见时表示："中国是作为一个亚非国家参加这次会议的，以这种身份中国也尽了一份力量。"毛泽东还不无幽默地说：西方国家几百年以来，由于进行长期的侵略，它们对亚非两洲产生一种心理，轻视落后国家。他们说我们是有色人种，这是拿肤色来区分，就好像说有色金属那样。我们这些"有色金属"是会膨胀起来的，当然，我们不会去侵略别人。但"有色金属"是更有价值的，因为有色金属包括金、银、铜、锡等。

新中国成立时奉行倒向苏联一边的政策，中国与社会主义阵营国家之间曾出现第一次建交高潮。亚非会议后不到 10 年的时间里，中国先后与 30 多个国家建交，迎来第二次建交高潮。这次建交高潮，使新中国在以苏联为首的社会主义国家和以美国为首的西方资本主义国家之外，开拓出新的国际空间，朋友圈越来越大。

"两个国际会议，一个中国方案"，成为新中国打破美国封锁包围网的最好注脚。

"中国是不能被忽视的"

1958 年，在第二次世界大战中功勋卓著的英国元帅蒙哥马利卸任北大西洋公约组织军队的副司令。退休后的他在思考国际问题时，得出了自己的结论："在讨论世界问题和世界和平的时候，中国是不能被忽视的。"

1960 年 5 月和 1961 年 9 月，蒙哥马利元帅曾两度访问中国，毛泽东分别在上海和武汉同他深谈 4 次，一共谈了 9 个半小时。

1961 年 10 月，刚刚在 9 月结束第二次访华之旅的蒙哥马利在《星期日泰晤士报》上，写下了访华感悟：

这个国家的人民具有巨大的潜在力量，他们聪明而苦干，可能是世界上最勤劳的民族。西方世界最好还是同中华人民共和国建立和维持友好关系；这个国家需要以平等相待；它在一定时期内将成为不亚于世界上任何国家的强国。一个伟大的国家，世界上最大的国家，正在前进。

（李振、李志铭／撰稿）

3 "抗美援朝战争是个大学校"

"抗美援朝战争是个大学校"，是 1952 年 8 月 4 日毛泽东在中国人民政治协商会议第一届全国委员会常务委员会第三十八次会议上讲话时所说，也是毛泽东对抗美援朝战争做过的诸多评价之一。其实，对新生的共和国来说，抗美援朝战争不仅仅有"大学校""大演习"的意义，更是一场血与火的"大课题""大考验"。抗美援朝战争，打出了新中国的国威、军威，打破了美军不可战胜的神话，也为新中国的建设打出了几十年相对和平的环境。

"打得一拳开，免得百拳来"

1950 年 6 月，距离新中国成立还不满一年，全国人民正在按照毛泽东和党中央确立的关于恢复国民经济的方针和部署，有条不紊地、卓有成效地工作着。然而，一场发生在中国东北近邻的战争打断了新中国建设的既定进程。

1950 年 6 月 25 日，朝鲜内战爆发。远在太平洋彼岸的美国政府，悍然决定对朝鲜进行武装干涉，并将干涉范围扩大到朝鲜半岛以外的亚洲地区。6 月 27 日，美国总统杜鲁门发表声明宣布"台湾中立化"，命令第七舰队进入台湾海峡。美国乘朝鲜战争爆发之机，插手台湾问题，阻止中国人民完成祖国统一大业，是赤裸裸的帝国主义行径。

6 月 28 日，针对杜鲁门的声明，新中国庄严宣告，指出美国的行为"是对于中国领土的武装侵略，对于联合国宪章的彻底破坏"。

然而，美国对中国的警告置若罔闻，他们觉得新中国只是在"装样子"，是不敢和美军在战场上交手的。7月7日，美国操纵联合国安理会通过决议，成立由美国指挥的"统一司令部"，打着"联合国军"的旗号开赴朝鲜半岛。9月7日，美军从朝鲜仁川登陆，朝鲜战局急剧逆转。

1950年10月1日，新中国第一个国庆节。天安门广场举行了盛大的阅兵式和焰火晚会。就在这一天，美国支持下的南朝鲜军队越过了三八线，麦克阿瑟向朝鲜发出"最后通牒"，要求朝鲜人民军无条件"放下武器停止战斗"。

这天深夜，毛泽东得到消息，金日成紧急约见中国驻朝鲜大使倪志亮，向中国政府提出出兵援助的请求。

10月2日下午，毛泽东在菊香书屋主持召开中央书记处会议，讨论朝鲜战局和中国出兵援朝问题。早在朝鲜战争爆发时，毛泽东便对事态发展做过各种可能的假设，对于美军的干涉，毛泽东心里有一个"底"，这个"底"就是美军是不是过三八线。这个底线，后来他明确表达过："美帝国主义如果干涉，不过三八线，我们不管；如果过三八线，我们一定要过去打。"

此时，美国已经公开表示将进军三八线以北，毛泽东认为出兵万分火急，但是，参加中央书记处会议的多数人不赞成出兵。毕竟，新中国刚刚成立，一穷二白，百废待兴，人民政权也没有完全巩固，人民军队的武器装备非常落后。入朝参战，就意味着新生的共和国要与世界上经济实力和军事实力最为雄厚的美国决一高下。

当时的新中国与美国，是实力相差巨大的两个国家。1950年美国GDP为2800亿美元，中国仅为100亿美元；美国的钢铁产量是8700万吨，而中国钢铁产量仅为60万吨；美军有各种先进的陆海空军事装备，还有原子弹，而解放军能够动用的只有装备极其落后的陆军。仅火炮一项，美军每个军配备7厘米至24厘米口径的火炮1500门，而解放军每个军只有这样的火炮36门。出兵，将是一场完全不对称的战争。

有的人提出了"出而不战"的建议，就是派一部分军队过去，但是先不打，视情况再定，实质上也是不准备与美国开战。

到底出不出兵，中央书记处会议定不下来。

在朝鲜战场上，朝鲜人民军在以美国为首的"联合国军"的强大火力压制下，节节败退。10月3日，朝鲜内务相朴一禹抵达北京，向中国政府递交了朝鲜首相金日成、副首相朴宪永的亲笔信，再次请求中国政府出兵援助朝鲜。

10月4日、5日，毛泽东在中南海颐年堂主持召开中央政治局扩大会议，继续讨论出兵问题。在4日的会上，出现了一个新面孔，他就是刚从西北赶来的彭德怀。因为事先不知道议题，他没有发言。这天晚上，彭德怀一夜无眠。第二天的会上，他发言了。他说：出兵援朝是必要的。打烂了，等于解放战争晚胜利几年。如果让美军摆在鸭绿江岸和台湾，它要发动侵略战争，随时都可以找到借口。这次会议，最终作出了"抗美援朝，保家卫国"的战略决策，决定由彭德怀率中国人民志愿军入朝作战。

出兵的决策作出后，原本同意为中国出兵提供空军支持的苏联"老大哥"却告知：苏联空军无法进入朝鲜境内作战。这意味着中国人民志愿军将在缺乏空军火力支持的情况下独自作战。苏联方面的失诺，对中国出兵作战十分不利。经过慎重考虑，毛泽东最后还是毅然下定决心：出兵！

从10月1日晚金日成请求中国出兵，到19日晚中国人民志愿军跨过鸭绿江，只有18天，但对毛泽东来说，似乎走过了一段漫长而又艰难的路程。在这个决策过程中，一个又一个的困难接连摆到面前，毛泽东既要对世界大势做出正确的分析和判断，对敌我友三方的情况和战场的发展趋势进行全面的了解，还要在复杂多变的情况下，做到应付自如，迅速决断，更重要的是，要以充足的理由去耐心说服自己的战友和同志。

当第一批志愿军跨过鸭绿江之后，好几天睡不着觉的毛泽东稍微松了口气，他在中南海会见了表兄王季范与老友周世钊。谈到抗美援朝，毛泽东对他们说了这样一番深刻的意味深长的话，解释了为什么出兵朝鲜：

如果要我写出和平建设的理由，可以写出百条千条，但这百条千条理由不能抵住六个大字，就是"不能置之不理"。如果置之不理，美国必然得寸进尺，走日本侵略中国的老路，甚至比日本搞得更凶。用三把尖刀插在中国的身上：从朝鲜一把刀插在头上，从台湾一把刀插在腰上，从越南一把刀插在脚下。天下有变，它就从三个方向向我们进攻。那我们就被动了。所以，"打得一拳开，免得百拳来"。抗美援朝，就是保家卫国！

多年以后，毛泽东对来访的金日成谈起这次决策的过程，还说过这样的话：

我们虽然摆了五个军在鸭绿江边，可是我们政治局总是定不了，这么一翻，那么一翻，这么一翻，那么一翻，嗯！最后还是决定了。

轮番作战，朝鲜战场成为我军的"大学校"

从志愿军过江的那一刻起，毛泽东的精力便集中到了朝鲜战场上。在毛泽东的一生中，曾经指挥过无数次大大小小的战役。解放战争中，他曾统率过几百万大军同时在几个战场上与敌人作战，取得了辉煌的胜利。可以说，毛泽东有高人一筹的战略指挥能力和丰富的战争经验。但是，抗美援朝战争，对毛泽东和人民军队来说，是一个新的课题。这是在一个新的战场上——国外战场上，同一个新的敌人——具有高度现代化装备的美国军队作战。

初战必胜，对出国作战的志愿军来说尤为重要。第一仗能不能打胜，将决定志愿军入朝后能不能站得住脚。1950年10月21日，毛泽东致电彭德怀下达第一次战役的作战部署。他看到麦克阿瑟在战略判断上犯了一个大错误，即"美伪均未料到我志愿军会参战，故敢于分散为东西两路，放胆前进"。毛泽东断定，"此次是歼灭伪军三几个师争取出国第一个胜仗，开始转变朝鲜战局的极好机会"。10月25日，南朝鲜军的一个加强营被志愿军第四十军一个团以拦头、截尾、斩腰的战术歼灭，这一战拉开了抗美援朝战争的序幕，打响了震惊世界的志愿军抗美援朝战争的第一仗。11月1日至3日,志愿军首次与美军交战,重创美军"王牌"骑兵第一师,并在云山歼灭其第八团大部。云山战斗,志愿军首创了以劣势装备歼灭现代化装备之敌的先例,狠杀了一下所谓"王牌军"的威风。

第一次战役,志愿军经过13个昼夜艰苦作战,歼敌1.5万余人,自身伤亡1万余人,将"联合国军"从鸭绿江边打回到清川江一线以南,粉碎了麦克阿瑟于感恩节前占领全朝鲜的计划,初步稳定了战局。

直到此时,麦克阿瑟仍然认为中国军队只是象征性出兵,他在东京制订了圣诞节前结束战争的总攻势,以34万多的兵力在正面展开进攻,同时命令空军倾巢出动,对鸭绿江上的所有桥梁和靠近鸭绿江的朝鲜边境地区进行狂轰滥炸。

11月23日,感恩节到了,美军士兵吃上了一顿颇为丰盛的火鸡大餐,喝到了香槟酒。就在这一天,他们接到命令,对中朝军队发起总攻,尽快结束战斗,回去过圣诞节!

面对来势汹汹的美军,毛泽东决定诱敌深入。11月25日,志愿军向被其诱至预定战场的西线敌军突然发起猛攻,一举歼灭了德川、宁远地区的南朝鲜军两个师大部,打开了战役缺口。随即又以两个军对西线敌军部队侧后实施战役迂回,以正面4个军对当面之敌进行攻击。

担负战役迂回的第三十八军一一三师,14小时前进70公里,于28日晨抢占了三所里地区,当晚又主动抢占三所里以西的龙源里,堵住美军另一条南撤通道。

北上接应与向南撤退的两支美军在飞机、坦克掩护下,轮番向志愿军一三三师三三七团阵地发起攻击,相距不到1000米的两支美军,始终不能再前进半步。经过数日血战,志愿军牢牢堵住了美军第九军的南撤退路。最后,美军不得不丢下大批辎重装备,从靠近西海岸的安州突围。

由于第三十八军在战场上的突出表现,彭德怀与邓华等志愿军首长给予第三十八军通令嘉奖。在电文即将发出的时候,彭德怀从机要员手中要过电报稿,情不自禁地加上了两句话:"中国人民志愿军万岁!""三十八军万岁!""万岁军"由此得名,而这样的英雄劲旅在朝鲜战场上还有很多很多。

经过第二次战役，除了东部沿海的襄阳，"联合国军"全部被赶到三八线以南，志愿军和朝鲜人民军取得了由防御转入进攻的主动权。

为了不给敌人喘息的机会，打过三八线，以争取政治上的主动地位，志愿军又于1950年12月31日发起了第三次战役。1951年1月2日，"联合国军"全线撤退。中朝军队4日进占汉城，5日渡过汉江，8日收复仁川，"联合国军"被迫退守三七线。

在朝鲜战场上，中朝两国军队连续取得三次战役的胜利后，中国方面曾经做过这样一种估计，即在中朝大军的压迫下，或者由中朝军队打得美军无法再打下去的时候，迫使美军退出南朝鲜，根本解决朝鲜问题。这显然是一个乐观的估计。当然，毛泽东也估计到另外一种可能，即客观形势迫使中朝军队在2月间就可打一仗，打了以后再休整。

这后一种估计是对的。果不其然，从1951年1月25日起，"联合国军"乘志愿军和朝鲜人民军尚未得到充分休整之机，由西向东全线发起大规模进攻，中朝军队开始进行带有积极防御性质的第四次战役。

当时，志愿军已经连续进行了三次战役，打得十分疲劳，大量减员，要完成第四次战役积极防御的作战任务，困难甚大，亟待补充兵力。根据毛泽东的意见，中央军委在1951年2月7日发布命令，作出实行轮番作战的决定，就是将过去从国内部队抽调老兵补充志愿军的办法，改为以军为单位成建制地由国内调往朝鲜战场，轮番作战。

轮番作战的实施，既解决了在朝作战部队的休整和保持充足作战力量的问题，也使更多的部队、指挥机关和指挥员得到了现代战争的锻炼，积累了现代条件下作战和指挥的经验。从某种意义上说，轮番作战是志愿军在抗美援朝战争中的一个新创造，朝鲜战场成为了检验和提升中国人民解放军战斗力的"大学校"。

1951年3月7日，"联合国军"集中20多万兵力，在几百架飞机支援下，向中朝军队阵地发起全线进攻，中朝军队节节抗击。13日，中朝军队主动撤离汉城，到3月底，战线逐渐推移到三八线以北地区，但是，在中朝军队的顽强抵抗下,敌人再也难以前进,双方在三八线附近陷入相持的僵局。4月21日,第四次战役结束。

经过第一、二、三次战役的战略进攻,又经历了第四次战役的积极防御,在中朝军队同以美军为首的"联合国军"的反复较量中,毛泽东对朝鲜战争规律的认识逐步深化,准备长期作战的思想更加明确。他对抗美援朝战争总的指导方针,被概括为"战争准备长期,尽量争取短期"。

在第四次战役期间,美国策划在朝鲜半岛东西距离最短的蜂腰部建立新的防线,企图在中朝军队侧后登陆,配合其正面部队,南北夹击,将中朝军队赶到蜂腰部以北。为了粉碎敌人这一计划,中朝军队于1951年4月22日发起第五次战役。

这时,志愿军第二番入朝部队第十九兵团和第三兵团共6个军已到达朝鲜战场,加上原在朝鲜作战的9个军,共有15个军约100万兵力。

第五次战役规模是很大的,双方兵力都在100万左右。但是,"联合国军"在武器装备方面占有优势,它不仅有技术精良的装甲兵、炮兵,而且有制空权,机动性很强。很多情况下,志愿军对美军一个团左右的兵力曾经多次进行合围,却始终不能消灭它,至多消灭一个营,这与国内战争特别是解放战争后期解放军整师整旅成建制地消灭国民党军的情况大不相同。

如何有效地歼灭美军,这是毛泽东和志愿军在朝鲜战场上需要加以解答的新问题。问题引起了志愿军统帅部的注意,也引起毛泽东的注意。1951年5月26日,毛泽东给彭德怀发了一份电报,指示说:"历次战役证明我军实行战略或战役性的大迂回,一次包围美军几个师,或一个整师,甚至一个整团,都难达到歼灭任务。这是因为美军在现时还有颇强的战斗意志和自信心。为了打落敌人的这种自信心以达最后大围歼的目的,似宜每次作战野心不要太大,只要求我军每一个军在一次作战中,歼灭美、英、土军一个整营,至多两个整营,也就够了。"毛泽东形象地把这一作战方针叫作"零敲牛皮糖",问题有了解答。

第五次战役是6月10日结束的。这次战役共歼敌8.2万余人,是五次战役中歼敌最多的一次,志愿军也付出了伤亡 7.5 万人的代价,双方的战线稳定在三八线附近地区。从此,朝鲜战争进入相持阶段。

在美国方面,由于朝鲜战场僵持的局面,短期内看不到好转的希望,而军队的大量伤亡,加上国内民众的反战示威,美国政府有些坐不住了。1951 年 5 月,美国国家安全委员会向杜鲁门提出争取谈判解决朝鲜问题的建议,杜鲁门很快批准了这个建议。5 月 31 日,美国国务院顾问、前驻苏联大使馆代办凯南非正式地拜会苏联驻联合国代表马立克,表示美国政府准备与中国讨论结束朝鲜战争问题,愿意恢复战前状态。

面对美国主动伸过来的和平谈判橄榄枝,毛泽东敏锐地把握住这个机会,与朝鲜领导人金日成商谈即将到来的停战谈判的方针和方案,做好停战谈判的准备。

中朝军队的浴血奋战,将"联合国军"打回到战争最初开始的地方,也将不可一世的侵略者打到了谈判桌前。

对于 1951 年抗美援朝战争的情况,毛泽东在 1952 年 8 月 4 日召开的全国政协一届常务委员会第三十八次 (扩大) 会议上,做过这样的介绍:

> 去年这一年,我们是边打,边谈,边稳。

> 朝鲜战争的局势,去年七月以后定下来了,但是国内的财政经济状况,能不能稳下来,那时还没有把握。……现在"三反""五反"运动胜利结束,问题完全清楚了,天下大定。

就是在这次讲话中,毛泽东谈起了抗美援朝战争对解放军的锻炼作用:

> 现在我们的部队减少了,但是装备加强了。我们过去打了二十几年仗,从来没有空军,只有人家炸我们。现在空军也有了,高射炮、大炮、坦克都有了。抗美援朝战争是个大学校,我们在那里实行大演习,这个演习比办军事学校好。如果明年再打一年,全部陆军都可以轮流去训练一回。

讲到志愿军方面临的三个重大难题,毛泽东自信地说:

这次战争,我们本来存在三个问题:一、能不能打;二、能不能守;三、有没有东西吃。

能不能打,这个问题两三个月就解决了。敌人大炮比我们多,而士气低,是铁多气少。

能不能守,这个问题去年也解决了。办法是钻洞子。我们挖两层工事,敌人攻上来,我们就进地道。有时敌人占领了上面,但下面还是属于我们的。等敌人进入阵地,我们就反攻,给他极大的杀伤。我们就是用这种土办法捡洋炮。敌人对我们很没有办法。

吃的问题,也就是保证给养的问题,很久不能解决。当时就不晓得挖洞子,把粮食放在洞子里。现在晓得了。每个师都有三个月粮食,都有仓库,还有礼堂,生活很好。

毛泽东进一步给大家鼓劲说:

现在是方针明确,阵地巩固,供给有保证,每个战士都懂得要坚持到底。

在谈判桌和战场上来回较量

从1951年6月下旬起,朝鲜停战谈判开始前的各方接触,由非正式摸底进入公开倡议阶段。6月30日,接替被解职的麦克阿瑟继任"联合国军"总司令的李奇微发表声明,表示愿意同朝鲜人民军和中国人民志愿军举行停战谈判。7月1日,朝鲜人民军最高司令官金日成和中国人民志愿军司令员彭德怀联名复电李奇微,声明同意举行停战谈判,并建议以三八线以南的开城为谈判地点。

抗美援朝期间,在战场上,毛泽东有彭德怀这位得力干将,在谈判桌上,最主要、最得力的助手,自然是周恩来。朝中方面的声明一发表,毛泽东和周恩来便投入到紧张的谈判准备工作中。首先决定由邓华、解方作为彭德怀的代表出席谈判会议。同时决定,从国内派出由外交部副部长李克农率领包括乔冠华等在内的停战谈判工作组立即赴朝,协助指导谈判工作。

当时，美国方面对谈判的态度是，谈判不意味着立即休战，在停战协定签订以前，将不停止对抗行动。美国政府还授权李奇微，在停战谈判期间，可以进行陆地、两栖、空中、空降和海上作战，以支持谈判。

对于美国的这一手，毛泽东做了充分准备。为了防止"联合国军"借停战谈判的机会举行反攻，他于7月2日致电彭德怀等，对中朝军队在三八线的防线及时作出重要部署：一方面，加强正面防御阵地第一线的兵力，防止敌军大规模进攻；另一方面，加强侧后方的兵力，防止敌人从朝鲜半岛的蜂腰部东西两岸突然登陆。军事上的有力部署为谈判的进行做了必不可少的后备支持。

朝鲜停战谈判是一场旷日持久的马拉松式谈判。谈判一开始，便在议程上发生分歧，卡在"从朝鲜撤退一切外国军队"这个问题上。中朝代表提出"在尽可能短的时间内从朝鲜撤退一切外国军队，以保证停战和朝鲜问题的和平解决"，但是美方拒绝把"从朝鲜撤退一切外国军队"列入谈判议程，摆出的理由是，停战谈判只应讨论朝鲜境内的军事问题，而从朝鲜撤出一切外国军队是政治问题，只能在停战实现以后由有关政府去讨论。

通过在撤军问题上的多轮论争，中朝在向世界表明了爱好和平的诚意的同时，也揭露了敌方不愿意促进和平事业的阴谋。为了尽快结束关于议程问题的谈判，进入实质性谈判，朝中代表团在征得毛泽东的意见后，同意将撤军问题留待停战实现后的另一次会议去解决，但要在议程中列入"向双方有关各国政府建议事项"。

在清除了撤军问题这一谈判障碍后，1951年7月26日，双方通过了谈判议程，共有五项：(一) 通过议程；(二) 确定双方军事分界线，以建立非军事地区；(三) 在朝鲜境内实现停火与休战的具体安排；(四) 关于战俘的安排问题；(五) 向双方有关各国政府建议事项。自此，停战谈判结束了程序性谈判阶段，进入实质性谈判阶段。

进入实质性谈判阶段后，在第二项议程，即确定军事分界线时，双方又僵住了。中朝方面提出以三八线为军事分界线，对方却拒绝这一主张，以所谓"补偿"其海、空军优势为借口，要求将军事分界线划在志愿军和朝鲜人民军阵地后方，企图不战而攫取 1.2 万平方公里的土地。在这一无耻要求遭到拒绝后，美方公然以武力相要挟，说："那就让炸弹、大炮和机枪去辩论吧。"

果然，从 1951 年 8 月 18 日到 10 月 22 日，"联合国军"向中朝军队连续发起夏季攻势和秋季攻势，朝鲜停战谈判被迫暂时中断，双方的较量又从谈判桌上转到战场上。中朝军队是在极其恶劣的气候和后勤给养严重困难的条件下，抗击"联合国军"的夏季攻势和秋季攻势的。特别是朝鲜北部暴发特大洪水灾害以后，农田被毁，道路被冲断，许多工事和战备仓库被严重破坏，敌军又乘机向中朝军队后方实施大规模的"绞杀战"，试图通过破坏后勤补给来动摇志愿军的战斗意志。英勇的志愿军没有被困难吓倒，在反"绞杀战"的过程中，以抢修、抢运和防空斗争相结合，打造了一条"打不烂、炸不断的钢铁运输线"，扭转了战场上运输一直被动的局面。

在国内人民的支援下，经过中朝军队英勇顽强的抗击，敌方的夏季攻势和秋季攻势最终都被粉碎。美军在谈判桌上得不到的东西，在战场上同样也捞不到。这几仗，美军损失了 15.7 万余人，却只能向前推进 646 平方公里的土地。正如英国《星期日泰晤士报》的文章所说："美国谈判代表愈来愈明白，联军已真的不能再用继续作战的办法来获得进一步的利益了。"

在战场上碰了一鼻子灰，"联合国军"代表只好又回到了谈判桌上，没脸再提所谓的"海空优势"了。11 月 27 日，第二项议程达成一致，规定以双方实际接触线为军事分界线，双方各向后撤两公里，以建立非军事区。随后，同时进行第三项议程（在朝鲜境内停火与休战的具体安排）、第四项议程（战俘遣返问题）的谈判。

在后续的谈判过程中，朝中方面的每一项提案，几乎都要遭到"联合国军"代表的反对。双方在谈判桌前唇枪舌剑，其激烈程度不亚于战场上的刀光剑影，一旦谈不下去了，双方又会选择在战场上掰手腕。谈谈打打,打打谈谈,双方的较量在谈判桌和战场上来回切换。

毛泽东、周恩来等领导人在战场和谈判桌的交互斗争中运筹帷幄,始终抓住而又巧妙灵活地使用谈与打、政治斗争和军事斗争这两手,双管齐下,互相配合,针锋相对,毫不放松,稳操军事斗争和政治斗争的主动权。在"文斗"方面,我方有理。在"武斗"方面,我方亦有办法,依托坚固的阵地,用"零敲牛皮糖"的办法,一口一口地吃掉敌人,积少成多,合起来就是一个很大的数字。亦文亦武,紧密配合,在谈判桌和战场上一次又一次的反复较量中,迫使"联合国军"就范,达成协议。

1953 年 7 月 27 日,朝鲜停战协定在板门店正式签字,全世界人民所渴望的朝鲜停战终于实现了。

当时代表"联合国军"方面签字的是美军中将克拉克,这位美国将军后来在其回忆录中写道:

> 我成了历史上签订没有胜利的停战条约的第一位美国陆军司令官。

代表中国人民志愿军签字的是彭德怀。他后来谈起抗美援朝时讲了

1953 年 7 月 27 日,《朝鲜停战协定》在板门店签字

这么一句名言:

> 西方侵略者几百年来只要架起几尊大炮就可以霸占一个国家的时代,一去不复返了。

1953年9月12日,毛泽东在中央人民政府委员会第二十四次会议上的讲话中,对抗美援朝做总结,也说过几句相似的话:

> 我们的经验是:依靠人民,再加上一个比较正确的领导,就可以用我们的劣势装备战胜优势装备的敌人。

> 帝国主义侵略者应当懂得:现在中国人民组织起来了,是惹不得的。如果惹翻了,是不好办的。

这些话,恰恰说明了一个深刻的道理:抗美援朝战争是个"大学校",这个"大学校"既培养训练了新中国的军队,也教育了刚刚获得解放的中国人民,还教训了不可一世的侵略者,更告诫了那些亡我之心不死的帝国主义政客!

(李振/撰稿)

4 朝鲜战争中的苏联航空兵

朝鲜战争中的"米格走廊"曾使"联合国军"空军不寒而栗。以往，人们只知道"米格走廊"上的主人是中国人民志愿军空军，其实，"米格走廊"上还有一支神秘的劲旅——苏联航空兵。随着苏联国家档案的解密，这段 50 多年前的秘密，终于向世界曝光。

艰难的选择

向朝鲜战场派遣苏联空军对当年的斯大林和苏联政府来说是一个艰难的选择。

二战以后，朝鲜被一条临时的停火线一分为二。南朝鲜归美国扶植的李承晚为首的大韩民国政府统治；北朝鲜是苏联支持的金日成为首的劳动党领导。

1950 年 6 月 25 日，朝鲜内战爆发。美国总统杜鲁门 6 月 27 日发表声明，宣布美国从军事上支持南朝鲜军队作战，公开侵略朝鲜。同时，美国第七舰队开赴台湾海峡，以阻止人民解放军解放台湾，干涉中国内政。9 月 15 日，美军在仁川登陆。

10 月 1 日凌晨 2 时 50 分，斯大林收到了金日成的求援信。10 分钟后，斯大林口授了给中国的电报："朝鲜同志的情况变得令人绝望。""根据眼下的形势，你们如果认为能用部队给朝鲜人以帮助，那么至少应该将五六个师迅速推进至三八线，以便朝鲜同志在你们的掩护下，在三八线以北组织后备力量。"

金日成在给斯大林写求援信的当天，也给毛泽东发来了加急求援电报。

唇亡齿寒。收到斯大林和金日成的电报后，中共中央和毛泽东的态度明确：这件事要管；不管，美国侵略者将更猖獗，无论对朝鲜，对中国，对整个东方，都是不利的。但中国政府提出两点要求：一是苏联支援中国军队装备的问题；二是由苏联空军为志愿军提供空中掩护。

斯大林很快答应了中国政府的要求。除提供武器装备外，斯大林答应提供 16 个苏联志愿军空军团担负中国人民志愿军的空中掩护。

10 月 11 日，正当中国人民志愿军准备跨过鸭绿江时，节外生枝。斯大林突然电告中共中央说，苏联的空军还没有准备好，必须暂缓出动。这就意味着本来就敌强我弱的中国人民志愿军完全丧失制空权，将在战争中付出更大的代价。

10 月 12 日，周恩来紧急飞往苏联与斯大林当面交涉。斯大林直言相告："目前苏联空军尚不能出动，主要担心苏联如果和美国全面冲突起来，战争可能会无限升级。仗打大了，不仅会影响我国的建设，也会影响中国的和平建设。"

周恩来在反复交涉无效的情况下，代表中国政府答复斯大林："没有苏联空军的配合作战，我们暂不出兵。"

面对周恩来的答复，斯大林有点左右为难，协商陷入了僵局。

10 月 13 日，周恩来在莫斯科收到了毛泽东的电报，中国政府决定立即出兵。

周恩来紧急会见斯大林，坚定地说："毛泽东和中央政治局刚刚拍来电报，我们已经再次作出决定，立即出兵朝鲜！不管苏联出不出空军。中国都要参战。"当苏联翻译把周恩来的话翻译给斯大林后，他半晌沉默不语，后来自言自语地说："还是中国同志好，还是中国同志好……"在许多年后，陈毅肯定地说，斯大林当时被感动得掉下了眼泪。

1950 年 10 月 19 日夜晚，中国人民志愿军跨过鸭绿江，揭开了抗美援朝的序幕。

俄罗斯联邦总统档案馆新近开放的档案宗号 331、334、335、347 和俄罗斯的《史料》杂志公布了斯大林、毛泽东、金日成当年来往的12封电函,披露了当年中、苏、朝三国领导人围绕出兵朝鲜的内幕。

中国出兵朝鲜了,那么苏联空军呢?

光荣的出征

斯大林对中国顶着巨大压力出兵朝鲜并非无动于衷。苏联政府终于也顶着美国可能发动第三次世界大战的风险,于1950年11月初派空军歼击航空兵师和防空军高炮部队参加了朝鲜战争。

斯大林命令国防部长华西列夫斯基元帅负责向中国派遣航空兵师。

1950年11月,苏联十月革命节的红场阅兵刚刚结束,在莫斯科郊外的机场上,一队队从全苏空军中挑选出来的战斗机飞行员精神抖擞,整装待发,准备开赴中国参加朝鲜战争。

首次参战的有3个歼击机航空兵师:由师长阿列柳辛率领的第二十八歼击航空兵师,辖第六十七、一三九航空兵团;由师长帕什科维奇率领的第五十歼击航空兵师,辖第二十九、一七七航空兵团;近卫第一五一歼击航空兵师,辖第二十八、七十二航空兵团。这3个航空师配置在中国境内的鞍山和安东等机场,装备的是当时世界最先进的苏联米格15歼击机。

1950年12月,上述3个航空兵师合编为第六十四歼击航空兵军,军长为别洛夫少将。苏联航空兵上将克拉索夫斯基为首的苏联空军作战组对苏军参战的航空兵实施总的领导。

1951年下半年,苏军第六十四歼击航空兵军和中朝空军部队合编为一个空军集团军。

1951年2月,苏联为了使空军飞行员获得实战经验,决定对苏军航空兵进行轮战。2月中旬,第二十八、五十歼击航空兵师回国,第三二四歼击航空兵师和三〇三歼击航空兵师开赴中国参加朝鲜战争。6月,为加强对苏军航空兵的技术保障,给第六十四歼击航空兵军增编了第十八航空技术师。

此后，苏军第六十四歼击航空兵军始终保持 2—3 个歼击航空兵师、1 个夜航团，飞机 170—240 架。此外，还编有 2 个高炮师，高炮 300 门；1 个探照灯团，探照灯 72 部。

到朝鲜战争结束时，苏军先后有 10 个歼击航空兵师、4 个高炮团、2 个独立歼击航空兵团、2 个探照灯团，共计 4200 余名官兵参加了朝鲜轮战，其中飞行员 1500 多名。另外，还有 8 个航空兵师参加了对中朝空军飞行人员的培训。

俄罗斯国防部战史研究所在解密的苏联文件开头语中概括地说："为了重新培训中国人民解放军和朝鲜民主主义共和国人民军驾驶员，保卫中朝边界和准备向北朝鲜投入中国人民志愿军，根据中国政府的要求，苏军同意在中国东北地区创建苏军空军作战集团。"

《中国人民解放军空军回忆史料》中记载："1950 年 12 月 4 日，空军首长正式给空四师下达了作战命令。12 月 15 日，空四师到达安东，同苏军师长巴什盖维奇协商拟定了实战锻炼计划。"可见，苏联空军出兵在中国陆军之后，中国空军之前。

奇特的战规

苏联尽管出动空军参加了朝鲜战争，但苏联还是尽量避免与美国为首的"联合国军"发生公开冲突。因此，苏军规定了许多特殊的战规。

为防止暴露苏联军人身份和装备真相，苏军参战人员一律身着中国人民志愿军军服，佩戴志愿军的徽章、符号，出境时对苏联物品进行了清除，甚至连士兵喜爱的苏联制造的手风琴也进行了收缴。作战飞机和地勤车辆全部改涂了志愿军空军标志。

参战的苏军飞行员每人发了一张卡片，上面印有俄语读音的汉语和朝鲜语的飞行专用语，要求飞行员作战时不能用俄语通话。参加朝鲜战争的苏联空军，除俄国面孔无法改变外，其他与志愿军毫无两样。

苏联担心飞行员被对方击落成为俘虏后暴露身份，因此对空战做了一系列的禁令：不准在海面飞行，不准进入距离战线 100 公里以外的地区,不准攻击美国海军舰艇,不准追击被击伤和油料即将耗尽的敌机。

苏联空军的作战任务也做了特殊规定:只配合中朝地面部队进行中小规模的空战,主要是在朝鲜北部空域巡逻,截击美机,阻止其对后方桥梁、机场的破坏,保障从中国到朝鲜的运输线的畅通。为避免与美军大规模空战,苏军每次出动飞机要控制在30架左右,在战术上也多以截击、伏击为主。

最初的空战中,这些战规和禁令严重妨碍了苏军飞行员战斗力的发挥,在战场上吃了不少亏。苏军飞行员佩利亚抱怨说:"从心理学上来说,在激烈的战斗中既要考虑这样那样的禁令,还要使用一种你不熟悉的语言是不可能的。"因此,在一两个星期后,苏军飞行员不再理睬这些禁令。他们根据战场上的实际情况,发挥主观能动性,采取了自己认为需要的做法,很快扭转了被动局面。后来,莫斯科只好默认了飞行员的做法。

辉煌的战绩

经过二战锻炼的苏联空军一投入朝鲜战场就捷报频传,把空中美国佬打得灵魂出壳。

1950年11月8日,是苏军参加朝鲜战争的首次空战。苏军第二十八歼击航空兵师中尉飞行员谢戈列夫在安东地域击落美军"野马"式战斗机一架。9日,这个师又在同一地区击落美军F–80"流星"式战斗机和F–47"雷电"式战斗机各1架。10日,由第一三九歼击航空兵团大队长哈里科夫斯基少校率领的两架米格15编队,在新义州附近击落号称"空中堡垒"的美军B–29轰炸机1架。14日,这个大队的8架米格15歼击机与美军一个庞大的机群相遇。美军机群有40架B–29轰炸机和20架F–80战斗机护航,双方在空中进行了大角逐,苏军航空兵击落美军轰炸机3架。在这段空战期间,苏军战果大,损失小,仅有2架米格15被击落,两名飞行员牺牲。

在朝鲜战争中,苏联空军为米格15歼击机制定了较为合理的战斗队形,分为横队和梯队。在作战中对其间隔距离和高度层次都有明确的规定。

航空大队通常采用中队梯队队形和双机蛇形队形，航空兵团通常采用大队纵队队形，各大队之间间隔为3—5公里。

所有战斗队形均沿纵深和正面成梯队配置，并按高度做层次配置。这样，在编队中就能掌握机动自由，同时，在双机之间和中队之间可达成火力协同。

在与敌轰炸机和强击机作战时，苏军歼击机通常编成两个战术编队：突击编队和掩护编队，二者之间保持密切协同。

此外，苏联空军作战组组长克拉索夫斯基上将还颁发训令，建议地面引导和控制站应配置在飞机航线和与敌遭遇的地域内，航空兵司令部和各师司令部均应靠近作战地域配置，以便有效地指挥所属部队。与此同时，改善了编队出动的组织工作，使编队可在最短时间内出动。为了迷惑敌人，还设置了假机场。

这些战法、指挥程序和战场设置都被实战证实是可行的。

2000年5月，美、韩隆重纪念朝鲜战争时，莫斯科电视台也对当年参加朝鲜空战的老兵做了报道。当年的苏联飞行员克拉马连科在俄罗斯电视台回忆说："1951年4月11日，是苏联空军最得意之日，那天16架美军B-29飞机被击落。放眼望去，天空中都是跳伞的美军飞行员。"

1951年1月21日，美军出动50多架喷气式战斗机企图袭击位于中国安东机场的苏军某航空团。苏联飞行员在团长帕什科维奇上校的带领下，强行从飞机掩体内起飞，与美机在空中展开格斗，全团一举击落美机11架，而自己无一损失，空战取得了全胜。

最激烈的一次空战发生在鸭绿江朝鲜一侧西北上空。在高空伏击的36架米格15，突然从云层中扑向赶来送死的美军40多架轰炸机编队，顷刻间15架美机被击伤、击落。激战中由于距离太近，苏军飞行员连美军飞行员的金头发、白面孔都看得一清二楚。这是后来公布的苏联国家档案馆收藏的飞行员作战记录中的描述。这一天被美国空军官员称为"韩战空军最黑暗的一日"。

最典型的战例发生在鸭绿江铁桥上空。1951 年 4 月 12 日，美国空军出动 152 架飞机对安东鸭绿江铁桥及其附近的目标实施了大规模空袭。其中，B-29 轰炸机 72 架，F-80 和 F-84 战斗机 48 架，F-86 战斗机 32 架。苏联空军第三二四歼击航空兵师全部投入战斗，共出动歼击机 60 架，空战持续了 40 分钟，苏军拼死一战，以少胜多，以弱胜强，共击落美机 14 架，其中 B-29 轰炸机 10 架、F-80 战斗机 4 架，而自己毫无损失，彻底粉碎了美军企图炸毁鸭绿江铁桥的梦想。

参加朝鲜战争的苏联飞行员大都参加过第二次世界大战，有许多获得过苏联英雄称号的"王牌"飞行员，而被世界公认的"王牌"飞行员标准是击落 5 架敌机。首批入朝作战的指挥官阔日杜布，在二战中击落德机 62 架，是苏、美、英等反法西斯盟军打下德机最多的飞行员，连获 3 枚苏联英雄金质奖章。朝鲜战争中他作为地面指挥员没有上天作战，但他指挥的部队击落美机 258 架，创造了新的辉煌。

苏联英雄、"王牌"飞行员佩利亚耶夫上校在朝鲜空战中创下了一人击落美机 23 架的最高纪录，并将一架美军"王牌"战机 F-86 喷气式战斗机击伤迫降，成为苏军在朝鲜战场获得的唯一珍贵的战利品。

据战后苏联统计，朝鲜战争中苏联飞行员在朝鲜上空共击落美机约 1300 架，苏军损失飞机 345 架，200 多名飞行员在战斗中阵亡。此外，苏联防空军高炮部队击落美机 212 架。

美军在苏军和志愿军空军出朝作战之前，非常骄横。轰炸机在执行轰炸任务时，根本不用战斗机护航。战斗机可以随意超低空追射志愿军车辆和行人，天马行空，独往独来。志愿军入朝时，共有运输车辆 1300 多辆，20 天内就被美军飞机炸毁 600 余辆，给志愿军后勤补给造成巨大困难。苏联空军投入空战后，局势立即发生了改观。

尽管苏联空军打得美军闻风丧胆，但由于苏联担心空战扩大会引起世界大战，苏军空战领域始终限于后方运输线。因此，朝鲜前线的制空权仍然掌握在美军手中。

但苏联空军在朝鲜战争中的历史功绩，中朝人民是永远不会忘记的。

科技的较量

朝鲜空战,苏联空军靠的是二战经验和"布尔什维克"的勇敢精神。同时,先进的米格 15 喷气式战斗机也立下了汗马功劳。

二战后,喷气式革命席卷世界各国空军。于是,朝鲜战争成为世界第一场喷气式飞机的大角逐。

美军深为苏联米格 –15 喷气式战斗机的优异性能而震惊,称之为"绝对武器"。他们把米格机经常出现的空域称为"米格走廊",标为"黑色禁区"。

为了扭转被动局面,美军将装备最新式喷气式战斗机——F–86 战斗机的第四战斗机联队等空军部队投入朝鲜战场。1950 年 11 月至 1952 年 1 月,苏军击落美机与自己损失飞机的比例为 7.9 比 1;1952 年为 2.2 比 1;1953 年为 1.9 比 1。尽管战果比例下降,但米格 –15 仍占上风。

同时,他们千方百计想弄到一架完整的米格 –15,以揭开它的秘密。美军先采取"空中围捕迫降"没能得手。后来,又用俄、中、朝 3 种文字印了 100 多万张传单,声明驾驶米格 –15 飞机"投诚",可得到 100 万美元的重奖,但仍是枉费心机。

直到朝鲜战争结束两个月后,朝鲜人民军的一名叫罗金肃的飞行员驾驶一架米格 15 飞到南朝鲜金浦机场,投敌叛变,美国才如愿以偿,立即将米格 15 运往美国,反复研究。

美国专家最后给米格 15 下的评语是:爬升快,升限高,加速性能好,着陆滑跑距离短。爬升性、火力、操纵、机身牢固等方面优于 F–86,但视觉和高度不如 F–86。美国人终于探明了米格 15 的秘密,但价值已经不大。1953 年,苏联空军已换装了更先进的米格 –17 歼击机,中国空军也在 50 年代中期实现了歼击机的更新换代。

心照而不宣

苏联空军参加朝鲜战争真的瞒过了美国吗? 没有。

尽管苏军采取各种措施保密，但美军很快就从各方面汇集来的情报中获悉苏军参战的事实。

美军飞行员在空战的无线电里经常听到俄语对话，有时候透过对方的机窗和降落伞下看到了俄国人的面孔。后来成为美国宇航员的约翰·格兰说："我清楚地知道在同俄国人作战，而当局不仅知道米格飞机里有苏联人而且知道苏联飞行员所受到的种种限制。"

苏军飞行员克拉马连科回忆说："我们穿着中国军服，努力讲朝鲜话，但仍无意中漏出了俄国话。美国人录下了我们的对话，这些并未在交战中给苏联飞行员带来麻烦。"

美国人对苏联参战为什么装聋作哑呢？

原来，美国人与斯大林有着同样的想法，不愿意由此引起战争升级，与苏联直接对抗，引发世界大战。

当时，在华盛顿有一股强烈要求对苏联宣战的情绪。如果让这些人知道，有千余名美军飞行员是被苏联人打下来的，那么这股情绪很可能使美国政府无法控制。美国总统艾森豪威尔的高级助手尼茨曾说："如果我们公布事实的话，公众就会指望我们对此采取行动，而我们在这场战争中最不愿意做的事情就是与苏联的冲突扩大到更为严重的地步。"

事实上，美国的战略重点在欧洲。它当时在欧洲仅有150架作战飞机，空中力量不足一个师。要想与苏联全面对抗，至少要准备两三年时间。因此，只好哑巴吃黄连了。

苏联战后恢复需要时间，不愿意战争扩大；美国战略重点在欧洲，不愿意战争升级。共同的担忧使美苏都主动做到心照不宣。于是，这场仅次于第二次世界大战中空战的大空战隐瞒了半个世纪。

（陈辉／撰稿）

5 抗美援朝战场上的八大传奇

在抗美援朝战争中，中国人民志愿军与"联合国军"的装备有着天壤之别，战场对手是以世界头号强国美国为首的十七国部队。在这样巨大的反差下，志愿军中涌现出一个个让人惊叹不已的传奇故事，书写出一个个让人叹为观止的战场神话。

狙击手张桃芳以436发子弹毙伤214个敌人，创志愿军狙击手单人战绩的最高纪录

1952年11月，震惊世界的上甘岭战役刚结束，中国人民志愿军第二十四军接替第十五军，保卫志愿军在上甘岭战役中获得的战役成果。张桃芳的神枪功夫，正是在上甘岭保卫战中显露锋芒的。

张桃芳，江苏兴化人，1931年出生。1951年3月参加中国人民解放军，在二十四军七十二师二一四团八连当士兵，1952年9月随部队入朝，当时21岁。

张桃芳立志当个神枪手，在战场上苦练射击硬功。在入朝作战的40多天里，他用240发子弹，毙伤了71个敌人，成为全连一号狙击手。

军长皮定均听了一级级反映上来的张桃芳的神枪功夫，半信半疑，特别对71人的数字不大相信。他从床下拿出一双志愿军总部发给高级干部的皮靴，对作战参谋说："你把它带上，去八连看看那个张桃芳。要是真的，把靴子送给他；要是假的，把靴子拿回来，处分他的连长、营长、团长。"

作战参谋找到刚从射击培训班回到连队的张桃芳，并说明了来意。

中国人民志愿军渡过鸭绿江

次日拂晓,他俩来到伏击潜伏点。张桃芳把参谋安置在一个隐蔽位置,然后提着一支苏制水连珠半自动步枪,纵身上了狙击台,调整好姿势守株待兔。东方刚发白,对面300米处出现了一个人影。张桃芳一扣扳机,那家伙一头栽了下去。

片刻,另一个敌哨兵在180米左右被张桃芳的一发子弹穿透胸部。几乎同时,一梭子弹落在了张桃芳的狙击台上。敌人也盯上了他。这时天已大亮,胆大心细的张桃芳决定冒险引蛇出洞。他猛地穿过一片空地,刚跳进另一个掩体,一梭子弹就追了过来。这下他看清楚了,一挺机枪架在两块大石头缝中,后面晃着一个脑袋。张桃芳屏气凝神,瞄准后射击,对方的脑袋被打开了花。作战参谋服了。皮定均听了作战参谋的汇报后,专门召见了张桃芳,对他大加夸奖。

此后,张桃芳更是连连得手。正赶上志愿军第二十四军接替第十五军守卫上甘岭,他每天出战均有斩获,在志愿军的狙击手中崭露头角。美军发现在597.9高地有位志愿军狙击手,枪法如神,为此专门调来了狙击手,决意要拔掉张桃芳这个眼中钉、肉中刺。

1953 年初夏的一天,张桃芳照例一早就上了阵地。他沿着交通沟刚走进狙击潜伏点,一梭子弹就贴着头皮飞了过去。张桃芳警觉地意识到对面敌人在等着他。

张桃芳用步枪顶起一个破钢盔迷惑敌人。以前,他多次用这种方法引诱对手暴露位置,效果良好。可这次钢盔晃了半天,对手却一枪未发,显然也是一个经验丰富的射手。

张桃芳改变了战术。他在交通沟里匍匐前进,到了交通沟尽头突然蹿起,几个箭步穿过一段小空地。对面的机枪又是一个点射。他双手一伸,身子一斜,像被击中似的摔进了掩体里。

这个假动作也许蒙骗了对手,射击停止了。张桃芳慢慢地从掩体里探出头,开始搜索对面阵地。终于,在对面山头上两块紧挨着的岩石缝隙中,他发现了对手的位置。张桃芳立即出枪,将枪口对准了对手的脑袋。然而,就在他要扣动扳机的一刹那,对手也发现了他。敌人脑袋一偏,脱

张桃芳在战场上端枪射击

离了张桃芳的枪口,紧接着手中的机枪就吐出了火舌。

有防备的张桃芳又躲过一劫,但再次被压制在掩体内。这一次,对手显然也意识到了张桃芳的厉害,枪口始终对着狙击台,几秒钟就是一个点射。张桃芳稍微一露头,立即就会引来一个长点射。张桃芳没有心急。他坐在掩体后面,静静地观察着对手的弹着点。过了很长时间,他忽然发现对手似乎把注意力主要集中在狙击台左侧,也就是他现在所待的位置,而对狙击台右侧打的次数不多,并且中间常常会有一个间隙。张桃芳在沙袋的掩护下,慢慢地爬到了狙击台右侧,轻轻地把步枪紧贴着沙袋伸了出去。

张桃芳足足等了10分钟。机枪的弹着点表明,对手没有发现他已变换了位置。时机终于到了!当对手刚刚对狙击台左侧打了一个点射,张桃芳猛地站起身,果断击发。几乎与此同时,对他早有防备的对手也在瞬间转动枪口并扣动了扳机。

张桃芳比对手快了零点几秒。就是这零点几秒,决定了两名狙击手的生与死。张桃芳的子弹穿过了对手的头颅,对手的子弹却贴着他的身体飞过。

到1953年5月初,张桃芳以436发子弹毙伤214个敌人,正好与二一四团的数字相符。这是志愿军狙击手(当时称"神枪手")单人战绩的最高纪录。他因此荣获"志愿军特等功臣""二级英雄"称号,并被朝鲜民主主义人民共和国授予一级国旗勋章。

1954年,张桃芳回国后调入空军,进入徐州第五航空预备学校和济南空军第五航校一团学习,在空军高密第一训练基地担任歼击机飞行员,飞行退役后进入潍坊空军某师担任政治教导员。1985年6月,张桃芳退职休养。2007年10月29日,张桃芳因病医治无效在潍坊逝世,享年76岁。

刘光子在战场上只身擒获63名英军,令斯大林惊叹不已

1953年,世界青年联欢大会在苏联莫斯科举行。在抗美援朝战争中活捉63名英军的志愿军英雄刘光子参加了这次大会。当斯大林得知刘

光子的事迹后，好奇地要求接见这位传奇式的中国英雄。

斯大林用俄语兴致勃勃地问刘光子："你怎么能一个人俘虏那么多英军？"翻译后，刘光子有点不好意思地笑笑说："英国佬怕死，我不怕死，反正当时豁出去了。这些家伙被我打傻了，就乖乖地听我的指挥了！"斯大林听了翻译后，爽朗地大笑。

刘光子活捉 63 名英军的故事，发生在抗美援朝第五次战役的沙器幕战斗中。

1951 年 4 月 24 日，志愿军第六十三军一八七师突破临津江后，在雪马里地区以迅雷不及掩耳之势完成了对英军享有"皇家陆军双徽营"之称的格洛斯特营的包围。为了保证主力全歼格洛斯特营，一八七师指挥五六一团一营猛插沙器幕，准备抗击增援雪马里之敌。

五六一团一营突然出现在雪马里之敌的侧后，使敌人惊恐万状，连忙调集飞机和大炮向我穿插部队狂轰滥炸，妄图阻止志愿军前进。五六一团一营冒着敌人的炮火，像一把锋利的尖刀插入沙器幕，一举攻占了 295.4 高地，切断了格洛斯特营的退路，取得击溃敌人 1 个营，俘敌 130 人、毙敌 50 余人的战果。

战场刚刚稳定下来，一营二连六班战斗小组组长刘光子打扫战场。他只身一人沿沙器幕山梁搜索前进，突然发现一群英军畏缩在山坳里。他想抓几个活口，在悄悄接近了这几个英军后，猛然大声喊了一声。那几个英军还没回过头来，一块大石头后面突然站起来几十个英军。原来，刘光子发现的并不是英军的全部逃兵。

几十张凶狠的面孔和几十个黑洞洞的枪口向刘光子逼来，几支枪同时顶住了他的胸膛，另有一个英国军官用手枪对准他的额头。面对群敌，刘光子非常冷静。他乘敌不备，果断地拉下了手雷的保险。眼前的英军被吓傻了。就在手雷即将爆炸的一瞬间，刘光子向后一缩身，把手雷扔向敌群，顺势滚下山坡。

滚下山坡的刘光子被摔昏了过去。醒来后，他继续追赶英军逃兵，很快追上了一群。这一回，他接受了上次的教训，毫不犹豫地用冲锋枪扫射,用手雷炸,打得英军晕头转向,纷纷举手投降。

刘光子将子弹压满,一手扣着冲锋枪扳机,一手高举手雷押送俘虏。途中遭敌机轰炸,炸死、逃散了一部分,最后到了后方一清点,还剩 63 名俘虏。就这样,刘光子以大智大勇创造了一人活捉 63 名英军的战场奇迹。事后,志愿军总部授予他"孤胆英雄"称号。

刘光子于 1948 年入伍,1951 年参加抗美援朝战争,历任战士、战斗小组组长、班长。1958 年复员后,回到了家乡内蒙古临河。回乡后,刘光子曾担任过乡武装部长、党委副书记等职。1997 年,刘光子去世,享年 76 岁。1999 年,他的英雄事迹被拍成纪录片,选入《抗美援朝精彩战例》,由解放军音像出版社出版发行。当年刘光子在雪马里战斗中用过的那支冲锋枪,如今珍藏在中国军事博物馆里。

志愿军空三师九团三大队僚机飞行员罗沧海, 一分钟连续击落 3 架美机,创造了世界空战史上的奇迹

1951 年 12 月 5 日,志愿军空军第三师全师出征。九团攻击,七团掩护,与美军百余架 F–86 和 F–84 混合机群进行空中大战。九团三大队四号僚机飞行员罗沧海,创造人类空战奇迹的战斗开始了:

"3 号、3 号!清川江口有敌机,消灭它!"接到指挥员的命令后,艾华驾驶的 3 号长机带领罗沧海驾驶的 4 号僚机向目标区飞去。果然,他们在清川江口发现了 4 架 F–84 敌机。艾华猛按炮钮,遗憾的是并没有击中。由于艾华收油门减速,僚机一下子冲到长机前方。

罗沧海迅速审视了一下眼前的态势:4 架敌机排着纵梯队正向着太阳左转弯;而自己和敌机基本上处在同一高度,距离敌长机不到 800 米;自己的前进方向正好拦腰封住敌机的去路。自己背对太阳,位置有利,只要大胆切半径,稳住机头,敌机通过一架就能打掉一架。

转眼的工夫,罗沧海已做好射击准备。他双眼盯着前方,右手紧握着驾驶杆,拇指和食指分别搭在大炮和小炮的电钮上,左手把住油门,调节速度,守株待兔。

第一架敌机飞过来了,可是光环里却没有敌机的影子,怎么回事?原来罗沧海与敌机有 80 米的高度差。他敏捷地调整了高度,果断地来了个空中刹车,飞机随即和敌机处在一条水平线上。第一架敌机侥幸逃脱。

瞬间,第二架敌机飞了过来,不偏不倚正好进入罗沧海的光环。罗沧海手指轻点电钮,一串炮弹擦着敌机头飞了过去,提前量大了,没有击中。他又一按电钮,敌机表演起"空中杂技",翻滚着坠落了下来。

罗沧海顾不上欣赏美军的"杂技"表演,光环中又出现了一个较大的投影。这一回他接受了欲速则不达的教训,沉着应战,待敌机进入"十"字中心才开炮,弹无虚发,连珠般的炮弹全部打在敌机身上。

转眼间,第四架敌机飞了过来。很显然,驾驶员看到前边的同伙接连被击落,猜想一定是中了埋伏。但由于罗沧海隐蔽在刺眼的阳光之中,这家伙一时搞不清炮弹是从哪里打来的。待看清楚罗沧海时,已近在咫尺。由于惯性作用,在如此近的距离上要改变动作躲避射击根本来不及了,敌机随即被击落。

短短一分钟时间内,罗沧海像点名一样击落了美军 3 架 F-84 飞机,创造了世界空战史上的奇迹。

事后,人们取出罗沧海击落 3 架敌机的射击胶卷,最后一架被击落敌机的投影格外引人注意。通常,敌机被击中以前一般只在胶卷上留下一个黑影,而这架敌机在毁灭前却留下了清晰的影像:左边机翼端的副油箱和美国空军的徽标依稀可辨;右边机翼清楚地显现"USA"字样。米格 15 飞机的瞄准具的最近极限刻度为 200 米,而罗沧海创造了 145 米的奇迹!战后,罗沧海胸前挂上了特等功臣证章,获得"空中神炮手"的美称。

抗美援朝战争期间,罗沧海共击落美军战斗机 4 架。虽然他击落敌机的数量不是最多的,但一分钟内击落 3 架敌机是最具传奇色彩的,世界空战史上至今无人能够刷新这一纪录。

志愿军 215 号坦克在一次战斗中击毁美军 5 辆坦克，荣获"人民英雄坦克"称号

在 1953 年的夏季进攻战役中，参加正面防御的志愿军 4 个坦克团投入了反击作战，"人民英雄坦克"在战场上脱颖而出。

7 月 6 日，志愿军第二师四团二连的 215 号坦克，随所在连加强第二十三军步兵一九九团主攻美军第七师第十七团固守的石岘洞北山。

为了达成战斗的突然性，215 号坦克提前一天隐蔽地开赴前沿阵地，任务是消灭 346.6 高地上的美军坦克，支援步兵夺取石岘洞北山。

乘着夜幕的掩护，215 号坦克冒雨开进前沿阵地。天亮前，战士们已用稀泥和树枝把坦克伪装得像小土丘一样，炮管像一根靠在"土包"上的木头，地上所有的坦克履带痕迹都被抹去了。

天亮后，车长杨阿如发现坦克离射击阵地约 100 米，离 346.6 高地主峰约 2400 米。通过坦克潜望镜，可以清楚地看到主峰上美军 3 辆 M46

被授予"人民英雄坦克"称号的 215 号坦克

重型坦克正对着其他高地的志愿军阵地开炮。

此时,指挥所下达命令,要求他们在翌日晚9时9分前一定要消灭主峰上的3辆美军坦克,配合步兵夺取敌阵地。因为这3辆美军坦克可以直接射击志愿军前沿阵地,对进攻部队威胁很大。杨阿如代表大家保证:在步兵发起进攻前,把美军坦克消灭掉!

7月7日傍晚,总攻发起前的几分钟,215号坦克开始行动。按照车长杨阿如的命令,炮长徐志强根据白天的观察和计算,瞄准了第一辆美军坦克。

215号坦克一连打出3发炮弹,美军的一辆坦克冒起一团浓烟。其他两辆美军坦克醒过神来,慌忙掉转炮塔,向215号坦克射击。美军阵地的纵深火炮也开始还击,但由于没找到目标,只能瞎打一气。

炮长徐志强控制住喜悦的心情,使劲揉揉被熏得流泪的双眼,迅速把炮口指向美军坦克炮口的火光。又是几个连发,第二辆美军坦克中弹起火,火光把旁边的第三辆坦克照得清清楚楚。徐志强稍移炮塔,又是一连3发炮弹,敌第三辆坦克顿时被打哑了。

志愿军步兵在215号坦克的掩护下,仅15分钟就攻占了石岘洞北山,全歼美军守敌一个连。然而,在机动转移中,215号坦克陷在泥里,过了一整天仍没开出来。大家只好对坦克再次进行了伪装。

第三天早上,坦克电台又收到指挥所的命令:今晚部队反击敌人的进攻,你们在21点前必须把坦克开出,配合反击作战,消灭敌346.6高地的两辆美军坦克。指挥所派出4名工兵配合你们排障。

白天,美军炮火始终封锁着这条通往前沿阵地的道路,3架美军F-80飞机也不停地轮番轰炸。万幸的是坦克伪装得好,美军枉费心机。

排障的关键是找木头,只有用木头把路垫好,才能让坦克开出来。为了不让敌人发现,215号的坦克兵们把身上裹一层泥、捆上草,爬到几百米外的山上把被敌炮火炸断的树干、树枝用绳子拴在腰上往回拖。就这么一遍遍地拖呀、拉呀,终于在傍晚聚集了70多根木头,在工兵的帮助下填平了道路。215号坦克终于在战斗打响前半小时开出泥潭躲在暗处,悄悄地瞄准了 346.6 高地上新来的两辆美军坦克。

晚上 9 时,夜幕笼罩大地,美军向石岘洞北山发起了猛烈的反攻。346.6 高地上新来的两辆坦克疯狂地向志愿军阵地轰击。215 号坦克瞅准时机,一连几个急速射,两辆美军坦克中弹起火。

消灭美军坦克后,215 号坦克的勇士们又继续寻找敌阵地的明暗火力点,把它们一个个消灭掉,一共打掉敌 20 多个地堡、3 门火炮,配合志愿军步兵一九九团夺取了美军占领的石岘北山阵地,并最终控制了阵地。

这一仗,215 号坦克共击毁美军 5 辆坦克,摧毁敌火炮 5 门、地堡 26 个。

志愿军 215 号坦克在抗美援朝战争中机智灵活,英勇善战,共击毁、击伤敌人重型坦克 6 辆,击毁敌迫击炮 9 门,汽车 1 辆,摧毁敌地堡 30 多个,坑道和指挥所各 1 个,七次出色完成了配合步兵作战的任务。为此,志愿军总部授予 215 号坦克"人民英雄坦克"光荣称号,全体乘员记集体一等功一次,车长杨阿如荣立一等功。

志愿军第三十八军"郭忠田英雄排", 以零伤亡消灭 215 名美军

1950 年 11 月 27 日,志愿军第三十八军一一三师三三七团一营一连二排排长郭忠田,奉命带领全排 31 名战士从三所里强行军赶往龙源里。此前,一一三师以三三八团为前卫,经过强行军 72.5 公里,按时插到三所里,与逃跑的美军骑一师五团展开激战,打退了敌人十余次猛烈冲击,并击退南援之敌一个营,死死关上了三所里敌军逃路的"闸门"。

一一三师领导刚想喘口气,侦察参谋报告:"发现美军有往三所里以西的龙源里逃窜的迹象,龙源里很可能成为美军的又一条逃路。"这一消息,使在场的人大吃一惊:一旦敌人从龙源里跑了,那么就将前功尽弃,影响整个第二次战役。"把二梯队三三七团拉上去,拼死赶到龙源里,死死守住龙源里!"师长江潮下达了死令。

三三七团兵分两路,以三营八连为右路前卫,一营一连为左路前卫。

一连把尖刀排的重任交给了郭忠田领导的二排。

龙源里地处价川以南的丘陵地区,在三所里的西面。它北通价川、军隅里,南通顺川、平壤,北面有公路与三所里相连,两地相距不过几十公里。不仅在三所里碰壁的敌人会转道龙源里,而且从清川江南撤的美军也可以从这里逃跑。

向龙源里进发时,战士们已经5天5夜没合眼了,加上中间两天两夜的激战,个个都疲惫不堪,但他们仍然顽强地强行军。经过12个小时的跑步前进,28日凌晨,郭忠田排这把锋利的尖刀终于插进了"联合国军"的心脏——龙源里。

早上8点多钟,郭忠田突然发现公路上出现了许多小黑点。果然,美军在三所里碰壁后,向龙源里逃来。郭忠田翘首远望,逐渐看清了是4辆汽车、3辆十轮大卡车和1辆小吉普,后面黑乎乎的看不清楚了。后来得知,这是美二师向平壤撤退的残兵败将。

汽车的黑点越来越大,轰鸣声越来越近。郭忠田全排发起攻击,机枪吐出了一道道火舌,全部打在了油箱上。汽车燃起了火焰,吞并了车头。重机枪、轻机枪、步枪一起向后面的卡车倾泻着弹雨。首批溃逃的美军三下五除二就给报销了。

正在此时,从北方传来"轰隆隆"的声音,如同夏天的闷雷一样。敌人的坦克开过来了。

"把敌人坦克统统放过去,谁也不准开枪!"郭忠田命令道。他清楚,仅靠他们一个排的兵力,没有火箭筒,没有炸药包,没有反坦克雷,仅靠枪支和每人仅有的4枚手榴弹对付几十辆美军坦克,纯属白白送死,上级交给的阻击任务也就彻底泡了汤。

一辆、两辆、三辆……50多辆美军坦克终于过完了。展现在他们面前的是敌人的运兵车、弹药车、炮车,车头接车尾,一辆接一辆,一眼望不到头。

"给我狠狠地打!"郭忠田终于发出了命令。全排的所有轻重武器像狂风暴雨一样吼叫起来。敌人的运兵车着火了,炮车翻了。美军血肉横飞,拥挤着、嚎叫着、呻吟着,四处逃生。后续车队被前面爆炸的车辆挡住,大量逃窜部队被阻击住了。

已经开过阻击线的美军坦克,被剧烈的爆炸声和熊熊大火所惊醒。发现上了志愿军的当后,有3辆坦克回过头来报复。一名指挥官从其中一辆坦克里钻出,打着一面小旗来回摇着,后边的敌人纷纷集结起来,足有200人,看样子要向二排发动进攻。不一会儿,天空飞来了30余架飞机,轮番往葛岘岭山顶扫射,扔汽油弹、炸弹,把整个山头变成了火焰山。

半个钟头以后,美军占领了对面的高山,以火力向二排猛烈还击。敌人的50多辆坦克也回过头来,以机关枪和坦克炮向二排倾泻弹雨。被堵塞的道路很快就被疏通了,后面汽车、炮车上的美军欣喜若狂,潮水一般向二排的阻击线涌来。

眼看美军的汽车、炮车就要通过封锁线,郭忠田急了,命令全排狠狠地打,不准放走一辆美军车辆。班长张祥忠一梭子子弹,将一辆美军炮车的油箱打着了。榴弹炮在山沟里连续爆炸,吓得美军车队不敢再前进,顺着原路退回了很远。

下午2点,敌机飞来100多架次,朝着葛岘岭轰炸了半个多小时,山头又一次成为火海。

美军的飞机一飞走,坦克炮、榴弹炮又是一阵铺天盖地的狂轰滥炸。接着,200多个敌人又在二排的阵地前集合起来,嗷嗷叫着,分三路朝山上冲来。

郭忠田命令战士们等敌人靠近再打。100米、90米、80米……距离仅有50多米了,郭忠田一声令下,所有火器一齐开火。特等射手阎镇章11枪打死9个敌人。战士朱高品勇敢地冲出阵地前沿30多米,占领了最有利地形。敌人离他不到20米,他才把手榴弹甩出去,美国兵倒下了好几个。不到两个小时,美军的轮番冲锋被打垮了,200多名美军死伤过半,夹着尾巴跑了。

下午5点多钟,美军的攻势明显减弱,敌人的车队始终没有跨过二排的阻击线。天黑以后,志愿军大部队赶到,对美军逃兵进行了合围。

郭忠田带领战友跳出工事,冲下山去……

打扫战场后,在二排的阵地面前躺着 215 具美军尸体。郭忠田把全排集合起来,发现一个也没少。除了五班长的耳朵有些震聋,袁绍文头部受点轻伤外,没有一个阵亡。他又清查了一下弹药消耗,共打了 1305 发子弹和 14 枚手榴弹。而他们的战果是除了消灭 215 名美军外,还缴获和击毁美军各种火炮 6 门、汽车 58 辆。

战后,三十八军和志愿军总部授予二排"郭忠田英雄排"光荣称号,志愿军总部给郭忠田记特等功,并授予其"一级战斗英雄"称号。

从未参加过空战的张积慧一举击落美军"王牌飞行员"戴维斯,造成巨大政治影响

美国空军将击落 5 架飞机的飞行员称为"王牌飞行员",这一标准被世界空军所公认。美军航空兵第四联队第三三四中队中队长乔治·阿·戴维斯少校在第二次世界大战中共击落德军飞机 50 余架,被称为"双料王牌"。然而,这个"双料王牌",在朝鲜战争中却栽在了志愿军年轻飞行员张积慧的手中。

1952 年 2 月 10 日上午,美机数批先后侵入平壤、沙里院和价川地区,其中 F–80 战斗轰炸机两批 16 架,在 18 架 F–86 战斗机掩护下,轰炸军隅里附近的铁路线。志愿军空军司令员刘震命令志愿军空军第四师起飞两个团 34 架米格 15 歼击机,以第十团的 16 架飞机为攻击队,第十二团的 18 架飞机为掩护

"一级战斗英雄"张积慧

619

队,由第十团团长阮济舟率领,采取"品"字队形,急速飞往战区。

在前进中,第十二团第三大队大队长张积慧发现远方海面上空有一道道白烟,表明有美机在活动。他立刻报告了带队长机,并继续观察美机的动向。

与此同时,美机正利用云层隐蔽地接近志愿军机群。带队长机阮济舟果断地发出"投掉副油箱,准备战斗"的命令。张积慧和僚机单志玉投掉副油箱后,即猛拉驾驶杆,爬高占位,准备攻击。但当他们抢占到高度优势时,却失去了目标,自己又脱离了编队。一时找不到美机,他们就加大油门,追赶编队。

张积慧和单志玉一边向前追赶编队,一边搜索目标。突然,张积慧从右后方云层间隙中发现8架美机直窜下来,气势汹汹地向他们逼近。为首的两架已经扑到他们飞机的尾后,距离越来越近。

张积慧提醒僚机单志玉:"注意保持编队!"然后猛地做了一个右转上升的动作。美机下滑增速性能本来就好,加之偷袭心切速度过快,冷不防扑了空,一下便冲了过去。张积慧、单志玉协调一致地来了个左扣下滑动作,顺势咬住了美机编队中的长机。美长机见势不妙,拼命摆脱,先是做急脱动作,后又向太阳方向摆脱,动作之急使他的僚机都掉了队。但是,张积慧、单志玉的飞机却始终紧追不放,步步逼近。

张积慧明显地感觉到,前面的敌人飞行技术十分高超,断定这不是个一般的飞行员。他担心夜长梦多让敌逃脱,便决定及早下手,连续攻击,不给敌人喘息的机会。他很快开炮了,第一次开炮因角度不佳,距离过远,未击中。

张积慧紧追到600米距离,迅速将美机再次套进瞄准具光环,第二次开炮,三炮齐发,将其击中。这架美军当年最新式的F-86型战斗截击机,连同它的飞行员一起,一头栽到博川郡青龙面三光里北面的山坡上。

张积慧击落美机的长机后,迅速拉起,又攻击另一架美机。该机飞行员惊慌地做着不规则的飞行动作,极力摆脱。当张积慧逼近到开炮距离时,敌机又突然做上升转变动作,企图弯起身子掉头回咬。但是,F-86

战斗机的向上机动性能远不如米格飞机。当它扬起身子还未来得及掉头，张积慧已做出更敏捷的上升转弯动作，并从内圈切半径靠了上去。在400米距离，张积慧稳稳地瞄准了敌机的发动机和油箱的接合部，一次开炮，就把这架美机打得凌空解体。

空战结束后，志愿军地面部队在青龙面三光里从美机残骸中找到一枚驾驶员的不锈钢证章，上面刻着：第四联队第三三四中队中队长乔治·阿·戴维斯少校。这个戴维斯就是美空军所称"百战不倦""特别勇敢善战"的"空中英雄"。

击落戴维斯，使这次空战的政治影响迅速扩大。1952年2月13日，美国远东空军司令威兰中将在一项特别声明中承认：戴维斯被击毙，"是对远东空军的一大打击"，"是一个悲惨的损失"，"尤其对我们的飞行员带来一次巨大的冲击"。

志愿军空军首长致电各部队，表彰张积慧、单志玉长僚机密切协同的战斗精神，号召全体指战员向他们学习，并给他们记特等功一次。在抗美援朝期间，张积慧先后击落4架美军F-86战斗机，被志愿军总部授予"一级战斗英雄"称号。

志愿军一八八师用步枪打空战，一日击落、击伤美军飞机18架

在朝鲜战场上，美军飞机依仗绝对的空中优势，对志愿军狂轰滥炸，如入无人之境，有时竟有意超低空飞行，戏弄志愿军地面部队。

1951年4月18日8时，8架美军飞机得意地超低空飞临志愿军一八八师五六二团和五六三团阵地上空。突然信号弹腾空而起，两个团的3000多支步枪、冲锋枪、机枪一起向敌机开火，美机被这瞬间发生的步枪空战吓蒙了。一架敌机尚未弄明白志愿军用的是什么新式武器，便被击落。飞行员跳伞快，保了条活命，但成为五六三团战士的俘虏。当美军飞行员得知自己是被志愿军落后的步枪打落时，目瞪口呆。

10时，美军又出动16架飞机前来报复。敌机的轰鸣声震耳欲聋，飞

行员的得意劲都清晰可见。在敌机俯冲扫射之时,一声号令,两个团的3000多支枪像鞭炮一样响了起来。顿时,4架美机当场来了个倒栽葱。两次步枪空战,5架美机坠毁,一八八师却无一伤亡。

两个小时后,第三批美机又来报复。然而,这24架敌机,一个比一个飞得高,跑得快,毫无目标地扔下一些炸弹后,便落荒而逃。

一日之战,一八八师共击落敌机5架,击伤13架,开创了朝鲜战场步兵用轻武器打下飞机的最高纪录。战后,一八八师受到第十九兵团政治部的通令嘉奖。志愿军总部首长也发来贺电,并号召全体志愿军学习六十三军步枪打飞机的经验。从此,朝鲜战场上敌机再也不敢超低空飞行了,空中打击力量明显减弱,我地面部队的损失也相对减少了。

彭良义用86发迫击炮弹击毙、击伤150个敌人

1952年10月14日,上甘岭战役打响的当天,彭良义把迫击炮架在阵地最前沿,巧妙地躲避敌炮的轰击,毙敌7名,击伤敌人14名。旗开得胜,彭良义喜出望外,信心大增。

在志愿军开展的"冷枪冷炮"活动中,一般都要预先设置三个炮兵发射阵地,以便战斗打响后不断地变换阵地,迷惑敌人,保护自己,进行反击。一次,美军正向前沿阵地忙碌地运送着炮弹,彭良义抓住这稍纵即逝的时机,果断地向敌人开炮。

彭良义的第一发炮弹刚打出去,敌人的排炮也向他袭来。他迅速地转移到另一个工事,继续炮击敌人。当敌人炮弹跟踪击来时,他已经转移到了第三个工事继续炮击敌人。但此时,他已无路可退,因为第三个工事已经是最后一个射击阵地了。敌炮雨点般向他袭来。不一会儿,彭良义立足的阵地即被敌人的炮火摧毁,他同迫击炮一起被泥土掩埋。

彭良义明白,如果这时停止射击,敌人就会知道击中了目标,就会招致对手更多的炮弹。于是,他忍受着浑身的酸痛,拱出泥土,架炮迅速打了三发炮弹。敌人果然中计,以为先前没有打中彭良义所在的工事,便向他四周的阵地用排炮盲目猛轰。

为了迷惑和消耗敌人的弹药，彭良义急中生智，将手榴弹放在附近一个废弃工事前并盖上杂草掩饰，将手榴弹上面盖上厚厚的草灰，弹弦拴根长长的绳子，在发射炮弹的同时，让助手拉响手榴弹。随着炮弹的声响，那废弃的工事前扬起了一团烟土。敌人误以为彭良义的炮弹是从废弃的工事发出的，遂将成百发的炮弹倾泻于废弃工事。而此时，彭良义却在另一边安全地炮击着敌人。这一天，他打死了 18 名敌人，消耗了敌人 400 发炮弹。

彭良义的功劳簿上是这样记录的："4 发炮弹打中敌人 1 辆满载粮食的汽车、击毁敌 1 挺高射机枪；两分钟内发射 50 发炮弹，配合步兵歼灭了 200 多名敌人；用游动炮火打死 20 个敌人，配合步兵打退了敌人一个营的三次进攻。"彭良义运用自己精确的射击技术，机智巧妙地打击敌人，在上甘岭前沿阵地上创造了用 86 发炮弹击毙和击伤 150 名敌人的纪录，被中国人民志愿军总部授予"百名狙击手"。

10 月 16 日，敌人用 2 个营的兵力，向彭良义所在的 537.9 高地发起新一轮猛攻。彭良义与弹药手王修成一道，在一块平地上炮击敌人时，不幸被敌炮击中，壮烈牺牲。彭良义牺牲后，朝鲜人民为他举行了隆重的追悼仪式，并将他安葬在横范道烈士公墓，坟前的石碑上刻着"百名狙击手"五个大字。

(晨晖 / 撰稿)

6 共和国拒绝腐败

——"三反""五反"决策内幕

早在新中国刚刚建立时,在百废待兴、百业待举的情况下,以毛泽东同志为核心的党的第一代中央领导集体,为了共和国的长治久安,就发起了声势浩大的"三反"运动,以及为将贪污、浪费、官僚主义彻底铲除而发起的"五反"运动。现在,让我们回过头来,再看看发生在 70 年前那波澜壮阔的一幕。

"三反"运动之缘起——毛泽东在高岗的一份报告中批示:
"在此次全国规模的增产节约运动中进行坚决的
反贪污、反浪费、反官僚主义的斗争。"

1951 年 12 月 13 日凌晨 4 时,毛泽东在给各大区中央局主要负责人的电报中说:"发现贪污问题的严重性和大规模地惩治贪污分子,从东北开始,是由高岗同志亲自动手的。中央方面委托薄一波同志总负责,北京市由彭真同志负责,现已全体动起来了。"

事情还可以往前追溯。

"三反"运动直接发端于当时在全国开展的增产节约运动。

1951 年 7 月后,抗美援朝进入了边打边谈的阶段。由于志愿军在武器装备上处于劣势,决定了抗美援朝战争不可能在短期内取得胜利,使国家不得不把本来可用于经济、文化建设的财力、物力和人力继续用于国防。在政权建设中也存在着机构重叠、人浮于事、铺张浪费等现象。军事行政费用的增加,给国家财政造成了沉重的负担。据 1951 年秋匡算,该年财政支出将较原概算增加75%,其中军事费用为55%。

资金从哪里来?出路何在?回答是只能走开源节流的路子。

这年10月召开的中央政治局扩大会议,集中分析和研究了朝鲜战局的发展趋势和对策。

同月23日,毛泽东在中国人民政治协商会议第一届全国委员会第三次全体会议的开幕词中,充分肯定了工人和农民参加爱国增产运动的积极性。他表示相信:"只要我们善于团结、教育和依靠工人和农民,我国就一定会出现一个普遍高涨的爱国增产运动。"

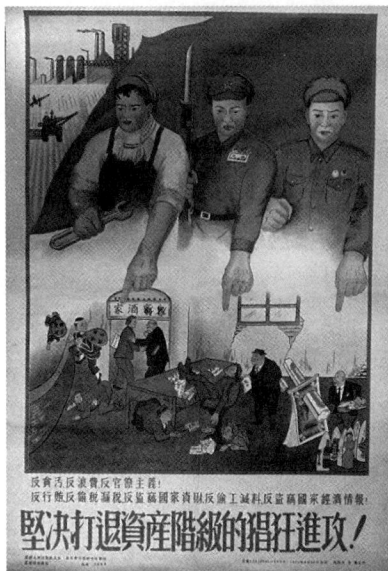

"三反""五反"宣传画

于是,毛泽东庄严号召:"抗美援朝的伟大斗争现在还在继续进行,并且必须继续进行到美国政府愿意和平解决的时候为止。""为了继续坚持这个必要的正义的斗争,我们就需要继续加强抗美援朝的工作,需要增加生产,厉行节约,以支持中国人民志愿军。这是中国人民今天的中心任务……因此也就是我们这次会议的中心任务。"

在诸多矛盾中,毛泽东又一次抓住主要矛盾,并把它摆到了全国人民的面前。

一场规模巨大、扎扎实实的爱国增产节约运动迅速在全国城乡展开。

所有的工矿企业都深入发动群众挖潜力,找窍门,查浪费,堵漏洞,制定增产节约计划,并广泛开展群众性的生产竞赛活动,改进生产技术,推广先进经验,力争优质高产完成生产任务。

然而,随着增产节约运动的深入发展,各地都揭露出了触目惊心的贪污、浪费和官僚主义问题。

其中,贪污现象有逐渐上升之势。据华北地区报告,1950 年共发现和处理贪污受贿、腐化堕落干部 303 人。1951 年上半年增至 531 人。

在华北、中南、西南、西北各区,亦连续揭发和处理了若干贪污事件。如:山西省人民法院判决了一个仓库主任冯境权的贪污案件;江西省人民法院判决了南昌市税务局刘锡骥等的贪污案件;最高人民检察署西南分署检举了萧子言等 24 人的贪污案件,并已由重庆市人民法院予以判决;西安市人民法院判决了前西北军区后勤部粮秣处会计祁丰瑞等集体贪污案。

令人吃惊的是,河北省在 11 月揭发出了原天津地委书记刘青山,原天津专区专员张子善的巨大贪污案。

浪费现象也相当惊人。因管理不善,仅军委后勤系统和铁路系统,在 1951 年一年内就损失汽油 7000 余吨;纺织工业部所属经纬纺织机器厂,国家投资 4000 多亿元(旧币。下同)建厂,因计划不周,施工不善,工厂建筑尚未完工,所有厂房的 289 根柱子中已有 280 根不平衡下沉,造成巨大损失。

违反财经纪律、化大公为小公的现象相当普遍,单是燃料工业部即达 730 亿元。重工业部领导则存在着为下属厂假造开支 503 亿元的问题。

官僚主义问题也很严重。贸易部向苏联订购治口蹄疫的药品 3 吨,但由于拟稿人误写为 300 吨,而各级审稿、核稿、批准的负责干部也未加思索,照例签名盖章,结果多买了 297 吨。财政部对全国编余人员多批了 27000 人,结果多付了 448 亿元。

苍蝇不叮无缝的蛋,白蚁也只能啃噬木质房梁。新中国成立之初,"三害"的大量存在和蔓延,无疑是有着适宜其生长的土壤和条件。当时,党、政、军、民各机关留用的为数众多的旧人员,以及革命队伍中那些容易被"糖弹"击中的意志薄弱者的存在,是"三害"发生和蔓延的最基本原因。显而易见,如果任凭这股浊流泛滥下去,不仅会使七届三中全会提出的"争取国家财政经济状况的基本好转"的口号落空,同时,支援抗美援朝也会成为一句空话。再者,也会毁了一大批人。

增产节约运动中暴露出的贪污、浪费和官僚主义问题,不能不引起党中央的高度警觉。

1951 年 11 月 1 日,中共中央东北局第一书记高岗向中央作了《关于开展增产节约运动进一步深入反贪污、反浪费、反官僚主义斗争的报告》。报告根据揭露出的一些干部严重贪污、浪费的事实,概述了东北地区自 9 月份以来开展反贪污蜕化、反官僚主义运动的经验,主要是:

第一,必须开展一个群众性的民主运动,才能收到最大的效果。

第二,首长负责、亲自领导,对于本单位所存在的主要缺点进行诚恳的深刻的自我批评,一次做不好,再做一次,直到真正把群众发动起来。

第三,反贪污蜕化斗争,是一个复杂尖锐的斗争。有贪污行为的人,开始常常用各种各样的方法抵抗和逃避反贪污斗争的锋芒。因此,领导上必须为群众撑腰,加强思想领导,提高群众的积极性,针对群众的各种顾虑给以解释。

第四,及时处理已经弄清的问题。这样可以安定坦白者,推动有顾虑而不敢坦白的人坦白,也便于争取群众,使坏分子孤立。

……

这个报告引起了党中央和毛泽东的高度重视。11 月 20 日,中央将此报告转发到各中央局。毛泽东在为中央起草的转发这个报告的批语中严肃指出:"……中央认为这个报告是正确的。请你们重视这个报告中所述的各项经验,在此次全国规模的增产节约运动中进行坚决的反贪污、反浪费、反官僚主义的斗争。在展开这个运动和这些斗争之后,每一部门都要派出必要的检查组检查所属的情况,总结经验,向上级和中央作报告。"

这是中央首次提出开展"三反"斗争问题。

稍后,中央又陆续收到了各中央局报来的发现大贪污犯或落实"三反"斗争的报告。

11 月 25 日,西南局关于西南区党政军 3 个会议情况在给中央的报告中说:西南地区将把反贪污、反浪费当作 1952 年的重要任务之一。11

月 30 日，毛泽东在为中央起草的给西南局第一书记邓小平并告各中央局的复电中强调：

> 自从东北局揭露出大批的贪污犯以后，我们已告诉你们严重地注意此事。我们认为需要来一次全党的大清理，彻底揭露一切大中小贪污事件，而着重打击大贪污犯，对中小贪污犯则取教育改造不使重犯的方针，才能停止很多党员被资产阶级所腐蚀的极大危险现象，才能克服二中全会所早已料到的这种情况，并实现二中全会防止腐蚀的方针，务请你们加以注意。

11 月 29 日，华北局第一书记薄一波、第三书记刘澜涛向毛泽东和党中央作了关于天津地委主要负责人严重贪污、浪费情况的书面报告。这更加引起中央的高度重视，并于第二天即转发各中央局。

毛泽东在为中央起草的转发这一报告的批语中尖锐指出：

> 华北天津地委前书记刘青山及现书记张子善均是大贪污犯，已经华北局发现，并着手处理，我们认为华北局的方针是正确的。这件事给中央、中央局、分局、省市区党委提出了警告，必须严重地注意干部被资产阶级腐蚀发生严重贪污行为这一事实，注意发现、揭露和惩处，并须当作一场大斗争来处理。

中央的决策酝酿成熟。

12 月 1 日，党中央作出了《关于实行精兵简政、增产节约、反对贪污、反对浪费和反对官僚主义的决定》（以下简称《决定》）。《决定》说：

> 自从我们占领城市两年至三年以来，严重的贪污案件不断发生，证明 1949 年春季党的二中全会严重地指出资产阶级对党的侵蚀的必然性和为防止及克服此种巨大危险的必要性，是完全正确的。现在是全党动员切实执行这项决议的紧要时机了。再不切实执行这项决议，我们就会犯大错误。

> 浪费和贪污在性质上虽有若干不同，但浪费的损失大于贪污，其结果又常与侵吞、盗窃和骗取国家财物或收受他人贿赂的行为相接近。故严惩浪费，必须与严惩贪污同时进行。

反贪污斗争和反浪费斗争的开展和深入，必将触及到各方面存在着的各种程度的官僚主义和自由主义的工作作风。这种作风，是贪污和浪费现象所以存在和发展的根本原因。中央要求党的各级领导机关在此次精兵简政的工作中，在展开全国规模的爱国增产节约运动中，在进行反对贪污和反对浪费的斗争中，同时展开一个反对官僚主义的斗争。

以这个决定为标志，中央正式拉开了"三反"运动的序幕。

各种报告接连不断。毛泽东坐镇"中节委"亲自指点江山。

薄一波说："有毛主席的亲自直接指挥、督促和撑腰，

我们的工作也就好做了……"

毛泽东似乎有个习惯，只要他看准了的事情，一旦下决心要抓，就雷厉风行，一抓到底，从不虎头蛇尾。

这次抓"三反"斗争，他不仅提出方针，发布了动员令，而且还决定成立各级节约检查委员会来加强对运动的领导。

12月7日，政务院第114次政务会议通过决议，由薄一波担任中央人民政府节约检查委员会（简称"中节委"）主任，彭真、李富春、沈钧儒（最高人民法院院长）、谭平山（政务院人民监察委员会主任）任副主任，刘景范任秘书长。委员会还下设了办公机构，由党、政、军、民各主要机关负责同志约10余人参加。每周开三至四次办公会议。

据薄一波回忆：在"三反"运动紧张的日子里，毛泽东几乎每天晚上都要听取他的汇报，甚至经常坐镇"中节委"，参加办公会议，亲自指导。因此，薄一波动情地说："有毛主席的亲自直接指导、督促和撑腰，我们的工作也就好做了，而且做得很起劲。"

12月1日，中央关于"三反"的决定下发仅仅过了两天，北京市委即于4日晨向中央作了《关于北京市工作人员的贪污现象及今后展开反贪污斗争的意见》的报告。报告说：

市委决定大张旗鼓地广泛发动党内外群众自下而上的检举，来配合领导上的检查，开展全市反贪污运动。具体办法是：第一，由各单位负责人认真地自上而下进行检查，揭露贪污分子；第二，号召贪污分子自动坦白；第三，号召与发动全市所有的共产党员、青年团员、工会会员及其他各阶层人民，检举贪污分子；第四，抽调可靠干部，组织检查组，负责在本单位及上下级与同级间相互检查。

"大张旗鼓""广泛发动""领导带头""自动坦白""检举揭发"是这个报告的主基调，符合中央的精神。

中央对这个报告大加赞赏，"认为这个报告是完全正确的"。并立即于 4 月 20 日予以批转。中央在批转这个报告的指示中要求各级党委、党组：

在接到本指示三星期内，至迟在一个月内，有计划地初步地检查自己单位和所属下一级各单位工作人员的贪污现象，仿照北京市委所订各项办法，发动党内外最广大群众（包括各民主党派及社会民主人士），大张旗鼓、雷厉风行地检查和惩治贪污人员。

同时，中央要求各级："大体上仿照北京市委的报告样式，在收到本指示后一个月内，向中央作第一次关于检查和惩治贪污人员的报告。"

而且"县委以上的报告，除发其上级外，均同时直接发中央。有电报的地方，用电报发来，无电报的地方，从邮局寄来"。"凡不作报告者，以违纪论。凡推迟报告时间者，须申明理由"。

指示还对军事系统及志愿军如何报告的问题提出了要求。

12 月 30 日，中共中央又发出指示，再次重申：中央、大行政区、省市三级所属的一切机关工作部门，在 1952 年 4 月份之前，均应每月分别向中央作一次"三反"斗争情况的报告，以便中央有所比较，看各级领导同志对这一场严重斗争哪些是积极努力的，哪些是消极怠工的，以便实行奖励和惩处。

自《决定》下发后，特别是中央批转北京市委的报告后，全国各大城市、各部门、各机关陆续地积极行动起来，逐渐形成了领导带头，大张旗鼓的局面。

中央一级机关，成立了中央直属机关总党委，周恩来亲任第一书记，安子文任第二书记，杨尚昆、肖华分任第三、第四书记，罗瑞卿、张经武、徐立清、龚子荣、曾山为委员。总党委确定：目前阶段的"中心工作是集中精力，领导与组织中央一级机关（包括党、政、军、民）的精简节约与反贪污、反浪费、反官僚主义的斗争"。

12月31日，中央直属机关总党委召开了党、政、军、团、群等机关处长级以上数百人参加的党委扩大会议，由"中节委"主任薄一波，"中节委"委员、中央直属机关总党委第二书记安子文宣布中央决定，限期1月1日至10日，各院委、部、会、院、署、行、局、处及其下面的一切单位，务须发动群众斗争，实行坦白检举，于1月11日送来报告。违者，不论部长、行长、署长、处长、局长、科长、股长或经理，一律撤职查办。会上，指名宣布几个部是做得很好的，几个部是中等的，很多部是落后的，并指出部长姓名。同时宣布撤销几个单位运动不力的负责人的职务。这样一来，全场振奋。当日就有许多单位领导回去，连夜开会。元旦也整日开会，很多部长、副部长到一下团拜会就回去，戏也不看了。至1月3日，差不多所有单位都开了坦白检举的群众会议，并纷纷送上报告。

1952年1月3日，《人民日报》发表了毛泽东在中央人民政府元旦团拜会上的祝词。毛泽东进一步号召全国人民和人民政府的工作人员一致起来，大张旗鼓、雷厉风行地开展一个大规模的反对贪污、反对浪费、反对官僚主义的斗争，把这些旧社会遗留下来的污毒洗干净。

1月4日，毛泽东在为中央起草的《关于立即抓紧三反斗争的指示》中，向全党通报了这次会议的做法，并宣布："中央已指定薄一波同志（他是中央节约检查委员会主任）用电话和各大区负责同志联络，在目前三反紧张时期，每3天至5天通话一次，检查各区三反进度。"

1月9日，政务院召开中央人民政府各部门、各民主党派、各人民团体和华北、北京、天津高级干部会议，2300多人参加了大会。会上，周恩来提出：要坚决响应毛主席的号召，继续发动群众，展开反贪污、反浪费、反官僚主义的严重政治斗争。他强调说："现在，这一运动的发展，还在开始阶段，还不很平衡。就拿中央一级来说，也还需要继续发动，使领导与群众结合，以求运动的普遍和深入。"

会议本着再发动的目的，由薄一波作了《为深入地普遍地开展反贪污、反浪费、反官僚主义运动而斗争》的报告。薄一波在报告中首先回顾了一个月来中央各机关反贪污、反浪费、反官僚主义运动的情况；阐明了反贪污、反浪费、反官僚主义运动的性质和方针、政策。

最后号召为反贪污、反浪费、反官僚主义运动的胜利而斗争。

经过动员，中央机关内部的群众真正发动起来了，使运动不断向纵深发展。同时，此次大会对全国也起到了很好的示范作用。

各大区和军队系统的运动，也大都体现了首长带头的方针。对此，毛泽东亦赏罚分明，对好的及时加以肯定和推广，对差的给以严肃的批评和纠正。

1951 年 12 月 13 日，毛泽东在批转西北局第一书记习仲勋《关于西北地区反贪污斗争的报告》时，赞扬习仲勋亲自召开的座谈会开得极好。只开一天会，就了解了情况，抓住了问题的本质。以后动员群众，开展斗争，即将迎刃而解。他请各负责同志注意此种经验，在较忙的工作当中，通过专心致志的调查研究，抓住主要矛盾，学会"弹钢琴"。

西南军区司令员贺龙响应毛泽东的号召，亲临"三反"斗争第一线领导运动。毛泽东在看到有关贺龙抓"三反"斗争的通报后，于 1951 年 12 月 30 日指示各中央局及各大军区和志愿军：各级领导同志都要像贺龙同志那样，亲自"上前线"，把"三反"斗争当作一场无产阶级和资产阶级之间的大战争，务必取得胜利，并且务必于 1952 年 1 月上半月取得显著成绩，下半月取得更大的成绩。

1951 年 12 月 31 日，毛泽东在批转华东军区党委关于结合"三反"进行整编给所属装甲兵党委的电报的批语中指出：12 月 29 日华东军区党委批评华东装甲兵党委的电报很好。没有这种批评，彻底的"三反"斗争是不能完成的。就全军情况来看，最落后的是中南军区，至今没有一个彻底发动"三反"斗争的号召文件。相反地被整编一事所吸引，深怕发动这个斗争妨碍整编……务望中南军区和各大军区取一致步骤，务必"在一月份，全军整整齐齐进入三反斗争"。

……

整个"三反"运动期间，毛泽东统揽全局，加强指导，废寝忘食、夜以继日地批阅各地报告，代中央起草决议、指示、批语、电报、信件等达233件之多。

从1952年1月起，"三反"运动在全国范围内形成了高潮。在党和国家机关、公营企业、事业、解放军和各人民团体的"三反"斗争中，各级党委"首长负责，亲自动手"，充分放手发动群众，深入宣传运动的意义和党的方针政策，带头进行自我检讨；号召有问题的人坦白交代，开展群众性的检举和坦白运动。运动深入开展后，揭发出大量的贪污、浪费和官僚主义现象，特别是贪污行为尤甚，斗争锋芒迅速指向大贪污分子。

斗争所采取的群众运动的方式，大张旗鼓，雷厉风行，很快形成了有力的社会舆论和群众威力。

北京召开大会，宣布集中力量打"老虎"。毛泽东高度警觉且严词督责反复指示。全国党政军各部门，群众性的打"虎"斗争轰轰烈烈

1952年1月中旬，"三反"运动进入清查和打击严重的贪污分子的阶段。

按有关"三反"运动大体经历三个阶段的说法，至2月份，运动仍处在第一阶段，即检举揭发阶段；3、4月份为第二阶段，亦即处理阶段；6月，定案处理工作基本结束，"三反"运动进入第三阶段，即建设阶段。

这就是说，清查和打击严重的贪污分子的阶段，是属于第一大阶段的一个小阶段，是在运动普遍开展后，经过领导带头检讨，广泛发动群众检举揭发，号召有贪污行为者积极坦白，在"三害"问题已大体明了的情况下，把主要精力转入了对大贪污犯的斗争。

不言而喻，大贪污犯对革命和建设危害甚大，所以当时人们称大贪污犯为"老虎"。而对付老虎的办法就是要"打",要拿出武松打虎的勇气来,故有"打虎"之说。

打"老虎"也是自上而下开展起来的。

1月19日,周恩来主持中央直属机关总党委扩大会议,宣布运动进入集中力量打"老虎"阶段。

同日,薄一波向毛泽东作了关于中央各机关"三反"运动情况及今后意见的报告,就几个政策性的问题提出了意见。

21日,毛泽东作了修改,并加了中央的批语,批发了这个报告。

23日,毛泽东在批转空军党委日前关于布置搜寻大贪污犯的报告的同时,起草了给中央和军委各部门、中央人民政府各党组、各中央局等《关于三反斗争展开后要将注意力引向搜寻大老虎的电报》。

以此为开端,毛泽东又陆续批转了各地、各部门上报的多份有关打"老虎"的报告和经验,其注意力完全集中在打"老虎"上。

毛泽东高度警觉,担心漏掉大"老虎"。在随后的一些批示中,要求"规定自己的打虎目标"、"计划酌量增加预算"、"打虎要有一套战术,凡已普遍展开的,就要迅速总结经验,组织专门打虎部队,向大小老虎突击"、"老虎不捉净不许收兵",等等。但同时也提出了"可疑错,不可打错,防止逼供信"的要求。

此间,周恩来的视角则正在关注运动的具体组织上的各个环节。1月26日,他为中共中央起草致各地电,发出《惩治贪污条例(草案)》,征求意见。

电文指出:这个草案,经政协常委会邀请党内外高级干部讨论,"大家都同意多数从宽、少数从严,以前从轻、以后从重的量刑方针,绝大多数也同意行贿与受贿同科、国家工作人员与非国家工作人员同等治罪,而对犯罪的工商业资本家,并得视其非法所得多寡和情节轻重,判处罚金或没收其财产之一部或全部的治罪原则"。还指出:"现在各地所发现的贪污行为,其中包括不小一部分属于浪费而非贪污性质,而一般曾占公家小便宜业已悔改的和劳动人民中曾偷窃小额公共财物业已悔改的,都应不按贪污论罪。"

1月30日，政务院财政经济委员会副主任、中央人民政府节约检查委员会副主任李富春，在中财委党组汇报会上作"打虎"总结报告时，提出了判定"大老虎"的6条标准：个人贪污1亿元以上者；贪污不满1亿元，但对国家经济损失很大者；满1亿元以上的集体贪污案的组织者、主谋者；贪污在5000万元以上，但性质严重，如克扣救济粮、侵吞抗美援朝捐款者；坐探分子，与私商勾结盗窃经济情报，或利用职位自肥，使国家损失在1亿元以上者；全国解放时隐瞒吞没国家财产或官僚资本未报，价值在1亿元以上者。

很快，李富春将这6条向中央作了报告。毛泽东认为这个报告很好，于2月2日批转全国省（军）以上党政军各级党委"仿照办理"，并强调："打虎必须从算账入手，许多同志忽视算账，专去逼供，这是不对的。"

1952年初，时令已至初春，但北京仍是寒气逼人。这种寒冷的天气，与在北京中山公园音乐堂所召开的与音乐不沾边的公审大贪污犯大会形成了紧密的配合。

2月2日，《人民日报》头版头条的主标题是：北京昨天公审大贪污犯；副标题是：薛昆山、宋德贵罪恶严重拒不坦白被判处死刑，夏茂如、杭效祖自动坦白立功赎罪免予刑事处分。

薛昆山等何许人也？

最高人民法院临时法庭关于大贪污犯薛昆山等7个案子的判决主文如下：

> 大贪污犯薛昆山，系资产阶级分子，乘机混入我国营贸易机关，曾任中国畜产公司业务处副处长。薛犯利用职权。盗窃国家经济情报，为其私人经营的皮毛商店服务，严重地破坏国营贸易收购工作，大量套取国家资财，并在与公家合营福义和皮毛栈时，挪用与侵夺公款，投机倒把，谋取私利。该犯前后所犯罪行，使国家损失甚巨，现已查明其现有非法所得财产达23亿元以上，罪恶至为严重。特判处死刑，并没收其全部财产。同案其他各犯。另行审判。

　　大贪污犯宋德贵，曾任中央公安部行政处处长，利用职权，违法乱纪，勾结奸商，大量盗窃国家资财达 9 亿元以上，个人从中贪污 6.4 亿元，并拒不坦白，罪恶至为严重。特判处死刑，并没收其全部财产。同案其他各犯另行审判。

　　大贪污犯雷亚卿，曾任中央农业部国营农场供应站总务课长，利用职权，勾结奸商，贪污受贿达 1.47 亿元，并使国家财产遭受损失达 4 亿元以上。发觉后，仍不肯彻底坦白。特判处徒刑 15 年，追缴全部赃款。同案其他各犯另行审判。

　　大贪污犯孙建国，曾任军委后勤部供应处副主任，受奸商引诱，伙同走私，贪污受贿 1.27 亿元，并引进奸商打入国家生产机构，使国家财产遭受重大损失。本应严办，姑念孙犯在此次反贪污、反浪费、反官僚主义斗争中完全自动彻底坦白，并帮助人民政府检举奸商，故从轻判处 10 年徒刑，缓期执行，以观后效。并追缴其全部赃款。同案其他各犯另行审判。

　　大贪污犯王丕业，曾任空军后勤部营房管理处工程师，利用职权，贪污受贿 2.5 亿余元，并使国家财产遭受重大损失。王犯罪行被发觉后始被迫坦白。姑念其坦白尚较彻底，并能戴罪立功，检举奸商承包工程中偷工减料盗窃国家资财共达 80 亿元以上，特判处徒刑 5 年，缓期执行，以观后效，并追缴其全部赃款。同案其他各犯另行审判。

　　大贪污犯夏茂如，系中南区粮食管理局工程师兼工程科科长，利用职权，勾结奸商，贪污受贿 1.2 亿元，并使国家财产遭受重大损失。但其本人在反贪污、反浪费、反官僚主义运动开始后，即自动坦白悔过，并积极检举其他贪污罪犯多起，在运动中立了功，特免予刑事处分。其贪污受贿之款项除已退交者外，其余赃款应予追缴，并应由主管机关给以行政处分。同案其他各犯另行审判。

　　大贪污犯杭效祖，系民航局电讯厂总工程师兼厂长，当起义时贪污发给职工薪金 1.75 亿元港币，另外贪污了钢丝录音机一架。

1951年整风运动中作了初步坦白，在这次反贪污、反浪费、反官僚主义运动中又真诚悔过，并保证将全部赃款交还国家，一年来杭效祖以戴罪立功的心情曾在技术上有所创造和发明。据此特对杭效祖免予刑事处分，另由主管机关给予行政处分。

而最震颤人心的，则是2月10日河北省枪决大贪污犯刘青山、张子善。两声枪响，不仅震颤了参加公审大会的两万多名干部群众的心，而且这枪声穿越了50年的空间，至今仍在人们的记忆中回荡。

法律是公正、威严的。

……

中央节约检查委员会曾于1月21日下午举行第二次会议，认真总结运动开展情况，号召对大贪污犯全面进攻。会议结束前，薄一波宣布：凡有贪污行为者，能在1月26日前彻底交代清楚，均作为自动坦白论，除非罪大恶极者外，均可从轻处刑。

北京召开了大会，中央机关带了头，全国各地纷纷效仿。运动在毛泽东的严词督责和反复指示下，全国党政军各部门都开展了轰轰烈烈的打"大老虎"斗争。

各中央局、各大军区、各省市、各部门在斗争中均取得了明显战果，"打虎"战报不断。特别是各地成立的"打虎队"，专责"打虎"，着实使一些真"老虎"落入了法网。

1952年三四月份，运动进入处理阶段。

为了慎重而严肃地处理揭发出来的"三害"问题，特别是准确而及时地处理贪污分子，重点打击大贪污犯，中共中央于1952年3月5日发出了《关于处理贪污浪费问题的若干规定》。3月11日，中央人民政府政务院批准并公布了中央节约检查委员会《关于处理贪污、浪费及克服官僚主义错误的若干规定》。继而又公布了《关于"三反"运动中成立人民法庭的规定》、《关于追缴贪污分子赃款赃物的规定》和《中华人民共和国惩治贪污条例》。

上述文件规定，对在"三反"运动中所揭发出的贪污分子的处理，必须采取改造与惩治相结合的方针，对大多数情节较轻或彻底坦白、立功自赎者，从宽处理；对少数情节严重而又拒不坦白者，予以严惩。对浪费与官僚主义的处理，亦应以严肃的态度，分别情况，予以适当解决，以教育干部，团结群众。

根据中共中央的决定，全国范围的"三反"运动在6月份进入收尾阶段。1952年10月25日，中共中央批准了中央政策研究室《关于结束"三反"运动的报告》，宣告"三反"运动胜利结束。

据统计，全国县以上党政机关参加"三反"运动的总人数为383万多人（未包括军队的数字）。经核实，贪污1000万元以上的共10万余人，约占参加"三反"运动总人数的2.7%。经审理定案，绝大多数免于处分，部分给予行政处分，对少数贪污数额巨大、手段恶劣、态度顽固、给国家造成严重损失者，给予严厉制裁。判处有期徒刑9942人，判处无期徒刑67人，判处死缓9人，判处死刑42人。毛泽东原来提出的"打虎"指标和估计需要判刑的人数比这要高。

"三反"采取群众运动的方式进行，决定于当时的历史条件和历史经验。运动中间在追查贪污犯的"打老虎"阶段，发生了"逼、供、信"的偏向，有的地方逼供、诱供、假供的情况比较严重，错误地伤害了一些同志，打出了一批假"老虎"。同时，正常的工作秩序也受到了一些影响。

毛泽东力求及时纠正这种偏差。1952年5月9日。他在中央转发一份报告的批语中强调："必须将一切真正的贪污犯、贪污嫌疑分子和弄错了的人按照中央历次指示和政府法令认真地如实地加以判处和审查清楚，不得放纵一个坏人，不得冤枉一个好人。"次日，他又在中央转发的一份报告上加了一段很重要的批语，强调指出："现当三反运动进至法庭审判、追赃定案的阶段，必须认真负责，实事求是，不怕麻烦，坚持到底，是者定之，错者改之，应降者降之，应升者升之，嫌疑难定者暂不处理。总之，必须做到如实地解决问题，主观主义的思想和怕麻烦的情绪，必须克服。这是共产党人统治国家的一次很好的学习，对全党和全国人民都具有很大的意义。"

运动后期,采取了这种实事求是的态度,及时纠正了工作上的缺点、错误。所以,"三反"运动仍不失为共产党执政后,自觉抵制和克服资产阶级对党的腐蚀,保持共产党人廉政为民本色的一次成功实践。

投桃报李,私商和蜕化分子相勾结,严重地侵蚀着党和政府的肌体。反"五毒"斗争客观地提到了党中央的议事日程

随着"三反"斗争的深入,在揭发和清查贪污分子的过程中很快发现这样一个事实:许多贪污分子的违法行为和社会上不法资本家的违法活动有着密切的联系。

关于这一点,前文所述"三反"运动之缘起时,曾提到一份很重要的电报,即东北局 1951 年 11 月 1 日写给中央的《关于开展增产节约运动进一步深入反贪污、反浪费、反官僚主义斗争的报告》,其中,就很明确地提出了这个问题。

报告说:"从两个月来所揭发的许多贪污材料中还可看出:一切重大贪污案件的共同特点是私商和蜕化分子相勾结,共同盗窃国家财产。"

1951 年 12 月 20 日,华东局在给中央的《关于开展反贪污、反浪费、反官僚主义斗争的报告》中,亦更鲜明地提出:

"鉴于党政内部的贪污往往是由非法商人从外部勾结而来的,因此,必须注意调查奸商并发动群众检查控告不法商人的运动,对证据确凿的罪大不法商人,亦应严加惩处,以便内外配合,彻底肃清贪污分子。"

毛泽东洞察秋毫,当然也觉察到了这种动向。

12 月 23 日,毛泽东在批转华东局报告的批语中称:"这个报告很好,请在党内刊物上发表。"

随后,12 月 31 日,当薄一波向毛泽东汇报"三反"运动情况,讲到资本家往往用给回扣的办法收买拉拢我们的采购人员时,毛泽东插话说:"这件事不仅要在机关检查,而且应在商人中进行工作。过去土地改革中,我们是保护工商业的,现在应该有区别,对于不法商人要斗争。"

可见，毛泽东正在酝酿开展两条战线上的斗争，即"三反"斗争和同不法资本家的斗争，而这后一场斗争更具有现实意义和历史意义，更具有固本之作用。

当时，大量事实表明，自1950年下半年调整工商业以来，特别是进入1951年，随着共和国财政经济状况的好转和资本主义经济的发展，一些资本家不守规矩，开始摇头晃脑了。

他们违背《共同纲领》，不遵守人民政府的政策法令，不服从工人阶级和国营经济的领导，不满足于用正常方式获得一般利润，唯利是图、损人利己、投机取巧的本性日益暴露和不断增长，无止境的发财欲望变得更加贪婪。

资产阶级的主要违法活动有：行贿、偷税漏税、盗骗国家财产、偷工减料和盗窃国家经济情报。人们称此为"五毒"。

"五毒"行为不仅腐蚀了一批国家干部，引发和助长了贪污、浪费、官僚主义，而且在经济上、政治上给党和国家造成了严重后果，若任其发展下去，无产阶级就有丧失革命成果，亡党亡国的危险。

要彻底铲除"三害"，就必须同时反掉"五毒"。"打退资产阶级的猖狂进攻"，成为当时全国上下强烈的呼声。反"五毒"斗争正式提到党中央的议事日程。

几乎在同一时间，毛泽东和周恩来以不同形式发出了与不法资本家进行斗争的指示。

刘少奇1952年1月下旬从南方回到北京后，亦参与领导"三反""五反"运动。受毛泽东的委托，刘少奇在1952年上半年用主要精力审阅和批转各地报来的报告和材料，对各地的"三反""五反"运动进行具体指导。

1952年1月5日，周恩来在政协第一届全国委员会常务委员会第34次会议上作报告，介绍正在全国范围展开的"三反"运动和思想改造运动情况。他指出："贪污、浪费、官僚主义的毒害，在中国的阶级社会中已有几千年的历史，是有着深厚的社会基础的。要完全彻底地铲除这一积害，必须全社会都动员起来。"

周恩来不容置疑地说，人民政府"不能容许行贿、欺诈、偷税漏税、盗窃、引诱等犯法行为的继续发生，听其侵蚀人民政权，损害国家财产，腐蚀国家人员。凡有犯者必须惩办，坦白自首者从宽处理"。

同日，毛泽东在看了北京市委《关于"三反"运动开展情况和继续开展这一运动的意见的报告》后，在他起草的中央批语中指出：全国各大、中、小城市"一律仿照办理，一定要使一切与公家发生关系而有贪污、行贿、偷税、盗窃等犯法行为的私人工商业者，坦白或检举其一切犯法行为，特别注意在天津、青岛、上海、南京、广州、武汉、重庆、沈阳及各省省城用大力发动这一斗争，借此给资产阶级3年以来在此问题上对于我党的猖狂进攻（这种进攻比战争还要危险和严重）以一个坚决地反攻，给以重大打击，争取在两个月至三个月内基本上完成此项任务。请各级党委对于此事进行严密部署，将此项斗争当作一场大规模的阶级斗争看待"。

毛泽东还特别强调了"注意组织三反斗争的统一战线"问题。

1952年1月26日，毛泽东在为中央起草的《关于在城市中限期开展大规模的坚决彻底的"五反"斗争的指示》中，向全党进一步说明："在全国一切城市，首先在大城市和中等城市中，依靠工人阶级，团结守法的资产阶级及其他市民，向着违法的资产阶级开展一个大规模的、坚决的、彻底的反对行贿、反对偷税漏税、反对盗骗国家财产、反对偷工减料和反对盗窃经济情报的斗争，以配合党政军民内部的反对贪污、反对浪费、反对官僚主义的斗争，现在是极为必要和极为适时的。"

2月上旬，"五反"运动首先在各大城市展开，随后迅速扩展到各中小城市，在全国范围内形成了一个反对不法资本家"五毒"行为的斗争高潮。

邓小平关注反"五毒"斗争形势的发展，其建议同中央的考虑不谋而合。毛泽东要求各中央局："严重地注意解决邓小平同志电报所提出的那些同样的问题。"

1952年2月12日，《人民日报》头版头条刊载了天津市店员举行"检举奸商竞赛运动"动员大会的消息。

在《人民日报》前后的一些报道中,我们还可以看到:

上海工商界开始坦白检举,工商界中的许多代表人物和行业负责人分别在不同的会议上带头检讨或坦白。

北京市人民政府根据初步检查结果,逮捕了拒不坦白的62个奸商,对愿意悔改并有悔改表现的44家不法工商户令其取保具结听候处理。

青年团中央人民政府直属机关委员会,写信给毛泽东要求严惩暗害志愿军的奸商,并发出公开信,号召团员和青年把反贪污斗争进行到底。

广州市反盗窃斗争即将大规模展开;武汉和西安两市进入围攻大奸商的阶段。

窥斑见豹。全国各大中城市反"五毒"斗争虽进展情况不一,但均开展起来了,而且搞得红红火火。

轰轰烈烈的群众运动,特别是"三反""五反"一起搞,整个社会都震动起来了,正常的经济生活必然会受到一定影响。

正如薄一波在回顾当时的情况时所说:"在'三反'运动不断升温的情况下发动'五反'斗争,对经济生活产生了一定影响。一部分经济部门的工作几乎停顿,国营企业的业务活动也受到冲击;加之资产阶级惊恐不安,并用歇业、停工的手段来要挟我们,大批私人工商户停业、半停业,使经济活动出现严重的堵塞现象,基本建设项目纷纷推迟,军事订货减少,商品货币流通遇到障碍……"

中南海里,毛泽东不时收到各方报告,对搞好运动、改进经济工作提出了不少合理化建议。

恰在此时,邓小平和他所任第一书记的西南局就"三反""五反"运动开展后出现的一些新问题,于2月22日和29日给毛泽东和中共中央发来了两封很有见地的电报。

2月22日的电报对所存在问题着重从两个方面进行了分析。首先认为:从外部来说,主要是工商业表现出暂时的显著的停滞现象,贸易额大大缩小,税收大幅度下降,许多私营工厂无事可做,大量的建筑工人失业。工商业的停滞使大量城市贫民生活受到影响,他们对"三反""五反"已开始表示不满。特务亦借此兴风作浪。这些情况如不迅速设法解决,将使我们陷于被动地位,甚至影响"五反"的深入开展。其次是:从内部来说,主要是一些财经机构垮了。过去,许多事情都是留用人员或新招收的知识分子负责,"三反"以后,他们中将有一大批不能继续留用,而暂时又无人接替工作;同时,"五反"的结果,有些被没收或被赔罚的私人工商业必须派人接管,而目前骨干显得非常缺乏,这个问题不设法解决,国家财经机关很难应付局面。

2月29日的电报主要认为,"暴利的提法是很不妥当的","掌握不紧就容易形成以算剥削账的办法去算暴利。造成混乱,从政治上说也不够策略"。建议"暴利应列入盗窃国家财产或因此而使国家受到的损失为好"。

邓小平及西南局的这些分析和建议,与中央的考虑不谋而合,毛泽东分别于3月1日和3月7日复电表示同意。

毛泽东明确指出:"就目前时期来说,真正违反国家和人民利益的暴利,已包含在'五反'的各项对象中,故只应提'五反',不应再提'反暴利'。""不必于'五反'外另立项目,变为六反、七反。"

毛泽东说:"请各中央局严重地注意解决邓小平同志电报所提出的那些同样的问题。"

此间,党中央和毛泽东适时调整"五反"部署,采取措施,加强控制,维持经济生活的正常运转。

在运动的部署上,决定适当缩短持续的时间,全国最大的城市上海暂不发动"五反",县以下的"五反"推迟到春耕以后,中等城市尚未开展运动的也要视情况进行安排。已经开展起运动的城市,要适当节制"很想多捉人多封店"的倾向。

在经济工作上,毛泽东提出,"五反"斗争要做到群众拥护,市场繁荣,生产有望,税收增加。

1952年2月24日,中财委采取4项措施:财经部门立即抽出四分之一到三分之一的力量抓业务，以后逐步增加；中贸部立即恢复收购土特产及加工订货；省、县两级要不违农时地抓好春耕，准备防旱抗旱；国营工业、交通部门要千方百计完成生产计划，补回损失。

为加强检查督导，中央委派中宣部副部长陈伯达到沈阳、长春、哈尔滨一带调查了解运动情况；特派薄一波和中央人民政府公安部部长、节约检查委员会委员罗瑞卿，分别到上海和中南区具体帮助"三反""五反"工作。

2月27日，毛泽东收到了由薄一波起草的第一份报告。毛泽东看后，大松了一口气。他于29日凌晨1时即复电薄一波说："你和华东局、上海市委诸同志共同决定将上海'五反'停止下来，到3月20号再行发动的方针及各项处置是完全正确的。这样既有利于现在的'三反'，也有利于3月20号以后的'五反'，也有利于全国的经济形势。"

上海的反"五毒"斗争，毛泽东自始至终直接过问。薄一波每次呈送中央的报告，他都及时批阅。

上下共同努力，运动从开始时的自发的"散兵式的各自为战"，到有组织有领导的、经过周密布置和充分准备的、有条不紊的斗争，使在划清政策界线，确定斗争目标，选择斗争方式等方面，都做到积极稳妥，效果显著。

为把中国共产党的意志变为各级领导和群众的实际行动，毛泽东于3月5日将《北京市委关于"五反"运动中对工商户分类处理的标准和办法》批转各地执行。并建议由政务院通过后发表。

3月8日，政务院批准并予以公布。

其分类处理的标准和办法是：

一、守法户，即经过审查无违法行为者，给以守法户通知书。

二、基本守法户，即违法所得未满200元者，或违法所得超过200元，但情节轻微，并彻底坦白者，对前者其违法所得一般免退，或酌退一部，对后者令其退出超过200元的部分，并均给以基本守法户处理通知书。

三、半守法半违法户，即违法所得超过 200 元，但无其他严重危害者，或情节虽较严重，但在"五反"运动中已彻底坦白并立功赎罪者，对其处理办法是"补退不罚"，并给以半守法半违法户处理通知书。

四、严重违法户，即违法所得数量较大又有严重危害作用者，或虽无严重危害但拒不坦白者。完全违法户，但尚非罪大恶极，且已彻底坦白，并有立功表现者，亦列入本类工商户。处理办法是，令其退出违法所得。并按情节酌处罚金。

五、完全违法户（板严重违法户），即对国家社会建设事业（特别是国防军事设施），或人民安全有板严重危害作用的盗窃犯；集体盗窃案的组织者和大盗窃犯；借盗窃国家经济情报牟利，使国家人民遭受极严重损失，或有其它特别恶劣的犯罪行为者；有严重违法行为，拒不坦白或抗拒运动者。对以上四种完全违法户的处理办法，应予法办，除令其退出违法所得外，并按其情节从重处以罚金，或判处徒刑，最重者可判死刑，并没收其财产的一部或全部。

关于违法行为的追算期限，规定：偷税漏税、偷工减料两项违法所得，一般只补退 1951 年的，1951 年以前的免予补退，但拒不坦白及情节特别严重者，要酌情令其补退一年半或两年，两年半或三年。其他各项违法行为和违法所得，一般自中华人民共和国成立之日，即 1949 年 10 月 1 日算起。

根据以上标准，北京市初步划分的结果是：在全市 5 万私人工商户中，前三类约占 95% 左右；后两类约占 5% 左右，其中完全违法户仅占 1% 左右。

这些完全体现了党对民族资产阶级又团结又斗争的政策。

由于此项《标准和办法》标准明确，可操作性强，各地执行起来简便易行，故而很快成为各地在运动中所遵循的原则，有力地推动了运动的健康发展。

"五反"运动确实"痛整"了一下不法资本家,但也带来一些
"后遗症"。中央就善后处理中的有关政策性问题作了规定

"五反"运动好似一柄"双刃剑"。

"五反"以后,民族资产阶级事实上不可能再照旧生存下去,除了接
受社会主义改造已没有别的选择。

这是长远意义上的胜利。

从当时情况来说,"五反"给我们国家带来的蓬蓬勃勃的新气象,对
社会经济生活所产生的积极影响,也是有目共睹的。

据 1952 年 6 月 15 日《人民日报》发表《胜利地结束"五反"运动》
的社论所言:全国 7 大城市的大批商品牌价,近 3 个月来平均合理地下
降了约 5%。一切有利于国计民生的私人企业都得到了新的繁荣条件,
许多守法的工商户感到"守本分的买卖容易做了";尤其是广大工人群众
生产积极性的提高,使许多资本家不能不感动地说:"过去我想错了,现
在我才看出工人不是想搞垮厂子,而是想把厂子搞好,我再不好好干真
对不起政府和工人。"据私营机器工业的几十个较大工厂 5 月份的统计,
产品质量一般都提高了 20% 至 30% 左右,产量提高了 15% 至 30% 左右,
成本平均降低了 30% 至 40% 左右……

许多城市的街头上都出现了不少新鲜事。

广大人民群众都明显地感觉到,"五反"运动具有极其伟大的移风易
俗的社会改革意义。

但同样不可否认的是,"五反"运动在其惯性发展的过程中,也不可
避免地出现了一些"越轨""过火""过头"的现象。一些资本家被"痛整"
之后,还惶惶不安,心有余悸;有的工厂、商店停工、停业,给工人和店员
的生活带来了困难……

即使如此,被运动所激发起来的斗争积极性在有些地方、有的人群
当中仍表现得很热。

1952 年 5 月 5 日和 6 日,华东局、浙江省委、上海市委,分别向中央

和毛泽东报告了"五反"运动中的一些情况、经验和建议。

其中,华东局代理书记谭震林在5日的报告中说:由"三反""五反"引起的新情况,可概括为"工人失业、成品积压、物价下跌、不敢负责"16个字……资本家退补的负担很重,普遍惶惶不安,对今后如何经营感到无所适从;工人中的多数希望公私合营,而现在则担心资本家大量退补后,生产将不能维持,工人生活将发生困难;而多数干部的思想还没有转过来,仍在考虑"多算""多退""多补""多搞公私合营"。

于是,谭震林从保护资本家生产积极性的角度,直言陈述了4点建议:退财补税的限额,应在资本家1951年纯利收入限度内退二分之一或三分之一;退财补税的时间必须照顾银根情况,当年退补时间最好放在下半年,全部退补最好分作二三年;工人监督生产目前只宜作典型试验,过早提出这个问题,会使劳资关系紧张;加工的工缴费与订货收购的价格,必须照顾到合理利润,否则,就无人愿意做资本家。

周恩来亦于5月7日,约刚刚回京的薄一波介绍上海、广州(薄一波于4月中旬离开上海去广州考查)两地"三反""五反"和财政经济等方面的情况。

5月9日,毛泽东批转了华东的3个报告,要求各地"对报告中所提出的问题认真加以研究,并予仿行"。

同时,毛泽东结合薄一波回京报告中有关广州新药业在退财补税中做得比较好的情况,提出了中央的具体意见。确定:退补以照三分之一略多一点为适宜;退补时间多数推迟到9月或10月开始,数大者可分多年退补,一部分还可转为公股;罚款的只能是极少数人,判刑尤其要少;工缴费不应采取苛刻政策,工人监督生产目前只在少数厂、店试验,待资本家喘过气来,到秋季或冬季再行逐步推广;工人福利问题的解决要合乎实际的经济情况,不能太低,但又决不可太高,致陷自己于被动。

当时,中国共产党对民族资产阶级又团结又斗争的政策是不能轻易改变的。在某种程度上说,斗争也是为了更好的团结,决不是想一棍子把资产阶级打死。

毛泽东说:"打击要适可而止,不能走得太远;走得太远,就要发生问题。我们已经对资产阶级打了一下,现在可以在新的基础上和他们讲团结了。"

5月15日、16日,周恩来连续彻夜召开北京、天津、武汉、重庆、西安等大城市市委书记会议,听取彭真、黄敬、王任重、张霖之、赵伯平汇报各地"五反"情况,研究结束"五反"的各项问题,并商议起草关于结束"五反"运动的几个问题的指示。

5月20日,中央发出《关于争取"五反"斗争胜利结束的几个问题的批示》,规定:定案处理的原则,是斗争从严,处理从宽,应当严者严之,应当宽者宽之,务要做到实事求是,合情合理。

5月23日,刘少奇代中共中央起草了《关于推迟县区乡的三反和中小城市的五反的指示》。该指示决定:在秋征以前凡未发动"三反"的县区乡和"五反"的城市,均不再发动,待今年秋征以后或明年再有步骤地进行。

5月30日,周恩来主持政务院第138次政务会议,在讨论薄一波的关于《结束"五反"运动时的几个问题》的报告时宣布:运动在取得重大成绩的基础上,将于6月结束。

6月13日,周恩来签署《政务院关于结束"五反"运动中几个问题的指示》,对运动定案处理的原则、核实定案工作、退财补税、"三反"退赃与"五反"定案工作相配合等问题作出明确规定,并指出:在目前运动的结束阶段,必须反对"虎头蛇尾,草率结束"和"不愿意根据实际违法情况,认真核实,正确定案"的两种错误倾向;"必须继续掌握宽大与严肃相结合的精神,实事求是地进行定案处理工作,务求做到合情合理,始能既有利于清除工商业者的'五毒',又有利于团结工商业者发展生产和营业"。

"五反"运动,历时半年,大致经历了两个阶段,即检举揭发及坦白交代阶段和定案处理阶段。到1952年6月,全国范围的"五反"运动基本告一段落。

10月25日,党中央批转中央政策研究室关于结束"五反"问题的报告。

报告说:根据华北、东北、华东、西北、中南5大区67个城市和西南全区的统计,参加"五反"运动的工商户总共有999707户,受到刑事处分的只有1509人(极少数尚未定案者不包括在内),仅占工商户总数的0.15%。其中,判处死刑和死刑缓期执行的仅19人,占判刑总数的1.26%。据北京、天津、上海、武汉、广州、重庆、西安、济南8大城市统计,定为守法户、基本守法户和半守法半违法户的,共占工商户总数的97%以上。

1954年,中央又指示各地,对"五反"的遗留问题再作一次调查。结果表明,除少数外,对绝大多数工商户违法问题的处理都是正确的。

这样大规模的一场"五反"运动,做到这一地步,实已难能可贵。

"五反"运动在很大程度上铲除了滋生"三害"的主要社会阶级基础。

(程瑾、朱仁/撰稿)

7 毛泽东关注西藏解放

早在渡江战役前后，毛泽东即开始考虑西藏问题。七届二中全会时，毛泽东曾与战友们数度议及西藏的解放。他满怀豪情地指出："我们很快就要在全国胜利了。这个胜利将冲破帝国主义的东方战线，具有伟大的国际意义。"他所说的"在全国胜利"，就是指解放包括西藏在内的祖国的一切神圣领土。随着人民解放军向江南、华南和西南的胜利进军，肃清大陆的国民党残余武装指日可待，解放西藏的任务便日益突出地摆在了中共领导人的面前。

谋定而后动

新中国成立后，毛泽东在部署解放大西南、全歼残敌的同时，也把解放西藏提到了重要的议事日程。1949 年 10 月 13 日，他在给彭德怀的作战电报里说："经营云、贵、川、康及西藏的总兵力为二野全军及第十八兵团，共约 60 万人。"

毛泽东一方面积极做解放西藏的军事准备，另一方面指示各地党政负责人，在解决民族问题时，务必耐心细致，注意培养少数民族干部。11月 14 日，他要求各地军政首长："除大力剿匪外，省委、地委、县委应集中注意做艰苦的群众工作。在一切工作中，坚持民族平等和民族团结政策。各级政权机关均应按各民族人口的多少，分配名额，大量吸收少数民族中能够和我们合作的人参加政府工作。在目前时期一律组织联合政府，即统一战线政府。在这种合作中培养大批少数民族干部。要彻底解决民族问题，完全孤立民族反动派，没有大批从少数民族出身的共产主义干部,是不可能的。"

毛泽东这种大气恢宏、富有远见的处理民族关系的思想,不但对和平解放西藏起到了积极作用,而且也对增进中华各民族间的团结产生了深远的影响。

11月23日,毛泽东就西藏问题给西北局第一书记、第一野战军司令员兼政治委员彭德怀发出了指示电:

> 经营西藏问题请你提到西北局会议上讨论一下。……西藏问题的解决应争取于明年秋季或冬季完成。就现在情况来看,应责成西北局担负主要的责任,西南局担负第二位的责任。因为西北结束战争较西南早,由青海去西藏的路,据有些人说平坦好走,班禅及其一群人又在青海。解决西藏问题不出兵是不可能的,出兵当然不只有西北一路,还要有西南一路。故西南局在川、康平定后,即应着手经营西藏。打西藏大约需要3个军,如何分配及何人负责指挥,现在还难决定。但西北局现在即应于藏民干部准备问题及其他现在即应注意之问题作出计划。

1950年1月2日,远在苏联访问的毛泽东,接到彭德怀关于由西北局进军西藏存在诸多困难的电报后,改变了原来的计划,决定解放西藏的主要任务由西南局承担,同时对入藏兵力、培养藏族干部等具体事务作了详细指示。他在给中共中央刘少奇,西北局彭德怀,西南局邓小平、刘伯承、贺龙等的电报里说:

> 西藏人口虽不多,但国际地位极其重要,我们必须占领,并改造为人民民主的西藏。由青海及新疆向西藏进军既有很大困难,则向西藏进军及经营西藏的任务应确定由西南局担负。既然由西北入藏每年只有5月中旬至9月中旬共4个月时间可以通行,其余8个月大雪封路,不能通行,则由西康入藏之时间恐亦相同。如果今年5月中旬至9月中旬不能向西藏进军,则须推迟至1951年才能进军。我意如果没有不可克服的困难,应当争取今年5月中旬开始向西藏进军,于10月以前占领全藏。为此建议:

甲，请刘、邓、贺三同志于最近期内（例如1月中旬）会商一次，决定入藏的部队及领导、经营西藏的负责干部等项问题，并立即开始布置一切；

乙，迅即占领打箭炉，以此为基地筹划入藏事宜；

丙，由现在（1月上旬）至5月中旬以前共4个半月内，被指定入藏的部队，应争取由打箭炉分两路，推进至西康、西藏的交界地区，修好汽车路或大车路，5月中旬开始入藏；

丁，收集藏民，训练干部；

戊，闻西藏只有6000军队，而且是分散的，似乎不需要我上次电报里提议的3个军，而只需要1个充足的军或4个师，共约4万人左右的兵力，即已够用。惟需加以特殊政治训练，配备精良武器；

己，入藏部队可定为3年一换，以励士气。

进军及经营西藏是我党光荣而艰巨的任务。西南刚刚占领，西南局诸同志工作极忙，现又给以入藏任务。但因任务重要，且有时间性，故作如上建议。这些建议是否可行，请西南局筹划。

西南局的刘伯承、邓小平、贺龙等迅速制定了经营西藏的详细方案。决定以张国华的第十八军为解放西藏的主力部队，立即着手政治动员和各项物质准备，并拟出进军西藏的若干条口号。1950年1月7日，西南局将进军西藏的军事计划电告毛泽东，同时希望中央军委能提供更多的关于西藏的军事、政治情报，并协助第十八军进行道路勘探和技术侦察。

毛泽东于1月7日收到西南局进军西藏的计划，十分高兴。1月10日，他答复并指示西南局：

完全同意刘、邓、贺进军西藏之计划。现在英国、印度、巴基斯坦均已承认我们，这对于进军西藏是有利的。按照彭德怀同志所称4个月进军时间是从5月中旬算起，则由1月中旬至5月中旬尚有4个整月的准备时间。只要刘、邓、贺加紧督促张国华及十八军等部，在时间上是来得及的。经营西藏应成立一个党的领导机关，叫什么名称及委员人选，请西南局拟定后电告中央批准。西南局对其工作应每半月或每月检查一次。第一步是限于 3 个半月完成调查情况、训练干部、整训部队、修筑道路及进军至康、藏交界地区。有些调查工作及干部集训工作，需待占领康、藏边界后才能完成。为促成藏人内部分化起见，务必于 5 月中旬以前占领康、藏交界一带。关于西北局方面应协助之事项，请西南局与西北局直接遇事商定，并请西北局筹划各项应当和可能协助之事项，指导所属妥为办理。

军事、政治上的双重准备

经过 7 个多月的紧张工作，入藏先遣部队的各项物质准备业已就绪。8 月 10 日到 16 日，西南局数度电告毛泽东关于向昌都进军的各项工作。毛泽东复电答复并叮嘱：

你们关于向昌都进军各电均悉。今年如能进到昌都当然是很好的，问题是：

（一）甘孜到昌都一段很长的道路是否能随部队攻进速度修筑通车；

（二）昌都能否修建机场及是否适于空投；

（三）一个师进攻昌都是否够用，藏军似有相当强的战斗力。必须准备打几个硬仗。这方面你们有足够估计否，我对于以上几点尚不清楚，请分析电告为盼。

8 月 20 日，西南局除回答了以上问题外，还将占领昌都的最后作战方案电呈毛泽东，请求予以批准。毛泽东仍然不太放心，他于 23 日回电，除同意西南局的方案外，还通报了相关的国际情况，并且具体询问了部队的越冬给养和物资的交通运输。

毛泽东在电报里说：

你们力争今年占领昌都，并力争留 3000 人巩固昌都的计划是好的。你们可以照此作积极准备。待本月底、下月初，判明公路已通至甘孜无阻，即可实行进军，并于 10 月占领昌都。这对于争取西藏政治变化及明年进军拉萨，是有利的。

现印度已发表声明承认西藏为中国领土,惟希和平解决勿用武力。英国原不许西藏代表团来京,现已允许。如我军能于10月占领昌都,有可能促使西藏代表团来京谈判,求得和平解决(当然也有别种可能)。现我们正采取"争取西藏代表团来京并使尼赫鲁减少恐惧"的方针。

你们于占领昌都后只留3000人在那里过冬,今年不进拉萨,并将主力撤回甘孜,在西藏方面看来,可能觉得是我们向他们表示善意的一项措施。你们1.6万人由甘孜向昌都进军,粮食全靠部队携带及牦牛载运,其中的3000人须有过冬粮食,准备撤回的1.3万人至少须有往返期间的3个月粮食,甘孜是否已有这么多的粮食,仍望查告。昌都等处可能购买到一部分粮食及肉类,你们是否已准备一批金银及藏民需要的货物,如丝绸、茶叶等带去?

同一天下午,毛泽东给中央军委作战部部长李涛写信,催问空军为解放西藏所做的工作进展到何种程度。

中共西南局在承担了中央交付的经营西藏的任务之后,即迅速在军事上和政治上展开了积极的双重准备:一方面确定进藏部队及其军事首长,筹划武装开进西藏所需的诸般物资;另一方面努力争取和平解放西藏的各种可能。

1950年5月27日,西南局草拟了与西藏地方政府谈判的10项条件。毛泽东逐一进行了审核和修改,并经中共中央政治局开会讨论,予以同意。

这10项条件的具体内容为:

(一)西藏人民团结起来,驱逐英、美帝国主义势力出西藏。西藏人民回到中华人民共和国祖国的大家庭来;

(二)实行西藏民族区域自治;

(三)西藏现行各种政治制度维持原状,概不变更。达赖活佛之地位及职权,不予变更,各级官员照常供职;

(四)实行宗教自由,保护喇嘛寺庙,尊重西藏人民的宗教信仰和风俗习惯；

（五）维持西藏现行军事制度，不予变更。西藏现有军队，成为中华人民共和国国防武装之一部分；

（六）发展西藏民族的语言、文字和学校教育；

（七）发展西藏的农、牧、工、商业，改善人民生活；

（八）有关西藏的各项改革事宜，完全根据西藏人民的意志，由西藏人民及西藏领导人员采取协商方式解决；

（九）对于过去亲英、美和亲国民党的官员，只要他们脱离与英、美帝国主义和国民党的关系，不进行破坏和反抗，一律继续任职，既往不咎；

（十）中国人民解放军进入西藏，巩固国防。人民解放军遵守上列各项政策。人民解放军的经费，完全由中央人民政府供给。人民解放军实行买卖公平。

以上 10 条，充分体现了以毛泽东为首的中国共产党人的宽广胸怀和高瞻远瞩。为了祖国的统一、各族人民的团结，中央人民政府作出了最大的让步，既尊重历史，又照顾现实。

但是，西藏代表团对中央人民政府的殷切期望和拳拳之意，却表现了相当的冷淡和麻木。他们先是借口英国人不让其与共产党政权接触而拒绝谈判。待英国政府同意后，他们又提出在香港会谈。选择这样一个暧昧的地点，理所当然地被毛泽东否定。于是，他们便拖延行期，迟迟不肯动身，使谈判难以进行。中共西南局的 10 项谈判条件在西藏上层的某些人看来，竟成为共产党懦弱和不敢向西藏进军的证明。不得已，中国人民解放军西南军区只好决定 10 月中旬占领昌都。

即使如此，毛泽东仍未放弃争取和平解决西藏问题的努力。8 月 29 日，他给周恩来写信，希望西藏代表团能在 9 月中旬赶到北京。信上说："请注意进攻昌都的时间。请考虑由外交部适当人员向印度大使透露，希望西藏代表团 9 月中旬到达北京谈判，我军就要向西藏前进了。西藏代表团如有诚意，应当速来，并请印度政府给予该代表团的旅行以可能的协助。"同日，他指示外交部"去电申健（时任中国驻印度大使馆临时代办，负责办理西藏代表团经印度到北京谈判的有关事宜），叫西藏代表团马上动身来北京"。

然而，西藏当局中的顽固势力置毛泽东的再三催促和请求于不顾，不仅不许西藏代表团赴京谈判，而且竭力阻止人民解放军进入西藏。

为了打击西藏反动势力，鼓舞西藏广大爱国僧俗的士气，争取和平解放西藏，人民解放军西南军区发动了昌都战役。

1950年10月6日至24日，第十八军一部，在青海骑兵支队和第十四军1个团的配合下，在昌都地区歼灭藏军6个代本（一个代本相当于一个团）全部和3个代本一部，共歼敌5700余人。藏军第九代本主管桑格旺堆率部起义。

昌都的解放，打击了西藏上层的反动势力，促进了西藏爱国力量的发展，打开了进军西藏的东大门，从而为和平解放西藏奠定了基础。

和平解放西藏

向西藏进军，既涉及如何正确处理国内的民族问题，也牵扯到与周边邻国的关系，特别是与印度的关系。尽管印度在新中国成立之初即与我国建立了外交关系，而且承认西藏是中国的领土，但由于长期受英国殖民统治的影响，印度政府在西藏问题上总是存在一些错误的认识，并经常出现某些不友好的举动。毛泽东对此是予以密切注意的。他的原则是：既要与印度友好相处，又要在国家的领土主权上毫不含糊。10月22日，毛泽东在外交部副部长章汉夫同印度驻华大使关于西藏问题的谈话记录上批道："西藏为中国内政问题，任何外国无权过问，简单地答复之。"

人民解放军占领昌都后，秣马厉兵，准备向拉萨进军。千呼万唤的西藏地方政府的全权代表终于在1951年4月下旬到达北京。经过将近一个月的谈判，《中央人民政府和西藏地方政府关于和平解放西藏办法的协议》（以下简称《协议》）于5月23日在北京签订。

中央人民政府全权代表李维汉、张经武、张国华、孙志远和西藏地方政府全权代表阿沛·阿旺晋美、凯墨·索南旺堆、土丹旦达、土登列门、桑颇·登增顿珠，分别在协议上签字。《协议》指出：

> 1949 年中华人民共和国成立以后，国内除西藏及台湾区域外，均已获得解放。为了顺利地清除帝国主义侵略势力在西藏的影响，完成中华人民共和国领土和主权的统一，保卫国防，使西藏人民获得解放，回到中华人民共和国大家庭中来，与国内其他各民族享受同样的民族平等权利，发展其政治、经济、文化、教育事业，中央人民政府在命令人民解放军进军西藏之际，通知西藏地方政府派遣代表团来中央举行谈判，以便订立《和平解放西藏办法的协议》。西藏地方政府的全权代表到达北京后，中央人民政府即指派全权代表与之谈判。谈判结果，双方同意成立本协议，并保证其付诸实行。

《协议》共 17 条，主要内容是：西藏人民团结起来，驱逐帝国主义侵略势力出西藏，西藏人民回到中华人民共和国大家庭中来。西藏地方政

毛泽东主席在庆祝和平解放西藏协议签字的宴会上，与西藏地方政府谈判代表团首席代表阿沛·阿旺晋美、班禅额尔德尼亲切谈话

府积极协助人民解放军进入西藏，巩固国防。在中央人民政府统一领导下，西藏人民有实行民族区域自治的权利。对西藏的现行政治制度、达赖喇嘛的固有地位及职权，中央亦不予变更，各级官员照常供职。班禅额尔德尼的固有地位及职权应予维持。实行宗教信仰自由的政策，尊重西藏人民的宗教信仰和风俗习惯，保护喇嘛寺庙，其收入不变。西藏军队逐步改编为人民解放军。逐步发展西藏民族的语言、文字和学校教育。逐步发展西藏的农、牧、工、商业，改善人民生活。有关西藏的各项改革事宜，中央不加强迫，西藏地方政府应自动进行改革。人民提出改革要求时，得采取与西藏领导人员协商的方法解决之。中央人民政府统一处理西藏地区的一切涉外事务，并在平等、互利和互相尊重领土主权的基础上，与邻邦和平相处，建立和发展公平的通商贸易关系。

为保证《协议》的执行，中央人民政府在西藏设立军政委员会和军区司令部，除中央人民政府派去的人员外，尽量吸收西藏地方人员参加工作。军政委员会、军区司令部及人民解放军所需经费，由中央人民政府供给，西藏地方政府应协助人民解放军购买和运输粮秣及其他日用品。

5月24日晚，毛泽东为庆祝达成《和平解放西藏办法的协议》举行隆重的宴会。刘少奇、朱德、陈云、郭沫若、黄炎培、李维汉以及班禅额尔德尼、阿沛·阿旺晋美等出席。毛泽东在祝酒时发表了真挚而热情的讲话。他说：几百年来，中国各民族之间是不团结的，特别是汉民族与藏民族之间是不团结的，藏民族内部也不团结。这是反动的清政府和蒋介石政府统治的结果，也是帝国主义挑拨离间的结果。现在，达赖喇嘛所领导的力量与班禅额尔德尼所领导的力量与中央人民政府之间，都团结起来了。这种团结是兄弟般的团结，不是一方压迫另一方。这种团结是各方共同努力的结果。今后，在这一团结的基础上，我们各民族之间，将在政治、经济、文化等一切方面，得到发展和进步。

5月25日，毛泽东发出进军西藏的命令。从7月中旬起，人民解放军进藏部队分多路由西康、云南、青海、新疆向西藏进军。

这是一次和平的进军，也是一次与恶劣的自然环境搏斗、不断克服困难的进军。入藏主力部队第十八军经多方努力,于 2 月初将入藏必须携带的 20 余种物品收集齐备,但由于大雪封山、气候险恶,出发的日期再三后延;新疆独立骑兵师入藏先遣部队于 1950 年底进驻藏北僧可日区的札麻忙保。但该区海拔 4000 米以上,天气变化无常,空气稀薄、骤冷骤暖,人马呼吸均感困难。仅仅一个半月,该部 135 人即有 6 人病死,34 人病卧在床,丧失了战斗力。至于马匹的病亡就更加严重;青海骑兵支队的主要任务是配合西南军队入藏、护送班禅,但由于给养筹措困难,迟迟不能成行。

严寒、缺氧、无路、粮秣难以保证,是所有入藏部队都会遇到的四大困难。这些困难往往又是交互为恶、连环引发的。最后各部统一定于 7 月,即选择气温最高的时令进藏。

英勇的人民解放军为了中华民族的统一,为了保卫祖国的神圣领土西藏,克服重重困难,战胜了种种艰难险阻,于 10 月 16 日进驻拉萨。12 月 20 日,中央人民政府代表、西藏地方政府谈判代表团和进藏部队举行

解放军进驻拉萨的先遣部队手持国旗走过布达拉宫广场

万人大会，庆祝西藏和平解放。西藏从此进入了崭新的历史时期。1951年底，除台湾省以及一些沿海岛屿外，全国各地都获得了解放，各民族的大统一、大团结基本得到实现。

（张国星／撰稿）

8 毛泽东与中印边界之战

60多年前,在祖国西南边疆,曾一度狼烟四起、风声鹤唳。印度政府置中印两国人民的传统友谊于不顾,悍然挑起一场大规模的侵蚀中国领土的战争。中国政府被迫进行了一场短促而有限的自卫反击战,全胜收兵。自此以后,西南边疆保持了数十年的相对稳定。当年在中国最高指挥部,毛泽东亲自参与了这场反击战。当战争的硝烟渐渐散去,边疆恢复平静后,毛泽东回首战事,不禁感慨道:"这一次我就参加了。总理、少奇同志、小平同志、军委的同志,我们都参加了。我们是在北京,没有上前线就是了。"

毛泽东对尼赫鲁说:"朋友之间有时也有分歧,有时也吵架,但这种吵架同我们和杜勒斯的吵架,是有性质上的不同的。"

中苏领导人在会谈时唇枪舌剑。面对赫鲁晓夫的偏袒,

毛泽东表情严肃,口气却婉转

凡事总有一个过程。中印边界冲突也不是一天两天的事。

早在新中国成立之初,即使在中印关系最友好的年月里,印方也有过一些不友好的举动。1951年,印方乘中国抗美援朝之际,抢占了中印边境东段"麦克马洪线"以南的9万平方公里中国领土,接着又占领了边境中段部分中国领土。得知消息后,毛泽东出于对中印传统友谊和根本利益的考虑,对印方的寻衅滋事一直保持克制和忍让态度。1954年10月,尼赫鲁总理应邀访华,受到中国政府的隆重接待。毛泽东在对尼赫鲁谈中印友好的同时,也谈到两国间的分歧,当面表示:"朋友之间有时也有

分歧，有时也吵架，甚至吵到面红耳赤，但是这种吵架同我们和杜勒斯的吵架，是有性质上的不同的……中印签订了关于西藏问题的协定，这有利于消除引起怀疑、妨碍合作的因素。我们共同宣布了五项原则，这也是很好的。"

毛泽东十分清楚当时中国面临的情况。"中国不会这样蠢，东方树敌于美国，西方又树敌于印度。我们不能有两个重点，我们不能把友人当敌人，这是我们的国策。几年来，特别是最近两三个月，我们两国之间的吵架，不过是两国千年万年友好过程中的一个插曲而已。"他亲笔写下的这段话，于1959年5月间通过中国驻印度大使潘自力转达给了印度方面，等于向印度交了"底"，目的就是一个，希望印方自重，和平共处。

但是印度当局对好言相劝置若罔闻，短暂的沉寂之后，又开始了新一轮蚕食中国领土的行动。1959年8月25日，在中印边界东段的朗久发生了双方军队的第一次武装冲突。10月，印度又在西段挑起了空喀山冲突。

一向视领土为血肉的毛泽东再也沉默不住了。尽管中苏关系已经恶

对印自卫反击战

化，他还是愿意向他们客观地通报情况，以便得到他们的理解。

10月2日，中苏领导人在中南海颐年堂举行了正式会谈。中方出席的有毛泽东、刘少奇、周恩来、朱德、陈毅、彭真等。苏方除赫鲁晓夫外，参加会谈的有苏斯洛夫、葛罗米柯、波诺马廖夫和安德罗波夫。会谈的中心议题就是中印边界冲突问题。

但会谈不欢而散。两天后，赫鲁晓夫一行起程回国。

赫鲁晓夫从北京回到海参崴后，于10月6日发表演讲，不指名地影射、攻击中国："像公鸡好斗那样热衷于战争，这是不理智的。"回到莫斯科以后，他又于10月31日在苏联最高苏维埃会议上发表演说，再一次不指名地攻击中国是"冒险主义""不战不和的托洛茨基主义"。这表明，赫鲁晓夫对中印两方所持的态度并没有改变。

为了避免边界冲突，中国单方面从边境线上后撤20公里。

印方认为中国软弱可欺，加快了武装入侵中国的速度。

中国政府几经权衡，终于定下打的决心

1959年11月，中国政府最高层的决策会议在杭州举行。参加这次会议的有毛泽东、刘少奇、周恩来、彭真、胡乔木等人。主要讨论的问题是如何避免中印边界冲突。会议首先由总参谋部的雷英夫汇报一个时期以来中印边界不断发生的流血事件。他并说明，中印边界的我方指战员已经到了怒不可遏的程度。然后，他提交了总参和外交部共同研究的避免中印边界冲突的几项措施，如不许打第一枪，不许还击，等等。毛泽东听着汇报，面色肃然，不停地抽烟。

当雷英夫讲到一些部队避免冲突的困难和一线指挥员的要求时，毛泽东摁灭了烟蒂，插话说："我们有些同志打了几十年的仗，可还不懂得这样一个起码的道理：两军的边防战士一天到晚鼻子对着鼻子站在那里，手里都拿着枪，一扣扳机，子弹就会打死人，冲突怎么能避免呢？"因此，他提出实行隔离政策，双方各自后撤20公里，如印方不干，我单方后撤。

根据毛泽东的提议，在这次杭州会议上，中央确定了避免边界冲突的隔离政策。

1959年11月7日，周恩来代表中国政府致函印度总理尼赫鲁，建议两国武装部队立即从实际控制线各自后撤20公里，脱离武装接触，同时建议两国总理尽快举行会谈。

但是，印度总理尼赫鲁拒不接受，反而认为中国软弱可欺，加剧了在中印边境进行的武装挑衅。在尼赫鲁拒绝中方建议之后，为了两国的共同利益和亚洲及世界的和平，毛泽东决定：中国部队单方面从中印边境后撤20公里。

1960年1月，中方又采取了一系列非常措施，命令我方在实际控制线20公里内不开枪，不巡逻，不平叛，不打猎，不打靶，不演习，不爆破；对前来挑衅的入侵印军，先提出警告，劝其撤退，劝阻无效时，方能依照国际惯例解除其武装；经说服后，发还武器，让其离去。

中国军队的这一系列措施，在国际舆论界反响强烈，普遍认为中国军队所具有的忍耐和克制，是着实让人惊叹的。

中国政府单方面命令军队后撤20公里后的两年内，印度军队不仅没有丝毫收敛，反而变本加厉地向中国境内进攻。1960年4月，周恩来飞赴新德里，同尼赫鲁举行边境问题高级会谈。尼赫鲁态度无丝毫转变，再次向中国提出领土要求。那是12.5万平方公里的中国领土啊，相当于一个福建省，中国政府岂能拱手相让？1961年，中国政府多次向尼赫鲁提出和谈建议，并实行隔离政策，均被一一拒绝。进入1962年，局势越发紧张起来。

1962年6月，印度军队加快了武装入侵中国的速度，东段已越过"麦克马洪线"，进入西藏山南的扯冬地区。截至8月底，印军在中国境内建立了100多个据点。这些据点最近的距中国哨所几十米甚至几米远，形成"面对面"的对峙，有的揳入中国哨所之间，有的还插到了中国边防哨所背后来了。印度军队一步逼近一步，显然要上门来闹事了。

在忍无可忍的情况下，1962年10月17日，由毛泽东召集的中央政治局常委扩大会议在中南海颐年堂召开。这是一次非同寻常的会议,它将对中印边界问题作出重大的决策。参加会议的有毛泽东、周恩来、刘少奇、朱德、邓小平、陈毅、贺龙等党和军队的最高领导人,同时,有关将领罗瑞卿、杨成武、张国华、王尚荣、雷英夫以及外交部的章汉夫和乔冠华也到会参加。

主持会议的毛泽东,先要乔冠华和雷英夫报告中印边境冲突的情况和各方面的反映。

他俩汇报完,周恩来开始发言。他着重分析了有关中印边境问题的形势,说明从各方面看我们不进行自卫反击不行了,因此建议立即进行自卫反击作战。会议在作了深入的分析讨论之后,一致同意周恩来的意见。

毛泽东说:"多年以来我们采取了许多办法想谋求中印边界问题的和平解决,印度都不干,蓄意挑起武装冲突,且越演越烈,真是欺人太甚。既然尼赫鲁非打不可,那我们只有奉陪了。来而不往非礼也。俗话说,不打不成交,也许我们反击一下,边境才能安定下来,和平解决边界问题才有希望实现。但我们的反击仅仅是警告、惩罚性质,仅仅是告诉尼赫鲁和印度政府,用军事手段解决边境问题是不行的。"

毛泽东说完后,会议接着讨论中印两军的实力对比和能否打得赢的问题。

西藏军区司令员张国华在参加完中央召开的七千人大会后,留在内地养病,生活刚刚平静一点,就被中印边境冲突打乱了。中央领导和军委总部不时传唤他。

毛泽东问张国华:"听说印度的军队还有些战斗力,我们打不打得赢呀?"张国华肯定而自信地回答:"打得赢,请主席放心,我们一定能打得赢。"

毛泽东说:"也许我们打不赢,那也没有办法。打不赢时,也不怨天怨地,只怨我们自己没有本事。最坏的结局无非是印度军队侵占了我国的领土西藏。但西藏是中国的神圣领土,这是世人皆知、天经地义、永远不能改变的。总有一天,我们会夺回来。"

大家在对形势作了一番分析研究之后,一致认为战胜印军是有把握的。但毛泽东一再提醒大家,我们没有同印度作战的经验,千万不可麻痹大意,一定要精心布置,打好这一仗。至于反击作战的方案,同意总参和张国华司令员共同拟制的计划。

根据总参提出的建议,反击时间定在 10 月 20 日(即这次会议两天以后),前线总指挥为西藏军区司令员张国华。

离开颐年堂前,陈毅和贺龙都向张国华详细了解了边防备战的情况。

张国华话不多:"我们已按主席说的'边防部队在精不在多'作了调整。要打就是泰山压顶之势。"

陈毅和贺龙交换了一下想法后,对张国华说:"要挑兵选将,干部不仅要军事上行,而且要有政治头脑,又要勇敢。"

贺龙的烟斗不停地冒着烟。他郑重地对张国华说:"如有临阵脱逃的,就要像内战时期那样,抓回来,执行战场纪律。"

张国华在笔记上快速地作着记号,抽空提出他的建议:"我想不仅要准备反击入侵印军,还要准备打击逃往尼泊尔境内的叛匪的回窜。"

张国华还就兵力、干部、物资和思想准备方面提出了自己的看法。

很快,一支代号为"四一九部队"的作战指挥机构组成了。中央的决心定下之后,张国华准备飞临前线,具体指挥中印边境东段达旺方面的自卫反击战。出发前,中央又一次召见他。

走进中南海,中央常委会议正在进行。毛泽东站在巨幅地图前,一只手夹着烟,另一只手作了个捞的姿势,说:"我们插进去,不打。"他变换了一下姿势,像是自言自语:"21 平方公里,2000 多人,作个愿望是可以的,但事实上办不到。"烟头连续亮了几下,他沉思良久,指着印军据点大手劈了一下,同时提高声音说:"扫了它!"

说完,他自己也露出了笑意。其实,毛泽东为打与不打也犹豫了好几个夜晚。顾虑的是尼赫鲁当时声望很高,军力相比又是弱者,很容易引起不明真相的国家的同情。总参谋部发布作战预令后,毛泽东仍在考虑打不打的问题。在分析了尼赫鲁最大的王牌是中国不敢打他们后,他反而坚定了打的决心。同时中国将打算告诉赫鲁晓夫,赫鲁晓夫仍持各打五十大板的态度,并没有公开地表示反对。他还向中国驻苏大使说,苏联也得到了类似情报,如果中国遭到进攻,反击是自然的事。而美国已把主要精力放在准备对苏战争上,不能以很大力量援助印度。中国外交官们也正向第三世界游说自己的观点。此时反击,对中国是有利的。

邓小平总书记补充:"要争取时间。"他又侧过脸问张国华:"粮食够不够?"

张国华回答说:"光军区生产的粮食还有两亿多斤。"

邓小平很满意:"好,这是有战略眼光的。"

军委秘书长罗瑞卿问道:"你有没有把握?"

张国华爽快地答道:"有。"

"根据呢?"

"我们面对的敌人,虽是印度的王牌军,但比不上蒋介石的主力。他们长期没有打仗,我们却刚刚平叛;他们未到过高山,我们却常住高山……"

常委会一直开到深夜,领袖们从大略方针谈到细枝末节。张国华一边要抢记,一边又要提供情况,很是紧张。散会时,头已疼得要裂开似的。高血压病又犯了。他不吭气,很快登上了飞机。

10 月 18 日,张国华到达拉萨的当天,军区常委扩大会议便紧急召开了。先由军区参谋长王亢传达中央指示:"首长认为这次作战像平型关战斗一样,意义重大。打得要狠,打死了还要再踩他两脚。中央决定,前面靠西藏军区指挥,有关战术上的部署调整等事宜,均由张国华司令员决定。过去总部规定的在 50 米以外不打枪不再执行。"

张国华站起来,传达毛泽东的指示。他学得惟妙惟肖,包括毛泽东用手缓慢一劈的动作。他讲得很快,提了一连串问题后又低声说了几句。看来,这才是他自己要说的主要的几句话:"事关重大,影响深远。我的决心是:准备伤亡 1300 人。根本不要考虑伤亡,1300 也好,2300 也好,打一个补一个,始终保持四个大团满员。"将领谈论战斗预想时,总会感到格外的欢悦,即使在下命令时:"为了加强指挥,我们都可以下去,必要时,副司令员可以到团里去加强。"他再次环视会场,话语里充满了鼓动性:"现在是非常时期,一切都要围绕打仗,一切服从前线,把自己担负的责任落实下去,负责到底。现在北京就看我们的了,是共产党员表现的时候了!"

> 毛泽东相信张国华:"让他打嘛!打不好重来!"初战告捷,
> 张国华耸耸肩,笑了:"这样容易取得的胜利,我当兵33年,
> 还是头一次!"第一封鼓励电还未来得及转发就被收回,
> 第二封电报旋即而来,上面增加了一句颇带感情的话

张国华于 19 日进入前方指挥所。

战前,指挥所的气氛是紧张的。他有时专心研究地图,有时离开地图踱着步子深思。"慎重初战"是个很不好驾驭的车头,初战必胜又是最起码的要求。与印军毕竟是初次交手,它是"太极派",还是"少林派"呢?估计不会有国民党的主力强,但也不能估计过低,要"猫"当"老虎"打,像对付国民党的中等部队。当时有一种意见,为了慎重,只打沙则一点,吃掉敌人一个营。这是个很保险的方案。张国华考虑再三,吃掉一个营,不痛不痒,要吃就吃它一个旅!

当他把这个想法告诉另一位领导时,那位领导身体震了一下:"这太冒险了!万一……"

还有一位领导不无担心:"现在仗要打大了,是不是战役发起时间向后推迟两天,以便部队做好充分准备?"

张国华没有表态。他说:"看看部队准备情况吧。"

阴法唐政委代表新组建的四一九部队师团两级领导再次进言:"张司令员,战役发起时间不能推迟!"

"理由呢?"张国华不露声色。

"我 1 万多人进入战场,在森林里隐蔽了一天一夜,不动烟火,再推

迟两天很容易暴露作战意图。那时再进攻还有什么突然性！"

张国华一拍桌子："不再推迟，要让敌人还没穿裤子就当俘虏。"

两种意见反映到中南海，有的领导也认为张国华是在冒险，但毛泽东不喜欢墨守陈规。他把另一种意见的文稿推到桌子一边，颇有愠色："他是前线指挥员，让他打嘛！打不好重来！"

方案定了。干部会上，张国华激越的声音把出击前的喧闹压了下去：

"现在当面敌人不是 1300，而是 2500，准备打它 3000，如再增援就按它 5000 打。三至五天解决问题，不要怕伤亡，准备伤亡 2000 人。要打得好，打得快，速战速决，务必全歼。打起来不受'麦线'约束，但要报告中央。打不好是前边的人负责，补给不好是管后勤的人的责任。哪个搞不好，要追究哪个人的责任。打不好，消极说法是未完成任务；积极说，是不够共产党员条件！"

会后，他又布置：要多准备些猪肉，要把各团电影组组织起来，把军区文工团调到前方，以鼓士气。

10 月 20 日 7 时 30 分，东方刚刚露出鱼肚白，我人民解放军的炮火便铺天盖地向入侵克节朗的印军阵地倾泻。9 时 30 分，印军的第一个据点被攻下。到晚上 8 时多，克节朗战役即告结束。张国华耸耸肩，笑了："这样容易取得的胜利，我当兵 33 年，还是头一次！"

23 日，中央致电称赞："作战部队在高原严寒的困难条件下，斗志昂扬，艰苦卓绝，勇猛作战，干脆地歼灭了敌人。"军区前指刚刚收到这一鼓励电，还没来得及转发，又收到中央收回该电的通知。张国华心头一紧：出什么事了，等他收到第二封电报时，心中的疑团才渐渐解开。后一封电报只比前一封电报多了两句话：一句是"捷报频传"，另一句是颇带感情色彩的"中央、军委极为高兴"。为什么又收回前封电报呢？张国华寻思：看这口气，很像是毛主席亲自加的两句话，他的高兴溢于言表，他希望电报能更大地鼓励前线士气……是的，一定是的！

在短短一个多月时间里，张国华指挥的两次战役和一些零星战斗都取得了胜利。歼敌 3 个旅，生擒王牌旅长达维尔和另一名准将旅长辛格，

被俘的印军官兵

共毙、俘敌 7000 余人,占整个中印边境反击战战果的 80%。中方作战部队也付出了代价,伤亡 1460 人。重要的是,在和平时期取得了作战的经验。战后,许多战斗骨干被输送到其他部队。1963 年,张国华还根据毛泽东的提议,为中央警卫团抽调了 12 名参加过战斗的连长、排长。

张国华回京向中央工作会议汇报。走上怀仁堂主席台时,
他左看看,右瞧瞧:自己的座位被安排在毛、刘两主席中间。
毛泽东的结论是:撼山易,撼解放军难

1963 年,张国华回京参加中央召开的工作会议。秘书通知他,主席要亲自听他汇报。张国华有些发怵:"叫别人汇报吧。"

"不行,主席点名要听你讲,说你一直在前线,最有发言权。"

张国华心里忐忑不安。他知道主席听部下汇报时最喜欢插话提问,即兴发挥。他生怕哪个细节疏漏,对答不妥……看来,只好加紧准备汇报提纲了。准备完了,他还觉得没把握,就把提纲送军委秘书长罗瑞卿审阅。罗瑞卿在上面批了一行字:"此件看了,很好,请照此向中央工作

会议汇报。"

2 月 19 日下午，汇报会在中南海怀仁堂举行。当张国华走上怀仁堂主席台时，原来泰然自若的神情忽然间又变得紧张起来，好像所有的目光都向他射来，对着他笑。他朝左边看看，又朝右边看看，自己的座位竟被安排在毛泽东和刘少奇两位主席中间！他也记不得是怎样走到自己座位上去的。人在太紧张时，反而抛弃了一切杂念。他开导自己：麦克风又不是机关枪，怕什么！反正是我亲身经历的事，就照直说。

当他谈到有些部队参战太仓促时，毛泽东果然插话了，说："那个五十五师，从青海的西宁出发，用卡车送，就是在路上动员的，差不多一到就打。一三〇师在四川是个生产部队，放下锄头就上车，一到就打，就在汽车上做动员工作，很仓促。"毛泽东一指张国华："就是你这个将军也是临时派去的嘛。"

毛泽东鼓励张国华继续说。当张国华说到"这场斗争是一场错综复杂的政治斗争和军事斗争"时，毛泽东又愉快地插话："要注意军事。只搞文，不搞武，那个危险。各大区、省委的同志都要准备打仗，要练兵，每年要有 8 个月。"毛泽东侧过脸，笑眯眯地望着张国华，半开玩笑地说："你也是书记嘛！一打仗，你那个病也就好了。"毛泽东磕磕烟灰，又补了一句："当然有病还是要治的。"

张国华接着说："中央军委和总部在作战中的每一重大转换时节，都给我们作了及时、具体而又详尽的指示……"

毛泽东插话："我这次是参战了的。还有少奇、总理、小平……"

张国华汇报说，这一次打近仗多。毛泽东说："要注意近战、夜战。对帝国主义，我不相信近战、夜战搞你不赢。在朝鲜战场上美国人怕近战、夜战，怕手榴弹，怕拼刺刀，怕几十公尺或者一百公尺这样的射击。"

张国华说："参战部队情绪很高。作战中西藏人民表现很好……"

毛泽东说："最基本的原因是，我们是工人、农民的军队，是共产党领导的军队。西藏人民过去受压迫，现在得解放了；因为他们不是有钱的，而是穷人、无产者、半无产者；因为我们对西藏劳动人民是用同志式的态度，不然他们会这样干吗？"

张国华接着说："印度国防部长说，中国军队在背后刺了他们一刀。"

毛泽东面带笑容说："工人、农民的军队，共产党领导的军队，为什么不能打胜仗呀？日本、蒋介石、美国、印度都被整下去了嘛！印度人说抓了我们的俘虏，又交不出来。好啊！没有抓到我们一个。"

张国华汇报："在交通运输上，我们是依靠土法，依靠自己，依靠群众。没有空军支援，靠地面；没有公路，靠人、畜；没有体积小、重量轻、有营养的干粮，靠糌粑……"

毛泽东插话："在这一点上，他是现代化，我们是原始化，但革命的原始化战胜了反革命的现代化。"

最后，毛泽东高屋建瓴地评价中印边境之战："打了一个军事政治仗，或者叫政治军事仗。这一仗，至少可以保持中印边境 10 年的稳定。"

历史完全证明了毛泽东的预见。事实上，从 1962 年至今，50 多年了，中印边境一直保持着相对稳定的局面。这个局面的取得与这一仗有着密切的关系，没有这一仗，是难以维持这么长的和平稳定的。

不久，罗瑞卿将参战部队一不怕苦二不怕死的情况向毛泽东详报。毛泽东若有所思：

"过去岳飞说：'文官不爱钱，武官不怕死，天下太平矣。''饿死不抢粮，冻死不拆房。'前两句有片面性。那时金兀术说，撼山易，撼岳家军难。今天我要说，撼山易，撼解放军难。"

（尹家民／撰稿）

⑨ 我所经历中印边境自卫反击战

1962年，在喜马拉雅山区——世界屋脊上发生了中印边境自卫反击战。我时任国防第十一师司令部的侦察科科长，自始至终参加了这场战争的全过程。

自1962年9月20日印军向我边防部队打第一枪起，中印边境局势便日趋紧张起来。我边防部队按照总参作战命令，积极进行备战工作，随时待命出发。

针对印军"铜头、锡尾、背紧、腹松"的特点，刘伯承提出"打头、切尾、击背、剖腹"的战略方针

中央军委对这场自卫反击战制订了三条反击路线：中印边境印军入侵的西藏阿里方向为西线，山南方向为中线，瓦弄方向为东线，以中线为重点进行反击。

中线第一战役的战场选在克节郎河谷，入侵这个地区的印军第七旅下辖四个步兵营，配属炮四旅两个营，旅长为约翰·帕拉希拉姆·达尔维准将。

我方参战的部队是西藏军区四一九部队所属一五四团、一五五团、一五七团和国防第十一师三十二团二营，配属军区炮兵三〇八团。

根据战前的敌情侦察，军区前指分析认为，印军部署特点是：前重后轻，两翼暴露，纵深短浅。军区前指决定采取两翼开刀，迂回侧后，包围分割，各个歼灭的打法。即命令一五五团担任右翼突击，一五四团从左翼开刀，一五七团实施侧后穿插分割包围，三十二团二营作为战役预

备队。

各部队按作战任务,于 10 月 19 日下午乘夜幕来临之前翻过拉则山口,利用河北岸密林作掩护,秘密行进到各自的出击位置潜伏下来。

10 月 20 日早上 7 时 30 分,指挥所上空升起三颗红色信号弹,这是我边防部队发起反击的信号。早已憋了一肚子气的战士一跃而起,端着枪向敌人冲去,枪声、炮声、喊杀声、手榴弹爆炸声,顿时响成一片。

经过 11 个小时的激战,在当日 18 时战斗结束时,印军除少部分溃逃外,大部被歼。我军共计毙、伤、俘印军七旅旅长达尔维准将以下 1987 人,缴获大量枪炮弹药及军用物资。其中我十一师三十二团二营歼敌 72 人,缴获各种枪支 120 余支,炮 6 门,配合主力部队取得了克节朗战役的胜利。

10 月 21 日 18 时,根据军区前指指示,我三十二团和四一九部队分四路向邱散谋、龙布、吉米塘、永郅桥地区实施战役追击,上述各处之敌望风而逃。

10 月 23 日,遵照总参"相机攻占达旺"的指示,我十一师三十二团和四一九部队、山南军分区部队共 5 个团又 1 个营,分五路直取达旺。达旺地区之敌在我军的震慑下,于当日已逃至达旺河以南、西山口一线。我各部队于 24 日、25 日分别占领了东新桥、达旺等地后,就地集结整顿,准备再战。

克节朗战役结束后,印度当局仍不甘心失败,断然拒绝我国政府 10 月 24 日提出的和平解决中印边界问题的三项建议,即:中印边界问题通过和平谈判解决;和平解决前,双方武装部队从实际控制线各自后撤 20 公里;两国总理就边界问题举行会谈。印度政府宣布全国处于"紧急状态",组织"紧急内阁",加紧扩军备战,进一步全面策划扩大边界冲突。在此情况下,要缓和边境紧张局势已不可能,只有针锋相对。因此,中央军委决定在印军入侵的东、西、中三线进行全面反击。

西线阿里方向由新疆军区负责;东线瓦弄方向由五十四军负责;中线达旺方向由西藏军区负责。以达旺方向作为全线反击的重点。这个地区位于喜马拉雅山主脉的南侧，是典型的高山峡谷密林地带，居住着门巴族、珞巴族和藏族同胞。

在达旺方向上仅有一条简易沿山腰河谷公路，弯弯曲曲通向西山口、申隔宗、德让宗、拉洪桥、邦迪拉、登尕威利，直至中印边界线伏特山口，而后通向印度提斯浦尔。印军依托这条公路为轴线及其两侧山林、河谷作一线式分段布防，重点在西山口。

中央军委对这次战役十分重视，军委战略组组长刘伯承根据西藏军区前指上报总参谋部的印军布局，当即指出印军摆的是"一字长蛇阵"，其特点是"铜头、锡尾、背紧、腹松"。他沉思后，提出对印军的打法是"打头、切尾、击背、剖腹"。他特别强调："要准备实施强攻，准备打硬仗、啃骨头。插入、迂回、分割、包围，把敌人打死、打伤，或俘虏，这才是战争的胜利。"

为争到"切尾"任务，十一师师长余政泉胸有成竹地摆出了四条清晰的理由

遵照中央军委的命令，西藏军区前指于 11 月 8 日在达旺指挥部召开参战部队指挥员作战会议。张国华司令员传达了中央军委的意见后说："刘帅提出'八字'打法很好，完全符合战场实际情况。但是在高山密林峡谷地区作战，困难是很多的，尤其是'切尾'，任务非常艰巨，会遇到意想不到的困难。人少了穿插没用，人多了穿插更困难。加上地形不熟、道路不明，又没有准确的军事地图，是一块硬骨头哇！事关战役全局，谁来'啃'？"

参加会议的各师师长都争先恐后，争着要"啃"这块"硬骨头"。参加过长征的十一师师长余政泉坐不住了，他斩钉截铁地说："我代表红军师全体指战员坚决要求军区前指首长把迂回'切尾'的任务交给我们师。"唯恐争不到这块"硬骨头"，他胸有成竹地摆出了四条请战理由："一是克节朗战役，我师大部队没有赶上，全师官兵求战心切；二是我师现在的集结地在最前边，机动便捷，可以争取时间；三是我师在解放战争和甘

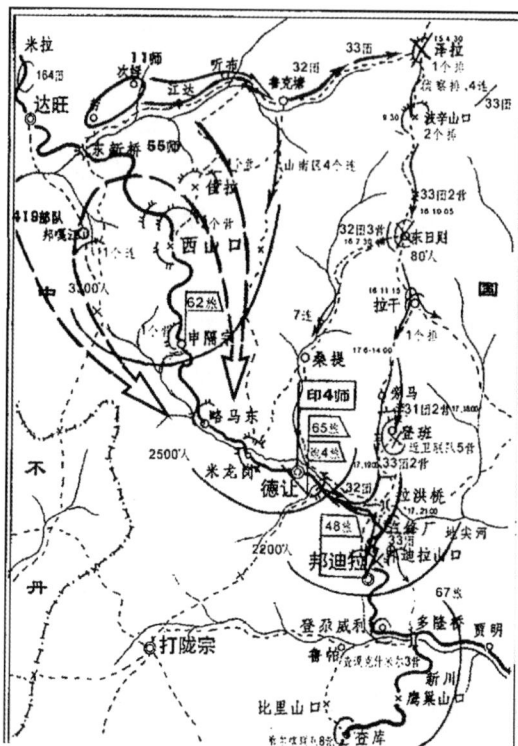

笔者所在部队——步兵 11 师在对印反击战中迁回路线图

南、西藏剿匪平叛中，曾多次实施远距离迁回奔袭作战，有实战经验；四是我师已于 11 月 1 日凌晨 5 时由三十三团郑甸武副参谋长和侦察股长宋全纬率领 29 人的侦察分队化装成印军，深入敌侧后勘察地形道路。"

张国华听后满意地点了点头，对余政泉说："老余呀！我们是英雄所见略同么。告诉你，这块硬骨头我早就派给你们了。"其他在座的同志都将羡慕的目光投向了余政泉。张国华定了定情绪，对余政泉下命令道："你们师的任务，是从敌人右翼迁回，插入到邦迪拉与德让宗之间，务必于 11 月 18 日晨零时通过拉洪桥，到达拉洪截断公路，形成对内对外正面阻敌北援南逃。"

接着，张国华对从青海刚调入的兰州军区五十五师师长王玉琨（原第十一师参谋长、陕北老红军）说："老王呀！你和四一九部队长柴洪泉组成联合指挥所，统一指挥一五四团、一五五团、一五七团、一六三团、一六四团、一六五团、山南军分区，炮三〇六团、三〇八团、五四〇团及工兵一三六团，攻歼西山口、申隔宗地区之敌。"王玉琨表示："请军区首长放心，我们保证完成任务。"

然后，张国华对四一九部队长柴洪泉和山南军分区司令员郭志贤说：

676

"你们是西藏军区进藏最早的老部队,担任'剖腹'和'击背'的任务也不轻松,只能打好,不能打坏。"张国华环视在座的其他人后,命令道:"各部队务必在 11 月 17 日到达指定位置,18 日早上 7 点钟,全线开始向入侵印军发起总攻,首先由五十五师 3 个步兵团在 3 个炮兵团支援下开始向西山口之敌进行攻击,先打掉印军这个'铜头'。"

军区前指作战会议结束后,各部队便进入紧张有序的战前准备工作。

十一师率领三十二团、三十三团及直属通信、炮兵、工兵等分队于10 月 24 日、25 日先后到达集结地东新桥西北侧一个叫劳·次姆的地区。这里稀稀落落的几户人家,掩映在浓密的森林里,不过早已是人去屋空。河对岸不远处便是西山口,印军重兵把守,人员、车辆来来往往,严密地监视着我军的行动,并不断向我军进行袭扰性炮击。

为了监视西山口印军的活动情况,师指决定各营、连,派出观察哨,师、团组织观察所,形成对敌观察网。我和侦察连连长杨鹤鹏率 6 名侦察员在师指挥所西北建立起师观察所,昼夜观察印军的活动情况。从 10月 28 日至 11 月 8 日,西山口印军向我集结地共发射炮弹 788 发,最多时一天一夜打 180 发,打在师指挥所周围的炮弹就有 318 发。白天,印军只要发现我集结地森林冒青烟(做饭的炊烟)和晚上火光(做饭烧水),便像下冰雹似的向我军开炮。开始几天造成我军严重伤亡,后经加修工事,深挖猫耳洞,改造锅灶为无烟灶,控制烟火等,我军再无人员伤亡。

兵贵神速,我军经过七天五夜,边打边进,提前 50 分钟完成战役大迂回,"切尾"成功

遵照军区前指布置给我师迂回敌后断路"切尾"的任务,我师决定由三十三团做前卫,于 11 月 10 日黄昏避开西山口之敌的观察,东溯达旺河,沿河北岸的山腰羊肠小道秘密夜间开进。于 11 日黄昏到达听布,师指命各部队就地宿营,在茂密的原始森林山坡地埋锅造饭,大家在饿了 24小时后,才吃上第一顿行军美餐。

12 日凌晨 5 点,我军从听布转向南下,通过我工兵搭的便桥,走过

100 米的乱石滩，进入"一线天"峡谷。这是喜马拉雅山主脉向南延伸的一条支脉，有如魔剑鬼斧劈开似的，巍然屹立，底部光线阴暗，苔藓潮湿。大部队加上驮炮的骡马，前拥后挤，坎坷难行。艰难地走出"一线天"后，便是遮天蔽日的原始森林，行程 3 小时才到鲁克塘。大部队在此休息，埋锅做饭，中午才吃上早饭。离开鲁克塘，在古木参天的森林中又走了 4 个小时，来到一块小小的草坪盆地，这里绿草丛生，阳光和煦，温暖宜人。部队稍事休息，待走出盆地，已是迫近黄昏。接着，又开始攀登海拔 5400 米高的折多拉山口。

折多拉山山势陡峭，崎岖难行，加之夜幕降临，山高缺氧，寒风袭人，广大指战员口干舌燥，腰痛脑胀，双腿疲软。身上的武器、弹药以及足够 7 天吃的生熟口粮，加在一起足足有 30 多公斤，压得人喘不过气来，每走一步，都要付出极大的努力。好不容易，我们才爬到山顶。

山顶，光秃秃的；山脊，只有常年不化的积雪，寸草不生。我们在折多拉山口稍事停留，等队伍到齐。接着，又越过山口，沿着崎岖的山腰小道继续前行。这时，老天爷好像有意跟我们作对，刮着大风，飘着雪花。艰难地行走了 5 个多小时，又遇到了一道冰河，大家徒涉冰河后，到了泽拉山口北侧河谷地带，这是师指挥所预定的部队大休息地点。4 天 4 夜的艰难行军，使许多人脚上起了水泡、血泡，甚至有人脚上的水泡、血泡与鞋袜粘在一起，每走一步都痛得钻心。这时，人困马乏，来不及选择地方，听到大休息号，大家便就地躺下，很快进入了梦乡。

11 月 15 日 12 时，大部队还在大休息时，三十三团来报：在泽拉山口放哨的侦察排与北上的印军 1 个排（30 余人）发生战斗，经过 20 多分钟的战斗，除打死 1 名，俘虏 1 名外，其余敌人掉头南逃。据战俘称：他们是印军阿萨姆步兵第五营的 1 个排，受命前来泽拉山口设点的，监视有没有中国军队来这里活动。

余政泉师长立即召开各团首长紧急会议。他分析认为，印军北上泽拉山口设点，说明印军已经重视这条小路了，我侦察排与设点印军发生战斗，其意义之重大在于我们首先提前发现了敌人——因为据上级敌情通报,在波辛山口才有印军据点,也就是说按原计划再走一昼夜才能遇上敌人;其次,战斗中我们缴获了敌人电台,侦察排轻装紧追逃跑之敌不放,敌人来不及向他们的上司报告,守在波辛山口和卡拉据点的敌人,依赖北上的这个排,容易产生麻痹思想,有利于我军出其不意地发起攻击;第三,提前了我们整个部队的出发时间,原定部队大休息后于下午5时出发,现在准备下午1点30分出发。

在紧急会议上,余政泉师长反复强调:"在印军还不知道我军实力的情况下,我们要立即行动,昼夜兼程,遇到敌人据点,猛打急追,夺路疾进,分秒必争,准时或提前到达迂回终点。"余政泉师长根据时间、空间、敌情的变化,果断地下达完命令后,便带领作战参谋、侦察参谋等几个精干人员跟随前卫团三十三团出发了。此后,各级指挥人员,可以根据随时掌握的情况,相机处置突发变故。

11月15日18时,三十三团侦察排和担任尖兵的四连抵达波辛山口,在浓雾中隐约看见设在南下唯一小道中间印军构筑的碉堡,不时还能听见印军的说话声。三十三团团长田启元根据师指"速拔掉敌人据点"的指令,命令侦察排从左翼迂回,四连从正面同时突然开火。一阵猛烈的枪声、手榴弹爆炸声,撕裂了沉静的山林、河谷。随着震耳欲聋的喊杀声,勇士们冲向了敌人的碉堡,仅6分钟就结束了战斗,80余名守敌大部被歼,余敌仓皇逃跑。我军立即发起追击。前卫部队发现卡拉山印军据点火光冲天,便加快步伐,疾速追击。敌人纵火烧毁营房、物资仓库,先行逃跑。我军来不及喘息,继续沿山脊小道向南疾进追击。

又是一昼夜过去了,广大指战员的体力消耗实在太大,汗水湿透了棉衣,口干难耐。同志们利用休息空间去舔路边树叶上的露水润润嗓子,有的战士在偶然发现的石缝中接到了半缸渗水,便拿回来让战友们传喝。听见山脊两边深谷中哗哗的流水声,可是谁也无法把水弄上来。小道两旁高耸的树枝上吊挂着融雪结成的冰柱,队伍中无数双眼睛,不约而同地投向垂吊的冰柱,不自禁地用舌尖舔着干裂的嘴唇,望"冰"止渴。直到17时,我迂回大军才走完这段无水的山脊羊肠小道,抵达有水的东日则北山。

三十三团前卫二营五连于 16 日 14 时在东日则与卡拉逃敌以及由拉洪桥北上的印军近卫联队第五营二连遭遇,我侦察排和尖兵排以正面与侧面相结合的战术,猛打猛冲,激战约 20 分钟,歼其一部,余敌溃逃密林中。三十三团二营当即以六连为前卫,迅速向拉干推进。15 时 30 分,尖兵排抵达拉干,守敌为印军近卫联队第五营二连 1 个加强排,刚立足未稳,就被我军正面冲击、两翼夹击而全歼。夜幕降临,我军先头部队抵达旁马。

17 日 12 时许,我师全部迂回部队到达旁马及其以东一线。师指挥所立即组织营、团指挥员勘察地形。余政泉师长对大家说:"我们沿途打掉印军 5 个据点,登班是最后一个据点,也是最关键最重要的一个据点。因此,三十三团要坚决果断歼灭登班之敌,尔后迅速夺取拉洪桥,过河后直插公路,对邦迪拉形成对外正面,要不惜一切代价,顶住敌人的反扑;三十二团留 1 个营为师预备队,其余两个营随三十三团之后,切断公路后向德让宗发起攻击,阻敌向邦迪拉靠拢,配合四一九部队歼灭德让宗之敌。"

17 时 40 分,配属三十三团的三十一团二营担任前卫任务,进至登班一公里处,尖兵五连与敌侦察警戒分队遭遇,我军先敌展开、先敌开火、先敌冲击,令敌猝不及防,不战而逃。五连乘胜追击,逼近登班敌主阵地前沿,登班守敌立即发起反击,并以拉洪桥方向的野战炮和迫击炮火压制我方火力,疯狂阻拦我后续部队。二营随即发挥我方炮火的威力,两次击退敌人的反扑,四连、五连乘势冲入敌阵。为争取到达迂回终点的时间,三十三团主力不等全部占领登班,即令二营在三十一团五营右翼投入战斗,直插敌人纵深,向拉洪桥急进猛扑。

18 时,我军全部占领登班,主力部队穿过敌人猛烈炮火的拦阻和节节抵抗,冲向拉洪桥头。桥下,印军来不及拉响装好的炸药,便仓皇逃命。19 时,我军通过拉洪桥,继续向拉洪汽修厂挺进,23 时 10 分截断公路。师指挥所立即发射 3 发红色信号弹,宣布我师经过 7 天 5 夜,边打边进,行程 250 余公里,提前 50 分钟完成战役大迂回,成功"切尾"。

毛泽东:"古今中外谁都怕抄后路,这次还击战,主要是十一师跑到它后面去了。"

西藏军区前指接到我师提前到达终点的电报后,日夜焦虑的张国华露出了轻松的微笑。他对身边的人员说道:"十一师不愧为英雄的红军部队。"

11 月 18 日拂晓,三十三团二营进至拉洪东南 5 公里处,构筑防御工事,向邦迪拉方向派出警戒。12 时许,田启元团长向师指请示,要派三营沿小路向邦迪拉山主峰侦察前进,师长同意并令其积极向邦迪拉山主峰发起进攻,相机攻占邦迪拉。

18 时,三十三团三营经过激烈的战斗,攻占了邦迪拉山主峰的印军阵地。19 日零时,我军发现邦迪拉印军南逃,田启元团长率主力立即下到邦迪拉,沿公路追击南逃之敌。8 时许,追到都康帕尼,发现有条小路通往比里山口,即令二营直插比里山口,团主力仍沿公路追击。12 时,前卫三营在登尕威利与北援之敌六十七旅查谟·克什米尔第三营遭遇。八连分两路向敌左右迂回攻击,九连沿公路正面冲击。营属两门迫击炮、六挺重机枪,掩护步兵冲锋。经过近两小时激战,全歼该营,毙、伤、生俘中校营长欧济阿·辛格以下 204 人。

20 日 5 时,沿小路追击的二营夜袭查库守敌六十七旅第八廓尔喀联队第六营,歼敌 220 人。

21 日 10 时许,三十一团和三十三团零星掉队人员行至多隆桥北侧,发现敌四十八旅马德拉斯第一营。我军在参谋康德心和连长王文保的指挥下,向敌人发起攻击,仅战斗 20 分钟,歼敌 241 人。

至此,中印边境反击战役第二战役胜利结束。此次战役担任"打头"的五十五师、"剖腹"的四一九部队和"击背"的山南军分区部队,共歼敌4800 余人,缴获大量枪炮、弹药及军用物资。十一师担任战役大迂回的"切尾"任务,作战 15 次,歼敌 1476 名,缴获各种火炮 56 门、各种枪支

我军向印军战俘宣传中国政府的政策

1268 支、弹药 30 余万发、坦克 9 辆、汽车 311 辆以及大量军用品。

战后，西藏军区司令员张国华向党中央、中央军委和毛泽东汇报中印边境反击战情况时，毛泽东插话说："这次仗打得很好。前面防守，后面不防，绕到屁股后面它就完了。古今中外谁都怕抄后路，这次还击战，主要是十一师跑到它后面去了。"

（牛俊熙／撰稿）

10 我所经历的金门炮战

应征入伍

1955年底,国家从初中在校生中征集特种兵——海军、空军。我是从山东聊城二中应征入伍的。二中同我一起应征入伍的还有宋永清、王成明、修保文、李俊祥等同学。

1956年正月初六,我们这些接到入伍通知书的青年,都去聊城集合。不管什么军种,统一配发陆军军装。来接新兵的海军军官把我们编成临时班、排、连组织。换装三天后,我们这些按临时编制的班、排、连,乘坐十几辆军用大卡车离开了故乡聊城。在聊城的大街两旁,送别的亲人挥着手、流着泪和我们这些远离家乡的战士告别。我坐在慢慢行进的卡车上,脑海里萦绕着家里的亲人和学校的老师、同学的音容笑貌。我就要离他们远去,要去的是一个陌生的地方,也是祖国最需要我去的地方,去学习,去战斗,去工作。这一去改变了我的一生。

军车直接把我们拉到济南火车站的货站。我们按指令上了拉货用的闷罐车。经过两天两夜的行程,到达了目的地——旅顺口海军基地。

当时来旅顺基地的新兵,不管来自哪个省,都进了新兵训练团,要在训练团集中学习几个月,具备一定的军事技能后才分配。当时海军属于特种兵,服役期限要比陆军多一两年。这些军事技术,必须通过集中学习,才能在实战中应用,才算是一个合格的战斗人员。

我们去时,训练团地址就是苏军走后留下的两座大楼,这时一下子聚集了几百人,只能打通铺睡觉,根本没有学习的地方。于是,我们的任务首先便是上山打石头，自己盖教室。用了不到半年的时间，就建成了一排排整齐的教室。

有了学习的地方，这才开始了正规的学习训练。我当时学的是海岸炮兵指挥仪。仪器是随大炮从苏联进口的，名为米纳2X指挥仪，主要配备在130毫米口径火炮上。这种武器在当时是比较先进的，没有一定的文化基础学不进去，特别是构造原理部分更是难懂。好在要求我们能熟练地操作，能排除一般的故障，就可以上岗了。

我们在训练团学习了几个月，又到老铁山海岸炮兵连实际操作了半个月，基本上掌握了指挥仪的操作技术和一般故障的排除方法。1956年底，上级按照我们新学习的技术，进行了分配。学习航海的、通信的、机电的，都上了舰船。我们学习指挥仪的、观察的都被分到了海岸炮兵部队。我和王成明、郭孟高等十几个人，被分到大连海军铁道炮团。铁道炮团是苏军留下的，活动性海岸炮。当时全国只有四个连，都驻守在大连。我和王成明被分配在172连，驻守大连海运学院南边。我们四个连队轮流值班。哪个连队值班，火车头就开到哪个连的驻地，平时就地训练。演习时，我们指挥仪班是最辛苦的，因为指挥部都设在山顶上，我们的指挥仪在山下的火车上，中间用鸡蛋般粗的电缆联系两地。每逢演习，我们必须跑到山顶上，把通向指挥仪的电缆一节节地收回装上火车，到达目的地，再把电缆和指挥仪接通，而且动作必须迅速。我们都是跑着进行，鸡蛋般粗的电缆几十斤重，背着上山下山很是费力。固定的海岸炮电缆是埋在地下的，就没有那么费力了。

调往前线

1958年"八二三"炮战前，驻守在大小金门岛的国民党军，经常向我驻守前线部队及前线村民、渔民打炮，造成军民死伤。为了打击敌人的嚣张气焰，中央决定对大小金门及周围有驻军的岛屿，集中进行大规模炮击，这就是以后说的万炮齐轰金门岛。说起这60多年前的往事，作为一个亲历的老兵，有好些情景马上就浮现在我的眼前。

1956年春节刚过,连长叫我去旅顺基地参加体育集训。时间是一个月,回来后,在连队的体育课上作示范。当我集训到两周时,忽然接到通知,令我立即回队,什么原因没说。到了连队才知道,是上级要从我们铁道炮团调十几个人去东海舰队。第二天,我们在一个参谋的带领下,从大连坐商船直达上海。船航行得很慢,在海上漂泊了两天两夜,上午才到达上海黄浦江码头。下船后,我们直奔东海舰队司令部报到。接待我们的人看到我们一路上很辛苦,安排我们在新民路招待所休息。带我们来的参谋把我们送到招待所后就回大连去了。

我们十几个人都是第一次来上海,对一切都感到新鲜。头一天,我们就去上海最繁华的南京路,看了大世界和黄埔江岸,晚上回招待所。

福建前线的解放军战士在掩体里擦拭炮弹

就这样,我们在招待所住了十几天,上海我们想去的地方都去了。之后,我们选了两个代表去司令部请示任务,司令部的人告知我们,去福建前线,到厦门水警岸炮团执行任务。我们拿到了介绍信,当天就坐上了去厦门的火车。当时鹰厦铁路刚通车不久,车走得很慢。从上海到厦门经过了两天两夜的行程。上午八九点才到厦门站。下车后,我们背着自己的行装,排着纵队,急行军似的向水警岸炮团司令部奔去。当时厦门居民早就换上了单衣。我们十几个人还穿着棉衣,披着羊皮大衣,背着背包汗流浃背地走在大街上,引来不少行人的好奇和议论。到了炮团司令部,立即把我们分到了各自的连队。我被分配到44营160连,中央指挥哨。在招待所住了一夜,我就去了连队。

我们连驻守在福建前线的南端,对面是国民党军驻守的东碇岛,北面是大小金门岛。我们用测距仪和观察镜,可以清楚地看到金门岛上跑着的汽车和进出料罗湾的舰船。我连的大炮就在海岸上,守卫着西海岸线。我连和驻守在晋江围头的岸炮,正好卡住大小金门通往台湾的水上交通路线,地势很重要。在以后封锁金门时,这里起到了特别重要的作用。

万炮齐轰金门岛

闽南的8月,天气炎热,也是前线战士战前最紧张的时刻。我们连原先的露天观测哨都用东北运来的大原木加了盖儿。原本钢筋混凝土的指挥部,上面又加了1米厚的沙石,各炮位都备足了弹药,同时也加紧了战前演练,随时准备打仗。

我记得很清楚,1958年8月23日下午5点刚过,我连指挥部发出了战斗警报,全连指战员不到1分钟就进入各自的战斗岗位。我的战斗岗位是指挥仪六号手,任务是传送指挥员的作战指令。我迅速戴上耳机密送话器,问各炮准备情况。我听完各炮准备完毕后,向指挥部报告:"全连一切准备完毕。"此时是我们参战人员思想最紧张的时刻,外面各种杂音好像都消失了,只听到仪器转动的声音和心脏跳动的声音。下午5点半,耳机里传来了指挥员的战斗指令:"战斗开始,目标金门岛料罗湾,战斗装药爆破弹，射速 10 秒。"我重复着指挥员的口令，两手同时操作指挥仪的指示器。当听到"放"字时，我口里喊出"放"字的同时，左手拇指按动发射指令。就听到一声震天动地的巨响，四发炮弹同时呼啸着向金门岛飞去。我接到指挥员的指令，每 10 秒按一下发射令。在按下发射令的同时，我右手打开秒表，计算着炮弹的飞行时间。当第一群炮弹还有 10 秒落地时，我发出弹落地指示，并喊出"弹着"。打了也就 3 分钟，我耳机里传来观测哨的声音，料罗湾油库被我连打中起火。

当每门火炮连续发射 40 多发时，炮膛的温度急剧上升，火炮已经没办法被射击手有效控制。弹药装进炮膛，炮膛一关，火炮自动发射，射击手躲都躲不及，被火炮的后坐力冲出几米远。发射的指令被打乱了。我及时向指挥员报告了这一情况。指挥员下达了暂停射击的指令。我连火炮虽然暂停射击，但陆军的炮火还在急速地射击。从观察哨里可以看到大小金门岛一片浓烟火海。因为我军的炮火来得既突然又密集，敌守军被打得晕头转向。过了好长时间，才向我军阵地还击。双方互射了一个多小时，全域才停下来。第二天，上级情报部门传来了头天的战果，打死敌军 2 名中将、1 名少将，毙伤官兵 600 余名。

8 月 23 日后，解放军对大小金门岛及周边的敌占岛屿进行了封锁，只要有从台湾来的舰船，立即开炮射击，台湾的任何军需物资别想运往敌占岛屿。同时，中央宣布领海权由原来的 3 海里改为 12 海里。

在封锁海面的同时，空军也展开了争夺制空权的战斗。我方阵地上空，经常有十几架敌我双方的战机，上下翻飞，在空中"拼刺刀"。我连的高射炮及各炮位的高射机枪，因为分不清我军和台湾的飞机，只好在自己的炮位上，等待上级命令。

这里有个插曲。"八二三"后的一个夜里，突然有一架从台湾方向飞来的运输机，不知是驾驶员迷失了方向还是思想紧张，把我们营部的阵地误以为是大金门的料罗湾。它一进入我营部的高射炮射程，我们的高射炮立即开火。敌机一看不妙，扔下东西转头向台湾方向逃去。因为有月亮，能看到敌机上扔下的降落伞向我营阵地飘落下来。全营没战斗任务的战士拿起冲锋枪把降落的地方包围起来。走近一看原来是18只大木箱子,有的箱子在落地时已经被摔开,里面全是红烧肉罐头。经医生化验无毒,营长才叫人分下去。罐头每个1公斤,每两个人分一个罐头,改善了一次生活。余下的作为战利品上交福建海军基地。

从"八二三"开始,我们吃住从未离开过自己的战斗岗位。每到饭时,由一个人到伙房把饭菜打来,就地分开,各吃各的。睡觉在自己的岗位附近,架块木板就是床。战斗空隙,和衣一倒,立即进入梦乡。

吓跑美国军舰

金门被封锁一段时间后,岛上十几万国民党军弹尽粮绝。记不清楚是哪月哪天,前线雷达传来讯息:有艘台湾"中"字号大型登陆舰,在美国驱逐舰的护航下,向金门驶来。我连炮瞄雷达立即开机跟踪,同时下达战斗警报。

我听到警报,立即进入岗位。我戴上耳机,就听到雷达站长向指挥员传送信息。"前面是台湾的'中'字号,后面是美国的驱逐舰,很快进入我炮射程。"因为有美国的驱逐舰,打不打,福建前线指挥部就不敢决定了,一直请示到中央军委。命令下来,打台湾的,不打美国的。如果美舰对我射击,坚决回击。

在向上请示的这段时间,"中"字号已经进入我连的射击范围。炮手早就把炮弹放到了装填机上。所有战斗人员的思想都很紧张,也很安静。等了足有10分钟,我耳机里传

炮击金门时所用的火炮

来了指挥员的战斗指令："战斗开始，目标'中'字号，战斗装药爆破弹，射速 10 秒。"我立即传送指挥员的战斗口令，并操纵着仪器。当我喊出"放"的同时，手也按下了发射按钮。只听一声巨响，炮弹向敌"中"字号飞去。

就在我军射击敌舰时，护航的美军驱逐舰转头向公海驶去。在我连的炮瞄雷达上看得清清楚楚。耳机里传来雷达站向指挥员的报告声："美舰向公海驶去。"当时，我军一直把"中"字号打瘫，美舰也没敢出来救，还是国民党的军舰把"中"字号给拖了回去。第二天早新闻，对美国军舰驶入我领海发出第一次严重警告。也就是从这天起，美国第七舰队的舰船每天夜里在我领海的边缘游来游去。只要它一进入领海，我们就开机待命，一直到敌舰离开，我们才解除警报。这样持续了七八天。

又是一天夜里，国民党军的一辆水陆两用战车，偷偷向我连对面的东碇岛驶来。我连的炮瞄雷达立即开机，很快就捕捉到了目标，只打了几炮，目标就不动了。等我炮艇靠近一看，敌战车上的人已经不知去向，我军炮艇把它拖回，它成了战利品。

首长和文艺工作者的慰问

我连在封锁金门岛的战斗中，打了几次胜仗，上级给我连荣记集体三等功一次。福州军区司令员韩先楚、海军司令员萧劲光先后来我连视察慰问。首长的到来给了我们很大的鼓励。

对金门岛封锁了一个多月后，驻守部队弹尽粮绝，金门岛守军走投无路。中央从大局着想，对金门解除了封锁。同时，炮战也停了下来。以后又改为双日不打单日打，其实我连基本没打。

炮击金门岛的那段时间里，让我们最难忘的是，文艺界全国人民慰问团到前线慰问。当时炮战还没有完全停下来。敌我双方不一定什么时候就向对方打几炮。我记得到我连阵地来慰问演出的是全国曲艺队，说京韵大鼓的骆玉笙说了段自编的京韵大鼓，相声演员小立本说了段自编的相声，内容大多是我们前线阵地发生的事。听说梅兰芳大师带着自己的琴师在厦门炮艇码头上为战士们清唱。全国慰问团刚走,各省、市、自治区慰问团也相继而来。他们都带来当地的名剧团,拿来当地的土特产品。虽然拿来的慰问品不多,但每个连队也能分到一点儿。山西的大红枣、山东的大葱,对南方的战士来说,由于当时运输的问题,确实很少见。

岁月如梭,60多年前的事,哪能记得那么准。在亲友的鼓励下,写下了这篇不成熟的回忆。

(张延顺/撰稿)

11 中共八大

—— 历史性盛会

1956 年 9 月，中国共产党第八次全国代表大会在北京召开，这是中国共产党执政后召开的第一次全国代表大会，是一次团结的大会、民主的大会、探索中国自己社会主义建设道路的大会。八大正确地分析了社会主义制度基本建立后我国社会的主要矛盾，提出了党的主要任务，发出了调动一切积极因素建设社会主义伟大事业的号召，对党的领导体制、党内民主制度和党代表大会制等都进行了有益的探索。

一、一再后延的中共八大

按照 1945 年中共七大通过的党章规定，党的全国代表大会通常情况下每三年召开一次。中共七大是 1945 年召开的，三年后的 1948 年，正值人民解放战争进入大决战时期，这时显然不具备召开党的全国代表大会的条件。

新中国成立之初，百废待兴，需要继续完成民主革命遗留下来的任务，在国民党留下来的烂摊子上，恢复国民经济，制止通货膨胀，恢复和发展生产，保障和改善人民生活。这时，新解放区的土地改革尚未完成，新生的人民政权还不巩固，反革命分子的颠覆破坏时有发生，中国人民还要全力进行美国人强加的抗美援朝战争，因此党还没有时间来召开第八次全国代表大会。

1952 年底，全国范围的土地改革基本完成，通过开展镇压反革命运动社会秩序已经稳定，抗美援朝进入边打边谈阶段且战线已稳定在三八线附近。这时,中共中央开始考虑召开八大的问题。但是,到了1953年,第一个五年计划开始实施,新中国进入大规模的经济建设时期,这一年又发生了"高(岗)饶(漱石)事件",八大召开的时间又只得后延。

1955年3月,为总结"高饶事件"的教训,按照原定计划,中国共产党全国代表会议在北京召开。在3月31日的闭幕会上,毛泽东在结论讲话中代表中共中央宣布:决定在1956年下半年召开党的第八次全国代表大会。他在讲话中提出:八大有三个议事日程,一是中央委员会的工作报告,二是修改党章,三是选举中央委员会。明年7月以前要完成代表的选举及文件的准备工作。要在这一年多的时间内,经济、文教、军事、党务、政治思想等工作都要大进一步,为胜利召开八大而斗争。

讲话中,毛泽东还解释了要抓紧时间召开八大的原因。他说:党的代表大会,十年没有开了。当然头五年不应当开,因为兵荒马乱,又开七大,后五年可以开而没有开。没有开也有好处:高饶问题搞清楚再开,不然他们要利用八大大做文章。同时,我们的五年计划也上了轨道,过渡时期总路线也提出来了,又经过这次代表会议使大家在思想上更加统一了,为召开党的第八次代表大会准备了条件。毛泽东还说:定期召开会议,进行批评和自我批评,这是一种同志间互相监督,使党和国家的事业迅速进步的好办法。

中共中央决定召开八大后,大会的筹备工作便紧锣密鼓地展开了。在中共七届五中全会上被选为政治局委员的邓小平,作为中共中央秘书长,具体负责筹备召开八大的各项组织工作。

1955年10月,中共中央召开扩大的七届六中全会,讨论和通过了《关于召开党的第八次全国代表大会决议》。会上,邓小平代表中央政治局作了《关于召开党的第八次全国代表大会的决案草案的说明》。

1955年12月初,中央政治局在北京召开了一次有各省、市、自治区党委负责人参加的座谈会,布置召开八大的筹备事宜。主持会议的刘少奇宣布中央政治局决定于1956年9月召开八大,并且传达了毛泽东关于召开八大的指示精神:八大的中心思想是要反对右倾思想,反对保守主义,提前完成我国的社会主义工业化和社会主义改造,保证 15 年同时争取 15 年超额完成。

二、大会文件的准备

召开党的全国代表大会,最重要的筹备工作就是准备大会文件。毛泽东在七届六中全会上说过,八大标志我们党前进了一步,而开好这次大会,使党更上一层楼,关键在于有好的文件。八大的主要文件有大会政治报告、修改党章的报告、党章修改草案、关于发展国民经济的第二个五年计划(以下简称"二五"计划)建议、关于"二五"计划建议的报告。

为准备好这些文件,早在 1955 年中共中央就组织了三个写作班子:一个是由王稼祥、刘少奇、陈云、陈伯达、胡乔木、陆定一、邓小平 7 人组成的政治报告起草委员会;一个是由安子文、刘澜涛、宋任穷、李雪峰、胡乔木、马明方、杨尚昆、邓小平、谭震林 9 人组成的修改党章和修改党章报告起草委员会;再一个是由周恩来组织国家计委人员起草"二五"计划建议和关于"二五"计划建议的报告。

八大政治报告的起草

按照事先政治局的决定,八大上刘少奇将代表中共中央作政治报告。七届六中全会后,刘少奇陆续听取国家机关、中央各部委负责人的汇报。从 1955 年 12 月 7 日开始,一直到 1956 年 3 月上旬,他连续听了 30 多个部门的汇报,目的在于通过调查研究了解更多的实际情况,写出一个好的政治报告来。

1956 年 1 月中旬,毛泽东从外地回到北京。不久,他从国家经委主任薄一波那里听说刘少奇正在听取一些部委汇报工作,觉得这个办法不错,就对薄一波说:"这很好,我也想听听。你能不能替我也组织一些部门汇报?"

从 2 月 14 日开始到 4 月 24 日结束,毛泽东共听取国务院 34 个部门的工作汇报,还有国家计委关于第二个五年计划的汇报,实际听汇报的时间为 43 天。这一段时间，毛泽东极为紧张，用他自己的话来说，几乎每天都是"床上地下，地下床上"。一起床，就开始听汇报，每次都是四五个小时。刘少奇、周恩来、陈云、邓小平等只要抽得出时间也参加。各部委在汇报前，都事先把汇报内容写成书面材料送给毛泽东。毛泽东听口头汇报时，不断插话，提出问题，发表意见，进行评论。在听取汇报的过程中，毛泽东关于社会主义建设的思路逐渐清晰，他最后将各种矛盾问题归纳为十种关系。

4 月 25 日，毛泽东主持中央政治局扩大会议，在会上发表了《论十大关系》的著名讲话。这十大关系是：(一) 重工业和轻工业、农业的关系；(二) 沿海工业和内地工业的关系；(三) 经济建设和国防建设的关系；(四) 国家、生产单位和生产者个人的关系；(五) 中央和地方的关系；(六) 汉族和少数民族的关系；(七) 党和非党的关系；(八) 革命和反革命的关系；(九) 是非关系；(十) 中国和外国的关系。

《论十大关系》中，贯串一个基本的思想，这就是要"以苏为鉴戒"，走中国自己的社会主义建设道路。为此，毛泽东强调："特别值得注意的是，最近苏联方面暴露了他们在建设社会主义过程中的一些缺点和错误，他们走过的弯路，你还想走？过去我们就是鉴于他们的经验教训，少走了一些弯路，现在当然更要引以为戒。"最后，毛泽东指出："我们一定要努力把党内党外、国内国外的一切积极的因素，直接的、间接的积极因素，全部调动起来，把我国建设成为一个强大的社会主义国家。"这就是《论十大关系》的基本方针，也是毛泽东当时关于怎样建设社会主义的指导思想，并成为八大政治报告的基调。

在此之前，刘少奇指示陈伯达负责政治报告的起草工作。应该说陈伯达对起草这个报告还是花了不少心思的，费时一个月，写出了一个初稿，交给刘少奇审阅。刘少奇看后不满意，便把稿子给胡乔木看了，并问他对稿子有什么意见。胡乔木在认真看过稿子后说，这个稿子不像党中央向第八次全国代表大会所作的政治报告，倒像一个学术报告。于是，刘少奇对胡乔木说，他写得不行，你来搞一个，转过头来要胡乔木负责起草。

胡乔木接受任务后,开始了认真的起草工作。胡乔木以毛泽东讲的十大关系为纲,于 7 月初写了第一稿,题目为《为实现过渡时期的总任务而斗争 (初稿)》。

修改党章和起草修改党章的报告

在起草政治报告的同时,修改党章和起草修改党章的报告也在抓紧进行。

修改党章和起草修改党章的报告,是互为关联的两件事,主要的负责人都是邓小平。邓小平先抓了修改党章的工作。经过起草委员会 5 个月的紧张工作,到 1955 年 10 月,党章的第一次修改稿,即《中国共产党章程 (初稿)》起草出来了。

随后,邓小平对党章初稿从内容到文字,都做了逐字逐句的修改,并加写了"人民解放军党组织"一条。后又经过半年的反复修改,于 1956 年 4 月形成了《中国共产党章程 (第二次修改稿)》。

4 月 25 日至 28 日,中共中央政治局召开有各省、市、自治区党委书记参加的扩大会议,中心议题有两项,一是听取毛泽东作《论十大关系》的报告,二是讨论党章第二次修改稿,并提出修改意见。在 28 日的闭幕会上,毛泽东专门就设几个中央副主席、党代会的常任制等问题发表了意见。他说:"中央究竟是设一个副主席还是设几个副主席,也请你们讨论。少奇同志提出设几个副主席,现在的这个党章草案上是说设一个副主席。还有,是否可以仿照人民代表大会的办法,设党的常任代表。我们有人民的国会,有党的国会,党的国会就是党的代表大会。设常任代表有什么好处呢? 就是可以一年开一次代表大会。我们已经有十年没有开党的代表大会了,有了常任代表制度,每年就非开会不可。是不是可以考虑采用这个办法,比如五年一任。这还没有写到党章草案上去,提出来请大家考虑,看是否可以。"

根据毛泽东的意见和政治局扩大会议的讨论情况,邓小平主持党章修改小组对党章第二次修改稿又做了修改,其中重要的一条是加写了从中央到县一级的党代表采用常任制。这是党内民主建设上的一个重大创造。

在充分听取各省、市、自治区党委和中央各部委党组的意见后,同年7月,中共中央决定成立一个专门委员会,负责落实中央机构的设置方案,向中央政治局提出报告。这个委员会以陈云为第一召集人,邓小平为第二召集人,成员包括彭真、彭德怀、董必武等20人。

8月5日,邓小平将专门委员会讨论的中央机构设置方案,报送毛泽东、刘少奇、周恩来、朱德等。这个方案的内容是:党的中央委员会全体会议选举中央政治局、中央政治局常委会和中央书记处,并且选举中央委员会主席一人和副主席若干人;中央政治局和它的常委会,在中央委员会全体会议闭幕期间,行使中央委员会的职权;中央书记处在中央政治局和它的常委会领导之下,处理中央日常工作;中央委员会的主席和副主席同时是中央政治局的主席和副主席;中央委员会认为有必要的时候,可以设立中央委员会名誉主席一人。

毛泽东对这个方案比较满意,基本上没再做什么改动,只是在"副主席若干人"之后,加写了"和总书记一人"6个字。至于总书记人选,毛泽东已胸有成竹,那就是邓小平。

在修改党章的基础上,关于修改党章的报告也在紧张地起草。修改党章的报告也是由胡乔木起草的。7月下旬,胡乔木起草了报告的前半部分,主要是对党纲部分进行说明。8月上旬又写了报告的后半部分,内容是对党章中一些重要条文进行的说明。

拿到胡乔木的初稿后,邓小平着手进行修改。他没有对草稿的结构做大的改动,主要是补写了党所处的历史环境的变化,以及由此而引发的党组织出现的新情况和新问题、党的建设的新任务等内容。随后,邓小平将报告提交修改党章报告起草委员会征求意见,由委员会集体修改后,呈送毛泽东审阅。毛泽东没有对报告进行大的修改,只是增写了少量的文字。

由于各起草委员会的努力,各项文件的起草工作顺利进行。毛泽东、刘少奇、周恩来、朱德等随后多次开会研究讨论，并分别对这几个文件草稿逐字逐句进行了重要修改。从 1955 年 8 月 22 日至 1956 年 9 月 14 日，中央政治局召集研究八大事宜的各种会议、约谈、会见达 130 余次。在这些文件的起草和修改过程中，充分体现出民主精神。毛泽东在 1956 年 9 月 13 日的七届七中全会第三次会议上谈到这三个报告的修改过程时说："第一次推翻你的，第二次推翻他的，推翻过来，推翻过去，这也说明我们是有民主的。不管什么人写的文件，你的道理对就写你的，完全是讲道理的，不讲什么人，对事不对人。"

起草关于"二五"计划建议，起草关于"二五"计划建议的报告

从 1955 年 8 月开始，周恩来着手组织"二五"计划的编制工作。起初提出了一个比较接近实际的大体数字，但年底随着农业合作化运动高潮的到来，各领域各部门都提出要反"右倾保守"思想，使得各项计划指标突破了实际承受的可能，并由此引发了经济建设中的冒进倾向，使国民经济发展有比例失衡的危险。为此，1956 年春夏，周恩来、陈云等提出了反冒进的主张，并将"二五"计划建议中的高指标大幅度地降了下来，并按照反冒进的思想领导了《关于发展国民经济的第二个五年计划（1958—1962）的建议（草稿）》的起草。7 月下旬，建议草稿基本写成。在起草"二五"计划建议的同时，周恩来也组织起草了关于"二五"计划建议的报告。

在这两个文件的初稿中，曾多次提到"多、快、好、省"的问题。对于这个口号，周恩来在最初修改的时候曾给予保留，但又在后面加写了"又安全"三个字。但在反冒进的过程中，周恩来感到，自从"多、快、好、省"的口号提出后，人们往往只注重"多"与"快"，而忽视"好"与"省"，变成了片面追求高指标和高速度。经过再三考虑，他把两个稿子中多次出现的"以多、快、好、省的精神"等字句删掉了。在此后的一年多时间里，也没有再提"多、快、好、省"。1957 年底至 1958 年上半年批评反冒进时，这竟成为批评周恩来的一条理由。

这样，经过一年多时间的起草、讨论和修改，到 1956 年 8 月中旬，各项重要文件的起草基本完成。

与此同时，各省、市、自治区和中央及国家直属机关、人民解放军，相继举行本地区或本系统的党的代表大会，选举产生出席八大的代表。全党共选出正式代表 1026 人，候补代表 107 人。

三、中共七届七中全会第一次会议的召开

1956 年 8 月 22 日，中共七届七中全会在中南海勤政殿举行第一次会议。出席会议的有中央委员 37 人、候补中央委员 21 人，中央各部委负责人和各省、市、自治区党委第一书记 42 人列席了会议。

毛泽东主持会议并作了讲话。毛泽东说：这次全会的任务，就是准备八次大会。第一，有 5 个文件，一个是政治报告，一个是党章，一个是党章报告，一个是经济计划，一个是经济计划报告，请大家讨论修改。第二，关于新的中央委员会的选举问题。第三，发言问题，准备有 80 人左

毛泽东在中共八大上致开幕词

右发言，原则是不要太长，内容要精彩一点。七次大会我们取得了革命的胜利，并且开始了建设，建设一个伟大的社会主义国家的胜利。这次大会的基本方针是：马克思列宁主义同中国的实际相结合，团结党内、国内、国际一切可以和应该团结的力量，为建设一个伟大的社会主义国家而奋斗。凡是不利于这样的方法（团结一切力量）、这样的目的（建设社会主义）的思想和方针，我们就要批评和反对。这是我们这次大会，也是我们党历来的旗帜。

邓小平就有关事项做了说明。在讲到大会的几个主要文件时，他要求各代表团必须在9月7日前，全都把意见提出来。这时，毛泽东插话道："政治报告9万字，我现在提议，这个报告有些地方要重写，精简节约，能够缩减三分之一就好。缩小三分之一，更通达一点，看起来不那么费力，大家还欢迎。政治局准备公推少奇同志作报告。如果中央委员会同意，就请少奇同志作报告。"

对于大会发言，邓小平提出，发言一般不超过20分钟，有20分钟发言的，有3分钟发言的，有5分钟发言的，4分钟发言的，十几分钟发言的，要多样化，活泼一点。无论如何以8000字左右为限度，最多不超过1万字。这次大会发言算起来8天，36小时，争取100人发言。在邓小平讲话中，毛泽东插话说："原则是不要太长，内容要精彩一点。"又说，还可以组织一些书面发言。他还对发言的内容提出要求，认为发言中要有丰富的批评，如果开一次会议没有批评，净讲一套歌功颂德，那就没有生气，那无非一个"好"字就行了，还要多讲干什么？但也不要呆板，每一个稿子一定要批评什么东西，如果没有就根本不许讲，那也不好。

邓小平又对大会的选举工作做了说明。接着，毛泽东就选举问题讲了三点意见。

第一个是关于常任代表制。毛泽东说："我们这个党章草案上有个常任代表制。这是鉴于过去11年没有开会，有各种原因，其中有一种原因，就是惰性。总而言之，战争那么忙是难开的。现在情况改变了，完全可以经常开，有常任代表。这样可以经常展开批评，民主生活可以发展。"

可见,这时的毛泽东是非常注重党内批评和党内民主的。

第二个问题是关于中央的组成。毛泽东说:为了国家的安全,为了工作的方便,准备设几道屏障,有总书记。中央政治局准备向新的中央委员会建议,推举邓小平当总书记。想组织一个书记处,这个书记处是一个机关,管日常工作。政治局还设一个常委会,常委会相当于过去的书记处,还有主席、副主席,过去没有总书记,也没有副主席。为什么要增设这些职务,毛泽东解释说,我们这么一个大国,6 亿人口,1100 万党员,一个主席,一个副主席,总觉得孤单。"天有不测风云,人有旦夕祸福",或者是从飞机上掉下来,或者一个炸弹下来,把主席打死了,还有副主席,把一个副主席打死了,还有三个副主席,把两个打死了,还有两个,把三个打死了,还有一个,统统打死了,还有总书记,总而言之是有备无患。

第三个问题是关于七大和八大间的中央委员会及它的政治局实行的路线对不对。毛泽东对此做了充分肯定。他认为这 11 年来,虽然工作中也有错误,但路线是正确的。这条路线在同机会主义路线奋斗后产生,是七大所规定的路线,中央执行了七大的路线,而七大的路线是正确的。

四、中共八大预备会议的举行

8 月 30 日晚,中共八大预备会议在中南海怀仁堂举行第一次会议,出席会议的代表有 946 人。毛泽东主持会议,邓小平代表中央政治局作报告,主要说明大会日程、规则、预备会议期间的工作安排、代表团团长副团长候选人的提名等问题。

在邓小平做完报告后,毛泽东作了《增强党的团结,继承党的传统》的讲话。讲话的主要内容有三点:第一,关于大会的目的和宗旨。毛泽东说:"这次大会要解决什么问题,达到什么目的? 总的说来,就是总结七大以来的经验,团结全党,团结国内外一切可以团结的力量,为建设伟大的社会主义中国而奋斗。"第二,关于继承党的传统。毛泽东说:"这次大会应当继续发扬我们党在思想方面和作风方面的优良传统,把主观主义、宗派主义这两个东西切实反一下，此外，还要反对官僚主义。"第三，关于中央委员会的选举。邓小平在报告中提出，八届中央委员会的名额为 150—170 人，比七届中央委员会的 77 人增加一倍多一点。毛泽东对此做了肯定，认为这样比较妥当。最后，毛泽东满怀信心地表示，这次大会是可以开好的，代表们的水平是能够保证这次大会开好的。

9 月 10 日下午，八大预备会议在中南海怀仁堂举行第二次会议。毛泽东主持会议，陈云代表中共中央对八届中央委员候选人名单和提出的经过做了说明。薄一波、李先念、谭震林分别代表华北、中南、华东代表团做了发言，就这个名单发表了各自的意见。会上，毛泽东就中国革命和建设的经验，搞建设要造就知识分子队伍，中央委员会的候选人名单等问题，做了讲话。对于候选人名单，毛泽东说，有很多同志，才也好，德也好，错误也犯得比较少。论才、论德、论犯错误的情况，他们都很好，但是没有列上，是否不公道呢？这一点，陈云同志讲了，别的同志也讲了，问题是这个名单要扩大，就要扩大到二百多，二百五六十，扩大到二百五六十，就要扩大到三百多。我们胜利还只有七年，如果按照苏联那样算下去，到革命胜利四十年那个时候，可能搞到两三千人的中央委员会！那就只有开中央委员会会议，不要开代表大会了。他还说，各种不公平的事情在任何社会都是难免的。这次也可能有个别的同志虽然在名单中提出了，但是选不上。我们可以建议，但是不能强加于人，不能强加于代表们，权利完全在代表们手里头。会议通过了候选人名单。9 月 12 日，各代表团对八届中央委员会候选人进行了第一次预选，结果有 170 人被提名为八届中央委员会候选人。八大预备会议也就于这天结束。

9 月 13 日，七届七中全会举行第三次会议，毛泽东再次就大会的文件、中央委员会的选举和中央机构的设立等问题做了讲话。他重点讲了选举问题，再次提到了设 4 个副主席和总书记的原因，主要是为了国家的安全，为了党的安全。他还说："我们这些人（包括我一个，总司令一个，少奇同志半个，不包括恩来同志、陈云同志跟邓小平同志，他们是少壮派），就是做跑龙套工作的。我们不能登台演主角，没有那个资格了，只能维持维持，帮助帮助，起这么一个作用。你们不要以为我现在在打退堂鼓，想不干事了，的确是身体、年龄、精力各方面都不如别人了。"他还说："我是准备了的，就是到适当的时候就不当主席了，请求同志们委我一个名誉主席。名誉主席是不是不干事呢？照样干事，只要能够干的都干。"

在讲话中，毛泽东还对邓小平和陈云做了很高的评价。毛泽东说："至于秘书长改为总书记，那只是中国话变成外国话。"这时，邓小平插话说："我还是比较安于担任秘书长这个职务。"毛泽东接过话头说："他愿意当中国的秘书长，不愿意当外国的总书记。其实，外国的总书记就相当于中国的秘书长，中国的秘书长就相当于外国的总书记。他说不顺，我可以宣传宣传，大家如果都赞成，就顺了。我看邓小平这个人比较公道，他跟我一样，不是没有缺点，但是比较公道。他比较有才干，比较能办事。""大体说来，这个人比较顾全大局，比较厚道，处理问题比较公正，他犯了错误对自己很严格。他说他有点诚惶诚恐，他是在党内经过斗争的。"他还称赞陈云说："我看他这个人是个好人，他比较公道、能干，比较稳当，他看问题有眼光。我过去还有些不了解他，进北京以后这几年，我跟他共事，我更加了解他了。不要看他和平得很，但他看问题尖锐，能抓住要点。"

五、毛泽东致开幕词，刘少奇作政治报告

1956 年 9 月 15 日，中共八大在北京全国政协礼堂隆重开幕。这是中共在革命胜利后召开的第一次全国代表大会，是一次盛况空前的大会，1021 名代表出席会议，107 名候补代表列席。此外，50 多个国家的共产党、工人党、劳动党和人民革命党的代表，中国各民主党派的领导人和无党派民主人士的代表，以及不是代表的中央直属机关、中央国家机关、中国人民解放军和各人民团体的负责人，也列席了会议。

下午 2 时，会议开始，第七届中央政治局委员毛泽东、刘少奇、周恩来、朱德、陈云、彭德怀、彭真、林伯渠、董必武、张闻天、康生、林彪、邓

小平主持大会。下午 2 时 5 分，毛泽东宣布："中国共产党第八次全国代表大会现在开幕。"全体代表顿时起立，长时间地热烈鼓掌，庄严的《国际歌》响彻会场。

接着，毛泽东致开幕词。开幕词说："我们这次大会的任务是：总结从七次大会以来的经验，团结全党，团结国内外一切可以团结的力量，为了建设一个伟大的社会主义的中国而奋斗。"开幕词总结了中共七大以来党领导新民主主义革命和社会主义革命的成绩，分析了取得胜利的原因，指出了党在今后工作中必须坚持的基本方针，向全党提出了今后社会主义建设的伟大任务和为完成任务必须采取的态度，描绘了我国社会主义建设的光明前景。

开幕词指出："我国的革命和建设的胜利，都是马克思列宁主义的胜利。把马克思列宁主义的理论和中国革命的实践密切地联系起来，这是我们党的一贯的思想原则。"毛泽东强调，中国共产党人现在面临的任务，就是"要把一个落后的农业的中国改变成为一个先进的工业化的中国"。中国共产党面前的工作是很艰苦的，经验也很不够。"因此，必须善于学习。要善于向我们的先进者苏联学习，要善于向各人民民主国家学习，要善于向世界各兄弟党学习，要善于向世界各国人民学习。""虚心使人进步，骄傲使人落后，我们应当永远记住这个真理。"

毛泽东在致开幕词的过程中，全场不时响起雷鸣般的掌声，简短的开幕词竟被 30 多次掌声打断。毛泽东致完开幕词后，来到休息室，许多人称赞开幕词写得好。毛泽东说："开幕词是谁写的？是个秀才写的，此人是田家英！"话语中充满对田家英的称赞，毛泽东对其中的"虚心使人进步，骄傲使人落后"一句尤为欣赏。

这份开幕词，开始也不是田家英写的。最初，毛泽东自己写了一个 300 多字的简要提纲。在对提纲进行补充和修改的基础上，他写出了约 2000 字的开幕词草稿，但没有写完，交给陈伯达去写。陈伯达写完稿子送给毛泽东看，毛泽东不满意，说写得太长，拉得太远，于是找田家英重写。毛泽东说："不要写得太长，有个稿子带在口袋里，我就放心了。"这时,离大会开幕的时间只有几天,时间非常紧迫。田家英不愧为"秀才",开了一个通宵的"夜车",写出了一份2000多字的开幕词。新草稿写好后,立即分送中央政治局委员审改。周恩来、彭德怀对草稿做了几处文字上的修改,毛泽东也对稿子做了补充和修改,并且加上了几段话。

毛泽东致完开幕词后,大会在当天的执行主席周恩来主持下,选举了大会主席团、秘书处和代表资格审查委员会,通过了大会日程和会议规则。大会通过的会议规则有四条:(一) 大会会议每日下午 2 时开会,下午 7 时休会 (中间休息 20 分钟到 30 分钟);(二) 大会发言先向主席团报告,发言时间一般不超过 20 分钟,但个别代表的发言,在得到主席的同意之后,可以超过 20 分钟;(三) 通过大会决议的时候,用举手方式,分赞成和反对两种表决;(四) 选举中央委员会的时候,采用无记名投票的方式。

在进行完上述程序后,大会继续举行,由刘少奇代表中共第七届中央委员会向大会做政治报告。

刘少奇在报告中首先指出:"从我们党的第七次代表大会以来,十一年已经过去了。我们的祖国在这十一年内经历了两次有世界意义的伟大历史事变。在 1949 年,我们党领导人民推翻了帝国主义、封建主义、官僚资本主义的反动统治,建立了中华人民共和国。在去年下半年和今年上半年,我们党又领导人民取得了农业、手工业、资本主义工商业的社会主义改造的全面的决定性的胜利。由于这两次胜利,我们国家的内外关系发生了一系列的根本变化。"刘少奇接着指出:"我们党现时的任务,就是要依靠已经获得解放和已经组织起来的几亿劳动人民,团结国内外一切可能团结的力量,充分利用一切对我们有利的条件,尽可能迅速地把我国建设成为一个伟大的社会主义国家。""为了完成这个巨大的任务,我们应当正确地总结我们在过去时期的斗争经验,继续完成我国的社会主义改造,进一步加强我国的社会主义建设,进一步健全我国的政治生活,正确地处理国际事务和进一步巩固我们党。"政治报告共分六个部分:(一) 党在过渡时期的总路线;(二) 社会主义改造;(三) 社会主义建设;

(四) 国家的政治生活；(五) 国际关系；(六) 党的领导。刘少奇所作的政治报告长达 5 万字，历时四个半小时。

六、邓小平作关于修改党章的报告，周恩来作关于 发展国民经济的第二个五年计划建议的报告

9 月 16 日，大会举行第二次会议，下午 2 时开始，下午 7 时 40 分休会。出席会议的代表有 1011 人，请假 15 人。大会主要有两项议程：一是邓小平作关于修改党章的报告；二是周恩来作关于发展国民经济的第二个五年计划建议的报告。

邓小平在报告的第一部分中分析了党所面临的形势，以及在新形势下出现的新情况和新问题，提出了在新的历史时期党的建设的总任务。这一部分是他亲自加写的，文字虽然不长，却是整个报告的纲。邓小平指出，执政党的地位，很容易使共产党员沾染上官僚主义的习气。脱离实际和脱离群众的危险，对于党的组织和党员来说，不是比过去减少而是比过去增加了。针对这种情况，邓小平强调："党必须经常注意进行反对主观主义、官僚主义和宗派主义的斗争，经常警戒脱离实际和脱离群众的危险。为此，党除了应该加强对于党员的思想教育之外，更重要的还在于从各方面加强党的领导作用，并且从国家制度和党的制度上作出适当的规定，以便对于党的组织和党员实行严格的监督。"

报告的第二部分着重阐述了党的群众路线问题。邓小平指出，群众路线是我们党的组织工作中的根本问题，是党章中的根本问题，是需要在党内反复进行教育的。报告深刻论述了群众路线所包含的两方面的含义：一方面，它认为人民群众必须自己解放自己；党的全部任务就是全心全意地为人民群众服务；党对于人民群众的领导作用，就是正确地给人民群众指出斗争的方向，帮助人民群众自己动手，争取和创造自己的幸福生活。因此，党必须密切联系群众和依靠群众，而不能脱离群众，不能站在群众之上；每一个党员必须养成为人民服务、向群众负责、遇事同群众商量和同群众共甘苦的工作作风。另一方面，它认为党的领导工作能

否保持正确，决定于它能否采取"从群众中来，到群众中去"的方法。邓小平在报告中还论述了坚持民主集中制和坚持集体领导的重要性，强调要反对个人崇拜。

邓小平作完关于修改党章的报告后，周恩来作了关于发展国民经济的第二个五年计划建议的报告。周恩来的报告分三部分：一是第一个五年计划执行的情况；二是第二个五年计划的基本任务；三是关于第二个五年计划建设的若干问题。

报告中，周恩来在介绍完第一个五年计划执行的情况后，着重提出了近年来在领导经济工作中间所感到的几个比较突出的问题。这些问题是：(一) 应该根据需要和可能，合理地规定国民经济的发展速度，把计划放在既积极又稳妥可靠的基础上，以保证国民经济比较均衡地发展。(二) 应该使重点建设和全面安排相结合，以便国民经济各部门能够按比例地发展。(三) 应该增加后备力量，健全物资储备制度。(四) 应该正确地处理经济和财政的关系。周恩来还针对以上问题，根据已经取得的经验教训，提出了一些意见。为此，周恩来强调："经验还证明，我们在编制年度计划的时候，在有利的情况下，必须注意到当前和以后还存在着某些不利的因素，不要急躁冒进，相反地，在不利的情况下，又必须注意到当前和以后还存在着许多有利的因素，不要裹足不前。这就是说，我们应该对客观情况作全面的分析，同时尽可能地把本年度和下年度的主要指标作统一的安排，以便使每个年度都能够互相衔接和比较均衡地向前发展。"这实际上重申了在经济建设中必须坚持既反保守又反冒进的方针。

1956 年春，随着对农业合作化运动中所谓"小脚女人"的批判，发生了一味强调反对右倾保守，在经济建设中不顾客观条件贪多图快的急躁冒进倾向。周恩来、陈云及时发现了这个问题，提出既要反对右倾保守，又要反对急躁冒进。在同年 6 月由刘少奇主持的中共中央政治局会议上，正式提出既反保守又反冒进、在综合平衡中稳步前进的经济建设方针。6 月 20 日，《人民日报》发表经刘少奇审阅修改后的社论《要反对保守主义，也要反对急躁的情绪》，强调"右倾保守思想对我们的事业是有害的，急躁冒进思想对我们的事业也是有害的，所以两种倾向都要加以反对"。

要说明的是，毛泽东对既反保守又反冒进的方针并不怎么赞同。在1956年4月下旬的政治局会议上，毛泽东提出要追加这年的基本建设预算，结果受到了与会多数人的反对。会上，周恩来发言最多，认为追加预算将造成物资供应紧张，增加城市人口，更会带来一系列困难等。最后，毛泽东仍坚持自己的意见，并宣布散会。会后，周恩来去找毛泽东，说：我作为总理，从良心上不能同意这个决定。这句话使毛泽东非常生气。不久，他离开了北京到外地视察去了。上面提到的那篇社论，刘少奇曾批示道："主席审阅后交乔木办。"毛泽东认为社论的内容是针对他的，只批了三个字："不看了"。

不过，当时党内的民主气氛比较好，毛泽东虽然对既反保守又反冒进持不同意见，但也没有公开反对，因此周恩来在主持起草关于发展国民经济的第二个五年计划建议报告的过程中，再次强调了既反保守又反冒进的方针。对于这份报告，毛泽东曾做了充分肯定，两次给周恩来写信说："报告的全文很好，只是头一部分写得不甚清楚，不大流畅，如能请一位文笔流畅的同志改一下，那就更好，如不可，也就罢了。"这说明，既反保守又反冒进、在综合平衡中稳步前进的经济建设方针，是当时全党的共识，是八大正确路线的重要组成部分。

七、大会发言和致辞

中共八大会议的第三天，董必武作了关于代表资格的审查报告，接着是大会发言和致辞。

在大会上第一个发言的是朱德，发言的中心内容是如何巩固和发展全党和全国各族人民的大团结问题。他强调：全国6亿人民在中国共产党的领导下，在人民政府的领导下，团结一致，以高度的积极性和创造性去发展生产力，这就是我们以比较快的速度来建成高度工业化的社会主义国家的最根本的有利条件。朱德指出："必须反对在党内关系上任何种

707

林伯渠、朱德、邓小平、董必武（从左至右）在八大会议休息间隙交谈

类的宗派主义情绪，每个同志都要学会和其他同志团结，特别要学会和自己意见不一致的人团结。""只要我们能够加强党内团结，加强和全国人民的团结，我们一定能够实现这次大会将要规定下来的全党现时的基本任务，团结国内外一切可以团结的力量，充分利用一切对我们有利的条件，把我国建设成为一个伟大的社会主义国家。"

在大会发言的中间，中国国民党革命委员会主席李济深代表各民主党派向大会致祝词，然后是各民主党派和无党派民主人士的代表向大会献礼品。这是一件象牙雕刻的工艺品，雕刻的是长征中红军胜利渡过大渡河。李济深说，我们用这件礼品来象征我们各民主党派在中国共产党领导下"同舟共济"，胜利地过渡到繁荣幸福的社会主义和共产主义社会。这天的大会执行主席邓颖超、李富春接受了礼品。邓颖超代表大会感谢各民主党派和无党派民主人士的祝贺和赠礼。在献礼的时候，代表们全体起立，暴风雨般的掌声经久不息。

各民主党派和无党派民主人士致祝词、献礼后,大会休息了 30 分钟。接着,由苏联共产党代表团团长米高扬、波兰统一工人党代表团团长奥哈布、德国统一社会党代表团团长乌布利希、罗马尼亚工人党代表团团长乔治乌·德治相继向大会致辞。

此后的几天,大会都是下午 2 点开始,下午 7 点左右结束,主要的内容是大会发言和兄弟党代表团负责人致辞。

9 月 20 日,陈云在大会上做《社会主义改造基本完成以后的新问题》的发言,提出了许多有价值的思想观点,尤其是提出了"三个主体、三个补充"的构想。他说:"我们的社会主义经济的情况将是这样:在工商业经营方面,国家经营和集体经营是工商业的主体,但是附有一定数量的个体经营。这种个体经营是国家经营和集体经营的补充。至于生产计划方面,全国工农业产品的主要部分是按照计划生产的,但是同时有一部分产品是按照市场变化而在国家计划许可范围内自由生产的。计划生产是工农业生产的主体,按照市场变化而在国家计划许可范围内的自由生产是计划生产的补充。因此,我国的市场,绝不会是资本主义的自由市场,而是社会主义的统一市场。在社会主义的统一市场里,国家市场是它的主体,但是附有一定范围内国家领导的自由市场。这种自由市场,是在国家领导之下,作为国家市场的补充,因此它是社会主义统一市场的组成部分。"陈云实际上讲到的是初步建立的社会主义经济体制的改革问题,是对社会主义的所有制结构、经济运行机制和市场机制的重要探索。可惜,在后来的经济工作中并没有很好地按陈云的意见去做。

9 月 18 日至 9 月 25 日,继续大会发言和致辞。整个八大期间,共有 68 人在大会上做了发言,45 人做了书面发言。

八、新一届中央委员会的选举

选举新一届中央委员会,是八大的最后一项议程。

事先,中共中央并没有提出一个候选人名单,选举工作的第一步,是各位代表自由提名候选人,这大大出乎许多代表的意料。八大还规定,在提名过程中，不确定人数，也不分中央委员和候补中央委员，代表们自由提名后，由各代表团汇总提名名单。

第二步是中央政治局、第七届中央委员和候补中央委员与各代表团团长、副团长，分别或联合举行会议，讨论汇总上来的名单。在9月8日的七届七中全会上，正式确定候选人名额为170人，并且通过了候选人名单。

9月12日，进行选举的第三步。各代表团讨论七届七中全会通过的候选人名单，对名单提出意见，进行预选。结果，170人被提名为候选人，仍不分中央委员和候补中央委员。

9月24日，进行第二次预选，97人被提名为中央委员候选人，73人被提名为候补中央委员候选人。

9月26日下午，大会正式选举中央委员会。在投票前，这天的大会执行主席李富春对选举工作进行说明，提出今明两天分别选举中央委员和候补中央委员。当天下午5时15分，出席大会的1026位代表，以无记名投票的方式，选举了97名中央委员。

八大是一次团结的大会、民主的大会。据参加八大的于光远回忆："中央委员会的选举，在八大是很民主的。不是先提出候选人名单，而是先进行一次没有候选人名单也不限名额的预选，只是在预选前中央的同志讲过一些原则的意见，并在各代表团进行讨论。预选的结果按照得票多少全部公布，然后整理成一份候选名单，各代表团再进行讨论。讨论中，中央的同志也发表自己的意见。记得刘少奇提出李昌是'一二·九'运动后中华民族解放先锋队的总队长，应该列入候选者的名单中。在吸收了代表们的意见后，才提出一份候选名单的草稿，进行一次预选。再一次把预选结果拿出去，让代表们选举出一份正式候选人名单，然后代表们再在大会上投票选举。"八大代表伍洪祥也回忆说："八大的民主作风还体现在新一届中央委员会的选举上。这次选举中央不预提名单，由代表自己提，想提什么人就提什么人。各代表团提出一个名单，交中央汇总，然后由政治局同代表团团长商讨，定出一个预选名单发下来，再由各代表团讨论、上报汇总,最后向大会提交正式候选人名单。大会选举以无记名投票的方式。"

9月27日是大会的最后一天。这天的大会共五项议程:(一)选举八届中央委员会候补委员;(二)宣布八届中央委员会正式委员和候补委员的选举结果;(三)通过关于政治报告的决议;(四)通过关于发展国民经济的第二个五年计划的建议;(五)大会闭幕。

选举结束后,陈云代表主席团向大会宣布中央委员和候补中央委员的选举结果:中央委员候选名单97人和候补中央委员名单73人,每人得到的票数都超过半数以上,按照选举规定,他们全部当选。接着,由大会秘书处宣读中央委员和候补中央委员的名单。票数排在前十位的中央委员是毛泽东、刘少奇、林伯渠、邓小平、朱德、周恩来、董必武、陈云、林彪、吴玉章。得票最少的是陈绍禹(即王明)。

九、通过刘少奇所作的政治报告

选举结束后,大会一致通过了《中国共产党第八次全国代表大会关于政治报告的决议》(以下简称《决议》),批准刘少奇代表第七届中央委员会所作的政治报告。《决议》认为,随着社会主义改造已取得决定性胜利,我国的无产阶级同资产阶级之间的矛盾已经基本上解决,几千年来的阶级剥削制度的历史已经基本上结束,社会主义的社会制度在我国已经基本上建立起来了。国内的主要矛盾,已经是人民对于建立先进的工业国的要求同落后的农业国的现实之间的矛盾,已经是人民对于经济文化迅速发展的需要同当前经济文化不能满足人民需要的状况之间的矛盾。这一矛盾的实质,在我国社会主义制度已经建立的情况下,也就是先进的社会主义制度同落后的社会生产力之间的矛盾。党和全国人民当前的主要任务,就是要集中力量来解决这个矛盾,把我国尽快地从落后的农业国变为先进的工业国。这个任务是很艰巨的,我们必须在经济、政治、文化等方面采取正确的政策,团结国内外一切可能团结的力量,利用一切有利的条件,来完成这个伟大的任务。

正确分析中国社会的主要矛盾和提出党的主要任务,是八大的一个历史性贡献。令人遗憾的是八大闭幕不久,毛泽东就对《决议》中提出的"这一矛盾的实质,在我国社会主义制度已经建立的情况下,也就是先进的社会主义制度同落后的社会生产力之间的矛盾"的提法表示不能认同。据参加《决议》起草工作的邓力群回忆:大概在八大闭幕两个星期以后,毛泽东对这个问题提出怀疑。他说列宁讲的是亚洲与欧洲比较,你们讲的是自己与自己比。这一句话,在《决议》的历次修改稿上都没有,9月27日凌晨大会主席团常委会通过的稿子上也没有,那是在大会闭幕式开会前临时加上的,急急忙忙地送毛泽东看过,就印发大会了。

胡乔木后来也说:"这个问题是陈伯达提出的,陈伯达找了康生,这时大会已经快闭幕了。他们商量了一个修改的意思,把我找去。陈伯达搬出列宁的《落后的欧洲和先进的亚洲》这篇文章的一些话作为依据,说明先进的社会制度和落后的生产力之间的矛盾问题。然后我和陈伯达两个人去找毛主席,把修改的方案拿给他看,他琢磨了半天以后,同意了。他说,好,赶快去印。"后来,毛泽东还做过这样的表示:"先进的社会制度与落后的生产力的矛盾,虽然这句话说得不够完善,但是得到了好处,并未发生毛病。"刘少奇的夫人王光美也回忆说:"(1956年)国庆节那天在天安门城楼,毛主席对少奇同志说:八大《决议》关于我国主要矛盾的提法不正确。少奇说:'《决议》已经公布了,怎么办?'当时毛主席只是提了一下,没有说改变或者采取什么措施,后来中央将八大《决议》等文件照常发出了,事实上也没有办法改变了,来不及了,而且刚刚通过就改也不合适。"

大会还一致通过了《中国共产党第八次全国代表大会关于发展国民经济的第二个五年计划的建议》,并且号召全党在中共中央和毛泽东的领导下,进一步团结全国各族人民、各民主党派、各人民团体、国外华侨和一切爱国人士,继续巩固和扩大人民民主统一战线,为超额完成第一个五年计划和积极准备第二个五年计划而奋斗。

最后,陈云代表主席团宣布大会闭幕。陈云说:"我们的大会已经胜利地完成了自己的任务。我们党今后的任务，就是为具体地执行大会的各项决议而努力工作。在这次大会期间，有很多国家的兄弟党的代表向我们祝贺、赠贺礼，国内各民主党派和无党派人士的代表向我们祝词、赠贺礼，大会主席团谨向他们表示衷心的感谢。对于大会服务的全体工作人员，大会主席团也表示感谢。现在宣布中国共产党第八次全国代表大会闭幕。"

十、选举中央领导机构

中共八大闭幕的第二天，即 9 月 28 日，八届一中全会在中南海怀仁堂举行，出席会议的有中央委员 96 人，候补中央委员 70 人。请假的中央委员有陈绍禹，候补中央委员有邵式平、张宗逊、潘复生。中共八届一中全会的主要任务是选举中央领导机构。全会分两个阶段进行。第一阶段是当天下午进行预选，第二阶段是当天晚上进行正式选举。

预选前，邓小平对选举问题做了说明。接着，毛泽东就提名过程中的不同意见做了讲话。他说，这个名单有许多意见，因此我看还是讲民主吧，就是大家进行两次选举。今天下午 4 点钟开始，大概有一个钟头，各人提一张名单，你们提什么人，只有一个数目的规定，原来那张名单（指八大主席常委提的名单）仅做参考资料。

毛泽东又说，政治局委员原先 16 个，现在最多可以提 17 个，也可以是 15 个，再少于 15 个恐怕就不好了。可不可以 16 个呢？喜欢双数的你就写 16 个，也可以。至于这个 15 个、16 个、17 个是姓张、姓李，完全由个人自己写，完全可以不依靠原来提的那个名单，那个名单仅做参考。政治局候补委员最多名额是 8 个。原先 6 个，可以增加 2 个，你也可以写 5 个，也可以写 6 个，也可以写 7 个，也可以写 8 个。少可以，多不可以。你们还可以商量一下，可以 2 个人商量，可以 3 个人商量，可以 4 个人商量，可以不商量。看这个办法可不可以？假如可以的话，那么现在我们就写票，半个钟头就可以写完毕了，到（晚上）11 点钟再来这里集合正式投票。

当天晚上 11 点,通过无记名投票,选出了中央领导机构。中央委员会主席:毛泽东;中央委员会副主席:刘少奇、周恩来、朱德、陈云;中央委员会总书记:邓小平(以上 6 人组成政治局常委会);中央政治局委员:毛泽东、刘少奇、周恩来、朱德、陈云、邓小平、林彪、林伯渠、董必武、彭真、罗荣桓、陈毅、李富春、彭德怀、刘伯承、贺龙、李先念;中央政治局候补委员:乌兰夫、张闻天、陆定一、陈伯达、康生、薄一波;中央书记处书记:邓小平、彭真、王稼祥、谭震林、谭政、黄克诚、李雪峰。

十一、为什么八大没有提毛泽东思想

写到这里,还有一个问题需要做点说明,这就是八大通过的党章和修改党章的报告中,为什么没有提毛泽东思想?

在出版物和党的文件中不用毛泽东思想的提法的想法,毛泽东早在新中国成立前就有了。1948 年 11 月 21 日,毛泽东写信给刘少奇、朱德、周恩来、任弼时和彭真,提出要将"青年团文件中'毛泽东思想'改为'马列主义'"。12 月下旬,他将《中国新民主主义青年团团章草案》总则中的"它以毛泽东思想教育团员",改为"它以马克思列宁主义理论与中国革命实践之统一的思想教育团员",并把《草案》中另外两处有毛泽东思想的地方,做了类似的修改。

新中国成立后在编辑《毛泽东选集》的过程中,毛泽东提议将中共六届七中全会通过的《关于若干历史问题的决议》作为附录,编入《毛选》。附有《决议》的《毛选》第三卷在 1953 年 4 月公开出版时,凡有"毛泽东思想""毛泽东思想体系"用语的地方,一律删去。删掉这些用语,是毛泽东自己提出的,有的还是他亲自动手删掉的。

1953 年 9 月 25 日,毛泽东对《人民日报》送审的国庆社论提纲草稿做了两处修改。一处是将"这证明马克思列宁主义,毛泽东思想的无敌力量"中的"毛泽东思想"删去,另一处是将"毛泽东思想使中国人民充满着无限胜利的信心"一句,改为"中国共产党及其领袖毛泽东同志使中国人民充满着无限胜利的信心"。同时批示道:"不要将'毛泽东思想'这一名词与马列主义并提,并在宣传上尽可能不用这个名词。"

1954 年 12 月,中宣部根据毛泽东的指示精神,专门下发了《关于毛泽东思想应如何解释的通知》,毛泽东在审阅这个通知的草稿时,加了一段话:"写文章做讲演需要提到毛泽东同志的时候,可用'毛泽东同志的著作'等字样。"中宣部在这份通知中说:"'毛泽东思想'即是'马克思列宁主义的理论与中国革命的实践之统一的思想',它的内容与马克思列宁主义是同一的。""毛泽东同志曾指示今后不再用'毛泽东思想'这个提法,以免引起重大误解。我们认为今后党内同志写文章做报告,应照毛泽东同志的指示办理。"

为什么毛泽东提出不用毛泽东思想的提法?一个重要的原因,是苏联共产党对毛泽东思想的提法不感兴趣。胡乔木回忆说:"我们党提出毛泽东思想后,苏联党始终拒绝承认这个提法,在苏联报刊上绝口不提毛泽东思想。这成了一个禁区。凡是中共文件提了的,它在发表时都给删掉。既然苏共是如此态度,中国革命又离不开苏联的帮助,从大局出发还是必须搞好与苏共的团结,出于这样的考虑,不仅'历史决议'将毛泽东思想提法删去,并且 1956 年八大不提了。直到 60 年代初,中苏两党开始论战后,中共中央才恢复使用毛泽东思想的提法。"

历史证明,八大所确定的路线、方针、政策都是正确的。这次大会集中了全党的智慧,对中国社会主义建设中的许多重大理论和实践问题,做了积极探索,提出了许多正确的或比较正确的观点,它体现了中国共产党人在马克思主义指导下,结合本国实际,寻求适合中国国情的社会主义建设道路的开拓精神,如果沿着八大确定的正确道路坚定不移地走下去,中国的社会主义建设事业将取得更大的成就。然而,历史常常给人们留下许多的惋惜和遗憾,八大也是如此,因为八大后不久,大会所提出的许多正确主张并没有坚持下去。

(胡益安 / 撰稿)

12 "大跃进"与20世纪60年代中国的政治走向

时间进入20世纪60年代，中国逐步把反对和防止出现"修正主义"作为党和国家的首要任务。在长时间里，人们一般认为，这是由于中苏两党在意识形态问题上的分歧而来，其实，问题并非如此简单。当人们对1958年的"大跃进"是如何发动起来的这段历史进行深入研究后，就可以发现，中国在20世纪60年代走上"反修、防修"的道路，有着更深刻的国内原因。

批"反冒进"与党内反"右派"

1958年的"大跃进"，是以反"反冒进"开路的。毛泽东认为，社会主义建设是"多快好省"，还是"少慢差费"，是两条路线。前者是马克思主义路线，后者是非马克思主义路线。反"冒进"，是非马克思主义。按照斯大林的逻辑，党内斗争是党外阶级斗争的反映。毛泽东得出结论说，反"冒进"，是政治问题，离资产阶级右派只有50米远了。如果说周恩来、陈云等领导人只是受到了毛泽东的严厉批评，那么省一级领导人被打成"右派"的，却不在少数。

综观当年各省委揭发批判的省级领导人，除广东省委书记处书记、副省长古大存，省委书记处书记、副省长冯白驹从20世纪50年代初就被扣上"地方主义"帽子，这时又被定为"右派""反党"以外，绝大多数是1955年夏农业合作化"反右倾"中持不同意见者，少数是1958年"大跃进"发动起来以后一些坚持不随风起舞的人。中共浙江省委反对沙文汉（省委常委、省长）、杨思一（省委常委、副省长）的斗争开展得最早，

716

开了中共党内把省级领导人打成"右派分子"的先河。紧随其后的是安徽省委书记、副省长李世农；甘肃省委常委、副省长孙殿才；青海省委书记、省长孙作宾；河南省委第一书记潘复生；广西省委常委、副省长陈再励；山东省委常委、副省长王卓如，副省长袁子扬；辽宁省委书记王铮，省委书记兼省长杜者蘅，省委书记、副省长李涛等。他们均被扣上了"右派分子""右倾机会主义分子""反党集团"的帽子，被开除出党。

与此同时，毛泽东还多次谈到，要准备有人"秋后算账"。在1958年4月初的汉口会议上，毛泽东再次讲了"观潮派""算账派"问题。他说，现在我担心会不会再来一个反冒进。今年干劲这么大，如果不丰收，群众情绪受挫折，就会反映到上层建筑上来，一些干部、民主人士、党内有右倾情绪的人，就会出来刮台风，"观潮派""算账派"就会出来说话。"楼观沧海月，门对浙江潮"。各省要向地、县讲清楚，要有精神准备。他还说，中庸之道，实际上是落后论，四平八稳，成为一派。"不求有功，但求无过"，实际为右倾。所谓稳妥可靠，结果是既不稳妥，又不可靠。对于"稳妥派"，有个办法，到了一定时候就提出新的口号，使他无法稳。这一派，人数可能比较多，"稳健派""观潮派""等潮派"。如果来一个灾荒，他们还是要出来讲话的——"看你们跃吧"，"老子讲过，现在如何呢!""冒进"是稳健派反对"跃进"的口号。我们要准备这一着。

毛泽东在发动"大跃进"的同时，抛出"观潮派""算账派"两顶帽子，就使党内所有的人在日后无法提出异议；在把"反冒进"与所谓"资产阶级右派"连在一起之后，又强调两个阶级、两条道路斗争还将反复，更预示着把党内的不同意见直接与阶级斗争挂上了钩。

"三面红旗"受挫与庐山"反右倾"

1958年"大跃进"最主要的标志，是大炼钢铁和人民公社化运动。实践的结果是：

在公布完成的1108万吨钢中，被称为"洋钢"的合格好钢只有800万吨；在1369万吨生铁中，被称为"洋铁"的合格生铁只有953万吨，其余 308 万吨土钢和 416 万吨土铁,均为不合格产品,有些完全是废钢、废铁。据国家统计局估算,1958 年土法炼钢、炼铁的亏损达 50 亿元,国家花费了大量补贴。森林资源的破坏更是惊人。大搞群众运动,号召破除迷信,否定遵守规章制度的必要性,单纯追求产量,盲目拼设备,管理陷于混乱,导致大量人力、物力、财力被白白浪费,不少设备因超负荷带病运转遭到损坏。工程质量事故的数量、伤亡的人数比历年大增。

为保证实现钢产量翻番指标,钢铁工业本身的基本建设规模增加了,与钢铁工业有关的煤、电、运输等部门的建设项目同样增加,拉长了 1958 年的基本建设战线,导致工业内部与工交之间比例失调。全民大办工业,使全国职工总人数由 1957 年底的 2451 万人猛增到 4352 万人,超过了国民经济特别是农业的负担能力,增加了国家的财政支出和商品粮销量,扩大了社会购买力,加剧了社会商品的供需矛盾。

以"一大二公"为特征的人民公社,一开始就刮起了"一平二调"的"共产风",由高指标、"放卫星"引发的"浮夸风",以及相伴而来的"生产瞎指挥风""强迫命令风""干部特殊化风"等"五风"共生。加之大办工业、大炼钢铁调用了农村大量青壮劳力,当年秋收季节,为完成钢铁翻番任务,约有 9000 万人上山采矿炼铁,致使不少庄稼无人收割,不少地区的粮食、棉花因无人收割而烂在地里。根据中央农村工作部的保守统计,1958 年农作物估计有 10% 未收回。大办公共食堂,放开肚皮吃饭,又浪费了大量粮食,以致 1958 年冬到 1959 年春有的地方就开始出现断粮。因农业"放卫星",连续疲劳作战,加之营养不良,不少地区出现浮肿病,四川、山东、河南、甘肃等省出现非正常死亡。

毛泽东早在 1958 年 11 月就发现了人民公社刮"共产风"、抢先向共产主义过渡等问题,并在河南郑州召开有部分中央领导人和省委书记参加的会议,开始压缩空气。到 1959 年 7 月庐山会议时,毛泽东认为总的形势是:"成绩伟大,问题不少,前途光明"。这三句话是说,"总路线"、"大跃进"、人民公社这三条必须肯定,不能动摇;问题虽然不少,但也只是一、二、三个指头而已;现在的问题是,总结经验,统一思想,鼓起劲来,继续"跃进"。这就是毛泽东召开庐山会议的本意和对形势估计的底线。

在庐山会议上，对1958年所犯错误造成的严重后果，与会者在认识上出现分歧。一些在1958年头脑发热、错误比较严重的地方负责人如柯庆施等明显护短，强调"大跃进"的成绩是主要的。他们虽然承认出现了一些问题，但认为并不严重，并认为经过第一次郑州会议以来的工作，问题已基本得到解决。现在不应老是纠缠过去的错误，而应强调鼓足干劲，继续"跃进"。

正是在这种情况下，彭德怀因见毛泽东未果，不得已上书陈述意见。彭认为：大炼钢铁"有失有得"，引起"比例失调"；影响到了工农之间、城乡之间的关系，"是具有政治性的"；犯错误的原因，是"小资产阶级狂热性"等。

在毛泽东看来，彭德怀的信无疑是在挑战"三面红旗"，动摇全党、全国继续"跃进"的信心。于是，毛泽东借彭德怀这封信，发动了一场"反右倾机会主义"的斗争，以期再次激起人们的"革命干劲"，实现工农业生产的"大跃进"。

总结经验教训与毛、刘出现分歧

从1958年到1960年，三年"大跃进"造成的灾难，根源在1958年批周恩来、陈云的"反冒进"及1959年反彭德怀的所谓"右倾机会主义"。但毛泽东对此始终不予承认。

在1959年4月召开的上海会议上，毛泽东在谈到1958年到1959年计划何以再三变动时说："事物发展的规律"，总是"波浪式前进"，但这与1958年的"反冒进"不同，批"反冒进"是正确的。社会主义建设要懂得波浪式前进。"天增岁月人增寿，春满乾坤福满门"。不能天天搞高潮。我不反对波浪式，但在群众中公开"反冒进"是不对的，这是泼冷水、泄气的办法。我只是不同意"反冒进"，同意按照形势改变计划。我所反对的是公开在群众中间、在报纸上"反冒进"。

1961年3月14日，毛泽东在广州主持召开中央政治局常委扩大会议。会议开始，毛泽东回顾了郑州会议以来的这段历史。他说：

"在庐山会议之前，我们对情况的了解还是比较清楚的，但在庐山会议之后就不大清楚了。因为庐山会议之后一反右，有人讲真实话，讲困难，讲存在的问题，讲客观实际情况等等，都被认为是右的东西。结果造成一种空气，不敢讲真实情况了……右是要反的，也不得不反。不反，对我们工作就不利。庐山会议是要反右的，但是接着就在群众中反右，这就坏了。"

这段话犹如第一次郑州会议以后毛泽东意识到北戴河会议以来头脑发热，提出要压缩空气的同时，一再强调批"反冒进"是正确的、必要的一样，这时，毛泽东同样意识到，庐山会议以后，从上到下"反右倾"，是导致"五风"再起的祸根，但他不能承认批彭德怀的"右倾机会主义"是批错了。三年"大跃进"，终究是毛泽东的一个心结。因此，在全党总结经验教训，为纠正错误而采取措施时，毛泽东与刘少奇出现了分歧。

1962年1月，中共中央召开有中央、各中央局、各省市自治区党委以及重要厂矿企业和军队的负责干部参加的扩大的中央工作会议，史称"七千人大会"。刘少奇先是向大会提交了书面发言，1月27日又在大会上作口头报告，一口气讲了3个小时。

其一，是对困难形势的估计。刘少奇说："关于目前的国内形势，实事求是地讲，我们在经济方面是有相当大的困难的。我们应该承认这一点。当前的困难表现在：人民吃的粮食不够，副食品不够，肉、油等东西不够，布太少了；用的也不那么够。就是说，人民的吃、穿、用都不足。为什么不足？这是因为1959年、1960年、1961年这三年，我们的农业不是增产，而是减产了。减产的数量不是很小，而是相当大。工业生产在1961年也减产了，据统计，减产了40%，或者还多一点。1962年的工业生产也难以上升。……两三年以前，我们原来以为，在农业和工业方面，这几年都会有大跃进。在过去几年中，的确有一段时间是大跃进的。可是，现在不仅没有进，反而退了许多，出现了一个大的马鞍形。这种情况是不是应该承认呢？我想，要实事求是，应该承认事实就是这样。"

其二，关于造成困难的原因，主要是天灾，还是人祸？刘少奇说："有些地方的农业和工业减产，主要原因是天灾。有些地方，减产的主要原因不是天灾，而是工作中的缺点和错误。去年我回到湖南一个地方去，那里也发生了很大的困难。我问农民：你们的困难是由于什么原因？有没有天灾？他们说：天灾有，但是小，产生的原因是'三分天灾，七分人祸'。"

其三，如何估计这三年的成绩与错误？刘少奇说："过去我们经常把缺点、错误和成绩，比之于一个指头和九个指头的关系。现在恐怕不能到处这样套。有一部分地区还可以这样讲。在那些地方虽然也有缺点和错误，可能只是一个指头，而成绩是九个指头。可是，全国总起来讲，缺点和成绩的关系，就不能说是一个指头和九个指头的关系，恐怕是三个指头和七个指头的关系。还有些地区，缺点和错误不止是三个指头。"

其四，在对困难形势、造成困难的原因、成绩和错误的关系作了分析和估计之后，无疑就得对"总路线"、"大跃进"、人民公社这"三面红旗"作出结论了。对此，刘少奇在小会上曾说："三面红旗"比较难说，但在大会上又不能不说。刘少奇在口头报告中无奈地说："'三面红旗'，我们现在都不取消，都继续保持，继续为'三面红旗'而奋斗。现在有些问题还看得不那么清楚，但是再经过 5 年、10 年以后，我们再来总结经验，那时候就可以更进一步地作出结论。"

刘少奇在作出上述分析和估计的同时，虽然也讲了"总路线"是完全正确的，是在执行中有偏差，首先要负责任的是中央，"所谓中央负责，包括中央各部门，包括国务院和国务院所属的各部门"。但无论如何，不能不使人们想到毛泽东的错误。因此，当年参与起草刘少奇书面报告的胡绳事后回忆说：刘少奇在台上讲，毛主席不断插话，我就担心毛主席是否能够接受。

问题并没有到此打住。刘少奇在会后整理这份口头报告时，曾情绪激动地说："大跃进"错误严重，这次总结经验是第一次，以后每年要回过头来总结一次。总结一次，修改一次，一直搞它 10 年，最后做到这个总结符合实际，真正接受经验教训，不再犯"大跃进"的错误为止。他还说，历史上人相食，是要上书的，是要下"罪己诏"的。1962年3月17日，刘少奇在同谢富治、王任重谈公安工作时，以极其严肃的口吻说道："这四年的经验教训多得很，你们要好好总结。主要经验是混淆两类矛盾。混敌为我的也有，但主要是混我为敌。下面不按照法律，县、公社甚至大队用长期拘留、劳改、劳教等办法，不知折磨死了多少人。你们要认真检查，彻底揭露、批判。当然，揭露出来是不好看的，是很丑的，但是，有那个事实嘛，怕什么丑呢？今天不揭，明天还要揭；你自己不揭，别人要揭；活人不揭，死后下一代也要揭。"

刘少奇这些话传到毛泽东的耳朵里，无疑会引起更大的误解。

在此前后，农村因粮食危机，出现大量非正常死亡，不少地区自发搞借地度荒或包产到户。毛泽东的秘书田家英，受毛泽东的委派去湖南调查《农业六十条》在农村落实的情况。田家英原本是不赞成包产到户的，这次在认真听取并思考了农民群众的意见和呼声之后，得出结论：包产到户对解救已经遭到严重破坏的集体经济危机，迅速恢复农业生产是有利的和必要的。1962年7月，田家英回到北京以后，向刘少奇汇报了他的意见。据逄先知回忆："汇报刚开了个头，就被打断了。刘说，'现在情况已经明了了'，接着就提出关于实行包产到户的主张，并且详细讲了对当时形势的看法。田问：'少奇同志这些意见可不可以报告主席？'刘说：'可以。'刘少奇又吩咐田家英把他的意见在'秀才'中间酝酿一下，听听反应。"过了两天，毛泽东从外地视察回到北京，田家英被召见。当田家英向毛泽东系统地陈述了关于包产到户的意见后，毛泽东突然问道：你的主张是以集体经济为主，还是以个体经济为主？田家英一时无言以对。毛泽东接着又问："是你个人的意见，还是有其他人的意见？"田家英答："是我个人的意见。"同一时间，陈云经过调查，就分田到户问题同刘少奇、周恩来、林彪、邓小平等人交换意见，大家都没有表示不同意见。陈云因此当面向毛泽东陈述了分田到户的理由，毛泽东很是生气。第二天，毛泽东严厉批评说："分田单干"是瓦解农村集体经济，解散人民公社，是中国式的"修正主义",是走哪一条道路的问题。

赫鲁晓夫的阴影与"文化大革命"

1962年8月,中共中央在北戴河召开工作会议。会上,毛泽东改变了原定讨论国民经济调整的议程,重提阶级斗争,大批1962年上半年刮起的三股"黑风"——"黑暗风""单干风""翻案风"。

8月6日,会议一开始,毛泽东就提出了阶级、形势、矛盾三个问题。毛泽东说,社会主义国家,究竟存在不存在阶级?在外国有人讲,没有阶级了,因此党是全民的,不是阶级斗争的工具、无产阶级的党了,无产阶级专政不存在了,全民专政没有对象了,只有对外矛盾了。像我们这样的国家是否也适用?国内形势,有些同志过去曾经认为是一片光明,现在是一片黑暗,没有光明了。是不是一片黑暗,两种看法哪种对?矛盾问题,如果承认国内阶级还存在,就应该承认社会主义与资本主义的矛盾是存在的。阶级的残余是长期的,矛盾也是长期存在的。我想是几百年。究竟哪一年进入社会主义,进了社会主义是不是就没有矛盾了?没有阶级,就没有马克思主义了,就成了无矛盾论、无冲突论了。现在有一部分农民闹单干,究竟有百分之几十?有的说百分之二十,安徽更多。就全国来讲,这时期比较突出。究竟走社会主义道路还是走资本主义道路?现在就有闹单干之风,越到上层越大。如果无产阶级不注意领导,不做工作,就无法巩固集体经济,就可能搞资本主义,有些人也是要搞单干的。

如果说,毛泽东在8月6日的讲话还只是提出问题,那么8月9日在中心小组会上的讲话就更尖锐了。毛泽东一上来就说:"今天单讲共产党垮得了垮不了的问题。"然后,谈到形势,毛泽东说:要有分析,不要讲一片光明,也不能讲一片黑暗。1960年以来,不讲光明了,只讲一片黑暗,或者大部黑暗。思想混乱,于是提出任务:单干,全部或者大部单干。据说只有这样才能增产粮食,否则农业就没有办法。包产40%到户,单干、集体两下竞赛,这实质上叫大部单干。"赫鲁晓夫还不敢解散集体农场"。接着,毛泽东批评说:党内有这么一部分人,并不是共产主义,而是资本主义、封建主义。有一些同志一有风吹草动，就发生动摇，那是对社会主义革命没有精神准备，或者没有马克思主义。没有思想准备，没有马列主义，一有风就顶不住。

9月24日，在中共八届十中全会上，毛泽东进一步从阶级、形势、矛盾讲到如何对待党内出"修正主义"的问题。毛泽东说：社会主义国家有没有阶级存在？有没有阶级斗争？现在可以肯定，有阶级存在，阶级斗争肯定是存在的。然后，从国际讲到国内，提出：在我们中国，人民群众也有同"修正主义"的矛盾，我们过去叫它做"右倾机会主义"，现在看，恐怕改一个名字好，叫做"中国的修正主义"。并据此提出，阶级斗争，"必须年年讲、月月讲、天天讲"。

可见，由"七千人大会"对形势分析引发的矛盾，毛泽东已把问题提到了马克思主义与"修正主义"的高度。1962年8月，毛泽东在北戴河会议上还曾直截了当地说："1960年下半年，1961年、1962年上半年，都讲黑暗，越讲越没有前途了。这不是压我？压我两年了，难道讲一点光明都不行？"1964年8月20日，毛泽东在北戴河同华北局第一书记李雪峰等谈话时又说："'七千人大会'有纲，也有目，把一些缺点、错误讲得严重了一些，以后在四、五月更讲得严重。"到1965年，问题摆得就更明白了。8月11日，毛泽东在一次中央小范围会议上说，1962年刮歪风，在国际上、外交上主张"三和一少"，在国内主张"三自一包"。如果当时我们几个常委不顶住，不用好久，只要熏上半年，就会变颜色。许多事情都是这样，领导人一变，就都变了。《变局：七千人大会始末》的作者张素华在解读毛泽东这段话时说：其实，在毛泽东看来，多数常委并没有"顶住"。可见，毛泽东的矛头所向，已不言自明了。

众所周知，1956年2月，时任苏共中央第一书记的赫鲁晓夫，在苏共二十大会议期间作了一个《关于个人崇拜及其后果》的秘密报告，揭露20世纪30年代斯大林破坏法制、践踏人权、镇压党内反对派的严重罪行。这份秘密报告，被中共高层认为是赫鲁晓夫全盘否定斯大林。毛泽东称这是俄国人丢了"斯大林这把刀子"。在1980年7月的一次座谈会上，胡乔木谈到斯大林对中国共产党的影响时说,毛主席对赫鲁晓夫反斯大林的二十大报告一直到死都耿耿于怀。刘少奇说的"今天不揭,明天还要揭;你自己不揭,别人要揭;活人不揭,死后下一代也要揭",不能不使毛泽东感到,身后中国也会出"赫鲁晓夫"。

当然,我们不能把日后发生的"文化大革命"简单地归结于毛、刘之间的个人恩怨,其中确实存在着建设社会主义的不同意见,然而这恰恰是1958年"大跃进"播下的种子。1966年5月7日,毛泽东在给林彪的信中提出的各行各业都要办成亦工亦农、亦文亦武的革命大学校,并把这看做是共产主义的一番议论,不正是1958年全民大炼钢铁,全民皆兵,人民公社实行组织军事化、行动战斗化、生活集体化那一套的另一种概括吗? 1974年12月,毛泽东与周恩来、王洪文关于理论问题的谈话时说:总而言之,中国属于社会主义国家。解放前跟资本主义差不多。现在还是八级工资制,按劳分配,货币交换,这些跟旧社会没有多少差别。所不同的是所有制变更了。又说:我国实行的商品制度、工资制度也不平等,有八级工资制等,这只能在无产阶级专政下加以限制。可以看出,1958年的"大跃进"和人民公社,一直是毛泽东追求的建设理想共产主义的道路和模式。因此,被认为从"七千人大会"与他分道的刘少奇,作为中国的"赫鲁晓夫"在"文化大革命"中被打倒,就是逻辑的必然了。

(林蕴晖/撰稿)

13 1961年毛泽东调查研究农村公共食堂问题

　　农村公共食堂是20世纪50年代中共在探索适合本国特点的社会主义建设道路历程中，伴随"大跃进"和人民公社化运动的发展而骤然兴起的"新生事物"。到1958年底，全国农村共建立公共食堂340多万个，在食堂吃饭的人口占全国农村总人口的90%。公共食堂办起来后，尤其是公社化后曾一度实行"吃饭不要钱"的供给制，而且提倡"放开肚皮吃饭"，这种建立在绝对平均主义基础上的公共食堂，其弊端很快就暴露出来。1959年上半年，一哄而起的农村公共食堂有的因无米下锅停伙，有的因群众不满解散，不少地方的公共食堂相继垮台，农民又回到自己家里吃起了小锅饭。庐山会议前各地对公共食堂作了初步的调整，不少地方的公共食堂按照群众的要求解散了。但在庐山会议后的"反右倾"过程中，全国农村再次出现了大办公共食堂的高潮，一度散伙的公共食堂又相继恢复。至1959年底，全国农村已建公共食堂391.9万个，在食堂吃饭的约4亿人，占人民公社总人数的72.6%。

　　对于农村公共食堂，毛泽东一度很看好，并认为举办公共食堂是消灭家庭私有观念、巩固社会主义阵地并加速走向共产主义社会的一条路子。随着时间的推移，公共食堂本身存在的绝对平均主义的缺点逐渐暴露，出现了许多的问题：没有节省劳动力，不节省烧柴还浪费；社员在食堂吃得并不好，出现了全国性的饥荒；某些干部趁机多吃多占，引起社员强烈不满；打击农民的生产积极性……1961年1月毛泽东提出"大兴调查研究之风"，听取了大量的调查汇报，了解到了许多农村公共食堂的真实情况。随着调查的深入，毛泽东的态度逐渐明朗，最终下决心解散公

726

共食堂。

毛泽东的调查分为直接调查和间接调查

从 1960 年下半年到 1961 年上半年公共食堂解散前,毛泽东主要是通过间接调查了解农村公共食堂情况。依照毛泽东的相关说法,间接调查就是通过召开省、地、县各级会议,听取汇报以了解情况,或派身边工作人员去基层调查,然后听取汇报。

毛泽东不仅亲自领导调查组调查公共食堂问题,还广泛听取各中央局,各省、市、自治区调查组的汇报,听取关于农村公共食堂的意见和建议。1961 年 1 月 20 日前后,毛泽东派田家英、陈伯达、胡乔木 3 人各带一个调查组,分别去浙江、湖南、广东 3 省农村,以 10—15 天的时间,各调查一个最好的队和最坏的队。这是毛泽东直接领导的调查组,到实践的第一线去作系统的调查研究。3 个调查组向毛泽东提供了许多具体的、生动的、有重要价值的第一手材料,成为毛泽东调整农村政策的重要依据。

1961 年 1 月下旬,毛泽东乘火车离开北京,于 2 月 13 日到达广州。在将近一个月的时间里,他沿途听取了河北、山东、江苏、浙江、江西、湖南和广东 7 省省委及田家英、胡乔木、陈伯达 3 个调查组组长的汇报,还同一些县委书记谈了话,作了一路的调查研究。

2 月 6 日,田家英向毛泽东汇报了关于和合生产队(浙江魏塘公社 14 个落后队中的一个)公

农村公共食堂开饭的情景

共食堂问题的调查情况：社员对公共食堂普遍不满，不愿意在食堂吃饭，食堂实际上是造饭工厂，不做菜，社员将饭打回去，还得再热一次。毛泽东在听取浙江省委负责人江华、霍士廉、林乎加、李丰平汇报整风整社和省委召开扩大会议的情况时，发表了自己对食堂的看法："食堂划小为好，几户人家办一个，大了恐怕对生产不利。要多样化，有长期食堂，有农忙食堂，也有自己烧饭。办食堂一定要适合群众的要求。总而言之，不论办什么事一定要适合情况，适合情况了就能增产，适合情况了群众就高兴。"此时，毛泽东并没有放弃办食堂的打算，但是有些松动了，还指出有的人也可以不吃食堂。毛泽东的这一变化同浙江调查组的反映不无关系。这次汇报，使毛泽东了解到公共食堂在一部分群众中并不受欢迎。

在杭州到绍兴的专列上，华东局第一书记兼上海市委第一书记柯庆施向毛泽东讲公共食堂办得如何好，吃食堂有多少好处，许多人对公共食堂一片赞扬。毛泽东本来就十分看好公共食堂，听柯庆施这么一说，也不禁欣慰起来。然而江苏省委第一书记江渭清却说了公共食堂的不好：第一，食堂耗粮特别大；第二，现在办公共食堂，不许养鸡、养鸭、养猪、养羊，结果没有蛋吃，没有肉吃；第三，吃食堂浪费大得不得了。这大概是毛泽东第一次听地方大员讲食堂的不好，虽然他对此还有些半信半疑，但毕竟听到了关于办公共食堂的不同意见。

2月10日，毛泽东在江西向塘铁路支线的专列上，听江西省委负责人杨尚奎、邵式平、方志纯、刘俊秀汇报时，关于食堂，毛泽东说：办食堂要满足三种人的要求，比如没有结婚的单身汉，或者结了婚的没有孩子的，他们就愿意吃常年食堂，就办常年食堂；比如有孩子的人，农忙时愿意吃食堂，农闲时愿意在家里自己做饭吃，就办农忙食堂；还有一大部分人不愿意在食堂吃的，那就满足他们，可以不参加食堂。

2月12日，毛泽东在长沙附近铁路支线的专列上与湖南省委第一书记张平化和胡乔木进行谈话。毛泽东特意询问了湖南办食堂的情况。胡乔木根据他们的调查，以长沙县为例，认为食堂这个制度现在还不算勉强的。毛泽东在湖南听到的大都是对食堂肯定的话，这与在浙江的调查所了解的情况正好相反。他进一步提问："既然社、队有一、二、三类，难道食堂就没有三类的？"张平化说："去年我们排了一下，办得比较好的占10%；办得差一点点的占20%。总的来说，垮食堂还没有成风。"胡乔木又补充了一句："它遇到灾难的时候，还起到很大的作用。"

同样是食堂问题，同样是经过亲身调查，浙江调查组与湖南调查组反映的情况却截然不同，这里有一个重要原因，就是浙江调查的是一个坏的生产队，湖南调查的是一个好的生产队。通过听取调查汇报，毛泽东对待食堂这个关系上亿农民切身利益的大问题，比过去冷静、客观得多。他不但能够认真听取对食堂持否定态度的意见，而且对肯定食堂的意见，总要从反面提出疑问，力求使自己得到一个符合真实情况的认识。

《农业六十条（草案）》颁布，提出公共食堂必须坚持真正自愿参加的原则

1961年2月22日，毛泽东直接领导的3个调查组在广州会合。他以3个调查组为基础，召集陶铸、陈伯达、胡乔木、廖鲁言、田家英等在鸡颈坑开会，讨论起草《农村人民公社工作条例》问题，并吸收了湖北等几个省的负责人参加讨论和修改。

3月7日，毛泽东与湖北省委第一书记王任重单独谈话。他再次强调参加食堂要大家愿意，同时表示："我们办食堂这个制度是肯定了的。"王任重对办食堂也表示赞成："食堂不办不行，肯定还是要办，因为妇女要参加劳动，还有一部分贫农确实要吃食堂。但有一部分中农也确实不愿意吃食堂，因为不如家里吃得好。"王任重还反映了一些食堂为了解决烧柴问题，用了许多劳动力去拾柴，结果没有多少劳动力去搞生产；还有的拆房子烧，有的拆桥烧，有的甚至把修好了的水闸拆了当柴烧的情况。毛泽东说："那就非得改变不可！"

可是，彻底解决食堂问题还不那么容易。中央紧急指示信明文规定，要坚持食堂制度，毛泽东也讲要坚持食堂制度。在干部中间，尽管有不赞成食堂的，但受思想禁锢，不敢对食堂有所非议。

3月11日，为了讨论《农村人民公社工作条例》和进一步解决农业问题，中共中央决定在广州召开工作会议。广州工作会议讲到食堂问题时，毛泽东说："有些食堂难以为继。广东有个大队书记说办食堂有四大坏处：一是破坏森林，二是浪费劳力，三是没有肉吃（因为家庭不能养猪），四是不利于生产。这个同志提出的问题值得注意。这些问题不解决，食堂非散伙不可。""没有柴烧把桥都拆了，还扒房子、砍树，这样的食堂是反社会主义的。看来食堂要有几种形式，一部分人可以吃常年食堂，大部分人吃农忙食堂。北方冬季食堂非散伙让大家回家吃饭不可，因为有个取暖的问题。"

毛泽东对食堂（当然是部分的）作这么尖锐的批评，还是第一次。尽管这样，此时毛泽东仍然肯定食堂制度，还没有从根本上取消食堂的打算。所以，1961年3月22日中央正式发出的《农村人民公社工作条例（草案）》（简称《农业六十条（草案）》）提出公共食堂必须坚持真正自愿参加的原则，但同时又强调"在一切有条件的地方，生产队应该积极办好公共食堂"。

《农业六十条（草案）》颁发以后，广大农民对中央下决心解决农村工作中的问题和条例中的许多规定表示拥护，但对食堂问题和其他一些条文持不同意见的比较多。一些负责同志和调查组在调查群众对《农业六十条（草案）》的反映之后向毛泽东汇报了有关食堂问题的意见。

毛泽东收到一份主张立即解散公共食堂的正式报告

1961年4月9日，毛泽东在专列上听取张平化和刚从韶山大队调查回来的胡乔木对《农业六十条（草案）》的汇报。张平化说："讲食堂好的，讲得很多；讲食堂坏的，也讲得很多。我听了以后，觉得原来自己对食堂的看法有些片面，好像不喜欢食堂的就是那些富裕中农。"毛泽东深有同感地说："愿意参加食堂的是少数人。食堂的确存在几个问题，所说用工太多，浪费劳力嘛！浪费柴火，破坏森林嘛！还有浪费粮食，再一个就是社员不能养猪。得两头搞，一头是搞食堂，一头是家里开伙。"

胡乔木向毛泽东汇报说："食堂问题在目前特别突出。干部很敏感，群众也很敏感，一谈就是食堂。原来我在长沙看到的情况，是食堂搞得好的。同时还有这么个原因，就是过去省委一贯强调这个东西，干部不敢议论这个问题，群众也不敢议论，所以就没有发现怀疑的言论了。这回'六十条'这么一说，好些大队反映，说念这一条的时候，群众最欣赏的是末了一句：'可以不办。'""家里吃饭，多一点少一点，他就是量体裁衣了；而吃食堂呢，有那么多定额，反正要吃掉，吃掉了还觉得不够，吃得不好。"毛泽东说："还有一条，在食堂吃饭没有家里搞得好吃。"

胡乔木说，韶山公社5个大队的89个食堂，已经散掉50个，讨论《农业六十条（草案）》以后，估计还要继续散。毛泽东又问，剩下的三十几个为什么还要维持？胡乔木说，因为思想还没有解放，食堂的优越性宣传了很久，说食堂是社会主义阵地。毛泽东说："河北也是这么宣传的嘛，什么社会主义食堂万岁。"胡乔木向毛泽东建议现在解散有利而且可以解散。毛泽东说："要看现在有没有锅灶，有没有粮食，有没有柴火，有没有房子。"胡乔木根据实际调查的情况说："我们倾向于快一点解决为好。虽然有些困难，分过了之后，群众还是会陆陆续续自己去解决的。"

湖南调查组在食堂问题上的汇报与上次汇报的不同，说明要了解真实情况，特别是食堂这样敏感的问题，必须作深入的调查。走马观花不行，时间短了也不行，只调查一个地方也不行。胡乔木这次对食堂问题的汇报比上一次汇报深刻得多，具体得多了。所以，毛泽东听完汇报后说："听你这一讲，我现在到韶山去，也看不出什么名堂来，还不是你讲的这一套。"

4月14日，胡乔木就公共食堂问题给毛泽东写了一份《关于在韶山公社解决食堂问题的报告》。报告说："在韶山公社干部和社员讨论'六十条'的时候，我们遇到的最突出的问题，就是公共食堂问题。从群众反映看来，大多数食堂目前实际上已经成了发展生产的障碍，成了党群关系中的一个疙瘩。因此，我们认为，这个问题愈早解决愈好。"报告在列举公共食堂种种问题之后说："在这种情况下，大多数食堂势在必散，而且散了并没有损失,反而对整个工作有利。"湖南调查组根据韶山一个食堂的经验证明,"群众要求散的食堂不但应该散,而且可以散得很快很好"。

这是毛泽东收到的第一份主张立即解散公共食堂的正式报告。毛泽东把胡乔木的来信及4个附件批给张平化,请他印发湖南三级干部会议予以讨论。4月16日晚,毛泽东召集刘少奇、陶铸、胡乔木、王任重开会。据王任重的日记所载:"谈到食堂问题,大家都认为这是脱离群众、最不得人心的一件事。办了公共食堂妨碍了生产的发展,对于救灾非常不利。"4月26日,邓小平根据毛泽东的意见,以中共中央名义将胡乔木的信及4个附件转发各中央局,各省、市、自治区党委,作为研究和解决食堂问题和有关问题的参考。

毛泽东指示在会议召开之前广大干部对农村中的若干关键问题(包括食堂问题)进行重点调查,大兴调查研究之风。

《农业六十条(修正草案)》下发后,公共食堂纷纷解散

中央和各省、市、自治区负责人按照毛泽东的指示要求,纷纷到农村作调查。刘少奇、周恩来、朱德、邓小平、彭真等都亲自作了调查,并向毛泽东作了汇报。

刘少奇在湖南长沙县广福公社的天华大队和宁乡县花明楼公社炭子冲大队作了44天的调查。4月11日,刘少奇在长沙向毛泽东汇报关于公共食堂的工作时说:"食堂情况,以前我也不清楚,讲食堂的优越性,可以节省劳动力,解放妇女等。下来一看,不是那么回事:专人煮饭,专人炒菜,专人砍柴,专人担水,专人舂米,一个食堂占1/3的劳动力,甚至半数的人都做饭去了。烧硬柴砍树,不烧茅草,破坏山林,还有其他毛病。有人想在吃饭的问题上把群众卡起来,那比捆绑还厉害。"

周恩来在河北武安县伯延公社调查后,于5月7日将了解到的情况用电话向毛泽东作了汇报。对于食堂问题,他说绝大多数甚至于全体社员,包括妇女和单身汉在内,都愿意回家做饭。他正在一个食堂搞试点,解决如何把食堂散好和如何安排好社员回家吃饭的问题。毛泽东对周恩

来的意见极为重视,当即将电话记录批发给各中央局,各省、市、自治区党委参考。5月25日下午,周恩来在北京工作会议第三小组会议上还说,他访问了3户不愿意吃食堂的老贫农,这3户老贫农都很积极、思想品质很好,都自家做饭,但每天出工比吃食堂的去得早(原来宣传办公共食堂有八大好处,其中第一条就是:吃饭时间一致了,社员出工、开会和学习都不再互相等待了,可以节省出许多劳动力用于生产)。

《农业六十条(草案)》出台后,朱德积极响应中央开展调查研究的号召,前往四川、陕西、河南、河北4省视察,公共食堂问题同样成为他此次调查的重点。回京后,他于5月9日致信毛泽东:"就我们在农村看到的情况说来,那里(指四川)的社员吃饭也是'两道烟',即在食堂做一道,社员打回家再加工一道,对人力物力浪费不少。一到西安,陕西省委对食堂的反映就十分强烈了。据他们汇报,多数群众愿意回家自己做饭,少数群众愿意留在食堂吃饭。群众说食堂有五不好:社员吃不够标准;浪费劳动力;浪费时间;下雨天吃饭不方便;一年到头吃糊涂面。"据河南省的同志调查,河南荥阳县大嶂滩食堂,是个模范食堂,得到过县委的锦旗,但全村32户中,只有4户五保户和单身汉愿意吃食堂,其余28户都要求回家吃。

邓小平和彭真领导的5个调查组在北京顺义、怀柔两县也作了一个多月的调查。5月10日,他们联名致信毛泽东,反映调查了解到的情况,并就若干重大政策问题发表了意见。关于公共食堂,他们认为食堂问题比较复杂,不能像供给制一样一刀两断地下决心,要根据群众自愿,他自己感到怎样合算就怎样办。今后,要办食堂的,一般应当把食堂的经济核算同生产队分开。食堂不要大了,应办小型的,或者是自愿结合的。毛泽东对这封信很重视,很快作出批示:"此信发给各中央局,各省、市、区党委,供参考。"邓小平和彭真的这些建议,在随后出台的《农业六十条(修正草案)》中都得到了体现。

5月13日,邓小平、彭真还给毛泽东写了一封信,说:食堂问题在北京郊区比较复杂。居住分散的队不办,常年食堂一般主张不办。至于农忙食堂,群众意见很不一致。北京市各县、区向群众宣布三条:吃食堂、不吃食堂都完全根据自愿;吃食堂、不吃食堂都好,都光荣;吃食堂、不吃食堂都给予便利。结果远郊区的食堂大部分都散了。

中央其他调查组和各中央局,各省、自治区、直辖市的调查组,也有许多报告指出了农村公共食堂出现的缺点和问题。

一大批来自实践的有说服力的调查报告,终于使中共中央在这个曾经被视为"共产主义萌芽",许多人为此吃过苦、挨过整的问题上,取得了突破性的进展,基本统一了认识。《农业六十条(修正草案)》第三十六条规定:"在生产队办不办食堂,完全由社员讨论决定","社员的口粮,不论办不办食堂,都应该分配到户,由社员自己支配","对于参加和不参加的社员,生产队都应该同样看待,不能有任何的歧视"。这样的规定实际上等于允许公共食堂停办,从而使人民公社化运动以来用行政命令大办食堂的"左"倾错误得以纠正。后来,毛泽东听说绝大部分农村公共食堂散了伙,认为"这是一件大好事"。《农业六十条(修正草案)》下发并逐步实行后,本来已经难以为继的农村公共食堂旋即纷纷解散了。

(徐功献/撰稿)

⑭ 邓小平与1961年的农村政策调整

邓小平是较早对 1958 年以来的经验教训进行反思的中共领导人，从 1960 年 5 月起他就提出要正视"大跃进"和人民公社化运动中的问题，认为有的地方工作中的缺点不是过去惯用的一个指头而是三四个指头。在 1961 年 3 月召开的广州中央工作会议上，邓小平代表中央书记处做了认真的自我批评，强调调查研究是一个根本的工作方法。随后，他深入京郊农村开展调查研究，发现人民公社体制存在的严重问题，促成中共中央对农村政策做出重大调整。

"主席进行自我批评，我们也要进行自我批评"

1960 年在新中国发展史上是经济极为困难的一年。连续 3 年的所谓"大跃进"，导致国民经济比例严重失调，加之 1958 年一哄而起在全国大办农村人民公社，导致"一平二调"(即平均主义与对生产队的劳力、财物的无偿调拨) 的"共产风"、干部强迫命令风等盛行，严重挫伤了广大农民的积极性，致使 1959 年和 1960 年全国粮食产量连续大幅度下降，部分地区甚至出现了浮肿病和非正常死亡。

严重的困难使领导人的头脑冷静下来。1960 年 6 月，毛泽东写了《十年总结》一文，试图对十年的社会主义革命和建设经验做一个初步的总结。他在文章中指出，时至今时，党内管农业的同志，以及管工业、商业的同志，"在这一段时间内，思想方法有一些不对头，忘记了实事求是的原则，有一些片面思想 (形而上学思想)"。他还承认自己"也有过许多错误"，"有些是和当事人一起犯的"。他提醒全党: 对于社会主义时期的革命和建设，还有一个很大的盲目性，还有一个很大的未被认识的必然王国。对此，要以第二个十年的时间去调查它，去研究它，从中找出它的固有的规律，以便利用这些规律为社会主义革命和建设服务。

作为中共第一代领导集体的重要成员，邓小平也开始对1958年以来的经验教训进行认真反思。

1960年5月25日，他主持召开中共中央书记处会议，讨论将于上海召开中共中央政治局扩大会议的有关问题，决定汇集有关工交企业发生工伤事故和农村发生浮肿病、饿死人情况的材料，以便在中央政治局扩大会议期间同有关省、市、自治区第一书记进行研究，吸取教训。邓小平在讲话中指出：庐山会议后，关于一个指头问题（1958年1月，毛泽东写作了《工作方法六十条》，其中提出，判断工作中的成绩与缺点的时候，要处理好九个指头与一个指头的关系，成绩始终是九个指头，缺点和失误是一个指头），有的得了教训，有的没有得到教训。这反映领导方法问题。雄心壮志是好的，但还要有细致的工作，粗枝大叶的风气不是小问题。粮食问题原因何在？肯定有相当大的虚报，工作不谨慎，多吃粮。浮肿同劳动强度有密切关系。工伤事故这样多，不要忽略有敌人破坏，但更主要的是管理制度问题。制度严不等于同群众路线矛盾。三年补充计划，宁肯稍为慢些，也要把布局布好，留有余地。布局不只是战局问题，还有长远发展的问题。

在5月28日的书记处会议上，邓小平说：过去大家都讲老实话，工作做得不坏。从1958年开始，有些人不讲老实话。各项指标，按确有把握的再打九折。总的说，绝不是计划不够，而是是不是太满的问题。现在只以为形势好，有些阴暗面看不到。在6月3日的书记处会议上，邓小平对一些地方的浮夸风做了尖锐的批评，指出：过去过于乐观了，估计不恰当，安排不恰当。基本上是浮夸、虚报，不是保险系数打得过大的问题。现在大的公社报假，就成问题。要吸取教训，头脑清醒些。

6月10日，刘少奇主持召开有各大区和省、市、自治区以及中央一些部门负责人参加的座谈会，听取国务院副总理薄一波、谭震林、李先念、李富春分别就当前工业交通、农业、粮食及生活安排、第二个五年计划后三年的补充计划等问题所做的情况介绍。邓小平在发言中指出：老实说，主要当家的就是我们在座的。作为领导者，我们应该不要忘记除九个指头以外一个指头甚至于少于一个指头的问题。领导者头脑要热，但是更要冷。我们热这方面是够的，但是冷这一点是不是还有一部分同志不够？最近一个时期出现的现象，如果我们不注意，哪怕不到一个指头，它可以发展到一个指头，甚至多于一个指头。到那个时候再来提醒，再来检讨，我们就要受损失。我们一定要估计到，有这样一部分同志，相当程度地丧失了我们党的实事求是的优良传统。考虑后三年计划，我建议还是"右倾机会主义"好一点，留有余地才能多快好省。

6月18日，邓小平在毛泽东主持的中共中央政治局扩大会议上讲话时又指出：我们的干部还有一个心理状态，就是对项目明知有困难，但是嘴上不说，一定要争到手；从局部着想，明明知道不可能，却说可能。这是对贯彻总路线这样严肃事情的庸俗理解和处理。直到今天，相当多的中央部的领导同志、相当一部分的省市同志没有转过来。中央的同志更是责任所在，主席进行自我批评，我们也要进行自我批评。

"大跃进"运动中，在解放思想、破除迷信的口号之下，违背实事求是的现象屡有发生，虚报浮夸成为普遍现象。1959年庐山会议前的纠"左"中，浮夸风有所遏制，但随着庐山会议后在全党"反右倾斗争"的开展，一批坚持实事求是的干部被当作"右倾机会主义分子"遭受错误批判，浮夸风再度泛滥。这时，"大跃进"的问题虽然已经暴露，但当时人们要么在"大跃进"的热潮中头脑还没有冷静下来，要么对于庐山会议上彭德怀因如实反映情况而遭到不公正对待心有余悸。邓小平此时能有如此鲜明的观点，体现了他一贯的务实作风。

"调查研究是一个根本的工作方法"

1960年秋，受中共中央委托，周恩来主持起草了《中共中央关于农村人民公社当前政策问题的紧急指示信》（以下简称"十二条"），提出了

12项解决当前困难的具体措施。11月3日，毛泽东对《指示信》做了几处重要修改。当天，中共中央用电报将《指示信》发给了生产大队、生产队党总支和党支部以上各级党的组织。"十二条"的下发，标志着中共中央开始纠正农业领域的"左"倾错误。

1960年12月24日至1961年1月13日，中共中央在北京召开工作会议。毛泽东在最后一天的会议上，就农业问题、工业问题、建设方针、国际形势等阐明了意见，着重讲了调查研究的重要性，要求与会的高级干部，回去后大兴调查研究之风，都要去做调查研究，把实事求是的精神恢复起来。中共中央工作会议后，接着又于1961年1月中旬召开了中共八届九中全会，全会确定对国民经济实行"调整、巩固、充实、提高"的八字方针。会上，毛泽东又讲到了调查研究的问题，说这几年我们吃了不调查研究的亏，重申1961年要成为实事求是年、调查研究年。

1961年3月2日，邓小平到河南考察。当时河南的灾情比较严重，中共河南省委为恢复和发展生产，领导群众度过灾荒，正在开展整风整社。针对河南的情况，邓小平说，战胜困难的关键在于调动积极性，一个是干部的积极性，一个是群众的积极性。整社中退赔一定要兑现，这样才能调动群众的积极性。三类社要整，一、二类社也要整。一、二类社是大多数，要调动大多数人的积极性。对于干部的处理，宁肯不及，不要过头，不要随便戴帽子。批判后，重要的问题是鼓气，不要灰溜溜的。要多种蔬菜，多养猪，搞好群众生活。在谈到工业生产管理时，他说要派干部加强领导，把原来的好制度恢复起来。不立不破，多立少破，一步步地搞，既要坚持不断革命论，又要坚持革命阶段论。要制定合理的工资制度，认真搞好奖励，井下工人的奖励可以高于井上的。工厂的标准是产品质量好，这是工厂好坏的集中表现。

为讨论农村人民公社工作条例和进一步解决农业问题，中共中央决定在广州和北京分别召开工作会议。广州会议于3月10日举行，由毛泽东主持，出席会议的有中南、华东、西南三大区的中央局书记和各省、市、自治区党委第一书记，简称"三南会议"。北京会议由刘少奇、周恩来主持，出席会议的有华北、东北、西北三大区的中央局书记及各省、市、自治区党委负责人，简称"三北会议"。3月15日，"三南会议"与"三北会议"合并在广州召开，史称"广州中央工作会议"。会议经过讨论，通过了《农村人民公社工作条例(草案)》(即"农业六十条")。

在广州中央工作会议上，邓小平就中央书记处的工作做了认真的自我批评。在3月19日的中南、华北小组会议上，邓小平说，1957年以前搞民主革命，搞社会主义改造，从中央到下面干部比较熟悉，搞得很顺畅，但1956年高级合作社时，出现了高潮，提出了多快好省，形势很好，头脑就不够冷静了。1958年以来，如果搞得谨慎一点，有些话慢点说，可能会好一点。从中央到地方都有缺点，中央应该负担主要责任。他诚恳地说，中央的具体工作由书记处主持，作为中央常委和主席的助手，工作没有做好，日常工作做得不坏，但方针政策方面出的好主意不多，没有直接的调查研究，有些问题发现了没有采取有效措施加以解决，没有认真去调查和处理。

23日，在中央工作会议全体会议上，邓小平着重谈到了加强调查研究的问题。他说：在我个人来说，在书记处来说，日常工作做得不算很坏，但是在重大的决定方面出的好主意不算很多，主要就是缺乏调查，调查研究不够，材料的来源主要是看报告。因此，出的主意、一些意见很难有把握。作为助手，作为主席、常委、政治局的助手，这一方面工作是做得不好的。过去我们书记处不是对所有问题都没有发觉，对若干地方出现的问题本来是有察觉的。察觉了之后，应该有个办法，去调查研究。无非是自己去调查研究，或者是派人去调查研究。出现这些问题不能及时解决，不能够正确地解决，这一方面我们没有尽到责任。作为重要的教训，个人也好，整个书记处也好，我想大家恐怕都应认真汲取。调查研究是一个根本的工作方法。调查研究也会有错误观点，但总是把握大一点。情况明了，因此办法也就对一些，决定也就对一些。

为了改变各级干部的工作作风，贯彻落实《农村人民公社工作条例(草案)》，广州中央工作会议的最后一天，中共中央就认真进行调查研究问题致信各中央局,各省、市、自治区党委,要求高中级干部联系最近几年工作中的经验教训,认真学习毛泽东的《关于调查工作》一文,并指出:最近几年农业、工业方面的具体工作中,发生的缺点和错误,主要是放松了调查研究工作,这段时间,夸夸其谈,以感想代替政策的恶劣作风,又有了抬头。中共中央要求从现在起,县以上的党委领导人员,首先是第一书记,要将调查工作作为首要任务,并订出制度,造成空气。在调查中,不要怕听言之有物的不同意见,更不要怕实践检验推翻了已经做出的判断和决定。只要坚持调查研究、实事求是的作风,目前所遇到的问题就一定能够顺利地解决,各方面的工作就一定能够得到迅速的进步。

广州会议结束后,邓小平在回北京的途中在湖南株洲停留1天,视察了国营331厂和601厂后,于3月25日回到北京。27日,他主持召开中共中央书记处会议,传达广州中央工作会议精神。邓小平在讲话中说:现在看,公社本身应有几个发展阶段,过去走得太猛了,教训是深刻的或是沉痛的,实事求是的精神受了损害。为什么不实事求是?就是方法出了问题。过去几年调查研究很少,搞了许多虚假现象。这是这几年的根本教训。老实说,过去战争期间,解放后几大改造,还是注意调研的,工作也是深入的。最近几年,工作好了,就舒服了,不搞调研了。中央也是按级听汇报,群众的呼声听不到,听到也不重视。许多事就是那么一下子干下去,又不经过试验后再推开,都是一哄而起。这次会议政策上是解决平均主义,方法上是搞调查研究。县以上领导机关要把调查研究恢复起来,作为永远的、根本的工作方法。

3月29日,邓小平主持中共中央书记处报告会,传达广州中央工作会议精神。他在讲话中说:农村人民公社是从高级社发展起来的。发现"共产风"后,第一次郑州会议就着重提出按劳分配、多劳多得、反对平均主义的问题。但对这些问题两次郑州会议都没有解决。以后武昌会议正式搞了个决议。两次郑州会议是反"左"的,武昌会议也是反"左"的,但都没有贯彻,大家还是在那里搞"共产风"。庐山会议本来是反"左"的,但中间出了彭德怀同志这个问题。因为这个问题一插,我们工作中应该注意的问题被忽略了。所以，庐山会议后刮的这一种风更厉害了。这也是个教训。1958 年以前我们党调查研究、实事求是的作风还是保持的，1958 年以后我们的实事求是的作风削弱了，浮夸风就是实事求是的对立面。"五凤"是从"共产风"、浮夸风这两个风生出来的。这几年缺点不小，有的地方不是一个指头，有的地方也不是两个指头，而是三个指头，或者四个指头。

自 1958 年毛泽东写作《工作方法六十条》以来，"九个指头"与"一个指头"就成了评定工作中成绩与缺点的主要依据，强调"大跃进"和人民公社化运动的成绩是九个指头，缺点与不足只有一个指头，这也是 1959 年上半年毛泽东纠"左"的底线，他认为只要把一个指头的问题解决好了，就能更好地"跃进"和巩固人民公社。1959 年庐山会议上毛泽东之所以对彭德怀不满，一个重要的原因就是彭在给他的信中认为用群众运动的方式大炼钢铁是"有得有失"，大大超过了他所允许的缺点与不足只有一个指头的限度，因而对彭写信的动机产生怀疑。邓小平明确表示这几年有的地方的缺点并非一个指头而是三四个指头，在当时的领导层中是第一人。

"吃食堂是社会主义，不吃食堂也是社会主义"

随后，邓小平于 4 月 7 日到了京郊的顺义农村，在这里整整进行了 15 天的调查。

到顺义之后，邓小平以蹲点、座谈、访问形式，详细了解农村实际和干部群众的情况。4 月 12 日，邓小平召集公社、管理区干部座谈会和公社、大队书记座谈会。此前，一些干部群众曾对"一平二调"等问题提出过批评，但在"反右倾"斗争中，却被当作攻击"总路线"、"大跃进"、人民公社三面红旗而受到批判，所以在会上吞吞吐吐不敢直言。邓小平说："一平二调"搞得大家都没劲头了，要尽快制定"三包一奖惩"（包产、包工、包成本，超产奖励、减产惩罚）和"四固定"（将土地、劳动力、耕畜、农具固定到生产队使用）责任制。现在包产过大的单位应当适当划小。包产单位小一些,便于互相比较生产条件,你瞒不过我,我也瞒不过你,包产指标就容易落实了,要让他们在同等条件下搞生产竞赛。定生产指标要力求合理,还要留有 10% 的余地,照顾到有产可超,这样他们就会有奔头了,就拼命去干了。

当时,人民公社在分配上实行的是所谓工资制与供给制相结合的制度,实际上大多数人民公社并无多少工资可发,真正起作用的是供给制。供给制就是公社对全体社员免费提供基本生活保障,通俗的说法是"吃饭不要钱",社员不分劳动力强弱和劳动好坏,都在公共食堂吃一样的"大锅饭",结果严重地挫伤了社员的生产积极性。在谈到克服分配中的平均主义时,邓小平说:要认真执行"按劳分配、多劳多得"的原则,承包单位之间、社员之间无论如何不能拉平,要克服分配上的平均主义,这样才能调动起社员的积极性。评工记分必须搞得严密一些,死分死记、死分活记都不能很好地体现同工同酬。比如二等劳力干一等劳力的活,还记二等工分,这就存在着平均主义,就会打击二等劳力的积极性,这种不合理现象必须克服。一定要实行定额包工,多劳多得是天经地义的事,是社会主义分配原则。

在座谈中,邓小平了解到,木林公社的上辇大队在粮食分配时采取 40% 卖给国家,剩余 60% 的一半按工分分配,一半的 20% 作为大队机动粮,10% 按人头分,10% 奖励给劳动好的社员。同时,小队开荒"十边地"的粮食归小队积累,拿出一部分按工分分配,得到社员一致拥护,粮食单产 1959 年 540 多斤,比 1958 年提高 60 多斤,副业收入 3 万多元,社员生活水平明显提高。邓小平对这种做法很赞赏。他说:上辇大队的余粮分配办法很好,很有道理,国家、集体、个人几方面都照顾到了,就应该是这样,定好超产部分,几成卖给国家,多为国家作点贡献,而且群众心中也有了底,生产积极性就会高,生产就能搞上去。县委要搞几个这样的好典型,总结推广下去。

农村的公共食堂在建立人民公社之初就已经出现,当时主要是大量的劳动力被抽去从事大规模的农田水利建设,农民回家吃饭不方便,就在工地上建立临时的集体食堂。随后，随着"大办钢铁""大办交通"等各种各样"大办"的展开，客观上需要更多妇女走上生产第一线，而办公共食堂在某种程度上使农民家里不再需要妇女专门做饭，于是公共食堂有了进一步发展。等到人民公社建立时，公共食堂被赋予了"共产主义萌芽"的含义，认为它建立后，就能实现家务劳动的社会化，有助于消灭社员的私有观念，加速向共产主义的过渡。这样一来，公共食堂就成为人民公社的题中之义。

当时，为推广公共食堂，曾总结了许多的优越性。其实，它与供给制一样，社员对它意见很大。公共食堂不但饭菜单一，吃饭不自由，粮食、劳力浪费严重，而且还成为部分干部卡压群众的手段，有的素质不高的干部，动辄对社员以不给饭吃相威胁。尤其是1959年粮食供应紧张之后，公共食堂更是成为社员意见的中心，也成了广大干部的一块心病。办食堂群众怨声载道，不办会背上一个"破坏社会主义阵地"的罪名，在庐山会议后的"反右倾"斗争中，一些干部就因停办公共食堂而被打成"右倾分子"。食堂问题不妥善处理，人民公社问题就得不到真正解决。

4月15日，邓小平在北小营召开的上辇大队、北小营大队、仇家店大队支部书记、生产队长参加的座谈会上，反复询问参加座谈会的干部：公共食堂是吃好，还是不吃好？当时，广州中央工作会议通过的《农村人民公社工作条例（草案）》中仍强调"一切有条件的地方，生产队应该办好公共食堂"，可对什么是"有条件"并无具体规定。因此，会上多数人都不敢说食堂不好，而是违心地大讲公共食堂的好处。邓小平对干部们说：公共食堂是个大问题，现在群众议论很多，要注意一下。随他来视察的卓琳因为已在上辇大队社员孙旺家住了一个星期，了解情况，就对邓小平说："上辇吃食堂是假的。由食堂分粮食，社员自己回家做饭吃才是真的。"邓小平对上辇大队的干部说："你们村的干部对'共产风''平调风'顶得好，锅碗瓢盆没有被刮跑，锁没有砸，门没有拆，是很好的事。吃食堂光荣，不吃食堂也光荣。吃不吃食堂要由群众决定。"

邓小平在牛栏山公社白庙大队考察食堂时，看到食堂停伙，了解到当地社员没有吃的,觉得问题严重。在桑园大队召开的社队干部会上,他明确指出:"吃食堂是社会主义,不吃食堂也是社会主义。以前不管是中央哪个文件上说的,也不管是哪个领导说的,都以我现在说的为准。根据群众的意见,决定食堂的去留。"

人民公社化运动前,自留地、家庭副业都是社员收入的重要来源,也是向市场提供蔬菜、副食品的重要渠道。人民公社化运动中,自留地归了集体,家庭副业不准搞,社员家里的猪、鸡、鹅、鸭差不多绝迹。庐山会议前纠"左"时,中共中央虽然下发过文件,要求恢复社员的自留地和家庭副业,庐山会议后一反"右倾",又将其当作资本主义的东西反掉了。搞农业合作社时,农民遇到灾荒,可通过自留地和家庭副业来缓解。现在,这条路没有了,更加剧了生活困难。邓小平在调查中特别强调,社员的家庭副业不能丢,应该是六畜兴旺,尤其是养猪很重要。他对顺义的干部说:你们县是一个传统的养猪县,社员喜欢养猪,而且有丰富的经验,若是把这个传统丢了很可惜。一头猪不仅能赚20多元钱,肥料还能养二三亩地,不施化肥,也能增产,社会效益就高了。

5月4日,邓小平和彭真在顺义县一起听取中央5个调查组及中共北京市委第二书记刘仁的汇报。刘仁汇报了丰台区南苑公社大红门大队关于供给制的调查,并且强调干部社员分析了现行供给制有四大毛病、三个好处。四个毛病:第一,工分值降低,影响劳动积极性;第二,出懒汉,有的人懒着少出工、不出工;第三,出学生,等于集体供养学生,假期也不干活,学完都跑出去找事干,农业用不上;第四,增加干部工作困难。三个好处:一是铁饭碗,人人有饭吃;二是能培养第二代,不会因吃不上饭退学;三是劳动力老了不怕没人管,可以进敬老院。邓小平听后当时就表示:三七开供给制不搞了。补助五保户、困难户。基本制度是按劳分配,"三包一奖",评工记分,彻底改掉死分死记。只要按劳分配,方法可以多种多样。

5月10日,邓小平和彭真联名致信毛泽东,反映调查了解到的情况,并就农村若干重大政策问题发表了意见。信中着重讲了五个问题:

一是关于社队规模。信中说,北京近郊和各县生产大队和生产队规模都已调整,多数是万把人一个社,大队一般是以村为单位,生产队一般是 50 户左右,生产队之下一般建立作业组。社队规模的调整,使农民心里有了底,效果很好,它大大提高了社员的生产积极性。

二是关于粮食征购和余粮分配。在调查中,邓小平和彭真了解到,干部和群众对这个问题有两种意见:多数生产队赞成对包产部分的余粮购九留一,对超产部分购四留六;有少数生产队愿意包死。"因为连续两年歉收,目前社员爱粮如珠,对国家征购后的余粮,大队、生产队不宜留得多了,应该把绝大部分按劳动工分、按出售肥料分给社员,鼓舞他们像经营自留地一样,在集体经营的土地上精耕细作、积极施肥。"

三是关于供给制。邓小平和彭真的看法是:"现在实行的三七开供给制办法,带有平均主义性质,害处很多。它不仅使劳动力多、劳动好的人吃亏,也不能适当解决五保户和困难户的问题。"当时看好供给制,除它的"共产主义因素"外,还有一个重要的原因,认为它有利于照顾贫下中农。可事与愿违,受到照顾的不是贫下中农,而多是地主、富农等。邓小平、彭真在给毛泽东的信中说:"许多典型材料证明,这种供给制,不但不一定对贫雇农和下中农有利,甚至是对地富和上中农更有利。因为贫雇农和下中农一般结婚比较迟,子女少,劳动比较好,在他们中间占这种供给制便宜的人,比例较小;而地主、富农一般抚养人口比较多,劳动比较差,又有使子女上学的习惯,在他们中间占便宜的人,比例较大。因此,在这次辩论中,干部和群众普遍主张取消这种供给制,而主张只对五保户生活和困难户补助部分实行供给。"

四是关于"三包一奖"和评工记分。信中提出,根据一些典型调查的材料,凡是几年来年年增产的单位,多是大体上坚持执行了"三包一奖"、评工记分制度的,有些单位并且建立了比较系统的定额管理制度。一些实行死分死记或死级活评的单位,因为没有执行按劳分配的原则,一般都减了产。现在,有很多生产队,由于调整了社队规模,废除了老的供给制,实行了新的供给制(即只供给五保户和困难户),再加上执行和改进了"三包一奖"、评工记分的办法,劳动积极性和劳动效率显著提高。

五是关于公共食堂。邓小平和彭真认为,食堂的问题比较复杂,不能像供给制一样,一刀两断地下决心。尤其要走群众路线,让社员慢慢考虑,好好讨论,完全根据群众自愿,他们自己感到怎样合算就怎样办。今后,要办食堂的,一般应当把食堂的经济核算同生产队分开。食堂不要大了,应办小型的,或者是自愿结合的。

信中还讲到他们了解到的耕畜和农具的所有制问题,供销社和手工业、家庭副业等问题的情况,并谈了解决这些问题的看法。

毛泽东对这封信很重视,很快做出批示:"此信发给各中央局,各省、市、区党委,供参考。"邓小平和彭真的这些建议,在随后出台的"农业六十条"(修正草案)中都得到了体现。1961年五六月间,中共中央在北京召开工作会议,讨论并通过了《农村人民公社工作条例(修正草案)》,其中强调人民公社各级的规模,都应该利于生产,利于经营管理,利于团结,利于群众监督,不宜过大;国家在规定生产大队的粮食征购任务的时候要保证多产多留,要避免在社员留粮标准上的平均主义,按人口平均提供商品粮较多的生产大队,口粮标准应该高些;生产队必须认真实行按劳分配,多劳多得,避免社员和社员之间在分配上的平均主义;在生产队办不办食堂,完全由社员讨论决定;等等。这些规定,对调动广大农民的生产积极性,恢复和发展农业生产,起到了十分重要的作用。

(高志中／撰稿)

15 三年困难时期的中南海

身高体阔的毛泽东，自报的粮食定量是每月 26 斤。定量
压缩了，饥饿感和营养不良的现象，就不可避免地膨胀了。
孩子们都跟随吃大灶的叔叔、阿姨们，"享受"到了
特殊时期的新鲜食品

1960 年到 1962 年，在共和国历史上被称为"三年困难"时期。对于
这一时期的情形，史书曾有如下记载：

"1960 年粮食产量……跌落到 1951 年的水平。棉花也跌落到 1951
年的水平，油料跌落到建国时的水平。轻工业生产急剧下降。党和人民
面临建国以来最严重的经济困难……许多地区因营养不足而相当普遍地
发生浮肿病，不少省份农村人口死亡增加。"

面对工农业生产跌入谷底导致的生活资料匮乏和饥馑的严酷现实，
最难过的，莫过于为了最快地使国家强盛富庶而发起"大跃进"的毛泽东
本人了。他宣布："我们就实行三不：不吃肉，不吃蛋，吃粮不超定量。"

为了共同渡过难关，中央人民政府不得不将每个国民的口粮定量减
到最低限度。"低标准，瓜菜代"，中共中央紧急号召全体共产党员带头，
国家干部带头，首先是领袖们带头。

中南海里，机关干部们吃粮重新定量，先由个人报斤数，再由群众公
议评定。身高体阔的毛泽东，自报的粮食定量是每月 26 斤。刘少奇报
得最低，只有 18 斤。周恩来报了 24 斤。朱德和毛泽东一样，也是 26 斤。

这一情况传到各单位党支部和党小组后，大家都认为领袖们自报的

定量偏低了，起码应该和绝大多数男性干部们一样，定在28斤。但是领袖们都坚持说，够了，已经算过，不要变动了。就这样，开始按照他们报的数量发给他们粮票。

在领袖们的带动下，整个中南海勒紧了裤带，每位工作人员都把自己的粮食定量降了下来。定量是压缩了，可饥饿感和营养不良的现象，就不可避免地膨胀了。

为了在粮食定量减少的情况下，尽可能地增加一些营养，起码让肠胃里有空间被填充了的感觉，食堂的大师傅们和广大干部们想了一些办法，这就是采集一切可食的植物，和粮食掺和在一起吃。

最开始是采集自然生长的植物，像挖野菜、捋榆钱儿。中南海里，特别是沿着中南海的外墙，种植了不少榆树。榆树的籽形状有点像古钱，俗称"榆钱儿"。榆钱儿在嫩的时候可以食用。采摘来后，大师傅们就把嫩榆钱儿和在面里，使蒸出的馒头个大一些，同是二两面的馒头，却能在胃里多占一点空间。

自然生长的东西很快就被摘光了，于是，人们就种植一些野菜，比较普遍的是一种俗称"扫帚菜"的植物。这种野菜枝杈多而密，把叶子捋净后，一株就是一把天然的扫帚，其俗称大概就是这么来的。这种野菜特别好生长，路边或犄角旮旯，再贫瘠的地方也能长得很茂盛。扫帚菜叶拌上玉米面或白面，放在笼屉里蒸熟了，也不难吃。

也就是从这个时候起，除了寄宿在学校，或在学校定餐的孩子，还是在学校吃饭外，原先平时在家里吃饭的孩子，大多在家长的命令下，到大灶食堂和机关干部及工作人员们一起吃饭。像朱德、董必武、李富春、谭震林、陈毅、李先念等家中的孩子，都是如此。

特别是朱德，不仅把孙辈们都赶到大灶食堂，还提出要求："不准老买好菜，不准超过大多数人的伙食标准，不准超过自己的定量。"

据说，这样做的原因是这些家庭中的父母享受着党内高级干部的待遇，有一定的营养补助（虽说是有限的一点），但孩子尚未对国家和人民作什么贡献，自然不该享受这种待遇。从克己奉公原则、从培养锻炼孩子出发，就应该让孩子在大灶食堂进餐。当然，有时候星期天例外，因为多数成了家的干部，星期天都自家开伙。

于是，孩子们都跟着吃大灶的叔叔、阿姨们，"享受"到了特殊时期的新鲜食品。偶尔吃上这样的食品，口感还挺新鲜的，所以，中南海的孩子，对这类面食的印象并不坏。后来听有人回忆困难时期说如何苦，把吃掺和野菜、"榆钱儿"的面食也算上，孩子们都觉得有点不合适。

吃着滋味不太好的，孩子们记得的是那种地瓜面窝头，黑乎乎，黏糊糊的。大师傅为了让它好下咽，动了一番脑筋。有时加一点糖精，有时加一点盐，但次数多了，加什么也不起作用。

想到自己是共青团员，李讷申报时把定量压到了 21 斤。

李银桥自作主张，让卫士悄悄给李讷送去了一包饼干。

刚刚宣布了"三不"，家里的饭菜也没太大的油水。

"这几天胃不舒服，老泛酸水，不敢多吃。"

当时李讷正在北京大学读书，和学校里所有的人一样，她也重新申报了粮食的定量。回家时，毛泽东向她问起学校的情况。她告诉父亲，出于自己是共青团员应该多为国家分担困难之考虑，申报时把定量压到了 21 斤。

听女儿这样说，毛泽东感到欣慰，同时也露出一丝忧虑，毕竟女儿还在长身体的年纪。李讷接着说："学校考虑我们正处在成长发育期，将学生的定量统一定为 27 斤。"

"这我就放心了，这个定量基本能保证学生的营养了。"她感觉到父亲好像松了一口气，但父亲随即又说："井冈山时期，打仗的战士还吃不上这个定量。"她明白父亲的心思，想想前辈度过的更艰苦的岁月，眼前的难关就能挺过去了。

困难的日子并没有很快过去，而且仿佛在加重着。一次，有个卫士到北大看李讷，李讷告诉他，在学校里吃不饱，又没有油水，老觉着饿得慌。卫士回到中南海，把情况反映给李银桥。李银桥自作主张，让卫士悄悄给李讷送去了一包饼干。

不料此事被毛泽东得知了，批评李银桥："三令五申，为什么还要搞特殊化？"李银桥辩解说："别人的家长也有给孩子送东西的。"毛泽东火了，拍了桌子："别人我不管，我的孩子一块饼干也不许送！"

见毛泽东如此较真儿，谁也不敢再违规了，李讷一点接济也得不到了，消瘦了许多。一个星期天，李讷回到家里，毛泽东破例让她在家里和自己一起吃了顿饭。进中南海以后，毛泽东的所有子女，就一直按照父亲的旨意在大食堂吃饭。

此时，正是毛泽东宣布了"三不"规定之际，家里的饭菜也没太大的油水。可饿了一星期的李讷，看见桌子上三四盘炒菜、一碗汤，外带辣子、霉豆腐等小碟，胃口一下子就被吊起来了。

她没等父亲下完"吃饭"的口令，便狼吞虎咽地吃了起来，被烫得咝咝直吐舌头。"慢点吃，别着急。"女儿的每一个细微的动作，毛泽东都看在眼里，但话音依然平静。

"在学校吃饭都很快，习惯了。"李讷并没有想到掩饰，一边说，一边不停地扒着碗里的饭。第一个吃完了自己碗里的饭，她握着空碗，眼睛却忍不住瞟向桌上的剩菜。

李讷从来就不是个贪吃的孩子，如今这副模样意味着什么，明察秋毫的毛泽东心里很清楚。他停住了筷子。江青也怔了一下，继而把自己碗里的饭，拨到女儿的碗里。

"哎，你们怎么不吃了？"生活上粗线条惯了的李讷诧异地问道，"妈妈，你怎么吃得这么少？""这几天胃不舒服，老泛酸水，不敢多吃。"江青说着，又用手揉着心口。待了一会儿，她低头离开了饭桌。

毛泽东拿起了报纸，一边看一边说："我年轻时在湖南农村搞社会调查，有次饿了一天，讨到一碗米饭……"李讷吃得正香，没搭父亲的腔："你们不吃我就全打扫了啊。"

"唔，打扫干净。三光政策，不要浪费。"说完，毛泽东又把目光从女儿身上移开，转向报纸，直到李讷把桌上的盘子都拾掇干净。

目睹了这一情景的卫士,心里很不是滋味。事后向毛泽东进言:"主席,李讷太苦了,我想……"没等他说完,毛泽东就打断了他:"和全国人民比较来说,她还算好一些的呢。"

"可是……""不要说了。我心里并不好受,她妈妈也不好受。她是学生,按规定不能享受的就不能享受。"毛泽东叹了口气说:"还是各守本分的好。我和我的孩子都不能搞特殊,现在这种形势尤其要严格。"

在困难时期,毛泽东曾有过一星期不吃饭,7个月不吃肉、不喝茶的记录。周恩来过意不去,关切地劝毛泽东吃一点肉。因为几位领袖都跟着毛泽东不吃肉了,所以毛泽东一句"你吃了吗?"就把周恩来的口给堵上了。

为了给毛泽东增加营养,中南海里负责为首长服务的部门领导费尽了心思。肉、蛋这些东西他是绝对不碰的,但是他不坚决拒绝野食。像偶尔弄两只麻雀,在中南海里捞点寸把长的小虾,还是能劝他吃一点的。于是,他们就打几只麻雀或掏两个麻雀窝,或者用筐捞些小虾。但这只能间隔一段搞一次,量也不能太大。

"等到他们为人民办事的时候,再不要人民吃不饱饭。"
他趁别人不注意,悄悄地把它扔到墙角里。父亲翻着联系簿,
知道这件事后勃然大怒。当时理直气壮是觉得学校这样做
不对。想得很简单的刘源,好像一下子领悟了许多

从社会上流行的书刊上,也可以看到一些刘少奇的孩子在困难时期的故事。我们先来看《无悔的人生——刘少奇之子刘源》中的一段:

刘少奇对子女要求十分严格。60年代困难时期,刘少奇的几个子女都很小,但他们都按照刘少奇的意见,坚持在学校住宿吃饭,和别的孩子一样同甘共苦。当时,许多人劝刘少奇和王光美把孩子接回家吃住,生活可以比学校过得好一些,但刘少奇坚决不同意。他说:"国家主席的孩子应该和工农群众的孩子一样,不能特殊。""群众吃不饱,我们有责任。让孩子们尝尝吃不饱的滋味有好处,等到

他们为人民办事的时候，将会更好地总结经验教训，再不要人民吃不饱饭。"有一天吃中午饭，学校食堂的阿姨发给每一个同学几块又黑又硬的白薯干，源源把它拿回宿舍后，咬了一口，难吃极了，说什么也咽不下去。他趁别人不注意，悄悄地把它扔到墙角里。此事不知怎么被班主任知道了，把这件事写进了"学校联系簿"，并加了批语。星期六，源源带着"学校联系簿"回家，刘少奇看见班主任的批语，便把源源叫到自己的身边，语重心长地说："老师讲得对，这是农民伯伯、阿姨饿着肚子辛辛苦苦种出来的，粮食来之不易，要珍惜这些劳动果实。你要从小尝尝吃不饱饭的滋味，将来你们替人民办事的时候，才会和人民站在一边。"源源听了爸爸的话后，星期一回校第一件事，就是走到扔白薯干的地方，把白薯干拾起，搓去上面的泥土，洗净后，几大口把它吃了。

另有一篇《天降大任于斯人——刘少奇的儿子刘源》中，有如下一段记载：

小时候在学校食堂吃枣窝头，他抠出枣吃，却把窝头扔了。这件事被老师记在"家庭联系簿"上。工作之余，父亲翻着联系簿，知道这件事后勃然大怒，铁青着脸，严厉地批评了他一顿，并用毛笔在"家庭联系簿"上一笔一划地写下"要和劳动人民同甘苦，不要搞特殊化"这一行遒劲有力、透着深深感情的字。望着头发花白的父亲，刘源震惊了，立即回到学校主动承认错误，并把自己扔掉的窝头重新捡起来，大口大口地咽了下去。

三年自然灾害时期，兄妹几个和老百姓的子女一样饥肠辘辘，心里都想由学校回到中南海吃饭，但父亲却无论如何也不同意，严肃地制止了他们，并且对他们的母亲说："人民吃不饱，我们有责任，让孩子们尝尝吃不饱的滋味，等将来他们为人民工作的时候。就可以更好地总结经验，再不要让人民吃不饱了。"

这两段看似说的是同一件事，可具体的情节却有差异，于是笔者在和刘源交谈时，请他做了一个更准确的叙述。

刘源说："困难时期我还在实验二小寄宿，父母不让回中南海食宿。一次在学校吃饭，食堂发给每个人几块白薯干，确实是黑乎乎的，还有些发霉了。我们一吃，很不是味，就扔了。因为是临近星期六放假的事，所以一回家，我就把这件事对爸爸讲了，当时理直气壮是觉得学校这样做不对，怎么能把发霉的东西给学生吃呢？"

他没想到，父亲听了后，语调沉缓地告诉他：目前整个国家正处在困难时期，怎么说你们还有得吃，偶尔才吃上这么一点不好吃的东西。要知道，还有许多群众连这样的东西都吃不上，你们还没有尝过吃不饱的滋味呢。你们应该尝尝群众吃不饱的滋味，那样才会有和群众同样的感受，才会有人民的观念。

听了父亲的话，原来想得很简单的刘源，好像一下子领悟了许多，并对自己的行为感到惭愧。当时没有谁要求他怎样，但他一回到学校，马上找回自己扔掉的白薯干，冲洗干净，吃了下去。

西楼小灶的饭桌上，端出了一盘掺了马齿苋的玉米面窝头。
"我们就在房前屋后采摘点东西，自己做顿加餐充饥。"
滚滚的黑烟，惊动了中南海里的警卫人员。我们家长
随即赶来，问明了原因，都有点哭笑不得

给自己定量缩减到26斤的朱德，对如何度过困难时期，似乎胸有成竹。朱老总长期坚持在房前屋后开荒种瓜豆蔬菜，而且即便在没有饥荒的时候，康克清陪老总外出，也常剜点野菜让家人尝尝鲜。用瓜豆蔬菜、野菜，同粮食掺和着吃，家里的人早已训练有素。

果然有一天的午餐，西楼小灶的饭桌上，端出了一盘掺了马齿苋的玉米面窝头。家里的其他人都抢着吃，却不让朱德吃："您上了年纪，就不要吃了，让我们吃吧。"

朱德说："我怎么不能吃啊？这比长征中吃的好多了，那时候马齿苋还是最高级的野菜哩。现在生活好了，我们这些东西也吃得少了。今后就是在丰收年景，野菜也应该吃。每年吃点儿野菜，这对你们、对我自己都有好处，还能使我们不忘记过去。"说完，拿起一个窝头大口大口地吃起来，还带着一副吃得特别香甜的样子。

从那以后，朱德和康克清带领身边的干部和孙辈们，开了更多的荒地，又加种了一些杂粮。他还鼓励孙辈们自己挖洞，饲养了一些兔子，依靠自家的力量，解决粮菜不足的问题。像以往一样，除了自家享受自己劳动的果实外，朱德仍旧将一部分送给大灶食堂。

朱和平回忆说："当年我们自己种植的杂粮蔬菜，对度过艰苦的日子可是起了作用了。星期天食堂只吃两餐，中午我们就在房前屋后采摘点东西，自己做顿加餐充饥。为此，还专门置办了个小煤气灶，我们几个孩子也上手当过家庭厨师。"

这种在房前屋后开荒，种植蔬菜杂粮的做法，不久就在中南海迅速普及开来。许多院落房前房后的空地，被开垦了出来，种上了向日葵、玉米、南瓜、土豆……高高低低，重重叠叠。

许多甬道边，墙根下，也被撒上了种子。墙根下多是攀缘的作物，像瓜、豆，都搭上了架子；甬道边就是那种容易生长的野菜，像扫帚菜等。各种瓜豆蔬菜种上后，中南海里又多了一道风景线。

地开出来，种子撒上后，人们便又操心如何积肥、改良土质的事，以便使作物长得更苗壮，结出更多的果实。笔者还记得，当年为了积肥，还做出过一些很可笑的事情。

例如，当年大人们在秋后，把干树叶和干杂草什么的，烧成草木灰，当作肥料撒在开垦的地里。孩子们就以为，凡是燃烧的东西，烧完的灰，都可以作肥料。于是，就在中南海里到处搜罗可燃烧的东西，堆在我们自己开出的荒地边上烧。

一天，我们几个政治秘书室的孩子，在拆了的旧房子瓦砾里，抽出了一些油毛毡，也把它和干树枝叶一起烧，以为找到好肥料了。油毛毡燃着后，冒出滚滚的黑烟，惊动了中南海里的警卫人员，他们以为着火了。

警卫人员跑来，扑灭了火，并通知了我们的家长，说我们在放火。我们的家长随即赶来，问明了原因，都有点哭笑不得。在训了我们一通后，家长告诉我们,并不是什么东西烧成的灰都是肥料。

除了在家门口开小片荒地外,中共中央办公厅机关还于1960年春,在北京郊区的西山附近,建立了一个农副产品生产基地。机关的干部和工作人员轮流去那里参加劳动,每人每年去1个月。去劳动的人,粮食定量每天补助1斤。

干部们在生产基地里,种植了玉米、大豆、瓜菜等作物;还养殖了数十头肥猪和一二百只羊。在专业技术人员的指导下,一年下来即见成效,它反映在机关食堂里,是伙食有了改善。

基地在度荒的日子里,发挥了重要作用。同时干部们还感到,经过这种锻炼,在感情上和群众更接近了。这个农副业生产基地因此坚持办了下去,直到"文化大革命"中才划归了附近的人民公社。

> 食堂除了卖饭菜票外,还要分发出售各种票券。这些新加入食堂吃饭队伍的孩子特别兴奋。孩子们互相站队,早到的孩子让后来的孩子夹进队伍。周恩来在大灶吃饭后,有人写了大字报。"大师傅听见了,又给我们俩一人一勺折箩。"

在困难时期,中南海里的各大灶食堂,不能像以往那样,每顿有几样菜肴供人们选择了。仅有几样,还都凭票供应;稍有点荤腥和油水的菜,要凭另一种数量极少的票。主食也分粗粮、细粮,都按量按比例供应,细粮占的比例小,多数时候要吃粗粮。

这样一来,到大灶食堂吃饭,除了要带饭菜票外,还要带各种票券。食堂因此也多了一种麻烦,除了卖饭菜票外,还要分发出售各种票券。陈毅女儿陈珊珊印象较深的是,她曾帮助食堂的管理员卖饭菜票和其他票券。

由于种类太多,卖着卖着就稀里糊涂了。管理员问她究竟收了多少钱,她说:"我只是帮您收,但多少我也搞不清。"弄得管理员有点急了,因为在钱的问题上是不敢马虎的,钱账不清可是比较严重的错误,在困难时期就更敏感。管理员不敢怠慢,连忙说:"算了算了,还是我自己来吧。"

许多原先在家吃饭的孩子，被家长们赶到了大食堂吃饭，食堂里的孩子多了起来，而且这些新加入食堂吃饭队伍的孩子特别兴奋。因为他们原先在家里吃饭，人很少，而且在家长的睽睽目光之下，总有些拘束。到大食堂后，要好的孩子挤在一堆儿吃，没大人的管束，就自由自在多了。

饭桌上的胃口好坏，多数情况下并不在于食物精糙优劣，而在于和谁在一起吃。这里没有家长，可以自由组合，志趣和话题相近，有轻松欢快、漫无边际地瞎聊天佐餐，即便是窝头、熬白菜，也能吃得有滋有味；即便是独自吃起来很费劲的黑色白薯面饼子，也能不知不觉地咽进肚里。

自己排队，自己掌握和运用手中的饭菜票，自己选择决定购买哪样饭菜，对初来大食堂就餐的孩子来说，和在家里大异其趣，特别有新鲜感。

稍有点荤腥的菜，有时即使是凭特殊的票券，也不一定能买到，要早到、要排队。于是孩子们就互相站队，早到的孩子让后来的孩子夹进队伍。孩子们有时还喜欢凑热闹，看见第一个买了什么后，就都买什么，致使某些数量比较少的菜，多被孩子们买了。

"我们的这些行为，引起了一些成人的不满。因为是孩子，不可能想得那么周全，但多数情况下，成人还是很体谅孩子的。"当年热心为别人站队的李先念的女儿李紫阳，回忆起在国务院大灶食堂吃饭时的情景，如是说。

说到国务院大灶食堂，还要加叙几句。国务院本来有大、中、小3个灶，相互挨得很近，就在进国务院西门不远往南一拐的地方。1958年，周恩来检查国务院干部生活情况，到食堂吃饭时，他坚决不到中、小灶吃，而是到大灶食堂排队买饭吃。周恩来在大灶吃饭后，有人写了大字报，提出高级干部应该向周恩来学习，破除等级观念。小灶、中灶随之被取消了，只设大灶。

也是在国务院大食堂吃饭的石小林说："困难时期在大食堂，我们最爱吃的是一种叫'折箩'的菜。所谓折箩，就是宴会的残羹，大烩菜的剩余。因为一是这些剩菜各种各样都折在一起；二是啃过的骨头、鱼刺等也被用餐桌布兜着折了进来，就像把什么都折进箩筐一样。"

　　说到大烩菜，也需稍做解释。国务院每周要举行一次部长会议，会议通常要开到中午，与会的部长们就留在国务院会议厅里吃饭。除了三四样小菜，也就是咸菜、酱豆腐外，主菜是蔬菜、豆腐、粉条加上点肉或排骨一锅烩的，所以叫大烩菜，就餐者每人交5毛钱。

　　"如果能买到折箩的话，我们就特别高兴。记得一次吃折箩是星期六中午，因为下午没课，我和国务院副秘书长童小鹏的儿子童非非一边吃一边聊。我问他现在最想吃什么，他正嘬着折箩里一块啃过的骨头，就说想吃一块正经的排骨。我说你想得比我好，我就想吃一碗真正烧肉的汤拌的米饭，不是这种剩肉汤烧的菜的汤。我们的话被食堂的大师傅听见了，他到厨房里端出锅，又给我们俩一人一勺折箩。"说到这儿，石小林仿佛又沉浸到当年的那个环境里。

　　虽然中南海里的情况比起重灾区好多了，但也是相当艰苦的。共同到大食堂吃饭的经历，使孩子之间的过往更频繁，友谊也更加深了。

　　父亲常向母亲询问一些运用科学渡过难关的实际问题。
　　曾经热闹过一阵子"小球藻"、"人造蛋白"和"植物蛋白"。
　　不知是谁发明了利用超声波振荡的办法使油膨化。一些
　　报刊还发表文章，宣传介绍各种虫子的营养价值

　　由于吃饭成了一个很大的问题，便成为许多党和国家领导人饭桌上的话题。刚刚上了大学的胡木英，因为学校的饭既少油水，又不能管饱，每星期天都回家，靠揩父母的油，找补回来一点，自然会听到父母与此相关的议论。

　　因为母亲在中国科学院工作，胡木英在共同进餐的饭桌旁，听到父亲胡乔木常向母亲询问能否运用一些科学的原理、一些可操作的方法，为渡过难关解决一些实际问题。

　　那时曾经热闹过一阵子"小球藻"、"人造蛋白"和"植物蛋白"等等，胡木英都听母亲给父亲讲解过。

所谓"小球藻",是夏天长在水塘里的绿色物质。在显微镜下,可以看出其浮生颗粒链状形态,是水中动物的食物。它可以在池塘、水缸里培养。养殖一段时间后,将其捞出滤净,可以掺和在饲料中,喂养家畜;也可以添加在供人食用的食品中,具有一定的营养价值。

"植物蛋白"的制造,是用淘米洗菜的"泔水"发酵,待其长出一层白膜而未变黄、变红之际及时捞出,和面烹制,做成肉状,烩在菜里,权当肉的代替品。

1960年7月6日,《人民日报》发表社论《大量生产小球藻》,文章中说,小球藻"蛋白质含量比大米高5倍,比小麦高3倍多";"有些地方用小球藻试制糕点、面包、糖果、菜肴、藻粥、藻酱等食品,质高味美,清香可口"。文章称小球藻培育的成功,"是我国人民在大跃进中的一项伟大的创举",利用小球藻"不是小事"。

《人民日报》自创刊之日始,就一直在胡乔木的指导下工作,许多社论,皆由他亲自执笔拟成。《大量生产小球藻》一文,或许就与胡乔木夫妇在饭桌边的交谈相关吧。

胡木英还记得,父母在饭桌旁讨论过采用何种办法,使同样的生米做出更多的熟饭来。不久,人们还真琢磨出一种叫"双蒸饭"的做法来:先将米焖熟,再放进蒸屉里蒸一遍,使米粒更加膨胀,能使焖出的一碗饭,胀到一碗半。这种饭,吃起来已毫无口味,但能在胃里多占空间,让人有饱的感觉。困难时期,"双蒸饭"成了中南海里食堂的盛馔。

当然,那时人们想出的办法,可行的,不可行的,科学的,异想天开的,甚至如今看来可笑的,远远不止这些。由于出发点是为了渡过难关,一经有个什么发明,就被大张旗鼓的宣传,站在第一线的,自然是中共中央宣传部。

在困难时期,食用油极其匮乏。既然人们动过让一碗米膨胀出一碗半的脑筋,也就会动脑筋让半斤油变成一斤油。不知是谁,发明了利用超声波振荡的办法使油膨化,中宣部发出通知,要求中直机关各单位都派个负责人,到中宣部观摩食用油膨化演示。

中南海里有的孩子的父亲,去了沙滩中宣部的大院。现场演示的人,把半斤油倒进一个容器,再兑入一些水,放入简易制作的超声波振荡器,超声一阵后,就宣布水已经变成油了,要求各单位大力推广。

于是,观摩过的人回到各单位,便把看到的情况宣讲一遍,发动单位里的干部到处找铁管子头,把两头砸扁了,嵌进刮胡子的刀片,做超声波振荡器。中南海西大灶,也搞了不少类似的实验,但并不像现场演示的那么灵,没有出现水变油的奇迹,此事也就不了了之。

植物油膨化不成功后,人们又把注意力转向动物,甚至从昆虫中提取食用油和营养。中央办公厅就抽调中央警卫团的干部、战士和机关工作人员,组织打猎队,到内蒙古草原打黄羊、野驴等。将猎物分到各个单位的食堂,增加一点荤腥,熬一点油,给干部们打了几回牙祭。

此外,就是号召大家动手捉虫子。当时的一些报刊还发表文章,宣传介绍各种虫子的营养价值,什么什么可食用,什么什么蛋白质含量高。有关方面还在北京钢铁学院办了展览,各单位都去人参观,中南海里的干部们也去了。展览室里摆着一个一个的大瓶子,里面装着脂肪状的东西,每个瓶子上贴着标签,写明是由哪种昆虫提炼的。

参观回来,又是一番动员,中南海机关的干部们,在工作之余,便四处去捉虫子,在墙角下,在大树下,刨土寻找。可中南海方圆之内,又能捉到多少昆虫呢?热乎了一阵之后,也是无果而终。

总之,为了渡过难关,什么办法都想了。中南海里一直养着鱼,专门有人负责打草喂鱼。以往是隔一段时间撒网捕一点,主要是给食堂,也卖一些,但次数很少,所以鱼长得挺大。由于多年的积累,在困难时期为了增加一点荤腥,打鱼的次数就多了一点。

关于鱼,还有一个故事。1961年春节前,青海省委知道党中央机关生活艰苦,从青海湖打了2000多斤鳇鱼,送到国务院,说是给周总理送鱼,并请周总理转送党中央。

周恩来得知后立即指示:第一,这种做法是错误的,困难时期党中央应该和人民同甘共苦,不能接受这样的馈赠;第二,既然鱼已经送到北京，再返回耽搁可能腐烂，就由北京工商局按市场价格收购，随即在市场上出售。中共中央机关和国务院，一斤也没有留。

> 毕竟是稀的，过一阵子肚子就又生出了饥饿感。往沙坑里
> 一躺，开始吃这种"太阳鸡蛋"。谁的腿上坑深复原得慢，
> 就说明谁浮肿得厉害。喝完，他们倒在了床上，直到晚上
> 都没醒过来。陈晓鲁患肝炎，有的朋友说是吃
> 伊拉克蜜枣传染的

到了1961年，食物缺乏的情况好像比上一年更有过之无不及。在北京第十三中学上学的邓朴方，就感觉学生食堂分的杂面馒头，越吃越小。中学生正是能吃的时候，一个馒头咬几口就没有了。干的没了，大家就抢着喝稀的，8个人能喝7盆玉米面粥，喝得肚子胀鼓鼓的。但毕竟是稀的，过一阵子就又生出了饥饿感。

就在这时，邓朴方他们从报纸上看到某位大科学家提出"少活动，晒太阳"可以抵抗饥饿的文章，继而又有人换算出晒多少时间相当于吃一个鸡蛋。他们便立即效法，每天中午饭后，就走到操场上，往沙坑里一躺，开始吃这种"太阳鸡蛋"。

机关的叔叔、阿姨们，大概也是受这种宣传的影响，在晴日当午之际，也大啖"太阳鸡蛋"。吴继光的妹妹吴继平说："困难时期星期天在家，就可以看见工字楼里的大人，中午都拿个小凳子出门，坐在太阳底下晒太阳，一边晒一边说话。看谁的腿浮肿了，互相按着，看谁腿上的坑深复原得慢，就说明谁浮肿得厉害，然后就开始按摩。"

她的父亲说："孩子的妈妈因为把有点营养的东西都省给孩子了，自己营养不良都浮肿了。我好一点，是因为每个星期开国务会议时都要上会，跟着吃一顿大烩菜，能补充点营养。"

吴继平还记得，她的两个哥哥，都处在长身体、放开肚子猛吃猛喝的年纪，总吃不饱。实在受不了了，就在家里乱翻，找着什么能吃的就吃个精光，结果老是打乱大人的计划，挨大人的打。

有一次,他们在家里找了半天,什么也没找到,只找到一只装着绿色液体的瓶子。他们尝了尝,那液体有点甜有点辣,也不知是什么。两人开始还不敢多喝,后来实在饿得难耐,便把那发甜的液体喝光了。这下不得了了,喝完他们倒在了床上,直到晚上都没醒过来。原来那是一瓶青梅酒,没喝过酒的他们都醉了。

回忆说对三年困难时期感受不深的,是陈晓鲁,他恰在那个时候患了肝炎。

那一时期为了支持中东地区国家的独立斗争,中国人民在自己极度困难的情况下,还用外汇从这些国家购进一些产品。北京市场上一度比较多见的"伊拉克蜜枣",大概就属这种性质。陈毅家有时就买点伊拉克蜜枣。

可过了一阵子,传说这种蜜枣带有肝炎病毒,也不知是真是假,反正市场上这种蜜枣渐渐绝迹了。陈晓鲁患肝炎,有的朋友说是吃伊拉克蜜枣传染的,而他家里的其他人大概也有品尝这种枣,却未因之罹病,可见这种传言不一定准确。

肝炎这种病,需要好好休息。中国人对肝炎,历来有一种以养为主、以治为辅的传统疗法。所谓养,就是多吃些有营养的食品,多吃糖,避免操劳。虽然在困难时期,家里还是想方设法给他弄来一些糖。他这一养,就在家中蹲了整整两年。

陈晓鲁说,他就是在养病期间开了窍。以往整天学习,生出厌恶感。患病后,成天窝在家中,没学可上,没同学陪伴了,反而生出渴望,想读书上学了。他病愈返校后,学习大变,刻苦奋发,成绩一下提高了许多。当然,这都是后话。

即便是受到了很好的照顾,陈晓鲁还是因为油水少而特别馋肉。一次,天色已晚,他和国务院财贸办研究室主任何畏的儿子张寰在中海边溜达,从在国务院看船的老张师傅住处经过。老张师傅看见他们,便问:"我拣到了一只死乌鸦,烧好了,你们想不想吃?"

乌鸦,中南海里特别多。冬季的黄昏之后,岸边的柳树上,结冰的海面上,尽是乌鸦,有时黑压压的覆盖了一半的冰面。但因它那丑陋的样子,谁也没想到要去吃它。记得鲁迅改编的中国神话故事里提到过,嫦娥就是忍受不了人间日子清苦,丈夫只能给她打乌鸦吃,才奔月而去的。在故事里,乌鸦肉被形容得酸涩难吃。

在困难时期,中南海里打过乌鸦,改善伙食。但杯水车薪,也解决不了什么问题,况且几天之后就难觅乌鸦踪影,也就不再打了。陈晓鲁、张寰过去也没尝过乌鸦肉,但此刻仿佛只要带个肉字,就能让他们垂涎欲滴。

他们跟着老张师傅进了房间,用手抓起一块乌鸦肉就吃。张寰开始对吃乌鸦肉还有几分犹豫,问陈晓鲁:"好吃吗?"陈晓鲁一面说不好吃,一面吃个不停。张寰一看,再不动手,就要被吃光了,赶紧抓起一块大嚼起来。一只乌鸦总共没多少肉,几下就吃完了。如今回忆起来,张寰说:"究竟是什么味,我现在也不知道该怎么描述了。"

能说出乌鸦肉滋味的,是李先念的女儿李紫阳:"在困难时期之前,陈毅老嫌乌鸦吵,影响休息,就曾建议要打,不知为什么没有打。直到困难时没吃的,才打了乌鸦,一开始打了好多,食堂做了给大伙吃。我就是从此知道了乌鸦肉的味道,当时觉得挺好吃的,跟鸡好像没什么区别。"但也就吃了几顿就没了,并不是每个人都在食堂吃到了。

情绪的低落引起了恶性循环,病患也似乎更加难愈了。
她17岁了,可皮包骨头、身材矮小,看上去就像10岁左右。
这就是被死神的阴影笼罩着的垂危的生命。胡木英第一次
看到父亲如此气愤、如此严厉地批评人

在困难时期深入农村、目击了真正的饥馑的中南海的孩子,大概只有胡木英。她之所以有这样的机会,缘于她那总也查不明的病痛。那一阵子,她时常莫名其妙地就突然觉得天旋地转,呕吐不止,再也吃不下东西,后来发展到起不了床。

胡木英曾经患过十二指肠溃疡,主要疼痛区域又在这附近,所以医

院就一直按十二指肠溃疡治疗。她除了打针吃药外，又敷热水袋，又用艾灸，却根本不见疗效。直到"文化大革命"以后，才查出她患的是胆结石。可在当时未能确诊又治不好的情况下，只能让她休息。

病痛，胡木英还可以强忍，但反复发作导致病休，耽误了学业，却使她的思想负担骤然沉重。她对数理化水平的自我评估也就是中等偏上，跟上学习进度本来就要付出非凡的努力，现在却常常要因病拉课，要不了多久就可能追不上了。

落在同学们后面，就可能要留级，成为落伍者，甚至成为人生的失败者，这不正与自己从少年即形成的志向和理想背道而驰吗？她越想越消沉，越想越悲哀，情绪的低落引起了恶性循环，病患也似乎更加难愈了。

正在这时，毛泽东提出让他的3个大秘书各带一个调查组，到南方农村搞调研，为《农村人民公社工作条例（草案）》的拟制做准备。就这样，陈伯达去了广东，田家英去了浙江，胡乔木则带领一个组到了湖南。

考虑到女儿在京纯粹的休养，不一定有益于病情的好转，换一个环境，换一种生活，或许更容易让女儿从消沉中解脱出来；同时到农村看看，也是难得的了解社会的机会。鉴于此，他建议女儿随自己去湖南走走。

在湖南农村，胡木英看到自己父亲由于紧张劳累而疾病缠身，却依然忘我工作的情景；对中国广大的乡村，她有了更深入的体验；还在与农民接触和共同生活中，学到了不少农业知识。在追随父亲近两个月的乡村生活中，有两桩事让她终生难忘。

一次在湘潭县，胡木英搞完调查，从农户家走出，看到一位从宁乡县讨饭到湘潭的姑娘。她17岁了，可皮包骨头、身材矮小，看上去就像10岁左右。经询问，才知她父母都死于饥饿，她孤零一人。没饭吃的她，靠捡拾野菜糊口，却遭到队干部的呵斥，还打她并踢坏了菜篮，她于无奈中逃出来讨饭谋生。

胡木英刚调查的那家农户，出于怜悯，拿出一碗饭菜给姑娘。姑娘狼吞虎咽地吃完，又匆匆走了。胡木英和一起搞调查的人也没细问姑娘将去哪里，今后怎么办。

回到招待所吃饭的时候，胡木英和父亲谈起这件事，不料父亲和调查组的同志都责怪她们没处理好这件事，没帮姑娘找个安身的地方："只了解了问题，没有解决问题。"

此事引起她内心很大的震动，她于此体会到了像父亲这一辈革命者与人民大众的鱼水深情，也进而了解到正是这种和人民同呼吸、共甘苦的意念，促使他们无怨无悔地忘我工作。

在这之后不久，胡乔木听到调查组关于湘乡县也有饿死人，而且比原以为情况比较严重的宁乡县更甚，干部却不敢反映的情况汇报，他立即改变了自己的原工作计划，亲自到湘乡去做调查。

4月14日，胡木英也跟着父亲去了，她看到了让她一辈子也无法从记忆中抹掉的场景：一个个骨瘦如柴的大人、孩子，木呆呆地站在那里，这就是被死神的阴影笼罩着的垂危的生命！

县里的领导向胡乔木汇报时，还敷衍说不知有死人的情况，只是发现胡乔木的脸色越来越难看，才检讨自己工作不周。胡乔木发火了。胡木英第一次看到父亲如此气愤，如此严厉地批评人。最后，他要求县领导尽快设法遏制饿死人的事情。

那天回到韶山招待所，已经是深夜11点了，可当胡乔木得知毛泽东也到了湖南视察的消息，立即伏案给毛泽东写了一封长信："……湘乡原被认为是一类县，从我们所看到听到的问题说来，其严重不下于湘潭，而在去年底大量死人这一点上还有过之……"

毛泽东看了胡乔木的信，于翌日即4月15日就将信批转湖南省委书记张平化，让他阅后将信及信件附文"印发给我们的三级干部会议各同志，予以讨论"。

当天下午，毛泽东又听了湖南省档案局局长毛华初关于农村真实情况的汇报，肯定了韶山公社可先行试点解散食堂。至4月21日，韶山公社的食堂几乎全部被解散。

（王凡、刘东平／撰稿）

16 20世纪60年代的中苏两党论战

1989 年 5 月 16 日, 邓小平在会见来访的苏共中央总书记戈尔巴乔夫时说了这样一句话:"从 1957 年第一次莫斯科会谈, 到 60 年代前半期, 中苏两党展开了激烈的争论……经过 20 多年的实践, 回过头来看, 双方都讲了许多空话。"邓小平的这段话, 算是对当年中苏两党那场争论定了性。

邓小平提到的那场争论的前半期, 因为没有公开, 也没有激化, 只算是两党之间的一种讨论。从 1962 年 12 月起, 双方的争论公开化了, 并且相互指责对方为修正主义, 争论相当激烈。中国共产党先是公开发表了七篇论战文章, 紧接着又发表了著名的"九评"。本文主要是回顾从 1962 年起中苏两党争论的历史。

一直到 1962 年 12 月, 中苏两党之间
表面上还是客客气气的

中苏两党的分歧, 早在斯大林时代就存在。中国共产党主要是对 20 世纪 30 年代的苏共内部大清洗有看法。毛泽东多次谈到这件事。邓小平在 1980 年 8 月 18 日的一次讲话中就回忆道:"斯大林严重破坏社会主义法制, 毛泽东同志就说过, 这样的事件在英、法、美这样的西方国家不可能发生。"毛泽东当时还只是从中国共产党要吸取这方面教训的角度谈这件事的, 并没有对苏方的政策进行公开指责。中国共产党对苏共中央特别不满意的, 是苏方损害中国利益的政策。毛泽东在 1959 年 12 月的一次讲话中, 曾历数苏共在历史上对中国共产党利益的损害。

中苏两党真正进入意识形态领域的分歧，是从 1956 年开始的，主要是围绕着苏方提出的"和平过渡论"进行的。此后，中苏两党在思想理论上的分歧越来越多，越来越大。到 1957 年，中苏两党的分歧已经是国际共产主义运动内部的一件大事了。

1957 年，中国开展整风反右运动，苏共对此有不同看法。中国共产党对苏共的意见进行了批判，但这种批判还是不公开的。1958 年，中国搞"三面红旗"（即"总路线"、"大跃进"、人民公社），苏共对此有看法，提出了指责，中共对此进行了回击。当然，这种回击，也是在内部进行的。当年，苏联向中国提出中苏两国建立共同舰队和建立长波电台问题，中国方面不同意。中苏两国首脑发生了激烈的争吵。炮击金门，苏联虽然公开表示支持，但私下也有不同看法。

1959 年，西藏发生叛乱。随后，中印边境发生军事冲突，苏联袒护印度，中苏双方的矛盾进一步加大。中国共产党批判彭德怀的"右倾机会主义"时，曾经怀疑彭德怀在苏联的支持下搞颠覆，而苏联方面对中共处理彭德怀也有看法。

从 1959 年起，中苏双方的分歧发展起来，苏联鼓动东欧一些国家同中国共产党辩论，西方国家也趁机攻击中国。所以，毛泽东说：这是一次"反华大合唱"。

但是，中苏两党此时的分歧乃至辩论，还局限于内部，没有公开化。表面上，中苏两党之间还是客客气气的。这种情况一直持续到 1962 年12 月。

1962 年 12 月 12 日，赫鲁晓夫在苏联最高苏维埃会议上发表讲话，指责中国在中印边境上对印度的自卫反击战，指责中国在加勒比海危机中的原则立场。这两件事，前一件涉及中国的利益。因为从 1959 年起，印度军队就不断向中国军队进行挑衅，到 1962 年，已经侵占了中国大片领土，中央军委不得不于 1962 年 10 月 17 日下达《歼灭入侵印军的作战命令》。中国军队对印度进行自卫还击，给印度军队以沉重打击。后一件事情的经过是：赫鲁晓夫在加勒比海地区与美国发生冲突，把核武器运过去对准美国,结果被美国顶了回来,搞得灰溜溜的。中国不赞成苏联的做法。赫鲁晓夫在 12 月 12 日的讲话中,集中在这两件事情上对中国进行攻击。

赫鲁晓夫讲话不久,一些欧洲的共产党相继召开代表大会,中国共产党也派代表团参加。苏共利用这个机会,鼓动东欧一些国家的党的领导人向中共代表团发起围攻。围攻从保加利亚共产党八大,到匈牙利社会主义工人党八大、捷克斯洛伐克共产党十二大一直在进行,而且围攻的调门越来越高。

写论战文章,中共中央决定由邓小平负责, 陈伯达、康生主抓

针对这种局势,毛泽东和中共中央决定,组织人写作、发表一系列答辩文章:一来对苏共中央和其他一些国家的共产党对中国共产党的攻击进行反击;二来对国际共产主义运动中一些重大理论和实践的问题,对中国共产党的一些重大政策,进行必要的解释和澄清。

中共中央决定由中共中央总书记邓小平负责,陈伯达、康生主抓此事。

早在 1960 年,中共中央为适应与苏共进行理论讨论的需要,就成立了一个写作班子。这个写作班子设在中共中央书记处之下,具体工作由康生负责。抽调了 4 个人:吴冷西、王力、姚溱、范若愚。吴冷西当时是新华通讯社社长兼人民日报社总编辑,王力当时是中共中央对外联络部副部长,姚溱当时是中宣部副部长,范若愚当时是《红旗》杂志副总编辑。另外,还有外交部副部长乔冠华、中共中央对外联络部副部长赵毅敏。乔冠华、赵毅敏二人日常工作忙,只参与讨论。

陈伯达、康生二人领受任务后,把原来的写作班子直接拿了过来,就在钓鱼台开始办公。中央还决定,中共中央政治研究室、中国科学院哲学社会科学部的一些研究所,在这一段时间里,要集中为这个写作班子提供资料。

这个写作班子推出的第一篇文章,是发表在 1962 年 12 月 15 日《人民日报》上的社论《全世界无产者联合起来,反对我们的共同敌人》。

12 月初,意大利共产党举行第四次代表大会,中国共产党派代表团参加。可是,意大利共产党也邀请了当时与中国共产党对立的南斯拉夫共产党参加会议。12 月 2 日,意共总书记陶里亚蒂在总报告中,点名攻击中国共产党。攻击中,涉及的理论原则问题主要是:"纸老虎问题""战争与和平问题"。中共中央对意共总书记的攻击十分重视,得到报告后,中央政治局常委立即开会研究。会上,毛泽东提出,对意共的攻击,要进行反击。

12 月 4 日,邓小平在中央书记处会议上传达了中央政治局常委会的决定:"他们公开批评我们,我们就可以批评他。"这次要"批评他是机会主义"。邓小平还传达中央政治局常委会的意见说:"现在看,今后的斗争更加展开了。这就需要一系列的东西,也要有适当的刊物。写文章的问题,每个问题写一篇,要适合于外国人看。"对"赫鲁晓夫和陶里亚蒂都攻"。这次书记处会议后,由邓小平、康生牵头,写出了题为《坚持真理,弄清是非,团结对敌》的文章。

文章写好后,送给正在杭州的毛泽东审阅。毛泽东认为,文章的标题不够响亮,拟了一个新的标题《全世界无产者联合起来,反对共同的敌人》。接着,毛泽东对这篇文章进行了修改。改后,毛泽东写下批语:

小平同志:

此文已阅,认为写得很好,有必要发表这类文章。

毛泽东

十二月十四日,零时二十五分

又,题目似宜改一下,更为概括和响亮些,请酌定。

邓小平接到毛泽东的批示后,同意毛泽东对文章的修改。对标题,邓小平认为应该进一步修改为《全世界无产者联合起来,反对我们的共同敌人》。邓小平决定,这篇文章于 12 月 15 日以《人民日报》社论形式公开发表。

毛泽东：不要怕分裂，怕也分裂，
不怕也分裂，那为什么怕呢

《全世界无产者联合起来，反对我们的共同敌人》，是中国共产党对苏论战的第一篇文章。中国共产党对苏论战的第二篇文章，是紧接着第一篇文章写的。文章主要是批意共总书记陶里亚蒂。

1962 年 12 月 29 日，邓小平将一篇题为《陶里亚蒂同志同我们的分歧》的《人民日报》社论稿，送到毛泽东处，请毛泽东审定。12 月 31 日，《人民日报》发表社论《陶里亚蒂同志同我们的分歧》。这篇社论，主要批驳陶里亚蒂在一些重大理论问题上的观点，包括对战争与和平、对核武器和核战争的态度，对"纸老虎"的论断、和平共处论、"结构改革论"进行了全面批判。

中方的第三篇论战文章是以《红旗》杂志 1963 年第 1 期长篇社论《列宁主义和现代修正主义》的题目发表的。这篇文章是康生在邓小平组织第二篇文章的同时，在钓鱼台组织写的。文章写好后，也送给了毛泽东审阅、修改。

《列宁主义和现代修正主义》这篇文章着重从正面论述列宁主义和现代修正主义的区别，其中包括关于时代的看法，关于两大阵营和平共处的问题，关于"帝国主义和一切反动派都是纸老虎"的论断，关于马克思列宁主义的基本原理是否已经过时等。这篇文章与《陶里亚蒂同志同我们的分歧》所论问题是相互联系的。两篇文章合起来，对于苏共对中国共产党的攻击进行了反击，但文章没有对苏共领导人进行点名。

1963 年 1 月 7 日，苏联《真理报》发表长篇文章《为和平和社会主义的胜利加强共产主义运动的团结》，文章对中国共产党的理论、观点进行攻击。赫鲁晓夫也于 1 月 15 日在德国统一社会党六大上第一次公开点名批评中国共产党。这标志着苏共对中共的新一轮围攻开始。但赫鲁晓夫却提出：要停止公开论战。

赫鲁晓夫在德国统一社会党六大上提出停止公开论战后，毛泽东正在武汉。在北京主持中央工作的刘少奇看了赫鲁晓夫的讲话稿后决定，先由中国代表团在大会上致词，强调我们反对假团结、真分裂的阴谋，然后由我们的写作班子加紧写出第四篇论战文章。于是，在邓小平的布置下，钓鱼台的写作班子立即动笔，于 1 月 24 日拿出了题为《在莫斯科宣言和莫斯科声明的基础上团结起来》的《人民日报》社论稿，邓小平当天即将稿件送给在武汉的毛泽东审阅。

这篇社论稿于 1963 年 1 月 27 日见报。文章点出了一个重要问题——我们需要什么样的团结？在什么基础上团结？是在莫斯科宣言和莫斯科声明的基础上团结，还是在别的纲领的基础上团结？文章还指出：中苏论战，是苏方挑起的，是从苏共二十二大开始的。

紧接着，中共中央开始准备第五篇论战文章《分歧从何而来？——答多列士等同志》。同时，中央根据毛泽东提出的要批陶里亚蒂的指示，准备写一篇分量更重的文章。这篇文章由陈伯达执笔，题目定为《再论陶里亚蒂同志同我们的分歧——关于列宁主义在当代的若干重大问题》，作为第六篇论战文章。

正在此时，中共中央收到了苏共中央于 2 月 21 日发出的信，信中表示要停止论战，举行两党会谈，为召开新的兄弟党国际会议作准备。毛泽东看过信后，决定于 23 日晚召开中央政治局常委会，研究苏共中央的来信。会上，大家的一致意见是：我们赞成停止论战，但要讲清楚，论战是苏方挑起的。苏方提出的几个观点也是错误的。可以约见苏联驻中国大使契尔沃年科，表明中方的态度。就在 23 日晚，中共中央邀请契尔沃年科来毛泽东住处——菊香书屋，与毛泽东会谈。

毛泽东在与契尔沃年科的会谈中，谈到了信中对中国共产党的攻击之词，并质问契尔沃年科：谁首先攻击？谁发动了四十几个党攻击我们？谁首先在一个共产党的代表大会上攻击另外一个共产党？我们首先提议不要公开争论，就是他（指在座的周恩来）在苏共二十二大上提出的。我们去年 4 月 7 日回你们 2 月 22 日的信又提议要停止公开攻击，并且建议为开会创造良好气氛。但是，在你们这封信里面，只讲到你们 5 月的那封信，好像停止公开争论、建议开会的发明权只是属于莫斯科，北京一点份也没有。其实中苏两党的发明权都只有那么一点，首先发明的，还是印尼、越南、新西兰的党。过去，你们一连在五个党的代表大会公开攻击中国，就是保加利亚、匈牙利、捷克斯洛伐克、意大利、东德，有几十个国家的党向我们党公开指名攻击。这很好！把问题摆在全世界人民面前、全世界共产党人面前，也摆在全世界帝国主义和反动派的面前。我们是"反马克思主义"的，真理是在你们43国共产党的手里。好，是不是可以建议我们的文章在你们的报纸上发表，在43国的报纸上发表，学我们的办法，然后你们批评，索性展开论战。索性展开有什么要紧呢！是不是天就要塌下来，北京西山山上的草木就不长了？我看天不会塌下来，草木还照样长，妇女照样生孩子，河里的鱼照样游。

毛泽东在谈到下一步举行两党会谈和为兄弟党国际会议作准备的问题时说，可以有两种方式。一种是像1960年莫斯科会议那样，两党会议，各讲各的，达不成协议再到二十六国兄弟党起草委员会和八十一国兄弟党国际会议上去争论。另一种是1957年莫斯科会议那种方式，在中苏两党会谈中达成协议，用两党名义提交大会。我看还是1957年的方法好，再用一次。总而言之，最好要达成协议。

毛泽东的这次谈话，算是中共对苏共来信的答复。但是，毛泽东和中共中央预料到苏方不会就此善罢甘休。因此，准备论战文章的工作并没有停下来。

2月11日至28日，中央工作会议举行。毛泽东出席了这次会议，他在讲话中提到：苏方态度缓和，是因为他们看到了我们发表了他们几篇东西。毛泽东还讲：不要怕分裂，怕也分裂，不怕也分裂，那为什么怕呢？如果怕就不分裂，我赞成怕。

毛泽东：我们现在有个十万字的东西，要从明天起开始登

1963年2月27日，就在中央工作会议期间，中国共产党的第五篇论战文章《分歧从何而来？——答多列士等同志》以《人民日报》社论的形式发表了。

从第五篇开始，就把争论向前推进了一步，指出了这场争论是由谁引起的，谁应该对此负主要责任。更重要的是，第五篇文章指出：中苏两党的分歧是从苏共二十大开始的。这实际上是进一步指出了两党分歧的根源，基本上表明，中国共产党对赫鲁晓夫全盘否定斯大林是不同意的，同时指出了苏联的"老子党"态度。

就在第五篇文章发表后的第二天，即2月28日下午，毛泽东在中央工作会议上讲话时指出：现在形势的确是好。我们还没有回答，只是把赫鲁晓夫他们的东西登出来，"游行示众"，一连登了三天，他是23号派人来的，摸不到底，不晓得我们要怎么搞。我们现在有个十万字的东西，要从明天起开始登。还有答复美国共产党的一篇。

毛泽东指的"十万字的东西"，就是指由陈伯达执笔写的《再论陶里亚蒂同志同我们的分歧——关于列宁主义在当代的若干重大问题》。对这篇文章，中共中央十分重视，毛泽东也下功夫最深。当时，大家都有一个心思：把这篇文章搞成一个最系统的批驳苏共的文章。

经毛泽东批准，以《红旗》杂志编辑部的名义公开发表这篇文章。但由于《红旗》杂志出刊没报纸快，所以最先发表这篇文章的还是《人民日报》。

1963年3月1日至4日，《人民日报》用连载的方式发表了《再论陶里亚蒂同志同我们的分歧——关于列宁主义在当代的若干重大问题》。文中全面阐明了中国共产党对于时代主题和国际局势的基本看法，以及对于国际共产主义运动一些重大理论问题的基本看法。表面上是批陶里亚蒂，实际上是批赫鲁晓夫。这篇文章中阐述的观点，实际上是中共中央，特别是毛泽东多年来逐步形成的，也是对中苏两党分歧和争论的一个初步总结。这篇文章，是中国共产党在与苏共论战中所发表的七篇文章中最重要、最系统、最全面的文章。

3月8日，中国共产党以《人民日报》社论的形式，发表了七篇论战文章中的最后一篇《评美国共产党声明》。这篇文章是由康生牵头写成的，主要是针对美国共产党声明中对中国共产党指责的回答。

中国共产党方面的七篇论战文章发表后，中苏两党之间的论战暂时平息下来，双方都在准备两党会谈。毛泽东还对会谈进行了筹划，他说：两党会议和兄弟党国际会议可以分别在北京和莫斯科开。刘少奇也说：两党会议，可能一次谈不好，可能三个礼拜谈不完，可以轮流谈嘛。

虽说中苏两党都在准备会谈，但两党之间的分歧却是越来越大。中苏两党实际上都在准备着另一轮的论战。在中国方面，已经明确表示：以赫鲁晓夫为首的苏共中央，是修正主义的中央，苏联已经变修了。因此，在 1963 年 3 月，由刘少奇起草，毛泽东和几个中央政治局常委共同修改，最后形成了一个对全党工作带有指导性的文件——《关于反对现代修正主义的斗争问题》。这个文件的中心，是认定苏联已经变修了，因此我们的国内工作和国际斗争，都要逐步转到以反修防修为中心的轨道上来。

尽管有这种认识，中共中央还是于 3 月 9 日向苏共中央复信，同意停止论战，两党举行会谈。苏共中央对中共中央的信有了回应，双方同意从 3 月 9 日起，暂时停止发表论战文章。

在"复信战""声明战"激烈的时候，苏共的一个举动激化了两党的矛盾

就在双方准备会谈时，1963 年 3 月 30 日，苏共中央又致信中共中央，信中详细地提出了苏共中央关于国际共产主义运动的总路线问题，并且要求中共方面要以他们来信中关于这个问题所阐述的一系列观点作为中苏两党会谈的基础。

苏共中央的来信，引起了中共中央的重视。中央政治局研究后认为，苏共方面提出的题目很好，国际共产主义运动确实需要解决总路线问题。中共需要通过答复苏共来信，论述清楚这个问题。因此，中共中央决定起草一封复信，全面阐述中国共产党关于国际共产主义运动总路线的基本观点。

中央决定，由邓小平主持起草复信的工作。邓小平立即组织写作班子起草复信稿。他们先形成了一个 20 条的提纲，然后在此基础上起草。

从写出提纲到起草每一部分草稿，都经过中央政治局常委审阅。邓小平后来说：起草复信稿，主席亲自参加，少奇同志亲自参加，总理主持开小组会修改，一共搞了 70 天。

经过 70 天的努力，终于拿出了一个比较成熟的稿子，毛泽东最后修改稿子时，把复信题目正式定为《关于国际共产主义运动总路线的建议——中国共产党中央委员会对于苏联共产党中央委员会一九六三年三月三十日来信的复信》。

6 月 15 日，中国驻苏联大使潘自力将中共中央的复信（复信上的日期是 6 月 14 日）交给了苏共中央的苏斯洛夫。15 日晚，中央人民广播电台全文广播了这封复信。17 日，中国各主要报刊全文发表了这封复信。

复信共 25 条，每条阐明一个基本观点。在这封信中，中国方面全面地阐述了中共中央关于现阶段国际共产主义运动总路线的基本内容，并把这一基本内容概括为："全世界无产者联合起来，全世界无产者同被压迫人民、被压迫民族联合起来，反对帝国主义和各国反动派，争取世界和平、民族解放、人民民主和社会主义，巩固和壮大社会主义阵营，逐步实现无产阶级世界革命的完全胜利，建立一个没有帝国主义、没有资本主义、没有剥削制度的新世界。"

中共中央的复信发表后，苏共方面反应强烈，于 6 月 18 日发表声明，拒绝中共中央的这封复信，理由是：复信中"包含对苏共和其他兄弟党的毫无根据的攻击"。6 月 21 日，苏共中央全会通过了一项决议，再次表示：断然拒绝中共中央复信，认定这封复信是对苏共中央的攻击，带有"诽谤性"。接着，苏共中央把中苏两党之间的矛盾扩大到国家关系领域。

6 月下旬，中国驻苏联大使馆的一些工作人员在莫斯科红场把译成俄文的中共中央复信，向一些游人散发。随后，苏联政府以中国驻苏联大使馆的这些工作人员散发中共中央的复信为由，驱逐了中国驻苏联大使馆的 6 名工作人员，并宣布他们为"不受欢迎的人"。

7 月 6 日至 20 日，中苏两党的会谈在莫斯科举行。会谈没有取得任何结果。这时，苏共方面采取了扩大矛盾的行动。7 月 14 日，苏共中央机关报《真理报》发表了《给苏联各级党组织和全体共产党员的公开信》，对中共中央 6 月 14 日的复信进行了全面的批驳。中共中央立即召开政治局常委会，决定：一、马上作出反应，发表一个声明；二、把苏共中央 7 月 14 日的公开信全文发表；三、以多种语言向全世界广播中共中央 6 月 14 日的复信。

中苏两党之间的"复信战""声明战"虽然语言都很尖锐，但毕竟还只限于两党之间的关系。然而，苏共的另一个举动，进一步激化了两党的矛盾。

从 1963 年 7 月 15 日起，美、英、苏三国的代表就部分禁止核试验的问题在莫斯科举行了为期 10 天的会谈。7 月 25 日，三国草签了《禁

1963 年 7 月 5 日，邓小平率中国共产党代表团前往莫斯科谈判，刘少奇、周恩来等前往机场送行

止在大气层、外层空间和水下进行核武器试验的条约》。当时,中国方面正在研制核武器,这一点苏联方面是知道的;中国方面在20世纪50年代开始研制核武器时,苏联方面是支持的,并且给了一些技术上的帮助。可是现在,苏联政府却与美国、英国达成了禁止核武器试验的上述协议,这显然是对中国的出卖和挑衅,更是对中国的一种压制。中共中央认为,这是苏联同西方接近,压制中国的新证据。而且,苏联的这次与西方接近,又是为了搞美、苏、英三国勾结,搞核垄断,为了阻止中国拥有核武器。

中共中央对此十分重视,认为有必要揭露苏联的修正主义行径。7月23日,毛泽东主持召开中央书记处会议。这次会议确定由康生负责,写文章评苏共中央的公开信,文章以《人民日报》和《红旗》杂志编辑部的名义发表。

九篇文章按照发表的先后次序,分别为:《一评》《二评》……直到《九评》,合起来就是著名的"九评"

中共中央作出评苏共中央公开信的决定后,康生立即组织在钓鱼台的写作班子动笔。这些文章都是评苏共中央的公开信,因此,按文章发表的先后次序,分别为:《一评》《二评》……直到《九评》,合起来就是著名的"九评"。

《一评》的题目为《苏共领导同我们分歧的由来和发展》,于1963年9月6日公开发表。文章把1956年以来中苏两党矛盾和分歧,及其发展、升级、扩大的过程,公之于众。文章还点名批评了赫鲁晓夫,指出:目前的国际共产主义运动大论战,是由苏共中央领导人一手挑起并扩大起来的。

《二评》的起草工作差不多与《一评》同步。当《一评》发表时,《二评》已经成稿,并由毛泽东审阅修改。毛泽东为《二评》定的题目是:《关于斯大林问题》。在修改中,毛泽东集中在一个问题上——对斯大林的评价。毛泽东在修改中加了不少文字,其中有一段话提到:我们"不赞成全盘否定斯大林,而且越来越怀念斯大林"。"全盘否定斯大林,是完全错误的","是别有用心的"。"赫鲁晓夫在苏共第二十次代表大会上所作的全盘否定斯大林的秘密报告，至今不敢拿出来同苏联人民和整个社会主义阵营各国人民见面，其原因就在于这个报告是一个见不得人的报告，是一个严重脱离群众的报告。"

《三评》于 9 月 26 日发表，题目是《南斯拉夫是社会主义国家吗?》。文章把南斯拉夫当作资本主义复辟的典型，对南斯拉夫的对内对外政策进行了分析，尤其是谈到了社会主义条件下的阶级斗争问题。

1963 年 9 月至 1964 年 7 月，《人民日报》发表的评苏共中央公开信的九篇文章

《四评》是 10 月 22 日发表的，题目是《新殖民主义的辩护士》。文章着重批驳了苏共领导人对亚、非、拉民族解放运动的政策，同时阐述了中国共产党对亚、非、拉民族解放运动的基本观点：亚、非、拉是当代世界各种矛盾集中的地区，是帝国主义统治最薄弱的地区，是目前直接打击帝国主义的世界革命风暴的主要地区。民族解放运动和社会主义工人运动，是当代两大革命潮流。

《五评》是 11 月 19 日发表的，题目是《在战争与和平问题上的两条路线》。毛泽东对此文进行了修改。毛泽东修改之处不多，但引人注目的是，他加写了一句："社会实践是检验真理的唯一标准。"在《五评》中，中国共产党回顾了第二国际修正主义者在战争与和平问题上的主要论点，指出了赫鲁晓夫在这个问题上的观点是第二国际修正主义的翻版。

文章还揭露了赫鲁晓夫对美国所抱的种种幻想。同时还论述了中国共产党对帝国主义和战争的观点、对帝国主义要进行针锋相对的斗争策略，批判了赫鲁晓夫的"核迷信"与"核讹诈"。

12月3日下午，苏共中央通过苏联驻华大使契尔沃年科，向中共中央转交了一封信。信上署名是赫鲁晓夫，信是寄给毛泽东的。信上署的日期是11月29日。赫鲁晓夫在信中要求停止公开论战，表示希望改善中苏两国关系，还表示，苏联报刊已经停止发表论战性的材料了。收到这封信后，中共中央政治局常委立即开会研究。

会上，毛泽东说：我们对他们7月14日的公开信还没有答复完，对他们发表的2000多篇反华文章还没有答复，在这种情况下，他们呼吁停止公开论战，我们不忙答复，还是继续写我们的评论。由此，中共中央作出决定：继续撰写、发表评苏共中央的公开信的文章。毛泽东在这次会上还提到：《六评》是讲和平共处问题的。和平共处五项原则是我们首创的，要把赫鲁晓夫的和平共处同列宁的和平共处加以比较，要引用杜勒斯的话，戳穿美国所谓的和平共处，实质上是和平演变。

12月12日发表的《六评》的题目是《两种根本对立的和平共处政策》。这篇文章概括了列宁关于和平共处政策的思想，强调同帝国主义国家和平共处是靠斗争得来的。社会主义国家对外政策的根本原则是无产阶级国际主义。文章批驳了苏共领导人关于和平共处问题的主要观点。

1964年2月4日发表的《七评》的题目是《苏共领导是当代最大的分裂主义者》。对于写这篇文章，写作班子也是下了大功夫的。毛泽东曾经讲过：《七评》搞了两个多月，修改了18次。《七评》着重揭露了苏联是国际共产主义运动中最大的分裂主义的政治和思想根源。文章还批判了苏共的"老子党"作风和大国沙文主义。

赫鲁晓夫下台，中国第一颗原子弹爆炸。毛泽东：
无可奈何花落去，无可奈何花已开

《七评》发表后，中共中央就赫鲁晓夫1963年11月29日的来信，写了一封回信。回信署的日期是 1964 年 2 月 29 日。信中除了提出了两国关系的一些具体问题外，还对公开论战的问题，阐述了中国共产党的观点，提出了四点建议。回信的措辞十分严厉，实际上是论战的组成部分。苏共中央接到中国共产党的复信后，于 1964 年 3 月 7 日又复信中共中央，对中共中央 2 月 29 日的复信进行了逐条批驳。在此情况下，中国共产党的对苏论战当然也不会停止。

1964 年 3 月 31 日，中共方面发表了《八评》，题目是《无产阶级革命和赫鲁晓夫修正主义》。《八评》着重批判了赫鲁晓夫的"议会道路""和平过渡"的观点，重申了暴力革命的观点。文章还第一次公开给赫鲁晓夫戴上了修正主义者的帽子。

《八评》发表后，苏联方面作出了反应。他们的反应是：一、公开发表了苏共中央二月全会决议和苏斯洛夫在全会上作的反华报告。二、《真理报》发表了一篇反华社论。苏联方面在苏共中央二月全会决议中，给中国共产党扣上了"反列宁主义"、搞"分裂"的帽子。

中共中央认为，这是苏联方面使论战升级的一个行动。此时正在长沙的毛泽东，将邓小平、康生、吴冷西叫到长沙去研究这个问题。最后决定：一方面，拖延中苏两党关系破裂的时间（主要措施是以毛泽东的名义给赫鲁晓夫 70 寿辰发一个贺电）；另一方面，抓紧写《九评》和《十评》。4 月 17 日，《人民日报》发表了毛泽东等人给赫鲁晓夫 70 寿辰的贺电。之后，中国方面在一段时间里没有发表论战文章，但准备《九评》和《十评》的工作并没有停止。

7 月 14 日，《九评》发表，题目是《关于赫鲁晓夫的假共产主义及其在世界历史上的教训》。毛泽东在修改这篇稿子时，提出了一个重要观点：苏联的赫鲁晓夫在国内搞和平演变，给我们中国共产党敲响了警钟。我们中国共产党要警惕发生苏联那种情况。

《九评》中，把毛泽东关于无产阶级革命接班人的理论也写了进去，并把这个问题提到了党和国家生死存亡的高度。《九评》还阐述了中国共产党对于无产阶级专政理论的认识。文章认为，在社会主义的很长很长的历史阶段里,都存在着资产阶级与无产阶级的阶级斗争,存在着资本主义复辟的危险性。文章还提到:苏联存在一个资产阶级特权阶层,苏联人民同他们的矛盾,是目前苏联国内的主要矛盾,是不可调和的对抗性的阶级矛盾。

《九评》发表后,赫鲁晓夫决定公开与中共中央分裂。7月30日,赫鲁晓夫以苏共中央的名义给中国共产党发来一封信。这封信一改6月15日苏方信件(苏共中央当时在信件中还与中共中央商量开兄弟党会议的日期)中的态度,公开宣称:苏共中央已经邀请了26个国家的兄弟党,在12月15日前到莫斯科开筹备会议,其中也邀请了中国共产党。也就是说,不管中国共产党愿意还是不愿意,他们也要开这个会议了。中国共产党当然不能随着苏共的指挥棒转。中共中央决定,中国共产党不参加这个会议。8月30日,中共中央在给苏共中央的复信中,正式把这一决定告知了苏共中央,同时,中共中央着手准备《十评》。

就在《十评》的初稿已经基本定下来的时候,10月14日,苏共中央全会和苏联最高苏维埃主席团分别通过决议,宣布解除赫鲁晓夫苏共中央第一书记、苏共中央主席团委员和苏联部长会议主席的职务。16日,苏共中央正式发表赫鲁晓夫下台的公报。凑巧的是,中国第一颗原子弹也在10月16日试爆成功。

在此情况下,中共中央决定,不再以论战的形式发表《十评》,而将《十评》稿子的基本内容,改做彭真的讲演稿公开发表。

11月21日,《红旗》杂志发表社论《赫鲁晓夫是怎样下台的》,这算是给中苏两党之间的这场论战画上了句号。

赫鲁晓夫下台,毛泽东是高兴的。他当时说了两句话:"无可奈何花落去,无可奈何花已开。"前一句是说,赫鲁晓夫下台,是"无可奈何花落去";后一句是说,中国第一颗原子弹爆炸成功,"无可奈何花已开"。

(霞飞/撰稿)

⑰ "备战、备荒、为人民"

——20世纪60年代"三线"建设决策始末

　　"备战、备荒、为人民",是20世纪60年代毛泽东和中共中央推动"三线"建设大战略时提出的响亮口号。"备战、备荒、为人民"这个口号,在当时的中国可谓是家喻户晓,在人民解放军中更是人人皆知并以此为己任。无论是在大喇叭里,还是在遍布城乡的标语里,到处都能听到或看到这7个字。这7个字的口号,在当时是人们引用最多、叫得最响的毛泽东话语中的一句。那么,这句口号是何时提出的? 它的背后又有着怎样一段轰轰烈烈的历史经过呢?

毛泽东"备战、备荒、为人民"口号被周恩来概括出来

　　"备战、备荒、为人民"这个口号的提出,与1965年前后中共中央主持编制第三个五年计划一事有着密切的关系。

　　进入1964年以后,毛泽东对国民经济发展计划有了一些新的考虑。当时,中国周边形势日趋严峻,他大大加强了对备战问题的考虑和重视,强调要加强"三线"建设。

　　根据毛泽东的指示,"三五"计划对投资项目和主要生产指标进行了调整,从准备应付帝国主义早打、大打出发,把国防建设放在第一位,抢时间把"三线"建设成具有一定规模的战略大后方。

　　1965年6月16日,毛泽东在杭州汪庄听取余秋里关于编制"三五"计划的汇报。当余汇报到"三五"计划的投资规模时,毛泽东指出,必须把老百姓放在第一位考虑。他说:

我看五年搞一千零八十亿元的建设规模是大了,留的余地太少了。少搞些项目就能打歼灭战,大了歼灭不了。不要搞一千个亿,搞个八百亿、九百亿。一九七〇年那些指标不要搞那么多,粮食四千八百亿斤能达到吗?要考虑来个大灾或者大打起来怎么办。钢一千六百万吨就行了。你这个数字压不下来,就压不下那些冒进分子的瞎指挥。我看大家想多搞,你们也想多搞,向老百姓征税征粮,多了会闹翻,不行的。这是个原则问题。要根据客观可能办事,绝不能超过客观可能,按客观可能还要留有余地。留有余地要大,不要太小。要留有余地在老百姓那里,对老百姓不能搞得太紧。总而言之,第一是老百姓,不能丧失民心;第二是打仗;第三是灾荒。

8月23日,周恩来在国务院第158次全体会议上说:

主席提出要我们注意三句话,注意战争,注意灾荒,注意一切为人民。这三句话,我想合在一起顺嘴点,就是备战、备荒、为人民。计划要考虑这三个因素,脱离老百姓毫无出路,搞那么多就会脱离老百姓。

周恩来把毛泽东思考的三个重点,用一句简明的话表达了出来,这就是"备战、备荒、为人民"口号最初的由来。

周恩来的概括,得到了毛泽东的认可。从现有文献来看,1966年3月12日,毛泽东就农业机械化问题给刘少奇复信,正式提到了这个口号。

毛泽东说:农业机械化问题,"应与备战、备荒、为人民联系起来,否则地方有条件也不会热心去做。第一是备战,人民和军队总得先有饭吃有衣穿,才能打仗,否则虽有枪炮,无所用之。第二是备荒,遇了荒年,地方无粮棉油等储蓄,仰赖外省接济,总不是长久之计。一遇战争,困难更大。而局部地区的荒年,无论哪一个省内常常是不可避免的。几个省合起来来看,就更加不可避免。第三是国家积累不可太多,要为一部分人民至今口粮还不够吃、衣被甚少着想;再则要为全体人民分散储备以为备战备荒之用着想;三则更加要为地方积累资金用之于扩大再生产着想"。

毛泽东还特别提到了"备战、备荒、为人民的口号"这件事,意在提醒中央和地方的同志要"持久地认真地实行"。他强调说:

> 现在虽然提出了备战、备荒、为人民(这是最好的同时为国家的办法,还是"百姓足,君孰与不足"的老话)的口号,究竟能否持久地认真地实行,我看还是一个问题,要待将来才能看得出是否能够解决。

1967 年 4 月,"备战、备荒、为人民"口号作为"毛主席语录"在《人民日报》上正式公开发表,很快就在中国大地上广为流传。这个口号后来多与"深挖洞、广积粮、不称霸"连在一起使用,成为一段时间内中国国际战略防御构思一个总的概括。

紧张备战的原因:60 年代中国周边战争阴云密布

毛泽东在第一位考虑老百姓的前提下,为何要把备战摆在如此突出的位置,大力推动三线建设战略的实施?那是因为当时中国周边战争阴云密布,毛泽东和中共中央不得不对此形势做出战略选择。

20 世纪 60 年代初,中国刚刚经历过三年暂时经济困难时期,正处在国民经济恢复时期,此时急需一个稳定的外部环境,以配合国内调整。然而,中国周边安全形势不仅没有稳定下来,反而越发跌宕起伏、杀机四伏。未雨绸缪的毛泽东等中共领导人,时刻关注着这些外部挑战,思索着诸多问题背后的关联、本质和走向,思索着应对的措施,为中国的发展和安全日夜操劳着。"三线"建设的决策就是在这样的历史大背景下做出的。

这一系列外部挑战,可以从 1962 年中印边界爆发的那场短暂冲突谈起。1962 年 10 月 17 日,2 万多名印度军人在中印边界东、西两段同时发动大规模进攻。当天,毛泽东召集中共中央会议,果断决定进行中印边界自卫反击作战。中央军委随即下达关于歼灭入侵印军的作战命令。10 月 20 日,中国边防部队在中印边界东、西两段开始进行自卫反击。

这场自卫反击战历时一个月,前后包括两个阶段:1962 年 10 月 20

日至 29 日是第一阶段,11 月 16 日至 21 日是第二阶段。自卫反击战开始后,中国边防军在东、西两线的作战都迅速取得重大进展。在中国边防军的英勇反击下,印军随后发起的进攻遭到了毁灭性的打击。

通过两个阶段的反击作战,中国边防部队在东线全部收复了"麦克马洪线"以南的领土,在西线全部肃清了印军的入侵据点,全线推进到中印传统习惯边界中国一侧距边界 20 公里处,取得了中印边界自卫反击作战的彻底胜利。

虽然中国在军事上取得了重大胜利,但为了维护中印关系大局,保持外交斗争的主动,11 月 20 日,毛泽东和刘少奇、周恩来等研究决定:中国边防部队全线主动停火、主动后撤。到 1963 年 2 月 28 日,中国全部完成边防部队后撤计划和建立民政检查站的部署。此举向世界表明了"谁爱好和平,谁要战争",赢得了世界人民的尊重和战略上的主动权。这一反击作战,挫败了一些扩张主义者的反华阴谋。

对印自卫反击作战,是在中方长期忍让却又忍无可忍的情况下才做出的有力回应。自 1959 年开始,印度方面便不断挑起边界争端,其背后有着很复杂的国际背景,同国外反华势力一直以来图谋插手中国西藏内政有着千丝万缕的联系,印度右翼势力对华采取咄咄逼人的进攻策略。中国军队胜利后主动撤退,此事却余波未平。美苏两个超级大国均极力歪曲事实经过,指责中国政府。中印之间发生的这场军事冲突随后产生了一系列深远的影响。

中印边界冲突之后,中美、中苏之间的关系也发生了极为复杂的变化。不久,中苏论战也拉开了序幕。

中苏关系恶化导致了中国周边安全形势发生了重大变化。而愈加频繁的中苏边境事件,则更加引发了中方的担忧,进而恶化了中国周边的安全形势。

在新疆,自 1960 年起苏联方面就不断在边境挑起事端。从 1960 年 8 月苏联在中国新疆博孜艾格尔山口附近挑起第一次边界事件起,中苏边境地区便不安宁了。据有关统计数字,从这时起到 1964 年 10 月,共发生 1000 余起边境纠纷。1962 年 3 月至 5 月间,在新疆伊宁、霍城、塔城等地区出现了 6 万多居民在苏方策动下越境前往苏联的情况。1962 年中印发生的边界战争,令本已风雨飘摇的中苏关系更加雪上加霜。

中苏矛盾的不断激化,特别是边境纠纷的愈演愈烈,使中共中央逐步认识到一旦在其他战略方向上发生战争,苏联已经不能作为中国稳固的战略后方了。1964 年 4 月 9 日,时任军委秘书长、总参谋长的罗瑞卿向毛泽东报送了在新疆防范苏联军队进攻的备战方案,正是这一深层忧虑的体现。中国当时面临着多面受敌的险恶处境。于是,毛泽东开始思索调整战略部署、加强战略后方这一更深层次问题,就显得十分必要了。可以说,中印、中苏关系的恶化成为随后中国重新调整战略后方部署、推动"三线"建设、加紧备战的重要原因。

可是,纵然当时的中印、中苏关系已经陷入很困难的境地,甚至在边界发生了局部军事冲突,毛泽东等中共领导人却始终有一个清醒的判断,认为中国的主要战略对手仍然是美国。特别是越南战争的扩大化,引起毛泽东的高度警惕,直接促使他和其他中共领导人下决心全面开展"三线"建设。

1964 年"北部湾事件"发生以前,美国曾经不断增兵进驻南越,这已经引起毛泽东的担忧。美方一度把不越过北纬 17°线作为避免与中国直接发生军事冲突的红线来遵守。然而 1964 年 8 月 5 日"北部湾事件"发生以后,事情发生了根本的改变,美国直接越过北纬 17°线对北越实行大规模轰炸,越南战事严重升级。1965 年 3 月,美国派遣海军陆战队在岘港登陆,随时准备进犯北越。美国军用飞机不断入侵中国海南岛、云南、广西上空,投掷炸弹,发射导弹,打死打伤边防战士,露骨地对中国进行战争威胁。"北部湾事件"是越南战争的重大分水岭。

美国国会于 1964 年 8 月 7 日通过北部湾决议案,授权总统以他的判断动用包含武装力量在内的一切手段来应付此事件。这事实上给予了美国总统林登·约翰逊在不经宣战的情况下发动战争的权力,于是美国在越南战争中的参与程度无可避免地不断攀升。

美方不断挑战中方战略底线以及美国国内政治局势发生的变化，使毛泽东等中共领导人不得不对有可能爆发的战争进行准备。

1964 年 5 月 15 日至 6 月 17 日，中共中央工作会议在北京举行。在这次会议期间，毛泽东正式提出了"三线"建设的战略任务。5 月 27 日，毛泽东在中南海菊香书屋主持召开中共中央政治局常委会议，主要提出两个问题：一个是对"三线"建设注意不够，一个是对基础工业注意不够。毛泽东说：

第一线是沿海，包钢到兰州这一条线是第二线，西南是第三线。攀枝花铁矿下决心要搞，把我们的薪水都拿去搞。在原子弹时期，没有后方不行的。要准备上山，上山总还要有个地方。

在毛泽东的直接推动下，新中国历史上轰轰烈烈的"三线"建设由此拉开大幕。

轰轰烈烈的"三线"建设："以有可能 挨打为出发点来部署"

"三线"地区包括基本属于内地的四川、贵州、云南、陕西、甘肃、宁夏、青海 7 个省区及山西、河北、河南、湖南、湖北、广西等省区靠内地的一部分，共涉及 13 个省区。西南、西北地区（川、贵、云和陕、甘、宁、青）俗称"大三线"，各省份自己靠近内地的腹地俗称"小三线"。"大三线"建设是重中之重。

为了全面推进"三线"建设，国务院进行了明确分工："三线"建设新扩建工厂，由国家计委负责；一、二线向三线地区迁移的重要工厂，由国家建委负责；为"三线"建设提供原料、设备，由国家经委负责。在此基础上，1964 年 9 月，国务院成立了"三线"建设支援和检查小组，负责从总体上组织、统筹、督促、检查"三线"建设项目进展情况。

1965 年 3 月、1966 年 1 月、1966 年 3 月，中共中央相继批准成立了西南、西北、中南"三线"建设委员会，分别由中共西南局第一书记李井泉、西北局第一书记刘澜涛、中南局第二书记王任重担任委员会主任。

在各大局"三线"建设委员会之下,各省、自治区也成立了相应的"三线"建设领导小组,负责人均为当地主要领导同志。这样从中央到地方,形成了一个完整有力、分工明确的三线领导机构,对有效调动各方资源,全力推动"三线"建设开展,发挥了重要保障作用。

随着调研、勘探、选址工作的进一步深入,"三线"建设的重点不断突出,分别包括:建设攀枝花、六盘水、酒泉三个钢铁工业基地;建设以重庆为中心的常规兵器工业基地;重点建设成昆、贵昆、川黔三条铁路线;建设三线动力系统等。

从1964年启动到1965年,短短两年时间不到,"三线"建设在全国范围内就取得了一系列重要成果。在西北、西南"三线"部署的新建、扩建、续建的大中型项目达到300多项。

1966年4月17日,余秋里在向中央的汇报提纲里,详细介绍了"三线"建设开展头两年各方面工作取得的重要进展。其中说:

> 经过一年多的实践证明,原设想的第三个五年计划,有可能提前两年实现。就建设来说,大小三线的许多重大项目,现在看,可以提前一年或两年建成。
>
> 攀枝花铁矿,1968年可以基本建成年产650万吨矿石的生产能力,甘肃酒泉镜铁山铁矿,1968年可以建成年产350万吨矿石的生产能力。
>
> 贵州六枝、盘县、水城三大煤矿区,原计划在1970年达到770万吨的生产能力,1968年可能达到这个水平。
>
> 冶金工业在大三线配合国防工业的项目,除遵义薄板厂以外,1968年都可以建成或者基本建成。
>
> 刘家峡水电站,原定在1970年安装的第一台22万5千千瓦的机组,1968年就可以安装起来。
>
> ……

报告令人振奋地汇报进度:"就生产来说,1970年的主要生产指标,大部分在1968年可以完成,有些明年就可以完成。"其中,钢、棉纱、石油、棉花，1967 年就可以达到或超过 1970 年的计划指标；煤炭、发电量、有色金属、机床、化肥、粮食等 1968 年可以完成 1970 年的计划指标。

报告肯定地说：

> 从现在的情况看，三年的时间完成原定五年计划的主要指标，是完全可能的。

"三线"建设在头两年就取得了举世瞩目的巨大成就，"三五"计划在 3 年内完成，这还是新中国成立以来的首次，充分显现了社会主义制度下集中力量办大事的优越性。

轰轰烈烈的"三线"建设，在新中国的历史上影响深远。累计 2000 多亿元的投资，上千万的劳动大军，波及 13 个省份，长达 16 年三个五年计划的时间跨度，总计建起了 1100 多个大中型工矿企业、科研单位和大专院校。特别是"三线"建设强调对工业体系的投资，为后来西部地区的发展，乃至西部大开发战略的实施打下了坚实基础。

让我们看看其中的一些成绩：

"三线"建设过程中，建成川黔、贵昆、成昆、湘黔、襄渝、阳安、太焦、焦枝和青藏铁路西宁至格尔木段等 10 条干线，以及一些支线和专用线，共新增铁路 8046 公里；建成贵州六盘水，四川宝鼎、芙蓉，陕西韩城、铜川，河南平顶山等 50 多个煤矿区，新增原煤开采能力达 11211 万吨；建成葛洲坝等大中型水、火电站 68 座；新建攀枝花等钢铁工业企业 984 个，有色金属工业企业 945 个；等等，不胜枚举。

西昌、攀枝花属于大凉山彝族地区，费孝通 1991 年到那里考察后，感慨地说："三线"建设使西南荒塞地区整整进步了 50 年。

通过"三线"建设，我国在中西部地区初步建成了相当规模、门类齐全、产研结合的国防科技工业体系，这样一个巩固的战略大后方，为国家长远的安全提供了重要保障。对中华民族的长久繁荣发展而言，这是一项功在当代、利在千秋的伟大壮举。

"三线"建设还留给后人一笔宝贵的精神财富。千千万万的"三线"建设者，他们的感人事迹汇流成河，印证了中华民族不懈奋斗的顽强精神,值得一代又一代中国人去缅怀和继承。广大"三线"建设职工发扬了爱国主义精神,把"三线"建设看作神圣的事业,不管有多大困难,都全力以赴。只要一声令下,家可以撇下,背上背包,立即奔向党所指定的地方。行动之快,不亚于军队接受战斗命令。在任

20 世纪 60 年代,二汽建设者们踏勘厂址

何艰苦的条件下,都不退缩、不逃避,迎着困难上,充分表现出一种大无畏的献身精神。

毛泽东是一位伟大的战略家。自美国 1961 年派兵进驻南越开始,他就已经在密切关注对手的动向了。事实证明,毛泽东当时做出的很多预见都是极其准确到位的。例如,1963 年 8 月 29 日,他就指出:"吴庭艳是美帝国主义的一条忠实的走狗。但是,如果一条走狗已经丧失了它的作用,甚至成为美帝国主义推行侵略政策的累赘,美帝国主义是不惜换用另一条走狗的。"他做出预言仅一个多月后,即 1963 年 10 月初,肯尼迪决定推翻吴庭艳政权。11 月初,吴庭艳兄弟二人在政变中被杀。再比如,毛泽东最早在中央决策层面强调"三线"重要性的时间点是 1964 年 5 月,而越战的转折点——"北部湾事件"是当年 8 月。这三个月的提前量,为备战争取了极为宝贵的时间,同时充分证明毛泽东的预见是极其准确的。他当时已经准确估计到了美国的战略意图,并着手进行战争准备了。没有这样的战略判断以及随后备战的努力,其后果不堪设想。

可以看出,毛泽东和中共中央作出加强备战、推动"三线"建设的决策,不是一时之举,而是有着充分的历史与事实根据的。人们不能简单

地用事后战争并没有发生这一结果，来责备前人作出的决策。

历史的吊诡之处，正在于其往往事与愿违，在某种程度上，准备打恰恰是为了不打，只有做好了最坏的准备，才能争取最好的结果。

关于这个道理，1963 年 9 月，毛泽东在有关部门送审的《关于工业发展问题》初稿上加写了一段话，其中说道：

> 我国从十九世纪四十年代起，到二十世纪四十年代中期，共计一百零五年时间，全世界几乎一切大中小帝国主义国家都侵略过我国，都打过我们，除了最后一次，即抗日战争，由于国内外各种原因以日本帝国主义投降告终以外，没有一次战争不是以我国失败、签订丧权辱国条约而告终……这里存在着战争可以避免和战争不可避免这样两种可能性。但是我们应当以有可能挨打为出发点来部署我们的工作……否则我们就要犯错误。

1965 年 6 月，毛泽东还说过：

> 一件事情，不能看得那么容易。有人想三线建设好了再打仗，我看美帝国主义不会等你的。它是不以我们的意志为转移的，它等你建设起来才打？也可能建设不起来就打，也可能建设起来又不打，要有两手准备。

反观之，如果我们在那种紧张环境下不去积极备战，而是坐等局势好转，恐怕谁都不能保证当时已然密布重重的战争阴云真的会烟消云散。

正像"备战、备荒、为人民"口号所要表达的那样，备战从根本上还是为了人民群众的安康福祉。作为中国这样一个大国的决策者，在对待战争的问题上，决不能存在侥幸心理，必须具备底线思维，从最坏处着手做准备。虽然后来战争并没有发生，但这种充分的准备无疑是必须做出的选择和努力。这是"三线"建设决策留给后人的一条宝贵经验。

（吕臻 / 撰稿）

18 "搞一点原子弹、氢弹、洲际导弹"

1958 年 6 月，当毛泽东在中共中央军委扩大会议上坚定地提出"搞一点原子弹、氢弹、洲际导弹"时，还清晰地预判了搞成这件事的时间表："我看有十年工夫完全可能的。"这些掷地有声的话，不单单是一种口号，它既表达了毛泽东对中国发展原子弹、氢弹和洲际导弹等尖端武器的决心，也反映了中国人民对发展国防力量的信心。在毛泽东的领导下，中国的科技工作者从新中国成立不久开始，就在那个艰苦的年代里忘我奋斗，独立自主地完成了"两弹一星"等尖端国防技术的突破，极大地增强了中国的国防实力，奠定了中国作为一个有世界影响力的大国的重要基础。

"没有那个东西，人家就说你不算数"

1955 年 1 月 15 日，一块神秘的石头摆在了正在中南海丰泽园召开的中共中央书记处扩大会议的桌子上——这就是制造原子弹的原料铀矿石。参加这次会议的不仅有毛泽东、刘少奇、周恩来等党和国家领导人，还有钱三强、李四光两位科学家。毛泽东说，这是一个小学生向老师讨教的会议。他们仔细听取了两位科学家对铀矿石和原子能的介绍。会议从下午 3 点多一直开到晚上 7 点多，气氛时而轻松，时而凝重。在会议结束后的晚宴上，一向不喝酒的毛泽东破例举起了酒杯，此时的他显得很兴奋，因为在刚刚结束的这次会议上，他拍板作出了一个后来证明足以改变中国命运和世界格局的决定，那就是研制我们中国自己的原子弹。

毛泽东说：过去几年，其他事情很多，还来不及抓这件事。现在到时候了，该抓了，认真抓一下，一定可以搞起来。

其实，对于发展中国自己的原子能事业，早在新中国成立前夕，毛泽东就有所关注了。1949 年春，经毛泽东同意，周恩来批准，中央曾计划拿出 5 万美元的外汇，让准备去巴黎参加保卫世界和平大会的钱三强等设法购买一批用于原子能研究的先进器材、书籍资料和实验药品。1949 年 12 月，毛泽东对苏联进行了首次访问。在这期间，苏联方面专门为他放映了一部电影，那是苏联在 1949 年 8 月 29 日爆炸第一颗原子弹的纪录影片，影片给毛泽东留下了深刻的印象。

而且毛泽东肯定也不会忘记，新中国成立后美国那咄咄逼人的核威胁。从朝鲜战争到此后解放军解放一江山岛和大陈岛的作战中，美国不仅将原子弹运到了停泊在朝鲜半岛附近的航空母舰上，进行针对中国的核模拟袭击，还将装有原子弹的导弹运到日本的冲绳岛，扬言要使用包括原子弹在内的所有武器对中国进行全面打击。

面对美国不断挥舞的核大棒，毛泽东清楚，美国人之所以敢如此威胁中国，就是因为中国人手里没有那枚"小小的东西"——原子弹。从那时起，毛泽东就下定决心，新中国一定要发展原子能事业，研制原子弹。他想起法国科学家约里奥·居里曾托人捎来的那句话："你们要反对原子能呢，必须自己先要有原子弹。"

毛泽东坚定地说：在今天的世界上，我们要不受人家欺负，就不能没有这个东西。

1950 年 5 月 19 日，经毛泽东批准，在北京成立了中国科学院近代物理研究所，也就是后来的中国原子能科学研究院，钱三强任所长，王淦昌、彭桓武任副所长。此后，大批怀有报国理想的科学家从海外陆续回国，中国的原子能事业开始起步。

为了加强领导，1955 年 7 月，中央决定由聂荣臻、陈云、薄一波组成三人小组，负责指导中国原子能事业发展工作。不久，具体负责全国核工业的设计和发展的第三机械工业部成立，后来改称第二机械工业部

（简称"二机部"）。

1956 年，毛泽东还领导了《1956—1967 年科学技术发展远景规划纲要》的编制工作，确立了"重点发展，迎头赶上"的科技发展战略。其中，原子能的和平利用被列为第一重点任务，以此带动科技事业的全面发展。

对于新中国即将起步的原子能事业，1958 年 6 月 21 日，毛泽东在中共中央军委扩大会议上是这样说的："还有那个原子弹，听说就这么大一个东西，没有那个东西，人家就说你不算数。那么好，我们就搞一点。搞一点原子弹、氢弹、洲际导弹，我看有十年工夫完全可能的。"

毛泽东的坚定，表达了中国共产党、中国人民解放军和中国人民的信心。对抓原子弹、氢弹、洲际导弹这件事，毛泽东还特别强调说："一年不是抓一次，也不是抓两次，也不是抓四次，而是抓它七八次。"

我们可以自己试一试，这对我们也是个锻炼

虽然毛泽东很早就下定了研制原子弹的决心，然而，研制原子弹是当时世界上最浩大的尖端工程，以当年中国的科学和工业水平，几乎和登天一样难。

1954 年国庆，毛泽东曾对来访的苏联领导人赫鲁晓夫说："现在我们对原子能，核武器有点兴趣……我们也打算搞这项工业。"当翻译把毛泽东这番话译过去时，赫鲁晓夫一愣，本能地回答道："搞原子武器，中国现在的条件恐怕困难，那个东西太费钱了……如果现在中国要搞核武器，就是把全国的电力全部集中起来都难以保证……社会主义大家庭，有一把核保护伞就可以了，不需要大家都搞。"

赫鲁晓夫的这番话也不是完全没有道理，此前美国为研制原子弹而实施的"曼哈顿工程"，在 3 年多的时间里，组织了上千名科研人员，顶峰时曾起用了 53.9 万余人，累计投入资金 25 亿美元。如此大的人力物力投入，对新中国来说无疑是极为困难的。

向困难低头不是毛泽东的性格，他还是说服了赫鲁晓夫。苏联同意在中国将来的原子能研究中给予一些基本的帮助。同时，毛泽东还鼓励

中国的科学家说，我们有了人，有了资源，什么奇迹都可以创造出来，并确定了以"自力更生为主，争取外援为辅"的原子能研制方针。在毛泽东的大力推动下，中国的原子弹研制工程迅速开展起来。

从 1958 年开始，在中共中央的组织号召下，全国各地的建设者和研究者从天南海北会集到青海省海北藏族自治州海晏县的那片荒无人烟、与世隔绝的草原，开始了中国第一颗原子弹的实际研发工作。而在北京的毛泽东也时刻关心着基地的建设和研制工作。在科研人员对原子弹研制流程有所争论时，毛泽东明确指出，在原子能研究上"要先学楷书，后写草书"。正是这一指示确保了我国原子弹研究工作一直按照科学步骤向前推进，免走弯路。

然而，就在各项工作紧锣密鼓进行的时候，一场突如其来的国际风波使研究工作遭遇了空前的困难。1958 年，赫鲁晓夫提出要在中国建立长波电台和共同舰队的建议被中国拒绝，中苏关系开始出现裂缝。

1959 年 6 月 20 日，苏共中央致电中共中央，借口苏联与美国正在日内瓦谈判关于禁止核试验的协定，打算中断向中国提供有关原子弹研制的一切技术资料。10 月 1 日，赫鲁晓夫到北京参加中华人民共和国成立10 周年庆典，有人曾经记载了这期间他和毛泽东的这样一段对话：赫鲁晓夫说，关于原子弹生产，我们是不是把专家撤回去？毛泽东从容回答，我们可以自己试一试，这对我们也是个锻炼。

当然，中苏关系的曲折，绝不像这段对话描述得那么简单。

不久，赫鲁晓夫下令单方面撤走了全部援华专家，终止了苏联与中国的一切经济和技术合作协定。

苏联的毁约，给中国核工业建设造成了严重的损失和巨大的困难。当时的中国，没一个人搞过原子弹，自力更生，远没有说起来那么容易。但是困难吓不倒毛泽东和中国尖端科技工作者们。

1960 年 7 月 18 日，在北戴河召开的中央有关会议上，毛泽东说过这样的话：要下决心，搞尖端技术。赫鲁晓夫不给我们尖端技术，极好！如果给了，这个账很难还的。

关键时刻，毛泽东一锤定音

就在原子弹研制最需要加大投入的关口，新中国却遭遇了建国以来罕见的三年自然灾害。此时，对于原子弹是继续上，是缓，还是下，在国防科技系统，甚至在最高决策层也引起了争论。

1961年夏，在北戴河召开的国防工业委员会工作会议上，关于原子弹研制是否继续的争论还在升温。会上有人认为研制原子弹花钱太多，会影响常规武器的研制和国民经济的调整恢复，因而主张暂时下马，等国民经济好转后再上。而主张原子弹继续上马的则以陈毅、聂荣臻、贺龙等元帅为代表。据说陈毅甚至说了这样的话："就是把裤子当了，也要搞原子弹。"

毛泽东对这个会议非常关心。他充分注意到了各个方面的意见。在这次会议之前，当时主管国防科研工作的聂荣臻曾将一份日本军事工业发展情况的资料报送给他。几天后，毛泽东做出批示：中国的工业、技术水平比日本差得很远，我们应取什么方针，值得好好研究一下。

根据毛泽东的批示精神，经过研究，国防尖端技术发展方针被确定为收缩战线，集中力量抓两头，一头抓科研试制，一头抓工业基础。

聂荣臻事后说：毛泽东的这一指示，成为解决这一争论的契机。

为了掌握实际情况，解决争论，经毛泽东批准，中央还委派解放军副总参谋长张爱萍对原子弹研制工作进行实地调研，一个点一个点地摸情况。历经数月艰苦调查，张爱萍向中央递交了调查报告，认为我国的核工业已经有了相当的基础，只要加强组织协同力量，各项保障跟上去，1964年或1965年成功试爆原子弹是有可能的。

最后，毛泽东一锤定音，决定对尖端武器的研究试制工作，仍应抓紧进行，不能下马，并且决定在1964年试爆中国第一颗原子弹。

新中国的原子弹研制工作，再次挺过了难关。

"要大力协同做好这件工作"

时间进入 1962 年，中国原子弹的研制工作进入了最紧张的阶段。10 月 30 日，解放军总参谋长罗瑞卿向毛泽东和中共中央递交了一份报告，提出实现原子弹爆炸必须取得全国在人力和物力上的大力支援，建议成立一个专门委员会，以加强对原子能工业的领导。

1962 年 11 月 3 日，毛泽东在罗瑞卿提交的报告上，郑重地写下了这样一份批示："很好，照办，要大力协同做好这件工作。"

不要小看这短短 15 个字的批语。在研制原子弹这项异常复杂浩大的工程中，任何一个环节都需要多部门甚至举国协同。仅是提取制造原子弹的核心材料铀–235，其整个工艺流程就要跨越大半个中国，经过数万人的劳动。许多参与这项工作的人都说过，如果没有毛泽东的"要大力协同"的批示，在当时经济上、技术上举步维艰的中国，仅仅要制造出武器级的铀–235 都是难以想象的。正是因为这个批示，全国 20 多个省、市、自治区，26 个相关部委，900 多家工厂、高校和研究机构，为了原子弹研制紧密协调，通力合作。

根据毛泽东的批示，中央成立了以周恩来为主任的中央专门委员会（简称"中央专委"），以领导原子能工业建设。这个由 15 人组成的中央专门委员会非同小可，除了周恩来直接牵头，里面仅副总理就有 7 位，其他 7 位都是政府部长。名单如下：

主任：周恩来。

委员：贺龙、李富春、李先念、薄一波、陆定一、聂荣臻、罗瑞卿、赵尔陆、张爱萍、王鹤寿、刘杰、孙志远、段君毅、高扬。

如此强有力的领导阵容，显示了这个机构极大的重要性和权威性。中央专委的主要任务是加强我国原子能工业建设和加速核武器研制、试验工作以及核科学技术工作的领导。

中央专委的成立，大大加强了对原子弹研制工作的领导。在全国上下协同配合下，新中国的原子弹事业向着成功越走越近了。

1964 年秋,中国的第一颗原子弹如期装配完成,但在当时的国际环境下进行试验,那是要冒很大风险的。美国扬言,中国若要进行核爆炸,他们就要摧毁中国的核设施。中苏之间也正在激烈论战,相互敌对。因此,中央专委做了两套方案,一发展技术暂不试验,二不怕风险尽早试验。

方案报到毛泽东那里,最后由毛泽东拍板,决定顶住压力,尽早试验。据中央专委成员回忆,毛泽东说了这样一句话:原子弹是吓人的,不一定用,既然是吓人的,就让它早响。

1964 年 10 月 16 日 15 时,在人迹罕至的新疆罗布泊的戈壁滩上传出了一声震惊世界的巨响,中国第一颗原子弹爆炸成功!从地平线上升腾而起、喷射出耀眼光芒的蘑菇云让人永远地记住了这个时刻。

喜讯传到北京,当周恩来向毛泽东报告这一喜讯的时候,毛泽东沉稳地说,一定要搞清楚是不是核爆炸,要让外国人相信。

当确定是原子弹爆炸成功后,周恩来陪同毛泽东在人民大会堂观看大型歌舞《东方红》的演出时,当场宣布了这个令人振奋的消息,会场上响起了久久不息的掌声。当晚,新华社向全世界公布了这个消息。

这一刻,距离毛泽东在北戴河提出要下定决心,自力更生搞尖端技术的时间仅仅 4 年。中国迈入了核大国行列。

这一声巨响,中国向世界展示了自己不屈不挠的骨气和自力更生的精神,也向世界展示了新中国的实力。法国《民族报》曾这样报道说:"中国的原子弹把中国加入联合国以及它作为一个大国登上国际舞台的问题提上了日程。"而在 1964 年 10 月 21 日西德出版的《明镜》周刊上,有文章则认为:"中国的核爆炸……从长期来看,将改变世界力量对比。"

我们不能走世界各国技术发展的老路,我们必须打破常规

中国第一颗原子弹的成功爆炸极大地振奋了全国人民的自信心,然而毛泽东并没有就此满足,他始终注视着国际上尖端科学的最前沿。就在原子弹爆炸试验成功后的 10 月 19 日,周恩来在全国计划会议上提出:原子弹的爆炸,会引起我们思索一些问题,会推动生产力的发展。我们

要迎头赶上，要搞新技术，不要走老路。周恩来的这一想法，与毛泽东不谋而合。在 1964 年底召开的三届全国人大一次会议上，毛泽东也说，我们不能走世界各国技术发展的老路，我们必须打破常规。

随后，毛泽东审时度势地作出了"原子弹要有，氢弹也要快"的指示。广大科研工作者在第一颗原子弹成功爆炸的鼓舞下，奋力拼搏，于 1967 年 6 月 17 日在西部地区上空成功地爆炸了第一颗氢弹。从原子弹到氢弹，美国用了 7 年零 4 个月，苏联用了 4 年，而中国仅用了 2 年零 8 个月。

在当时世界，除了原子弹和氢弹，以运载火箭技术为基础的洲际导弹和人造卫星也是最重要的尖端科技。1957 年 10 月 4 日，苏联把人类第一颗人造地球卫星送上了太空。毛泽东对此很重视，认为这是社会主义阵营的胜利。中国科学院副院长竺可桢、力学所所长钱学森、地球物理所所长赵九章等也及时向中央上书，建议开展中国的运载火箭和卫星研究工作。

1958 年 5 月 17 日，毛泽东在中共八大二次会议上正式提出："我们也要搞人造卫星。"

此后，中国科学院制订了分三步走的卫星研制规划，即第一步发射探空火箭，第二步发射小卫星，第三步发射大卫星。

发射洲际导弹和人造卫星的基础是运载火箭，早在 1956 年中国就已经开始了运载火箭的研究工作。1960 年 5 月 28 日，毛泽东到上海新技术展览会尖端技术展览室参观了 T –7 M 火箭。当听到这是在没有苏联专家、没有资料的情况下，依靠自己的专家设计研制而成时，毛泽东连声称好，并询问火箭能飞多高。回答能飞 8 公里，毛泽东说："8 公里那也了不起！""应该是 8 公里、20 公里、200 公里，搞上去！"

在毛泽东的关心和推动下，中国的运载火箭技术和弹道导弹技术迅速突破。1960 年，中国便成功研制出第一代东风弹道导弹，同时培养了一批导弹专家。

到 20 世纪 70 年代，中国独立研制出东风 –1 至东风 –5 系列弹道导弹，其中东风 –5 系列弹道导弹射程已经覆盖全球，其制导精确性也大大提高，并可以携带多个分导弹头，成为中国武库中战略威慑的又一重器。

就在中国洲际导弹技术取得突破的同时，值得一提的是，在毛泽东的重视下，中国的第一颗人造卫星——"东方红一号"也成功上天。它的直径约 1 米，重 173 公斤，超过了苏、美、法、日 4 国首颗卫星质量的总和。

中国第一颗人造卫星的研制成功，是广大科技专家和参加研制工作的人员经过了 4 年多的艰苦努力实现的。1970 年 4 月 24 日 21 点 35 分，在西昌卫星发射中心，"长征一号"火箭带着卫星直冲云霄，13 分钟后成功进入轨道。这是一颗不但看得见，而且听得着的卫星，它以 20 兆赫的频率向全世界播放着歌曲《东方红》。1970 年 5 月 1 日晚上，毛泽东在天安门城楼上接见了参加发射中国第一颗人造卫星的工作人员代表，并且和现场群众一起观看了通过广场上空的卫星。

中国由此成为第五个能用自制运载火箭发射洲际导弹和人造卫星的国家。

"科学技术这一仗，一定要打，而且必须打好"

可以说，毛泽东打破常规搞原子弹、氢弹和洲际导弹的决策，使中国较早地跨进了核大国和航天大国的门槛，从而拥有了自己的核保护伞和安全天空。这对摆脱那些超级大国对中国的核讹诈和核威胁，维护中国的独立自主和国家安全至关重要。

有人说，毛泽东时代是中国科技事业全力追赶世界先进国家，尖端科技跨越发展的年代。从那个时代过来的人们，对此有着切身的体会。当年的外交部部长陈毅元帅曾说过一句话："没有原子弹，我这个外交部长的腰杆就不硬。"有史家评论，"两弹一星"挺起的不只是一个外交部长的脊梁，更是一个世界大国的脊梁。

1988 年 10 月 24 日，邓小平在谈到"中国必须在世界高科技领域占有一席之地"的问题时，深刻地说过这样一段话："如果六十年代以来中国没有原子弹、氢弹，没有发射卫星，中国就不能叫有重要影响的大国，就没有现在这样的国际地位。这些东西反映一个民族的能力，也是一个民族、一个国家兴旺发达的标志。"

中国科学家在回望我们民族和国家获得这种能力的过程、欣慰这种兴旺发达的标志时，耳边始终回荡着毛泽东的这样一句话："科学技术这一仗，一定要打，而且必须打好。"

（付闪／撰稿）

19 见证新中国第一颗原子弹爆炸

中国人民解放军军事工程学院（因校址在哈尔滨，又称"哈军工"）在1957年就成立了导弹和原子弹专业，1959年又成立了导弹系和原子工程系。这里是中国培养导弹和原子弹人才的最早基地。从1953年建院到1965年解体总共办学13期，培养学员1.1万人，诞生了40位两院院士，近200位将军和众多的政界精英。作为哈军工的一名学员，我深感荣幸。现把我所知道的中国第一颗原子弹爆炸时的情况记述如下。

周恩来："一次试验，多方受益"

1960年8月，我从河南省新乡市一所高中毕业后，被保送到哈军工学习。这是一所高度机密的学校，我们入学进行政治审查是按绝密标准进行的。当时不仅审查了我高中三年的全部学习成绩、政治思想表现和身体状况，还审查了我家三代的历史。

1964年10月10日，我吃过晚饭后在校园里散步，突然有个同学跑过来告诉我："快到系主任办公室开会，有紧急任务。"我问："什么紧急任务？""不知道，快去吧。这是系里直接点的名。"这个同学不容分说，拉着我就直奔系主任办公室。

坐定后，我数了一下，有10个学员，还有一个系里姓张的政治干事。系主任宣布："同学们，接上级指示，要你们10个人由张干事带队去执行一项任务。现在宣布如下纪律：第一，不该问的不问，干什么事到时候自然会有人告知大家。除了被褥、棉军衣和换洗的衣服之外不需要带其他东西。第二，到什么地方去，跟着领队走就是了，不允许对外说自己行动的轨迹。从现在开始，不许与外界通信联系，包括自己的家人，直到完成任务回到学校。第三，完成任务之后，对这次执行任务的情况未经允许不得泄露。现在汽车已经在宿舍楼前等候了，立即回宿舍打背包出发！"于是，我们连跟同学告别一下也没有，就上了汽车，每人分得一大挎包饼干，还有一军用水壶开水。

当天晚上 11 点，军用大卡车把我们拉到了一列火车旁。我们登上了一节运货物的"闷罐子"车厢，还没有来得及问这是什么地方，列车就开动了。车厢里除了地板上铺着的草帘子外，再无其他的。为了御寒，我们打开背包并排紧挨着躺下，很快就睡下了。

从"闷罐子"车厢的门缝里透过的光线，我们能得知是白天还是夜间。究竟经过了几个昼夜，我们也说不清楚了。一天，领队的干部通知我们已经到了乌鲁木齐，整理好行装下火车又列队进到一个兵站。这时，一位首长出现了，他与张干事简单交谈后，就带领我们上了另外一列火车。我们乘坐的这趟列车实际上就是开向罗布泊核试验场的专列。

又过了两昼夜，在第三天黎明之前，我们乘汽车到了一个旷野的壕沟前。这时，从乌鲁木齐上车就一直陪同我们的那位首长告诉大家："为了反对和制止帝国主义对我们的核讹诈，我们必须拥有自己的核武器。根据周总理'一次试验，多方受益'的指示，现在请大家来看我国第一次核试验爆炸，就是让大家初步得到一些核爆炸的感性认识……"

我看过第二次世界大战中美国在日本投掷原子弹的有关文献和纪录片，深知原子弹的威力。现在领导安排我们参观中国自己研制的原子弹，大家都惊呆了。为了保密，大家都不敢用力鼓掌，只是握紧了拳头，对视着，以示荣幸和自豪。

随后，首长又告诉我们，面前的壕沟就是观看原子弹爆炸的掩体。他还给我们讲解了一些进入核武器试验场之后的注意事项。他说，每个人一定要戴好防光辐射的墨镜，尽管它的透光率只有万分之一，但在爆炸的时候还要背朝爆心，用手把脸捂严了。一切都如同战斗前的动员。

1964 年 10 月 16 日清晨，罗布泊晴空万里。我们在一条齐胸深的壕沟里就位了。这里距离原子弹爆炸点有60多公里。我们向壕沟的前方看去,在远方隐约有火车头、汽车、通信设施、简易楼房、半地下地堡。据说还有一些农业研究单位送来的猴子、兔子、鸟及各种植物,它们都是用来测验原子弹爆炸威力和其他核爆效应的,为研究防御核武器的破坏提供数据。这条壕沟的左右两侧还分布着几条同样的壕沟。

我们被告知,核爆炸试验将在下午进行。虽然离爆炸只有几个小时,但大家总觉得时间过得太慢,焦急地等待着那激动人心的时刻。右侧不远处的一条壕沟,是首长的"观礼台"。下午2点多钟,右侧"观礼台"里的人越来越多。张干事提醒我们要戴好防辐射墨镜之后,现场变得鸦雀无声了。

10月16日15时整,寂静的罗布泊上空突然爆发出一道强光,紧接着,一团巨大的火球腾空而起,周围的空气急速膨胀,产生的高压冲击波

原子弹爆炸后取样部队迅速进入试验场

以排山倒海之势，从爆心向四周飞驰。大火球垂直跃上天穹，由红变黑，黑里透红，团团火焰和烟云翻滚着，一根粗壮的尘柱平地拔起。雪白的烟雾在空中翻卷，地面上涌起的尘柱不断蹿高。烟雾和尘柱连在一起，一朵巨大的蘑菇云冉冉升起。

随即，我们又看到许多防化兵冲向了爆炸现场；飞机在蘑菇云中穿梭。顿时，试验场沸腾了，人们欢呼雀跃，激动得流出了眼泪。

看完这次核爆炸试验后，我们就在现场等待着返回的行程。这时，又有一位首长来看望我们。这位首长向大家问好之后，又特意提高了嗓门说：

"同学们，我国有史以来最伟大的一次爆炸成功了。我在这里还要特别地感谢你们的母校哈军工，我们基地的张蕴钰司令员就是你们的院长陈赓大将推荐的；第一批到基地来工作的就有你们的王如芝教授；你们学院在全国率先成立了原子工程系，你们的许多老师和几百位同学在这次核试验中都作出了卓越的贡献。"

"你们刚才看到的那些戴着防毒面具冲向爆炸现场搜索爆炸科学数据的，就有你们六系（防化兵系）的校友。在这十分艰苦的工作和生活环境中，在这关系到军威国威震撼世界的重大行动中，他们吃大苦耐大劳，不怕死不怕累，他们的意志最坚定，祖国是记住他们的。你们的母校还为原子弹的试验提供了许多仪器。现在，我可以告诉大家：按下中国第一颗原子弹起爆按钮的就是你们的校友韩云梯同志。"

大家听后立即报以热烈的掌声。

尽管我后来没有从事核研究工作，但是，我时刻都在期盼着有机会再次见到曾经为中国核试验作出过杰出贡献的校友们。

一级专列运送原子弹

1960年8月，由于苏联撤走全部专家，带走了重要图纸资料，停止供应设备材料，给正在进行中的中国原子弹研制工作造成了巨大损失和严重困难。在这紧要关头，中共中央毅然决定：自己动手，从头做起，准备用 8 年时间，把原子弹研制出来。

1963 年 3 月，刚组建不久的新疆马兰基地研究所急需科研人员开展工作，哈军工原子工程系核爆炸杀伤因素测试分析专业的 45 名学员奉命提前毕业，其中 38 名分配到基地研究所。这批学员政治素质好，专业扎实，成为马兰基地研究所最主要的一支科研骨干力量。

1963 年夏，又有 100 多名原子工程系学员毕业，除了一个人分到基地外，其余则分到核工业研究院（即九院），乐得李觉院长眉开眼笑。聂荣臻听说一下子来了这么多年轻人，非常高兴，一定要见见哈军工的毕业生。11 月 13 日，北京天气晴冷，聂荣臻穿着浅灰色大衣，戴着墨镜，在张爱萍、刘杰、李觉、邓稼先、吴际霖等人的陪同下，来到九院看望哈军工的毕业生。他勉励大家努力工作，不辜负国家的重托。讲完话后，聂荣臻又与大家合影留念。大家站在聂荣臻等首长的身后，心中顿时生出无限豪情。在这些毕业生当中，有一个叫韩云梯的年轻人，他 1958 年秋进入原子工程系学习，是核控制专业的学员班长。

青藏高原上的金银滩草原海拔 3200 米，每年除了六七两个月天蓝草碧外，其他月份则或是大雪纷飞或是黄沙蔽日。就是在这样的荒原上，建起了中国 221 核工业基地，开始了艰苦卓绝的绝密科研工作。哈军工的同学怀着崇高的理想，跟着李觉将军，西出玉门关，来到这里，住进了被戏称为"猫儿眼"的低矮狭小的临时工棚里。就是在这样的"天当房，地当床，野菜野草当干粮"的艰苦生活中，他们参加了原子弹研制工作的"草原大会战"。

1964 年 7 月，中国第一颗原子弹在 221 基地组装成功。9 月 28 日，由九院副院长吴际霖带队，第一颗原子弹和相关的试验仪器设备与九院参试人员一起，在绝对保密和绝对安全的情况下，乘坐一级专列启运。周恩来下令将运载核弹的列车定为一级专列，按最高级别实施警卫，押运人员都是百里挑一，韩云梯负责押运控制系统等试验设备。各有关部门为了落实周恩来提出的"保装、保运、保响"的指示，做了充分准备。

据负责铁路运输的领导说，专列驾驶员的技术和政治素养都是经过认真挑选的,保证专列在运输过程中以匀速行驶,避免原子弹部件互相碰撞。专列上所用煤都是用筛子筛过的,防止从煤矿带出没有爆响的雷管等爆炸物混在煤里。列检员用的铁锤都改为特制的铜榔头,防止列检员敲打火车轮子时产生火花。专列沿途所有横跨铁路的高压线,在列车通过前都要停电,以避免静电引起意外事故,保证专列安全运行。沿途遇到的列车都要给专列让路。为保证专列的绝对安全,解放军战士在铁路沿线日夜巡逻。专列经过的站台上,铁路民警和地方公安保卫人员几步一岗守卫着。沿途各省、自治区、直辖市公安部门领导和各铁路局公安处长,精心护送列车,并随时向吴际霖副院长汇报专列运行情况。

吴际霖副院长思绪万千,根本睡不着。他时常到"产品"车厢去询问温度、振动等情况。专列停站后,他下车问候列检人员,向公安保卫人员致谢。经过3天3夜的运行,专列安全到达基地。与此同时,原子弹的核心部件铀–235内球由第二机械工业部保卫部高副部长和九院的胡仁宇监护,乘飞机也运到了基地。

张爱萍点将韩云梯为主控台操作手

韩云梯一到试验场就被分配到主控站工作。主控站在爆心铁塔以西约24公里处,是个钢筋混凝土半地下建筑物,全场的控制指令都由这里发出。韩云梯虽然初到,但他认真负责的工作态度和严谨娴熟的业务水平,很快引起领导的注意。不久,经常到主控站检查工作的解放军副总参谋长张爱萍就认识了他。

1964年8月下旬,核试验进入最后倒计时的"临战状态"。在参加核试验的战斗队伍中和关键岗位上,到处都有哈军工人忙碌的身影。全场各工号测试仪器的安装调试、单系统测试、与控制系统单项联试等均已完成,马上就要开始全场联试和综合预演。

主控室里只准有3名技术人员,其中负责主控台的操作手责任重大,他要按下引爆原子弹的最后一个按钮。综合预演时,在众多首长面前,操作手过于紧张，对假设的几种紧急情况反应不快，张爱萍看在眼里，摇了摇头。离开主控站时，张爱萍说："换个人吧，我看哈军工毕业的小韩就不错嘛！"于是，韩云梯走进了主控室，当上主控台的操作手。

主控室的组长叫惠钟锡，无锡人，曾留学苏联，回国后从事核武器引爆控制系统的研制工作，人品、学问都让韩云梯钦佩。另一位叫高深，也是留苏归国人员。他们的任务是管理监视台上的各种控制、监测仪表。韩云梯把他俩当成老大哥，虚心请教。3个年轻人像亲兄弟一样，朝夕相处，配合默契。

主控台上有一个红色的"紧急刹车"按钮，它是为起爆前10秒之内出现异常情况时使用的。如果给引爆系统的同步装置所加的电压没有达到预定的下限值，或电压超过预定的上限值，都要立即紧急刹车。

在全场预演"零"前20分钟时，程序都还正常。当"零"前10秒时，给同步加高压的信号发出后，惠钟锡监视的一路高压不正常，他立即发出刹车口令。主控台操作手韩云梯实施紧急刹车，全场停电。这时，在"零"前4秒左右，全场哗然。经过检查，发现送上塔的电压没有达到所需的电压值，更换变压器后，又做了多次单项试验，没有再发生问题。

尽管如此，韩云梯对紧急刹车一事仍是心有余悸。在10秒内，从监视、判读到传递、操作，直到高压稳定下来就要占去4秒，剩下6秒，如果出现异常，监视台的两个人要先后判断，取得一致意见后再向主控台发口令，时间过短。

怎么办？经过思索，韩云梯想出一个解决方案，就是把"紧急刹车"按钮由主控台移到监视台上，如果出现异常，由惠钟锡直接操作岂不更保险？何必先发出口令，再让操作手去执行，费两遍事。韩云梯把想法向惠钟锡和高深说了，他俩皱起眉头说，主控台的研制单位是个大所，早有话在先，不允许更改线路。再说，一旦改坏了，谁也负不起这个天大的政治责任。但韩云梯觉得，共产党员要说真话，讲老实话。

翌日，韩云梯找领导谈了自己对改装主控台按钮的意见。各级领导研究了韩云梯的意见后，同意了他的意见。韩云梯凭借扎实的电子线路

第一次原子弹试验前线指挥部部分人员合影。右二为张爱萍

基本功，很快完成主控台和监视台的电路改装，克服了紧急刹车时反应时间过短的问题。

"596"工程画上圆满句号

1964年10月14日，张爱萍在新疆核试验基地宣布：经中央军委研究决定，原子弹试验的零点时间（即核爆炸时间）定为1964年10月16日15时。

10月16日，103米高的铁塔在晨曦中傲然挺立。试验场笼罩在一片紧张肃穆的气氛中。随着卷扬机发出巨大的轰鸣声，中国第一颗原子弹端坐在吊篮里，冉冉升空登塔。上午9时，李觉、张蕴钰和科学家陈能宽等一起登塔，他们要陪同4个安装手给原子弹安装起爆雷管并接通电源。李觉置身在铁塔顶端，全神贯注地注视着安装手的每一个动作。他的身旁静静地躺着重达3吨的庞然大物，原子弹的外形是个直径约一米的银白色大圆球。

安装检测完毕,李觉又检查了一遍,才下达撤塔命令。在塔下,他掏出钥匙,打开电闸箱,轻轻合上闸刀,然后挥手带领大家离去。

14 时 30 分,在距离铁塔 60 公里的前线指挥所,张爱萍通过保密电话向周恩来报告:已完成试验前各项工作,一切正常。

周恩来听完报告后,批准按时起爆。

千里戈壁,一望无垠。张爱萍、刘西尧等核爆前线指挥部人员和应邀前来观看核试验的新疆党政军领导王恩茂、赛福鼎、郭鹏以及参与核武器研制的科学家们都站在观察所的"观礼台"里。

在"观礼台"里和科学家们站在一起的,还有研制核爆检测设备的三名哈军工中年教师:赵伊君、花栅和傅信礼。

李觉和张蕴钰进入主控站,把塔下转控站的两把钥匙交给试验总指挥张震寰。张震寰沉默片刻后,下达指令:"开启主控台的罩盖,韩云梯在主控台就位,惠钟锡和高深在监视台就位。"

面对主控台上的指示灯和按钮,韩云梯神态自若。按照预定程序,韩云梯按下 30 分按钮,全场所有系统进入程序控制;按下 15 分按钮,引爆系统加电。

14 时 59 分 50 秒,韩云梯按下了 10 秒按钮,同步装置加高压。此时,响起一个女军人清脆的报数声:"9、8、7、6、5、4、3、2、1,起爆!"就在这最后的 10 秒之内,原子弹自动完成了雷管点火——炸药起爆——能量向内心聚焦——高温高压压缩铀 –235 材料——核材料达到超临界值——中子轰击原子核——原子核产生裂变,释放出大量能量的全部过程。

15 时整,随着韩云梯向下一按,准确地完成了一个划时代的动作之后,靶区顿时发出强烈耀眼的闪光,顷刻间感到大地也在晃动。光辐射、冲击波已过去,人们蜂拥着跑出工号和掩体,只见靶区上空火球已转为烟云。烟云渐渐与地面吸起的尘柱相接。烟云顶端在向外翻滚,又白又亮,烟云底部巨大的吸力,吸引烟柱上升,上升至七八千米的高空,这是典型的核爆炸蘑菇状烟云。它宣告了催人奋进的"596"(中国第一颗原子弹代号)工程画上了圆满的句号。

张爱萍拿起直通周恩来办公室的专线电话,兴奋地报告核爆炸成功了。周恩来第一句话就问:"是不是真的核爆炸?"张爱萍继续报告,我们已看到火球,蘑菇云正在上升,铁塔已经消失……他又把核爆炸的雄奇壮观,变幻升腾的蘑菇云的景象报告给周恩来。

周恩来豪情万丈,朗声道:"很好!我代表毛主席、党中央、国务院,向参加原子弹研制和试验的全体同志表示热烈的祝贺!毛主席正在人民大会堂,我马上去向他报告!"张爱萍立即通过扬声器传达了周恩来的祝贺。顿时,试验场上的欢腾气氛达到了高潮。在主控室里,韩云梯、惠钟锡和高深3个人拥抱在一起,激动得一句话也说不出来。

10月16日晚,新华社发表了新闻公报,向全世界庄严宣布:"一九六四年十月十六日十五时,中国在本国西部地区爆炸了一颗原子弹,成功地实行了第一次核试验。中国核试验成功,是中国人民加强国防、保卫祖国的重大成就,也是中国人民对保卫世界和平的重大贡献。"同时发表了政府声明:"中国在任何时候、任何情况下,都不会首先使用核武器。"

(戈代/撰稿)

20　聂荣臻与中国"两弹一星"的诞生

　　20世纪50年代,中国多次面临核威胁和核讹诈,为维护国家安全,毛泽东和中共中央果断决定研制"两弹一星"。聂荣臻在周恩来领导下具体组织实施,他4次冒着生命危险到现场指挥。1960年导弹,1964年原子弹,1966年核导弹,1967年氢弹,1970年人造地球卫星相继成功。邓小平说:"如果60年代以来中国没有原子弹、氢弹,没有发射卫星,中国就不能叫有重要影响的大国,就没有现在这样的国际地位。这些东西反映一个民族的能力,也是一个民族、一个国家兴旺发达的标志。"

中国决定研制原子弹和导弹

　　1953年,中国科学院近代物理(后改为原子能)研究所所长、物理学家钱三强建议发展原子能事业。1954年秋,中苏两国政府会谈前,彭德怀、李富春等提出争取苏联援建一座原子反应堆和一台回旋加速器。1955年1月15日,毛泽东在中南海颐年堂主持召开中央书记处扩大会议,听取钱三强、地质部部长李四光和副部长刘杰关于中国原子能研究现状、铀矿资源的汇报,并察看核工业的基本原料铀矿石。毛泽东说:进一步勘探一定会找出更多的铀矿来。过去几年其他事情很多,还来不及抓(原子弹)这件事。这件事总是要抓的,现在到时候了,该抓了。只要排上日程,认真抓一下,一定可以搞起来。1月31日,国务院全体会议作出中国要"迅速掌握原子能技术"的重大决定。4月27日,中苏签订《关于苏联援助中国发展原子能核物理研究事业以及为国民经济需要利用原子能的协定》。7月4日,中央指定陈云、聂荣臻、薄一波负责指导原子能事业的发展工作。

10 月 8 日，经周恩来过问，在中国政府的严正交涉下，著名空气动力学专家钱学森终于从美国归来，彭德怀与他讨论了研制近程导弹的问题。12 月，军事工程学院火箭武器教授会主任任新民等 3 人建议研制火箭武器。1956 年 1 月 20 日，彭德怀主持中央军委会议，决定向中央提出研制导弹的报告。

1956 年是"两弹"研制的关键一年。1 月 25 日，毛泽东在最高国务会议上说："我国人民应该有一个远大的规划，要在几十年内，努力改变我国在经济上和科学文化上的落后状况，迅速达到世界上的先进水平。"1 月 30 日，周恩来在全国政协二届二次会议上提出"向现代科学技术大进军"，要求有关部门在 4 月以前，制定以原子能、导弹为首的 12 年科技发展远景规划。2 月 17 日，受周恩来委托，钱学森提交《建立我国国防航空工业的意见书》，建议发展中国的火箭和导弹事业。3 月 14 日，周恩来召开专门会议，决定成立以聂荣臻为主任的国防部航空工业委员会。4 月 17 日，聂荣臻主持首次会议，传达毛泽东关于中国发展航空和火箭武器的决定，指出应集中仅有的技术力量研制中短程导弹。

聂荣臻负责筹建导弹研究院

1956 年 5 月 10 日，聂荣臻向国务院、中央军委提出《建立我国导弹研究工作的初步意见》，其中提到由政府派代表团赴苏联谈判，建立导弹管理局和导弹研究院等。5 月 26 日，第七十一次中央军委会议通过。周恩来指示：导弹研究的方针应当采用突破一点的办法，不能等待一切条件都具备了才开始研究生产。关于从各方面抽调人员、建立机构、解决房舍等问题，请聂荣臻主持，在最近一个星期内召集一次会议。当天下午，聂荣臻约谈军委办公厅主任萧向荣、北京市政府秘书长薛子正，将北京西郊黄带子坟一带的解放军 124 疗养院、北京军区 106 疗养院、北京军区空军 466 医院拨给导弹研究院。

5 月 29 日，聂荣臻邀请国务院秘书长习仲勋、副总参谋长兼军事工程学院院长陈赓、国家科委副主任范长江、第一机械工业部部长黄敬、中国科学院副院长张劲夫、清华大学校长蒋南翔等到三座门开会,商量为导弹研究院选调科技骨干。本来会议由周恩来主持,他临时有事,委托聂荣臻主持。聂荣臻说:"虽然苏联援助还没有落实,但中央下决心发展以'两弹'为主的尖端武器,当前急需各类人才,请在座的各位大力支援。"新中国成立初期,知识分子奇缺,制定 12 年科学规划时,初步计算需要大学以上的研究人员近 18 万人,其中搞新技术研究的约 5 万人,而当年毕业的理工科大学生才约 3 万人。在与会人员尽力支持下,经国务院批准,导弹研究院接收了任新民、屠守锷、梁守 、庄逢甘、蔡金涛、黄纬禄、吴朔平、姚桐斌等数十名专家,以及 100 多名大学毕业生。聂荣臻在导弹研究院成立大会上说:"在座的各位是中国火箭事业的'开国元勋',现在人手少,但只要大家团结一心,艰苦奋斗,中国的火箭、导弹事业一定会有美好的前景。"

6 月 16 日,聂荣臻召集王诤、钱学森等开会,商议导弹研制规划的初步设想。7 月 3 日,聂荣臻对赵尔陆等人说:导弹研制要走在制造的前面,必须利用全国各有关工业部门的力量。近几年内,军队要把导弹管理局、导弹研究院管起来,按编制配齐干部。7 月 7 日,经彭德怀、黄克诚同意,为保密和便于对外联络,将导弹管理局改称国防部第五局,导弹研究院改称国防部第五研究院。

8 月 17 日,中国政府请求苏联政府在建立和发展导弹事业方面提供全面技术援助。9 月 13 日,苏共中央回复:"考虑到导弹技术的复杂性和中国目前缺乏干部的情况,根据我们的经验,我们认为在中国建立导弹事业,最好是首先从培养干部开始。"苏方答应接收 50 名火箭专业的中国留学生,同时派 5 名教授到中国授课,并提供 2 枚教学用的 P–1 型导弹样品。

聂荣臻认为,苏联复电与中国的要求相距甚远,看来苏联并不想支持中国发展导弹。据钱学森估算,完全靠自己至少要七八年或更长时间,才能初步完成导弹的研究工作。所以苏联答应培养干部总是好的,应该积极争取。聂荣臻要求有关方面"选拔有一定技术水平的工程技术人员作为研究生派出"，同时做好接收导弹模型的准备。

9月18日，聂荣臻书面报告周恩来，国家分配的大学生陆续报到，当月20日左右即可全部到齐。在学生集中后，拟在研究院下临时组成导弹研究班，争取9月下旬开课，讲授导弹技术等方面的专业理论，时间约为4个月，并由学习逐渐转入研究工作。请早日任命钱学森的职务，以便使其更积极主动地进行研究院的筹建。周恩来很快批准。10月8日，钱学森被任命为国防部第五研究院院长。

10月12日，聂荣臻召集黄克诚等人开会时说："我们研制导弹，苏联帮助要搞，不帮助也要搞，因此不要等谈判。一方面准备谈判，一方面积极进行我们自己的筹建工作。"10月15日，聂荣臻将讨论情况书面报告周恩来："我国目前科技与工业水平虽很落后，但分散在全国的工程技术人员和争取返国的留学生、科技人员也还有一定的数量。且有曾在外国参加过火箭、导弹研究设计的人员，即使争取不到外援，我们也不是完全没有力量独立进行研究的。钱学森表示，目前设计像美国'诚实约翰'一类的火箭没有问题。""因此建议请批准以上方针，一方面争取与苏联谈判，同时积极筹建此项工作不宜再迟。"10月17日，毛泽东批示"同意"。同日，中共中央复电苏共中央，感谢他们愿意在中国建立导弹事业方面给以援助。将在1957年新学年开始派去50名留学生，还打算将一批目前在苏联的中国留学生转学导弹专业。希望苏联政府给予协助，供给教学资料和教具样品，并且派专家来华进行教学工作。最后提出为商谈各项具体问题，有必要派遣一个代表团去莫斯科谈判。

聂荣臻主动要求分管国防科技

1954年，聂荣臻担任军委副主席，主管军工生产和军队装备。1956年10月，邓小平对聂荣臻说："对你的工作安排，中央设想了三个方案，由你自己选择。一是中央已决定调陈毅同志专搞外交，他分管的科技工作由你来抓；二是彭真同志工作太忙，中央想让他免去北京市长，你过去搞过这个工作,仍由你来当;三是继续主管国防工业和军队装备。"聂荣臻当即表示:"市长这个官我不想当,对科技工作我倒很有兴趣。我们国家太落后,也迫切需要开展这方面的工作。""军工生产和武器装备工作与科学技术有密切联系,可能的话,将来兼顾也可以。"11月16日,第一届全国人大常委会第五十一次会议决定成立发展原子能事业的第三机械工业部。同时,聂荣臻还被任命为国务院副总理、科学规划委员会党组书记。

1956年10月17日,中共中央批准聂荣臻提出的"自力更生为主,力争外援和利用资本主义国家已有的科学成果"作为发展导弹事业的方针。11月上旬,聂荣臻接连召集四次会议,研究贯彻"自力更生为主"的具体措施。12月29日,苏联如约运来2枚教学用的P-1导弹。这是苏联仿制的德国1942年的V-2导弹,射程260公里。同日,聂荣臻在国务院科学规划委员会第三次扩大会议上说:"最近国务院和中共中央分工由我来负责这一方面的事情,对于科学,我是外行,缺乏经验,需要今后多向各位科学家请教。"

聂荣臻把组织队伍看成一项战略工作来抓,一是从全国抽调一批优秀科学家;二是通过各种渠道,千方百计争取在国外的科学家回国;三是选调早期留苏和新中国成立前后的大学毕业生;四是请陈赓调整军事工程学院的专业;五是在重点大学扩建无线电系,开办计算机、空气动力学等专业;六是积极向苏联和东欧选派留学生。短短几年过去,"两弹"旗帜下集合了大批的科技人员。

聂荣臻率团赴苏联谈判

1957年初,苏联同意从理工科高年级的中国留学生中挑选70多人改学导弹专业。1月2日,聂荣臻书面报告周恩来:看来苏方对我10月17日复电仅理解为派遣留学生。为在导弹技术方面争取苏联政府更多的援助,以节省时间和财力及少走弯路,建议总理访问苏联时,再次向苏方提出中国希望派代表团赴苏联谈判。

3月30日，中苏在莫斯科签订《关于在特种技术方面给予中华人民共和国援助的议定书》，规定苏联派遣5名专家到中国，在组织教学方法和在有关学校讲授喷气技术的课程中给予援助；苏联有关高校在1957—1958年教学年度接收50名中国大学生；中国政府将偿付苏方P–1导弹的相关费用，并保证承担保密义务。

聂荣臻再次向周恩来建议：再提一下国防新技术援助的事，让他们派一些专家，提供一些资料和样品，由我们自己搞。周恩来表示同意，让他先与苏联驻中国的经济技术总顾问阿尔希波夫谈一下。6月18日傍晚，聂荣臻对阿尔希波夫说：我国政府想与贵国政府进行谈判，以前我已多次向您口头表达过我们的愿望。今天正式提出我国对原子弹、导弹等方面请苏联政府协助提出方案的请求，请您向贵国政府反映。阿尔希波夫表示他本人同意，待请示后再予以答复。6月29日，中国驻苏联大使馆商务参赞处来电，称苏方已接受中方提出的火箭货单，并同意考虑供应。苏联原子能总局希望中国速派代表团来苏商谈有关今后安排问题。7月22日，阿尔希波夫对聂荣臻说："苏联政府对中国的要求表示支持，随时接待中国政府代表团赴苏联谈判。"周恩来得知后高兴地对聂荣臻说："我立刻报告毛主席，你就着手考虑组织代表团吧。"

9月3日，聂荣臻主持中国政府工业代表团全体会议，宣布成立原子、导弹、航空、国防、秘书行政5个组。7日，聂荣臻率代表团到达莫斯科。10日，双方正式谈判。14日，苏方交来苏中《关于生产新式武器和军事技术装备以及在中国建立综合性原子工业的协定（草案）》。20日，周恩来发去指示电："可原则同意，再继续商谈。"9月底，中苏双方达成协议草案。10月15日，聂荣臻在国防新技术协定上签字。其中提到："为培养设计和科学研究方面的干部和生产原子核武器的专家，苏联政府保证供给中国生产原子弹的全部技术资料，带有训练使用和战斗用的成品样品……并帮助中国设计和建设研究原子弹结构的设计院（代号221）。"

面对苏联"慷慨"援助，有人主张干脆进口整套工业、科研设备，照苏联提供的路子干就是了。聂荣臻认为这是一种错误倾向。11月12日，他对五院和国防工业部的负责人说："导弹和飞机工厂的建设，规模不宜过大。因为苏联援助的都是较老产品，这方面更新换代的周期很短，船大了不容易掉头。五院要集中力量消化研究已经到手的样品、资料，在这个基础上进行仿制，并且着手自己设计新型号导弹。同时，研究探索固体燃料导弹和冲压式发动机。我们的技术人员应该虚心向苏联专家学习，目的是为着培养锻炼自己的技术队伍，积累自力更生的能力。"

12 月 10 日，聂荣臻召集陈赓、钱学森等商讨五院 1958 年工作方针和任务问题，说从明年开始，五院首先要集中力量仿制。只有研究、仿制获得一定成就后，苏联才能供应我们中程导弹。所以这个方针一定要明确，以仿制为主。12 月中旬，两列火车共 60 个车皮载着苏联 P–2 导弹及地面设备到达中国满洲里口岸，同时还来了 103 名苏联专家。

12 月 30 日，苏联专家组抵达北京。1958 年初，聂荣臻被指定为试验基地建设的总负责人。2 月 14 日、15 日，聂荣臻分别听取苏联专家盖杜柯夫和陈锡联、王尚荣、李觉汇报勘察选址方案，并商定成立特种工程指挥部，由工程兵负责施工。中央军委决定以志愿军第 20 兵团为基础，在甘肃酒泉东北的额济纳旗筹建综合导弹试验基地，借有线通信的"东风"代号，取名"东风基地"。以志愿军第 19 兵团为基础，在新疆罗布泊西北巴音郭楞蒙古自治州境内筹建核武器试验基地，因当地盛产马兰花而取名"马兰基地"。1960 年和 1962 年底，两个试验基地初步建成，列入军队编制。

苏联明显拖延并设置障碍

1953 年 1 月至 1956 年 8 月，中苏在核领域签订过 4 个援助协定。1957 年、1958 年苏联提供了几种过时的导弹、飞机等样品和资料，派了一批技术专家。1958 年 7 月 1 日，苏联援建的研究性重水反应堆和回旋加速器建成。聂荣臻验收，并代表中方在验收合格证书上签字。可惜好景不长，苏联军方坚决反对赫鲁晓夫卖给中国原子弹、导弹技术，以种种借口拖延移交原子弹教学模型和图纸资料。他们先要求中国建专门仓库，盖好专门仓库，又说保密措施不够；有了保密措施，又经苏联保密专家审查通过，再无借口。8月初，中国拒绝赫鲁晓夫提出的关于建立长波电台和联合舰队的建议。10月苏联通知中国，11月接收原子弹教学模型和资料，可这却是空头支票。其实，苏联原子弹教学模型早在半年前就装上了火车，而赫鲁晓夫对于是否履约犹豫不决。1959年6月20日，苏共中央致信中共中央，说正与西方国家谈判禁止核试验，中断包括原子弹教学模型和技术资料等重要项目，两年后看形势发展再说。

1960年1月4日，聂荣臻、陈毅联名写信给中国驻苏联大使刘晓，请他催询1959年2月7日中苏两国政府协定关于苏联援建航空及火箭科学研究院的换文问题，希望苏方在1月间能提出换文草案，1至2月间派遣选址专家小组来华。苏方没有回音。1月10日，聂荣臻向周恩来、邓小平并中央书记处报告《关于中苏科技合作中出现的新情况》。苏联断绝援助的迹象已经更加明显，导弹技术资料等都拖延不给了，看来苏联援助肯定靠不住了。1月15日，周恩来批示后将该报告转给外交部。

1月20日，聂荣臻致电刘晓，请他代表中国政府向苏联提出请求，延长在综合导弹试验基地的25名苏联专家的工作期限，再增聘8名有关专家。2月8日，刘晓照会苏联外交部。3月2日，苏联专家组组长巴托夫大将回复，建议缩短专家延聘期限和减少聘用人数。3月28日，聂荣臻回信同意，"但鉴于我国仿制苏联的几种导弹，将在今年底和1961年初陆续出厂，因此希望苏联国防部在我们进行靶场试验时，能临时派遣专家组来华，以便帮助我们组织、分析试验"。同时，聂荣臻审改致苏联国防部部长马利诺夫斯基元帅的电报稿："综合导弹试验基地第一期工程将在今年6月间完工并交付使用，我们拟在3至6月间，用苏联供应的两枚火箭进行一次实弹射击。为了使这次试验能够顺利获得预期的效果，我们请苏联国防部给予帮助，供应两发火箭和进行点火所需的液氧等燃料，派遣9名专家来我国帮助训练操作人员和进行实弹射击的技术指导工作。"苏联不但不派专家，反而提出中国购买苏联的P–2导弹发射试验，须经苏联国防部部长同意。中国政府交涉后，苏联又借口中国液氧不合格，需要订购苏联液氧，于是中国签订购买苏联液氧的合同。而苏方仍在拖延，最后以"苏联液氧厂发生不可抗拒的事故"为由拒绝提供。种种迹象预示中苏两国关系将发生重大变化。

6月23日，聂荣臻召集陈赓、刘亚楼、张爱萍等商谈国防工业体制调整和对待苏联援助等问题。聂荣臻说："当前国防工业的问题很多，近两年来，导弹、飞机等没有拿出什么东西来。……苏联对已经答应援助的和几个协定之内规定应该给我们的东西，它现在是一拖再拖，不给。因此，我们必须自力更生，非得靠我们自己不可。无非是拖长些时间，费一些钱，困难一点而已。"

7月3日，聂荣臻向毛泽东和中共中央报告："在中苏关系的新形势下，有关科学技术上的若干问题，应有新的方针和做法。一年多以来，苏联对我国的科学技术援助和合作，处处卡紧，特别是在国防科技上已经封门。国民经济中的新技术，也已尽量控制。虽然有很多是两国协议的，苏方却采取一拖二推三不理的手法，就是不给。没有订好协议，或我们新提要求的，就更不用问了。我们一定要争一口气，有可能这样一逼，反而成为发展我们科学技术的动力……协议上订了的援助，我们到时候就要询问，仍然要。但是如果对方不给，我们绝不再催，记上一笔账就成了。协议以外的新要求，现在也不要提了。"毛泽东、周恩来很快批准了这个建议。

聂荣臻坚持"两弹"不"下马"

从1959年开始，中国进入连续三年经济暂时困难时期。12月12日，聂荣臻主持中央军委常委第七次会议，决定在1960年初召开的中央军委扩大会议上，用林彪提出并经军委、中央同意的"两弹为主，导弹第一"的发展国防尖端技术的方针统一思想认识。

1960年4月4日，聂荣臻召集王秉璋、王诤、钱学森等座谈。他反复强调在导弹起步阶段，需要通过仿制"爬楼梯"、大练兵，从而掌握自行设计的本领。这样做，当前看来步子似乎是小了些，但科学技术学到手了,步子肯定是会快的。6月16日,五院提出试制和自行设计5种导弹型号,聂荣臻认为步子跨得太大,易走弯路,当前重点还是应该认真学习和掌握已有的导弹样品和资料,边干边学,培养壮大技术队伍。国家花那么多钱请来苏联专家,应抓紧时机尽量把他们的东西学到手,不然是个很大的浪费和损失。6月21日,聂荣臻听取王秉璋、钱学森等汇报时说:仿制工作要抓紧,总装时要小心谨慎,一个螺丝钉出问题,试验时就可能失败,千万不可大意。要坚持质量第一,在抓质量的前提下抓品种、速度。我们仿制苏联 P-2 导弹已经一年多了,要抓紧把它搞出来。仿制出来后,要发射试验一下。

7月16日,苏联政府照会中国外交部,单方面撤走在华的苏联专家,中断同中国签订的所有协定和合同。毛泽东说:"要下决心搞尖端技术,赫鲁晓夫不给我们尖端技术,极好!如果给了,这个账是很难还的。"聂荣臻主持会议研究五院的情况。聂荣臻说:"困难是暂时的,可以克服的,希望五院同志坚决贯彻中央和毛主席指示,自力更生,奋发图强,埋头苦干,下决心把我们自己的导弹制造出来。哪怕时间稍长一些,钱多花一些,也要坚决走这条路……五院在完成近程地地导弹的研制后,应集中力量尽速搞中远程和其他型号的导弹。"

试验基地的施工部队因粮食供应困难,不得不撤走,科技人员也被疏散,聂荣臻立即向周恩来报告。周恩来在中央军委会议上部署军队各大单位筹措粮食,紧急运往西北的试验基地,暂解燃眉之急。8月,在北戴河国防工业委员会会议上,有人提出现在肚子都吃不饱,"两弹"用钱太多了,影响国民经济的发展,应该"下马"。聂荣臻三次到会讲话,他说:"两弹"已有一定基础,如果队伍散了再接下去就很困难,我们的工作不能断线,继续努力还是可以的。"两弹为主,导弹第一"是中央批准的方针,不能动摇。聂荣臻经过广泛调研,提出科研部门要"缩短战线,任务排除,确保重点",其他任务都要为"两弹"让路。8月20日,聂荣臻签发《关于导弹、原子弹应坚持继续攻关的报告》。这个报告得到毛泽东、周恩来等中央领导人的批准。

10月12日，聂荣臻在召集张爱萍等人研究1961年对苏联订货的外汇问题时说：苏联想压我们是压不倒的，中国人民是有骨气的，困难一定要克服，不能一切都伸手向苏联要。决不要依赖，我们自己可以搞的东西，就坚决不要向苏联买。苏联压我们是好事，我们应当争口气，挺起腰杆，不要乞求别人。只要我们硬，事情就好办。我们的国家很大，不可能靠购买武器来支撑国防，何况我们也没有那么多的钱。从科学发展的趋势来看，技术越发展，保密性越强，谁也不可能把最先进的东西交给别人，这一点不但应该作为我们思考问题的出发点，而且应该成为我们制定国防科研方针、政策、任务的依据。唯一的出路只有尽可能吸收国外先进成果，走自己研制的道路。陈毅是坚决支持聂荣臻的，多次对聂荣臻说："我这个外交部长的腰杆现在还不太硬，你们把导弹、原子弹搞出来了，我的腰杆就硬了。"

聂荣臻指挥第一枚导弹发射

1960年10月20日，聂荣臻报告周恩来并中共中央："苏联P–2地地导弹的仿制，经两年多的时间，全弹的组合件及控制系统已试制出来，拟于11月初在导弹试验靶场进行试验。此次预计试验5发，现已总装成完整导弹两发。拟于本月23日向靶场启运，其余完成总装后陆续运出。"中国第一枚地地导弹被命名为"东风一号"，中央军委非常重视这次发射。聂荣臻强调："要安全稳妥，确保顺利完成任务。宁可慢一些，一定要好一些。"经周恩来同意，聂荣臻到现场指挥"东风一号"导弹的发射试验。

10月26日，聂荣臻到达包头市。10月27日，"东风一号"运抵位于酒泉的导弹综合试验基地。聂荣臻嘱秘书转告，发射试验工作要严肃认真，不能有丝毫马虎，各级党的组织对每个参试人员要进行思想动员，落实组织保证措施，只能做好，不能做坏，防止产生骄傲自满情绪。11月4日，聂荣臻坐火车到达导弹综合试验基地，顾不上休息，便听取张爱萍、钱学森等人的汇报。

11 月 5 日，聂荣臻在张爱萍、赵尔陆、方强、钱学森等人陪同下，来到距导弹发射阵地 5 公里的指挥所，这是临时搭起的几间活动房。8 时，聂荣臻同意进入一小时倒计时准备。9 时 2 分 28 秒，使用国产液氧推进剂的"东风一号"地地导弹点火起飞，逐渐变成亮点消失。9 时 10 分 5 秒，导弹准确命中 554 公里外的预定目标区。11 时，聂荣臻与张爱萍致电中共中央，报告"东风一号"导弹发射成功，证明我们基本掌握了地地导弹技术。

1962 年 3 月 21 日，在 P-2 导弹基础上改进设计、射程提高近一倍的"东风二号"中近程地地导弹首次试射。不料，它起飞 69 秒后坠毁在发射台附近。科研人员情绪低落，聂荣臻安慰大家说："这是正常现象，既然是试验，就有失败的可能，所以我并不感到惊讶，相反倒觉得是件好事。如果总是成功，我倒是有点不放心。天下没有试验一次就完全成功的科学家，总是通过多次甚至几百次、上千次的反复试验。我们要吃一堑长一智，总结经验教训，不要泄气。"钱学森等人集思广益，很快找到导弹坠毁的原因，修改了设计方案。

1964 年 6 月 29 日，改进后的"东风二号"中近程地地导弹飞行试验成功。1965 年 11 月至 1966 年 10 月，研制性试验、定型试验以及核导弹发射试验均获得圆满成功。

聂荣臻抱病以个人名义"募捐"

1960 年 10 月，为纠正党内"左"倾错误带来的严重影响和危害，聂荣臻走访科研单位，倾听科技人员的意见。他了解到有的专家被当成技术员使用，还有的专家被派去干农活，甚至把几千名大学生下放农村……10 月 10 日，聂荣臻对国防科委副主任安东说：听五院科技人员座谈会反映的意见，我一夜没有睡好觉。党和人民需要尽快搞出中国自己的导弹来，这就是政治！我要向军委、党中央负责，一定要保证他们人尽其才。

一些科技专家在政治运动中受到不公正对待，聂荣臻积极向中央反映，同时勉励科学家们以事业为重，继续为国防现代化作贡献。有的知识分子对政治学习过多提出异议，轻者受到批评，重则被扣上不突出政治的帽子。聂荣臻认为：要正确看待科技人员的"红"与"专"。经周恩来同意，12月13日聂荣臻签发《国务院关于在科学研究机构中坚持八小时工作制和保证科学研究时间的通知》，规定要保证科技人员每周五六天的时间从事专业工作。像"四好连队""五好运动""忆苦思甜"等运动，聂荣臻都禁止在科研单位开展。

聂荣臻在反应堆和回旋加速器落成典礼上讲话

火箭发动机改进后老是出问题，有人当成政治问题反映上去，聂荣臻对五院领导说："建院时，任新民、庄逢甘从哈尔滨到北京开会，要求调到五院工作，住在黄带子坟刚接收的房子里，就两块铺板。我叫安东一再动员他们去住旅馆。他们说调到这里工作，怎么能住旅馆。我听了极为感动，始终铭记。这么好的科学家如果不信任，还能相信谁呢？"有些知识分子因家庭出身、海外关系，被认为不能从事机密的"两弹"工作。聂荣臻多次对有关领导说，在旧社会和解放初期，能够大学毕业或留学的人，出身成分好的太少，我们必须贯彻"重在表现"的政策，否则科技工作无法开展。聂荣臻认为他们放弃国外优厚待遇，在国家最困难时没有一个人跑出去，说明他们是真心爱国的，应该相信他们。有一位研究人员曾任国民党保密局少将，谁也不敢拍板将他调入拥有核心机密的五院。聂荣臻了解到他一直表现很好，当即决定将他调入五院。后来，他担任了五院某分院副院长。

12月15日，聂荣臻因过度劳累导致心脏病发作，住进协和医院。17

日,聂荣臻在医院病床上同五院领导谈话,要求一定要保证科技人员的科研时间,否则导弹搞不出来,将来是要负责任的。

12月19日,聂荣臻对前来探视的陈赓等人说:五院要切实注意和关心科技人员的生活问题,尽量解除他们的后顾之忧,使他们精力集中到科研上,并要秘书范济生专门到五院调查。21日,范济生向聂荣臻汇报,科研人员副食品极度缺乏,有的专家也出现了浮肿、色盲。聂荣臻着急地说:"以我的名义向北京、广州、济南、沈阳等军区和海军的领导说明情况,呼吁他们尽快设法支援,价拨五院一批猪肉、鱼、黄豆、水果等副食品,以中央和军委的名义分配,以便五院科技人员维持起码的生活水平,集中精力搞好科研。这也是一项有力的政治工作。"几天后,聂荣臻对来医院探望的北京军区副司令员郑维山说:"我知道你们的家底,你们有生产,有东西,你一定要拿出一些来,可不能小气呀!"郑维山当即表示:"我们一定搞一些,还可以打一些黄羊。"钱三强回忆:聂帅鼓励大家正视困难,战胜困难,他不止一次说过,你们只管放手工作,我来做你们的后勤部部长。

1962年2月,聂荣臻在广州主持全国科技工作会议。他向周恩来反映,科学家对"资产阶级知识分子"的提法心有疑虑,建议周恩来作一次报告。3月2日,周恩来在会议上发表《论知识分子问题》的讲话,宣布现在中国的知识分子绝大多数属于劳动人民。5日,陈毅发表讲话,为知识分子"脱帽加冕",受到知识分子的热烈欢迎。

中国原子弹工程代号"596"

1958年6月21日,毛泽东在中央军委扩大会议上说:"还有那个原子弹听说就这么大一个东西,没有那个东西,人家就说你不算数。那么好,我们就搞一点。搞一点原子弹、氢弹,什么洲际导弹,我看有十年工夫完全可能的。"8月24日,第二机械工业部(以下简称"二机部")向中共中央递交《关于发展原子能事业的方针和规划的意见》,提出"苦战三年,基本掌握原子能科学技术","边干边学,建成学会"的具体方针。以二机部为主,中国核武器的研制加快了步伐。

1959 年 7 月，周恩来向二机部部长宋任穷传达中央决策："自己动手，从头摸起，准备用 8 年时间搞出原子弹。"苏联毁约日被命名为原子弹工程代号"596"。12 月 17 日，聂荣臻听取二机部宋任穷、刘杰的汇报，同意"三年突破，五年掌握，八年适当储备"的奋斗目标。12 月 23 日，二机部制定原子能事业 8 年规划纲要。

1960 年 1 月，为加强核武器的研制工作，经中央批准，二机部从全国选调了 106 名高中级科技骨干。4 月 5 日，聂荣臻听取宋任穷汇报后说："我们自己干，这样时间可能长些，但总是可以干得出来的。"8 月 23 日，在二机部工作的苏联专家全部撤走，并带走了重要的图纸资料，留下一批半截子工程。10 月 12 日，聂荣臻对张爱萍等人说：苏联想压我们是压不倒的，中国人民是有骨气的。苏联压我们是好事，我们应当争口气，挺起腰杆，不要乞求别人。只要我们硬，事情就好办。要集中力量，全国一盘棋，争取"三年突破"以导弹、原子弹为代表的国防尖端技术。

聂荣臻在周恩来领导下，充分发挥科研人员的积极性，将大量课题分配到中国科学院、工业部门、地方研究机构和高等院校，必要时动用中央军委特别公函。像"两弹"所需的光学精密机械，就是长春光学精密机械研究所所长王大珩等人以及浙江大学解决的。"两弹"攻关带动了许多新兴学科的建设和发展，也使中国军事和民用工业上了一个新的台阶。

1962 年 8 月，聂荣臻在北戴河中央工作会议期间对刘杰说："希望你们早日拿出原子弹，以增强中国的军事力量和政治地位。"9 月 11 日，二机部《关于自力更生建设原子能工业情况的报告》上送毛泽东和中共中央，提出争取在 1964 年或 1965 年上半年爆炸中国第一颗原子弹。毛泽东批示："很好，照办。要大力协同做好这件工作。"

1964 年中国第一颗原子弹爆炸成功

1962 年 10 月 10 日，聂荣臻听取刘杰、朱光亚汇报二机部爆炸第一颗原子弹的规划设想，提出二机部的工作，要力争放在 1964 年国庆 15 周年响的目标上。有这样一个目标有好处，可以更大地调动各方面的积极性,协调各方面的力量。11月3日,毛泽东批准了这个设想。

11月17日,刘少奇在中央政治局会议上宣布,为加强对"两弹"研制的领导,成立中央15人专门委员会。周恩来任主任,聂荣臻是委员之一。中央专委组织全国大协作,攻克了100多个重大科研难题,大大加快了原子弹研制的步伐。

1963年3月,原子弹研制进入总攻阶段,国防科研人员陆续迁往核武器试验场。7月13日,聂荣臻听取国防科委负责人汇报时说:原子弹研究设计,一开始就走自力更生的路子,开头困难多些,但基础比较雄厚,比较扎实。如果第一次试验成功,以后的发展可能就快些。原子弹试验成功后,下一步要抓"两弹"结合,以及研究氢弹的问题。

8月28日,聂荣臻在国防科委办公会议上说:核试验基地专区布局方案可先这样定下来。第一颗原子弹试验用的铁塔,其设计如无大的问题,能不改就不要改了,只要能把试验的核装置吊上去,又能撑得住,就可以了,反正原子弹爆炸是要连同铁塔炸掉的。现在要尽量争取时间,不要议而不决。几个试验基地的领导干部在较艰苦的条件下独立工作,调整军衔级别时,应当适当照顾一下他们。

1963年底,经中央专委检查,参加大协作的20个部委,19个省、市、自治区的400多家工厂、科研院所和院校,如期完成核试验所需的10万多台专用仪器、设备等任务。

1964年1月,兰州铀浓缩厂取得合格的高浓铀。2月,聂荣臻提出:原子弹的爆炸加紧准备。4月11日,周恩来主持召开第八次中央专委会议,决定第一颗原子弹爆炸试验采用塔爆方式,要求9月10日前做好一切准备工作。中央专委的口号是"保响,保测,保安全,一次成功"。6月6日,原子弹理论研究攻克了所有难题,成功进行了全尺寸的模型爆炸试验。

因为美国多次威胁要打击中国核基地,中央专委提出两套方案:暂不试验和尽早试验。毛泽东一锤定音:"要尽早试验。"于是,第一颗原子弹的爆炸试验安排在1964年10月。9月19日、25日,首次核试验委员会主任张爱萍、副主任刘西尧两次向聂荣臻报告,前方准备工作很充分,胜利在望。10月8日,王淦昌、郭永怀、彭桓武、邓稼先等核科学家奔赴试验基地,进行最后一次技术总检查。气象部门预报10月16日左右有好天气,于是确定10月16日正式试验。

10月14日19时20分,罗布泊附近102米铁塔上的纯金属小屋,安全吊进了中国第一颗原子弹。10月16日15时,随着惊天动地的爆炸声,戈壁滩升起一团巨型火球,逐渐与尘柱连成蘑菇状烟云。一直在办公室来回走动的聂荣臻当即叫秘书起草贺电:"爱萍、西尧同志:消息传来,甚为兴奋,特向你们并通过你们向全体参加这一试验工作的同志们,致以热烈的祝贺。"电报15时零7分发出,这是第一封到达核试验基地的贺电。

毛泽东指示:要查清楚是不是真的核爆炸,国外不相信怎么办?两个多小时后,张爱萍、刘西尧等签发经多位专家认定的关于原子弹爆炸的报告,估计威力达到2.2万吨梯恩梯当量。日本最先传出消息,说中国可能在西部地区爆炸了一颗原子弹,接着美国也广播了。经毛泽东批准,新华社23时发表新闻公报,宣布中国第一颗原子弹爆炸成功,同时声明中国政府不首先使用核武器。第二天一早,聂荣臻看到《人民日报》的套红号外,高兴地说:"留下,留作纪念。"这张《人民日报》号外后来被解放军档案馆收藏。

在动乱中坚持"两弹"结合试验

中国第一颗原子弹爆炸成功后,西方有人讥笑中国有"弹"无"枪",其实中国导弹早在原子弹爆炸前就研制成功了。1963年4月,聂荣臻在军工领导干部会议上说:"两弹"结合要尽早过关,这不但是个军事问题,也是政治问题。9月3日,聂荣臻在听取刘杰、钱三强、朱光亚汇报时说:"中国发展核武器,最后着重是要搞战略导弹用的核弹头。因为中国空军力量薄弱,空投原子弹难起作用。1964年二机部要准备好地面核试验,1965年准备好空爆核试验,1966年准备好核导弹试验,1967年争取试验氢弹。"1963年12月，中央专委决定："核武器的研究方向，应以导弹头为主，空投弹为辅。"1964年5月，聂荣臻对五院和二机部提出，"两弹"总设计师钱学森和钱三强都要参加研制核导弹。9月1日，周恩来主持召开中央专委会议，决定成立由钱学森领导的"两弹结合"方案论证小组。

1965年2月，中央专委批准二机部《关于加速发展核武器问题的报告》，决定改进增大中近程地地导弹的射程，并用其进行核导弹试验。11月，国防科委和二机部认为，地下核试验不能考验原子弹头在实际飞行状态下是否符合要求，提出暂不进行地下核试验，而是先进行没有核弹头的导弹"冷"试验，然后再进行"两弹"结合的"热"试验。

3月11日，周恩来主持召开中央专委会议，听取并批准关于"两弹"结合的试验论证报告。

"文化大革命"爆发后，一批有关核试验的绝密资料被造反派抄走，聂荣臻命令想尽一切办法追回来。他隔两个小时就给北京卫戍区司令员傅崇碧打一次电话，直到追回这批绝密材料。6月22日，聂荣臻起草《关于在文化大革命中对待自然科学工作者的几个政策界限》。6月23日，聂荣臻听取中国科学院汇报"文化大革命"情况时说："知识分子是国家现代化建设的宝贵财富。应当尽力保护他们。"聂荣臻一有机会就向中央建议，要保护像钱学森、华罗庚这样的著名科学家。在中共八届十一中全会上，经过聂荣臻努力，保护科学家写进中共中央《关于无产阶级文化大革命的决定》中。8月23日，在第五十五次中央军委常委会上，聂荣臻提出："两弹"试验基地的任务很重，有些科研单位的情况也是如此，"文化大革命"应该推迟。建议与解放军师以下部队一样，只进行正面教育。中央军委接受了这个建议，指示国防科委具体贯彻执行。

9月25日，聂荣臻参加第十六次中央专委会议，讨论"两弹"结合飞行试验时间的大体安排和氢弹原理试验的准备情况。

10月初进行"两弹"自毁试验，中旬两次进行"冷"试验。10月20日，周恩来召集中央专委会议，研究"两弹"结合的"热"试验。大家一致认为风险极大,万一核弹头在发射场爆炸,或发射后中途掉下来,或偏离弹着区,都将造成不堪设想的后果。试验只能成功,不能失败,一定要万无一失。聂荣臻当即表示要去现场主持试验。10月24日晚,聂荣臻同周恩来、叶剑英到钓鱼台国宾馆,向毛泽东汇报"两弹"飞行试验的准备情况。

冒着生命危险主持核导弹试验

1966年10月25日9时30分,聂荣臻乘专机到达综合导弹试验基地。下午,他听取张震寰、李福泽、李觉、钱学森等人汇报,了解发射区、弹着区未来48小时气象分析和预报。聂荣臻同意基地党委意见,按10月27日正式发射核导弹来安排各项工作,要求仔细做好各项准备。聂荣臻着重询问核导弹飞行中一旦出意外时的安全自毁系统,又询问了核导弹飞经地区的居民安全措施。得知居民已疏散,有关单位就近准备了许多汽车和救护分队,万一发生意外,可以紧急救护,聂荣臻满意地点点头。

10月26日上午,聂荣臻到现场了解核弹头的准备状况,下令将地地导弹和核弹头分别运到发射阵地。下午,聂荣臻来到发射阵地,观看专家和工程技术人员进行"两弹"对接和通电试验。这项工作极其危险,大家劝聂荣臻到掩蔽部去,而聂荣臻则搬了把椅子坐下说:"你们什么时候对接通电完成,我就什么时候离开。""两弹"对接顺利完成,聂荣臻与在场的所有人员合影留念。

核导弹发射时间定在10月27日9时,聂荣臻提前一小时来到指挥部。发射前15分钟,核导弹预定弹着区的高空出现一股预报外的6级高空风,聂荣臻电话报告周恩来,周恩来让他现场决定。聂荣臻与专家紧急磋商,气象部门判定大风每小时向西南移动50公里,预计发射时将移出弹着区;且大风比核弹头的预爆点要高很多,即使弹着点偏移,也不会超出允许的公算偏差,核烟尘不会影响到基地生活区的安全。聂荣臻报经周恩来同意,决定按原计划发射。9时,中国自行设计研制的第一枚核导弹飞离发射架,从甘肃和内蒙古交界的巴丹吉林沙漠飞往新疆罗布泊。9时9分14秒，大漠上空出现一团耀眼的火光，核弹头在靶标上空爆炸。初测结果与理论设计值基本一致，"两弹"结合试验成功了。

10月31日，聂荣臻乘坐飞机在弹着区上空转了一圈，然后来到核试验基地，检查氢弹原理试验准备情况。他致电周恩来，反映试验中尚存在的薄弱环节，并提出力争在12月或翌年1月进行试验。

11月3日，聂荣臻从核试验基地到弹着区，了解"两弹"试验的效应详情，观看被烧成玻璃体的地面，并慰问参加试验的科技人员。聂荣臻说："在场区工作是危险的，特别是到了严冬，困难就会更多，但是同志们都知道，艰苦就是光荣，是对我们革命意志的最好考验。克服了最大艰苦，就能取得最大的胜利。"

11月30日上午，在第五十九次中央军委常委会议上，聂荣臻汇报参加"两弹"研制的科学家有的被抄家，有的被批斗，有的被群众组织软禁。建议毛主席、周总理接见有关科学家，一方面鼓励他们，另一方面也可以向造反派表示这些科学家是有贡献的，不要再无端干扰。

1966年氢弹原理方案试验

1963年9月，第一颗原子弹理论设计完成后，核武器研究所就开始探索氢弹的理论问题。氢弹在理论和制造技术上比原子弹更加复杂，中国科学家没有任何资料，只知道氢弹是聚变爆炸，需要1000万摄氏度的高温引爆。第一颗原子弹爆炸成功后，中共中央决定集中力量研制氢弹。1964年12月3日，二机部向中央专委提交《关于加速发展核武器问题的报告》，力争在1968年进行氢弹装置试验。1965年1月23日，毛泽东在听取汇报时说："原子弹要有，氢弹也要快。"8月20日，二机部向中央报告《关于突破氢弹技术问题的工作安排》。12月18日，二机部九院发现新的氢弹原理，利用原子弹爆炸的能量点燃热核聚变材料。聂荣臻提出1966年底进行一次低威力的氢弹原理试验。

1966年12月11日，第十七次中央专委会议批准氢弹新原理方案试验以及突破氢弹技术的工作安排。聂荣臻要求到现场主持，周恩来表示同意。13 日至 21 日，聂荣臻因过度劳累感冒发烧，他天天请医生看病，服药治疗。27 日，聂荣臻再次飞抵马兰核试验基地。他走下飞机，发现迎接的人群分成两派，聂荣臻说：你们过去试验的是原子弹，是"裂变"产生的威力。这次试验的是氢弹，是"聚变"产生的威力。希望你们团结起来，像"聚变"一样，把基地的各项工作搞好。聂荣臻听取张震寰、张蕴钰等关于氢弹原理试验准备工作的情况汇报，决定按计划进行。

12 月 28 日 12 时，聂荣臻在现场主持首次氢弹原理试验。试验成功后，他向参试人员表示祝贺。下午，聂荣臻乘飞机在爆心 1200 米的上空绕飞两圈，察看铁塔残骸和核爆炸后效应物质破坏的情况。30 日、31 日，聂荣臻约钱学森、王淦昌、彭桓武、朱光亚、陈能宽、程开甲、周光召、方正知等科学家座谈，肯定氢弹的设计原理是正确的，是中国氢弹技术的一项重要突破。下一步争取进行一次百万吨级的氢弹空爆试验。聂荣臻说："我们在氢弹技术上取得关键性突破，新的原理方案切实可行，而且非常简便。"他向中央专委建议，当量按新原理方案进行设计，并布置氢弹试验任务，确定在 1967 年 10 月 1 日前进行一次设计威力为 100 万至 200 万 TNT 当量的氢弹空爆试验。

1967 年 1 月 1 日，聂荣臻在核试验基地观看氢弹原理试验纪录片。2 日，他对基地负责人说：1967 年一定要试验成功氢弹。这时，聂荣臻接到北京急电，北京航空学院的造反派要"炮轰"他。3 日，聂荣臻回到北京，"炮轰聂荣臻"的大标语贴到大街上，但他想的仍是要保证科研工作顺利进行。11 日，聂荣臻向毛泽东汇报氢弹原理试验情况。23 日，他批准发出中央军委特别公函，要求有关部门必须保证与氢弹试验有关的研制项目顺利进行，任何人不得阻挠。24 日，他起草《中央军委关于国防科委所属单位不开展"四大"的通知》（"四大"指大鸣、大放、大字报、大辩论）。2 月 20 日晚，周恩来、聂荣臻等在京西宾馆听取国防科委、二机部等单位关于首次全当量氢弹空爆试验准备情况的汇报，同意力争抢在法国前面，提前在 7 月 1 日前爆响氢弹。3 月以后，在聂荣臻等人建议下，毛泽东等连续签发电报，指示二机部所属企事业单位在"文化大革命"中实行军事管制,进行正面教育,不准串连、夺权、停产。

5月9日,周恩来主持中央专委会议,讨论氢弹试验准备工作。会议要求6月20日以前,做好各项准备工作。5月27日,国防科委副主任罗舜初建议以国务院、中央军委名义电示核工业部青海221厂暂停"四大",集中精力,确保氢弹的加工质量和进度。221厂曾生产中国第一颗原子弹,以及"两弹"结合的核弹头。5月29日,经毛泽东签发。聂荣臻指示核试验基地:"要千方百计保证试验成功,确保人员安全。"

6月12日,在中央专委会议上,周恩来提出,防止意外情况发生,关键是保证(氢弹)伞的强度和正常开伞,这个问题,必须认真对待。聂荣臻再次要求去核试验现场主持氢弹试验,得到周恩来批准。

聂荣臻主持氢弹空投试验

1967年6月14日13时50分,聂荣臻第三次抵达马兰核试验基地。他遵照周恩来指示,立即询问空爆氢弹降落伞的情况,并在张蕴钰陪同下到礼堂观看6月3日模拟弹空爆试验时破裂的主伞,询问备份伞的质量有无把握。当晚,聂荣臻听取张震寰等人关于氢弹准备工作的汇报,得知检查技术上有两个小问题。他一再询问后说:"不要看成是小事,有可能变成大问题。规程上的工序一道也不能少,少一道工序,就是个教训。现在大家很累了,要注意很好休息。这次试验与过去不同,有质的变化,休息安排不好,工作是搞不好的。"

6月15日上午,聂荣臻再次听取有关降落伞的详细汇报。下午和晚上,以及6月16日上午,聂荣臻继续听取汇报。16日下午,他去马兰机场慰问科技人员,并观看试验用的氢弹实物。聂荣臻登上准备空投氢弹的轰-6甲飞机后,对徐克江等机组人员说:"这可不是一个一般的炸弹,一定按操作规程执行好任务,但也不要紧张。我相信你们。"傍晚,聂荣臻乘汽车来到氢弹试验指挥部,与张震寰、张蕴钰研究后,确定将试验零时定为6月17日8时,并用电话报告周恩来,氢弹试验可随时进行。

6月17日清晨,聂荣臻来到氢弹试验指挥部。8时整,飞机飞到预定空域，没有投下氢弹，拐个弯飞走了。空军地面指挥员报告："飞行员操作少了一个动作，请求再飞一圈。"聂荣臻答复可以。20分钟后，飞机再次飞到预定空域，在预定高度成功投下氢弹。飞行员报告脱离危险区后，氢弹在距靶心315米、距地面2960米的高度爆炸，初步计算氢弹爆炸在330万吨TNT当量。聂荣臻看到天空出现一个比太阳大得多的巨型"太阳"，对张震寰说："瞧这颗氢弹爆炸后的蘑菇云大不一样，要壮观得多！"继美国、苏联、英国之后，中国成为第4个掌握氢弹技术的国家。从第一颗原子弹到第一颗氢弹，美国用了7年4个月，苏联用了3年11个月，英国用了4年6个月，法国用了8年6个月，而中国只用了2年8个月。氢弹爆炸成功20周年，聂荣臻给核工业部第九研究所的复信中说："氢弹爆炸成功，除振国威军威之外，还标志着两大胜利：一是党的自力更生、大力协同、勇于攻关和艰苦奋斗的优良传统的胜利。二是党的知识分子政策的胜利。"

1970年中国第一颗人造卫星上天

1957年10月，聂荣臻在苏联谈判新技术协定时，正赶上苏联第一颗人造地球卫星发射成功。1958年1月，美国也成功发射人造地球卫星。5月17日，毛泽东在中共八大二次会议上说："我们也要搞人造卫星。"5月29日，聂荣臻组织张劲夫、钱学森、王诤等开会，责成中国科学院和国防部五院拟定人造卫星的发展规划。人造卫星被列为1958年的第一项重点任务。8月，中国科学院成立"581"领导小组，钱学森为组长，赵九章、卫一清为副组长，负责筹建人造卫星、运载火箭以及卫星探测仪器的设计，并筹建3个设计院。

1960年2月，中国第一枚T-7M型探空火箭首发成功。它的直径只有250毫米，起飞重量190公斤，发射高度8公里。5月28日，毛泽东来到上海新技术展览会，仔细察看T-7M探空火箭，兴奋地说："8公里也了不起呀！""应该是8公里、20公里、200公里搞上去。"1963年，中国科学院成立星际航行委员会，攻克了一系列关键技术。1964年6月，中程运载火箭试验成功。7月19日，中国科学院生物物理研究所与上海机电设计院合作，成功发射高度为70公里的第一枚生物探空火箭，标志着我国已经具备了发射人造地球卫星的能力。

随着国民经济的好转，导弹、火箭技术的研制也不断突破。1965年元旦前后，赵九章、吕强、钱学森先后建议研制人造卫星。2月上旬，聂荣臻要秘书告诉张爱萍：我国导弹必须有步骤地向远程、洲际和人造卫星发展，这点我一直很明确。人造卫星我早就有过考虑，但过去由于中程弹道式导弹还未搞出来，技术力量安排上有困难，所以一直未正式提过这个问题。我的意见，请张爱萍邀钱学森、张劲夫等有关同志及部门座谈一下，只要力量上有可能，就要积极去搞。5月4日，中央专委批准国防科委提出的《关于开展人造卫星研制工作的报告》，决定将人造卫星研制列入国家计划，以中国科学院为主负责卫星的总体设计和技术抓总，国防科委负责组织验收。

7月16日，聂荣臻听取王秉璋、钱学森等人汇报时说："如果运载工具1969年能搞出来，1970年放人造卫星是可能的。人造卫星研制由中国科学院担任，这个担子已不轻。运载工具包括第三级火箭，应由七机部搞。第一颗人造卫星不必搞什么更多的科学探测，只要放上去，送入轨道，能转起来，听得着，看得见，就行。成功后，再搞通信、侦察、气象等卫星。"8月，中央专委批准由酒泉导弹试验基地负责建设卫星发射中心，批准国防科委提出的1970年或1971年发射中国第一颗人造卫星的设想，代号为"651"工程。

1966年1月，中国科学院成立卫星设计院，开始"东方红一号"人造卫星的论证设计工作。1967年，聂荣臻为减少干扰，再次提议在中国科学院卫星设计院的基础上组建空间技术研究院，专门从事人造卫星的研究工作，获得中央批准。6月27日，中央军委责成国防科委组建空间技术研究院，1968年2月建成，列入军队编制，钱学森任院长。考虑到国际影响，中国的第一颗卫星应该后来居上，比苏联、美国的第一颗卫星重量大、寿命长、技术新，还要"上得去，抓得住，听得见，看得见"。1968年春卫星发射准备已经完成,有人提出要在卫星上放毛泽东像,增加了技术上的困难。经过论证,卫星命名为"东方红一号",以《东方红》音乐代替无线电呼号。末级火箭设置"观测裙",在聆听《东方红》乐曲的同时,还可以观察到它的轨迹。中央批准《关于研制发射人造卫星的方案报告》,拟于 1970 年或 1971 年发射。

1970 年 3 月,"东方红一号"卫星和"长征一号"运载火箭分别总装完毕。4 月 1 日,2 颗"东方红一号"卫星和 1 枚"长征一号"运载火箭被装上专列,运到酒泉卫星试验基地。4 月 24 日凌晨,毛泽东批准实施发射。21 时 35 分,"长征一号"火箭将"东方红一号"人造地球卫星送入太空。22 时,国防科委指挥部报告:"卫星、火箭分离正常,卫星入轨!"5 月 1 日,毛泽东等党和国家领导人在天安门城楼上接见了参加人造卫星研制和发射的代表。

"两弹一星"空前提高了中国的国际威望,是新中国伟大成就的象征,是新中国最值得骄傲的事情。1992 年 5 月 14 日,聂荣臻逝世。根据他的遗愿,他的部分骨灰安放在酒泉卫星试验基地的烈士陵园中。

(舒云 / 撰稿)

21 周恩来续写"乒乓外交"华章

　　"乒乓外交"是20世纪中国外交史上的专有名词。狭义的"乒乓外交"系指1971年4月，毛泽东决断邀请美国乒乓球队访问北京，周恩来周密安排了他们访华，打开了中美两国隔绝22年之久的冰河，由此铺设中美关系正常化的道路。

　　广义上的"乒乓外交"，还包括在这一时期以中国乒乓球队参赛为契机，中国与尼泊尔、日本等国改善外交关系的举措。"乒乓外交"的主要针对国是美国，包括邀请美国乒乓球队访华和中国乒乓球队访美这两个高潮。在邀请美国乒乓球队访华和中国乒乓球队访美时，周恩来曾有犹豫和迟缓。而一旦得到毛泽东批准，周恩来立即活跃起来，将整个"乒乓外交"奏鸣曲指挥得有声有色，"乒乓外交"遂有完美续章。

周恩来要求参赛归来的乒乓球队不急于表演，先做总结

　　1966年"文化大革命"开始后，中国乒乓球队停止正常训练。后经周恩来示意和支持，1969年夏逐步恢复训练，但是长期不参加比赛，只是偶尔开展"体育表演"。此后一两年间，每逢节庆或较重要活动即做"汇报表演"，并渐成惯例。据此，1971年4月，中国乒乓球队参加世界锦标赛归来，他们要做"表演"被看作题中应有之义。

　　原来，中国乒乓球队在4月间到日本名古屋参加了第31届世锦赛之后，兵分两路，一路回国，另一路留在日本访问了几座城市，待他们归国聚齐，就到4月中下旬了。

　　1971年4月21日，国家体委向周恩来呈报了《关于欢迎我乒乓球

代表团回国的请示》，提出要召开一次庆功会，并向首长进行汇报表演。周恩来打破了这个"惯例"，当天在报告上批示，把"庆功"改成"总结经验"。

5月8日，周恩来又在国家体委《关于派遣乒乓球教练去苏丹的请示》上批示："建议我体委运动员凡在40岁以下，统应学一门外国语，英、法、日、西（班牙）、俄，按次排列，规定学习比例。"这是受"乒乓外交"成就鼓舞，周恩来明显流露的通过体育选手开展民间外交的意向。

此后，周恩来对乒乓球队尽快完成总结的要求迫切起来。5月17日，周恩来办公室一位姓李的秘书打电话通知国家体委：总理指示，乒乓球队回来，先不忙做表演汇报，应先做总结。总结时用毛泽东思想做指针，大家都可以发表意见，畅所欲言。

国家体委办公厅刚刚做完电话记录，又接到总理办公室打来的电话，对方再次转达周恩来的意见：乒乓球队总结，当然是代表团全体，不光是打球问题。（5月）23日表演汇报，要服从总结，总结不出，当然不成。

这是指，乒乓球队预定于5月23日向首长做汇报表演，如果来不及做出文字总结，宁可推迟表演。

过了几天，5月21日，外交部副部长韩念龙打电话过来，再次传达周恩来指示说："总理急于要看总结，希望抓紧。"

这回的总结显得复杂了，乒乓球队总结不光总结打球，还要总结什么呢？显然涉及外交，但那应该是外交部官员办的。这次乒乓球队去日本，代表团中有好几位外交部资深官员，外交事务都是他们管的，只有庄则栋与美国选手科恩的交往除外。但在交往之初，庄则栋受到体委领导的批评，吓了一跳，交往了两次以后，就不敢说什么了。

当时的体委军管会领导，对外交事务都是谨言慎行，不敢越雷池一步。他们对打球、外交都生疏，几天下来拿不出像样的文字总结。主要是因为他们不知道周恩来要什么样的"总结"。按他们的心思，还是打球"表演"简单，因此只希望"表演"。

5月23日，周恩来办公室又来催促了，秘书打电话通知："总理要先看总结，然后才能谈表演汇报。""总结首先是政治。"

为什么周恩来对中国乒乓球队有这样一系列特别的关心？这是其他体育代表队从未遇见过的。除中国乒乓球队成绩拔尖之外，主要是他们在打开中美关系上出人意料地打出了先手，因此还要把他们的作用发挥到极致。

毛泽东、周恩来决策，由民间外交进而实现中美首脑对话

原来，"乒乓外交"一旦初结成果，美国乒乓球队实现访华，周恩来即向毛泽东提出了《关于当前外交政策的报告》，报告说：自主席决定邀请美国乒乓球队来访后，十多天中，世界形势的连锁反应非常突出。目前首先要解决的问题是，在美国乒乓球队来访时，我强调中美人民的友好往来重新开始；我们支持世界各国人民革命斗争的立场永远不会改变；表示欢迎美国政府派人来公开地谈，如时机尚未成熟，可待他日，但不要丧失时机。

美国乒乓球队4月中旬离开中国后，毛泽东很快审阅了周恩来的报告，批示："已阅，同意按此部署。"

这时，周恩来做两手部署，一是通过国家外交渠道，于4月21日通过中国驻巴基斯坦大使张彤，请巴基斯坦总统叶海亚·汗转告尼克松总统，要从根本上恢复中美两国关系，只有通过高级领导人直接商谈才能找到办法。"中国政府重申，愿意公开接待美国总统特使如基辛格博士，或美国国务卿甚至美国总统本人来北京直接商谈。"

周恩来的另一个部署就是继续打"乒乓外交"的牌，尽快派出中国乒乓球队回访美国，拓宽民间外交渠道，推进中美关系的改善。因此，他要比赛归来的中国乒乓球队尽快写出总结，以期发现其中的"亮点"。

这时候，庄则栋看准了需要，手快写出了大赛总结，题目叫作《友谊第一比赛第二》，体委挑出几个写得较好的总结，其中包括徐寅生的总结，迅速上报周恩来。周恩来看后表示，庄则栋的总结写得最好，他打算交由《人民日报》发表，后因"九·一三"事件突发而作罢。

周恩来打招呼：乒乓球队要回访美国

1971 年 5 月 27 日至 31 日，在北京举行了全国外事工作会议，中央和地方的党政军负责人和外事部门负责人与会。这是一次高级别会议。

5 月 30 日和 31 日，周恩来到会讲话。这两天的会议有一个特别引人注目的安排：将中国乒乓球队队员也请到了会场，外交部官员将他们安排坐在会场后排。

周恩来在 5 月 30 日的讲话中一开头就指出，是毛泽东决策了"乒乓外交"。他说："4 月 7 日，我们伟大领袖毛主席把乒乓球一弹过去就转动了世界，小球转动了地球，震动世界嘛。"从此，"小球转动大球"成为"乒乓外交"的同义语。

周恩来接着指出，针对中国的邀请，美国总统尼克松也表明了态度："如果美国人不去，全世界都责备。"周恩来回应，因此我们还得准备回访。

说到这里，周恩来大声问，今天的主席台上有曹诚（体委军管会主任）吗？请了他了吗？曹诚同志有没有来？

曹诚立刻在周恩来身后回答："来了。"

周恩来又问："乒乓球队有人来吗？庄则栋来了吗？"

坐在后排的庄则栋大声回答："来了。"

周恩来回应说："来了看不见啊。林慧卿、郑敏之、张燮林、梁丽珍都来了吗？"

周恩来对乒乓球选手的名字如此熟悉，会场响起了掌声。周恩来乘势说，请这些乒乓球运动员到前排就座。

于是，在众目睽睽之下，中国乒乓球队选手们从后排走到前排入座。这是在外交官面前从未有过的殊荣。

乒乓球队队员们落座之后，周恩来马上问："你们有没有勇气到美国去？庄则栋、林慧卿、郑敏之，你们说呀？乒乓球弹出去，它就要弹回来了。既要震动世界，就要继续震动。中美两国人民来往嘛！"

周恩来的话透露出明显信号，中国乒乓球队将去美国访问。

周恩来接着说："现在不是姬鹏飞同志去美国，也不是耿飚同志去美国，而是庄则栋、林慧卿、郑敏之去美国嘛。这很清楚，人民外交，用他们去打，拿小球来推动大球。所以，他们负有政治任务。对人民来说就是友谊第一，比赛第二。"

按周恩来讲话中透露的意思，中国乒乓球队很快就要去美国了。

然而，6月4日，通过"巴基斯坦渠道"，尼克松向周恩来发回口信，建议基辛格于7月9日，经巴基斯坦首都伊斯兰堡飞抵北京。6月11日，周恩来发出口信表示同意。

这样一来，中美双方的最高级领导人沟通已经顺畅，有问题将在会议桌两边面对面交谈，乒乓球队访美，就不那么急迫因而往后推了。

乒乓球队定于尼克松访华之后访美，庄则栋当上了团长

1971年6月11日22时30分至次日凌晨2时，人民大会堂东大厅，周恩来在第31届世锦赛后首次单独会见中国乒乓球代表团全体成员，国家体委负责人曹诚等陪同。

会见之前，周恩来观看了由中央新闻电影制片厂拍摄的关于第31届世乒赛的记录影片。会见乒乓球选手们的时候，周恩来做了长时间讲话，涉及诸多事务。其中关于中国乒乓球队何时访问美国和加拿大是个专门主题。周恩来说了一个将推迟中国乒乓球选手访美的理由，大意是，现在得知美国有一个团体，打算邀请台湾乒乓球队去美国访问两个月，他们去了我们就不能去。那就让他们先去，我们再去也有好处。就是有时间提高技术，而且每个人都要学一点英文，学一些国际知识。首先是乒乓球队学英文。

这时，周恩来已经有了比较明确的构想，中国乒乓球队将在尼克松访华之后再去美国。而在这个过程中，周恩来对庄则栋甚为看重，将他一步步推向政治舞台。其中重要的原因，还出于毛泽东对庄则栋在"乒乓外交"中表现的赞赏，他说庄则栋"不但会打球，还会办外交"。

周恩来与庄则栋碰杯庆祝

庄则栋的新生涯展开了。从日本归来不久，庄则栋正式解甲退役，担任中国青年乒乓球队领队兼总教练，这个华丽转身，是他走向领导岗位的起点。

第 31 届世乒赛后的 1971 年 7 月，中国与日本、毛里求斯、朝鲜、尼泊尔、阿联酋共 6 国，联合发起组织"亚非乒乓球邀请赛"，共向 27 个亚洲国家和 40 个非洲国家发出邀请。代表中国参加组委会筹备会议的 3 名代表是体委副主任赵正洪、国际司负责人宋中，还有一位就是庄则栋。

1971 年 10 月 20 日至 26 日，基辛格第二次访华，为尼克松总统访华做准备。在京期间他访问了北京体育学院，庄则栋到场作陪，由院长钟师统介绍给基辛格。

在此之前，基辛格于 1971 年 7 月实现了秘密访华，确定了尼克松总统的访华时间和主要谈判内容。

1972 年 1 月 6 日，周恩来在人民大会堂会见了以黑格为首的美国先遭组成员。周恩来对在座的白宫发言人齐格勒说，去年4月，我在这里会见过你们的乒乓球队，我重新会见大批的美国朋友就是从那时开始的。乒乓球把我们两国关系联系起来了。我们被邀请了，但是还没有回访。请转告你们乒乓球协会主席——那位曾经到中国来的团长，我们愿意在春暖花开的时候回访。

就在此前的几天，周恩来重新确定了即将访美的中国乒乓球代表团负责人名单。原先打算，这是一个副部长级代表团，由体委副主任李梦华当团长，外交部美大司司长钱大镛任副团长，庄则栋名列其后也担任副团长。

很可能是毛泽东的授意，周恩来改变了原先的安排。按庄则栋本人回忆，1971年12月28日，周恩来在人民大会堂接见美国友好访华团，国家体委领导在座，庄则栋也在。客人未到时，周恩来对庄则栋说："小庄，明年4月中国乒乓球代表团应美国的邀请首次访美，这个代表团的团长你来当。"庄则栋一听紧张了，连连摇头说："总理，我水平低，当不了团长。"周恩来说："年轻人出去锻炼锻炼，犯点儿错误也没关系。我看你行，团长就由你来当。我再给你配备两个得力的副团长。你们出国前的准备和具体事宜，由李德生同志负责。"

对此事，身为这个代表团副团长的钱大镛也曾向笔者证实过。

1972年3月13日，周恩来批阅了外交部、国家体委关于中国乒乓球代表团回访加拿大、美国的报告。周恩来建议，在运动员中加上几位年轻的知名选手。根据他的建议，在第31届世界乒乓球锦标赛中崭露头角的郑怀颖入选了。这使她每回忆及此都感激不已。

中国乒乓球代表团访美，"乒乓外交"完美续章

1972年4月12日，庄则栋、李梦华、钱大镛率团访问加拿大后来到美国。

美国乒协主席斯廷霍文于当天早晨专程前往加拿大渥太华，从那里登上飞机，陪同中国乒乓球代表团来到美国的汽车城底特律——斯廷霍

文本人工作的地方。这年 6 月 1 日,60 岁的斯廷霍文将任满到期。接待来访的中国乒乓球代表团,是斯廷霍文卸任前最重要的活动。一年前访问过中国的美国乒乓球队选手们大都从各自居住的地方赶到底特律,迎接曾经接待他们的中国伙伴。除了美国乒乓界人士,担任美国总统特别顾问的约·斯卡利也来到底特律,代表尼克松总统表示欢迎。

中国乒乓球代表团是新中国成立以后第一个访问美国的中国团体,因此备受重视。美中关系全国委员会和美国乒乓球协会是这次活动的组织者。前者向美国乒协赞助了大约 30 万美元,帮助他们安排对中国乒乓球队的邀请。美中关系全国委员会成立于 1966 年,专门就中国,包括台湾和香港在内的发展进行讨论和研究,搜集各方面的反应。

在机场休息室和前往下榻宾馆的路上,中美两国选手进行了热烈而礼貌的交谈。

到达美国次日上午,中国乒乓球队访问了位于底特律的克莱斯勒汽车公司,参观了那里的汽车生产线。厂房前挂起了横幅:"欢迎你们来底特律!"当时年产 200 万辆汽车的庞大生产线给中国选手留下了深刻的印象。"你要一辆车吗?"有人对梁戈亮开玩笑说。梁戈亮回答:"我要车干吗呀?"这时的梁戈亮确实没有如此想法。

简便午餐后,中国乒乓球队在汽车城中举行了乒乓球表演。成群的汽车工人利用午休时间赶来观看中国乒乓球队表演。以乒乓球在美国的普及和受欢迎程度,这些工人与其说来看乒乓球表演,不如说是想看看第一次踏上美国土地的中国代表团,看看组成这个团体的中国人。

时隔 25 年,张燮林清楚地回忆说:"球台就放在车间里,周围站满了工人,远一些的为了能看清就站在外面的机器上。表演结束后,工厂的乒乓球爱好者还和我们的队员比画了比画(打了几个回合)。车间里还挂着用中文书写的欢迎横幅。"

此后几天,中国乒乓球代表团参观了奥克兰大学、密歇根大学。4 月 14 日举行了与美国乒乓球队的友谊比赛,接着向美国东海岸进发,4 月 17 日参观了马里兰大学后来到美国首都华盛顿。按照预定计划,尼克松总统将于 4 月 18 日在白宫玫瑰园接见来访的中国乒乓球代表团。

谁也没有想到，情况还有曲折。从 4 月初起，深深陷入越南战争的尼克松政府再次下令大规模轰炸越南北方。4 月 16 日，美国空军猛烈轰炸了越南的河内、海防两大城市，激起了国内外公众的抗议。就连随同中国乒乓球代表团活动的 6 名美国翻译中也有 4 人表示，为表示抗议，他们不参加次日在白宫的活动。

远在万里之外的周恩来也在考虑这个问题。北京时间 4 月 18 日凌晨，周恩来召集外交部核心小组和"美国组"负责人开会，紧急磋商正在华盛顿的中国乒乓球代表团是否接受尼克松接见的问题。周恩来最初考虑予以抵制。他在会后致信毛泽东说：美国有意在 16 日轰炸海防、河内，使我们乒乓球队在 18 日会见尼克松感到为难。现与外交部研究决定，以口信通知美方，拒绝会见美总统。

然而毛泽东另有考虑，他于 18 日上午约见周恩来，谈了自己的看法：我乒乓球队访美系民间往来。去年美队来华时我政府领导人接见，今年我队去美如拒绝美总统接见，会给美人民以失礼印象，故我乒乓球队在美日程和赠送大熊猫均按原计划进行。

根据毛泽东的意见，周恩来修改了外交部致中国驻联合国代表黄华并转美方的信。这就为尼克松总统会见到访的中国乒乓球代表团铺平了道路。

4 月 18 日下午，白宫玫瑰园，尼克松总统来到草坪上与来访的中国乒乓球选手握手，表示欢迎，并发表简短讲话：

女士们、先生们、中国乒乓球代表团团员们：

我很高兴能有机会欢迎中国乒乓球代表团来美国访问。

很难想象仅仅在一年以前，由斯廷霍文率领的美国乒乓球队曾在中华人民共和国受到了周恩来总理的欢迎和接见。在此，我作为美国总统，并代表所有美国人民欢迎中国乒乓球队全体人员的到来。

我相信，你们在美国其他城市进行友好访问的时候都会受到同样热忱的欢迎。我们知道，在比赛过程中必然会有胜利者和失败者，但其中会有一个最大的胜利者,而这比一场乒乓球赛的输赢更为重要。由于你们率先沟通了两国人民之间的联系,这最大的胜利者将会是美国人民和中国人民之间的友谊。

有了我们两国人民之间的友谊,世界和平的前景一定会更加美好。感谢你们不远万里来到这里,并希望你们继续获得成功!

尼克松总统风趣地结束了自己的欢迎词:"最后,我们还将为大家安排一项参观白宫的活动。"

发表欢迎词以后,尼克松急匆匆离去,经过美国乒乓球选手面前的时候没有把头扭过来朝他们看一看。这不符合美国的人文精神,年轻的美国女选手沃尔加叫了起来:"尼克松先生,难道你就不想见见第一批踏上中国土地的人吗?"她的话使尼克松吃了一惊,尼克松马上停下脚步连声道歉:"我不知道你们也在这里。"他和美国乒乓球选手们谈了几句才离开。

次日,中国乒乓球代表团到纽约的联合国总部参观,美国驻联合国代表乔治·布什出面欢迎,并观看了中美乒乓球选手表演。若干年以后,布什成了美国总统。

1971年4月,周恩来会见应邀来访的美国乒乓球代表团

中国乒乓球代表团从美国东海岸到西海岸进行了 18 天访问，当时的美中关系全国委员会主席亚历山大·埃克斯坦对中国客人说了一句意味深长的话："我们希望你们这个世界冠军队对美国的回访，只是两国人民在体育、文化、教育和科技领域内一系列交流的第一回合。"这句话对"乒乓外交"诠释得非常精彩。

（钱江 / 撰稿）

22 农村广播网：建立在新中国大地上的一道美丽风景线

新中国成立初期，党和政府在向农民宣传社会主义现代化时，有一个通俗的标语："耕地不用牛，点灯不用油，听戏坐炕头。"其中，"耕地不用牛"说的是农业现代化，"点灯不用油"说的是能源现代化，而"听戏坐炕头"说的则是文化的现代化。这个标语很好地标示了广播在农民文化生活中的位置，因为就当时的条件而言，要实现"听戏坐炕头"的愿望，只能借助广播这一现代媒介。按照今天的标准，广播已经属于"传统媒介"，但在当时它却是成色十足的"新媒体"。其传播速度之快、传播范围之广、节目形式之灵活，是其他媒介所无法企及的。

新中国成立初期，党和政府特别重视广播事业的发展，建立了多个收音站

1949年9月29日，中国人民政治协商会议第一届全体会议通过的《中国人民政治协商会议共同纲领》第四十九条明确规定，要"发展人民广播事业"。按照这一规定，各省、区、直辖市相继建立了广播电台。但是，新中国成立初期，由于工业生产能力有限，收音机尚属稀有之物，价格昂贵，普通群众并没有能力购买。为了创造条件，让广播能够到达普通群众那里，1950年4月，政务院新闻总署发布了《关于建立广播收音网的决定》（以下简称《决定》）。《决定》指出："无线电广播事业是群众性宣传教育的最有力的工具之一，在我国目前交通不便、文盲众多、报纸不足的条件下，作用更为重大。"《决定》要求，全国各县（市）人民政府、人民解放军各级政治机关以及其他机关、团体、工厂、学校均应设置或酌情设

置专职或兼职收音员。其任务是收听或记录中央和地方人民广播电台广播的新闻、政令或其他重要内容，向群众介绍和预告广播节目，组织群众收听重要节目。所有收音员均应向地方或中央广播电台登记，并按月报告工作情况和听众意见。中央广播事业局于 4 月 26 日专门给各地方电台发出了有关通知。

各地方电台根据通知精神，纷纷出台条例，制订方案，组织培训收音员，积极推进收音站建设工作。以湖南为例，长沙人民广播电台（今长沙市广播电视台）接到上级通知后，迅速行动，于 8 月 5 日在长沙市修业小学内举办第一期收音员训练班，为各县（市）培训收音站干部，历时 15 天，主要学习形势与任务、广播收音知识和技术。长沙、衡阳、常德、益阳 4 个专署所辖县（市）人民政府派出 37 人参加学习；第二期于 8 月 25 日开学，沅陵、邵阳、会同、零陵、郴州、永顺 6 个专署所辖县（市）人民政府派出 35 人参加学习。边远县未派人来学习的，由长沙人民广播电台代为招收 29 名高中以上文化程度的学生，学习后分配到县收音站担任收音员。9 月，全省先后建立收音站 101 个，由中央广播事业局各配发交流电或直流电收音机一部，各县（市）收音站相继开展广播收音工作。不仅在湖南这样的内地省份，在云南、新疆、内蒙古等边疆地区，收音站也都以较快的速度建立起来。据统计，截至 1955 年底，全国已建成 2.88 万多个收音站。

云南各县收音员用扁担挑着收音机、干电池和行李，走村串寨，巡回组织农民收听

收音站一般归当地的党委宣传部领导，主要工作内容是：抄收中央和地方人民广播电台广播的新闻、政令或其他重要内容，抄收以后及时送给当地县委领导阅知，并出版油印小报或黑板报，扩大宣传面。在执行这一任务时，各地均取得了颇为显著的成绩。

山东省，据 1951 年 1—2 月份统计，全省 81 个县（市）收音站，共收抄新闻、政令 5800 件，曾在 735 个部门的 9782 人中传阅。据 1952 年全省 67 个收音站统计，一年共出版油印小报 2367 期 35 万多份，并为 3 万块农村黑板报提供了宣传材料。贵州省，到 1954 年，全省除息烽、长顺、遵义县收音站外，其他所有专区、县收音站都出版小报或广播材料。据当时 67 个县收音站的统计，印发的资料共达 2708 期 47.6 万份。到 1955 年，出版的电讯和印发的资料上升到 4740 期 94.8 万份。当时，县收音站一般每年印发 50—100 期小报纸或宣传资料，最好的站印发的资料平均每天 1 期以上。新疆，据 1954 年统计，全疆有 60 多个收音站，联系 1200 多块黑板报，出版维吾尔、汉、哈萨克、蒙古 4 种文字的油印小报 105 种，共发行 52.2 万多份。小报的名称有《广播新闻》《新闻广播》《新闻简报》《新闻快报》《群众小报》等。云南省，据 1953 年的统计，有 97 个县（市）办了《收音快报》《收音简讯》等油印报，印数总计 15.56 万份；各地在县城和农村集镇办的黑板报，光是大理地区就有 1056 块。傣族聚居的瑞丽、潞西、景洪等县收音站，还把抄收的政策、法令和重要新闻翻译成傣文，登在油印小报和黑板报上，供傣族干部群众阅读和学习。新中国成立初期，边疆地区、农村偏远地区交通不便，报纸投递缓慢，而收音小报一般 2—3 天出版 1 期，遇到重要的新闻，抄收后就及时印发、传播。记录广播成了广大干部群众了解中央、省委精神，获取信息的主要渠道。

收音员除抄收政令、新闻外，有时还背着收音机下乡组织农民收听广播。1953 年 1 月，中央广播事业管理局发出《关于春节期间组织对农民广播发动收音员下乡宣传的通知》，要求各地电台"应充分利用春节农闲时间，组织对农民的特别节目，发动收音员下乡，向广大农民群众广泛而深入地进行新形势、新任务的宣传"。全国各地电台根据通知要求，分别组织了送收音机下乡的活动。

贵州人民广播电台根据通知要求，编播了《一个村的春节晚会》《一个农协小组关于继续加强抗美援朝工作的座谈会》《一个互助组的总结检查会》3 组节目，各站收音员均下乡组织收听。据不完全统计，全省约有 2 万人收听这三组广播节目。为了纪念这次收音活动，中央广播事业局颁发"春节下乡纪念"证章，奖励下乡组织收听取得好成绩的收音员。黔西县收音站被评选为春节下乡宣传成绩优良收音站，获得二等奖。云南人民广播电台也举办了春节特别节目，各县（市）收音员用扁担挑着收音机、干电池和行李，走村串寨，巡回组织农民收听。据 50 个县的统计，直接听到这次广播宣传的达 20 万人。云南电台总结这次广播下乡的经验，开办了固定的"农村巡回收听特别节目"，每月举办 1 次，连续广播 4 天，便于收音员下乡组织收听。

20 世纪 50 年代初期，听广播对于农民而言，是一件新奇的事情。因此收音员每到一地，都受到了当地农民的欢迎，他们踊跃参加收听活动。有收音员曾这样回忆："每到一处，农民兄弟都高兴地积极帮助架起天线，有的火急地叫开收音机。黄昏后，收音机一打开，老的、少的、年轻的听众团团围住，有的小孩家长叫回去吃饭、洗澡也不愿离开；有的在家吃饭的听说开了收音机，连忙端着饭碗出来听；有的听得发呆。第二天，要起程到别的山村去，许多农民依依不舍，要求多放一天。"由此可见收音机这一新媒体对农民的吸引力。

收音站是根据当时农村的具体条件和客观需要建设起来的，在传达政令，活跃农民的文化生活，调动农民的生产热情以及天气预报、救灾抢险等方面都曾发挥过重要的作用，成为党联系群众的重要纽带之一。但需要指出的是，收音站还存在着很多缺点："第一，它需要的费用太大，购买一架普通的能够使用的收音机，差不多要一百五六十元，另外每月电池费还需要二三十元；第二，每一个收音机，还要一个专人来保管，这是十分不经济的；第三，收音机零件太多，构造复杂，一旦发生毛病，在农村不容易找到人修理。"由于这些原因，收音站在农村的发展受到了一定的限制。要想克服这些缺点，最好的办法就是发展农村有线广播站。有线广播站和收音站比起来，具有明显的优点：首先，它的建设费比收音站低，广播站建成以后，农业合作社和农户安一个广播喇叭，只要二三十元就够了，而且每月不要花电池费，也不要专人管理，收听非常方便。其次，通过它，不仅各乡各社都能收听到中央和地方人民广播电台的广播，而且县里的党政领导机关也可以直接向群众讲话。在少数民族地区和方言较重的地区,必要时还可以用民族语言或地方语言进行广播。再次,它的传播速度更快,有什么紧急任务,只要通过广播站播出,农民就可以马上听到,有利于实现快速动员。

全国第一座面向农村的有线广播站的创建, 来自电话串音的启示

全国第一座面向农村的有线广播站诞生在吉林省九台县,它的创建来自电话串音的启示。

1950年的一天,吉林省九台县委书记张凤岐在打电话时,听到里面有广播唱戏的声音,经调查,是由于县城内一家国营工厂的有线广播线和电话线靠得太近而造成相互串音。张凤岐从中得到启发,联想到九台县有通往各区、村的电话线,如果能利用它对各区、村广播就无需再另外架设广播线。于是,他派人拿着广播喇叭到距县城10公里的龙家堡和距县城55公里的其塔木两个远近不同的区进行实验。结果证明,用电话线传送的广播基本可行。1951年初,九台县领导班子正式决定筹建有线广播站,利用电话线传送广播,把广播喇叭引到农村去。县人民政府从地方财政结余中拨出7000多万元(东北币),用于建站开支,并拨给了一些物资。经过筹建、试播,全国第一座面向农村的县广播站,于1952年4月1日在九台县诞生。当时全县共有330只广播喇叭,分装在各区、乡人民政府和农业生产互助组、供销社、学校和文化站等场所。每到广播时间,男女老少成群结队地到有喇叭的地方去收听。全县每天听广播的人数,最多时达2万余人。有的农民还把住在外县的亲友请来听。

九台县广播站一诞生,就受到各级领导部门的重视。中共吉林省委、国家广播事业局、东北人民广播电台、吉林人民广播电台先后对九台县有线广播的情况进行了调研,全面系统地总结了经验,并很快在省内推广开来。1952年12月,第一次全国广播工作会议肯定了吉林省办有线广播的方向,向全国推广了九台县的经验。中央广播事业局局长梅益称

这种面向农村的广播为"九台式"广播站,"九台经验"很快在东北推广开来。辽宁省的台安县、庄河县、北镇县和吉林省的农安县、黑龙江省的尚志县等较早进行试点,取得良好效果。南方省份较早借鉴"九台经验"的是福建省顺昌县和云南省昭通县。此后,全国各地很快掀起了建站高潮,江苏、浙江、山东等省都纷纷派人学习"九台经验",建起了各自的有线广播站。

当时的农村有线广播站,设备虽简陋,但在农村思想教育和丰富文化生活等方面,发挥了重要的作用,因此得到了党中央的高度重视。1955年10月11日,毛泽东在扩大的七届六中全会上把"发展农村广播网"作为农村文化教育规划的组成部分提出。同年12月21日,在征询对"农业十七条"的意见中又提出:"在七年内,建立有线广播网,使每个乡和每个合作社都能收听有线广播。"

1955年12月15日至22日,中央广播事业局在北京举行第三次全国广播工作会议。会议的主要议题之一便是研究发展农村有线广播的方针、规划。梅益在会上作了《关于发展农村广播网的方针、规划的初步报告》。这次会议在调查研究的基础上,对有线广播网发展中出现的问题逐一提出相应的意见。会议专门制定了农村广播网事业的建设方针:依靠群众的积极性,充分利用现有设备,因陋就简,分期发展,逐步正规,先到村社,后到院户。会后,《人民日报》发表了题为《发展农村广播网》的社论。社论指出,随着农业合作化运动高潮的到来,发展农村广播网的工作,已经提到日程上来了。地方各级领导机关应该充分关心和重视这一工作,把它列为地方全面规划的一个重要项目,加强对它的领导,并且在一些重要问题上,如在经费、编制、通信网以及和党的宣传网密切结合等问题上给予明确的指示和支持。全国有22个省、区、市先后出台了农村有线广播网的发展规划。

1956年1月23日,中共中央政治局提出了《1956年到1967年全国农业发展纲要(草案)》,其中第三十条对全国农村有线广播网的发展作了明确规划:"从1956年开始,按照各地情况,分别在7年或者12年内基本上普及农村广播网,要求各乡和大型的农业、林业、渔业、牧业、盐业和手工业的生产合作社都装置收听有线广播或者无线广播的工具。"为了给"普及农村广播网"创造条件,1956 年 4 月,广播事业局与邮电部协商,利用县内电话线路(农村电话线路)同杆同线,定期定时开放有线广播,并联合颁发了《利用县内电话线路建立农村有线广播网暂行规则》。

由于党中央的高度重视和相关决策的出台,全国农村有线广播网得以迅速发展。"到 1956 年底,县级广播站增至 1458 座,1957 年底增至 1698 座(1949 年仅有 11 座);广播喇叭增长很快,1956 年底增至 50.67 万只(1949 年仅有 900 只),1957 年底增至 94.12 万只。"与两年前相比,"普及农村广播网"成效显著。

需要指出的是,农村有线广播网的发展也不是一帆风顺的,中间也经历了很多曲折。比如 20 世纪 60 年代初期,很多地区的广播站出现了

1950 年,北京市民在收听宣传《中华人民共和国婚姻法》的广播

停播的情况。以吉林省为例,据吉林省广播工作会议资料记载:"1961年,全省有200多个公社广播放大站停播,占全省公社广播放大站总数的44.7%;全省有线广播喇叭中有近半数的喇叭声音小或者不响,20万用户听不到广播。"造成这种局面的主要原因是:"大跃进"中有线广播发展速度超越了当时的物质条件,广播网设施质量低劣;国民经济出现困难,经费紧张,物资贫乏,电源不足;有线广播的管理、维护工作没有跟上。由此,全国农村有线广播网进入全面整顿时期。各级广播部门,在党委和政府领导下,采取组织建设、制度建设、技术创新相结合的综合治理方针,展开了整顿工作。经过大约3年的整顿,农村有线广播事业重新走上了正轨。

1965年9月,在人民广播事业创建20周年之际,党和国家领导人毛泽东、刘少奇、周恩来、朱德、邓小平等为广播事业题词,鼓励广播战线广大同志努力办好广播,为全中国人民和全世界人民服务。1966年3月,第九次全国广播工作会议召开,周恩来出席会议并作了重要讲话。会议提出了"面向农村,办好广播,更好地为五亿农民服务"的方针。由此,全国农村有线广播又迎来了大发展。据统计,1966年,"全国有县级广播站2181座,放大站和公社广播站8435座,广播喇叭有1100多万只","77%的人民公社、54%的生产大队和26%的生产队均普及了有线广播",达到了农村广播网历史上的最高水平。

农村广播网的建成与发展,改变了中国农村的宣传鼓动工作,分散的村落被无形的电波整合为一个"共时性"的空间,是乡村社会向现代化迈进的一个重要标志。无论是在遥远的边疆,还是在偏僻的山村,农民都能及时、同步知道国家大事。广播是声音媒体,其主持人的音质、语气、谈吐经常会对听众产生独特的吸引力并使之在一定程度上产生参与感,因而更接近于面对面的交流,这就大大地加强了党政机关与农民之间联系的成效。

(徐志伟／撰稿)

23 历史风云中的新疆生产建设兵团

1954年10月,"新疆军区生产建设兵团"宣告成立,作为正式名称一直使用到"文化大革命"后期被撤销。1981年12月,中央决定恢复生产建设兵团的编制,此时的正式名称是"新疆生产建设兵团"。在过去很长的时间里,新疆生产建设兵团对海外公开的名称一直是"中国新建集团公司"。2004年4月,兵团第八任司令员张庆黎成为第一个以"新疆生产建设兵团司令员"身份出访的兵团首长。兵团第六任司令员金云辉曾说过这么一件事:"曾有一个部委的同志给我打电话,开口就叫我'金团长',可见他对兵团是多么陌生。长期以来,由于特殊的地理和历史原因,不仅内地普通百姓不了解兵团,就连一些部委的负责同志也不了解。"可以说,已有60多年光辉历史、250多万名成员的新疆生产建设兵团,在世人心目中仍充满着神秘色彩。

十万解放军官兵就地戍边垦殖

1949年9月,王震率领的中国人民解放军第一兵团第二军、第六军逼近新疆。新疆伊犁、塔城、阿山(今阿勒泰)三区的民族军也积极展开攻势,牵制国民党军。9月25日和26日,国民党新疆警备总司令陶峙岳和国民党新疆省政府主席包尔汉,接受中国共产党的和平主张,先后通电起义,声明脱离国民党反动政府。

进入新疆前,毛泽东对王震说:"新疆比你过去经营的南泥湾要大1万多倍。……当年左宗棠曾留下诗句,'新栽杨柳三千里,引得春风渡玉关'。希望你到新疆后能超过左文襄公,把新疆建成美丽富饶的乐园。"

王震深深地记住了毛泽东的话。

9月底,陶峙岳率领的起义部队改编为中国人民解放军第二十二兵团。陶峙岳任兵团司令员,赵锡光任副司令员兼第九军军长;部队除番号改变外,原建制和官职没变,排、连、营、团、师的行政长官只有晋升没有降职调离;部队没有散,只是每个连、营、团被派进了指导员、教导员、团政治委员。

刚刚解放的新疆,百业凋零,物资奇缺。新疆军区每月派飞机去北京运一趟银元,购粮以供军用。广大农村异常贫困,平均每3户农民仅有一头耕畜,2户农民伙一把砍土曼(一种新疆特有的农具),全疆人均占有粮食195公斤。各族农民除去地租、口粮和种子外,所剩无几,就地解决10余万军队粮饷绝无可能。从苏联进口,经费困难,而从内地调运的话,则由于路途遥远,运输困难。鉴于此,毛泽东借鉴历代经验,要求军队屯垦戍边,确保西陲边疆的长治久安。

1949年12月25日,中央军委针对新疆军区发布了《关于1950年军队参加生产建设工作的指示》,动员全军开展大生产运动,从根本上解决粮饷问题。

进入新疆伊始,王震就对陶峙岳说:"起义部队过去守土有责,立了功。起义以后,可以和我们一起转向生产,妥善安置大批退伍官兵。"他接着说:"陶司令率部起义,投向光明,功盖天山。我是个粗人,在北京,我已经跟毛主席、周总理吹过牛了。要叫新疆变成第二个南泥湾,这光靠我王胡子一个人可不成,你可要助我一臂之力啊!"

王震虽常以"粗人""武夫"自称,却一向尊重知识、珍惜人才。早在进军新疆途中,他就考虑到战争结束后进行建设的问题,一路上招贤纳士,广聘人才。解放咸阳时,西北工学院的23名学生参军;经过陕西武功时,西北农学院50多名同学随军西进,他们都受到了王震热情的欢迎。兰州解放仅10天,王震已派人组建了"第一兵团新疆研究所"和"第一兵团财经学校",不仅聘请了大批谙熟财政经济的专门人才,还招收了近千名大专学生,浩浩荡荡随军进疆。进疆后,王震大胆起用解放前就在

1950 年，王震（右四）与陶峙岳（右三）等在研究确定在石河子建新城

新疆工作的农学、水利、植棉、纺织、地质、钢铁、水泥、机电等各方面的专家和工作人员，周围聚集了一大批拥有真才实学的知识分子。

1950 年 1 月 21 日，新疆军区发布命令："全体军人，一律参加劳动生产，不得有任何人站在劳动生产之外"，"全疆部队除担任祖国边防警卫和城市卫戍勤务外，必须发动 11 万人到开垦种地的农业生产战线上去"。要求当年"开荒种地 4 万公顷"。

屯垦戍边之初，生活极为艰苦。王震、陶峙岳等人同普通士兵一样，肩负纤绳，拉爬犁，运石头，筑公路，挖河渠。他们一手握枪，一手拿镐，在阿克苏、库尔勒、伊犁、塔城、阿尔泰、奎屯和石河子等地安营扎寨，垦荒造田。经过辛勤劳作，仅 1950 年一年便开垦荒地 83 万亩，收获粮食 6800 多万斤，棉花 7500 多担，油料 370 多万斤。同时，还建立起了各种工业作坊，饲养了大量牲畜。据统计，在新疆石河子地区，仅第二十二兵团官兵就先后建立起纺织、造纸和铁、木加工等各种工业作坊 189 处，饲养耕牛 1550 余头，羊 2.3 万余只，从而极大缓解了国家的经济困难，减轻了人民负担。至1952年底，驻疆军区部队已实现粮油的自给有余，并且还将大量棉花运往内地支援祖国轻工业的发展，为后来共和国开展大规模的屯垦戍边事业，提供了宝贵的经验，打下了坚实的基础。

自给自足问题解决后，另一个问题摆在了王震等人面前。十万大军转眼间都成了大龄青年，可个个还都是"光杆司令"，起义人员"老婆"的问题成了当时最紧迫的问题。王震说："有了老婆安下心，有了孩子扎下根。"没有家室，军垦事业就会一代而终。王震向党中央请示：组织动员内地妇女来新疆工作。于是，1950年至1952年，先后从湖南、山东、上海等地动员来了大批女兵和女同志。王震还指示各级党委对部队进行普遍调查，原来在家结了婚的要动员老婆前来，还有老少寡妇、小姨子等，凡是女的均来者不拒，呈请上级分批接来。这一动员，仅陶峙岳的家乡湖南，就有8000湘女上天山。随后又分期分批组织战士回原籍找对象。同时命令部队建好宿舍，办好托儿所、子弟学校，解决来队家属的居住和子女入托入学问题。到1956年，起义人员的"老婆"问题基本得到了解决。

经过全军区指战员和新疆各族人民齐心协力地奋斗，加上内地人民的大力支援，新疆经济迅猛地发展起来。从1951年开始，新疆先后兴建了六道湾露天煤矿、乌拉泊水电站、新疆水泥厂、七一棉纺厂、八一钢铁厂、八一面粉厂等10多个工矿企业。同时，为满足农副产品加工和建筑工程的需要，各师、团先后建成了小型发电、碾米、磨面、榨油、轧花、修造、皮革、被服、锯木、砖瓦、陶瓷、印刷等各类作坊76个，初步奠定了新疆工业的基础。到1953年，新疆的工业生产总值已约为1949年的36倍。在1950年至1952年新疆解放的最初3年间，全疆部队克服重重困难进行生产建设，取得了史诗般辉煌的成绩，为新疆以后的屯垦大业奠定了初步基础。

半个世纪的流沙岁月，半个世纪的辉煌历程。一代代兵团人一手拿锄头，一手拿枪杆，不仅维护了国土的完整，也为新疆社会经济的发展作出了卓越的贡献。兵团人的创业史，是一部"扶犁惊戈壁、把剑镇国门"

的交响曲。2004 年 10 月 9 日，在庆祝新疆生产建设兵团成立 50 周年大会上，新疆维吾尔自治区党委常委、新疆生产建设兵团党委书记兼政治委员陈德敏说：回顾兵团 50 年的发展历程，我们深切体会到，新疆有生产建设兵团这种既屯垦又戍边的特殊的社会组织，符合我国的国情，符合新疆实际，是我们党在吸取历史经验基础上的一大创举，凝聚了党中央领导集体的远见卓识、执政智慧和治国方略。

新疆军区生产建设兵团的组建及其特殊地位

1952 年 2 月，毛泽东发布部队整编命令。他说："你们现在可以把战斗的武器保存起来，拿起生产建设的武器，当祖国有事需要召唤你们的时候，我将命令你们重新拿起战斗的武器，捍卫祖国。"

1953 年 5 月，新疆军区根据中央军委和西北军区命令，将驻新疆部队分别整编为国防军和生产军。第一兵团的第二军、第六军，由新疆民族军改编而成的第五军大部，以及第二十二兵团，全部编入生产部队。

在王震、王恩茂等人的建议下，1954 年 10 月，经党中央和中央军委批准，新疆军区生产建设兵团正式组建。兵团下辖 10 个农业建设师，2 个生产管理处，1 个建筑工程师，1 个建筑工程处及一些直属单位，总人口 17.5 万人，官兵 10.55 万人。有农牧团场 43 个，耕地 7.73 万公顷，当年粮食总产 7184.4 万公斤，棉花总产 188.96 万公斤，工农业总产值 8856 万元。

兵团首任司令员为陶峙岳。这是顺理成章的事情，因为生产建设兵团的主力是陶峙岳领导的第二十二兵团。陶峙岳 1955 年被授予上将军衔，1970 年离职回原籍湖南长沙，在耄耋之年加入中国共产党，逝世时 96 岁。陶峙岳将军和其麾下的大军不仅起义有功，而且在建设新中国、维护祖国统一和保卫边疆、建设边疆上立下了汗马功劳。

新疆军区生产建设兵团成立后，新疆屯垦事业由原军垦农场开始逐渐转变为正规化国营农场，正式纳入国家经济计划；企业化生产代替原军队自给性生产。截至 1956 年 12 月底，兵团指战员全部办理复员转业手续,并从 1957 年 7 月起实行工资制,取消供给制,实现了向全民所有制企业的转变。

兵团的管理体系主要有兵团、师、团 3 级。兵团和师均设第一政治委员、政治委员、司令员或师长 3 个主要职位。兵团的司令部设在乌鲁木齐市。兵团第一政治委员由自治区党委书记兼任。兵团政治委员和司令员则独立于自治区的党政军系统,由中共中央和国务院直接任命,其行政级别为副省级。如今,兵团军政首长一般为中央委员。

兵团的师大都与自治区的地级行政区一一对应,由相应的地委书记兼任师第一政委。师另设专职的政治委员和师长,行政级别为副地级。有些师还管理了若干城市,实行"师市"体制。兵团的团级单位除了普通团外,还有农场、牧场等,一般统称为"农牧团场"。普通团除了番号外,通常还具有一个称作镇的地名,只是这些所谓的镇并不存在政府、人民代表大会等政权机构,仅仅是团场的别称而已。此外,在兵团总部、各师师部和团场密集的垦区,还设有法院、检察院等机构。

在创建新疆军区生产建设兵团之后,根据其发展经验,党中央后来试办了 11 个生产建设兵团。按照创建的时间顺序,分别是:黑龙江生产建设兵团,1966 年 1 月建立,1968 年 6 月 18 日划归沈阳军区,编制 6 个师,辖 64 个团,1976 年撤销;兰州生产建设兵团,1969 年 4 月 9 日建立,归兰州军区领导,编制 6 个师,下辖 57 个团场,1973 年撤销;广州生产建设兵团,1969 年 4 月建立,是广州军区接管原海南、湛江农场后组建的,编制 10 个师,下辖 148 个团,1974 年撤销;内蒙古生产建设兵团,1969 年 5 月组建,隶属北京军区,下设 6 个师,41 个团(场),4 个直属场团,1975 年撤销;江苏生产建设兵团,1969 年 9 月组建,隶属南京军区,辖 4 个师,41 个团,1975 年撤销;安徽生产建设兵团,1969 年 9 月 17 日组建,隶属南京军区,管辖国营农场、茶场、林场等 42 个,1975 年撤销;福建生产建设兵团,1969 年组建,隶属福州军区,下辖 28 个团场,1974 年撤销;云南生产建设兵团,1970 年 3 月组建,隶属云南军区,由云南省和云南省军区领导,在原农垦系统基础上组建 4 个师,32 个团,4 个直属单位,

1974年撤销;浙江生产建设兵团,1970年组建,隶属南京军区,下设3个师,15个团,1975年撤销;山东生产建设兵团,1970年组建,归济南军区领导,下辖20个团,1975年撤销;湖北生产建设兵团,1970年组建,1972年撤销。

可以看出,这些生产建设兵团大都是在"文化大革命"这一特殊时期组建的,也都在"文化大革命"后期被撤销。

20世纪60年代发生的一件事,让人们看到了新疆军区生产建设兵团的特殊地位。1960年以前,中国和苏联关系友好,中苏边境中方一侧基本处于有边无防的状态。中苏关系恶化以后,1962年4月8日,由于苏联的策动和诱骗,引发了伊犁、塔城20多个县的六七万边民赶着牲畜、带着财物外逃苏联的"伊塔事件"。塔城县外逃人口达到该县人口的68%,霍城县边境3个公社原有人口1.6万多人,外逃后只剩下3000余人,裕民县牲畜损失31%,车辆损失70%,耕畜损失80%。这次边民外逃事件,造成耕地荒芜60万亩,加上被捣毁的政府机关、企业和被抢劫的粮食、物资等,造成的损失累计在1亿元人民币以上。

事件发生后,党中央极为重视。周恩来、邓小平等紧急召见新疆军区生产建设兵团副政委张仲瀚,要求迅速调集干部和民兵赶赴伊、塔地区,执行"代耕、代牧、代管"任务,并责成自治区党委和兵团党委,由兵团负责组织民兵速赴边境布防,维护边界治安。

根据中央的要求和自治区党委的决定,从5月11日起,兵团从农四师、五师、六师、七师、八师、十师和兵团直属单位先后抽调选派干部810名、工人16750名组成工作队,配备汽车39辆,拖拉机和康拜因45台,奔赴指定地点执行任务。兵团的值班民兵全副武装,开始昼夜不停地进行沿边巡逻,并在塔城、裕民、额敏3县边境地带设立了8个边防检查站,从此结束了我国西北部边界有边无防的状态。5月21日,根据新疆军区指示,兵团决定在中苏边境建立19个边防工作站。6月底,边民外逃行动基本上被制止。

8月25日,中央军委决定,新疆军区生产建设兵团两年内组建300

个民兵值班连。11月，兵团党委向新疆自治区党委写了关于建立边境农场的报告。11月28日自治区党委作了批复。兵团在伊犁、塔城、博乐、阿勒泰等地长达2019公里、纵深10公里至30公里的边境线上，建立了58个边境农场，并组建了300个齐装满员的民兵值班连。军垦国营农场和地方农牧团场，筑起了一条被誉为生命界碑的屯垦戍边的国防屏障。

"伊塔事件"发生后，苏联在中苏边境急速增兵，挑起了多起边境军事冲突，并且制造了边界领土纷争。在哈巴河、吉木乃、和布克赛尔、额敏、裕民、温泉、昭苏等边境地带，大片中国领土被苏联单方面划为"争议领土"。为了捍卫祖国领土，新疆军区生产建设兵团的战士们开始奉命在基本不具备生产、生活条件的中苏边界"争议地带"耕种"政治田"。这些特殊的战士只管耕种，不问收获，年年薄收年年种，常常在苏军的枪口下从容劳作，将生死置之度外，并曾多次与越界闯入我国境内的苏军展开坚决斗争。他们的辛勤耕作，在反侵略、反颠覆、反渗透等方面，在保障新疆的安定进而为全国提供一个和平的生活和建设环境方面，在发挥经济建设突击队作用方面，都起到了不可替代的特殊作用。

后来，毛泽东意味深长地说："新疆军区生产建设兵团有了情况能打仗，我看很有希望。"

20世纪60年代紧张的边境形势过去后，1981年7月，王震在同国家有关部委和新疆维吾尔自治区部分负责人谈话时强调，生产建设兵团要把巩固国防放在第一位。恢复生产兵团巩固边防，永远是一支战斗队，不能动摇。王震还明确指出："生产建设兵团是新疆军区的后备军，是保卫边疆、建设边疆的重要力量。"

几多风雨：新疆军区生产建设兵团的撤销与恢复

到1966年底，新疆军区生产建设兵团职工总数已达80.86万人，总人口增至148.54万人，农牧团场发展到158个，独立核算工矿企业发展到112个，耕地面积达80.86万公顷，粮食总产72.03万吨，棉花总产2.49万吨，工农业总产值占自治区的三分之一。然而，"文化大革命"期间，兵团事业遭到了严重破坏,生产不断下降。"文化大革命"第二年,兵团出现了历史上第一次经营亏损,数额达 3849 万元。此后几年,亏损额越来越大,至 1975 年累计经营亏损 7.94 亿元,兵团经济濒临崩溃边缘。1975 年 3 月 25 日,中共中央、中央军委决定撤销新疆军区生产建设兵团及各师建制,所属企事业单位全部移交地方管理。

1975 年 5 月 24 日,新疆维吾尔自治区成立农垦总局。不久,11 个地、州相继成立农垦局,负责管理全疆国营农场。1975 年至 1977 年,农垦总局所管理的农牧团场,除原兵团移交地方的外,又增加了 20 多个地方国营农场。由于多种原因,农牧场总数虽有增加,但生产水平下降,3 年共亏损 6.67 亿多元,是新疆农垦史上亏损最严重的 3 年。

据此,1976 年 2 月,国务院决定新疆农垦总局改由国务院主管部和自治区双重领导,国家建设投资和农场所需主要物资由国务院主管部直接供应。此后,新疆农垦事业渐有起色。中共十一届三中全会后,一系列改革开放政策使新疆农垦事业得到恢复和发展。

在生产建设兵团的恢复与发展的过程中,邓小平倾注了很多的心血。1977 年夏邓小平复出后,一直关心着生产建设兵团的事情。1978 年 2 月,国家农垦总局派出工作组对新疆农垦管理体制等有关问题进行了调查,并提出了恢复生产建设兵团的意见,指出原新疆军区生产建设兵团历史久、基础好,经济实力占自治区的比重近四分之一,而且处在反霸斗争的前哨。恢复兵团的体制,可以形成一个强有力的统一指挥系统,有利于加快新疆生产建设的步伐,充分发挥国营农场的战略预备队的作用。然而,由于当时一些领导同志对生产建设兵团的认识不同,这一建议未能实现。邓小平知道王震熟悉新疆的情况,对兵团有深厚的感情,就指派王震以中央政治局委员、军委常委的身份,兼管新疆的工作。

1981 年 6 月 30 日,王震结合新疆贯彻中央军委裁军决策的实际情况,给邓小平写了一封信,正式提出恢复新疆生产建设兵团的建议。7 月 1 日,邓小平作出批示:"请王震同志牵头,约集有关部门领导同志对恢复生产建设兵团的必要性,作一系统的报告,代为中央拟一决议,以凭决定。"

1981 年 8 月，在王震、王任重等陪同下，邓小平来到新疆视察。8 月 13 日至 14 日，邓小平先后视察了石河子八一毛纺厂、农科院及石河子总场。在石河子总场，邓小平十分认真听取了连队联产承包、科技种田和连队人员组成情况的介绍，还亲自到农田里仔细询问和查看刚刚推广的地膜棉的生长情况。许多见过邓小平的群众都清楚地记得，邓小平离开连队前，专门从面包车上走下来，向前来欢送他的连队职工挥手致意。在农八师农科所的试验田里，邓小平看到棉花长势苗壮，棉桃满枝，忙问："产量达到多少？"农科所的同志回答说："皮棉 150 公斤。"当邓小平听说地膜覆盖技术是王震引进的时，满口称赞："王胡子，你到新疆带了个好头。"

邓小平还接见了"献了青春献终身，献了终身献子孙"的石河子垦区团以上干部、老红军和劳动模范代表。他饱含深情地对军垦战士们说："原生产兵团的业绩，新疆各族人民不会忘记，党中央和全国人民不会忘记。"他指出："兵团事业要大发展，兵团肩负着屯垦戍边的重任，要为新疆的稳定和发展作出新贡献。"在多方听取意见，全面调查的基础上，邓小平认为恢复新疆生产建设兵团的时机已经成熟。8 月 19 日，邓小平离开乌鲁木齐返京。回京后，邓小平在中南海一次重要的小型会议上语重心长地说："新疆生产建设兵团恢复起来确有必要，组织形式与军垦农场不同，任务还是党政军结合。"

1981 年 10 月 11 日，党中央决定调当时吉林省委第一书记王恩茂回新疆，担任新疆维吾尔自治区第一书记和乌鲁木齐军区第一政委、党委第一书记，并要他马上到北京去。10 月 14 日，王恩茂到了北京。19 日，中央书记处开会讨论新疆问题，形成了中央书记处领导同志同新疆领导同志谈话的要点。王恩茂离京赴新疆前到邓小平那里，邓小平作了 5 个方面的指示，并强调说："新疆生产建设兵团，就是现在的农垦部队，是稳定新疆的核心。新疆生产建设兵团要恢复。"

根据邓小平的几次重要指示，国家农委党组和新疆维吾尔自治区党委随即组织起草了《关于恢复新疆生产建设兵团的报告》。报告指出,从防御霸权主义入侵,维护祖国的领土完整和建设社会主义富强、文明的新疆的战略考虑出发,建议党中央、国务院和中央军委恢复新疆生产建设兵团的编制。

1981 年 12 月 3 日,中共中央、国务院、中央军委发出《关于恢复新疆生产建设兵团的决定》。决定指出:"生产兵团屯垦戍边,发展农垦事业,对于发展自治区各民族的经济、文化建设,防御霸权主义侵略,保卫祖国边疆,都有十分重要的意义。"中央向兵团各级党委和干部职工提出希望:"总结历史经验,继承革命传统,谦虚谨慎,戒骄戒躁,发扬成绩,克服缺点,认真执行党的民族政策,同新疆各族人民团结一致,艰苦奋斗,为建设边疆、保卫边疆做出新的贡献。"

1983 年以后,兵团坚持以经济建设为中心,加速进行农垦经济体制改革,推行各种形式的家庭联产承包责任制,实行财务包干、自负盈亏的管理办法,建立了收入和效益挂钩的新分配制度。1986 年,兴办各种家庭农场 4.46 万个,划给职工家庭宅基地 3.1 万公顷 (户均 0.13 公顷) 发展庭院经济。工业企业也进行了结构调整,实行厂长 (经理) 经营承包责任制,搬掉干部"铁椅子",解放了生产力,推动了各项事业的发展。

1990 年,党中央、国务院决定新疆生产建设兵团实行计划单列,进一步开拓了兵团与中央各部门的广泛联系和财力支持的渠道,加强了兵团同中央和地方各级政府、各社会组织的联系。1997 年,中共中央正式发文,进一步明确:新疆生产建设兵团是履行屯垦戍边使命的特殊组织,接受中央人民政府和新疆维吾尔自治区人民政府双重领导,自行管理内部的行政、司法事务,实行计划单列,纳入国家一级预算。

新疆与 8 个国家和地区为邻,边境线长达 6700 多公里。兵团在2000 余公里边境沿线建起 58 个边防团场,50 多万人在这里默默地屯垦戍边。在这里,兵团人被称作"有生命的界碑"。正如诗词中所说,"青山处处埋忠骨,何须马革裹尸还",从巴尔鲁克山下到塔里木河两岸,有多少默默奉献的兵团人,他们奔着军旗来,伴着军歌去。

在改革开放新时期，新疆生产建设兵团把发展经济作为第一要务，利用其国家计划单列的特殊地位，积极参与全国市场的竞争。为了方便与外界的交流，它还经常使用一个企业化的名称——"中国新建集团"。到目前为止，新疆生产建设兵团下属各类公司和企业将近 8000 家，涉及的总资产和净资产规模分别达到 900 亿元和 500 亿元人民币。如今，新疆生产建设兵团已有 11 家上市公司。兵团自身拥有完整的教育体系，覆盖了高等教育、中学、小学、幼儿园及成人教育等各个领域。现有两所综合性高等学府石河子大学和塔里木大学，分别位于北疆的石河子市和南疆的阿拉尔市，均以农科专业见长。此外，兵团还有近 200 个覆盖不同学科的科研院所。兵团拥有自己的机关报《兵团日报》。兵团和各师都有自己的电视台，各团则普遍建立了广播电视转播台，覆盖率目前已达 90%以上。

半个世纪以来，这支不列入军队编制、不穿军装、不拿军饷的戍边队伍，默默无闻、无怨无悔地驻守在塔克拉玛干和古尔班通古特沙漠周围，改造着自然，守卫着边疆，创造了一个又一个人类开发史上的奇迹，为共和国母亲奉献上一片赤子的忠诚。

(何立波／撰稿)

走向辉煌

1 细说粉碎"四人帮"

1976 年 10 月 6 日，华国锋、叶剑英代表中共中央政治局，采取了粉碎"四人帮"的行动，成为中华人民共和国历史上具有转折意义的重大事件而载入史册。

毛泽东逝世后，华国锋、叶剑英等 开始酝酿解决"四人帮"问题

1976 年 5 月 27 日，毛泽东会见了他一生中的最后一批外宾——巴基斯坦总理布托和夫人一行。此时，他已无法站起来，只能坐在沙发上表示欢迎。会见只进行了 10 分钟，简单地寒暄几句，就草草结束了。6 月初，毛泽东突发心肌梗死，经过抢救，才脱离危险。之后，中共中央向世界公开宣布，毛泽东不再会见外国来访人士。9 月 6 日，中共中央向高级干部发出第 23 号电报，通报从 9 月 2 日以来，毛泽东心脏病复发，病情严重。9 月 8 日下午，毛泽东的血压开始下降，之后完全无法说话。入夜，中央政治局成员分批去向毛泽东告别。

根据医疗抢救记录，9 月 8 日晚 8 时 30 分，毛泽东"四肢发凉"。9 月 9 日 0 时 4 分，"抽吸两下，血压测不到"。0 时 6 分，"自主呼吸完全消失"。0 时 10 分，毛泽东"心跳停止"。同日，中共中央、全国人大常委会、国务院、中央军委发布《告全党全军全国各族人民书》，沉痛宣告中共中央主席、中央军委主席和全国政协名誉主席毛泽东逝世。电视里播出了人们悲痛欲绝哭泣的画面。

9 月 18 日，首都各界群众百万人在天安门广场以最隆重的仪式举行

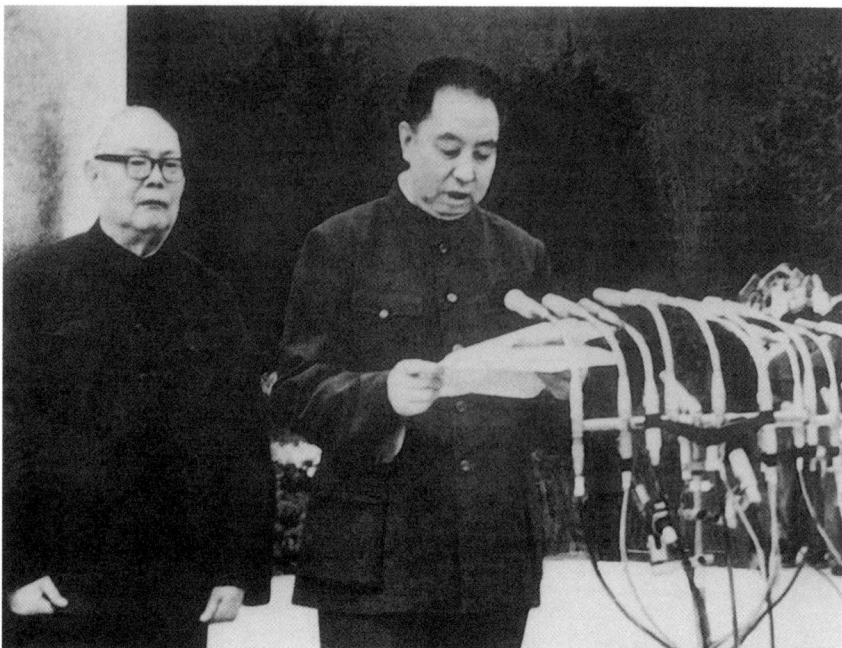

1976年9月18日，华国锋和叶剑英在毛泽东主席追悼大会上

"伟大的领袖和导师毛泽东主席追悼大会"。华国锋在大会上致悼词。

早在7月下旬，纪登奎、姚文元就已经代表中央政治局让中央办公厅的李鑫、周启才起草了毛泽东的讣告和悼词文稿。当时凡提到"毛泽东主席"的地方，全都用"△△△△△"代替。9月16日，讨论悼词的中央政治局会议召开前夕，汪东兴突然对周启才说："有一条补充意见，就是在悼词文稿的适当地方加上毛主席讲的'要搞马克思主义，不要搞修正主义；要团结，不要分裂；要光明正大，不要搞阴谋诡计'这条重要指示。我认为加上毛主席这条指示，很有必要。"所谓"三要三不要"，是1975年5月3日毛泽东在中央政治局会议上说的，紧接着就说："不要搞'四人帮'，你们不要搞了，为什么照样搞呀！"华国锋听了汇报，表示同意。叶剑英、李先念也表示赞成。"四人帮"都不做声。没有出席会议的汪东兴听周启才汇报后说：这几个人骨子里是反对悼词里加上毛主席"三要三不要"指示的，因为主席就是批评他们、针对他们讲的。

追悼大会召开前 10 分钟,还发生了一个小插曲。华国锋让周启才再讲一下向毛主席遗像三鞠躬的程序:大家向后转,面向毛主席遗像三鞠躬。张春桥突然说:"那怎么行!转过去,屁股对着广大群众,不行!""四人帮"其他人也跟着说:"是啊,屁股不能对着广大群众啊!"叶剑英、李先念、吴德、许世友等都说,上次政治局会议上已经定了,就按定好的程序办。"四人帮"没再吭声。周启才把这一情况报告给华国锋,华气愤地说:"这是他们故意捣乱!"这当然是捣乱。屁股不对着广大群众,就要对着毛主席像,别无选择。

在北京举行追悼大会的同时,在全国城乡、厂矿,在行进的列车、轮船和军舰上,汽笛长鸣,人们就地肃立默哀。中国人民沉浸在巨大的悲痛之中,不仅是因为失去了伟大领袖毛泽东,更因为中国将向何处去的沉重隐忧,压在每个人的心头。

在历史的关键时刻,华国锋、叶剑英开始酝酿解决"四人帮"问题。

范硕在《叶剑英在非常时期(1966—1976)》一书中说:在毛泽东逝世后参与治丧后事中,叶剑英发现华国锋正为"四人帮"问题的困扰苦恼着,便劝华国锋"站出来,和他们斗"。华没有表态,继续在思考。叶剑英恳切地说:"请你放心,我支持你,老同志支持你。只要你站出来,大家都会支持你的!"叶还劝华国锋多到老同志那里走走,并告诉他要找谁先打个招呼。听了这些话,华国锋情绪高涨起来,表示只要有老同志撑腰,有军队撑腰,就好办。他最后说:"不过,事情很复杂,究竟怎么办,让我再考虑考虑。"华国锋表明了态度,叶剑英心里的一块石头落了地。

华国锋曾回忆说:9 月 10 日(应为 11 日)下午,我首先找李先念来家中密谈,指出"四人帮"正在猖狂活动,他们阴谋篡党夺权的野心已急不可待,特请李先念亲赴西山找叶帅交流看法、沟通思想。

李先念的秘书、《李先念传》的作者之一程振声的文章印证了华国锋本人的说法:9 月 11 日,华国锋以到医院检查身体为由,突然来西黄城根 9 号李先念临时住处,向李表示,解决"四人帮"的时候到了。李问:你下决心了吗?华答:下了,现在不能再等待了。问题是什么时候解决好,采用什么方式好，请你考虑。如果你同意，请你代表我去见叶帅，征求他的意见，采取什么方式、什么时间解决"四人帮"问题。李先念怀着惊喜的心情接受了华国锋交办的任务。两人谈话不到 10 分钟。

以上说明，华国锋是发动这场斗争的首倡者，起到了决定性作用。在毛泽东逝世后的第二天，华国锋就已经在考虑这场斗争，并考虑到了解决的时间和方式，态度积极而坚决。事实上，只有华才有提出解决这个问题的资格。因为他是毛泽东指定的接班人——中共中央第一副主席、中央军委副主席、国务院总理，是毛泽东逝世前后中央政治局会议的主持人和最后决策人。

叶剑英同样起了决定性作用：以他在党和国家及军队中的长期威望和广泛人脉，产生巨大威慑力，保证了粉碎"四人帮"行动的顺利进行及党和国家、军队的稳定，所以时称"红花（华）绿叶"。粉碎"四人帮"前后，叶剑英与陈云、聂荣臻、徐向前、王震、谭震林、邓颖超、康克清、乌兰夫等人保持着密切联系，沟通情况，交换看法。叶剑英还向军队将领李德生、粟裕、宋时轮、杨成武、萧华、梁必业、张廷发、吴富善、萧劲光、苏振华、傅崇碧、吴忠、吴烈等人打了若明若暗的招呼。

华国锋、叶剑英、汪东兴、李先念、吴德构成了中央政治局
粉碎"四人帮"行动的集体领导核心

除了华国锋、叶剑英之外，中央政治局绝大多数成员参与和预知了粉碎"四人帮"的行动。这里按时间先后来排序参与决策者。

第一个是李先念。还在毛泽东逝世前后，李提出要去外地养病。华国锋对他说，现在的情况和问题很复杂，希望不要离开北京。9 月 11 日，华向李交底。13 日，李先念借去香山植物园的名义，在未见异常情况下，突然转往西山，到叶剑英处传达华国锋的委托。华国锋后来回忆说：当时叶、李两人由于有一段时间没交谈了，互不摸底，相见时先是寒暄问好，又到院中走走，经过一段交谈之后，才转入正题，正式交换了对当前局势和"四人帮"的看法。李向叶转达了华的意见和华派他来的意思，两人都

表明了态度，但并未深谈。

第二个是汪东兴。据吴德回忆，华国锋"在 11 日找了汪东兴同志商量此事，汪东兴的态度很明确，表示了坚决支持华国锋解决'四人帮'问题的意见"。汪东兴长期在毛泽东身边，是毛去世前能够随时见到毛的不多的几个人之一，又时任中央警卫团团长、中央办公厅主任，是个不可或缺的关键人物。

第三个是吴德。9 月 16 日，华国锋召集李先念、吴德、陈锡联、纪登奎、陈永贵等人在国务院会议厅开会。其间，华国锋问："毛主席提出的'四人帮'的问题，怎么解决？"吴德认为，当时华国锋是想了解他们的态度，准备做粉碎"四人帮"的工作。但是，因为互相不摸底，开会没有深谈。华国锋决定搞"个别串联"。

9 月 26 日晚，国务院小礼堂电影放映完后，华国锋留下李先念和吴德，商量解决"四人帮"问题的实施方案。吴德表示坚决支持华国锋的决心，此后并与华、叶进行了多次具体商议。此外，吴德在粉碎"四人帮"的具体部署中，还起到了控制北京卫戍区部队采取行动和防御北京外围的重要作用。

华国锋、叶剑英、汪东兴、李先念、吴德 5 人构成了中央政治局粉碎"四人帮"行动的集体领导核心。其他多数中央政治局委员对这一行动也有间接的与闻和支持。

陈锡联是中央政治局委员，是当时中央军委实际负责人，军队的调动必须由他下达命令。据吴德回忆，华国锋曾经对他讲，毛泽东逝世后，华曾先后四次与陈锡联商谈解决"四人帮"问题，说陈是比较好的同志，他支持解决"四人帮"问题。

纪登奎是中央政治局委员，当时负责中央组织工作。他在逮捕"四人帮"后的第二天，代表中央部署了派迟浩田控制《人民日报》、杨贵控制公安部的行动。

陈永贵是农民出身的中央政治局委员，没有资料证实他在这次行动中起到了什么作用。但在 9 月 16 日那次会议上，华国锋实际上已经向他明白地预报了将要采取行动。粉碎"四人帮"那天，陈永贵坐立不安，不时问有没有电话；晚上一接到去玉泉山开会的电话通知，立即要车出发。

苏振华是中央政治局候补委员。华国锋对吴德说，他也与苏振华谈过解决"四人帮"的问题。叶剑英也通过自己的渠道向苏振华打了招呼。苏振华在解决"四人帮"余党、平息上海局势中起到了重要作用。

倪志福也是中央政治局候补委员。10月2日，吴德向他打了招呼，"明确告诉他，中央要解决'四人帮'的问题，对他们隔离审查"。倪志福和苏振华一起，在解决"四人帮"余党、平息上海局势中起到了重要作用。

纺织女工出身的中央政治局候补委员吴桂贤，没有预知行动。

通过以上分析，在京的中共十届中央政治局委员13人中，除了"四人帮"江青、张春桥、姚文元、王洪文4人，再除了病重的刘伯承，华国锋、叶剑英、李先念、汪东兴、吴德、陈锡联、纪登奎、陈永贵8人，全部领导、参与、支持或者不同程度地预知了这一行动，占整个中央政治局在京成员的三分之二。没有投票权的在京政治局候补委员3人中，除吴桂贤外，苏振华、倪志福两人也预先知道。

所以，1977年3月22日，叶剑英在中央工作会议闭幕会上说明这一行动时说："政治局全体同志除了'四人帮'之外，同'四人帮'作斗争，思想是统一的，认识是一致的，决心是大家下的。……但是，要做起来，人不能过多，越少越好。"准确地说明了当时的状况。

在中央政治局之外，还有几个人物对这一行动起到了比较重要的作用。

陈云当时是全国人大常委会副委员长，虽然党内职务仅是一名中央委员，并无实权，却是在世中共元老中资格最老的——中共八大即当选中央副主席，因此他的意见具有很大影响。姚依林晚年回忆说，毛泽东逝世后，他到陈云家去送一份关于江青是叛徒的材料。陈云在家里琢磨：在即将召开的中共十届三中全会上，有无可能利用合法斗争打倒"四人帮"？他把中央委员名单反复研究，算来算去，感到"四人帮"力量还是雄厚的;何况毛泽东刚去世,"党内因循守旧、封建传统思想仍成风气,恐对局势敢怒不敢言者大有人在。三中全会上以合法斗争打倒'四人帮'是无把握的事"。

陈云自己回忆说:同叶帅谈过一次解决"四人帮"问题,时间在 1976 年 10 月 2 日以后的一个晚上。叶帅派他的侄子叶选基到北长街我家里来找我,然后由他带领到北京西山叶帅住地谈的。到叶帅住地,叶帅同邓大姐正在一间屋子里谈话。邓大姐走后,我进去,叶帅给我看了一份材料。这份材料是谢静宜记录的一份政治局会议的情况,内有毛主席的讲话,讲话里面有"帮派"这样的字眼,详细内容记不清楚了。看了材料之后,叶帅问我,把他们几个人抓起来,你看怎么样?我说,赞成。这场斗争是不可避免的。我问叶帅,这件事是不是告诉聂帅、徐帅?叶帅说,我就要去告诉他们。

据陈云的儿子陈元回忆,见面后,"叶帅又跟他(指陈云)讨论了关于粉碎'四人帮'如何处置的问题,是采用党内斗争的方式,还是采用特别非常手段处置问题……两个人很深入地交换了意见"。10 月 3 日,谷牧去看望陈云,陈对他意味深长地说,"控制二撅子(谷牧理解是不要轻举妄动、等待高层的行动)""守住阵地""等待时机,要有事件"。

在与"四人帮"斗争中,所谓"按既定方针办" 是一个焦点问题

1976 年 4 月 30 日,毛泽东会见新西兰总理马尔登后,华国锋留下向他汇报近期工作。毛泽东在纸上写下三句话:"慢慢来,不要招(着)急。""照过去方针办。""你办事,我放心。"华国锋在随后的政治局会议上,只传达了前两句,后一句没有讲。华国锋传达这两句话时,江青、王洪文等都作了记录,没有提出异议。

然而,毛泽东逝世后的 9 月 16 日,经姚文元修改审定,发表了一篇题为《毛主席永远活在我们心中》的"两报一刊"(《人民日报》、《解放军报》和《红旗》杂志)联合社论,用黑体字推出了一个"毛主席嘱咐"——

"按既定方针办"。社论写道:

> 毛主席嘱咐我们:"按既定方针办"。……按既定方针办,就是按毛主席的无产阶级革命路线和各项政策办。……当前,要把毛主席亲自发动的批判邓小平、反击右倾翻案风的斗争继续深入地开展下去,巩固和发展无产阶级文化大革命的胜利成果,进一步巩固无产阶级专政。

社论发表以后,江青给张春桥打电话:"毛主席的临终嘱咐发表出去以后,有什么反应没有?我已对文元同志强调,宣传工作要以宣传毛主席的'按既定方针办'为中心,要反复宣传。"姚文元于 9 月 17 日、19 日、20 日、23 日连续给新华社打电话,要他们宣传好"按既定方针办"。9 月 19 日,姚文元在电话里特别交代:"比如'按既定方针办',凡有这句话的都要摘入新闻,没有的要有类似的话……关于'三要三不要',消息中提到的要保留,没有的也就算了。"

之后,"按既定方针办"是毛主席临终嘱咐的气氛在中央报刊全面铺展开来,特别是上海的《解放日报》,通栏标题是《遵循毛主席嘱咐按既定方针办》,下设 4 个小标题,分别是:按既定方针办,就要坚持毛主席的革命路线;按既定方针办,就要坚持与走资派斗争;按既定方针办,就要坚持认真学习,深入批邓;按既定方针办,就要抓革命,促生产,促工作,促战备。

但是,华国锋在 9 月 18 日毛泽东追悼大会上念的悼词里,并没有写这句话。

其实,"按既定方针办"本是一个错误记录,最早出自 1976 年 7 月的全国计划工作座谈会。7 月 30 日晚上,华国锋、王洪文、江青、吴德、纪登奎、苏振华、倪志福等人接见出席会议者。华国锋讲话说:毛主席最近有重要指示,给大家传达一下。第一句是"慢慢来,不要招(着)急",第二句是"照过去方针办"。刚说到此,王洪文插话说:第二句后面还有"你办事,我放心"。华国锋说:对,第三句是"你办事,我放心"。由于王的这一插话,在场几位记录者都没听清华国锋那句"照过去方针办"。当时也没有录音机，于是主持整理者就按照大概意思，写成"按既定方针办"。整理稿送审时还说明，这句话好像是这样的。但主审者也没有改动，便批准发出。华国锋看到后马上说：不对，毛主席说的是"照过去方针办"，我传达的也是"照过去方针办"，怎么变成"按既定方针办"了？但他并没有当成大事追查和通知更正。

当"四人帮"大肆宣传"按既定方针办"时，华国锋、汪东兴开始出面纠正。

姚文元后来在审讯中交代说：讨论时，汪东兴说，现在宣传上要注意，不要去多讲"按既定方针办"，还是要多宣传中央两个文件。还有一些别的话，语言比较激烈。我当时比较麻木，因为从他的发言中，我应该感觉到他对"按既定方针办"已经有意见了。但当时汪东兴也没有说这句话本身错了。

审讯员问姚文元："既定方针"指什么？为什么你认为这条语录就能够"稳定局势"？姚文元回答：我认为它表达了这样的意思：过去决定的东西都要照办，具体包括哪些，我没有想过……毛主席逝世前后的一些情况，使我感到用了这句话可以至少在一段时间里保持稳定，就是说解决"四人帮"的问题可以不会马上发生。

9月30日，中国代表团团长乔冠华将他在联合国大会上的发言稿用急件送给华国锋审查。10月2日，华看到"中国人民将坚决遵循毛主席'按既定方针办'的嘱咐，把支援世界各国人民反对两霸的斗争作为光荣的国际主义义务"这一句时，在"按既定方针办"的黑体字下画了一个大问号，立即批示："此件我已阅过，主要观点是准确的，只是文中引用毛主席的嘱咐，我查对了一下，与毛主席亲笔写的，错了三个字。毛主席写的和我在政治局传达的都是'照过去方针办'，为了避免再错传下去，我把它删去了。"本来乔当天就要在联大发言，因为时差，才赶上修改。但随后，张春桥却批示："国锋同志的批注，建议不下达，免得引起不必要的纠纷。"江青也同意张的意见。

然而，10月4日，《光明日报》发表了"四人帮"写作班子"梁效"的文章《永远按毛主席的既定方针办》（以下简称"《永》文"），文中说："毛主席的临终嘱咐'按既定方针办'，金光闪闪，字字千钧，是中国共产党在整个社会主义时期前进的指南，胜利的保证。""谁胆敢篡改毛主席的既定方针，就是背叛马克思主义，背叛社会主义，背叛无产阶级专政下继续革命的伟大学说……任何修正主义头子胆敢篡改毛主席的既定方针，是绝对没有好下场的。"

粉碎"四人帮"以后，许多史著把这篇文章看作"四人帮"下的杀气腾腾的战书，公开向华国锋宣战。此事促使华国锋加快了解决"四人帮"的行动。

抓捕"四人帮"后，1976年10月18日，以刘西尧为首的中央工作组宣布对《光明日报》负责人莫艾隔离审查，责成其交代《永》文的发表经过和与姚文元的关系。1981年12月28日，《光明日报》党委报中宣部批准，对莫艾作出结论：《永》文的发表与"四人帮"阴谋篡党夺权没有组织关系，没有阴谋关系。提出写这篇文章的是《光明日报》，命题、内容也基本上是《光明日报》领导小组成员商定，经莫艾同意的。因此，"原来怀疑这篇文章受'四人帮'指使发表的问题，应予解除"。

事实上，这篇文章发表之后，莫艾才知道"按既定方针办"不准确。在华国锋10月2日批示指出错误后第二天下午，姚文元找《人民日报》总编辑鲁瑛说："现在报纸上大量出现'按既定方针办'，这句话传得不准确。要采取措施，从明天起，在报纸上逐渐减少'按既定方针办'的提法，你得亲自把关。"姚并要鲁瑛转告新华社解力夫和《光明日报》莫艾。10月4日晚，鲁瑛对莫艾说："关于'按既定方针办'这句话，是主席患病期间谈的，传得不够确切，以后报上不要再用这句话了。"莫艾说："《光明日报》今天发表梁效的文章中，大标题就是讲这个的。"鲁瑛没有任何表示，继续说："你回去把把关，遇到这句话要改掉。新华社发的稿件中，也要注意有没有这句话，有也不要用。这事你一个人知道就行了，不要下传，我现在也是亲自把关。"

另外，姚文元又要鲁瑛找人核对华国锋在计划工作会议上原话究竟是怎样讲的（如卫生部长刘湘萍也说记得华国锋就是讲的"按既定方针办"），还派人去找主持会议的谷牧，要他"讲真话"，企图洗刷责任。

然而，王洪文在审讯中的交代，却说出了另一个来源：在我的印象中，"按既定方针办"这句话可能是张春桥加的。因为在这之前，他曾对我说过，他最后一次见到主席时，主席拉着他的手低声说，"按既定方针办"。到底有没有这回事，我也不清楚。

张春桥最后一次见到毛泽东，应当是9月8日晚上，中央政治局全体成员向毛泽东告别。根据当晚护理记录，再加上抢救医生回忆，证明毛"在逝世前几小时，已插上鼻咽管，既不能说话，也不能写字"。所以，毛不可能对张春桥说此话。况且，从9月5日毛病危起，中央政治局成员是分组值守，毛若对张说此话，其他人不可能都没有听到。华国锋曾问过许多在毛泽东病重期间工作在毛身旁的人，他们都不知道有这个遗嘱，只有江青和毛远新说他们听到了。

综上所述，可以作出一个基本分析："按既定方针办"起初确实是记录错误，并不是伪造出来的。而"四人帮"拼命宣传此话，是想施加舆论压力，希望不要改变"文化大革命"的方针路线，以这根救命稻草保他们的"稳定"。

"四人帮"在毛泽东去世至他们被捕这段时间里，千方百计维护和扩大他们的权力

除了围绕"按既定方针办"这一问题的斗争之外，还有传言说"四人帮"从沈阳军区调了两个坦克师进北京。1999年，华国锋回忆此事时也说：张春桥的弟弟亲自下到某坦克师活动，上海市再次给民兵发放了大批枪支弹药。

事情的起因是：王洪文看到了许世友的儿子、北京军区某部团长写给三〇一医院一护士的一封密信。信中说，许世友对他说，如果北京有人闹事，他就率部队占领北京城，控制中南海和钓鱼台，把那几个人全抓起来。还说：别看王洪文是军委副主席，张春桥是总政治部主任，军队没

人听他们的,枪杆子全抓在我们手里。

王洪文把信交给了毛远新,担心地说:"看来他们真的是要动手了,我们没军队怎么办?"毛远新想了想说:"北京军区和卫戍区全靠不住……最好的办法,是尽快从沈阳军区调两个师来。"王洪文说:"调动部队要有军委的命令才行。不然,李德生会听你的?"毛远新说:"我给×××打个电话,让他直接下命令,以拉练的名义把部队调到北京附近。"

据"文化大革命"后笔者向时任沈阳军区司令员的李德生求证,调坦克师只是毛远新、王洪文的空想。按照毛泽东定下的铁纪,调动解放军一个排离开驻防范围,都要由中央军委批准。"四人帮"要背着中央军委调两个师进中央所在地北京,再骗这两个师去搞政变,无异梦呓。

虽然调动部队是空想,但给上海民兵发枪却是事实。早在6月毛泽东病重后,张春桥就与王洪文共同授意,多次催促上海市委书记马天水给上海民兵发枪。由马和徐景贤、王秀珍共同批准,给上海民兵突击发了大量枪炮,连原定入库的2万多支半自动步枪都发了下去。毛泽东去世后,徐景贤去北京向张春桥当面汇报:"已有所准备","马老和我们已经给民兵增发了原定入库的枪支"。张听了表示满意。同日,马回到上海,又批示"立即将库存的7万条枪都发下去"。8月中旬,上海总共发枪炮7.4万件,弹药100多万发。9月27日,张春桥又派秘书肖木到上海传达他的话:"上海还没有真正经受过严重考验。林彪、邓小平要搞上海,都没有搞成。林彪搞成的话,上海有大考验,要打仗。"

"四人帮"的领军人物江青,这个时期把眼光落在了毛泽东的档案文件上。汪东兴回忆说,毛泽东去世前,江青从钓鱼台搬到了中南海,就是想要毛泽东的文件,交给毛远新。当时保管文件的是张玉凤,江青从她那里"借了两份文件去,没有归还,还把文件篡改得一塌糊涂"。为此事,汪东兴找华国锋商量开一个会议讨论。中央政治局会议决定:毛主席的文件由中央办公厅负责,并由汪东兴封存。9月17日,汪东兴和中央警卫局副局长、八三四一部队政委武健华给毛泽东的卧室和书房贴上了封条,江青晚上前来吃了闭门羹。

江青的第二招,就是在中央政治局会议上大吵大闹,如要求开除邓小平党籍,借毛泽东的遗体保存问题向华国锋发难,等等。她还提出,要毛远新留下参加筹备中共十届三中全会。因为毛远新连中央委员都不是,三中全会也未确定日程,理所当然地被华国锋主持的政治局会议拒绝,要他回沈阳。

这一时期,江青还四处游说。9月末,她到清华大学大兴农村分校讲话,诬陷邓小平"迫害毛主席";要人们把苹果"留在最盛大的节日吃",把胶卷留着"照重大的政治事件"。10月1日离开大兴分校时,她又要人们"等着特大喜讯,准备学习公报"。从"准备学习公报"一句看,这些"盛大的节日""重大的政治事件""特大喜讯"应该是指中共十届三中全会召开、决定出版《毛泽东选集》第五卷、建造毛主席纪念堂一类等已经在考虑中的事。

归纳起来看,"四人帮"在毛泽东去世以后这段时间里的活动,主要是给华国锋和中央施加压力,千方百计维护和扩大他们自己的权力。或者说是他们已经感到有被抓起来的危险,在作最后的挣扎。但是他们不得不承认,缺少关键的力量——军队不听他们指挥,这是他们无法逾越的根本障碍。所以,他们只能把主要精力放在舆论宣传、寻找文件、咬文嚼字甚至挑拨闹事等活动上。

考虑到毛泽东治丧活动刚结束,原准备在国庆节后10天再对"四人帮"动手

华国锋、叶剑英下了解决"四人帮"问题的决心后,开始准备具体方案。1976年9月21日,叶剑英来到华国锋住处,商量如何解决"四人帮"问题的方案。两人初步确定采取隔离审查的办法,并决定把这个方案在可靠者中征询意见。

9月26日晚,国务院小礼堂电影结束后,华国锋留下李先念和吴德,商量解决"四人帮"问题的实施方案。在全面分析和权衡了各种情况后,

三人认为：政治局开会投票，我们有把握；中央全会开会投票，我们无把握。最后决定"采取隔离审查的办法才是上策"。关于解决"四人帮"问题的时间，华国锋提出"早比晚好，愈早愈好"，李先念、吴德均表示赞同。考虑到毛泽东治丧活动刚刚结束，全国人民情绪还未调整过来，三人初步议定：国庆节后，准备10天，然后再动手。随后，华国锋委托李先念将密商结果通报叶剑英，叶表示完全同意。

10月2日下午3时许，叶剑英又来到汪东兴在中南海南楼的办公室，指出：该摊牌了，不能失掉时机，兵贵神速，乘人之不备。我们要立即找华国锋同志谈，要加速采取果断措施。接着，叶剑英再次造访华国锋，希望华尽快解决"四人帮"。

汪东兴送走叶剑英后，通知中央办公厅副主任张耀祠和中央警卫局副局长、八三四一部队政委武健华来开会。汪东兴直接对他俩说："中央已经下了决心，对'四人帮'要采取行动。"汪东兴要两人先琢磨出一个行动方案。

当晚9时，汪东兴来到华国锋在东交民巷的住地。华对他说：我和叶商议，由你先拿出一个执行办法来，我们来议定。汪回去后，又与张、武两人进一步商讨了方案，直到3日凌晨4时。对解决"四人帮"的顺序、处置待遇、行动时间、隔离地点、保密措施、分工配合等都提出了细则。为此，成立了两个小班子，一个准备有关文件，包括"四人帮"历史和现行罪证，由李鑫负责；另一个负责对"四人帮"实施隔离审查，人员由汪东兴亲自从中办和中央警卫团挑选并个别谈话。

10月3日（或4日），吴德到华国锋处。华对吴说，叶剑英告诉他北京军区在昌平有个坦克六师，张春桥的弟弟张秋桥常去那里活动，叶剑英对这个师的情况不放心。如果这支部队违抗中央的决定，支持"四人帮"，把部队开进北京市区，北京市有没有力量把它拦住？北京卫戍区靠得住靠不住？吴德说：卫戍区司令员吴忠对批判邓小平是不满的，对"四人帮"很反感。我是卫戍区的政委，我相信吴忠是会听从党中央的指挥，和我们一致行动的。实际上，在此之前，叶剑英已通过吴忠的老领导苏振华,做通了吴忠的工作。

吴德随后找了吴忠,向他谈了中央解决"四人帮"的考虑和决心。吴忠说:北京的卫戍部队有能力保卫首都安全,请中央放心。吴德又按华国锋的指示找到陈锡联,陈说情况他已知道,随即打电话,向吴忠交代:卫戍区部队一切听从吴德的指挥。吴德与吴忠商量了具体措施,共同部署了北京市内紧外松的戒严工作。

10月4日下午,叶剑英来到汪东兴的办公室。汪把抓捕"四人帮"的行动方案向叶详细作了汇报:确定以召开会议的名义把王、张、姚找来中南海怀仁堂,名义是:一、讨论《毛泽东选集》第五卷出版问题;二、讨论建造毛主席纪念堂选址问题。解决顺序是:先解决王、张,再处置江、姚。毛远新区别对待,就地监护。叶说,我看这个计划比较成熟,安排也相当周全了,必会成功。要特别注意保密。

汪东兴、吴德在华国锋家里进行了粉碎"四人帮"前的最后一次商议。三人商定:一、按华国锋、叶剑英、汪东兴已议定的方案,抓"四人帮"由汪东兴负责,华国锋、叶剑英坐镇中南海怀仁堂指挥,以召开政治局常委会研究《毛泽东选集》第五卷出版问题的名义,通知王洪文、张春桥、姚文元到会,由华宣布他们的罪状,随即由汪组织的人分别对其隔离审查。汪东兴派张耀祠到江青住处对她隔离审查。二、对迟群、谢静宜、金祖敏等人的隔离审查,由吴德和吴忠负责。三、中南海内如果出现了意料不到的问题,由吴德组织卫戍区的部队支援。四、由北京卫戍区把人民日报社、新华社、中央人民广播电台、中央机关以及由迟群、谢静宜控制的清华、北大等单位,用内紧外松的方式戒备起来,要再检查一遍落实的情况。

在最后一次商议中,华国锋说,就照这个行动方案办,经过5天的准备,如果不出意外,成功是会有把握的。但是,10月4日这天,《光明日报》发表了"梁效"的文章《永远按毛主席的既定方针办》,宣称:"任何修正主义头子胆敢篡改毛主席的既定方针,是绝对没有好下场的。"叶剑英注意到这个情况,于10月5日下午找到华国锋紧急磋商,要求提前行动,尽快解决"四人帮"。华国锋与叶剑英商定:改变原定国庆节后准备10天再动手的时间,提前到6日晚8时采取果断措施,对"四人帮"进行隔离审查。下午,华、汪前去检查了准备关押"四人帮"的地下工程。

10月6日晚8时左右,"四人帮"被顺利解决, 前后仅用时35分钟

1976年10月6日上午8时,汪东兴要中央办公厅秘书局通知政治局常委:华国锋副主席今晚8时在怀仁堂正厅召开中央政治局常委会议,内容有:一、研究《毛泽东选集》第五卷的出版问题;二、研究建造毛主席纪念堂的选址问题。

下午3时,汪东兴把张耀祠和武健华叫到办公室,宣布:"中央决定在今天晚上8时统一行动,粉碎'四人帮'。"为完成这次行动,经过反复挑选,从中央警卫局的局、处、科级和中央警卫团的师、团、营级干部中抽调了20多名干部,分成4个行动小组。第一小组组长李广银,负责解决王洪文。第二小组组长纪和富,负责解决张春桥。第三小组组长高云江,负责解决江青。第四小组组长滕和松,负责解决姚文元。

下午3时30分,汪东兴分别对每个行动小组进行动员,宣布这件事是叶帅和华总理拍板的,并颁布了两条纪律:一、要绝对保守机密。万一失密,将给予最严厉制裁。二、要坚决服从命令,听从指挥,任何人不得擅自开枪。争取不响枪、不流血解决问题,这是上策。

晚6时30分,各路行动人员就位。汪东兴指挥对怀仁堂正厅进行了布置:北侧放了一扇大屏风,东边增加一排小屏风,场内摆放一张长条会议桌,后面放了两把扶手椅,所有文具、茶具都撤走。

晚7时20分,第一个来到怀仁堂的是叶剑英。他对在场人员只说了一句:"好好地注意啊!"7时40分,华国锋来到。三人进行了简短商议,汪说:"可以说是万事俱备。"7时45分,华、叶、汪三人一起走进正厅,华在左、叶在右坐下。华把事先准备好的中央决定,放在面前的桌子上。叶要汪坐下,汪谦虚地说:我不是常委,不能坐在这里。然后,他到屏风

后面去指挥。

就在这天下午，姚文元与张春桥进行了最后一次谈话。他们已经预感到有什么事即将发生。姚后来在审讯中交代：张春桥说，华对批邓不积极，"我想总要开三中全会吧，但还没有考虑好，你有什么想法？"姚说："华国锋当主席，应当在三中全会上正式通过……"后来姚又说："我接到一封信，里边说毛主席逝世后，可能立即宣布某某某是叛徒。这种问题并不一定是真的，但应该提高警惕。"姚虽然没有说出名字，但张春桥十分清楚，那个"叛徒"就是指他，但他没有什么反应。

姚文元还回忆了他被捕前的心情：我从张春桥那里出来已经很晚了，就直接回到家里。我的情绪很不好，总有一种恍惚不安的感觉。吃晚饭时，我对小女儿说："如果爸爸死了，你们不要难过。"当时孩子吓坏了，不懂我的意思。我便安慰她说："活着的人都是要死的，爸爸也不例外。"孩子说："你思想反动了。"所以我觉得自己的前途很危险，生命也不行了。那天晚上，我就是带着这种心情离开家的。

晚7时55分，王洪文第一个进了小门，身穿军上衣便装，夹着皮包，毫无戒备之心。两个行动组员立即从两边将他胳膊紧紧扭住。王涨红脖子咕噜了两句："你们干什么，你们干什么！"然后拼命扭动胳膊，蹦着双脚。后面的人抓住腰带将他提起，控制在华国锋正面。华国锋伸直两臂按在桌子上，宣布："王洪文，你不顾中央的一再警告，继续结帮拉派，进行非法活动，阴谋篡党夺权，对党和人民犯下了不可饶恕的罪行。中共中央决定，对你实行隔离审查，立即执行。"王洪文被扭离现场、戴上手铐后，叹息一声："想不到你们这样快！"

晚7时58分，张春桥心事重重地走进来，身穿灰色中山装。他迎面看到华、叶端坐中间的异常情况，放慢步子嘀咕道："怎么回事，怎么回事？"两个行动组员冲上去快速夹击，把他扭架到华、叶面前。华宣布同样的中央决定后，把张押出现场。张脸色铁青，两眼微闭，自始至终沉默，一声不响。

解决两个人后，按原定计划，华国锋给姚文元打电话，叫他前来开会。

安排好后，华问叶、汪："还要我们出面吗？"叶说："免了吧。"决定由武健华对姚宣读隔离审查命令，华亲笔给武现场写了手令。

晚8时25分，姚文元走进来，3个人上去扭住他。他大叫："谁让你们干的？"武健华宣读命令后，姚被架走。他一直在喊："我有话要说，我有话要说！"被押解上车以后还不住地喊："你们是哪个部队的？谁指使你们干的？"行动组只好用毛巾塞住他的嘴。

张耀祠那边的任务，是负责隔离审查江青和就地监护毛远新。

晚8时，张耀祠和一中队指导员李连庆等十几个人先到毛远新住所。进入毛远新的办公室，看到他正在看电视。毛远新立即站起来，关掉电视机。张耀祠宣布："毛远新，我接华国锋总理电话指示，党中央决定将你保护审查。为了你的安全，还住在这里（中南海），但要换一个房间。现在你把文件柜钥匙和手枪交出来，材料和文件由中央办公厅派人接收。你的生活、安全仍由李连庆同志负责，不准向外打电话，要遵守纪律。你写的交代材料交李连庆同志转交党中央。"毛远新听完宣布，愤愤地说："主席尸骨未寒，你们就……"然后就不再说了。一个干部上去缴了他的手枪、钥匙。

晚8时30分，解决江青。张耀祠带着江青的护士长马晓先进了中南海新建的二〇一所前门。江青正坐在沙发里，把脚跷在跷脚墩上。张耀祠走到江青面前，拿着一张纸条宣读道："江青，我接华国锋总理电话指示，党中央决定将你实行隔离审查，马上执行。你到另一个地方，你要老实向党坦白交代你的罪行，要遵守纪律。你把文件柜的钥匙交出来。"

马晓先回忆说：江青听着的时候坐在沙发里一动不动，表面上没有显出慌乱。她轻轻地说："我没听清楚，你能不能再说一遍？"张耀祠就又重复了一遍。江青这才站起身来，从裤子口袋里掏出钥匙，放入一只牛皮纸信封里，折好口，拿订书机订好，用铅笔写上"华国锋同志亲启"，交给了张耀祠。然后，她提出要上一下卫生间。张耀祠同意了。然而，东西都收拾好了，江青还没有从卫生间里出来。马晓先进去一看，江青正坐在那里愣神思考着什么。江青随后出了卫生间，坐上了停在前门外的一辆大红旗轿车。

就这样，曾经骄横、不可一世的"四人帮"，在晚7时55分至8时30分的35分钟内即全部束手就擒。

上海"四人帮"余党蠢蠢欲动，但因群龙无首，最终未能有大的动作

完成对"四人帮"一伙的逮捕任务之后，华国锋立即通知中央政治局委员到玉泉山开会。

6日晚10时，中央政治局在京成员会议在玉泉山9号楼叶剑英住所召开。会议一开始，华国锋按照与叶剑英商定的内容向政治局委员们宣布，已经对"四人帮"实行拘捕。李先念带头鼓掌。华国锋回忆说：我请叶帅主持，他要我主持先讲，我宣布了"四人帮"已被隔离审查，并着重讲了"四人帮"阴谋篡党夺权、疯狂活动的罪行。叶帅介绍了逮捕"四人帮"的经过，而且着重讲了全党全军都坚决反对"四人帮"一伙的反党罪行。在这种特殊情况下，对他们采取非常手段是非常必要的。

由于华国锋、叶剑英、李先念事先以不同方式将解决"四人帮"问题向绝大多数政治局成员打了招呼，会议一致拥护粉碎"四人帮"的行动，很快进入议程，选举新的中共中央主席。华国锋回忆说：我先提议请叶帅担任党中央主席，他德高望重，两次挽救了党。叶帅则起来提议要我担任中央主席、军委主席。他说，这是毛主席指定你当接班人的，我已经79岁了，你年纪比我小20多岁，你有实际工作经验，为人实在、讲民主、尊重老同志，你应该担起这个重任。经过大家认真讨论后，一致通过叶帅的提议。这也是临危受命吧。

随后讨论中央文件，内容是向全党全军和全国人民通报中央对"四人帮"隔离审查的决定和推选华国锋为中共中央主席的决定，一致通过了《关于华国锋同志任中国共产党中央委员会主席、中国共产党中央军事委员会主席的决议》和《关于华国锋同志任中国共产党中央委员会主席、中国共产党中央军事委员会主席的决议的通知》。会议还讨论了一

些比较重要和急迫的问题，成立了审查王、张、江、姚的中央专案组，由华国锋负责。会议还决定，就粉碎"四人帮"问题，中央政治局将分批召集各省、市、自治区及各大军区负责人会议。会议特别研究了解决"四人帮"上海余党、稳定上海局势的问题。7日凌晨3时，会议结束，所有参加会议的政治局委员都留在玉泉山。

解决"四人帮"以后，华国锋当即在怀仁堂电话召来已经事先打好招呼的耿飚，让他带人去控制中央人民广播电台。

10月7日凌晨，按照玉泉山中央政治局会议上解决上海问题的部署，中央办公厅给上海市委打去电话，通知上海市委书记马天水和警备区司令员周纯麟当天由中央派专机接到北京开会。一向与"上海帮"对立的周非常爽快地答应，马却与市委书记徐景贤、王秀珍商量一阵，才满腹狐疑地出发。到了北京京西宾馆，他们接到中央的4条规定：不准和外面私自打电话，不准外出，不准写信，不准接客。

华国锋、叶剑英、李先念、汪东兴、陈锡联、陈永贵、苏振华等中央领导人接见了参加中央第一批打招呼会议的地方党、政、军负责人。华国锋在讲话中宣布了中央粉碎"四人帮"的决定，并且历数了"四人帮"的罪行，以及毛泽东长期以来对"四人帮"的批评。会场响起了热烈的掌声。

为了稳住和挽救马天水等人，华说："四人帮"就是"四人帮"，我们广大干部、工人是好的，就是给他们办点坏事，说过错话，一律不追究。要讲"文化大革命"的胜利，不要因为"四人帮"揭露了，把"文化大革命"中的问题搞到一起，搞"四人帮"不是因为他们在"文化大革命"中的缺点错误，他们的核心问题是篡党夺权。

叶剑英说："四人帮"，上海是策源地，又是根据地。"上海就是张春桥，张春桥就是上海"，这话不好，上海要和张春桥分开。

李先念说：上海广大干部、工人是好的，上海的工作是有成绩的。政治局，包括各省市，都不能对上海另眼相看。上海是中国共产党第一次代表大会开会的地方，相信上海可以搞得好的。

马天水虽然也在会议上热烈鼓掌，回到住处却对秘书说："这简直是突然袭击，宫廷政变。""搞一个假表态可以回去，回去以后也要大干或小干的。"但又叹息："一旦干起来损失太大，现在看来大势所趋，干是不行了。"对中央要求他表态的事，第二天马不顾周纯麟的劝告，说：建议中央正确区分两类不同性质的矛盾。张春桥在"一月风暴""大联合"中是有影响的人物，中央要慎重对待。

这时候，上海的"四人帮"余党焦躁不安。他们通过各种渠道都联系不上"四人帮"与马天水，感觉不妙。终于，他们从马天水的秘书那里得到含糊的回答："老胃病复发。"于是紧急派人前往北京打探。10月8日晚，从上海派到全国总工会的金祖敏那里得到约定暗号："我娘心肌梗死"——"四人帮"被抓。同时，"上海帮"安插在公安部的一位副部长也电话报告："人员集中了，门上加锁了，不能动了。"

8日晚，徐景贤、王秀珍、朱永嘉、廖祖康等人开会商议。朱永嘉说："要拉出民兵来干！打一个星期也是好的，时间拖得越长对我们越有利，让全世界都知道，大不了像巴黎公社那样！"他们决定立即紧急动员民兵，并成立了两套班子。徐景贤下达了手令："请民兵指挥部加强战备，二千五百人集中，三万一千民兵待命（即晚上集中值班）。请民兵指挥部立即派人加强对电台、报社的保卫。"同时，徐还向上海警备区一师长下手令，要求调两个连，一个听从电台的指挥，一个"听从市委的指挥"。

上海民兵指挥部的施尚英、钟定栋等人接受任务后，制订了两个方案。其一为"捍一"：控制首脑机关、报社、电台、机场和市区桥梁、车站、码头、交通要道的兵力部署。其二为"方二"：以江苏、浙江为作战目标，从上海外围到市中心设立三道控制圈的兵力部署。具体内容有：全市准备动用武装民兵3.3万余人、炮85门、机枪78挺、枪支2.7万余支、弹药296余万发；民兵干部彻夜值班；基本指挥所在江南造船厂，预备指挥所在中国纺织机械厂，10月9日11时进驻完毕；开设电台15部，组成两个联络网；动用汽车125辆、摩托车100辆；在上海与江苏、浙江交界处设六个控制圈；派出武装渔轮巡逻，控制黄浦江渡口；规定反空降方案和口号、暗令、标记。

同时，上海市公安局的薛干青、徐成虎也连夜组织1300多人的武装民警，还组织了紧急演习。

就在10月8日晚12时，王秀珍还在民兵指挥部召集陈阿大、黄金海、马振龙、叶昌明、戴立清等上海老造反派头目，宣布：北京右派政变了，修正主义上台了！我们要对着干！打3天、4天也好，让全国知道，也教育后代！

北京的回答则是：10月9日，《人民日报》发表了中共中央关于华国锋任中共中央主席和出版《毛泽东选集》第五卷、建造毛主席纪念堂的决定。10月10日，"两报一刊"发表社论《亿万人民的共同心愿》，指出："任何背叛马克思主义、列宁主义、毛泽东思想，篡改毛主席指示的人，任何搞修正主义、搞分裂、搞阴谋诡计的人，是注定要失败的。"

一软一硬两项措施，把"上海帮"推到了两难处境。徐景贤考虑再三，不得不与王秀珍商量后同意上海两报转载中央两个决定。这时，接通马天水电话，马说："见到了王、张、姚三位首长，他们身体很好，主要是工作比较忙，让我们按既定方针办。""上海帮"半信半疑，却终于没有勇气发动叛乱。王秀珍电话通知："撤销五位数（即31000人），保留四位数（即3500人），恢复正常。"

10月9日晚，中央决定，通知徐景贤、王秀珍也来北京。徐、王经过通宵密谋，不敢不去，只好前往。10月10日，两人到了北京，中央给他们看了大量"四人帮"的材料，中央政治局委员与他们进行了长时间谈话，陈明利害，指出前途，要他们悬崖勒马。同时，要他们每天往上海打一次电话，稳住上海留守的余党，"一切等他们回来再定"。这一招十分奏效，上海余党乱哄哄的，群龙无首，一直未能有大的动作。

中央工作组顺利进驻上海，"四人帮" 被粉碎的消息公之于世

10月12日上午，中央政治局在玉泉山叶剑英住处召开会议，讨论向上海派工作组接管上海的问题。华国锋说：现在看来，上海市委这些人

已经无法工作了。他们顽固地站在"四人帮"的立场上，和中央对抗，妄图发动武装叛乱。中央应该马上派人去接管上海，不然会出大乱子。叶剑英表示赞成华国锋的意见，说：要派一位无论是在军队还是在地方都能压得住台的老同志去，我看苏振华堪当此重任。他资格老，林彪、"四人帮"整得他很惨，但他斗争很坚决，在粉碎"四人帮"的紧急时刻起了重要作用。华国锋、李先念还分别建议倪志福、彭冲与苏振华一起去上海。其他人都同意。关于工作组去上海的方针，会议明确指出："既要解决问题，又要稳定局势。"最后确定的中央工作组总数 226 人，其中省部级干部 17 人、司局级干部 59 人。

当晚 10 时，华国锋和叶剑英、陈锡联、纪登奎等接见了马天水、周纯麟、徐景贤、王秀珍，并继续揭露"四人帮"的罪行。叶剑英严厉地警告说，有人如果再站在"四人帮"方面，对自己的工作没有好处。你们在上海同他们工作那么久，希望不是站在个人的立场，要对他们阴谋篡党划清界限。华国锋说，要提醒你们，在他们蒙蔽下，确实存在着一些错误，确实在转变立场后会发现一些问题。自己的问题作些自我批评。我们不会采取"四人帮"对别人的办法，乱戴帽子，乱整人。有错误改了就好，惩前毖后，治病救人。

最后，马天水、周纯麟都表示坚决拥护党中央的果断措施。徐景贤、王秀珍表示要和"四人帮"划清界限。

10 月 13 日上午，表态后的马、徐、王从北京回到上海。下午 4 时，在锦江饭店小礼堂，他们这帮人召开了最后一次上海市委常委会。马天水低沉地介绍了中央打招呼会议的情况，中间还夹杂着称"四人帮"为"同志"，被徐急忙打断纠正。徐、王也无可奈何地传达了毛泽东对"四人帮"的批评。刚传达完，黄涛放声大哭，指着马天水说：你在北京，原来没有看到王、张、姚……这不是欺骗我们吗！朱永嘉也边哭边斥责马、徐、王是"叛变"。会议室里一片哭声，持续了五六分钟，表示想不通，说凭这些材料就能抓"四人帮"？王少庸激动地说，我们上海这几年在路线上没有什么弯子可转……

马天水急忙制止大家，最后总结说：有想不通的问题，是允许的，认识总有个过程，不过我们大家要好好去想想。会议遂告结束，"上海帮"作鸟兽散。

10月14日上午，上海把中央打招呼会议的精神传达到各区、县、局和大学负责人，下午开始向群众传达。上海沸腾了，全市一下子涌出成千上万张大字报、大标语。从外滩到上海市革命委员会大楼，到处都贴满了标语。从10月15日下午起，手持红旗和标语的游行队伍一队接一队来到市革命委员会大楼前，外滩人山人海。上海市委已经失去控制力。马天水、徐景贤、王秀珍等十分紧张，于10月15日、18日连续两次电话向中央告急。10月20日，中央通知上海："根据你们来电话要求派人，据上海的要求，中央决定派苏振华、倪志福、彭冲同志去上海了解情况，帮助工作。他们今晚已到上海，会给你们联系的。"

10月27日晚，上海市委领导干部会议在上海市展览馆宴会厅召开，正式宣布：中共中央决定，苏振华兼任上海市委第一书记，倪志福兼任第二书记，彭冲兼任第三书记。撤销张春桥、姚文元、王洪文在上海市的党内外一切职务。

为了防止上海发生动乱，玉泉山中央政治局会议原来决定，粉碎"四人帮"的消息保密两个月以后再公布。但情况的顺利发展，使得这一消息10月中旬就在全国各城市争相传告了。10月19日，中共中央发出《中共中央通知》，即10月6日晚玉泉山会议上通过的16号中央文件，粉碎

首都军民冒雨举行声势浩大的游行集会，庆祝粉碎"四人帮"的伟大胜利

"四人帮"的消息在全党正式公开。

1976年10月21日晚，新华社广播消息："首都150万军民举行声势浩大的庆祝游行，热烈庆祝华国锋同志任中共中央主席、中央军委主席，热烈庆祝粉碎'四人帮'反党集团篡党夺权阴谋的伟大胜利！"

由此，"四人帮"被粉碎的消息正式公之于世。

（陈东林／撰稿）

2 我在参与逮捕"四人帮"前后的经历

赶修"202"，成为当时战备工程的一个重要组成部分

"202"是为毛主席建造的一幢住房的代号。这是一幢富有历史意义的房子。一代伟人毛泽东在生命垂危的时日，就是在这里抢救的，也是在这幢房子里病逝的。

它是在1974年抓紧建成的。当时正是中南海实施一项重大的战备工程期间，"202"便成为当时这项重大战备工程中的一个重要组成部分。

这项重大的战备工程，工程量大，牵涉到以中南海为中心及周边的工程。施工队伍有军委工程兵和北京市各工种的建筑队伍。汪东兴要中央警卫局副局长毛维中、李钊和我3个人负责，参与有关中南海和周边各项工程管理及处理与工程有关的事宜。

毛主席原来的住房，是在游泳池更换衣服的小房间，空间小，空气不畅通，年纪大的人总觉得憋气，不舒服。后经身边工作人员一再动员，毛主席才同意将游泳池南面几处旧的小平房拆掉，新盖一座房间宽敞、高大明亮、抗震能力强的平房。新房子主要是3大间：卧室、书房、会客厅，还有几间附属用房，有宽敞的走廊连接室内游泳池。

这幢房子从选址、设计、施工到验收等项工序，我都亲自参加了。施工中特别强调人员的绝对可靠，首先要求各施工单位的党组织对人员进行认真审查，再经警卫局保卫部门严格把关。施工现场的重要部位，中南海的警卫部队日夜设哨看守。工程中的各种管道、风口、顶棚等处都有专人巡回检查。验收时，除组织人工细致检查外，还请卫生、防化及反

窃听等有关部门带上仪器进行防原子、防化学、防辐射等检测。

1974年底,施工单位把"202"赶建出来。但当时很长一段时间毛主席并未住进来,仍然住在游泳池原来的房子里。

为了不因施工影响毛主席的工作、休息,也不因毛主席的休息而影响到战备工程的进度,经周恩来总理批准,在北京市西城区关园为毛主席准备了一套院落,包括首长住房、随行工作人员及警卫部队住房以及相应的大小会议室等,也是一个挺大的庭院。后来因毛主席在施工期间离京去上海、杭州、武汉、长沙等地住的时间长,例如1974年10月13日毛主席由武汉到了长沙,一住就是114天,所以毛主席没有到北京关园去看过,也根本没有在此住过。

毛主席病情加重,周总理癌细胞转移,抢建"305医院"

"305"是为中央主要负责同志修建的一所小型医院的代号。当初的要求是,既要便于中央主要负责同志检查身体、治疗疾病、疗养休息,又要便于他们在病中坚持工作、接见客人、会见外宾等活动,尤其是要有利于随身、住地、院内活动等的安全警卫工作。这些是市内现有各个医院都做不到的。

1972年1月6日,时任国务院副总理兼外交部部长的陈毅因结肠癌去世,1月10日下午3时在北京西郊八宝山殡仪馆举行追悼会。事先并没有安排毛主席参加,但毛主席于下午1点多钟睡醒后,突然决定参加追悼会,而且立刻就走。

八宝山殡仪馆室温很低,虽然用一大空汽油桶装满烧红的煤块,但起不了多大作用,站久了,我们都感到很冷。参加追悼会回中南海之后,毛主席就有了低烧。据医生说,因为肺部的感染引起心脏受到损害,也就是发生了肺心病。再加之"九一三"事件后毛主席精神受到很大刺激,身体远不如过去,病情严重。

更加令人不安的是:4个月后,在例行检查中,发现了周恩来总理癌细胞转移的迹象。真是祸不单行。

5月12日，在为周总理做每月一次的小便常规检查时，发现了4个红细胞，这引起了医生的高度警惕。经向周总理一再说明情况，专家们希望，要反复多作几次小便化验，方能作出最后诊断。在周总理的配合下，又作了几次尿样化验。结果很快出来了：尿化验报告单上写着"8个红细胞"，并且令人心惊胆战的"癌细胞"还是出现了！病理学检查报告单上赫然写着："膀胱移行上皮细胞癌"。知情者的心情都非常沉重。

为慎重计，警卫局保健处又将京、津、沪三地的有关专家请到北京来，进行了多次会诊，大家对于周总理患"膀胱移行上皮细胞癌"的诊疗意见完全一致。之后，周总理的保健医生同有关专家向党中央写了一份书面报告，详细叙述了病情，说明尽早治疗的好处，并提出了切实可行的诊疗方案。

毛主席和周总理的病情，时任中央办公厅主任的汪东兴清清楚楚。根据有关要求，他在北海公园西墙外养蜂夹道选了一块环境幽静、空气新鲜的地皮为院址，准备修建一所小型医院。

这所小型医院各方面的要求都相当高，从设计、用料、施工、装修，以及参加修建的人员，政治上要绝对可靠，工程上要完全合乎标准。主体建筑是青砖与钢筋水泥混合结构的四层楼。第一层是专为中央主要领导人设置的，有卧室、办公室及会见外宾的大厅，并有相应的附属设备。房屋的墙体结构厚实坚固，抗震能力强，房间高大宽敞，光线充足明亮。"305"在1973年底完成主体结构，1974年春装修待用。按编制序列定名为"中国人民解放军第305医院"。

1974年6月1日，周恩来总理住进了305医院，在这里治疗、办公、会见外宾等。在医院里，我最后一次见到周总理是1975年4月19日，那时我负责金日成来访的警卫工作。19日，邓小平陪同周总理会见金日成、朴成哲。在场的总理贴身警卫张树迎告诉我，总理的脚肿，脚上穿的那双布鞋是为了这次会见临时定做的。此后，总理不断参加会议，接谈工作，会见外国客人。据总理身边医生讲，只在最后十余天他才放下了一切工作，直到1976年1月8日上午在305医院逝世！

1974 年毛主席到长沙视察时，初期汪东兴没有随同出去，那时他因病住进北京医院，做了一个比较大的手术，手术后高烧不退，经过长时间的治疗，身体才逐渐见好。这年深秋的一天，他的秘书电话通知我，说东兴同志有事找我。我迅即去医院见他。

一见面，他开玩笑似的说：这一次差一点翘辫子（死的意思），要是翘了辫子有些事还说不清楚。我想了一下，这一时期有三件事要向毛主席作书面报告：

一是建造"202"这幢房子。这件事虽然口头报告过毛主席，但这是件大事，要对历史有个交代，还需要向毛主席写个报告。二是建造"305"。这是为党中央主要负责同志检查身体、治疗疾病，作为小型医院使用的。三是贯穿于中南海与北海之间的北海大桥。在战备工程重新修建时，在桥的两侧树起了两米多高经过艺术加工的铁栏杆，既是为了美化大桥，也是为了阻挡那些寻死轻生的人跳湖，当然也是与保卫"202""305"的安全相一致的。

汪东兴告诉我，用他的名义分别写三份报告送毛主席。谈话的第二天，三份报告起草后经他审阅同意，送给了当时在长沙的毛主席。三份报告毛主席都圈阅了，后存入中央档案。

过了一段时间，毛主席让张耀祠打电话给汪东兴，说他的病好些后可以去长沙，一面在长沙继续治疗，一面料理毛主席皮肤病发作请大夫治疗等事情。后来汪东兴曾对我说："那时在长沙时，小平同志、周总理、王洪文、江青都去过毛主席处。我因病未好，没有到机场去接他们，都是张耀祠到机场接送的。"

唐山地震后，毛主席被移至"202"紧急抢救

1976 年 6 月 26 日，毛主席发生第二次心肌梗死之后，病情特别严重。中央政治局决定，由华国锋、王洪文、张春桥、汪东兴 4 人在毛主席住地游泳池值班。一般情况下，华国锋和张春桥一班，王洪文和汪东兴一班，轮流倒换，遇有重要情况则 4 人一起商量。服务科的同志告诉我，要给

值班首长准备工作和休息的地方。直到 9 月 18 日开过毛主席的追悼大会后,值班的任务才撤销。在此期间,中央警卫局的领导干部也在各自的岗位上枕戈待旦,准备随时听从召唤。

7 月初的一天上午,汪东兴打电话要我到他的值班住地游泳池去一趟。到后,他对我说,为了解决设在走廊处心电监护器的医生、护士与主席房间内医务人员的沟通问题,需要一种能挂在胸前的微型麦克风。他要我和他的秘书孙守明一起去第四机械工业部,请他们帮助研究解决。于是,我和孙守明到北京万寿路找到了四机部副部长王子纲。那时国内这种新型的微音器使用还不多,没有现成的。王副部长组织专人经过一段时间的研制,才把样品带到中南海游泳池交给医务人员试用。后来,从外形到功能来来回回又跑了多次,不断改进,直到唐山大地震后的 8 月上旬,才比较好地解决了问题,最终还是给抢救中的医务人员用上了。

7 月 28 日凌晨 3 时 42 分,河北唐山、丰南一带发生 7.8 级强烈地震,北京市有较强震感。地震发生时,我们从中南海东八所卧室跑到屋外,聚集在四合院的中间,看见天空中黄色带红的强烈闪光震荡,把东八所的几段院墙和围绕中南海的大墙多处震倒,少数房子被震塌,大家异常紧张。同时,大家也在担心重病住在游泳池的毛主席的安全。夜里余震不断。天亮以后,我们搬到了在中南海勤政殿门前与瀛台之间的小广场上新搭起的防震棚里办公和休息,一直住了将近两个月。

7 月 28 日上午,服务科科长孙洪起向我报告,说汪东兴主任让把"202"赶快收拾好,要使用。我问他人手够不够,他说有警卫一中队的人帮助。当天上午,医务人员、毛主席身边工作人员和服务科的同志,在华国锋、汪东兴的指挥下,将毛主席从中南海游泳池迁往两年前建成的"202"住所。这天傍晚下了大雨,又有较强的余震,但在"202"似乎没有什么感觉。

毛主席搬到"202"后,房间比较大了,走廊也比较宽了,便于医务人员继续治疗和抢救。但只住了 43 天,毛主席终因病情恶化,于 9 月 9 日 0 时 10 分在中南海"202"住所病逝。

在"202"召开中央政治局紧急会议

1976年9月9日凌晨2时许,中央政治局委员分别向毛主席遗体默哀鞠躬后,就在"202"会客厅召开了紧急会议,研究为毛主席治丧的问题。服务科的同志和一中队的干部都会集在"202",为会议的安全、服务继续工作。

江青在会上大哭大闹,说毛主席是被邓小平气死的,要求政治局继续批邓并立即作出开除邓小平党籍的决定。江青闹得很厉害,致使会议没法继续讨论问题。后经与会大多数政治局同志抵制,一致认为治丧问题是当务之急,会议才没有被江青搅乱。

会议在研究了治丧委员会成员、讣告和告全国同胞书之后,接着研究如何解决毛主席的遗体保留问题。"四人帮"这时躲开了,他们不参与这件事情是存心找茬。如果不保留毛主席的遗体,"四人帮"就会将此作为指责中央和华国锋的一条罪状;保存遗体的技术要求很高,难度很大,如果要保留,一旦出现意外的情况,那就更是一条逃不掉的罪状。"四人帮"居心险恶。

9日清晨6时,汪东兴从"202"给我打电话,要我通知中央警卫局科以上、八三四一部队团以上的同志,于当日清晨7时在中南海西楼大厅开会。

当汪东兴宣告了毛主席已于当日0时10分去世的消息后,大家抑制不住内心的悲痛纷纷落泪,有人还哭出了声音。汪东兴说,毛主席的丧事,中央政治局已作出安排,我们要以做好各项治丧工作的实际行动来悼念毛主席。他接着说,今天下午4时,中央人民广播电台将向国内外广播毛主席逝世的讣告,接着广播中共中央、全国人大常委会、国务院、中央军委发布的《告全党全军全国各族人民书》;11日至17日,要在人民大会堂举行隆重的吊唁仪式,八三四一部队的一中队要选派礼兵,党和国家领导人参加吊唁和守灵,首都将有30多万名机关干部和其他各界群众参加吊唁仪式并瞻仰毛主席遗容;9日至18日,全国各地一律下半旗致哀，同时停止一切娱乐活动；18 日，首都百万群众在天安门广场举行极其隆重的追悼大会，许多国际友人将参加悼念活动。这么多工作，都需要我们机关、部队的同志配合各有关方面去完成，去落实好。全军都要加强战备，我们更要提高警惕，按战备要求去保卫党中央、保卫党和国家领导人的绝对安全。古人说：得国常于丧，失国常于丧，我们千万要牢记这一点。

会议开得简短、扼要，会后各单位立即布置落实。

10 日夜间，毛主席的遗体由中南海迁往人民大会堂，治丧委员会秘书处也开始在人民大会堂办公。秘书处由汪东兴负责，下设秘书组、遗体保护组、群众工作组、安全警卫组、新闻组、外事组、后勤保障组等。安全警卫组由当时公安部的主管施义之负责，我是安全警卫组的副组长之一，主要负责人民大会堂内外的安全警卫，特别是毛主席遗体的安全，以及党和国家领导人活动的绝对安全。中央警卫局和八三四一部队在人民大会堂里外有整套的班子，照预定的方案执行。整个吊唁活动期间，安全警卫没有发生问题。

粉碎"四人帮"的决策下达后，我受命参与行动

1976 年 10 月 2 日下午 3 时许，中共中央副主席叶剑英再一次来到中央办公厅主任汪东兴在中南海南楼的办公室。叶帅说："最近形势很紧张，这也是我们意料之中的。中国人常拿'庆父不死，鲁难未已'来比喻首恶不除，祸乱不止。我看'四人帮'不除，我们党和国家是没有出路的。"汪东兴说："为了继承毛主席的遗志，挽救党的事业，我们有责任粉碎'四人帮'这个反革命集团。"叶帅探着身子，压低声音问汪东兴："你考虑好了吗？"汪东兴用肯定的语气说："我认为形势逼人，不能再拖，到了下决心的时候了！"叶帅坚定地说："对！我们要立即找华国锋同志谈，要加速采取果断措施！"

送走叶帅之后，汪东兴召集中央办公厅副主任张耀祠、李鑫和时任中央警卫局副局长、八三四一部队政委的我来到南楼办公室，指示说："中

央已经下了决心,对'四人帮'要采取行动。……你们先琢磨出一个行动方案。我要到华国锋那里去,等我回来后,咱们详细讨论行动方案。"我们在汪东兴的办公室一直研究到 10 月 3 日凌晨 4 时,提出了粉碎"四人帮"的初步行动方案。这个方案设想,在中南海怀仁堂采取行动拘押"四人帮",以在怀仁堂召开中央政治局常委会研究《毛泽东选集》第五卷出版问题和建造毛主席纪念堂选址问题的名义,通知王洪文、张春桥参加会议。在怀仁堂解决王洪文和张春桥的问题之后,再依次分别处置江青和姚文元的问题。毛远新与"四人帮"区别对待,对他采取就地"保护审查"。

10 月 3 日、4 日,汪东兴分别向华国锋、叶剑英汇报了行动方案,得到了华、叶的同意。

10 月 4 日上午,我和中央警卫局副局长毛维中、人民大会堂管理局局长刘剑,随同汪东兴以检查战备为名检查了拟作为隔离"四人帮"地点的地下工程,并进行了安排布置。

为了做到心中有数,确保各项工作落实,10 月 5 日下午,华国锋在汪东兴陪同下亲自到地下工程视察,重点检查了几个隔离点的准备情况。

10 月 4 日、5 日,我随同汪东兴对实施拘捕"四人帮"地点的怀仁堂会场及其大小门出入口、停车场进行了细致检查和安排部署,又制订了几种应急预案,并从中央警卫局机关的局、处、科级干部及八三四一部队的师、团、营级干部中选出了对付王、张、江、姚及毛远新的五个行动小分队和参加此项任务的其他人员,并对他们进行了编组。

10 月 6 日上午 8 时,汪东兴让中央办公厅秘书局向中央政治局常委发出了通知:华国锋副主席今晚 8 时在中南海怀仁堂正厅召开中央政治局常委会。内容有两个:一、研究《毛泽东选集》第五卷的出版问题;二、研究建造毛主席纪念堂的选址问题。

10 月 6 日中午,经汪东兴同意,我到中南海内外观察动静,察看有无可疑征候。我先从南海走到中海,着重看了中南海大西门到怀仁堂一带;又骑上自行车环绕中南海外围转了一圈,特别对中南海周围的几个制高点,如电报大楼、景山、白塔等处进行了观察,一切如常。回来后,我报告汪东兴:"没有发现异常情况。"汪东兴说,按照计划进行。

10月6日下午3时30分,我受命通知行动小组全体同志,到中南海南楼汪东兴办公室集合,等待接受任务。随后,汪东兴分别对每一个小组进行了动员,下达了粉碎"四人帮"的行动任务。汪东兴说:"党中央已经作出决定,对'四人帮'今晚要采取紧急措施,进行隔离审查。'四人帮'拉帮结派,阴谋篡党夺权,对于这一点,同志们都是早有所闻,比较清楚的。现在情况发展到我们非动手不可的时候了。""这是关系党和国家前途命运的你死我活的斗争,要求你们必须坚决果敢地去完成这次战斗任务,决不能辜负党和人民对我们的重托!"每个行动小组都坚决表示:"保证完成任务!"汪东兴又说:"今晚具体集结时间、集结地点、车辆配备,以及如何相互协调的问题,由武健华同志分别向你们布置交代。"

下午5时,在中南海东八所小会议室,由我主持紧急召开了当晚参加行动的其他一些同志的会议。按照汪东兴的讲话精神,我向参加会议的同志作了政治动员,下达了具体任务,提出了保密要求,同时宣布:今晚6时30分,分别集结到指定位置,听候命令。

下午6时,我赶到中南海南楼汪东兴办公室,汇报了东八所开会的情况。汪东兴说:"你现在就到怀仁堂,先检查一下,不要有任何疏漏。我一会儿就到。"我当即前往怀仁堂,看到行动队员和会场工作人员正在向怀仁堂集结。6时30分,汪东兴也到达怀仁堂。他又对怀仁堂一一进行检查,对有关人员进一步明确任务。

怀仁堂地处中南海的西侧,距中南海西门不过200米。怀仁堂的内部结构主要由5大块组成:进入正南面的大门,迎面有一幅精致的特大雕花屏风,这就是东西狭长的前厅;从前厅两头转弯向后,就是东、西休息室;前厅和东、西休息室中间是舞台和大礼堂;大礼堂北头就是怀仁堂正厅。

5个行动小组准时分别集中到指定位置待命。汪东兴来到执行拘押王洪文、张春桥任务的两个小组,再次进行了鼓励动员,并指示我察看负责江青、姚文元行动小组的情况。

检查完之后,汪东兴回到了中南海怀仁堂正厅。怀仁堂正厅是一个多功能大厅,南向木门打开可与大礼堂成为一体,北向木门敞开又与后花园贯通。往日的正厅独具风韵,但今天这里的布置却与往常不同。汪东兴亲自指示对厅内布置进行了调整。正厅的北侧原来设有一扇大屏风,为了便于隐蔽,利于行动,又在正厅的中门以东由南而北增加了几扇中小型轻便的屏风。沙发一律搬掉。场内摆了一张不大的长条会议桌,在桌子北面为华国锋、叶剑英准备了两把扶手椅。桌子上原有的茶具、文具等全部被撤掉。

晚7时20分,叶剑英来到了怀仁堂。7时40分,华国锋也走进了怀仁堂。稍事停顿,汪东兴对华国锋、叶剑英说:"现在是7时45分了,请你们入席就座吧!"3人一起走进正厅,分别坐定。汪东兴向华、叶副主席指了指正厅的东南小门,加重语气说:"王洪文、张春桥他们就从这里进来。"汪东兴又向西转身说:"我的位置就在这排屏风后面。"接着,汪东兴看了看我,指着场内和小门附近,对华、叶说:"武健华就在这里。他可以里外照应。"

听完汇报后,华、叶微微点头。

"四人帮"被一网打尽,整个行动只用了35分钟

晚7时55分,王洪文来到怀仁堂。他左手提着文件包,挺胸直背、趾高气扬地走向正厅。当他走进小门后,还没来得及吭气,便被两眼放光、威武勇猛的突击队员牢牢地禁锢在离华国锋、叶剑英5米左右的正面。华国锋两臂依托在桌子上,面对王洪文庄严地宣布:"王洪文,你不顾中央的一再警告,继续结帮拉派,进行非法活动,阴谋篡党夺权,对党和人民犯下了不可饶恕的罪行。中共中央决定,对你隔离审查,立即执行。"王洪文惶恐万状,还未及作出反应,就被行动小组扭离现场,戴上铐子,押上了早已准备好的红旗轿车,拘押到隔离室内。

晚7时58分,张春桥跨入怀仁堂大门。他习惯性地沿着礼堂东侧

走廊，由南向北缓步走来。当他迈进正厅后，预伏在小门两侧的突击队员怀着除暴剪恶的强烈使命感快速出击，使不经一击的张春桥泥塑般呆立在华国锋、叶剑英的面前。华国锋目光严峻地宣布了中共中央的决定。决定全文，除改换了名字"张春桥"，其他与对王洪文的宣布别无二致。张春桥自始至终一言不发。华国锋的话音刚落，张春桥立即被戴上铐子，押解上车送往隔离地点。

押送张春桥的车上路后，按照预定方案，我紧急赶到执行处置江青任务的张耀祠处，然后同张耀祠一起来到中南海春藕斋，执行拘押江青的任务。

张耀祠和我率行动小组进入春藕斋正厅后，看见江青背西面东坐在沙发上。行动小组迅即从左右两侧和沙发背后把江青围拢在一个半圆形的中间。江青仍然坐在那里，一副愤怒、凶狠的样子，但铁青可憎的脸上显现出忐忑不安的惊惧。她瞬时又故作镇静，木然地抬起右手扶了一下眼镜，侧着头面向张耀祠和我问道："你们要干什么？"张耀祠以军人姿态站在江青的左前方，威严地说："江青，你不听中央的警告，继续结帮拉派，进行分裂党的活动，阴谋篡党夺权。中共中央决定，对你实行隔离审查，立即执行。"这时江青问："中共中央是什么人决定的？"我叱责道："中共中央是什么人，你难道会不明白？"江青改口说："我是说是什么人指使你们来的？"张耀祠立即明确正告她说："我们是奉华国锋、叶剑英副主席的命令，来实现中央决定的。"因怀仁堂华、叶两副主席还在等待消息，我便一再催促："快，马上离开这里。快走，快走！"江青又问："那我这里的文件呢？"张耀祠说："我们会有人接管的，你把钥匙交出来。"江青说："那不行，这里许多都是中央的机密，我要对党负责。钥匙，我只能交给华国锋。"张耀祠说："那好，你把它装在信封里由我转交。"

江青依然坐在原来的位置上，上身前倾，用铅笔在一张信笺上给华国锋写了一封短信："国锋同志：来人称，他们奉你之命，宣布对我隔离审查。不知是否为中央决定？随信将我这里文件柜上的钥匙转交于你。江青。十月六日。"接着，江青又在一只印有红框的大信封上写下"华国锋同志亲启"几个字,下角还注明"江青托"。江青把钥匙用一张信纸包好,同信一起放进信封里,然后在信封两端粘贴了"密封签",并用手在"密封签"上用力地按压了几下,顺手把信交给了张耀祠。

江青被带到隔离室后,我飞快地赶回怀仁堂,向华国锋、叶剑英、汪东兴报告:"江青已被顺利拘押。"

鉴于王洪文、张春桥、江青已被顺利拘押,汪东兴果断地说:"马上给姚文元打电话。"姚文元接到华国锋让他来怀仁堂参加研究出版《毛泽东选集》第五卷的电话,立即表示:"好的,我马上就到。"

给姚文元打完电话,我来到了正厅外间华国锋、叶剑英、汪东兴那里。华国锋问叶剑英、汪东兴:"还要我们出面吗?"叶剑英说:"免了吧!"华、叶、汪当即决定,由我向姚文元宣布中央的决定。

晚上8时25分,姚文元来到了怀仁堂东休息室。他刚一进门,就被行动小组扭牢,押到了我面前。我站起来,面对姚文元宣读了华国锋的"手令":"中共中央决定,对姚文元实行隔离审查,立即执行。华国锋。"宣读完之后,我又着力喊了一声:"带走!"行动小组把姚文元押到门外,上了铐子,押送到隔离室。

接着,我向华国锋、叶剑英、汪东兴报告,已奉命完成拘押姚文元的任务。此时是1976年10月6日晚8时30分。解决"四人帮"的整个行动过程,只用了35分钟。

"四人帮"被"隔离审查"后,一直拘押在由八三四一部队管辖的地下工程内,直到1977年4月10日奉中央之命移交给公安部秦城监狱关押。

（武健华／撰稿）

3 "两个凡是"的禁锢是如何打破的

纵观人类社会的发展，举凡伟大的社会变革，无不伴随着一场深刻的思想解放运动。思想解放为社会变革充当先导，社会变革为思想解放提供动力。这是由社会发展的自身规律所决定的，是历史的必然。中国的发展也不例外。中共十一届三中全会后，中国走上改革开放的道路，建设中国特色社会主义的事业蓬勃向上，充满活力。中国大地上发生的翻天覆地的变化，最有力地证明了 40 多年前由真理标准问题讨论开启的思想解放运动所蕴含的深远意义。可以断言，如果没有那场深入人心的思想解放运动，也就不可能有正在现代化道路上迅速前进的今日中国。

"两个凡是"的滥觞

"文化大革命"十年，中国经历了一场深重的灾难。"四人帮"的倒台，让从梦魇中醒来的人们看到了希望，也充满了期待。人心思变，盼望国家走出"左"的泥沼，沿着正确的轨道前进。

然而，当时处在党、政、军权力中心的华国锋，全盘继承了毛泽东晚年的思想路线。粉碎"四人帮"后，他提出"抓纲治国"的方针，所谓的"纲"，就是继续搞阶级斗争，对于人民群众最关心的天安门事件平反和邓小平恢复工作这两个问题，却采取消极抵制的态度。他指示中宣部负责人：要集中批判"四人帮"，连带"批邓"；"四人帮"的路线是极右路线，只准批右，不准批"左"；凡是毛主席讲过的、点过头的，都不要批评；天安门事件要避开不谈。这就是后来著名的"两个凡是"的滥觞。

1977 年 1 月中旬，华国锋要求写作班子为其准备的讲话提纲要体现

"两个凡是"的思想。于是,在 1 月 21 日的讲话提纲中出现了"凡是毛主席作出的决策,我们必须维护,不能违反;凡是损害毛主席的言行,都必须坚决制止,不能容忍"的字句。2 月 7 日,《人民日报》、《红旗》杂志、《解放军报》发表由中央理论学习组起草的《学好文件抓住纲》的社论中,提出了"两个凡是"的正式版本:"凡是毛主席作出的决策,我们都坚决维护,凡是毛主席的指示,我们都始终不渝地遵循",并将其作为"抓纲治国"的指导方针。中央宣传口负责人耿飚在讨论社论稿时直言:登这篇文章,等于"四人帮"没有被粉碎。如果按这篇文章的"两个凡是"去办,什么事情也办不成了。但这篇社论由中央批发下来,各报只能照登。5 月 1 日,华国锋发表为《毛泽东选集》第五卷出版而作的长文,强调要继续坚持"无产阶级专政下继续革命"的理论。文章说,"如何对待党内矛盾、党内斗争,是无产阶级专政下继续革命的一个重大问题"。"在社会主义时期,无产阶级革命的敌人不但在党外,而且也在党内"。

此前此后接二连三地发生的一些事,让人感到早春时节的阵阵寒意。

"两个凡是"成了判断一切是非的信条

1977 年 1 月 8 日,是周恩来逝世 1 周年纪念日,成千上万的首都群众再次涌向天安门广场,表达对周恩来的怀念。而主管宣传的中央副主席汪东兴却给《人民日报》规定:不准发社论,只准发四五篇纪念文章,不准老同志用个人名义写回忆文章,不准提周恩来是"伟大的马克思主义者",不准周恩来的纪念展览对外开放。还说,对周恩来的评价不能超过悼词,因为悼词是毛主席审查过的。

北京的十几个青年在长安街上刷写大标语,要求邓小平出来工作,要求为天安门事件平反。当时的北京市罗织罪名,逮捕了领头的李冬民。二三月间,华国锋接连批发了中共中央 5 号、6 号文件及国务院 30 号文件,规定对写此类内容大字报、大标语的人要坚决逮捕法办。

《红旗》杂志向中央请示,对张春桥的《论对资产阶级的全面专政》和姚文元的《论林彪反党集团》两篇文章是否可以点名批判,汪东兴批示:"这两篇文章是经过中央和伟大领袖和导师毛主席看过"的,只能"不点名"批判文内的错误观点。

3月的中央工作会议召开之前,华国锋就给各小组召集人打招呼,希望大家在发言中不要触及天安门事件平反问题和邓小平出来工作问题。陈云、王震不为所动,在会议上提出让邓小平"重新参加党中央的领导工作"。陈云为此还在会议上作了书面发言。叶剑英、李先念也曾表达过同样的愿望。起草报告时,叶剑英多次提出,要对邓小平的提法写得好一点,以利于他快一点出来工作;天安门事件是个冤案,必须平反。然而华国锋并没接受这些正确意见,他在会议上说:"批邓、反击右倾翻案风"是"伟大领袖毛主席决定的,批是必要的。粉碎'四人帮'后,中央决定当时要继续提'批邓、反击右倾翻案风'的口号,这是经过反复考虑的"。"如果我们急急忙忙让邓小平出来工作,就可能上阶级敌人的当,就可能把揭批'四人帮'的斗争大局搞乱,就可能把我们推向被动的地位。""群众在清明节到天安门,表示自己对周总理的悼念之情,是合乎情理的",但"确有极少数反革命分子制造了天安门广场的反革命事件"。并且重申:"凡是毛主席作出的决策,都必须维护;凡是损害毛主席形象的言行,都必须制止。"由于一些人的阻挠,陈云的发言居然没有登上会议简报。

毛泽东以其卓越的领导才能和崇高威望,赢得了中国人民的信仰,但也由此滋生了对领袖的个人崇拜甚至是迷信。几十年来,中国人早已习惯于把毛泽东的话当作最高准则,当作判断一切是非的标准。毛泽东晚年所犯的错误,既有他个人的主观因素,也与这种社会心态有着密切的关联。坚持"两个凡是"的人想继续利用人们的这种心理,巩固自己的权力基础。

邓小平说:"两个凡是"不行,"两个凡是"是错误的

处在十字路口的中国,面临着何去何从的选择。然而,中国要前进,就必须打破把毛泽东的话作为判断一切是非标准的神学信条。中国要前进,就必须打破"两个凡是"的精神枷锁。在关系中国前途命运的历史性

时刻,尚未复出的邓小平,再次展示了伟大革命家、战略家的品格和胆略。

1977 年 3 月的中央工作会议召开后不久,邓小平对前来看望他的中央办公厅的两位负责人说:"两个凡是"不行。按照"两个凡是",就说不通为我平反的问题,也说不通肯定 1976 年广大群众在天安门广场的活动"合乎情理"的问题。在 1977 年 4 月 10 日写给党中央的信中,他提出,"必须世世代代地用准确的完整的毛泽东思想来指导我们全党、全军和全国人民"。所谓"准确""完整",就是强调要把毛泽东思想作为一个科学的理论体系看待,强调着重掌握贯穿其中的科学观点和科学方法,而不是搞断章取义和"句句是真理"。"准确的完整的毛泽东思想"概念的提出,为批判"两个凡是"提供了有力的理论武器。华国锋派人与邓小平谈话,提出要邓小平出来之前写个文件,写明"天安门事件是反革命事件",邓小平一口回绝:"我出不出来没有关系,但天安门事件是革命行动。"5 月 24 日,邓小平对王震、邓力群明确指出,"两个凡是"是错误的。邓小平说:毛泽东同志说,他自己也犯过错误。一个人讲的每一句话都对,一个人绝对正确,没有这回事情。马克思、恩格斯没有说过"凡是",列宁、斯大林没有说过"凡是",毛泽东同志自己也没有说过"凡是"。

在 7 月召开的中共十届三中全会上,恢复了邓小平的职务。他在全会闭幕时发言,进一步阐述了完整地、准确地理解毛泽东思想的问题,强调不能够只从个别词句来理解毛泽东思想,要善于学习、掌握和运用毛泽东思想的体系来指导我们的各项工作,这样才不至于割裂、歪曲毛泽东思想。他还提出,要恢复实事求是的优良传统,要创造既有统一意志又有个人心情舒畅的生动活泼的政治局面。"什么问题都可以摆到桌面上来,对领导人有意见,也可以批评。"

在毛泽东逝世 1 周年之际,聂荣臻、徐向前、陈云、张鼎丞等老一辈革命家纷纷撰文纪念。他们在文章中响应邓小平的主张,强调要用科学的态度对待毛泽东思想。聂荣臻指出:我们的一切正确思想,归根结底,只能从实践中来,从实际经验中来,并且必须回到实践中去,通过实践的检验。陈云也在文中写道:实事求是不是一个普通的作风问题,而是马克思主义唯物主义的根本思想路线问题。

全党都在思索如何冲破"两个凡是"的思想迷障，
胡耀邦走在了最前沿

中共十一大没能从指导思想上完成拨乱反正的历史任务，华国锋在政治报告中仍坚持"以阶级斗争为纲"和"无产阶级专政下继续革命"的错误理论，在宣告"文化大革命"已经结束的同时，不仅全盘肯定"文化大革命"，而且坚持"资产阶级就在共产党内"等错误观点，甚至说像"文化大革命"这种性质的政治大革命"还要进行多次"。

这表明，纠正毛泽东晚年"左"的错误的阻力依然强大，更加激烈的思想交锋还在后面。但表面平静的冰层下，是不断聚积能量的涌动着的春潮。

坚持"两个凡是"的人没有自己的理论，他们所坚持的，是毛泽东晚年"左"的错误理论。问题是他们打着毛泽东的旗号，表现出维护毛泽东的姿态，具有相当的迷惑性。理论上的争论，还得回归到理论上去解决。如何冲破"两个凡是"的思想迷障，全党同志都在思索，如聂荣臻已经在自己的文章中提出实践是检验思想的标准问题。而走在理论探索最前沿的，是当时担任中央党校副校长的胡耀邦。

1977年3月，胡耀邦受命出任中央党校副校长。1977年底，在中央党校学习和工作的1000多名高中级干部在研究"文化大革命"以来的党史问题时，提出了不少现实中和理论中的难题。胡耀邦听取汇报后，让大家解放思想，突破禁区，大胆研究。他提出两条原则："一个是完整、准确地运用毛泽东思想的问题，一个是实践是检验真理的标准问题。"判断路线是非、思想是非、理论是非的标准问题逐渐明朗化了。他还亲自创办了一份内部刊物《理论动态》，专门刊登对一些敏感问题进行探讨的理论文章。刊物的第1期就送给了邓小平，并得到邓小平的首肯。

1977年10月，南京大学哲学系教师胡福明给《光明日报》寄来一篇题为《实践是检验真理的标准》的稿件。报社理论部对文章作了多次修改，准备在哲学专刊发表。1978 年 4 月上旬，正在中央党校学习的《光明日报》新任总编辑杨西光看到清样，说："这是一篇重要文章，放在哲学版，可惜了。"他提议作者进一步修改，加强现实针对性，并约请正在写同一主题文章的中央党校理论研究室的孙长江，共同研讨修改。文章经过反复修改，由孙长江定稿，定名为《实践是检验真理的唯一标准》。杨西光与中央党校哲学教研室主任吴江商定，为扩大文章影响，先在《理论动态》上发表，第二天再由《光明日报》公开见报。吴江就此请示胡耀邦，得到胡耀邦的批准。胡耀邦亲自审定了全文，于 5 月 10 日刊登在中央党校内部刊物《理论动态》上。11 日，《光明日报》以特约评论员名义公开发表此文。

文章重申了实践是检验真理的唯一标准这个马克思主义认识论的基本原理，强调理论与实践相统一是马克思主义的最基本原则，一个理论是否正确地反映了客观实际，是不是真理，只能靠社会实践来检验。马克思主义理论的宝库并不是一堆僵死不变的教条，它在实践中不断增加新的观点、新的结论，抛弃那些不适合新情况的个别旧观点、旧结论。我们要完成中国共产党在新时期的总任务，面临着许多新问题，需要我们去认识、去研究，躺在马列主义、毛泽东思想的现成条文上，甚至拿现成的公式去限制、宰割、裁剪无限丰富的飞速发展的革命实践，是错误的。我们要有共产党人的责任心和胆

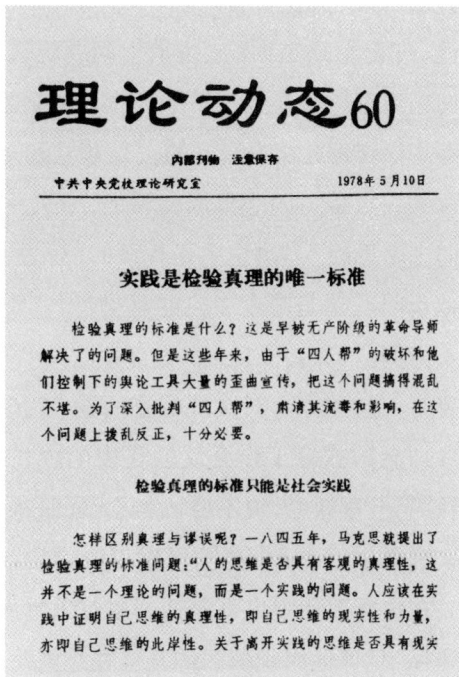

1978 年 5 月 10 日，中央党校内部刊物《理论动态》上发表的《实践是检验真理的唯一标准》

略,研究生动的实际生活,要研究现实的确切的事实,研究新的实践中提出的新问题。只有这样,才是对待马克思主义的正确态度,才能逐步前进。文章还尖锐地指出,"四人帮"加在人们身上的精神枷锁还远没有被完全粉碎,对"四人帮"设置的禁区"要敢于去触及,敢于去弄清是非"。

文章发表的当天下午,新华社立即向全国播发。第二天,全国的主要报纸纷纷转载。尽管文章所阐述的,是马克思主义的基本观点,但批判的锋芒直指"两个凡是",反映了广大人民群众的心声,引起了强烈的社会反响。

坚持"两个凡是"的人坐不住了,一场轩然大波由此而起。

"两个凡是"引起的轩然大波

1978 年 5 月 12 日,毛泽东著作编辑出版委员会办公室的一位领导打电话给《人民日报》总编辑,对文章作了激烈的批评,说犯了方向性错误,理论上是错误的,政治上问题更大,很坏很坏,是向马列主义开战,向毛泽东思想开战。13 日,《红旗》杂志的主编打电话给新华社社长,说新华社转发此文是错误的,"新华社和《人民日报》犯了错误"。18 日,汪东兴在宣传口的小范围会议上,点名批评这篇文章"实际上是把矛头指向主席思想","理论上是荒谬的,思想上是反动的,政治上是砍旗帜的"。他责问:"这是哪个中央的意见?!""要查一查,接受教训,统一认识,下不为例。""《人民日报》要有党性,中宣部要把好关。"他还指示,《红旗》要"一花独放",对真理标准问题"就是不表态"。中宣部部长马上找来参加全国教育工作会议的代表团团长(各省主管文教的书记和宣传部长)召开座谈会,说不要认为《人民日报》登了,新华社发了,就成了定论。大家可以看看,小范围可以议论议论,发表不同意见。6 月 15 日,汪东兴在中宣部和中央直属新闻单位负责人会议上讲话,又几次点名批评胡耀邦,批评他组织撰写的几篇特约评论员文章,说这些文章"不好","有问题"。

7 月,汪东兴在山东视察工作期间提出:一不要砍旗,二不要丢刀子,三不要来一百八十度的大转变。他还说，"文化大革命"的成绩是主要的，不能否定。1978 年 5 月，党中央决定《中国青年》杂志复刊。在 9 月出版的第 1 期上，刊登了天安门事件中的一些诗词和一位参与者的文章，受到汪东兴的严厉批评，杂志被扣压，不准发行。汪东兴召集团中央负责人和《中国青年》杂志组长以上干部开会时，不仅严厉地批评复刊号的内容，还批评杂志社没有通过他直接向中央写信的行动。他又以华国锋在 1977 年 3 月中央工作会议上关于天安门事件不能翻案的讲话，批评《中国青年》杂志刊登的文章不符合华主席讲话的精神，要求有关文章要考虑重新改动。10 月 7 日，《人民日报》发表由胡耀邦组织撰写的文章《把被"四人帮"颠倒了的干部路线是非纠正过来》，提出平反冤假错案问题。在一个多月内收到群众来信上万封，表示支持。中组部部长郭玉峰说："这篇文章是大毒草"，并且扬言"这不是我一个人的意见，是中央领导同志的意见"。

一时间，来自坚持"两个凡是"的人的责难甚嚣尘上，胡耀邦等人面临着巨大的政治压力。用他自己的话说，"那个时候的局面也确实不太明朗"。

邓小平第一个表明态度

关键时刻，又是邓小平在中央领导人中第一个表明了自己对待这场争论的态度。邓小平后来说："《光明日报》登了一篇文章，一下子引起那么大的反应，说是'砍旗'，这倒进一步引起我的兴趣和注意。"这个时候，在中央军委秘书长罗瑞卿的直接领导下，全军政治工作会议正在加紧筹备。在筹备全军政治工作会议的过程中，也出现了不同的意见。当邓小平得知有人不同意会议文件中某些符合实际的新提法的情况后，当即指出，这是一种思潮，我一定要讲话。1978 年 5 月 30 日，邓小平在同胡乔木等几位负责人谈准备在全军政治工作会议上讲话内容的问题时说：现在发生了一个问题，连实践是检验真理的标准都成了问题，简直是莫名其妙！他还敏锐地指出：只要你讲话和毛主席的不一样，和华主席的不一样，就不行。这不是一种孤立的现象，这是当前一种思潮的反映。他明确提出，我这次会议的总结发言，准备讲三个问题：第一个问题，就是要讲实事求是是毛泽东思想的根本态度、根本观点、根本方法。着重讲第一个问题。毛泽东思想最根本的、最重要的东西就是实事求是。

6月2日，邓小平在全军政治工作会议上发表讲话，着重阐述了实事求是是毛泽东思想的出发点、根本点的问题。他批评有些同志天天讲毛泽东思想，却往往忘记、抛弃甚至反对毛泽东同志的实事求是、一切从实际出发、理论与实践相结合这样一个马克思主义的根本观点、根本方法。"不但如此，有的人还认为谁要是坚持实事求是，从实际出发，理论和实践相结合，谁就是犯了弥天大罪。他们的观点，实质上是主张只要照抄照搬就行了。要不然，就说这是违反了马列主义、毛泽东思想，违反了中央精神。他们提出的这个问题不是小问题，而是涉及到怎么看待马列主义、毛泽东思想的问题。"他强调说，马列主义、毛泽东思想的基本原则，我们任何时候都不能违背，这是毫无疑问的。但是，一定要和实际相结合，要分析研究实际情况，解决实际问题。他号召人们打破精神枷锁，"使我们的思想来个大解放"。邓小平的这篇讲话，作为中央文件印发全党。

尔后，邓小平多次批评"两个凡是"的错误观点。7月21日，邓小平同中宣部部长谈话，严肃指出：不要再"下禁令""设禁区"了，不要再把刚刚开始的生动活泼的政治局面向后拉。8月19日，邓小平在接见文化部负责人时说：《实践是检验真理的唯一标准》，我说这是马克思主义的文章，是驳不倒的。我在全军政治工作会议上讲了，同意这个观点和文章。22日，邓小平把胡耀邦叫到家中，给予鼓励和赞扬：你们《理论动态》，班子很不错啊！你们的一些同志很读了些书啊！不要搞散了，这是个好班子。还说，原来没有注意这篇文章，后来听说有不同意见，就看了一下，这篇文章是马克思主义的。争论不可避免，争得好，根源就是"两个凡是"。9月，邓小平视察东北，在听取吉林省委汇报工作时尖锐地指出："怎么样高举毛泽东思想旗帜，是个大问题。现在党内外、国内外很多人都赞成高举毛泽东思想旗帜。什么叫高举？怎么样高举？大家知道，有一种议论，叫做'两个凡是'，不是很出名吗？凡是毛泽东同志圈阅的文件都不能动，凡是毛泽东同志做过的、说过的都不能动。这是不是叫高举毛泽东思想的旗帜呢？不是，这样搞下去，要损害毛泽东思想。"在听取辽宁省委汇报时，他又说："两个凡是"的观点是不正确的，如果毛泽东在世也肯定不能同意。

真理标准问题讨论的深入开展

邓小平的一系列重要讲话，有力地推动了真理标准问题讨论的深入开展。全军政治工作会议后，中央军委秘书长罗瑞卿指示《解放军报》说，小平同志的讲话太好了，《实践是检验真理的唯一标准》是篇好文章，要想办法再发好文章，你们要投入这个战斗，跟《光明日报》并肩作战。在他的支持下，《解放军报》于1978年6月24日发表由吴江撰写的特约评论员文章《马克思主义的一个最基本的原则》。文章批判了林彪、"四人帮"对理论与实践关系的根本颠倒，论述了理论指导实践的过程同时也就是检验真理，理论得到补充、纠正、丰富和发展的过程，指出对不可知论、怀疑论及其他哲学怪论最有力的驳斥是实践，从理论上回答了一些人对坚持"实践是检验真理的唯一标准"的指责。为了这篇文章，罗瑞卿曾多次与胡耀邦电话联系，征求他的意见。在去德国治疗腿疾时，罗瑞卿对送行的《解放军报》负责人说："那篇文章，可能有人反对，我负责，打板子打我。"此前的6月16日，《人民日报》也发表了邢贲思的文章《关于真理的标准问题》。随后，又有一系列关于真理标准问题的文章问世，真理标准讨论开始走向深入。

与此同时，坚持"两个凡是"的人控制的《红旗》杂志也受到强有力的冲击。10月下旬，谭震林给《红旗》杂志送来一篇纪念毛泽东同志诞辰85周年的文章，其中专门谈了真理标准问题。《红旗》杂志总编辑提出要删去这段文字。谭震林不仅没有删掉，反而在修改时加重了分量。他告诉编辑部来人："这篇文章我想了两个月，想出了两句话：凡是实践证明是正确的，就要坚持；凡是实践证明是错误的，就要改正。"《红旗》

杂志负责人不敢定夺,文稿被送给中央政治局常委审阅。邓小平批示:我看这篇文章好,至少没有错误。如《红旗》不愿登,可转《人民日报》登。为什么《红旗》不卷入?应该卷入。可以发表不同观点的文章。看来不卷入的本身可能就是卷入。李先念批示:我看了这篇文章。谭震林同志讲的是历史事实,应该登,不登《红旗》太被动了,《红旗》已经很被动了。这篇文章最终在《红旗》杂志上原样刊出。

老一辈革命家叶剑英、陈云、聂荣臻、徐向前等都表态支持展开真理标准讨论。李先念在1978年9月的国务院务虚会上指出,实践是检验真理的标准是正确的,这是我们一向坚持的观点。

真理标准的大讨论得到各省、自治区、直辖市党委的支持。地方上最早表态的是黑龙江、新疆、辽宁。《实践是检验真理的唯一标准》发表后,黑龙江省委在第一书记杨易辰主持下召开会议讨论真理标准问题,明确表示完全赞同文章阐述的实践是检验真理的唯一标准的观点,并强调要解放思想、实事求是地对待历史问题。邓小平视察东北之后的一个半月内,浙江、江西、河北、青海、宁夏、内蒙古、四川、湖北、天津、江苏、广西、贵州等省、自治区、直辖市负责人,军队各总部、各大军区负责人,纷纷发表文章和谈话,表示了支持的态度。

理论界也不再沉默。1978年下半年,理论界和社会科学界的专家学者召开了大小几十次座谈会、研讨会,撰写和发表了一大批阐述真理标准问题、批评"两个凡是"的文章。到1978年底,中央及省级报刊刊登的关于真理标准讨论的专题文章达到600多篇。

真理标准问题讨论的热潮迅速席卷全国,力量对比的天平已经明显地不利于坚持"两个凡是"的人。真理标准大讨论的开展,给全党吹响了思想解放的进军号,为随后召开的中央工作会议和中共十一届三中全会奠定了思想基础。

华国锋、汪东兴为"两个凡是"作检讨

1978年11月10日,中央工作会议在北京召开。与一年前的中央工

作会议相比,这次会议的基调截然不同。上次会议让人感到沉闷、压抑,这次会议则气氛活跃,洋溢着思想解放的精神。

根据邓小平的提议,原本计划讨论经济问题的会议增加了一项议程,首先讨论全党工作重点转移的问题,也就是把工作重点从"以阶级斗争为纲"转移到现代化建设上来。这实质上是党的政治路线的转变。要顺利实现这一转变,必然触及真理标准讨论问题和如何处理历史遗留问题。11月12日,陈云在东北组发言,提出要为天安门事件,薄一波等61人"叛徒集团"案件,彭德怀、陶铸、王鹤寿等冤假错案彻底平反,得到大多数与会者的赞同。真理标准讨论也成为议论的热点。邓颖超在发言中说:"实践是检验真理的唯一标准问题,是一个重大问题,我们每个人应当表明自己的立场、观点,旗帜要鲜明。"徐向前说:"这个问题不搞清楚,对我们的工作影响很大,它关系到我们究竟执行什么路线的问题,马列主义、毛泽东思想要丰富、要发展,不能把革命导师的每句话不变地照搬。"万里说:这场争论已经公开化了。这是党的一场严肃的政治斗争,是关于如何按照马列主义、毛泽东思想搞四化的斗争,不只是一个理论之争。

会议期间,经中央政治局批准,北京市委于11月15日宣布:1976年清明节,广大群众到天安门广场沉痛悼念敬爱的周总理、愤怒声讨"四人帮"完全是革命行动。对于悼念周总理、反对"四人帮"而受到迫害的同志要一律平反,恢复名誉。消息传开,人们奔走相告,纷纷走上街头,表达自己的喜悦心情。《人民日报》也发表长篇文章,公布了"天安门事件"的真相。

在这次中央工作会议上,坚持"两个凡是"的人陷入完全的被动。华国锋、汪东兴为此作了检讨。华国锋承认,提出"两个凡是"是不妥的。他说:"去年3月的中央工作会议中关于'凡是毛主席作出的决策,都必须维护;凡是损害毛主席形象的认识论,都必须制止',这些话说得绝对了。去年2月7日中央两报一刊《学好文件抓住纲》的社论中,也讲了'凡是毛主席作出的决策,我们都坚决维护,凡是毛主席的指示,我们都始终不渝地遵循',这'两个凡是'的提法就更加绝对,更为不妥。在不同程度上束缚了大家的思想,不利于实事求是地落实党的政策,不利于活跃党内的思想。当时对这两句话考虑得不够周全,现在看来,不提'两个凡是'就好了。"

12月13日,邓小平在闭幕会上作《解放思想,实事求是,团结一致向前看》的著名讲话。邓小平充分肯定了真理标准讨论的深刻意义,指出:"目前进行的关于'实践是检验真理的唯一标准'问题的讨论,实际上也是要不要解放思想的争论。大家认为进行这个争论很有必要,意义很大。从争论的情况来看,越看越重要。一个党,一个国家,一个民族,如果一切从本本出发,思想僵化,迷信盛行,那它就不能前进,它的生机就停止了,就要亡党亡国。"他强调:"解放思想是当前的一个重大政治问题。""不打破思想僵化,不大大解放干部和群众的思想,四个现代化就没有希望。""只有解放思想,坚持实事求是,一切从实际出发,理论联系实际,我们的社会主义现代化建设才能顺利进行,我们党的马列主义、毛泽东思想的理论也才能顺利发展。从这个意义上说,关于真理标准问题的争论,的确是个思想路线问题,是个政治问题,是个关系到党和国家的前途和命运的问题。"

中共十一届三中全会的召开及其深远影响

1978年12月18日,具有历史转折意义的中共十一届三中全会在北京召开,重新确立了解放思想、实事求是的思想路线,实现了党和国家工作重心的战略转移。全会对真理标准讨论作出高度评价,向全党和全国人民提出,要解放思想,努力钻研新情况、新事物、新问题,坚持实事求是、一切从实际出发、理论联系实际的原则。中国结束了"文化大革命"后的两年徘徊,走进改革开放和社会主义现代化建设新时期。在这次会议后,邓小平实际上已经成为党的中央领导集体的核心。

以真理标准讨论为发端的思想解放运动,使人们彻底摆脱了"两个凡是"的禁锢,蕴藏在人民群众中的积极性和创造力如岩浆一样迸发出来。改革大潮在中国大地上涌动,势不可当。

端正思想路线,把解放思想与实事求是一致起来。1979年1月到4月,中央在北京召开理论工作务虚会。3月30日,邓小平在《坚持四项基本原则》的讲话中提出,必须在思想政治上坚持四项基本原则。他对作为理论体系的毛泽东思想与毛泽东个人晚年的错误作了科学的区分,强调指出:中国反帝反封建革命经历过无数次悲惨的失败,是毛泽东思想才使中国人民找到正确的革命道路。这一系列伟大的胜利不但根本改变了中国的命运,也改变了世界的形势。毛泽东的一生为中国人民作出了不朽的贡献,我们能在今天的国际环境中着手进行四个现代化建设,不能不铭记毛泽东的功绩。毛泽东同任何别人一样,也有他的缺点和错误。在分析他的缺点和错误的时候,我们当然要承认个人的责任,但是更重要的是要分析历史的复杂的背景。只有这样,我们才是公正地、科学地也就是马克思主义地对待历史、对待历史人物。会议要求继续解放思想,坚持实事求是,把解放思想同坚持四项基本原则一致起来。这就确保思想解放沿着正确的方向前进。

大力平反冤假错案,妥善解决历史遗留问题。胡耀邦接任中央组织部部长后,首先抓住广大群众最关切的平反冤假错案工作,作为组织路线方面拨乱反正的突破口,冲破"两个凡是"的束缚,按照实事求是、有错必纠的原则,进行大量深入的调查研究,在全国范围内积极稳妥地开展了大规模平反冤假错案、落实政策的工作。继"天安门事件"平反之后,彭德怀、陶铸、薄一波、刘澜涛等在"文化大革命"中蒙受冤屈的老一辈革命家得到平反昭雪。1980年2月,党中央作出为刘少奇平反的决议,"文化大革命"中最大的冤案被彻底推翻。在中共十一届三中全会后的两年中,全国有300多万名干部的冤假错案得到平反和纠正,47万多名中共党员恢复了党籍,54万名"右派"得到改正,数以千万计受株连的干部群众得到解脱。1979年1月,中央决定给地主富农分子摘帽,又使至少2000万人结束了长期受歧视的生活。社会关系的调整进一步理顺了民心,大大增强了全社会的凝聚力。

开展经济体制改革,促进国民经济的恢复与发展。经济体制的改革首先在农村取得突破性进展。安徽、四川两省率先进行改革农业管理体制的探索，制定了有利于农民休养生息、恢复和发展农业生产的政策，收到显著效果。1980年起，以"包产到户"为主要内容的农业生产责任制全面推开。与此同时，随着中央《关于加快工业发展若干问题的决定》（简称"工业三十条"）的出台，各地抓紧企业整顿，取得初步成效。1979年4月，针对"洋跃进"造成国民经济比例严重失调等问题，中央在北京召开工作会议，确定"调整、改革、整顿、提高"的八字方针，同时对经济体制改革的方向、步骤作了原则规定。邓小平最早提出建立经济特区的思想。1979年4月中央工作会议期间，他对广东省委主要负责人说：可以划出一块地方，叫特区。陕甘宁就是特区嘛，中央没有钱，要你们自己搞，杀出一条血路来。1979年7月，党中央和国务院正式批准对广东、福建两省对外经济活动实行特殊政策和优惠措施，在深圳、珠海、汕头、厦门建立经济特区。经济体制全面改革的格局初步显现。

探索政治体制改革，加强民主法制建设。1980年8月，邓小平在政治局扩大会议上作《党和国家领导制度的改革》的讲话，提出建设有中国特色的社会主义民主政治的系统构想。党中央制定《关于党内政治生活的若干准则》等一系列法规文件，废除领导干部终身制，加强党风廉政建设，保障党内民主生活的健康开展。1979年2月，全国人大常委会决定设立法制委员会。1980年1月，党中央决定成立中央政法委员会。一大批法律法规先后出台，民主法制建设逐步走上正轨。

四十多年过后，回望我们走过的民族复兴之路，几乎每一步都打着思想解放的鲜明烙印。思想解放最伟大的历史功绩，是用科学取代愚昧，用民主取代专制，深刻改变了中华民族的精神面貌，激发出广大人民群众的积极性和创造性，给中国特色社会主义事业带来无尽的生机和活力。

（于化民／撰稿）

4 邓小平推动冤假错案的平反

十年的"文化大革命",从共和国主席刘少奇到各级领导干部都蒙受了巨大的灾难。再往前推,从 20 世纪 50 年代中后期起,阶级斗争扩大化的"左"的错误逐渐支配了国家正常的政治生活,接连不断的政治运动制造了大量的冤假错案。到"文化大革命"结束时,被立案审查的干部占干部总数的 17%,有 75% 的中央副部级和地方副省级以上的高级干部被立案审查,受到各种形式伤害和株连的人数高达 1 亿人。邓小平第三次复出后,为推动冤假错案的平反工作,付出了艰辛的努力。

率先批评"两个凡是",为平反冤假错案扫清政治障碍

粉碎"四人帮"后,中共中央开始拨乱反正。平反"文化大革命"遗留下来的冤假错案,成为广大干部群众最为关切的问题。

当时的中共中央主要领导人,不敢触及毛泽东晚年的错误,更缺乏彻底纠正"文化大革命"错误的胆识,想在不触及"左"的根本性错误的情况下,把全党全国人民的注意力转到国民经济建设上来,推行了一条"抓纲治国"的路线。这条路线反映在平反冤假错案问题上畏首畏尾,顾虑重重,担心会"有损我们的旗帜",会影响毛泽东的形象,会带来社会的不稳定,在强调一切服从"抓纲治国"战略决策的前提下,给平反冤假错案设置了种种障碍和禁区。

1976 年 12 月 5 日,中共中央发出通知,指出:凡纯属反对"四人帮"的人和案件应给予彻底平反。凡不是纯属反对"四人帮",而有反对毛主席、反对党中央、反对"文化大革命"罪行的人绝不允许翻案。这就延续

了以抓阶级斗争搞安定的传统做法。在"纯属"的限定下，平反的主要是案情简单、牵扯面不广的一般性错案，这就使这项头等重要的拨乱反正任务搁在"落实政策"的层面上。由于政治上一系列重要原则不能澄清，对全国有影响的大案、要案的复查和平反工作提不上中央的议事日程，数千万人背着各种各样的政治包袱。民心不顺，党心不顺，严重影响了历史新局面的开拓。

1977年2月7日，《人民日报》、《红旗》杂志、《解放军报》发表了经华国锋批准的社论《学好文件抓住纲》，公开提出"凡是毛主席作出的决策，我们都坚决维护，凡是毛主席的指示，我们都始终不渝地遵循"（后被称为"两个凡是"）。"两个凡是"的提出，成为平反冤假错案的政治障碍。

这时，党内外要求纠正"文化大革命"的错误、彻底平反冤假错案的呼声，首先集中在要求邓小平重返党和国家领导岗位和为天安门事件平反的问题上。当时，这两个问题隐含着更深的含意：前者代表着要求在"文化大革命"中被打倒的大批老干部重新出来工作的正义呼声，后者反映了要求为数以百万计的冤假错案平反昭雪的强烈愿望。

在这两个问题上的斗争在1977年3月的中央工作会议上集中地爆发出来了。对邓小平复出和为天安门事件平反这两件事，华国锋在中央工作会议上的讲话中说："最近一个时期，在党内和群众中围绕着邓小平同志的问题和天安门事件的问题有不少议论。在这样一些问题上，我们要站得高一些，看得远一些，要有一个根本的立足点，问题就能正确地、妥善地解决；离开了这个立足点，就会引起思想混乱，不但妨碍问题的解决，而且会给敌人以可乘之机。"

华国锋认为，"邓小平同志的问题应当正确地解决，但是要有步骤，要有一个过程。中央决定当时要继续批邓、反击右倾翻案风的口号，这是经过反复考虑的。""中央政治局的意见是，经过党的十届三中全会和党的第十一次代表大会，正式作出决定，让邓小平同志出来工作，这样做比较适当。"

关于天安门事件的问题，华国锋说："在'四人帮'迫害敬爱的周总理，压制群众进行悼念活动的情况下，群众在清明节到天安门去表示自己对周总理的悼念之情，是合乎情理的。这时候，确有极少数反革命分子把矛头指向伟大领袖毛主席，乘机进行反革命活动，制造了天安门广场反革命事件。但是应当肯定，当时去天安门广场的绝大多数群众是好的，是悼念周总理的，其中许多人是对'四人帮'不满的，反对的。不能把他们，包括纯属反对'四人帮'而被拘捕过的群众，说成是参加了天安门广场的反革命事件。在粉碎'四人帮'以后，中央已于1976年12月5日发出通知：凡纯属反对'四人帮'的人，已拘捕的，应予释放；已立案的，应予销案；正在审查的，解除审查；已判刑的，取消刑期予以释放；给予党团籍处分的，应予撤销。应该说，这方面的实际问题已经解决了。"

最后，华国锋说："总之，中央在解决邓小平同志和天安门事件的问题中，是坚定地站在维护毛主席的伟大旗帜这个根本立足点上的，是坚持了毛主席的路线和方针的，如果不这样做，就会发生有损我们旗帜的问题。全党全军全国各族人民，在揭批'四人帮'的斗争中，一定要注意，凡是毛主席作出的决策，都必须维护；凡是损害毛主席形象的言行，都必须制止。"

党内外围绕邓小平复出和天安门事件问题的争论和斗争，引起了邓小平的极大关注。邓小平关注的不是个人的荣辱得失和职务进退，而是党和国家的前途和命运。"两个凡是"的观点一提出，邓小平便洞悉了它的本质。1977年4月10日，他致信华国锋、叶剑英和中共中央，指出："我们必须世世代代地用准确的完整的毛泽东思想来指导我们全党、全军和全国人民，把党和社会主义事业，把国际共产主义运动的事业，胜利地推向前进。"

这封信发出不久，汪东兴和李鑫代表中央办公厅去看望邓小平，希望他改变信中"准确的""完整的"提法，并就天安门事件等问题表态，以便重新参加中央领导工作。邓小平坚决地拒绝了。他说，"两个凡是"不行！并且坚定地表示：我出来不出来没有关系，天安门事件是革命行动。

5月3日，中共中央发出文件，向全党转发了邓小平4月10日和1976年10月10日两次写给中央的信。

1977年5月24日，邓小平在同王震、邓力群谈话时，一针见血地指出了"两个凡是"对平反冤假错案的影响。他说：按照"两个凡是"，就说不通为我平反的问题，也说不通肯定1976年广大群众在天安门广场的活动"合乎情理"的问题。他还指出："两个凡是"不符合马克思主义。他说：马克思、恩格斯没有说过"凡是"，列宁、斯大林没有说过"凡是"，毛泽东同志自己也没有说过"凡是"。一个人讲的每句话都对，一个人绝对正确，没有这回事情。

在老一代革命家的不断呼吁下，在党内外群众日益强烈的要求下，同时也体现了华国锋所说的"水到渠成"的时间表，邓小平复出的问题开始明朗化了。7月，中共中央召开了十届三中全会，决定恢复邓小平的党和国家领导职务。

复出伊始，着力推进平反冤假错案工作

平反冤假错案是一项极为复杂、艰难的工作，每前进一步都会遇到种种阻力和障碍。邓小平复出后，面对复杂的情况，区别不同的对象，采取不同的步骤，先易后难，先小案，后大案、要案，做了大量的工作，一步步推动了平反冤假错案的深入进行。

早在1975年邓小平主持中央工作时，就曾对历史冤案进行过一些清理工作。他曾根据毛泽东要尽快让老干部出来的指示，协助周恩来解放了一大批老干部。当年3月25日，他在国务院全体会议上指出："平反工作要真正搞起来也快，要一批一批地搞，不要一个一个地搞。弄错了就要立即平反。"这一年，他为在"文化大革命"中含冤逝世的广州军区原副司令员文年生昭雪了冤情。他为中国青年艺术剧院原副院长、中国实验话剧院原副院长兼总导演，孙炳文烈士的女儿，周恩来、邓颖超的养女孙维世平反。他还为原国民党军队空军上尉参谋，1946年6月驾机起义，曾任解放军空军第一航校校长、空军军事训练部副部长、国防委员

会委员,"文化大革命"中被迫害致死的刘善本平反昭雪。但是,随着他第三次被打倒,平反工作中途夭折了,而且在"批邓、反击右倾翻案风"中又产生了一些新的冤案。

就在邓小平第三次复出前夕,林伯渠的女儿林利、林秉元给他写了一封申诉信,诉说了"文化大革命"期间林彪、"四人帮"诬蔑、诽谤林伯渠,打击和迫害其亲属的情况。邓小平认为,林伯渠的历史是清楚的,为他平反昭雪应该不会遇到太大的阻力。中共十届三中全会结束刚两天,1977 年 7 月 25 日,邓小平就在申诉信上批示:"华、叶核阅后,请东兴同志考虑。"这是邓小平复出后关于平反冤假错案作出的第一个批示。

8 月 2 日,卫生部中医研究院党委副书记沙洪致信邓小平,请求帮助解决张子意住院治病问题。邓小平批示:"这个老同志应予照顾,可安排住 301 治病。"并将这封信批送给华国锋、叶剑英、李先念、汪东兴核阅。

8 月 8 日,万毅致信华国锋、叶剑英、邓小平说:"我患有青光眼疾,左眼失明,右眼相继恶化","恳切请求中央,在北京(为了得到治眼的医疗保证)给我分配一件力所能及的工作"。

万毅的问题则稍微复杂些。万毅早年曾任东北军的团长、旅长、师长。1938 年加入中国共产党。中共七大上当选为中央候补委员,后任东北野战军第五纵队司令员。新中国成立后,曾任解放军总参谋部装备计划部部长。1955 年被授予中将军衔。中共八大上再次当选为中央候补委员。1959 年因受彭德怀案的牵连,被定为犯了右倾反党严重错误,受到撤销党内外一切职务的处分。1960 年后,被重新分配到陕西省工作。"文化大革命"开始后,被扣上种种莫须有的罪名,受到监护审查。1975 年 5 月,经中央批准的政治审查结论中说:"原怀疑万毅同志有受国民党策反勾结国民党恢复东北军问题查无实据,由陕西省恢复万毅同志组织生活,妥当安置,按规定阅读文件,照发工资。"8 月 10 日,邓小平在万毅的信上批示:"既无政治历史问题,就应作恰当安排,他过去有贡献。"

老舍是著名文学家,创作了大量优秀作品,深受国内外读者的喜爱。1951 年曾被北京市人民政府授予"人民艺术家"称号。"文化大革命"开始后，老舍受到迫害，他不堪凌辱，自沉于北京太平湖。有关部门对老舍一直未作政治结论。老舍夫人胡絜青 11 年中多次向北京市委、中央统战部、全国政协、全国人大等部门请求解决老舍的结论问题，一直没有得到答复。由于老舍的结论不明，严重地影响了胡絜青一家人的政治生活，而且一些具体问题也久拖未决。胡絜青于 7 月 28 日给华国锋、叶剑英、邓小平写了一封信，8 月 5 日又给王震写了一封信，请求中央批示有关部门尽快给老舍作出结论。8 月 13 日，邓小平作出批示，明确指出："对老舍这样有影响有代表性的人，应当珍视。由统战部或北京市委作出结论均可，不可拖延。"1978 年 6 月 3 日，北京市在八宝山革命公墓为老舍举行了骨灰安放仪式。邓小平特意送了花圈。

9 月 1 日，邓小平在王兴要求为父亲王若飞恢复名誉的申诉信上批示："据我所知，王若飞同志在晋绥被捕和出狱问题，肯定是没有问题的。"1978 年初，中共中央为王若飞平反。

11 月 4 日，邓小平在财政部原副部长戎子和要求分配给他"力所能及的工作"的信上批示："戎的历史和入党后的情况都是清楚的，在政治上没有可怀疑的地方（入党时对他在阎锡山处的情况是了解的）。他有些缺点，但做了长期的财经工作。我建议他可当一个全国政协委员。"1978 年 2 月，戎子和任全国政协委员。5 月，任财政部顾问。

中共云南省委原第一书记阎红彦，"文化大革命"开始后受到冲击，被扣上"叛徒、特务"的帽子。1967 年 1 月 8 日被逼而死。1977 年 11 月 27 日，中共云南省委作出了《关于阎红彦同志问题的结论报告》。报告说："经复查，阎红彦同志 1930 年被捕（在陕西延长县被军阀高双成部扣留）未发现投敌叛变问题；所谓特嫌问题，是毫无根据的；阎红彦同志的政治历史是清楚的，没有问题。""省委认为，阎红彦同志在长期的革命斗争中，忠于党，忠于人民，英勇战斗，积极工作，立场坚定，作风正派，为中国人民的解放事业，为社会主义革命和建设，作出了贡献。为此，建议将阎红彦同志的骨灰送进北京八宝山革命烈士公墓；待中央批准后，连同中央批示一并传达到全省县以上党员干部。"

12 月 2 日，中共中央组织部在给汪东兴并报华国锋、中共中央的报告中说："经我们研究，可同意云南省委的结论报告，阎红彦同志的骨灰不一定移来北京，可在昆明市安放。"12 月 4 日，邓小平批示："我的意见，阎的骨灰以移来北京，安放八宝山为好，届时可举行简单仪式（例如一二百人），必要时我可参加。"1978 年 1 月 24 日，邓小平出席了阎红彦骨灰安放仪式。

邓小平从复出到 1977 年底，仅仅半年的时间，类似这样的批示、指示、谈话，还有很多。

力荐胡耀邦出任中央组织部部长，全力支持胡耀邦 大刀阔斧平反冤假错案

1977 年 3 月中央工作会议期间，邓小平同前来看望的胡耀邦谈话，就粉碎"四人帮"后应该落实干部政策、平反冤假错案等问题交换意见。不久，胡耀邦出任中共中央党校副校长，主持党校工作。在推动平反冤假错案中，胡耀邦发挥了重要的作用。

1977 年 10 月 7 日，《人民日报》用一个版面全文刊登了胡耀邦精心策划的文章《把"四人帮"颠倒了的干部路线是非纠正过来》，在社会上引起了强烈反响。这年 6 月，胡耀邦找来党校文史教研室的杨逢春，科社教研室的叶扬、陈中以及《人民日报》的几位编辑、记者，一起商讨写一篇有关干部工作的文章。胡耀邦提出了文章的基本构架和思路。文章写好了，但发表的时机尚不成熟。

邓小平复出后，平反冤假错案的工作开始有序地进行。有了邓小平的支持，胡耀邦心里有底了，所以，他选择在粉碎"四人帮"一周年之际发表了这篇文章。文章强调必须落实党的干部政策。所有党员、干部，都应该积极站到揭批"四人帮"斗争的最前列，下定决心把"四人帮"颠倒了的干部路线是非纠正过来。

文章发表后的短短的一个月中，就有 1 万多封信件和电报从祖国的四面八方寄往人民日报社，拥护文章的观点。但也有人提出了责难。

平反冤假错案，中共中央组织部是关键部门。不少人对当时中央组织部主要负责人的种种表现表示了强烈不满。中组部的大院里贴满了大大小小的大字报，严厉批评中组部的官僚衙门作风，强烈要求平反冤假错案，立即给"靠边站"的老干部妥善安排工作。中组部的几位同志到人民日报社反映主要负责人的问题，并且把袁任远、杨士杰、张策等50多位老同志写的大字报稿送到了人民日报社，要求报社代他们上报中央。

《人民日报》搞了一个摘要，题目是《从中组部的大字报，看郭玉峰同志的问题》。10月14日，《人民日报》负责人给耿飚写了一封信："耿飚同志：中组部几位同志送来一批大字报底稿，要我们向中央反映。我们作了一个简单的摘要，请你阅后转送中央。"

耿飚阅后，将摘要"转送华主席，叶、邓、李、汪副主席阅"。华国锋、汪东兴在报告上画了圈。10月17日，邓小平在报告上批了一段话："郭玉峰同志的错误是不小的，建议调离中组部。"叶剑英在报告上批示赞同邓小平的意见。李先念也批道："对郭玉峰同志意见多。"

一个多月后，胡耀邦组织的第二篇文章于11月27日在《人民日报》头版头条位置用通栏大标题发表了。题目是《毛主席的干部政策必须认真落实》，署名为本报评论员。

文章指出：一些主管组织工作的同志和某些组织部门，对落实干部政策犹豫不决，患得患失，能拖则拖，能推则推，严重妨碍了这项工作的开展。文章还提出，要抓紧落实干部政策，这是建设社会主义现代化强国的关键问题。

《人民日报》在这篇文章的总标题下，还发表了5封读者来信。这些来信既赞扬了《把"四人帮"颠倒了的干部路线是非纠正过来》那篇文章，又揭露了写信者本人所在地区或所在系统的组织部门抗拒或拖延落实干部政策的行为。胡耀邦组织的这两篇《人民日报》文章，为落实干部政策做了舆论准备。

12月，在邓小平、叶剑英、李先念等的建议下，中共中央决定胡耀邦任中央组织部部长。中共中央组织部这一重要部门领导的易人，标志着

1982 年, 邓小平与胡耀邦在一起交谈

平反冤假错案工作进入实际运作阶段。

胡耀邦就任中组部部长后, 在邓小平等人的支持下, 大刀阔斧地进行落实干部政策和平反冤假错案工作。他强调要恢复党的优良传统, 把中组部办成"党员之家""干部之家", 很快揭开了中组部捂了一年多的盖子。他起用了一些组织关系在中组部, 但没有分配工作"靠边站"的老干部, 组建了一个强有力的班子。老干部接谈组, 专门接待来访的老同志; 干部分配办公室, 负责中央国家机关待分配的 6000 多名干部的安置工作; 右派改正组, 负责右派甄别平反; 还成立了阵容庞大的干审局, 其首要任务就是落实干部政策。

从 1978 年 2 月下旬至 4 月下旬, 中组部分六批召开了省、市、自治区和中央国家机关部委组织部长会议, 称为"研究疑难案例座谈会"。座谈会共研究了 180 多件疑难案例, 通过分析疑难案件, 使与会的同志解放了思想, 明确了原则, 把握了政策, 增强了信心。这些会议精神传达下去,有力地促进了各地各单位的平反冤假错案工作的开展。

推翻"两个估计",加快教育、文化、科技领域
平反冤假错案工作的步伐

在"文化大革命"中,受灾最严重的莫过于教育、文化、科技领域。

1971 年 4 月 15 日至 7 月 31 日,全国教育工作会议在北京举行。会议通过的《全国教育工作会议纪要》中提出了"两个估计",即"文化大革命"前 17 年教育战线是资产阶级专了无产阶级的政,是"黑线专政";知识分子的大多数世界观基本上是资产阶级的,是资产阶级知识分子。

粉碎"四人帮"后,"两个估计"依然像两座大山一样压在广大教师、知识分子的头上。因为"两个估计",大量的冤假错案难以平反,"臭老九""反动学术权威""走资派"的帽子依然不能摘去。

邓小平复出后,自告奋勇抓教育和科学。在他的直接领导下,科教领域的拨乱反正工作开始得较早。教育战线率先推翻了否定十七年教育工作和对知识分子的"两个估计",文化战线推翻了十七年"文艺黑线专政论",改变了新中国成立初期提出的对知识分子"团结、教育、改造"的方针。针对这一领域的大量的冤假错案,邓小平说,平反冤假错案,要设法加快,不采取一个人一个人复查,而可以用集体复查后一风吹的办法。

邓小平批示为清华大学原党委副书记刘冰平反。

刘冰的问题发生在 1975 年。1975 年秋冬,在邓小平领导全面整顿过程中,清华大学党委副书记刘冰致信毛泽东,反映该校党委书记迟群、副书记谢静宜在思想、工作、生活方面的问题。这封信是通过邓小平转给毛泽东的。毛泽东在信上批示:"清华大学刘冰等人来信告迟群和小谢。我看信的动机不纯,想打倒迟群和小谢。他们信中的矛头是对着我的。"毛泽东还专门针对邓小平转信这件事说:"我在北京,写信为什么不直接寄给我,还要邓小平转?小平偏袒刘冰。"11 月 3 日,清华大学党委召开扩大会议,由中共北京市委第一书记吴德传达毛泽东的批示。由此,清华大学开展"反击右倾翻案风",并逐步扩大到全国各地区、各部门。刘

冰因此受到迫害。

邓小平还为北京大学原校长马寅初平反，并推荐他担任全国人大常委会委员和北大名誉校长。

1978年6月，邓小平同教育部几位负责人谈到了梁思成的问题。他说：梁思成提倡的民族形式大屋顶，太费钱。但给梁思成扣"反动学术权威"的帽子是不对的，应改正过来。对人的评价，要说得恰当，实事求是，不要说过分了，言过其实。

历史学家吴晗也是由于邓小平的批示才得以平反的。从新中国成立起，吴晗就担任北京市副市长，长期主管文化教育工作。20世纪60年代出任北京市历史学会会长。从1959年起，响应毛泽东的号召，开始研究海瑞，曾发表《海瑞骂皇帝》《论海瑞》《海瑞罢官》等文章。1961年，与邓拓、廖沫沙在北京市委机关刊物《前线》上开辟《三家村札记》专栏，以杂文形式批判资产阶级思想和各种歪风邪气，宣传党的方针政策。1965年11月，江青等人蓄谋发起对《海瑞罢官》的批判运动，并在随后的"文化大革命"中捏造"三家村反党集团"案。1969年，吴晗被迫害致死。吴晗的妻子、女儿也遭到株连，受尽折磨，饮恨而死。粉碎"四人帮"后，许多老同志向中央写信，要求尽快给吴晗作出正确结论。但是在"两个凡是"的思想指导下，专案组直到1978年2月才作出"吴晗反党反社会主义的问题性质严重"，"作人民内部问题处理"的所谓结论。吴晗的亲属拒绝接受这样的结论，并上书党中央，要求重新审查。1978年11月底，邓小平批示：吴晗应该平反。1979年9月，中共北京市委推翻了原专案组关于吴晗的全部结论。吴晗遭受的冤屈终于得到了昭雪。

据不完全统计，科教领域包括"马振扶事件"、"永乐中学事件"、"王亚卓事件"、中国科学院"两线一会"特务集团案的甄别，以及为数学家熊庆来、赵九章，历史学家翦伯赞，化学家傅鹰，中国科协原副主席范长江，著名"右派六教授"的平反等，都是在邓小平直接批示、圈阅或过问下得到解决的。

为"六十一人案件"平反

"六十一人案件"是指薄一波等61人因为1936年登"反共启事"出反省院的问题被定为"叛徒集团"一案,这是"文化大革命"中轰动国内外的一起重大案件。

这"六十一人"是大革命时期和十年内战时期入党和入团的老干部。其中大部分在1931年前后因河北省委遭到破坏而被捕,长期被关押在北平军人反省分院。他们在狱中同敌人进行了坚决的斗争。1935年冬,在日军侵占华北,全国抗日救亡运动高涨的形势下,为了开展工作,解决干部缺乏的问题,北方局作出决定,要求关押在北平军人反省分院的一批党员履行国民党当局规定的出狱手续。北方局报告了中共中央,张闻天代表中共中央批准了这个决定。从1936年8月31日到1937年3月,"六十一人"分批在报纸上刊登启事后,出了反省院。中共七大时,中央曾对"六十一人"出反省院问题进行过审查,作出了"本人不能负责"的明确结论。

1966年8月,康生把这件事重新提了出来,他一面指使"彭真专案小组办公室"搞调查,一面给中央写报告诬陷"六十一人"出狱是"'坚决反共'的叛党行为",而"少奇的决定,就使这些人的反共叛党合法化了"。1967年3月7日,"彭真专案小组办公室"提出《关于薄一波、刘澜涛、安子文、杨献珍等人自首叛变问题的初步调查》,歪曲事实,认定"六十一人"是"可耻的叛徒"。3月16日,中央以中发96号文件印发了这个初步调查。在《中共中央关于薄一波、刘澜涛、安子文、杨献珍等出狱问题材料的批示》中,认定"六十一人"是"叛徒集团",他们自首叛变出狱,"是刘少奇策划和决定,张闻天同意,背着毛主席干的"。他们出狱后,"由于刘少奇等包庇重用,把他们安插在党、政、军的重要领导岗位上"。

在此前后,在江青、康生、谢富治等人煽动下,各地纷纷成立"揪叛徒"的组织,把过去已经作过结论的问题,通通翻腾出来,甚至无中生有,栽赃陷害,制造了一大批冤假错案。

薄一波等人对这个结论一直不服，多次提出申辩。在这"六十一人"中，"文化大革命"前担任省委书记、副省长、中央机关副部长以上职务的有22人。其中有5人已经被迫害致死，他们是廖鲁言、徐子荣、胡锡奎、刘锡五、王其梅。

1975年邓小平主持中央工作时曾在一次政治局会议上提出："六十一人"的问题必须解决，把登"反共启事"的责任归咎于他们是不公道的。但由于"四人帮"的阻挠和破坏，这个问题没有得到解决。

粉碎"四人帮"后，薄一波等人及其家属向中央提出申诉，党内外干部群众也十分关心这个案件，要求澄清事实真相，实事求是地处理这个问题。阻力主要来自当时中央的主要负责人。当有人把薄一波等"六十一人"的材料写成简报给华国锋，要求为他们平反时，华国锋没有表态。

1977年11月11日，当年曾向狱中转达过中共中央指示的当事人孔祥祯，写信给中央，把1936年北方局如何提出、党中央如何批准以及他是怎样两次给狱中党支部传达党中央指示和薄一波等后来出狱的经过，作了详细说明。

一个多月后，一封申诉信送到了邓小平的手中。12月8日，中共西藏自治区委员会原书记王其梅的夫人王先梅给邓小平写了一封信。信中说："由于我爱人的历史问题，我的子女在入团、入党、参军、就业等问题上一直受到影响。"

邓小平熟悉王其梅，对他的历史是清楚的。看着王先梅的信，邓小平感到这不是王其梅一个人的事，解决"六十一人案件"的问题不能再拖了，可以从这件事开始一步步做起。12月25日，邓小平在申诉信上批示："请东兴同志批交组织部处理。王其梅从抗日战争起做了不少好事。他的历史问题不应影响其子女家属。建议组织部拿这件做个样子，体现毛主席多次指示过的党的政策。"

汪东兴看了邓小平的批示后，批道："请耀邦同志阅办。毛主席历来有指示，应区别对待，不能歧视。"12月31日，胡耀邦看了申诉信后，立即找了几位同志研究并决定：应该把这个问题的解决，当作彻底平反

"三六"大案（即"六十一人案件"）的突破口。1978年元旦后不久，王先梅反映的问题都一一得到了解决。

2月18日，《人民日报》发表了为王先梅及其子女落实政策的消息和《王先梅同志写给中央领导同志的信（摘要）》，并发表了《落实干部政策的一个重要问题》的评论员文章。文章指出：当前落实党的干部政策，必须扭转宁肯"左"一点的错误倾向。有的同志受"四人帮"流毒影响，不敢正视事实，搞过头了也不肯纠正，把正确落实党的政策看作"右"的表现。他们不了解，对待一个人的政治生命，对一个人的正确处理和妥善安排，不光是一个人的问题，而会牵涉到周围许多人和影响到一大批人。这关系到党的路线和政策，关系到党的事业，我们要一丝不苟，认真负责，积极主动去解决。

这组消息、信件摘要和评论员文章的发表，又经中央人民广播电台的多次广播，引起广泛反响。各地给中央组织部、《人民日报》和王先梅的信纷至沓来。了解"六十一人案件"的人认为，对王其梅家属政策的落实，评论员文章中又说了那样一大段话，说明为"六十一人案件"平反已指日可待了。

但是，事情远非人们想象得那么简单。为"六十一人案件"平反仍然面临种种压力。胡耀邦向邓小平、叶剑英作了汇报，他提出，"六十一人案件"中许多人及死者亲属强烈要求复查，中组部准备对"六十一人案件"进行复查工作。

邓小平表示了坚决支持的态度。6月25日，邓小平在一封关于"六十一人案件"的申诉信上批示："这个问题总得处理才行，这也是一个实事求是问题。"7月4日，华国锋指示胡耀邦："六十一人的问题要解决，由中组部进行复查，向中央写个报告。"这样，中央组织部开始组织力量，全力投入这个案件的复查工作中。

复查组经过3个多月的调查，于11月20日正式向中央写了《关于"六十一人案件"的调查报告》，其中指出："薄一波同志等在反省院的表现是好的，他们履行敌人规定的手续，登'反共启事'出反省院，是执行党组织的指示。根据登'反共启事'出反省院的问题,定六十一人为叛徒集团,是不正确的。""我们认为,在'文化大革命'中提出的所谓'薄一波等六十一人叛徒集团'是不存在的,是一个大错案。""对那些根据党组织的指示,在敌人拟好的'反共启事'上捺手印并登报后出狱、在'文化大革命'中被错误处理的同志,应恢复其党籍,恢复原工资级别,酌情安排适当工作。因这一问题而使其家属、亲友受到株连和错误处理的,也应改正过来。已经去世的,应做好善后工作。"12月16日,中共中央同意并转发了这个报告,要求向全党传达。一个多月后,廖鲁言、徐子荣、胡锡奎、刘锡五、王其梅平反昭雪追悼会在全国政协礼堂举行。李先念主持追悼会,胡耀邦致悼词,邓小平送了花圈。

为刘少奇平反

中共十一届三中全会解决了历史上遗留的一批重大问题和一些领导人的功过是非以后,党内外许多人向中央建议,对刘少奇案件进行复查。刘少奇的案子是最大的冤案。刘少奇冤案的平反昭雪,从提出到落实,前后经历了三个年头,是在邓小平的推动下有计划分步骤进行的。

1978年12月24日,一封要求为刘少奇平反的人民来信送到了邓小平的手中。这时,中共十一届三中全会刚刚闭幕。邓小平立即批示:"政治局各同志阅,中组部研究。"在这之前类似的信件也有,但并没有得到重视。邓小平的这一批示,把重新考虑刘少奇案的问题提到了中共中央政治局。于是,对刘少奇一案进行复查的工作提到了中央的议事日程上。

1979年2月5日,交通部原部长孙大光致信中共中央政治局委员、中央秘书长胡耀邦并党中央,建议重新审议刘少奇一案。这封信经胡耀邦和当时担任中共中央副秘书长兼中央办公厅主任的姚依林商议后,正式转报中共中央主席华国锋和副主席叶剑英、邓小平、李先念、陈云、汪东兴。2月23日,陈云批示:"中央常委各同志已传阅完毕,中央办公厅应正式通知中组部、中纪委合作查清刘少奇一案。"

邓小平指示中共中央纪律检查委员会对刘少奇一案的处理问题进行

研究。据 1979 年 2 月 22 日的中央纪委书记办公会议纪要记载:"中纪委办公会议决议:刘少奇问题,群众来信要求予以平反,小平同志要中纪委研究。这两人(另一个人指瞿秋白)的问题如何研究,另定。"3 月 27 日,中央纪委办公会议研究决定:"刘少奇的问题,经鹤寿同志与任重同志商量,按陈云同志的意见,由中央组织部和中央纪委共同处理。"这样,由中央纪委和中央组织部从一些单位抽调干部,组成刘少奇案件复查组,开始复查。

经过七个多月的调查研究,刘少奇案件复查组于 11 月向中共中央正式提交了《关于刘少奇案件的复查情况报告》,复查报告逐一否定了原《关于叛徒、内奸、工贼刘少奇罪行的审查报告》中强加给刘少奇的罪名。

12 月,邓小平、陈云、邓颖超、胡耀邦等审阅复查报告后表示同意。邓小平提议:可考虑将这一报告作为中央对刘少奇案件的平反决定。1980 年 2 月初,中央政治局讨论并同意《关于为刘少奇同志平反的决议(草案)》,决定提交即将召开的中共十一届五中全会审议。

为刘少奇平反,必然要涉及毛泽东和他发动的"文化大革命"的问题。这个问题比较棘手,把握不好,就会损害毛泽东的形象,同时也会引起人们思想上的混乱。这是一个方向问题。

这时,中共中央正在起草《关于建国以来党的若干历史问题的决议》,这个决议的核心问题就是对毛泽东和毛泽东思想的评价,对"文化大革命"的评价。

1980 年 2 月 23 日至 29 日,中共中央在北京召开了十一届五中全会。为刘少奇平反昭雪,是五中全会的一项主要议程。

邓小平认为,为刘少奇平反,必须把握正确的方向,不能走向否定毛泽东和毛泽东思想这一极端。在中共十一届五中全会审议为刘少奇平反的决议时,邓小平在 2 月 28 日召开的五中全会各组召集人汇报会上的一席话,令大家感到很新鲜。

当汇报到讨论中提出为刘少奇平反的决议要不要写刘少奇也犯过错误的问题时,邓小平说,今天倒是议了一个重要原则问题。实事求是可不容易。写上这样的语句不会给人们说这是贬低少奇同志,不可能这样理解。少奇同志与一般人不同,在给他作的平反决议中如果没有这样的内容,会给人一个印象,就是所有错误都是毛主席一个人的。这不是事实。我们犯的错误比少奇同志犯的错误多,总要承认他也有错误就是了。这也是个党风问题。

2月29日,中共十一届五中全会召开第三次全体会议。邓小平又讲到这个问题。他说:为少奇同志平反的决议讲,"文化大革命"前,党犯过一些错误,少奇同志和其他同志一样,也犯过一些错误。我看这样讲好,符合实际。不要造成一个印象,好像别人都完全正确,唯独一个人不正确。邓小平还说,刘少奇同志的平反是一件很大的事,我们解决得很好。这件事情可不可以早一点办呢?恐怕不行。但是,现在再不解决,就可能犯错误。

同日,全会通过了《关于为刘少奇同志平反的决议》。

在刘少奇追悼大会的筹备工作中,邓小平对悼词进行了反复的审阅和修改。5月17日,刘少奇追悼大会在北京人民大会堂隆重举行。邓小平致悼词,高度评价了刘少奇为中国革命和建设所作出的巨大贡献。这起共和国最大冤案的平反工作历经曲折至此画上了一个圆满的句号。

对其他冤假错案的平反

彭德怀、陶铸的案子,也是在邓小平的批示下得到平反的。1978年12月24日,中共中央为彭德怀、陶铸举行了追悼会,邓小平参加了追悼会,并为彭德怀致了悼词。这是为党和国家领导人平反昭雪开的第一个追悼会。

此后,中共中央又陆续为在"文化大革命"中遭到迫害的贺龙、乌兰夫、彭真、谭震林、罗瑞卿、陆定一、杨尚昆、萧劲光、萧华、杨成武、余立金、傅崇碧等人平反。还先后为在"文化大革命"前受到错误批判的谭政、习仲勋、黄克诚、邓子恢等人平反。一些蒙冤多年的党的早期领导人如瞿秋白、张闻天、李立三等也先后得到平反。

从 1979 年到 1982 年，被平反的还有：周扬、夏衍、田汉、阳翰笙、周小舟、张琴秋、邓拓、廖沫沙、张经武、吴溉之、邹大鹏、伍云甫、章汉夫、赖若愚、董昕、冯雪峰、马明方、王维舟、贾拓夫、张子意、陈昌浩、李德生等。

中共中央还为“文化大革命”中受到诬陷的一些中央部门平反：撤销了所谓中共中央对外联络部实行“三和一少”“三降一灭”的错误结论；为所谓“中宣部阎王殿”彻底平反；为全国统战、民族、宗教工作部门摘掉“执行投降主义路线”的帽子；为把文化部说成是“帝王将相部、才子佳人部、外国死人部”的大错案彻底平反；为解放军总政治部被诬为“阎王殿”冤案彻底平反；撤销 1966 年 2 月《部队文艺工作座谈会纪要》；撤销 1971 年《全国教育工作会议纪要》，推翻“四人帮”强加给教育战线的所谓“两个估计”；等等。

继天安门事件平反后，中央和各地又先后为武汉“七二〇事件”、宁夏青铜峡“反革命暴乱事件”、云南“沙甸事件”、云南“三家村”冤案、内蒙古“新内人党”等冤案平反。为在“文化大革命”中被错判的反革命案件、刑事案件、冤杀错杀案件改判或平反。还为在历次政治运动中特别是“文化大革命”中受到打击、诬陷和迫害的党外民主人士平反，其中有：高崇民、曾昭抡、费孝通、黄药眠、陶大镛、钱伟长、吴景超等。为国民党起义投诚人员中的冤假错案复查并平反，为 45.4 万名国民党起义投诚人员落实了政策。

根据实事求是、有错必纠的原则，中共中央对“文化大革命”前的冤案错案也进行了清理、纠正，并先后作出了平反决定：为 1959 年反右倾运动中被定为右倾机会主义分子的同志平反，为 1955 年的“胡风反革命集团”平反，为 1958 年青海省平叛斗争扩大化受到株连的人平反，为全国总工会党组第三次扩大会议上被错误处理的人平反，为“华北山头主义”平反，为“潘汉年案”平反。

在基本解决了新中国成立以来的冤假错案的平反工作后，还对 20 世纪三四十年代的历史遗案进行了实事求是的复查和纠正，平反了一批冤假错案。

上面说到的对这些部门和这些人的平反，有不少是在邓小平直接批示或者过问下解决的。

到 1982 年，全国大规模的平反冤假错案工作基本结束。据不完全统计，在此期间，经中共中央批准平反的影响较大的冤假错案有 30 多件，全国共平反纠正了 300 多万名干部的冤假错案，为 47 万多人恢复了党籍，数以万计的无辜受株连的干部和群众得到了解脱。沉重的政治包袱卸下了，一个全面开创社会主义现代化建设的新局面来到了。

(刘金田 / 撰稿)

5 《解放思想，实事求是，团结一致向前看》 诞生记

1978 年 12 月 13 日下午，中央工作会议第四次全体会议（闭幕会）举行。从 11 月 10 日开幕算起，这次中央工作会议已经开了 34 天。

在闭幕会上，邓小平、叶剑英、华国锋先后讲话。邓小平的讲话就是著名的《解放思想，实事求是，团结一致向前看》。这篇讲话在当时、现在之所以被人们不断提及和广受赞誉，就是因为它不但提出和回答了在历史转折关头党面临的根本性问题，明确了党在今后的主要任务和前进方向，而且也为即将召开的中共十一届三中全会确立了指导方针，实际上成为中共十一届三中全会的主题报告和开辟新时期新道路、开创建设中国特色社会主义理论的宣言书。

回望历史，我们来看看邓小平的这篇雄文是如何诞生的，借以帮助我们更好地了解改革开放的历程。

邓小平亲笔拟出了约五百字的"讲话提纲"

邓小平的讲话是从 1978 年 10 月底开始起草工作的。胡乔木的秘书朱佳木回忆说："早在 1978 年 10 月下旬，我随胡乔木在天津、上海搞调研期间，邓力群就打来电话，说小平同志从日本访问回来后，要找乔木谈在中央工作会议上的讲话稿问题，要他 29 日回北京。"

邓小平是 10 月 29 日晚上从日本大阪乘专机回国的。由此可见，胡乔木应该是在 10 月 30 日或 31 日到邓小平家里谈话的，当时确定讲话的主题是关于党的工作重心转移问题。此前，邓力群组织国务院政研室国内组负责人林涧青等人，已经按照邓小平的意见着手起草讲话稿。邓

小平和胡乔木谈话后,胡乔木就向林涧青等人进一步交代了思路,决定自己写一个部分,请他们起草另外两个部分。因为邓小平在 11 月 5 日又要访问东南亚三国,只有四五天时间,胡乔木很是着急。后来知道邓小平决定从国外回来后再谈讲话稿的事情,胡乔木才松了一口气。11 月 8 日,也就是中央工作会议召开前两天,讲话稿的初稿全部搞完,发给了邓办。

11 月 14 日晚上,邓小平结束访问返回北京。16 日上午,邓小平约胡乔木谈在中央工作会议闭幕会上讲话稿的修改。19 日,胡乔木按照邓小平的意见把稿子改好后,交给朱佳木抄写,再次发给邓办。这个修改稿,主要阐述了工作重心转移的意义和怎样实现转移的问题。其中提出要解放思想,调动一切积极因素,改革不适应生产力需要的生产关系和上层建筑。

就在这个时候,在中央工作会议上,中央政治局根据会议代表的强烈要求,对包括"天安门事件"在内的重大历史遗留问题作出了决定,并由华国锋在 11 月 25 日全体会议上予以宣布。"天安门事件"公开平反后,在党内和社会上引起的巨大反响,使整个会议的形势发生了急剧变化。面对会场内外形势的变化,工作重心转移的问题已经变得不那么突出了,比较突出的是解放思想、开动脑筋和团结一致向前看的问题。在这种情况下,邓小平觉得原来起草的讲话稿不适合新的形势任务,决定重新调整自己讲话的内容。

12 月 2 日,中央工作会议进入后期。邓小平再次约见胡乔木。此时,胡乔木正在集中精力修改关于农业问题的决定,所以去邓小平家谈话之前,叫上了于光远,准备让于光远组织林涧青等人先搞出一个初稿。这天上午,邓小平在家中与胡耀邦、胡乔木、于光远三个人谈了在中央工作会议闭幕会上的讲话稿问题,提出讲话稿的主要内容要转到反映真理标准问题、发扬民主问题、团结一致向前看和经济管理体制问题上。

十分罕见的是,这一次,邓小平在深思熟虑之后,亲笔拟出了"讲话提纲"。这份提纲是用铅笔写在 16 开白纸上的,共三页,约五百字,列出了七个方面的问题。内容如下：

一、解放思想、开动机器。理论的重要。实践是检验真理的标准——争论的必要。实事求是，理论和实际相结合，一切从实际出发。全党全民动脑筋。

二、发扬民主，加强法制。民主集中制的中心是民主，特别是近一时期。民主选举，民主管理（监督）。政治与经济的统一，目前一时期主要反对空头政治。权力下放。千方百计。自主权与国家计划的矛盾，主要从价值法则、供求关系（产品质量）来调节。

三、向后看为的是向前看。不要一刀切。解决遗留问题要快，要干净利落，时间不宜长。一部分照正常生活处理。不可能都满意。要告诉党内外，迟了不利。安定团结十分重要，要大局为重。犯错误的，给机会。总结经验，改了就好。

四、克服了官僚主义、人浮于事。一批企业做出示范。多了人怎么办，用经济方法管理经济，扩大管理人员的权力。党委要善于领导，机构要很小。干什么？学会管理，选用人才，简化手续，改革制度（规章）。

五、允许一部分先好起来。这是一个大政策。干得好的要有物质鼓励。国内市场很重要。

六、加强责任制，搞几定。从引进项目开始，请点专家。

七、新的问题。人员考核的标准。多出人员的安置（开辟新的行业）。

写完这七条提纲之后，邓小平又在第一页纸的左侧补充了一条"对会议的评价"，并画了一条箭头线，意思是将这一条排在最前面。

邓小平的这份手稿，明确地表达了他想在中央工作会议闭幕会上讲话的主旨思想。他的女儿邓楠后来看到这份手稿也十分惊奇地说："我父亲很少写提纲，像这样长的提纲，更是十分少见。"

整个讲话的结构按照邓小平的意思确定为四个部分

从邓小平家谈话回来后，胡乔木立即要求于光远、林涧青等先组织人起草。

两天后，按照邓小平所拟"讲话提纲"和 12 月 2 日谈话精神，于光远、林涧青起草了一份讲话稿。这份讲话稿，没有标题，誊清稿用 8 开稿纸抄写共 30 页，约 1.2 万字。其结构与邓小平的"讲话提纲"基本一致，分为 8 个部分：一是对这次会议的评价；二是解放思想，开动机器；三是发扬民主和加强法制；四是讲讲向前看；五是克服官僚主义；六是要使一部分地区、一部分企业、一部分社员先富起来，生活好起来；七是加强责任制；八是要研究新情况，提出新问题，采取新措施。收到这份誊清稿后，胡乔木没有作什么修改，只是在读稿子的时候，随手作了十几处文字的修改。对这份讲话稿，邓小平不满意。

12 月 5 日上午，邓小平又约见胡乔木、于光远、林涧青。谈话一开始，邓小平就说了总的意见：语言过多，砍掉一半。全文组织不贯穿。不要过于锋利，不要用论战语言。然后，他又就讲话稿的主题、内容、文字和结构发表了意见。这几天，邓小平一边开会，一边接见外国友人，又有了一些新的想法、新的观点。他说：要解放思想，开动机器，一切向前看，否则四个现代化没有希望。应该允许出气，出气是对没有民主的惩罚。有了正常的民主，大字报也就少了。建立健全民主与法制，实行经济民主，用经济的办法管理经济，责任到人，做到有职有责有权。没有民主培养不出人才。

邓小平在这次谈话中，基本明确把 12 月 2 日列举的 7 个问题，改为只讲四个问题。朱佳木回忆：

> 邓小平说，这次别的问题他都不讲了，只讲四个问题：第一，解放思想。真理标准问题的讨论，的确是一个思想路线问题，是一个重大政治问题，是关系到党和国家前途命运的问题。第二，发扬民主。当前最迫切的是扩大厂矿企业和生产队的自主权。民主选举范

围要逐步扩大。第三，向前看。对于过去搞错了的要纠正，也要给犯错误的同志认识和改正错误的时间。对毛泽东同志和"文化大革命"的评价，要从国际国内的大局出发，从历史的角度来看。第四，研究和解决新问题。要用经济办法管理经济，要特别注意加强责任制。要用先让 10% 至 20% 的人富裕起来的办法，扩大国内市场，促进生产发展。

按照邓小平新的意见，参加讲话稿起草人员当天就抓紧修改重写，并把文稿立即铅印出来。这份铅印稿加上了一个标题"在中央工作会议上的讲话（一九七八年十二月五日稿）"。讲话的主题进一步得到了明确："今天，我主要讲一个问题，就说解放思想，开动机器，一切向前看。"整个讲话的结构也按照邓小平的意思确定为四个部分：一、解放思想是当前的一个重大政治问题；二、民主是解放思想的前提条件；三、向后看是为了向前看；四、研究新情况，解决新问题。这份稿子对邓小平的谈话理解得已经非常吻合，对涉及的重要问题——作了深刻、明快的剖析和论述，与后来的定稿已经差别不大。随后，写作班子对此稿又进行了讨论、修改，印出了两稿。

12 月 7 日晚饭前，修改后的讲话稿又送到了胡乔木手中。朱佳木回忆说："记得那天晚上，乔木同志并没有动笔，但第二天早饭后，他却把改过的稿子交给了我。原来，他是半夜 2 点爬起来，用了两个多小时改好的。"在这份稿子上，胡乔木作了 20 多处文字修改，并写了 30 多条批语，说明这些地方还需要修改、加工。

在讲话的开头部分，胡乔木补充了有关中央工作重心转移及其意义的内容，使整个讲话扣住了会议的主题：这次会议讨论了把全党工作的重心转移到现代化建设上来的问题。这是一个历史性的伟大转变，它反映了新时期的本质特征。在讲话正文部分，胡乔木对思想不解放的原因、充分发扬民主、扩大自主权、加强责任制、民主与法制、正确对待犯错误同志的政策、改革后面临的新情况等问题都作了重要的修改和补充。胡乔木还把第三部分的小标题改定为"处理遗留问题为的是向前看"。邓小平看了经胡乔木修改过的稿子,比较满意。

12月9日上午,邓小平约见胡乔木、于光远、林涧青,认为讲话稿基本上可以了,但还需要加工,并讲了具体修改意见。随后,写作班子按照邓小平的意见再次进行了修改完善。邓小平看了修改稿后,又于11日上午约见谈话。其时,胡乔木因正在召集起草农业问题文件,无法分身前往,遂由胡耀邦带于光远、林涧青前往。事后,胡乔木把参加起草的人员召集在一起,按照邓小平的意见,主持研究了讲话稿的最后修改。当天,邓小平的讲话稿基本完成,铅印稿的标题改为"在中央工作会议上的讲话(一九七八年十二月十一日稿)",下面署上了"邓小平"的名字。之后,将修改稿送给华国锋阅。

会议召开前几小时,胡乔木对邓小平的讲话稿作了最后的修改

中央工作会议闭幕会是12月13日下午4点举行。邓小平将在叶剑英、华国锋之前发表讲话。午饭后,胡乔木没有休息。他关起房门,对邓小平的讲话稿进行最后的修改、完善和润色,直到下午2点才脱手,立即让朱佳木坐着他的车送到邓小平家。在这一稿上,胡乔木又作了不少修改。

这次,讲话稿最为重要的一处改动是:在"今天,我主要讲一个问题,就说解放思想,开动机器,团结一致向前看"这句点题的话中间,加上了邓小平一再特别突出强调的毛泽东思想的精髓"实事求是"四个字,从而形成了表述完整的、邓小平理论的第一个最著名的论断——解放思想,实事求是,团结一致向前看。

在最后一刻修改完善的讲话稿中,对党的各级领导干部,特别是高级干部提出了更高的要求,在第一部分讲生动活泼的政治局面那段话"我相信我们的人民是顾大局、识大体、守纪律"的后面,加上了这样一句话:"我们各级领导干部,特别是高级干部,也要注意严格遵守党的纪律,保守党的机密,不要搞那些小道消息和手抄本之类的东西。"在谈到对犯

错误干部的政策时,原稿提出"对一般干部要宽些,对领导干部要严些",修改后又加上一句"特别对高级干部更要严些"。

在经济管理体制方面,胡乔木在修改中又增加了两条。一条是"我们在实行党委领导下的分工负责制的时候,要切实做到分工负责";另一条是在"有必要在经济计划和财政、外贸等方面给予更多的自主权"一句中,加上了"在统一认识,统一政策,统一计划,统一指挥,统一行动之下"这个前提。

讲话稿最后的修改,使讲话的一些提法更加全面,更加恰如其分。比如:在讲到党内存在的官僚主义的特点及其严重性时,前面的几稿都有"因此比旧式的封建官僚主义还厉害"一句,显然说得过头了,定稿时就把它删除了。12月11日修改稿把思想不解放,产生僵化或半僵化的一个原因——"小生产的习惯势力还在影响着人们"这一段删除了,在最后修改稿中予以恢复。在讲全国有些地区群众生活还很困难时,原稿只讲了西北地区,最后修改稿上加上了西南。原稿用"全党和全国人民"的提法,最后一律改为"全党、全军和全国各族人民"。

胡乔木不愧是文章大家。在最后改定的讲话稿中,有些地方只改动了一个字或增加了一个词语,但表述更加准确更加严谨。比如在用经济方法管理经济中提出了今后衡量领导好不好的标准,加上了"政治路线解决了"这个前提,又把"这就是今天主要的政治"中的"今天"改为"今后";在"为人民造福,为发展生产力、为社会主义事业作出积极贡献,这就是政治标准"这一句中的"政治标准"前面,加上了"主要的"三个字。为了保证全部讲话用语一致,胡乔木将原稿中的"应该"和"应当"都统一为"应该";原稿中"先好起来"和"先富起来"混用,胡乔木按照邓小平本人所写"讲话提纲"的提法,统一为"先好起来"。

从这篇讲话稿的修改过程,我们可以从一个侧面看到邓小平在1978年中国历史转折的重要关头,对国家、民族的未来发展所作的战略思考,明确了实现伟大转折的发展路径和政治方略。邓小平把解放思想、实事求是、民主法制、向后看是为了向前看、让一部分人先好起来等思想突出地提到了全党的面前,将历史使命化作了现实行动,最终形成了"解放思想,实事求是,团结一致向前看"这个理论与实际结合得极其紧密的、完整的历史主题。

这个讲话充分反映了邓小平自1977年复出以来的思想发展轨迹,是他在这个历史转折时刻的理论思考的结晶,展现了他在中国向何处去的划时代的历史关头开辟新时期新道路、开创新阶段新理论的雄才大略和远见卓识。胡乔木在协助起草的过程中,竭忠尽智,忠实于邓小平的思想理论而又有引申、拓展、完善和发挥,使得邓小平的思想理论表述臻于完美,又与邓小平的风格相协调、相映衬,发挥了他理论家、辞章家的作用,从而赢得了"中共中央第一支笔"的赞誉。

邓小平《解放思想,实事求是,团结一致向前看》这篇讲话,尽管是

1978年12月,邓小平在中央工作会议上讲话

中央工作会议的总结讲话，却历史性地成为后面即将召开的中共十一届三中全会的"主题报告"。这个讲话提纲挈领地抓住了历史转折中的最根本问题，重新确立了中共马克思主义的思想路线，不仅对推动拨乱反正起到了关键作用，而且对后来的改革开放和中国的现代化建设提供了长期的营养，可谓是开创建设中国特色社会主义理论的宣言书。

中国改革开放的宣言

历史已经证明，邓小平的这篇讲话正是中国改革开放的宣言。其中的许多思想，对现代的人们来说或许只是一种常识，还有一些思想甚至能从中国 1949 年以前和 1950 年初到 1960 年初新中国成立前十年的中国共产党的政策中找到来源，也能从 1977 年邓小平复出后各种会议、视察、出访和与国内外各界人士的谈话中找到出处。

诚如傅高义先生在《邓小平时代》一书中所言："对于 1978 年领导国家的人来说，邓小平这些思想代表着从根本上摆脱毛泽东时代。与会者有理由期待，那个由大规模群众运动、阶级斗争、僵化的意识形态、英雄崇拜、高度集体化和全面计划经济所构成的时代终于结束了，中国开始进入可控状态。"

现在，改革开放已经四十多年了，在这个历史进程中，中国已经发生了日新月异、翻天覆地的变化。但在未来发展的道路上，又会面临新的矛盾新的挑战，我们还需要不断地解放思想，坚持实事求是，继续团结一致向前看，研究新情况，解决新问题。

（丁晓平／撰稿）

⑥ 邓小平、陈云与《关于建国以来党的若干历史问题的决议》的出台

　　《关于建国以来党的若干历史问题的决议》（以下简称《历史决议》）是在中央政治局、中央书记处领导下，由邓小平、胡耀邦主持，经过长时间的、广泛而深刻的党内外讨论后，由胡乔木负责带领起草小组完成的。它是一部对毛泽东和毛泽东思想，对新中国成立以来重要历史问题作出评价的政治性文件。它是否出台、何时出台、如何出台都事关党和国家战略全局，不能不慎重考量。

　　邓小平、陈云是对《历史决议》的出台思考较全面深刻的中央领导人。他们在"文化大革命"结束后就在如何对待过去及开创未来问题上达成了共识和默契，二人同心同德，携手于 1978 年秋、1978 年 12 月、1979 年 10 月和 1981 年 5 月 4 次对《历史决议》的出台作出关键考量和重要贡献。

1978 年秋：像延安做的决议一样，
尽快把历史问题定下来

　　毛泽东逝世后，邓小平曾多次公开对毛泽东功过评价和毛泽东思想的地位表明看法，批驳全盘肯定和全面否定两种思潮。邓小平在尚未恢复职务的境遇下就对"两个凡是"提出异议，认为这不是马克思主义，不是毛泽东思想；表示"两个凡是"不行。他还致信党中央，提出"必须世世代代地用准确的完整的毛泽东思想"指导前进。他提出要学习毛泽东，勇于承认并改正错误，重新树立起实事求是的优良作风，认为"实事求是毛主席讲的，是马克思主义的态度"。在叶剑英、陈云等领导人的努力下，中共十届三中全会恢复了邓小平的职务。复出后的邓小平提出"我

们要真正地领会毛泽东思想","善于学习、掌握和运用毛泽东思想的体系来指导我们各项工作";谈到"文化大革命"期间毛泽东保护了他和一些老同志,提出毛泽东与林彪、江青集团性质不同,无论如何必须维护毛泽东的崇高地位;要求"恢复和发扬毛主席为我们党树立"的群众路线、实事求是、民主集中制等优良传统和作风;认为毛泽东思想的出发点、根本点、精髓就是实事求是,大力支持实践是检验真理的唯一标准讨论。邓小平既批评教条化和庸俗化的做法,又坚决反对贬低毛泽东和毛泽东思想的倾向。

1977 年下半年,陈云多次在谈话中反思党史,号召学习毛泽东著作及其哲学。1977 年 6 月 22 日,他在杭州评弹座谈会上提出要特别注意学习马列著作、毛泽东著作。8 月 13 日,他在讨论中共十一大政治报告时指出要恢复毛泽东历来倡导的民主集中制,创造心情舒畅、生动活泼的政治局面,防止不正之风的横行。8 月 23 日,他向遵义会议纪念馆来访人员回顾了遵义会议、长征、毛泽东的关键作用等历史问题。9 月 28 日,他在《人民日报》上发表纪念毛泽东逝世一周年的文章——《坚持实事求是的革命作风》。文中提出,"我们要坚持马克思列宁主义,坚持毛泽东思想,就必须坚持实事求是","是否坚持实事求是,是区别真假马列主义、真假毛泽东思想的根本标志之一"。

邓小平、陈云对历史问题和大政方针的看法存在许多相通和相同之处,这为此后二人对出台《历史决议》密切合作奠定了坚实的思想基础。邓、陈首次明确提出要像在延安一样,通过决议把一些重要问题敲定下来是在 1978 年秋的一次谈话中。邓小平在谈话中说:"该拿个东西出来了","毛泽东思想还是不能丢"。陈云赞同道:"丢不得。这项工作要细","苏联丢了,结果吃了亏"。邓小平继续说道:"要像延安时搞的决议一样,一次性把一些问题定下来","关于毛泽东的评价要慎重。有些事是毛泽东同志的错误。但关键问题在林彪、江青这些人起了坏作用"。接着,邓小平、陈云还对林彪、江青集团等问题交换了看法。邓小平说:"这些事只有靠我们来做了。不能拖。"他望着陈云说:"你是老同志,出来把一些历史问题理一理怎么样?"陈云说:"延安时期,把许多问题弄清了,定下了,全党统一了思想。这个东西非搞不可。林彪、江青一伙民愤很大,许多老同志受了整,弄清楚是必要的。"这次谈话,邓、陈明确了要学习延安时期的做法,尽快以历史决议的方式对新中国成立以来重要历史问题和毛泽东功过评价问题作出定论。至于出台决议的时间,双方都意识到要因时因势而定。这既确立了尽快作出决议的基调,又留下了弹性调控的空间,体现了高超的政治艺术。

上述谈话来源于图们的著作,书中标注的时间是"1978年秋",但具体是哪个月、哪一天,没有说明。笔者查阅邓小平和陈云的传记、文选、文集和年谱,都没有记载这次谈话内容。根据传记、年谱所交代的邓小平和陈云的行程,谈话时间应该是8月。9月8日至20日,邓小平赴平壤参加朝鲜国庆30周年庆祝活动,回国途中到了东北、唐山和天津视察。9月19日至11月6日,陈云在杭州、上海休养,11月7日回京参加中央工作会议。而邓小平从11月5日至14日出访泰国、马来西亚和新加坡。由此可知,从9月8日至11月14日,邓小平和陈云要么一个在国外,一个在国内;要么一个在北京,一个在杭州、上海,没有见面交谈过。谈话时间在8月的可能性更大。陈云从9月开始休养,几乎不出席会议和重要活动,连文件也不批示了。陈云曾在中央会议上坦称:"我的身体是很差的","我只能做最必要的工作","只能量力而行"。《邓小平年谱》记载,8月底之后的两个多月,邓小平在上报的文件中作的批示由原先的"批送中央政治局各同志"改为"批送叶剑英、李先念、汪东兴",常委独缺陈云。又鉴于邓小平于1978年8月19日同黄镇、刘复之谈到了实践标准问题和毛泽东、毛泽东思想的评价问题,这与陈云谈话的主题相似,邓、陈谈话时间应该是在19日前后。因此,上述谈话时间很可能是在8月中下旬。

1978年三中全会:适当的时候总结历史是必要的,但"不必匆忙去做"

1978年,在中央工作会议上,陈云根据此前与邓小平谈话达成的共识郑重建议党中央对历史遗留问题考虑作出决议,起到扭转会议风向和解放思想的作用。华国锋在会议开幕式上的讲话为中央工作会议设定了三个议题:讨论关于把全党工作的着重点转移到社会主义现代化建设上来和如何尽快把农业搞上去及有关文件,商定 1979 年和 1980 年国民经济计划,认识总结李先念在国务院务虚会上的讲话。接下来分成华北、东北、华东、中南、西南、西北 6 个组进行讨论。11 月 12 日,陈云在东北组的发言突破原定议题,揭开了讨论历史遗留问题的盖子,冲击力和影响力最大。陈云建议"对有些遗留的问题,影响大或者涉及面很广的问题,是需要由中央考虑和作出决定的"。具体包括多个问题:要肯定天安门事件,要肯定彭德怀、薄一波、陶铸的革命贡献,要为"文化大革命"被错定为"叛徒"的人平反,要批判康生。此后,陈云还就恢复实事求是思想路线和民主作风,搞清"文化大革命"等历史旧账问题发表看法。陈云的系列发言,引发强烈反响和共鸣。聂荣臻、邓颖超、胡耀邦、万里、康克清、萧克等代表也纷纷附议陈云的建议,要求弄清长期"左"倾和毛泽东功过问题。25 日,华国锋表态接受陈云等提出的平反意见,宣布为天安门事件、"反击右倾翻案风"以及一些重大错案平反;还鼓励代表各抒己见,畅所欲言。他说:"这样敞开思想讨论问题,是很好的。"在上下合力作用下,会议气氛民主,讨论热烈,对尽快解决历史遗留问题和对毛泽东、毛泽东思想作出科学评价问题,进行了认真讨论,使原本带有"左"倾痕迹的会议变成了批判"左"倾错误的会议。

但是,揭开功过评价的盖子给长期受"左"倾思想影响的部分党员干部和群众造成了混乱。在中央工作会议期间,经党中央同意,11 月 14 日,北京市委宣布:1976 年广大群众沉痛悼念周总理,愤怒声讨"四人帮",完全是革命行动。15 日,《北京日报》率先刊登了这个消息。次日,《人民日报》头版刊登了题为《中共北京市委宣布:天安门事件完全是革命行动》的文章。《光明日报》也作了相应报道。一些群众受这一事件及此前解放思想风气的鼓舞,开始对历史和现实问题大加议论。在北京,西单民主墙贴出各种大小字报,有的要求追究阻挠平反冤假错案的领导人的责任;有的提出要全盘否定毛泽东,揭批"四人帮"要连同毛泽东一起批;有的甚至到天安门广场自发集会、演讲,散布极端言论。在上海,发生了群众冲击报社和部分青年组织起来创建社团、报纸的举动。其他城市也发生了类似的事件。在此情况下,中央工作会议后期,有的代表认为议论的口子不能开得太大,有的则认为应该继续解放思想,广开言论。会场外的分歧反映到了会场内,场面陷入僵局。

值此危急关头,邓小平勇于担当,从安定和团结大局出发,提出"不争论""不纠缠"的方针,提出评价问题"宜粗不宜细""不必匆忙去做"的原则。自11月15日始,出访回国的邓小平出席中央工作会议。邓小平得知党内外的严重分歧后,强调要团结一致向前看,处理历史遗留问题不能急。25日,邓小平在听取中共北京市委和团中央负责人情况汇报时指出:"有些历史问题,在一定的历史时期内不能勉强去解决。有些事件我们这一代人解决不了的,让下代人去解决,时间越远看得越清楚。有些问题可以讲清楚,有些问题一下子不容易讲清楚,硬要去扯,分散党和人民的注意力,不符合党和人民的根本利益","讲问题,要注意恰如其分,要注意后果。迈过一步,真理就变成谬误了","我们处理任何问题,都要从大局着眼,小局服从大局,小道理服从大道理","要引导群众向前看"。26日、27日、29日,邓小平会见外国友人时,再次强调清理一下历史问题要有一个过程,目前首要的是安定团结,一心一意搞建设。12月1日,邓小平在召集部分大军区司令员和省委第一书记打招呼会议上讲话指出:"历史问题只能搞粗,不能搞细。一搞细就要延长时间,这就不利。要以大局为重","对文化大革命问题,现在也要回避"。邓小平还为中央工作会议闭幕会上的讲话稿列了包括七个问题的提纲,其中第三点写道:"解决遗留问题要快,要干净利落,时间不宜长。安定团结十分重要,要大局为重。"13日,邓小平在闭幕会上作重要讲话。讲话浓缩为四个问题,论述更集中,主题更鲜明,针对性更强。讲话指出:处理历史遗留问题为的是向前看。对一些历史遗留问题,不很重要的问题,不要纠缠不放,要引导大家团结一致向前看;"要大处着眼,可以粗一点,每个细节都弄清不可能，也不必要"；比如"文化大革命"等历史问题，将来"总要总结，但是不必匆忙去做"。作出科学评价"需要做认真的研究工作"，加之"有些事要经过更长一点的时间才能充分理解和做出评价，那时再来说明这一段历史，可能会比我们今天说得更好"。邓小平的讲话获得包括陈云在内的中央领导人的赞同与支持。

在邓小平、陈云的推动下，中央工作会议接近尾声的时候，中共中央确定了"既要解决问题，又要稳定大局"的指导方针。胡乔木认为："这个方针完全正确，非常必要"，"安定团结，不仅是必要的，而且是历史的必然"。可以说，经过中央工作会议的讨论，中央领导集体基本达成共识，即防止扩大党内外的分歧和激化社会矛盾，尽量回避影响安定团结和四个现代化建设的事情。因此，中共十一届三中全会的公报宣告：适当的时候对历史经验教训加以总结是必要的，"但是不应匆忙地进行"。当然，不急着作决议并不意味着不去解决历史遗留问题，而是准备先以实事求是的态度完成政治上、思想上的拨乱反正，以有错必纠的原则平反一切冤假错案，完成组织上的拨乱反正，然后再对"文化大革命"、毛泽东、毛泽东思想等正式作出统一定论。

1979 年国庆讲话后：立即着手起草，以中央决议的方式作出定论

邓小平在中央工作会议上的主题发言，逐步推动思想解放的春天的到来。全国理论界、知识界对新中国成立以来历史问题和毛泽东功过评价进行着思考和讨论。与此同时，社会上充斥着各种错误言论，给党和国家的宣传工作和意识形态工作造成困扰。为进一步加强和明确宣传工作，经中宣部提议，中央政治局常委会批准，党的理论工作务虚会于 1979 年 1 月 18 日正式召开，4 月 3 日结束。

其间，代表们多次讨论到"文化大革命"、"无产阶级专政下继续革命的理论"、个别中央领导人的责任、平反冤假错案、真理标准问题讨论、毛泽东功过和毛泽东思想评价等一系列问题。会上要求党中央作出历史

决议的呼声很高。第一组的代表认为："毛泽东同志作为一位伟大的马列主义者，一位历史人物，是可以评价的，是应该评价的。事实上，现在国内外、党内外都在评价他。我们党不主动做出正确的评价，很被动。这件大事，已经摆在党的议事日程上，不能全部留给后人去解决"，"总结我党三十年的历史经验不能不涉及对毛泽东同志的评价"，"批评毛泽东同志的错误和反对毛泽东绝不能混为一谈。全面地正确地评价毛泽东同志的功绩和错误是很有必要的"。会议第二阶段，邓小平作了题为《坚持四项基本原则》的讲话，批驳了会上的一些错误言论，改变了主题比较零散的情况，加强了会议主题的集中和思想的统一。但各个省的代表在到底什么才叫毛泽东思想、毛泽东思想能否一分为二问题上争论不休。他们分别从相对真理与绝对真理、正确与错误、个人与集体的角度提出不同看法，还建议中央："毛泽东思想旗帜的主要内容是什么，怎样才算真高举，需要结合实际，从理论上进一步加以阐述。"有的建议要像中共六届七中全会那样，作一个新中国成立以来的历史决议，全面评价毛泽东和毛泽东思想。

邓小平在理论工作务虚会上的讲话意在遏制资产阶级自由化思潮，遏制无政府主义抬头的现象，而不是为了压制思想解放和真理标准问题讨论。理论务虚会上，吉林省代表就担心："现在已经有了一种否定前一段务虚会的苗头，发展起来就要否定刚刚开始的思想解放运动。"邓小平始终希望能继续解放思想，恢复优良传统和作风，抵制教条主义、官僚主义和封建主义。当《坚持四项基本原则》的讲话在一定程度上遏制了党内过激言论后，邓小平即要求军队和地方要就真理标准问题讨论进行"补课"。1979年5月21日，《解放军报》发表评论员文章《坚定不移地贯彻三中全会精神》。22日，《人民日报》以《重新学习三中全会文件，补上真理标准问题讨论一课》的标题加以转载，强调要好好学习三中全会文件，继续解放思想。之后，全国未认真开展真理标准问题讨论的地区和部门进行了"补课"。"补课"运动继续推动着思想的解放和作风的扭转，同时也进一步加深了对新中国成立以来历史问题的反思。

理论工作务虚会和真理标准问题讨论的"补课",促使中共中央将历史问题的评价提到议事日程上来。6月,邓小平、陈云等中央政治局常委一致决定:由叶剑英代表中共中央、全国人大常委会、国务院在新中国成立30周年庆祝大会上发表讲话,对新中国成立以来的历史作初步总结;还决定要把讲话提交到9月底召开的四中全会上通过。邓小平指导国庆讲话稿的起草工作,先后四次找胡耀邦、胡乔木等谈话。正式起草之前,邓小平就说过:这个讲话要有一些新的内容,要能讲出一个新的水平。7月至8月,写作小组夜以继日,形成初稿。起草讲话稿时主要围绕三个问题存在争论:一是涉不涉及"文化大革命"历史;二是列哪些重要人物以示纪念;三是讲不讲毛泽东晚年的错误。8月下旬,邓小平点评讲话稿说:"讲理论的东西多了,概念的东西多了","在第一部分,对历史是应该做点回顾的";"在第二部分,对林彪、'四人帮'的极左路线,概括成为几个特点,很好。但最重要的是要从中得出几条基本的教训"。9月4日,邓小平继续提出意见:讲稿要维护毛泽东的历史地位和毛泽东思想的旗帜,"要使人看了这个讲话以后得出一个总的印象,我们的党和人民现在是真正坚持毛泽东思想,是完整、准确地学习、运用毛泽东思想,是真正将毛主席为我们制定的路线、方针、政策付之实现,不是搞片言只语"。此后,陈云也对国庆讲话第四稿提出了修改意见。28日,四中全会讨论并通过了《在庆祝中华人民共和国成立三十周年大会上的讲话》(以下简称《讲话》)。邓小平、陈云等领导人在四中全会上对讲话稿予以高度评价。

29日,叶剑英在国庆讲话中对毛泽东的突出贡献和历史地位,对毛泽东思想的性质内涵作了论述。《讲话》虽对毛泽东没有直接的批评,不过也暗含着一定批评;还对新中国成立以来30年的经验教训作了基本总结,对"文化大革命"和林彪、"四人帮"作了概要分析,至于具体细节问题,是准备放到以后再说。因为这是基本总结,并非全面的总结;是初步定调,并非最终定论。正如胡乔木所说:"这是一个庆祝讲话,不是对过去三十年作全面的总结","那样的总结只能在另外的时间经过另外的会议,经过详细讨论,作出正式的专门的文件"。这里虽未指明"另外的时间"和"另外的会议"具体是什么,但反映出中央已经考虑到下一步要尽快作出一个正式的决议。

邓小平、陈云的意见和叶剑英的讲话表明了中共中央主动回应社会呼声,对新中国成立以来的历史问题和经验教训作出反思的态度。国庆讲话后,各界感到既满意又不满足。国庆讲话有很强的问题意识,说出了群众的心声,但讲话出于时机考量,采取"点到为止"的写法,对有些问题没有讲透,留下了探讨的空间。这又掀起了讨论毛泽东和毛泽东思想,讨论"文化大革命"和"四人帮"的热潮。人们普遍希望中央有个更加正式的、明确的说法。为此,在10月下旬,中央政治局常委会经充分讨论,作出决定:立即着手起草新中国成立以来党的若干历史问题的决议,以中央决议的方式对一些重要问题作出评价。随后,邓小平召集胡耀邦、姚依林、邓力群谈1980年工作安排时指出:根据中央政治局常委会研究,准备工作有四:修改党章、修改宪法、抓经济工作、起草《历史决议》;决议起草工作,"现在着手,明年六中全会讨论通过"。他还提出:有了国庆讲话,《历史决议》就好写了。以讲话为纲要,考虑具体化、深化。1980年1月,邓小平还在中央召集的干部会议上正式向党员干部打招呼:"可能年内我们还要对若干历史问题作出正式的决议。"他在之后的中央政治局扩大会议上的讲话回顾这段历史时说:"这个决议,过去也有同志提出,是不是不急于搞?不行,都在等。"因此,尽管党内外也有少部分声音反对评价毛泽东和毛泽东思想,但出于尽快走出困境、开创新局面的考量,邓小平、陈云因势利导,郑重作出起草《历史决议》的决定。

1981年5月:决议可以通过,"不能再晚了,晚了不利"

国庆讲话为总结历史问题提供了舆论上、思想上的准备。国庆讲话后,《历史决议》的起草工作就开始了。决议自1979年10月底开始,至1981年6月定稿,经历了10多次草稿和6次大的集体讨论,在博采众议的基础上又力排错议,在充分民主的基础上充分集中。

邓小平指导决议起草工作,要求通过决议尽快结束党内外对历史问题的争论，将主要精力集中到"四化"建设上来。1980年11月6日，胡乔木就此前"四千人大讨论"的综合意见给邓小平写信："少数同志认为现在做决议时机还不成熟，须待十二大或十二大以后"，写作小组的意见是"现在不做决议，则党内思想将更难统一，十二大也不好开"。邓小平表示赞同。1980年12月5日，中央政治局会议决定《历史决议》在次年的政治局讨论并原则通过的"时机已经成熟，不宜再行延迟"，要求起草小组"参照讨论中提出的意见进行改写"，最后"提交六中全会讨论通过"。1981年3月9日，邓小平同邓力群谈话时指出："争取早一点修改好，早一点召开六中全会。对历史问题的评价定下来了，有了统一的认识，就可以集中精力向前看。"4月18日，邓小平在同金日成谈话时说道："最近几年，一谈就是历史问题，对毛主席的评价问题，这不利"；不应该过多纠缠历史，"天天纠缠干什么"。他还提出召开中央全会来表决通过决议，"这个问题不能再推迟了"。邓小平认为，决议通过后，可能有些同志思想上还是转不过弯来，所以要采取"思想不通，组织服从"的办法来停止争论，来引导党内团结一致向前看。5月19日，邓小平在中央政治局扩大会议上的讲话总结指出："这个文件差不多起草了一年多了，经过不晓得多少稿"，是合乎1980年3月提出的"三项基本要求"的，可以通过了，党内党外、国内国外，都在等，"所以，不能再晚了，晚了不利"。6月22日，邓小平对《历史决议》草案作了充分肯定："总的来说，这个决议是个好决议，现在这个稿子是个好稿子"，"稿子的分寸是掌握得好的"。6月29日，在中共十一届六中全会的闭幕会上，邓小平再次高度评价说：决议"真正是达到了我们原来的要求。这对我们统一党内的思想，有很重要的作用"，"相信这个决议能够经得住历史考验"。

陈云为决议提出了多个关键性的修改建议。比如，主张在"反复推敲，反复斟酌"和"经得起历史的检验"的原则下，把毛泽东的功过"一锤子敲定"；又如，建议"增加回顾建国以前二十八年历史的段落"，使决议主旨"有了全面的根据"；再如，提出通过"学马列著作，特别是学哲学"和学习"中国革命、中国共产党的历史"来提高对毛泽东思想内容和活的灵魂的认识。此外,在历史责任问题上,他建议应着重写毛泽东破坏民主集中制,"其他的可以少说"。他认为除毛泽东外,其他同志也要"把自己的责任承担起来"。陈云的建议为决议的完善起到了重要作用。

第二个《历史决议》反驳了"左"、右两种极端思潮,辩证分析了毛泽东的功过是非,肯定了毛泽东的历史地位,充分论述了毛泽东思想的主体内容和活的灵魂,维护了毛泽东思想的指导作用。可谓是一部由大智、大仁、大勇之人主持起草的大智、大仁、大勇之作,是用马列主义、毛泽东思想的立场、观点、方法来评价毛泽东和毛泽东思想以及新中国成立以来历史问题的典范之作。

在推动决议作出的过程中,邓小平起着决定性作用。这主要表现在:其一,他提出了维护决议的"三项基本要求",确立了起草的指导思想和具体原则。其二,自始至终主持起草并先后十多次提出修改方针和意见。其三,很好地处理了博与约、通与专的关系,既吸收和整合了党内外的有利建议,又忽略和抵制了一些不那么重要或错误的意见。其四,主持数次大的集体讨论,力求决议能照顾到党内外的诉求,能处理好历史、理论与现实的关系。

陈云对《历史决议》起着不可或缺的指导和参谋的作用。这主要表现在:其一,他曾多次公开支持和赞同邓小平的一系列指导意见。比如,他在中央纪检委第一次全体会议上说"邓小平同志对毛泽东同志的功绩概括得很清楚"。其二,较早地呼吁对历史问题作出决议。比如,他在中共十一届三中全会闭幕会上的讲话高度评价了延安整风期间形成的《关于若干历史问题的决议》,表达了在新形势下再作历史决议的愿望。其三,要求贯彻落实实事求是这一"马克思主义唯物主义的根本思想路线",继承和发展毛泽东思想的活的灵魂,为此还总结出作到实事求是的"十五字诀","除了'全面、比较、反复'这六个字以外,他还归纳了九个字,就是:'不唯上,不唯书,只唯实'"。其四,全力支持《历史决议》起草工作。不但提出多个关键性建议,而且勉励起草工作者。比如,他看了决议6月26日印发稿后,要求秘书转告胡乔木:改得很好,气势很壮。

邓小平和陈云以高深的理论修养和政治智慧，于 1978 年秋达成尽快把历史问题敲定下来的共识。该年底考虑到各界争议太大，为避免扩大分歧和对立，作出"不必匆忙去做"的决策；国庆讲话后根据党内外的积极反响和强烈请求，决定立即着手起草决议；决议基本成型后，有的怀疑作决议的时机是否成熟，邓小平当机立断："不能再晚了。"这四次考量尽管存在调整和反复，但都是根据党情和国情的变化对出台《历史决议》进行的策略调整，并非没有定力或出尔反尔。通过邓小平、陈云等的政治谋略，最终以恰当的时机和方式作出了决议，从而维护了毛泽东崇高的历史地位，确立了毛泽东思想的指导作用，稳定和凝聚了党心、军心、民心，为党和国家提供了前进的动力和方向。

（肖建平／撰稿）

7 《科学的春天》诞生记

1978 年 3 月 18 日至 3 月 31 日,全国科学大会在北京举行。这是"文化大革命"结束后中国科学工作者的盛会,是拨乱反正的重要突破口。邓小平在会上作了重要讲话,指出中国科学事业的发展方向。大会闭幕时,86 岁高龄的中国科学院院长郭沫若发表了书面讲话《科学的春天》,并由著名播音员虹云当场朗读。会场上顿时响起一阵阵春潮般的掌声。

从此,这个书面讲话就成为中国科学发展史上的名篇力作。你可知道,《科学的春天》是怎样诞生的?

"文化大革命"结束,百废待兴。中国科学院决定筹备召开
全国科学大会。原中宣部工作人员胡平被"借调"
过来参加文件起草工作

1977 年 6 月 22 日至 7 月 7 日,中国科学院副院长方毅主持召开了"文化大革命"后第一次全国科技工作会议,按照国务院领导人指示,决定筹备召开全国科学大会。会后,中国科学院成立了专门的文件起草班子,由新任中国科学院副秘书长的童大林和中国科学院政策研究室主任吴明瑜负责。

童大林推荐此时正在"中宣部留守组"待分配的中宣部原国际宣传处干部胡平,前来参加文件起草工作。"文化大革命"中,中宣部被打成"阎王殿",许多人被遣散。胡平已由当时的军管组内定分配到四川,所以中国科学院只好将其"借调"过来。由于这层微妙关系,童大林用了点心思,将"借调"人员名单附在召开全国科学大会的一系列文件之后,上

参加全国科学大会的知识分子

报中共中央主席华国锋。这次全国科学大会，最初正是华国锋提议召开的。他很支持这项工作，同意了这些文件。胡平顺利地来到中国科学院。

这时的胡平已47岁。由于他在"文化大革命"中遭受"横扫"、去宁夏"五七"干校、回京"待分配"，已十多年没有在自己的岗位上工作。"文化大革命"磨损了他人生中最宝贵的年华。

胡平出生在重庆的一个知识分子家庭。中学时代，他就积极参加学生运动。重庆解放后，他到哈尔滨外国语学院学习俄语，1954年研究生毕业，当年进入中宣部办公厅编译组，此后转入国际宣传处，多年从事国际共运理论资料的研究整理工作。他对国际政治、哲学理论有着浓厚的兴趣，工作之余译校了数百万字的俄文哲学、美学著作，还有小说、散文等文学书籍。这番经历对胡平来说是一次难得的锻炼。

胡平万万没有想到的是，"文化大革命"爆发后，中宣部一夜之间竟被打成"反革命修正主义的阎王殿"。从部长到一批局、处级干部都被打成"黑帮"，全体工作人员被扫地出门，放逐到宁夏贺兰县立岗村劳改。

他在那里的"五七"干校从事体力劳动长达五年。

1974 年，胡平和一些同事返回北京，进入"中宣部留守组"待分配。这时，中宣部原副秘书长童大林解放了，负责这个留守组。当时，留守组已相当松散，成员们目睹了"文化大革命"后期动荡的中国。他们几乎都是 1976 年清明节前后天安门广场诗歌的积极传抄者。不久，"追查谣言"的政治迫害接踵而来，童大林保护了这个留守组成员平安无事。

1976 年 10 月，一声惊雷，"四人帮"顷刻瓦解。

胡平来到科学大会文件起草组时最担心的是，自己有十多年不动笔了，难免会有生涩之感。刚开始，他果然有插不上手的感觉。

起草组分工时，胡平负责收集国外对中国科学界的反映。来自科委的林自新递给胡平一本新版俄文著作《公元 2000 年的世界》，说："老胡，麻烦你尽快给我们编译出来看看。"胡平翻了翻，原来是一本"未来学"著作，有些类似于美国托夫勒的《第三次浪潮》，书中全是对 2000 年的推测。书中描绘了电脑网络、移动电话和航天飞机等，这在当时看起来仿佛天书，但却又充满了新奇。科学的幻想成了现实，到 2000 年，书中的许多预言都应验了。

胡平先做轻车熟路的事。他前往新华社，用三天时间翻阅了半年来国外各界对中国科学界的反映，加以摘编，编成了大会文件组的第一份简报。同事们看了，认为有参考价值。胡平趁热打铁，把《公元 2000 年的世界》读完，摘编了第二期简报。

邓小平在全国科学大会上明确提出"科学技术是生产力"的论断。闭幕式的讲话稿，原准备由《哥德巴赫猜想》的作者徐迟为郭沫若起草

1977 年 9 月 18 日，中共中央发出通知，决定在 1978 年春天召开全国科学大会，会议的主旨是批判"左"的指导思想，制定科技发展规划，动员全国人民向科学技术现代化进军。

科学大会的文件起草工作全面展开后，童大林、吴明瑜、林自新，还

有罗伟等人组织力量为华国锋、邓小平、方毅起草在大会上的主报告。为华国锋、邓小平起草的讲话稿一波三折。邓小平采用了起草小组起草的讲话稿,后来还将它收入《邓小平文选》。华国锋没有采用起草小组完成的稿件,另写了一个。

胡平参加了上述这几个重要讲话稿的部分章节的起草,对起草讲话稿的进程和波折很清楚,这对他此后多次参加重要科学、科技文献的起草非常有益。

科学大会一天天临近了,全国各地共组成了 32 个代表团,有 5586 名代表参加。

1978 年 3 月 18 日,全国科学大会在人民大会堂举行。邓小平作了报告,明确提出"科学技术是生产力","四个现代化,关键是科学技术的现代化","科技知识分子是工人阶级的一部分"。

这是一个振奋人心的报告,掌声此起彼伏。

科学大会进展得很顺利,前景鼓舞人心。会议组织者在 3 月 25 日碰头商议的时候,提出了进一步完善大会闭幕式的构想,要为大会的成功再添一把火。童大林提出,请文件组为郭沫若院长起草一个讲话稿,给大家再鼓鼓劲。

距离会议闭幕的日子不足一周了。此时,郭沫若仍卧病在床。会议开幕式时,他是从医院直接来到主席台就座的,而且未能久坐。由他亲笔写讲话稿已经不可能,谁来代为起草呢?

简报组的胡平建议请徐迟来写,说徐迟和郭沫若都是诗人,有相通之处。徐迟刚刚在《人民文学》杂志上发表了描写数学家陈景润的著名报告文学《哥德巴赫猜想》,《人民日报》《光明日报》都予以转载,一时间名满天下。胡平说,徐迟对科学家比较熟悉,正好再接再厉,再完成一篇为科学开拓道路的好文章。

大家认为胡平说得有理,一致同意请徐迟执笔。这个建议由胡平提出,领导就派他去请徐迟。行前,吴明瑜和胡平一起商量了这篇闭幕讲话稿应该有哪几个要点,以便徐迟有所参照。

会议的文件组成员住在京西宾馆,而徐迟是湖北省代表,住在友谊宾馆。胡平赶到友谊宾馆,顺利地找到了徐迟,说明来意。徐迟欣然接受,而且答应当天晚上就动笔,让胡平第二天下午来取稿子。这可把胡平高兴坏了。

第二天是 3 月 27 日,胡平赶到友谊宾馆时,徐迟果然已经完成了讲话稿。胡平看了一眼,3 页《人民文学》的稿纸基本写满,约 720 字,再看一眼,颇具诗人特色。他连声道谢后,就急着赶回京西宾馆,路上也没有顾得上仔细瞧瞧。

文件组的同事一见胡平回来,便索稿拜读。讨论的时候,大家认为徐迟草拟的讲话稿比较分散、浪漫,在报纸、杂志上发表没有问题,但在大型庄重的会议上宣读看来不太适宜。这怎么办呢?

童大林、吴明瑜同意大家的意见。他们说,郭老这个讲话是必须的,既然徐迟的稿子不太合适,就要起草新的,要赶紧确定新的起草人。

童大林说,不能再找了,时间不等人,再找人这个事就泡汤了。在我们内部找人写吧!

吴明瑜提议,就请胡平来写。胡平的文笔相当好,他可以完成这个任务。

童大林点头同意,吴明瑜即出来找胡平。这时,胡平正在寻思新的起草人。吴明瑜通知他,已经确定,就由你来写,因为时间紧迫,换人已经来不及了。

时间紧迫,又是为郭沫若代笔写讲话稿,胡平怔了一下,然后脱口而出:"我不行。"

吴明瑜明确地告诉他:"我们已经考虑过了,你行,可以写好。这个时候就不要再换人了。"

吴明瑜这么一说,胡平只好答应下来。吴明瑜向胡平谈了自己的一些看法。二十多年后,吴明瑜只记得自己和胡平谈过设想,具体谈些什么已经淡忘。执笔人胡平的记忆则深刻得多。他记得,吴明瑜向他着重说,郭老的讲话除政论之外,也要谈谈科学精神与浪漫精神,谈谈科学与幻想的关系。因为科学固然是讲求实证的,但科学也需要幻想,幻想会激发科学的灵感,在这个方面你要发挥一下。至于别的,吴明瑜说,你经过一段时间的工作已经比较熟悉了。

胡平问:"什么时候交卷?"

吴明瑜回答道:"当然越快越好,最晚不能超过讲话的前一天。"

事情就这样谈定了。京西宾馆人来人往,十分嘈杂,胡平决定回家去写。回家之前,他还要办一件事,到友谊宾馆去告诉徐迟,说他草拟的稿件因种种原因未被采用,希望见谅。

这件事似乎有点棘手,胡平在前往友谊宾馆的路上,有点忐忑不安。让他感动的是,徐迟表现得十分大度。听说自己的稿件未被采用,徐迟连声说,没有关系,没有关系! 只要有利于把科学大会开好,怎么做都行。胡平听后,连声称谢。

在回家的路上,胡平看到新春的绿色,顿生灵感。
他在分析了徐迟的稿子未被采用的原因后,写出了符合
郭沫若国务活动家、科学家、诗人身份的稿子

离开了徐迟,胡平坐上公交汽车往家赶。汽车开动了,他向窗外望去,突然看到路边的柳枝已经饱含绿色,吐出嫩叶,随风飘来飘去。在不知不觉中,春天已经来了,绿色又将染绿大地。胡平感慨地想到,前些天在宾馆里忙于会务,浑然不知春天已经归来,而且春分已过,又一个清明将要来临。

他突然产生了联想:春天来了,这不仅仅是大自然的春天! ……我们中华民族,终于经受住了"文化大革命"的劫难,我们这个民族又要走上腾飞复兴的道路了! 我们经历了那么长久的冬天,"风刀霜剑严相逼",但是冬天却不能阻止春天的来临。

灵感真的在此刻降临了! 胡平想到,科学的春天已经来临了,那就让我们迎接科学的春天吧! 他微微激动了,感觉到文章的题目已跃然纸上,这就是《科学的春天》。

有了好题目，文章的一半就快成功了。

吃过晚饭，胡平把自己关在小书房里开始动笔了。他认为，既然是为郭沫若写讲话稿，讲话稿就要符合郭老的身份，这要在第一部分中体现出来。郭沫若有三种身份：国务活动家、科学家（考古学家、历史学家）、诗人（文学家），这三种身份是融为一体的。胡平从小就读过郭沫若的诗、文章和剧本，觉得自己比较熟悉郭老。徐迟之所以没有完成大会组织者期望中的讲话稿，在于他过于强调了郭沫若诗人的一面，而没有抓住他作为国务活动家和科学家的思想和活动方式。

现在，胡平首先要写出郭沫若对于国家政治的看法，他要讲今天的中国人民是在什么样情况下发展科学，要指出中国科学事业经历的曲折发展过程，受到的严重挫折。"文化大革命"对中国科学事业的摧残，胡平有着切身感受。

第二部分要写扫除了"四人帮"，科学的春天来到了，只有在科学的基础上才能建设社会主义。这个思想，胡平从20世纪60年代以后就逐渐产生，现在更加明确了。他在此时引用了叶剑英的诗句"老夫喜作黄昏颂，满目青山夕照明"，作为此时讲话者心情的写照。

接下来，胡平将吴明瑜的想法发挥出来。科学是讲求实际的。同时，科学也需要创造，需要幻想。前不久，胡平看了一部电影传记片《哥白尼》，主人公的一句台词"人的天职在勇于探索真理"，深深打动了他。胡平感到，科学需要有这样一种精神：既异想天开，又脚踏实地。于是，他写道："让我们在无穷的宇宙长河中去探索无穷的真理吧！"

胡平要写出讲话人的一番期望，对老、中、青、少各有侧重，这也是他本人的希望。这希望，"不是写在有限的纸上，而是写在无限的宇宙之间"。

该写结尾了，胡平觉得还需要一个高潮。想来想去，他觉得结尾时文采可以更浓一些，可以是一种诗歌般的语言。他的脑海中又出现车窗外乍现的初春景色，他采用了徐迟原拟稿中的12个字"春分刚刚过去，清明即将到来"，但将原句中两个使句子过短的逗号划去。接着，胡平联想到唐代大诗人白居易描写春天的诗句"日出江花红胜火,春来江水绿如蓝"。他的感情又一次油然而生,挥笔写来,把前面写实了的东西虚写一番,表现出科学家和诗人的意境和愿望。

胡平写了一夜,思绪此起彼伏。小书房里弥漫着香烟的气味。当时的胡平每天大约抽一包香烟,可是在这个夜晚,他却整整抽掉三包香烟,满嘴苦涩。

东方欲白,胡平在晨光中为《科学的春天》划上了句号。

他的精神仍十分亢奋,毫无睡意,也不敢去睡。这毕竟是为郭沫若起草文稿,胆子再大的人也难免有"孔夫子门前做文章"的惶恐。

当天上午,胡平又将稿子看了两遍,改了一些,重抄一遍,500字的稿纸写了4页,只余6行。他这才觉得自己再难改动了。午饭后,他还是毫无睡意,干脆回京西宾馆交稿。

他没有将稿子直接交给童大林、吴明瑜,而是先拿给文件组的同事看看。他们看了以后纷纷说:哎呀,老胡,写得很好,很有激情嘛!

来自农业部的贺修寅赞扬之余,指着稿子中的"古代甘罗十二岁拜上卿"(勉励年轻人要奋发有为)一句,说:"老胡,干吗扯那么远? 这句话就不要了吧!"胡平觉得言之有理,便拿起笔来划掉了那一句。这一句删除后,使上下文的衔接完全贯通,浑然一体。

听到同事们肯定这篇稿子,胡平心里更有底了。于是,他将稿子交给了童大林和吴明瑜。交稿之时,胡平什么也没说,也不等他们看完,而是转身走了出来。他感到,自己已经尽力了。

童大林、吴明瑜看过稿子,一致肯定,提笔略作一些字句的修改,立即发排。

第二天,胡平读到了工工整整的打印稿,细读一遍,自己也觉得很好,这才放下心来。

公务人员将稿子送给卧病中的郭沫若。郭沫若在病榻上看完稿子,走下床来,在文中加了一两个字,然后提笔签写了自己的名字,表示同意。胡平的任务至此完成了。

全国科学大会会场

　　3月31日，在科学大会闭幕式上，中央人民广播电台的播音员朗读了郭沫若的书面讲话。这动人的讲话，引起了轰动，掌声一阵接着一阵。

　　事后作会议总结的时候，方毅特别指出，大会闭幕式上郭老的讲话形成了高潮。这篇讲话稿是我们科委的一个同志起草的，还真像郭老的手笔，说明我们科委有人才。胡耀邦也曾多次说，《科学的春天》讲话稿是一篇好文章。

　　（本文采写过程中，吴明瑜、胡平先生接受采访，订正文字，谨致谢忱！）

（钱江／撰稿）

8 邓小平、陈云与改革开放的成功起步

邓小平和陈云，有着十分相似的经历。邓小平生于 1904 年，逝世于 1997 年；陈云生于 1905 年，逝世于 1995 年。两人很早就参加了新民主主义革命，是中共八大确立的第一代中央领导集体中最年轻的两位，在中共十一届三中全会以后共同成为改革开放的奠基人。

应该说，两人的性格和作风，又是有较大差异的。邓小平可称为"举重若轻"——敢于抓住机遇，开拓进取，不惧风险，格言是"不管黄猫黑猫，只要捉到老鼠就是好猫"。陈云可称为"举轻若重"——长于治理，善于交换、比较，格言是"摸着石头过河"。两人的经济主张也反映了事物的两重性，形成了相辅相成的局面。

携手领导第二次国民经济调整

邓小平、陈云相辅相成，始于 1979 年开始的第二次国民经济调整。

1978 年 6 月，出国考察和在香港、澳门考察的 3 个经济代表团向中央汇报了国外日新月异的情况和对中国经济发展的有利条件后，极大地激发了中央领导层的热情。中央决定抓住有利时机，大规模引进国外资金和技术设备进行高速建设。1978 年 7 月至 9 月，国务院召开务虚会，研究加快建设速度问题。会议总结报告号召，要组织国民经济新的大跃进，要以比原来的设想更快的速度实现现代化，放手利用国外资金，大量引进国外先进技术设备。8 年基本建设投资从原设想的 4000 亿元增加到 5000 亿元。10 年引进 800 亿美元规模，最近三四年先安排三四百亿美元。

陈云对这个大引进计划持保留意见。7 月 31 日，他向主持务虚会的李先念建议，会议最好用几天时间专门听听反面意见。他又向谷牧提出，务虚会是否多开几天，听听反对的意见，可能有些人有不同意见。他专门找有关人说，引进资金那么多，又那么容易，但考虑过没有，引进了国外资金，我们中国要有配套资金。就算人家借给你那么多钱，我们自己有那么多配套资金吗？

12 月 10 日，陈云在中央工作会议东北组发言，提出 5 点意见。针对党内普遍要求快的情绪，他提醒大家要清醒，引进项目要循序而进，不要一拥而上。生产和基本建设都不能有材料的缺口。各方面都要上，样样有缺口，实际上挤了农业、轻工业和城市建设。

陈云的不同意见，引起了本赞成建设速度快些、规模大些的邓小平的注意，重新考虑几年内引进 800 亿美元规模的想法。

1979 年 1 月 5 日，陈云将新华社的一份材料批转给邓小平，指出："我认为有物资缺口的不是真正可靠的计划。"邓小平批示："请计委再作考虑。"1 月 6 日，邓小平找余秋里、方毅、谷牧等谈话，再次肯定陈云的意见"很重要"。他说：我们要从总方针来一个调整，减少一些钢铁厂和一些大项目。今年计划有些指标要压缩一下，不然不踏实，不可靠。

更重要的一步是，邓小平又同主持财经工作的李先念商量，建议成立国务院财经委员会，陈云任主任，主持全国财经工作。李先念赞同，并主动表示给陈云当副手。

3 月 21 日，陈云在中央政治局会议上说，搞现代化要从中国基本国情出发。我们国家是一个有 9 亿多人的大国，80% 的人口是农民。革命胜利 30 年了，但不少地方还有要饭的。有些同志只看到别的国家发展快，只看到可以借款，没有看到本国的情况。不按比例，靠多借外债，靠不住。

邓小平十分支持陈云的意见。3 月 23 日，他在讲话中说，中心任务是 3 年调整。这是个大方针、大政策。经过调整，会更快地形成新的生产能力。这次调整，首先要有决心，东照顾西照顾不行，决心很大才干得成。

在邓小平的支持下，中央制定了"调整、改革、整顿、提高"的方针，开始国民经济调整。9月，陈云将财政部整理的《关于1950年—1979年国家财政收支总额及基建拨款的资料》印发中央负责人。材料指出，新中国成立以来历次经济比例严重失调的问题，是出在基本建设超过了财力物力，大上大下，情况一好就折腾等。陈云在中央会议上重申，经济调整是必要的。一是不能靠赤字搞建设，二是利用外资的可能是有限的。像宝钢、平果铝矿、三峡水电站等那样大的工程，每个五年计划大体上只能建成一个。陈云总结说，我们应该探索在不再折腾的条件下有较快的发展速度。

1980年3月，邓小平对陈云的"不再折腾"给予高度评价：陈云同志出了个题目，就是积累和消费保持什么比例。过去的教训是超过了，总以为积累率越高，建设速度就越快。年底，他又表态说："我完全同意陈云同志的意见，今后一段时间内，重点是要抓调整，改革要服从于调整。"

同时，邓小平对调整的侧重点与陈云又有所不同。关于发展速度，他说："我赞成劲可鼓不可泄。"调整是为了什么？"是为了创造条件，使得在调整过程中，特别是调整以后，能够有一个比较好的又比较快的发展速度。""如果到1982年、1983年，我们的速度不能够更快一点，我看交不了账。"关于利用外资，邓小平赞成陈云的要有限度的考虑，也赞成陈云的意见，对引进项目要一个一个具体研究，特别吃亏的我们不干。他又指出，外资"不管哪一种，我们都要利用，因为这个机会太难得了，这个条件不用太可惜了"。"现在研究财经问题，有一个立足点要放在充分利用、善于利用外资上，不利用太可惜了。"

而陈云在领导经济调整工作中，也注意遵循邓小平"充分利用、善于利用外资"的长远战略。从日本引进资金和技术设备建设宝钢，是当时22个大引进项目中最大的，占当年合同引进资金的60%。1978年为宝钢建设已经追加投资十几亿元，是上马还是下马？为了补救宝钢仓促上马的不足，陈云亲临上海，反复考虑。第一次，认为应该基本立足国内，买技术，买专利，只进口关键设备。第二次，他到上海听汇报后，担心单靠现有技术上不去,想设备全部进口,同时也买制造技术,买专利。第三次,他离开上海时,又认为还是按照三委(国家计委、建委、经委)三部(冶金部、外贸部、机械部)和银行的意见办。1979年9月,中央同意陈云、李先念批准上报的报告:宝钢一期工程继续干,二期工程延期;二期对外已签的合同进行赔偿,已进口的设备妥善保管。这样,在调整中对外引进仍有发展,避免了一些经济损失。

事实上,邓小平也在陈云的"自由外汇不足"的考虑之外,开辟了一个"善于利用外资"的新思路。他说,利用外资是一个很大的政策,我认为应该坚持。问题是怎样善于使用,较快见效,解决好偿还能力问题。我们干几件事,慢慢就懂了。当时,22个大引进项目中的仪征化纤工程被调整下马后,因国内确实急需,有关部门心有不甘,继续探索新办法。中国国际信托投资公司董事长荣毅仁找到邓小平,在邓小平的支持下,1981年通过在日本发行100亿日元债券,分别从西德和日本引进主要装置及技术,使工程于1982年1月开工,1984年第一套生产装置就投产。此次集资被称为"仪征模式",开创了国家重大项目由财政拨款改为境外发行债券的先例。

两人关于经济建设发展速度侧重点的比较

邓小平的侧重点是他晚年总结的"上台阶"飞跃思想

1991年8月,邓小平在谈到改革开放时说:"这一段总结经济工作的经验,重点放在哪里?我看还是放在坚持改革开放上。没有改革开放十年经济发展的那个飞跃,取得顺利调整是不可能的。强调稳定是对的,但强调得过分就可能丧失时机。""可能我们经济发展规律还是波浪式前进。过几年有一个飞跃,跳一个台阶,跳了以后,发现问题及时调整一下,再前进。总结经验,稳这个字是需要的,但并不能解决一切问题。""我们不抓住机会使经济上一个台阶,别人会跳得比我们快得多,我们就落在后面了。要研究一下,我总觉得有这么一个问题。机会难得呀!"

1992 年一二月间，邓小平在南方谈话中又指出："我国的经济发展，总要力争隔几年上一个台阶。""看起来我们的发展，总是要在某一个阶段，抓住时机，加速搞几年，发现问题及时加以治理，而后继续前进。""要注意经济稳定、协调地发展，但稳定和协调也是相对的，不是绝对的。发展才是硬道理。这个问题要搞清楚。如果分析不当，造成误解，就会变得谨小慎微，不敢解放思想，不敢放开手脚，结果是丧失时机，犹如逆水行舟，不进则退。"

从上面可以看出，邓小平强调经济发展要抓住有利机遇，进行跳跃式的发展，不能过于求稳。用技术语言表达，是一波飞跃后，进行平台整理，再继续下一波飞跃。总体是均值快速提升的一条波浪式斜线。

陈云的侧重点是他一贯强调的"综合平衡"思想

关于经济建设发展速度的问题，际云认为：一、建设规模与国力要平衡，要和国力相适应。这是他"综合平衡"思想的主线。他提出："建设规模的大小必须和国家的财力物力相适应。适应还是不适应，这是经济稳定或不稳定的界限。""建设的规模超过国家财力物力的可能，就是冒了，就会出现经济混乱；两者合适，经济就稳定。"二、部门、行业之间要平衡，包括计划与市场，农、轻、重，财政支出和收入，进口与出口，中央与地方，货币与市场之间的平衡等。三、基本建设与人民生活要平衡。他指出："经济建设和人民生活必须兼顾。看来，在相当长的一段时间内，这种平衡大体上是个比较紧张的平衡。建设也宽裕，民生也宽裕，我看比较困难。"这是改革开放前的 30 年制定建设方针的基本考虑。四、长线与短线要平衡。长线就是指五年计划、长远规划，短线指年度计划。他主张短线平衡："按短线搞综合平衡，才能有真正的综合平衡。所谓按短线平衡，就是当年能够生产的东西，加上动用必要的库存，再加上切实可靠的进口，使供求相适应。""过去几年，基本上是按长线搞平衡，这样做，最大的教训就是不平衡。"他主张："必须瞻前顾后、前后衔接，避免陡升陡降，造成损失。"

总结起来,陈云的"综合平衡"思想中的特点是:一、平衡是积极的平衡,"必须从我国的经济现状和过去的经验中去寻找。既要研究那些已经形成的比较合理的比例关系,更重要的是研究暴露出来的矛盾"。也就是说,平衡是为了发展,而不是为了停滞。平衡要造成紧张、持续的状态,发挥最大效益。二、"所谓综合平衡,就是按比例",就是高速度。1979年,他在给中央的信中说:"从长期来看,国民经济能做到按比例发展就是最快的速度。"

在稳定和发展之间,陈云比较注重稳定。他说:"前进的步子要稳。不要再折腾,必须避免反复和出现大的马鞍形。""开始时步子要小,缓缓而行。"他主张经济发展应当尽可能做到起伏不要大,是一条平稳向上的斜线。

怎样理解两人侧重点的不同

邓小平、陈云的主张,反映了国家经济建设在不同时期的侧重点。新中国成立后的前30年,是打基础的时期,综合国力比较弱,抗御风险能力不强,国际环境也比较严峻,长期面临封锁,后来基本没有外援。这样,任何大的经济起伏都会造成严重的后果,所以强调稳和平衡,是正确的方针。陈云讲平衡最多的三个时期:一是1957年,"大跃进"冒头;二是1962年,"大跃进"造成严重困难局面;三是1979年,追求高指标又超过国家承受能力。因此,他是有针对性的。

而邓小平强调不断"上台阶",是在经过前30年建设、国家初步建立了独立的比较完整的工业体系和国民经济体系、能够承受一定风险的改革开放时期。面临国际环境相对缓和,世界进入新科技飞跃时期,如果不以超常速度发展,中国将难以赶上世界水平。所以强调高速度发展,是主观允许和客观需要的方针。1984年至1988年上了一个台阶,1989年起用3年治理整顿;1992年至1994年又上了个台阶,1995年起用两年宏观调控。两次"上台阶",都没有发生大的动荡,说明是可行的。

两人的主张都不是片面的,而是有重点的两点论。邓小平的"上台阶""不是鼓励不切实际的高速度,还是要扎扎实实,讲求效益,稳步协调地发展"。跳跃也不是无休止地连续跳跃。上一个台阶,再调整一下,调整就是平衡阶段。总体上看是包括着平衡的,可以叫作均线平衡。陈云的平衡是积极的,不是停滞僵化的,长期积极平衡才能保证高速度。他强调综合平衡就是按比例,这个比例不是一成不变的计划,而是通过市场调节,在解决暴露的矛盾中有变化的。

邓小平的"上台阶",是指的一定发展时期。他说:"总是要在某一个阶段,抓住时机,加速搞几年。"至于稳,"以后还用不用这个字? 还得用。什么时候用,如何用,这要具体分析"。

两人关于计划经济与市场经济关系侧重点的比较

邓小平的侧重点是"计划和市场都是经济手段"

马克思主义经典作家过去认为,社会主义经济是计划经济,不是商品经济,更不是市场经济。同样,西方经济学也一直把市场经济当作资本主义特征来确认。

邓小平早在1979年11月就提出了质疑:"说市场经济只存在于资本主义社会,只有资本主义的市场经济,这肯定是不正确的。社会主义为什么不可以搞市场经济,这个不能说是资本主义。"应该说,当时的市场经济,实质还是商品经济,指的是市场调节。但是,邓小平的质疑,拓宽了人们的思路,有着振聋发聩的意义。

1984年,中共十二届三中全会通过的《中共中央关于经济体制改革的决定》,首次提出了"公有制基础上的有计划的商品经济"的论断。对此,邓小平高度评价说:"这次经济体制改革的文件好,就是解释了什么是社会主义,有些是我们老祖宗没有说过的话,有些新话。"这是"马克思主义基本原理和中国社会主义实践相结合的政治经济学"。

1987年中共十三大召开前,邓小平又突破性地指出:"为什么一谈市场就说是资本主义,只有计划才是社会主义呢? 计划和市场都是方法嘛。

只要对发展生产力有好处,就可以利用。"

1992 年初,邓小平在南方谈话中指出:"计划多一点还是市场多一点,不是社会主义与资本主义的本质区别。计划经济不等于社会主义,资本主义也有计划;市场经济不等于资本主义,社会主义也有市场。计划和市场都是经济手段。"根据他的意见,中共十四大确立了建设社会主义市场经济体制的方针。

陈云的侧重点是 20 世纪 80 年代提出的"鸟笼经济"关系

在 1956 年中共八大上,陈云就提出了"三个主体,三个补充"的社会主义经济体制。三年经济困难时期,陈云为了刺激经济快速恢复,曾经大力借助商品经济手段,如搞了高档商品的高价出售,使货币快速回笼;向毛泽东建议:在农村实行分田到户,提高农民的生产积极性。这两条都是对计划经济的"离经叛道"。因此,他遭到严厉批判,长期被斥为"老右"。在 1978 年的国务院务虚会上,李先念正是汲取陈云要用市场经济对计划经济进行大补充的意见,在总结报告中第一次提出了"计划经济与市场经济相结合"的口号。

但是,进入改革开放时期以后,陈云却多次提醒注意计划的作用——"鸟笼经济"关系。

1982 年 12 月,陈云借用黄克诚的"鸟笼"比喻阐述说:"党的十一届三中全会以来,实行搞活经济的政策,效果显著。……但是,我们也要防止在搞活经济中,出现摆脱国家计划的倾向。搞活经济是在计划指导下搞活。不是离开计划指导的搞活。这就像鸟与笼子的关系一样,鸟不能捏在手里,捏在手里会死,要让它飞,但只能在笼子里飞。当然,'笼子'的大小要适当,该多大就多大。经济活动不一定限于一个省、一个地区,在国家计划指导下,也可以跨省跨地区,甚至不一定限于国内,也可以跨国跨洲。另外,'笼子'本身也要经常调整,比如对五年计划进行修改。但无论如何,总得要有个'笼子'。就是说,搞活经济、市场调节,只能在计划许可的范围以内发挥作用,不能脱离计划的指导。"

如何看待两人在计划经济和市场经济上的侧重点方面的不同

两人在计划经济和市场经济上的侧重点方面的不同,可以这样理解:你中有我,我中有你。

邓小平针对过去的计划经济脱离市场需要的弊病,大胆地提出了社会主义可以搞市场经济体制的主张,这是一个伟大的开拓。没有这个开拓,社会主义制度就不能充满活力,就不能在经济全球化的新局面下取得立足之地和胜利。

陈云的"鸟笼经济",是探索、建设社会主义市场经济体制过程中的重要补充和保障。他的"鸟笼",不是僵化固定的,而是一个随着需要可以灵活变化的,甚至"可以跨国跨洲",这自然包括着市场经济的含义,不存在是社会主义国家还是资本主义国家的问题。

陈云的"鸟笼",是针对 20 世纪 80 年代搞活经济中出现经济犯罪猖獗和经济秩序混乱等情况而发的。建设社会主义市场经济体制是一个漫长的过程,确实随时需要一个"鸟笼",为搞活加上一个"不乱"的安全阀。

两人领导机制产生相辅相成效果的原因

邓小平、陈云这一对人物,与毛泽东、周恩来这一对人物的关系十分相似。毛泽东、邓小平是最终的战略设计者和决策者;周恩来、陈云不仅是参与决策者,更是执行者和管理者。毛泽东、邓小平善于大刀阔斧地宏观开拓,周恩来、陈云善于运筹帷幄、日理万机地管理。

但是,毛泽东、周恩来的领导机制却没有完全得到邓小平、陈云那样的相辅相成效果。如 1956 年周恩来就提出要反对"冒进",但以后两年连续遭到严厉批判,终于导致了"大跃进"失败的严重后果。其原因在于当时党的民主制度的不健全,毛泽东、周恩来领导机制最后只有单补的一定作用,没有制约的作用,最终单补作用也因为缺乏制约而失效,变成事后的补救作用。

邓小平、陈云领导机制能够产生相辅相成的效果,首先在于,通过总结"文化大革命"教训,由邓小平倡导,党的民主制度和民主思想深入人心,有了比较巩固的基础。邓小平尊重和信任陈云这位党内经济大管家的见解和能力,提议陈云出山主持财经工作;陈云也首先提出并完全拥戴邓小平作为"改革开放的总设计师"的领军地位。

其次,邓小平、陈云领导机制的成功,不仅因为两人互相尊重的品格和作风,更因为两人对中国国情的认识,有着实事求是的共同基础。他们关于中国现代化应当走什么样发展道路、现代化目标是什么样的,即对中国特色的认识,是一致的。

关于发展道路,1979 年 1 月,邓小平就指出:今后引进的重点要放在见效快、赚钱多的项目上。这样能增加就业机会,对改善人民生活也有利,更不会发生偿还不起外债的问题。这和陈云基本建设要适应综合国力,积累率不能过高,要适当减少重工业投资、发展轻工业积累资金的认识是一致的。

关于现代化目标,1979 年 3 月,邓小平同外宾谈话时,用了一个新名词,叫作"中国式的四个现代化"。他说:现在我们的技术水平还是你们50 年代的水平。如果本世纪能达到你们 70 年代的水平,那就很了不起。同月,他还进一步提出:中国式的现代化,必须从中国的特点出发。特点一是底子薄;二是人口多,耕地少。在这个基础上,邓小平设计了中国式的小康社会目标。这和陈云关于中国是个落后的农业大国,搞现代化不能起点过高、避免欲速则不达的"再折腾"的认识也是一致的。

(陈东林 / 撰稿)

9 划时代的红手印

——小岗村"大包干"契约的产生经过

1978 年 12 月的一个夜晚,安徽省凤阳县小岗生产队的 18 位农民,相聚茅草屋中,在当场写下的一纸字据上,按下 17 个手印和 4 个印章(其中严宏昌按了两次印章),代表全队 20 户人家(两家户主在外讨饭未归)。字据写道:"我们分田到户,每户户主签字盖章,如以后能干,每户保证完成每户的全年上交(缴)和公粮,不在(再)向国家伸手要钱要粮。如不

小岗村农民实行"大包干"时签下的契约

成，我们干部作（坐）牢杀头也干（甘）心，大家社员也保证把我们的小孩养活到十八岁。"

这18位农民的名字是：关廷珠、严立富、严立华、严立坤、严金昌、严家芝、严学昌、严立学、严俊昌、严美昌、严宏昌、严付昌、严家其、严国品、关友申、关友章、关友江、韩国云。

他们没有想到，这份字据揭开了中国农村改革的序幕，杀开了农村改革的一条血路。

2007年4月16日和17日，在安徽凤阳县小岗村"大包干"纪念馆接待室和村民严宏昌的家中，笔者和小岗村的部分当事人就那段历史有如下交谈。

记者：时间过得很快，转眼30年就要过去了，当年写下契约，一起按下红手印，决心包产到户的18位小岗村农民，到今天已经有6位辞世，他们是：严立富、严家其、严家芝、关廷珠、关友章、韩国云。为了准确地记录历史，为了说明当时小岗村农民决心包产到户的过程，我想再度提出相关问题，请当事人来回答，由我记录、整理，再由口述者订正。即使这样的回忆与其他人的回忆有一些出入，也不妨碍我们把这些记录下来，留给历史。

众说纷纭，记录显得尤为重要

严宏昌：我愿意回忆、愿意讲一讲，因为这段事情已经是往事了，却有无数来访的人提问过。众说纷纭，有时候我先后说的也会有一些不一样，各种记录也多，所以应该留下认真的记录。我今天回答问题的时候把几位当事人也请来一起谈。你完成了记录稿我也会认真地看，大家一起核对，这样会准确一些。

记者：不管怎么说，你在这个有意义的行动中都是重要的人物。在中国革命博物馆现存的契约中，只有你的名字出现两次，一次出现在前面，一次出现在20个名字中间。为了更好地说明问题，你先简要地回顾一下自己的身世吧。

严宏昌：我是小岗村人，出生在 1949 年农历九月初九（换算公历，是 1949 年 10 月 30 日），小时候上过学，到高中一年级的时候因为家庭贫困，只读了半年，就再也读不下去了，只好出去讨饭。我讨饭走得很远，大江南北、淮河两岸都去过。

我是 1969 年底结婚的，老婆段永霞是同县板桥公社的人。我们是自己认识、自由恋爱的，她比我还大两岁。到 1978 年，我已经有了 4 个孩子。当时，小岗生产队的家庭自留地留得很少，每人只有 5 厘地，我家 6 口人，总共只有 3 分自留地，好在都在家门前，耕作管理比较方便，我们家吃饭吃菜就靠这 3 分地。

1978 年 8 月，从过去板桥人民公社内，分出了新的梨园公社，于是要产生新的生产小队队长和其他队干部。于是，全村人家的户主来到严学昌家开会，因为他家的地方大一点。当时担任梨园公社党委副书记的钱进喜前来主持。

选举没有什么特别的，大家选出了 3 个人担任生产队负责人，有我一个、严俊昌一个、严立学一个，一共 3 个人。这时我提议，下面的干部就不要配了。为什么呢？

因为当时全村 20 户人家，有两户是单身汉，就这些人，除了生产队长、副队长，还要选配文书、民兵排长、妇女队长，弄得差不多人人都是官了，要那么多官做什么？因此我就说，有我们 3 人就够了，工作就可以做了。

当时我将这个意见一说，钱书记当场就同意了，不再往下选了。但是最后要等公社党委批准。这样一来，小岗村生产队推选出的就是我们几个人了。这事定下来以后，我们商量了一下，由于严立学是老会计，那就让他接着干。我是当时全队户主中唯一没有当过生产队干部的，当时在场的人几乎都当过队干部，只有我没有。我成年以后在外面先是讨饭，后是做工，但是人在外面不种地是要交钱的。我每月向生产队交 15 元，给我计 150 分。否则就不可以出去，因为出去做工要公社的介绍信，这需要生产队同意。1978 年初，我在凤阳当建筑工人，也管着几十个农民工。拿现在的话来说，就是小包工头了。

我是在 1978 年上半年回到生产队的。为什么回来？是因为蹲点干部反映，说我是"黑包工"，老是在外面干活，有"走资本主义道路"嫌疑，所以生产队要我回来，我不愿意。于是，生产队就要我每月交 45 元，我还不愿。生产队最后要我每月交 100 元，那我怎么交得出来，只好回来。

我被推选为队干部以后，队里的关廷珠当场就对我说，小岗村的人没有当过队干部的就你一个人，如果你让我一天喝上两顿稀饭，我就满足了。

我听了以后压力很大，因为我常年在外，对生产毕竟不熟悉。我也把自己的心情向严俊昌和严立学说过。俊昌是我堂兄，是我三叔的儿子。他说，我没有文化，你说怎么干，我们就怎么干，但是你要把点子想好。

记者：当时在被推选出来的生产队干部中，你和严俊昌谁是队长？我看到有许多文章说，当时严俊昌是队长，你是副队长，因为严俊昌毕竟在年岁上比你大一些。

严宏昌：这个问题看起来很简单，说起来倒要花一点工夫。我记得当时的情况是这样的。我们 3 人被选出来了，我的得票是最多的。我想，这可能和我在生产队里没有当过队长有关系。还有，我毕竟在外面当过包工头，也管过几十个人，甚至更多一些，而且年轻，而俊昌曾经当过多年队长。

但在当时，没有定下来谁就是队长，因为最后是要把名单报到公社去批准。但是既然已经把我们选出来了，我们当时就把工作做起来了。说实在的，我们并没有把当队长看得有多重，没有把它当作是什么官。我倒是真的想把队里的事情安排得好一些，让乡亲都吃上饭。

所以，我没有在意谁是队长谁是副队长，就抓起工作来了。其实所谓的工作，主要是派活，因为没有到年终分红的时候，生产队干部的主要工作就是派活。但是有一点是确定的，就是严立学当会计，他有这个经验。

是什么使你们走上"大包干"之路

记者：有一点是可以确定的，就是小岗村人把生产队的事情主要地交到了你和严俊昌这对叔伯兄弟手里了。接手之后你们先做了些什么，是什么使得你们一步步地走向"大包干"的道路呢？

严宏昌：选举会以后，严立学就建议要盘点生产队里的家底，因为这个时候就要到秋天了，要平整土地了。我们就把盘点的事情交给严立学。那时生产队里没有什么集体积累，他马上就把家底盘点出来了，基本上没有什么生产条件了。但我们还是认为，要抓住秋耕和冬耕，为来春种上庄稼打好基础。要整地，没有牛耕田，怎么办呢？没有办法，我只好发动大家出死力气，用铁锹挖，用耙子耙，怎么也得要整地呀。但是我们工具太缺了，大家虽然也用力了，但效果不太好，大家认为这么办不行。

大约也在同时，我向严学昌、严立学提出，每人只有5厘自留地，太不够了，要增加自留地，让大家有点菜吃。对我这个提议，大家都同意，这些地就分下去了。

但是这样一来马上就有了问题，我发现生产队集体的地里不怎么有人。有时候我们当队长的到了地头，发现大家都懒洋洋地没有跟上来，到的人干活也不积极。我一看，这样不行，就找到严立学，将一个生产队分为两个小队，让大家有一个竞赛。我为这事写了一个报告，交给严立学，让他拿到公社要求批准，结果上级不批准。

不批准怎么办？我们3人研究，自己干。我们就按人口分下来，分了两个小队。结果一分开，矛盾还是很大，主要是利益分配不均匀，我们3个人解决不了问题。

一开始，我找到严学昌，对他说，我以前是小包工头，各项工程包干到人，工程完成得合格而且效率高。干活就是要这样做，不管你是瓦匠还是泥工，所以我总是能够提前完工。

他说，搞农活能不能这样做？哪个敢做呢？我说，你去问别人的意见，如果可以，就瞒上不瞒下地来做。结果大家单线联系，听每个人的意见，发现多数同意这样做。最后，我就找到立学和俊昌研究这个事情。结果，我们3人思想不太一致，形不成决议，主要是担心上级怪罪下来，我们心里怕。

我把握不定，找到严学昌问他的意见。严学昌对我说：谁要是不同意，就把集体的好处多给他点，哪怕他吃干饭我们喝稀饭都行。他的话对我触动很大，坚定了我的决心。我又找严俊昌、严立学商量，要分田到户，分个明明白白。当然前提也是非常明确的，就是首先交够应该给国家的，这在我们凤阳农民头脑里是特别清楚的事情。

按满了红手印的字据

记者：那张表示18户农民决心"分田到户"的契约是你起草的吗？对这张字据有许多疑问和争议，不少人说在开会的时候还没有写下。实际情况是怎样的？在开会的时候就准备了印泥，让有的人带上了图章吗？

严宏昌：这张纸条是我写的。从笔迹上就可以看出来，是我把所有人的名字都写上了，纸上只有我一个人的笔迹。然后由每个人在自己的名字上按手印。就在当时会场上，大家看着写的，同意的人就当场按手印。这张纸也是真的，纸是严立富从家拿来的，因为严立富以前是生产队干部，当时做记工员，他家里有纸。

记者：有一种说法，在那个举行会议的晚上并没有写下这张纸条，这纸契约实际是后来在拍摄电视片的时候补写的。

严宏昌：这张纸条确实是真的，是我写的。至于后来拍电视拍电影，把当年情景一遍一遍模仿。但模仿的东西毕竟不是原件。

记者：为什么在这张契约上，有的人按下红手印，还有3个人却是盖章的？为什么有这个差别？

严宏昌：当时我们首先要求盖章。因为在我们看来，盖章更具权威。但在那时，因为穷，只有3个人有图章：一个是韩国云，因为他是贫农代表，有图章。再一个是严立学，他是会计，做账要图章。最后就是我了，因为我是小包工头，有图章用来给大家作证明发工钱。

其他人没有图章。有些人基本上没有读过书，不会写字，所以只能由我把所有的名字都写下来，然后由他们按手印。

严立学（插话）：严宏昌说的是对的，当时就是这 3 个人有图章。纸条上的字都是严宏昌写的。

记者：仔细看按满了红手印的契约可以发现，只有严宏昌一个人有两处签名、两处盖章。这是为什么？

严学昌（插话）：这是因为严宏昌表示，在这个事情上他要带头，所以先写上自己的名字。表示以后一旦出事，要捉就先捉他。既然写了两个名字，所以就在两处名字上盖了两个图章。

严宏昌：事实上，在按手印前，我们已经分了田干了起来。我们知道上面不叫干，我们干着也觉得心里不踏实，就在一起商量，要签字画押，表明大家的想法是一样的，同时对于干部有一个交代。当时这样做必须保密。

字据是在向大家讲明了情况以后由我当场写的，名字的排列也是我写的，大致的顺序是按照对这件事情的态度，积极性比较高的，我写在前面。写这样的条子排列名字，我以前也做过，主要是领救济粮要写这个名单，大家都是按住家从村东头到村西头排列的，但这次不是，重新排列了。

记者：仔细审视你们一起秘密开会按下手印的契约，那上面有 20 个名字，而你们实际到场的是 18 个人，那两个没有在场的人是谁？他们的手印是怎么按下的？

严立学（插话）：那天晚上到场的是 18 个人，契约上写了 20 个人的名字，其中有两个人是代签的：一个是严国昌，一个是关友德。严国昌是我的父亲，他的名字是我哥哥严立坤代签的（按手印）。还有一个关友德，当时跟着我父亲在江西要饭没有回来。严宏昌要我找他哥哥关友章代签，他不签。就由我找到他的叔爷关廷珠，由他代签了（按手印）。

签订契约的草房

记者：当时为什么选在严立华家开会？后来这座房子怎么样了？

严立华：我生于农历九月，究竟哪天是生日我自己都不知道。推算起来，我是 1944 年出生的。那年秘密开会的时候，大家是到我家来开的。因为我家有两排房子，是我讨饭回来，自己和泥盖起来的，大概在 1970 年左右盖的。房子前后两排，前两间，后三间。

那天开会的时候，我的老婆孩子在后排屋子里睡觉。我们在前排屋子里开。那个晚上，我家点了一个煤油灯，是用一个墨水瓶做的。

大家来到我家，有的坐在草垫子上，有的蹲在地上。屋子中间有一张小矮桌，连茶杯都没有。

我家的房子太破旧了，大约在 80 年代就拆掉了。

记者附言：1994 年 4 月，记者来到小岗村，村里还有一些旧茅草房。记者即向村里负责人提出，要选出一些旧草房予以保留，作为历史的见证。但是小岗村没有人同意这个建议，反而向记者说，看到这些旧房子就会想起伤心事，留下来做什么？结果在几年间，将 70 年代后期的房屋全部拆光。

分了多少土地

严立华：当时分地搞"大包干"，总的原则是平均每人 4 亩地，荒地不在内，计算的是熟地。如果加上荒地，大约每人 5 亩地。这样我家人口少，分得 18 亩，加上荒地 20 来亩。

严宏昌：当时我家 6 口人，分地约 25 亩，加上荒地大约有 30 亩。

附录：小岗村妇女段永霞自述

记者附言：1978 年 12 月的那个冬夜里，在分田承包单干的契约上按下红手印的 18 位小岗村农民全部是男性。换句话说，这次秘密会议的参加者全部是男性。这在当时的小岗村是非常自然的事情。在这块世代农耕的土地上，传统的力量表现得特别顽强。那时，每一个农户的"当家人"必须是男性。

他们在开启中国农村改革的契约上按下了冲破旧体制束缚的红手印，但这并不意味着在小岗村改革的道路上没有女性的声音。记者采访了严宏昌的妻子段永霞，请她从小岗村女性的角度谈谈"大包干"契约，她爽快地答应了。下面为口述记录稿。

我 1947 年生，原先是凤阳县板桥公社罗刘大队吴段村人。说起来，我和严宏昌有表亲关系。我父亲去世早，我是家里的独女，母亲不放心我，特别关照我一定要嫁一个好人。我喜欢严宏昌，就在 1969 年嫁过来了。

那是"文化大革命"闹得最凶的日子，闹得地里没有人好好干活了。农村人，不好好干活就要饿肚子。我 1969 年嫁过来，1970 年就开始讨饭了。我前后生了 5 个孩子，有 4 个是在讨饭路上生的。

说起来，小岗村男人分田搞"大包干"是为了吃饱饭。1962 年这里也搞过一阵子"三自一包"，生活就好一点。可是以后不让搞了，小岗村人就再也没有吃饱饭。

从 1970 年开始，我年年都要出去讨饭。我走在讨饭的路上就盼望，其实我不要求什么，只要能和家里人天天在一起，喝稀饭也心甘情愿。可是在"文化大革命"的时候，小岗村人连稀饭都喝不饱。

我出去要饭的时候，桥洞里、车站里都住过。我怀上儿子严金山的时候，半年没有吃到正经粮食，营养太差了，所以孩子长得很瘦，到"大包干"以后才慢慢养好了。

到了 1978 年秋天，男人们就悄悄商量着要分地包干了。他们晚上开会按手印的事，我那时一点儿也不知道。按我们这里的风俗，女人们知道了怎样，不知道又怎样？但我要是知道了，从心里说是支持他们这样做的。

他们商量分田包干的时候我不知道，但是分下了土地，我当然知道要各家包干了。在这件事上，我知道前亏严学昌，后亏严立学，因为他们两个是特别积极、坚决的。严学昌跑来对严宏昌说，我们分地，有些人胆小怕出事，不愿意，还有的是怕吃亏。现在要紧的是把地分下去，对那些胆小不太愿意分的，如果他们想多要点就多给他们一些。只要能分了田，他们要什么给什么，只要我们分了地能吃上一年的饱饭就行。

这时候，我已经知道要分地包干的风声了。我对严宏昌说，分了地以后，我马上下地干活。这就算是我支持他的话了。

他们按手印写条子的事，我事后还是听说了，但是我没有见到这张按了手印的条子。事后，韩国云来我家对我说过，要是出事了，我们还要管把你们的小孩养活到18岁。我才知道了有这么回事。这个时候已经分田干起来了。

后来，县委陈庭元书记来了，我们的事要瞒着呢。但是瞒得了初一瞒不过十五，人家也是搞农业的，种过地的，哪有看不出来的。听说他看过了以后没有说话就走了。那时严俊昌来找严宏昌说，我们干得好好的，不知道上面让干不让干？看来我们总得有人出头和上面说这个事。结果严宏昌说，要我去开会我就去。

有一天，严宏昌接到通知要到凤阳开会。他要走了，走到门口又回来了，回来看看4个小孩。我看情形不对，就问今天你去了就不回来了？他不吱声了，走到门口回过头来对我说，他今天去县里能不能回来可就

当年带头签订契约的严宏昌、严俊昌、严立学（从左至右）

两说了，万一回不来的话，我们家有 4 个小孩，你要和你的姊妹把我的小孩养大。听他这么一说，我们都哭了。

说完，宏昌就走了。他走了以后，韩国云、关友江都来看过我。那天我也没有心思做饭，到下午就等他。结果他回来了，在小孩都睡着的时候回来了。他回来了，说原先准备要出事的，最后是陈（庭元）书记解了围，他打电话给地委王郁昭书记，打完电话就没事了。我一听特别害怕，说我们这么点小事把地委王书记都惊动了。

从那以后，我天天听广播听新闻。我家孩子说，我妈关心国家大事。我说，我不是关心国家大事，我是关心自家小事。我在家哭过，就是担心国家的政策变。直到江泽民总书记来到我们家，他讲了支持当年小岗村农村改革的话，我当面听到了，这就彻底放心了。

我们不要过"文化大革命"那种日子。还是现在的生活好。现在我着急什么呢？就是我们家这位（严宏昌），总觉得小岗村发展慢，心里不踏实。为小岗村的发展慢，我也着急。我现在觉得要发展小岗村得靠下一代了，我们这代人挣个温饱，下一代图个发展。所以我儿子出去打工创业那么些年，现在回来了。"兔子满山跑，到老归旧窝。"这是他父亲总对儿子说的。要是我看到下一代把小岗村发展起来，我就安心了。

记者附言：小岗村的"大包干"就这样起步了，杀开了中国农村改革的一条血路。

当时，凤阳县委已经走上改革之路，着手研究和制定在农村包干到组的措施。但小岗村农民的步伐迈得更快一些，走上了"大包干"包产到户的道路。可贵的是，小岗村农民的做法在当时得到了凤阳县委书记陈庭元、滁州地委书记王郁昭、安徽省委第一书记万里的支持，而且加以归纳总结，很快发展成遍及全国农村的家庭联产承包责任制——简称"大包干"。

把话题拉回小岗村，档案记载："大包干"一年，到 1979 年秋收时，小岗村粮食总产由 1978 年的 1.8 万公斤增加到 6.6 万公斤。人均收入由上年的 22 元上升为 400 元，四邻皆惊。从此，人民公社制度式微,小岗村人也和饥饿告别。那张按满红手印的契约,被中国革命博物馆永久收藏。馆藏号:GB54563,国家一级文物。

今天的凤阳小岗村,早已解决了温饱。很有规模的小岗村"大包干"纪念馆建起来了,成为当地著名的旅游参观点。然而,小岗村农民还远谈不上富足,2007年的人均纯收入可能还不到5000元。也许,一个时代只能解决一个时代的问题,"大包干"解决了贫穷、饥饿问题,把温饱带给了小岗村农民,但是如何使今天的小岗村走上全面富裕的发展之路,还需要努力、创新和变革,包括对历史的认真总结。

(钱江/撰稿)

10 家庭联产承包责任制在争论中艰难推进

——中央五个农村"一号文件"出台前后

中国的农村改革是举世瞩目的一件大事。这一改革是从中共十一届三中全会后正式开始的，它不仅使中国农村面貌发生了深刻的变化，而且推动了城市以至整个国民经济体制的巨大变革。

农村改革是以家庭联产承包责任制为突破口，通过它破除了长期存在的"一大二公"、权力集中的人民公社管理体制，摈弃了平均主义和吃"大锅饭"的分配办法。这是经济领域内的改革，更是政治思想领域内的一次伟大解放。

粉碎"四人帮"后，"农业学大寨"之风仍在全国盛行。
遭遇大旱的凤阳县小岗村，为了求生存被迫搞起了
包产到户，从而奏响了农村改革的序曲

1976年10月，"四人帮"被粉碎，"文化大革命"宣告结束。1978年底召开的中共十一届三中全会，是新中国成立以来党和国家历史上具有深远意义的伟大转折，它开创了中国社会主义事业发展的新时期。

邓小平在中共十一届三中全会前夕曾深刻地指出："解放思想是当前的一个重大政治问题。""一个党，一个国家，一个民族，如果一切从本本出发，思想僵化，迷信盛行，那它就不能前进，它的生机就停止了，就要亡党亡国。"他还强调指出："如果现在再不实行改革，我们的现代化事业和社会主义事业就会葬送。"

在中共十一届三中全会上，大会接受了邓小平的观点，果断地停止使用"以阶级斗争为纲"的错误方针，强调拨乱反正，纠正"左"的错误。

改革顿时成为举国上下的共同呼声。然而，改革之路非常艰难。当时"两个凡是"的"左"的思想仍有巨大市场。

就在邓小平发表上述讲话前，中共中央正在召开全国普及大寨县工作座谈会，要求以昔阳县为榜样，学习大寨经验，大力推行向大队核算过渡。会后，中共中央印发了49号文件，明确规定："向大队核算过渡是大势所趋，各级党委态度要积极。"

于是，在中国农村改革的号角刚刚吹响的同时，普及大寨县和向大队核算过渡之风也席卷全国。各地农村敲锣打鼓，高举学大寨的旗帜，掀起过渡的宣传高潮。

穷则思变。安徽凤阳县是明朝开国皇帝朱元璋的家乡，历史上穷得出名。新中国成立后，凤阳县农村搞起了公社化，但依然贫穷。据统计：1956年至1978年，凤阳县先后吃国家返销粮4亿斤，接受国家投资和贷款1.36亿元，是典型的"吃粮靠返销、花钱靠救济、生产靠贷款"的"三靠县"。1978年，凤阳县又遭到百年不遇的大旱，加上贯彻"左"的政策，严重破坏了农村生产力。凤阳县农民对"农业学大寨"没有兴趣，对依靠人民公社"大呼隆"劳动度荒也失去信心。许多人身背花鼓走四方，靠说唱谋生。这一情况，在安徽省其他地方也相当普遍，争生存、保平安，已成为各级领导的当务之急。秋收秋种时，刚刚到安徽担任省委第一书记的万里下乡视察，眼看地里无人干活，播种无望，心急如焚。他立即召开省委会议，冒着政治风险大胆决定：凡集体无法耕种的土地，可以借给农民耕种，谁种谁收。并从集体耕地中给每人借一分地种菜度荒。

凤阳县马湖公社在传达贯彻省委决定时，群众坚决反对继续搞"大呼隆"的劳动方式和吃"大锅饭"的分配办法，强烈要求实行"分组作业，以产计工，费用包干，节约归组"的生产责任制。他们深深怀念1960年初实行过的生产责任制。那时，为了战胜三年自然灾害，凤阳县曾经搞过类似包产到户的责任田，效果很好，一度受到邓小平、邓子恢等人的支持。后来，被作为"分田单干，走资本主义道路"横遭批判。好办法虽然夭折，但尊重事实的农民对此一直记忆犹新。

凤阳县委书记支持了马湖公社干部、群众的意见，但谨慎要求人们先搞试点，不声张，不推广，免得惹是生非。结果旗开得胜，责任田试点成功：大灾之年，全县的社队大多减产，唯有马湖公社十个试点队没有减产，而且还有两个队增产。

无独有偶，凤阳县梨园公社小岗生产队，也秘密搞起了包干到户。18 户农民签字画押，大家发誓患难与共，守口如瓶，决不对外讲。如果被查出，队长坐牢，大家集体养活其全家老小。

秋后，小岗生产队的农业生产竟然出现惊人奇迹，粮食产量是上年的 4 倍。这个合作化以来 23 年从未向国家贡献一粒粮的"三靠队"，实行包产到户头一年，就向国家贡献粮食 3 万斤、油料 2.4 万斤。

凤阳县的奇迹，使人们看到了农村改革的希望。安徽省委在总结全省各地经验的基础上，经过激烈的争论，终于制定了《关于目前农村经济政策几个问题的规定（草案）》，简称"六条"。其主要精神是尊重生产队的自主权，允许和鼓励农民搞家庭副业，产品可以到市场出售，农活可以责任到人……

安徽的"六条"是粉碎"四人帮"后，中国农村改革过程中最早出现的一份革命性文件。当时，刚刚复出担任中共中央副主席的邓小平，看到这份有争议的文件后，不禁拍案叫好，立即表示支持。当时，全国"左"的思想路线仍居上风。那年，邓小平出访巴基斯坦途经四川时，特地向四川省委第一书记推荐"六条"。四川省委顶着"左"的政治压力，仿效安徽也制定农村改革的"十二条"。从此，安徽和四川两个农业大省彼此呼应，在农村改革的大潮中，联手前进，成了国人瞩目的典型，同时也成了众人争议的焦点。

当时，安徽、四川两省领导的态度谨慎、低调，主张埋头干，少宣传。

《人民日报》编者按引起争议。万里批评某些县委领导：
"生产上不去，人民饿肚子，是找你们县委还是找
《人民日报》？《人民日报》能管你们吃饭吗？"

1979年初，新华社记者报道安徽农村改革的政策时，同样小心翼翼。鉴于当时中央文件明确规定"不许分田单干和不许包产到户"，记者写文章时设法将"包产到户"改成"包产到组，责任到人"，或是"联产计酬，责任到人"。文章在《安徽日报》《人民日报》连续发表后，引起社会各界关注。一时间，安徽凤阳县无形中取代了山西昔阳县的位置，引起主管农业的中央领导的不满和反对。他们认为在全国普及大寨县、倡导向大队核算过渡的形势下，安徽居然实行早已受批判的包产到户、搞资本主义复辟，显然是历史倒退，是方向、路线有问题。有人借用毛泽东在20世纪50年代批判邓子恢的话，责难安徽的政策是"好行小惠，言不及义"。批评安徽调动的是"资本主义的积极性"，丢掉的是"毛主席的革命路线"。

《人民日报》被迫于1979年3月15日在头版头条发表了河南读者张浩《三级所有，队为基础，应当稳定》的来信和编者按。编者按指出，"人民公社现在要继续稳定地实行三级所有，队为基础的制度"，"不能从队为基础退回去搞分田到组、包产到组。已经分田到组、包产到组的地方，应当正确贯彻执行党的政策，坚决纠正错误做法"。

随后，《山西日报》等新闻单位立即组织文章对安徽的做法开展大批判。这犹如给刚刚起步的农村改革投下了一颗重磅炸弹，把人们炸蒙了，引起思想混乱。安徽受冲击最大的是实行包产到组、包产到户的生产队，一下子都暂停了春耕、春播。安徽省委第一书记万里亲自给《人民日报》总编辑胡绩伟打电话提意见。

3月16日，万里驱车到包产到户的始发区滁县地区视察，一下车就被吵吵嚷嚷的干部、群众团团围住。人们纷纷要求省委拿主意。尽管万里耐心解释与劝慰，有的县委书记仍疑虑重重地提出：包产到组是错误的，要坚决纠正，这可是《人民日报》说的呀！我们怎么办？万里激动地

说："是与非，只能从是否符合人民的根本利益来衡量，靠实践来检验，绝不能靠报纸一篇编者按来裁决。《人民日报》说是错误的做法，我看是好办法。能叫农业增产就是好办法，能叫国家、集体和个人都增加收入就是好办法，反之就是错误做法。""我们要重视和尊重农民的选择。肥西县有的搞了包产到户，怎么办呢？我看既然搞了就不要动摇了，一动就乱。管它《人民日报》怎么说呢，生产上不去，人民饿肚子，是找你们县委还是找《人民日报》？《人民日报》能管你们吃饭吗？"万里说的既是气话，也是实话。随后，他又视察了皖东6个县，沿途做各县领导的思想工作，好不容易才稳定了干部、群众的情绪，使春耕生产恢复正常。

事也凑巧，当时国家农委正在北京召开农村工作座谈会。会上，人们对包产到户本来就有不同看法。《人民日报》编者按一送到会上，犹如火上浇油，反对者和赞成者都慷慨陈词。不少人认为，各地正在按中共十一届三中全会精神搞改革，谁也没有经验，此时此刻《人民日报》发表倾向性如此明显的来信和编者按，确实不妥。人们可能产生误解，以为是这次农村工作座谈会的新精神，造成思想混乱，妨碍春耕生产。秋后农村打不到粮食，农民挨饿，这可是大事！

安徽代表周曰礼更是焦急、气愤。他在会上作了长篇发言，介绍安徽农村改革的情况，指出包产到户是生产责任制的一种形式，各种形式的责任制应当允许存在，由群众在实践中鉴别和选择。他还强烈要求《人民日报》以同样的版面和篇幅并加编者按，迅速发表安徽群众的来信，以正视听，消除张浩来信及编者按的不良影响。

《人民日报》没有想到捅了大娄子。当时，不仅安徽、河南有许多群众来信，而且四川、云南、贵州等十多个省也有大批来信毫不客气地指责："《人民日报》太荒唐……弄得群众无主张！"反映如此强烈，后果如此严重，始料不及。《人民日报》编辑部感到事关重大，决定迅速采取补救措施，稳定农村局势。然而，中央农口负责人却主张挑选两封观点不同的来信发表。编者按也得由他们审定，说是免得"显出倾向性"。几经周折，《人民日报》终于在3月30日头版显著位置发表了安徽辛生、卢家丰两人的来信,并加发了编者按,说了些模棱两可的话,但承认过去发表的张浩来信和编者按"有些提法不够准确,今后要注意改正"。

国家农委召开的农村工作座谈会怎么办,总得有个会议纪要吧?由于在农业生产责任制问题认识上大家分歧较大,为避免只出现一种声音,会议纪要根据安徽代表的意见,提出包产到户是生产责任制的一种形式,可以由群众在生产实践中加以鉴别和选择。

3月20日下午,华国锋等听取会议汇报后,要时任国务院副总理兼国家农委主任的王任重立即与正在安徽农村视察的万里通电话,询问生产责任制的实行情况。万里毫不含糊地回答:现在已经进入春耕大忙季节,不管什么责任制形式,一律稳定下来,等秋后再说。

华国锋听说后,对会议纪要始终未表态。写纪要的人相当为难,只好谨慎推敲,反复琢磨。纪要写得很巧妙,尽可能照顾了两方面的意见,并特别强调"稳定生产关系,全力投入春耕","让群众在实践中总结经验,明确是非好坏"。一场激烈的争论,暂时宣告平息。

中央文件在农村政策上开始松动,但包产到户依然是禁区,新旧两种思想相互撞击。关键时刻,邓小平站出来支持,为农村改革鸣锣开道

1979年国庆前夕,中共中央召开了十一届四中全会,分析中国农业现状,总结历史经验教训,研究新对策。会议认为,中共十一届三中全会提出的《关于加快农业发展若干问题的决定(草案)》,由于历史情况发生变化,有些内容应作适当修改。修改后的《决定》,突出强调:"确定农业政策和农村经济政策的出发点,是充分发挥社会主义制度的优越性,充分发挥我国8亿农民的积极性";"在经济上充分关心他们的物质利益,在政治上切实保障他们的民主权利";"我们的一切政策是否符合发展生产力的需要,就是要看这种政策能否调动劳动者的生产积极性"。

《决定》还对农村工作提出三个"一定":一定要从实际出发;一定要按照自然规律办事,按照群众利益办事;一定要坚持民主办社的原则,尊重和保护群众的民主权利。并提出"决不能搞瞎指挥和一刀切"。同时，《决定》有针对性地指出，"大寨县和全国一切先进单位，都要对自己一分为二"。重申："分配上坚决纠正平均主义，可以定额记分，可以评工记分，也可以包工到组，联产计酬。"

中共十一届三中全会的《决定（草案）》原先有两个"不许"：不许分田单干，不许包产到户。修改后的《决定》只提"不许分田单干"，对包产到户则未提"不许"二字，而是改为："除某些副业生产的特殊需要和边远山区、交通不便的单家独户外，也不要包产到户。"语气十分缓和，而且具有灵活性。修改后的《决定》最后甚至表示"以上各点还不能说是成熟的意见，应该在实践中继续加以补充、修改和完善"。

好事多磨，正当各地在执行中央文件精神包产到户有所发展时，新的冲突又爆发了。

1980年一二月间，国家农委在北京开会专题研究加强农村经营管理问题，大家各抒己见。安徽代表从经营管理的角度介绍了实行家庭联产承包责任制的情况，着重阐述：一、部分后进农村迫切要求包产到户。这些地方突出的矛盾是穷，生产队家底空，连简单再生产也难以维持，成了一无所有的空壳。实行包产到户仅仅一年，一大批生产队就翻身，有的甚至一季就翻身。二、包产到户是责任制的一种形式，不能同分田单干混为一谈。三、后进地区长期受"左"的路线危害，如今中央号召加快发展农业，他们对生产队搞集体生产丧失信心，希望用包产到户，多收粮食，为四化多作贡献，这是社会主义积极性的表现。

没想到这一发言，却把包产到户到底是姓"资"还是姓"社"的争论之火点燃起来。反对者认为包产到户就是分田单干，是资本主义，如果不坚决制止，农村社会主义阵地必将丢失！二十多年合作化成果必将毁于一旦，太可怕，太可惜！

部分省区市和新闻单位、经济研究部门的代表，支持安徽代表的发言，认为讲得很有道理，反映了民心。但反对者人多势众，一时形成对安徽代表及其同情者的批判和围攻。双方唇枪舌剑，气氛十分紧张。

国家农委的一些领导则表示按中央文件办，即"不许分田单干"，"也不要包产到户"，实际上站在反对者的一边。

1980年1月31日下午，华国锋、邓小平、李先念、胡耀邦、王任重、姚依林等听完国家农委的汇报后，华国锋强调指出，"责任制和包产到户单干不要混同起来"，包产到户使老的、弱的也分了一份地，生产上有困难。已经搞了的，要认真总结经验，提高觉悟，逐步引导他们组织起来。倾向性依然十分明显。

邓小平在会上一直在沉思。早在20世纪60年代初，他就以"黄猫、黑猫，只要捉住老鼠就是好猫"的妙语支持安徽包产到户。这次会上，他未就包产到户直接表态，而是讲了农村工作的另一个问题，即到20世纪末达到小康目标，每人收入1000美元的问题。他说，这是一个战略思想，我们要按1000美元这个目标，考虑我国经济发展的速度，考虑农村经济的发展。现在不定出规划，不确定目标，四个现代化就没有希望。这实际上是告诫全党：在农村改革问题上，要有紧迫感，要加快改革开放的步伐，再不能裹足不前了。

邓小平的讲话并没有引起一些人的重视。会后，国家农委主办的《农村工作通讯》2月刊发表了《分田单干必须纠正》。文章对安徽包产到户大加抨击，指责是方向、道路问题，要坚决与之斗争。编辑部还加发编者按，责问："包产到户到底是集体生产责任制的一种形式，还是实际上倒退为分田单干？""为什么会出现这样的情况？"言语尖锐，令人震惊。

为趁热打铁，《农村工作通讯》3月刊又发表《包产到户是否坚持了公有制和按劳分配》一文，并有计划刊登一些读者来信和农村经济"权威"人士的文章，力图对包产到户形成批判的声势，抑制其继续发展。

熟悉农村改革的吴象和新华社记者张广友深感事态严重，于是立刻赶写文章《联系产量责任制好处多》，热情赞扬包产到户。对此，《人民日报》负责人大为赞同并支持，在4月9日《人民日报》予以全文发表。这期间，《人民日报》和新华社连续发表了许多文章，摆事实，讲道理，有力地回击反对者的各种言论，在国内外引起广泛关注。

这是一场全国性的大争论,新闻界在争论,农村在争论,各省、区、市领导也在争论。任仲夷、池必卿、周惠、李瑞环和四川省委领导,都热情支持推广包产到户。反对者也不乏其人,某省领导表示:"宁愿迟发财,也不能摔跤子。"有位省领导甚至说:"我要保持革命晚节,坚决反对包产到户,反对单干!"

邓小平对这一场大争论极为关注。他在阅读大量有关资料后,数次找万里谈话,了解情况。1980年4月2日,他又找胡耀邦、万里、姚依林、邓力群等谈话,正式表态:"农村地广人稀、经济落后、生活困难的地区,像贵州、云南、甘肃等省份中的这类地区,我赞成政策要放宽,使他们真正做到因地制宜,发展自己的特色。西北地区要走畜牧业的道路,种草造林,自留畜要放宽。农村要普遍鼓励种树,实行一人种活多少树,谁种归谁的办法。有的地方可以搞自留山,要发展多种副业,发展渔业、养殖业……"

邓小平特别强调:"政策一定要放宽,使每家每户都自己想办法,多找门路增加生产,增加收入。有的可以包产到组,有的可以包产到个人。"他鼓励大家:"这个不要怕,这不会影响我们的社会主义性质。政策放宽以后,有的地方一年可以增加收入一倍多。我看了许多这样可喜的材料。"由于此时万里已调任国家农委主任,所以邓小平又指示,"要解放思想,此事请万里同志研究个意见,到书记处讨论"。

中共十一届五中全会决定进行组织调整,以确保正确的政治路线和思想路线有正确的组织路线作保证。 包产到户首次在中央文件上落户

从1978年到1980年,全党对包产到户的认识每年都有变化。群众把这种变化风趣地比喻为:不准落户口——勉强同意上黑户口——批准上社会主义的户口。这标志着我国农村改革,在争论中逐步排除"左"的思想干扰,不断加大加快改革开放的步伐。

尽管包产到户多遭磨难,但它在农村改革实践中仍然顽强争生存、

求发展，尤其深受那些贫困落后地区群众的欢迎。安徽肥西县山南区，1979 年有近 80% 的生产队包产到户，结果小麦产量达到 2010 万斤，比历史上最高年产量增加 1435 万斤，增长幅度很大。凤阳县实行包产到户后，全县粮食总产量 4.4 亿斤，比上年增长 49%，人均收入 150 元，比上年增长 85%。一年"大包干"，就结束了凤阳农民身背花鼓、四处行乞的历史，创造了奇迹。类似佳话，在安徽、四川等地到处都是。

鉴于错误思想对全国改革开放的进程影响太大，1980 年 2 月下旬，中共十一届五中全会对中央领导班子作出调整，批准汪东兴、纪登奎等辞去领导职务，胡耀邦任总书记，以确保正确的政治路线和思想路线有正确组织路线作保证。同时，选调万里进京，担任中央书记处书记、国家农委主任，主管农口工作。

当时，中央农口的一些领导干部仍然反对包产到户，而且态度坚决。在有些省、地、县、公社领导中，同样有路线、方向之争，说包产到户"看产量喜人，看路线愁人"。有人不满地说："难道集体不如单干？集体化、公社化就不灵了？""难道毛主席领导我们革命几十年白干了？"

对于这些情况，邓小平十分清楚。1980 年 5 月 31 日，他再次发表重要谈话说："农村改革政策放宽以后，一些适宜搞包产到户的地方，搞了包产到户，效果很好，变化很快。安徽肥西县绝大多数生产队搞了'大包干'，增产幅度很大。凤阳花鼓中唱的那个凤阳县，绝大多数生产队搞了'大包干'，也是一年翻身，改变面貌。""有的同志担心，这样会不会影响集体经济，我看这种担心是不必要的。实行包产到户的地方，经济的主体现在还是生产队。"邓小平还特别强调："从各地的具体条件和群众的意愿出发，这一点很重要。""总的说来，现在农村工作中的主要问题还是思想不够解放。"

这一期间，陈云也热情支持包产到户。他高兴地对万里说："我完全赞成在农村政策方面的那些做法。"

8 月底，国务院领导班子再次调整。万里担任副总理兼国家农委主任。不久，中央决定在内部对"农业学大寨"运动中的错误总结教训，清除农村工作"左"倾思想的影响。

9月14日至22日，刚刚调整的中央领导班子在北京召开了省、区、市党委第一书记座谈会，专题讨论加强和完善农业生产责任制问题。此时，尽管人们对包产到户认识还有分歧，但阻力已大大减少。大家很快取得共识，形成了会议纪要。中央批准后印发了《关于进一步加强和完善农业生产责任制的几个问题》的通知，这就是著名的中发〔1980〕75号文件。

75号文件围绕农业生产责任制共写了12个问题，其中第六条专讲包产到户："当前，在一部分省区，在干部和群众中，对可否实行包产到户（包括包干到户）的问题，引起了广泛的争论。为了有利于工作，有利于生产，从政策上作出相应的规定是必要的。""在那些边远山区和贫苦落后地区，长期吃粮靠返销、生产靠贷款、生活靠救济的生产队群众对集体丧失信心，因而要求包产到户，应当支持群众的要求，可以包产到户，也可以包干到户，并在一个较长的时间内保持稳定。"文件还指出："实行包产到户，是联系群众，发展生产，解决温饱问题的一种必要的措施。""在生产队领导下实行包产到户是依存于社会主义经济，而不会脱离社会主义轨道的，没有什么复辟资本主义的危险，因而并不可怕。"

1980年，中国自然灾害频繁：长期低温，南涝北旱，冰雹冻害、病虫害不断。据统计，全国共有4733万多公顷农田受灾，占播种面积的30%左右。

灾情如此严重，群众忧心，党和国家领导人操心。但因为这一年农村政策好，大灾之年全国粮食产量居然高达3.1822亿吨，是新中国成立以来第二个高产年，家庭副业的优势也格外明显，人均纯收入比上年增长42.2%。

许多长期贫困落后的地区，农业喜获丰收。内蒙古自治区当年有7000多个长期吃返销粮的穷队，实现粮食自给。山东菏泽地区1955年至1977年共吃国家供应粮25亿斤，而1980年却超额完成国家粮食征购任务，交售粮食3.5亿斤。

那些包产到户搞得早的地方，如安徽、四川、甘肃等地，则出现了更喜人的气象。大灾之年的生产实践，为这一年包产到户大争论作了很好的总结，"早包早富，晚包晚富，不包不富"，已成了多数人的共识。

当然，关于包产到户的争论并未完全停止。当时全国一度出现两种倾向：一是仍然坚持不准搞包产到户，二是有的硬要农民搞包产到户。两者都脱离实际，违背群众意愿，而且前者在少数领导中仍有市场。

中央农口也不例外，有人借口维护毛泽东倡导的"农业学大寨"，继续或明或暗抵制包产到户。万里对此极为重视，1981 年 3 月 11 日，他在农业部党组会上点名批评，指出"左"的思想"对我们的同志来说，不是有无之分，而是多少之分"。"我们有些人拿了工资，吃了饭，凭老经验，凭主观想象呆在北京城里说长论短。不行！要亲自到下边去调查，去看看，否则思想很难统一。"

万里的讲话对农口的干部震动很大。事后，农口 100 多位干部深入农村搞调查研究，转变思想。

为什么关于包产到户问题的斗争如此复杂激烈？说明"左"的观念影响相当大、相当深。但回过头去看看，中央文件本身确实存在一些模糊概念。于是在贯彻执行中，人们可以按不同观点各取所需。赞成者说：我们是贫困地区，中央文件允许了，我们可以大搞；中央文件说包产到户没有复辟资本主义的危险，它当然属于社会主义性质。反对者说：我们是一般地区，中央文件说不要搞；中央文件讲包产到户依存于社会主义，可见它不是社会主义性质……这些争论莫衷一是，耗时间，费精力，严重影响实际工作。

为了减少不必要的矛盾，推动农村改革顺利开展，当时的国务院负责人认为有必要在 75 号文件的基础上，本着有利于解放生产力，有利于发展生产，有利于增加群众收入的原则，再搞一个文件。这个文件不仅要给包产到户以明确的说法，而且要进一步解决农村工作中新出现的一些问题。

万里作为主管农口工作的副总理，责成国家农委副主任杜润生主持

1985年12月6日，万里（左）在中央农村工作会议第一次全体会议上讲话

起草文件。杜润生长期从事农村工作，既有丰富的实践经验，又有深厚的经济理论功底。他领导写作班子在大量调查研究的基础上，写了一个初稿。为慎重起见，他又多次召开座谈会，反复修改，几易其稿。文件共25条，接受以往的经验教训，文字明确，有理有据，凡农村工作中的重大问题都有涉及。1981年10月，提交全国农村工作会议讨论，大家赞不绝口，顺利通过，并以会议纪要形式报中央审定。

中央书记处讨论时同样表示满意，主持国务院工作的领导同志，提议将会议纪要作为中共中央"一号文件"印发全党，表示党中央对农村改革政策的重视和支持，大家热烈赞成。

> 1982年至1986年，每年新春伊始，农村问题在
> 中央文件中都位居榜首，农村改革的政策不断放活，
> 步伐不断迈大，路子不断放宽

1982年元旦，中共历史上第一个关于农村工作的中央"一号文

件"——《全国农村工作会议纪要》正式出台。针对几年来党内外的大争论,文件明确指出:"目前实行的各种责任制,包括小段包工定额计酬,专业承包联产计酬,联产到劳,包产到户、到组,包干到户、到组,等等,都是社会主义集体经济的生产责任制。"一号文件毫不含糊地给包产到户、包干到户正了名,为几年来的大争论画上了句号。

文件指出:"包干到户这种形式,在一些生产队实行以后,经营方式起了变化,基本上变为分户经营、自负盈亏。但是,这是建立在土地公有制基础上,农户和集体保持承包关系……它不同于合作化以前的小私有的个体经济,而是社会主义农业经济的组成部分。"它还指出:"认为包干到户就是'土地还家'、平分集体财产、分田单干,这完全是一种误解。"

中央文件的威力是巨大的,它不仅统一了人们对包产到户的认识,而且还把农村、农民和农业问题提到了一个高度重要的位置,大大鼓舞了农村干部的干劲,提高了农民生产的积极性。过去,干部的走向是"一工交,二财贸,三文教,死(四)也不到农口去报到"。如今农村工作成了中央一号文件的主旋律,农业成了令人尊敬、羡慕的产业,长期潜伏在农村干部和农民中的积极性迸发出来,成为促进农业生产发展的动力。

1982年,全国农业生产总值比上年增长11%,粮食比上年增长8.7%,农民收入比上年增长15%。实践再次证明,包产到户的政策合乎情理,中央文件顺乎民心,农村经济充满了希望。农民尝到了改革的甜头,中央增强了加大改革步伐的决心和信心。

1983年元旦,第二个中央"一号文件"——《当前农村经济政策的若干问题》出台。文件讲了14个问题,它比前一个一号文件又进了一步,不仅指出"包产到户是社会主义集体经济的生产责任制",而且高度赞扬"是马克思主义农业合作化理论在我国实践中的新发展,是在党的领导下我国农民的伟大创造"。文件还要求对人民公社体制进行改革,"准备好一批,改变一批"。此后,人民公社逐渐解体。

文件还就发展多种经营、商品生产和进行农业技术改造、农村建设等提出了新政策。通过贯彻执行这一文件,以"包"字为标志的多种形式责任制又有了进一步的发展。一个"包"字把劳动者的劳动同生产成果紧密联系起来，把责权利联系起来，有效地克服了平均主义，推动了生产的发展。这一年，中国农业再传捷报，全国农业总产值比上年增长14.5%，粮食产量比上年增长5.1%，农民人均收入比上年增长14.7%，农村经济逐步向专业化、商品化、现代化发展。

1984年元旦，第三个中央"一号文件"——《关于一九八四年农村工作的通知》出台。鉴于上一年农村商品生产出现的好势头，因此文件突出强调"全年农村工作的重点：在稳定和完善生产责任制的基础上，提高生产力水平，发展商品生产，抓好商品流通"。文件还指出："由自给性经济向较大规模商品生产转化，是不可逾越的必然过程。"

为消除农民怕政策改变的顾虑，文件特别宣布："土地承包期一般应在15年以上，生产周期长和开发性的项目，如果树、林木、荒山、荒地等，承包期应该更长一些。"这不仅坚定了农民长期承包的信心，而且提高了他们向土地投劳、投资、投肥，加强农田基本建设，改善生产条件的积极性。

但是，农村经济在向商品经济转化中，确实也存在种种不协调现象：农业生产不能适应市场消费的需要，产品数量增加而质量不高，品种不全，商品流通受阻，农产品统购统销制度的弊端日益突出，深化体制改革势在必行。

1985年元旦，第四个中央"一号文件"——《关于进一步活跃农村经济的十项政策》出台了。文件规定：取消农产品统购统销制度，大力调整农村产业结构，进一步放宽山、林区政策，积极兴办乡村交通，放活农村金融，扩大城乡交流，等等。因农产品短缺而在中国延续了30多年的统派购制度，基本上取消了。这标志着中国农业生产发展迅速，农村已进入商品经济发展的新阶段。

这一年，农村产业结构调整迈出了重大一步。农村和农业的状况大为改善。乡镇工业、建筑业、运输业、商业总产值增长37.4%，所占比重由上年的36.5%上升为42.3%；农业总产值比上年增长13%，农民人均收入增长 11.8%。

但是，由于中国农业连续多年大幅度增产，农村出现盲目乐观。不少地方对"无农不稳，无工不富，无商不活"缺乏全面理解，重工轻农，重抓钱，轻抓粮，忽视农业生产，以致当年粮棉种植面积大大减少，粮食产量下降 7%，棉花产量下降 33.7%。于是，有些人对农村政策开始说三道四，对包产到户持反对、怀疑态度者更借此责难。他们说：包产到户是强心针、兴奋剂，挖苦包产到户是"一年快，二年慢，三年就完蛋"。为统一人们的认识和解决农村中新出现的问题，中央特地将一年一度的农村工作会议提前召开，加紧研究新对策。

1986 年元旦，第五个中央"一号文件"——《关于一九八六年农村工作的部署》出台。这个文件的指导思想是巩固、消化、补充改革取得的成果，解决好改革中出现的一些突出的问题。

文件针对怀疑改革的思想，重申：农村改革的方针、政策正确，成效显著。农村中出现一些新问题，只有通过深化改革才能解决，后退没有出路。同时，针对盲目乐观者指出：必须始终坚持以农业为基础的方针，避免在工业化过程中出现的农业停滞现象，切实增加农业投入，依靠科技加强服务，推动农业经济持续、稳定、协调发展。

第五个中央"一号文件"下发后，粮棉生产重新引起重视。这一年，农村经济又出现新起色，农业总产值比上年增长 3.5%，粮食总产量增长 3.2%，棉花总产量也有所增长，农民人均收入增长 6.7%。

历史是客观而公正的。五个中央"一号文件"记录了中国农村改革中新旧思想的争论，客观地反映了亿万农民的心声和要求，总结了农村改革的成功经验。它们在争论中诞生，又在争论中指导实践，成为推动中国农村经济迅速发展的强大动力，使中国农村和农业经济取得举世瞩目的成就。

（许人俊／撰稿）

⑪ 试办经济特区的决策内情

中国地域广大，与外界隔绝既久，且有制度上的差异，实行对外开放不可能从一开始就门户洞开，全境同步开放。遵循历来的经验，中央决策层采取了从沿海到内地梯度开放的策略，以控制风险，并从局部得到经验和示范。其中一个重大举措，就是在广东、福建两省实行特殊政策和灵活措施，并建立深圳、珠海、汕头、厦门4个经济特区。特区政策在今天基本完成了它的历史使命，然而，当年兴办经济特区的决策酝酿过程，还有许多鲜为人知的故事，值得回顾。

边境上的尴尬与机会

广东、福建两省率先对外开放，来自中央与地方两方面的积极性。由于地理上的原因，广东、福建各级官员面临的压力比内地更大，对发展机遇的感受也更敏锐。特别是广东省，毗邻香港与澳门，历来是重要的对外贸易口岸，在20世纪50年代至70年代处于封闭状态的中国，广东毕竟是一个向外敞开的窗口。香港知名人士也与广东省党政领导保持着往来。从1957年起，中国出口商品交易会在广州每年举办春秋两届。每年都有大批香港同胞和海外华侨回国探亲。与内地相比，广东的官员和民众对香港及海外的情况和动向并不陌生。

对广东官员触动最大的，莫过于持续不断地出现边民偷渡逃港事件。自1951年封锁边界以后，粤港边境上的偷渡逃港事件就没有停止过。1957年、1962年、1972年、1978年形成了4次偷渡高潮。偷渡风潮来得最为猛烈的是1978年至1979年。逃港人数最多的宝安县，1978年1月至 11 月共外逃 1.38 万人,逃出 7037 人,其中 5400 多人是 8 月以后逃出的。沙头角镇逃出 2500 多人。南岭村原有 600 多人,逃到香港 500 多人,剩下 100 多人大都是妇孺病残。由于大批人员外逃香港,宝安县丢荒土地达 20 多万亩。许多基层干部睁只眼闭只眼,甚至带头偷渡。宝安县逃出大、小队干部 121 人,党员 29 人,团员 161 人。1978 年夏天,有几万人来到深圳等待外逃的机会,收容所人满为患,送走一批又来一批。从香港抓获的偷渡者,被卡车一车又一车地遣送回来。卷入逃港风潮的人员不只是边民,而是遍及广东全境。1978 年,全省发生外逃 7.9 万多人,逃出 1.8 万多人。仅宝安县一地,堵截收容外逃人员即达 4.6 万多人。偷渡人数最多的有惠阳(含深圳)、汕头、广州 3 地市。在广州,凡有偷渡成功者,皆鸣放鞭炮庆贺。广东几个边防县,边防部队与民兵联合布设几道防线,仍无济于事。人们成群结队,躲过边境哨所严密的监视,穿过双层密实的铁丝网,逃往香港。

人们为什么偷逃香港?根本原因是境内外巨大的经济差距。20 世纪 60 年代以来,中国的香港、台湾和东南亚一些国家经济增长迅速,特别是香港迅速崛起为一个国际性的大都市。粤港两地居民收入差距在百倍以上。1978 年广东全省农民人均年收入仅 77.4 元人民币,其中还有三分之一的生产队人均年收入在 50 元人民币以下,与香港仅一河之隔的深圳农民人均年收入也只有 134 元人民币,而河对岸的香港新界农民同期收入为 1.3 万元港币。这对边境农民具有强大诱惑力。"文化大革命"结束后,政策松动,国门初开,进出境旅客大增,大批华侨和港澳同胞回内地探亲观光,同内地亲友和群众广泛接触,并带进大量内地紧缺的商品和生活用品。在当地,家族中有无华侨或港澳关系,生活条件对比十分明显。邻近港澳地区的民众每天都可以收看、收听到香港的电视和广播,还可以读到香港的报纸、刊物。有昔日偷渡客,在境外获得成功,回乡探亲时被奉为上宾。所有这些,在民众中产生强烈的示范效应,特别是青少年向往港澳生活,不惜冒险逃港。

1979 年上半年,偷渡情况最为严重,仅 1 月至 5 月,全省便发生 11.9

1980年春，谷牧（右三）在广州主持召开广东、福建两省工作座谈会

万多人偷逃，逃出2.9万多人。从1979年起，港英当局改变政策，采取即捕即遣的办法。1月至6月初，遣回偷渡客3.3万多人，这种办法也没有立即奏效。五六月间，偷渡达到高潮，港英当局十分恐慌。5月6日，出动直升机7架、军舰2艘，参与行动的军警4000多人，全天24小时巡逻，进行围堵、搜捕，气氛紧张。5月31日，港督麦理浩约见中国驻港代表机构负责人，专门就内地人口外流香港问题进行交涉。此事惊动了北京。6月14日，国务院、中央军委发出《关于坚决制止广东省大量群众偷渡外逃的指示》。6月21日，广东省革委会发出《关于坚决制止偷渡外逃的布告》，随后在全省展开反偷渡斗争。省委要求，各级党委负责人分片包干；组织民兵、动员群众堵截；严厉打击组织偷渡的"蛇头"和强冲边防的偷渡客。10月28日，港英当局宣布：凡属偷渡人员一律不发身份证，不准居留香港，全部遣返内地，并将惩罚雇用偷渡客的香港雇主。这一措施给偷渡人员极大震动，至11月，偷渡者数量明显下降。

日复一日的偷渡潮，不仅影响内地的生产秩序和社会安定，更是一件有伤国体的事情,广东省领导深感头痛,中央也很重视。张劲夫、姚依林、郑拓彬、贾石、李人俊等国务院有关负责人和刘田夫、王首道、王全国、吴南生、习仲勋等广东省负责人,先后到宝安县调查研究。他们亲眼看到的深港两边的发展差距,大量边民逃往香港以及深圳河边耕地荒芜的情景,都为之震动。大家都明白,反偷渡,光是堵解决不了问题,根本的办法是放宽政策,发展经济,缩小两地的差距。1977 年 11 月 11 日,广东省委将"逃港"事件向正在广州视察的邓小平作了汇报。邓小平听后说了两句话:"这是我们的政策有问题。""此事不是部队能够管得了的。"对于广东省的领导来说,这是心知肚明的事情。

1978 年 3 月,国家计委、外贸部工作组到宝安、珠海就建立出口生产基地问题进行调查研究,与宝安、珠海共同制订了生产和出口的年度计划以及三年计划、五年规划。4 月 10 日至 5 月 6 日,国家计委副主任段云率国家计委、外贸部经济贸易考察组抵达香港、澳门,进行实地调查研究。考察组回到广州后,向习仲勋、刘田夫等人介绍情况并交换意见。回京后,考察组写出《港澳经济考察报告》上报中央。报告中提出,可借鉴港澳的经验,把靠近港澳的广东宝安、珠海划为出口基地,力争用三五年的努力,在内地建设成具有相当水平的对外生产基地、加工基地和吸引港澳同胞的游览区。6 月 3 日,段云直接向华国锋等人作了汇报。华国锋肯定了他们的建议,明确指示"总的同意","说干就干,把它办起来"。

得到中央的明确指示后,广东省委迅速行动。6 月 20 日,新任广东省委第二书记的习仲勋主持省委常委会议,研究关于迅速开展对外加工装配业务和宝安、珠海两县的建设问题。6 月 23 日,形成了《关于搞好宝安、珠海边防县建设和外贸出口的意见》的最初方案。7 月,习仲勋到深圳、珠海视察。他要求宝安县委下决心发展农村经济,改善农民生活,尽快缩小深港两地差距。并且提出几条新措施:一是允许农民过境耕作宝安管的耕地;二是让香港资本家进设备开采沙石出口,收入两家分成;三是吸收外资搞加工业;四是恢复边境小额贸易等。习仲勋鼓励当地干部说，"说办就办，不要等"，"只要能把生产搞上去的，就干，不要先去反他什么主义。他们是资本主义，但有些好的方法我们要学习"。10月23日，广东省革委会向国务院上报了《关于宝安、珠海两县外贸基地和市政规划的设想》。1979年1月23日，广东省作出决定并报国务院：将宝安县改为深圳市，珠海县改为珠海市。3月5日，国务院批复广东省革委会，同意两县改设为市。港澳考察组提出在宝安、珠海办出口基地的意见，还不是要办特区，主要是为了外贸出口。类似设想，中共中央中南局早在20世纪60年代就曾提出过，但没有实行。不过，在1979年2月国务院有关批转文件中明确提出："吸收港澳同胞和华侨的资金，合建工厂、农场和其他事业，也可试办。"这与过去是不同的。

与广东省不谋而合的，还有香港招商局提出的建立蛇口工业区的方案。招商局是清朝北洋大臣李鸿章于1872年创办的，已有100多年的历史。1950年1月15日，招商局香港分公司的13艘轮船起义，从此成为交通部驻香港的代表机构。几十年来，香港迅速崛起，香港招商局却困守一隅，经营发生严重困难。1978年，交通部派袁庚率工作组进驻招商局作调查研究。经过调查，袁庚代交通部起草了给中共中央、国务院的请示报告，提出"充分利用香港招商局"，"冲破束缚，放手大干"的方案。10月12日，华国锋、叶剑英、邓小平、李先念、汪东兴5位主要领导人全部圈阅同意，并且定下"以航运为中心，立足港澳，背靠内地，面向海外，多种经营，工商结合，买卖结合"的方针。

10月18日，袁庚被派往香港招商局，出任董事局常务副董事长，主持招商局工作。袁庚到任后，对香港招商局大行整顿。然而，要真正落实中央的方针困难很大。其中最主要的就是香港的地价太贵，仅次于日本东京的银座。袁庚想到，如果利用广东的土地和劳力，加上香港和国外的资金、技术、图纸、资料、专利和全套设备，将会同时拥有内地和香港两方面的有利因素。由此产生了在广东边境地区筹建招商局工业区的想法。在内地划一块地方，由驻港企业按香港方式来经营，这是一件全新的事情，过去没有做过，甚至没有人想过。然而，这件事进行得出人意料地顺利。招商局先同广东省委交换意见,双方一拍即合,共同起草了《关于我驻香港招商局在广东宝安建立工业区的报告》,提出建立蛇口工业区的具体方案。

1979 年 1 月 6 日,方案报送李先念并国务院。1 月 31 日,李先念、谷牧召见交通部副部长彭德清和袁庚。在听取汇报后,李先念当即表示赞同,随即用铅笔在地图上南山半岛画了一条横线,笑着说:"就给你们这个半岛吧。"南山半岛足有 50 平方公里,大大超出袁庚的意料。袁庚没敢要,只要了其中 9 平方公里。当日,李先念在报告上批示:"拟同意。请谷牧同志召集有关同志议一下,就照此办理。"2 月 2 日,谷牧召集各部负责人,确定特殊政策,包括在税收、关税等方面给予优惠。1979 年 7月 20 日,蛇口工业区破土动工,成为中国第一个出口加工区。

批准广东、福建先走一步

此时,广东省考虑跨出更大的步伐。1979 年 1 月 8 日到 25 日,时任广东省委第一书记习仲勋召集省委常委扩大会议,传达中共十一届三中全会精神。在中共十一届三中全会上,大会给与会者印发了欧日、亚洲"四小龙"利用外资和外国先进技术加快发展的材料,引起热议,这显然给了广东省领导以重大激励。广东省委常委扩大会议明确提出,要利用广东毗邻港澳的有利条件,利用外资,引进先进技术设备,搞补偿贸易,搞加工装配,搞合作经营。

会后,广东省委领导分头到下面调查研究。吴南生率工作组赴汕头。看到阔别多年的故乡仍然是一派贫穷落后的景象,吴南生不禁心寒。他请来一位香港银行家并问他:"有什么最快的办法?"这位香港朋友反问:"你敢不敢搞自由港?这样是最快的。"吴南生由此产生了一个大胆的想法:能否像台湾那样,在汕头划出一块地方,彻底开放,办出口加工区,利用外资发展经济。2 月 21 日,吴南生通过电话向省委陈述自己的想法。

3 月 3 日,吴南生在广东省委常委会议上正式提出在汕头划出一块地方搞试验的设想。他举出三条理由:第一,在全省来说,除广州之外,汕头是对外贸易最多的地方，每年有 1 亿美元的外汇收入，搞对外经济活动比较有经验。第二，潮汕地区海外的华侨、华人是全国最多的，约占我国海外华人的三分之一。其中许多是在外有影响的人物，我们可以动员他们回来投资。第三，汕头地处粤东，偏于一隅，万一办不成，失败了，也不会影响太大。他说：如果省委同意，我愿意到汕头搞试验。如果要杀头，就杀我好啦！常委们都表示赞成，习仲勋当即说："要搞都搞，全省都搞！先起草意见，4 月中央工作会议时，我带去北京。"最后商量的结果是，在汕头、深圳、珠海三个地方搞。

4 月 1 日和 2 日，杨尚昆（时任广东省委第二书记）主持中共广东省委常委会议。会议"确认根本的出路还是希望中央给广东放权，抓住当前有利的国际形势，让广东充分发挥自己的优势，在四化建设中先行一步"。作为具体步骤，会议提出在深圳、珠海、汕头根据国际惯例划出一块地方，单独进行管理，作为华侨、港澳同胞和外商的投资场所，按照国际市场的需要组织生产。名称初步定为"贸易合作区"。会议决定，将这一设想在即将召开的中央工作会议上向中央汇报。

中央召开工作会议之前，习仲勋和吴南生向正在广州的叶剑英汇报了广东的设想，叶剑英非常高兴。4 月 3 日，习仲勋赴京参加中央工作会议，会议由华国锋、李先念主持，邓小平、陈云没有参加。

4 月 8 日，习仲勋在中南组发言说：现在中央权力过于集中，地方感到办事难，没有权，很难办。广东邻近港澳，华侨众多，应充分利用这个有利条件，积极开展对外经济技术交流。这方面，希望中央给点权，让广东先走一步，放手干。4 月下旬，习仲勋、杨尚昆向中央政治局常委汇报。习仲勋直截了当地对华国锋说："我们省委讨论过，这次来开会，希望中央给权，让广东先走一步，放手干。"华国锋问，广东要些什么权？习仲勋说："广东作为一个省，等于人家一个或几个国家，得多给点自主权，类似联邦制。否则，广东就很难搞好。"华国锋回答说："不要搞联邦了，给广东放点权吧！"习仲勋要求允许在毗邻港澳边界的深圳市、珠海市、汕头市划出一块地方，仿效外国加工区的形式，单独进行管理，作为华侨、港澳同胞和外商的投资场所，按照国际市场的需要组织生产，进行观察、学习、试验。

在会上，福建省也提出在厦门建立出口加工区的要求。早在1978年11月的中央工作会议上，福建代表就提出，福建省委就有利用侨乡优势，积极吸收侨资侨汇，大力发展进出口贸易的意见。

中央工作会议讨论了广东省和福建省的要求，决定对广东、福建两省实行特殊政策、灵活措施，并在广东的深圳、珠海、汕头，福建的厦门等地试办出口特区，作为华侨和港澳商人的投资场所。会后，谷牧向邓小平作汇报，谷牧说：广东有这样的思想，先走一步，划一个地方出来，搞改革开放，然后全面推开。邓小平很赞成。谷牧说："但是名字定不下来。"邓小平说："还是叫特区好，陕甘宁开始就叫特区嘛！"当谈到解决配套建设资金时，邓小平说："中央没有钱，可以给些政策，你们自己去搞，杀出一条血路来！"

大政方针既定，中共中央、国务院责成广东、福建两省领导机关进一步组织论证，提出具体实施方案报中央审定。5月11日至6月6日，谷牧受中央委托带领国务院进出口管理委员会、国家计委、国家建委、外贸部、财政部、物资部的十多位负责干部，前往广东、福建两省进行考察。通过二十多天的考察，逐步形成了以下思路：第一，要发挥两省的经济优势加快经济发展，必须进行体制改革，要在中央统一领导下实行经济计划以省为主安排、实施，省内企业、事业单位除必须由中央直属的以外，全部下放给省管理。第二，在对外贸易、吸收外资、引进技术等方面，赋予这两省较多的机动权，以便增强对外经济联系，加快经济发展。第三，在财政上，一定年限内对两省实行大包干，划分收支，定额上缴，把新增的收益较多地留给地方，增大地方自筹建设资金的能力。第四，在深圳、珠海、汕头、厦门各划出一定区域举办出口特区，参照国际经验和做法，实行优惠税率，吸引外商投资，发展出口商品的生产。

按照这个思路，谷牧等人帮助广东、福建两省分别起草了《关于发挥广东优越条件，扩大对外贸易，加快经济发展的报告》和《关于利用侨资、外资，发展对外贸易，加速福建社会主义建设的请示报告》。广东省提出的规划设想是：到 1985 年，全省工农业总产值达到 550 亿元，比 1978 年增长近一倍，其中外汇收入达到 50 亿美元，比 1978 年增长两倍。力争到 1990 年再翻一番，达到 100 亿美元，赶上和超过香港目前的出口水平。福建省提出的规划设想是：到 1985 年，全省工农业总产值达到 170 亿元，比 1978 年增长 77%；外汇收入达到 14 亿美元，比 1978 年增长 3.8 倍。1990 年力争工农业总产值达到 380 亿元；外汇收入达到 35 亿美元。两省报告都提出实行财政包干，并要求在体制改革上先行一步。在计划、外贸、金融、物资、商业、劳动工资、物价等方面给予更大的权力。

7 月 15 日，中共中央、国务院批转了广东、福建的两个报告（即中发〔1979〕50 号文件）。文件指出，粤闽靠近港澳，海外华侨多，资源比较丰富，具有加快经济发展的许多有利条件。因此，中央决定，在粤闽两省实行特殊政策和灵活措施，给地方以更多的自主权，使之发挥优越条件，抓紧当前有利的国际形势，先走一步，把经济尽快搞上去。中央给广东、福建两省在计划、财政、金融、物价等方面以较多的自主权。其中关键是实行财政大包干，明后两年，广东每年上缴数确定为 12 亿元，福建每年补助数确定为 1 亿元。在外贸方面，允许广东有权安排和经营自己的对外贸易来料加工、补偿贸易和合资经营等项目，省里可以自行审批。确定在深圳、珠海、汕头、厦门创办"出口特区"，在步骤上可先在深圳、珠海两市试办，待取得经验后，再考虑在汕头、厦门设置的问题。随后，中央确定由谷牧任主任的国家进出口管理委员会归口管理此项工作。

经济特区的立法与筹建

创办深圳、珠海、汕头、厦门 4 个特区，本来是中央对广东、福建两省实行特殊政策、灵活措施的一项内容，随着实践的发展，逐步单列出来，由国家进出口管理委员会归口管理。1979 年 9 月下旬，受中共中央、国务院委托，兼任国家进出口管理委员会主任的副总理谷牧前往这 4 个地方实地考察筹办工作。12 月 17 日，谷牧在北京主持召开广东、福建两省会议。谷牧十分赞成深圳特区的路子："利用外资推山填地,搞'三通一平',然后就卖地皮、盖房子。"

1980年3月24日至30日,谷牧在广州再次主持召开广东、福建两省会议,检查中央指示的贯彻情况,进一步研究特区建设问题。经过讨论,谷牧集中大家的意见,明确提出特区发展的5条建议:一、特区主要吸收外资和侨资进行建设;二、特区建设要作好总体规划,分批分期铺开,先搞好基础设施,创造好的投资环境;三、先上投资少、周转快、收效大的加工工业生产项目,根据条件逐步发展房地产和旅游业;四、为鼓励外商来特区投资,可适当降低企业所得税税率和土地使用费收取标准;五、特区的管理,在坚持四项基本原则和不损害国家主权的前提下,采取不同于内地的体制和办法,特区的经济活动要充分发挥市场调节的作用。会议还提出,根据目前两省财力物力的可能,广东应首先集中力量把深圳特区办好,其次是珠海。汕头、厦门两个特区可先进行规划,做好准备,逐步实施。这次会议采纳了广东提出的建议,将"出口特区"这个名称,改为具有更丰富内涵的"经济特区"。

5月16日,中共中央、国务院批准《广东、福建两省会议纪要》。到这时,一年前举办特区的大致构想逐步具体化。

为了给举办经济特区提供一个基本的章法,早在1979年8月,国务院就着手组织起草法规性文件。先是委托广东有关方面起草,形成了《广东省经济特区条例》。此后,又责成国家进出口管理委员会组织研究论证。在条例的起草和修改过程中,广泛听取海内外各方面人士意见,也借鉴了海外经济性特区的法规。1980年4月,广东省五届人大三次会议审议通过《广东省经济特区条例》。条例通过以后,广东省即争取全国人大正式授权。然而,全国人大常委会开始并没有此项立法的考虑,他们的回答是:全国人大常委会无须讨论广东的特区条例。吴南生坚持认为,特区是中国的,要搞特区,没有全国人大常委会正式授权,我们是无法去创办的。再次报全国人大常委会审议。8月26日,五届全国人大常委会第十五次会议审议并批准建立深圳、珠海、汕头、厦门4个经济特区,并批准公布了《广东省经济特区条例》。

随后，国务院批准上述 4 个特区的地理位置的区域范围。深圳经济特区位于广东省深圳市境内，南沿深圳河与香港新界为邻，北以梧桐山脉走向为界，东和西均迄于海，面积 327.5 平方公里。此前经国务院批准交通部香港招商局投资兴办的蛇口工业区，也划为深圳经济特区的一部分。珠海经济特区位于广东省珠海市境内，面积 6.81 平方公里。汕头经济特区位于汕头市东郊龙湖村一带，面积 1.6 平方公里。厦门经济特区位于厦门本岛西北部湖里村一带，面积 2.5 平方公里。4 个特区最初批准划定的面积共 338.41 平方公里。以后，珠海、汕头、厦门经济特区的区域范围有所扩大，到 1990 年底，4 个特区的面积扩大到 632.1 平方公里。

特区开发之初，资金筹集是一大难题。用国家财政拨款搞基础设施建设是不可能的，邓小平早就说过，国家不给一分钱。特区开发走了一条"多方筹资，负债开发"的新路子，从 3 个方面成功地解决了筹集资金的难题：一是使用国家银行信贷；二是收取土地使用费，以地生财；三是吸收利用外资，包括从国际金融市场筹借贷款，中外合资、合作经营建设基础设施等形式。国家只给予税收优惠和信贷倾斜。

经过一年多的酝酿筹备，深圳、珠海、汕头、厦门 4 个经济特区，从 1980 年下半年起相继投入开发建设。

从 1980 年起，一批投资先行者开始进入特区。到 1983 年，累计批准外商直接投资项目 522 个，协议外商投资金额 29.1 亿美元，外商实际投入 3.99 亿美元，平均每年实际吸收外资近 1 亿美元。其中深圳特区成绩较大，累计实际吸收外资 2.85 亿美元，批准各种外商投资企业 420 多家。外资大多投向资金少、风险小、周转快的项目，主要是加工装配生产、旅游业、房地产业项目。

经济调整考验特殊政策

对于广东、福建两省实行特殊政策和灵活措施以及兴办 4 个经济特区，在党内始终存在着不同声音。然而，邓小平决心很大，胡耀邦等也很热心。1980 年 9 月,中共中央新任总书记胡耀邦主持中央书记处会议,专门听取广东省委习仲勋、杨尚昆等人的汇报,讨论如何实行特殊政策和灵活措施的问题。

会后,中央印发的纪要给予两省更大的自主权,决定放手让两省去闯。其中最为重要的一条是:授权广东省对中央各部门的指令和要求采取灵活办法,适合的就执行,不适合的可以不执行或变通办理。还有一条也很重要,就是进一步明确了在两省实行的特殊政策的目的,是使两省先行一步富裕起来,成为全国"四化"建设的先驱和排头兵,为全国社会主义经济建设和体制改革探索道路,积累经验,培养干部。

九十月间,国家进出口管理委员会副主任江泽民,带领国务院有关部门和广东、福建两省,深圳和厦门两个特区负责干部组成的 9 人小组,到斯里兰卡、马来西亚、新加坡、菲律宾、墨西哥、爱尔兰 6 国的 9 个出口加工区、自由贸易区进行考察。途经日内瓦时,还邀请联合国组织 10 多位专家举行了两天讨论,归国后向中央作了汇报,这为特区政策提供了国际经验的支持。他们的基本看法是:"无论国家穷富、无论实行何种经济制度,用建立经济特区的特殊办法来利用外资、引进技术、进口设备、促进经济繁荣提高国际竞争力,这是一条十分重要的途径。"

1980 年冬,中共中央决定,调习仲勋、杨尚昆回北京工作,调辽宁省委第一书记任仲夷接任广东省委第一书记,轻工业部部长梁灵光任省委书记兼广州市委第一书记。

中央对福建省的领导班子也进行了调整。在中央确定广东、福建两省实行特殊政策以后,福建的行动明显落后于广东。直到 1980 年 10 月 7 日,国务院才正式批准在厦门建立经济特区(迟至 1981 年 10 月 15 日,厦门经济特区湖里工业区才正式动工兴建)。时间上比深圳晚了一大步。一些闽籍华侨给中央写信,呼吁派出得力干部到福建主事。1980 年冬,经胡耀邦举荐,邓小平选调项南出任福建省委常务书记,事实上主持福建的工作。不久,中央任命项南为省委第一书记。项南出身于革命世家,曾是胡耀邦在共青团中央的助手。20世纪50年代被划为"右派",下放到农村劳动。"文化大革命"期间再度受到关押和批斗。"文化大革命"结束后,项南先后到美国及欧洲考察,在东西方对比中,对社会主义有较深刻的反思,这使他成为一位锐意改革者。

邓小平、胡耀邦等人瞩目的不只是4个经济特区,而是广东、福建两省先走一步,为全国的改革开放闯出一条新路来。任仲夷和梁灵光赴任前,1980年10月31日至11月6日,叶剑英、邓小平、李先念、胡耀邦等先后接见他们,给予明确的支持。叶剑英殷盼家乡早日脱贫,对任、梁二人寄予厚望。邓小平所关注的,不只是广东、福建两省的开发,更看重它们对全国的示范和探路作用。他对任、梁二人说:"特区不是仅仅指深圳、珠海那几块地方,是指广东、福建两个省。单搞那一点地方不行,中央讲的是两个省。你们要充分发挥这个有利条件。对于搞特区,你们要摸出规律,搞出个样子来。"胡耀邦以成都武侯祠前的一副对联相赠:"能攻心则反侧自消从古知兵非好战,不审势即宽严皆误后来治粤要深思。"不过,胡耀邦将原先的"蜀"字改成了"粤"字。胡耀邦期望他们能审时度势,通权达变。万里说:你们要解放思想,放手把经济搞上去,闯出一条新路。你们犯了错误也不要紧,国务院负责。你们先走一步,犯错误对全国来说也是有意义的,可以吸取教训。万里还授予任仲夷一项权力:"各部的规定不符合广东情况的,你们可以不执行。"

1980年12月,广东、福建两省的特殊政策很快遇到了新情况:中央确定对经济实行进一步调整。在中央工作会议上,陈云、李先念等讲话,都没有涉及两省执行调整方针可不可以"特殊"。显然,如何协调集中统一与两省特殊政策的关系,成了一个问题。另一个问题是,随着特区引进外资工作的展开,不少人对特区日益担心起来。认为特区"香港化"了,"特区就是租界"。有人甚至说:"特区除国旗是红色的以外,已经没有社会主义的味道了。"在中央工作会议上,任仲夷不得不为特区政策辩护。邓小平支持了任仲夷。他在闭幕会上讲话表态:"在广东、福建两省设置几个经济特区的决定,要继续实行下去。但步骤和办法要服从于调整,步子可以走慢一点。"12 月 24 日,胡耀邦主持召开广东、福建实行特殊措施座谈会。座谈会期间,邓小平、陈云都表示支持两省及特区工作。1981 年 1 月 21 日,中共中央办公厅转发了这次座谈会的纪要。纪要指出:现在是调整时期,中央拿不出很多钱来支援广东、福建,而且还要广东、福建对国家多作点贡献。因此,广东、福建两省实行特殊政策、灵活措施的步子要稍慢一点。以后在前进过程中,也可能因为出点什么问题要收缩一下,调整一下,但是,中央在广东、福建实行特殊政策、灵活措施的方针是不动摇的。要求中央各有关部门关照、支持特区建设。广东、福建要千方百计利用外资,坚决打击走私活动。

1981 年 5 月 27 日至 6 月 14 日,中共中央、国务院在北京召开广东、福建两省和经济特区工作会议。会议由谷牧主持,参加会议的有广东的任仲夷、福建的项南、中共中央和国务院有关部门及特区的负责干部,还邀请钱俊瑞、许涤新、薛暮桥、古念良等多位经济学家与会。在这次会议上,广东和福建共同呼吁中央进一步放手。在 6 月 11 日下午的会上,项南发言说:目前福建对华侨和外国资本的吸引力不如广东,更不如香港、澳门。因此,福建应该采取比广东和港澳更加优惠、更具有吸引力的政策。具体说,有"三个要干",即:外商和我们双方都有利的,我们要干;外商有利,我方无利也无害的,我们要干;外商有利,我方吃点小亏,但能解决我们的就业等问题的,我们也要干,请国务院在原则上予以认可。他说,只要中央给了权,我们就可以通过特殊政策和灵活措施搞到钱,解决资金短缺这个长期困扰我们的大问题。任仲夷和项南共同提出:能不能定出几条杠杠,第一,不走资本主义道路;第二,坚持四项基本原则;第三,坚决完成中央规定的任务;第四,不做特殊党员;第五,执行统一对外政策。在这几条大原则下,中央就不要管死我们,放手让我们去闯。

这次会议所要解决的问题有两个:一个是统一认识,一个是明确政策。从会议形成的纪要看,这两个目的都达到了。关于前者,纪要不仅肯定两省实行特殊政策、灵活措施"在发展经济上有重要意义",而且第一次明确了它的特殊政治意义,即它还是"关系到稳定港澳人心,争取台湾回归祖国的大事"。关于后者,会议原则上同意,两省"对外更加开放""对内政策更加放宽""扩大两省的权力"。明确要继续推进两省经济体制改革,商定实行条块结合,以省为主的计划体制;财政上继续实行大包干办法;两省银行分行要起地方银行作用;允许多种经济成分并存,更好地运用价值规律和各种经济杠杆,把经济搞得更活;对外经济贸易要有较大的自主权;扩大两省在人事、地方立法和企业自主权等方面的权力。

会议的另一项议程,就是提出经济特区建设的十项政策。其中最重要的有四条:一、明确四个经济特区"不是政治特区"。二、进一步明确在特区内实行与内地不同的经济和行政管理体制。三、给予来特区投资的外商比内地更优惠的待遇。四、国家承诺以更大的力度支持特区建设,包括特区建设所需的资金,由国家给予财政和信贷支持;允许特区银行吸收的存款全部用作贷款;深圳、珠海两市的财政收入1985年以前不上缴(期满后又延长五年),厦门、汕头两市上缴的财政收入,由两省人民政府核减;特区的外汇收入单列,超过1978年基数的增收部分五年内不上缴(期满后又延长五年),用于特区建设;特区的对外贸易自主经营,特区可接受各省、自治区、直辖市的委托,代理国家外贸主管部门不统一经营的进出口业务等。

7月19日,中共中央和国务院批转了《广东、福建两省和经济特区工作会议纪要》。上述各项政策得到中共中央、国务院批准。中央在批转文件的通知中指出,两省和经济特区创造经验,"不仅对两省经济的繁荣,而且对全国经济的发展,都具有重要的意义"。授权两省和经济特区,"凡是符合党的路线、方针、政策,对两省和全国的经济调整和发展有利的事,就要大胆放手去干"。这次会议较好地协调了中央有关部门和两省之间的关系,基本满足了广东、福建两省提出进一步松绑放权的要求,并且为举办经济特区确定了一个制度和政策框架。

为什么没在其他省市办特区

虽然有了中央的文件,但并没有消除党内的不同意见。按照传统的观念,社会主义应当是以公有制为主体,实行计划经济。然而,经济特区却是以吸引外资为主,实行市场调节。由此产生了一个观念上的难题:"经济特区究竟姓'社'还是姓'资'?"1981 年夏天,一位中央领导视察深圳、珠海特区时与袁庚、任仲夷有一段对话,从侧面反映了高层的疑惑。这位中央领导问袁庚:"你在这里,有没有人问你姓'社'姓'资'的问题?"袁庚说:"我们没有遇到太多的非难,没有人问我姓'社'姓'资'的问题,只有两个党内理论家这样对我说过,戴你资本主义帽子嘛,不好;说你是社会主义,全国都这样那还行吗?"这位中央领导对任仲夷说:"我在北京,老是有人问我,经济特区究竟姓'社'还是姓'资',我也老是在想这个问题。仲夷同志,你说说看!"任仲夷说:"依我看,对一个企业,无论是合营企业或是外资独资经营的企业,可以用国家资本主义这个词;但就整个特区来说,则不能说这个特区是国家资本主义,因为特区是社会主义国家领导的,实行特殊政策、灵活措施,是社会主义的经济特区。"这位中央领导点了点头:"我赞成这一看法。"

然而,经济特区姓"社"姓"资"的争论并没有解决。由于走私狂潮的出现,这种争论更加突出起来。1979 年国门初开之后,沿海边境地区出现了走私潮,主要集中在广东、福建、浙江等沿海省份。走私进来的主要是电视机、收录机、袖珍电子计算器、手表等国内紧缺的日用品。走私出境的主要是黄金、白银和贵重药材。1979 年,全国海关查处的走私案件达 1 万多起,比 1978 年增长 40%。中央连续发出管理进口物品、打击走私的文件。1981 年出现新的走私高潮,再次引起国人关注。

由于走私主要集中在广东、福建两省,两省面临了强大的舆论压力。中央认为,走私愈演愈烈不能说与地方政府没有关系。一些人以"政策不明""人多面广""这类问题不好处理"为由,对反走私执行不力;也有人以"来路不明,用途正当"或"为了集体,没装腰包"为由,为一些地方组织参与走私作辩护。引起中央部门和内地省份对广东不满的还有这样一些情况：原来规定的126种统购统销产品，广东取消了85种，城市的副食品价格也在广东放开了，冲击了国家的指令性计划；广东省的价格一放开，邻省的商品大量流入，引起了周围省份的非议；广东的外汇多了，可以用较高的价格收购出口商品，外省的出口货源大量流进广东，各省意见很大。中央担心的不只是经济上的，更是政治上的。暴利之下，趋之若鹜。高层一些人担心，这样下去，共产党真的有"改变颜色"的危险。

1981年12月22日，在中央召开的省、自治区、直辖市党委第一书记座谈会上，陈云要求，经济特区现在第一位的任务是认真总结经验，既要看到特区的有利方面，也要估计到特区带来的副作用。当时不少省市都向中央要求试办经济特区，陈云坚决不同意。他明确指出，特区"现在只能有这几个，不能增多"。如果各省都开口子，国内外投机分子就会统统出笼。他特别指出，像江苏这样的省不能搞特区，江浙一带历史上是投机活动有名的地区，坏分子的活动熟门熟路。李先念插话说："其他地方也比较容易学，无产阶级的作风不容易学，资产阶级的东西比较容易学，但赚钱的东西很不容易学。"可以看出，陈云对试办特区态度比较谨慎。他不反对试办经济特区，但要求注意特区带来的负面影响，坚决不主张扩大特区的范围，特别不赞成在中国的经济心脏——江浙地区办经济特区。陈云讲这个话，打消了其他地区办特区的想法。

1979年4月中央工作会议上议论办出口特区时，还有上海崇明岛。从地理条件看，崇明岛与大陆自然隔离，最适宜于办特区，但最后确定时没有它。1980年7月，华国锋从朝鲜回国到大连考察，时任辽宁省委第一书记的任仲夷向华国锋提议，将大连建设成北方的经济特区。华国锋原则赞同，但表示需要中央研究。后来，派谷牧到辽宁考察过，但中央最终没有同意在大连办特区。没有资料证明邓小平当时对其他省市试办经济特区的要求有什么表态。不过，20世纪90年代初，邓小平为80年代没有在上海设立经济特区不止一次地表示遗憾。1991 年 1 月 28 日，邓小平说："浦东开发至少晚了五年。浦东如果像深圳经济特区那样，早几年开发就好了。"2 月 13 日，他又说："如果当时就确定在上海也设经济特区，现在就不是这个样子。"1992 年 2 月 17 日，邓小平再次表示："浦东开发晚了。"

（萧冬连 / 撰稿）

12 习仲勋与广东的改革开放

1978 年 4 月,中央派习仲勋到广东省委担任第二书记,第一书记韦国清调到总政工作,实际是习仲勋主持工作。4 月 5 日,习仲勋抵达广州。6 日,他就在中共广东省第四次代表大会上发表讲话。他说:"我们责任十分重大。我们一定要振奋革命精神,把工作做得更好,不辜负党中央和 5000 多万广东人民对我们的信任和希望。"他对工作的态度是"'三要'和'三不要':第一,要有决心和信心,不要打退堂鼓;第二,要有胆识,勇挑重担,不怕犯错误,不要怕担风险;第三,要有务实精神,谦虚谨慎,不要冒失,不要出风头,不要怕否定自己"。

习仲勋考察宝安,当场决定解禁四条规定

1978 年 6 月,习仲勋因势利导,决定将省委召开的地市委书记会议改为省委扩大会议进行整风,"抓住了广东上不去的两个主要问题。一个是路线问题,一个是班子问题"。解决了这两个问题,改革开放才有了基础。6 月 20 日,习仲勋主持省委常委会议,讨论落实华国锋在听取林乎加、段云汇报时的讲话,责成省委常委、省革委会副主任李建安负责,主持召集省级有关单位研究,提出加强宝安、珠海两县建设方案。李建安和省革委会副主任黄静波一起召集会议,23 日拿出方案。

7 月,习仲勋带着刚随谷牧考察回来的省委书记王全国,轻车简从,乘坐一辆 7 座的面包车,到梅州、汕头、惠阳地区的 21 个县考察。7 月上旬,进入宝安,只见公路两旁耕地丢荒很多。田里只有一些老年妇女、小孩,还有边防部队派来帮助收割的战士。宝安县城深圳,只是有两条

半街的边陲小镇，人口只有 2 万多人，街道狭窄，房屋低矮破旧，破破烂烂。

习仲勋到达深圳后，不听汇报，让惠阳地委副书记兼宝安县委书记方苞带他先看，了解实际情况。他们先到罗芳、莲塘、沙头角等陆路地区考察。方苞边走边介绍：宝安有几千亩土地在香港那边都丢荒了。为什么会丢荒？第一，"文化大革命"前的政策允许宝安县的劳动力过境耕作，但是现在管得很死，一天才能批几个干部过去，没有劳动力进行耕作，土地自然就丢荒了。第二，以前过境探亲的政策是"三个五"，即每人每年可以过去探亲 5 次，每次去可以买 5 斤副食品，5 斤副食品的总价格不超过 5 元钱。这本来就限制得很死了。到了"文化大革命"时批"三洋"（崇洋、靠洋、向洋）就通通禁止，不准过境探亲了。"文化大革命"结束后恢复了部分政策，批准一些人过去种粮食，但粮食收割了要挑回来，不准在香港那边卖。虽然有很多地在香港，但劳动力不够，做不过来，地就荒废了。宝安与香港山水连为一体，一桥（罗湖桥）相通，一街（沙头角中英街）相连。宝安人与华侨、港澳同胞有直系亲属关系的有 14 万人，占全县 33 万人口的 42.4%，还有持双重户籍（香港户籍和宝安户籍）经常来往两地的流动渔民 2 万余人。由于特殊的地理环境，再加上不同时期的各种因素的影响，宝安偷渡外逃人数长期居全省首位，占全县总人口的 18.7%，占总劳动力 13.5 万人的 29.3%。偷渡外逃对宝安的经济、思想、政治和社会的各个方面造成了很大的危害，搞乱了边防社会治安，严重破坏了生产。方苞告诉习仲勋，有很多偷渡到香港的人，找到工作后很快就可以寄钱回家，家里人一两年以后就可以盖新房。

在沙头角那条独特的中英街，习仲勋看见几块竖在街中间的石头，把一条窄窄的街道一分为二，粤港两边贫富悬殊，对比非常鲜明：香港那边车水马龙，一派繁华热闹景象；宝安这边破破烂烂，萧条冷清。习仲勋心里感到很难受，对方苞和沙头角镇的干部说：当前存在的问题，主要是林彪、"四人帮"破坏所遗留下来的，许多本来是对的事情也不敢搞、不让搞。比如在香港那边几千亩属于宝安管的耕地的过境耕作问题；让香港资本家进设备采沙石出口，收入两家分成问题；吸收外资搞加工业问题；恢复边境小额贸易问题；等等。他支持和鼓励宝安的干部，"说办就办，不要等"，"只要能把生产搞上去的，就干，不要先去反他什么主义。他们是资本主义，但有些好的方法我们要学习"。他对方苞说："一条街两个世界，他们那边很繁荣，我们这边很荒凉，怎么体现社会主义的优越性呢？一定要想办法把沙头角发展起来。"

第二天，习仲勋往西前往皇岗。他们来到边防部队设立在一个小山坡上的瞭望哨，在那里用望远镜看对面香港的情况。接着，又到了水围大队一带，走访看望了"渔农村"以及民兵英雄郭胜全。

第三天，习仲勋前往蛇口的渔业一大队视察。这个大队生产搞得不错，渔民收入也较高。他看了很高兴。但该大队也存在不少问题，如渔船维修没有150吨的船台，零件买不到，口粮供应不足，水产资源受破坏，等等。

习仲勋还参观了沙头角的塑料花厂、皇岗的假发厂。这是两家来料加工厂，也是最早的"三来一补"企业。习仲勋认为开展来料加工，赚取加工费，既可以增加集体和个人的收入，也可以解决大量的劳动力就业问题，大有可为。

习仲勋宝安之行，深入边境农村和边防哨所，与十多名农村党支部书记座谈，耳闻目睹了内地和香港的差距。当场决定解禁"文化大革命"中的四条规定：一、可以过境耕种，二、恢复和香港的小额贸易，三、尽快把经济搞上去，四、减少粮食种植面积。

习仲勋认为外逃严重，主要是政策的问题，只要政策搞对头了，经济很快就可以上去。他说：这里是我们国家的南大门，你们要给国家争得荣誉，让外国人进来就看到社会主义的新气象。林彪、"四人帮"把我们很多的思想和事情都搞乱了，对的也说成是错的。所以一定要抓好整风，一边整风，一边整改，看清楚了就改。农副产品配额问题，我们要回去研究。他还说：你们有什么具体问题就找（刘）田夫、（王）全国，他们负责具体的工作。你们提出要减少粮食种植面积，省委原则上同意，具体减多少,我们回去再仔细研究。边防地区可以不交粮食给省,农民口粮自己解决,然后出口挣外汇。香港市场需要什么,什么可以多挣外汇,你们就养什么、种什么。

华国锋单独与习仲勋谈话,同意广东先行一步

1978 年夏,广东省委派省外贸局有关领导陪同国家计委、外贸部负责同志组成的工作组到宝安调查半个月。秋天,省委决定由省计委牵头,会同有关单位组成工作组再次至宝安、珠海调查研究。内容仍然是如何利用边境优势,建立外贸生产基地,扩大出口规模,提高人民生活水平,稳定边境秩序。习仲勋等领导听取汇报,提出了宝安、珠海改革先行一步的设想。

在调查研究的同时,广东积极开展从港澳引进技术、设备、资金、原材料,搞加工装配业务的工作。"到 9 月底止,签订协议合同近 100 种产品,金额 3350 万美元。"10 月,以广东省政府的名义向国务院提出了《关于宝安、珠海两县外贸基地和市政规划设想》的报告。报告提出:要在三五年内,把宝安、珠海两县建设成为具有相当水平的工农业结合的出口商品基地,建设成为吸引港澳旅客的游览区,建设成为新型的边防城市。

11 月,为到北京出席中央工作会议,习仲勋召开 4 次广东省委常委会议,主持准备了关于工作问题的汇报材料。其中就有:希望中央能给广东更大的支持,同时也给地方处理问题的机动余地。比如允许广东吸收港澳华侨资金,从香港引进一批先进设备和技术,购进电力,进口部分饲料,以便把一些国营农场、畜牧场、海水养殖场等装备起来,作为示范,培养人才,取得经验;同时在近香港的地方搞拆船业,以解决钢材之需,发展支农工业。还希望中央允许广东在香港设立办事处,加强调查研究,与港澳厂商建立直接的联系;凡是来料加工、补偿贸易等方面的经济业务,授权广东决断处理,以便减少不必要的层次手续。

11 月 9 日,习仲勋到北京急切要求与华国锋面谈。华国锋重视改革工作,很快安排了与习仲勋的谈话。他们一起研究如何搞好中国的南大

门。分析广东外逃事件,有的是生产队的书记带领群众偷渡外逃。他们一致认为这不是政治问题,而是经济困难造成的,应该大力发展经济,才能解决外逃问题。习仲勋希望中央给政策。华国锋听段云汇报时就已经考虑这个问题,后又看过广东省政府向国务院报送的《关于宝安、珠海两县外贸基地和市政规划设想》。当习仲勋提出这个问题后,他当场同意广东先走一步,广东省委在宝安、珠海两县建立外贸基地。

华国锋的支持鼓舞了习仲勋。11月16日,习仲勋在中央工作会议上,就广东的建设如何大干快上作了长篇发言。除提出要发挥广东毗邻港澳的优势外,他还提出:"经济体制,要按照新形势、新任务的要求,果断而又迅速地作出相适应的改变,在中央统一计划下,充分发挥各级、各部门、各企业的积极性。"

习仲勋要求建立"贸易合作区",华国锋说 "广东要有一个新的体制"

1978年12月,中共十一届三中全会召开,会议作出了"把全党工作的着重点和全国人民的注意力转移到社会主义现代化建设上来"的决定。

对于工作重点转移到社会主义现代化建设上来,习仲勋举双手赞成。他说:"在我们党的历史上,曾经有过两次战略性的转变。一次是在七届二中全会上提出党的工作重点由农村转到城市的转变。这个转变是转得比较好的。1956年以后,毛主席又及时提出从社会主义革命、社会主义改造转到以社会主义建设为主,这是第二次转变。现在看来,搞了二十多年,基本上没有实现这个转变。二十多年我们落后了,吃了苦头,就是因为我们没有真正实现这个转变。请看看二十多年我们干了些什么事情,今天搞斗争,明天搞运动,一直没有停,忙得不亦乐乎。加上林彪、'四人帮'的破坏,斗争更加剧烈。直到今天,国家没有搞强盛,人民没有搞富庶,甚至还吃不饱肚子,这怎能说我们的工作重点已转到生产建设上来呢?"

1978年12月,中共中央任命习仲勋为广东省委第一书记,杨尚昆为第二书记。1979年1月6日,广东省和交通部联名向国务院呈报《关于我驻港招商局在广东宝安建立工业区的报告》。习仲勋、杨尚昆回到广州马上召开省委常委扩大会议。他们明确提出要利用广东毗邻港澳的有利条件,利用外资,引进先进技术设备,搞补偿贸易,搞加工装配,搞合作经营。同时强调把农业搞上去,要整顿和加强各级领导班子,要解决好一部分遗留问题,巩固和发展安定团结的大好形势。会后,广东省委常委分8个组,下去调查研究。习仲勋到肇庆地区。

1979年1月23日,广东省委决定撤宝安县设立深圳市,市政府驻深圳镇,受广东省和惠阳地区双重领导。珠海县改为珠海市。

1月30日,国务院批复了广东省和交通部的报告,决定在蛇口兴办工业区,方针是:"立足港澳,依靠国内,面向海外,多种经营,工商结合,买卖结合。"1月31日,李先念、谷牧在北京中南海听取交通部副部长彭德清和袁庚汇报。李先念当场用红笔画出蛇口以南的半岛50平方公里的面积办工业区,袁庚只要了9平方公里。随后,香港招商局开始在蛇口开发了1平方公里的荒坡建立工业区,后兴办了23家工厂,开通了国际微波和直通香港的货运码头。其后又吸引外资兴办企业,在较短的时间内建成了初具规模的现代化的工业小城。

2月14日,国务院批复广东省关于宝安、珠海两县外贸基地的规划设想,由国家投资1.5亿元。批复中指出:"凡是看准了的,说干就干,立即行动,把它办成,办好。"

中央的这两个文件鼓舞着习仲勋等广东省委领导。在广东省委常委会上,大家得出的一致结论是:一定要根据广东的特点发挥优势,要求中央给广东放权,在全国的改革开放中让广东先行一步。吴南生说:广东应当先行一步,向中央汇报,题目就是让广东先行一步。习仲勋说,有了十一届三中全会的精神,如果还是慢步或原地踏步,我们心里也不安。2月,吴南生向省委提议在汕头办一个出口加工区。省委常委会议一致同意吴南生的意见,并认为不单在汕头,还应该在深圳、珠海办加工区。3

月,广东省政府下文撤宝安县设立深圳市。

习仲勋、吴南生向正在广州的叶剑英汇报。叶剑英听了十分高兴。

4月3日,习仲勋和王全国赴北京参加中央工作会议。5日会议开幕。7日上午,习仲勋主持中南组讨论。王全国发言提出改革现行经济体制的要求。习仲勋发言进一步指出:"不仅经济体制,整个行政体制上也要考虑改革。中国这么大的国家各省有各省的特点,有些事应该根据各省的特点来搞,这也符合毛主席讲的大权独揽、小权分散的原则。"

8日,华国锋和李先念、胡耀邦出席中南组讨论。习仲勋作了系统发言。他说:"有一个重要问题,搞什么样的现代化,不能离开中国的社会经济基础和条件。也就是说,我们只能搞中国式的现代化,走自己的现代化道路。"他还提出:"现在仍然是权力过于集中,这个问题并没有解决。经济管理体制问题就是集权和分权的问题,要处理好这个关系。现在地方感到办事难,没有权,很难办。这个问题,光讲原则也不行,还要具体化一些。希望这次会上能够就改革经济管理体制问题,定出若干条,以便有所遵循。"随后,他提出:"广东临近港澳,华侨众多,应充分利用这个有利条件,积极开展对外经济技术交流。这方面希望中央给点权,让广东先行一步,放手干。'麻雀虽小,五脏俱全',作为一个省,是个大麻雀,等于人家一个或几个国。但现在省的地方机动权力太小,国家和中央部门统得过死,不利于国民经济的发展。我们的要求是在全国的集中统一领导下,放手一点,搞活一点。这样做,对地方有利,对国家也有利,是一致的。"

习仲勋击中要害、务实的发言,受到华国锋、李先念、胡耀邦的重视。4月17日,华国锋、邓小平、李先念等听取中央工作会议各组召集人汇报。习仲勋再次要求先走一步,进一步提出:广东打算仿效外国加工区的形式,进行观察、学习、试验,运用国际惯例,在毗邻港澳的深圳市、珠海市和重要侨乡汕头市划出一块地方,单独进行管理,作为华侨、港澳同胞和外商的投资场所,按照国际市场的需要组织生产,初步定名为"贸易合作区"。

华国锋说:"仲勋同志讲,广东如果是一个国家,早就搞上去了。统死了影响速度,经过两年认识,更深刻了。""要进行大的改革,如广东要有一个新的体制。"

邓小平说:"广东、福建实行特殊政策,利用华侨资金、技术,包括设厂,这样不会搞资本主义,因为我们赚了钱不会装到华国锋同志和我们这些人的口袋里。我们是全民所有制。如果广东、福建8000万人先富起来,没有什么坏处。"

华国锋对谷牧说:"会后谷牧同志去广东、福建,还有上海,研究一下如何发展。有关税收、民航、交通、通讯、利润、法律问题。外汇能不能拿走,这些问题不解决,无法发展。还有劳务问题。""珠海、深圳要研究搞加工贸易区","加工区通过香港商业网销售,产品不受配额限制"。

会议期间,习仲勋见到邓小平,汇报贸易合作区的问题。邓小平说:"还是叫特区好,陕甘宁开始就叫特区嘛。"

谷牧率中央工作组到广东、福建两省考察, 形成中共中央1979年50号文件

5月11日,谷牧率中央工作组抵达广东。工作组成员有:国家进出口委员会副主任甘子玉,国家计委段云,外贸部贾石,财政部谢明,建委、物资部等领导同志及随员胡光宝(谷牧的秘书)、王志强等。他们坐火车南下到了广州,在广东工作了18天。5月14日,习仲勋、杨尚昆、刘田夫、吴南生、王全国、曾定石、梁湘等按照事先准备好的《汇报提纲》和《关于试办深圳、珠海、汕头出口特区的初步设想》向中央工作组作了详细汇报。谷牧听取汇报后就广东实行特殊政策和灵活措施的必要性,经济体制改革要解决的若干问题、立法工作和当时给广东要解决的具体问题讲了意见,要求"广东更要改革快一些","要杀出一条血路,创造经验",要比中央的那些决定更开放一些。

随后,工作组到肇庆(地委书记许士杰)、深圳、珠海、佛山、新会调查研究。调研回到广州后,5月20日,谷牧、段云、贾石、谢明与习仲勋、

杨尚昆、刘田夫等人进一步就起草、讨论向中央和国务院上报的《关于发挥广东优越条件,扩大对外贸易,加快经济发展的报告》,分别帮助广东起草给党中央请示特殊政策的报告。5月26日,临行前在小岛宾馆3号楼前合影留念。

5月29日,工作组从广州飞到厦门,北上福州。中央工作组在福建历时8天。

中央工作组帮助广东、福建起草给中共中央的报告,任务落在段云身上。因他早已有考察港澳的报告,轻车熟路。6月6日和9日,广东省委、福建省委分别向中共中央和国务院上报《关于发挥广东优越条件,扩大对外贸易,加快经济发展的报告》《关于利用侨资、外资,发展对外贸易,加快福建社会主义建设的请示报告》。报告由国家计委汇总。

7月15日,中共中央、国务院批转了广东、福建两省的报告,即中发〔1979〕50号文件。中共中央、国务院的批复是由余秋里交段云写的。段云在批复中写道:

> 广东、福建两省靠近港澳,华侨多,资源比较丰富,具有加快经济发展的许多有利条件。因此,中央确定,对两省对外经济活动实行特殊政策和灵活措施,给地方以更多的自主权,使之发挥优越条件,抓紧当前有利的国际形势,先走一步,把经济尽快搞上去。这是一个重要的决策,对于我国的四个现代化建设,有重要的意义。

所指"特殊政策"和"灵活措施"包括:计划体制以地方为主,财政体制大包干,扩大外贸权限,搞活金融体制,物资商品市场机制,劳动工资搞活市场化。

文件批准先在深圳、珠海两市试办出口特区,待取得经验后,再考虑在汕头、厦门设置的问题。特区内允许华侨、港澳商人直接投资办厂,也允许某些外国厂商投资设厂。随后,或者由地方同他们兴办合资企业,并由当地利用外资进行市政建设。中央确定由谷牧任主任的国家进出口管理委员会归口管理此项工作。

11月,中共广东省委决定将深圳市改为地区一级的省辖市。

1980 年，习仲勋（左二）、杨尚昆（左一）在广州与叶剑英、胡耀邦交谈

1979 年 9 月 10 日，习仲勋当选为全国人大常委会副委员长。

9 月 21 日，习仲勋说："中央决定对广东实行特殊政策、灵活措施。这一方面是省委向中央'要权'要来的；另一方面，也是更重要的一方面，是中央从搞好建设出发，对体制改革作出的一个具体的又是重要的决策。我国现行的经济管理体制，基本上是苏联的那一套模式，用行政办法搞经济，集中过多，统得过死，实践证明不改革不行，不改革十分不利于搞四化，所以这是势在必行的事情。所以我们一要求，中央领导同志很重视，很快就表态同意。这件事的实质，就是中国如何搞好体制改革，以适应四化需要。如果我们不提，中央也会提出来。"

1980 年 8 月 26 日，五届全国人大常委会第十五次会议批准了《中华人民共和国广东省经济特区条例》，正式宣布在广东省深圳、珠海、汕头3 市分别划出一定区域，设置经济特区。不久，广东省委任命吴南生为广东省经济特区管理委员会主任兼深圳市委第一书记和市长。1980 年 8 月，广东省经济特区管理委员会利用 3000 万元的银行贷款与部分地方财政，参照蛇口模式在罗湖区 0.8 平方公里的区域兴建金融、商业、旅游住宅设施提供给外商，利用从中赚到的利润继续进行工业园区的基础建设。这种利用银行贷款滚雪球式的发展方式为珠海、汕头的起步建设提供了经验。根据《广东省经济特区条例》,深圳市通过来料加工、补偿贸易、合资经营、合作经营、独资经营和租赁的形式,吸引了大量外资,加速了经济特区的迅猛发展。

(李海文/撰稿)

13 重大历史关头的抉择

——邓小平坚定改革开放政策不动摇

改革开放是一场深刻的革命,是一场社会利益结构的深刻调整,也是对人们思想观念的冲击。前进的道路上不可能一帆风顺,除非有坚定的意志和信念,否则很可能动摇对改革开放的决心。作为中共第二代中央领导集体的核心,1977 年 7 月 21 日,邓小平出席中共十届三中全会发表讲话说:"作为一名老的共产党员,还能在不多的余年里为党为国家为人民做一点力所能及的事情,在我个人来说是高兴的。出来工作,可以有两种态度,一个是做官,一个是做点工作。我想,谁叫你当共产党人呢,既然当了,就不能够做官,不能够有私心杂念,不能够有别的选择,应该老老实实地履行党员的责任,听从党的安排。"

一、1984 年前后对改革开放政策的争论

改革开放初期对雇工和特区等问题的争论

中国的改革开放是经济发展的过程,也是不断冲破固有的思想藩篱而不断解放思想的过程,更是一场深刻的社会利益结构调整的过程。中国改革开放是在一个原来大致比较平均的基础上起步的。经过几年的不断发展,区域之间、个人之间的贫富差距开始显现出来,社会上出现了一批带头致富的人。同时,改革开放政策对原来的一些旧思想、旧观念形成了强烈的冲击,一些曾经被批判的或是在改革开放前被认为是不正确的现象大量出现,如雇工、贫富分化等。

改革开放的过程，也是不断冲破旧有的社会观念并不断确立新观念的过程。随着个体私营经济的发展，一些私营经济组织雇工人数不断增加，有的雇工人数远远超过 7 个人的规定。根据原来的观念，雇工超过7 个人就逾越了剥削的红线，那么社会主义是否允许"剥削"？问题是时代的声音，回应问题并不断解决问题是前进的重要动力。改革开放初期，雇工问题一度引起很大争论，在《人民日报》等报刊上展开了持续的讨论，一时间在社会经济生活中引起很大的争论和不安。对此，中共中央的方针是要看一看再说。

另外，伴随着经济特区的快速发展而出现的一些问题，也引发了很多的社会议论。1980 年 3 月，中共中央在广州召开广东、福建两省会议，将出口特区改为经济特区。1980 年 8 月，五届全国人大常委会第十五次会议正式通过了国务院提出的《中华人民共和国广东省经济特区条例》，从法律上批准了在深圳、珠海、汕头设立经济特区。1981 年 11 月，五届全国人大常委会第二十一次会议决定授权广东、福建两省人大及其常委会制定所属经济特区单行法规，事实上也批准了厦门经济特区的设立。

经济特区在自身发展和促进中国经济发展的同时，也存在着一些所谓的"经济违规"问题。谷牧后来在回忆当时的情景时说道：在中央决定下发"打击走私贩私"的文件时，有位领导同志就说："在发这个文件时，我建议附一个材料。""什么材料？"谷牧问。对方说："《上海租界的由来》。""那是什么意思呢？"谷牧问道。对方没有正面回答，只是说，道台糊涂，搞了个上海租界。谷牧说："不对，如果只是道台糊涂，那么政府撤了道台不就成啦！我看上海租界的问题，主要是清朝政府的腐败无能。"对方依旧没有正面解答这个问题，只是坚持说：还是附上这个材料，有好处。谷牧说："我看没有什么好处。"一个是要改革、开放，一个说《上海租界的由来》，南辕北辙。讲到这儿，谷牧陷入了深深的思索之中。稍顿了顿，又说："都是老朋友、老革命，碰到新问题。思想观点不一致，也在所难免。"这段话生动地描述了改革开放初期对特区等问题不同意见的争论。

■邓小平对主要争论问题的处理措施

邓小平对雇工问题的支持。

1984 年元旦，中共中央发出的通知规定，对农村雇工，"工商行政管理部门要及时办理登记发证工作，加强管理。各有关部门要认真调查研究，以便在条件成熟时，进一步做出具体的政策规定"。于是以 1984 年为转折点，城市特别是农村的雇工大户和私营企业开始成批地产生。

关于"傻子瓜子"雇工超过 100 人的问题，邓小平再度表态支持。1984 年 10 月 22 日，邓小平在中顾委第三次全体会议上明确指出："前些时候那个雇工问题，相当震动呀，大家担心得不得了。我的意见是放两年再看。那个能影响到我们的大局吗？如果你一动，群众就说政策变了，人心就不安了。你解决了一个'傻子瓜子'，会牵动人心不安，没有益处。让'傻子瓜子'经营一段，怕什么？伤害了社会主义吗？"对经济生活中一些问题出现争论不是急于下结论，而是搁置一段时间再进行处理的态度，一定程度上保护了新生经济力量的发展，对经济生活的整体发展有利。

1987 年 4 月 16 日，邓小平会见香港特别行政区基本法起草委员会委员时，指出：要从我们整个几十年的目标来看这个不变的意义。比如说，现在我们国内人们议论雇工问题，我和好多同志谈过，犯不着在这个问题上表现我们在"动"，可以再看几年。开始我说看两年，两年到了，我说再看看。现在雇工的大致上只是小企业和农村已经承包的农民，雇工人数同全国一亿多职工相比，数目很小。从全局看，这只不过是小小的一点。要动也容易，但是一动就好像政策又在变了。动还是要动，因为我们不搞两极分化。但是，在什么时候动，用什么方法动，要研究。动也就是制约一下。像这样的事情，我们要考虑到不要随便引起动荡甚至引起反复，这是从大局来看问题。

1992 年初，邓小平在南方谈话中讲道："农村改革初期，安徽出了个'傻子瓜子'问题。当时许多人不舒服，说他赚了一百万，主张动他。我说不能动，一动人们就会说政策变了，得不偿失。像这一类的问题还有不少，如果处理不当，就很容易动摇我们的方针，影响改革的全局。城乡改革的基本政策，一定要长期保持稳定。"社会经济生活领域是广泛影响而互相联系的，有时会牵一发而动全身，看似一个小问题，却极有可能在社会上引起不安甚至恐慌。

邓小平用实际行动支持特区工作。

对于特区问题的争论，邓小平用实际行动表达了对特区工作的支持。1984年1月24日至2月10日，邓小平视察深圳、珠海、厦门经济特区。其间，为深圳经济特区题词："深圳的发展和经验证明，我们建立经济特区的政策是正确的。"为珠海经济特区题词："珠海经济特区好。"为厦门经济特区题词："把经济特区办得更快些更好些。"这给了特区很大的支持，也平息了对特区的不同声音。2月11日至16日，邓小平在上海视察。在听取中共上海市委负责人的工作汇报时说：我这次看了几个特区，看了几个饭店。现在看，开放政策不是收的问题，而是开放得还不够。现在我们的建筑体制，特别是住宅的建设，住房商品化，一下子还改不过

1984年，邓小平（前左三）等在深圳蛇口视察

来。我们的建筑施工速度慢得很，像蜗牛爬。我看深圳蛇口因为采取责任制，建筑速度快，几天一层楼。建筑队伍还是那些人，只是办法改了一下。我们的一些制度要改，吃大锅饭不行。这些题词和谈话，充分表达了对特区工作的支持。

1984年3月26日至4月6日，中共中央、国务院在北京召开沿海部分城市座谈会，着重研究开放沿海部分港口城市的问题。会议最后形成了《沿海部分城市座谈会纪要》，提出了进一步开放天津、上海、大连、秦皇岛、烟台、青岛、连云港、南通、宁波、温州、福州、广州、湛江和北海14个沿海港口城市。5月4日，中共中央、国务院批转了会议的纪要。这样，进一步开放沿海14个港口城市的重大举措正式启动。

改革开放初期经济的初步发展，反映到经济体制方面，就是中共十二届三中全会通过的《关于经济体制改革的决定》。对此，邓小平指出：这次经济体制改革的文件好，就是解释了什么是社会主义，有些是我们老祖宗没有说过的话，有些新话。我看讲清楚了。过去我们不可能写出这样的文件，没有前几年的实践不可能写出这样的文件，写出来，也很不容易通过，会被看作"异端"。我们用自己的实践回答了新情况下出现的一些新问题。实践丰富理论，理论指导实践。

1992年初，邓小平在武昌、深圳、珠海、上海等地的谈话中又进一步指出："对办特区，从一开始就有不同意见，担心是不是搞资本主义。深圳的建设成就，明确回答了那些有这样那样担心的人。特区姓'社'不姓'资'。从深圳的情况看，公有制是主体，外商投资只占四分之一，就是外资部分，我们还可以从税收、劳务等方面得到益处嘛！多搞点'三资'企业，不要怕。只要我们头脑清醒，就不怕。"对特区争论问题作了全面深刻的回应。

二、20世纪80年代末冷静应对国内经济过热，矢志不渝推进改革开放

1988年经济持续超高速增长，GDP增长率达11.3%。1988年经济

的高速增长主要体现在工业增长上。同工业超高速增长迥异的是，农业生产增速缓慢，工业中的原材料工业、交通运输业的发展更加滞后，导致成本推动型通货膨胀不断发酵。1988年，中央决定进行价格改革，实行所谓的"价格闯关"，方案在社会上引起了很大恐慌，出现了抢购潮，物价在前3年上涨过快的基础上，涨势更猛，通货膨胀率接近20%，这是一个很高的数字。同时，还引发了强烈的通货膨胀预期。由于通货膨胀预期大大增强，由此触发了全国性的提款抢购商品风潮。针对这种严峻形势，1988年9月，中央提出治理整顿的方针。

1989年6月以后，一些西方国家发起所谓对中国的"制裁"，并采取了经济、政治等多方面措施。由于当时中共中央主要领导人的更替，有人对中共十三大政治报告产生了疑惑，实质上是对改革开放政策发生了动摇。这是一个危险的倾向，如不及时纠正，十年改革开放的成果就可能付诸东流。

中共十三大是改革开放以来的一次重要会议。十三大报告科学总结了8年改革开放的经验，并在理论上加以概括和提升，系统阐述了社会主义初级阶段的理论，明确提出了党在社会主义初级阶段"一个中心、两个基本点"的基本路线，回答了改革开放和社会主义现代化建设中的一系列理论和实践问题，是中国改革开放政策的一个重要节点。

围绕中共十三大报告，党内是有不同看法的。邓小平有针对性地指出："党的十三大概括的'一个中心、两个基本点'对不对？两个基本点，即四个'坚持'和改革开放是不是错了？我最近总在想这个问题。我们没有错。""总结我们过去十年。我们的一些基本提法，从发展战略到方针政策，包括改革开放，都是对的。要说不够，就是改革开放得还不够。"

邓小平说："改革开放政策不变，几十年不变，一直要讲下去。国际和国内都很关心这个问题。要继续贯彻执行十一届三中全会以来的路线、方针、政策，连语言都不变。十三大政治报告是经党的代表大会通过的，一个字都不能动。"

1989年9月16日，邓小平在会见美籍华人李政道教授时，指出：中国在 10 年改革开放中制定的各项方针政策不会改变。十三大制定的路线不能改变,谁改变谁垮台。11 月 23 日,邓小平在会见南方委员会主席、坦桑尼亚革命党主席尼雷尔时说:中国坚持社会主义,不会改变。十三大确定了"一个中心、两个基本点"的战略布局。我们十年前就是这样提出的,十三大用这个语言把它概括起来。这个战略布局我们一定要坚持下去,永远不改变。这种旗帜鲜明的态度有力地维护了改革开放。

政策确定之后,干部就是决定的因素。正确的政治路线要靠正确的组织路线来保证。1989 年 5 月,邓小平在同两位中央负责人谈话时指出:"要改换领导层。新的中央领导机构要使人民感到面貌一新,感到是一个实行改革的有希望的领导班子。这是最重要的一条。这是向人民亮相啊!人民是看实际的。如果我们摆一个阵容,使人民感到是一个僵化的班子、保守的班子,或者人民认为是个平平庸庸体现不出中国前途的班子,将来闹事的情形就还会很多很多,那就真正要永无宁日。""我们组成的这个新的领导机构,眼界要非常宽阔,胸襟要非常宽阔,这是对我们第三代领导人最根本的要求。"1989 年 6 月 23 日、24 日,中共十三届四中全会举行。江泽民在会上讲话提出:"这次中央领导核心作了一些人事调整,但是,党的十一届三中全会以来的路线和基本的政策没有变,必须继续贯彻执行。在这个最基本的问题上,我要十分明确地讲两句话:一句是坚定不移,毫不动摇;一句是全面执行,一以贯之。"

1992 年初,邓小平在武昌、深圳、珠海、上海等地的谈话中指出:"我在一九八九年五月底还说过,现在就是要选人民公认是坚持改革开放路线并有政绩的人,大胆地放进新的领导机构里,使人民感到我们真心诚意搞改革开放。人民,是看实践。人民一看,还是社会主义好,还是改革开放好,我们的事业就会万古长青!"

苏东剧变后发表南方谈话推动改革开放

■苏东剧变及国内的争论对改革开放的影响

20 世纪 80 年代末至 90 年代初是社会主义的多事之秋。东欧社会主义国家发生剧变、苏联解体等，面对多变复杂险恶的国外形势，国内外对改革开放出现了不同的声音，一些人总结说是改革开放导致了社会主义的垮台。还有一些人提出，要加强反对和平演变的教育和斗争。

东欧剧变，西方社会称之为东欧1989年系列革命，是指1989年前后东欧一些社会主义国家共产党和工人党在短时间内纷纷丧失政权，社会制度随之发生根本性变化的事件。东欧剧变是东欧各个社会主义国家的政治经济制度发生根本性的改变，是斯大林模式的社会主义制度最终演变为西方欧美资本主义制度的剧烈动荡。1989年后开始剧变。最先在波兰人民共和国出现，后来扩展到德意志民主共和国、捷克斯洛伐克社会主义共和国、匈牙利人民共和国、保加利亚人民共和国、罗马尼亚社会主义共和国等华沙条约组织国家。这个事件以苏联解体告终，一般被认为标志着冷战的结束。从第一个社会主义国家苏联解体，到东欧社会主义国家的集体转向，这对世界社会主义事业的发展来说是很大的损失，对中国社会主义事业发展造成了很大冲击。国内围绕苏东剧变等问题展开了激烈的论争。

这种冲击不仅对人们的理想信念造成极大的冲击，而且反映到社会经济发展方面，国内的经济发展出现明显下滑，1988年比上一年增长11.2%，1989下降到4.1%，1990年更是下降到3.8%。在经济下滑的同时，国内还出现了较严重的通货膨胀。中国的改革开放和现代化建设遭到很大困难，一时间人们议论纷纷，莫衷一是。1990年6月11日，邓小平在会见包玉刚时谈及东欧剧变，指出："美国是得分最多的，苏联是大大削弱了。由于东欧的变化而引起的问题还没有完全暴露出来。如果走东欧这条路，中国就完了。东欧发生的事情说明中国的'四个坚持'是搞对了。中国当前压倒一切的任务是稳定。"这种看法是非常深刻和正确的。

党内也有部分人认为，和平演变最严重、最危险的是来自经济领域的改革，中国要防止苏东剧变在中国的重演，就要加强意识形态领域的斗争，对经济领域的改革，要问一问这些举措"姓'社'还是姓'资'"。

对于国内存在的种种问题，邓小平1991年初在视察上海时就有针对性地提出：改革开放还要讲几十年，思想更解放一点，胆子更大一点，步子更快一点，并要求抓紧开发浦东，不要动摇，一直到浦东新区建成，带动上海和长江三角洲的加速发展。1991年本来要成为改革开放深化之年，结果变成有关改革开放的思想交锋之年，很多人主张废除经济领域的改革，试图把中国的改革开放拉向倒退。有的观点认为，苏东剧变是因为这些国家对西方国家改革开放，是受西方和平演变战略的影响而发生的剧变。苏东国家的改革开放引向资本主义道路而葬送社会主义事业。甚至有的文章认为，中国要防止苏东国家社会主义失败的命运，改革开放的政策需要重新考虑。

■邓小平所采取的应对措施

1992年初，邓小平发表南方谈话。

邓小平南方谈话的主题就是坚持改革开放政策不动摇。1992年初，邓小平在武昌、深圳、珠海、上海等地谈话时指出："要坚持党的十一届三中全会以来的路线、方针、政策，关键是坚持'一个中心、两个基本点'。不坚持社会主义，不改革开放，不发展经济，不改善人民生活，只能是死路一条。基本路线要管一百年，动摇不得。只有坚持这条路线，人民才会相信你，拥护你。谁要改变三中全会以来的路线、方针、政策，老百姓不答应，谁就会被打倒。这一点，我讲过几次。……在这短短的十几年内，我们国家发展得这么快，使人民高兴，世界瞩目，这就足以证明三中全会以来路线、方针、政策的正确性，谁想变也变不了。说过去说过来，就是一句话，坚持这个路线、方针、政策不变。"邓小平南方谈话使人们的思想再一次得到解放，为坚持改革开放扫清了思想障碍，一扫国内改革开放徘徊不前的局面，推动了国内改革开放事业的前进，使中国社会经济发展出现了新局面。

1993年，私营企业迅速走出低谷，超过1988年的水平，达23.7万家。1994年，增至43.2万家。至于私营企业的注册资金，在1989年和1990年间几乎没有增加，但从1992年到1995年，增长了约20倍，达到2400多亿元。1992年国内生产总值比上年增长12.8%，1993年更达到了 13.4%。我国的改革开放和现代化建设又重现快速发展的大好局面，充满了生机和活力。

确立社会主义市场经济体制。

改革开放前，中国实行的是计划经济体制。中共十一届三中全会后，通过改革开放和经济调整，原有的计划经济体制逐渐解体，而新的经济体制在探索中逐步得到确立。1982 年中共十二大政治报告中强调了"我国在公有制基础上实行计划经济。有计划的生产和流通，是我国国民经济的主体"。1984 年 10 月 20 日，中共十二届三中全会在经过 6 天准备会议的充分讨论后，通过了《关于经济体制改革的决定》。这个决定是中国经济体制改革的第一份纲领性文件。《决定》的一个最重要的进步，就是正式改变了"计划经济为主、市场调节为辅"的提法，明确指出："改革计划体制，首先要突破把计划经济同商品经济对立起来的传统观念，明确认识社会主义计划经济必须自觉依据和运用价值规律，是在公有制基础上的有计划的商品经济。商品经济的充分发展，是社会经济发展的不可逾越的阶段，是实现我国经济现代化的必要条件。"薛暮桥认为，"确认社会主义经济是商品经济，是我们党对社会主义经济的新的概括，是对马克思主义社会主义经济理论的一个重大发展，它反映全党在计划和市场关系这个体制改革的根本问题上的认识，已达到一个新的阶段"。

随着中国经济体制改革的逐步深入，对经济体制改革目标的认识也在不断深化。1987 年 2 月 6 日，邓小平在同几位中央负责人谈话时提出，不要再讲以计划经济为主了。他说：为什么一谈市场就说是资本主义，只有计划才是社会主义呢？计划和市场都是方法嘛。只要对发展生产力有好处，就可以利用。它为社会主义服务，就是社会主义的；为资本主义服务，就是资本主义的。好像一谈计划就是社会主义，这也是不对的，日本就有一个企划厅嘛，美国也有计划嘛。我们以前是学苏联的，搞计划经济。后来又讲计划经济为主，现在不要再讲这个了。1991 年初，邓小平在上海过春节。他同上海市委书记朱镕基几次谈话，强调"改革开放还要讲"。他指出："不要以为，一说计划就是社会主义，一说市场经济就是资本主义，不是那么回事，两者都是手段，市场也可以为社会主义服务。"1992年初，邓小平在武昌、深圳、珠海、上海等地的谈话中指出："计划多一点还是市场多一点，不是社会主义与资本主义的本质区别。计划经济不等于社会主义，资本主义也有计划；市场经济不等于资本主义，社会主义也有市场。计划和市场都是经济手段。"

中共十四大和十四届三中全会把建立社会主义市场经济体制确立为经济体制改革的目标，并制定出这一重大改革的总体规划，作出了一系列政策调整和实施举措。把社会主义基本制度与市场经济体制结合在一起，这是在邓小平倡导下，中国共产党人的重大理论创新，也是中国改革的实质性突破和飞跃，对促进社会生产力的发展起到了重大作用。

（姜长青／撰稿）

14 20 世纪 80 年代的百万大裁军

"精兵""质量建军"是中国人民解放军历来遵循的建军原则。在人民解放军建军史上，多次出现因形势与任务需要而进行精简兵员的活动。然而，20 世纪 80 年代中期所进行的百万大裁军，却是历史空前的大行动。

> 邓小平充满信心地指出："再减 100 万，一是必要，
> 二是没有风险。好处多得很！"

1984 年 11 月 1 日，当人们仍旧为一个月前国庆阅兵那盛大的壮观场面而心潮澎湃的时候，中央军委座谈会在首都京西宾馆会议厅召开。会上，时任中央军委主席的邓小平，发表了近 90 分钟的讲话，表达了一个惊人的战略决心：在军队几次整编的基础上，再裁减员额 100 万！这并非心血来潮，也并非为赢得国际好评而哗众取宠，而是出自这位以高瞻远瞩、清醒果断著称的政治家对世界大势、国家大局和军队建设大目标的科学把握，是这位世纪伟人对国家、对人民、对军队高度负责的慎重抉择。

新中国成立以后，在冷战等因素造成的世界战争一触即发的国际局势和严峻的周边环境下，中国人民解放军的建设一直处于"盘马弯弓箭不发"的临战准备状态。历史发展到 20 世纪 80 年代，虽然战争危险依然存在，但第三世界正逐步崛起，和平力量也日益增长。对此，应如何认识？邓小平经过多年观察和思考，作出了全新的判断。他认为：过去我们一直强调战争不可避免，现在应有所调整。两个超级大国在全球的争霸不会终止，他们还要进行军备竞赛，而且还会升级，战争因素还会发展，

1984年10月1日，中华人民共和国成立35周年，邓小平检阅人民解放军三军部队

战争的危险依然存在。但是，从总的世界形势看，在较长时间内不发生大规模的世界大战是可能的，维护世界和平是有希望的。有资格打世界大战的只有美、苏两个超级大国，而两国又因具有毁灭对方的力量和全球战略部署的受挫而不敢轻举妄动。和平力量在不断壮大，和平力量的增长要超过战争力量的增长，主要表现在第三世界的发展上：第三世界包括100多个国家，占有联合国80%的席位，人口占世界人口的四分之三，他们深受战争的痛苦，不希望打仗，也打不起世界大战；许多发达国家，即使是美、苏两个政治集团中的一些国家，为了本国的利益，也希望和平。

相对和平时期，国家要发展，社会要进步，国家的安全利益同样不可忽视。因此，寻求国家发展与国家安全这对矛盾的最佳结合点，一直是战略家们的关注点。对此，邓小平在科学分析中国国情的基础上认为：国家的安全保障最终取决于一个国家的经济实力。在百业待举的当前，国家经济建设是大局，必须硬着头皮把经济搞上去，一切要服从这个大局。我们军队有自己的责任，不能妨碍这个大局，要紧密配合这个大局，而且要在这个大局下面行动，积极支援和参加国家建设。当然，我们的"四个现代化"，其中就有国防现代化。如果不搞国防现代化，那岂不是"三个现代化"？但是，搞建设总得有先有后。军队装备要实现真正现代化，只有国民经济有了比较好的基础才有可能。"大局好起来了，国力大大增强了，再搞一点原子弹、氢弹，更新一些装备，空中的也好，海上的也好，陆上的也好，到那个时候就容易了。"裁军百万，既能减轻国家的负担，又能加快军队现代化建设的步伐，从而使人民解放军更好地担负起保卫国家安全、创造和维护和平的国际环境、保障经济建设顺利进行的重任。

兵贵精不贵多，历来是军队建设者们遵从的信条。精兵强军，更是中国人民解放军进行现代化建设的必由之路。然而，由于种种历史原因，人民解放军的"臃肿"问题由来已久。裁军"消肿"，是邓小平很早的心愿。据不完全统计，邓小平从 1975 年到 1984 年的 10 年间，对于"消肿"问题，大会讲，小会讲，集体谈，个别谈，多达数十次。他指出，军队臃肿不堪，不仅把很多钱花在人员的穿衣吃饭上面，更主要的是，真正打起仗来，不要说指挥作战，就是疏散也不容易。这是我们存在的一个最大问题。在此期间，虽进行过 4 次精简整编，但"消肿"问题一直未能得到很好解决。至 1985 年，人民解放军军费只有 191 亿元人民币，仅占同年美军军费的 2%，不及苏联军费的零头，而人民解放军的员额却是美军的两倍，与苏军持平。对裁减 100 万，有些领导人担心会减弱军队的战斗力。邓小平作了一个生动、风趣的比喻，深入浅出地阐明了军队建设中数量与质量的关系：虚胖子能打仗？大力士、拳击运动员身体很重，但是不虚，虚就不能进行拳击。军队要多节省开支，改善武器装备，更要提高军政素质，这就必须减少数量；同时，保留下来的人员足以应付意外事件。

在以上认识的基础上，邓小平充满信心地指出："再减 100 万，一是必要，二是没有风险。好处多得很！"

1985 年 5 月 23 日至 6 月 6 日，中央军委扩大会议在北京召开。一时间,陆、海、空三军,第二炮兵和北京、沈阳等 11 个大军区的司令员、政治委员等人民解放军高级将领云集京城。

6 月 4 日,中央军委主席邓小平在会上郑重宣布:中国政府决定,人民解放军减少员额 100 万。为落实裁军百万的重大决策,中央军委扩大会议通过了会前经过广泛征求意见和科学论证而制定的《军队体制改革、精简整编方案》。

《方案》提出以下原则:精简人员要与改革体制编制,改革有关制度同步进行;重点是精简机关、直属单位,尤其是总部、大军区、军兵种、国防科工委机关及直属单位;要减少层次,撤并机构,降低部分单位等级;淘汰陈旧落后的舰艇、飞机和其他设备,封闭部分军事设施;陆、海、空军都要裁减一些部队,多减守备部队、步兵部队和勤务保障部队;精干编制,减少军队的社会性负担,将可由地方承担的工作交给地方有关部门;调整军队的编成比例,加强一些薄弱环节,加强诸兵种合成;改革体制,精简整编与提高干部素质结合,加强干部训练,促进干部队伍的革命化、年轻化、知识化、专业化。在这次会议上,解放军三总部负责人相继作了报告。最后,中央军委副主席兼秘书长杨尚昆作总结讲话。他指出:"搞好体制改革、精简整编工作,要进一步统一对中央决策的认识;要顾大局,识大体,一切行动听指挥;要花大力气做好干部工作;要严格管好装备和军产、物资;要切实加强领导。"会后,根据中央军委统一部署,裁军百万的浩大工程在全军开始具体实施。

裁军百万,这意味着在南疆自卫反击战炮火不断、北面苏军重兵压境的局势下,人民解放军员额要减少 25%。6 月 10 日,新华社将这一惊人决策公之于众,并进一步说明:"裁军百万,是中国政府和人民有力量的表现。它表明,拥有 10 亿人口的中华人民共和国愿意并且用自己的实际行动对维护世界和平做出贡献。""参加军委扩大会议的陆、海、空三军高级干部,坚决拥护这一重大战略决策。"电讯迅速传遍全军,传遍全国,引起强烈反响。同时,在国际裁军争吵多年,不见成效,两个超级大国明里裁军、暗里扩充军备的背景下,中国政府主动裁军百万的决策犹如平地惊雷，震惊了世界，全球瞩目。

1985年，成为中国的"裁军年"。

邓小平指出：与其说是"精兵"，不如说是"精官"。"这是个得罪人的事情！我来得罪吧！不把这个矛盾留给新的军委主席。"

裁军百万，决心难下，实施起来更加困难。

在1975年至1984年的几次精简整编中，同样的问题多次出现：机关精简一次，膨胀一次，边减边增，互相攀比，人浮于事；部队今年精简，明年增编；干部转业一批又提一批，提了又转业。精简整编陷入"精简—增编—再精简—再增编"的怪圈，甚至出现了增编大于减员的反常现象。如何摆脱这个怪圈，使人民解放军精简整编顺利进行，是主管全军编制的领导们大伤脑筋的事情。

经过缜密思考，邓小平一语道破：减人要同体制改革结合起来。除了改制，还要建制，使编制成为法律，并切实遵守。短短的一句话，"山穷水尽"化作了"柳暗花明"。

事实正是如此，前几次精简整编，只在减人上面下功夫，就减人而减人，好比光拔毛不杀鸡，结果拔得到处哇哇叫，精简却不能落实。

百万大裁军，表面上是减人，实际上是一次革命，对人的革命，对体制的革命，靠修修补补、零敲碎打等改良办法根本行不通，即使一时把人减下去了，也巩固不住。历史教训有力地支持着邓小平的建议：减人"消肿"必须改革体制，二者实际上是一个问题的两方面。改革体制既可达到减人"消肿"的目的，又可革除旧体制的弊端，促使人民解放军体制编制科学合理，巩固减人成果。找到了症结，问题迎刃而解。《精简整编方案》以此为指导，大胆运用地方经济体制改革的经验，采用撤、并、降、交、改、理等办法，大刀阔斧，多管齐下，收到了良好效果。

面对400万大军，从哪里下手对全军更有指导作用呢？这就要弄清军队主要"肿"在哪里，这样才能选好突破口。尽管当时中国军队有400

万，但连队并不充实，臃肿的是各级机关。各级机关，副职过多，每个军区有十几名甚至几十名领导，还有什么"团职保密员""营级打字员"，等等。当时，世界主要几个国家的官兵比例是：苏联1∶4.65，联邦德国为1∶10，法国为1∶17，而中国却是1∶2.45。邓小平在中央军委座谈会上一针见血地指出：现在不是"肿"在作战部队，而是在各级领导机关。"消肿"，机构主要是三总部、各兵种和各大军区；人头主要是减少不必要的非战斗人员。减少统帅机构、指挥机构的人员，最主要的是减少干部。因此，与其说是"精兵"，不如说是"精官"。三总部带头是关键。他还坦率地说："这是个得罪人的事情！我来得罪吧！不把这个矛盾留给新的军委主席。"

总部机关的"消肿"，一直是精简整编工作中的重点和难点，虽经过1980年、1982年两次精简整编，压缩了定额，合并了一些业务相近的部门，但组织编制仍不够科学合理；机关大、干部多的问题仍比较突出。邓小平曾在《关于1982年三总部精简18.2%的草案》上批示："这个方案，不是比较令人满意的方案，但可作为第一步进行，以后再进一步研究。"要三总部带头，其一是因为总部机关自身建设的需要。只有总部机关精干了，才可以克服官僚主义，提高工作效率，才可以更好地贯彻执行中央军委的意图，便于军委更好地统帅和指挥全军。其二是有利于发挥榜样的作用。总部机关带头"消肿"，就可以有利地推动和促进全军的精简整编。据此，1985年的整编方案，强调三总部要带头，把精简三总部机关作为首要原则列入。在三总部机关的共同努力下，处以上机关在整编中减少了1/6，人员在原有基础上平均精简了一半，基本上改变了机构重叠、班子庞大、工作职责不清的状况。这既提高了三总部机关的工作效率，又以自己的模范行动带动全军，保障了裁军百万顺利完成。

裁军百万，加上同时进行的体制改革，使这次精简整编涉及的方面很多。从总部机关精简、大军区调整、部队裁减，到县市人民武装部划归地方建制、边防部队移交公安部门等，都有比较大的改革。既要减少层次、撤并机构、降低部分单位的等级，又要精干编制、减少干部、减少行政和生活服务保障人员，减轻军队的社会性负担；既要调整军队的编成比例，加强诸兵种合成，又要使改革体制、精简整编与提高干部素质相结合，加强干部教育，促进干部队伍的革命化、年轻化、知识化、专业化；既要淘汰陈旧落后的设备，封闭部分军事设施，又要腾出一部分军事设施支援国家经济建设。

对全军来说，几乎每一个人都面临着进、退、去、留的选择和被选择，几乎每一个军人家庭的利益都会受到触动。难怪有人说，这是一次从上到下、从里到外的"立体震荡"，是一次脱胎换骨的"大手术"。一夜之间，人民军队有60万名干部被列为"编外"，陆军部队的建制单位有1/4要撤销，其中包括那些有着几十年光荣历史、立过赫赫战功的部队。在精简整编中，面对体制编制和人员的重大变动，全军广大指战员坚决服从中央军委的命令，无论是单位的撤、并、降、交、改、理，还是个人的进、退、去、留，都坚决服从组织安排。

北京军区某司令部8名50岁左右的团职干部向机关全体干部提出倡议：带头服从大局，积极为保障精简整编的顺利进行作贡献。他们说："如果说这是吃亏的话，我们甘愿吃这个亏！"

昆明军区某师的师、团两级领导干部联名向军和军区党委写信表示："在精简整编这场新的考验面前，我们师、团领导要把'向我看齐'叫得更响，做得更好！"

驻守戈壁滩的乌鲁木齐军区某师领导，提出发扬"走遍新（疆）西（藏）兰（州），时刻听从党召唤"的光荣传统。他们说："无论部队有什么变动，都要坚决执行，做好工作。"

在面临被撤销的福州军区，有些干部要军区司令员江拥辉找中央军委首长，建议不要撤销福州军区。江拥辉语重心长地劝大家："百万大裁军是党中央、中央军委做出的英明决策，我们必须无条件服从。至于撤销哪个军区，要等军委决定，我们谁也没有权力去干扰军委决策。我自己不能去找门子，也不准你们去拉关系。"中央军委撤销福州军区的命令下达后，他主动出面做这些干部的思想工作，并向南京军区司令员向守志和政治委员傅奎清就有关工作进行了交接。在江拥辉和福州军区其他领导的共同努力下，福州军区撤销后的移交工作进行得非常顺利。

济南军区某团，前身是毛泽东于1929年在井冈山组建的"中央军委警卫营"；抗日战争时期，改为"八路军总部特务团"，内称"朱德警卫团"。在著名的保卫黄崖洞战斗以后，毛泽东在给朱德的贺电中号召："全军学习'朱德警卫团'黄崖洞守备战。"这个团转战南北，声誉日隆。该团要合并归建的风声传开后，干部、战士一时想不通，面对团队半个世纪的荣誉，他们总想论证"存在"的理由。为了把一个具有光荣历史的团队引导到服从军队体制改革、精简整编的大局中去，团队请来老政委讲传统，组织重新认识团史，召开自我教育的干部大会，"针尖对麦芒"地对出现的各种问题做工作。经过努力，大家终于明白：珍惜荣誉，应该成为服从大局的动力，不应该成为阻力；光荣传统应该在精简整编中发扬光大。"服从大局守纪律，为光荣团队再添荣誉"，一时成为全团官兵的共同心声。

驻守塞外的某守备师，临近合编照常抓紧部队长远建设。面对"酿得百花成蜜后，为谁辛苦为谁甜"的疑问，官兵们异口同声："为祖国边疆繁荣发展，为后来战友幸福甘甜！"

广大干部带领战士顾大局、讲团结、比奉献、守纪律，坚决服从和执行精简整编方案，在个人名利得失面前，交了一份合格答卷，使"一级带着一级干，一级做给一级看"的口号响彻全军。这个口号并不惊人，但一旦成为各级的实际行动，就会像上紧的发条一样催动着各个环节。"下头看上头，上头带好头，提灯的人走在前"，这几乎是一切事业成功的秘诀。无数事例不可辩驳地证明：人民解放军是好样的，战争年代指到哪里打到哪里，和平时期叫干啥就干啥，是留是撤，一切听从指挥。

对"编外"干部妥善安置，是百万大裁军顺利完成的关键

裁军百万，最棘手的就是干部的安置问题。除少部分创建共和国的有功之臣离退休外，大部分"编外"干部只有转业一条路。把几十万干部一下子推向社会，并得到妥善安置，谈何容易！

为此，总政治部于1985年6月上旬召开了全军干部工作会议。杨尚昆、余秋里在会上作了重要讲话。

杨尚昆指示：要妥善安置好离退休干部，关心爱护离退休干部，对他们的政治待遇和生活待遇要按规定去办；要认真安排好转业干部，对转业干部要以认真负责的精神安排好。对"编外"干部的安置要多想一些积极的办法，多探索几条路子。

余秋里指出：管理安排好"编外"干部，组织好他们的学习，是一项重要的任务。"编外"干部虽然脱离了现职岗位，但在安置之前，仍然是军队的成员，不能脱离组织。各级党委一定要有专人负责各级"编外"干部的分布情况，成立临时党的组织，严格组织生活制度。对"编外"干部的生活要像在职时一样关心，使大家思想稳定，安心学习。

会后，指示精神在全军得到及时传达和贯彻，稳定了军心。军队各级党委高度重视"编外"干部工作，不把他们当包袱，坚决搞好"编外"干部管理工作，做到思想工作有人做，学习培训有人抓，生活福利有人问。同时，军队根据地方需要，在资金紧张、训练任务重的情况下，尽量腾出人力、物力，开办各种专业训练班或速成学校，对要转业的干部进行专业培训。

另外，60万名干部要在3年之内退出现役，在地方得到适当安置，这不仅需要军队自身的努力，更离不开地方的理解和支持。

6月8日，中央军委扩大会议结束后仅一天，中共中央、国务院、中央军委即发出《关于支持军队体制改革、精简整编的通知》，要求各级政府要主动帮助解决好部队干部、职工的安置和精简整编中出现的其他问题。

7月2日，全国军队转业干部安置工作会议在京召开。国务院军队转业干部安置小组成员、劳动人事部副部长焦善民在会上强调：必须以积极的态度，千方百计妥善安置好转业干部。6日，万里、杨尚昆、杨得志、田纪云等中央领导人，在人民大会堂接见参加会议的代表，并分别讲话。

7日，会议圆满结束。与会代表讨论分析了当年安置工作的形势和任务，统一了认识。许多地方的代表表示：为了实现军队体制改革、精简整编这一战略决策，我们没有二话。国家分配给我们多少转业干部，我们就接收多少；四川、山东、河北等省当年接收的安置任务比往年更重，但这些省的领导十分积极地接受了任务，并表示要千方百计地把安置工作做好，让中央放心，让军队满意。会议对转业干部的分配去向、政治和生活待遇、专业培训、家属的随迁和工作安置、住房等普遍关心的问题进行认真研究，提出明确的意见和具体的办法，做了较为周到的安排。

7月29日，在建军节来临之际，中共中央、国务院又发出《关于尊重、爱护军队，积极支持军队改革和建设的通知》，要求全党、全国人民深刻理解军队进行改革和建设的重大意义，认识军队在四化建设中的地位和作用，在全社会形成尊重、爱护军队的良好风尚，并从各方面大力支持军队的改革和建设。《通知》指出："人民群众越是尊重、爱护、支持军队，军队越会自尊自爱，加倍努力，做好工作，以实际行动做出回答，不辜负党、政府和全国各族人民的爱戴和期望。"

《通知》传达到军队，成为送给全军指战员的一份节日厚礼。一位将军赋诗曰："岁岁'八一'今又是。全军将士，倍感亲切受鼓舞，中央发通知。"干部、战士议论：中央的《通知》暖军心，顺民意，固长城，利国家。一大批即将转业的干部深深感到：中央的《通知》是"及时雨"，祛除了他们的心病。北京军区某军是一个即将撤销的单位，军长于鸿礼说："党和人民尊重、爱护军队，军队就应该做出更多值得人民尊重的事来。在精简整编中，我们一定要带头顾大局、讲原则、讲团结、讲风格，善始善终，保证精简整编任务的圆满完成。"广州军区某守备团将要降为营级单位，7名常委有3人确定转业。大家学习《通知》后表示：要保持前段时间一门心思抓工作的姿态，不让下面看出"走"的样子；要坚持工作的高标准，不让下面看出"混"的样子；要齐心协力抓工作，不让下面看出"散"的样子。在深入学习《通知》精神的基础上，全军将士保证：胸怀大局，自尊自爱，锐意进取，做好工作，当前最实际的行动，就是认真搞好体制改革，精简整编。

《通知》传达到全国后,各地党委、政府和各族群众毫不犹豫,坚决贯彻《通知》精神,大力宣传解放军,积极支持军队精简整编,认真做好优抚工作,拥军热潮遍及神州大地。各地政府和各族人民积极响应号召,克服困难,挖掘潜力,努力做好军队离退休、转业干部和退役战士的安置工作。对军队转业干部,各地热情欢迎,积极接收,耐心培训,合理使用,使他们成为国家的一支重要建设力量。

百万大裁军以其辉煌的战果,在人民解放军军史上写下了浓墨重彩的一笔

1987年4月4日,在全国人大六届五次全会举行的中外记者招待会上,人民解放军副总参谋长徐信自豪地宣布:"中国人民解放军精简整编的任务已基本完成!裁减员额100万后,军队的总定额为300万。经过裁减100万,人民解放军的面貌发生了巨大的变化!"

各总部、各军兵种、各大军区和国防科工委机关及其直属单位,撤并业务相近部门和重叠机构,降低部分单位的等级,减少层次,人员精简40%,使机关和勤务部队在全军的编制比例下降,战斗部队、科研单位和院校的编制数额在全军总定额的比例提高。

将原来的11个军区合并为7个大军区,保留北京、沈阳、济南、兰州、成都、广州、南京军区,撤销武汉、昆明、福州、乌鲁木齐4个军区。调整后的军区,战区范围扩大,兵源充足,物质资源雄厚,战役纵深加大,从而提高了大军区的独立作战能力,有利于统一调整后方布局,避免因重复部署造成人力、物力、财力的浪费。减少军级单位31个,师团级单位4054个。海军和空军淘汰陈旧落后的飞机和舰艇,相应减少了人员。一些担任内卫执勤任务的部队移交公安部门,改为人民武装警察部队。2529个县级人武部划归地方建制,工作人员改为地方干部,任务不变,实行地方和军队双重领导。

较大幅度地调整各兵种的编成比例,加强了特种兵部队。凡保留下

来的陆军,军级建制全部改编为"合成集团军"。装甲兵的全部,炮兵的大部及部分野战工兵部队,划归集团军建制。同时,充实扩编通信、防化、运输部队,有的还增建了电子对抗部队。与原陆军的军相比,集团军的火力、突击力、机动能力都有所加强,提高了现代条件下的合成训练和作战能力。合成集团军的组建,是人民解放军在建设现代化合成军队的道路上迈出的具有历史意义的一步,"从某种意义上讲,这个意义不亚于在战争年代开辟一个根据地"。

全军撤销或合并了一些初级指挥院校和专业技术院校。院校数量精简12%,人员数量减少20%。指挥院校形成了初、中、高三级培训体系。初级指挥院校按中专、大专、本科三个层次培养各军兵种初级指挥员。军事学院、政治学院、后勤学院合并为国防大学,培养军级以上军事、政治、后勤指挥员,大军区以上机关高级参谋人员,军队高级理论研究人员,并开展国防和现代化建设问题的研究,为中央军委和总部的决策提供咨询。此外,海、空军各试办一所士官学校,并在全军42所军事院校内设置士官大队,完善军官教育体系,使指挥院校的结构更加合理,专业技术军官的培训体制更加健全。

已经组建的预备役师、团,正式列入中国人民解放军序列,授予番号和军旗。形成常备军与后备力量相结合的新体制,解决了"平时少养兵、战时多出兵"这一重大问题。

在确定实行义务兵和志愿兵相结合的服役制度后,军队中原先由军官担任的行政管理、技术领导等76种职务,改由军士长担任,其中包括连队的司务长、电影放映队队长及电台台长、各类修理技师等。全军官兵比例由原来的1:2.45降到1:3.3,其中陆军部队官兵比例降到1:6.4。此外,还减少了指挥机关里的副职,使指挥系统更加精干。

结合精简整编,按照革命化、年轻化、知识化、专业化的方针调整配备了三总部、大军区、军兵种的领导班子。有人把这形象地比喻为既"消肿",又"输血"。调整后的三总部领导班子的人数比原来减少23.8%,大军区领导班子的人数比原来减少一半。在平均年龄上,由原来的64.9

岁下降到 56.7 岁,每个班子中都有 40 岁、50 岁、60 岁左右的干部,基本上形成了梯次结构年龄。知识结构也进一步改善,60%的干部具有大专以上文化程度,75%的干部经过院校培训。他们都有着丰富的部队工作经验,有的还是战斗英雄。一批德才兼备、年富力强的干部走上军队高级领导岗位,使人民解放军的高级领导层更加富有朝气和活力。此外,人民解放军高级领导班子的配备,不仅重视领导成员个人素质,而且注重整个班子的群体素质,合理地配备各种类型的人才,提高了整体效能。

以空军为例:各级军事主管专业化程度显著提高,其军事素质可以说是空军组建以来最好的。新任空军司令员王海,是威震长空的志愿军空军一级战斗英雄。在抗美援朝战争中,他搏击长空,创造了击落击伤 9 架敌机的赫赫战绩。北京军区空军司令员刘玉堤,素以"泼辣、勇猛"著称,在抗美援朝战场和国土防空作战中,他威震敌胆,击落击伤敌机 9 架。多数军区空军司令员都有过击落敌机的战绩。强将手下无弱兵。从空军司令员、副司令员到司令部首长,从各军区空军的司令员到军长都会飞行。航空兵师的师长全部能带队升空作战。战斗团的团长绝大部分能在 4 种气象条件下飞行。所有航空兵团的团长都能胜任三四种条件下的指挥和教学任务。航空兵各级军事主官,全部是飞行员出身。团以上军事主官均受过正规院校的严格训练。军、师、团级干部基本实现了中央军委提出的干部年轻化的要求。

百万大裁军举世瞩目,它为世界和平作出了贡献,受到全世界的称赞;百万大裁军意义深远,它为人民解放军的精兵之路开辟了通道,受到全军指战员的拥护。让我们重温这一段历史,亦为那些"舍身取义"的战友献上一曲赞美之歌吧!

(刘志青、王建强 / 撰稿)

15 中共中央顾问委员会的十年途程

1982 年至 1992 年，是中共中央顾问委员会从中共十二大设置到中共十四大撤销的十年存续时期。中顾委是以邓小平同志为主要代表的中国共产党人在特殊的历史条件下，为解决干部系统吐故纳新、新老交替而创造的一个过渡性的组织形式，是中国政治发展和政治改革的一个重要缩影，从其十年途程中可以看出中国政治改革和政治民主化制度建设前行的脚步……

搞四个现代化靠老干部坐在办公室画圈圈不行

"文化大革命"结束后，伴随着拨乱反正和大规模平反冤假错案工作的展开，新中国成立以来因历次运动遭受迫害的干部纷纷走上各级领导岗位。由于从反右运动到"文化大革命"结束持续了 20 年，原来的年轻人早已进入中年，中年人也变成了老年人。面对着改革开放和四个现代化建设事业的繁重使命，一方面，干部队伍严重老化，力不从心；另一方面，因无位子，年轻干部又上不来。如果让刚刚恢复工作的老干部一下子退下来，老干部本人思想上不大容易接受，而且在客观上也会出现一个干部断档的问题——老干部是国家政权的主心骨，一时少不了他们，处理太急了行不通。因此，需要采取一个过渡的办法，来解决这个日益突出的矛盾。

邓小平敏锐地认识到，顺利完成新老干部交替是从组织上保证改革开放政策的连续性和国家长治久安的重大战略措施，新老交替的关键是要解决老同志占着位子的问题，而相当多的老干部又不愿交班。由于传统习惯势力的影响，在我们党的干部队伍中，普遍地、长期地存在着一种只能上不能下、只能进不能出、只能升不能降、只能留不能去、只能干不能退的倾向，要从庙里请出老菩萨谈何容易！这方面的问题，早在20世纪60年代初，就被时任中共中央总书记的邓小平看到了，只不过那时刚从战场走出来的领导人年龄不是很大，没有现在这么突出。

邓小平提出设顾问最早是从军队开始的。1975年7月14日，他在中央军委扩大会议上讲了在军队设顾问组的问题。他指出："设顾问是一个新事物，是我们军队现在状况下提出的一个好办法。设顾问，第一关是谁当顾问，第二关是当了顾问怎么办。""顾问组的组长，不参加党委，可以列席党委会，好同顾问组通气。其他待遇不变，但是配汽车、秘书要变一变。""顾问也有权，就是建议权。顾问要会当，要超脱。不然，遇事都过问，同级党委吃不消。设了顾问，究竟会有什么问题，等搞年把子再来总结经验。"当时，邓小平提的顾问制度并未完全行得通，虽然道理大家都明白，但却没人愿意当顾问。后来，由于邓小平再次被打倒，设顾问的事情便被搁置。

1977年，邓小平第三次出来工作后，在解决了党的政治路线和思想路线后就着手解决组织路线问题。邓小平感到，现在我们国家面临的一个严重问题，不是四个现代化的路线、方针对不对，而是缺少一大批实现这个路线和方针的年富力强、有专业知识的干部。确定了实现四个现代化的目标还不够，还要有人干，谁来干？靠老干部坐在办公室画圈圈不行，没有希望。一次，邓小平在中央党、政、军机关副部长以上干部会议上讲道："现在我们搞四个现代化，急需培养、选拔一大批合格的人才。这是一个新课题，也是对老同志和高级干部提出的一个责任，就是要认真选好接班人。老干部现在大体上都是60岁左右的人了，60岁出头的恐怕还占多数，精力毕竟不够了，不然为什么有些同志在家里办公呢？为什么不能在办公室顶8小时呢？我们在座的同志中能在办公室蹲8小时的确实有，是不是占一半，我怀疑。我们老同志的经验是丰富的，但是在精力这个问题上应该有自知之明。就以我来说，精力就比过去差得多了，一天上午、下午安排两场活动还可以，晚上还安排就感到不行了。这是自然规律，没有办法。"邓小平接着说："粉碎'四人帮'以来，我们把老同志都陆续请回来了，并且大体上恢复了原来的或者相当于原来的职务。这样，我们的干部就多起来了。把老同志请回来是完全必要的，是非常正确的。现在我们面临的问题，是缺少一批年富力强、有专业知识的干部。而没有这样一批干部，四个现代化就搞不起来。我们老同志要清醒地看到，选拔接班人这件事情不能拖。否则，搞四个现代化就会变成一句空话。"邓小平清醒地看到顾问制度只是一个出路，要真正解决问题不能只靠顾问制度，重要的是要建立退休制度。

顾问的头衔，不单是起安慰作用，还有"传、帮、带"的责任

1980 年 8 月，中央政治局召开了扩大会议，邓小平在《党和国家领导制度的改革》讲话中透露："中央正在考虑再设立一个顾问委员会（名称还可以考虑），连同中央委员会，都由党的全国代表大会选举产生。这样就可以让大批原来在中央和国务院工作的老同志，充分利用他们的经验，发挥他们的指导、监督和顾问的作用。同时，也便于使中央和国务院的日常工作更加精干，逐步实现年轻化。"1981 年 7 月 2 日，中共十一届六中全会的帷幕刚落下没几天，邓小平便又在各省、市、自治区党委书记座谈会上提到设顾问委员会以容纳一些老同志的设想，并说："这是为后事着想。"1982 年 1 月 13 日，邓小平在中央政治局会议上谈到要老同志让路，让中青年干部上来接班的问题时，把它比喻为"一场革命"，并疾呼：这场革命不搞，让老人、病人挡住比较年轻、有干劲、有能力的人的路，不只是四个现代化没有希望，甚至于要涉及到亡党亡国的问题，可能要亡党亡国。

邓小平想出两个办法：一是"劝退"。他用国家前途和"四化"大义苦口婆心地劝说老干部自觉让位。同时，邓小平考虑到老干部不愿交班无非是怕丢了在位时的种种好处，于是，规定退职后仍然享受在职时一样的待遇，未到年龄而离休，还有优惠。这种以优待换权力的办法固然要增加国家的负担，但是让老人、病人让出位子给年轻人，还是很划得来的。二是设立中顾委。邓小平有意识地采用这种史无前例的办法,目的是为了平稳过渡。顾问不任现职,这样就可以把位子让给忠于"四化"的年轻人。

顾问又是一种职务,而且它的级别不低于同级党委成员,让老同志把自己的椅子移到这种地方,工作比较好做。然而,顾问的头衔不单是起安慰作用,还有"传、帮、带"的责任。邓小平的这一层谋虑用意很深。因为当时的中国领导班子不仅存在老化问题,还存在断层问题。"文化大革命"影响了一代人,在这种情况下,老的一下子丢开不管也不行,必须在离开前选好接班人,并把他们放到领导岗位上加以扶植。接班人在一线顶事,老同志则利用他们的经验在二线上做参谋,必要时指导指导,发现选的不当就换人。到时年轻人成熟了,老同志放心了,顾问制自动取消,终身制到此为止,过渡到常规退休制,新老交替顺利完成。

但当时有部分老干部对此不理解,认为老干部刚恢复工作又要离休,屁股还没有坐热,中央对老干部不公正。还有一些人认为,三四十岁的人是"文化大革命"经历者,他们没学到什么好东西,提拔干部也没他们的份儿,干脆一个也不提拔。看来,邓小平还得做一些劝说工作。

真正考虑成熟并下定决心设立顾问委员会是在中共十二大召开前夕。1982年2月18日,邓小平在会见柬埔寨的诺罗敦·西哈努克亲王和夫人时说,干部老化问题已到了非解决不可的地步了。7月4日,邓小平在军委座谈会上谈到"老干部在上面,中青年干部上不来"的问题时转述了聂荣臻的一句话:聂荣臻提出,步子要稳妥。我赞成。他有一个意见,就是要结合,老的一下丢手不行,老的要结合中青。他还说,干部年轻化,台阶可以上快一点,这个问题解决不了,我们这些人交不了账。如果再拖五年,怎么办?

设顾问委员会是废除领导职务终身制的过渡办法

1982年7月30日,中央政治局扩大会议在讨论即将向中共十二大提交的《中国共产党章程(修改草案)》时,邓小平指出:设顾问委员会是废除领导职务终身制的过渡办法。这次的党章有些问题还没有完全解决，比如领导职务终身制的问题，已经接触到了，但没有完全解决；退休制度的问题也没有完全解决，设顾问委员会，是一种过渡性质的。鉴于我们党的状况，我们干部老化，但老同志是骨干，处理不能太急，太急了也行不通。还有，我们多年来对中青年干部的提拔就是少，就是没有注意这方面的工作嘛。而且还得承认，确实是障碍重重，这个障碍有些是有意识的，有些是无意识的，两种情况都有。所以我们需要一个顾问委员会来过渡。顾问委员会，应该说是我们干部领导职务从终身制走向退休制的一种过渡。我们有意识地采取这个办法，使过渡比较顺利，也许经过三届代表大会以后。如果两届能够实现，就要 10 年，那时，我们在座的有几个还在？要是两届的话，现在 60 岁的就是 70 岁，70 岁的就是 80 岁，80 岁的就是 90 岁，顾问委员会就可以取消了。顾问委员会是个过渡，这个过渡是必要的，我们选择了史无前例的这种形式，切合我们党的实际。

8 月 6 日，距中共十二大召开还有 20 多天的时候，十一届中央委员会最后一次会议——七中全会在北京举行。会议审议并通过修改后的新党章草案。全会还对刘伯承、蔡畅因年高久病，要求不再继续担任党和国家领导职务专门发了致敬信。胡耀邦在大会闭幕时透露，将有相当一部分德高望重、年高体弱的老同志退出来，转到中央顾问委员会，担负起支持、帮助新中央委员会的重任。

1982 年 9 月 6 日，在中国共产党第十二次全国代表大会上，通过了新的《中国共产党章程》，在新党章的第三章第二十二条里明确了中顾委的组成原则和职能作用：党的中央顾问委员会是中央委员会政治上的助手和参谋。中央顾问委员会委员必须具有 40 年以上的党龄，对党有过较大贡献，有较丰富的领导工作经验，在党内外有较高声望。中央顾问委员会每届任期和中央委员会相同。它的常务委员会和主任、副主任，由中央顾问委员会全体会议选举，并报中央委员会批准。中央顾问委员会主任必须从中央政治局常务委员会委员中产生。中央顾问委员会委员可以列席中央委员会全体会议；中央顾问委员会的副主任可以列席中央政治局全体会议；在中央政治局认为必要的时候，中央顾问委员会的常务委员也可以列席中央政治局全体会议。中央顾问委员会在中央委员会领导下进行工作，对党的方针、政策的制定和执行提出建议，接受咨询；协助中央委员会调查处理某些重要问题；在党内外宣传党的重大方针、政策；承担中央委员会委托的其他任务。

这一期间，85岁的杨秀峰和76岁的王德分别致信胡耀邦，要求中央不要再将他们列入中央顾问委员会候选人名单，按制度坚决离休。1982年9月9日，中共十二大主席团致信杨秀峰、王德等老同志，同意他们的请求，并对他们的贡献给予了充分肯定。中共十二大选举产生了172名中央顾问委员会委员。中顾委第一次全体会议选举邓小平为主任，薄一波、许世友、谭震林、李维汉为副主任。由主任、副主任及其他常委王平、王首道、伍修权、刘澜涛、江华、李井泉、萧克、萧劲光、何长工、宋时轮、陆定一、陈锡联、段君毅、耿飚、姬鹏飞、黄火青、粟裕、程子华、傅钟组成

邓小平、薄一波在中顾委一次全会上

领导机构。

会上，邓小平就中顾委的性质和任务作了重要讲话。他说：中央顾问委员会是个新东西，是根据中国共产党实际成立的，是解决我们这个老党、老人实现新旧交替的一种组织形式。目的是使中央委员会年轻化，同时让老同志退出一线后继续发挥一定的作用，顾问委员会就是这样一个组织。可以设想，我们再经过 10 年，最多不要超过 15 年，取消这个顾问委员会。

> 我们第一件事情，就是要真正起到党章规定的"助手和
> 参谋"的作用，而不是去发号施令……

为了避免出现老同志对一线同志干涉过多的现象，邓小平从一开始就对顾问委员会的工作原则、工作方法提出了指导性意见。1982 年 9 月 13 日，邓小平在中央顾问委员会第一次全体会议上，谈到中央顾问委员会今后的工作怎样做、做些什么事情的时候，明确指出：今后中顾委工作，首先就是不要妨碍中央委员会的工作。因为我们的牌子大、牌子硬。一个是 40 年以上的党龄，一个是老上司。我们的态度正确，对于推动他们的工作，帮助他们的工作，很有好处。但是，如果我们搞不好，也会妨碍他们的工作。所以，我们第一件事情，就是要真正起到党章规定的"助手和参谋"的作用。要注意起"传、帮、带"的作用，而不是去发号施令。其次是，中央顾问委员会的成员一定要联系群众。他要求除了身体不好的同志外，凡是还能做点工作的，是不是联系一个或者几个基层单位，深入地了解情况，这就可以对党的中央委员会、政治局、书记处起到很好的帮助作用。同时，他还要求中顾委的委员经常把国家的建设情况和对外政策，党在各个时期采取的方针、政策和要解决的问题，及时地给群众讲讲。可以讲现在的问题，也可以讲历史。作报告本身就是"传、帮、带"。最后，我们还可以起个作用，就是以身作则，搞精神文明。他说：精神文明关键的问题就是以身作则。我们老同志下去，不管是什么身份，讲话是很有分量的，所以讲话要注意慎重。总之，在工作方式上，一定不要

发号施令。邓小平这个讲话，对中央顾问委员会的工作具有重要的指导意义。

根据中共十二大党章的规定和邓小平的讲话精神，在薄一波副主任的主持下，中顾委制定出《关于中央顾问委员会工作任务和工作方法的暂行规定》。在《暂行规定》中，从实际情况出发，确定了中顾委的工作方针是"宜少不宜多，宜虚不宜实；量力而行，尽力而为"。将在京的100多名委员编为6个支部（党的全国代表会议以后，改编为7个小组），统一学习，统一过组织生活。但委员的生活、供给关系一律不变，由原所在单位负责。另外，在内部相应地建立了一些必要的制度。如：(1) 学习制度。原则上每两周过一次组织生活，或学习文件，或交流思想和心得，或开展批评与自我批评。住在京外地区的委员，分别编成华东、中南、东北华北、西南西北4个组，每年集中学习一次，平时参加所在省、市、自治区党委组织的学习。(2) 请示汇报制度。委员在学习讨论中反映的重要情况，提出的建议和意见，都编成简报，及时向中央反映。对讨论中涉及的重大问题，专题向中央报告。(3) 报告会制度。根据形势的需要，不定期地组织报告会，请中央和国务院各部门重要负责同志来作报告，使大家及时了解国内外形势和出现的新情况、新问题，以及准备采取的措施和对策。(4) 调查研究制度。除了身体不好的以外，委员可以根据自己的情况，深入实际，调查研究。可以到自己过去长期工作的系统和地区进行调查研究，也可以选择一两个基层单位进行蹲点调查。委员们的调查报告，由中顾委办公厅刊登于内部刊物《通讯》上，印送中央和有关部门参阅。中顾委成立时，由荣高棠任秘书长，副秘书长设若干人，协助秘书长工作，工作机构20多人。

薄一波总结出"六要六不要"；陈云讲多做
就是少做，少做就能多做

1986年上半年，一些省、自治区、直辖市的党的顾问委员会陆续向中顾委反映，希望中顾委能出面召开一个会，建立一些必要的联系，以便沟通情况,交流工作经验,进一步做好省、自治区、直辖市一级党的顾问委员会的工作。

据宋任穷回忆,起初,薄一波同他研究怎么办时,考虑到中央顾问委员会同各省、自治区、直辖市一级党的顾问委员会组织上没有隶属关系,认为这个会不开为好。后来,考虑到邓小平关于中顾委工作的原则与方法,对各省、自治区、直辖市的顾问委员会同样适用。再者,听听各地几年的情况和经验,对改进中顾委的工作也有好处。因此,报请中央批准后,于1986年10月30日召开了有各省、自治区、直辖市顾问委员会(西藏、贵州没有设顾问委员会)主任参加的工作交流会,加上广州等6市的顾问委员会主任共58人。

会议由王震主持。薄一波围绕怎样进一步做好顾问委员会工作讲了话:"退居二线、三线的老干部应该怎样做工作呢? 1983年,我曾经在黑龙江省顾委讲过三句话:第一句叫做'宜少不宜多',第二句叫做'宜虚不宜实',再一句是'宜粗不宜细'。总之一句话,就是'量力而行,尽力而为'。现在经过实践,我还想作一些补充,总结了几条,叫做'六要六不要'。"

薄一波具体讲的"六要"是:一要支持新的领导班子的工作;二要关心下一代,包括教育好自己的子女;三要公正严明,说公道话,办公道事;四要拾遗补缺;五要学习;六要做表率,特别要做维护党的团结的表率。"六不要"是:第一,不要干扰新班子的工作,特别是在人事安排问题上不要干预;第二,不要违反党和国家的有关政策规定,不要经商做买卖;第三,不要向组织上提过分的要求;第四,不要介入无原则的纠纷;第五,不要当未经中央或省委批准的全国性或全省性组织的名誉会长、董事长之类的职务;第六,不要发牢骚。

薄一波重点谈了老干部要在"拾遗补缺"上多动脑筋,在工作上不要同一线的同志发生冲突,这样才能体现成立中顾委的目的。另外,各级党组织也应该多关心一下老同志,薄一波说:"可不可以说,这也是新上来的同志的一份责任? 在一些重大政策问题上,征求一下他们的意见是有好处的。一些重要的会议让他们参加一下，必读的文件及时送给他们看一看，红白喜事让他们多出出面等等，这些都不难做到。"

顾问委员会重点在"虚"上做文章，但不是不起作用。如一些顾问委员，年龄、身体都还可以，总想多为国家做点事，这种事业心和责任感，邓小平也有所体察。他在这一时期不同会上多次讲道："我们改革党和国家的领导制度，不能使一切确实还能为党做工作的同志不工作。"这样，有少部分顾问委员还担负着一些实际工作，这在当时是必要的，这也是邓小平求得政局稳定的一种方式。另外一个问题是，邓小平讲顾问委员会的工作以"虚"为主，但还要起作用，这就涉及工作做多少的问题。陈云在一次有关中顾委会议上说了一句话，就是"多做就是少做，少做就能多做"，虽然这句话是就工作和健康的关系而讲，但其中哲理很耐人寻味。工作多少为"虚"，如何适度，有人建议定个条例，划个界限，来帮助解决这个困难。这个报告送到宋任穷处，他批示道：这个条例恐怕很难定，定了也未必能有多少帮助。工作的多或少，固然要注意，究竟做一些什么事情，也很重要。我的意思，对人、财、物这一类敏感的问题，尽量不要介入。我认为这就差不多。

从现有资料和宋任穷等一些老同志的回忆来看，中央、地方的顾问委员与一线工作的同志总体关系处理得不错，老同志都能把工作做得恰到好处。但问题也不是没有，也有两个"生怕"现象：一是新班子生怕对老同志尊重不够；二是老同志生怕对新班子支持不够。也有出现矛盾的，特别是省一级顾问委员，有的老同志逢会必讲，每讲必长，甚至行使否决权，同一线工作的同志产生了冲突。有一些问题最后都反映到了中央，到了由中央定夺的程度。这不是普遍现象，只是个别的，但也引起了邓小平等中央领导的高度重视。

中共十三大前夕，邓小平、陈云、李先念等人共同约定 "一齐退下来，而且是一退到底"

1985年6月25日，王震、宋任穷联名给中央写了一封信，信中说道:我们是七十六七岁的人了,虽然雄心犹在,毕竟精力不如从前了。现在成千上万的年轻干部,在党的正确路线指引下,正在迅速成长。唐代杜甫有两句诗"古来有老马,不必取长途",我们年已过限,且身体不好。党章第三十七条规定:"党的各级领导干部,无论是由民主选举产生的,或是由领导机关任命的,他们的职务都不是终身的,都可以变动或解除。"我们恳切请示中央,在9月召开的党的代表会议上批准我们不再担任中委,以腾出位子,让适合的年轻同志进入中央委员会,更好地发挥他们的作用。

中央批准了他们的请求。在1985年9月18日至23日召开的党的全国代表会议上,王震、宋任穷增选为中央顾问委员会委员。在9月24日中央顾问委员会第五次会议上,王震、宋任穷、李一氓、李德生、黄镇当选为中央顾问委员会常务委员,王震、宋任穷当选为中央顾问委员会副主任,并经中共十二届五中全会批准。经过这次会议的增选和调整,以及有些人已经逝世,中央顾问委员会主任、副主任和常委进行了调整。主任:邓小平;副主任:王震、薄一波(常务)、许世友、宋任穷;常务委员:(按姓氏笔划为序)王平、王震、王首道、邓小平、伍修权、刘澜涛、江华、许世友、李一氓、李德生、萧克、宋任穷、宋时轮、陆定一、陈锡联、段君毅、耿飚、姬鹏飞、黄镇、黄火青、程子华、薄一波。中顾委由薄一波主持工作,宋任穷协助薄一波工作。薄一波外出或身体有病时,由宋任穷主持工作,事后向薄一波报告工作情况。

1987年中共十三大召开前,邓小平、陈云、李先念等人共同约定"一齐退下来,而且是一退到底。即退出中央委员会,不再担任任何职务。彭真、邓颖超、徐向前、聂荣臻也要求'全退'"。对于邓小平、陈云、李先念"全退"的要求,尤其是对邓小平"全退"的要求,中央许多人表示不能接受,特别是老同志。后来,经过中央政治局反复讨论,并征求多方意见,决定邓小平、陈云、李先念三人"半退",即退出党的中央委员会,但仍担任一定职务——邓小平担任中央军委主席,陈云担任中顾委主任,李先念担任全国政协主席;彭真、邓颖超、徐向前、聂荣臻"全退",即退出党的中央委员会，不再担任任何职务。在中共第十三次全国代表大会上，在三老"半退"、四老"全退"的带动下，中央和各省、自治区、直辖市又有一批老干部退出第一线的领导岗位，增选为中顾委委员和各省、自治区、直辖市的顾问委员会委员，一批年轻干部走上了一线领导岗位。

由于中央领导层的变动，中共十三大上通过党章中的第二十二条第二段"中央顾问委员会每届任期和中央委员会相同。它的常务委员会和主任、副主任由中央顾问委员会全体会议选举，并报中央委员会批准。中央顾问委员会主任必须从中央政治局常务委员会委员中产生"，改为"中央顾问委员会每届任期和中央委员会相同。它的常务委员会和主任、副主任由中央顾问委员会全体会议选举，并报中央委员会批准"。这样就解决了已经不担任中央常委的陈云接替邓小平担任中顾委主任的党章依据，中共十三大选举产生中顾委委员200名。在十三大闭幕后的第一天，中央顾问委员会举行了全体会议，选举产生了新的中顾委领导机构，并报经中央委员会批准。主任：陈云；副主任：薄一波、宋任穷；常务委员：（按姓氏笔划为序）王平、王首道、刘澜涛、江华、陈云、李一氓、李德生、杨得志、萧克、余秋里、宋任穷、宋时轮、张劲夫、张爱萍、陆定一、胡乔木、段君毅、耿飚、姬鹏飞、黄华、黄镇、康世恩、程子华、薄一波。秘书长由李力安接任。

邓小平："可能我最后的作用是带头建立退休制度……"

邓小平提出的设立顾问委员会制度连同废除领导职务终身制，实际上都是为干部的新老交替和培养新人铺平道路。为什么顾问委员会存在的时间不能太长？就是担心中顾委这个机构弄得不好会成为凌驾于中央委员会之上的机构，如果长时间持续，容易出现体制上的后遗症；再就是国内和国际上对顾问委员会这种组织形式以及其参与重大政治活动存有不同议论，有些议论属别有用心，但有些议论也不无道理，值得认真对待。

1989年9月，邓小平在同中央几位负责同志作政治交待时讲了一番话。他说："我过去多次讲，可能我最后的作用是带头建立退休制度。我已经慢慢练习如何过退休生活，工作了几十年，完全脱离总有个过程。下次党代表大会不搞顾问委员会了，还是搞退休制度。我退休的时间是不是就确定在五中全会。犹豫了这么几年了，已经耽误了。人老有老的长处，也有老的弱点。人一老，不知哪一天脑筋就不行了，体力到一定程度也要衰退。自然规律是不可改变的，领导层更新也是不断的。退休成为一种制度，领导层变更、调动也就比较容易。"邓小平的这段话强调了顾问委员会只是为建立退休制度而采取的过渡性措施，下次党代会不需再设立了，要纳入正常的退休制度。

在邓小平认为以江泽民同志为核心的新的党的中央领导集体已卓有成效地开展了工作，并逐步赢得了党和人民的信任时，他再次向中央提出辞去最后一个职务——中央军委主席，要求实现"全退"。在邓小平的带动下，其他老同志也有相应表现。从宋任穷的回忆大致能看出这些老同志共同的心态："1991年上半年，陈丕显同志在上海看望了陈云同志。陈云同志要陈丕显同志回北京后向薄一波同志和我转达他的意见。陈云同志说：'我十四大以后不再干了，我考虑了，决定了。至于一波、任穷同志干不干，中顾委以后设立不设立，请他们研究。'听了陈云同志的意见后，薄一波同志和我一起进行了商量。我们一致意见是：我们两人都要退，十四大以后不再设立中央顾问委员会，并向陈云同志作了报告。陈云同志听后表示很高兴。不久，薄一波同志和我的意见也得到中央顾问委员会常委会的一致赞同。后来，在准备起草中顾委向党的第十四次代表大会的工作报告中，也写进了上述意见。"

从1982年到1992年，党的新老干部合作与交替取得如期进展。同时，中央顾问委员会历时两届，委员们大都年事已高，作为一种过渡性的组织，其使命已完成。据此，在中共十四大召开之际，中顾委全体委员在讨论中顾委报告稿时，委员们从关心党的前途出发，对是否撤销中央顾问委员会的问题进行了讨论。有些委员认为应当撤销了，也有些委员想不通，认为还可以保留一段时间。会上，薄一波发表了讲话。他首先肯定，不论持哪一种意见，都是从关心党和国家的利益出发的，充分显示了老同志们对党的一片丹心。同时，他系统地阐述了提出撤销中顾委的意见的酝酿过程，认为从废除实际上存在的干部领导职务终身制过渡到退休制、撤销中顾委的时机已经成熟。经过委员们的热烈讨论和反复研究，最后大家一致赞同中顾委常委会的意见，建议中共十四大不再设立中央顾问委员会。

中共十四大通过了关于中央顾问委员会工作报告的决议，大会认为：中央顾问委员会成立 10 年来，协助党中央为维护党的团结和社会稳定，推动改革开放和现代化建设做了大量卓有成效的工作，在新的历史时期为党、国家和人民建立了历史性功绩。大会高度赞扬老同志为废除实际存在的领导职务终身制，实现新老干部的交替和合作，保证党的事业继往开来、后继有人所作出的重大贡献。大会经充分讨论，决定不再设立党的中央顾问委员会和各省、自治区、直辖市顾问委员会。

（张湛彬 / 撰稿）

16 从"军民结合"到"军民融合"

——改革开放以来中国国防科技工业领导管理体制的调整与完善

中华人民共和国成立后,在建设和发展国防科技工业的过程中,中国从自己的国情和国防科技的特点出发,形成了由党中央、国务院、中央军委集中统一领导,科研、生产、使用相结合,统筹规划的国防科技工业领导管理体制和生产工作组织管理的具体形式。这种体制,有利于动员全国各方面的力量大力协同,联合攻关,使我国迅速地突破和掌握了原子弹、氢弹、导弹和人造卫星等国防尖端技术,在较短时间里建成了具有相当规模、门类齐全、独立完整的国防工业体系,为后来的发展打下了比较坚实的物质、技术基础。但这种领导管理体制也存在缺点:国防科技工业自成一体,相对封闭;军工各行业自成体系、分工过细、军民分割,缺乏竞争机制。在改革开放的新形势下,国防科技工业面临着重大转变,为适应国家改革开放的大环境和社会主义市场经济的要求,经过长期的多方面的调研探索和改革创新,国防科技工业领导管理体制改革取得显著成效,初步走出一条有中国特色军民融合发展的道路。

建立国防科研、生产工作集中统一的领导管理体制

20 世纪 70 年代后期,中国国防科研和武器装备的领导管理体制由国防科学技术委员会、国防工业办公室、总参谋部装备计划部、总后勤部军械部以及各军兵种多头分散管理,这种管理体制带来的是关系复杂、机构臃肿,从而导致部门间分工不明确,协调困难。因此,迫切需要一

个机构对新时期国防科技和武器装备发展统一规划，以适应形势发展的需要。

1977 年 9 月，国务院、中央军委决定将国防工办列入军队编制，受国务院、中央军委领导，以中央军委为主，仍称国务院国防工办。当年 10 月，中央军委副主席兼总参谋长邓小平在研究部队装备和国防科研问题的专门研讨会上提出要成立国防科学装备委员会，对国防科技和武器装备实行统一领导、统一规划、统一实施。11 月 14 日，国务院、中央军委决定成立中央军委科学技术装备委员会（简称"军委科装委"），作为中央军委的一个"口子"，对国防科技和国防工业实施统一领导。张爱萍任主任，办公室设在国防科委。军委科装委是国务院、中央军委统一领导国防科学技术研究和国防工业生产的业务办事机构。其主要任务是："从战略着眼，提出我军各个时期装备的要求和制定装备体制；统一组织国防科学技术研究的规划和实施；统一组织武器装备的科研、设计、试制、试验、定型、生产等工作，并适时向军委提出建议，经批准后执行。对执行情况，有检查督促的责任。同时，还要协调科研、生产、使用之间的关系；协同国家计委对军队使用部门与承担军工产品的民用工业部门进行协调；并统一管理国防口引进国外先进技术和购买装备的规划、计划。"

军委科装委成立后，虽然可以对国防科研生产领域进行一些协调，但由于它不掌握经费控制权，经费仍然由国防科委、国防工办、总参和总后"四驾马车"分头管理，其协调作用有限。军委科装委只是一种协调性机构，这一性质决定了它只可能是一种过渡性机构。成立军委科装委只能治标，不能治本。

1979 年下半年，总参谋长助理兼军委科装办（即军委科装委的办事机构）主任刘华清在征求各方意见基础上，起草了对国防科技和武器装备发展工作加强集中统一领导的建议。同时，军委科装办也有同志直接给邓小平写信，建议成立总科技部装备部。邓小平表示，国防工办肯定要撤销，不要考虑与国防科委合并问题。1980 年 5 月，刘华清率领军事技术代表团访问美国，对美国统一高效的军事科技管理工作感触良深。

回国后,刘华清向国务院、中央军委写了一份《对美国军事科技管理工作的考察和改进我国国防科技管理的建议》的报告。报告说:

这次赴美考察,主要是了解美军军事技术装备发展的基本情况和组织管理的特点。通过考察,深感我军装备与美军相比差距很大,并且感到从目前的趋势看,这种差距还会继续加大。我国的经济力量远不如美国,缩短这个差距有赖于正确的政策和有效的管理。目前我国国防科研和装备发展的管理体制分散,领导多头,工作混乱,任务与保证条件脱节,指标偏高,战线太长,同时又缺乏一整套严格的管理程序,军兵种和工业部门往往意见分歧,难以统一,科研力量也十分分散,有许多重复浪费,协作协调困难重重。这样继续下去,装备落后状况不仅不能改善,差距还可能越拉越大。美国的管理体制和办法,特别是那些符合科研工作规律,符合军事科技装备工作规律的部分,可以作为我们的借鉴。参照美国的情况,总结我们自己的经验,对改进我国国防科技装备管理工作有如下建议:

任何一个发达国家,对军事技术装备的领导都是高度集中统一的。参观美国以后,更加深了这种印象。"文化大革命"前,我们的国防科研统一在国防科委。现在是尖端武器的科研、生产归国防科委,常规武器的科研、生产归国防工办,装备工作和军队内部的科研归总参,后勤装备的科研归总后。全军的科研工作四家分管,虽有科技装备委员会协调其间,只是军委的咨询机构,每年都开一百多次会议,也解决不了什么问题。随着全国工业体制向专业化公司的过渡,国防科技装备工作的上层领导权力必须集中。我们设想了四个方案。

第一方案:恢复"文化大革命"前的国防科委,把国防工办管的常规武器科研、总参装备部管的军队科研、总后司令部管的后勤装备科研,以及分属海军、空军、总后军械部的常规武器靶场,统一由国防科委领导。

第二方案:国防工办的职能和机构并入国防科委。在当前阶段,既管科研，又管生产。随着专业化公司的建立，军队同公司通过合同安排试制、生产，领导的主要精力即可转到国防科研上来。即经过一段过渡，然后实现第一方案。

第三方案：成立总科技装备部，将总参装备部、国防科委和国防工办的一些职能和机构合并，根据国家拨给的科研费、装备费，通盘考虑科研项目和装备计划。各国防工业部组成若干专业化公司后，总科技装备部通过合同与公司发生联系。

第四方案：国防科委维持现状，只管尖端武器；把国防工办和总参装备部的一些职能和机构合并，成立常规武器科技装备部或第二国防科委，把常规武器的科研装备计划工作集中统一起来。

我们认为，第三方案是把尖端、常规的科研、装备计划工作都统一起来，便于从全军科学技术、武器装备的全局出发，统一管理，比较理想，但牵动面较大。第四方案优点是常规武器的科研得到了集中，但尖端、常规分成两家，倘要协调，靠科装委难以解决问题。而且当前战略、战术武器都以制导武器为骨干，两家分管，肯定还有不少重复浪费。第一、第二方案，实质相同，都是恢复老国防科委，只是在步骤上，第一方案是立即恢复，第二方案是随着经济体制改革逐步恢复。

刘华清权衡比较，认为第二方案比较现实可行。

同时，军委科装委向中央写了《关于加强国防科技装备工作统一集中领导的请示报告》。6月29日，邓小平对上述两份报告一并作出批示：这个问题很大，将在充分酝酿之后，再行讨论和决定。

经过进一步调查研究，1981年10月23日，在张爱萍、王震等主持下，军委科装委、国防科委、国防工办联合向国务院、中央军委上报了《关于调整国防科技、国防工业管理体制的请示》。张爱萍和杨尚昆还联名向中央写了信。经过较长时间的协商酝酿，中共中央、国务院、中央军委于1982年5月批准了这一请示，决定以国防科委为基础，由国防科学技术委员会、国防工业办公室和中央军委科学技术装备委员会办公室合并组成中国人民解放军国防科学技术工业委员会(亦称"中华人民共和国国防科学技术工业委员会",简称"国防科工委")。国防科工委隶属中央军委建制,其工作受国务院、中央军委双重领导,是中央军委统管全军国防科学技术工作的领导机关,也是国务院统管其所属各国防工业部(核、航空、兵器、航天工业部)的国防科技和国防工业的领导机关。中央军委任命陈彬为国防科工委主任。同时设立国防科工委科学技术委员会(简称"国防科工委科技委")。国防科工委的成立,初步实现了对国防科研、生产工作集中统一领导管理的目标。

逐步建立与社会主义市场经济体制相适应的国防工业运行机制和领导管理体制

改革调整军工体制,实行军民结合,是邓小平理论中一个极有特色、富有远见的思想。他提出军工要找出路,生产能力转向民用,并对国防科技工业提出了"军民结合,平战结合,军品优先,以民养军"的战略指导思想。1982年,国务院部委机构改革,将二机部改名为核工业部,三机部改名为航空工业部,五机部改名为兵器工业部,七机部改名为航天工业部。将第四机械工业部、国家广播电视工业总局、国家电子计算机工业总局合并,设立电子工业部。撤销第六机械工业部,成立中国船舶工业总公司。1984年10月,中共十二届三中全会作出《关于经济体制改革的决定》。中央军委根据国际形势的变化,作出国防建设服从经济建设大局的决策。在这些重大决策的指引下,国防科技工业的调整、改革逐步深化。为了推动军工企业的战略转变,邓小平提出了军工体制改革问题。

1984年11月1日,邓小平在军委座谈会上指出,军工体制改革,现在应提到日程上来了。可以分两步走,核工业部和航天部暂时不动,其他两个部,兵器和航空先划过去。

国务院常务会议随即作出决定,继电子工业部、中国船舶工业总公司之后,将核工业部、航空工业部、兵器工业部和航天工业部由国务院直接领导,与国民经济各部门一样,纳入整个国家规划,由国务院统一组织和管理。国防科工委不再归口管理上述4个工业部的全面业务工作。这是国防科技工业管理体制上的一次深刻变革,它打破了自成系统的国防工业体系,意味着我国延续了30年的独立军事工业体系,从此将不复存在。

11月30日,国防科工委给中央军委和国务院呈送了《关于军工体制改革的原则建议》,说:张爱萍同志最近邀科工委在京的几位领导同志,研究了如何贯彻执行十二届三中全会关于经济体制改革的决定和邓主席、杨副主席在军委座谈会上的讲话精神。十一届三中全会以后,中共中央、国务院根据当时情况,决定军工自己"滚"……为了更好地服从和服务于四化建设的大局,军工这支力量,今后应同国民经济各部门一样,纳入整个国家的规划,统一安排。据此:一、国防科工委不再归口管理核、航空、兵器、航天工业部的全面业务工作,改由国务院统一规划、组织和管理。……三、这4个军工部都按照中央的决定,实行政企分开,简政放权,扩大企业自主权。……另外,也可考虑,将核工业部(二机部)、航天工业部(七机部)……同目前一样,仍由国防科工委归口管理。

由于各方面反应强烈,中央决定将国防科技工业领导体制的改革暂时缓一缓。

1985年中央军委扩大会议以后,国防科技工业为适应我军建设的战略转变,服从整个国家经济发展的大局,必须进行改革和调整。1986年6月3日,邓小平在与国务院负责人和军委秘书长杨尚昆讨论国防科技工业体制问题时指出:我们的军工体制基本上还是苏联的模式。苏联体制的突出问题是军事工业孤立地一马当先,带动不了民用工业,带动不了整个经济和技术。军工力量不纳入整个经济发展范围,是极大的浪费。军工企业的人才、设备都是好的。这个力量用不上,对四个现代化建设不利,对国防建设也不利。因此,要下决心改变这种状况,要在第三季度完成军工几个部移交给国务院的工作,这件事关系到明年计划的安排,不能再晚了。这也是改革。国务院负责人在6月27日召开的国务院常务会议上传达了邓小平关于军工体制调整和改革的意见。

国防科工委随即在同年6月召开的各省、自治区、直辖市国防科工办主任座谈会上,研究了调整科研、生产能力和领导管理体制的问题。7月,中共中央、国务院、中央军委决定核、航空、兵器、航天4个工业部由国务院直接领导。国防科研、生产、航天技术和军品贸易由国防科工委归口管理。

这次军工体制改革的决心以及改革的方向和总体思路,是中央最高层决定的。和以往不同的是,本着不争论的原则,事先并没有听取国防工业系统的意见。国防科工委只是根据总的意图,提交了贯彻落实的具体方案。

此后,以建立军民结合的专业总公司为目标,各国防工业部门的领导管理体制改革开始加速。1986年12月,全国人民代表大会常务委员会决定,撤销机械工业部和兵器工业部,成立国家机械工业委员会(简称"国家机械委")。1987年2月,国务院出台了《关于组建国家机械工业委员会的方案》。《方案》指出:新中国成立以来,我国的机械、兵器工业有了很大发展……对国民经济发展和国防建设作出了贡献。但是,长期以来,政企职责不分,集中过多,统得过死,严重影响了企业自主经营的积极性。同时,由于多部门、多层次管理,造成了条块分割,军民分离,力量分散,重复建设,重复引进,一方面现有生产能力得不到充分发挥,另一方面又大搞新建扩建,加剧了企业的"大而全""小而全"。这些管理体制上的弊端,严重影响了现有能力的充分发挥,妨碍着机械工业的发展。为了更好地担负起为社会主义四个现代化建设提供技术装备的重任,加强对全国机械行业的统一管理,并为国家机关机构改革探索路子,根据六届全国人大常委会第十八次会议通过的决议,撤销机械工业部和兵器工业部,组建国家机械工业委员会,统管全国机械行业。

1988年4月,七届全国人大一次会议决定撤销航空工业部和航天工业部,成立航空航天工业部;撤销国家机械委和电子工业部,成立机械电子工业部;撤销核工业部,成立核工业总公司,由能源部归口管理。5月,国务院总理办公会议确定,中国船舶工业总公司由机械电子工业部归口管理。8月,国务院又批准成立北方工业(集团)总公司,由机械电子工业部归口管理。1990年1月,国务院批准成立中国兵器工业总公司。1993年3月,八届全国人大一次会议审议通过了《关于国务院机构改革方案的决定》,撤销航空航天部,组建航空工业总公司、航天工业总公司;撤销机电部,组建机械工业部、电子工业部;在国务院序列中继续保留国防科工委,仍属军队建制,由国务院、中央军委双重领导。至此,原6个独立的军工部门,除电子工业部外,其余5个都被改组为直属国务院、由国防科工委归口管理的军民结合的专业总公司,分别为:中国航空工业总公司、中国航天工业总公司、中国船舶工业总公司、中国核工业总公司、中国兵器工业总公司、中国电子工业总公司,初步实现了由政府行政部门向经济实体的战略转变。标志着中国国防工业向社会主义市场经济转轨迈出重要的一步。

深化国防科技工业体制改革,将行政性军工总公司改组为十大企业集团

尽管进行了政府职能转变,但军工各行业自成体系、自我封闭、分工过细、军民分割的局面未得到根本改变。中央领导多次表示,要高度重视、研究解决国防科技工业体制问题。按照发展社会主义市场经济的要求,坚持军民结合、平战结合,建立和完善国防工业运行机制,提高军民兼容程度,增强平战转换能力,走出一条符合我国国情并反映时代特征的国防现代化建设道路。中共中央、国务院并采取了一系列重大举措,推动国防科技工业调整结构,转轨变型。

1996年12月,中央军委扩大会议指出,迎接世界军事发展的挑战,要千方百计把我军武器装备搞上去,一个重要的问题,就是要理顺装备科研、生产、购置、维修等方面的体制,体制不顺,浪费了资金,延误了时间,这是我们长期以来想解决的老问题。会议指出了深化国防工业改革的必要性和紧迫性。从1997年开始,中央在一年半的时间里反复考虑

和研究,决定对国防科技工业管理体制进行根本上的改革。1997年12月,中央领导在中央军委扩大会议上明确提出:国防科研和武器装备发展,要下决心解决规模大、战线长、力量分散、低水平重复等严重问题。这些问题积累多年,如不加以解决,经费再增加也会事倍功半,军队现代化就没有希望。

中共十五大明确提出"建立和完善与社会主义市场经济体制相适应的国防工业运行机制"的目标要求。中共中央和国务院非常重视国防科技工业的改组工作,把它视为国务院政府机构改革的最后一仗。1998年3月,九届全国人大一次会议审议通过了《关于国务院机构改革方案的决定》。根据改革方案,国务院组建新的国防科学技术工业委员会,将原国防科工委管理国防工业的职能、国家计委国防司的职能以及各军工总公司承担的政府职能,统归新组建的国防科学技术工业委员会管理。国防科工委作为国务院主管国防科技工业的部门,负责研究拟制国防科技工业发展的方针、政策和法律、法规、规章;研究国防科技工业发展规划,做好国防科研、生产、建设的统筹和衔接;组织军品科研生产的资格审查和许可;审核科研生产单位与军方签订的科研生产合同,协调、监督、检查订货合同的执行,保障军事装备的生产供应;对核、航天、航空、船舶、兵器工业等行业实施行业管理,指导军工电子行业管理;组织研究和实施国防科技工业体制改革,组织国防科技工业能力、结构和布局调整;负责编制国防科技工业固定资产投资、军转民技术改造及技术开发的规划、计划并组织实施;负责国防科技工业的对外交流与国际合作。

1998年3月,军委领导在九届全国人大一次会议上坚定地指出:今天就要做出这个决定,迅速成立总装备部,一个月内公开办公,把总装备部的牌子挂起来!此后,中央军委明确规定:总装备部于4月5日挂牌办公。总装备部是在原国防科工委军事部门以及总参谋部、总后勤部相关部门的基础上组建的,下设司令部、政治部、综合计划部、军兵种部、陆军装备科研订购部、通用装备保障部、电子信息部等主要机构。总装备部成立之后,随即各军兵种、军区直至军、师、旅、团级作战部队均成

立了装备部 (处)，这样我军进一步加强了武器装备建设的集中统一领导和武器装备全系统、全寿命 (从武器研制、采购到维修、报废整个生命周期) 的管理。而国防科工委作为国务院的一个部级机构予以保留，属于国务院管辖。

随后，中央决定对国防科技工业管理体制进行重大变革，将各军工总公司改组为若干集团公司。这次国防科技工业体制改革，是遵照中共中央指示，中共中央、国务院、中央军委根据国际国内形势发展和国防科技工业的现状，反复听取各有关方面意见后作出的重要决策。目的在于建立起适应社会主义市场经济发展要求的政企分开、产研结合、供需分离、精干高效的管理体制，为跨世纪长远发展打好基础。着力解决五个方面的问题：一是政企分开；二是建立适度竞争的机制；三是科研力量适当集中，确保武器装备的生产和发展；四是促进国防科技工业的合理布局和结构调整；五是有利于企业搞活和脱困。1998 年 10 月后，国务院两次召开总理办公会议，研究国防科技工业的改组问题。1999 年 3 月 8 日，中央政治局常委会通过了改组方案。

国防科技工业为与国民经济相结合，实行公司制和市场化改革，将航天、舰船、飞机、兵器、核能五大军工总公司改组为十个集团公司，即中国核工业集团公司、中国核工业建设集团公司、中国航天科技集团公司、中国航天机电集团公司、中国航空工业第一集团公司、中国航空工业第二集团公司、中国船舶工业集团公司、中国船舶重工集团公司、中国兵器工业集团公司、中国兵器装备集团公司。1999 年 7 月，在国家原五大行政性军工总公司基础上改组的国防科技工业十大集团公司宣告成立，国务院总理朱镕基出席成立大会。朱镕基强调，十个集团公司的成立，是一个良好的开端，但任重而道远。他要求集团公司进一步解放思想，更新观念，转变职能，真正把集团公司办成自主经营、自负盈亏的经济实体；集团公司总部要严格按照经济规律，把集团公司应该管的事情管好，对不应该由集团公司办的事情，要坚决地放下去，满腔热情地支持企业搞活。国防科工委要切实加强行业管理，重点是搞好行业规划、行业政策、行业法规、行业标准和行业监督，加强组织协调。

1998 年以后的 5 年，国防科技工业抓住机遇，深化改革，加速发展，整体实力实现重大跨越。成立十大军工集团公司后，各集团公司改革脱困工作迈出坚实步伐。2002 年，国防科技工业全行业实现持平并略有盈余，扭转了连续 8 年全行业亏损的困难局面。武器装备科研生产取得重要突破，高技术武器装备研制生产能力实现重要跨越。各军工集团公司认真贯彻军民结合、寓军于民方针，大力推进民用产业发展，取得丰硕成果。

进一步调整完善国防科技工业体制，
走军民融合式发展道路

中共十七大进一步作出了"调整改革国防科技工业体制"的重大决策，从顶层设计上明确了国防科技工业走军民融合式发展道路的根本途径、基本思路和组织架构。2008 年 3 月，十一届全国人大一次会议决定，不再保留国防科工委，将原国防科工委除核电管理以外的职责都纳入新成立的工业和信息化部；同时，成立国家国防科技工业局，由工业和信息化部管理。国防科工局负责核、航天、航空、船舶、兵器、电子等领域武器装备科研生产重大事项的组织协调和军工核心能力建设。由于中国一航、中国二航并立导致中国航空制造资源分散，难以形成规模优势。而大飞机项目的推进，使得航空业的整合迫在眉睫。为了让中国航空业做大做强，中央决定，将一航和二航合并，成立新的中国航空工业集团。国务院第 211 次常务会议听取并原则同意《航空工业体制改革方案（送审稿）》的汇报。会议要求中组部、国资委尽快确定拟成立的中国航空工业集团公司筹备组人员；请筹备组抓紧开展工作，提出具体的改革方案，编制公司章程，经有关部门审核后，尽快报国务院审批。5 月 26 日，中组部、国务院国资委宣布了中共中央、国务院关于组建中国航空工业集团公司筹备组的决定。筹备工作开展期间，筹备组成员分头向国务院领导、相关部委和重要客户等汇报筹备工作的相关情况。7 月 25 日，中国航空工业集团公司筹备组正式向工业和信息化部提交《关于对中国航空工业集团公司组建方案给予审核的请示》。10 月 6 日，经过征求国家发展改革委、财政部、国资委等部委意见的中国航空工业集团公司组建方案和章程由工业和信息化部上报国务院。10 月 21 日，国务院批准了上报的方案和章程。11 月 6 日，完成工商注册，标志着中国航空工业集团公司正式成立。这次航空工业的改革重组，是中国航空工业的一次脱胎换骨的巨变。

中共十八大对国防科技工业作出了"坚持走中国特色军民融合式发展路子"的战略部署。中共十八届三中全会进一步把推动军民融合深度发展作为深化国防和军队改革的三大任务之一，把健全国防工业体系作为军民融合深度发展的重要内容。习近平总书记对深化国防科技工业领导管理体制改革提出了根本路径和目标要求：强化改革创新，着力解决制约军民融合发展的体制性障碍。努力形成统一领导、军地协调、顺畅高效的组织管理体系。习近平强调，要继续推动体制机制改革创新，从组织管理、工作运行、政策制度方面系统推进，加快形成军民深度融合发展格局。以习近平同志为核心的党中央英明决策，实施航空发动机及燃气轮机国家科技重大专项，成立中国航空发动机集团，开启了我国航空发动机自主研制的新篇章。2016 年 8 月，中国航空发动机集团正式成立。这是中共中央从富国强军战略高度出发，对深化国有企业改革、推进航空工业体制改革采取的重大举措。中国航发全面贯彻落实军民融合发展战略，加快建立"小核心、大协作、专业化、开放式"研发生产体系。12 月 28 日，作为"两机"重大专项基础研究管理的重要支撑单位——中国航空发动机研究院在北京成立。这是中国航空发动机集团为全面贯彻中共中央、国务院、中央军委决策部署，深入落实创新驱动发展战略，加快实现我国航空发动机自主创新发展，加快推进基础研究管理模式创新的重大举措。

2017 年 1 月 22 日，中共中央政治局召开会议，决定设立中央军民融合发展委员会，由习近平总书记任主任。中央军民融合发展委员会是中央层面军民融合发展重大问题的决策和议事协调机构，统一领导军民融合深度发展,向中央政治局、中央政治局常务委员会负责。习近平指出,党中央决定成立中央军民融合发展委员会,在中央层面加强对军民融合发展集中统一领导,就是要以机制和政策制度改革为抓手,坚决拆壁垒、破坚冰、去门槛,破除制度藩篱和利益羁绊,构建系统完备的科技军民融合政策制度体系。

中共十八大以来,经过实践创新和调整改组,国防科技工业领导管理体制改革取得显著成效,初步走出了一条有中国特色军民融合式发展道路。2017 年 3 月 12 日,习近平总书记在出席十二届全国人大五次会议解放军代表团全体会议时强调,要把科技领域军民融合搞得更好一些、更快一些;要推动搞好顶层设计和战略筹划,推动国防科技和武器装备军民融合,推动体制机制和政策制度改革,加快我军建设向质量效能型和科技密集型转变。习近平总书记的讲话,为进一步深化国防科技工业领导管理体制改革提出了要求,指明了方向。

(姬文波 / 撰稿)

17 中国空中力量 70 年跨越腾飞

新中国的空中"利剑"是怎样打造的？新中国的空中力量又是怎样实现了历史性跨越腾飞的？在庆祝新中国成立和人民空军创建 70 周年的时刻，回望历史，人民空军和航空工业从无到有，从小到大，由弱到强；展望未来，航空工业已跨入世界航空强国行列，经过血与火锤炼的人民空军，已发展成为一支举世瞩目的空中力量，并加速向世界一流空军迈进。

决策：一定要建立一支强大的空军

1949 年，随着解放战争全面胜利的临近，人民解放军面临的形势和任务及历史条件发生了深刻变化。虽然距夺取解放战争最后的胜利已为期不远，但消灭负隅顽抗的国民党军的作战任务仍然十分艰巨。特别是在人民解放军即将向长江以南进军的时候，迫切需要有自己的空中力量的支持。我党早期已培养了一部分航空人才，在抗战胜利后于 1946 年 3 月成立了东北民主联军航空学校，在极为艰苦的条件下，培养了一大批各类航空人才。这为组建人民空军创造了条件。

在夺取解放战争最后胜利的历史关头，中共中央不失时机地把建立空军提上了日程。1949 年 1 月 8 日，在河北省平山县西柏坡村，中共中央向全党发出《目前形势和党在一九四九年的任务》的指示，明确提出：1949 年及 1950 年，应当争取组成一支能够使用的空军。这是中央首次以文件形式明确提出建立空军的任务，而且强调是"一支能够使用的空军"。

人民空军的建立，是先成立空军领率机关，后组建航空学校和空军部队。全国性的空军领率机关，是先组建军委航空局，再成立空军司令部；各军区空军领导机关也是先组建航空处，再成立军区空军司令部。

1949年3月30日，中央军委根据形势和任务的需要，决定组建军委航空局，任命常乾坤为局长、王弼为政治委员。同日，军委航空局开始组建，负责统一领导全国的航空事业。军委航空局是人民空军领率机关的前身，组建后为正式成立空军做了大量准备工作。

7月10日，毛泽东写信给周恩来，提出建立空军的具体问题。他在信中说："我空军要压倒敌人空军短期内（例如一年）是不可能的，但可考虑选派三四百人去远方（指苏联）学习6个月至8个月，同时购买飞机100架左右，连同现有的空军，组成一个攻击部队，掩护渡海，准备明年夏季夺取台湾。"周恩来看到信后，立即着手进行组建空军的各项实际工作。

7月26日，中央军委决定，以解放军第十四兵团机关和军委航空局为基础组建解放军空军领导机构。

9月21日，中国人民政治协商会议第一届全体会议在北平召开，毛泽东在开幕词中说："在英勇的经过了考验的人民解放军的基础上，我们的人民武装力量必须保存和发展起来。我们将不但有一个强大的陆军，而且有一个强大的空军和强大的海军。"不久，毛泽东又指出："我们打了几十年仗，建立了很强大的陆军。但是，我们没有海、空军，对付头上的敌机，就是凭不怕死、凭勇敢、凭勇于牺牲的精神。今天，我们有了建立海、空军的条件，应当着手建立一支强大的海军和一支强大的空军。尤其是空军，对于国防极其重要，应当赶快建立。"

至此，中共中央关于建立空军的决策已经十分明确。这些决策突出强调了空军在现代战争中的地位和作用，不仅明确建立空军的任务，而且强调要"组成一支能够使用的空军"，同时阐明了建立人民空军对加速解放战争胜利进程及巩固国防的极端重要性，所以要求一定要建立一支强大的空军，并且在时间上"应当赶快建立"。

10月25日，中央军委正式任命刘亚楼为空军司令员，萧华为空军政治委员兼政治部主任。11月11日，中央军委致电各军区、各野战军：中国人民解放军空军司令部现已宣布成立。

方针："在陆军基础上建设空军"

空军是人民解放军的重要组成部分，除遵循人民解放军总的建军原则外，空军作为一个新军种应该怎样建设？确立什么方针？制订怎样的发展计划？这是人民空军初创时期必须要解决的重大问题。

上任伊始，空军司令员刘亚楼对空军建设的方针问题进行了深入的调查研究，最后得出结论，应当以陆军来的干部为骨干建设空军。随后，刘亚楼明确提出"在陆军基础上建设空军"的思想。后经空军党委集体讨论通过，正式确立了"在陆军基础上建设空军"的方针。其主要内容包括：空军建设必须以马克思列宁主义、毛泽东思想为指针；必须以中国人民解放军的建军、作战的方针原则、制度和优良传统为基础；在航空业务方面，以苏联空军为榜样，尽快把技术学到手；等等。

在1949年之前的长期革命战争中，人民军队经过不断发展壮大，形成了以陆军为主体的组织架构，经过血与火的洗礼，这支军队形成了坚定的信仰信念、敢于胜利的战斗精神、勇克艰难困苦的顽强意志、勇往直前的战斗作风。因此，人民空军组建之初，就坚定地贯彻"在陆军基础上建设空军"这一指导方针，并坚持一定要靠陆军作基础，一定要向陆军学习。同时强调，只有把陆军的传统、经验、机构、人员等，结合空军建设的具体条件加以正确运用，才能使人民空军很好地建设起来。

空军领导机关以人民解放军第十四兵团机关和军委航空局为基础，从陆军选调一批军、师、团建制单位组建第一批空军部队，并选调了大批有作战和工作经验的干部担负空军各级领导工作，从而使空军建设在较短时间内初具规模。各军区空军以及空军各部队的组建，也都是由陆军成建制地转为空军，使空军部队从组建开始就具备正常运转的领导机构。空军领导干部配备和飞行员的选拔，都是选调在战火中成长起来的优秀领导干部和战斗英雄,他们与一批新参军的青年学生,以及留用的部分投诚和解放过来的国民党军飞行员及航空技术人员等,构成了空军组建初期的骨干力量。

创建:第一批有战斗力的空中力量

在人民解放军序列里组建的第一支飞行部队,却是在空军组建之前。北平和平解放后,国民党军不甘心失败,凭借其空中优势肆意骚扰轰炸北平。为此,中央军委决定,迅速组建一支空军作战分队,负责北平的防空。

1949 年 8 月 15 日,人民解放军第一个担负作战任务的飞行中队,在北平南苑机场正式组成。飞行中队最初仅有 10 架飞机,其中 P-51 战斗机 6 架、蚊式轰炸机 2 架、PY-19 教练机 2 架。这些飞机有的是起义人员驾驶来的,有的是从国民党空军那里缴获的。后来又增调作战飞机 19 架。飞行中队经过短暂恢复性训练后,从 1949 年 9 月 5 日起正式担负北平地区的防空任务。这标志着中国人民从此有了自己的空中作战部队。这个飞行中队在 1949 年 10 月 1 日参加了开国大典。

建设空军,首要的任务是培养飞行员和各类专业技术人员。根据空军面临的作战任务,中央军委要求空军以最快的速度设立一批航校,加速培养空军急需的飞行员和各类专业人才。

1949 年 10 月 6 日,中央军委批准了创办 6 所航空学校的方案。空军领受任务后,克服了重重困难,仅用 50 多天的时间,6 所航空学校就全部筹建完毕,并于当年 12 月 1 日开学。随后,空军又 3 次扩大航校培训规模,以满足不断扩大的航空兵部队迅速发展的需要。经过 4 年的艰苦努力,到 1953 年底,空军航校共培训飞行员 5945 名、机务人员 2.4 万余名、军事干部 396 名、政治干部 690 名、后勤干部 310 名,为大批组建航空兵部队创造了条件。

航空兵部队是空军的主体和重要组成部分。因此组建各机种配套、能够执行多种作战任务、具有战斗力的航空兵部队,是人民空军在创建时期的根本任务。1950 年 5 月 9 日，中央军委正式批准组建中国人民解放军空军第四混成旅。该旅下辖 2 个歼击机团，1 个轰炸机团，1 个强击机团。6 月 19 日，空军第四混成旅在南京正式成立。这是空军成立后组建的第一支整建制的航空兵部队。

从 1950 年 10 月 19 日零时起，第四混成旅开始担负保卫上海的防空任务。

10 月至 11 月间，在完成组建第一支航空兵部队第四混成旅之后，空军组建和扩建了第二批航空兵部队，共 3 个旅。10 月 31 日，经毛泽东批准，空军部队的番号由旅改为师，遂将空军歼击第三、四旅，依次改称为空军第三、四师。10 月 25 日，空军第二师在上海成立。3 个航空兵师相继组建。

人民空军组建之初，担负的主要任务是：配合完成解放台湾、海南岛以及消灭残匪的任务，做到在一定的领海和领空上初步取得制空权，然后逐渐地在这个基础上建成一支完全新式的、强大的人民空军。1950 年 4 月 15 日，毛泽东给《人民空军》杂志创刊号题词："创造强大的人民空军，歼灭残敌，巩固国防。"这一题词，对人民空军的任务作了完整的表述。

然而，由于朝鲜战争爆发，人民空军的作战任务发生了变化，中共中央决定推迟解放台湾，空军一方面组成中国人民志愿军空军参加抗美援朝，另一方面担负要地防空，支援进军西藏和清剿残匪等作战任务。这样一来，仅靠这几支航空兵部队显然是不够的。因此，这一变化加速推动了空军航空兵部队的组建。

从 1950 年 11 月下旬至 1953 年 3 月，空军又分 4 批组建了 24 个航空兵师 56 个航空兵团。这些航空兵师，经过战前突击训练，随即轮番入朝参战。从 1950 年 10 月至 1954 年初，空军边打边建，共组建了 28 个航空兵师 70 个航空兵团，拥有各型飞机 3000 余架，初步建成了一支由各种航空兵组成的有战斗力的空中力量。

道路：在战斗中成长壮大

空军初建，就面临紧迫的作战任务。特别是朝鲜战争爆发后，抗美援朝作战提上重要日程。这时，新组建的大多数航空兵师、团刚搭起架子，飞机装备和飞行员刚陆续补充到部队，尽管部队为了抢时间，实行边组建边训练，但尚未完全形成战斗力。

毛泽东历来重视从战争中学习战争，强调革命战争"常常不是先学好了再干，而是干起来再学习，干就是学习"。刘亚楼在研究空军参战时说，在战斗中锻炼成长，不仅是战争客观形势的要求，而且是促使空军迅速成长壮大的正确道路。为了使空军部队尽快形成战斗力，毛泽东给予很大关注。他反复强调实战锻炼对空军建设的重大意义，提出人民空军应边打边建、边打边练，并多次指出，"要争取时间锻炼部队"，"应设法使更多的部队参加实战锻炼"，"必须迅速组织新部队参战，越快越好"，"哪怕求得打几次空战也是好的"，要"多多培养有一定战斗经验的飞行员，注意保存有战斗经验部队的战斗实力和保存战斗英雄"。

遵照毛泽东的指示，空军确定了"积蓄力量，选择时机，集中使用"的作战方针。毛泽东阅后批示："刘亚楼同志：同意你的意见，采取稳当的办法为好。"随即，空军领导机关迅速组织航空兵部队轮番参加抗美援朝作战，从而在朝鲜上空，拉开了喷气时代与以美国为首的"联合国军"空战的序幕。

按照中央军委确定的"轮番实战锻炼的方针"，年轻的中国空军"沿着在战斗中成长的道路"，先后有 10 个歼击机师和 2 个轰炸机师轮番参战，经受了实战锻炼，并取得了实战经验。经过 2 年 8 个月的空战，志愿军空军由不会打仗，到学会打仗；由打小仗，到学会打大仗；由单一机种作战，到尝试多机种联合作战；由只能在昼间简单气象条件下作战，到能够在昼间云底较高的复杂气象条件下和夜间简单气象条件下作战。在空战中，边打边练，不断总结经验。特别是在实战中总结出的"一域多层四四制"空战战术原则，成为克敌制胜的有效战法，并对人民空军战役战术思想的形成和战术理论的发展产生了深远的影响。

尽管在朝鲜上空面对的是世界上最强大的美国空军,但志愿军以英勇顽强的战斗意志和不怕牺牲的战斗精神,积小胜为大胜,创造了辉煌的战绩。参战空军部队共击落敌机330架,击伤95架;击毙了美国"空中英雄"乔治·阿·戴维斯,击落美国空军"双料王牌"飞行员哈罗德·爱德华·费希尔和美国空军"首席三料王牌"飞行员约瑟夫·C.麦克康奈尔(由于历史原因这一战绩直到2001年10月29日才被空军确认)等。

在抗美援朝空战中,志愿军参战部队发扬敢于战斗、敢于胜利的革命英雄主义精神,用鲜血和生命书写了中国空军的光荣战史,涌现出一大批英雄模范人物和战斗集体。

装备:建立中国自己的航空工业

航空武器装备是空军建设的物质基础。然而,新中国成立之初,由于没有自己的航空工业,飞机装备只能依靠外援。经过抗美援朝战争空战的检验,建设独立自主的航空工业显得尤为迫切,从而加速了中国航空工业的创建进程。

空军组建后,刘亚楼司令员深知,建设强大的空军必须要有强大的航空工业做后盾,因此他积极向中央建议加速创建中国的航空工业,先后8次向中共中央、毛泽东系统提出建立新中国航空工业的报告。

1951年4月17日,中央军委和政务院颁发了《关于航空工业建设的决定》,随即航空工业管理委员会正式成立。航空工业部门创建伊始,即坚决贯彻执行周恩来确定的方针:在苏联的援助下,从修理走向制造。为了完成这一历史性任务,首先组建了第一批航空工业骨干工厂。

根据《关于航空工业建设的决定》,空军工程部随即将东北修理总厂及所属单位移交给航空工业局。其中,空军第五厂于1951年6月29日正式办理移交书,并更名为国营112厂,即沈阳飞机制造厂。从此,沈飞作为中国航空工业的"长子",一步步发展成为中国歼击机的摇篮。

■**由修理到制造的跨越**

新中国航空工业初建时，由于基础差，只能担负部分飞机的修理任务，还不具备生产制造飞机的能力。但航空工业部门在"一五"期间，按照计划目标，相继试制成功了 3 种飞机及其发动机，成功实现了由修理到制造的跨越。

1954 年 7 月 3 日，新中国制造的第一架飞机初教 –5 首飞成功。这架飞机是由航空工业六大骨干厂之一的南昌飞机厂在苏联援助下制造的，标志着新中国航空工业顺利实现了从修理到制造的过渡。9 月 28 日，新华社向全世界宣告：中国人民从此有了自己制造的飞机。

初教 –5 飞机的试制成功，是中国航空工业走向制造的先导，而制造实战所需要的歼击机，才是航空工业为壮大空军装备实力的重要目标。20 世纪 50 年代，喷气式歼击机是世界空军装备的主流，而歼击机性能先进、技术复杂，代表着当时世界最先进的航空技术。为了跟上这一趋势，在苏联的支援下，中国航空工业开始了向喷气时代跨越。

1956 年 7 月 19 日，中国制造的第一架喷气式歼击机歼 5 首飞成功。9 月 9 日，《人民日报》以《我国试制成功新型喷气式飞机》为题在头版头条作了重点报道。歼 5 飞机的试制成功，实现了周恩来提出的空军所需歼击机在两年时间里由国内自给的设想，从而结束了空军飞机来源完全依赖进口的历史。

歼 5 飞机列装后，在国土防空作战中屡创佳绩，先后击落击伤国民党空军及美军 F–86、F–4B、P–2V 等多种飞机 12 架，成为新中国成立初期的一代名机。

■**由仿制到自主研发的跨越**

歼 5 飞机试制成功并投入批量生产，不仅使中国航空工业获取了制造飞机的经验，而且也让中国空军的航空装备由此开始立足于国内。歼 5 飞机列装后，成为 20 世纪五六十年代中国空军和海军航空兵的主力装备。

1956年10月、11月，我国第一个飞机设计室和发动机设计室先后成立，1957年3月又成立了航空仪表设计室。航空工业局从全国调集了近200名航空科技人才，充实到这三个设计室，由此而开始了由仿制到自主设计的艰难探索。1958年初，沈阳飞机设计室在苏联专家的帮助下，开始酝酿设计飞机的新目标——超声速喷气式歼击机。

但是，在"大跃进"的背景下，"快速试制"的"东风102"及"东风103"出现严重质量问题，军委副主席贺龙震怒，要求工厂"停产进行质量整顿，要一刀两断，重新试制"。

1961年1月，中央军委国防工委正式决定，由112厂重新试制歼6飞机。经过国防工业质量整顿，重新试制的歼6飞机实现了优质过关。1963年9月23日，新试制的歼6第0001号飞机，由试飞员吴克明首飞成功。随后，又完成了所有课目的试飞，飞机的主要技术性能全部达到了设计要求。

歼6飞机是我国20世纪80年代以前空军和海军的主战机种之一。先后经过多次改型，形成了歼6歼击机系列，共生产了5205架，并在国土防空作战中取得了辉煌的战绩。在相当长的一个时期内，歼6飞机被称为"万岁机"。

进入20世纪60年代，由于中苏关系恶化，苏联对华军事援助戛然而止，促使中国必须走独立自主的研发道路。1961年，为了缓和两国关系，苏联又提出愿向中国转让米格21歼击机的生产特许权，并提供全部资料，为我国加速制造超两倍声速的二代战机提供了转机。

1966年1月17日，国产第一架歼7飞机，由葛文墉驾驶首飞成功。12月，航空军工产品定型委员会批准歼7飞机生产定型并转入批量生产。歼7飞机具有良好的高空高速性能，可以担负拦截敌机和对空对地攻击等作战任务。后续发展出20多种型号，从20世纪70年代开始成为人民空军的主战装备之一，并出口多个国家。

这一时期，我国生产制造的歼5、歼6、歼7飞机等主力战机，都是仿制苏联的,尽管在当时也都属于世界先进飞机,但由于过度依赖外援,严重制约了自己航空工业和飞机装备的发展。

实际上,在组建第一个飞机设计室时,以徐舜寿为代表的年轻设计师们,就开始了自行设计飞机的探索。设计之初,就提出不要"唯米格"论,强调消化吸收世界各种飞机先进技术。

1958年7月26日,新中国第一架自行设计的喷气式教练机歼教1,由空军试飞员于振武首飞成功。歼教1设计周期530天,试制周期148天。经过后续试飞,证明飞机设计与制造都是成功的。尽管由于空军训练体制改革,歼教1未能装备部队,但该机的设计为我国培育了第一代飞机设计师。

新中国真正意义上自主研制并具有独立知识产权的第一种歼击机是歼8飞机。这种高空高速歼击机,主要用于要地防空和夺取制空权,1964年开始研制。1969年7月5日,歼8飞机由试飞员尹玉焕首飞成功,标志着我国在自行设计制造歼击机的道路上迈出了可喜的一步。从此,我国结束了不能自行研制高空高速歼击机的历史。尽管歼8飞机在研制过程中历尽波折,但经过多次改进,形成多品种、多用途的系列机型,成为人民空军和海军的主战机种之一,在我国自行研制飞机方面具有里程碑意义。

■由追赶到比肩的跨越

由于历史、经济、技术等多方面原因,我国航空装备发展一度落后于世界,并出现了代差。在相当长的一个时期内,我国的航空装备一直处于追赶状态,直到20世纪90年代初,由于采取"两条腿走路"战略方针,即一方面坚持独立自主、自力更生、自主研发第三代先进战机,另一方面积极引进国外先进技术,并在消化吸收的基础上加以创新,从而实现了航空装备的跨越式发展。

歼10飞机是我国自主研制的第一种第三代战斗机,从立项伊始,中央就明确提出了"独立自主,自力更生,以我为主,自行研制,利用改革开放的大好形势，积极引进先进技术，主要是软技术"的研制指导方针。1986年1月，邓小平批准新型战机研制方案，并以国务院、中央军委联合下发文件批准歼10立项研制，代号为国家重点工程"十号工程"。

然而，歼10研制的难度超乎想象。在歼10新机的设计过程中，我国还缺乏对新一代飞机设计、制造、试飞等技术的预研开发和技术积累，甚至在许多概念上都需要重新构建，尤其是缺乏符合新机研制需要的试验、试制、试飞等多种重要设施。更大的困难是资金问题。而且有人提出，歼10干脆下马，把钱省下来买国外先进飞机更合算。关键时刻，军委副主席刘华清态度鲜明："苏27再好，也是别人家的孩子；歼10无论如何，就是再困难，也要搞下去！"这一决策改变了歼10的命运。

1998年3月23日，我国自主研制的首架第三代战机歼10由雷强首飞成功，实现了我国军机从第二代向第三代的历史性跨越！这使我国成为世界上少数几个能够自主研发第三代先进歼击机的国家，也为后续第四代战机的研制打下坚实的基础。

与此同时，按照中央军委"两条腿走路"的方针，中俄军事合作引进苏27生产线的"十一号工程"也在同步进行。虽然经历了由于苏联解体而面临夭折的险况，但俄罗斯继续履行了苏联时期的合同，使"十一号工程"继续进行。由于进口的部件与原始图纸有很大差异，在具体生产过程中遇到超乎想象的困难，在中航工业各级部门卓有成效的组织领导下，科技人员刻苦攻关，边研究、边设计、边改进，突破了一道道技术难关。一线工人发挥聪明才智，加班加点无私奉献，保证了整个生产流程都按节点完成。

1998年12月16日，我国引进的首款第三代重型战机歼11由付国祥首飞成功！它的诞生，标志着我国的国防力量已实现质的飞跃。

歼15型飞机是我国自主研发的第一种多用途重型舰载战斗机，该机融合了第三代战机的技术，装配鸭翼、折叠式机翼，机尾装有着舰尾钩等，具备舰载机特征，高强度的起落架能够适合舰载战斗机拖曳方式。歼15型战斗机是我国自主研发舰载机的开端，填补了一项国家空白，主要使命是为我国建立一支随航母编队遂行作战任务的舰载机作战力量。

2009年8月31日，歼15型01号飞机首次陆基飞行测试由首席试飞员李国恩首飞成功。2012年11月25日，歼15舰载机首次在"辽宁号"航空母舰上成功完成了起降。歼15型战斗机是航母编队的海空利器，该型机列装后，标志着我海军远海作战能力大幅度提升，是一种国家战略的延伸。

以歼10为代表的三代战机研制成功和苏27飞机项目的成功引进，不仅为人民空军提供了与发达国家比肩的先进装备，更重要的是通过歼10和歼11、歼15等系列三代战机的研制和生产，我国建立起了更加完备的航空工业体系，造就了一批顶级飞机设计师、工程师、试飞专家、科研队伍，撑起了新时期中国航空工业的脊梁，为空海军航空装备成体系发展创造了条件，并为发展第四代战斗机奠定了坚实的基础。

第四代战机代表着当今世界最先进的航空装备。随着中国航空工业体系的不断完善，我国又开始了向研发第四代战机冲击。

2011年1月11日12时51分，试飞员李刚驾驶被誉为"黑丝带"的歼20，在各大媒体镜头的聚焦下，风驰电掣，呼啸而起，冲向蓝天。13时10分，"黑丝带"翩然而返，以优美的姿态轻盈着地。整个过程历时约19分钟。歼20首飞圆满成功，标志着我国已经跨入第四代隐形战机的先进行列。

时隔不久，我国自主研制的另一款隐形战机歼31"鹘鹰"，由首席试飞员李国恩首飞成功，从而使中国成为与美国比肩能同时研制两种隐形战机的国家。

目标：建设世界一流战略空军

随着科技进步，航空武器装备性能不断提升，从而导致战争的形态发生了颠覆性改变。在这一演变过程中，空军的作用已不再局限于战术支援,其潜在的战略功能日益显现。特别是经过海湾战争及科索沃战争,空中力量迅速发展成为主导战争进程和结局的战略力量。这一重大变化促使世界空军强国对空军整体建设作出重大调整,即把空军作为战略力量来建设,重点发展其战略打击、战略投送和空天防御能力,一些发达国家甚至整合航空航天力量并直接组建空天军。

进入 21 世纪,基于世界空军发展趋势和空军在现代战争中的作用,人民空军开始实施战略转型,由一支国土防空型空军向"空天一体、攻防兼备"的战略空军阔步前进。在新中国成立和人民空军创建 70 周年的今天,人民空军以更加自信开放的新姿态,以"实战空军、转型空军、战略空军"的崭新形象进一步展现在世人面前。

2014 年 4 月 14 日,中央军委主席习近平发出加快建设一支空天一体、攻防兼备强大人民空军的伟大号召,并强调人民空军要为实现中国梦、强军梦提供坚强力量支撑,为空军转型进一步指明了方向。当今世界,空天领域已经成为国际战略竞争的新的制高点。因此,由空向天、以天制空,建设一支空天一体、攻防兼备的强大人民空军,是新时代赋予人民空军光荣而艰巨的神圣使命。

按照新战略规划,空军将分三步向战略空军挺进:第一步,到 2020 年基本跨入战略空军门槛,初步搭建起"空天一体、攻防兼备"战略空军架构,构建以第四代装备为骨干、第三代装备为主体的武器装备体系,不断增强基于信息系统的体系作战能力;第二步,进一步构建全新的空军军事力量体系,推进空军战略能力大幅提升,并基本完成空军战略转型,到 2035 年初步建成现代化战略空军;第三步,到本世纪中叶全面建成世界一流战略空军。

空军从诞生那天起,就是一个拥抱蓝天梦想的军种。人民空军从无到有、从弱到强,在实战中锤炼成共和国一支坚实的空中力量。航空工业伴随着新中国的发展,已建立起相对完备的航空工业体系,实现了飞机装备的跨越腾飞,从"小米加步枪"到喷气式,从亚声速到超声速,从一倍声速到数倍声速,从第二代战机到第三代战机,从第四代战机到隐形战机，为空海军提供了重要装备支撑。

　　70 年的回望是一种历史的激励，新起点的展望是一种自信发展的动力。建设一流战略空军至今仍在路上，在实现中国梦、强军梦的航程中，广袤的空天必将留下中国空军飞出的一道道崭新的航迹……

（徐秉君／撰稿）

18 亲历中国在联合国影响力的不断提升

中国与联合国关系的演变

作为第二次世界大战的战胜国,中国是联合国的创始国之一,而且还是联合国的最高权力机构安全理事会的五个常任理事国之一。中共元老董必武就是当年出席联合国成立大会的中国代表团成员之一,有董老亲笔签字的联合国宪章影印件目前就陈列在联合国来访者大厅的显著位置。

无疑,雄踞东亚、幅员辽阔且人口稳居世界第一位的中国在联合国占有十分重要的地位。然而,世人可能并不清楚,中国在多边国际领域的重要地位并不是从一开始就显而易见的。从 1949 年到 1971 年长达 22 年的岁月里,中国在联合国的代表席位一直为台湾当局所霸占,在国际事务上唯美国马首是瞻的台湾当局在几乎所有重大国际问题上都与美国亦步亦趋。

1971 年 10 月 25 日,经过长达 22 年的不懈努力和博弈,第 26 届联合国大会以压倒性多数通过了具有划时代意义的 2758 号决议,决定"恢复中华人民共和国的一切权利,承认她的政府的代表为中国在联合国组织的唯一合法代表并立即把蒋介石的代表从它在联合国组织及其所属一切机构中所非法占据的席位上驱逐出去"。此后,新中国代表在联合国正式闪亮登场,历史翻开了新的一页,中国在国际多边事务中的地位和作用才逐步为世人所认识。

当然,中国在联合国地位的提升也不是一蹴而就的,这也有一个过

1971 年 10 月 25 日，第 26 届联合国大会通过第 2758 号决议，决定恢复中国在联合国的合法席位

程。从 1950 年 11 月中国特派代表伍修权在联合国对美国侵略罪行的控诉，到 1971 年 11 月中国代表团团长乔冠华在联合国大会上的仰天大笑；从 1974 年邓小平在纽约出席第六届联合国特别大会，庄严宣布中国永远不称霸，不做超级大国，到后来历届中国领导人对联合国的访问；从中国代表在安理会威胁使用否决权到偶尔"露峥嵘"，敢于在关键时刻依据《联合国宪章》赋予的权利在安理会投下具有决定意义的一票，中国外交可以说是日臻成熟，对联合国事务的参与越来越深入，在联合国事务中越来越给力。特别是自改革开放以来，中国的综合国力不断提升，在以联合国为中心的多边领域的外交中取得了令人刮目相看的成就。中国作为一个公正无私的、负责任的、爱好和平的大国形象越来越显现出来。中国在联合国多边事务中的影响力与日俱增，地位也越来越重要。2015

年 9 月，中国国家主席习近平对联合国的正式访问和在联合国大会上的发言，标志着中国正在大踏步地登上以联合国为中心的国际舞台，开创了中国参与并逐步引领国际潮流的新时代。

从 20 世纪 80 年代到 21 世纪初，笔者先后在外交部、常驻联合国代表团和联合国总部秘书处工作近 20 年，见证了中国在联合国地位和影响力的不断提升。

中国在安理会威胁使用否决权的威慑效应

笔者亲自参与的一个典型案例是 1992 年关于利比亚问题的安理会磋商。那时，美、英、法 3 国一口咬定利比亚卡扎菲政府策划并实施了 1988 年发生在英国洛克比的空难和法航爆炸案，为此大力推动在安理会通过决议，对利比亚实施严厉的惩罚性制裁。当时美、英、法并未拿出令人信服的证据，有 1/3 的安理会成员认为美、英、法对利比亚的指控还不足以构成对利比亚实施制裁的合法依据，安理会内部不同意见频现。中国时任常驻联合国代表是李道豫大使，笔者是参赞。从维护国际法权威、主持公道和正义出发，我们坚决反对国际恐怖主义行径，但不赞成安理会仓促通过美、英、法起草的决议草案，并在非正式磋商中对决议草案提出了不少修正意见。其间，安理会举行的多轮非正式全体磋商一直不能取得一致意见，由 5 个常任理事国的大使和参赞参加的 5 国小范围核心磋商也难以达成共识。

由于安理会内部分歧严重，美、英、法对利比亚的指控缺乏坚实的法理依据，我们据此向国内建议，如果提案国不接受我们的修正意见，在证据不足的情况下强行推动安理会表决包含制裁内容的决议草案，中国可投反对票。这个建议获得国内批准，外交部称之为一次重大的外交行动。中国反对决议草案的风声一出，西方三国傻了眼。以美国常驻代表皮克林为首的提案国代表几次主动约见李大使，几乎是用请求的口吻要求李大使重新考虑中国的投票立场。在难以得到中方正面回应的情况下，皮克林几乎哀求李大使，说美国理解中方对决议内容的关切，并不奢求中国支持,只要中国弃权,不阻挠决议通过,就是对美国的最大支持。中国的一句话产生了巨大的威慑效力,使一向趾高气扬的美国佬坐卧不安。我本人参与了磋商的全过程,此情此景,至今记忆犹新。

后来,形势发生了变化,综合考虑并权衡利弊之后,国内决定适时调整对策,指示代表团改投弃权票。中国的投票态度虽然有所调整,但中国的举动已经引起各国的重视,我们主持正义的声音已经传遍了世界。中国的一次威胁使用否决权的举动就把超级大国美国搞得忐忑不安,几乎乱了阵脚,可以说,我们的目的已基本达到。在得知中国将不再阻挠安理会通过决议后,美、英、法代表如释重负,在后续磋商中,他们不得不认真考虑中国和其他理事国的修正意见,决议草案最终以10票赞成、5票弃权的微弱多数得以通过,成为联合国安全理事会第748〔1992〕号决议。

另一个有意思的案例是1996年至1997年间安理会审议联合国驻海地特派团的延期问题。当时,由于海地执意要和台湾发展关系,中国认为海地的做法严重背离了联合国大会2758号决议的精神,破坏了两国在联合国合作的政治基础。鉴于联合国驻海地特派团延期问题已变得不那么紧迫,在威胁使用否决权的情况下,中国在联合国巧做文章,几经折冲周旋,最后成功迫使海地当局公开承认了错误。

中国投否决票的典型案例

否决权是《联合国宪章》赋予常任理事国的权利。在联合国历史上,除中国之外的其他4个常任理事国使用否决权次数都很多,少则几十次,多则上百次。否决权不便多用,但也绝对不是不能用。中国是负责任的大国,虽然否决权被认为是综合国力的重要组成部分,但对行使这个权利历来慎之又慎,是投否决票最少的常任理事国。

这里讲一个笔者目睹的典型案例。

1997年初,由于中美洲的危地马拉长期与台湾维持"外交关系",并每年在联合国联署所谓要求台湾"重返"联合国的提案,中国果断地否决了安理会关于向危地马拉派遣联合国军事观察员的决议草案。

当时,为了监督危地马拉和平协定的实施,危地马拉急切希望联合国军事观察员入驻。中国虽然支持危和平进程,但危地马拉与台湾的关系以及执意邀请台湾代表参加和平协定签字仪式的做法严重破坏了中危在联合国合作的政治基础,对中国支持其和平进程的努力造成严重障碍。中国多次向危及有关国家表明立场,要求危方撤销对台湾的邀请、停止支持台湾"重返"联合国的活动,但危方对中方敷衍应付,错误地认为中国不敢来真的,继续一意孤行。在多方交涉无果的情况下,中国顶住多方压力,在那年初举行的安理会会议上果断地行使了《联合国宪章》赋予的权利,一票否决了向危地马拉派驻联合国军事观察员的决议草案。当中国常驻联合国代表秦华孙大使高高地举起右手对决议草案表示反对时,安理会大厅内一片肃静。一个平时多以温良恭俭让形象示人、即使有不同意见也往往选择弃权的中国,突然间变得高大坚强起来,勇敢地站到了世界的聚光灯下,这是多么让世人震惊!

在显示力量的同时,中国外交也有理有利有节,在斗争中采取了两手准备,对事态的后续发展留有余地,对问题的解决仍敞开大门,明确表示如果危方确有诚意,能采取行动排除障碍,中国还是愿意重新考虑在这个问题上的立场的。后来的事态发展完全证明了中国当时做法的正确性。

这次否决是 1973 年至 1997 年 20 余年间中国代表投下的唯一一张反对票。此后的 10 余年间,在马其顿、缅甸、津巴布韦、叙利亚等几个重大国际问题上,中国又陆续单独或与俄罗斯一起行使了《联合国宪章》赋予的否决权。它向世人表明:中国是一个认真负责的大国,在涉及维护《联合国宪章》和捍卫自己核心利益问题上,中国的立场是坚定不移的,中国人说话是算数的,决不会犹豫含糊。尽管中国的这一举动让一些人感到惊讶,甚至遭到少数西方国家的非议,但这次光荣的"孤立"让世界清楚地看到了中国的决心和力量,任何重大国际问题的解决都绕不开中国的同意和参与,中国在联合国的分量显得实实在在,影响力也更加大了。

香港回归在联合国秘书处引起的反响和震动

1997 年 7 月 1 日，是香港回归祖国的大好日子。此前，我把一张迎接香港回归的大幅彩色海报挂在办公室与楼道相隔的毛玻璃墙上，非常醒目，路过的人都可以看到。作为联合国官员，我经常在办公室会见一些前来拜访的各国外交官，磋商公务之余，他们一般都会和我拉拉家常、套套近乎。香港回归前后，他们无一例外地都对那张醒目的海报感兴趣，对香港得以顺利回归一事大加赞叹，认为这是中国外交的胜利，是中国国力日渐强盛的真实反映。有一位来访的印度参赞的话很有代表性。他对我说，如果不是中国已经发展壮大到令英国人也感到害怕的地步，他很难想象老牌的大英帝国会同意把香港拱手相让。英国"铁娘子"是傲慢的，但也是识时务的。中国不是阿根廷，现在的中国与百年前软弱的清政府已完全不同，英国人无奈但也聪明，很清楚它在力量对比和法理上都不是中国的对手，只能选择体面地退出。好在中国的邓小平先生大有君子之风，考虑到"铁娘子"要保全颜面，邓先生慷慨地给了她一个台阶下（指"一国两制"），虽然并非是个皆大欢喜的结局，英国人也该知足了。他认为，香港回归将作为 20 世纪最重要的大事记载于史册。

这张海报也引起了联合国秘书处许多官员和秘书的兴趣。这些来自世界各国的秘书处人员，有我的上司，更多的是我的同事和秘书。在香港回归前后，他们有的专程登门来访，有的在路过我办公室门口时会善意地进来打个招呼，有的希望和我深入探讨香港问题的来龙去脉，有的询问北京将如何对待回归后的香港，等等。有一共同点是：他们对中国及香港问题都很感兴趣，秘书处的同事们多次就香港回归一事向我表示祝贺。由于知道我是来自中国政府的借调人员，他们好像以为我就能代表中国一样！

以上所述只是一个特定时期的一件小事，但它从侧面反映出联合国秘书处对中国事务的关心程度确实提高了。过去默默无闻的中国进入了人们的视野，并逐渐成为世界新闻媒体关注的中心，中国在联合国秘书处成了人们谈论的焦点话题，我们这些来自中国的国际公务员当然也更加扬眉吐气了。

中国参与联合国维和行动日渐深入

《联合国宪章》并没有明确提及"联合国维持和平行动"一词，只是在第六章和第七章中分别赋予安理会以和平方式或强制手段解决国际争端的权力。根据二战后联合国维和事务逐渐增多的新情况，联合国第二任秘书长哈马舍尔德创造性地将维和行动解释为《宪章》的"第六章半"，即介乎和平与强制手段之间的一种干预形式。维和行动是联合国与时俱进的产物，是在联合国安理会授权下由联合国主导的以军事介入或军警结合等多种形式开展的维持和平行动，主要用于协助解决地区冲突、监督停火、保护平民、监督选举、实施人道救援等多方面任务。由于其本身具有"消防救火"的性质，联合国维和行动自始至终充满了严峻的挑战和危险。

中国对联合国的维和行动有一个逐步认识、审慎对待、从有限参与到积极支持的发展过程。中国自 1989 年开始参加联合国维和行动以来，迄今已成为联合国派遣维和部队较多的国家之一。20 多年来，中国已先后参与联合国 24 项维和行动。在联合国目前全球现有的 16 项维和行动中，中国正在参加的就有 9 项。中国参与联合国维和使命的人员曾经或正活跃在纳米比亚、科威特、柬埔寨、刚果（金）、东帝汶、科索沃、利比里亚、海地、南苏丹、中东等国家和地区。

中国的积极参与得到了国际社会的普遍好评，中国参与联合国维和行动人员的高素质和示范作用更是多次得到联合国的赞扬，联合国几次将维和勋章授予表现突出的中国军人和维和警察。中国维和人员的贡献表明中国履行其肩负的国际责任的能力正在不断提高，中国协调发展中国家关系的作用显著增强，表明中国是维护世界和平与稳定的积极因素和坚定力量。中国在国际维和使命中发挥着示范性作用，联合国希望中国在未来的维和行动中能发挥更大的作用。

2015 年，在出席联合国成立 70 周年系列峰会期间，习近平总书记宣布中国将加入新的联合国维和能力待命机制，决定率先组建常备成建制维和警队，并建设 8000 人规模的维和待命部队。中国是安理会常任理事国中参加国际维和任务人数最多的国家，中国政府的庄严承诺得到了国际社会的广泛赞许和欢迎。随着参与联合国维和行动力度和广度的加大，中国在国际维和事务中发挥的作用无疑将越来越大。

中国在联合国秘书长选举问题上发挥了至关重要的作用

1981 年，已担任两届联合国秘书长的奥地利人瓦尔德海姆宣布竞选连任。但发展中国家普遍认为，联合国秘书长职务不应一直由欧洲人担任，并联合推荐时任坦桑尼亚外交部部长的萨利姆竞选联合国秘书长。

瓦、萨两位候选人同中国都有良好的关系，但问题是这次已经不仅仅是简单的两人之间的竞争。随着国际形势和联合国内外形势的深刻变化，在联合国成员中占大多数的发展中国家认为不能继续容忍超级大国操纵秘书长人选的局面继续下去。他们期待中国的支持，期待中国在这个问题上主持公道，有所作为。

中国认为，自联合国成立以来，在担任过秘书长的 4 人 (挪威的赖伊、瑞典的哈马舍尔德、缅甸的吴丹、奥地利的瓦尔德海姆) 当中，仅有 1 人来自亚洲，其他 3 人均来自欧洲，这同联合国会员国的组成和第三世界国家在联合国所起的作用相比，极不相称。据此，中国认为下一任秘书长来自非洲是合情合理的，决定坚决支持第三世界国家这一合理诉求。

为了确定新任秘书长的人选，在长达 20 天的连续 16 场马拉松式的摸底投票 (安理会的这种摸底投票是在非正式的闭门磋商中进行的，常任理事国的反对票实际上构成否决，但不同于安理会正式会议上的投票，所以并不计入安理会的否决记录) 中，美国连续 16 次否决了萨利姆 (萨利姆在 1971 年联大恢复中国在联合国合法席位时，同第三世界其他国家代表一道欣喜若狂，情不自禁地在联合国大会堂跳起舞来，美国对此一直耿耿于怀)。中国也针锋相对,连续16次否决了瓦尔德海姆。双方僵持不下,先后迫使瓦尔德海姆和萨利姆退出竞选。为了打破僵局,各方进行了大量磋商,最后安理会常任理事国终于达成妥协,同为发展中国家的拉美国家秘鲁的常驻联合国代表德奎利亚尔大使被安理会推荐为新的候选人,并在随后举行的联合国大会上被顺利推选为第五任联合国秘书长。

中国主持公道的坚定立场得到了发展中国家代表和新闻媒体的高度赞扬,他们一致认识到中国才是发展中国家的真正朋友。中国的这次发力也深深冲击了西方大国在联合国的霸权和垄断地位。西方媒体指出,以美国为首的西方大国受到了一次深刻的教育,西方应认真对待正在羽翼丰满的中国,认为中国的这次"惊人之举"标志着中国外交已开启了一个值得各方关注的新阶段。

在此后的几届联合国秘书长改选过程中,身为安理会常任理事国的中国都发挥了至关重要的作用。特别值得一提的是在1996年联合国秘书长换届问题上,在美国否决第六任秘书长埃及人加利连任的情况下,中国坚定地捍卫非洲国家的权益,坚持继任的秘书长理应来自非洲,从而打消了西方大国意在从发达国家另谋人选的企图。经过反复较量,支持非统国家主张的意见占了上风,最终为时任主管联合国维和行动部的副秘书长加纳人科菲·安南问鼎联合国秘书长一职敞开了大门。

非洲人在这个问题上的胜出,也是中国在多边外交上的又一次胜利。

中国会费比额增加是综合国力大幅提升的客观反映

近年来,中国在联合国的会费经历了几次大幅增长,目前的会费额度已达历史新高7.921%,成为继美、日之后的第三大会费国。

怎么来看待这个现象呢?回顾一下历史,答案就清楚了。

自恢复在联合国的合法席位以来,中国的联合国会费经历了先涨后跌再涨三个阶段。1971年恢复联合国合法席位时,出于政治方面的考虑,中国还是按照台湾当局当时4%的额度水平交会费。1974年,在联合国会费调整中，中国 4% 的会费比额增加到 5.5% 的历史高点，这一额度一直延续到 1979 年。但是，基于联合国会费可支付能力原则（一个综合计算某国经济总量及人均支付能力的复杂公式），这远远超过了中国作为一个人口众多但发展水平较低的国家应分担的会费额度。在中国强力要求下，其后 20 多年里，联合国会费委员会对中国的会费额度进行了几次大的调整，至 1995 年，达到了历史最低点 0.72%。此后，经过十几年的改革开放，中国经济发展初见成效，国家经济实力大增，加之香港回归，中国的会费比额随之触底反弹，进入一个逐步回升的过程，从 20 世纪末的不足 1% 上升到 2010 年的 3.189%、2014 年的 5.15%，直到今天的 7.921%。

会费比额的增加不仅意味着这个国家国际义务的增加，更切切实实地说明这个国家实力雄厚，有能力有资格在联合国诸多领域扮演更为重要的角色。它是中国国力日益增强在国际制度层面的客观反映。中国目前已成为世界第二大经济体，这就决定了中国需要更多地分摊联合国会费和维和摊款，这是一个国家发展壮大在联合国财政问题上的显著体现，是中国国际影响力大幅提升的重要标志，也是中国应尽的国际义务。

中国在联合国等国际组织机构中任职人员
数量和位置的变化与提升

一个国家在联合国的地位是由多方面因素决定的，最关键的当然是这个国家的实力、对外政策、朋友多寡及其在联合国重大问题上的介入程度和实际发挥的作用。这些是核心因素，这个重任只能由这个国家的政府及其派出机构来承担。

另外，联合国秘书处内部普遍认为，一个国家的公民在联合国秘书处任职的多寡，特别是其职位的高低和重要程度，能直接折射出这个国家对联合国秘书处的影响力，可以间接用来衡量这个国家在联合国享有的威望以及在国际事务中的总体分量。这是个不成文的但被普遍接受的

"潜标准"。

在联合国人事领域，由于历史、文化、教育等多方面原因，中国在联合国秘书处任职的人员数量和职务一直明显低于西方大国，甚至还不如一些传统人才输出国。在秘书处任职的中国人总数不算少，但多数在语言、技术、服务等边际化部门，而在联合国实质性部门工作的中国人比重很小，担任高级职务者更是凤毛麟角。

近几十年来，随着中国国力的不断提升，中国人在联合国秘书处的任职状况已有了明显的改善。潘基文担任联合国秘书长以后，联合国总部的中国籍副秘书长已从原来的技术合作和大会事务部调任实质性部门经社部。在其他多边国际机构的高层，中国面孔也越来越多，较为人熟知者有世界卫生组织（WHO）总干事陈冯富珍、国际电讯联盟（ITU）秘书长赵厚麟、联合国开发计划署（UNDP）助理署长兼亚太局局长徐浩良、联合国工发组织（UNIDO）总干事李勇等。当然，由于诸多因素的制约，中国人在国际机构任职的人数和职务与中国目前的国际地位还有差距。我们应继续努力创造条件，让更多的中国公民进入联合国等多边机构工作，并争取拿到更多的高级别位子。这与中国的总体外交目标是一致的，对提升中国在以联合国为中心的多边外交领域的影响力也是有益的。随着中国实力的不断增强，会费比额的大幅提升，中国公民在联合国等国际机构任职的前景一定会越来越光明。

与联合国合建共赢的新伙伴关系

中国国家主席习近平在联大《携手构建合作共赢新伙伴，同心打造人类命运共同体》的演讲中指出，中国在联合国中的一票，永远属于发展中国家。习近平主席同时宣布，为了支持联合国工作，促进多边合作事业，为世界和平与发展作出新的贡献，中国将设立为期10年、总额为10亿美元的中国与联合国和平发展基金。中国与联合国全方位的合作将使我们的世界变得越来越美好。联合国与中国密不可分。中国对多边外交事务的积极参与无疑将使联合国和整个国际社会受益；在这个过程中，中国自身的价值和地位得到了提升，中国对国际事务的综合影响力也得以持续扩大。这种合作共赢的新型关系一定会不断发展并取得更大的成绩。

(万经章／撰稿)

19 "枫桥经验"：毛泽东、习近平跨世纪的共同关注

什么是"枫桥经验"

1963 年 11 月，一个立足于把社会矛盾解决在基层和萌芽状态的"枫桥经验"，因毛泽东的亲自关注和推广，引发全党全社会的高度重视，从此在全国社会治安综合治理领域树起了一个创新党的群众路线思想方法和工作方法的先进典型。

2003 年和 2013 年，在毛泽东批示、总结、推广"枫桥经验"40 周年和 50 周年之际，习近平分别对新时期如何认识"枫桥经验"的时代意义、进一步创新发展"枫桥经验"的时代内涵作出重要批示，提出"把学习推广新时期'枫桥经验'作为加强社会治安综合治理的总抓手"。他还不断对坚持和发展"枫桥经验"作出许多重要指示，使"枫桥经验"在新的历史条件下创新发展有了更加深厚的社会影响力和长久的生命力。

"枫桥经验"为何具有如此巨大的影响力和时代魅力？它到底是个什么样的经验？

"枫桥经验"诞生在浙江省绍兴市诸暨县（今诸暨市）一个叫枫桥的地方。因充分地发挥了基层党组织与普通群众的双重作用，通过"评审和说理"的方法，妥善地处理了一系列尖锐复杂的社会矛盾，甚至把一些可能演变成敌我矛盾的人民内部矛盾妥善地解决在基层、解决在萌芽状态。从此，一个被称为"枫桥经验"的社会治安综合治理经验诞生。

"枫桥经验"认识问题和解决问题的着眼点是，面对基层出现的复杂而尖锐的矛盾甚至"破坏活动"怎么办？基本方法是，"发动和依靠群

众"，"做群众工作，组织群众，动员群众，教育群众"，采取"评审和说理"的方法；根本目的是，化解矛盾，解决尖锐复杂问题，特别是"制服敌人"，并且"把他们中间的绝大多数改造成新人"。

要搞清楚"枫桥经验"的生命力为什么会如此长久，为什么会引起毛泽东、习近平如此高度重视，我们可以从历史和现实的双重视角，找到其中的答案。

毛泽东为什么会关注"枫桥经验"

"枫桥经验"，是从基层党组织和干部群众的日常工作中诞生的创新经验，特别是基层群众创造的鲜活经验，是党的群众路线的思想方法和工作方法在基层的生动体现。毛泽东特别看重的，也正是这一点。

这个经验是在什么样的历史背景下产生的呢？毛泽东为什么一下子就抓住了这个典型，并如此关注，不仅要求在全国人大代表范围内知晓，还要向全社会推广？搞清这些问题，首先要了解当时毛泽东和党中央在思考和关注哪些重大问题。

20世纪60年代初期，毛泽东特别重视下基层调查研究，重视基层创造的社会主义建设新鲜经验。这一时期，他不断走出办公室，有时离开北京好几个月，到各地搞调查研究。

就在批示总结推广"枫桥经验"之前，他刚刚从湖北、湖南、江西、浙江、上海等地调研、视察回来。1963年11月12日，在回北京的途中，专列停靠天津时，他还请河北省委的负责同志来谈话，了解河北当地的情况。谈话中，他根据自己的一些体会强调，领导干部不能光坐在办公室看文件，要下去搞调查研究，有些工作要学会搞试点，要接受各地创造的好经验。在谈到如何搞社会主义教育运动时，他提出，必须走群众路线，领导干部要下去蹲点，要善于抓住"典型材料"。在谈到如何对待那些犯了错甚至严重错误的人时，他还特别提出：人有错是可以改的，对那些犯错误的人，只要诚恳承认错误，坚持改正，群众会原谅的；除罪大恶极、血债严重，群众不答应的以外，贪污这一条能改就照常使用，严重的调离使用也是必要的,还可以劳动改造。

有关资料表明,毛泽东最早对"枫桥经验"感兴趣,始于1963年11月21日晚上汪东兴的汇报。汪东兴当时任公安部副部长、中央办公厅警卫局局长,受部长谢富治委托,他先向毛泽东口头汇报了谢富治代表公安部准备在第二届全国人民代表大会第四次会议上作发言用的稿子的主要内容。这篇发言稿题为《依靠广大群众,加强人民民主专政,把反动势力中的绝大多数改造成为新人》,有6000字左右。毛泽东接过发言稿,一看题目,立即产生兴趣,说:题目很新鲜,既然拿来了,我还是看看。没想到,这一看,其中讲到的"诸暨县的经验"(即"枫桥经验")引起了毛泽东的高度关注。

第二天一早,他一口气读完后,在发言稿上作了重要批示:

富治、彭真同志:此件看过,很好。讲过后,请你们考虑,是否可以发到县一级党委及县公安局,中央在文件前面写几句介绍的话,作为教育干部的材料。其中应提到诸暨的好例子,要各地仿效,经过试点,推广去做。

同时批给彭真,是因为彭真担任中共中央政治局委员、中央书记处书记、第二届全国人大常委会副委员长。

写完批示,毛泽东意犹未尽,又把汪东兴找来谈话。据汪东兴回忆,毛泽东在谈话中多次谈到"诸暨的好例子""诸暨的经验",讲了这样一些意思:

对诸暨的经验,你们要总结一下,搞个千把字的材料,回答两个问题:(一) 群众为什么懂得要这样做;(二) 证明依靠群众办事是个好办法。

毛泽东还说:"你们公安部最重要的一条,就是如何做群众工作,组织群众,教育群众……从诸暨的经验看,群众起来以后,做得并不比你们差,并不比你们弱,你们不要忘记动员群众。""诸暨的经验,要好好总结一下,整理一个材料,先发这个发言,后发诸暨的,材料要短一点,长了没人看,短了就有人看。你们经常要蹲点,做这个工作。"

毛泽东还特别提到：这个经验材料，不仅人大代表要了解，四级干部也要教育。

在毛泽东审阅的这篇发言稿中，每个部分都列举了不同的经验事例，而毛泽东敏锐地发现了其中的"诸暨的经验"，即"枫桥经验"，不仅专门对此作出重要批示，而且进一步找有关方面同志来谈应该如何总结推广，作出详细、周到的部署。"枫桥经验"，正是在毛泽东的发现、关注、批示、部署、推广下，应运而生的。

"枫桥经验"是毛泽东推广的系列基层工作经验之一

■毛泽东治国理政的一个重要方法

推广"枫桥经验"，是毛泽东发现、总结、推广一系列基层创新工作经验的一个重要实例。新中国成立后，在探索符合中国实际的社会主义道路过程中，毛泽东善于抓住基层工作中创造的一些典型事例，发现、总结、推广了一系列鲜活的基层工作经验。

比如，对于大城市的接收和管理。1950年春，新中国刚成立不久，上海这样的大城市面临社会秩序比较混乱，敌特活动表面化，税收、公债政策受到攻击，劳资关系紧张，人心浮动等严重局面。在这种极困难的形势下，毛泽东及时发现并推广了"上海打退四月危机的经验"：调整公私关系，实行公私兼顾政策；改善劳资关系，照顾双方利益；适当减少税收；救济失业工人；开展自我批评，纠正工作中的缺点；等等。他把陈毅关于上海工作的综合报告转发全国，并写道："上海打退四月危机的经验及目前采取的各项政策，是各地大城市党委值得研究的，请将此项报告转发各主要城市党委研究。"

比如，对于克服刚刚执政就在党内滋生起来的腐败现象和官僚主义问题。1951年，毛泽东推广了"东北经验"。新中国成立之初，面临抗美援朝战争、镇压反革命运动和恢复生产等艰巨任务，东北局创造了反贪污蜕化、反官僚主义运动的经验，主要做法是"开展一个群众性的民主运动"，"首长负责、亲自领导"，"真正把群众发动起来"，"加强思想领导，提高群众的积极性"，"争取群众，使坏分子孤立"，"不断地研究新的问题与经验"，"深入检查，及时反映情况"等。毛泽东将东北局的报告转发全国，要求党政军各级领导重视"东北的经验"，"在此次全国规模的增产节约运动中进行坚决的反贪污、反浪费、反官僚主义的斗争"。

比如，对于新中国如何在百废待兴中迅速发展生产的问题。1951年，毛泽东又推广了"新疆军区经验"。这一经验产生于解放军在实行土地改革和生产计划中，军队党员干部帮助当地农民组织集体农庄，利用军队集体劳动的经验，集中屯垦经营大农场。毛泽东认为，"利用军队集体劳动的经验，试办十个农民的集体农庄的计划，这个计划很好"。他立即提出"已将每省试办一个或几个集体农庄"的经验写入中央"即将发出的关于发展农业互助合作的决议草案里"。他还要求在试行中"随时总结经验报告中央"。

比如，对于在中国农村如何建设社会主义。1955年，为探索中国农村解放和发展生产力的基本途径和做法，毛泽东集中总结并亲自推广了一大批各地搞农业合作化的经验。他亲自主持编辑《中国农村的社会主义高潮》一书，"用十一天的功夫，关了门，看了一百二十几篇报告、文章"。他特别看重来自全国各省、自治区、直辖市基层的典型材料，认为"这些材料很有说服力"。而恰恰就在主持编辑这本汇总基层经验的集子时，他还专门关注了浙江省慈溪县岐山乡五洞闸合作社的经验，称这是一个"了不起的事例，应当使之传遍全国"。他亲自为这本书写了104篇按语，并反复修改补充完善。《中国农村的社会主义高潮》一书于1956年1月公开出版。

这样的例子还有很多。新中国成立后，毛泽东等人一边探索建设社会主义的路子，一边总结并推广基层创造的典型经验。到1956年，毛泽东从总体上深入思考中国社会主义建设的基本经验，并发表了《论十大关系》。正如他在《十年总结》中所说的："前八年照抄外国的经验。但从一九五六年提出十大关系起，开始找到自己的一条适合中国的路线。"虽然毛泽东这里说的是 1956 年前在总体上"照抄外国的经验",但是,无论之前还是之后,毛泽东在各个方面都特别注意总结我们自己探索和创造出的新鲜经验,并加以推广。

1956 年以后,毛泽东更加注重发现和推广方方面面的基层创新经验。比如,1958 年在生产上发动"大跃进"运动的同时,毛泽东也在思考农业生产组织形式的变革问题,他关注到河南省遂平县嵖岈山卫星农业社的经验,要求红旗杂志社派人下去调查。后来写成的《嵖岈山卫星人民公社的试行简章(草案)》,经毛泽东亲自修改定稿。尽管产生这样的经验有着当时的历史局限,却真实地反映了毛泽东对基层干部群众创造性探索的高度关注。又比如,1958 年夏他到河南新乡、襄城、长葛、商丘等地视察,特别肯定了新乡县七里营"人民公社"的名称和经验。这里需要说明的是,"人民公社"的名称,就是新乡县七里营人到浙江诸暨县农场参观受到启发后所创。因毛泽东的肯定,"人民公社"的名字立即传遍全中国。再比如,进入 20 世纪 60 年代以后,毛泽东还在工业领域推广了鞍山钢铁公司有关技术革新和技术革命的经验,称之为"鞍钢宪法",由此"鞍钢宪法"闻名于世。

可以说,关注、总结基层特别是人民群众创造的各种好的经验,将其上升到具有普遍意义的高度进行推广,以推动各地的工作,这是毛泽东治国理政的一个重要方法。

■对"枫桥经验"批示的特殊考量

毛泽东对"枫桥经验"的热切关注和着力推广,也反映了他当时对如何正确处理人民内部矛盾、如何化消极因素为积极因素等重大问题的深入思考。在社会主义建设过程中,一些干部习惯于按照革命时期的经验办事,用类似处理敌我矛盾的办法处理罢工、罢课事件以及基层出现的一些复杂矛盾问题,进一步造成了矛盾激化。这种情况,引起毛泽东的重点关注。毛泽东认为,在处理人民内部矛盾方面,不能脱离群众,不能滋长官僚主义作风。比如,他把工人罢工、学生罢课这一类问题产生的根源,归结为官僚主义。他在一次中央全会上曾经以县一级出现的问题为例,严肃批评过这类现象:"县委以上的干部有几十万,国家的命运就掌握在他们手里。如果搞不好,脱离群众,不是艰苦奋斗,那么,工人、农民、学生就有理由不赞成他们。我们一定要警惕,不要滋长官僚主义作风,不要形成一个脱离人民的贵族阶层。谁犯了官僚主义,不去解决群众的问题,骂群众,压群众,总是不改,群众就有理由把他革掉。"

对基层特别是广大农村基层出现的矛盾和问题,毛泽东的基本思路是根据实际情况,充分发扬我们党的优良传统和作风,通过走群众路线来解决。因此具有典型作用和普遍意义的"枫桥经验"一经出现,毛泽东认为值得从中央层面进行大范围推广。

在毛泽东对"枫桥经验"的批示中,至少包含五层意思。

一是特别地加以肯定:"很好。"

二是不能只在小范围讲,要让更大范围知晓,尤其要让全国的基层特别是基层党组织和公安机关知道:"讲过后,请你们考虑,是否可以发到县一级党委及县公安局。"

三是要从中央层面专门为此作宣传推广:"中央在文件前面写几句介绍的话。"

四是基层创新的一些好的典型经验,要成为全党干部的生动教材,让各地效仿:"作为教育干部的材料。其中应提到诸暨的好例子,要各地仿效。"

五是各地在学习这些经验时,一定要结合本地实际,先试点取得切合实际的效果后,再进一步推广:"经过试点,推广去做。"

这五层意思,反映了毛泽东在社会主义建设时期发现、总结并推广来自基层、具有典型意义的创新经验的基本思路。从这五层意思中,我们既看到一个真正的马克思主义者的实践观、群众观、思想方法和工作方法,又看到一个伟大的战略家在社会主义建设道路上的深入探索和深远思考。

正式推广"枫桥经验",是中央以几份材料集中印发的方式下发各地。这些材料包括：毛泽东批示的谢富治在二届全国人大四次会议的发言稿（谢富治的发言稿在毛泽东批示后，彭真帮助作过两次修改）；谢觉哉、张鼎丞在二届全国人大四次会议的发言稿（他们讲的也是如何在复杂斗争形势下依靠群众的问题）；浙江省委批转的《诸暨县枫桥区社会主义教育运动中开展对敌斗争的经验》（这是根据毛泽东的批示和建议，由公安部会同浙江方面专门整理出来的一个有关"枫桥经验"的材料）。上述几份材料，中共中央于 1964 年 1 月 14 日一并下发各中央局和各省、自治区、直辖市党委。

毛泽东对"枫桥经验"如此关注和重点推广，关键是因为这一经验既体现了基层党组织的组织领导，也体现了人民群众的集体智慧，经过基层干部群众的思想政治工作和教育转化工作，把问题解决在基层，把矛盾解决在基层，特别是把可能成为尖锐冲突的"敌我矛盾"问题，解决在基层，创造了一个解决人民内部矛盾的"很好的典型"。

习近平高度关注"枫桥经验"的创新发展内涵

自"枫桥经验"产生后，几十年间不断在社会实践中巩固、检验、创新、发展，历久弥新，至今仍然具有极强的现实意义和实践价值。特别是 2003 年以后，习近平对"枫桥经验"的创新发展给予高度关注，多次作出指示、批示，并亲自总结提升新的历史条件下"枫桥经验"的时代内涵，"枫桥经验"也进入创新发展的新时期。

中共十八大以来，习近平进一步对"枫桥经验"的时代意义给予充分肯定。2013 年，在毛泽东批示推广"枫桥经验"50 周年之际，习近平明确指出："各级党委和政府要充分认识'枫桥经验'的重大意义，发扬优良作风，适应时代要求，创新群众工作方法，善于运用法治思维和法治方式解决涉及群众切身利益的矛盾和问题，把'枫桥经验'坚持好、发展好，把党的群众路线坚持好、贯彻好。"习近平特别强调，50 年来，由基层干部群众创造的"依靠群众就地化解矛盾"的"枫桥经验"，"根据形势变化不断赋予其新的内涵，成为全国政法综治战线的一面旗帜"。

进入新时代，到底如何看待"枫桥经验"，如何理解"枫桥经验"创新发展内涵的要点呢？

■ 50 多年来，"枫桥经验"包含着变与不变的辩证法

"枫桥经验"，有着穿越历史时空的深远意义，更有着创新发展的时代内涵。"枫桥经验"的生命力，恰恰体现在它与时代同步发展的"新鲜内涵"和鲜明的时代特征中。

对 20 世纪 60 年代创造的"枫桥经验"的基本内涵，习近平在 2003 年纪念毛泽东同志批示"枫桥经验"40 周年暨创新"枫桥经验"大会上的讲话中就作过清晰的概括。他说："诸暨市枫桥的干部群众在社会主义教育运动中创造了'发动和依靠群众，坚持矛盾不上交，就地解决，实现捕人少、治安好'的'枫桥经验'。"这里说的就是"枫桥经验"的基本内涵和基本精神。因此，他特别强调要"始终坚持'枫桥经验'的基本精神不动摇"。正是在"枫桥经验"这一不变的基本内涵上，习近平说，经毛泽东同志亲自批示"要各地仿效，经过试点，推广去做"后，"'枫桥经验'成为全国政法战线的一面旗帜"。他在向《人民日报》推介"枫桥经验"时，也是在"枫桥经验"基本内涵上概述了几个关键性的"坚持"：一要坚持统筹兼顾，治本抓源；二要坚持强化基础，依靠群众；三要坚持完善制度，注重长效。也就是说，不管在任何时期，抓住这些根本点，就抓住了"枫桥经验"的实质。

基本内涵不变，并不等于停滞不前，还要随着历史条件和形势的变化而不断丰富发展。因此习近平也特别强调，要"根据形势的变化，不断丰富和发展'枫桥经验'，赋予其新的时代内涵，使'枫桥经验'与时俱进，显示出持久的生命力"。对"枫桥经验"随着时代不断发展变化的新内涵和新生命力的一些体现形式，习近平也作过梳理，如：20 世纪 60 年代中期和 70 年代初期，枫桥创造了依靠群众改造流窜犯、帮教失足青年的成功经验；十年动乱结束后，枫桥在全国率先给"四类分子"摘帽，为全国范围的拨乱反正提供了范例；中共十一届三中全会以后，枫桥坚持

专群结合、群防群治，预防化解矛盾，维护社会治安，成为全国社会治安综合治理的典型；中共十五大以来，枫桥适应社会主义市场经济加快发展的新形势和新要求，坚持统筹兼顾、协调发展，突出以人为本、服务群众，注重德法并治、创新方法，走出了一条经济繁荣、社会稳定、人民安居乐业的新路子。从这些梳理中，我们可以清晰地看出"枫桥经验"与时俱进的时代特征。

可见，创新发展"枫桥经验"，既要把握其基本精神，又要充分考虑到工作对象、工作环境、工作方式等的不断变化，随着时代的发展不断创新发展工作内容、工作途径、表现形式等。正如习近平所提出的："适应改革发展的新形势，不断探索新途径，创造新形式，建立新机制，充实'枫桥经验'的新鲜内涵。"如何把握"枫桥经验"创新发展的方向，习近平也提出了"四个必须"的着眼点：必须着眼工作大局，在统筹发展中丰富新鲜内涵；必须营造法治环境，在依法治理中取得明显成效；必须相信依靠群众，在执政为民中践行根本宗旨；必须建立长效机制，在完善制度中实现长治久安。

在"枫桥经验""不变"与"变"的辩证法中，"不变"，是指这一经验的基本内核的永恒性，即在任何时代条件下，"枫桥经验"的基本精神或实质内涵都包含着"发动和依靠群众"，"小事不出村，大事不出镇，矛盾不上交"的根本做法和效果。这一经验的根本，是要求基层组织通过发动和依靠群众，把人民内部矛盾化解在基层，特别是把一些可能会激化的尖锐矛盾通过思想教育的方法，化解在基层；充分发挥党的政治优势和群众路线工作方法，坚持矛盾不上交，最大限度地把问题解决在基层，解决在当地，解决在萌芽状态。"变"，是指社会发展变化的客观状况，即"枫桥经验"会随着时代和社会的发展变化，不断丰富其内涵、途径和表现形式。随着改革开放的深化、体制的转换和利益格局的调整，社会上产生了一些新的问题和矛盾，特别是在一些地方或基层，人民内部矛盾引发的群体性事件增多，成为影响社会稳定的重要因素。正确处理新形势下的人民内部矛盾，及时消除和化解各种不稳定因素，成为基层干部群众不断面临的新的重大课题和重大政治任务。为解决新形势下的复杂矛盾和问题，在"枫桥经验"的诞生地，进一步创新总结出了"组织建设走在工作前，预测工作走在预防前，预防工作走在调解前，调解工作走在激化前"的"四前"做法，丰富和发展了新时期的"枫桥经验"。"枫桥经验"也再次被作为改革开放新时期正确处理新形势下人民内部矛盾、及时消除和化解不稳定因素的样板。"枫桥经验"的生命力，正是在这种"不变"与"变"的辩证运动中充分彰显出来的。

■ **"枫桥经验"的发展，始终包含着群众工作机制和工作方法的创新**

"枫桥经验"是基于正确认识和系统处理人民内部矛盾，妥善解决基层尖锐复杂问题而产生的；"枫桥经验"的创新发展，也不断体现着认识和实践的科学性、系统性。因此，完善相关制度、创新工作方法，特别是健全矛盾纠纷排查调处工作机制，是创新发展"枫桥经验"的重要保障。

习近平明确指出："进一步总结推广和创新发展'枫桥经验'，就要坚持完善制度，注重长效。"也就是说，一个行之有效的基层工作经验能否发挥长效作用，关键看有没有制度和机制的保障。谈到完善制度和健全机制的重要性，他还说过："'枫桥经验'在正确处理人民内部矛盾方面，以完善的制度为保障，健全矛盾纠纷排查调处工作机制，狠抓落实责任制，努力做到组织建设走在工作前，预测工作走在预防前，预防工作走在调解前，调解工作走在激化前。切实使'预警在先，苗头问题早消化；教育在先，重点对象早转化；控制在先，敏感时期早防范；调解在先，矛盾纠纷早处理'。"这里所说的"四前"和"四先四早"的工作机制，就是在基层实践中创新探索出来的管长效的机制。所以习近平着重提出，要大力推广诸暨枫桥镇干部群众创造的"'四前'工作机制"，"健全制度，完善网络，规范工作。这样才能'最大限度地把问题解决在基层，努力做到小事不出村，大事不出镇，矛盾不上交'"。

在总结推广"枫桥经验"的创新发展时，习近平还从履行党的根本宗旨的高度提出过"稳定抓机制"的总体要求，并明确指出："我们共产党的一切工作都是为人民服务的,必须建立健全为民办实事的长效机制,切实解决群众生产生活中的实际问题,真正让发展的成果惠及最广大人民群众。"他所关注的"枫桥经验"创新发展,许多内容都与体制机制创新有关,比如:"打防结合,预防为主"的经常性工作机制、灵活多样的群防群治网络工作机制、情报信息网络机制、疏导调解机制、齐抓共管机制、领导干部下访工作机制、领导责任机制等等。

党的十八大以来,以习近平同志为核心的党中央高度重视在社会管理方面建立科学的体制机制,特别是基础性的工作机制。强调加强基层工作,机制问题尤为重要。2013 年 12 月,习近平在中央农村工作会议上的讲话中就特别提出,化解农村社会矛盾,确保农村社会稳定有序,提高预防化解社会矛盾水平,"要从完善政策、健全体系、落实责任、创新机制等方面入手",并要求大家"学习和推广'枫桥经验'"要从建立机制入手,维护基层特别是农村社会的稳定。2014 年,中共中央、国务院在《关于全面深化农村改革加快推进农业现代化的若干意见》中也提到,要"创新基层管理服务""总结推广'枫桥经验',创新群众工作机制"。这些要求,既反映了"枫桥经验"的内在要求,也反映了实践发展的客观需要。在新的历史条件下进一步总结推广和创新发展"枫桥经验",必须从建立健全预防化解矛盾纠纷机制入手,这样才能真正把各类矛盾、问题解决在基层和萌芽状态,切实保障社会稳定健康发展。

■创新发展"枫桥经验",关键是要抓基层、抓基础

"枫桥经验"的产生和发展,源于我们党在基层社会有着坚实的根基,有着深厚的群众基础。从基层开始,自下而上建立严密的组织体系,并依靠基层组织发挥作用,这是我们党的一大优势。根据党的历史经验,党的一切工作特别是群众工作必须从基础抓起,抓好基础、筑牢基础,否则"基础不牢,地动山摇"。因此,习近平在强调"枫桥经验"的长远价值和现时意义时,特别关注这一经验所包含的广泛的基层和基础作用。他指出:"'枫桥经验'虽然诞生在农村,但其强化基层基础、就地解决问题的基本精神具有普遍的指导意义。"正因为具备这种基层和基础作用,所以习近平认为,这一经验不仅适用于农村,而且适用于城市,不仅适用于社会治安工作,而且也适用于其他各项工作。

从"枫桥经验"的基层和基础意义出发,习近平多次强调,创新发展这一经验要特别注重"强化基层基础","抓基层、抓基础"。他曾经以"平安浙江"建设、平安市县创建为切入点提出,"创建平安市县,关键是抓基层、抓基础"。一方面要抓基层,确保平安创建工作在基层有人抓、有人管;另一方面要抓基础,全面提高基层开展平安创建工作的能力和水平,尽量把问题解决在萌芽之中,解决在发生之初。

关于如何抓基层和抓基础,习近平在总结推广新时期"枫桥经验"时明确提到过两个重点环节:一是要切实加强以党支部为核心的基层组织建设;二是要求领导干部工作重心下移。

讲到加强以党支部为核心的基层组织建设,习近平强调,要切实做好以基层党组织建设为核心的抓基层打基础工作,充分发挥基层组织直接做群众工作的重要作用。他指出:"我们党的一大优势是有严密的组织体系,一直延伸到社会基层。党的基层组织和基层干部工作在群众中间,他们是加强和创新社会管理、做好群众工作最基本、最直接、最有效的力量,是我们党执政为民最为重要的组织基础。"为此,他在2011年2月召开的省部级主要领导干部社会管理及其创新专题研讨班结业式上,专门推介了"枫桥经验"在抓基层组织建设方面的做法:"'枫桥经验'最根本的一点,就是充分发挥党的政治优势,依靠基层组织和广大群众,就地解决矛盾纠纷,最大限度地把问题解决在基层、解决在萌芽状态。这是充分发挥基层组织做群众工作作用的范例。"他多次提到"枫桥经验"在强化基层组织方面的根本内涵,强调"要坚持强化基础,依靠群众","要切实加强以党支部为核心的基层组织建设,深入细致地做好思想政治工作,理顺群众情绪,化解矛盾纠纷,使具体的改革和发展措施为广大群众所理解、所拥护、所参与"。

讲到领导干部工作重心下移,习近平强调,领导干部工作重心下移和靠前指挥具有关键性作用。他提出："坚持工作重心下移，进一步强化社会治安综合治理，着力提高农村基层干部运用行政、经济和法律等手段管理基层事务、处理矛盾纠纷的能力。"他还专门就"创新发展'枫桥经验'"的意义指出："对于群体性突发事件，领导干部一定要在第一时间掌握了解情况、靠前指挥、果断决策、妥善处置，防止小事演变成大事、个案演变成群体性事件、局部问题演变成影响一个地方的问题。"

"枫桥经验"产生于 20 世纪 60 年代，却具有经久不衰的历史意义和新鲜的时代内涵；"枫桥经验"诞生于浙江农村，却有着全国性的广泛影响和全局性的指导作用；"枫桥经验"出自基层干部群众的创造，却成为我们党探索社会主义建设规律和党的执政规律的一面旗帜和一个标杆。这一切，都不是偶然的。

（杨明伟 / 撰稿）

责任编辑：王世勇
特邀编辑：陈　华
版式设计：顾杰珍

图书在版编目（CIP）数据

中共党史若干重大事件探微　／　党史博览杂志社编．

北京 ： 人民出版社，2025. 3. -- ISBN 978 - 7 - 01 - 027102 - 6

　Ⅰ．D23

中国国家版本馆 CIP 数据核字第 20258TP725 号

中共党史若干重大事件探微

ZHONGGONG DANGSHI RUOGAN ZHONGDA SHIJIAN TANWEI

党史博览杂志社　编

人民出版社 出版发行
（100706　北京市东城区隆福寺街 99 号）

北京旺都印务有限公司印刷　新华书店经销

2025 年 3 月第 1 版　2025 年 3 月北京第 1 次印刷
开本：710 毫米 ×1000 毫米 1/16　印张：71.25
字数：957 千字

ISBN 978 - 7 - 01 - 027102 - 6　定价：278.00 元（上、下册）

邮购地址 100706　北京市东城区隆福寺街 99 号
人民东方图书销售中心　电话（010）65250042　65289539